SOFTWARE ENGINEERING

Tenth Edition

Ian Sommerville

Boston • Columbus • Indianapolis • New York • San Francisco • Amsterdam • Cape Town
Dubai • London • Madrid • Milan • Munich • Paris • Montreal • Toronto • Delhi • Mexico City
Sao Paulo • Sydney • Hong Kong • Seoul • Singapore • Taipei • Tokyo

제10판

소프트웨어 공학

Ian Sommerville 지음

권기태 · 노정규 · 이기훈 · 이명재 · 이이섭 · 정우성 · 조상욱 옮김

도서출판 홍릉

옮긴이

권기태 (ktkwon@gwnu.ac.kr) 전체감수
강릉원주대학교 컴퓨터공학과

노정규 (jkrho@skuniv.ac.kr)
서경대학교 컴퓨터과학과

이기훈 (kihoonlee@kw.ac.kr)
광운대학교 컴퓨터공학과

이명재 (ymj@mail.ulsan.ac.kr)
울산대학교 IT 융합학부

이이섭 (eesub@kumoh.ac.kr)
금오공과대학교 컴퓨터공학과

정우성 (swinsider@gmail.com)
서울교육대학교 교육전문대학원

조상욱 (swcho3@sejong.ac.kr)
세종대학교 컴퓨터공학과

소프트웨어 공학 제10판

SOFTWARE ENGINEERING

발 행: 2016년 11월 25일 1쇄
2021년 12월 20일 2쇄
2024년 12월 20일 3쇄
저 자: Ian Sommerville
역 자: 권기태 · 노정규 · 이기훈 · 이명재 · 이이섭 · 정우성 · 조상욱
발행인: 송 준
발행처: 도서출판 홍릉
주 소: 01093 서울시 강북구 인수봉로 50길 10
등 록: 1976년 10월 21일 제5-66호

전 화: 02-999-2274~5, 903-7037
팩 스: 02-905-6729
e-mail: hongpub@hongpub.co.kr
http://www.hongpub.co.kr
ISBN: 978-89-6421-266-0(93000)

정 가: 39,000원

역자 서문

우리 사회는 소프트웨어 시스템이 없이는 돌아갈 수 없습니다. 에너지, 통신, 교통 등의 국가의 공공 기반 시설은 소프트웨어 시스템에 전적으로 의존하고 있으며, 경제의 핵심축은 소프트웨어 관련 산업입니다. 소프트웨어 공학은 현대 사회를 지탱하는 첨단 과학의 한 분야로서 전공자 및 소프트웨어 개발자가 필수적으로 학습해야 할 분야입니다. 1980년대의 데이터 흐름도로부터 시작해서 현대의 애자일 기반 소프트웨어 기술 및 복원 공학으로 발전하고 있는 상황에서, 오래전부터 소프트웨어 공학 분야의 세계적인 바이블의 자리를 차지하고 가장 권위 있고 널리 알려져 있는 Sommerville의 소프트웨어 공학 제10판을 이전 판들에 이어서 계속 번역하여 기술과 시대에 적합한 책을 공급할 수 있게 된 것을 기쁘게 생각합니다.

본 번역서는 정확한 개념과 다양한 분야에 적합한 방법론 및 설명을 통하여 보안성 공학, 복원성 공학, 서비스 지향 소프트웨어 공학 그리고 복합시스템 개발까지의 최근의 기술에 적합한, 첨단 기술을 다루는 소프트웨어 엔지니어가 반드시 습득해야 할 내용을 포함하고 있습니다. 특히 가장 최근의 소프트웨어 공학 발전 기술을 신속 정확하게 반영하고 있어서 학부 또는 대학원에서 취사선택하여 학습할 수 있는 교재뿐만 아니라 실무자를 위한 참고자료로서 손색이 없으리라 생각됩니다. 또한 소프트웨어 공학 분야를 전공하고 있는 대학 교수들에게도 강의 및 연구를 위한 지침서의 역할을 하고 있으며, 30여 년 이상 지속적으로 내용을 갈고 다듬고 있는 저자의 열정과 전공 지식의 깊이에 새삼 존경의 마음을 금할 수 없습니다.

역자들은 이 책을 통해서 시대에 알맞은 방법과 도구를 익히고 응용하여 생산성이 향상이 되고, 개인의 경쟁력은 물론 소프트웨어의 국가적 경쟁력이 향상될 수 있는 밑거름이 되기를 바랍니다. 끝으로 이 책의 번역과 출판에 많은 도움을 주신 한티에듀 관계자들에게 감사를 드립니다.

역자 일동

머리말

지난 50년 동안의 소프트웨어 공학의 발전은 정말 놀라웠습니다. 우리 사회는 대규모 전문 소프트웨어 시스템이 없이는 작동할 수 없습니다. 에너지, 통신, 교통 등의 국가의 공공 기반 시설은 모두 복잡하고 대부분 신뢰할 수 있는 컴퓨터 시스템에 의존하고 있습니다. 소프트웨어는 우리들이 우주를 탐험할 수 있도록 하고, 인류의 역사에서 가장 중요한 정보 시스템인 월드 와이드 웹을 구축할 수 있도록 했습니다. 스마트 폰과 태블릿은 아주 흔하게 되었으며 이러한 기기를 위한 소프트웨어를 개발하는 "앱 산업"이 최근 몇 년 사이에 등장했습니다.

인류는 이제 기후 변화와 기상 이변의 도전에 직면하고 있으며, 천연 자원의 감소, 식량과 거주지를 제공해야 할 세계 인구의 증가, 국제 테러에 직면하고 있습니다. 노인 인구가 만족스럽고 충실한 삶을 누릴 수 있도록 도울 필요가 있습니다. 우리는 현재 이러한 과제를 해결하는 데 도움이 될 새로운 기술이 필요합니다. 분명히 소프트웨어는 이러한 기술의 중심 역할을 할 것입니다. 따라서 소프트웨어 공학은 지구상에서 우리의 미래를 위해 매우 중요합니다. 우리는 지속적으로 소프트웨어 엔지니어를 교육시키고 훈련시켜 더 많은 소프트웨어 수요를 만족시키고 우리가 필요로 하는 점점 더 복잡해지는 미래의 시스템을 만들어야 합니다.

물론, 소프트웨어 프로젝트에 대한 문제는 여전히 존재합니다. 시스템은 여전히 늦게 인도되는 경우가 있으며 예상보다 많은 비용이 소모됩니다. 복잡한 소프트웨어 시스템의 개발이 증가하고 있으며 우리는 이 과정에서 만나는 어려움에 놀라지 않아야 합니다. 그러나 우리는 이러한 문제 때문에 소프트웨어 공학의 진정한 성공 및 그동안 개발된 인상적인 소프트웨어 공학 기법과 기술의 가치가 손상되지 않도록 해야 합니다.

이 책은 30년 이상 여러 판을 거듭하면서 출간되었고, 이번 개정판에서도 초판에서 설정했던 핵심적인 원칙을 기반으로 합니다.

1. 저는 애자일 개발 기법이나 정형 기법과 같은 특정 접근법에 대해서는 단지 기술을 전파하는 입장이 아니라 업계의 실무적인 측면에서 소프트웨어 공학을 기술합니다. 실제로 업계에서는 애자일 기법과 계획 기반의 개발 기법이 결합된 기술이 사용되고 있으며, 이 책에서는 이러한 내용이 반영됩니다.
2. 저는 제가 알고 있고 이해하고 있는 것만을 기술하였습니다. 오픈 소스 개발, UML의 사용 및 모바일 소프트웨어 공학과 같은 추가적인 주제에 관해 더욱 상세하게 다루도록 하는 많은 제안을 받았습니다. 그러나 저는 이러한 분야에 대해서 실제로 충분히 알지 못합니다. 본인의 연구는 시스템 확실성 및 시스템 공학에 관한 것으로, 이 내용은 이 책의 고급 주제에서 다루었습니다.

저는 현대적인 소프트웨어 공학의 핵심 이슈는 복잡도를 다루는 것이며, 애자일 기법을 통합하여 우리의 시스템을 안전하고 복원 가능하도록 만드는 것이라고 믿습니다. 이러한 이슈를 중심으로 이 새로운 개정판이 변경되고 추가되었습니다.

9판과 달라진 내용

이번 개정판에서 9판과 비교하여 크게 변경되고 추가된 내용을 요약하면, 다음과 같습니다.

- 애자일 소프트웨어 공학에 대한 장을 스크럼에 대한 내용을 담아 대폭 수정하였습니다. 소프트웨어 공학에서 애자일 기법의 사용이 증가하는 것을 반영하기 위해 필요에 따라 다른 장들도 갱신하였습니다.
- 복원성 공학, 시스템 공학, 복합시스템에 관한 새로운 장을 추가했습니다.
- 신뢰성, 안전성, 보안성을 다루는 세 장을 완전하게 재구성했습니다.
- 서비스 지향 소프트웨어 공학을 커버하는 장에 RESTful 서비스에 관한 새로운 내용을 추가했습니다.
- 분산 버전 제어 시스템에 관한 새로운 내용으로 형상 관리에 관한 장을 보완하고 갱신했습니다.
- 관점 지향 소프트웨어 공학 및 프로세스 개선에 관한 장을 인쇄 버전에서 웹 사이트로 옮겼습니다.
- 웹 사이트에 보조 동영상들을 포함한 새로운 보충 자료를 추가했습니다. 저는 동영상에서 주요 주제를 설명하였으며, 추가적으로 이와 관련된 YouTube 동영상을 추천합니다.

이전 판에서 도입한 책의 4부 구조는 유지되었지만 각 부의 내용은 크게 수정되었습니다.

1. 1부 소프트웨어 공학 소개에서는 3장(애자일 기법)을 완전히 다시 작성하였고 스크럼의 사용이 증가하는 현실을 반영하기 위해 갱신되었습니다. 1장에 디지털 학습 환경에 관한 새로운 사례 연구가 추가되었고, 그 밖의 여러 장에서 사용됩니다. 레거시 시스템은 9장에서 더욱 상세하게 다루어집니다. 다른 모든 장도 약간 수정되고 갱신되었습니다.
2. 확실한 시스템(dependable systems)을 다루는 2부는 수정 및 재구성되었습니다. 안전성, 보안성 및 신뢰성에 대한 정보를 여러 장에 걸쳐 다루는 활동 중심의 접근법보다, 오히려 각 주제별로 별도의 장에서 다룰 수 있도록 재구성했습니다. 이렇게 하면, 소프트웨어 공학 개론 강의의 일부로서 보안성과 같은 단일 주제를 더욱 쉽게 커버할 수 있습니다. 사이버 보안, 조직의 복원, 탄력적인 시스템 설계를 커버하는 복원성 공학에 관한 새로운 장을 추가했습니다.
3. 3부에 시스템 공학 및 복합시스템에 새로운 장을 추가하고, RESTful 서비스의 사용 증가를 반영하기 위해 서비스 지향 시스템 공학에 관한 내용을 대폭 수정했습니다. 관점 지향 소프트웨어 공학에 관한 장은 인쇄 버전에서 삭제되었지만 웹의 장으로 계속 사용할 수 있도록 남겨 두었습니다.
4. 4부에 기트(Git)와 같은 분산 버전 제어 도구의 사용 증가를 반영하기 위해 형상 관리에 대한 내용을 갱신했습니다. 프로세스 개선에 관한 장은 인쇄 버전에서 삭제되었지만 웹의 장으로 계속 사용할 수 있도록 남겨 두었습니다.

이 책에 대한 보충 자료의 중요한 변화는 모든 장에서 동영상 추천을 추가한 것입니다. 저자의 YouTube 채널에서 다양한 주제의 40개 이상의 동영상을 볼 수 있으며 이 책의 웹 페이지에서 링크됩니다. 동영상을 제시하지 않은 경우에는 유용한 YouTube 동영상을 추천했습니다.

아래의 짧은 동영상에서 이 책의 주요 변경에 관한 이론적 근거를 설명합니다.

https://iansommerville.com/software-engineering-book/videos

독자

이 책은 기본적으로 소프트웨어 공학 및 시스템 공학 개론 강의와 고급 수준의 강의를 수강하는 대학생을 위한 것입니다. 독자들은 프로그래밍 및 기본 데이터 구조의 기초를 이해하고 있다고 가정합니다.

업계의 소프트웨어 엔지니어에게는 일반적인 읽을거리로 유용할 것이며 소프트웨어 재사용, 아키텍처 설계, 확실성 및 보안성, 시스템 공학 등의 주제에 대한 자신의 지식을 심화시키는 데 이 책이 유용할 수 있습니다.

소프트웨어 공학 강의 교재로 사용하는 경우

저는 이 책을 다음과 같은 세 가지 유형의 소프트웨어 공학 강의 교재로 사용될 수 있도록 저술했습니다.

1. 소프트웨어 공학 개론 강의. 책의 1부는 소프트웨어 공학 개론의 한 학기 강의의 교재로 이용될 수 있도록 저술했습니다. 9개의 장은 소프트웨어 공학의 기본적인 주제를 다룹니다. 만일 여러분의 강의에서 실무에 관한 내용을 다룬다면 4부의 소프트웨어 관리 중 일부를 선택할 수 있습니다.
2. 소프트웨어 공학 개론 혹은 소프트웨어 공학의 특정 주제를 다루는 중간 수준의 강의. 2~3부의 일부 장을 이용하면 더욱 고수준의 내용을 강의할 수 있습니다. 예를 들어, 저는 2부의 내용에 시스템 공학과 품질 경영에 관한 장을 추가한 내용을 이용하여 중대한 시스템에 관한 강의를 하고 있습니다. 소프트웨어 중심 시스템 공학을 다루는 강의에서는 시스템 공학, 요구공학, 복합시스템, 분산 소프트웨어 공학, 임베디드 소프트웨어, 프로젝트 관리 및 프로젝트 계획에 대한 장을 사용하고 있습니다.
3. 특정 소프트웨어 공학 주제에 관한 더 고수준의 강의. 이 경우, 책의 각 장은 해당 강의의 기초가 됩니다. 이 장들은 더욱 상세하게 주제를 탐구하는 보충 자료로 보완될 수 있습니다. 예를 들어, 소프트웨어 재사용에 관한 강의는 15~18장을 기반으로 할 수 있습니다.

이 책을 이용하는 강사는 피어슨 출판사의 웹 사이트에서 추가적인 보충 자료를 액세스할 수 있습니다. 이 중 일부는 암호로 보호되고 있고 교재로 사용하는 강사는 피어슨 웹 사이트에서 등록하여 암호를 얻을 수 있습니다. 강사가 이용할 수 있는 자료는 다음과 같습니다.

- 각 장의 일부 연습문제에 대한 해답
- 각 장에 대한 퀴즈 문제와 해답

다음 사이트에서 자료를 얻을 수 있습니다.

https://media.pearsoncmg.com/intl/ge/abp/resources/products/product.html#student,isbn=9781292096131

책의 웹 사이트

이 책은 인쇄판의 핵심 정보를 웹 상의 보충 자료에 연결하는 인쇄판과 웹 버전이 결합되어 개발되었습니다. 일부 장은 해당 장의 정보에 추가하여 특별히 작성된 "웹 절"을 포함합니다. 이 책의 인쇄판에 포함되지 않은 주제에 관한 별도의 6개의 "웹 장" 도 있습니다.

여러분은 이 책의 웹 사이트(iansommerville.com/software-engineering-book)에서 다음을 포함하는 다양한 범위의 보충 자료를 다운로드할 수 있습니다.

- 다양한 범위의 소프트웨어 공학 주제를 다루는 동영상 집합. 학습을 지원하는 다른 YouTube 동영상을 추천합니다.
- 다른 과목에서 강의할 때 이 책을 사용하는 방법을 강사에게 안내하는 지침
- 책의 사례 연구(인슐린 펌프, 정신 건강 관리 시스템, 황무지의 기상 관측소, 디지털 학습 시스템)뿐만 아니라 같은 아리안 5호 로켓의 발사 실패와 같은 다른 사례 연구에 대한 자세한 정보를 제공합니다.
- 프로세스 개선, 정형 기법, 인터랙션 디자인, 애플리케이션 아키텍처, 문서화 및 관점 지향 개발을 다루는 6개의 웹 장
- 각 장에 제시된 내용에 대한 추가적인 웹 섹션. 이러한 웹 섹션은 각 장의 추가 기술 박스에서 연결됩니다.
- 책의 모든 장에 대한 파워포인트 강의 자료와 추가적인 시스템 공학 파워포인트 자료는 https://iansommerville.com/software-engineering-book/slides에서 이용할 수 있습니다.

이 책은 사용자의 요청에 따라, 웹 사이트에 시스템 사례 연구 중 하나에 대한 완전한 요구사항 명세서를 발표했습니다. 학생들이 이 문서에 대한 접근 권한을 얻어 문서의 구조와 복잡도를 이해하는 것은 어렵습니다. 인증 문제를 피하기 위해 실제 시스템으로부터 얻어진 요구사항 문서를 다시 작성하여 그 이용에 제한이 없도록 하였습니다.

연락처 세부 정보

웹 사이트: iansommerville.com/software-engineering-book
전자우편: name: software.engineering.book; domain: gmail.com
블로그: iansommerville.com/systems-software-and-technology
YouTube: youtube.com/user/SoftwareEngBook
페이스북: facebook.com/sommerville.software.engineering
트위터: @SoftwareEngBook 또는 @iansommerville

소프트웨어 공학 및 시스템 공학에 대한 새로운 내용과 의견에 대한 업데이트를 얻기 위해서는 저의 트위터나 페이스북을 팔로우하기 바랍니다.

감사의 글

많은 사람들이 수년에 걸쳐 이 책의 발전에 공헌해 왔습니다. 저는 이전 판에 의견을 제시하고 수정을 위한 건설적인 제안을 주신 검토자, 학생 및 이 책을 사용하는 모든 분들께 감사드립니다. 이 책 그리고 이전 모든 버전의 작업 동안 우리 가족인 앤, 알리, 제인이 베풀어준 사랑과 지원에 특히 감사드립니다.

한눈에 보는 차례

차례

PART 1

소프트웨어 공학 개요

1부의 목표는 소프트웨어 공학에 대한 전반적인 소개입니다. 1부의 각 장들은 한 학기용 소프트웨어 공학 개론 과목을 지원하도록 설계되었습니다. 소프트웨어 프로세스 및 애자일 방법과 같은 중요한 개념을 소개하고 요구사항 명세화에서 시스템 진화에 이르는 핵심적인 소프트웨어 개발 활동을 설명합니다.

1장은 전문적인 소프트웨어 공학을 소개하고 일부 소프트웨어 공학 개념을 정의하는 일반적인 소개입니다. 또한 소프트웨어 공학의 윤리적 문제에 대한 간략한 설명도 포함시켰습니다. 소프트웨어 엔지니어는 자신의 업무가 갖는 더 넓은 의미에 대해 생각하는 것이 중요합니다. 이 장에서는 또한 이 책에서 사용하는 네 가지 사례 연구를 소개합니다. 이들은 정신 건강관리를 위한 환자 정보 시스템(Mentcare), 휴대용 인슐린 펌프 제어 시스템, 황무지 기상 관측소용 임베디드 시스템 및 디지털 학습 환경(iLearn)입니다.

2장과 3장은 소프트웨어 공학 프로세스와 애자일 개발을 다룹니다. 2장에서는 폭포수 모델과 같은 소프트웨어 프로세스 모델을 소개하고 이러한 프로세스의 일부인 기본 활동에 대해 논의합니다. 3장에서는 소프트웨어 공학에 관한 애자일 개발 방법에 대한 논의를 보완합니다. 이 장은 스크럼(Scrum)을 사용한 애자일 개발과 요구사항 정의를 위한 스토리 및 테스트 주도 개발과 같은 애자일 사례에 대한 토론을 중심으로, 이전 버전을 크게 변경하였습니다.

1부의 나머지 장에서는 2장에서 소개한 소프트웨어 프로세스 활동에 대한 확장된 설명을 제공합니다. 4장은 시스템이 무엇을 수행해야 하는가를 요구사항으로 정의하는 요구공학의 매우 중요한 주제를 다룹니다. 5장에서는 소프트웨어 시스템 모델링을 위한 유스케이스 다이어그램, 클래스 다이어그램, 시퀀스 다이어그램 및 상태 다이어그램의 사용에 초점을 맞추면서 UML을 사용한 시스템 모델링에 대해 설명합니다. 6장에서는 소프트웨어 아키텍처의 중요성과 소프트웨어 설계에서 아키텍처 패턴의 사용에 대해 논의합니다.

7장에서는 객체 지향 설계와 디자인 패턴의 사용에 대해 소개합니다. 여기에서는 재사용, 형상관리 및 호스트 타겟 개발과 오픈 소스 개발에 대해 논의합니다. 8장에서는 시스템 개발 중 단위 테스팅에서 소프트웨어 릴리스 테스팅에 이르는 소프트웨어 테스팅에 초점을 맞춥니다. 또한 테스트 주도 개발의 사용에 대해서도 논의합니다. 이 접근법은 애자일 방법으로 개척되었지만 폭넓게 적용할 수 있습니다. 마지막으로 9장에서는 소프트웨어 진화 문제에 대한 개요를 제시합니다. 진화 프로세스, 소프트웨어 유지보수 및 레거시 시스템 관리에 대해 다룹니다.

1

서론

Introduction

학습목표

이 장의 목표는 소프트웨어 공학을 소개하고 책의 나머지 부분을 이해하는 데 도움을 주기 위한 기초를 제공하는 것이다. 이 장을 통해 학습할 내용들은 다음과 같다.

- 소프트웨어 공학이 무엇이며 왜 중요한지를 이해할 수 있다.
- 다른 종류의 소프트웨어 시스템을 개발하기 위해 다양한 소프트웨어 공학 기법이 필요함을 이해할 수 있다.
- 소프트웨어 엔지니어에게 윤리적이고 직업적인 문제가 중요함을 이해할 수 있다.
- 책 전반에 걸쳐 사용하는 예제로 네 가지 다른 유형의 시스템을 살펴본다.

학습내용

소프트웨어 공학은 정부와 사회, 국/내외 비즈니스 및 기관들의 기능에 필수적이다. 요즘 세상은 소프트웨어 없이는 돌아갈 수 없다. 국가의 기반 시설이나 공익 사업을 컴퓨터 기반 시스템으로 제어하며, 대부분의 전기 제품들은 컴퓨터와 제어 소프트웨어를 탑재하고 있다. 산업에서의 제조 및 유통은 금융 시스템처럼 완전히 컴퓨터화되어있다. 음악, 컴퓨터 게임, 영화와 텔레비전을 포함한 오락 산업은 소프트웨어 집약적이다. 세계 인구의 75% 이상이 소프트웨어로 제어하는 모바일폰을 가지고 있고, 2017년에는 대부분의 모바일폰들이 인터넷을 지원할 것이다.

소프트웨어 시스템은 추상적이며 무형이다. 소프트웨어 시스템은 재료의 특성으로 인한 제약이 없으며, 물리적 법칙이나 제조 공정으로부터 영향을 받지 않는다. 소프트웨어의 잠재력에는 자연적 한계가 없기 때문에 소프트웨어 공학을 단순하게 볼 수 있다. 하지만 오히려 물리적 제약이 없기 때문에 소프트웨어 시스템이 극도로 복잡해지고 이해하기 어려우며, 변경하는 데 많은 비용이 들게 된다.

단순한 임베디드 시스템부터 복잡한 전 세계적인 정보 시스템에 이르기까지 다양하고 많은 종류의 소프트웨어 시스템이 존재한다. 다양한 소프트웨어의 종류에 따라 서로 다른 접근법이 필요하기 때문에 소프트웨어 공학에는 보편적인 표기법이나 방법론, 기법이라는 것은 있을 수 없다. 한 조직에서 사용하는 정보 시스템을 개발하는 것은 과학 장비를 제어하기 위한 시스템을 개발하는 것과는 완전히 다르다. 이러한 시스템들은 그래픽 집약적인 컴퓨터 게임과도 공통점이 별로 없다. 이 모든 애플리케이션에서 소프트웨어 공학이 필요하지만, 동일한 소프트웨어 공학 방법론과 기법을 필요로 하는 것은 아니다.

우리는 실패한 소프트웨어 프로젝트나 “소프트웨어 장애”에 관한 소식을 여전히 많이 접하고 있다. 개인적 의견이긴 하지만, 소프트웨어 장애 중 많은 경우가 다음의 두 가지 요인으로부터 비롯된다.

1. **시스템 복잡도 증가:** 새로운 소프트웨어 공학 기법의 도움으로 더 크고, 더 복잡한 시스템을 구축할 수 있게 되면서 요구사항도 바뀌게 되었다. 시스템을 더 빨리 만들고 공급해야 하고, 더 크고 복잡한 시스템을 필요로 하고, 이전에는 불가능하다고 여겨졌던 새로운 기능을 가져야 하는 것이다. 새로운 소프트웨어 공학 기법들은 보다 복잡한 소프트웨어 공급이라는 새로운 도전을 충족시킬 수 있도록 개발해야 한다.

2. **소프트웨어 공학 방법론 사용의 실패:** 소프트웨어 공학 방법론과 기법을 사용하지 않고 컴퓨터 프로그램을 작성하는 것은 정말 쉽다. 많은 기업들이 그들의 제품과 서비스의 진화 과정에서 소프트웨어 개발에 말려들게 되었다. 기업에서는 매일 작업에서 소프트웨어 공학 방법론을 사용하지 않는다. 결과적으로, 기업 소프트웨어가 원래보다 더 비싸고 덜 안정화되는 경우가 자주 발생한다. 우리는 이러한 문제를 다루기 위해 더 나은 소프트웨어 공학 교육과 훈련이 필요하다.

소프트웨어 공학의 역사

소프트웨어 공학이라는 개념은 1968년 당시 소프트웨어 위기(Naur and Randell 1969)라고 불렀던 주제에 대해 논의하기 위해 열었던 한 컨퍼런스에서 처음 등장하였다. 프로그램 개발을 위한 개별적 접근법을 대규모의 복잡한 소프트웨어 시스템 개발을 위해 확장해서 사용하기 어렵다는 것에 대해서는 의심의 여지가 없었다. 대규모의 복잡한 소프트웨어 시스템은 불안정했고, 예상했던 것보다 많은 비용이 들었으며, 인도까지 너무 오랜 시간이 걸렸다.

1970년대와 1980년대에 걸쳐, 구조적 프로그래밍, 정보 은닉과 객체 지향 개발과 같은 수많은 새로운 소프트웨어 공학 기법과 방법론들이 개발되었다. 오늘날 소프트웨어 공학의 기초인 도구들와 표준 표기법도 이 시기에 개발되었다.

http://software-engieering-book.com/web/history/

소프트웨어 엔지니어는 그들의 성취를 마땅히 자랑스럽게 여길 수 있다. 물론, 여전히 복잡한 소프트웨어를 개발하는 데 있어 문제점들을 가지고 있지만, 소프트웨어 공학이 없었더라면 우리는 우주 여행도 하지 못하고, 인터넷이나 현대적 통신수단을 가질 수도 없었을 것이다. 모든 종류의 여행이 훨씬 더 위험하고 비용도 많이 들었을 것이다. 기후 변화, 자연 자원 부족, 인구 통계의 변화와 세계 인구 증가는 21세기 인류의 도전 과제이다. 우리는 이러한 문제들에 대처하는 시스템을 개발하기 위해 소프트웨어 공학에 의존하게 될 것이다.

1.1 전문적 소프트웨어 개발

많은 사람들은 프로그램을 작성한다. 직장인들은 업무를 단순화하기 위해 스프레드시트 프로그램을 작성하고, 과학자와 엔지니어들은 자신의 실험 데이터 처리를 위해 프로그램을 작성하며, 취미를 가진 사람들은 각자의 흥미와 즐거움을 위해 프로그램을 작성한다. 하지만 대부분의 소프트웨어 개발은 사업적 목적을 위해 다른 장치들에 포함시키거나, 정보 시스템이나 CAD (computer-aided design) 시스템 같은 소프트웨어 제품을 개발하는 전문적 활동이다. 중요한 차이점은 전문적 소프트웨어는 대부분 그 소프트웨어를 개발한 사람들이나 팀이 아닌 다른 사용자들을 위해 만든다는 것이다. 그 소프트웨어는 수명이 다할 때까지 유지보수되고 변경된다.

소프트웨어 공학은 개별적 프로그래밍보다는 전문적 소프트웨어 개발 지원을 고려한 것이다. 소프트웨어 공학은 프로그램 명세, 설계와 진화를 지원하는 기법들을 포함하고 있으며, 이 모두는 일반적으로 개인 소프트웨어 개발과는 관련이 없다. 그림 1.1에 요약한 FAQ (frequently asked questions)는 여러분이 소프트웨어 공학에 대한 넓은 시야를 가지는 데 도움이 될 것이다.

질문	답변
소프트웨어란 무엇인가?	컴퓨터 프로그램과 관련한 문서들. 특정 고객을 위하거나 일반적인 시장을 고려해서 소프트웨어 제품을 개발할 수 있다.
좋은 소프트웨어의 특성은 무엇인가?	좋은 소프트웨어는 요구받은 기능과 성능을 사용자에게 제공해야 하고, 유지보수하기 좋고, 신뢰할 수 있으며, 사용하기 쉬워야 한다.
소프트웨어 공학은 무엇인가?	소프트웨어 공학은 초기 구상 단계부터 운영과 유지보수까지 포함하는 소프트웨어 생산의 모든 관점과 관련한 공학적인 학문 분야이다.
소프트웨어 공학 기본 활동에는 어떤 것들이 있는가?	소프트웨어 명세화, 소프트웨어 개발, 소프트웨어 검증과 소프트웨어 진화
소프트웨어 공학과 컴퓨터 과학의 차이는 무엇인가?	컴퓨터 과학은 이론과 기본에 집중하고, 소프트웨어 공학은 유용한 소프트웨어를 개발하고 인도하는 실무적인 내용과 관련이 있다.
소프트웨어 공학과 시스템 공학의 차이는 무엇인가?	시스템 공학은 하드웨어, 소프트웨어와 프로세스 공학을 포함한 컴퓨터 기반 시스템 개발의 모든 관점을 다룬다. 소프트웨어 공학은 이러한 보다 일반적인 프로세스의 일부에 속한다.
소프트웨어 공학이 직면한 주요 도전 과제는 무엇인가?	증가하는 다양성, 빠른 인도에 대한 요구와 신뢰할 수 있는 소프트웨어 개발에 대응하는 것이다.
소프트웨어 공학의 비용은 무엇인가?	대략적으로 소프트웨어 비용의 60% 정도는 개발 비용이며, 40%는 테스팅 비용이다. 맞춤식 소프트웨어의 경우, 진화 비용이 개발 비용을 앞지르는 경우가 많다.
최선의 소프트웨어 공학 기법과 방법은 무엇인가?	모든 소프트웨어 프로젝트는 전문적으로 관리하고 개발하는 반면, 다양한 유형의 시스템에 대해서는 서로 다른 기법들이 적절하다. 예를 들어, 게임은 항상 여러 버전의 프로토타입을 이용해서 개발을 하고, 안전성 중심의 제어 시스템은 완전하고 분석가능한 명세서의 개발을 필요로 한다. 모든 경우에 쓸 수 있는 방법이나 기법은 없다.
인터넷이 소프트웨어 공학에 가져온 변화는 무엇인가?	인터넷은 대규모의 고도로 분산된, 서비스 기반 시스템의 개발을 이끌었을 뿐 아니라, 소프트웨어 산업에 변화를 준 모바일 기기용 "앱"산업의 탄생에 도움이 되었다.

그림 1.1 소프트웨어 공학에 관한 FAQ

많은 사람들이 소프트웨어는 컴퓨터 프로그램의 다른 말일 뿐이라고 생각한다. 하지만 소프트웨어 공학적 관점에서 소프트웨어는 단지 프로그램 자체만이 아니라 모든 관련 문서들, 라이브러리, 지원 웹 사이트와 이 프로그램을 유용하게 쓰는 데 필요한 환경 설정 데이터도 포함한 것이다. 전문적으로 개발한 소프트웨어 시스템은 대부분 단일 프로그램보다는 많은 것으로 이루어져 있다. 이러한 시스템은 분리된 다수의 프로그램과 이 프로그램들을 설치하는 데 사용하는 환경설정 파일을 가지는 경우가 많다. 시스템의 구조를 설명해주는 시스템 문서와 시스템 사용법을 설명하는 사용자 문서 및 최신 제품 정보를 다운로드 받을 수 있는 웹 사이트를 포함하기도 한다.

다음은 전문적인 소프트웨어 개발과 아마추어 소프트웨어 개발의 중요한 차이점을 보여준다. 만약 자신을 위해 프로그램을 작성한다면 다른 사람이 그 프로그램을 사용하지 않을 것이기 때문에 프로그램 가이드를 작성하거나 프로그램 설계를 문서화하는 것 등에 대해 걱정할 필요가 없다. 하지만 다른 사람들이나 엔지니어가 사용하거나 변경할 소프트웨어를 작성한다면, 대부분의 경우 프로그램 코드뿐 아니라 추가적인 정보가 필요할 것이다.

소프트웨어 엔지니어는 소프트웨어 제품, 즉 고객에게 판매할 소프트웨어에 관심이 있다. 소프트웨어 제품에는 다음과 같은 두 가지 유형이 있다.

1. **일반(*generic*) 제품:** 특정 개발 조직이 생산한 독립형 시스템이며, 어떠한 고객이든 원하면 살 수 있도록 오픈 마켓에서 판매한다. 이러한 유형의 제품으로는 데이터베이스, 문서 편집기, 그래픽 패키지와 프로젝트 관리 도구와 같이 모바일 기기에 사용하는 앱이나 PC용 소프트웨어가 있다. 여기에는 라이브러리 정보 시스템, 회계 시스템이나 치과 기록 관리 시스템과 같이 특화된 마켓을 위한 "수직적(vertical)" 애플리케이션도 포함한다.
2. **맞춤식(*customized, bespoke*) 소프트웨어:** 특정 고객을 위해 해당 고객에게 맞추어 개발하는 시스템이다. 소프트웨어 계약자는 특별히 그 고객을 위한 소프트웨어를 설계하고 구현하게 된다. 이러한 유형의 소프트웨어에는 전자기기를 제어하는 시스템, 특정 비즈니스 프로세스를 지원하기 위해 개발된 시스템과 항공 관제 시스템 등이 있다.

이 두 가지 소프트웨어 유형의 중요한 차이는, 일반 제품은 그 소프트웨어를 개발하는 조직이 소프트웨어 명세를 관리한다는 점이다. 이는 개발 문제에 봉착했을 때 해당 개발 조직이 개발할 내용을 재검토할 수 있다는 의미이다. 하지만 맞춤식 제품의 경우는 소프트웨어를 구매하는 조직이 소프트웨어 명세를 개발하고 관리한다. 소프트웨어 개발자는 그 명세에 맞추어 일을 해야 한다.

하지만 이러한 제품 유형의 차이는 점차 희미해지고 있다. 점점 더 많은 시스템들이 일반 제품으로 개발을 시작해서 나중에는 특정 고객의 요구사항을 반영하게 된다. SAP와 오라클(Oracle) 시스템과 같은 전사적 자원 관리(ERP: Enterprise Resource Planning) 시스템이 이러한 접근법의 가장 좋은 사례이다. 비즈니스 규칙과 필요한 보고서 등에 관한 정보를 통합함으로써 복잡한 대규모 시스템을 특정 회사에 적합하도록 만드는 것이다.

전문적 소프트웨어의 품질을 이야기하려면, 그 소프트웨어가 그것을 만든 개발자와는 무관한 사람들이 사용하고 변경할 것이라는 사실을 염두에 두어야 한다. 그렇기 때문에 품질은 소프트웨어가 무엇을 하는지에 관한 사항뿐 아니라, 실행 중 소프트웨어의 동작, 시스템 프로그램의 구조와 조직 및 관련 문서들과도 관계를 가진다. 이는 소프트웨어 품질 또는 비기능적 속성에 반영되는 것이다. 이 속성들의 예로는 사용자 질의에 대한 소프트웨어 응답 시간과 프로그램 코드에 대한 이해도 등이 있다.

소프트웨어 시스템으로부터 기대할 수 있는 어떤 특성들은 분명 그 응용에 기대고

제품 특성	설명
수용성(acceptability)	소프트웨어는 설계한 목적에 부합하는 사용자 유형이 수용할 수 있어야 한다. 즉, 목표로 하는 사용자가 이해할 수도 있어야 하고, 사용하기 쉬워야 하며, 해당 사용자가 사용하는 다른 시스템과 호환도 되어야 한다.
확실성(dependability)과 보안성(security)	소프트웨어 확실성은 신뢰성, 보안성과 안전성을 포함하는 여러 특성을 내포한다. 확실성을 보장하는 소프트웨어는 시스템에 장애가 발생하더라도 물리적이거나 경제적인 피해를 야기해서는 안된다. 또한, 소프트웨어 보안을 통해 악의적인 사용자가 시스템에 접근하거나 피해를 주지 않도록 해야 한다.
효율성(efficiency)	소프트웨어는 메모리와 프로세서 사이클과 같은 시스템 자원을 낭비해서 사용하면 안된다. 그러므로 효율성은 응답성, 처리 시간, 자원 활용 등을 포함한다.
유지보수성(maintainability)	소프트웨어는 고객의 변화하는 요구를 충족시킬 수 있도록 진화하도록 만들어야 한다. 소프트웨어 변경은 변화하는 비즈니스 환경에서 필수적인 요구이기 때문에 유지보수성은 매우 중요한 특성이다.

그림 1.2 좋은 소프트웨어의 필수적인 특성

있다. 그러므로 항공 관제 시스템은 안전해야 하고 게임은 즉각적으로 반응할 수 있어야 하며, 전화 교환 시스템은 신뢰할 수 있어야 한다. 이러한 사항들은 그림 1.2에 제시하고 있는 특성들로 일반화시킬 수 있으며, 전문적 소프트웨어 시스템의 필수 특성으로 간주할 수 있다.

1.1.1 소프트웨어 공학

소프트웨어 공학은 시스템 명세화의 초기 단계부터 시스템 사용 시점 이후에 발생하는 시스템 유지보수에 이르기까지 소프트웨어 개발의 모든 관점을 다루는 공학적 학문 분야이다. 이 정의는 다음과 같은 중요한 두 가지 사항을 포함한다.

1. **공학적 학문 분야:** 엔지니어는 일을 처리한다. 엔지니어는 적절한 이론, 방법, 도구를 적용하되, 선택적으로 사용하며 활용할 수 있는 이론과 방법이 없는 경우에도 문제 해결을 위해 항상 노력한다. 엔지니어는 또한 조직적, 재정적 제약에 맞추어 일해야 한다는 것을 알고 있기 때문에 이러한 제약 내에서 해결책을 찾는다.
2. **소프트웨어 제품화와 관련한 모든 측면:** 소프트웨어 공학은 단지 소프트웨어 개발의 기술적 프로세스뿐 아니라 소프트웨어 프로젝트 관리와 소프트웨어 개발을 지원하기 위한 도구, 방법, 이론의 개발과 같은 활동을 포함한다.

공학은 주어진 일정과 예산 내에서 필요한 품질의 결과물을 얻는 것이다. 이 과정에서 엔지니어가 완벽할 수는 없기 때문에 절충안을 내기도 한다. 하지만 스스로 프로그램을 작성하는 사람들은 프로그램 개발에 쓰고 싶은 만큼의 많은 시간을 들일 수 있다.

일반적으로, 대부분 고품질의 소프트웨어를 만들 수 있는 가장 효과적인 방법으로 소프트웨어 엔지니어는 체계적이고 조직적인 접근법을 도입하여 일을 한다. 하지만 공학에서는 주어진 상황들에 대해 가장 적합한 방법을 선택해야 하기 때문에 더 창의적이고 덜 정형적인 접근법이 특정 소프트웨어 개발에는 더 적합할 수도 있다. 소프트웨어와 그래픽 디자인 기술이 함께 필요하고 대화형 웹 기반 시스템과 모바일 앱에는 빠른 변화를 수용하는 더 유연한 소프트웨어 프로세스가 더 적합하다.

다음은 소프트웨어 공학이 중요한 두 가지 이유이다.

1. 개인과 사회가 발전된 소프트웨어 시스템에 점점 더 많이 의존한다. 경제적이면서도 빠르게 안정적이고 신뢰할 수 있는 소프트웨어 시스템을 제품화해야 할 필요가 있다.
2. 장기적으로는, 전문적 소프트웨어 시스템 개발을 위해 개인 프로그래밍 프로젝트처럼 그냥 프로그램을 작성하는 것보다 소프트웨어 공학적 방법과 기법을 사용하는 것이 대부분 더 적은 비용이 든다. 소프트웨어 프로세스는 소프트웨어 제품을 만드는 데 필요한 일련의 활동들이다. 다음은 모든 소프트웨어 프로세스에 공통적인 네 가지 기본 프로세스 활동이다.

소프트웨어 공학에서 사용하는 체계적 접근법을 소프트웨어 프로세스라고 부르기도 한다. 소프트웨어 프로세스는 소프트웨어 제품을 만드는 데 필요한 일련의 활동들이다. 다음은 모든 소프트웨어 프로세스에 공통적인 네 가지 기본 프로세스 활동이다.

1. 소프트웨어 명세화(specification): 고객과 엔지니어가 만들게 될 소프트웨어 및 동작 시 제약사항을 정의한다.
2. 소프트웨어 개발(development): 소프트웨어를 설계하고 프로그래밍하는 것이다.
3. 소프트웨어 검증(validation): 소프트웨어가 고객이 요구하는 것임을 보장하도록 확인한다.
4. 소프트웨어 진화(evolution): 변화하는 고객과 시장의 요구를 반영하여 소프트웨어를 수정한다.

2장에서 언급했듯이 시스템의 유형에 따라 서로 다른 개발 프로세스가 필요하다. 예를 들어, 비행기에서의 실시간 소프트웨어는 개발이 시작되기 전에 요구사항을 완전히 명세해야 한다. 반면, 전자 상거래 시스템은 명세화 작업과 프로그램 개발을 함께 진행하는 것이 일반적이다. 결과적으로 이러한 일반적인 활동들은 개발하는 소프트웨어의 종류에 따라 서로 다른 방식으로 구성하고 상세화 수준도 다르다.

소프트웨어 공학은 컴퓨터 과학과 시스템 공학과도 관련이 있다.

1. 컴퓨터 과학은 컴퓨터와 소프트웨어 시스템이 가지고 있는 이론과 방법을 다루지만,

소프트웨어 공학은 소프트웨어를 만드는 실제적 문제를 다룬다. 물리학이 전기 엔지니어에게 필수인 것처럼 컴퓨터 과학 지식은 소프트웨어 엔지니어에게 필수적이다. 하지만 컴퓨터 과학 이론은 상대적으로 작은 프로그램을 대상으로 적합한 경우가 대부분이다. 소프트웨어 해결 방안이 필요한 크고 복잡한 문제에는 오히려 컴퓨터 과학의 정연한 이론이 잘 들어맞지 않는 편이다.

2. 시스템 공학은 소프트웨어가 중요한 역할을 하는 복잡한 시스템의 개발과 진화의 모든 관점을 다룬다. 그러므로 시스템 공학은 소프트웨어 공학뿐 아니라 하드웨어 개발, 정책과 프로세스 설계 및 시스템 설치 등을 다룬다. 시스템 엔지니어는 시스템을 명세하고 전체 아키텍처를 정의한 뒤 최종 시스템을 만들기 위해 서로 다른 부분들을 통합하는 일을 맡는다.

다음 절에서 설명하듯이, 세상에는 다양한 유형의 소프트웨어가 있기 때문에 여러 상황에 사용할 수 있는 보편적인 소프트웨어 공학적 방법이나 기법이 존재하지 않는다. 하지만 다음과 같이 다양한 여러 유형의 소프트웨어에 영향을 미치는 네 가지 문제들이 있다.

1. **이질성(*heterogeneity*):** 점점 더, 시스템이 서로 다른 유형의 컴퓨터와 모바일 기기가 연결되어 있는 네트워크를 통해 분산 시스템으로서 동작해야 하는 경우가 늘고 있다. 소프트웨어는 범용 목적의 컴퓨터상에서 뿐 아니라, 모바일이나 태블릿 제품에서 실행되기도 한다. 오래 전에 다른 프로그래밍 언어로 만들어진 레거시(legacy) 시스템과 신규 소프트웨어를 통합해야 하는 경우도 있다. 여기서의 문제는 이러한 이질성을 극복할 수 있도록 충분히 유연하면서도 신뢰할 수 있는 소프트웨어를 구축하는 기법을 개발하는 것이다.
2. **비즈니스와 사회적 변화:** 신흥 경제가 발전하고 새로운 기술이 등장하면서 비즈니스와 사회는 믿을 수 없을 정도로 빨리 변화하고 있다. 그러므로 기존 소프트웨어를 변경하고 빠르게 새로운 소프트웨어를 개발해야 한다. 전통적 소프트웨어 공학 기법들을 사용하는 대부분의 경우가 시간을 많이 소요하였으며, 신규 시스템 공급에도 계획했던 것보다 많은 시간이 걸렸다. 고객에게 가치를 전달하는 소프트웨어를 더 빨리 개발하기 위해 소프트웨어 공학 기법을 개선할 필요가 있다.
3. **보안과 신뢰:** 소프트웨어가 우리 삶의 모든 부분과 밀접하게 관련되어있기 때문에 우리가 소프트웨어를 신뢰할 수 있어야 한다. 웹 페이지나 웹 서비스 인터페이스를 통해 접근하는 시스템의 경우는 더욱 더 신뢰성을 요구한다. 악의적인 사용자가 소프트웨어를 성공적으로 공격할 수 없도록 하고, 정보 보안이 유지되도록 해야 한다.
4. **규모:** 휴대가 가능한 아주 작은 임베디드 시스템이나 웨어러블 기기부터 글로벌 커

뮤니티를 다루는 인터넷 규모나 클라우드 기반 시스템에 이르기까지 다양한 규모의 소프트웨어를 개발해야 한다.

이 문제들을 다루기 위해서는 기존의 소프트웨어 공학 방법을 결합하고 사용하는 혁신적인 방식과 함께 새로운 도구와 기법이 필요할 것이다.

1.1.2 소프트웨어 공학의 다양성

소프트웨어 공학은 소프트웨어 고객과 공급자의 요구사항 외에도 실제 비용과 일정, 확실성 문제를 고려한 소프트웨어를 공급하기 위한 체계적인 접근법이다. 사용하는 특정 방법과 도구, 기법은 소프트웨어를 개발하는 조직과 개발 프로세스에 관여한 사람들에 의해 좌우된다. 모든 시스템과 모든 회사에 맞는 보편적인 소프트웨어 공학 기법은 존재하지 않는다. 오히려, 다양한 소프트웨어 공학 기법과 도구가 지난 50년간 진화해왔다. 하지만 SEMAT 연구(Jacobson et al. 2013)에서는 다양한 종류의 프로세스를 만들 수 있는 근본적인 메타-프로세스(meta-process)가 존재할 수 있음을 제안하였다. 이 연구는 초기 개발 단계이고, 오늘날 소프트웨어 공학 기법을 향상시키는 데 도움이 될 수 있다.

어떤 소프트웨어 공학 기법과 기술이 가장 중요한지를 결정하는 데 있어 제일 중요한 요소는 개발하는 애플리케이션의 유형이다. 애플리케이션의 유형은 다음과 같이 다양하다.

1. **독립형 애플리케이션:** 개인용 컴퓨터에서 동작하는 애플리케이션 시스템이나 모바일 기기에서 동작하는 앱이다. 필요한 기능을 모두 가지고 있고 네트워크 연결이 불필요한 경우도 있다. 예로는 PC용 업무 애플리케이션, CAD 프로그램, 사진 작업 소프트웨어, 여행 앱과 생산성 관련 앱 등이 있다.

2. **대화형 트랜잭션 기반 애플리케이션:** 원격 컴퓨터상에서 실행하는 애플리케이션으로 사용자의 컴퓨터, 전화 또는 태블릿을 이용하여 접근한다. 분명히, 상품이나 서비스를 사기 위해 사용하는 원격 시스템인 전자상거래 애플리케이션과 같은 웹 애플리케이션도 이에 해당한다. 웹 브라우저 또는 전자우편과 사진 공유와 같은 특정 목적을 가진 클라이언트 프로그램과 클라우드 기반 서비스를 통해 시스템 접속을 제공하는 비즈니스 시스템도 이 범주에 속하는 애플리케이션이다. 대화형 애플리케이션은 종종 트랜잭션이 이루어질 때마다 접근과 업데이트를 수행하는 대규모 데이터 저장소를 포함한다.

3. **임베디드 제어 시스템:** 하드웨어 기기를 제어하고 관리하는 소프트웨어 제어 시스템이다. 수치상으로는 시스템 유형 중에서 임베디드 시스템이 가장 높은 비중을 차

지한다. 임베디드 시스템의 예로는 휴대폰 소프트웨어, 브레이크 잠김방지 시스템 (ABS: antilock braking system) 소프트웨어와 요리 과정을 제어하는 전자렌지 소프트웨어 등이 있다.

4. **일괄처리 시스템:** 대규모로 데이터를 처리하도록 설계한 비즈니스 시스템이다. 많은 수의 개별 입력을 가공하여 각각에 해당하는 출력을 만들어낸다. 일괄처리 시스템의 예로는 전화 과금 시스템과 급여 지급 시스템과 같은 정기 과금 시스템이 있다.
5. **오락 시스템:** 사용자가 즐기기 위해 개인적으로 사용하는 시스템이다. 대부분의 경우는 특수 목적 콘솔 하드웨어상에서 실행하는 게임이다. 제공하는 사용자 상호 작용의 품질은 오락 시스템이 가진 가장 중요한 차별화 특성이다.
6. **모델링 및 모의실험 시스템:** 물리적 진행이나 상황을 모델링하기 위해 과학자와 엔지니어가 개발한 시스템으로 독립적으로 상호 작용하는 수많은 객체를 가지고 있다. 이 시스템은 계산 집약적인 경우가 많기 때문에 실행 프로세스에 고성능의 병렬 시스템을 필요로 한다.
7. **데이터 수집 및 분석 시스템:** 데이터 수집 시스템은 환경으로부터 데이터를 수집하여 처리를 위해 다른 시스템으로 전달한다. 이 소프트웨어는 센서들과 상호 작용해야 하는 경우가 있고, 종종 엔진의 내부나 원격지와 같이 까다로운 환경에 설치한다. "빅 데이터" 분석은 통계적 분석을 수행하고 수집된 데이터상에서 관계를 찾는 클라우드 기반 시스템을 수반할 수 있다.
8. **복합시스템(*SoS: systems of systems*):** 기업 및 다양한 대규모 조직에서 사용하며 여러 다른 소프트웨어 시스템으로 구성된다. 일부는 ERP 시스템과 같은 일반 소프트웨어 제품인 경우도 있다. 구성에 속하는 다양한 시스템은 사용 환경에 특별히 맞추어 제작될 수 있다.

물론, 시스템 유형 사이의 경계는 모호하다. 전화기용 게임을 만든 개발자는 전화 소프트웨어 개발자와 마찬가지의 제약 조건(전원, 하드웨어 인터페이스)을 고려해야 한다. 일괄 처리 시스템은 웹 기반 트랜잭션 시스템과 함께 사용하는 경우가 많다. 가령, 회사에서 웹 애플리케이션을 통해 여행 경비 청구를 할 수 있지만 월간 지급을 위해 일괄 처리 애플리케이션을 실행할 수도 있다.

각각의 시스템 유형별로 소프트웨어가 서로 다른 특성을 가지기 때문에 해당 시스템별로 특화된 소프트웨어 공학 기법을 사용해야 한다. 예를 들어, 자동차 임베디드 제어 시스템은 안전성 중심 시스템이기 때문에 차량에 설치할 때는 읽기 전용 메모리 (ROM: read-only memory)에 올려야 한다. 이 경우, 변경 비용이 많이 발생한다. 이런 시스템은 소프트웨어 문제 수정을 위해 판매 후 자동차를 리콜(recall)해야 하는 가능성을 최소화하기 위해 강도 높은 검증 및 확인(V&V: verification and validation)이 필요하다. 사용자 상호 작용은 최소화(또는 없는 경우도 있음)하여, 사용자 인터페이스 프로토타이핑을 다루는 개발 프로세스를 사용할 필요가 없다.

대화식 웹 기반 시스템이나 앱에는 재사용 컴포넌트를 조합한 시스템을 가지고 반복적으로 개발하고 인도하는 것이 가장 좋은 접근법이다. 하지만 이 접근법은 각각의 시스템을 독립적으로 개발할 수 있도록 미리 시스템 상호 작용에 대해 상세히 작성해야 하는 복합시스템에는 적합하지 않다.

그럼에도 불구하고, 모든 유형의 소프트웨어 시스템에 적용 가능한 소프트웨어 공학의 기본 사항이 있다.

1. 관리되고 이해되는 개발 프로세스를 따라 소프트웨어를 개발해야 한다. 소프트웨어를 개발하는 조직은 개발 프로세스를 계획하고 무엇을 만들 것인지와 언제 완성할 것인지에 대해 명확히 알고 있어야 한다. 또한, 개발하는 소프트웨어의 유형에 맞는 프로세스를 사용해야 한다.
2. 모든 유형의 시스템에서 확실성과 성능은 중요하다. 소프트웨어는 장애 없이 의도한대로 동작해야 하며, 필요할 때 사용 가능해야 한다. 동작 중에는 안전해야 하며, 외부의 공격으로부터 가능한 보안이 보장되어야 한다. 또한 시스템은 효율적으로 동작하고 자원을 낭비하지 않아야 한다.
3. 소프트웨어 명세 및 요구사항(소프트웨어가 해야 할 것)을 이해하고 관리하는 것은 중요하다. 시스템의 다양한 고객과 사용자가 시스템으로부터 무엇을 바라는지를 파악해야 하고, 그러한 기대 사항을 관리함으로써 유용한 시스템을 예산과 일정 안에서 잘 공급할 수 있어야 한다.
4. 기존의 자원을 효과적으로 활용해야 한다. 다시 말해, 적절한 경우에는 새롭게 소프트웨어를 만들지 않고 이미 개발되어 있는 소프트웨어를 재사용해야 한다.

프로세스, 확실성, 요구사항, 관리와 재사용에 대한 이런 기본적인 개념들이 이 책의 주요 주제이다. 다양한 기법은 서로 다른 방식으로 나타나지만, 모든 전문적 소프트웨어 개발의 기저를 이룬다.

이 기본 사항들은 소프트웨어 개발에 사용하는 프로그램 언어에 독립적이다. 프로그래밍 기법은 시스템 유형별로 매우 다양하기 때문에 이 책에서는 특정 프로그래밍 기법을 다루지 않는다. 가령, 루비(Ruby)와 같은 동적 언어는 대화식 시스템 개발에 적합한 언어 유형이지만 임베디드 시스템 공학에는 적합하지 않다.

1.1.3 인터넷 소프트웨어 공학

인터넷과 월드 와이드 웹(World Wide Web)의 개발은 우리의 삶 전반에 엄청난 영향을 주었다. 처음에는 웹이 보편적으로 정보 저장소에 접근하기 위한 수단이었으며 소프트웨어 시스템에는 거의 영향을 주지 못했다. 인터넷과 웹은 로컬 컴퓨터에서 실행되었으며, 조직 내에서만 접근할 수 있었다. 2000년대에 와서야 웹은 진화를 시작했으며 브라우저는 더 많은 기능을 가지게 되었다. 다시 말해, 웹 기반 시스템이 특정 목적의 사용자 인터페이스 대신 웹 브라우저를 통해서 접근할 수 있도록 개발이 가능해진 것이다. 이로 인해, 웹을 통해 혁신적인 서비스를 제공할 수 있는 엄청난 규모의 다양한 신규 시스템을 제품으로 개발할 수 있게 되었다. 이러한 제품들 대부분은 사용자로부터 직접 돈을 받지 않고 사용자의 화면에 노출되는 광고로 수익을 냈다.

이러한 시스템 제품들 외에도, 작은 프로그램을 실행하고 일부 로컬 처리를 할 수 있는 웹 브라우저의 개발로 사업 및 조직의 소프트웨어가 진화할 수 있었다. 사용자 PC 상에서 실행하고 설치하는 소프트웨어를 만드는 대신, 웹 서버를 통해 배포하는 것도 가능했다. 이렇게 모든 PC에 소프트웨어를 설치할 필요가 없었기 때문에 소프트웨어 변경이나 업그레이드 비용도 훨씬 줄어들었다. 특히, 사용자 인터페이스 개발은 비용이 높은 편이기 때문에 비용을 더 줄일 수 있었다. 비즈니스를 하면서 가능한 기업 소프트웨어 시스템과 상호 작용을 할 때에는 웹 방식을 채택하였다.

SaaS (software as a service)의 개념(17장)은 21세기 초에 등장하였다. SaaS는 Google, Microsoft Office 365와 Adobe Creative Suite와 같은 웹 기반 시스템을 배포할 때 사용하는 표준 방식이다. 점점 더 많은 소프트웨어가 로컬 서버 대신 원격 "클라우드"상에서 실행되고 인터넷을 통해 접근할 수 있다. 컴퓨팅 클라우드(computing cloud)는 다수의 사용자가 공유할 수 있는 연결된 많은 수의 컴퓨터 시스템을 뜻한다. 사용자는 소프트웨어를 사지 않고 그 소프트웨어를 사용한 정도에 따라 돈을 지불하거나 화면에 뜬 광고를 본 대가로 받은 무료로 사용할 수 있다. 웹 기반 메일, 저장소 또는 비디오 같은 서비스를 사용한다면 클라우드 기반 시스템을 사용하게 되는 것이다.

웹의 등장으로 비즈니스 소프트웨어를 구성하는 방식에 많은 변화가 있었다. 웹이 없었을 때에는 비즈니스 애플리케이션은 대부분 하나의 컴퓨터나 클러스터상에서 실행하는 획일화된 단일 프로그램이었다. 조직 안에서 로컬로만 통신을 하였다. 하지만 오늘날의 소프트웨어는 고도로 분산되어 전 세계에 흩어지는 경우도 있다. 비즈니스 애플리케이션은 처음부터 하나씩 만드는 것이 아니라 컴포넌트와 프로그램을 대규모로 재사용하여 개발한다.

소프트웨어 조직의 이러한 변화는 웹 기반 시스템을 대상으로 하는 소프트웨어 공학에 주요한 영향을 주었다. 예를 들면 다음과 같다.

1. 웹 기반 시스템을 구축할 때는 주로 소프트웨어 재사용 접근법을 사용하게 되었다. 이러한 시스템을 개발할 때에는 주로 프레임워크에서 번들 형태로 함께 제공되는 기존의 소프트웨어 컴포넌트와 시스템을 어떻게 조합할 수 있을지를 생각해야 한다.
2. 웹 기반 시스템에 대한 모든 요구사항을 미리 명세하기는 비현실적이라는 것이 일반적 통설이다. 웹 기반 시스템은 항상 점증적으로 개발하고 인도해야 한다.
3. 소프트웨어 컴포넌트가 독립적인 웹 서비스인 서비스 지향 소프트웨어 공학을 사용하여 소프트웨어를 구현할 수 있다. 소프트웨어 공학에 대한 이 접근법을 18장에서 다룬다.
4. AJAX (Holdener 2008)와 HTML5 (Freeman 2011)와 같은 인터페이스 개발 기법이 등장하여 웹 브라우저에서도 다채로운 인터페이스(rich interface)를 만들 수 있게 되었다.

이전 절에서 이야기했던 소프트웨어 공학에 대한 기본적 개념들은 다른 유형의 소프트웨어에 적용할 수 있듯이 마찬가지로 웹 기반 소프트웨어에도 적용이 가능하다. 웹 기반 시스템은 점점 더 커지고 있기 때문에 규모와 복잡도를 다루는 소프트웨어 공학 기법은 이와 밀접한 관계를 가질 수밖에 없다.

1.2 소프트웨어 공학 윤리

다른 공학 분야와 마찬가지로, 소프트웨어 공학은 엔지니어의 자유를 제한하는 사회적, 법적 틀 안에서 수행된다. 소프트웨어 엔지니어는 단순히 기술적 능력을 사용하는 것보다 훨씬 많은 책임이 있음을 알아야 한다. 또한, 소프트웨어 엔지니어가 전문가로서 존경받으려면 윤리적이고 도덕적으로 책임감 있게 행동해야 한다.

정직하고 성실하게 임해야 하는 것은 당연한 일이다. 엔지니어는 부정한 방식이나 소프트웨어 공학 직업에 분쟁을 일으킬 수 있는 방식으로 자기의 기술과 능력을 사용해서는 안된다. 하지만 다음과 같이 법보다는 강제성이 덜한 직업적 책임감으로 행동 기준을 정해야 하는 경우도 있다.

1. **비밀 유지:** 엔지니어는 공식적인 비밀 유지에 관한 협약을 맺지 않았더라도 고용주나 고객의 비밀을 유지해야 한다.
2. **능력:** 엔지니어는 자기의 능력 수준을 왜곡해서는 안된다. 즉, 자신의 능력 밖의 일을 알면서도 맡아서는 안된다.
3. **지적 재산권:** 엔지니어는 특허나 저작권과 같은 지적 재산 사용을 관장하는 법규를

소프트웨어 공학 직업 행동 강령

소프트웨어 공학 직업 행동 강령에 대한 ACM/IEEE-CS 공동 대책 위원회

전문

행동 강령에 대한 축약본은 높은 수준의 추상화 수준에서의 목표를 요약한 것이다. 전체본에 포함된 항목들은 이 목표가 어떻게 소프트웨어 엔지니어 전문가로서 우리의 행동을 변화시키는지에 관한 사례와 상세 내용을 제공한다. 목표가 없다면, 상세 내용들은 형식적이고 장황해질 수 있고, 상세 내용이 없다면 목표는 과장되지만 공허할 수 있다. 그러므로 목표와 세부 내용을 함께 엮어서 강령을 구성한다.

소프트웨어 엔지니어는 소프트웨어의 분석, 명세화, 설계, 개발, 테스팅 및 유지보수를 유익하고 높이 평가되는 작업이 되도록 전념해야 한다. 소프트웨어 엔지니어가 대중의 건강, 안전, 복지를 위해 전념하는 것에 맞추어, 다음의 여덟 가지 원칙을 준수해야 한다.

1. 대중 – 소프트웨어 엔지니어는 대중의 이익에 부합하도록 행동해야 한다.
2. 고객과 고용주 – 소프트웨어 엔지니어는 대중의 이익에 부합하면서 고객과 고용주의 이익이 최선이 될 수 있도록 행동해야 한다.
3. 제품 – 소프트웨어 엔지니어는 자신들의 제품 및 관련된 수정사항이 가능한 높은 전문 표준을 준수하도록 해야 한다.
4. 판단 – 소프트웨어 엔지니어는 자신들의 전문적 판단으로 정직성과 독립성을 유지해야 한다.
5. 관리 – 소프트웨어 공학 관리자와 리더들은 소프트웨어 개발과 유지보수의 관리를 윤리적 접근법에 따라 진행해야 한다.
6. 직업 – 소프트웨어 엔지니어는 직업의 고결함과 평판을 대중의 이익과 부합하도록 해야 한다.
7. 동료 – 소프트웨어 엔지니어는 자신들의 동료에게 공정하고 협력적이어야 한다.
8. 자신 – 소프트웨어 엔지니어는 일생 동안 자신들의 직업 실무를 학습하는 데 참여하고, 직업의 실무적 지침에 대한 윤리적 접근법을 촉진시켜야 한다.

그림 1.3 ACM/IEEE 행동 강령(소프트웨어 직업 행동 강령에 대한 ACM/IEEE 공동 대책 지원회, 축약본. http://www.acm.org/about/se-code)

잘 알고 있어야 한다. 또한, 고용주와 고객의 지적 재산이 확실하게 보호받을 수 있도록 주의해야 한다.

4. **컴퓨터 남용:** 컴퓨터 남용을 목적으로 자기의 기술적 능력을 사용해서는 안된다. 컴퓨터 남용은 상대적으로 사소한 것(직장의 컴퓨터로 게임하기)부터 매우 심각한 수준(바이러스나 멀웨어 배포)까지 광범위하다.

전문 연구회 및 단체는 윤리적 기준을 정하는 데 중요한 역할을 한다. ACM이나 IEEE 및 영국 컴퓨터 연구회와 같은 조직이 전문가 행동 강령 또는 윤리 강령을 만든다. 이 조직의 회원은 회원에 가입할 때 그 강령을 따를 것을 동의하게 된다. 이러한 행동 강령은 대부분의 경우 근본적인 윤리 강령에 관한 것이다.

ACM과 IEEE와 같은 전문 협회는 공동으로 윤리와 직업적 실무에 대한 행동 강령을 만들었다. 이 강령은 그림 1.3과 같은 요약 형태와 여기에 상세한 설명과 내용을 더 추가한 형태(Gotterbarn, Miller, and Rogerson 1999)의 두 가지가 있다. 바로 두 번째 형태의 처음 두 문단에서 이 강령에 대한 근본적인 이유를 찾아볼 수 있다.

> 컴퓨터는 일반적으로 거래, 산업, 정부, 의학, 교육, 엔터테인먼트와 사회에서 중심적이고 성장하는 역할을 하고 있다. 소프트웨어 엔지니어는 소프트웨어 시스템에 대한 분석, 명세화, 설계, 개발, 인증, 유지보수와 테스팅과 관련하여 직접 참여를 하거나 가르치는 방식으로 공헌을 하는 사람들이다. 소프트웨어 시스템 개발에서 소프트웨어 엔지니어의 역할 때문에, 그들은 좋은 영향을 주거나 해를 끼치거나, 다른 사람으로 하여금 좋은 일을 하거나 해를 끼칠 수 있도록 하거나, 또는 그렇게 할 수 있도록 영향을 주는 데 있어서 많은 기회를 가지게 된다. 가능한 그들의 노력이 좋은 방

> 향으로 쓰일 수 있도록 하기 위해, 소프트웨어 엔지니어는 소프트웨어 공학이 유익하고 높이 평가되는 작업이 되도록 전념해야 한다. 이와 관련하여, 소프트웨어 엔지니어는 직업 행동 강령을 따를 수 있도록 최선을 다해야 한다. †
>
> 강령은 해당 직업의 피교육자와 학생뿐 아니라 실무자, 교육자, 관리자, 감독자와 정책 담당자를 포함하여 직업적 소프트웨어 엔지니어가 가져야 하는 행동과 결정에 대해 여덟 가지 원칙을 내포하고 있다. 해당 원칙들은 개인, 그룹과 조직이 참여해야 하는 윤리적 대응 관계와 이 관계 속에서 지켜야 하는 주요 의무 사항들을 도출한다. 각 원칙의 조항들은 이러한 관계에 포함된 의무사항의 일부를 나타낸 것이다. 이 의무사항들은 소프트웨어 엔지니어들의 작업에 영향을 받는 사람들에 대한 특별한 관심으로, 그리고 소프트웨어 공학 실무에서의 독특한 요소로 소프트웨어 엔지니어의 인간성에서 찾을 수 있는 것들이다. 강령은 소프트웨어 엔지니어라고 주장하거나 되기를 희망하는 누구에 대해서든 이러한 것들을 의무사항으로 규정하고 있다. †

다양한 사람들이 서로 다른 견해와 목적을 가지고 있는 경우라면 어떠한 경우라도 윤리적 딜레마에 직면할 수 있다. 예를 들어, 회사 상사의 정책에 원칙적으로 동의하지 않는 경우라면 어떻게 행동할 것인가? 여러분이 어떻게 행동할지는 관련된 사람과의 의견 충돌에서 본질이 무엇인지에 달려 있다. 조직 내에서 여러분이 입장을 고수하는 그 사안에 대해 논쟁을 하는 것이 최선일까? 아니면 원칙적으로 사임을 하는 것이 최선일까? 만약 소프트웨어 프로젝트에 문제가 있다면, 이 문제를 언제 관리자에게 이야기할 것인가? 만약 이러한 문제를 단지 막연한 느낌만으로 논의한다면, 그 상황에 대해 과잉 대응한 것으로 여겨질 수 있다. 또한, 너무 오랫동안 내버려 둔다면, 그 문제를 해결하는 것이 불가능할 수도 있다.

이러한 윤리적 딜레마는 엔지니어가 전문가로 살아가면서 모두 직면하게 되는 것이며, 다행스럽게도 대부분의 경우는 비교적 중요하지 않거나 큰 어려움 없이 해결이 가능한 것들이다. 물론, 해결하기 어려운 경우는 또 다른 문제에 직면하게 될 수 있다. 원칙적으로는 그 일을 그만두어야 하는 경우도 있겠지만, 동료나 자녀들이 그 영향을 받을 수도 있다.

고용주가 비윤리적인 방식으로 행동할 때 전문 엔지니어는 어려운 상황에 봉착하게 된다. 가령, 어떤 회사가 안전성 중심 시스템을 개발해야 하는 책임이 있다고 하자. 그런데 시간의 압박 때문에 안전성 검증 기록을 조작한다. 그렇다면 비밀 유지를 하는 것이 엔지니어의 책임인가? 아니면 고객이나 대중에게 어떻게든 시스템이 안전하지 않을 수 있다고 알려야 하는가?

여기서의 문제는 안전성에 대한 절대적 기준이 없다는 것이다. 비록 그 시스템을 미

---

† ACM/IEEE-CS Joint Task Force on Software Engineering Ethics and Professional Practices, short version Preamble. http://www.acm.org/about/se-code Copyright . © 1999 by the Association for Computing Machinery, Inc. and the Institute for Electrical and Electronics Engineers, Inc.

리 정해진 기준에 의해 검증하진 않았지만, 해당 기준이 과도하게 엄격할 수도 있다. 그래서 시스템은 실제 폐기할 때까지 안전하게 동작할 수도 있다. 반대로, 적절히 검증을 하더라도 시스템의 장애로 사고가 발생할 수도 있다. 이러한 문제를 초기에 폭로하게 되면 고용주와 다른 직원들에게는 피해를 줄 수 있지만, 문제를 알리지 않게 되면 다른 사람들이 피해를 입을 수도 있다.

엔지니어는 이러한 문제에 대해 나름대로의 결정을 내려야 한다. 여기서의 적절한 윤리적 선택은 관여하고 있는 사람의 관점에 따라 다르다. 손해 가능성, 피해의 정도와 피해로 인해 영향을 받는 사람들에 따라 그 결정을 하게 된다. 만약 매우 위험한 상황이라면, 국가 언론이나 사회 매체를 이용하여 그 문제를 폭로하는 것이 정당화될 수 있다. 하지만 엔지니어는 항상 고용주의 권리를 존중하면서 상황을 해결하려고 노력해야 한다.

다른 윤리적 문제는 군사적 또는 핵 관련 시스템을 개발하는 데 참여하는 경우이다. 어떤 사람은 이러한 문제를 심각하게 생각하고 군사 시스템과 관련한 모든 시스템 개발에 참여하는 것을 꺼린다. 다른 사람은 군사 시스템 개발은 참여하지만 무기 시스템에는 관여하지 않으려 한다. 반면, 국가 안보가 최우선이기 때문에 무기 시스템을 개발하는 데 윤리적 이의를 제기하지 않는 사람들도 있다.

이러한 상황에서는 고용인과 피고용인 모두가 사전에 서로의 생각을 공유하는 것이 중요하다. 조직이 군사적 또는 핵 관련 일을 다룬다면 고용인이 어떠한 일도 수행해야 하도록 명시해야 한다. 마찬가지로, 고용인이 그러한 시스템 개발에 참여하고 싶지 않다는 명확한 의사표시를 한 후에는 고용인이 피고용인에게 그 일을 강요해서는 안 된다.

소프트웨어가 중심이 되는 시스템이 업무와 일상생활 모든 측면에서 널리 퍼져있기 때문에 일반적인 윤리 영역과 직업적 책임은 더 중요해지고 있다. 윤리의 기본 원칙을 먼저 고려하고, 이러한 기본 원칙을 참고로 소프트웨어 공학적 윤리를 논의하는 철학적 관점을 생각해볼 수 있다. 이 접근법은 Laudon (Laudon 1995)과 Johnson (Johnson 2001)이 제안한 것이다. 더 최근에는 Tavani (Tavani 2013)가 사이버 윤리 개념을 도입했으며, 철학적 배경과 실용적이면서도 법적인 문제를 한꺼번에 다루었다. 그 내용은 개발자와 같은 기술인들에 대한 윤리적 문제도 언급하고 있다.

하지만 철학적 접근은 너무 추상적이어서 일상 경험과 관련짓기 어려우므로 전문가 행동 강령(Bott 2005; Duquenoy 2007)에 포함되어 있는 구체적인 접근을 선호하는 편이다. 윤리는 그 자체로 다루기보다는 소프트웨어 공학적 관점에서 다루는 것이 더 좋다고 생각한다. 그렇기 때문에 소프트웨어 공학적 윤리를 추상적으로 논의하지 않고 그룹 토의의 출발점이 될 수 있을 만한 내용을 연습문제에 포함시켰다.

1.3 사례 연구

소프트웨어 공학 개념을 설명하기 위해, 네 가지 다른 유형의 시스템을 예로 들기로 하였다. 소프트웨어 공학 실무가 공급할 시스템의 유형에 따라 달라진다는 것이 이 책의 주요 메시지 중 하나이기 때문에 의도적으로 하나 이상의 사례 연구를 담았다. 그러므로, 안전성과 확실성, 시스템 모델링, 재사용 등의 개념을 설명할 때마다 적절한 사례를 볼 수 있다.

사례 연구에서 사용하는 시스템의 유형은 다음과 같다.

1. **임베디드 시스템:** 하드웨어 기기의 일부를 제어하는 소프트웨어가 해당 기기에 내장된 시스템이다. 임베디드 시스템의 전형적인 문제는 물리적인 크기, 반응성과 전력 관리 등이다. 이 책에 나오는 임베디드 시스템의 예는 당뇨병 환자용으로 사용하는 인슐린 펌프를 제어하는 소프트웨어 시스템이다.
2. **정보 시스템:** 정보 데이터베이스에 대한 접근을 관리하고 제공하는 것이 주 목적인 시스템이다. 정보 시스템에서는 보안, 사용성, 개인정보와 데이터 무결성 유지 등을 문제로 다룬다. 이 책에서는 의무 기록 시스템을 정보 시스템의 예로 든다.
3. **센서 기반 데이터 수집 시스템:** 이 시스템의 주요 목적은 여러 센서들로부터 데이터를 수집하여 어떠한 방식으로 데이터를 가공하는 것이다. 그러한 시스템의 주요 요구사항으로는 까다로운 환경에서도 보장될 정도의 신뢰성과 유지보수성 등이 있다. 이 책에서는 황무지의 기상 관측기를 예로 든다.
4. **지원 환경:** 특정 활동을 지원하기 위한 소프트웨어 도구들을 통합한 시스템이다. 아마도 이 책의 독자라면 이클립스(Vogel 2012)와 같은 프로그래밍 환경에는 친숙할 것이다. 여기서는 학교에서 학생들의 학습에 도움을 주는 디지털 학습 환경을 예로 든다.

이 장에서 이들 시스템 각각을 소개한다. 각 시스템에 대한 자세한 정보는 웹 사이트(software-engineering-book.com)에서 얻을 수 있다.

1.3.1 인슐린 펌프 제어 시스템

인슐린 펌프는 내부 기관 중 하나인 췌장의 동작을 시뮬레이션하는 의료 시스템이다. 이 임베디드 시스템을 제어하는 소프트웨어는 센서로부터 정보를 수집하여 계산한 양만큼의 인슐린을 사용자에게 주입하기 위한 펌프를 제어하게 된다.

주로 당뇨병 환자들이 이 시스템을 사용한다. 당뇨병은 인슐린이라는 충분한 양의 호르몬을 사람의 췌장이 만들어내지 못해서 발생하는 비교적 흔한 병이다. 인슐린은 혈액 속의 포도당(당분) 신진대사에 관여한다. 당뇨병을 다루는 전통적인 처치법은 유전

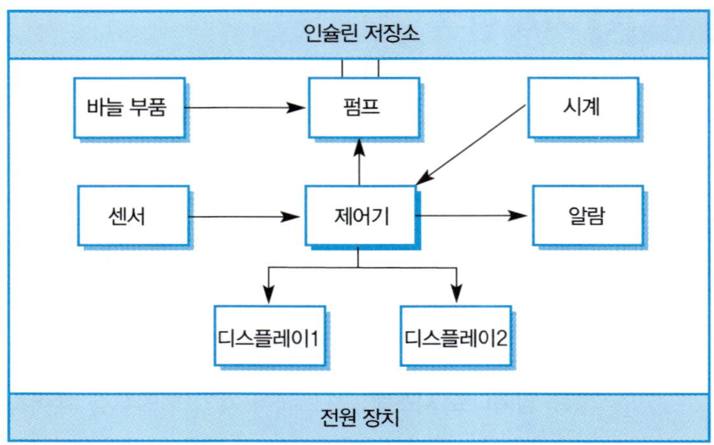

그림 1.4 인슐린 펌프 하드웨어 아키텍처

자 조작된 인슐린을 정기적으로 주입하는 것이다. 당뇨병 환자는 외부 장비를 이용하여 주기적으로 혈당 수치를 측정한 후 주입해야 할 인슐린의 양을 측정해야 한다.

문제는 필요한 인슐린의 수준을 알기 위해서는 혈당량뿐 아니라 가장 최근의 인슐린 주입 시점도 고려해야 한다는 것이다. 불규칙적인 점검 때문에 인슐린 과다로 인한 심한 저혈당이 될 수도 있고, 인슐린 부족으로 인한 심각한 고혈당 상황이 벌어질 수도 있다. 저혈당은 일시적인 뇌기능 장애, 결국에는 무의식과 죽음으로까지 이어질 수 있기 때문에 단기적으로는 훨씬 심각한 문제이다. 하지만 장기간 고혈당이 지속될 경우는 실명, 신장 손상과 심장 문제가 발생할 수 있다.

초소형 센서 개발의 발달로 지금은 자동화된 인슐린 주입 시스템 개발이 가능해졌다. 이러한 시스템을 통해 혈당량을 모니터링하고 필요한 경우에는 적절한 용량의 인슐린을 주입할 수 있다. 이와 같은 인슐린 주입 시스템은 이미 개발되었으며, 인슐린 수치 조절에 어려움이 있는 환자들이 사용하고 있다. 미래에는, 이러한 시스템을 영구적으로 당뇨병 환자의 몸에 부착하여 사용하게 될지도 모른다.

소프트웨어로 제어하는 인슐린 주입 시스템은 환자의 몸에 부착한 마이크로프로세서를 이용하여 혈당량에 비례하는 특정한 혈액 검사 수치를 측정하게 된다. 그 후, 그 수치값이 펌프 제어기로 전달되면 그 제어기에서 혈당량과 필요한 인슐린의 양을 계산하게 된다. 마지막으로, 제어기는 초소형 펌프에 신호를 보냄으로써 영구적으로 몸에 부착된 바늘을 통해 필요한 인슐린을 주입하게 된다.

그림 1.4는 하드웨어 컴포넌트와 인슐린 펌프의 구성을 나타낸 것이다. 혈액 센서가 다양한 상황에 따른 혈액의 전기적 전도성을 측정하게 되며, 바로 그 전도성이 혈당 수치와 관련이 있다는 것을 알면 이 책의 사례를 이해하는 데 도움이 될 것이다. 인슐린 펌프는 제어기의 단일 펄스에 대응하여 한 단위량의 인슐린을 주입한다. 그러므로 10 단위의 인슐린을 주입하려면 제어기가 10개 펄스를 펌프에 전달해야 한다. 그림 1.5는

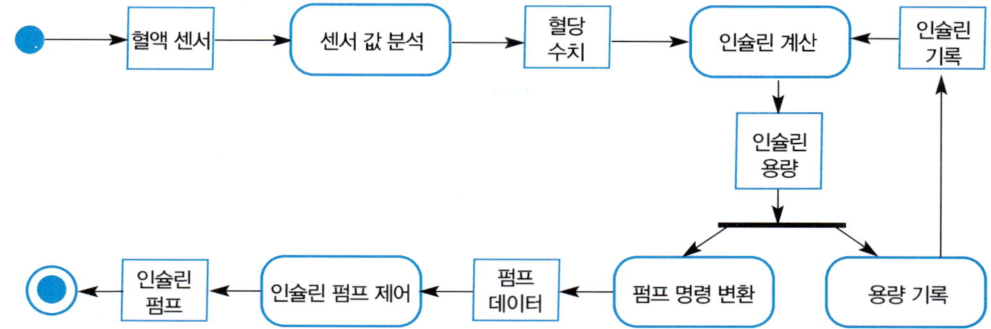

그림 1.5 인슐린 펌프의 액티비티 모델

소프트웨어가 입력으로 받은 혈당량으로부터 인슐린 펌프를 제어하기 위한 명령어들을 생성하는 흐름을 보여주는 UML 액티비티 다이어그램이다.

분명히, 이 시스템은 안전성 중심 시스템이다. 펌프가 고장나서 동작하지 않게 되거나 오동작할 경우 고혈당이나 저혈당으로 인해 사용자의 몸이 손상을 입거나 혼수상태에 빠질 수도 있다. 그러므로 이 시스템은 다음에 주어진 두 가지 상위 수준의 필수 요구사항을 반드시 만족해야 한다.

1. 시스템은 필요할 때 반드시 동작해야 한다.
2. 시스템은 신뢰할 수 있도록 동작해야 하며 현재의 혈당량에 맞추어 정확한 양의 인슐린을 주입해야 한다.

이 시스템은 반드시 위의 요구사항을 항상 만족할 수 있도록 설계하고 구현해야 한다. 더 상세한 요구사항과 시스템의 안전성을 보장하는 방법에 대해서는 이후의 다른 장에서 다룬다.

1.3.2 정신 건강 관리를 위한 환자 정보 시스템

정신 건강 관리를 위한 환자 정보 시스템(Mentcare system)은 정신 건강 문제를 가진 환자에 대한 정보와 환자들이 받았던 치료 기록을 관리하기 위한 의료 정보 시스템이다. 대부분의 정신 건강 환자들은 전용의 병원 치료가 필요하진 않지만 환자의 문제에 대해 상세히 알고 있는 의사를 만날 수 있는 특수 클리닉에 정기적으로 다녀야 한다. 환자들의 통원을 쉽게 하기 위해, 이러한 클리닉은 병원에서만 운영하지는 않는다. 지역의 의료 사무실이나 복지관에서도 운영할 수 있다.

Mentcare 시스템(그림 1.6)은 클리닉에서 사용할 목적으로 만들어진 환자 정보 시스템이다. 이 시스템은 환자 정보를 위해 중앙 집중 데이터베이스를 이용하지만 노트북에서도 사용할 수 있도록 설계한 것이기 때문에 보안 네트워크 연결이 없는 사이트에서도 접근하여 사용할 수 있다. 로컬 시스템이 보안 네트워크 접근이 가능한 경우에

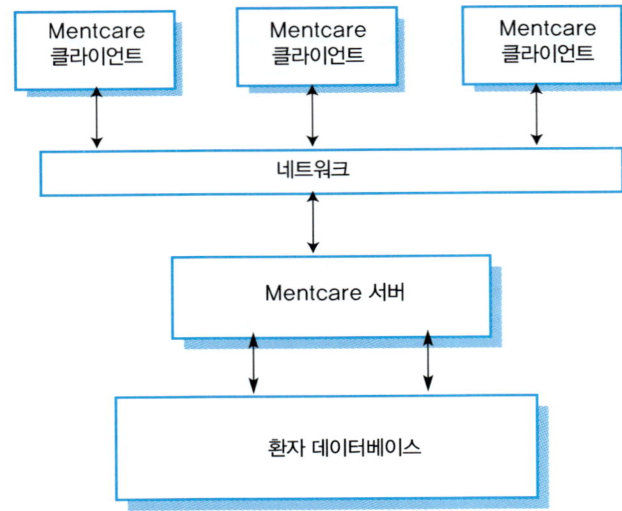

그림 1.6 Mentcare 시스템의 구성

는 데이터베이스상의 환자 정보를 사용하지만, 연결이 끊어진 경우에는 환자 기록의 복사본을 로컬에 다운로드 받아서 사용할 수 있다. 이 시스템은 완전한 형태의 의무 기록 시스템이 아니기 때문에 다른 질병에 대한 정보는 다루지 않는다. 하지만 다른 클리닉 정보 시스템과 데이터를 주고받을 수도 있다.

이 시스템은 다음의 두 가지 목적을 가진다.

1. 공공 의료 서비스 관리자가 지역과 정부의 성과를 평가할 수 있도록 관리 정보를 제공한다.
2. 환자 치료에 도움을 줄 수 있도록 의료진에게 때맞춘 정보를 제공한다.

정신 건강 문제를 가진 환자들은 가끔 비이성적이고 체계적이지 못해서 약속을 잊고, 의도적이든 실수든 처방이나 약물 복용을 놓치고, 지시사항을 어기거나 의료진에게 지나친 요구를 하는 경우가 있다. 클리닉에 갑자기 방문하는 경우도 있다. 흔치는 않지만, 어떤 경우는 다른 사람이나 스스로에게 위협이 되기도 한다. 주기적으로 주소를 바꾸거나 장단기적으로 볼 때 집이 없는 경우도 있다. 위협이 되는 환자는 “격리”가 필요한 경우도 있다. 이런 경우는 치료와 관찰을 위해 안전 병원에 감금하기도 한다.

이 시스템 사용자에는 의사, 간호사 및 환자 치료 점검을 목적으로 집을 방문하는 간호사인 보건원같은 클리닉 직원들이 있다. 예약 업무를 보는 접수 담당자, 기록 시스템을 관리하는 의무 기록원과 보고서를 작성하는 행정 직원과 같이 의료진이 아닌 사용자도 있다.

이 시스템은 환자 정보(이름, 주소, 나이, 가까운 친척 등), 상담 내역(날짜, 담당 의사, 환자에 대한 주관적 소견 등), 상태와 치료 정보를 기록하는 데 사용한다. 정기적으로 의료진과 보건 당국 관리자에게 보여줄 보고서도 작성해준다. 일반적으로, 의료진에게 전달할 보고서는 개별 환자 정보에 초점을 맞추는 반면, 관리자용 보고서는 익명으로 작성되어 상태 및 치료 비용 등의 내용을 포함한다.

이 시스템의 주요 특징은 다음과 같다.

1. **개인별 관리:** 임상의는 환자 기록을 작성하고, 시스템 정보를 수정하고, 환자 내역을 살펴보는 등의 여러 작업을 할 수 있다. 이 시스템은 요약 정보도 제공함으로써 이전에 환자를 본 적이 없는 의사들도 주요 문제와 처방했던 치료를 빨리 알 수 있도록 해준다.
2. **환자 모니터링:** 진료에 참여하고 있는 환자 기록을 주기적으로 모니터링하고, 문제점이 발견되면 경고를 띄운다. 그러므로 어떤 환자가 의사 진료를 한동안 받지 않았다면 경고를 발생시키게 하는 것도 가능하다. 모니터링 시스템의 중요한 기능 중 하나는 격리된 환자를 놓치지 않고 관리함으로써 법적으로 필요한 검사를 적절한 시기에 할 수 있도록 보장하는 것이다.
3. **행정 보고:** 클리닉 별로 진료를 받은 환자 수, 진료 시스템에 출입한 환자 수, 격리 환자 수, 처방된 약과 가격 등을 알 수 있도록 매월 관리 보고서를 작성해준다.

이 시스템에서 고려해야 할 두 가지 다른 법률이 있다. 하나는 개인 정보 비밀 유지를 위한 정보 보호에 관한 법률이고, 다른 하나는 자해를 하거나 다른 사람에게 위협이 될 가능성이 있는 환자를 강제 구금하는 것과 관련한 정신보건법이다. 정신보건은 환자의 의지와 무관하게 강제 구금을 권고할 수 있는 유일한 의료 분야라는 관점에서 다른 분야와 차별화된다. 이는 엄격한 법적 보호 장치를 따른다. Mentcare 시스템의 목적 한 가지는 직원이 항상 법률을 따라 일관성 있게 대처할 수 있도록 하고, 필요에 따라 직원들의 결정 사항을 법적으로 심사하기 위한 기록으로 남기는 것이다.

모든 의료 시스템에서처럼, 개인정보 보호는 중요한 시스템 요구사항이다. 환자 정보는 비밀로 유지하고 권한이 있는 의료진과 환자 본인 외에는 그 정보를 절대 공개해서는 안된다. Mentcare 시스템은 안전성 중심 시스템이기도 하다. 어떤 정신 질환은 환자 스스로 자살을 하거나 다른 사람에게 위협이 되기 때문이다. 그러므로 시스템은 자살 가능성이나 위험한 환자 명단이 발생할 때마다 의료진에게 경고해주어야 한다.

이 시스템의 전반적인 설계를 위해서는 개인정보와 안전성 요구사항을 고려해야 한다. 특히, 시스템은 필요할 때 반드시 사용할 수 있어야 한다. 그렇지 않으면 안전성이 보장될 수 없고, 환자에게 정확한 처방을 내리는 것이 불가능할 수도 있다. 물론 여기에는 상충되는 문제가 발생할 수도 있다. 개인정보는 단일 시스템 데이터이어야 유지보수가 용이한 반면, 서버에 장애가 발생하거나 네트워크가 끊어졌을 경우에도 사용이 가능하려면 여러 개의 복사본 데이터를 사용하는 것이 좋다. 이러한 요구사항에서의 상반된 문제는 추후의 다른 장에서 다루기로 한다.

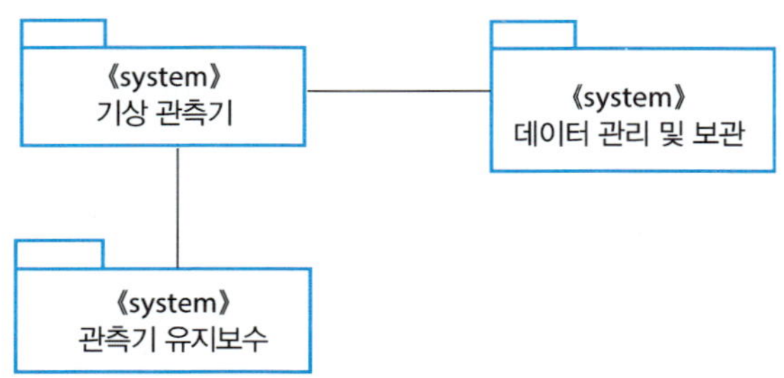

그림 1.7 기상 관측기의 환경

1.3.3 황무지의 기상 관측기

넓은 황무지를 가진 국가의 경우는 멀리 떨어진 지역의 기상 변화를 모니터링하고 일기 예보의 정확도를 높이기 위해 정부가 해당 지역에 수백 개의 기상 관측기를 설치하기도 한다. 이 관측기는 온도와 압력, 일조량, 강우량, 풍속 및 풍향을 측정하는 장비에서 데이터를 수집한다.

황무지의 기상 관측기는 기상 정보 시스템이라는 더 거대한 시스템(그림 1.7)의 일부이다. 기상 정보 시스템은 기상 관측기로부터 데이터를 수집해서 다른 시스템이 그 정보를 가공할 수 있도록 해준다. 그림 1.7에 나타나 있는 시스템들은 다음과 같다.

1. **기상 관측기 시스템:** 기상 데이터를 수집하고, 초기 데이터를 가공한 후 그 결과를 데이터 관리 시스템으로 전송한다.
2. **데이터 관리 및 보관 시스템:** 황무지의 모든 기상 관측기로부터 데이터를 수집하고, 가공과 분석을 거쳐 일기 예보 시스템과 같은 다른 시스템이 사용할 수 있는 형태로 보관한다.
3. **관측기 유지보수 시스템:** 위성을 통해 황무지의 모든 기상 관측기와 통신함으로써, 각각의 관측기의 건전성을 모니터링하고 문제 상황을 보고할 수 있다. 이 시스템은 내장되어 있는 소프트웨어를 업데이트할 수도 있다. 시스템 문제 상황이 발생한 경우에는 기상 관측기를 원격으로 제어할 수 있다.

그림 1.7에서 각각의 시스템이 컴포넌트로 구성되어 있다는 것을 표현하기 위해 UML 패키지 심벌을 사용하였고, 그 시스템들을 UML 스테레오타입인 《system》으로 식별하였다. 패키지들 사이의 연관은 정보 교류를 나타내지만, 이 단계에서는 더 자세히 정의하지 않아도 된다.

기상 관측기는 24시간 내내 풍속과 풍향, 지표 및 대기 온도, 기압과 강우량과 같은 기후값들을 측정하는 장비를 가지고 있다. 소프트웨어가 각각의 장비를 제어하는데, 기후값들을 주기적으로 읽어오고, 그 측정값들을 관리하는 기능도 제공한다.

기상 관측기 시스템은 동작 중에 기후 관측 정보를 짧은 간격으로 수집한다. 가령,

온도는 매 분마다 측정하는 식이다. 하지만 위성의 대역폭이 비교적 좁은 편이라서 기상 관측기는 데이터 가공 및 수집은 직접하고, 이후에는 데이터 수집 시스템의 요청에 의해 수집된 데이터를 전송하게 된다. 접속이 어려운 경우에는 통신이 재개될 때까지 기상 관측기가 그 데이터를 자체적으로 관리한다.

외부 전력이나 네트워크 케이블도 없기 때문에 각각의 기상 관측기는 배터리 전원을 사용하고, 필요한 것은 모두 자체적으로 갖추고 있어야 한다. 모든 통신은 비교적 느린 위성망을 이용하여 이루어지며, 기상 관측기는 태양열이나 풍력과 같은 방식을 이용한 배터리 충전 방안을 가지고 있어야 한다. 또한, 기상 관측기는 황무지에 설치되기 때문에 다양한 환경 상태를 접하게 되고, 동물에 의해 훼손되기도 한다. 그러므로 관측기에 사용하는 소프트웨어는 데이터 수집 외에도 다음과 같은 것들을 고려해야 한다.

1. 장비와 전력, 통신 하드웨어를 모니터링하고 관리 시스템에 결함을 보고해야 한다.
2. 환경 상태가 좋을 때뿐 아니라 폭풍 등 악화된 기상 조건 때문에 발전기가 꺼지는 경우에도 배터리가 충전된 상태를 유지하도록 시스템 전력을 관리해야 한다.
3. 소프트웨어를 부분적으로 새로운 버전으로 변경하고, 시스템 장애 시에는 백업 장비로 대체할 수 있도록 동적 재구성(dynamic reconfiguration)을 지원해야 한다.

기상 관측기는 독립적이며, 방치된 상황에서도 동작해야 하기 때문에 데이터 수집 기능이 분명 간단함에도 불구하고, 시스템에 설치된 소프트웨어는 복잡할 수밖에 없다.

1.3.4 학교용 디지털 학습 환경

많은 선생님들이, 교육 지원용 대화식 소프트웨어 시스템을 사용하면 교육자의 동기를 강화하고 학생들을 보다 깊이 있게 알고 이해할 수 있다고 주장한다. 하지만 컴퓨터를 이용한 교육에 대해 일반적으로 "최선"의 전략이란 존재할 수 없기 때문에, 현장의 선생님들은 학습 지원을 위해 매우 다양한 종류의 대화식, 웹 기반 도구를 사용한다. 학습자의 나이, 문화적 배경, 컴퓨터를 사용한 경험 정도, 가능한 장비 및 교육에 참여하는 선생님들의 선호 등에 따라 도구를 정하게 된다.

디지털 학습 환경은 학습을 위해, 범용 및 특수 목적으로 설계한 도구들이 포함되어 있고, 그 시스템을 사용하는 교육자의 요구를 충족시키는 애플리케이션들로 구성된 일종의 프레임워크이다. 그 프레임워크는 인증 서비스, 동기 및 비동기 통신 서비스와 저장 서비스 같은 일반 서비스도 제공한다.

각각의 학습 환경 버전에 포함하는 도구는 선생님과 학습자가 개별 목적에 맞추어 선택하는 것이다. 그 도구들은 스프레드시트와 같은 일반 애플리케이션일 수도 있고, 과제 제출 및 평가 관리를 위한 가상 학습 환경(VLM: Virtual Learning Environment)

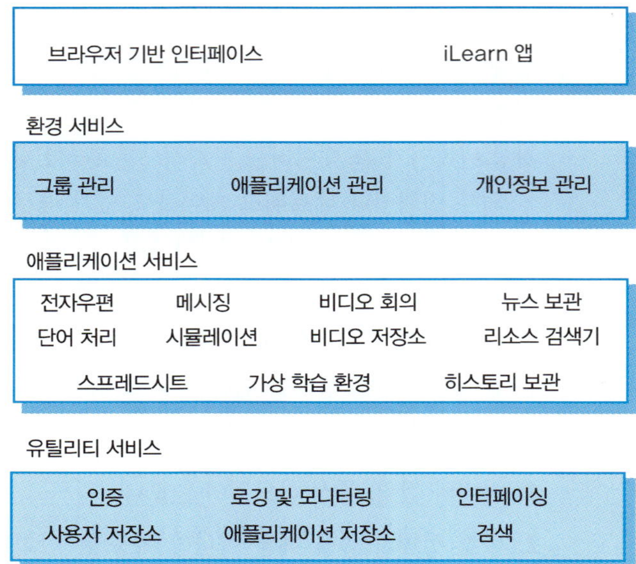

그림 1.8 디지털 학습 환경 (iLearn)의 아키텍처

과 같은 학습 관리 애플리케이션이거나, 게임 또는 시뮬레이션일 수도 있다. 미국 남북 전쟁과 같은 내용을 다루는 어떤 콘텐츠와 그 내용을 보고, 필기할 수 있도록 해주는 애플리케이션일 수도 있다.

그림 1.8은 3살부터 18살의 학생들이 학교에서 사용할 수 있도록 설계한 디지털 학습 환경인 iLearn의 고수준 아키텍처 모델이다. 이 시스템은 환경의 모든 컴포넌트를 서비스로 구성함으로써 인터넷을 통해 어디에서나 사용할 수 있도록 분산 시스템의 접근법을 채택하였다. 학습 도구가 한 군데 모여 있어야 한다는 요구 사항은 없다.

이 시스템은 서비스 기반 시스템으로 모든 시스템 컴포넌트가 대체 가능한 서비스이다. 이 시스템은 세 가지 유형의 서비스로 구성되었다.

1. **유틸리티 서비스:** 애플리케이션에 독립적인 기본적 기능을 제공하며, 시스템상의 다른 서비스들이 사용할 수도 있다. 대부분 유틸리티 서비스를 개발할 때는 이 시스템을 특별히 고려하여 맞춤식으로 개발한다.
2. **애플리케이션 서비스:** 전자우편, 원격회의, 사진 공유 등과 같은 특정 애플리케이션을 제공하며, 과학 동영상이나 역사적 자료 같은 특정 교육 콘텐츠 사용에 대한 서비스도 제공한다. 애플리케이션은 이 시스템을 위해 특별히 구입하거나 인터넷상에서 무료로 제공하는 외부 서비스에 해당한다.
3. **설정 서비스:** 어떤 애플리케이션 서비스들로 구성된 환경에 맞도록 설정하고, 학생, 선생님 및 학부모들 간에 서비스를 공유하는 방법을 정의한다.

이 학습 환경은 서비스들을 사용 가능한 새로운 서비스로 대체할 수 있고, 사용자의 나이에 맞도록 다른 버전의 시스템을 제공할 수 있도록 설계되었다. 즉, 이 서비스는 다음과 같은 두 가지 수준의 서비스 통합을 지원한다.

1. **통합 서비스:** 다른 서비스들이 접근할 수 있도록 API (application programming interface)를 제공한다. 이 때문에, 서비스-서비스 간 직접 통신이 가능하다. 인증 서비스는 통합 서비스의 한 사례이다. 서비스들은 사용자 인증을 위해 자체 인증 방식을 사용하기보다는 인증 서비스를 호출하여 사용하게 된다. 사용자가 이미 인증을 받은 상태라면 사용자가 인증을 다시 받을 필요가 없도록 인증 서비스가 API를 통해 다른 서비스에게 인증 정보를 직접 넘겨줄 수도 있다.
2. **독립 서비스:** 브라우저 인터페이스를 통해 단순 접속을 하기 때문에 다른 서비스에 독립적으로 실행할 수 있다. 복사(copy)나 붙여넣기(paste)와 같은 명확한 사용자 행위를 통해서만 다른 서비스와 정보 공유가 가능하다. 각각의 독립 서비스에 대해서는 재인증이 필요할 수 있다.

어떤 독립 서비스가 널리 사용되면 개발팀은 그 서비스를 통합 및 지원 서비스를 구성하도록 통합시킬 수도 있다.

키 포인트

- 소프트웨어 공학은 소프트웨어 생산의 모든 측면과 관련한 공학적 학문 분야이다.
- 소프트웨어는 단지 하나 또는 여러 프로그램을 뜻하는 것이 아니라, 시스템 사용자, 품질 보증 담당자와 개발자가 필요로 하는 모든 전자 문서를 포함한다. 필수적인 소프트웨어 특성으로는 유지보수성, 확실성과 보안성, 효율성 및 수용성이 있다.
- 소프트웨어 프로세스는 소프트웨어 개발에 관련한 모든 활동을 포함한다. 명세화, 개발, 검증 및 진화와 같은 고수준의 활동들은 모두 소프트웨어 프로세스의 일부에 해당한다.
- 다양한 종류의 시스템이 존재하며, 각각의 시스템은 개발을 위해 적절한 소프트웨어 공학 도구와 기법을 필요로 한다. 있다고 하더라도 극소수의 설계와 구현 기법들만 모든 종류의 시스템에 적용이 가능하다.
- 소프트웨어 공학의 기본적 개념은 모든 종류의 소프트웨어 시스템에 적용할 수 있다. 이러한 기본 개념에는 체계적인 소프트웨어 프로세스, 소프트웨어 확실성과 보안성, 요구공학 및 소프트웨어 재사용 같은 것들이 있다.
- 소프트웨어 엔지니어는 공학적 전문성과 사회에 대한 책임이 있다. 소프트웨어 엔지니어는 단순히 기술적 이슈에 관여하는 것 외에도 업무에 영향을 주는 윤리적 문제에 대해서도 잘 알고 있어야 한다.
- 전문 사회는 윤리적이고 직업적 표준을 담고 있는 행동 강령을 공개한다. 이 강령들은 그 사회에 속한 구성원들이 행할 것으로 기대하는 표준들을 정해놓고 있다.

추가로 읽을거리

"Software Engineering Code of Ethics Is Approved." ACM/IEEE 윤리 강령 개발의 배경을 다루고 있는 글로 해당 강령의 짧고, 긴 버전을 모두 포함하고 있음(*Comm. ACM*, D. Gotterbarn, K. Miller, and S. Rogerson, October 1999) http://dx.doi.org/10.1109/MC.1999.796142

"A View of 20th and 21st Century Software Engineering." 최초이자 가장 탁월했던 소프트웨어 엔지니어 중 한 명의 관점으로 소프트웨어 공학의 과거와 미래를 바라본 내용을 담고 있음. Barry Boehm은 시대를 초월한 소프트웨어 공학 원칙들을 찾을 뿐 아니라 흔히 사용하였던 어떤 실무 지침은 시대에 뒤쳐졌다고 이야기한다(B. Boehm, *Proc. 28th Software Engineering Conf.*, Shanghai. 2006). http://dx.doi.org/10.1145/1134285.1134288

"Software Engineering Ethics." *IEEE* 컴퓨터의 특별판으로 해당 주제에 대한 여러 논문이 포함되어 있다(*IEEE Computer*, 42(6), June 2009).

Ethics for the Information Age. 소프트웨어 엔지니어에 대한 윤리뿐 아니라 IT윤리의 모든 관점을 다루는 넓은 영역를 다루고 있는 책이다. 보다 넓은 윤리적 틀 속에서 소프트웨어 공학 윤리를 제대로 이해하려면 읽어봐야 할 적당한 책이라고 생각한다(M. J. Quinn, 2013, Addison-Wesley).

The Essence of Software Engineering: Applying the SEMAT kernel. 이 책은 모든 소프트웨어 공학 기법의 기저를 이루는 보편적인 틀에 대한 개념을 이야기한다. 그 틀은 모든 종류의 시스템과 조직에 맞추어 사용할 수 있다. 개인적으로는 보편적 접근법에 실무적으로 현실성이 있는지에 대해서는 회의적이지만, 이 책은 충분히 읽어볼 가치가 있다(I. Jacobsen, P-W Ng, P.E. McMahon, I. Spence, and S. Lidman, 2013, Addison-Wesley).

웹 사이트

이 장의 파워포인트 슬라이드:

https://iansommerville.com/software-engineering-book/slides

관련 비디오 링크:

https://iansommerville.com/software-engineering-book/videos/se/

사례 연구 설명 링크:

https://iansommerville.com/software-engineering-book/case-studies

연습문제

1.1. 고객을 위해 개발하는 전문적 소프트웨어가 단순히 개발하고 인도하는 프로그램이 아닌지 설명하라.

1.2. 일반적 소프트웨어 제품 개발과 고객 맞춤식 소프트웨어 개발의 가장 중요한 차이점은 무엇인가? 그리고 이러한 차이점이 일반적 소프트웨어 제품 사용자에게 실무적으로 의미하는 바는 무엇인가?

1.3. 소프트웨어 시스템을 개발하기 위해 소프트웨어 공학 기법과 방법을 사용하는 것이 왜 장기적으로 보면 대부분 더 저렴한지 간략히 논의하라.

1.4. 소프트웨어 공학은 시스템 이질성, 비즈니스와 사회적 변화, 신뢰성과 보안성과 같은 문제에만 관련된 것이 아니라, 해당 도메인에 영향을 주는 윤리적 문제와도 연관되어 있다. 소프트웨어 공학 도메인에 영향을 주는 윤리적 문제의 예를 설명하라.

1.5. 1.1.2절에서 논의했던 애플리케이션 유형 중 일부에 대한 지식에 기초하여, 왜 다른 애플리케이션 유형은 설계와 개발을 위해 특별한 소프트웨어 공학 기법을 필요로 하는지 예를 들어 설명하라.

1.6. 프로세스, 확실성, 요구 관리 및 재사용에 대한 기본적인 소프트웨어 공학 원칙이 왜 모든 종류의 소프트웨어 시스템과 관련이 되는지 설명하라.

1.7. 어떻게 다양한 개발팀들 사이의 전자적 연결이 소프트웨어 공학 활동을 지원할 수 있는지 설명하라.

1.8. 인증받지 못한 사람도 여전히 소프트웨어 공학 업무를 담당할 수 있다. 이로 인한 가능한 문제점은 무엇인지 논의하라.

1.9. 그림 1.4의 ACM/IEEE 윤리 강령의 각 조항에 대해, 해당 조항을 잘 설명할 수 있는 적절한 예를 설명하라.

1.10. "드론 혁명"에 대해서는 현재 전 세계적으로 많은 논쟁과 논의가 되고 있다. 드론은 스스로 보고, 듣고 행동할 수 있도록 해주는 다양한 종류의 소프트웨어 시스템이 탑재되어 만들어진 무인 비행체이다. 그러한 종류의 시스템을 만드는 것과 관련하여 사회가 가진 도전 과제에 대해 논의하라.

참고문헌

Bott, F. 2005. *Professional Issues in Information Technology.* Swindon, UK: British Computer Society.

Duquenoy, P. 2007. *Ethical, Legal and Professional Issues in Computing.* London: Thomson Learning.

Freeman, A. 2011. *The Definitive Guide to HTML$_5$.* New York: Apress.

Gotterbarn, D., K. Miller, and S. Rogerson. 1999. "Software Engineering Code of Ethics Is Approved." *Comm. ACM* 42 (10): 102 – 107. doi:10.1109/MC.1999.796142.

Holdener, A. T. 2008. *Ajax: The Definitive Guide.* Sebastopol, CA: O'Reilly and Associates.

Jacobson, I., P-W. Ng, P. E. McMahon, I. Spence, and S. Lidman. 2013. *The Essence of Software Engineering.* Boston: Addison-Wesley.

Johnson, D. G. 2001. *Computer Ethics.* Englewood Cliffs, NJ: Prentice-Hall.

Laudon, K. 1995. "Ethical Concepts and Information Technology." *Comm. ACM* 38 (12): 33 – 39. doi:10.1145/219663.219677.

Naur, P., and Randell, B. 1969. Software Engineering: Report on a conference sponsored by the NATO Science Committee. Brussels. http://homepages.cs.ncl.ac.uk/brian.randell/NATO/nato1968.pdf

Tavani, H. T. 2013. *Ethics and Technology: Controversies, Questions, and Strategies for Ethical Computing, 4th ed*. New York: John Wiley & Sons.

Vogel, L. 2012. *Eclipse 4 Application Development: The Complete Guide to Eclipse 4 RCP Development.* Sebastopol, CA: O'Reilly & Associates.

2

소프트웨어 프로세스

Software processes

학습목표

이 장의 목표는 소프트웨어 제품화를 위한 체계적 활동들인 소프트웨어 프로세스에 대한 개념을 소개하는 것이다. 이 장을 통해 학습할 내용들은 다음과 같다.

- 소프트웨어 프로세스와 소프트웨어 프로세스 모델에 대한 개념을 이해한다.
- 세 가지 일반적인 소프트웨어 프로세스 모델을 학습하고, 그 모델을 언제 사용해야 할지를 이해한다.
- 소프트웨어 요구공학, 소프트웨어 개발, 테스팅과 진화에 관한 기본적인 프로세스 활동에 대해 알게 된다.
- 왜 소프트웨어 요구사항과 설계상의 변경을 처리할 수 있도록 프로세스를 구성해야 하는지를 이해한다.
- 소프트웨어 프로세스 개선에 대한 개념과 소프트웨어 프로세스 품질에 영향을 주는 요인들을 이해한다.

학습내용

소프트웨어 프로세스는 소프트웨어 시스템을 제품화하기 위한 활동들의 집합이다. 1장에서 언급했듯이, 세상에는 매우 많은 종류의 소프트웨어 시스템이 있으며, 이 모든 시스템에 보편적으로 적용할 수 있는 소프트웨어 공학 기법은 존재하지 않는다. 다양한 회사에서 사용하는 프로세스는 개발하는 소프트웨어의 유형, 소프트웨어 사용자의 요구와 개발자 역량에 따라 달라질 수 있다.

하지만 이렇게 많은 소프트웨어 프로세스가 존재하더라도 모든 프로세스는 어떤 형태로든 1장에서 소개했던 네 가지 소프트웨어 공학 활동을 포함하게 된다.

1. **소프트웨어 명세화:** 소프트웨어의 기능과 소프트웨어 운영상의 제약조건을 정의해야 한다.
2. **소프트웨어 개발:** 명세를 만족하는 소프트웨어를 만들어야 한다.
3. **소프트웨어 검증:** 소프트웨어가 고객이 원하는 것과 일치하는지를 검증해야 한다.
4. **소프트웨어 진화:** 소프트웨어는 변화하는 고객의 요구를 충족시키기 위해 진화해야 한다.

이러한 활동은 그 자체가 복잡한 활동이며, 요구사항 검증, 아키텍처 설계와 단위 테스팅과 같은 하부 활동들을 포함한다. 프로세스는 제품화 활동을 지원하는 소프트웨어 형상 관리와 프로젝트 계획과 같은 다른 활동도 포함한다.

우리가 보통 프로세스라고 말할 때는 주로 데이터 모델 명세와 사용자 인터페이스 설계와 같이 프로세스상의 활동과 이 활동들의 순서를 의미한다. 모든 것이 소프트웨어를 개발하기 위해 하는 것들과 관련될 수 있다. 하지만 프로세스를 설명할 때는 누가 참여하는지, 무엇을 만드는지와 일련의 활동에 영향을 주는 조건들이 중요하다.

1. 제품(product)과 산출물(deliverable)은 프로세스 활동의 결과물이다. 가령, 아키텍처 설계 활동의 결과물은 소프트웨어 아키텍처 모델이 될 수 있다.
2. 역할(role)은 프로세스에 참여하는 사람들의 책임을 나타낸다. 프로젝트 관리자, 형상 관리자와 프로그래머는 이러한 역할의 예이다.
3. 사전/사후 조건(pre/post-condition)은 프로세스 활동이 이루어지거나 제품이 만들어지는 전과 후에 만족해야 하는 조건들이다. 예를 들면, 아키텍처 설계를 시작하기 전(사전 조건)에는 사용자가 모든 요구사항을 승인해야 하며, 설계를 마친 후(사후 조건)에는 그 아키텍처를 나타내는 UML모델에 대한 리뷰를 완료해야 한다.

소프트웨어 프로세스는 복잡하며, 모든 지적이고 창의적 과정이 그러하듯이, 의사결정을 하고 판단을 하는 사람에 의존한다. 모든 종류의 소프트웨어에 적합한 보편적 프로세스는 존재하지 않기 때문에, 대부분의 소프트웨어 회사는 그 회사에 맞는 개발 프로세스를 만든다. 프로세스는 조직에서 소프트웨어 개발자의 역량과 개발하는 시스템의 특성을 이용하도록 진화하였다. 가령, 안전성 중심 시스템에서는 상세한 기록 관리가 이루어질 수 있는 매우 구조적인 개발 프로세스가 필요하다. 반면, 빨리 변화하는 요구사항을 다루어야 하는 비즈니스 시스템에서는 더 유연한 애자일 프로세스가 더 적합하다.

1장에서 언급한 것처럼, 전문적 소프트웨어 개발은 세심히 관리되는 활동이기 때문에, 계획은 모든 프로세스에 포함된다. 계획 주도 프로세스는 모든 프로세스 활동을 미리 계획하고, 이 계획에 따라 진행을 평가한다. 3장에서 다루게 될 애자일 프로세스에서는 소프트웨어를 개발하면서, 점증적이고 연속적으로 계획이 이루어진다. 그러므로 애자일 프로세스의 경우는 고객이나 제품의 바뀌는 요구사항을 반영하기 위해 쉽게 프로세스를 변경할 수 있다. Boehm과 Turner (Boehm and Turner 2004)의 설명처럼, 각각의 접근법은 서로 다른 유형의 소프트웨어에 적합하다. 대규모 시스템에서는 일반적으로 계획 주도 프로세스와 애자일 프로세스 사이에서 균형이 필요하다.

비록 보편적인 소프트웨어 프로세스가 없다 하더라도, 많은 조직에서 프로세스를 개선할 수 있는 여지는 있다. 프로세스가 낡은 방법을 사용하거나 업계에서 소프트웨어 공학 최선의 실무기법(best practice)을 사용하지 않는 경우도 있다. 사실, 소프트웨어를 개발하면서 소프트웨어 공학 기법을 활용하지 않는 조직이 아직도 많다. 그러한 조직은 UML 모델링과 테스트 주도 개발(TDD)과 같은 기법을 도입하여 그 조직의 프로세스를 개선할 수 있다. 소프트웨어 프로세스 개선에 대해서는 이 장의 후반부에서 간단히 다루고, 더 자세한 내용은 웹에서 제공하는 26장에서 살펴보기로 한다.

2.1 소프트웨어 프로세스 모델

1장에서 설명했듯이, 소프트웨어 프로세스 모델은 소프트웨어 프로세스를 단순하게 나타낸 것이다. 개별 프로세스 모델은 특정한 관점으로 프로세스를 나타낸 것이므로, 해당 프로세스에 대한 부분적 정보만을 다룰 수 있다. 가령, 프로세스 액티비티 모델은 프로세스의 활동과 순서를 보여주지만, 그 활동에 관여하는 사람들의 역할은 보여주지 못할 수 있다. 이 절에서는, 매우 일반적인 프로세스 모델을 몇 개 소개하고 아키텍처 관점에서 다루기로 한다. 다시 말해, 프로세스의 프레임워크만 살피고 프로세스 활동에 대한 자세한 내용은 다루지 않는다.

이 일반적 모델은 소프트웨어 개발에 대한 다양한 접근법을 설명할 수 있을 정도의 고수준에서 추상적으로 소프트웨어 프로세스를 설명한다. 즉, 보다 구체적인 소프트웨어 공학 프로세스를 만들기 위해 확장하고 변형할 수 있는 일종의 프로세스 프레임워크로 생각해도 좋을 것이다.

RUP (Rational Unified Process)

RUP는 여기서 언급된 모든 일반적 프로세스 모델의 요소를 모아놓은 것으로 프로토타이핑과 소프트웨어의 점증적 인도를 지원한다(Krutchen 2003). RUP는 보통 다음의 세 가지 관점으로 설명한다. 첫째, 동적 관점(dynamic perspective)으로 시간에 따른 모델의 단계를 보여준다. 둘째, 정적 관점(static perspective)으로 프로세스 활동을 보여주며, 마지막으로 실무적 관점(practice perspective)으로 프로세스에서 사용할 수 있는 좋은 관행들을 제안한다. RUP의 단계는 개발하는 시스템의 비즈니스 사례를 확립하는 도입(inception), 요구사항과 아키텍처를 개발하는 정련(elaboration), 소프트웨어를 구현하는 구축(construction)과 시스템을 배포하는 전이(transition)로 구성되어 있다.

http://software-engineering-book.com/web/rup/

여기에서 다룰 일반적인 프로세스 모델은 다음과 같다.

1. **폭포수 모델:** 이 모델은 명세화, 개발, 검증과 진화를 기본적인 프로세스 활동으로 가지며 요구사항 명세화, 소프트웨어 설계, 구현 및 테스팅과 같은 개별적인 프로세스 단계로 프로세스 모델을 나타낸다.
2. **점증적 개발:** 이 접근법에서는 명세화, 개발 및 검증 활동이 서로 중첩된다. 연속적인 버전(증가분)을 통해 시스템을 개발하며, 각각의 버전은 이전 버전에 기능을 추가하게 된다.
3. **통합 및 환경 설정:** 재사용 가능한 컴포넌트나 시스템의 사용가능 여부에 의존하는 접근법이다. 시스템 개발 프로세스는 새로운 설정에 사용할 컴포넌트들을 조합하고 하나의 시스템으로 통합하는 데 초점을 맞춘다.

이미 언급했듯이, 모든 유형의 소프트웨어 개발에 적합한 보편적인 프로세스 모델은 없다. 올바른 프로세스는 고객, 규제력을 가진 요구사항, 소프트웨어를 사용할 환경과 개발할 소프트웨어의 유형에 따라 달라진다. 예를 들어, 안전성 중심 소프트웨어는 구현에 앞서 수많은 분석과 문서를 갖추어야 하기 때문에 대부분의 경우 폭포수 프로세스를 적용하여 개발한다. 오늘날 소프트웨어 제품은 항상 점증적 프로세스 모델을 적용해서 개발한다. 비지니스 시스템은 기존 시스템의 환경을 설정하고 필요한 기능을 가진 새로운 시스템을 만들기 위해 기존 시스템을 통합하는 방식의 개발이 점점 더 늘어나고 있다.

대부분 실무에서의 소프트웨어 프로세스는 일반적인 모델을 따르지만 다른 모델의 특징을 포함하기도 한다. 대규모 시스템을 다루는 경우에는 특히 더 그렇다. 대규모 시스템에서는 모든 일반적 프로세스에서 가장 좋은 특징을 일부 조합해서 사용하는 것이 의미가 있기 때문이다. 요구사항을 지원하는 소프트웨어 아키텍처를 설계하기 위해 필

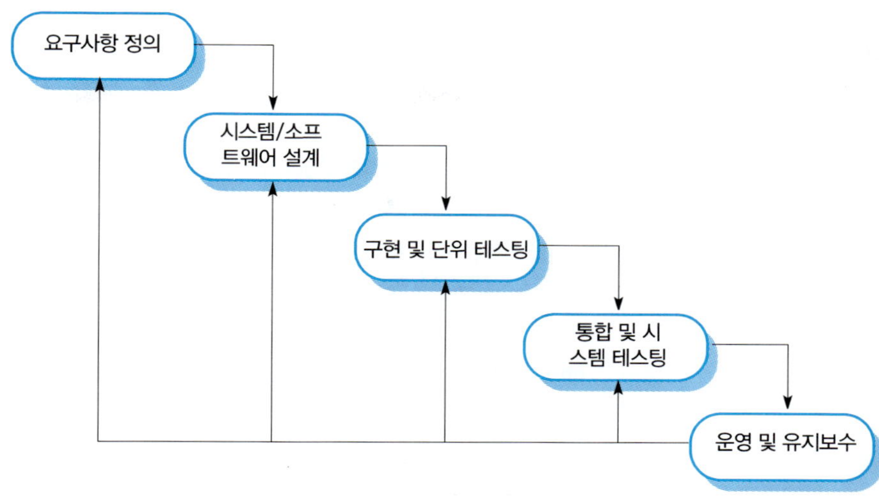

그림 2.1 폭포수 모델

수적인 시스템 요구사항에 대한 정보가 필요할 수 있다. 하지만 이러한 요구사항은 점증적으로 개발할 수가 없다. 더 큰 시스템에 속하는 서브시스템은 다른 방식으로 개발할 수도 있다. 잘 이해할 수 있는 시스템 부분은 폭포수 기반 프로세스를 적용해서 명세하고 개발하거나, 환경설정을 위해 COTS 시스템으로 구매할 수도 있다. 미리 명세하기 어려운 시스템의 다른 부분은 매번 점증적 접근법을 적용하여 개발해야 한다. 어떠한 경우든, 소프트웨어 컴포넌트를 재사용할 수 있다.

이러한 일반적 모델의 모든 것을 활용하는 "보편적" 프로세스 모델을 개발하기 위한 여러 시도가 있었다. 그중 가장 잘 알려진 것이 미국 소프트웨어 공학 업체인 레셔널(Rational)에서 개발한 RUP (Rational Unified Process, Krutchen 2003)이다. RUP는 이 책에서 등장하는 모든 일반적 프로세스 모델과 유사한 프로세스를 만들기 위해 다양한 방식을 지원할 수 있는 유연한 모델이다. RUP는 IBM과 같은 좀 더 큰 소프트웨어 회사에서 채택하였으나, 널리 통용되진 않았다.

2.1.1 폭포수 모델

최초의 소프트웨어 개발 프로세스는 대규모 군사 시스템 개발에 사용했던 공학 프로세스 모델을 기반으로 한 것으로(Royce 1970), 소프트웨어 개발 프로세스를 그림 2.1과 같이 몇 개의 단계로 나누어 표현하였다. 이 모델은 한 단계에서 다음 단계로 흘러가는 방식이기 때문에, 폭포수 모델 또는 소프트웨어 생명 주기라는 이름으로 알려졌다. 폭포수 모델은 계획 주도 프로세스의 한 종류이다. 적어도 원칙적으로는, 소프트웨어 개발을 시작하기 전에 모든 프로세스 활동과 일정을 계획해야 한다.

폭포수 모델의 단계는 기본적인 소프트웨어 개발 활동을 직접적으로 반영한다.

Boehm의 나선형 프로세스 모델

소프트웨어 공학의 선구자 중 한 명인 Barry Boehm은 위험 주도(risk-driven) 방식이었던 점증적 프로세스 모델을 제안하였다. 이 프로세스는 활동의 순차적 흐름보다는 나선형태로 표현되었다(Boehm 1988).

나선형에서의 반복(loop)은 소프트웨어 프로세스의 한 단계를 나타낸다. 그러므로 가장 안쪽에 위치한 반복은 시스템 타당성(system feasibility)과 관련되며, 다음 반복은 요구사항 정의, 그리고 그다음 반복은 시스템 설계 등으로 반복되는 방식이다. 나선형 모델은 변경 허용과 변경 회피를 결합시킨다. 나선형 모델은 변경이 프로젝트 위험에 따른 결과임을 가정하고 있기 때문에 이러한 위험을 줄이기 위한 명시적 위험 관리 활동을 포함한다.

http://software-engineering-book.com/web/spiral-model/

1. **요구사항 분석 및 정의:** 시스템 사용자와의 면담을 통해 시스템의 서비스, 제약 조건과 목표를 설정한다. 설정한 내용은 더 구체화시킨 후 시스템 명세서로 사용한다.
2. **시스템/소프트웨어 설계:** 시스템 설계 프로세스를 통해 요구사항을 하드웨어와 소프트웨어 시스템으로 나누어 할당하고, 전체 시스템 아키텍처를 작성한다. 소프트웨어 설계는 기본적인 소프트웨어 시스템 추상화와 이들 간의 관계를 파악하고 기술하는 활동을 포함한다.
3. **구현 및 단위 테스팅:** 이 단계에서 소프트웨어 설계는 여러 개의 프로그램이나 프로그램 단위로 실체화된다. 단위 테스팅은 각각의 단위가 주어진 명세를 만족하는지를 검증하는 활동이다.
4. **통합과 시스템 테스팅:** 개별 프로그램 단위나 프로그램을 통합하고 소프트웨어 요구사항을 만족하는지를 보증하기 위해 전체 시스템을 검사한다. 테스트 후에는 소프트웨어 시스템을 고객에게 전달한다.
5. **운영과 유지보수:** 정상적인 경우, 이 활동이 가장 긴 생명 주기 단계이다. 시스템이 설치되고 실제로 사용된다. 유지보수는 생명 주기의 이전 단계에서 발견하지 못했던 오류를 수정하고, 시스템 단위의 구현을 개선하고 새로운 요구사항을 발견함으로써 시스템 서비스를 향상시키는 것을 포함한다.

원칙적으로는 폭포수 모델에서 각 단계의 결과로 승인된 하나 또는 그 이상의 문서들이 나와야 한다. 그리고 이전 단계가 끝나기 전까지는 다음 단계를 시작하지 않는다. 이러한 방식은 제조 비용이 높게 발생하는 하드웨어 개발에는 적합할 수 있다. 하지만 소프트웨어 개발은 각 단계가 중첩되며 서로에게 정보를 제공하는 방식으로 이루어진다. 설계 과정에서 요구사항에서의 문제점을 발견하고, 코딩 과정에서 설계 문제를 발견할 수 있는 것이다. 실제로, 소프트웨어 프로세스는 단순한 선형 모델일 수가 없고 한 단계에서 다른 단계로의 피드백을 통해 이루어진다.

한 프로세스 단계에서 새로운 정보를 발견하게 되면 필요한 시스템 변경을 반영하기 위해 이전 단계에서 작성한 문서를 수정해야 한다. 예를 들어, 어떤 요구사항을 구현하는 데 너무 많은 비용이 발생하는 것을 알게 된다면, 그 요구사항 문서에서 해당 항목을 삭제해야 한다. 하지만 이러한 작업은 고객의 승인을 얻어야 하며 전체 개발 프로세스를 지연시키게 된다.

결과적으로, 더 이상의 변경 사항을 반영하지 않도록 고객과 개발자 모두 너무 일찍 소프트웨어 명세서를 확정하는 경우가 발생할 수 있다. 하지만 안타깝게도 이러한 상황은 향후 해결해야 하는 문제점들을 남기거나, 놓치거나 또는 이 문제점들이 프로그램화될 수 있다. 요구사항을 너무 빨리 확정지으면, 시스템이 사용자가 원하는 것을 제대로 제공하지 못할 수도 있고, 구현에서의 꼼수로 설계 문제를 덮음으로써 나쁜 구조를 가진 시스템을 만들 수도 있다.

마지막 생명 주기(운영과 유지보수) 동안에는 소프트웨어를 사용할 수 있도록 제공한다. 이 과정에서 원래의 소프트웨어 요구사항에서의 오류나 빠뜨렸던 내용들을 발견하게 된다. 프로그램과 설계 오류가 드러나고, 새로운 기능이 필요함을 알게 된다. 그렇기 때문에, 시스템은 유용할 수 있도록 진화해야 한다. 이러한 변경(소프트웨어 유지보수)을 가하면서 이전 프로세스 단계를 반복할 수 있다.

실제로, 소프트웨어는 개발 과정에서 유연해야 하며 변경이 가능해야 한다. 변경을 가할 때 이루어지는 빠른 수행과 시스템 재작업의 필요성은 폭포수 모델이 일부 시스템 유형에 대해서만 적합하다는 것을 의미한다.

1. 소프트웨어가 하드웨어 시스템과 연동해야 하는 임베디드 시스템 하드웨어는 유연하지 못하기 때문에 대부분의 경우 구현을 할 때까지 소프트웨어 기능에 대한 의사결정을 미루기 어렵다.
2. 소프트웨어 명세와 설계에 대한 광범위한 안전성과 보안 분석이 필요한 중대한 시스템이 필요한 분석을 수행할 수 있도록 명세서와 설계 문서를 완료해야 한다. 명세와 설계에서의 안전성 관련 문제는 대부분의 경우 구현 단계에서 수정하는 경우 매우 높은 비용이 발생한다.
3. 수많은 파트너사가 개발한 더 큰 공학적 시스템의 일부에 속하는 대규모 소프트웨어 시스템 시스템의 하드웨어를 비슷한 모델을 적용하여 개발할 수 있기 때문에, 참여 회사들은 하드웨어와 소프트웨어에 대해 공통 모델을 사용하는 것이 수월하다고 생각한다. 또한, 많은 회사가 참여하기 때문에 서로 다른 서브시스템을 독립적으로 개발하기 위해 완성된 명세서가 필요할 수 있다.

자유로운 팀 커뮤니케이션이 가능하고 소프트웨어 요구사항이 빨리 변경되는 상황

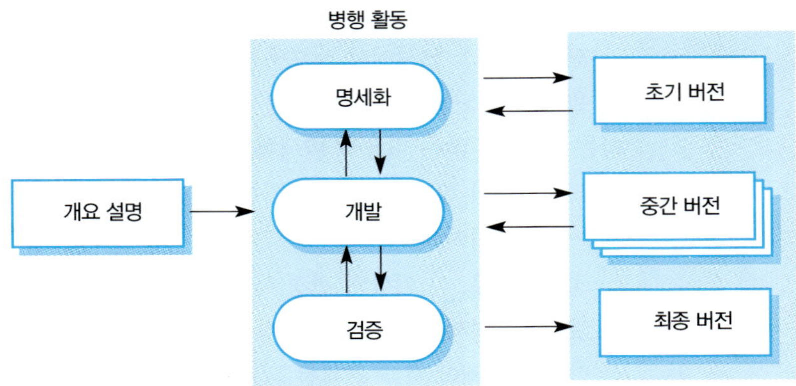

그림 2.2 점증적 개발

에서 폭포수 모델은 적합한 프로세스 모델이 아니다. 이러한 경우에는 반복적 개발과 애자일 방법론이 더 적합하다.

폭포수 모델의 한 중요한 변형은 수학적 모델을 이용하여 시스템을 명세하는 정형적 시스템 개발이다. 이 모델은 일관성을 유지하는 수학적 변환을 통해 실행 가능한 코드로 다듬어진다. 엄격한 안전성, 신뢰성이나 보안 요구사항을 가지는 소프트웨어 시스템 개발에는 B 방법론(Abrial 2005, 2010)에 기반하는 것과 같이 대부분 정형적 개발 프로세스를 사용한다. 정형적 접근법은 안전성 도입이나 보안 상황을 단순화시킨다. 이러한 단순화는 고객이나 점검자에게 시스템이 실제로 주어진 안전성이나 보안 요구사항을 만족한다는 것을 설명해준다. 하지만 정형적 명세를 개발하는 것은 많은 비용이 들기 때문에 이 개발 모델은 중대한 시스템을 개발하는 경우가 아니면 거의 사용하지 않는다.

2.1.2 점증적 개발

점증적 개발의 아이디어는 초기 구현을 개발하고, 사용자와 다른 사람들로부터 피드백을 받아서, 여러 버전을 거쳐 소프트웨어를 진화시킴으로써 요구한 최종 시스템을 개발하는 것이다(그림 2.2). 명세화, 개발과 검증 활동은 분리되었다기보다는 활동 간 빠른 피드백을 가지고 중첩되어 있다.

오늘날 점증적 개발은 어떤 형태로든 시스템과 소프트웨어 제품을 개발하는 데 있어서 가장 일반적인 접근법이다. 점증적 접근법은 계획 주도 프로세스나 애자일 방식에서도 쓸 수 있고, 더 일반적으로는 이러한 접근법들을 섞어 사용할 수도 있다. 계획 주도 접근법에서는 시스템의 증가분(increments)을 미리 찾아서 정리한다. 만약 애자일 접근법을 쓰는 경우라면 초기 증가분은 찾아 놓지만, 개발해야 하는 후반 증가분은 진척도와 고객의 우선순위에 따라 달라질 수 있다.

요구사항이 개발 프로세스 과정 동안에 쉽게 바뀌는 시스템에 대해서는 애자일 개발

점증적 개발의 문제점

비록 점증적 개발이 많은 장점을 가짐에도 불구하고, 문제가 없는 것은 아니다. 어려움의 주요 원인은 대규모 조직이 오랜 시간을 통해 진화한 관료주의적 절차를 가지고 있고, 이러한 절차와 덜 형식적이고 반복적인 애자일 프로세스는 서로 잘 어울리지 않는다는 사실에 있다.

종종 이러한 절차는 좋은 이유로 쓰이고 있는 경우도 있다. 예를 들어, 소프트웨어가 외부 규약을 제대로 구현하고 있는지를 확인하기 위한 절차가 필요할 수도 있다. 이러한 절차를 변경하는 것은 어렵기 때문에, 프로세스 충돌이 불가피할 수도 있다.

http://software-engineering-book.com/web/incremental-development

방법의 기본적인 사항에 해당하는 점증적 소프트웨어 개발이 폭포수 접근법보다 적합하다. 대부분의 비지니스 시스템과 소프트웨어 제품들이 이에 해당한다. 점증적 개발은 엔지니어가 문제를 해결하는 방식을 그대로 반영한다. 엔지니어가 처음부터 완벽한 문제 해결을 내놓는 경우는 드물며, 여러 단계를 거쳐서 해결법에 근접하고, 실수를 했다고 판단했을 때에는 다시 되돌아가기도 한다. 소프트웨어를 점증적으로 개발함으로써 소프트웨어를 개발하면서 발생하는 변경 사항에 대해 적은 비용으로 쉽게 대처할 수 있다.

시스템에 대한 각각의 증가분이나 버전은 고객이 필요로 하는 기능의 일부를 담고 있다. 일반적으로, 시스템 초기 증가분은 가장 중요하거나 가장 긴급하게 요구되는 기능들을 포함한다. 이렇게 함으로써 비교적 빠른 단계에서 고객이나 사용자가 요구한 사항을 시스템이 제대로 반영하고 있는지 확인하기 위해 시스템을 평가할 수 있다. 만약, 제대로 반영하지 못하는 경우라면 가장 최근의 증가분에 대해서만 변경하고, 가능하다면 이후 증가분에 대한 요구사항을 새로 정의하면 된다.

점증적 개발은 폭포수 모델에 비해 다음의 세 가지 중요한 장점을 가진다.

1. 요구사항 변경을 구현하는 비용이 줄어든다. 다시 분석하고, 작성해야 하는 문서의 양이 폭포수 모델의 경우보다 훨씬 적다.
2. 이미 진행된 개발 작업에 대해서는 고객의 피드백을 받기가 더 쉽다. 고객은 소프트웨어 시연에 대해 의견을 줄 수 있고, 얼마나 많이 구현되었는지 확인할 수 있다. 고객은 소프트웨어 설계 문서만으로는 진척 사항을 파악하기 어렵다.
3. 비록 전체 기능을 제공하지 못하더라도 고객에게 유용한 소프트웨어를 빠르게 전달하고 배포하는 것이 가능하다. 고객은 폭포수 프로세스를 사용하는 경우보다 더 일찍 소프트웨어가 제공하는 가치를 경험하고 실제로 사용해볼 수 있다.

관리적 관점에서 점증적 접근법은 다음의 두 가지 문제점을 가진다.

1. 프로세스가 가시적이지 못하다. 관리자는 진척도를 확인하기 위해 정기적으로 중간

산출물(deliverable)이 필요하다. 만약 시스템이 빨리 개발되어야 한다면, 시스템의 모든 버전을 반영한 문서를 작성하는 것은 비용 측면에서 효율적이지 않다.

2. 새로운 증가분이 반영되면서 시스템 구조를 훼손시키는 경향이 있다. 정기적인 변경 때문에 새로운 기능이 추가되면서 어떤 방식으로든 코드를 망치게 된다. 시스템에 새로운 기능을 추가하는 작업은 하면 할수록 더 어렵고 많은 비용이 들게 된다. 애자일 방법에 의하면, 구조적인 품질 저하와 일반적인 코드 망가짐을 방지하기 위해서는 소프트웨어를 개선하고 재구성하는 정기적인 리팩토링(refactoring)이 필요하다.

서로 다른 팀들이 시스템의 다른 부분을 개발하는 복잡하고 긴 생명주기를 가진 대규모 시스템에서는 점증적 개발의 문제점이 적나라하게 드러난다. 대규모 시스템의 경우 안정적인 프레임워크나 아키텍처가 필요하고, 시스템의 일부를 개발하는 서로 다른 팀의 책임이 안정적인 아키텍처에 따라 명확하게 정의될 필요가 있기 때문이다. 이러한 작업은 개발하면서 점증적으로 이루어지기보다는 미리 계획되어야 한다.

점증적 개발에서 매번 이루어지는 증가분을 시스템 고객에게 전달할 필요는 없다. 엔지니어는 시스템을 점증적으로 개발할 수 있고 의견을 받기 위해 고객이나 다른 이해당사자에게 보여줄 수 있다. 시스템을 고객의 환경에 맞추어 전달하거나 배포할 필요는 없는 것이다. 점증적 인도(2.3.2절에서 다룸)를 통해 소프트웨어를 실제로 운영 프로세스를 따라 사용할 수 있기 때문에 사용자 피드백도 실질적인 편이다. 하지만 새로운 소프트웨어로 실험하기 위해서는 정상적인 비즈니스 프로세스를 중단해야 하기 때문에 항상 피드백을 받을 수 있는 것은 아니다.

2.1.3 통합과 환경설정

대부분의 소프트웨어 프로젝트의 경우, 일부라도 소프트웨어를 재사용하게 된다. 이러한 재사용은 프로젝트에 참여하는 사람들이 요구사항에 맞는 유사한 코드를 알거나 찾을 때 일상적으로 이루어지기도 한다. 즉, 재사용할 수 있는 코드를 찾고, 요구에 맞추어 수정한 후 이미 개발한 새로운 코드와 통합을 한다.

이러한 일상적인 재사용은 적용하는 개발 프로세스와 무관하게 이루어진다. 하지만 2000년대 이후로 기존의 소프트웨어를 재사용하는 데 초점을 맞춘 소프트웨어 개발 프로세스가 널리 사용되고 있다. 재사용 중심 방법론은 재사용 가능한 소프트웨어 컴포넌트와 이 컴포넌트를 조합하기 위한 통합 프레임워크에 기반을 두고 있다.

다음의 세 가지 유형의 소프트웨어 컴포넌트가 널리 사용된다.

1. 특정 환경에서 사용할 수 있도록 설정된 독립형 애플리케이션 시스템. 이 시스템은 범용 목적 시스템으로 다양한 특성을 가지고 있지만 특정 애플리케이션에서 사용할

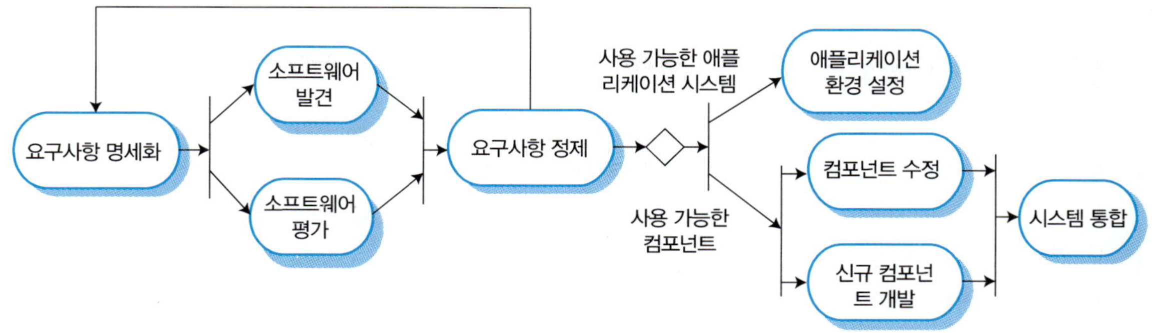

그림 2.3 재사용 지향 소프트웨어 공학

수 있도록 맞춤 작업을 해야 한다.

2. Java Spring framework (Wheeler and White 2013)와 같이 컴포넌트 프레임워크에 통합할 수 있도록 개발한 컴포넌트나 패키지 객체들의 모음
3. 서비스 표준에 따라 개발하고, 인터넷을 통해 원격 실행이 가능한 웹 서비스

그림 2.3은 통합과 환경 설정에 기반하여 재사용 기반 개발을 지원하는 일반적인 프로세스 모델을 나타낸 것이다. 이 프로세스에서의 각 단계는 다음과 같다.

1. **요구사항 명세화:** 시스템에 대한 초기 요구사항을 제안한다. 이 초기 요구사항은 상세히 작성할 필요는 없지만 필수 요구사항이나 필요한 시스템 기능에 대한 간략한 설명을 담고 있어야 한다.
2. **소프트웨어 발견 및 평가:** 소프트웨어 요구사항의 개요가 주어지면, 필요한 기능을 제공하는 컴포넌트 및 시스템을 찾게 된다. 컴포넌트와 시스템 후보를 대상으로 필수 요구사항을 만족하는지, 시스템에 일반적으로 사용하기 적당한지를 평가한다.
3. **요구사항 정제:** 이 단계에서는 이미 찾아놓은 재사용 가능한 컴포넌트와 애플리케이션에 대한 정보를 활용하여 요구사항을 다듬는 작업을 진행한다. 사용할 수 있는 컴포넌트를 반영하여 요구사항을 수정하고, 시스템 명세도 다시 정의한다. 수정이 불가능하다면, 대안을 찾기 위해 컴포넌트 분석 활동을 재개하는 경우도 있다.
4. **애플리케이션 시스템 설정:** 만약 요구사항을 만족하는 COTS 애플리케이션 시스템을 확보할 수 있다면, 이 시스템을 설정하여 새로운 시스템을 만드는 데 사용할 수 있다.
5. **컴포넌트 수정과 통합:** 만약 적합한 COTS 시스템이 없다면, 개별적으로 재사용 가능한 컴포넌트를 수정하여 새로운 컴포넌트를 개발하여 시스템 개발에 통합시킬 수 있다.

환경 설정과 통합에 기반한 재사용 중심 소프트웨어 공학은 개발해야 하는 소프트웨

소프트웨어 개발 도구

소프트웨어 개발 도구는 소프트웨어 공학 프로세스 활동을 지원하는 데 사용하는 프로그램이다. 이러한 도구들은 요구 관리 도구, 설계 편집기, 리팩토링 지원 도구, 컴파일러, 디버거, 버그 추적기와 시스템 구축 도구를 포함한다.

소프트웨어 도구는 특정 프로세스 활동들을 자동화하고, 개발하는 소프트웨어에 대한 정보를 제공하는 방식으로 프로세스를 지원한다. 예를 들면, 다음과 같다.

- 요구사항 명세화나 소프트웨어 설계의 일부로서의 그래픽 시스템 모델의 개발
- 이러한 그래픽 모델로부터의 코드 생성
- 사용자가 상호 작용을 통해 만든 그래픽 인터페이스 명세로부터 사용자 인터페이스 생성
- 실행 프로그램에 대한 정보 제공을 통한 프로그램 디버깅
- 오래된 버전의 프로그래밍 언어로 작성된 프로그램을 보다 최신 버전의 언어로 자동 번역

도구는 통합 개발 환경 또는 IDE (Interactive Development Environment)라고 하는 프레임워크에 포함될 수도 있다. IDE는 도구를 통합된 방식으로 커뮤니케이션하고 사용하기 쉽도록 여러 가지 공통 기능을 제공해준다.

http://software-engineering-book.com/web/software-tools/

어의 양을 줄임으로써 비용과 위험을 감소시켜주는 분명한 장점을 가진다. 또한, 소프트웨어를 고객에게 더 빨리 전달할 수 있다는 것도 장점이다. 하지만 요구사항을 타협해야 하는 문제가 발생하기 때문에 시스템이 사용자의 진정한 요구사항을 만족시키기 어려울 수도 있다. 뿐만 아니라, 새로운 버전의 재사용 컴포넌트에 대한 통제권을 개발 조직이 가지지 못하기 때문에 시스템 진화에 대한 주도권을 상실한다는 문제도 있다.

소프트웨어 재사용은 매우 중요하기 때문에, 이 주제에 대해 책의 다른 부분에서 여러 장에 걸쳐 설명을 한다. 소프트웨어 재사용에 대한 일반적 문제는 15장에서, 컴포넌트 기반 소프트웨어 공학은 16장과 17장에서, 서비스 중심 시스템은 18장에서 다루고 있다.

2.2 프로세스 활동

실제 소프트웨어 프로세스는 소프트웨어 시스템을 명세하고, 설계하고, 구현하고 테스팅하기 위한 전반적 목표를 가지고 기술적이고 관리적인 측면을 가진 공동의 활동들이 서로 중첩되어 진행된다. 일반적으로, 이제 프로세스는 도구의 지원을 받는다. 즉, 소프트웨어 개발자는 요구사항 관리 시스템, 설계 모델 편집기, 프로그램 편집기, 자동화된 테스팅 도구와 디버거와 같은 다양한 종류의 소프트웨어 도구를 사용해서 도움을 받는다.

명세화, 개발, 검증과 진화라는 네 가지 기본 프로세스 활동은 다른 개발 프로세스

상에서 서로 다른 방식으로 구성된다. 폭포수 모델에서는 순차적으로 구성하고, 점증적 개발에서는 서로 중첩시킨다. 이러한 활동을 수행하는 방법은 개발하는 소프트웨어의 유형, 개발자의 경험과 역량과 소프트웨어 개발 조직의 유형에 따라 달라진다.

2.2.1 소프트웨어 명세화

소프트웨어 명세화 또는 요구공학은 시스템을 개발하기 위해 어떤 서비스가 필요한지를 이해하고 정의하며, 시스템의 운영과 개발에 대한 제약사항을 찾아내는 프로세스에 해당한다. 요구공학은 소프트웨어 프로세스에서 특히 중요한 단계인데, 이 단계에서의 실수는 시스템 설계와 구현에서의 향후 문제로 이어질 수밖에 없기 때문이다.

요구공학 프로세스를 거치기 전에, 회사는 타당성 조사나 마케팅 조사를 수행함으로써 요구하는 소프트웨어를 개발하는 것이 기술이나 예산 측면에서 현실성이 있는지, 개발하는 소프트웨어에 대한 시장이나 수요가 있는지를 평가하게 된다.

요구공학 프로세스(그림 2.4)는 이해당사자들의 요구사항을 만족시키는 시스템을 명세하기 위한 요구사항 문서를 통해 합의점을 도출하는 것이 목적이다. 요구사항은 대부분 두 단계의 상세화 수준으로 표현한다. 최종 사용자와 고객을 위해서는 요구사항을 고수준의 문장으로 표현해야 하지만, 시스템 개발자에게는 더 상세한 시스템 명세를 제공할 수 있어야 한다.

요구공학 프로세스에는 다음의 세 가지 주요 활동이 있다.

1. **요구사항 도출과 분석:** 기존 시스템 관찰, 잠재적 사용자 및 구매자와 토의, 업무 분석 등을 통해 시스템 요구사항을 얻어내는 프로세스이다. 이 활동 중에 하나 또는 그 이상의 시스템 모델과 프로토타입을 만들기도 한다. 이러한 산출물은 명세할 시스템을 이해하는 데 도움이 된다.
2. **요구사항 명세화:** 요구사항 분석 과정에서 확보한 정보를 바탕으로 요구사항들을 담은 문서를 작성하는 활동이다. 이 문서에는 두 가지 유형의 요구사항이 포함될 수 있다. 사용자 요구사항은 고객과 시스템 최종 사용자를 위한 것으로 시스템 요구사항에 대한 추상적인 문장들에 해당한다. 시스템 요구사항은 제공할 기능에 대한 보다 상세한 설명을 포함한다.
3. **요구사항 검증:** 요구사항에 대한 현실성, 일관성과 완전성을 검사하는 활동이다. 이 프로세스를 통해 요구사항 문서상의 오류를 발견해야 한다. 발견한 오류는 반드시 수정함으로써 문제를 바로잡아야 한다.

정의 및 명세화 과정 동안 계속 이루어지는 요구사항 분석을 통해 새로운 요구사항을 발견할 수 있다. 그러므로 분석, 정의 및 명세화 활동은 서로 중첩된다.

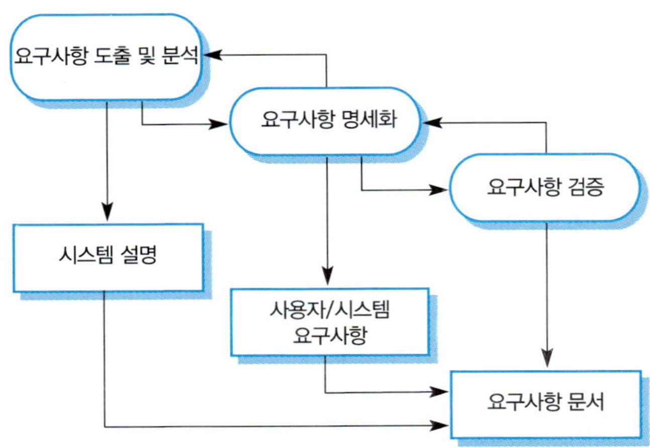

그림 2.4 요구공학 프로세스

애자일 방법에서 요구사항 명세화는 개별 활동이 아니고 시스템 개발의 일부로 간주된다. 평상시에 각각의 시스템 증가분을 개발하기 직전에 그 증가분에 대해 요구사항을 명세한다. 그 요구사항 명세는 사용자의 우선순위를 고려하여 이루어지며, 개발팀과 긴밀하게 협업하거나 팀의 일부이기도 한 사용자가 해당 요구사항을 도출하게 된다.

2.2.2 소프트웨어 설계 및 구현

소프트웨어 개발에서의 구현 단계는 고객에게 전달하기 위한 실행 가능한 시스템을 개발하는 프로세스이다. 어떤 경우에는 이 프로세스를 소프트웨어 설계와 프로그래밍이라는 개별 활동으로 나누기도 한다. 하지만 애자일 개발 접근법을 사용하는 경우에는 이 프로세스에서 작성하는 공식적인 설계 문서 없이 설계와 구현 활동이 중첩된다. 물론, 해당 소프트웨어에 대한 설계는 작성하지만, 그 설계라는 것은 평상시 칠판이나 프로그래머의 노트에 기록한 정도이다.

소프트웨어 설계는 구현해야 하는 소프트웨어의 구조, 시스템이 사용하는 데이터 모델과 구조, 시스템 컴포넌트들 사이의 인터페이스와 경우에 따라서는 사용하는 알고리즘을 기술한 것이다. 이러한 설계는 단번에 끝내지 않고 여러 단계를 거쳐서 작성하게 된다. 이 과정에서 설계에 상세한 내용이 추가되고, 이전 설계를 수정하기 위해 끊임없이 되돌아가는 작업을 반복하게 된다.

그림 2.5는 설계 프로세스를 추상화시킨 모델로, 설계 프로세스 진행을 위해 필요한 자료 및 프로세스 활동과 해당 프로세스에서의 결과물을 나타낸 것이다. 설계 프로세스 활동은 서로 중첩되면서 상호 의존적이다. 계속해서 만들어지는 설계에 대한 새로운 정보는 이전 설계에 대한 의사결정에 영향을 주기 때문에 어쩔 수 없이 재설계 작업을 할 수밖에 없다.

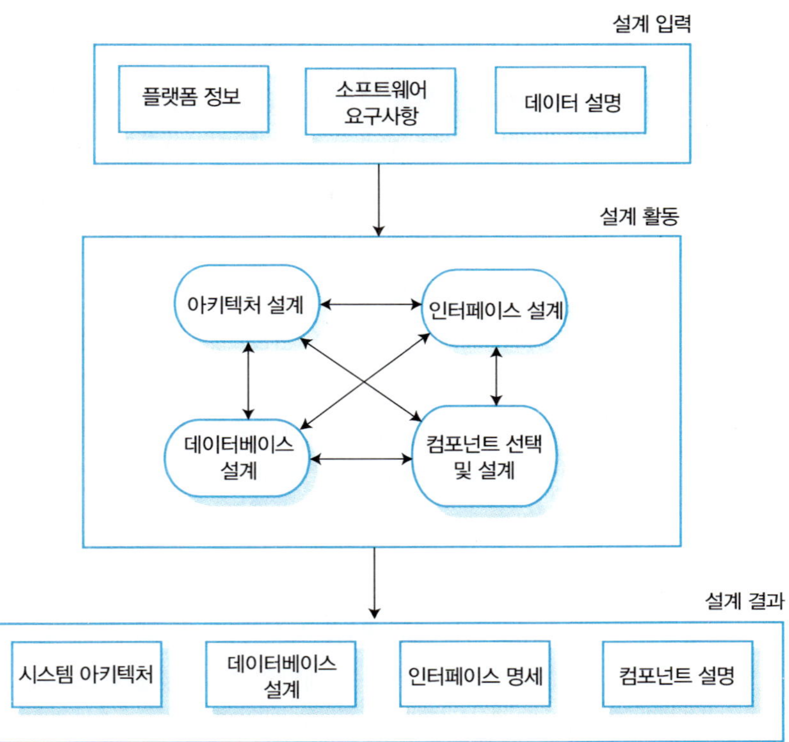

그림 2.5 설계 프로세스의 일반적 모델

대부분의 소프트웨어는 다른 소프트웨어 시스템과 인터페이스로 연결된다. 연결되는 시스템으로는 운영 체제, 데이터베이스, 미들웨어와 다른 애플리케이션 시스템들이 있다. 이러한 시스템들은 소프트웨어가 실제로 실행되는 환경인 "소프트웨어 플랫폼"을 구성하게 된다. 설계자는 그 플랫폼 환경 정보를 가지고 시스템을 통합하기 위한 최선의 의사 결정을 해야 하기 때문에 설계 프로세스 과정에 필수적이다. 만약, 그 시스템이 기존 데이터를 가공해야 한다면, 그 데이터에 대한 설명도 플랫폼 명세서에 포함될 수 있다. 그렇지 않다면, 그 데이터에 대한 설명은 시스템 데이터 구조를 정의할 수 있도록 설계 프로세스 과정에서 일종의 입력으로 주어져야 한다.

설계 프로세스 활동은 개발하는 시스템의 유형에 따라 다양하다. 예를 들어, 실시간 시스템은 타이밍 설계를 위한 추가적 단계가 필요하지만, 데이터베이스는 사용하지 않을 수도 있기 때문에 데이터베이스 설계를 건너뛰기도 한다. 그림 2.5는 정보 시스템을 설계하기 위한 일부 프로세스에서의 네 가지 활동이다.

1. **아키텍처 설계:** 시스템의 전체적 구조, 주요 컴포넌트와 그 관계를 찾고, 이러한 구성요소들이 어떠한 방식으로 분산될지를 알아낸다.
2. **데이터베이스 설계:** 시스템 데이터 구조를 설계하고 데이터베이스에서 어떻게 표현

할지를 결정한다. 이 설계 작업은 기존 데이터베이스를 재사용하는지 또는 새로운 데이터베이스를 생성하는지에 따라 달라진다.

3. **인터페이스 설계:** 시스템 컴포넌트들 사이의 인터페이스를 정의한다. 이 인터페이스 명세화는 명확해야 한다. 정확한 인터페이스 덕분에, 다른 컴포넌트들이 어떤 컴포넌트의 구현 내용을 알 필요 없이 그 컴포넌트를 사용할 수 있다. 일단 인터페이스 명세가 확정되면, 그 컴포넌트는 개별적으로 설계하고 개발할 수 있다.

4. **컴포넌트 선택 및 설계:** 재사용할 컴포넌트를 찾고, 만약 적합한 컴포넌트가 없는 경우에는 새로운 소프트웨어 컴포넌트를 설계한다. 이 단계에서의 설계는 단순히 컴포넌트에 대한 설명만 작성하고 상세한 구현은 프로그래머에게 맡기게 된다. 그렇지 않으면, 재사용 컴포넌트나 UML로 표현한 상세 설계 모델에 대한 변경 목록을 작성하기도 한다. 그 설계 모델은 구현 자동화에 활용되는 경우도 있다.

그림 2.5는 이 활동들을 통해 작성한 설계 산출물들이다. 중대한 시스템의 경우, 설계 프로세스의 산출물은 시스템을 명확하고 정확히 기술한 상세 설계 문서이다. 만약 모델 주도 접근법(5장)을 사용하는 경우라면, 설계 산출물은 설계 다이어그램이 된다. 애자일 방법을 사용하는 개발의 경우는, 설계 프로세스 산출물이 개별적으로 명세 문서를 작성하지 않고, 프로그램 코드에 바로 작성하기도 한다.

시스템을 구현하기 위해 프로그램을 개발할 때에는 시스템 설계를 자연스럽게 뒤따르게 된다. 하지만 안전성 중심 시스템과 같은 프로그램의 일부 클래스는 구현을 시작하기 전에 상세하게 설계하는 것이 일반적이며, 설계와 프로그램 개발이 중첩되는 경우가 더 많다. 설계로부터 골격 프로그램(skeleton program)을 만들기 위해 소프트웨어 개발 도구를 사용하기도 한다. 이 골격 프로그램은 인터페이스를 정의하고 구현하기 위한 코드를 포함하고 있으며, 대부분의 경우 개발자는 각 프로그램 컴포넌트의 오퍼레이션(operation)에 상세한 구현 코드를 추가만 하면 된다.

프로그래밍은 개별적 활동이기 때문에, 준수해야 할 일반적인 프로세스라는 것이 없다. 어떤 프로그래머는 잘 알고 있는 컴포넌트부터 개발을 시작해서 차츰 덜 알고 있는 컴포넌트로 옮겨간다. 다른 프로그래머는 이와는 반대로, 어차피 개발하는 방법을 잘 알고 있다고 생각해서 잘 아는 컴포넌트를 뒤로 미룬다. 어떤 개발자는 데이터를 프로세스 초기에 정의하는 것을 선호하고 이를 기반으로 프로그램 개발을 진행하지만, 또 다른 개발자는 가능한 한 데이터를 명세하지 않고 뒤로 미룬다.

프로그래머가 개발한 코드에 대해서는 어떠한 형태로든 테스팅을 수행하는 것이 정석이다. 이 테스팅을 통해 제거해야 할 프로그램의 결함(버그)을 찾게 된다. 프로그램의 결함을 찾아서 고치는 작업을 **디버깅**이라고 한다. 결함 테스팅과 디버깅은 서로 다른 프로세스이다. 테스팅은 결함의 존재를 확인하는 것이다. 디버깅은 이러한 결함의 위치를 찾고 수정하는 작업이다.

디버깅을 할 때는 관찰할 수 있는 프로그램의 동작에 대한 가설을 만들어서 비정상적인 결과를 야기하는 결함을 찾기 위해 이 가설을 테스트해야 한다. 가설을 테스트하기 위해서는 프로그램 코드를 수작업으로 살펴봐야 할 수도 있고, 문제를 찾기 위해 새로운 테스트 케이스가 필요할 수도 있다. 프로그램 변수값과 프로그램의 실행 경로를 바로 보여주는 대화형 디버깅 도구는 디버깅 프로세스에 도움을 줄 수 있다.

2.2.3 소프트웨어 검증

소프트웨어 검증, 더 일반적으로 말해서 검증 및 확인(V & V: verification and validation)은 시스템이 주어진 명세를 잘 따르고 있는 것과 시스템 고객이 원하는 것을 그대로 반영하고 있다는 것을 보이기 위한 것이다. 실제처럼 제작한 테스트 데이터를 사용해서 시스템을 실행하는 프로그램 테스팅은 주요한 검증 기법이다. 검증은 사용자 요구사항 정의 단계부터 프로그램 개발에 이르기까지 각각의 프로세스 단계에서 이루어지는 인스펙션 및 검토와 같은 확인 프로세스와 관련이 있다. 하지만 대부분의 V & V 시간과 노력은 프로그램 테스팅에서 발생한다.

작은 프로그램은 예외로 하더라도, 시스템은 하나의 단일 단위로 테스트해서는 안 된다. 그림 2.6은 시스템 컴포넌트를 개별적으로 테스트한 후 통합한 시스템을 테스트하는 3단계 테스팅 프로세스를 보여준다. 맞춤형 소프트웨어의 경우는 고객 테스팅을 할 때 실제 고객의 데이터를 이용해서 시스템을 테스트하게 된다. 애플리케이션으로 판매하는 제품의 경우는 고객 테스팅은 베타 테스팅이라고도 불리는데, 일부 선택된 사용자들이 실제로 사용해보고 그 소프트웨어에 대해 의견을 주는 방식으로 진행한다.

다음은 테스팅 프로세스의 단계에 대한 설명이다.

1. **컴포넌트 테스팅:** 시스템 개발자가 시스템을 구성하는 컴포넌트를 테스트한다. 다른 시스템 컴포넌트 없이 각각의 컴포넌트를 개별적으로 테스트하게 된다. 컴포넌트는 함수나 객체 클래스 같은 단순한 구성 요소일 수도 있고, 서로 관련이 있는 구성 요소들을 모아놓은 그룹일 수도 있다. 컴포넌트의 새로운 버전이 만들어질 때마다 테스트를 재수행할 수 있는 Java용 JUnit 같은 테스트 자동화 도구도 많이 사용한다 (Koskela 2013).
2. **시스템 테스팅:** 시스템 컴포넌트를 통합해서 완전한 시스템을 구성하게 된다. 이 프로세스는 컴포넌트들 사이의 의도하지 않은 상호 작용이나 컴포넌트 인터페이스 문제 때문에 발생한 오류를 찾는 활동이며, 시스템이 주어진 기능 및 비기능 요구사항을 만족하는지 보이고, 창발적 시스템 속성을 테스트하는 작업과도 관련이 있다. 대

그림 2.6 테스팅의 단계

규모 시스템의 경우는 컴포넌트를 통합해서 개별적으로 테스트할 서브시스템을 만드는 다단계 프로세스로 진행되기도 하는데, 이 서브시스템을 통합하여 최종 시스템을 만들게 된다.

3. **고객 테스팅:** 시스템이 실제 운영을 위한 인수가 결정되기 전, 테스팅 프로세스의 최종 단계에 해당한다. 별도로 제작한 테스트 데이터를 사용하지 않고 시스템 고객(또는 잠재 고객)이 직접 시스템을 테스트하게 된다. 맞춤형 소프트웨어에서는 고객 테스팅을 통해 시스템 요구사항 정의에서의 오류를 찾거나 실수로 빠뜨린 부분을 알아낼 수도 있다. 이는 실제 데이터가 테스트 데이터와는 다른 방식으로 시스템을 동작시키기 때문이다. 뿐만 아니라, 고객 테스팅을 통해 시스템의 기능이 사용자의 요구를 만족하지 않거나 시스템 성능이 불만족스러운 경우 등의 요구사항 문제를 찾아내는 경우도 있다. 소프트웨어 제품을 대상으로는 그 제품이 고객의 요구를 얼마나 잘 만족하는지를 보여주는 데 고객 테스팅을 활용할 수 있다.

이상적으로는, 컴포넌트 결함은 테스팅 프로세스의 초기 단계에서 발견되고 인터페이스 문제는 시스템 통합 과정에서 발견되어야 한다. 하지만 결함을 발견하면서 프로그램을 디버깅해야 하는 것 때문에 테스팅 프로세스 상에서 반복해야 하는 다른 단계들을 거쳐야 하는 경우도 있다. 프로그램 컴포넌트의 오류는 말하자면 시스템 테스팅 과정에서 발견되는 것이다. 그러므로 더 이후의 단계에서 받은 피드백 정보를 가지고 프로세스의 이전 단계에 적용하는 반복 과정을 거치게 된다.

일반적으로 컴포넌트 테스팅은 보통 개발 프로세스의 한 부분일 뿐이다. 프로그래머는 각자의 테스트 데이터를 만들고 개발 과정에서 점증적으로 코드를 테스트하게 된다. 프로그래머는 테스트할 컴포넌트를 잘 알고 있기 때문에 테스트 케이스를 작성하기에 가장 적합하다.

만약 점증적 개발 접근법을 적용하는 경우라면 매번 개발하는 증가분에 대해서는 그 부분에 해당하는 요구사항에 기반하여 테스트가 이루어져야 한다. 애자일 프로세스에서 일반적으로 사용하는 테스트 주도 개발 방식에서는 개발 시작 전에 요구사항을 이용해서 테스트를 만들게 된다. 이러한 테스트는 테스터와 개발자가 테스트 케이스를 만들면서 요구사항을 이해하고, 지연이 발생하지 않도록 확인하는 데 도움을 줄 수 있다.

계획 주도 소프트웨어 프로세스를 사용하는 경우(가령, 중대한 시스템을 개발하는

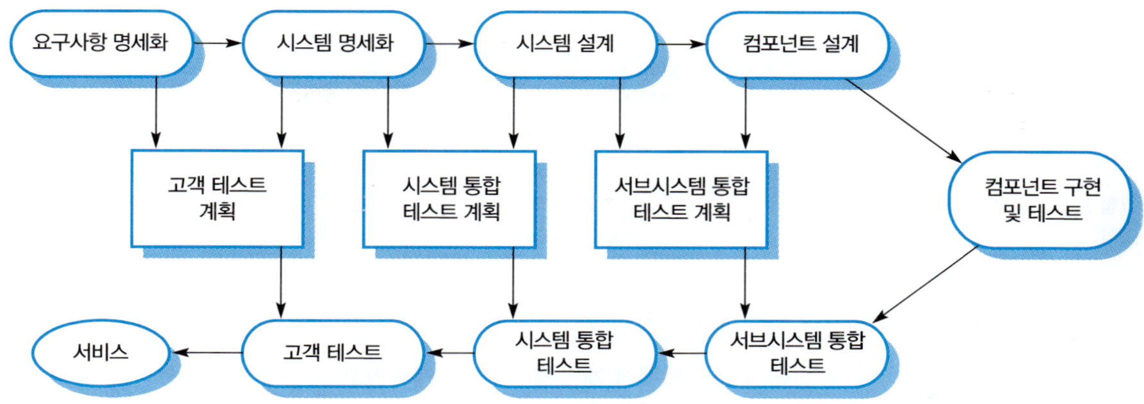

그림 2.7 계획 주도 소프트웨어 프로세스에서의 테스팅 단계

경우)에는 몇 가지 테스트 계획에 따라서 테스팅을 진행하게 된다. 독립적인 테스팅 팀이 시스템 명세와 설계로부터 만들어진 바로 그 테스트 계획에 따라 움직이게 된다. 그림 2.7은 테스트 계획이 테스팅과 개발 활동 사이를 어떻게 연결하는지 보여준다. 이 그림은 개발을 위한 V-모델이라고도 한다. 그 V-모델을 보면 소프트웨어 검증 활동이 폭포수 프로세스 모델의 각 단계에 대응된다는 것을 알 수 있다.

시스템이 소프트웨어 제품으로 시판되는 경우는 베타 테스팅이라는 테스팅 프로세스를 흔히 사용한다. 베타 테스팅은 시스템을 사용하기로 한 수많은 잠재 고객에게 그 시스템을 사용하도록 전달하는 활동을 수반한다. 베터 테스팅에 참여하는 고객들은 시스템 개발자에게 문제를 보고하게 된다. 이러한 과정을 통해 제품을 실제 사용 환경에 노출시키고 제품 개발자의 생각만으로는 찾기 어려운 오류를 검출하게 된다. 이러한 피드백으로 소프트웨어 제품을 수정하고 추가적인 베타 테스팅을 하거나 정식 판매를 시작할지에 대한 여부를 결정하게 된다.

2.2.4 소프트웨어 진화

소프트웨어의 유연성이라는 주요한 이유 때문에 점점 더 많은 소프트웨어가 통합을 통해 더 크고 복잡한 시스템으로 바뀌고 있다. 일단 하드웨어를 제작하기로 결정하게 되면, 하드웨어의 설계를 변경하는 것은 너무 큰 비용이 든다. 하지만 소프트웨어의 경우는 시스템 개발 중이든 아니면 끝난 후에든 언제든지 변경을 할 수 있다. 광범위한 변경을 하더라도 시스템 하드웨어에 변경을 가하는 경우와 비교하면 훨씬 저렴하게 할 수 있다.

역사적으로, 소프트웨어 개발 프로세스와 소프트웨어 진화(소프트웨어 유지보수) 프로세스는 항상 구분하였다. 소프트웨어 개발은 초기 개념부터 시작해서 동작하는 시스템을 만들기까지 소프트웨어 시스템을 만드는 창의적 활동으로 생각했으나, 소프트웨어

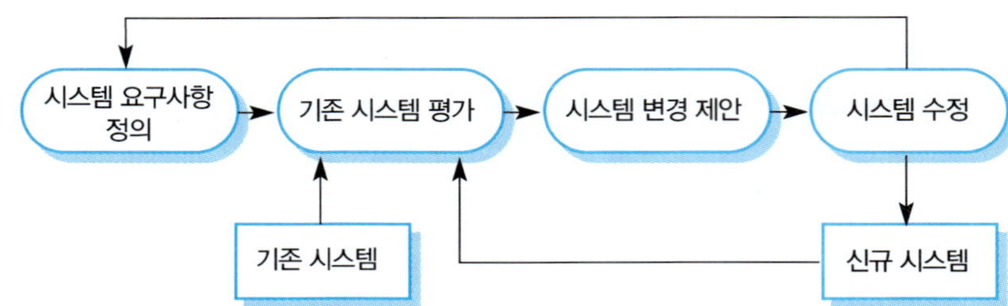

그림 2.8 소프트웨어 시스템 진화

유지보수는 지루하고 재미없는 활동으로 여기는 경향이 있었다. 즉, 소프트웨어 유지보수는 원래의 소프트웨어 개발에 비해 덜 재미있고 도전적이지도 않다고 생각하였다.

개발과 유지보수의 이러한 구분은 잘못된 것이다. 사실, 완전히 새로 만든 소프트웨어 시스템은 거의 없기 때문에 개발과 유지보수는 연속적인 활동으로 보는 것이 더 옳은 해석이다. 두 개의 분리된 프로세스가 아니라, 생명주기 과정에서 요구사항과 고객의 요구가 바뀌면서 이를 지속적으로 반영하여 소프트웨어가 변화하는 진화 프로세스(그림 2.8)로서의 소프트웨어 공학 활동으로 간주하는 것이 훨씬 현실적이다.

2.3 변경 처리

모든 대규모 소프트웨어 프로젝트에서 변경은 피할 수 없다. 외압이나 경쟁에 의한 사업적 대응과 경영 우선순위의 변화 때문에 시스템 요구사항이 바뀐다. 신기술이 도입되면서 설계나 구현에 대한 새로운 접근이 가능해지기도 한다. 그러므로 어떤 소프트웨어 프로세스 모델을 쓰는 경우라도 개발하는 소프트웨어의 변화를 수용할 수 있어야 한다.

이미 완료한 작업을 재수행해야 하는 경우가 많기 때문에 변경 작업은 소프트웨어 개발 비용을 증가시킨다. 이러한 경우를 재작업이라고 한다. 예를 들어, 시스템의 요구사항들 사이의 관계를 이미 분석했는데 새로운 요구사항을 이후에 도출하게 될 경우 일부 또는 전체 요구사항 분석을 반복해야 한다. 새로운 요구사항을 제공하기 위해 시스템을 재설계하고, 이미 개발한 프로그램을 수정하고 시스템을 다시 테스트해야 할 수도 있다.

다음은 재작업 비용을 줄이기 위해 사용할 수 있는 두 가지 접근법이다.

1. **변경 예측(*change anticipation*):** 필요한 재작업이 많이 생기기 전에 가능한 변경을 미리 예측하는 활동을 수반하는 소프트웨어 프로세스이다. 시스템의 주요 특성을 고객에게 보여주기 위해 프로토타입 시스템을 개발하는 것을 예로 들 수 있다. 고객은 고비용이 발생하는 소프트웨어 제품화에 앞서 미리 이 프로토타입을 사용하여 요구사항을 개선할 수 있다.
2. **변경 허용(*change tolerance*):** 시스템에 쉽게 변경을 가할 수 있도록 프로세스와 소

프트웨어를 설계하는 것이다. 이 활동은 보통의 경우 어떤 형태의 점증적 개발 방식을 수반하게 된다. 제안한 변경을 아직 개발하지 않은 증가분에 포함시켜 구현하는 방식이다. 만약 이러한 방식이 불가능하다면, 그 변경을 포함시키기 위해 단일 증가분(시스템의 작은 부분)을 수정하기도 한다.

이 장에서는 변경을 처리하고 시스템 요구사항을 바꾸기 위한 두 가지 방법을 설명한다.

1. **시스템 프로토타이핑:** 고객의 요구사항 및 결정한 설계의 타당성을 확인하기 위해 시스템의 한 버전이나 부분을 빠르게 개발하는 것이다. 이는 변경 예측의 한 방법으로 인도 전에 사용자가 시스템을 사용해서 미리 요구사항을 개선할 수 있도록 해준다. 그렇기 때문에, 인도 이후에 발생하는 요구사항 변경 요청의 수가 감소하는 경향이 있다.
2. **점증적 인도:** 의견을 받거나 사용할 수 있도록 시스템 증가분을 고객에게 전달하는 것이다. 이 방법은 변경 회피와 변경 허용을 모두 제공한다. 또한, 전체 시스템에 대한 요구사항의 성급한 적용을 막고 비교적 낮은 비용으로 후반 증가분에도 변경을 포함시킬 수 있도록 해준다.

소위 프로그램의 구조와 구성을 개선하는 리팩토링 개념 역시 변경 허용을 위한 중요한 과정이다. 리팩토링에 대해서는 3장(애자일 방법)에서 설명한다.

2.3.1 프로토타이핑

프로토타입은 제품의 아이디어를 시연하고, 디자인 선택 사항들을 시도해보고, 문제점과 가능한 해결책을 찾아내기 위해 사용하는 소프트웨어 시스템의 초기 버전이다. 프로토타입의 빠르고, 반복적인 개발은 비용을 통제하고 시스템 이해당사자가 소프트웨어 프로세스 초기 단계에서 프로토타입을 사용해볼 수 있도록 하는 데 필수적이다.

요청이 들어올지 모르는 변경 사항을 예측하는 데 도움을 주기 위해 소프트웨어 개발 프로세스 과정에서 소프트웨어 프로토타입을 사용할 수 있다.

1. 요구공학 프로세스에서, 프로토타입은 시스템 요구사항 도출과 검증에 도움을 줄 수 있다.
2. 시스템 설계 프로세스에서, 소프트웨어 해결 방안을 탐색하거나 시스템을 위한 사용자 인터페이스 개발을 위해 프로토타입을 사용할 수 있다.

잠재적인 사용자는 어떤 시스템이 사용자 업무를 얼마나 잘 지원해줄 수 있는지를 확인하기 위해 시스템 프로토타입을 사용할 수도 있다. 사용자는 요구사항에 대한 새로운 아이디어를 얻고 그 소프트웨어가 가진 장점과 약점을 찾아낼 수도 있다. 그렇게 해

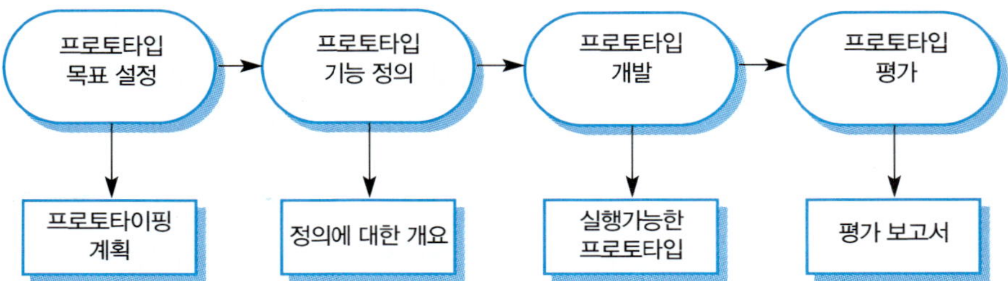

그림 2.9 프로토타입 개발

서 새로운 시스템 요구사항을 제안하는 경우도 있다. 또는, 프로토타입을 개발하면서 시스템 요구사항에서의 오류나 빠뜨린 사항을 찾아내기도 한다. 명세서에 작성된 어떤 내용은 명확하고 유용해보일지도 모른다. 하지만 그 기능을 다른 기능들과 연관 지으면서 처음에 생각했던 생각이 틀렸거나 완벽하지 못했다는 것을 사용자가 알게 되는 경우가 종종 발생한다. 이러한 경우, 요구사항에 대해 바뀐 생각을 반영하도록 시스템 명세서를 수정할 수 있다.

어떤 설계 안건의 타당성을 확인하기 위한 설계 실험을 수행할 수 있는 시스템을 설계하는 과정에서 시스템 프로토타입을 사용할 수 있다. 예를 들어, 어떤 데이터베이스 설계를 프로토타입으로 만들고 대부분의 일반 사용자 쿼리에 대해 충분한 데이터 접근을 허용하는지를 확인하는 테스트를 수행할 수 있다. 최종 사용자가 참여해서 만든 빠른 프로토타이핑은 사용자 인터페이스를 개발하기 위한 유일하고 실용적인 방법이다. 사용자 인터페이스의 동적인 본질 때문에 텍스트 설명과 다이어그램만으로는 사용자 인터페이스 요구사항과 설계를 표현하기에는 부족하다.

그림 2.9는 프로토타입 개발을 위한 프로세스 모델을 보여준다. 프로토타이핑의 목적은 프로세스의 시작부터 명확히 해두어야 한다. 그 목적은 사용자 인터페이스 개발일 수도, 기능적 시스템 요구사항 검증을 위한 시스템 개발이거나 관리자에게 애플리케이션 시연을 위한 시스템을 개발하는 것일 수도 있다. 똑같은 프로토타입으로는 모든 목적을 달성하지 못하는 경우가 많다. 만약 목적을 정하지 않았다면, 관리자나 최종 사용자가 프로토타입의 기능을 오해할 수도 있다. 결과적으로, 프로토타입 개발을 통해 기대하는 이점을 얻지 못하게 되는 것이다.

프로토타이핑의 다음 단계는 프로토타입에서 무엇을 포함시킬 것인지, (어쩌면 더 중요한 작업에 해당할 수도 있는) 무엇을 제외시킬 것인지를 결정하는 것이다. 프로토타이핑 비용을 감소시키고 배포 일정을 앞당기기 위해서는, 프로토타입에서 제공하는 기능 중 일부를 제외시켜야 한다. 응답시간과 메모리 사용량과 같은 비기능적 요구사항을 완화시키기로 결정할 수도 있다. 프로토타입의 목적이 사용자 인터페이스를 만드는 것이 아니라면 오류 처리 및 관리를 무시할 수도 있다. 신뢰성과 프로그램 품질에 대한 기준을 낮출 수도 있다.

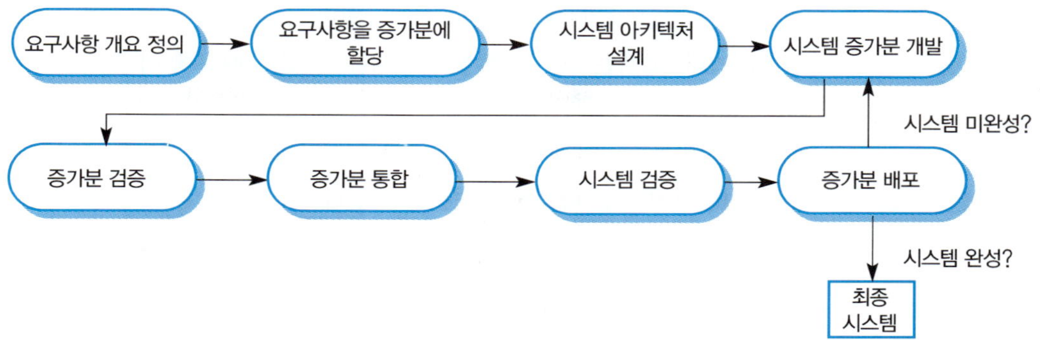

그림 2.10 점증적 인도

프로토타이핑의 최종 단계는 프로토타입 평가이다. 이 단계에는 사용자 교육에 대한 규정을 만들어야 하고, 프로토타입 목적에 따라 평가 계획을 수립해야 한다. 잠재적 사용자는 새로운 시스템에 익숙해지고 정상적인 사용 패턴을 형성하는 데 시간이 필요하다. 일단 시스템을 정상적으로 사용하게 되면 사용자가 요구사항 오류와 빠뜨린 사항들을 찾게 된다. 프로토타이핑의 일반적인 문제는 사용자가 최종 시스템을 사용할 때처럼 프로토타입을 사용하지 않을 수도 있다는 점이다. 프로토타입 테스터는 전형적인 시스템 사용자와는 다를 수 있고, 프로토타입 평가 기간 동안에 사용자들을 교육시키기에는 시간이 부족할 수 있다. 만약, 그 프로토타입이 느리다면, 평가자들은 업무 방식을 바꾸어서 느린 응답시간을 가지는 그 특정 기능을 사용하지 않을 수도 있다. 하지만 최종 시스템에서 향상된 응답 속도를 보인다면, 사용자는 또 다른 방법으로 시스템을 사용할 수도 있다.

2.3.2 점증적 인도

점증적 인도(그림 2.10)는 소프트웨어 개발을 위한 한 접근법으로 개발을 마친 증가분 일부를 고객에게 전달함으로써 고객의 업무 환경에서 사용할 수 있도록 배포하는 것이다. 점증적 인도 프로세스에서는 고객이 직접 어떤 서비스가 가장 중요하고, 어떤 서비스가 별로 중요하지 않은지를 정한다. 그 후에, 시스템 기능의 일부분을 제공하는 각 증가분 몇 개를 모아 전달할 증가분으로 정하게 된다. 서비스 우선순위에 따라 증가분에 할당할 서비스를 결정하는데, 가장 높은 우선순위의 서비스를 제일 먼저 구현하고 전달하게 된다.

일단 시스템 증가분을 정하게 되면, 그 첫 증가분에 포함시켜 전달할 서비스에 관한 요구사항을 상세하게 정의하고 바로 그 증가분을 개발하게 된다. 개발하는 동안, 이후 증가분에 대해서 추가적으로 요구사항을 분석할 수 있지만, 현재 증가분에 대해서는 요구사항을 변경하지 못한다.

일단 어떤 증가분이 완료되고 전달되면, 그 증가분은 고객의 정상적인 업무 환경에 설치된다. 고객은 그 시스템을 사용해볼 수 있기 때문에 이후 시스템 증가분에 대한 요구사항을 명확히 하는 데 도움이 된다. 새 증가분이 완료될 때마다 그 증가분은 기존 증가분에 통합되어 매번 전달된 증가분과 함께 시스템 기능을 향상시키게 된다.

점증적 인도는 다음의 장점들을 가진다.

1. 고객은 초기 증가분을 프로토타입으로 사용할 수 있기 때문에 이후 시스템 증가분에 대한 요구사항에 대한 힌트를 주는 데 도움을 주는 경험을 할 수 있다. 프로토타입과는 달리 이러한 증가분은 실제 시스템의 한 부분이기 때문에 시스템 개발이 완료되더라도 재학습은 이루어지지 않는다.
2. 고객은 전체 시스템이 전달되어서 그 가치를 활용할 수 있을 때까지 기다릴 필요가 없다. 첫 증가분은 고객이 가장 중요하게 생각하는 요구를 충족시켜줄 수 있기 때문에 그 소프트웨어를 바로 이용할 수 있게 된다.
3. 이 프로세스는 점증적 개발의 이점을 활용함으로써 시스템에 반영할 변경 사항을 비교적 쉽게 통합할 수 있다.
4. 가장 높은 우선순위 서비스를 가장 먼저 전달한 후에 이후 증가분을 통합하기 때문에, 가장 중요한 시스템 서비스를 가장 많이 테스트하게 된다. 이러한 이유 때문에 고객이 시스템의 가장 중요한 부분에서 소프트웨어가 오동작을 일으키는 경우를 줄일 수 있게 된다.

하지만 점증적 인도에도 문제점이 있다. 실제로는, 새로운 브랜드의 시스템을 도입하고 시스템 평가자가 그 새로운 시스템을 충분히 사용해 볼 시간이 있을 때만 가능한 방법이기 때문이다. 이 접근 방식의 주요 문제점은 다음과 같다.

1. 반복적 인도는 기존 시스템을 신규 시스템으로 대체하려고 할 때 문제가 될 수 있다. 사용자는 기존 시스템의 모든 기능이 필요하며, 대부분의 경우 불완전한 새로운 시스템을 사용하지 않으려는 경향이 있다. 서로 다른 데이터베이스와 사용자 인터페이스를 가지는 기존 시스템과 신규 시스템을 동시에 사용하는 것은 비현실적이기 때문이다.
2. 대부분의 시스템은 시스템의 서로 다른 부분에서 사용하는 여러 기본 기능을 필요로 한다. 주어진 증가분을 구현할 때까지 요구사항을 상세하게 정의하지 않기 때문에 모든 증가분이 필요로 하는 공통 기능을 찾기가 어려울 수 있다.
3. 반복적 프로세스의 본질은 소프트웨어와 함께 명세를 개발하는 것이다. 하지만 이 방법은 여러 기관의 조달 방식과 문제를 일으킨다. 왜냐하면, 조달 과정에는 시스템 개발 계약이 완전한 시스템 명세를 포함해야하기 때문이다. 하지만 점증적 접근법에서는 최종 증가분을 명세할 때까지 완전한 시스템 명세를 확보할 수 없다. 그래서

반복적 프로세스를 사용하려면 새로운 형태의 계약이 필요한데, 정부 기관 같은 큰 조직에서는 적용하기 어렵다.

어떤 유형의 시스템에서는 점증적 개발과 인도가 최선의 방법이 아니다. 즉, 다양한 지역에서 여러 팀이 개발에 참여하는 매우 큰 규모의 시스템과 소프트웨어 개발이 하드웨어 개발에 의존하게 되는 일부 임베디드 시스템, 그리고 시스템의 안전성이나 보안을 위협할 수 있는 상호 작용을 확인하기 위해 모든 요구사항을 분석해야 하는 일부 중대한 시스템이 이러한 유형의 시스템에 해당한다.

물론, 이러한 대규모 시스템에서도 불확실하며 계속 바뀌는 요구사항 문제를 마찬가지로 겪는다. 그래서 이 문제를 다루고 점증적 개발의 이점을 조금이라도 살리기 위해, 시스템 프로토타입을 개발해서 시스템 요구사항과 설계를 체험해볼 수 있도록 플랫폼으로 개발하는 방법도 있다. 프로토타입을 통한 경험으로부터 확신을 가지고 요구사항을 확정지을 수 있다.

2.4 프로세스 개선

오늘날, 산업계는 갈수록 빠듯한 마감 일정을 맞추어야 하면서도 더 저렴하고, 더 좋은 소프트웨어를 끊임없이 요구한다. 결과적으로, 많은 소프트웨어 회사들이 제품의 품질을 개선하고, 비용을 절약하거나 개발 프로세스를 가속화하기 위한 수단으로 소프트웨어 프로세스 개선에 관심을 가지게 되었다. 프로세스 개선은 기존 프로세스를 이해한 후 이 프로세스를 바꾸어서 제품의 품질을 향상시키거나 비용과 개발 시간을 단축시키는 활동을 의미한다. 프로세스 측정과 프로세스 개선에 관한 일반적인 문제들에 대한 자세한 내용은 웹 26장에서 다룬다.

프로세스 개선과 변경에는 다음의 두 가지 다른 방법을 사용한다.

1. 프로세스 성숙도 접근법: 프로세스와 프로젝트 관리 기법을 개선하는 것과 바람직한 소프트웨어 공학 실무를 조직에 소개하는 것에 중점을 둔다. 프로세스 성숙도의 수준은 기술적, 관리적 실무가 소프트웨어 개발 프로세스에 얼마나 잘 적용되고 있는지에 대한 정도를 나타낸다. 이 접근법의 주요 목표는 향상된 제품 품질과 프로세스 예측 가능성이다.

2. 애자일 접근법: 소프트웨어 프로세스 중 반복적 개발과 오버헤드의 감소에 중점을 둔다. 애자일 방법의 주요 특징은 기능을 빠르게 구현해서 배포하면서 고객의 요구사항 변경에 대해 대응을 한다는 것이다. 여기에서 개선에 대한 철학은 최선의 프로

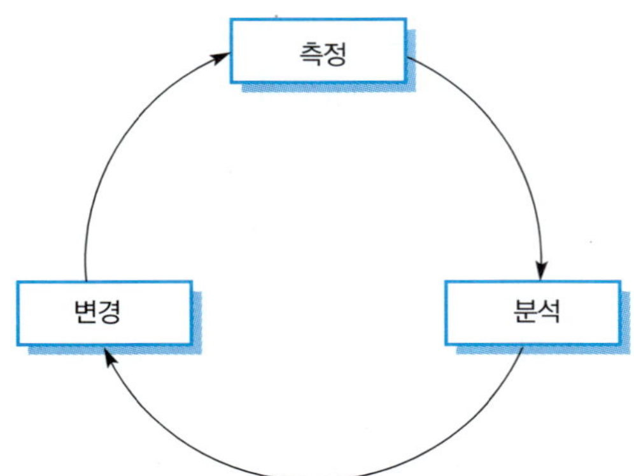

그림 2.11 프로세스 개선 사이클

세스는 가장 적은 오버헤드를 가진 프로세스이고 애자일 접근법이 이것을 달성할 수 있다는 것이다. 애자일 접근법에 대해서는 3장에서 다루기로 한다.

한 가지 접근법에만 열정적이고 충실한 사람은 대부분의 경우 다른 접근법의 장점에 대해 회의적인 생각을 하기 마련이다. 프로세스 성숙도 접근법은 계획 주도 개발에 뿌리를 두고 있기 때문에 보통 프로그램 개발과 직접적으로 관련이 없는 활동들을 포함한다는 관점에서 "오버헤드"가 많이 발생한다. 애자일 접근법은 개발하는 코드에 중점을 두기 때문에 의도적으로 형식이나 문서화를 최소화한다.

프로세스 성숙도 접근법을 따르는 일반적인 프로세스 개선 방식은 그림 2.11에서 보여주는 것처럼 사이클 형태를 띤다. 이 프로세스 단계들은 다음과 같다.

1. **프로세스 측정:** 소프트웨어 프로세스나 제품의 한 가지 또는 그 이상의 속성을 측정한다. 이 측정을 통해 얻은 기준값으로 프로세스 개선이 효과적이었는지를 평가하는 데 사용하게 된다. 즉, 개선이 이루어질 때마다 동일한 속성을 재측정하게 되고 어떠한 방식으로든 개선이 되길 기대하게 되는 것이다.

2. **프로세스 분석:** 현재의 프로세스를 평가해서 프로세스의 약점과 방해물을 찾는다. 이 단계에서 프로세스를 설명하는 프로세스 모델을 개발하는데, 민첩성과 견고성 같은 프로세스 특징을 고려한 분석에 중점을 두게 된다.

3. **프로세스 변경:** 찾아낸 프로세스의 일부 약점을 다루기 위한 프로세스 변경을 제안하게 된다. 이 변경을 도입하고, 사이클을 통해 변경 효과성에 대한 데이터를 수집하는 작업을 다시 시작하게 된다.

프로세스나 그 프로세스를 사용해서 개발하는 소프트웨어에 대한 구체적인 데이터 없이는 프로세스 개선 정도를 평가하는 것이 불가능하다. 하지만 프로세스 개선 작업을 시작하는 회사는 개선 기준값으로 쓸 수 있는 프로세스 데이터를 확보할 수 있는 경우가 드물다. 그러므로 변경을 위한 첫 사이클의 한 부분으로 소프트웨어 프로세스에 대

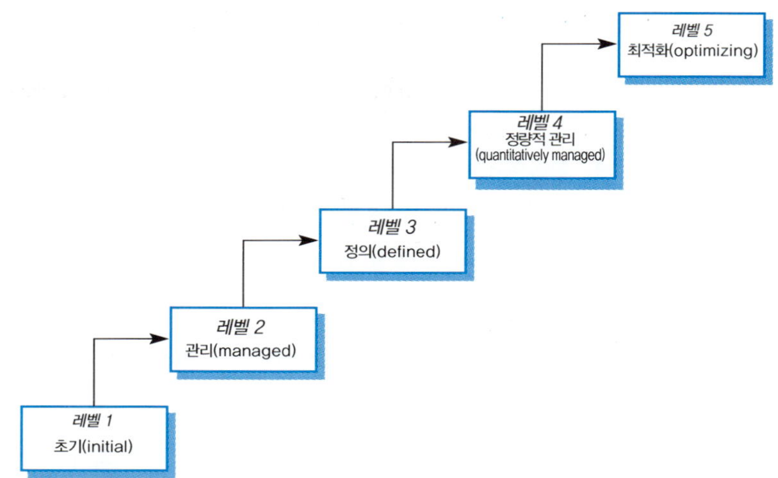

그림 2.12 역량 성숙도 수준

한 데이터를 모으고 소프트웨어 제품 특성을 평가해야 하는 경우도 있다.

프로세스 개선은 오랜 기간 동안 이루어지는 활동이기 때문에 개선 프로세스의 각 단계가 수개월 동안 진행되기도 한다. 또한, 프로세스 개선 작업은 지속적으로 이루어질 수밖에 없다. 새로운 프로세스를 도입하더라도 비지니스 환경이 바뀔 수 있고 또 다시 그 새로운 변화를 고려하려면 새로운 프로세스라 할지라도 계속해서 진화해야 하기 때문이다.

프로세스 성숙도 개념은 SEI (Software Engineering Institute)에서 프로세스 역량 성숙도 모델을 제안했던 1980년대 말에 등장하였다(Humphrey 1988). 소프트웨어 회사 프로세스의 성숙도는 프로세스 관리, 측정과 그 회사에서 사용하는 좋은 소프트웨어 공학 실무를 반영한다. 이 아이디어는 미 국방부가 방위 사업 계약자들의 소프트웨어 공학 역량을 평가함으로써 필요한 프로세스 성숙도 수준에 도달한 계약자들만 계약을 할 수 있도록 제한하기 위한 의도로 만든 것이었다. 그림 2.12에서 알 수 있듯이 5단계 수준의 프로세스 성숙도를 제안하고 있다. 이 모델은 지난 25년간 사용하면서 진화하고 발전하였다(Chrissis, Konrad, and Shrum 2011). 하지만 험프리(Humphrey) 모델의 기본 아이디어는 여전히 소프트웨어 프로세스 성숙도 평가의 기초가 되고 있다.

프로세스 성숙도 모델의 수준은 다음과 같다.

1. **초기(*initial*)**: 프로세스 영역과 연관된 목표를 만족하고, 모든 프로세스에 대해 수행해야 하는 업무의 범위를 명확히 설정하고 팀 구성원들에게 정확하게 전달한다.

2. **관리(*managed*)**: 프로세스 영역과 연관된 목표를 만족하고, 조직 차원의 방침을 마련해서 각 프로세스를 적용해야 할 시점을 정의하였다. 프로젝트 목표를 정의하고 있는 문서화된 프로젝트 계획을 마련해야 한다. 조직에 대한 자원 관리와 프로세스 모니터링 절차를 시행해야 한다.

3. **정의(*defined*)**: 조직 차원의 표준과 프로세스 배포에 중점을 둔다. 모든 프로젝트는

정의하고 있는 조직의 여러 프로세스로부터 프로젝트 요구사항에 적합하도록 맞추고, 관리하는 프로세스를 가진다. 프로세스 자산과 프로세스 측정 내용을 수집하고 향후 프로세스 개선에 사용해야 한다.

4. **정량적 관리**(*quantitatively managed*) 하위 프로세스를 통제하기 위해 통계 및 다른 정량적 방법을 사용하는 것이 조직의 책임이 된다. 즉, 수집한 프로세스와 제품의 측정값들을 프로세스 관리에 사용해야 한다.

5. **최적화**(*optimizing*) 조직이 프로세스와 제품 측정을 통해 프로세스 개선을 추진해야 한다. 추세 분석을 해야 하고 변화하는 비지니스 요구에 맞추어 프로세스를 조정해야 한다.

프로세스 성숙도 수준에 대한 활동은 소프트웨어 산업에 주요한 영향을 미쳤다. 그 활동으로 인해 사람들이 소프트웨어 공학 프로세스와 실무에 관심을 가지도록 함으로써, 소프트웨어 공학 역량 측면에서 의미 있는 개선을 만들어내는 데 기여하였다. 하지만 작은 기업이 정형적인 방법으로 프로세스를 개선하는 것은 너무 큰 오버헤드가 들고, 애자일 프로세스를 사용하면서 성숙도를 평가하는 것은 어렵다. 결과적으로, 현재에는 대규모 소프트웨어 회사에서만 소프트웨어 프로세스 개선을 위해 이 성숙도 중심의 접근법을 사용한다.

키 포인트

- 소프트웨어 프로세스는 소프트웨어 시스템을 제품화하는 것과 관련한 활동들이다. 소프트웨어 프로세스 모델은 이러한 프로세스들을 추상적으로 표현한 것이다.
- 일반적인 프로세스 모델은 소프트웨어 프로세스의 구조를 설명한다. 폭포수 모델, 점증적 개발과 재사용 가능한 컴포넌트 환경설정 및 통합이 이러한 일반적 모델에 해당한다.
- 요구공학은 소프트웨어 명세를 개발하는 프로세스이다. 명세서는 고객의 시스템 요구를 시스템 개발자들에게 잘 전달하기 위한 용도로 쓰인다.
- 설계 및 구현 프로세스는 요구 명세서를 실행 가능한 소프트웨어 시스템으로 바꾸는 것과 관련이 있다.
- 소프트웨어 검증은 시스템이 주어진 명세를 잘 따르는지와 시스템 사용자의 정확한 요구를 충족하는지를 확인하는 프로세스이다.
- 소프트웨어 진화는 새로운 요구를 충족시키기 위해 기존 소프트웨어 시스템을 변경할 때 이루어진다. 변경은 지속적으로 이루어지기 때문에, 소프트웨어가 유용하기 위해서는 진화를 해야만 한다.

- 프로세스는 변경에 대응하는 활동을 포함해야 한다. 이것은 요구 및 설계에 대한 어설픈 의사결정을 피하는 데 도움을 주는 프로토타이핑 단계와도 관련된다. 시스템 전체에 영향을 주지 않은 채 변경 작업을 할 수 있도록 반복적 개발과 인도를 고려해서 프로세스를 구축할 수 있다.
- 프로세스 개선은 소프트웨어 품질을 높이고, 개발 비용을 줄이거나 개발 소요 시간을 감소시키기 위해 기존 소프트웨어 프로세스를 향상시키는 과정이다. 프로세스 개선은 프로세스 측정, 분석과 변경과 관련한 사이클 프로세스이다.

추가로 읽을거리

"Process Models in Software Engineering." 지금까지 제안된 폭넓은 범위의 소프트웨어 공학 프로세스 모델에 대한 훌륭한 개요를 제공한다(W. Scacchi, *Encyhclopaedia of Software Engineering*, ed. J.J. Marciniak, Jogn Wiley & Sons, 2001). http://www.ics.uci.edu/~wscacchi/Papers/SE-Encyc/Process-Models-SE-Encyc.pdf

Software Process Improvement: Results and Experience from the Field. 이 책은 노르웨이의 여러 중소기업 프로세스 개선 사례 연구를 다룬 논문들을 모아놓은 것이다. 또한, 프로세스 개선과 관련한 일반적 이슈들에 대한 좋은 소개도 담고 있다. (Conradi, R., Dybå, T., Sjøberg, D., and Ulsund, T. (eds.), Springer, 2006).

"Software Development Life Cycle Models and Methodologies." 제안되거나 사용되었던 다양한 소프트웨어 프로세스 모델에 대한 간략한 요약 정보를 담고 있는 블로그이다. 각각의 장단점에 대해서도 정리하고 있다(M. Sami, 2012). http://melsatar.wordpress.com/2012/03/15/software-development-life-cycle-models-and-methodologies/

웹 사이트

이 장의 파워포인트 슬라이드:

https://iansommerville.com/software-engineering-book/slides

관련 비디오 링크:

https://iansommerville.com/software-engineering-book/videos/se/

연습문제

2.1. 다음에 나열된 시스템을 개발할 때 관리 기준으로 사용하기에 가장 적합한 일반적 소프트웨어 프로세스 모델을 제안하라. 개발하는 시스템의 유형에 따라 답을 하고 설명하라.

자동차에서의 브레이크 잠김방지 시스템(ABS: antilock braking system)

소프트웨어 유지보수를 지원하기 위한 가상 현실(VR) 시스템

기존 시스템을 대체하는 대학의 회계 시스템

사용자가 주변 환경의 영향을 거의 받지 않는 여행 계획을 짤 수 있도록 돕는 대화식 여행 계획 시스템

2.2. 사용하려는 시스템에 대한 명확한 아이디어가 없는 고객들을 대상으로는 점증적 소프트웨어 개발을 사용하면 매우 효과적일 수 있다. 이에 대해 논의하라.

2.3. 그림 2.3의 통합 및 환경 설정 프로세스 모델을 보고, 그 프로세스에서 요구공학이 꼭 반복적인 이유를 설명하라.

2.4. 요구공학 프로세스에서 사용자 요구사항과 시스템 요구사항을 개발하는 것에 차이를 두는 것이 왜 중요한지 설명하라.

2.5. 아키텍처 설계, 데이터베이스 설계, 인터페이스 설계와 컴포넌트 설계가 왜 상호의존적인지 예를 들어 설명하라.

2.6. 소프트웨어 테스팅이 항상 점증적이고, 단계적 활동일 수밖에 없는 이유를 설명하라. 프로그래머가 스스로 개발한 프로그램을 테스트하는 것이 최선인지에 대해서도 생각해보자.

2.7. 정부가 국가의 방대한 광물 자원의 사용을 계속 추적하는 데 도움을 줄 소프트웨어 프로그램을 필요로 하는 경우를 생각해보자. 비록 정보가 제시한 요구사항이 아주 명확하진 않음에도 불구하고, 한 소프트웨어 회사가 해당 소프트웨어의 프로토타입 개발 작업을 맡게 되었다. 정부는 그 프로토타입이 마음에 들었기 때문에, 사용할 수 있는 실제 시스템으로 확장해달라는 요청을 하였다. 이러한 방식을 취할 때의 장단점에 대해 논의하라.

2.8. 당신은 어떤 소프트웨어 시스템에 대한 프로토타입을 개발하였고, 당신의 관리자는 그것을 아주 마음에 들어한다. 그 관리자는 이 프로토타입을 사용할 수 있도록 추가적으로 요청받은 새로운 기능을 더해서 제품화해야 한다고 주장한다. 이는 시스템 개발 지출을 없애고, 그 시스템을 당장 쓸 수 있게 되는 것이다. 당신의 관리자에게 왜 프로토타입 시스템은 대부분의 경우 제품화 시스템으로 사용해서는 안되는지를 설명하는 짧은 보고서를 작성하라.

2.9. SEI의 역량 성숙도 프레임워크에 포함되어 있는 프로세스 평가와 개선에 대한 접근법의 두 가지 장점과 두 가지 단점을 설명하라.

2.10. 역사적으로, 기술의 도입은 노동 시장에 막대한 변화를 주었고, 적어도 일시적으로 직장에서 사람들을 대신하였다. 과도한 프로세스 자동화의 도입이 소프트웨어 엔지니어에게도 같은 결과를 초래할 것 같은지에 대해 논의하라. 만약, 그렇지 않다고 생각한다면 그 이유를 설명하라. 만약, 자동화로 인해 취업 기회가 감소할 것으로 생각한다면 그 영향을 받는 엔지니어가 기술의 도입에 대해 소극적으로나 적극적으로 반대하는 것은 윤리적인지 논의하라.

참고문헌

Abrial, J. R. 2005. *The B Book: Assigning Programs to Meanings.* Cambridge, UK: Cambridge University Press.

———. 2010. *Modeling in Event-B: System and Software Engineering.* Cambridge, UK: Cambridge University Press.

Boehm, B. W. (1988). "A Spiral Model of Software Development and Enhancement." *IEEE Computer*, 21 (5), 61–72. doi:10.1145/12944.12948

Boehm, B. W., and R. Turner. 2004. "Balancing Agility and Discipline: Evaluating and Integrating Agile and Plan-Driven Methods." *In 26th Int. Conf on Software Engineering, Edinburgh,* Scotland. doi:10.1109/ICSE.2004.1317503.

Chrissis, M. B., M. Konrad, and S. Shrum. 2011. *CMMI for Development: Guidelines for Process Integration and Product Improvement, 3rd ed.* Boston: Addison-Wesley.

Humphrey, W. S. 1988. "Characterizing the Software Process: A Maturity Framework." *IEEE Software* 5 (2): 73–79. doi:10.1109/2.59.

Koskela, L. 2013. *Effective Unit Testing: A Guide for Java Developers.* Greenwich, CT: Manning Publications.

Krutchen, P. 2003. *The Rational Unified Process–An Introduction, 3rd ed.* Reading, MA: Addison-Wesley.

Royce, W. W. 1970. "Managing the Development of Large Software Systems: Concepts and Techniques." In *IEEE WESTCON,* 1–9. Los Angeles, CA.

Wheeler, W., and J. White. 2013. *Spring in Practice*. Greenwich, CT: Manning Publications.

3

애자일 소프트웨어 개발

Agile software development

학습목표

이 장의 목표는 애자일 소프트웨어 개발 방법을 소개하는 것이다. 이 장을 통해 학습할 내용들은 다음과 같다.

- 애자일 소프트웨어 개발 방법의 근거, 애자일 선언을 이해하고 애자일과 계획 주도 개발의 차이점을 안다.
- 사용자 스토리, 리팩토링, 짝 프로그래밍과 테스트 우선 개발 같은 중요한 애자일 개발 실무를 안다.
- 애자일 프로젝트 관리를 위한 스크럼(Scrum)을 이해한다.
- 대규모 소프트웨어 시스템을 개발하면서 애자일 개발 방법의 규모를 확장하고, 애자일 접근법과 계획 주도 방식을 결합하는 문제를 이해한다.

학습내용

오늘날, 사업은 세계적이며, 빠르게 변화하는 환경 속에서 이루어진다. 새로운 기회와 시장, 변화하는 경제적 조건과 경쟁 제품 및 서비스의 등장에 대응해야 한다. 소프트웨어는 거의 모든 비즈니스 사업의 일부이기 때문에 새로운 기회를 통해 이익을 얻고 경쟁 압력에 대응하려면 새로운 소프트웨어를 빨리 개발할 수 있어야 한다. 그러므로, 소프트웨어를 빨리 개발하고 배포한다는 것은 대부분의 비즈니스 시스템에서 가장 중요한 요구사항이다. 사실, 사업 중 신규 필수 소프트웨어를 빨리 배포해야 하는 상황이 발생한다면 기꺼이 소프트웨어 품질을 떨어뜨리고 요구사항을 변경할 수 있다.

변화하는 환경에서 이러한 비즈니스가 진행되므로, 완벽하게 안정적인 소프트웨어 요구사항을 얻어내기는 사실상 불가능하다. 고객의 입장에서는 시스템이 어떠한 방식으로 업무 활동에 영향을 주고, 다른 시스템과 상호 작용하며, 어떤 사용자 기능을 자동화해야 할지 추측하는 것이 불가능하다고 여기기 때문에 요구사항은 바뀌게 된다. 시스템이 설치된 후 사용자가 그 시스템을 경험하고 나서야 진짜 요구사항을 명확하게 알 수 있게 된다. 하지만 이 경우에도, 외부 요인들 때문에 요구사항이 바뀌기도 한다.

완전히 요구사항을 명세한 후 시스템을 설계, 구축, 테스트하는 계획 주도 소프트웨어 개발 프로세스는 신속한 소프트웨어 개발에는 적합하지 않다. 요구사항을 바꾸거나 요구사항 문제를 발견할 때마다 시스템의 설계나 구현 작업을 다시하고 테스트를 해야 하기 때문이다. 그래서, 전통적인 폭포수나 명세 기반 프로세스는 장황한 편이라서, 맨 처음 명세 작업을 한 시점보다 훨씬 지나서야 최종 소프트웨어를 고객에게 전달하게 된다.

안전성 중심 제어 시스템과 같이 시스템을 완벽하게 분석해야만 하는 유형의 소프트웨어를 개발할 때에는 계획 주도 접근법이 적당하다. 하지만, 빠르게 움직이는 비즈니스 환경에서는 이 방식이 정말 문제가 될 수 있다. 소프트웨어를 사용할 수 있을 때가 되면 원래의 조달 이유가 급하게 바뀌는 바람에 그 소프트웨어가 실질적으로 무용지물이 될 수 있기 때문이다. 그러므로, 특히 비즈니스 시스템에 대해서는 신속한 소프트웨어 개발과 배포에 중점을 두는 개발 프로세스가 필수적이다.

사람들은 오래 전부터 신속한 소프트웨어 개발과 변경되는 요구사항을 다룰 수 있는 프로세스가 필요하다고 느끼고 있었다(Larman and Basili 2003). 하지만, 익스트림 프로그래밍(Beck 1999), 스크럼(Schwaber and Beedle 2001)과 DSDM (Stapleton 2003) 같은 "애자일 기법" 개념이 만들어진 1990년대 말에 와서야 진정한 의미에서 신속한 소프트웨어 개발이 이루어졌다.

신속한 소프트웨어 개발은 애자일 개발 또는 애자일 기법으로 알려졌다. 이 애자일 기법은 유용한 소프트웨어를 빠르게 만들 수 있도록 고안한 것이다. 다음은, 지금까지 만들어진 모든 애자일 기법들이 가지는 공통적인 특징이다.

1. 명세화, 설계 및 구현 프로세스가 중첩된다. 상세한 시스템 명세를 만들지 않고, 설

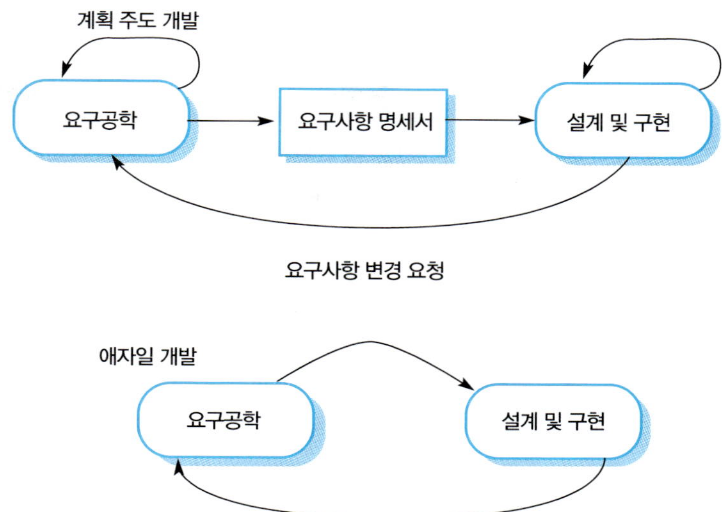

그림 3.1 계획 주도 및 애자일 개발

계 문서화를 최소화하거나 시스템 구현을 위한 프로그래밍 환경에서 자동 생성한다. 사용자 요구사항 문서는 시스템에서 가장 중요한 특징을 개괄적으로 한다.

2. 시스템을 증가분의 연속으로 구현한다. 최종 사용자와 다른 시스템 이해당사자가 각 증가분을 명세하고 평가하는 데 참여한다. 최종 사용자와 시스템 이해당사자들은 개발하는 소프트웨어에 대한 변경을 요청하고 시스템의 이후 버전에서 구현해야 하는 새로운 요구사항을 제안하기도 한다.
3. 개발 프로세스를 지원하기 위해 방대한 도구를 사용하게 된다. 사용하는 도구에는 테스트 자동화 도구, 형상 관리와 시스템 통합을 지원하는 도구, 사용자 인터페이스를 자동으로 생성해주는 도구 등이 있을 수 있다.

애자일 기법은 사용하는 증가분이 작은 점증적 개발 방법으로, 보통 2~3주마다 새로운 시스템을 만들어서 고객이 사용하게 된다. 변화하는 요구사항에 대한 피드백을 빨리 확보하기 위해 고객이 개발 프로세스에 참여하게 된다. 또한, 작성된 문서로 진행하는 공식적 미팅보다는 비공식적인 커뮤니케이션을 통해 문서화를 최소화한다.

소프트웨어 개발에 적용하는 애자일 접근법에서는 설계와 구현을 소프트웨어 프로세스 중심 활동으로 간주하고, 요구사항 도출 및 테스팅과 같은 다른 활동을 설계와 구현 활동에 포함시킨다. 이와는 대조적으로 소프트웨어 공학에서의 계획 주도 접근법은 소프트웨어 프로세스의 단계별로 해당하는 산출물을 작성하도록 각 단계를 나눈다. 한 단계에서 작성한 산출물을 다음 프로세스 활동을 계획하는 토대로 사용한다.

그림 3.1은 시스템 명세화에 대한 계획 주도 접근법과 애자일 접근법의 본질적인 차이점을 보여준다. 계획 주도 소프트웨어 개발 프로세스에서는 활동별로 반복이 이루어

지고, 프로세스 단계 간 커뮤니케이션을 위해 공식적인 문서를 사용한다. 예를 들어, 요구사항 문서를 발전시켜서 결국에는 요구사항 명세서를 작성하게 된다. 그 후, 설계와 구현 프로세스를 위해 사용하게 된다. 하지만, 애자일 접근법에서는 여러 활동을 통해 반복이 이루어진다. 그러므로, 요구사항과 설계를 따로 다루지 않고 함께 발전시킨다.

실무적으로는, 3.4.1절에서 설명한 것처럼, 계획 주도 프로세스를 애자일 프로그래밍 활동과 함께 적용하는 경우가 많고, 애자일 기법도 프로그래밍 및 테스팅과는 별도의 계획 활동을 포함하는 경우가 있다. 계획 주도 프로세스에서 증가분의 연속으로 요구사항을 할당하고, 설계 및 개발 단계를 계획하는 것도 충분히 실현 가능하다. 애자일 프로세스라고 해서 반드시 코드 중심이어야 하는 것은 아니다. 설계 문서를 만들 수도 있다. 뿐만 아니라, 애자일 개발자도 반복 단계에서 새로운 코드를 작성하는 것이 아니라 시스템 모델과 문서를 만들 수도 있다.

3.1 애자일 기법

1980년대와 1990년대 초, 더 좋은 소프트웨어를 만들기 위한 가장 좋은 방법은 신중하게 프로젝트를 계획하고, 품질 보장을 위한 정형적 방식을 도입하고, 소프트웨어 도구를 이용해 분석/설계 방법을 도입하고, 철저하게 소프트웨어 개발 프로세스를 통제하는 것이라는 생각이 만연해 있었다. 이러한 생각은 항공 우주 분야나 정부 시스템과 같은 대규모로 오래 지속되는 소프트웨어 시스템을 개발했던 공학 단체로부터 비롯한 것이었다.

이 계획 주도 접근법은 여러 회사에서 일하는 다수의 팀이 개발하는 소프트웨어를 위한 것이었다. 팀들은 주로 지역적으로 떨어진 상태로 오랜 시간 동안 소프트웨어를 개발했다. 현대식 항공기 제어 시스템이 이러한 유형의 소프트웨어 사례에 해당하는데, 초기 명세부터 배포까지 10년은 족히 걸린다. 계획 주도 접근법은 시스템에 대한 계획, 설계 및 문서화에 오버헤드가 많이 발생한다. 여러 개발팀이 함께 일해야 하거나, 중대한 시스템을 개발하거나, 각양각색의 사람들이 생명 주기가 지난 소프트웨어를 유지보수할 때 이러한 오버헤드는 당연히 발생한다.

하지만, 이렇게 무거운 계획 주도 개발 접근법으로 중소 규모 비즈니스 시스템을 개발하면 그 오버헤드가 너무 크기 때문에 소프트웨어 개발 프로세스를 압도하게 된다. 프로그램을 개발하고 테스트하는 것보다 시스템을 어떻게 개발할지 고민하는 데 더 많은 시간을 쓰게 되는 것이다. 시스템 요구사항이 바뀌게 되면 어쩔 수 없이 재작업이 필요하고, 최소한 원칙적으로는 그 명세와 설계는 프로그램과 함께 바꾸어야 한다.

이러한 무거운 소프트웨어 공학적 접근법에 대한 불만 때문에 1990년대 말 애자일 기법이 등장하게 되었다. 애자일 기법은 개발팀이 설계와 문서 작업보다는 소프트웨어

원칙	설명
고객 참여	고객이 개발 프로세스 전반에 밀접하게 관여해야 한다. 고객의 역할은 새로운 시스템 요구사항을 제공하고 우선순위를 정하며, 반복적으로 개발하는 시스템을 평가하는 것이다.
변화 수용	변화할 시스템 요구사항을 예측하고, 이러한 변화를 수용할 수 있도록 해당 시스템을 설계하는 것이다.
점증적 인도	고객이 다음 증가분에 포함해야 할 요구사항을 명세하면서, 소프트웨어를 점증적으로 개발한다.
단순성 유지	개발하고 있는 소프트웨어와 개발 프로세스 양쪽에서 단순성에 집중한다. 언제든지, 시스템으로 인한 복잡성을 제거하기 위해 능동적으로 대처한다.
프로세스가 아닌 사람	개발팀의 기술을 인지하고 잘 활용할 수 있어야 한다. 팀 구성원이 규정된 프로세스 없이 각자의 업무 방식을 개발할 수 있도록 해야 한다.

그림 3.2 애자일 기법의 원칙들

자체에 더 집중할 수 있도록 해주었다. 이 방법론은 개발 프로세스 과정에서 시스템 요구사항이 자주 변경되는 애플리케이션을 개발할 때 사용하기에 가장 적합하였다. 또한, 이 방법론을 사용하면 고객이 작동하는 소프트웨어를 빨리 받아서 시스템의 이후 반복 개발 과정에서 반영할 신규 또는 변경 요구사항을 알려줄 수 있었다. 애자일 기법은 장기적으로 가치가 떨어지는 작업을 회피하고, 절대 사용하지도 않을 문서는 없앰으로써 프로세스 요식체계를 줄이는 데 목적을 두었다.

애자일 기법의 철학적 배경은 이 방법을 리드했던 개발자가 작성한 애자일 선언에서 알 수 있다. 이 선언의 내용은 다음과 같다.

> 우리는 보다 나은 소프트웨어를 개발하고, 다른 사람들이 이렇게 할 수 있도록 도와줌으로써 더 나은 소프트웨어를 개발하는 방법을 찾고 있다. 이러한 작업을 통해 다음과 같은 가치를 찾아냈다.
>
> 프로세스와 도구보다는 개인과 상호 작용을
>
> 이해하기 좋은 문서보다는 작동하는 소프트웨어를
>
> 계약 협상보다는 고객과의 협업을
>
> 계획을 따르기보다는 변화에 대응하는 것을
>
> 즉, 왼편에 적힌 내용도 가치가 있지만, 우리는 오른쪽에 적힌 내용에 더 많은 가치를 둔다.†

모든 애자일 기법은 소프트웨어를 점증적으로 개발하고 전달해야 하고, 다른 애자일 프로세스에 기반을 두고 있지만, 모두 애자일 선언에 근거하여 원칙들을 이야기하고 있기 때문에 공통적인 부분이 많다. 이러한 원칙을 그림 3.2에 열거하였다.

애자일 기법은 특히 다음의 두 가지 유형의 시스템 개발에 성공적으로 적용할 수 있다.

1. 소프트웨어 회사가 중소 규모의 제품을 판매할 목적으로 개발하는 경우. 사실상 요

† http://agilemanifesto.org/

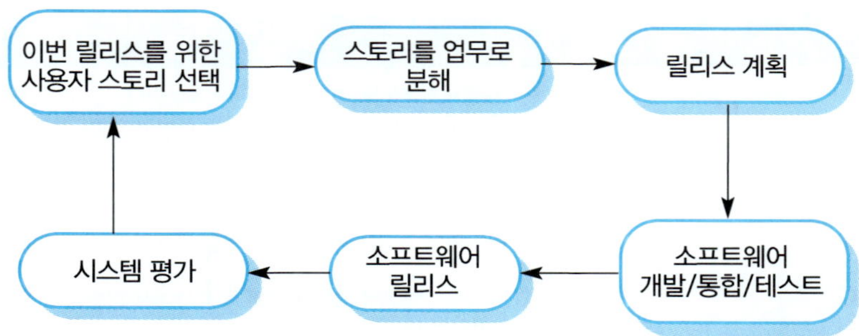

그림 3.3 XP 릴리스 순환

즘 모든 소프트웨어 제품과 앱은 애자일 기법을 적용해서 개발한다.

2. 고객이 개발 프로세스에 참여하겠다는 확실한 의사가 있고, 소프트웨어에 영향을 줄 수 있는 외부 이해당사자나 규제가 거의 없는 조직 내에서 이루어지는 맞춤형 시스템 개발인 경우

애자일 기법에서는 개발팀이 제품 관리자나 시스템 고객과 커뮤니케이션을 계속 하는 경우가 발생하기 때문에 이러한 상황에서 쓰면 효과적이다. 소프트웨어도 동시에 개발이 이루어지는 다른 시스템들과 밀접하게 통합해야 하는 경우보다는 독립형 시스템인 경우가 더 적합하다. 결과적으로, 병행 개발의 흐름을 관리할 필요가 없어진다. 같은 장소에 있는 팀이라면 중소규모 시스템을 개발할 수 있고, 팀 구성원들 간 평상시 의사소통으로도 충분하다.

3.2 애자일 개발 기법

1990년대에 서로 다른 사람들이 유사한 시기에 애자일 기법의 근간이 되는 아이디어를 만들었다. 하지만, 변화하는 소프트웨어 개발 문화를 다루는 가장 중요한 접근법은 아마도 익스트림 프로그래밍(XP)이었을 것이다. XP라는 이름은 Kent Beck이 만든 것으로(Beck 1998), 반복 개발같이 알고 있는 좋은 방법들을 “극단적(extreme)” 수준으로 밀어붙이는 방식이라는 의미에서 온 것이다. 예를 들어, XP에서는 서로 다른 프로그래머가 단 하루에 여러 신규 시스템 버전을 만들고, 통합하고 테스트한다. 그림 3.3은 개발하는 시스템의 증가분을 만들기 위한 XP 프로세스를 나타낸 것이다.

XP에서 요구사항은 시나리오로 표현하고, 이 시나리오는 몇 가지 작업을 거쳐 바로 구현을 하게 된다. 프로그래머는 짝으로 개발하고, 코드를 작성하기 전에 각 작업에 대한 테스트를 만들게 된다. 새로운 코드를 시스템에 통합하려면 모든 테스트를 성공적으로 수행해야 한다. 그래서 시스템을 배포하는 간격이 짧다.

원칙 또는 실무	설명
공동 소유권	개발자들은 모르는 부분이 발생하지 않도록 시스템의 모든 영역에 대해 짝을 이루어 작업을 하고, 코드에 대한 공동 책임을 지도록 한다. 모든 개발자가 어떤 것이든 변경할 수 있다.
연속적 통합	특정 작업에 대한 업무가 끝나자마자, 전체 시스템에 통합된다. 그러한 통합 이후에는 해당 시스템에 속하는 모든 단위 테스트를 통과해야 한다.
점증적 계획	요구사항은 "스토리 카드"로 기록하고, 릴리스에 들어가는 스토리를 가용한 시간과 상대적 우선순위에 근거하여 정한다. 개발자들은 이러한 스토리를 개발 "작업"으로 쪼갠다. 그림 3.5와 3.6을 참고할 것.
고객의 참여	최종 시스템 사용자의 대표(고객)는 XP팀의 이용을 위해 전적으로 시간을 할애할 수 있어야 한다. XP 프로세스에서, 고객은 개발팀의 구성원이며 구현팀에게 시스템 요구사항을 전달할 책임이 있다.
짝 프로그래밍	개발자는 서로의 작업을 점검하고 항상 작업을 제대로 할 수 있도록 지원하면서 짝을 이루어 작업한다.
리팩토링	모든 개발자들은 가능한 코드 개선 사항이 발견되자마자 계속적으로 코드를 리팩토링한다. 리팩토링 작업은 코드를 단순하고 유지보수하기 쉽도록 만들어준다.
단순한 설계	현재의 요구사항만을 만족시키기 위해 충분한 설계를 수행한다.
소규모 릴리스	비즈니스 가치를 제공하는 최소한의 유용한 기능을 먼저 개발한다. 시스템 릴리스는 빈번하게 이루어지고, 초기 릴리스에 점증적으로 기능을 추가한다.
유지할 수 있는 속도	많은 양의 초과 근무를 허용하지 않는다. 그 이유는 많은 양의 초과 근무는 실제적으로는 코드의 품질을 떨어뜨리고 중간 정도의 생산성으로 이어지는 경우가 많기 때문이다.
테스트 우선 개발	기능 자체를 구현하기 전에 새로운 기능에 대한 테스트를 작성하기 위해 자동화된 단위 테스트 프레임워크를 이용한다.

그림 3.4 XP 실무

익스트림 프로그래밍은 당시의 개발 방법과는 꽤 다른 애자일 실무 방법들을 도입했기 때문에 논란이 많았다. 이러한 실무적 방법들을 그림 3.4에 요약하였는데, 애자일 선언의 원칙들을 잘 반영하고 있다.

1. 점증적 개발은 작은 크기의 잦은 시스템 릴리스를 통해 이루어진다. 요구사항은 간단한 사용자 스토리나 시나리오를 기반으로 작성하는데, 시스템 증가분에 어떤 기능을 추가해야 하는지를 결정하는 토대가 된다.

2. 고객 참여는 고객이 개발팀에 지속적으로 참여하는 것으로 지원이 이루어진다. 고객 대표는 개발에 참여하며, 시스템에 대한 인수 테스트를 정의하는 역할을 맡게 된다.

3. 짝 프로그래밍, 시스템 코드의 집단 소유와 너무 오랜 근무시간을 요구하지 않는 지속가능한 개발 프로세스를 통해 프로세스가 아닌 사람을 지원한다.

4. 고객에게 제공하는 정기적인 릴리스, 테스트 우선 개발, 코드 품질 저하를 막기 위한 리팩토링과 새로운 기능의 연속적 통합을 통해 변화를 허용한다.

5. 코드 품질을 향상시키는 끊임없는 리팩토링을 통해, 그리고 시스템에 발생할지도 모르는 불필요한 향후 변경을 고려하지 않은 간단한 설계를 사용함으로써 단순함을 유지한다.

약 처방

Kate는 클리닉에 다니는 환자를 위해 약을 처방하려는 의사이다. 환자 기록은 이미 그녀의 컴퓨터에 출력되어 있기 때문에 그녀는 약품 필드를 클릭해서 "현재 처방", "새로운 처방"또는 "처방전"을 선택할 수 있다.

만약 그녀가 "현재 처방"을 선택하면, 시스템은 그녀에게 복용량을 확인할 것을 물어본다. 만약 복용량을 변경하고 싶으면, 새로운 복용량을 입력하고 처방을 확정하면 된다.

만약 그녀가 "새로운 처방"을 선택하면, 시스템은 그녀가 어떤 약을 처방할지 알고 있다고 가정한다. 그녀는 처방할 약품의 처음 몇 글자를 입력한다. 그러면, 시스템은 이 글자들로 시작하는 약들의 목록을 화면에 보여준다. 그녀는 필요한 약을 선택하고 시스템은 그녀에게 선택한 약품이 정확한지를 확인하기 위해 묻는 것으로 응답한다. 그녀는 복용량을 입력하고 처방을 확정 짓는다.

만약 그녀가 "처방전"을 선택하면, 시스템은 허용된 처방에 대한 검색 상자를 보여주게 된다. 그러면, 그녀는 필요한 약을 검색할 수 있다. 그녀는 한 약품을 선택하고 그 약이 정확한지를 확인받게 된다. 그녀는 복용량을 입력하고 처방을 확정 짓는다.

시스템은 항상 복용량이 허용된 범위 내에 있는지 확인한다. 만약 허용 범위를 벗어나면, Kate에게 복용량을 바꿀 것을 요청한다.

Kate가 처방을 확정 지으면, 시스템은 확인을 위해 그 처방을 보여준다. 그녀는 "확인" 또는 "변경"을 클릭할 수 있다. 만약, "확인"을 클릭하면 그 처방은 검사 데이터베이스에 기록된다. 만약 그녀가 "변경"을 클릭하면, 그녀는 "약 처방"과정을 다시 시작하게 된다.

그림 3.5 "약 처방" 스토리

실무적으로, 익스트림 프로그래밍의 적용은, 원래 제안한 것처럼, 생각보다는 더 어렵다는 것이 밝혀졌다. 익스트림 프로그래밍은 관리 실무와 대부분의 사업 분위기에 쉽게 통합할 수 없었다. 그러므로, 애자일 기법을 채택한 회사들은 각자의 업무 방식에 가장 적합한 XP 실무 방식을 골라서 사용하였다. 어떤 경우는 회사 개발 프로세스에 사용했지만 스크럼(Rubin 2013)과 같은 관리 중심 애자일 기법과 함께 사용하였다.

XP가 대부분의 회사에서 쓸 수 있는 실무적 애자일 기법이라고 확신하지는 않지만, 애자일 개발 실무 방식들을 커뮤니티에 알렸다는 점에서 큰 공헌을 하였다. 이 개발 실무 방식들 중에서 가장 중요한 것들을 이 절에서 설명한다.

3.2.1 사용자 스토리

소프트웨어 요구는 항상 바뀌기 마련이다. 애자일 기법에서는 이러한 요구 변경을 처리하기 위해 별도의 요구공학 활동을 두지 않는다. 오히려, 요구사항 도출과 개발을 함께 진행한다. 이 아이디어를 보다 쉽게 적용하도록, "사용자 스토리"라는 개념을 만들었는데 이 사용자 스토리는 시스템 사용자가 경험할 수 있는 일종의 사용 시나리오를 뜻한다.

시스템 고객은 가능한 개발팀과 밀접하게 일하고 다른 팀 구성원들과 시나리오에 대해 의논하게 된다. 고객은 개발팀과 함께 고객의 요구를 담고 있는 스토리를 간단하게 설명해주는 "스토리 카드"를 만들게 된다. 그 후, 그 개발팀은 향후 소프트웨어 릴

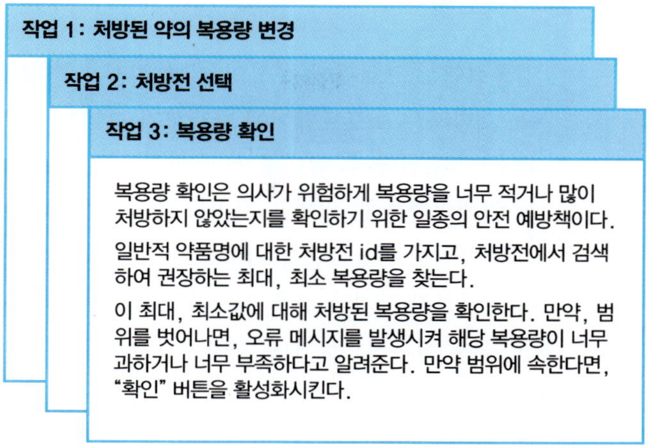

작업 1: 처방된 약의 복용량 변경

작업 2: 처방전 선택

작업 3: 복용량 확인

복용량 확인은 의사가 위험하게 복용량을 너무 적거나 많이 처방하지 않았는지를 확인하기 위한 일종의 안전 예방책이다.

일반적 약품명에 대한 처방전 id를 가지고, 처방전에서 검색하여 권장하는 최대, 최소 복용량을 찾는다.

이 최대, 최소값에 대해 처방된 복용량을 확인한다. 만약, 범위를 벗어나면, 오류 메시지를 발생시켜 해당 복용량이 너무 과하거나 너무 부족하다고 알려준다. 만약 범위에 속한다면, "확인" 버튼을 활성화시킨다.

그림 3.6 약 처방에 대한 작업 카드의 예

리스에 포함시킬 시나리오를 실제로 구현하는 데 집중하게 된다. 그림 3.5는 Mentcare 시스템에 대한 스토리 카드 사례를 보여준다. 이것은 환자에게 처방을 내릴 때의 시나리오를 짧게 나타낸 것이다.

시스템 반복 계획에도 사용자 스토리를 사용할 수도 있다. 일단 스토리 카드를 만들게 되면, 개발팀은 이 스토리 카드를 여러 과업으로 나눈 뒤(그림 3.6) 그 과업을 구현하는 데 드는 노력과 자원을 추정하게 된다. 대부분 이 때 요구사항을 개선하기 위해 고객과 의견을 주고받는다. 그러면, 고객은 유용하게 비즈니스를 지원하기 위해 당장 사용할 수 있는 스토리들을 선택함으로써 구현해야 할 스토리의 우선순위를 정하게 된다. 이 작업의 의도는 고객에게 다음 시스템 릴리스를 전달하게 되는 약 2주 정도의 시간에 구현할 수 있는 유용한 기능을 찾기 위한 것이다.

물론, 요구사항이 바뀌는 과정에서 미구현한 스토리가 바뀌거나 사라질 수도 있다. 만약 이미 배포한 시스템을 변경해야 하는 경우라면, 신규 스토리 카드를 작성한 후 고객이 다시 이 변경들이 신규 기능보다 우선순위가 높은지를 결정해야 한다.

사용자 스토리는 꽤 훌륭한 개념이다. 기존의 요구사항 문서나 유스케이스보다 스토리를 더 쉽게 이해할 수 있기 때문이다. 사용자 스토리는 초기 사전개발을 위한 요구사항 도출 활동에서 사용자가 요구사항을 제안하도록 할 때 유용하게 사용할 수 있다. 이에 대해서는 4장에서 더 자세히 다루기로 한다.

사용자 스토리의 주요 문제점은 완전성이다. 시스템의 중요한 요구사항 전체를 다룰 수 있을 정도로 충분한 사용자 스토리를 만들었는지 판단하기가 어렵기 때문이다. 또한, 하나의 스토리가 어떤 활동에 대해 제대로 된 그림을 보여주는 것인지를 판단하기도 어렵다. 숙련된 사용자는 가끔 어떤 업무에 너무 익숙해서 그 업무를 설명할 때 뭔가를 빠뜨리기도 한다.

3.2.2 리팩토링

전통적인 소프트웨어 공학의 기본 지침은 변경을 고려한 설계를 해야 한다는 것이다. 즉, 개발자는 소프트웨어에 발생할지 모르는 향후 변경을 예측해야 하고, 이 변경 사항을 쉽게 구현할 수 있도록 설계해야 한다. 하지만, 익스트림 프로그래밍에서는 이 지침을 없애버렸는데, 변경을 고려한 설계는 헛수고라는 생각에 기반하고 있다. 변경을 처리하기 위해 프로그램을 일반화시키는 것은 시간 낭비라는 것이다. 종종 예상했던 변경이 발생하지 않거나, 전혀 다른 변경 요청이 이루어지기도 하기 때문이다.

물론, 실무적으로 코드 개발 과정에서 항상 변경 사항은 발생하기 마련이다. XP개발자는 쉽게 변경 처리를 하려면 개발하는 코드를 계속 리팩토링해야 한다고 이야기한다. 리팩토링(Fowler et al. 1999)은 프로그래밍 팀이 소프트웨어에서 개선 가능한 부분을 찾아서 즉시 구현하는 것을 의미한다. 팀 구성원이 개선할 수 있는 코드를 발견하면, 당장 고칠 필요가 없는 상황일지라도 코드를 개선하게 된다.

점증적 개발의 근본적 문제는 부분적인 변경 때문에 소프트웨어 구조가 망가지는 경향이 있다는 것이다. 결과적으로, 소프트웨어에 발생하는 추가적인 변경 때문에 구현하기가 점점 더 어려워지는 것이다. 본질적으로, 코드가 자주 중복되고, 부적절한 방식으로 소프트웨어의 일부를 재사용하고, 코드를 시스템에 추가하면서 전반적인 구조의 품질이 저하된 것 때문에 생긴 문제들에 대한 해결방안을 찾음으로써 개발을 진행한다. 리팩토링은 소프트웨어 구조와 신뢰성을 개선함으로써 소프트웨어를 변경할 때 자연스럽게 발생하는 구조적 악화를 막는다.

리팩토링의 예로는 중복 코드를 제거하기 위해 클래스 계층 구조를 변경하기, 속성과 메서드 정리하기와 이름 변경하기, 그리고 유사한 코드 영역을 프로그램 라이브러리에서 정의한 메서드 호출로 대체하기 등이 있다. 프로그램 개발 환경은 대부분 리팩토링 도구를 가지고 있다. 이 리팩토링 도구를 이용하면 코드 영역 간의 종속성을 찾고, 전체적인 코드를 수정하는 작업을 간편하게 할 수 있다.

원칙적으로는, 리팩토링이 개발 프로세스의 일부라면 신규 요구사항이 들어올 때마다 개발하려는 소프트웨어를 이해하고 변경하는 것이 쉬워야 한다. 하지만 실제로는 항상 그렇지 않다. 가끔 개발 압력 때문에 신규 기능을 구현하는 데 시간을 많이 쓰는 바람에 리팩토링을 미루기 때문이다. 어떤 신규 기능과 변경은 코드 수준의 리팩토링 만으로는 처리가 어렵고, 시스템의 아키텍처를 변경해야 하는 경우도 있다.

3.2.3 테스트 우선 개발

이 장의 도입 부분에서 설명했듯이, 점증적 개발과 계획 주도 개발의 중요한 차이점 중

하나는 시스템을 테스트하는 방식이다. 점증적 개발에서는 시스템 테스트를 위해 외부 테스팅팀이 사용할 수 있는 시스템 명세가 없다. 결과적으로, 점증적 개발을 위한 일부 접근 방식은 계획 주도 테스팅과 비교했을 때 매우 비공식적인 방식으로 테스팅 프로세스를 진행한다.

익스트림 프로그래밍은 명세 없이 진행해야 하는 테스팅의 문제점들을 해결하기 위해 새로운 프로그래밍 테스팅 방법을 제시하였다. 테스팅을 자동화하고 개발 프로세스의 중심에 둠으로써 모든 테스트를 성공적으로 테스트하기 전에는 개발을 진행할 수 없도록 하였다. 다음은 XP에서 수행하는 테스팅의 주요 특징들이다.

1. 테스트 우선 개발

2. 시나리오를 가지고 이루어지는 점증적 테스트 개발

3. 테스트 개발 및 검증에서의 사용자 참여

4. 테스트 자동화 프레임워크 사용

오늘날 XP의 테스트 우선 철학은 발전하여 테스트 주도 개발 기법으로 더 일반화되었다(Jeffries and Melnik 2007). 테스트 주도 개발은 소프트웨어 공학에서 가장 중요한 혁신 중 하나라고 생각한다. 코드를 작성한 후에 그 코드에 대한 테스트를 만드는 대신, 코드를 작성하기 전에 테스트를 먼저 작성한다. 이렇게 함으로써 개발자가 코드를 작성하면서 테스트를 실행할 수 있고 개발 과정에서 문제점을 찾을 수 있다. 테스트 주도 개발에 대해서는 8장에서 더 상세히 다루기로 한다.

테스트를 작성하면 개발하는 기능의 인터페이스와 동작에 대한 명세를 암묵적으로 정의하게 되기 때문에, 요구사항과 인터페이스의 잘못된 이해로 발생하는 문제를 줄일 수 있게 된다. 테스트 우선 개발을 하려면 시스템 요구사항과 그 요구사항을 구현하는 코드 사이의 관계가 명확해야 한다. XP에서는 요구사항을 나타내는 스토리 카드를 과업으로 나누고, 그 업무들이 구현을 위한 중요 단위가 되기 때문에 이러한 관계가 명확하다.

테스트 우선 개발에서는, 그 과업을 구현하는 개발자가 시스템에 대한 테스트를 작성할 수 있도록 해당 명세를 정확하게 이해해야 한다. 다시 말해, 해당 명세에서 애매하거나 빠뜨린 항목이 있다면 구현을 시작하기 전에 명확히 해두어야 한다. 그러한 작업은 "테스트 지연" 문제도 방지한다. 이 테스트 지연은 시스템 개발자가 테스팅 담당자보다 일을 빠르게 처리할 때 발생할 수 있다. 테스팅에 비해 구현 진도가 너무 앞서 나가는 바람에 개발 스케쥴 관리 차원에서 테스트를 건너뛰는 경우가 있기 때문이다.

XP의 테스트 우선 접근법은 사용자 스토리를 개발해 놓은 상황을 가정하고 있고, 이 사용자 스토리는 그림 3.6에서와 같이 몇 개의 과업 카드로 다시 나누어진다. 각각의 과업은 그 과업에 나와 있는 구현을 확인하기 위해 한 개 이상의 단위 테스트를 만

테스트 4: 복용량 확인

입력:
1. 단일 복용량을 mg로 나타낸 값
2. 하루에 이루어지는 단일 복용량의 횟수

테스트:
1. 단일 복용량은 정확하지만 빈도가 너무 높은 경우의 입력에 대한 테스트
2. 단일 복용량이 너무 높거나 너무 낮은 경우의 입력에 대한 테스트
3. 단일 복용량 X 빈도가 너무 높거나 너무 낮은 경우의 입력에 대한 테스트
4. 단일 복용량 X 빈도가 허용한 범위에 속한 경우의 입력에 대한 테스트

출력:
OK 또는 복용량이 안전 범위를 벗어났다는 오류 메시지

그림 3.7 복용량 확인에 대한 테스트 케이스 설명

들게 된다. 그림 3.7은 처방한 약의 용량이 알려진 안전 허용치를 벗어났는지를 확인하기 위해 작성한 테스트 케이스의 요약 설명이다.

테스팅 프로세스에서 고객의 역할은 시스템의 다음 릴리스에 구현할 스토리에 대한 인수 테스트를 개발할 수 있도록 돕는 것이다. 8장에서 설명하겠지만, 인수 테스팅은 시스템이 고객의 진짜 요구를 충족하는지를 확인하기 위해 고객의 데이터를 이용하여 시스템을 테스팅하는 프로세스이다.

테스트 자동화는 테스트 우선 개발에서 필수적이다. 주어진 과업을 구현하기 전에 실행할 수 있는 컴포넌트 형태로 테스트를 작성한다. 이 테스팅 컴포넌트는 독립 실행이 가능하고, 테스트 입력 값을 주는 것처럼 시뮬레이션 할 수 있어야 하며, 결과 값이 명세에 맞도록 나오는지 확인할 수 있어야 한다. 자동화 테스트 프레임워크는 쉽게 실행 가능한 테스트를 작성하고, 실행할 때 테스트 집합을 적용할 수 있도록 해주는 시스템이다. JUnit (Tahchiev et al. 2010)은 Java 프로그램에서 널리 사용하는 테스트 자동화 프레임워크의 한 예이다.

테스트 자동화로 인해 테스트 집합을 항상 빠르고 쉽게 실행할 수 있게 되었다. 시스템에 새로운 기능이 추가될 때마다 테스트를 할 수 있어서 새로 작성한 코드 때문에 발생한 문제를 즉시 잡아낼 수 있게 되었다.

테스트 우선 개발과 테스트 자동화 덕분에 수많은 테스트를 작성하고 수행할 수 있게 되었다. 하지만, 테스트 커버리지 완료를 보장하기에는 문제점이 있다.

1. 프로그래머는 테스트보다는 프로그래밍에 더 관심이 있기 때문에 테스트 작성 시 요령을 피우기도 한다. 발생할 가능성이 있는 모든 예외를 확인하지 않는 불완전한 테스트를 작성하는 경우를 예로 들 수 있다.

2. 어떤 테스트는 점증적으로 작성하기가 매우 어렵다. 예를 들어, 복잡한 UI를 가진 시스템의 경우 "디스플레이 규칙"과 화면 간 이동 흐름을 구현한 코드를 단위 테스

트하기 어려운 경우가 많다.

테스트 집합의 완전성을 판단하기는 어렵다. 시스템 테스트를 많이 확보하더라도 그 테스트 집합이 완전한 커버리지를 보장하지 못할 수도 있다. 시스템의 중요한 부분이 실행되지 않아 테스트를 받지 못할 수도 있다. 그러므로, 충분히 많이 그리고 자주 테스트를 실시하면 마치 그 시스템이 완전하고 정확하다고 생각할 수는 있으나, 그것은 착각이다. 만약 개발 후 테스트를 리뷰하지 않고 테스트만 추가 작성한다면, 시스템이 가진 버그를 발견하지 못한 채 배포될 수도 있다.

3.2.4 짝 프로그래밍

XP에서 도입한 또 다른 혁신적 실무는 프로그래머가 소프트웨어를 짝으로 개발하는 것이다. 그 프로그래밍 짝은 서로 같은 컴퓨터 앞에 앉아서 소프트웨어를 개발한다. 하지만, 같은 짝으로 항상 프로그램을 작성하는 것은 아니다. 오히려, 유동적으로 짝이 바뀌어서 개발 프로세스 동안에 모든 팀 구성원이 서로 같이 작업을 해볼 수 있도록 한다.

짝 프로그래밍은 다음과 같은 몇 가지 장점을 가진다.

1. 시스템에 대한 집단 소유와 책임이라는 개념을 제공한다. 이 개념은 Weinberg의 비자아적 프로그래밍(egoless programming) (Weinberg 1971)에서 나온 것으로 소프트웨어를 팀 전체가 소유함으로써 개인이 코드에서 발생한 문제에 대해 책임을 회피하는 것이다. 대신에 그 팀은 문제들을 해결해야 하는 공동 책임을 가지게 된다.
2. 짝 프로그래밍을 함으로써 작성하는 모든 라인을 최소한 두 명이 살펴보기 때문에 일종의 비정형적 리뷰 프로세스를 진행하게 된다. 코드 인스펙션과 리뷰(24장)는 발생 가능성이 높은 소프트웨어 오류를 찾는 데 효과적인 방법이다. 하지만, 그 작업은 시간이 많이 필요하기 때문에 대부분의 경우 개발 프로세스를 지연시킨다. 짝 프로그래밍은 덜 정형적인 프로세스이기 때문에 코드 인스펙션만큼 많은 오류를 찾아내지 못할 수도 있다. 하지만, 정형적인 프로그램 인스펙션에 비해 비용이 적고 적용하기 쉽다.
3. 소프트웨어 구조 개선을 위해 리팩토링을 사용한다. 프로그래머에게 평상시 개발 환경에서 리팩토링을 요구할 때의 문제는 장기적인 이득을 위해 노력을 더 들여야 한다는 것이다. 아마 리팩토링에 시간을 쓰는 개발자는 단순히 코드 개발만 하는 개발자보다 생산성이 낮은 것으로 오해받을 소지가 있다. 짝 프로그래밍과 집단 소유를 이용하면, 리팩토링을 통해 다른 개발자들이 도움을 받을 수 있기 때문에 당연히 이러한 방식을 지지하게 된다.

짝 프로그래밍이 개별적으로 이루어지는 프로그래밍에 비해 덜 효율적이라고 생각할 수도 있다. 동일한 시간이 주어졌을 때, 짝으로 개발할 경우는 두 명이 개별적으로 작업하는 경우에 비해 코드의 절반밖에 작성하지 못할 수도 있기 때문이다. 애자일 기법을 도입한 많은 회사들은 짝 프로그래밍에 회의가 들어 사용하지 않는 경우도 있다. 어떤 회사들은 경험이 부족한 직장 동료에 문제가 직면했을 때, 경험이 많은 개발자가 함께 작업하는 방식으로 짝 프로그래밍과 개별 프로그래밍을 혼합하여 사용하기도 한다.

짝 프로그래밍의 효과에 대한 공식적 연구는 다양한 결과를 보여주었다. 학생 지원자를 통해, Williams 등(Williams et al. 2000)은 짝 프로그래밍을 통한 생산성이 두 명이 독립적으로 작업한 것과 큰 차이가 없음을 발견했다. 그 이유는 짝 프로그래밍에 참여하는 개발자는 서로 개발 전에 소프트웨어에 대해 논의를 하기 때문에 시작할 때 오류나 재작업이 줄어든다는 것이다. 더욱이, 평상시 이루어지는 인스펙션으로 오류를 막을 수 있기 때문에 테스팅 프로세스 동안 발견한 버그를 수정하는 데 시간이 더 줄어들게 된다.

하지만, 경험이 훨씬 더 많은 개발자로 이루어진 연구에서는 이러한 결과가 나오지 않았다(Arisholm et al. 2007). 그 연구에서는 짝 프로그래밍이 두 명의 프로그래머가 개별적으로 일하는 것에 비해 생산성이 많이 떨어진 것으로 나타났다. 물론, 품질 면에서는 일부 이점이 있었겠지만, 짝 프로그래밍의 오버헤드를 완전히 보상해주기에는 부족하였다. 그럼에도 불구하고, 짝 프로그래밍을 통해 이루어지는 지식의 공유는 매우 중요한데, 이는 구성원이 팀을 떠날 경우에 발생하는 프로젝트의 전반적인 위험 요인을 줄여줄 수 있기 때문이다. 그것 자체만으로도 짝 프로그래밍은 해볼 만한 가치가 있을지도 모른다.

3.3 애자일 프로젝트 관리

많은 소프트웨어 비즈니스에서, 관리자들은 어떤 것들이 진행되고 있는지 그리고 프로젝트가 목표를 만족시킬 수 있고, 마감시간과 예산에 맞추어 소프트웨어를 고객에게 전달할 수 있는지를 알고 싶어한다. 소프트웨어 개발을 위한 계획 주도 접근법은 이러한 요구사항을 충족시키기 위해 맞추어졌다. 23장에서 언급한 것처럼, 관리자는 무엇을 전달할 것인지, 언제 전달할 것인지, 그리고 프로젝트 산출물을 누가 개발할 것인지를 보여주는 프로젝트 계획을 작성하게 된다. 계획 주도 접근법을 사용하려면 관리자가 개발 프로세스 및 개발해야 하는 모든 대상을 안정적으로 확인할 수 있어야 한다.

애자일 기법을 초기에 지지했던 사람들이 제안한 비공식적 계획과 프로젝트 통제는 가시화에 대한 비즈니스 요구사항과 충돌하였다. 팀들이 각자 조직을 구성하고, 문서를 작성하지 않았으며, 아주 짧은 주기로 개발 계획을 잡았다. 이러한 방법은 소프트웨어

스크럼 용어	정의
개발팀(development team)	자체 구성한 소프트웨어 개발 그룹으로, 7명을 넘지 말아야 한다. 개발팀은 소프트웨어 및 필수적인 다른 프로젝트 문서 작성에 대한 책임을 가진다.
잠재적으로 전달 가능한 제품 증가분(potentially shippable product increment)	스프린트(sprint)에서 정한 소프트웨어의 증가분이다. 여기서의 개념은 "잠재적으로 전달 가능해야" 한다는 것이다. 즉, 최종 제품에 포함시키기 위해 테스팅과 같은 추가적인 작업이 필요가 없는 완성된 상태이어야 한다는 뜻이다. 하지만, 실무적으로 항상 가능한 것은 아니다.
제품 백로그(product backlog)	이것은 스크럼 팀이 해결해야 하는 "해야 할 일(to do)"에 대한 목록이다. 그 목록의 내용은 소프트웨어에 대한 특징, 소프트웨어 요구사항, 사용자 스토리에 대한 정의 또는 아키텍처 정의나 사용자 문서와 같이 추가적으로 필요한 업무에 대한 설명일 수도 있다.
제품 소유권자(product owner)	개발에 필요한 제품의 특징이나 요구사항을 찾아서 우선순위를 정하고, 프로젝트가 지속적으로 중요한 비즈니스 요구를 만족할 수 있도록 계속해서 제품 백로그를 검토하는 역할을 맡은 한 개인(또는 작은 그룹)이다. 제품 소유권자는 고객일 수도 있지만 소프트웨어 회사의 제품 관리자이거나 다른 이해당사자 대표일 수도 있다.
스크럼(Scrum)	매일 이루어지는 스크럼 팀의 회의로 진척사항을 검토하고 그날 처리해야 하는 일들에 대해 우선순위를 매긴다. 이상적으로는, 전체 팀이 서로 직접 만나서 진행하는 짧은 회의이어야 한다.
스크럼 마스터(Scrum Master)	스크럼 마스터는 스크럼 프로세스를 따르고, 팀이 스크럼을 효과적으로 활용할 수 있도록 보장하는 역할을 맡는다. 스크럼 마스터는 회사의 나머지와 접점 역할을 하고, 스크럼 팀이 외부의 간섭에 의해 방해받지 않도록 하는 책임이 있다. 스크럼 개발자는 스크럼 마스터가 프로젝트 관리자는 아니라고 생각한다. 하지만, 어떤 이들은 차이를 발견하기 어렵다고도 이야기한다.
스프린트(sprint)	개발에서 이루어지는 반복을 의미하며, 스프린트는 주로 2~4주 길이로 구성한다.
속도(velocity)	한 번의 스프린트에서 한 팀이 어느 정도의 제품 백로그를 감당할 수 있는지에 대한 추정치이다. 팀의 속도를 이해하면 한 번의 스프린트에서 무엇을 감당할 수 있을지 예상하고, 성과 향상을 측정하기 위한 기초 제공에 도움이 된다.

그림 3.8 스크럼 용어

제품을 개발하는 작은 회사에는 적용 가능했고 통했으나, 조직에서 어떤 일이 진행되고 있는지를 알아야 하는 큰 회사에는 적합하지 않았다.

다른 모든 전문적 소프트웨어 개발 프로세스와 마찬가지로, 애자일 개발은 팀이 사용할 수 있는 시간과 자원을 최대한 잘 이용할 수 있도록 애자일 개발을 관리해야 한다. 이 문제를 다루기 위해, 애자일 프로젝트를 조직화하기 위한 프레임워크를 제공하고 최소한 어느 정도는 진행중인 내용에 대한 외부 가시화를 제공하기 위해 스크럼 애자일 기법이 등장했다(Schwaber and Beedle 2001; Rubin 2013). 스크럼(Scrum) 개발자들은 스크럼이 전통적 의미에서 프로젝트 관리를 위한 방법이 아니었다는 것을 분명히 하고 싶어했기 때문에, 의도적으로 프로젝트 관리자와 같은 표현을 대체할 수 있는 스크럼 마스터(Scrum Master)와 같은 새로운 용어를 만들었다. 그림 3.8은 스크럼 용어에 대한 요약과 의미를 보여준다.

스크럼은 그림 3.2에 나와 있는 애자일 선언 원칙을 따르는 한 애자일 기법이라고 할 수 있다. 하지만, 스크럼은 애자일 프로젝트 조직에게 프레임워크를 제공하는 데 초점을 맞추고 있으며, 짝 프로그래밍과 테스트 우선 개발과 같은 특정 개발 방법의 사용

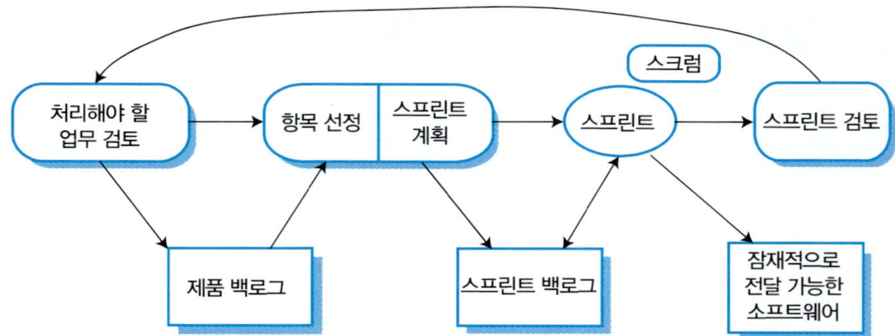

그림 3.9 스크럼 스프린트 주기

을 강요하지 않는다. 그렇기 때문에, 스크럼은 더 쉽게 회사의 기존 방식과 통합할 수 있다. 결과적으로, 애자일 기법이 소프트웨어 개발을 위한 주류의 접근법이 되면서 스크럼이 가장 널리 쓰이는 방법이 되었다.

그림 3.9는 스크럼 프로세스와 스프린트 주기를 보여준다. 스크럼 프로세스를 시작하려면 해당 제품의 백로그(backlog)가 필요하다. 각각의 프로세스를 반복함으로써 고객에게 전달할 수 있는 제품의 증가분을 만들게 된다.

제품의 백로그는 스크럼 스프린트 사이클의 출발점인데, 스크럼팀이 작업해야 할 제품의 특성, 요구사항과 공학적 개선에 관한 목록에 해당한다. 제품 백로그의 초기 버전은 요구사항 문서나 사용자 스토리 목록, 또는 개발해야 할 소프트웨어의 다른 설명을 기반으로 작성한다.

제품 백로그 대부분의 내용들이 시스템 특성을 구현하는 것과 관련이 있지만, 다른 활동을 포함할 수도 있다. 가끔 반복을 계획하는 과정에서, 답변이 어려운 질문이 나오는 바람에 가능한 해결책을 찾기 위해 추가 작업이 필요한 경우도 있다. 이런 경우, 해당 팀은 프로토타이핑을 실시하거나 문제와 해결을 이해하기 위한 연습 개발을 하기도 한다. 시스템 아키텍처를 설계하거나 시스템 문서를 작성하기 위한 백로그 항목이 있을 수도 있다.

제품의 백로그는 다양한 상세화 수준으로 명세할 수 있는데, 그 명세의 상세화 수준이 작업해야 하는 내용에 적합한지를 확인하는 것은 제품 소유권자(product owner)의 책임이다. 예를 들어, 한 백로그 아이템은 그림 3.5에 나오는 것과 같은 완전한 사용자 스토리일 수도 있지만, "사용자 인터페이스 코드 리팩토링하기"와 같은 단순한 지시를 통해 리팩토링에 대한 의사결정을 해당 팀에게 넘길 수도 있다.

각각의 스프린트 주기는 고정된 길이의 시간만큼 진행이 되는데, 보통 2~4주 정도이다. 각 사이클을 시작할 때, 해당 제품의 소유권자가 그 사이클에서 개발해야 하는 가장 중요한 아이템을 정하기 위해 제품 백로그 항목들에 우선순위를 매기게 된다. 끝내지 못한 작업을 처리하기 위해 절대 스프린트의 기간을 늘려서는 안 된다. 주어진 스프린트에 정해진 시간 동안 작업을 마치지 못했다면, 해당 항목을 다시 제품 백로그로 돌려놓아야 한다.

그 후, 전체 팀은 완료 가능하다고 생각하는 가장 높은 우선순위의 항목을 선택하게 된다. 그리고, 이 항목들을 완료하는 데 필요한 시간을 예측하게 된다. 팀은 단일 사이클 동안 얼마나 많은 백로그를 처리할 수 있는지에 해당하는 이전 스프린트 처리 속도를 사용하여 이러한 예측을 한다. 이러한 이유 때문에 특정 스프린트 동안 처리해야 할 작업에 해당하는 스프린트 백로그를 작성하게 된다. 팀 스스로 누가 어떠한 작업을 해야할 지를 정해서 스프린트를 시작하게 된다.

스프린트를 거치는 동안, 진척도를 점검하고 필요한 경우 업무의 우선순위를 변경하기 위해 팀은 매일 짧은 미팅인 스크럼을 진행한다. 스크럼을 하는 동안, 모든 팀 구성원은 정보를 공유하고, 이전 미팅 이후에 진행된 진척 사항들을 설명하며, 발생한 문제를 이야기하고, 다음날 어떤 계획을 가지고 있는지를 말하게 된다. 그러므로, 팀 구성원 모두가 어떤 일들이 진행되고 있으며, 문제가 발생한다면 그 문제를 다루기 위해 단기 작업을 다시 계획할 수 있게 된다. 모든 구성원이 이러한 단기 계획 작업에 참여하며, 위에서 아래로 이루어지는 스크럼 마스터의 직접적인 지시는 없다.

스크럼팀 사이에 매일 이루어지는 상호 작용은 스크럼 보드를 통해 조정이 이루어질 수 있다. 이 보드는 스프린트 백로그, 완료 작업, 팀원들의 부재상황 등에 대한 정보와 포스트잇 노트를 가지고 있는 일종의 회사 칠판에 해당한다. 이것은 전체 팀이 사용하는 공유 자원으로, 누구나 보드상의 항목을 변경하고 이동시킬 수 있다. 다시 말해, 팀 구성원 모두는 다른 구성원이 무엇을 진행하고 있으며, 남아 있는 작업이 무엇인지를 한눈에 알 수 있게 된다.

각 스프린트가 끝날 때는 모든 팀이 점검 미팅을 한다. 이 미팅은 두 가지 목적이 있다. 첫째, 프로세스 개선을 위한 수단으로써의 목적을 가진다. 팀은 팀에서 진행했던 방식을 점검하고 더 나은 방식으로 일할 수 있도록 반영하게 된다. 둘째, 다음 스프린트에 앞서 선행해야할 제품 백로그 점검을 위해 제품이나 제품의 상태에 필요한 것들을 준비하게 된다.

스크럼 마스터는 공식적으로 프로젝트 관리자가 아니지만, 실질적으로는 전통적인 관리 체계를 가지는 많은 조직에서 스크럼 마스터가 관리자 역할을 하게 된다. 스크럼 마스터는 상급 관리자에게 진척 사항에 관해 보고를 하고, 더 장기적 계획이나 프로젝트 예산에도 관여하게 된다. 스크럼 마스터가 프로젝트 행정에 관여하는 경우도 있고, 하드웨어나 소프트웨어 구입에도 참여할 수 있다.

다양한 스크럼 성공 사례(Schatz and Abdelshafi 2005; Mulder and van Vliet 2008; Bellouiti 2009)에서, 스크럼 방법에 대해 사용자들이 좋아하는 것들은 다음과 같다.

1. 제품이 이해당사자들과 관련될 수 있는 관리가능하고 이해할 수 있는 조각들로 나

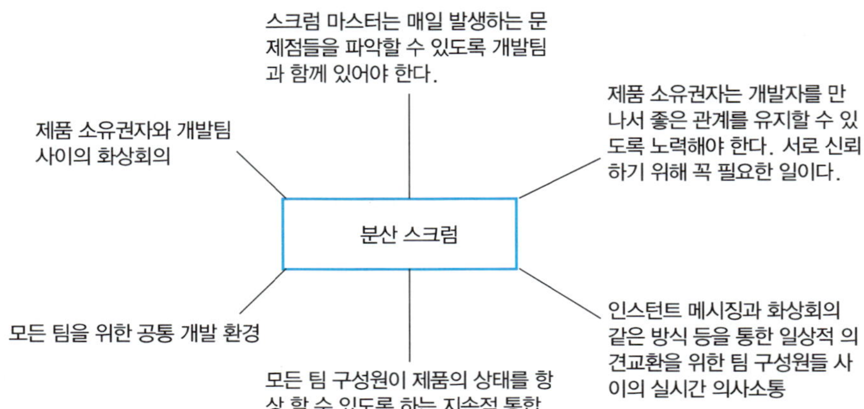

그림 3.10 분산 스크럼

뉘게 된다.

2. 불안정한 요구사항 때문에 지연되지 않는다.
3. 모든 팀이 모든 것을 볼 수 있고, 결과적으로 팀 의사소통과 의욕이 향상된다.
4. 고객은 제때 증가분을 받아볼 수 있고, 제품이 동작하는 방식에 대한 피드백을 확보할 수 있다. 개발팀이 소프트웨어를 예상대로 만들어지지 않았다는 연락을 받고 마지막 순간에 고객이 놀라는 경우는 없다.
5. 고객과 개발자 사이의 신뢰가 형성되어, 모두 프로젝트가 성공할 것이라고 기대하는 긍정적 문화가 만들어진다.

스크럼은 원래 고안되었을 때처럼, 모든 팀 구성원이 매일 쉽게 서서 미팅을 할 수 있을 정도로 가까운 장소에 있는 팀들을 위한 것이었다. 하지만, 요즘은 소프트웨어 팀이 분산되어 있어서, 팀 구성원들이 세계 곳곳에 흩어져 있는 경우가 많다. 그렇기 때문에, 회사들이 다른 나라에서 저렴한 인건비를 가지는 인력을 활용할 수 있고, 가능한 전문 기술을 확보할 수 있으며, 서로 다른 시간대에서 작업을 진행함으로써 24시간 개발을 진행할 수도 있게 되었다.

이러한 이유로, 분산 개발 환경과 다중 팀 작업을 위한 스크럼을 개발하게 되었다. 일반적으로 해외 개발의 경우, 제품 소유권자는 개발 팀과 다른 나라에 머물게 되어 마찬가지로 분산된다. 그림 3.10은 분산 스크럼에 대한 요구사항을 보여 준다(Deemer 2011).

3.4 애자일 기법의 규모 조정

애자일 기법은 같은 방에서 함께 일하고 평상시에 의사소통할 수 있는 작은 규모의 프로그래밍 팀이 사용할 수 있도록 개발한 것이다. 애자일 기법은 원래 중소 규모의 시스템과 소프트웨어 제품 개발을 위해 사용하였다. 형식적인 프로세스나 관료적인 번잡한 절차 없는 작은 회사가 애자일 방법을 초기에 적극적으로 도입하였다.

물론, 소프트웨어를 더 빨리 개발해야 할 필요성은 고객의 요구에 더 적합하기 때문에, 더 큰 시스템과 더 큰 회사에도 마찬가지로 적용된다. 결국, 지난 몇 년 동안, 애자일 기법을 진화시켜 큰 규모의 소프트웨어 시스템과 대규모 회사에서도 사용할 수 있도록 많은 노력을 시도하였다.

애자일 기법의 규모를 조정하는 것은 다음과 같이 유사하면서도 다른 관점을 가진다.

1. 작은 규모의 단일팀이 개발하기에는 어려운 대규모 시스템 개발을 다루기 위한 애자일 기법의 스케일 업(scaling up)
2. 특화된 개발 팀을 다년간의 소프트웨어 개발 경험을 가지고 있는 대규모 회사에서 더 광범위하게 사용하기 위한 애자일 기법의 스케일 아웃(Scaling out)

물론, 스케일 업과 스케일 아웃은 서로 밀접한 관련이 있다. 대규모 소프트웨어 시스템을 개발하기 위한 계약은 주로 개발 프로젝트에 참여하고 있는 여러 팀을 가진 대규모 조직에서 발생한다. 이러한 대규모 회사는 종종 더 작은 규모의 프로젝트에서 애자일 기법으로 실험을 하는 경우가 있기 때문에 규모를 높이거나 넓히는 문제를 동시에 접하게 된다.

애자일 기법의 효과성에 대해서는 여러 일화들이 있었으며, 애자일 기법이 생산성을 충분히 향상시키고, 결함 수를 눈에 띄게 줄여준다는 이야기가 있었다. 영향력 있는 애자일 기법 개발자인 Ambler (Ambler 2010)는 이러한 생산성 향상은 대규모 시스템과 조직에 대해서 과장된 것이라고 언급했다. 또한, Ambler는 어떤 조직이 애자일 기법을 사용하게 되면 3년에 걸쳐 15% 정도의 생산성 향상을 얻을 것으로 예측할 수 있으며, 제품 결함의 수에서도 유사한 정도의 감소를 예측할 수 있다고 이야기하였다.

3.4.1 애자일 기법에서의 실질적 문제

어떤 분야에서는, 특히 소프트웨어 제품과 앱을 개발하는 경우, 애자일 개발이 매우 성공적으로 활용될 수 있다. 지금까지는 이러한 유형의 시스템에 적용할 수 있는 가장 좋은 접근법이라고 할 수 있다. 하지만, 임베디드 시스템이나 크고 복잡한 시스템의 개발과 같은 다른 소프트웨어 개발 유형에는 애자일 기법이 적합하지 않을 수도 있다.

외부 고객을 위해 소프트웨어 회사에서 개발하는 개발에 오랜 시간이 걸리는 대규모 시스템의 경우는 애자일 접근법을 사용할 경우 몇 가지 문제점이 발생할 수 있다.

1. 약식으로 진행하는 애자일 개발은 대부분 큰 기업에서 계약 사항을 정하기 위한 법

적 방식과 잘 맞지 않는다.

2. 큰 기업에서 발생하는 대부분의 소프트웨어 비용이 기존 소프트웨어 시스템을 유지보수 과정에서 발생함에도 불구하고, 애자일 기법은 소프트웨어 유지보수보다는 새로운 소프트웨어를 개발할 때 가장 적합하다.
3. 애자일 기법은 소규모이면서 같은 장소에서 일하는 팀을 대상으로 고안된 것이지만, 요즘의 소프트웨어 개발은 전 세계에 분산된 팀에서 이루어지는 경우가 많다.

계약 관련 이슈는 애자일 기법을 사용할 때 발생하는 주요 문제이다. 시스템 고객이 시스템 개발을 위해 외부 조직을 활용하는 경우, 소프트웨어 개발과 관련한 계약이 그 둘 사이에서 발생하게 된다. 소프트웨어 요구사항 문서는 대부분의 경우 고객과 공급자 사이에 발생하는 계약의 일부이다. 요구사항과 코드를 동시에 겹쳐서 개발하는 것이 애자일 기법의 기본이기 때문에, 계약 시 사용할 수 있는 요구사항 문서를 정의할 수가 없다.

결과적으로, 애자일 기법은 특정 요구사항을 개발한 것에 대한 비용이 아니라, 시스템 개발에 필요한 시간에 대한 비용을 지급하는 것으로 계약을 해야 한다. 제대로 진행되는 한, 이러한 방식은 고객과 개발자 모두에게 유익하다. 하지만, 문제가 발생하는 경우, 누구의 책임인지 그리고 문제 해결을 위해 필요한 추가 시간과 자원에 대해 누가 비용을 지불해야 하는지에 대한 어려운 논쟁이 발생할 수도 있다.

9장에서 설명하는 것처럼, 유지보수와 기존 소프트웨어 시스템 진화에는 막대한 양의 소프트웨어 공학적 노력이 든다. 점증적 인도, 변경에 대비한 설계와 단순함을 유지하는 것과 같은 애자일 실무 방식은 모두 소프트웨어가 바뀌는 경우 잘 들어맞는다. 사실, 애자일 개발 프로세스를 지속적 변경을 다루기 위한 프로세스로 생각해도 된다. 소프트웨어 제품 개발에 애자일 기법을 적용한다면, 제품이나 앱의 새로운 릴리스는 애자일 접근법을 단순히 이어가는 것에 해당한다.

하지만, 새로운 비즈니스 요구사항에 맞추어 변경해야 하는 고객 시스템을 유지보수할 때는 소프트웨어 유지보수를 위해 사용하는 애자일 기법의 적합성에 대해 분명한 의견 일치를 보기 어렵다. 다음의 세 가지 유형의 문제가 발생할 수 있다.

- 제품 문서의 부족
- 고객의 지속적인 참여
- 개발팀의 연속성

시스템을 변경해야 하는 사람들이 그 시스템을 쉽게 이해할 수 있도록 공식 문서를 이용해 시스템을 설명할 수 있다. 하지만, 실제로 공식 문서를 거의 업데이트하지 않기 때문에 프로그램 코드를 정확히 반영하지 못하는 경우가 많다. 이러한 이유 때문에, 애자일 기법을 지지하는 사람들은 문서작업이 시간 낭비이고, 유지보수 가능한 소프트웨어를 구현함에 있어서 중요한 핵심은 가독성이 좋은 고품질의 코드를 작성하는 것이라고 주장한다.

하지만, 시스템 유지보수에 대한 내 경험에 의하면, 가장 중요한 문서는 소프트웨어 엔지니어에게 시스템이 어떤 일을 해야 하는지 알려주는 시스템 요구사항 문서이다. 그러한 내용을 모르고서는 요청에 따른 시스템 변경으로 인해 발생하는 영향을 평가하기 어렵다. 많은 애자일 기법이 요구사항을 평상시에 점증적으로 수집하고 명백한 요구사항 문서를 만들지는 않는다. 그렇기 때문에, 애자일 기법을 사용하면 차후의 시스템 유지보수가 더 어려워지고 그 비용도 더 많이 발생할 수 있다. 개발팀의 연속성을 유지하지 못하는 것은 특히 문제가 된다.

유지보수를 위해 애자일 기법을 사용함에 있어서 중요한 도전과제는 고객들을 계속해서 해당 프로세스에 참여시켜야 한다는 것이다. 한 고객이 시스템 개발 과정에 대표로서 풀타임으로 참여가 가능하다고 하더라도, 지속적인 변경이 발생하지 않는 유지보수 동안은 이러한 참여가 어려울 수 있다. 고객 대표로 참여하는 사람들은 해당 시스템에 대한 흥미를 쉽게 잃을 수 있다. 그러므로, 25장에 설명하는 변경 제안과 같은 대안을 개선함으로써 애자일 접근법에 맞추어야 한다.

발생할 수 있는 또 하나의 잠정적 문제는 개발팀의 연속성을 유지하는 것이다. 애자일 기법을 사용하기 위해서는 문서를 살펴보지 않더라도 해당 시스템의 내용을 잘 이해하고 있는 팀 구성원이 있어야 한다. 그런데, 만약 애자일 개발팀이 깨지게 되면 이러한 암묵적 지식이 사라지기 때문에 새로운 팀 구성원이 해당 시스템과 그 구성요소를 동일한 수준으로 이해하기는 어려워진다. 많은 프로그래머는 소프트웨어 유지보수보다 새로운 개발 작업에 관심이 많기 때문에, 첫 릴리스가 나온 이후에는 소프트웨어 시스템을 계속 개발하는 것에 대해 그다지 적극적이지 않게 된다. 그러므로, 개발팀을 계속 함께 묶어두려고 노력하더라도, 유지보수 업무를 맡게 된 개발자는 팀을 떠나기도 한다.

3.4.2 애자일과 계획 주도 방법

애자일 기법의 규모 조정에서의 기본적인 요구는 애자일 기법을 계획 주도 접근법과 통합하는 것이다. 작은 스타트업 회사는 평상시에 이루어지는 단기 계획만으로도 작업을 할 수 있지만, 더 큰 회사들은 투자, 직원 배치와 비즈니스 개발에 대한 장기 계획과 예산을 가지고 있어야 한다. 회사에서 사용하는 소프트웨어 개발은 이러한 계획을 지원해야 하기 때문에, 더 장기간의 소프트웨어 계획이 필수적이다.

21세기 초반에 애자일 기법을 일찍 도입한 사람들은 애자일 기법에 대해 적극적이었고, 애자일 선언에도 깊이 전념하였다. 그들은 일부러 소프트웨어 공학을 위한 계획 주도 접근법을 거부했고, 어떠한 방식으로든 애자일 기법의 초기 비전이 바뀌는 것을

원칙	실무
고객 참여	개발팀과 시간을 함께 할 의지가 있고, 모든 시스템 이해 당사자를 대표할 수 있는 고객을 확보하는 것이 중요하다. 가끔, 고객 대표단이 자기 시간에 다른 것을 요구하고 소프트웨어 개발에 전적으로 매달리지 못할 수가 있다. 규제 기관과 같은 외부 이해 당사자들이 있는 경우에는 대표단이 그들의 견해를 애자일팀에 전달하기 어렵다.
변화 수용	변경에 대해 우선순위를 정하는 것은 매우 어렵다. 특히 많은 이해 당사자가 관여하는 시스템인 경우라면 더욱 그렇다. 대부분, 각각의 이해 당사자들이 각각의 변경들에 대해서 서로 다른 우선순위를 주기 때문이다.
점증적 인도	개발을 위한 빠른 반복과 단기 계획이 비즈니스 계획 및 마케팅의 장기 계획 주기와 항상 맞아 떨어지는 것은 아니다. 마케팅 관리자가 마케팅 캠페인을 효과적으로 준비하려면 수개월 전에 제품의 기능을 파악할 필요가 있다.
단순성 유지	제품을 인도해야 하는 일정에 대한 압박 때문에 팀 구성원들은 만족스러운 수준의 시스템 단순화 작업을 할 시간이 부족하다.
프로세스가 아닌 사람	개별 팀 구성원들이 애자일 기법에서 전형적으로 요구하는 강도 높은 참여에 대해 적절한 인성을 갖추지 못해서 다른 팀 구성원들과의 상호 작용이 잘 이루어지지 않을 수도 있다.

그림 3.11 애자일 원칙과 조직의 실무

꺼려했다. 하지만, 조직들이 애자일 접근법의 가치와 이점을 알게 되면서, 그 조직들은 각자의 문화와 업무 방식에 맞추어 애자일 기법을 도입하였다. 이러한 맞춤 작업이 필요했던 것은 애자일 기법이 가지고 있는 기본 원칙들이 실제 상황에 적용하기에 어려운 경우가 종종 있었기 때문이다(그림 3.11).

이러한 문제점을 다루기 위해, 대부분 대규모 "애자일" 소프트웨어 개발 프로젝트에서는 계획 주도 접근법과 애자일 접근법을 묶어서 사용하려 했다. 어떤 경우는 거의 애자일 기법에 가까웠고, 또 다른 경우는 거의 계획 주도에 가까웠으나 애자일 방식을 일부 포함하고 있었다. 계획 기반과 애자일 접근법 사이의 균형점을 정하기 위해서는 기술적이고 인간적이며 조직적인 질문의 포괄적 범위에서 고민해야 한다. 이 질문들은 개발하는 시스템 그리고 그 시스템을 개발하고 조달하는 개발팀과 조직과 관련된 것이다(그림 3.12).

중소규모의 비즈니스 시스템과 소프트웨어 제품을 개발하는 프로젝트에서 애자일 기법을 개발하고 개선하였는데, 이러한 프로젝트에서는 소프트웨어 개발자가 시스템의 명세를 관리하게 된다. 다른 종류의 시스템은 크기, 복잡도, 실시간 응답과 외부 규정

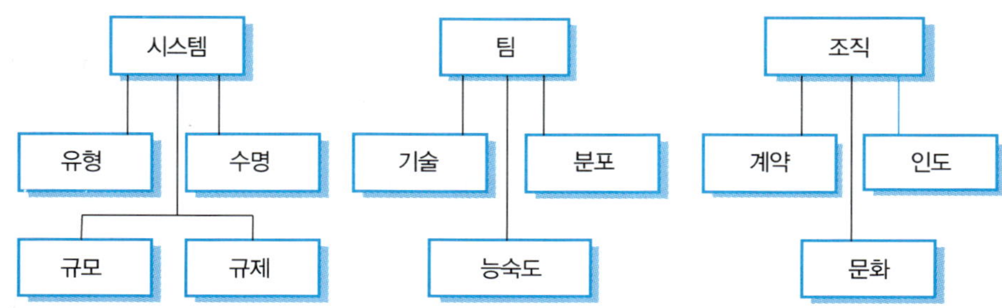

그림 3.12 계획 기반 개발 혹은 애자일 개발의 선택에 영향을 주는 요인들

같은 속성을 가지기 때문에 "순수한" 애자일 접근법은 잘 들어맞지 않는 경우에 해당한다. 해당 시스템 공학 프로세스에는 일부 선행 계획, 설계 및 문서가 제공되어야 한다. 다음은 주요 이슈 중 일부에 해당한다.

1. 개발하는 시스템은 얼마나 큰가? 애자일 기법은 비교적 팀이 작고, 같은 장소에 있어서 평상시에 의사소통이 가능한 상황에서 시스템을 개발할 때 가장 효과적이다. 이러한 방식은 더 큰 규모의 개발팀이 필요해서 계획 주도 접근법을 사용해야 하는 대규모 시스템에는 적용하기 어려울 수도 있다.
2. 어떠한 유형의 시스템을 개발하는가? 구현 전에 분석을 많이 해야 하는 시스템(예를 들면, 시간 요구사항이 복잡한 실시간 시스템)은 일반적으로 이 분석을 수행하기 위해 매우 상세한 설계가 필요하다. 계획 주도 접근법은 이러한 상황에서 가장 좋은 방법이 될 수도 있다.
3. 시스템의 예상 수명이 어떻게 되는가? 장기 수명을 가지는 시스템의 경우는 시스템 개발자의 원래 의도를 지원 팀에게 전달하기 위해 더 많은 설계 문서가 필요할 수 있다. 하지만, 이에 대해 애자일 기법을 지지하는 사람들은 그 문서가 제대로 최신 상황을 반영하지 못하며 장기간 시스템 유지보수에 거의 활용되지 않는다고 반박한다.
4. 시스템이 외부 규제를 받아야 하는가? 만약 시스템이 외부 감사인의 승인을 받아야 한다면(예를 들면, 미국연방항공국이 항공기 동작에 중대한 소프트웨어를 승인하는 경우), 시스템 안전성 사례의 일부로 상세한 문서를 작성해야 할 것이다.

애자일 기법은 시스템을 개발하는 동안 개발팀이 협업하고 의사소통하는 데 중요한 책임을 지게 된다. 애자일 기법은 개발 프로세스를 위한 개인의 공학적 숙련과 소프트웨어의 지원에 의존한다. 하지만, 실제로는 모든 사람이 고도로 숙련된 엔지니어가 아니고, 사람들은 효과적으로 의사소통하지 않으며 팀이 항상 함께 일할 수 있는 것도 아니다. 참여 가능한 사람들을 가장 효과적으로 활용하기 위해서는 일부 계획이 필요할 수도 있다. 핵심 사항은 다음과 같다.

1. 개발팀에서 설계자와 프로그래머의 실력이 얼마나 좋은가? 프로그래머가 단순히 상세 설계를 보고 코드로 변환만 하는 계획 기반 접근법에 비해 애자일 기법은 더 높은 수준의 숙련도를 요구한다. 만약 팀이 비교적 낮은 수준의 숙련도를 가지고 있다면, 팀에서 가장 실력이 있는 사람에게 설계를 개발하도록 하고 나머지는 프로그래밍을 하도록 해야 할지도 모른다.

2. 개발팀이 어떻게 구성되는가? 만약 개발팀이 분산되어 있거나, 개발의 일부를 아웃소싱 한다면 개발팀 사이의 의사소통을 하기 위해 설계 문서를 만들어야 할 수도 있다.

3. 시스템 개발을 지원하기 위해 어떤 기술이 가능한가? 애자일 기법은 설계의 변경사항을 계속해서 추적하기 위해 종종 괜찮은 도구를 활용한다. 만약 개발자가 프로그램 가시화와 분석을 제대로 지원하지 못하는 IDE를 사용해서 시스템을 개발한다면 더 많은 설계 문서가 필요할 수 있다.

텔레비전과 영화를 통해, 소프트웨어 회사는 번잡한 형식과 조직적인 절차 없이 멋진 업무 환경을 제공하는 젊은 CEO에 의해 운영되는 자유로운 회사라는 대중적 비전이 생겨나게 되었다. 이것은 사실과 거리가 멀다. 대부분의 소프트웨어는 자체 업무 지침과 절차를 만들어 놓은 거대한 기업에서 만들어진다. 이러한 회사에서 관리하는 경우에는 애자일 기법에서의 문서화 부족과 비공식적 의사 결정은 곤란할 수도 있다. 핵심 사항은 다음과 같다.

1. 구현 작업에 들어가기 전에, 어쩌면 계약상의 이유로 매우 상세한 명세나 설계를 확보하는 것이 중요한가? 만약 그렇다면, 아마도 요구공학을 위해 계획 주도 접근법을 써야할 수 있지만 시스템 구현을 할 때에는 애자일 개발 지침을 따를 수도 있다.
2. 소프트웨어를 고객이나 다른 시스템 이해 당사자에게 인도하고 그들로부터 빠른 피드백을 받는 점증적 인도 전략이 현실적인가? 고객 대표를 구할 수 있는지, 그리고 개발팀에 기꺼이 합류하려고 하는가?
3. 시스템 개발에 영향을 줄 수 있는 문화적 문제가 있는가? 전통적인 개발 조직은 계획 기반 개발이 공학에서 일반적이기 때문에 계획 기반의 개발 문화를 가진다. 그렇기 때문에, 애자일 프로세스에서 사용하는 평상시의 지식보다는 많은 양의 설계 문서 작업이 필요하다.

실제로, 어떤 프로젝트가 계획 주도 방식인지 아니면 애자일 방식으로 볼 수 있는지는 그렇게 중요하지 않다. 궁극적으로는, 소프트웨어 시스템 구매자의 가장 중요한 관심사는 실행 가능한 소프트웨어 시스템이 구매자의 요구를 충족시키고 개별 사용자나 조직에게 유용한 것들을 해줄 수 있는지에 관한 것이다. 소프트웨어 개발자는 실용적이어야 하고, 개발하는 시스템 유형에 가장 효과적인 방법을 선택해야 한다. 선택한 방법이 애자일이라고 불릴지, 계획 주도로 불릴지는 중요하지 않다.

3.4.3 대규모 시스템을 위한 애자일 기법

애자일 기법은 대규모 소프트웨어 개발에 사용할 수 있도록 변경할 수 있어야 한다. 이에 대한 근본적인 이유는 대규모 소프트웨어 시스템은 소규모 시스템과 소프트웨어 제품에 비해 훨씬 더 복잡하고 이해하고 관리하기가 어렵기 때문이다. 여섯 가지 주요 요

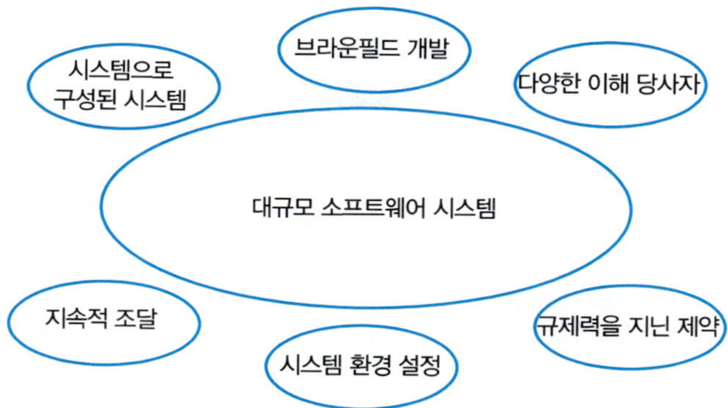

그림 3.13 대규모 프로젝트 특성

소(그림 3.13)가 이 복잡도에 영향을 주게 된다.

1. 대규모 시스템은 주로 여러 시스템이 모여서 이루어진 시스템이다. 즉, 떨어져서 통신을 주고받는 여러 시스템의 묶음으로 각각의 팀이 개별 시스템을 개발하게 된다. 이 팀들은 주로 다른 장소에서 개발을 하는 경우가 많고, 시간대가 서로 다른 경우도 있다. 각 팀이 전체 시스템을 살펴보기는 실제적으로는 불가능하다. 그렇기 때문에, 팀은 광범위한 시스템 문제를 고려하지 않고 주로 시스템에서 맡은 부분을 완료하는 것에 우선순위를 둔다.
2. 대규모 시스템은 브라운필드(brownfield) 시스템(Hopkins and Jenkins 2008)이다. 즉, 여러 기존 시스템을 포함시킨 후 상호 작용을 통해 시스템을 구성하게 된다. 시스템 요구사항의 상당 부분이 이러한 상호 작용과 관련이 있기 때문에 요구사항에 유연성과 점증적 개발을 추가하지 않는다. 여기서는 정치적 문제도 중요할 수 있는데, 기존 시스템을 바꾸는 것이 가장 좋은 문제 해결책이 되는 경우가 많다. 하지만, 이 해결책은 해당 시스템 관리자와 교섭을 통해 그 변경으로 인해 시스템 작동에 아무런 위험 요인 없이 구현할 수 있다는 사실을 확신시켜 주어야 한다.
3. 많은 시스템을 통합하여 하나의 시스템을 구축할 때는 본래의 코드 개발보다는 시스템 환경 설정이 개발의 중요한 부분을 차지하게 된다. 하지만, 이 문제로 인해 반드시 점증적 개발과 잦은 시스템 통합을 고려해야 하는 것은 아니다.
4. 대규모 시스템과 이를 개발하기 위한 개발 프로세스에서는 특정 유형의 시스템 문서 작업을 작성하는 등 개발 방식을 제한하는 외부 규칙이나 규정 때문에 제약을 받는 경우가 많다. 고객은 따라야 할 특정 준수 요구사항을 가지고 있을 수 있기 때문에 프로세스 문서화를 완료해야 할 수도 있다.
5. 대규모 시스템을 조달하고 개발하기 위해서는 시간이 오래 걸린다. 사람들이 직업을 바꾸거나 프로젝트를 옮길 수밖에 없기 때문에 시종일관 그 기간 동안 시스템에

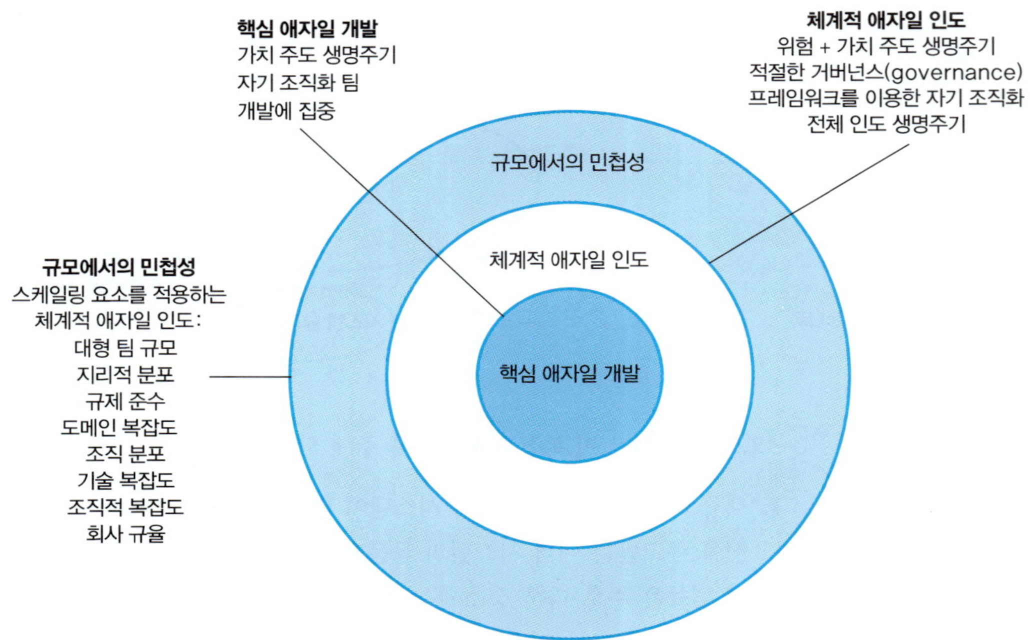

그림 3.14 IBM의 애자일 스케일링 모델 (©IBM 2010)

대해서 잘 알고 있는 팀을 유지하기가 어렵다.

6. 대규모 시스템과 관련해서는 서로 다른 관점과 목적을 가진 다양한 이해당사자들이 있는 경우가 많다. 가령, 간호사와 관리자는 의료 시스템의 최종 사용자이지만 선임 의료 직원, 병원 경영자 및 다른 사람들도 마찬가지로 해당 시스템의 이해당사자가 될 수 있다. 모든 이해당사자를 개발 프로세스에 참여시키는 것은 실질적으로 불가능하다.

Dean Leffingwell은 애자일 기법의 규모 조정 경험이 매우 많은 사람으로 대규모, 다중팀 소프트웨어 개발을 지원하기 위해 스케일드 애자일 프레임워크(Scaled Agile Framework)를 개발하였다(Leffingwell 2007, 2011). Dean Leffingwell은 여러 대규모 회사에서 이 방법을 어떻게 성공적으로 활용했는지 보고하였다. IBM도 애자일 기법의 대규모 적용을 위해 애자일 스케일링 모델(ASM: Agile Scaling Model)이라는 프레임워크를 개발하였다. 그림 3.14는 ASM을 다루는 Ambler의 논문(Ambler 2010)에서 가져온 것으로 이 모델의 개요를 보여준다.

ASM은 규모 조정을 개발팀이 여기서 언급하는 핵심 애자일 지침에서 소위 통제된 애자일 인도(Disciplined Agile Delivery)로 넘어가는 단계적 프로세스로 간주한다. 필수적으로, 이 단계에서는 통제된 조직 설정을 위한 지침을 도입하여, 팀이 단순히 개발에만 초점을 맞출 수 없고 요구사항 및 아키텍처 설계와 같은 다른 소프트웨어 공학적 단계를 고려해야 한다는 것을 인지하는 과정을 포함한다.

ASM에서 마지막 규모 조정 단계는 대규모 프로젝트 고유의 복잡도를 가지는 스케일에서 기민함을 얻는 것이다. 이는 분산 개발, 복잡한 기존 환경과 규제 준수 요구사항과 같은 요소들을 고려하는 것을 의미한다. 이러한 요소들을 고려하고, 어떤 경우는 이 프로세스에 추가적인 계획 기반 지침까지 고려하기 위해 통제된 애자일 인도에 사용하기 위한 지침을 각각의 프로젝트마다 바꾸어야 하는 경우도 발생한다.

제품의 유형, 고객의 요구사항과 참여 가능한 사람들이 모두 다르기 때문에 한 가지 모델만으로는 모든 대규모 애자일 제품에 적용하기 어렵다. 하지만, 애자일 기법의 규모 조정을 위한 접근법은 다음과 같은 공통점을 가진다.

1. 요구공학에 대한 완전한 점증적 접근은 불가능하다. 초기 소프트웨어 요구에 대한 어떤 초기 작업은 필수적이다. 이 작업이 필요한 이유는 다른 팀들이 개발해야 하고, 종종 시스템 개발의 계약의 일부이기도 한 시스템의 다양한 부분들을 찾기 위해서이다. 하지만, 이러한 요구사항은 일반적으로 상세하게 기술하지 않는다. 상세한 내용은 점증적으로 개발하는 것이 최선이다.
2. 단일 제품의 소유자나 고객 대표라는 것은 있을 수 없다. 다양한 사람들이 시스템의 여러 부분들과 관련되고, 또한 개발 프로세스를 거치는 동안 지속적으로 의사소통하고 협상을 해야 한다.
3. 시스템의 코드에만 집중하는 것은 불가능하다. 선행 설계를 더 많이 하고 시스템 문서도 작성할 필요가 있다. 소프트웨어 아키텍처를 설계해야 하고, 데이터베이스 스키마와 팀의 작업 분석 같은 중요한 관점을 설명하는 문서를 만들어야 한다.
4. 팀 사이의 의사소통 체계를 설계하고 사용해야 한다. 팀 구성원들 간의 일반 전화나 화상 회의를 이용하거나, 서로 간의 진척 사항을 확인할 수 있도록 자주 이루어지는 짧은 전자 회의일 수 있다. 전자우편, 인스턴스 메시지, 위키와 소셜 네트워킹 시스템과 같은 다양한 의사소통 수단을 제공함으로써 상호 연락이 가능해야 한다.
5. 여러 개의 분할된 프로그램을 통합하여 시스템을 만들어야 하는 경우에는 어떠한 개발자라도 변경을 가할 때마다 전체 시스템을 빌드하는 지속적 통합은 실질적으로는 불가능하다. 하지만, 자주 시스템을 빌드해서 해당 시스템의 정기적 릴리스를 관리하는 것은 필수적이다. 여러 팀이 소프트웨어를 개발할 수 있도록 지원하는 형상관리 도구도 꼭 필요하다.

스크럼은 대규모 개발에 맞추어졌다. 본질적으로, 3.3절에 설명한 스크럼 팀 모델을 기반으로 하고 있지만, 여러 스크럼 팀을 구성하게 된다. 다중 팀 스크럼의 주요 특징은 다음과 같다.

1. **역할 복제:** 각 팀은 해당 작업 컴포넌트에 대한 제품 소유자와 스크럼 마스터를 가지

고 있다. 전체 프로젝트에 대해 대표 제품 소유자와 스크럼 마스터가 있을 수도 있다.

2. **제품 아키텍트:** 각 팀은 제품 아키텍트를 선발하고, 이 아키텍트들은 전체 시스템 아키텍처를 설계하고 진화시키기 위해 협업을 한다.
3. **릴리스 정렬:** 각 팀은 제품 릴리스 날짜를 정렬하고 데모가 가능한 시스템과 완전한 시스템을 개발한다.
4. **스크럼의 스크럼:** 각 팀의 대표가 모여 진척사항에 대해 논의하고, 문제점을 찾고 그날 해야 하는 업무들을 계획하기 위해 매일 스크럼의 스크럼을 진행한다. 개별 팀 스크럼은 시차를 두고 진행되기도 하는데, 이는 필요한 경우 다른 팀들의 대표가 참여할 수 있게 하기 위함이다.

3.4.4 조직에 대한 애자일 기법

소프트웨어 제품을 개발하는 작은 소프트웨어 기업은 애자일 기법을 가장 열성적으로 사용하는 주체 중 하나이다. 이 기업들은 조직 관료나 프로세스 표준에 제약을 받지 않으며, 새로운 아이디어를 받아들이기 위해 재빨리 변화를 꾀한다. 물론, 더 큰 기업도 특정 프로젝트에서 애자일 기법으로 실험을 하고 있다. 하지만, 큰 기업들이 조직을 통해 이러한 방법을 “스케일 아웃”하기는 더 어렵다.

대규모 기업들이 애자일 기법을 쓰기가 어려운 몇 가지 이유는 다음과 같다.

1. 애자일 기법에 대한 경험이 부족한 프로젝트 관리자는 애자일 기법이 개별 프로젝트에 어떠한 영향을 미칠지 알 수 없기 때문에 새로운 기법에 대한 위험을 감수하지 않으려고 할 수 있다.
2. 대규모 조직은 종종 모든 프로젝트가 준수해야 하는 품질 절차와 표준을 가지는데, 관료적인 속성 때문에 애자일 기법과 함께 쓰기가 어렵다. 가끔, 소프트웨어 도구(가령, 요구사항 관리 도구)를 통해 이러한 절차와 표준을 지원하기도 하며, 모든 프로젝트에서 사용하는 것을 의무화하는 경우도 있다.
3. 팀 구성원이 비교적 높은 수준의 실력을 가지는 경우에 애자일 기법이 가장 효과가 좋다. 하지만, 대규모 조직에서는 다양한 수준의 실력과 활동들이 있기 마련이고 실력이 부족한 사람들은 애자일 프로세스에서 효과적인 팀 구성원으로 활동하기 어렵다.
4. 애자일 기법에 대한 문화적 저항이 있을 수도 있다. 전통적인 시스템 공학 프로세스를 오랜 기간 동안 사용해 온 조직이라면 그럴 가능성이 더 높다.

변경 관리와 테스팅 절차는 애자일 기법과 병행하기 어려운 기업 절차들의 사례이다.

변경 관리는 변경의 영향을 예측하고 비용을 통제하기 위해 시스템에서 발생하는 변경 사항을 제어하는 프로세스이다. 변경을 가하기 전에 모든 변경 사항들은 미리 승인을 받아야 하는데, 이는 리팩토링의 개념과 상충된다. 리팩토링이 애자일 프로세스의 한 부분이기 때문에 어떠한 개발자든 별도의 허락을 받지 않더라도 모든 코드에 대해서 개선 활동을 할 수 있다. 대규모 시스템의 경우는, 시스템 빌드를 외부 테스팅 팀에 전달해야 하는 테스팅 표준도 있다. 이는 애자일 개발 기법에서 사용하는 테스트 우선 접근법과 상충된다.

대규모 조직에서 애자일 기법을 도입하고 계속해서 사용하는 것은 일종의 문화적 변화 과정이다. 문화적 변경은 구축하는 데 장시간이 걸리며, 미처 달성하기도 전에 경영의 변화가 필요한 경우도 자주 발생한다. 애자일 기법을 사용하길 희망하는 기업은 변경을 촉진시켜줄 수 있는 일종의 애반젤리스트(evangelist)들이 필요하다. 기업들은 애자일을 도입하는 최선의 방안이, 의지가 없는 개발자들에게 애자일 기법을 강요를 시도하기 보다는 열정적인 개발자 그룹으로부터 하나씩 시작하는 것이라는 사실을 알아냈다. 성공적인 애자일 프로젝트에 참여했던 팀이 애자일 기법을 조직에 퍼뜨리면서 그 프로젝트가 일종의 출발점으로 작용할 수 있다. 일단 "애자일"이라는 개념이 널리 알려지면, 그 다음에 애자일 기법을 조직 전체에 퍼뜨리기 위해 명백한 활동들을 수행할 수 있다.

키 포인트

- 애자일 기법은 프로세스 오버헤드와 문서 작업을 줄이는 것과 점증적 소프트웨어 인도에 중점을 둔 반복적 개발 방식에 해당한다. 애자일 기법에서는 고객 대표를 직접적으로 개발 프로세스에 참여시킨다.
- 개발을 위해 애자일 또는 계획 주도 접근법 중 어떤 것을 사용할지를 결정하는 것은 개발하는 소프트웨어의 유형, 개발팀의 역량과 그 시스템을 개발하는 회사의 문화에 따라 달라진다. 실무적으로, 애자일과 계획 주도 기법을 혼합하여 사용하기도 한다.
- 애자일 개발 실무에는 사용자 요구사항을 사용자 스토리로 나타내는 것, 짝 프로그래밍, 리팩토링, 연속적 통합과 테스트 우선 개발 등이 포함된다.
- 스크럼은 애자일 프로젝트를 구성하기 위한 프레임워크를 제공하는 애자일 기법이다. 스크럼은 시스템 증가분을 개발하기 위한 고정된 기간에 해당하는 여러 스프린트의 중심에 놓이게 된다. 계획은 업무의 백로그의 우선순위를 정하고 한 스프린트에서 가장 높은 우선순위의 작업을 선택하는 것에 기반하고 있다.
- 애자일 기법의 규모를 조정하기 위해서는, 일부 계획 기반의 실무를 애자일 방식과 통합해야 한다. 이는 중요한 요구사항, 여러 고객 대표, 더 많은 문서화, 프로젝트 팀간의 공통 도구와 팀간의 릴리스 조정을 포함하는 것이다.

추가로 읽을거리

"Get Ready for Agile Methods, With Care." 애자일 기법의 장점과 약점에 대해 논의하는 깊이 있는 비평으로, 매우 경험이 많은 소프트웨어 엔지니어가 작성한 것이다. 거의 15년이 지난 지금에도 읽어볼 가치가 있는 글이다.(B. Boehm, *IEEE Computer*, January 2002) http://dx.doi.org/10.1109/2.976920

Extreme Programming Explained. XP를 다룬 첫 번째 책으로 아직까지 아마도 가장 읽기 좋은 책이다. XP의 창시자 관점으로 XP를 설명하며, 그의 열정을 아주 분명하게 확인할 수 있는 책이다(K. Beck and C. Andres, Addison-Wesley, 2004). *Essential Scrum: A Practical Guide to the Most Popular Agile Process.* 이 책은 2011년 스크럼 기법 개발에 대한 것을 다루고 있으며 읽고 이해하기 쉽다(K.S. Rubin, Addison-Wesley, 2013).

"Agility at Scale: Economic Governance, Measured Improvement and Disciplined Delivery." 이 논문은 애자일 기법의 규모를 조정하기 위한 IBM의 접근법을 다룬 책으로, 계획 주도와 애자일 개발을 통합하기 위한 체계적 접근법을 보여준다. 애자일의 규모 조정 과정에서 주요 이슈들에 대해 깊은 생각을 살펴볼 수 있는 훌륭한 책이다. (A.W. Brown, S.W. Ambler, and W. Royce, *Proc. 35th Int. Conf. on Software Engineering*, 2013) http://dx.doi.org/10.1145/12944.12948

웹 사이트

이 장의 파워포인트 슬라이드:

https://iansommerville.com/software-engineering-book/slides

관련 비디오 링크:

https://iansommerville.com/software-engineering-book/videos/agile/

연습문제

3.1. 소프트웨어공학 과목을 공부하는 학생들은 대부분 주요 프로젝트를 수행해야 한다. 이러한 경우에 학생들이 어떻게 애자일 방법론을 유용하게 사용할 수 있을지에 대해 설명하라.

3.2. 어떻게 애자일 기법에서의 원칙들이 소프트웨어 개발과 인도를 가속화시키는지에 대해 설명하라.

3.3. 익스트림 프로그래밍(XP)은 사용자 요구사항을 여러 스토리로 만들어서 한 장의 카드에 하나의 스토리를 작성하게 된다. 요구사항을 설명하는 이러한 접근법이 가지는 장점과 단점에 대해 논의하라.

3.4. 테스트 우선 개발에서는 코드보다 테스트를 우선 작성한다. 어떻게 테스트 케이스가 개발하는 소프트웨어 시스템의 품질을 절충할 수 있는지 설명하라.

3.5. 짝으로 일하는 프로그래머의 생산성 비율이 두 명의 프로그래머가 개별적으로 일하는 비율의 절반 이상이 되는지에 대한 네 가지 이유를 제시하라.

3.6. 프로젝트 관리를 하기 위한 스크럼 접근법과 23장에 언급된 전통적인 계획 기반 접근법을 비교하고 차이점을 설

명하라. 프로젝트에 사람을 할당하기 위한 계획을 하고, 프로젝트의 비용을 추정하고, 팀 단합을 유지하고, 프로젝트 팀 맴버십에서의 변경 사항을 관리하기 위해 각각의 접근법이 가지는 효과성에 근거하여 비교하라.

3.7. 통근으로 인한 비용과 환경적 영향을 줄이기 위해, 여러분의 회사가 몇 개의 사무실을 닫고 직원들의 재택 근무를 지원하기로 하였다. 하지만, 이 제도를 도입한 고위 관리직은 스크럼을 통해 소프트웨어를 개발하고 있음을 알지 못한다. 이를 가능하도록 하려면 어떻게 분산된 환경에서의 스크럼을 지원하기 위해 기술을 사용할 수 있을지 설명하라. 그리고 이 접근법을 사용할 경우에 어떠한 문제들을 직면하게 되는가?

3.8. 애자일 기법을 분산된 개발 팀이 진행하는 더 큰 프로젝트에 맞추어 규모 확장을 시도할 때 왜 계획 기반 접근법에 기반한 기법들과 문서화를 도입하는 것이 필수적인지 설명하라.

3.9. 넓은 범위의 기량과 능력을 가진 팀과 잘 구축된 프로세스를 가진 조직에서는 왜 애자일 기법이 잘 동작하지 않는지를 설명하라.

3.10. 소프트웨어 개발 팀에 밀착해서 참여하는 사용자와 함께할 때 가지는 문제점 중의 하나는 그들이 "개발자 입장에서 행동하게 된다"는 것이다. 즉, 그들은 개발팀의 관점에 익숙해져서 사용자 동료들의 요구 관점을 잃게 된다. 이러한 문제점을 어떻게 피할 수 있을지 세 가지 방법을 제시하고, 각각의 접근법에 대하여 장점과 단점을 논의하라.

참고문헌

Ambler, S. W. 2010. "Scaling Agile: A Executive Guide." http://www.ibm.com/developerworks/ community/blogs/ambler/entry/scaling_agile_an_executive_guide10/

Arisholm, E., H. Gallis, T. Dyba, and D. I. K. Sjoberg. 2007. "Evaluating Pair Programming with Respect to System Complexity and Programmer Expertise." *IEEE Trans. ooftware Eng.* 33 (2): 65 – 86. doi:10.1109/TSE.2007.17.

Beck, K. 1998. "Chrysler Goes to 'Extremes.'" *Distributed Computing* (10): 24 – 28.

———. 1999. "Embracing Change with Extreme Programming." *IEEE Computer* 32 (10): 70 – 78. doi:10.1109/2.796139.

Bellouiti, S. 2009. "How Scrum Helped Our A-Team." http://www.scrumalliance.org/community/articles/2009/2009-june/how-scrum-helped-our team

Bird, J. 2011. "You Can't Be Agile in Maintenance." http://swreflections.blogspot.co.uk/2011/10/ you-cant-be-agile-in-maintenance.html

Deemer, P. 2011. "The Distributed Scrum Primer." http://www.goodagile.com/distributedscrumprimer/.

Fowler, M., K. Beck, J. Brant, W. Opdyke, and D. Roberts. 1999. *Refactoring: Improving the Design of Existing Code*. Boston: Addison-Wesley.

Hopkins, R., and K. Jenkins. 2008. *Eating the IT Elephant: Moving from Greenfield Development to*

Brownfield. Boston: IBM Press.

Jeffries, R., and G. Melnik. 2007. "TDD: The Art of Fearless Programming." IEEE Software 24: 24–30. doi:10.1109/MS.2007.75.

Kilner, S. 2012. "Can Agile Methods Work for Software Maintenance." http://www.vlegaci.com/canagile-methods-work-for-software-maintenance-part-1/

Larman, C., and V. R. Basili. 2003. "Iterative and Incremental Development: A Brief History." *IEEE Computer 36* (6): 47 – 56. doi:10.1109/MC.2003.1204375.

Leffingwell, D. 2007. *Scaling Software Agility: Best Practices for Large Enterprises.* Boston: Addison–Wesley.

Leffingwell, D. 2011. *Agile Software Requirements: Lean Requirements Practices for Teams, Programs and the Enterprise.* Boston: Addison-Wesley.

Mulder, M., and M. van Vliet. 2008. "Case Study: Distributed Scrum Project for Dutch Railways." *InfoQ.* http://www.infoq.com/articles/dutch-railway-scrum

Rubin, K. S. 2013. *Essential Scrum*. Boston: Addison-Wesley.

Schatz, B., and I. Abdelshafi. 2005. "Primavera Gets Agile: A Successful Transition to Agile Development." *IEEE Software* 22 (3): 36 – 42. doi:10.1109/MS.2005.74.

Schwaber, K., and M. Beedle. 2001. *Agile Software Development with Scrum*. Englewood Cliffs, NJ: Prentice-Hall.

Stapleton, J. 2003. *DSDM: Business Focused Development, 2nd ed.* Harlow, UK: Pearson Education.

Tahchiev, P., F. Leme, V. Massol, and G. Gregory. 2010. *JUnit in Action, 2/e.* Greenwich, CT: Manning Publications.

Weinberg, G. 1971. *The Psychology of Computer Programming*. New York: Van Nostrand.

Williams, L., R. R. Kessler, W. Cunningham, and R. Jeffries. 2000. "Strengthening the Case for Pair Programming." *IEEE Software* 17 (4): 19 – 25. doi:10.1109/52.854064.

4

요구공학

Requirements engineering

학습목표

이 장의 목표는 요구공학을 소개하는 것과 요구사항을 찾아서 문서화하는 작업과 관련한 프로세스를 설명하는 것이다. 이 장을 통해 학습할 내용은 다음과 같다.

- 사용자 요구사항과 시스템 요구사항의 개념을 이해하고, 두 가지 요구사항을 서로 다른 방식으로 작성해야 하는 이유를 이해한다.
- 기능적/비기능적 소프트웨어 요구사항의 차이점에 대해 이해한다.
- 요구사항 도출, 분석, 검증과 같은 주요 요구공학 활동들과 이 활동들 사이의 관계를 이해한다.
- 요구사항 관리가 필요한 이유와 이를 통해 다른 요구공학 활동을 지원하는 방법에 대해 이해한다.

학습내용

시스템에 대한 요구사항은 한 시스템이 제공해야 하는 서비스들과 그 서비스들의 동작에 관한 제약을 기술한 것이다. 이러한 요구사항은 장비를 제어하거나, 주문을 하거나, 정보를 찾는 것과 같은 특정 목적을 제공하는 시스템에 대한 고객의 요구를 반영한 것이다. 이러한 서비스와 제약사항들을 찾고, 분석하고, 문서화하며 점검하는 프로세스를 요구공학(RE)이라고 한다.

소프트웨어 산업에서 **요구사항*(requirement)***이라는 용어를 일관성 있게 사용한 것은 아니다. 어떤 경우, 요구사항은 단순히 시스템이 제공해야 하는 서비스에 대한 고수준의 추상적 서술이거나 시스템에 대한 제약사항으로 간주하기도 한다. 한편, 또 다른 상황에서는 시스템 기능에 대한 상세하고 정형화된 정의에 해당한다. Daris (Davis 1993)는 왜 이러한 차이가 발생하는지 다음과 같이 설명하고 있다.

> 만약 한 회사가 대규모 소프트웨어 개발 프로젝트에 대한 계약을 허용하려고 한다면, 아직 솔루션이 사전 정의되지 않았기 때문에 그 회사는 매우 추상적인 방식으로 필요한 요구들을 정의해야 한다. 그 요구사항이 작성되어야만 계약자들이 계약이나 제시한 가격에 참여하거나 또는 고객 조직의 요구를 만족시킬 수 있는 여러 방법들을 제시할 수 있다. 일단 계약이 이루어지면, 계약자는 고객에 대한 시스템 정의를 더 상세하게 작성해서 고객이 해당 소프트웨어가 어떤 식으로 동작할지를 이해하고 검증할 수 있게 된다. 이러한 두 가지 문서 모두 시스템에 대한 요구사항 문서에 해당한다. †

이렇게 상이한 수준의 설명을 명확하게 구분하지 못하게 되면, 요구공학 프로세스 과정에 문제가 발생하기도 한다. 여기서는 요구사항을 고수준의 추상적 요구사항에 해당하는 **사용자 요구사항**이라는 용어와, 시스템이 제공해야 할 내용을 상세하게 기술한 **시스템 요구사항**이라는 용어로 구분한다. 사용자 요구사항과 시스템 요구사항을 다음과 같이 정의한다.

1. 사용자 요구사항은 시스템이 사용자에게 제공해야 할 서비스와 동작하면서 준수해야 할 제약사항들에 대해 자연어와 다이어그램으로 기록한 문장이다. 사용자 요구사항은 필요한 시스템 기능에 관한 개괄적인 내용부터 시스템 기능에 대한 상세하고 정확한 설명에 이르기까지 다양하다.
2. 시스템 요구사항은 소프트웨어 시스템의 기능, 서비스와 동작 중 제약사항에 대한 보다 상세한 설명이다. 시스템 요구사항 문서(기능 명세라고도 함)는 무엇을 구현해야 할지에 대해 정확하게 정의해야 한다. 시스템 요구사항은 시스템 구매자와 소프트웨어 개발자 사이의 계약의 일부로 활용하기도 한다.

다른 유형의 독자에게 시스템에 대해 정보를 주고받기 위해서 서로 다른 종류의 요

---

†Davis, A. M. 1993. Software Requirements: Objects, Functions and States. Englewood Cliffs, NJ: Prentice-Hall.

사용자 요구사항 정의

1: Mentcare 시스템은 해당 월 동안 각각의 클리닉에서 처방한 약품 비용을 보여주는 월 관리 보고서를 매달 생성해야 한다.

시스템 요구사항 명세

1.1 처방한 약품에 대한 요약, 비용과 그 약을 처방한 클리닉을 매월 마지막 업무일에 생성해야 한다.
1.2 시스템은 해당 월의 마지막 업무일 17시 30분 이후에 그 보고서를 생성해야 한다.
1.3 각각의 클리닉에 대해 보고서가 작성되고, 개별 약품명과 전체 처방 회수, 처방한 복용량과 처방한 약품의 전체 가격의 리스트를 보여줄 수 있어야 한다.
1.4 다른 용량 단위로 처방이 가능한 경우에는 다른 용량 단위로 처방이 가능한 경우(가령 10 mg, 20 mg 등)에는 각각의 용량 단위에 대한 별도의 보고서를 생성할 수 있어야 한다.
1.5 관리 접근 제어 목록에 포함되어있는 해당 권한이 있는 사용자에게만 약품 비용 보고서에 대한 접근을 허가해야 한다.

그림 4.1 사용자 및 시스템 요구사항

구사항이 필요하다. 그림 4.1은 사용자 요구사항과 시스템 요구사항의 차이점을 보여준다. 이 예는 정신 건강관리를 위한 환자 정보 시스템(Mentcare)으로부터 온 것으로, 어떻게 사용자 요구사항이 여러 시스템 요구사항으로 확장될 수 있는지를 보여준다. 그림 4.1에서 사용자 요구사항이 꽤 일반적임을 알 수 있다. 시스템 요구사항은 구현해야 할 시스템의 서비스와 기능에 대해 보다 구체적인 정보를 제공한다.

다양한 유형의 독자들이 서로 다른 방식으로 요구사항을 읽을 수 있기 때문에 상세 수준을 여러 단계로 나누어서 요구사항을 작성할 필요가 있다. 그림 4.2는 사용자 요구사항 및 시스템 요구사항의 여러 독자 유형들을 보여준다. 대부분의 경우 사용자 요구사항의 독자는 시스템을 구현하는 방법이나 시스템의 상세한 기능에는 관심이 없는 관리자가 될 수도 있다. 시스템 요구사항의 독자는 시스템이 어떻게 비지니스 프로세스를 지원할지에 관심이 있거나 시스템 구현에 관련할 수 있기 때문에 시스템의 동작 방식을 보다 정확하게 알아야 한다.

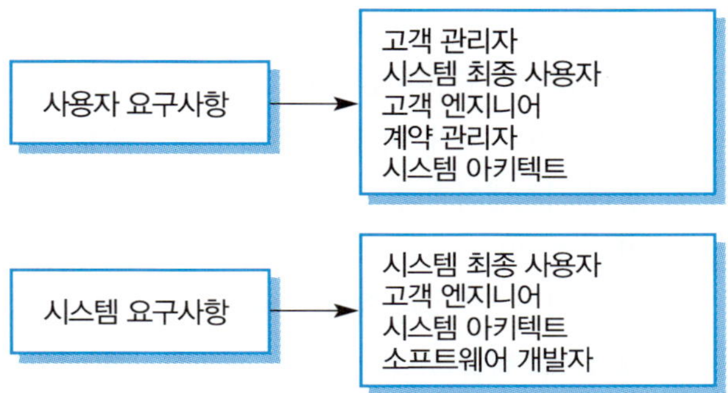

그림 4.2 다양한 유형의 요구사항 명세에 대한 독자들

타당성 조사(feasibility studies)

타당성 조사는 RE(요구공학) 프로세스 초기에 이루어져야 하는 짧은 기간의 집중적 조사이다. 타당성 조사를 위해 세 가지 주요 질문에 대한 답을 해야 한다: (1) 시스템이 조직의 전체적 목적에 기여하는가? (2) 시스템이 현재의 기술을 이용해서 주어진 일정과 예산으로 구현이 가능한가? 그리고 (3) 시스템을 사용하는 다른 시스템과 통합을 할 수 있는가?

만약 이 질문에 대해 하나라도 아니오라는 답변을 얻었다면, 해당 프로젝트를 진행하지 않는 것이 좋다.

http://software-engineering-book.com/web/feasibility-study/

그림 4.2에 나타난 다양한 유형의 독자들은 시스템 이해당사자들에 속한다. 사용자와 마찬가지로, 여러 다른 사람들은 시스템에 일종의 관심을 가지고 있다. 어떠한 방식으로든 시스템의 영향을 받는 사람은 시스템 이해당사자에 해당하며, 시스템에 어느 정도의 관심을 가지고 있는 누구라도 이에 해당한다. 이해당사자는 시스템 최종 사용자부터 관리자를 거쳐 시스템의 수용가능성을 인증하는 규제 담당자와 같은 외부 이해당사자에 이르기까지 고루 분포한다. 예를 들어, 다음은 Mentcare 시스템 이해당사자에 해당한다.

1. 시스템에 정보가 기록되어있는 환자 및 가족, 친인척들
2. 환자 진단 및 진료에 대한 책임을 가진 의사들
3. 의사와의 상담을 조정하고 일부 치료를 담당하는 간호사들
4. 환자의 예약을 관리하는 의료 접수 담당자들
5. 시스템 설치와 유지보수 책임을 가진 IT직원
6. 환자 관리에 있어서 시스템의 최신 윤리 규정 준수를 보장하기 위한 의료 윤리 담당자
7. 시스템에서 관리 정보를 획득하는 헬스케어 관리자들
8. 시스템 정보를 유지보수하고 보전하는 책임을 가지고 해당 기록 유지 절차가 적절히 구현되었는지를 확인하는 의무 기록 직원

요구공학은 일반적으로 소프트웨어 공학 프로세스의 첫 단계로 알려져 있다. 하지만, 일부의 시스템 요구사항에 대해서는 조달이나 시스템 개발 진행을 위한 의사결정이 이루어지기 전에 이해를 해야 하는 경우도 있다. 이러한 빠른 단계에서의 요구공학을 통해 시스템이 어떻게 동작할지와 시스템이 제공할 장점들에 대한 고수준의 관점을 설정할 수 있다. 이후의 타당성 조사에서 이 관점들을 고려함으로써, 시스템이 기술적으로나 재정적으로 타당한지를 평가할 수 있도록 해준다. 타당성 조사의 결과는 관리 과정에서 시스템을 조달할지 또는 개발할지에 대한 여부를 판단하는 데 도움을 줄 수 있다.

이 장에서는 3장에서 설명했던 애자일 프로세스에서의 요구사항보다는 요구사항에 대한 "전통적" 관점을 다룬다. 대부분의 대규모 시스템에서는 시스템 구현을 진행하기 전에 명백히 구분되는 요구공학 단계를 가지는 것이 여전히 일반적이기 때문이다. 요구공학의 결과물은 시스템 개발 계약에 포함되기도 하는 요구사항 문서이다. 물론, 이후에 요구사항이 변경될 수도 있고, 사용자 요구사항은 더 상세한 시스템 요구사항으로 확장될 수도 있다. 가끔, 상세한 내용을 추가하고 사용자 요구사항을 개선하기 위해 시스템 개발과 동시에 요구사항을 도출하는 애자일 기법을 사용하는 경우도 있다.

4.1 기능적/비기능적 요구사항

소프트웨어 시스템 요구사항은 종종 기능적 또는 비기능적 요구사항으로 분류한다.

1. **기능적 요구사항:** 시스템이 제공해야 하는 서비스와 특정 입력에 대해 시스템이 반응하는 방식, 그리고 특정 상황에 시스템이 동작해야 하는 방식을 기술한 것이다. 어떤 경우는 기능적 요구사항에서 시스템이 해서는 안 되는 것들을 명시적으로 기술하는 경우도 있다.
2. **비기능적 요구사항:** 시스템이 제공하는 서비스나 기능에 대한 제약사항이다. 비기능적 요구사항은 시간적 제약, 개발 프로세스에 대한 제약과 표준에 의해 지켜야 하는 제약 등을 포함한다. 비기능적 요구사항은 개별적인 시스템 특징이나 서비스보다는 전체 시스템에 적용되는 경우가 많다.

실제로는, 이러한 단순한 정의만으로 요구사항의 여러 유형들의 차이를 명확하게 나누기 어렵다. 권한을 가진 사용자에게 접근을 제한하는 내용의 경우처럼 보안과 관련한 사용자 요구사항이 비기능적 요구사항처럼 보일 수도 있다. 하지만, 좀 더 상세하게 작성해보면, 이 요구사항은 시스템에 사용자 권한에 대한 편의 기능 포함에 대한 요구처럼 분명히 다른 기능적 요구사항들로 구성할 수도 있다.

이는 요구사항이 독립적이지 않으며 하나의 요구사항이 다른 요구사항을 만들거나 강제할 수 있음을 보여준다. 그러므로, 시스템 요구사항은 필요한 시스템의 서비스나 특징을 단순히 명세한 것이 아니라, 이 서비스/특징들을 효과적으로 인도하기 위한 필수적 기능도 명세한다.

4.1.1 기능적 요구사항

시스템에 대한 기능적 요구사항은 시스템이 무엇을 해야 하는지를 설명해준다. 이 요구

도메인 요구사항(domain requirements)

도메인 요구사항은 시스템 사용자의 특정 요구사항이 아니라 시스템의 응용 도메인에서 얻게 된다. 도메인 요구사항은 새로운 요구사항 그 자체일 수도 있고, 기존 요구사항에 대한 제약조건이거나 특정 계산을 하는 방식일 수도 있다.

도메인 요구사항의 문제점은 소프트웨어 엔지니어가 시스템이 동작하는 도메인의 특성을 이해하지 못한다는 점이다. 이는 소프트웨어 엔지니어가 어떤 도메인 요구사항이 누락되었는지 또는 다른 요구사항들과 충돌이 발생하는지에 대해 알기 어렵다는 것을 뜻한다.

http://software-engineering-book.com/web/domain-requirements/

사항은 개발하는 소프트웨어의 유형, 예상되는 소프트웨어의 사용자와 개발조직이 요구사항을 작성할 때 일반적으로 쓰는 접근법의 영향을 받는다. 사용자 요구사항을 작성할 때, 시스템 사용자와 관리자가 이해할 수 있도록 기능적 요구사항을 자연어로 작성해야 한다. 기능적 시스템 요구사항은 시스템 개발자를 위해 사용자 요구사항을 확장해서 작성한 것이다. 즉, 시스템 기능, 입/출력과 예외 상황에 대해 자세하게 설명해야 한다.

기능적 시스템 요구사항은 시스템이 무엇을 해야 하는지를 다루는 일반적인 요구사항부터 동작하는 로컬 방식이나 조직의 기존 시스템을 반영한 구체적인 요구사항에 이르기까지 다양하다. 정신 건강 문제로 치료를 받는 환자들의 정보를 관리하는 데 사용하는 Mentcare 시스템에 대한 기능적 요구사항을 예로 들 수 있다.

1. 사용자는 모든 클리닉에 대한 예약 리스트를 검색할 수 있어야 한다.
2. 시스템은 매일 각각의 클리닉에 대해 당일 예약에 맞추어 참여할 것으로 예상하는 환자의 리스트를 보여줄 수 있어야 한다.
3. 시스템을 사용하는 각 스태프 맴버는 8자리 숫자의 직원 번호로 유일하게 구분할 수 있어야 한다.

이 사용자 요구사항들은 시스템이 포함해야 하는 특정 기능을 정의하며, 기능적 요구사항이 다른 정도의 상세 수준으로 작성될 수도 있음을 보여 준다(요구사항 1과 3을 대조).

기능적 요구사항은, 이름에서도 알 수 있듯이, 원래부터 시스템이 무엇을 해야 하는지에 초점을 맞추었다. 하지만, 만약 어떤 조직이 기존에 만들어진 시스템 소프트웨어 제품이 필요로 하는 요구를 만족한다고 결정한다면, 상세한 요구 명세를 작성할 이유가 거의 없어진다. 그러한 경우에는, 사람들이 각자의 작업을 하는 데 필요한 정보를 명세하는 정보 요구사항의 작성에 초점을 맞추어야 한다. 정보 요구사항은 필요한 정보를 명세하고, 어떻게 정보가 전달되고 구성되어야 하는지를 기술한다. 그러므로, Mentcare 시스템에 대한 정보 요구사항을 통해 예약 당일 예상되는 환자 리스트에 포함시켜야 할 정보들이 무엇인지를 명세할 수 있다.

요구사항 명세에서의 부정확성은 고객과 소프트웨어 개발자 사이에 분쟁을 야기할 수도 있다. 시스템 개발자가 모호한 요구사항을 구현하기 쉬운 방향으로 해석하는 것은 당연한 것이다. 하지만, 대부분의 경우 이것은 고객이 원하는 것이 아니다. 새로운 요구사항을 작성하고 해당 시스템을 변경해야 한다. 물론, 이 때문에 시스템 인도 시기를 늦추고 비용을 증가시키게 된다.

예를 들어, 앞의 리스트에서의 초기 Mentcare 시스템 요구사항에 따르면 사용자는 모든 클리닉에 대한 예약 리스트를 검색할 수 있어야 한다. 하지만, 이 요구사항에 대해 알아야 하는 것은 정신 건강 문제를 가진 환자들이 자주 혼란스러움을 겪는다는 것이다. 환자들은 한 클리닉에 예약을 했을지도 모르는데 사실은 다른 클리닉을 방문할 수도 있다. 만약 그 환자들이 예약을 했다면, 클리닉과 무관하게 예약에 참여한 것으로 기록될 것이다.

검색 요구사항을 작성하는 의료 직원은 "검색"의 의미를 환자 이름을 입력해서 모든 클리닉에서의 모든 예약에서 해당 이름을 찾는 것으로 생각했을 수도 있다. 하지만, 이것은 그 요구사항에서 명시적으로 나타나 있지 않다. 시스템 개발자는 그 요구사항을 더 구현하기 쉬운 방식으로 해석할 수도 있다. 개발자가 생각하는 검색 기능은 사용자가 병원을 선택한 후에 그 클리닉에 참석한 환자를 검색하는 것일 수도 있다. 이 방식은 사용자가 입력을 더 많이 해야하기 때문에 검색을 수행하는 데 더 많은 시간이 걸린다.

이상적으로는, 시스템에 대한 기능적 요구사항 명세가 완전하고(complete) 일관적(consistent)이어야 한다. 완전성(completeness)은 사용자가 필요로 하는 모든 서비스와 정보가 정의되어야 한다는 의미이다. 일관성(consistency)은 모순되는 요구사항이 없어야 한다는 것이다.

실질적으로는, 요구사항 일관성과 완전성을 달성하는 것은 매우 작은 소프트웨어 시스템에 대해서만 가능하다. 한 가지 이유는 대규모의 복잡한 시스템에 대한 명세를 작성할 때에는 실수를 하거나 빠뜨리기 쉽기 때문이다. 또 다른 이유는 대규모 시스템 개발에는 서로 다른 배경과 기대를 가진 많은 이해당사자들이 관여하기 때문이다. 이해당사자들은 서로 다른, 그래서 일관적이지 않은 요구를 가지는 경향이 있다. 이러한 비일관성은 요구사항이 처음 명세될 때는 잘 드러나지 않고, 보다 깊은 분석을 거치거나 시스템 개발 단계에 가서야 모순된 요구사항들이 발견되기도 한다.

4.1.2 비기능적 요구사항

비기능적 요구사항은, 이름 그대로, 시스템이 사용자에게 제공하는 특정 서비스와 직접적으로 관련되지 않은 요구사항이다. 이러한 비기능적 요구사항은 전체로서의 시스템에 대해 명세하거나 제약사항을 설정하게 된다. 비기능적 요구사항은 신뢰성, 응답 시간과 메모리 사용과 같은 창발적 시스템 속성과 관련되는 경우가 많다. 이와 달리, 비기능적 요구사항으로 I/O 장비의 성능이나 다른 시스템과의 인터페이스에서 사용하는 데이터 표현과 같이 시스템 구현에 대한 제약을 정의하기도 한다.

비기능적 요구사항은 개별적인 기능적 요구사항에 비해 더 논란이 되는 경우가 많다. 시스템 사용자는 실제로는 그들의 요구를 만족하지 않는 시스템 기능 주변에서 제대로 된 방법을 찾는 경우가 종종 있다. 하지만, 비기능적 요구사항을 만족시키지 못하면 전체 시스템이 무용지물이 될 수도 있다. 예를 들어, 만약 항공 시스템이 신뢰성 관련 요구사항을 만족시키지 못하면, 운영하는 데 있어 안전하다고 인증을 받을 수가 없다. 만약 임베디드 제어 시스템이 성능 요구사항을 만족시키지 못하면, 그 제어 기능은 정확하게 동작할 수가 없을 것이다.

특정한 기능적 요구사항을 구현하는 시스템 컴포넌트를 찾는 것은 가능한 편이지만(가령, 보고서 작성 요구사항을 구현하는 포맷팅 컴포넌트 같은 것이 있을 수 있다), 비기능적 요구사항에서는 더 어려운 경우가 많다. 이러한 요구사항을 구현하는 것은 다음의 두 가지 이유 때문에 시스템 전반에 퍼져 있을 경우가 많기 때문이다.

1. 비기능적 요구사항은 개별적 컴포넌트보다는 시스템의 전체 아키텍처에 영향을 줄 수 있다. 예를 들어, 임베디드 시스템에서 성능 요구사항을 만족시키기는 것을 보장하기 위해 컴포넌트 간의 통신을 최소화하도록 시스템을 구성해야 할 수도 있기 때문이다.
2. 보안 요구사항 같은 개별적인 비기능적 요구사항으로부터 그 기능적 요구사항을 구현하기 위해 필요한 신규 시스템 서비스를 정의하는 여러 관련된 기능적 요구사항을 만들 수 있다. 추가적으로, 기존 요구사항에 제약을 가하는 요구사항을 유도할 수도 있다. 시스템 정보에 대한 접근 제한을 가하는 경우를 예로 들 수 있다.

비기능적 요구사항은 예산 제약, 조직적 정책, 다른 소프트웨어나 하드웨어 시스템과의 상호운영성에 대한 요구나 안전성 규제나 사생활 보호법 같은 외부 요인 때문에 발생하는 사용자 요구에 의해 작성된다. 그림 4.3은 비기능적 요구사항을 분류한 것이다. 이 다이어그램을 보면 비기능적 요구사항이 소프트웨어(제품 요구사항), 그 소프트웨어를 개발하는 조직(조직적 요구사항) 또는 외부 요인으로부터 비롯될 수 있음을 알 수 있다.

1. **제품 요구사항:** 이 요구사항은 소프트웨어의 런타임 동작에 대한 명세나 제약을 작성한 것이다. 가령, 시스템이 얼마나 빨리 실행되어야 하는지와 얼마나 많은 메모리를 필요로 하는지에 대한 성능 요구사항; 허용가능한 고장률을 설정하는 신뢰성 요구사항; 보안 요구사항; 그리고 사용성 요구사항이 이에 해당한다.
2. **조직 요구사항:** 이 요구사항은 고객과 개발자 조직의 정책이나 절차로부터 얻은 넓은 범위의 시스템 요구사항에 해당한다. 예를 들어, 어떻게 시스템을 사용할 지에 대

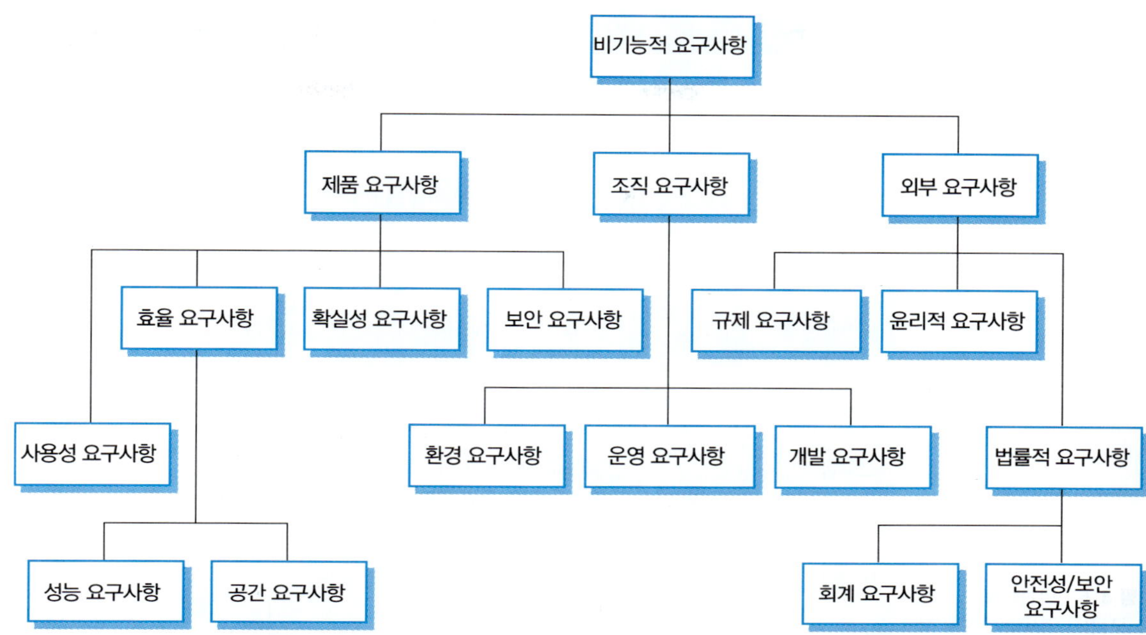

그림 4.3 비기능적 요구사항의 종류

한 조작 프로세스 요구사항; 프로그래밍 언어를 명세하는 개발 프로세스 요구사항; 사용해야 하는 개발 환경이나 프로세스 표준; 그리고 시스템의 운영 환경을 명세한 환경 요구사항이 이에 해당한다.

3. **외부 요구사항:** 이는 시스템과 개발을 위한 프로세스의 외부 요소로부터 얻는 모든 요구사항을 광범위하게 포함한다. 이는 핵 안전성 권한처럼 규제 담당자가 사용을 허락하기 위해 시스템이 갖추어야 할 규제 요구사항; 시스템이 법을 준수하면서 동작하도록 보장하기 위한 법률적 요구사항; 그리고 사용자와 대중에게 수용될 수 있도록 보장하는 윤리적 요구사항을 포함한다.

그림 4.4는 Mentcare 시스템 명세에 포함될 수 있는 제품, 조직, 그리고 외부 요구사항의 예를 보여준다. 제품 요구사항은 시스템이 사용 가능해야 하는 시점과 매일 허용하는 고장 시간을 정의하는 가용성 요구사항이다. 제품 요구사항은 Mentcare 시스템의 기능에 대해서

제품 요구사항

Mentcare 시스템은 정규 업무 시간(월-금, 08:30~17:30) 동안 모든 클리닉에서 사용할 수 있어야 한다. 정규 업무 시간 중 고장시간은 어떠한 날이든 5초를 넘어서는 안 된다.

조직 요구사항

Mentcare 시스템의 사용자는 보건 신분 카드로 사용자의 신분을 확인할 수 있어야 한다.

외부 요구사항

시스템은 HStan-03-2006-priv 에서 설정한 환자 사생활 보호 체계를 구현해야 한다.

그림 4.4 Mentcare 시스템에서 가능한 비기능적 요구사항의 예

속성	척도
속도	처리한 트랙잭션/초 사용자/사건 반응 시간 스크린 리프레시(refresh) 시간
크기	메가바이트/ROM 칩의 개수
사용 편리성	교육 시간 헬프 프레임의 수
신뢰성	고장까지의 평균시간 비가용 확률 고장 발생 비율 가용성
견고성	고장 후 재가동 시간 고장 원인 사건의 백분율 고장에 의한 데이터 손상 확률
이식성	타겟 시스템에 종속된 문장의 백분율 타겟 시스템의 수

그림 4.5 비기능적 요구사항을 명세하기 위한 척도

는 언급하지 않으며, 시스템 설계자가 고려해야 하는 제약 사항을 명확하게 알려준다.

조직 요구사항은 사용자가 시스템에 본인임을 인증하는 방법을 명세한다. 시스템을 운영하는 보건 당국은 모든 소프트웨어에 대해 사용자가 로그인 이름을 사용하는 대신 사용자 인증을 위해 리더기에 신분 카드를 긁는 방식의 표준 권한 절차로 바꾸고 있다. 그 외부 요구사항은 시스템이 사생활 보호법을 따라야 하는 필요로부터 만들어진 것이다. 사생활은 건강 관리 시스템에서 분명히 매우 중요한 문제이기 때문에 국가 사생활 표준을 준수하도록 시스템을 개발해야 한다고 요구사항에 명세한다.

비기능적 요구사항에서 공통적으로 발생하는 문제는 이해당사자들이 쉬운 사용, 고장으로부터의 시스템 복원 능력이나 빠른 사용자 반응과 같이 일반적인 목표로 요구사항을 제시한다는 것이다. 목표는 좋은 방향을 설정해줄 수는 있지만, 일단 시스템을 인도하게 되면 해석이나 이후 논쟁에 대한 여지를 개발자가 떠맡게 되는 문제점이 있다. 예를 들어, 다음에 주어진 시스템 목표는 관리자가 사용성 요구사항에 대해 표현한 전형적인 경우이다.

시스템은 의료 직원이 사용하기 쉬워야 하고, 사용자 오류가 최소화되도록 구성되어야 한다.

이 목표를 "테스트 가능한 형태의" 비기능적 요구사항으로 표현하는 방법을 보여주기 위해 이를 다시 작성해 보았다. 객관적으로 시스템의 목표를 검증하는 것은 불가능하지만, 다음의 설명은 시스템 테스팅 시 사용자의 오류를 셀 수 있는 최소한의 소프트웨어 척도를 제공한다.

의료 직원은 두 시간의 교육을 받은 후 모든 시스템 기능을 사용할 수 있어야 한다. 이 교육이 끝나면, 숙달된 사용자가 저지르는 오류의 평균 개수는 시스템 사용 한 시간에 2개를 넘지 않아야 한다.

가능할 때마다, 비기능적 요구사항을 객관적으로 테스트할 수 있도록 정량적으로 작성해야 한다. 그림 4.5는 비기능적 시스템 속성을 명세하기 위해 사용할 수 있는 척도를 보여준다. 시스템이 주어진 비기능적 요구사항을 만족하는지 여부를 확인하기 위해 시스템을 테스트할 때 이 특성들을 측정할 수 있다.

실제로, 시스템 사용 고객은 대부분 그들의 목표를 측정 가능한 요구사항으로 바꾸는 것을 어렵게 생각한다. 유지보수 같은 어떤 목표의 경우는 사용할 수 있는 단순한 척도가 없다. 다른 경우에는 정량적인 명세가 가능하더라도 고객이 요구사항에 맞추어 해당 명세를 관련짓지 못할 수도 있다. 예를 들어, 고객은 신뢰성을 나타내는 어떤 수치가 컴퓨터를 사용하는 일상 경험에서 사용하는 용어로는 어떤 의미를 가지는지 이해하지 못할 수 있다. 뿐만 아니라, 측정가능한 비기능적 요구사항을 객관적으로 검증하는 비용이 매우 높을 수 있기 때문에 시스템 비용을 지불하는 고객은 이러한 비용이 적절하지 않다고 생각할 수도 있다.

비기능적 요구사항은 종종 다른 기능적 또는 비기능적 요구사항과 충돌하거나 상호 연관된다. 예를 들어, 그림 4.4의 신분 확인 요구사항을 위해서는 시스템에 연결된 각각의 컴퓨터에 카드 리더기를 설치해야 한다. 하지만, 의사나 간호사의 테블릿이나 스마트폰을 통해 시스템에 대한 모바일 접근을 요청하는 다른 요구사항이 있을 수도 있다. 이런 경우는 대부분 카드 리더기가 장착되어 있지 않기 때문에, 신분 확인을 위한 다른 대안이 제공되어야 할지도 모른다.

요구사항 문서에서 기능적 요구사항과 비기능적 요구사항을 분리하는 것은 어렵다. 만약 비기능적 요구사항을 기능적 요구사항에서 분리해서 작성한다면, 그 둘간의 관계를 이해하기 어려울 것이다. 하지만, 이상적으로는 성능이나 신뢰성 같이 창발적 시스템 속성과 명백히 관련된 요구사항들은 강조를 해야 한다. 요구사항 문서에서 별도의 영역에 넣거나 어떤 방식으로든 다른 시스템 요구사항과 구분해서 작성할 수 있다.

신뢰성, 안전성과 기밀 요구사항과 같은 비기능적 요구사항은 중대한 시스템에서는 특히 중요하다. 신뢰성, 안전성과 보안 요구사항을 명세하는 방식을 설명하는 확실성 요구사항에 대해서는 Part 2에서 다루기로 한다.

4.2 요구공학 프로세스

2장에서 언급했던 것처럼, 요구공학은 세 가지 주요 활동들과 관련이 있다. 이해당사자들과의 상호 작용을 통해 요구사항을 발견하는 것(도출 및 분석); 이 요구사항을 표현

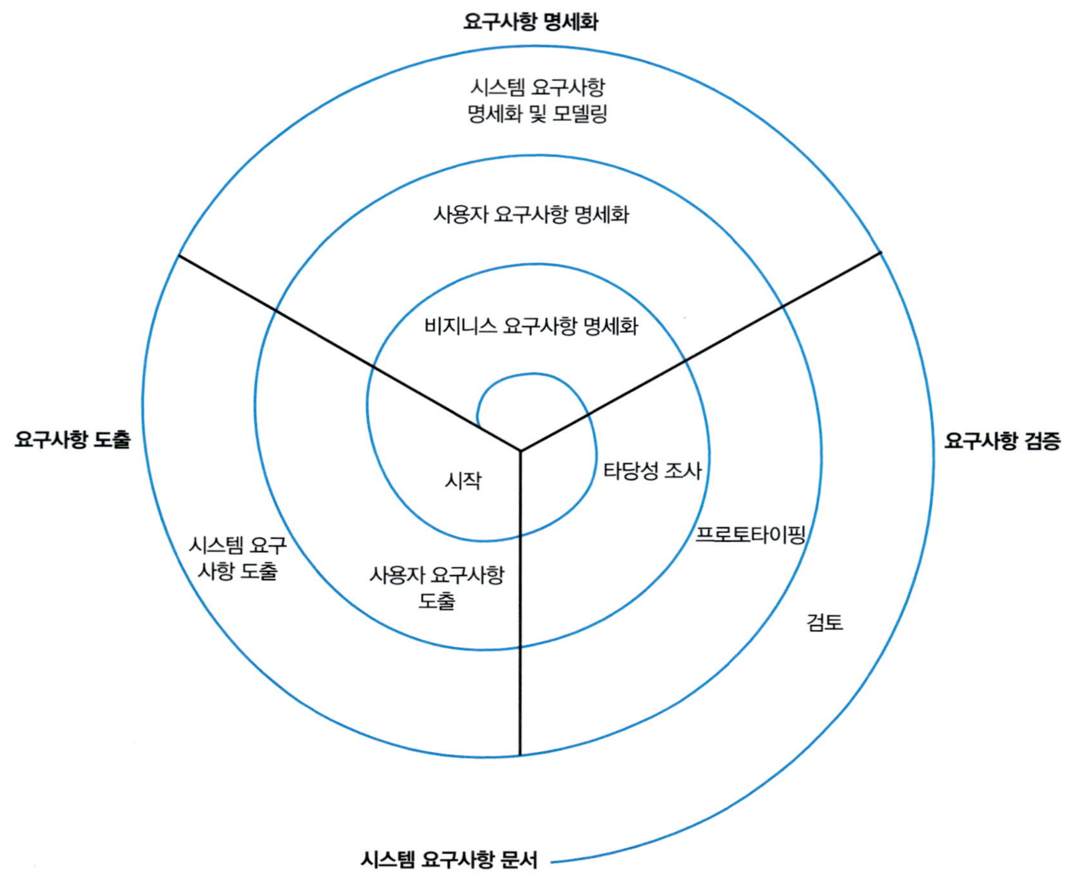

그림 4.6 요구공학 프로세스에 대한 나선형 뷰

형태로 바꾸는 것(명세화); 그리고 요구사항이 실제로 고객이 원하는 시스템을 정의하고 있는지를 점검하는 것(검증). 이 내용을 그림 2.4에서 순차적 프로세스로 나타내었다. 하지만, 실제의 경우 요구공학은 그 활동들이 중첩되어 이루어지는 반복 프로세스이다.

그림 4.6은 이러한 중첩을 나타낸다. 해당 활동들은 나선 형태의 반복 프로세스로 구성된다. 요구공학 프로세스의 결과는 시스템 요구사항 문서이다. 한 번의 반복 과정에서 각 활동에 소요한 시간과 노력의 양은 전반적인 프로세스의 단계, 개발하는 시스템의 유형과 사용가능한 예산에 따라 달라진다.

프로세스의 초기에는 고수준의 비지니스와 비기능적 요구사항, 그리고 시스템에 대한 사용자 요구사항을 이해하는 데 대부분의 노력을 쓰게 된다. 프로세스의 후반인 나선의 바깥쪽 원에서 비기능적 요구사항과 보다 상세한 시스템 요구사항을 도출하고 이해하기 위해 더 많은 노력을 들이게 된다.

이 나선형 모델은 여러 상세 수준을 고려해서 요구사항을 작성하는 개발 접근법을 고려한 것이다. 나선에서의 반복 횟수는 다양할 수 있기 때문에 사용자 요구사항을 일부 또는 전부 도출한 후에 종료할 수 있다. 요구사항 작성과 시스템 구현을 함께 진행할 수 있도록 프로토타이핑 대신 애자일 개발을 사용할 수도 있다.

가상적으로 모든 시스템에서 요구사항은 변경된다. 요구사항과 관련한 사람들은 소프트웨어가 해야 할 것들을 더 잘 이해하게 된다; 시스템을 구매하는 조직도 변화한다; 그리고 시스템의 하드웨어, 소프트웨어와 조직 환경이 바뀌게 된다. 다른 요구사항에 대한 영향과 변경으로 인한 비용과 시스템의 영향을 이해하기 위해서 변경을 관리해야 한다. 이러한 요구사항 관리 프로세스에 대해서는 4.6절에서 설명한다.

4.3 요구사항 도출

요구사항 도출 프로세스의 목적은 이해당사자들이 하는 업무와 그들이 업무 지원을 위해 신규 시스템을 활용하는 방식을 이해하는 것이다. 요구사항 도출 과정에서, 소프트웨어 엔지니어는 응용 도메인, 업무 활동, 서비스와 이해당사자들이 원하는 시스템 기능, 필요한 시스템 성능, 하드웨어 제약 등을 알아내기 위해 이해당사자들과 함께 일하게 된다.

시스템 이해당사자들로부터 요구사항을 도출하고 이해하는 것은 여러 이유들 때문에 어려운 프로세스이다.

1. 이해당사자들은 대부분의 경우 컴퓨터 시스템으로부터 얻고자 하는 바를 잘 모르기 때문에 아주 일반적인 용어로만 표현한다; 이해당사자들은 시스템이 무엇을 해야 하는지를 명확하게 설명하는 것을 어렵다고 느낀다; 또한 이해당사자들은 어떠한 것이 타당한지 또는 그렇지 않은지를 잘 모르기 때문에 비현실적인 요구를 하기도 한다.
2. 시스템 이해당사자들은 원래 자기 업무에 대한 암묵적 지식을 가지고 요구사항을 자기들의 용어로 표현한다. 고객의 도메인에서 경험이 없는 요구사항 엔지니어는 이러한 요구사항을 이해하지 못할 수도 있다.
3. 서로 다른 요구사항을 가지고 있는 여러 이해당사자들은 그 요구사항들을 서로 다른 방식으로 표현할 수 있다. 요구사항 엔지니어는 요구사항에 대한 모든 잠재적 출처를 찾고 공통점과 상충점을 찾아내야 한다.
4. 정치적 요소가 시스템의 요구사항에 영향을 줄 수 있다. 특정 시스템 요구사항으로 조직에서 영향력을 높일 수 있다는 이유로 관리자가 그 요구사항을 요청할 수 있다.
5. 분석이 이루어지는 경제, 비지니스 환경은 동적이다. 그 환경은 분석 프로세스를 거치는 동안 바뀔 수 밖에 없다. 특정 요구사항의 중요성도 바뀔 수 있다. 애초에 관여하지 않았던 새로운 이해당사자가 신규 요구사항을 요구할 수도 있다.

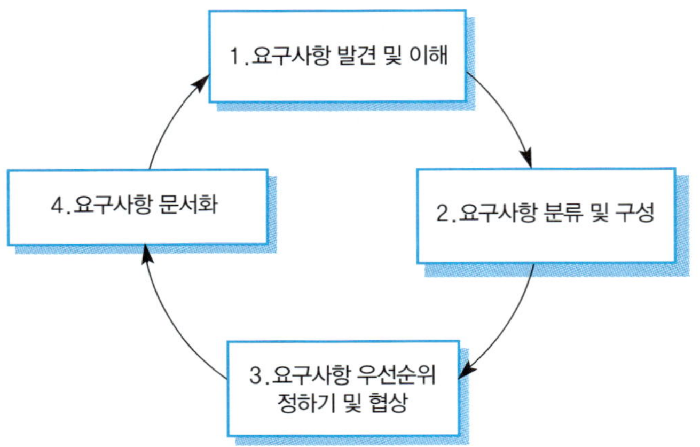

그림 4.7 요구사항 도출과 분석 프로세스

그림 4.7은 요구사항 도출과 분석 프로세스에 대한 모델을 보여준다. 각각의 조직은 직원의 전문성, 개발하는 시스템 유형과 사용하는 표준과 같은 지역적 요소에 따라 자신만의 버전이나 이 일반적 모델로부터 만들어진 인스턴스를 사용하게 된다.

프로세스 활동들은 다음과 같다.

1. **요구사항 발견 및 이해:** 요구사항을 발견하기 위한 시스템 이해당사자들과의 상호 작용 프로세스이다. 이 활동을 통해 이해당사자들로부터 구한 도메인 요구사항과 문서를 확보하게 된다.
2. **요구사항 분류 및 구성:** 정리되지 않은 요구사항들을 모아서, 관련 요구사항끼리 모으고 조직화해서 일관성있는 클러스터들을 만드는 것이다.
3. **요구사항 우선순위 정하기 및 협상:** 필연적으로, 여러 이해당사자들이 관여하게 되면 요구사항에서 충돌이 날 수 밖에 없다. 이 활동은 요구사항의 우선순위를 정하고 요구사항들 사이의 충돌을 찾아 협상을 통해 해결하는 것에 해당한다. 보통, 이해당사자들이 차이점들을 해결하기 위해 만나서 요구사항에 대한 절충안에 동의해야 한다.
4. **요구사항 문서화:** 요구사항을 문서화하고 나선형의 다음 단계에서 사용할 수 있도록 한다. 소프트웨어 요구사항 문서의 초기 버전을 이 단계에서 만들거나, 요구사항을 화이트보드, 위키나 다른 공유된 공간을 통해 형식에 구애받지 않은 상태로 유지보수 할 수도 있다.

그림 4.7은 요구사항 도출과 분석이 각각의 활동에서 다른 활동들로 지속적인 피드백이 이루어지는 반복적 프로세스임을 보여준다. 프로세스 주기는 요구사항 발견으로부터 시작하고 요구사항 문서화로 끝난다. 해당 주기가 진행되면서 요구사항에 대한 분석가의 이해도는 높아진다. 요구사항 문서를 작성하면 그 주기가 끝나게 된다.

이해당사자들의 정보를 조직화하고 그룹화하는 것은 요구사항 분석 과정을 단순화

관점(viewpoints)

관점은 공통점을 가진 이해당사자들로부터 요구사항을 모으고 구성하는 방식이다. 그러므로, 각각의 관점은 시스템 요구사항들을 가지게 된다. 관점들은 최종 사용자, 관리자 또는 다른 사람들로부터 올 수 있다. 관점은 다양한 요구사항에 대한 정보를 제공할 수 있는 사람들을 찾고, 분석을 위해 요구사항을 구조화하는 데 도움을 줄 수 있다.

http://www.software-engineering-book.com/web/viewpoints/

하는 데 도움이 된다. 이렇게 하는 한 가지 방법은 각각의 이해당사자 그룹이 하나의 관점을 가졌다고 간주하고 해당 그룹으로부터 해당 관점으로 모든 요구사항을 모으는 것이다. 도메인 요구사항이나 다른 시스템으로부터의 제약사항을 나타내기 위한 관점들에 기반할 수도 있다. 아니면, 시스템 아키텍처 모델을 사용해서 서브시스템을 파악하고 각각의 서브시스템에 대한 요구사항을 연관지을 수도 있다.

필연적으로, 상이한 이해당사자들은 요구사항의 중요도와 우선순위에 대해 서로 다른 관점을 가지고 있고, 가끔 이러한 관점들은 충돌하기도 한다. 만약 어떤 이해당사자가 자신의 관점이 적절히 고려되지 않았다고 생각하면, 그 이해당사자가 의도적으로 요구공학 프로세스를 손상시키려고 할 수도 있다. 그러므로, 이해당사자들과 정기적으로 미팅을 가지는 것은 중요하다. 이해당사자들은 그들의 관심사를 표현하고 요구사항 절충안에 동의할 수 있는 기회를 가져야 한다.

요구사항 문서화 단계에서, 요구사항을 기술하기 위해 쉬운 언어와 다이어그램을 사용하는 것은 중요하다. 이는 이해당사자들이 해당 요구사항을 이해하고 의견을 낼 수 있도록 하기 위함이다. 정보 공유를 쉽게 하기 위해서는 모든 이해당사자들이 접근할 수 있는 공유 문서(가령, Google Docs 또는 Office 365)나 위키를 사용하는 것이 최선이다.

4.3.1 요구사항 도출 기법

요구사항 도출은 제안하는 시스템에 대한 정보를 찾기 위해 다양한 유형의 이해당사자와 미팅을 가지는 것을 수반한다. 기존 시스템에 대한 지식이나 실제 사용, 그리고 다양한 문서로부터 얻은 내용으로 이 정보를 보충할 수도 있다. 사람들이 어떻게 일하고, 무엇을 만들고, 어떻게 다른 시스템을 사용하는지, 그리고 신규 시스템을 수용하기 위해 어떻게 바뀔 필요가 있는지를 이해하는 데 시간을 보낼 필요가 있다.

요구사항 도출을 위해 다음과 같은 두 가지 기본적 접근법이 있다.

1. 인터뷰: 사람들이 무엇을 하는지에 대해 이야기를 나눈다.

2. 관찰 또는 문화기술적 연구(ethnography): 일을 하는 사람들의 모습을 지켜보고 사람들이 무엇을 사용하는지, 어떻게 사용하는지 등을 살핀다.

정보를 수집하기 위해서는 인터뷰와 관찰을 혼합해서 사용해야 한다, 그리고 그 정보로부터 요구사항을 도출하게 되며, 이 요구사항은 더 의논을 하기 위한 토대가 된다.

4.3.1.1 인터뷰

정형적이거나 비정형적이거나 시스템 이해당사자와의 인터뷰는 대부분의 요구공학 프로세스의 일부가 된다. 이러한 인터뷰에서, 요구공학팀은 이해당사자들이 현재 사용하고 있는 시스템과 개발해야 하는 시스템에 대한 질문을 하게 된다. 요구사항은 이러한 질문에 대한 답변으로부터 얻게 된다. 인터뷰는 두 가지 유형이 있다.

1. 폐쇄적 인터뷰: 이해당사자들이 미리 정의된 질문들에 답하게 된다.
2. 개방적 인터뷰: 미리 정의된 내용이 없다. 요구공학팀은 시스템 이해당사자들과 여러가지 문제들을 탐색하고, 이해당사자들의 요구를 보다 더 잘 이해할 수 있게 된다.

실제로, 이해당사자와의 인터뷰는 보통 이 유형을 혼용하게 된다. 어떤 질문들에 대한 답을 얻어야 하는 경우에 이 문제들이 덜 구조적인 방식으로 논의해야 할 필요가 있는 다른 문제들로 이어지기도 한다. 완전히 개방된 논의들로는 인터뷰가 거의 성공하기 어렵다. 보통 인터뷰를 시작하기 위한 질문들을 좀 던져야 하고, 개발하는 시스템에 인터뷰의 초점을 지속적으로 맞출 수 있어야 한다.

인터뷰는 이해당사자들이 무엇을 하는지, 어떻게 신규 시스템과 상호 작용할지, 그리고 현재 시스템에서 겪는 어려움들에 대해 전반적으로 이해하기 위한 좋은 방법이다. 사람들은 자신들의 일에 대해 이야기하고 싶어 하므로 보통 인터뷰에 참여하는 것을 즐겁게 생각한다. 하지만, 시연을 하기 위한 시스템 프로토타입이 없다면 이해당사자들이 구체적이고 자세한 요구사항을 제공하기 어렵다. 모두가 시스템의 모습을 그리는 것에 대해 어려워하기 때문이다. 그러므로, 수집한 정보를 분석하고 이로부터 요구사항을 작성할 필요가 있다.

인터뷰를 통해 도메인 지식을 도출하기 어려운 두 가지 이유는 다음과 같다.

1. 모든 애플리케이션 전문가들은 자기들 업무 영역 특유의 전문 용어(jargon)를 사용한다. 전문가 입장에서는 그 용어를 사용하지 않고서 도메인 요구사항을 논의하기가 불가능하기 때문이다. 그들은 딱딱하고 미묘한 방식으로 용어를 사용하기 때문에 요구사항 엔지니어가 오해할 수도 있다.
2. 어떤 도메인 지식은 이해당사자들에게 너무 친숙한 것이어서 그것을 설명하기 어려

울 수도 있고, 또는 너무 기본적인 내용이어서 언급할 필요도 없다고 생각할 수 있다. 예를 들어, 사서에게 모든 구매 도서는 도서관에 추가되기 전에 목록화시켜야 하는 것은 당연한 것이다. 하지만, 이 사실은 면담자에는 명백하지 않기 때문에 요구사항에서 고려하지 않는 경우가 발생할 수 있다.

인터뷰는 조직에 속한 다양한 사람들 사이에 있는 미묘한 권력 관계 때문에 조직적 요구사항과 제약에 대한 지식을 도출하기에는 효과적인 방법이 아니다. 공개된 조직 구조는 한 조직 내에서의 실제 의사 결정과 일치되기 어렵지만, 인터뷰를 받는 사람은 외부인에게 이론적 구조 이상의 실제 정보를 제공하기 꺼려할 수도 있다. 보통, 대부분의 사람들은 요구사항에 영향을 줄 수 있는 정치적이고 조직적인 문제에 대해 이야기하고 싶어 하지 않는다.

효과적으로 인터뷰를 진행하기 위해서는 다음의 두 가지를 명심해야 한다.

1. 열린 자세를 가지고, 요구사항에 대해 넘겨짚는 행동을 삼가하고 이해당사자들의 말을 귀담아 들어야 한다. 만약 이해당사자가 갑작스러운 요구사항을 꺼낸다면, 시스템에 대한 생각을 기꺼이 바꿀 수 있어야 한다.
2. 시작 질문이나, 요구사항 제안서를 이용하거나 또는 프로토타입 시스템을 함께 사용하는 방법 등으로 인터뷰를 받는 사람이 논의를 시작할 수 있도록 유도해야 한다. "원하는 것을 알려주세요." 라고 사람들에게 말하는 방법으로는 유용한 정보를 얻기가 어렵다. 인터뷰를 받는 사람의 입장에서는 일반적인 용어보다는 정의된 맥락에서 이야기하는 것을 훨씬 쉽다고 여긴다.

인터뷰를 통해 얻은 정보는 문서로부터 획득한 시스템에 관한 다른 정보들과 함께 비지니스 프로세스나 기존 시스템, 사용자 관찰 그리고 개발자 경험을 설명하는 데 사용하게 된다. 가끔, 시스템 문서상의 정보와 별도로, 인터뷰 정보가 시스템 요구사항에 대한 유일한 출처가 되는 경우도 있다. 하지만, 그냥 인터뷰를 하면 필수 정보를 놓치기 쉽기 때문에 다른 요구사항 도출 기법과 병행하여 사용해야 한다.

4.3.1.2 문화기술적 연구

소프트웨어 시스템은 단독으로 존재하지 않고, 사회적이고 조직적인 환경에서 사용되기 때문에 소프트웨어 시스템 요구사항 역시 환경의 영향으로 만들어지거나, 그 환경의 제약을 받게 된다. 많은 소프트웨어 시스템을 공급하더라도 그것을 사용하지 않는 한 가지 이유는 요구사항이 사회적, 조직적 요소가 어떻게 시스템의 실제 운영에 영향을 주는지에 대해 적절히 고려하지 않았기 때문이다. 그러므로, 요구공학 프로세스에서는 그 시스템 사용에 영향을 주는 사회적이고 조직적인 문제를 이해하려고 하는 것이 매우 중요한 일이 된다.

문화기술적 연구는 동작 프로세스를 이해하고, 이 프로세스를 지원하는 소프트웨어에 대한 요구사항을 얻기 위해 사용하는 관찰 기법이다. 분석가는 시스템을 사용하는 업무 환경에 몰두하게 된다. 즉, 일상 업무를 관찰하고, 참여자가 관여하는 실제 작업에 대해 노트를 작성하는 작업을 하게 된다. 문화기술적 연구는 조직이 정의하는 정형적 프로세스보다는 사람들이 일하는 실제 방식을 반영하지만 잘 드러나지 않는 시스템 요구사항을 발견하는 데 도움을 줄 수 있다.

사람들은 업무가 제2의 천성이기 때문에 자기 자신의 상세한 업무를 명확하게 표현하는 데 어려움을 겪는다. 자기 업무를 잘 이해하고 있음에도 불구하고, 조직에서의 다른 업무와의 관계에 대해서는 파악하지 못할 수도 있다. 업무에 영향을 주지만 개인에게는 분명하지 않은 사회적, 조직적 요소는 한쪽으로 치우치지 않는 관찰자에 의해서만 분명해질 수 있을 것 같다. 예를 들어, 한 업무 그룹이 자체 결성되어 구성원들이 서로의 업무를 알게 되어 어떤 구성원이 부재중이더라도 그 업무를 대신해줄 수 있을지 모른다. 하지만, 그 그룹은 그 일을 꼭 해야 하는 것으로 생각하지 않아서 인터뷰를 진행하는 동안 관련 사항에 대한 언급 자체가 이루어지지 않을 수도 있다.

Suchman (Suchman 1983)은 사무 업무를 공부하기 위해 문화기술적 연구를 사용하는 방식을 만든 선구자이며, 실제 업무가 사무 자동화 시스템이 가정한 단순 모델에 비해 훨씬 풍부하고, 더 복잡하며, 더 동적이라는 것을 발견했다. 사무 시스템이 생산성에 중대한 영향을 주지 못한 가장 큰 이유가 가정한 업무와 실제 업무 사이의 그러한 차이점 때문이었다. Crabtree (Crabtree 2003)는 그 이후로 폭넓은 주제들에 대한 공부와 시스템 설계에 문화기술적 연구를 사용하는 것에 대해 일반적인 논의를 한다. 저자의 개인 연구에서는 문화기술적 연구와 요구공학 기법(Viller and Sommerville 2000)을 연결시키고 협력 시스템에서 상호 작용 패턴을 문서화하는 방법으로 소프트웨어공학 프로세스에 문화기술적 연구를 통합하는 기법을 조사하였다(Martin and Sommerville 2004).

문화기술적 연구는 다음 두 가지 유형의 요구사항을 찾아내는 데 특히 효과적이다.

1. 사람들이 따라야 한다고 이야기하는 비지니스 프로세스 정의에 의한 방식보다는 사람들이 실제 일하는 방식으로부터 얻을 수 있는 요구사항: 실제로, 사람들은 절대 정형적 프로세스를 따르지 않는다. 예를 들어, 정상적인 통제 절차에서 사용해야 한다고 지정하더라도 항공 교통 관제사(ATCs: air traffic controllers)는 교차 항공 경로에서의 항공기를 검출하는 충돌 경고 시스템을 끌 수가 있다. 그 충돌 경고 시스템은 민감하기 때문에 비행기가 서로 충분히 멀리 떨어져 있는 경우라도 시끄러운 경고를 발생시킬 수 있기 때문이다. 관제사는 이러한 경고가 주의를 산만하게 한다고 여기고 비행기가 충돌 항공 경로에 있지 않도록 보장할 수 있는 다른 전략을 선

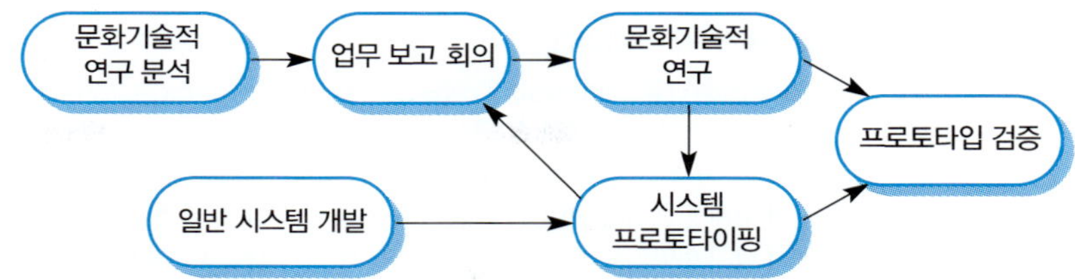

그림 4.8 요구사항 분석을 위한 문화기술적 연구와 프로토타이핑

호하게 된다.

2. 협력과 다른 사람의 활동에 대한 인지로부터 얻을 수 있는 요구사항: 예를 들어, 항공 교통 관제사는 담당 통제 구역에 진입할 비행기의 숫자를 예측하기 위해 다른 관제사의 업무를 인지해야 할 수도 있다. 그렇게 해야 관제사가 예측되는 업무량에 따라 통제 전략을 바꿀 수 있기 때문이다. 그러므로, 자동화된 항공 교통 관제 시스템은 한 구역의 통제사가 인접한 구역의 업무를 어떻게든 볼 수 있도록 해야 한다.

문화기술적 연구는 시스템 프로토타입 개발과 결합될 수 있다(그림 4.8). 문화기술적 연구는 프로토타입 개선 주기를 줄일 수 있도록 프로토타입 개발에 도움을 줄 수 있다. 뿐만 아니라, 프로토타이핑은 문화기술적 연구자들과 논의해볼 수 있는 문제와 질문들을 찾아내는 방법으로 문화기술적 연구에 초점을 맞출 수도 있다. 그 후, 시스템 연구에 대한 다음 단계 동안 이러한 질문들에 대한 답변을 찾아야 한다(Sommerville et al. 1993).

문화기술적 연구는 기존 시스템을 이해하기 위해 도움이 되지만, 이러한 이해가 항상 혁신과 어울리는 것은 아니다. 혁신은 특히 신규 제품 개발과 관련이 있다. 사람들이 어떻게 휴대폰을 이용했는지, 그리고 그에 기초해서 새로운 휴대폰 모델을 어떻게 개발했는지 알아내기 위해 Nokia가 문화기술적 연구를 이용했다고 전문가들은 말한다. 반면, Apple은 기존에 사용되는 제품을 능가하는 iPhone의 도입으로 모바일 시장에 혁명을 일으켰다.

문화기술적 연구를 통해 다른 요구사항 도출 기법으로는 놓치기 쉬운 중요한 프로세스의 상세한 내용을 찾을 수 있다. 하지만, 문화기술적 연구를 이용한 방법은 최종 사용자에 집중하기 때문에 광범위한 조직이나 도메인 요구사항 또는 혁신을 위한 제안들을 발견하기에는 효과적이지 않다. 그러므로, 문화기술적 연구는 요구사항 도출을 위한 여러 방법들 중 하나로 사용해야 한다.

4.3.2 스토리와 시나리오

사람들은 추상적인 설명보다는 실생활에서의 사례와 관련짓는 것을 더 쉽다고 느낀다.

교실에서 사진 공유하기

Jack은 울라풀(Ullapool)의 초등학교 선생님이다. Jack은 어떤 수업 프로젝트에서 울라풀 지역의 어업에 대한 역사, 발전 및 경제적 효과를 살펴보면서 수산업에 초점을 맞추어야 한다고 결정했다. 이 프로젝트의 한 부분으로, 학생들은 이웃들로부터 옛 이야기를 들어서 모으고 공유하고, 신문 자료를 사용하며, 그 지역에서의 낚시와 낚시 동호회와 관련한 오래된 사진을 수집해야 하는 과제를 부여받게 된다. 학생들은 iLearn 위키를 이용해서 낚시 이야기를 함께 모으고, SCRAN(역사 자료 사이트)를 통해 신문 및 사진 자료를 살펴보게 된다. 하지만, Jack은 학생들끼리 사진을 살펴보고 의견을 나누며, 학생들의 가족이 가지고 있을지 모르는 오래된 사진들의 스캔본을 업로드할 수 있도록 사진 공유 사이트도 필요하다.

Jack은 누군가가 적절한 시스템을 추천해줄 수 있기를 바라는 마음으로 자기가 구성원으로 속해 있는 한 초등학교 선생님 모임에 전자우편을 보낸다. 2명의 선생님이 응답했고, 둘다 선생님들이 내용물을 확인하고 관리할 수 있는 KidsTakePics 라는 사진 공유 사이트를 사용할 것을 제안했다. KidsTakePics는 iLearn 권한 서비스와 통합되지 않았기 때문에, Jack은 선생님과 수업 계정을 설정한다. Jack은 iLearn 설정 서비스를 이용해서 KidsTakePics를 수업에 참여하는 학생들이 볼 수 있는 서비스에 추가함으로써, 학생들이 로그인을 했을 때 학생들이 바로 그 시스템을 사용해서 모바일 장비와 컴퓨터에서 사진을 업로드할 수 있도록 하였다.

그림 4.9 iLearn 시스템에 대한 사용자 스토리

즉, 사람들은 시스템 요구사항을 말하는 것에는 익숙하지 않지만 특정 상황에 대해 대응하는 방법이라던지 새로운 업무 방식으로 일하는 것들에 대해서는 설명할 수도 있다. 스토리와 시나리오는 이러한 종류의 정보를 찾아내는 방식이다. 그런 후, 다른 이해당사자들과 시스템에 대해 논의하거나 시스템 요구사항을 더 구체적으로 작성하기 위해 이해당사자 그룹과 인터뷰를 할 때 스토리와 시나리오를 활용할 수 있다.

스토리와 시나리오는 본질적으로는 같은 것으로, 특정 작업을 위해 어떻게 시스템을 사용하느냐에 대한 설명에 해당한다. 즉, 작업을 위한 프로세스를 거치면서 사람들이 무엇을 하는지, 사람들이 사용하고 작성하는 정보는 무엇이며, 어떠한 시스템들을 이용할지에 대한 설명이 된다. 차이점은 그 설명이 구조화되는 방식과 표현을 위한 상세 수준에 있다. 스토리는 이야기를 하는 방식으로 작성하고 시스템 사용에 대해 고수준에서 설명한다. 하지만, 시나리오는 보통 입력과 출력 같이 수집한 특정 정보를 가지고 구조화한다. 그래서, 스토리는 "큰 그림"을 그리는 데 효과적이다. 스토리의 일부를 더 자세하게 개선시킨 후 시나리오로 표현할 수도 있다.

그림 4.9는 1장에서 소개했던 iLearn 디지털 학습 환경에 대한 요구사항을 이해하기 위해 개선시킨 스토리의 사례이다. 이 스토리는 선생님이 iLearn 디지털 학습 환경을 이용해서 어업에 대한 학생들의 프로젝트를 지원하는 한 초등학교에서의 특정 상황을 설명하는데, 매우 고수준의 설명임을 알 수 있다. 목적은 어떤 방식으로 iLearn 시스템을 사용할지를 논의하고, 그 시스템의 요구사항 도출을 위한 출발점으로 활용하기 위한 것이다.

스토리의 장점은 모든 사람이 쉽게 그 스토리에 관여할 수 있다는 것이다. 현실적으로 인터뷰를 할 수 있는 규모보다 더 큰 집단으로부터 정보를 수집할 때 이러한 접근법이 특히 유용하다는 것을 알게 되었다. 위키에서 스토리를 작성할 수 있도록 하고, 지역

에 무관하게 선생님과 학생들이 스토리에 의견을 작성할 수 있도록 초대하였다.

이러한 고수준의 스토리는 시스템에 대해 상세한 정보는 줄 수 없지만, 개선을 통해 더 구체적인 시나리오를 만들 수 있다. 시나리오는 사용자 상호 작용이 이루어지는 일정 구간에 대한 사례를 설명한 것이다. 시나리오를 작성할 때는 대화식 문장보다는 구조적인 방식으로 표현하는 것이 최선이라고 생각한다. 익스트림 프로그래밍 같은 애자일 기법에서 사용하는 사용자 스토리는 실제로는 요구사항을 도출하는 데 도움을 주는 일반적 스토리보다는 대화식 시나리오에 가깝다.

시나리오는 상호 작용의 개요를 잡는 것부터 시작한다. 시나리오 도출 과정 동안 상세한 내용들을 추가함으로써 보다 완전한 형태의 상호 작용을 작성하게 된다. 대부분의 경우, 시나리오는 다음의 내용을 포함하게 된다.

1. 시나리오가 시작할 때 시스템과 사용자가 기대하는 것에 대한 설명
2. 시나리오 상의 사건들의 정상적인 흐름에 대한 설명
3. 잘못될 경우와 그에 대한 대처 방안에 대한 설명
4. 동시에 진행할 수 있는 다른 활동에 대한 정보
5. 시나리오가 종료했을 때의 시스템 상태에 대한 설명

KidsTakePics에 사진 업로드하기

초기 가정:사용자나 그룹이 그림 공유 사이트에 업로드해야 하는 디지털 사진이 하나 이상 있다. 이 사진들은 태블릿이나 노트북에 저장되어있다. 사용자들은 KidsTakePics에 성공적으로 로그인하였다.

일반 상황:사용자가 사진을 업로드 하기를 선택하면, 컴퓨터에서 업로드할 사진들을 선택할 수 있도록 화면이 뜨고, 사진을 저장할 곳의 프로젝트 이름을 선택하게 된다. 사용자는 또한 업로드 하는 사진마다 관련된 키워드를 선택적으로 입력할 수 있다. 업로드된 사진의 이름은 사용자 이름과 로컬 컴퓨터에 있는 사진의 파일명을 결합하여 만들어진다.

업로드가 완료되면, 시스템이 자동으로 프로젝트 조정자에게 신규 내용을 확인하라는 요청의 전자우편을 보내고, 스크린 위에 메시지를 띄워 이 확인이 완료되었음을 사용자에게 알린다.

잘못될 수 있는 상황: 어떠한 조정자도 선택한 프로젝트와 관련이 없다. 그러면, 프로젝트 조정자를 추천하라는 요청의 전자우편을 자동으로 생성하여 학교 관리자에게 전달하게 된다. 사용자에게는 사진들이 보일 때까지 지연되는 시간을 알려주어야 한다.

다른 사용자가 업로드한 동일한 이름의 사진이 이미 존재한다. 사용자에게 그 사진을 동일한 이름으로 다시 업로드할 것인지, 사진의 이름을 변경할 것인지 아니면 업로드를 취소할 것인지를 물어봐야 한다. 만약 사용자가 사진을 다시 업로드하기로 했다면, 원본 파일을 겹쳐서 쓰게 된다. 만약 사진의 이름을 변경하기로 했다면, 기존 파일명에 번호를 추가해서 자동으로 새로운 이름을 만들게 된다.

기타 사항: 조정자가 시스템에 로그인을 하고, 사진이 업로드 될 때 승인을 할 수 있다.

완료시의 시스템 상태: 사용자는 로그인되어있다. 선택한 사진들이 업로드 되었고, "보정 대기" 상태가 할당되었다. 조정자 및 사진을 업로드한 사용자는 사진들을 볼 수 있다.

그림 4.10 KidsTakePics에 사진을 업로드하는 시나리오

시나리오의 예로써, 그림 4.10은 그림 4.9에서 설명했던 것처럼 학생이 KidsTakePics 시스템에 사진을 업로드할 때 어떤 일이 벌어지는지를 설명한다. 이 시스템과 다른 시스템과의 주요 차이점은 선생님이 학생이 업로드한 사진을 관리함으로써 공유에 적합한지를 확인할 수 있다는 것이다.

이러한 내용은 그림 4.9의 스토리보다 훨씬 더 자세한 설명이기 때문에 iLearn 시스템에 대한 요구사항을 제안하는 데 사용할 수 있다. 같은 결과를 얻기 위해 서로 다른 방식들을 가지기도 하는 이해관계자들과 논의할 때 스토리와 마찬가지로 시나리오를 활용할 수도 있다.

4.4 요구사항 명세

요구사항 명세는 사용자 요구사항 및 시스템 요구사항을 요구사항 문서로 작성하는 과정이다. 이상적으로는, 사용자 요구사항과 시스템 요구사항이 모두 명확하고, 모호하지 않으며, 이해하기 쉽고, 완전하고, 일관성이 있는 것이다. 하지만, 실제적으로는 거의 달성하기 어렵다. 이해당사자들은 요구사항을 서로 다른 방식으로 해석하기 때문에, 요구사항에는 충돌이나 불일치가 자주 발견된다.

사용자 요구사항은 거의 항상 요구사항 문서에 적절한 다이어그램과 표를 보충한 자연어로 작성한다. 시스템 요구사항도 자연어로 작성할 수 있지만, 양식을 활용한 다른 표기, 시각적이거나 수학적인 시스템 모델도 사용할 수 있다. 그림 4.11은 시스템 요구사항을 작성하기 위해 가능한 표기법들을 요약해서 보여준다.

시스템에 대한 사용자 요구사항은 자세한 기술적 지식이 없는 시스템 사용자가 이해할 수 있도록 기능적/비기능적 요구사항을 포함해야 한다. 이상적으로 사용자 요구사항은 시스템의 외부 동작에 대해서만 명세해야 하며, 시스템 아키텍처나 설계에 대한

그림 4.11 시스템 요구사항을 작성하기 위한 표기법

표기법	설명
자연어 문장	요구사항을 작성할 때 번호를 붙인 자연어 문장으로 작성한다. 각 문장은 하나의 요구사항을 나타내어야 한다.
구조적 자연어	표준 양식이나 템플릿에 따라 자연어로 요구사항을 작성한다. 각각의 필드는 요구사항의 한 양상에 대한 정보를 제공한다.
그래픽 표현	문자 표기법으로 보충한 그래픽 모델로 시스템의 기능적 요구사항을 정의한다. UML (unified modeling language) 유스케이스와 시퀀스 다이어그램을 흔히 사용한다.
수학적 명세	이 표기법은 유한-상태 머신이나 집합 같은 수학적 개념에 기반하고 있다. 비록 이러한 분명한 명세는 요구사항 문서의 모호성을 줄여줄 수 있지만, 고객들은 대부분 정형적 명세를 이해하지 못한다. 고객들은 그 정형적 명세가 원하는 바를 표현하고 있는지 확인하지 못하기 때문에 그 내용을 시스템 계약으로 채택하는 데 주저하게 된다. (시스템 확실성을 다루는 이 접근법에 대해서는 10장에서 설명한다.)

상세한 내용을 담아서는 안 된다. 결과적으로, 사용자 요구사항을 작성하는 경우에는 소프트웨어 전문 용어, 구조적 표기법이나 정형적 표기법을 사용해서는 안 된다. 사용자 요구사항은 단순한 표, 양식, 그리고 직관적인 다이어그램을 가지고 자연어로 작성해야 한다.

시스템 요구사항은 사용자 요구사항의 확장 버전으로 소프트웨어 엔지니어가 시스템 설계의 출발점으로 사용한다. 소프트웨어 엔지니어는 상세한 내용을 추가하고 시스템이 어떠한 방식으로 사용자 요구사항을 제공해야 하는지를 설명한다. 시스템 요구사항은 시스템 구현을 위한 계약의 일부로 활용될 수도 있기 때문에 완전해야 하며, 전체 시스템에 대한 상세한 명세로 이루어져야 한다.

이상적으로, 시스템 요구사항은 시스템의 외부 동작과 운영상의 제약에 대해서만 기술해야 하며, 시스템을 어떻게 설계하거나 구현해야 하는지에 대해서 다루어서는 안 된다. 하지만, 복잡한 소프트웨어 시스템을 완전히 명세하는 데 필요한 상세 수준에서는 설계 정보를 모두 제외하는 것은 가능하지도 않고 바람직하지도 않다. 이는 다음과 같은 몇 가지 이유 때문이다.

1. 요구사항 명세서의 구조를 잡는 데 도움을 주기 위해 시스템의 초기 아키텍처를 설계해야 하는 경우가 있다. 시스템을 구성하는 다양한 서브시스템에 따라 시스템 요구사항을 구성을 한다. 그림 1.8에 나오는 아키텍처를 제안했던 iLearn 시스템에 대한 요구사항을 정의할 때도 이렇게 했다.
2. 대부분의 경우, 시스템은 설계를 제한하고 신규 시스템에 요구사항을 부여하는 기존 시스템들과 상호 작용을 해야 한다.
3. 11장에서 논의하였던 것처럼 신뢰성을 달성하기 위해 N 버전 프로그래밍 같은 비기능적 요구사항을 만족시키기 위해 특정 아키텍처를 사용해야만 하는 경우가 있다. 시스템이 안전함을 인증해야 하는 외부 규제 담당자는 이미 인증을 받았던 아키텍처 설계를 사용해야 한다고 명세할 수 있다.

4.4.1 자연어 명세

1950년대부터 소프트웨어에 대한 요구사항을 작성하는 데 자연어를 사용하였다. 자연어는 표현력이 풍부하고, 직관적이고 보편적인 반면, 애매하고 모호하며 읽는 사람의 배경에 따라서 다르게 해석될 여지가 있다. 이 때문에, 요구사항을 작성하기 위한 다양한 대안이 제안되었다. 하지만, 어떠한 제안도 널리 채택되진 못했고, 자연어는 계속해서 시스템과 소프트웨어 요구사항을 명세하기 위해 가장 많이 사용하는 수단이다.

자연어로 요구사항을 작성할 때 오해를 줄이기 위해서는 다음과 같은 기본적인 가

3.2 매 10분마다 시스템은 혈당량을 측정하고 필요한 경우 인슐린을 전달해야 한다(shall). (*혈당의 변화는 상대적으로 느리기 때문에, 이보다 더 자주 측정할 필요는 없다; 이보다 덜 측정하게 되면 불필요하게 높은 혈당 수준이 발생할 수 있다.*)
3.6. 시스템은 테스트할 조건에 대해 매분마다 정기적인 자가진단을 실시해야 하며(shall) 이와 관련한 동작을 표 1에 정의하였다.(*정기적 자가진단은 하드웨어와 소프트웨어의 문제점을 발견하고 사용자에게 정상적인 동작이 불가능하다는 사실을 알려줄 수 있다.*)

그림 4.12 인슐린 펌프 소프트웨어 시스템에 대한 요구사항의 예

이드라인을 따르는 것이 좋다.

1. 표준 형식을 만들고 모든 요구사항 정의가 그 형식을 따르도록 하라. 형식을 표준화함으로써 누락되는 부분을 줄이고 요구사항을 보다 쉽게 확인할 수 있다. 가능하다면, 요구사항을 작성할 때는 자연어로 1~2 문장 정도로 작성해야 한다.
2. 필수적인 사항과 바람직한 사항을 구분하기 위해 언어를 일관성 있게 사용하라. 필수적인 요구사항은 시스템이 반드시 지원해야 하는 요구사항으로 대부분 "shall"을 사용해서 작성한다. 바람직한 요구사항은 필수적이진 않기 때문에 "should"를 사용해서 작성한다.
3. 요구사항의 중요 부분을 선택하기 위해 텍스트 강조(굵게, 이탤릭, 색)를 사용하라.
4. 요구사항을 읽는 사람이 기술적, 소프트웨어 공학적 언어를 이해할 것이라고 생각하지 마라. "아키텍처"와 "모듈" 같은 언어는 오해하기 쉽다. 가능하다면, 전문적인 용어, 약어, 두음문자를 사용해서는 안 된다.
5. 가능하면 각각의 사용자 요구사항에 대한 근거를 함께 남겨야 한다. 근거를 남기는 것은 요구사항을 왜 포함시켰는지를 이해하는 데 도움이 되고, 누가 그 요구사항을 제안하였는지(요구사항 출처) 알 수 있게 해주기 때문에, 요구사항이 바뀌는 경우에 누구에게 문의해야 할지 알 수 있다. 어떤 변경이 바람직하지 않은지를 결정하는 데 도움이 될 수 있기 때문에 요구사항이 바뀔 때 특히 유용하다.

그림 4.12는 이 가이드라인을 어떻게 사용하는지 보여주며, 1장에서 소개하였던 자동화된 인슐린 펌프에 사용하는 임베디드 소프트웨어에 대한 두 가지 요구사항을 포함하고 있다. 이 임베디드 소프트웨어에 대한 다른 요구사항들은 인슐린 펌프 요구사항 문서에 정의되어 있으며, 이 책의 웹 페이지에서 다운로드 받을 수 있다.

4.4.2 구조적 명세

구조적 자연어는 요구사항을 자유롭게 작성하지 않고 표준화된 방식을 따라 작성하는 시스템 요구사항 작성의 한 방법이다. 이 방식은 자연어의 표현력과 이해하기 쉽다는

자연어로 요구사항을 명세하는 경우의 문제점

명세할 때 매우 유용한 자연어의 유연성은 자주 문제를 일으킨다. 불분명한 요구사항을 작성하는 것에 대해서는 한정된 범위가 있고, 요구사항을 읽는 사람(설계자)은 사용자에 대해 다른 배경을 가지고 있기 때문에 요구사항을 잘못 해석할 수도 있다. 여러 요구사항을 하나의 문장에 섞어서 작성하기 쉽기 때문에 자연어로 작성된 요구사항을 구조화하는 것은 어려울 수 있다.

http://software-engineering-book.com/web/natural-language/

자연어의 대부분의 장점을 살리면서도 어느 정도의 통일성을 명세에 부과한다. 구조적 언어 표기법은 템플릿을 사용해서 시스템 요구사항을 명세한다. 조건이나 반복을 표현하기 위해 프로그래밍 언어 구조를 이용해서 명세를 할 수도 있고, 명암이나 다른 폰트를 이용해서 중요한 부분을 강조할 수도 있다.

Robertsons (Robertson and Robertson 2013)은 VOLERE 요구공학 기법에 대한 자신들의 저서에서 처음에는 사용자 요구사항을 카드 한 장에 하나의 요구사항씩 작성하라고 제안한다. 또한, 요구사항 근거, 다른 요구사항에 대한 의존성, 요구사항의 출처와 관련 자료들과 같은 각각의 카드에서 사용할 수 있는 몇 가지 필드를 추천하고 있다. 이 방식은 그림 4.13에서 보았던 구조적 명세 사례에서 사용했던 접근법과 유사하다.

시스템 요구사항을 명세하기 위해 구조적 접근법을 사용하려면, 요구사항에 대한 하나

그림 4.13 인슐린 펌프에 대한 요구사항의 구조적 명세

인슐린 펌프/제어 소프트웨어/SRS/3.3.2

기능	인슐린의 용량을 계산: 안전한 혈당 수준
설명	현재 측정한 혈당 수준이 3~7 단위 사이의 안전 범위에 속하는 경우에 전달할 인슐린의 용량을 계산한다.
입력	현재 혈당 수치(r2), 이전에 측정한 수치 2건(r0, r1)
출처	센서로부터 측정한 현재 혈당 수치. 다른 수치들은 메모리로부터 가져온다.
출력	CompDose—전달할 인슐린의 용량
목적지	메인 제어 루프
동작:	혈당 수준이 안정적이거나, 떨어지거나 또는 증가하더라도 증가율이 감소하는 경우에는 CompDose = 0. 혈당 수준이 증가하고, 증가율도 증가하는 경우에는 현재 혈당 수준과 이전 수준의 차이값을 4로 나눈 값을 반올림하여 compDose를 계산하고 만약 반올림한 값이 0이면 투여할 수 있는 최소 용량으로 CompDose를 설정한다(그림 4.14 참조).
필요사항	혈당 수준의 변화율을 계산하기 위해 필요한 이전 두 건의 수치
사전조건	인슐린 통에는 인슐린 1회 용량보다 많은 양을 포함하고 있어야 한다.
사후조건	r0를 r1로 대체한 후, r1을 r2로 대체한다.
부작용	없음

이상의 표준 템플릿을 정의하고 이 템플릿들을 구조화된 양식으로 나타내야 한다. 시스템이 다루게 되는 객체들, 시스템이 수행하는 기능들 또는 시스템이 처리하는 이벤트들을 중심으로 명세를 구조화하게 된다. 그림 4.13은 이 경우, 혈당량이 안전한 범위를 유지할 때 전달할 인슐린의 용량을 계산하는 방법을 정의하는 양식 기반 명세의 예를 보여준다.

기능적 요구사항을 명세하기 위해 표준 서식을 사용할 때는 다음 정보들을 포함해야 한다.

1. 명세를 하는 기능이나 개체에 대한 설명
2. 입력과 입력의 출처에 대한 설명
3. 출력과 출력의 목적지에 대한 설명
4. 계산에 필요한 정보나 시스템에서 필요한 다른 개체들에 대한 정보
5. 수행해야 하는 동작에 대한 설명
6. 기능적 방법을 사용한다면, 그 기능을 호출하기 전에 반드시 참이어야 하는 사전 조건과 그 기능을 호출한 후에 반드시 참이어야 하는 사후 조건
7. 동작으로 인한 부작용에 대한 설명

구조적 명세를 사용하면 자연어 명세가 가진 문제점의 일부를 제거할 수 있다. 명세 과정에서의 변동성을 줄이고, 요구사항을 더 효과적으로 구성할 수 있기 때문이다. 하지만, 요구사항을 분명하고 명확한 방식으로 작성하는 것은 특히 복잡한 계산을 명세해야 하는 경우(예를 들어, 인슐린 용량을 계산하는 법)에는 여전히 어렵다.

이 문제를 다루기 위해, 표 또는 시스템의 그래픽 모델 등을 이용하는 방식으로 자연어 요구사항에 추가 정보를 넣을 수 있다. 추가 정보를 통해 계산이 어떻게 진행되고, 시스템의 상태가 어떻게 바뀌며, 사용자와 시스템이 어떠한 방식으로 상호 작용하며, 동작은 어떠한 순서로 수행되는지를 알 수 있다.

특히, 가능한 여러 경우가 있고, 각각에 대해 수행해야 하는 동작을 설명해야 하는 경우에는 표를 이용하면 유용하다. 인슐린 펌프는 혈당 수준 변화량에 따라 계산한 인슐린 요구사항에 따라 동작한다. 그 변화량은 현재의 인슐린 수치와 이전의 인슐린 수치를 사용하여 계산한다. 그림 4.14는 혈당 변화율을 이용해서 전달해야 하는 인슐린의 양을 어떻게 계산하는지를 표로 나타낸 것이다.

4.4.3 유스케이스

유스케이스는 그래픽 모델과 구조적인 글을 이용하여 사용자와 시스템 사이의 상호 작용을 설명하기 위한 방법이다. 유스케이스는 오브젝토리(Objectory) 기법(Jacobson 외

조건	동작
혈당 수준이 감소(r2 < r1)	CompDose = 0
혈당 수준이 안정적(r2 = r1)	CompDose = 0
혈당 수준이 증가하고 증가율이 감소 ((r2 − r1) < (r1 − r0))	CompDose = 0
혈당 수준이 증가하고 증가율이 안정적이거나 증가 r2 > r1 & ((r2 − r1) ≥ (r1 − r0))	CompDose = round ((r2 − r1)/4) 만약 반올림 결과 = 0 이면 CompDose = MinimumDose

그림 4.14 인슐린 펌프에서 필요한 계산을 명세한 표

1993)에서 처음 등장하였으며, 지금은 UML의 기본 요소가 되었다. 유스케이스는 단순한 형식을 활용해서 상호 작용에 참여하는 액터(actor)를 식별하고, 상호 작용의 형태에 이름을 붙힌다. 그후, 시스템과의 상호 작용을 나타내기 위한 추가적인 정보를 기입하게 된다. UML 시퀀스 다이어그램 또는 상태 다이어그램(5장을 참조) 같은 여러 그래픽 모델이나 글을 작성해서 추가적인 정보를 넣을 수도 있다.

유스케이스는 고수준의 유스케이스 다이어그램을 이용하여 문서화한다. 시스템 요구사항에 설명할 가능한 모든 상호 작용을 유스케이스를 이용하여 표현한다. 프로세스 상의 액터는 사람일 수도 있고 다른 시스템일 수도 있으며, 원과 막대를 이용한 사람 모양으로 표현한다. 상호 작용은 이름을 가진 타원으로 나타낸다. 액터와 상호 작용을 선으로 연결시킨다. 경우에 따라서는 상호 작용을 누가 먼저 시작했는지를 나타내기 위해 선에 화살표를 넣기도 한다. 그림 4.15는 이와 관련해서 Mentcare 시스템에 대한 유스케이스 일부를 보여준다.

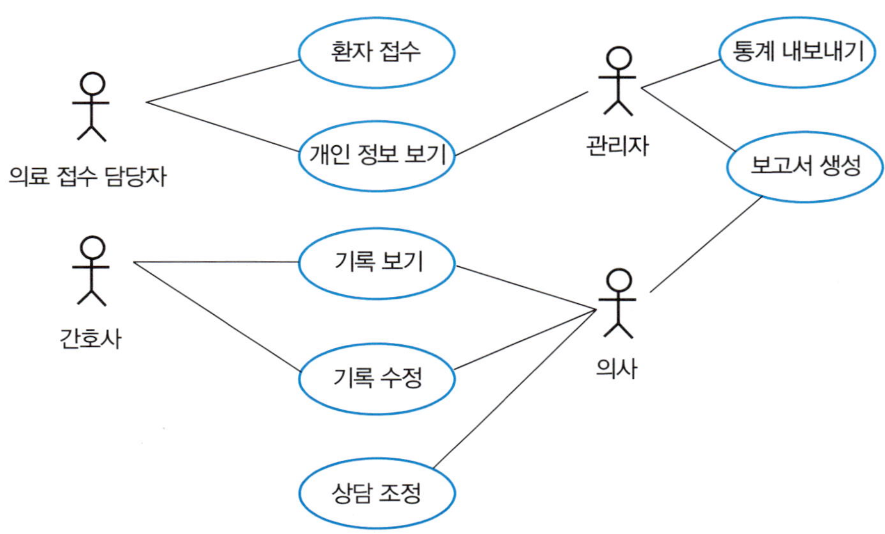

그림 4.15 Mentcare 시스템에 대한 유스케이스

유스케이스는 시스템과 사용자 또는 다른 시스템 사이에서의 개별적인 상호 작용을 식별한다. 각각의 유스케이스에 대해서는 글로 작성한 설명을 넣어 문서화시켜야 한다. 그 다음, 시나리오를 더 상세히 개선시키기 위한 UML의 다른 모델과 연결될 수 있다. 예를 들어, 다음과 같이 그림 4.15에서의 상담 조정 유스케이스에 대한 간략한 설명을 작성할 수 있다.

> 상담 조정을 통해 2명 이상의 의사가 서로 다른 장소에서 동시에 같은 환자 기록을 볼 수 있도록 한다. 한명의 의사가 상담에 참여시킬 사람을 온라인 상태인 의사 목록 메뉴에서 선택하면서 상담을 시작하게 된다. 그러면, 환자 기록이 상담에 참여하는 사람들의 화면에 표시될 뿐 아니라 상담을 시작한 의사는 기록을 작성할 수 있게 된다. 추가적으로, 협진을 할 때 도움이 되도록 문자 채팅 창이 열리게 된다. 음성 통신을 위한 전화 호출도 개별적으로 마련될 수 있을 것으로 생각한다.

UML은 객체지향 모델링을 위한 표준이기 때문에, 유스케이스 및 유스케이스 기반 도출 방법도 요구공학 과정에서 표준으로 사용한다. 하지만, 유스케이스 사용 경험에 의하면 너무 상세한 나머지 요구사항을 논하기에 유용하지는 않다. 이해당사자들은 **유스케이스**라는 용어를 이해하지 못한다. 그래픽 모델이 유용한 것을 알지 못하고, 모든 시스템 상호 작용에 대해 하나하나 상세한 설명에 대해서도 관심을 보이진 않는 편이다. 결과적으로, 유스케이스는 요구공학에서보다는 시스템 설계에서 더 유용한 것 같다. 유스케이스에 대해서는 시스템 설계를 문서화하기 위해 다른 시스템 모델과 함께 사용하는 방법을 설명하는 5장에서 더 살펴보도록 한다.

어떤 사람들은 각각의 유스케이스가 저수준의 단일 상호 작용 시나리오라고 생각한다. 하지만, Stevens와 Polley (Stevens and Pooley 2006)와 같은 다른 사람들은 각각의 유스케이스는 연관되어있는 저수준의 여러 시나리오들을 모은 것이라고 이야기한다. 그러므로, 정상적인 하나의 상호 작용에 추가해서 여러 가능한 예외 상황들에 대한 시나리오들이 있을 수 있다. 실제로, 유스케이스를 어떤 방식으로 사용해도 무관하다.

4.4.4 소프트웨어 요구사항 문서

소프트웨어 요구사항 문서는† 시스템 개발자가 구현해야 하는 것에 대한 공식적인 내용으로, 시스템에 대한 사용자 요구사항과 시스템 요구사항에 대한 상세 명세를 포함할 수 있다. 사용자 요구사항과 시스템 요구사항이 하나의 내용으로 통합되는 경우도 있다. 다른 경우에는, 사용자 요구사항을 시스템 요구사항 명세의 서론 부분에 넣기도 한다.

시스템 개발을 외주로 주거나, 여러 팀들이 시스템의 서로 다른 부분들을 개발하거나, 요구사항의 상세한 분석이 필수적인 경우에 요구사항 문서가 반드시 필요하다. 소프트웨어 제품이나 비지니스 시스템 개발과 같은 다른 환경에서는 상세 요구사항 문서

† 소프트웨어 요구사항 명세 또는 SRS (software requirements specification)라고도 부른다.

가 필요없는 경우도 있다.

애자일 기법에서는 요구사항이 너무 빨리 바뀌기 때문에 요구사항 문서를 작성하자마자 버전이 어긋나서 요구사항을 작성하는 노력이 대부분 낭비라고 주장한다. 애자일 기법에서는 공식적인 문서를 사용하지 않고 사용자 요구사항을 점진적으로 수집해서 카드에 작성하거나 짧은 사용자 스토리로 칠판에 기록하는 방식을 많이 이용한다. 그 후, 사용자가 시스템의 다음 증가분 구현에 필요한 스토리들의 우선순위를 정하게 된다.

요구사항이 불안정한 비지니스 시스템에 대해서는 이러한 접근법이 적당한 것 같다. 하지만, 비지니스와 시스템에 대한 확실성 요구사항을 정의하는 보완 문서를 짧게 작성하는 것도 유용한 편이다. 다음 시스템 릴리스에 대한 기능적 요구사항에 집중하다보면 전체적으로 시스템에 적용해야 하는 요구사항을 잊기 쉽기 때문이다.

요구사항 문서는 시스템 비용을 지불하는 조직의 선임 관리자부터 소프트웨어 개발을 담당하는 엔지니어에 이르기까지 다양한 부류의 사용자들이 다루게 된다. 그림 4.16은 요구사항 문서를 사용할 가능성이 있는 사람들이 어떻게 요구사항 문서를 사용하는지 나타낸 것이다.

다양한 종류의 사용자가 있다는 것은 요구사항 문서가 절충되어야 한다는 것을 의미한다. 요구사항은 고객에 대한 요구사항을 설명해야 하고, 개발자와 테스터를 위해 정확하고

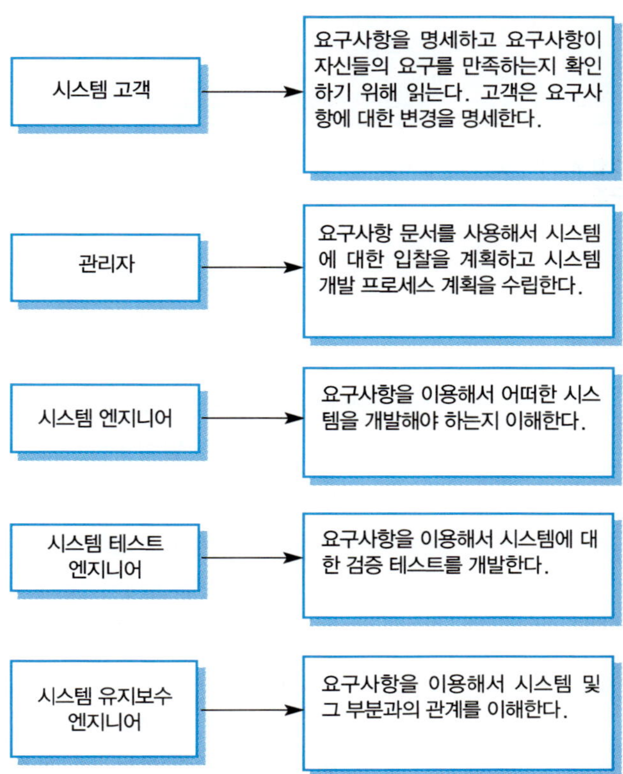

그림 4.16 요구사항 문서 사용자

장	설명
서문	새로운 버전 생성에 대한 근거와 각 버전에서 이루어진 변경에 대한 요약을 포함하여, 예상하는 문서의 독자층을 정의하고 버전 내역을 서술한다.
도입	시스템에 대한 필요성을 설명한다. 시스템 기능에 대해 간략히 서술하고, 시스템이 다른 시스템과 어떻게 동작할 것인지를 설명한다. 또한, 어떻게 그 시스템이 전반적인 비지니스 또는 그 소프트웨어를 이용하는 조직의 전략적 목표와 부합하는지를 서술해야 한다.
용어 사전	문서에서 사용하는 기술적 용어를 정의한다. 독자에 대한 경험이나 전문성에 대해 어떠한 가정을 해서는 안된다.
사용자 요구사항 정의	이곳에 사용자에게 제공할 서비스를 기술한다. 비기능적 시스템 요구사항도 이 장에 기술해야 한다. 고객이 이해할 수 있는 자연어, 다이어그램이나 다른 표기법을 사용할 수 있다. 준수해야 하는 제품 및 프로세스 표준도 기입한다.
시스템 아키텍처	시스템 모듈 사이에 분포하는 기능을 보여줄 수 있는, 예상 시스템 아키텍처에 대한 고수준의 개요를 보여준다. 재사용할 아키텍처 컴포넌트는 강조되어야 한다.
시스템 요구사항 명세	기능적, 비기능적 요구사항을 상세하게 기술한다. 필요할 경우, 비기능적 요구사항에 상세한 내용을 더 추가할 수도 있다. 다른 시스템에 대한 인터페이스를 정의하기도 한다.
시스템 모델	시스템 컴포넌트 사이의 관계를 보여주는 그래픽 시스템 모델을 포함한다. 가능한 모델의 예로는 객체 모델, 데이터 흐름 모델이나 시맨틱 데이터 모델이 있다.
시스템 진화	시스템이 기반하고 있는 기본적인 가정들과 하드웨어 개선, 사용자 요구 변화 등으로 인해 예상되는 변경사항들을 기술한다. 이 내용들은 시스템에서 향후 발생할 수 있는 변경을 제약하는 설계를 하지 않도록 도움을 줄 수 있기 때문에 시스템 설계자에게 유용하다.
부록	개발하는 애플리케이션과 관련한 상세하고 구체적인 정보를 제공한다. 예를 들어, 하드웨어와 데이터베이스 설명이 포함될 수 있다. 하드웨어 요구사항은 시스템에 대한 최소, 최적 환경 설정을 정의한다. 데이터베이스 요구사항은 시스템이 사용하는 데이터의 논리적 구조와 데이터 사이의 관계를 정의한다.
색인	문서에 대한 다양한 색인들을 포함한다. 알파벳 순서 색인뿐 아니라 다이어그램 인덱스, 기능 인덱스 등이 포함될 수 있다.

그림 4.17 요구사항 문서의 구조

상세한 수준으로 요구사항을 정의해야 하며, 향후 시스템 진화에 대한 정보도 포함시켜야 한다. 예상되는 변경에 대한 정보는 시스템 설계자가 제한적인 설계 결정을 피하고 유지보수 엔지니어가 신규 요구사항에 따라 시스템을 바꾸는 작업을 하는 데 도움을 준다.

요구사항 문서에 포함시켜야 하는 상세 수준은 개발해야 하는 시스템의 종류와 사용하는 개발 프로세스에 따라 달라진다. 중대한 시스템의 경우는 가능한 요구사항 오류를 찾기 위해 낱낱이 안전성과 보안을 분석해야 하기 때문에 상세한 요구사항이 필요하다. 시스템 개발을 여러 회사에서 나누어서 하는 경우(가령, 외주를 준다거나), 시스템 명세는 상세하고 정확해야 한다. 만약 내부에서 반복적 개발 프로세스를 사용하는 경우는 요구사항 문서가 덜 상세해도 무관하다. 시스템 개발 도중에 상세한 내용을 요구사항에 추가할 수 있고 모호성도 해결이 가능하기 때문이다.

그림 4.17은 요구사항 문서를 위한 IEEE 표준(IEEE 1998)에 근거하여 작성한 한 가지 가능한 요구사항의 구성을 보여준다. 이 표준은 일반적이기 때문에 개별적으로 맞추어서 사용할 수 있다. 이 경우, 예상되는 시스템 진화 정보를 포함하기 위해 표준을

요구사항 문서 표준

미국 국방성과 IEEE (Institute of Electrical and Electronic Engineers) 같은 큰 조직은 요구사항 문서에 대한 표준을 정의하고 있다. 이 표준은 너무 일반적이긴 해도 더 상세한 조직 표준을 개발하는 기초로 사용하기에 유용하다. 미국 IEEE는 가장 잘 알려진 표준 단체로 요구사항 문서 구조에 대한 표준을 개발하였다. 이 표준은 군사적 지휘와 통제 시스템과 같이 오랜 수명을 가지고 주로 여러 조직이 함께 개발하는 시스템에 가장 적합하다.

http://software-engineering-book.com/web/requirements-standard/

확장하게 된다. 이 정보는 시스템 유지보수 담당자와 설계자가 향후 시스템 기능을 지원할 수 있도록 도움을 준다.

당연히, 요구사항 문서에 들어가는 정보는 개발하는 소프트웨어의 종류와 사용하는 개발 접근법에 따라 달라진다. 그림 4.17와 같은 구조를 가진 요구사항 문서는 여러 회사들이 개발하는 하드웨어와 소프트웨어를 포함하는 복잡한 공학적 시스템을 위해 작성했을 것이다. 이러한 경우의 요구사항 문서는 길고 상세하게 작성하는 편이다. 그러므로, 요구사항을 읽는 사람들이 필요한 정보를 쉽게 찾을 수 있도록 내용에 대해 이해하기 쉬운 표와 문서 인덱스를 포함시키는 것이 중요하다.

반대로, 내부적 소프트웨어 제품에 대한 요구사항 문서의 경우는 앞서 언급한 상세한 내용들을 많이 생략하고, 사용자 요구사항과 고수준의 비기능적 시스템 요구사항을 정의하는 데 더 집중하게 된다. 이 경우, 시스템 설계자와 프로그래머는 스스로 판단해서 어떻게 시스템에 대한 포괄적 사용자 요구사항을 충족시킬지를 결정하게 된다.

4.5 요구사항 검증

요구사항 검증(requirements validation)은 요구사항이 고객이 정말 원하는 시스템을 제대로 정의하고 있는지를 점검하는 과정이다. 이 과정은 요구사항에서 문제점을 찾는 것과 관련이 있기 때문에 도출 및 분석 과정과 겹쳐 있다. 개발하는 도중이나 시스템이 서비스를 시작한 이후에 문제점들을 발견할 경우, 요구사항 문서상의 오류로 인해 막대한 재작업 비용이 들 수 있기 때문에 요구사항 검증은 매우 중요하다.

시스템 변경을 통해 요구사항 문제를 수정하는 비용은 대부분 설계나 코드 오류의 경우보다 훨씬 높다. 요구사항을 변경하게 되면 시스템 설계와 구현도 마찬가지로 변경되어야 함을 뜻한다. 뿐만 아니라, 다시 그 시스템을 테스트해야 한다.

요구사항 검증 과정 동안, 요구사항 문서에 작성된 요구사항들에 대해서 다양한 유

요구사항 검토

요구사항 검토는 시스템 고객과 시스템 개발자 그룹이 요구사항 문서를 면밀히 읽고 오류, 이상한 점과 불일치 사항들을 점검하는 과정이다. 일단 이러한 것들을 발견하고 기록하면, 고객과 개발자가 발견한 문제를 어떻게 해결할지에 대해 논의하게 된다.

http://software-engineering-book.com/web/requirements-reviews/

형의 점검을 수행해야 한다. 다음과 같은 점검들이 이에 해당한다.

1. **유효성 점검:** 요구사항이 시스템 사용자의 실제 요구를 반영하는지를 점검하는 것이다. 변화하는 환경 때문에, 원래 도출했던 사용자 요구사항도 바뀔 수 있다.
2. **일관성 점검:** 문서상의 요구사항은 서로 상충되지 않아야 한다. 즉, 모순이 되는 제약이나 동일한 시스템 기능에 대해 다른 설명이 없어야 한다.
3. **완전성 점검:** 요구사항 문서는 시스템 사용자가 의도한 모든 기능과 제약을 정의하는 요구사항을 포함해야 한다.
4. **실현성 점검:** 기존 기술의 지식을 사용해서 시스템에 대한 주어진 예산으로 실제로 구현이 가능한지를 점검해야 한다. 시스템 개발에 대한 예산과 일정도 점검해야 한다.
5. **검증가능성:** 고객과 계약자 사이의 분쟁 가능성을 줄이기 위해, 시스템 요구사항은 문서로 작성해서 검증 가능해야 한다. 이는 인도한 시스템이 작성된 각각의 요구사항을 만족시킨다는 것을 시연할 수 있는 테스트를 작성할 수 있어야 한다는 뜻이다.

몇 가지 요구사항 검증 기법들은 단독으로 혹은 다른 기법들과 혼합해서 사용할 수 있다.

1. **요구사항 검토:** 오류와 불일치 사항을 확인하는 검토팀이 요구사항을 체계적으로 분석한다.
2. **프로토타이핑:** 실행할 수 있는 시스템 모델을 개발해서 그 모델이 최종 사용자와 고객의 요구와 기대를 충족시킬 수 있는지 확인하기 위해 이들과 함께 사용해보는 것이다. 이해관계자는 그 시스템으로 실험을 하고 요구사항 변경에 대한 피드백을 개발팀에게 전달한다.
3. **테스트 케이스 생성:** 요구사항은 테스트를 할 수 있어야 한다. 만약 요구사항에 대한 테스트를 검증 프로세스의 일부로 만들어 보면, 요구사항 문제를 찾을 수 있다. 만약 테스트가 설계하기 어렵거나 불가능하다면 그 요구사항은 구현하기 어렵다는 뜻이기 때문에 재고해 보아야 한다. 어떤 코드를 작성하기 전에 사용자 요구사항으로 테

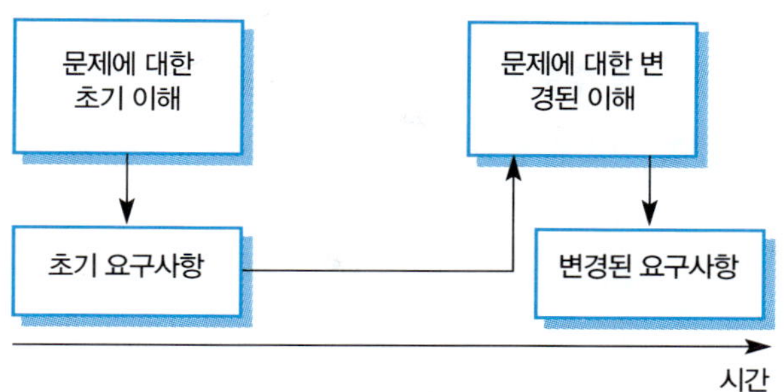

그림 4.18 요구사항 진화

스트 케이스를 개발하는 것은 테스트 주도 개발의 핵심이다.

요구사항 검증과 관련한 문제를 과소평가해서는 안 된다. 결국, 요구사항들이 실제로 사용자의 요구를 만족시키는 것을 보이기는 어렵기 때문이다. 사용자들은 동작하는 시스템에 대한 그림이 필요하고 어떻게 그 시스템이 사용자들의 업무에 맞아 떨어지는지 상상해야 한다. 하지만, 숙련된 컴퓨터 전문가라도 이러한 유형의 추상적 분석을 수행하기는 어렵고 시스템 사용자들은 더 어려울 수 밖에 없다.

결과적으로, 요구사항 검증 과정 동안에 모든 요구사항 문제를 발견할 수는 없다. 요구사항 문서가 완성되어 합의가 이루어진 이후에도 빠뜨렸거나 잘못 이해했던 내용들을 수정하기 위해 추가적으로 요구사항을 변경할 수밖에 없다.

4.6 요구사항 변경

대규모 소프트웨어 시스템에 대한 요구사항은 항상 바뀌기 마련이다. 그렇게 자주 바뀌는 이유는 완전히 정의하기도 어려운 "고약한" 문제들(Rittel and Webber 1973)을 다루기 위해 이러한 시스템들을 개발하는 경우가 자주 있기 때문이다. 그 문제들은 제대로 정의하기 어렵기 때문에, 소프트웨어 요구사항도 불완전할 수밖에 없다. 소프트웨어 개발 과정 동안, 문제에 대한 이해당사자들의 이해는 계속해서 바뀐다(그림 4.18). 그러므로, 그렇게 바뀐 문제에 대한 이해를 반영하기 위해서 시스템 요구사항을 개선해야 한다.

일단 시스템을 설치하고 주기적으로 사용하기 시작하면, 새로운 요구사항이 나타날 수밖에 없다. 이는 부분적으로 원래의 요구사항이 오류를 가졌거나 빠뜨린 내용이 있었기 때문이다. 하지만, 시스템 요구사항에 대한 대부분의 변경은 시스템에 대한 비즈니스 환경의 변화 때문에 발생한다.

1. 시스템에 대한 비즈니스와 기술적 환경은 설치 이후에도 계속 바뀐다. 새로운 하드웨어가 등장하고, 기존 하드웨어가 개선될 수 있다. 시스템을 다른 시스템과 연결시

켜야 할 수도 있다. 비즈니스 우선순위가 (필요한 시스템 지원으로 인한 결과로) 바뀔 수도 있으며, 시스템이 준수해야 하는 새로운 법령과 규정이 도입될 수도 있다.

2. 시스템에 대해 비용을 지불하는 사람과 시스템의 사용자가 다른 사람인 경우가 많다. 시스템 고객은 조직 및 예산으로 인한 제약 때문에 요구사항을 조정한다. 하지만, 이러한 요구사항은 최종 사용자 요구사항과 상충될 수 있기 때문에, 인도된 후에도 시스템이 그 목표에 부합하려면 사용자 지원을 위해 새로운 기능을 추가해야 하는 경우도 있다.
3. 대규모 시스템에는 대부분 서로 다른 요구사항을 가진 다양한 이해관계자로 구성된 집단이 관여하게 된다. 그 집단에서의 우선순위는 상충하거나 모순이 되는 경우도 있다. 그래서, 최종 시스템 요구사항은 절충안으로 나타날 수밖에 없고, 일부 이해관계자는 우선순위를 가지기도 한다. 경험상, 다양한 이해관계자들에게 제공하는 지원에 대한 균형이 바뀌어야 하고 요구사항의 우선순위를 다시 정할 필요가 있다고 생각하는 경우가 자주 있다.

요구사항을 개선하면서, 요구사항 변경으로 인한 영향을 평가하기 위해 계속해서 개별 요구사항을 추적하고 연관된 요구사항들 사이의 관계를 관리할 필요가 있다. 그러므로, 변경 제안서를 작성하고 이를 시스템 요구사항과 연관을 맺기 위해서는 공식적인 프로세스가 필요하다. 요구사항 문서의 초안을 만든 순간부터 이러한 "요구사항 관리" 프로세스를 시작해야 한다.

애자일 개발 프로세스는 개발 과정에서 변경되는 요구사항을 처리하도록 설계하였다. 이 프로세스에서 사용자가 요구사항 변경을 제안하면, 이 변경사항은 공식적인 변경 관리 프로세스를 거치지 않는다. 요구사항 변경을 제안한 사용자가 그 변경에 대한 우선순위를 설정해야 하고, 만약 우선순위가 높으면, 다음 반복 주기에서 구현하기로 했던 시스템 기능들 중에서 구현할 변경사항을 고려해서 무엇을 포기할 것인지를 정해야 한다.

이 방법의 문제점은 요구사항 변경이 비용 효율적인지 여부에 대해 결정하기에는 최선의 사람들이 아닐 수 있다는 것이다. 다양한 여러 이해관계자들이 관여하는 시스템에서, 변경으로 인해 어떤 이해관계자에게는 이익이 될 수도, 다른 이해관계자에게는 안 될 수도 있다. 모든 이해관계자들의 요구의 균형을 잡아줄 수 있는 독립적 권한을 가진 사람이 채택해야 할 변경사항들을 결정하는 것이 더 나은 경우가 많다.

4.6.1 요구사항 관리 계획

요구사항 관리 계획은 어떻게 개선되어가는 요구사항을 관리할 것인지에 관한 것이다.

지속적 요구사항과 일시적 요구사항

어떤 요구사항은 다른 요구사항들보다 변경에 더 민감하다. 지속적 요구사항은 핵심 활동, 변경에 느긋한 활동과 관련되는 요구사항들이다. 그러한 요구사항들은 기본적 업무 활동들과 관련이 있는 것이다. 하지만, 일시적 요구사항들은 더 자주 바뀌는데, 대부분 업무 자체 보다는 조직이 그 업무를 수행하는 방식을 반영한 지원 활동들과 관련이 있다.

http://software-engineering-book.com/web/changing-requirements/

계획 단계에서 다음과 같은 몇 가지 사항들을 결정해야 한다.

1. **요구사항 식별:** 다른 요구사항과 상호참조가 가능하고, 추적가능성 평가에 사용할 수 있도록 각각의 요구사항을 유일하게 식별할 수 있어야 한다.
2. **변경 관리 프로세스:** 이것은 변경에 대한 영향과 비용을 평가하는 활동들이다. 이 프로세스에 대해서는 다음 장에서 더 자세히 다루기로 한다.
3. **추적가능성 정책:** 추적가능성 정책은 기록해야 하는 각각의 요구사항 사이 또는 요구사항과 시스템 설계 사이의 관계를 정의하는 것이며, 이 기록들을 유지보수하는 방법까지 포함해야 한다.
4. **도구 지원:** 요구사항 관리는 요구사항에 대한 엄청난 양의 정보를 처리해야 하는 일이다. 이 때문에, 전문가 요구사항 관리 시스템부터 스프레드시트 공유 및 단순한 데이터베이스 시스템에 이르는 도구들을 사용할 수 있다.

요구사항 관리는 자동화된 지원을 요구하기 때문에, 이를 위한 소프트웨어 도구를 계획 단계 동안 선택해야 한다. 다음과 같은 이유로 도구 지원이 필요하다.

1. **요구사항 보관:** 요구사항을 요구공학 프로세스에 참여하는 모든 사람이 접근할 수 있는 안전하고, 세심히 관리되는 데이터 저장소에서 관리해야 한다.
2. **변경 관리:** 적극적인 도구 지원이 가능하다면 변경 관리의 프로세스(그림 4.19)를 단순화시킬 수 있다. 도구는 제안한 변경과 이 제안에 대한 반응들을 계속해서 추적할 수 있다.
3. **추적가능성 관리:** 앞서 설명했듯이, 추적 가능성에 대한 도구 지원으로 관련 요구사항들을 찾을 수 있다. 어떤 도구는 자연어 처리 기법을 사용해서 요구사항들 간의

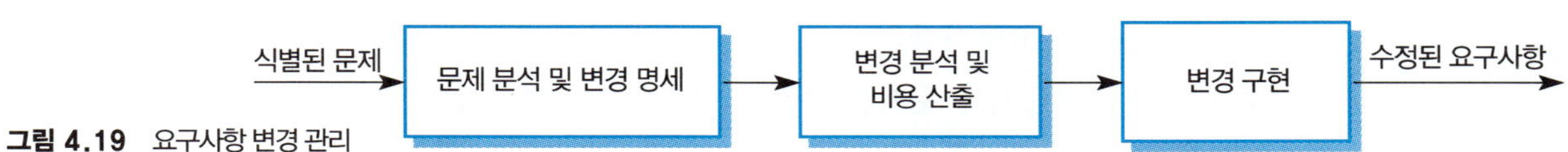

그림 4.19 요구사항 변경 관리

가능한 관계를 찾도록 도와준다.

작은 규모의 시스템에서는, 특수한 요구사항 관리 도구를 사용할 필요가 없다. 공유 웹 문서, 스프레드시트 및 데이터베이스를 사용해서 요구사항 관리를 지원할 수 있다. 하지만, 대규모 시스템에 대해서는, DOORS (IBM 2013)와 같은 시스템을 사용해서 더 특수한 도구 지원을 하는 것이 변경이 이루어지는 많은 수의 요구사항을 계속해서 추적하기 더 쉽다.

4.6.2 요구사항 변경 관리

요구사항 문서가 승인된 후에 시스템 요구사항에 발생한 모든 제안한 변경에 대해 요구사항 변경 관리(그림 4.19)를 적용해야 한다. 신규 요구사항을 구현해서 얻는 이익이 그 구현 비용보다 높은지를 판단해야 하기 때문에 변경 관리는 필수적이다. 변경 관리를 위해 정형적 프로세스를 사용하는 것의 장점은 변경에 대한 모든 제안들을 일관하여 다룰 수 있고, 요구사항 문서에 대한 변경을 통제하면서 작성할 수 있다는 것이다.

변경 관리 프로세스에서는 세 가지 주요 단계들이 있다.

1. **문제 분석 및 변경 명세:** 식별한 요구사항 문제 또는, 가끔은 특정 변경 제안으로 프로세스를 시작한다. 이 단계 동안, 문제 또는 변경 제안이 유효한지 확인하기 위해 분석한다. 이 분석은 더 구체적인 요구사항 변경 제안을 받거나 요청을 철회하기로 결정할 가능성이 있기 때문에 변경 요구자에게 다시 전달하게 된다.
2. **변경 분석 및 비용 산출:** 추정가능성 정보와 시스템 요구사항에 대한 일반적 지식을 기반으로 제안한 변경의 효과를 평가한다. 요구사항 문서에 대한 수정, 그리고 적합할 경우 시스템 설계와 구현에 대한 수정에 근거하여 변경 생성을 위한 비용을 추정한다. 일단 이 분석을 완료한 후 요구사항을 변경할지 말지 결정하게 된다.
3. **변경 구현:** 요구사항 문서와, 필요한 경우, 시스템 설계 및 구현을 수정하게 된다. 그러므로, 과도한 재작성이나 재구조화를 거치지 않고 변경할 수 있도록 요구사항 문서를 구성해야 한다. 프로그램의 경우처럼, 외부 참조를 최소화하고 문서의 각 부분들을 가능한 모듈화를 하는 방식으로 문서의 변경가능성을 제공할 수 있다. 그러므로, 문서의 다른 내용에 영향을 주지 않고 개별 부분들을 변경하고 대체할 수 있게 되는 것이다. 신규 요구사항을 구현해서 얻는 이익이 그 구현 비용보다 높은지를 판단해야 하기 때문에 변경 관리는 필수적이다.

만약 새로운 요구사항을 급하게 구현해야 한다면, 시스템을 우선 변경한 후에 기억을 더듬어서 요구사항 문서를 수정하려는 유혹이 항상 있기 마련이다. 하지만, 이러한

요구사항 추적성

요구사항과 그 출처, 그리고 시스템 설계 사이의 관계를 계속해서 추적해서 제안한 변경에 대한 이유와 변경으로 인해 시스템의 다른 부분에 미칠 수 있는 영향을 분석할 수 있어야 한다. 그리고, 한 변경으로 인한 파장이 시스템 전체로 어떻게 퍼지는지를 추적할 필요가 있다. 왜 그럴까?

http://software-engineering-book.com/web/traceability/

방식은 대부분 요구사항 명세와 시스템 구현이 단계를 벗어나게 한다. 일단 시스템을 변경하면, 이 변경사항을 요구사항 문서에 기록하는 것을 잊기 쉽다. 어떠한 상황에서는, 시스템을 긴급하게 변경해야 하는 경우도 있다. 이런 경우, 수정된 요구사항을 포함시키려면 가능한 요구사항을 최신 상태로 유지하는 것이 중요하다.

키 포인트

- 소프트웨어 시스템에 대한 요구사항은 시스템이 무엇을 해야 하는지를 설정하고 시스템의 동작과 구현에 대한 제약들을 정의한다.
- 기능적 요구사항은 시스템이 제공해야 하는 서비스들을 기술하거나 필요한 계산을 어떻게 수행하는지를 설명한 것이다.
- 비기능적 요구사항은 개발하는 시스템과 사용하는 개발 프로세스에 제약을 거는 경우가 많다. 여기에는 제품 요구사항, 조직 요구사항이나 외부 요구사항이 포함된다. 또한, 시스템의 창발적 속성과 연관되는 경우가 많기 때문에 시스템 전체적으로 적용하는 경우가 많다.
- 요구공학 프로세스는 요구사항 도출, 요구사항 명세, 요구사항 검증과 요구사항 관리를 포함한다.
- 요구사항 도출은 반복적 프로세스로 나선형 활동으로 나타낼 수 있다. 여기에는 요구사항 발견, 요구사항 분류와 조직화, 요구사항 협상 및 요구사항 문서화가 포함된다.
- 요구사항 명세는 사용자 요구사항과 시스템 요구사항을 공식적으로 문서하고, 소프트웨어 요구사항 문서를 작성하는 과정이다.
- 소프트웨어 요구사항 문서는 시스템 요구사항에 대해 합의한 내용이다. 그러므로, 시스템 고객과 소프트웨어 개발자 양측 모두 사용할 수 있도록 구성해야 한다.

- 요구사항 검증은 유효성, 일관성, 완전성, 현실성과 검증가능성에 대해 점검하는 과정이다.
- 비지니스, 조직 및 기술 변경은 필연적으로 소프트웨어 시스템에 대한 요구사항을 변경시킨다. 요구사항 관리는 이러한 변경을 관리하고 통제하는 과정이다.

추가로 읽을거리

"Integrated Requirements Engineering: A Tutorial." 튜토리얼 문서로 요구공학 활동과 이 활동을 어떻게 현대 소프트웨어 공학 실무에 맞추어 개선할 수 있는지에 대해 설명하고 있다. (I. Sommerville, *IEEE Software,* 22(1), January-February 2005) http://dx.doi.org/10.1109/MS.2005.13.

"Research Directions in Requirements Engineering." 규모와 민첩성 같은 문제들을 언급하기 위해 요구공학 분야에서의 향후 도전 연구 과제를 강조하는 좋은 조사 자료이다. (B. H. C. Cheng and J. M. Atlee, *Proc. Conf. on Future of Software Engineering,* IEEE Computer Society, 2007) http://dx.doi.org/10.1109/FOSE.2007.17.

Mastering the Requirements Process, 3rd ed. 특정 기법(VOLERE)에 기반하고 있지만, 요구공학에 대한 좋은 일반적 조언도 많이 담고 있는 잘 작성되고 읽기 쉬운 책이다. (S .Robertson and J. Robertson, 2013, Addison-Wesley).

웹 사이트

이 장의 파워포인트 슬라이드:

https://iansommerville.com/software-engineering-book/slides

관련 비디오 링크:

https://iansommerville.com/software-engineering-book/videos/req/

인슐린 펌프에 대한 요구사항 문서:

https://iansommerville.com/software-engineering-book/case-studies/insulin-pump/

Mentcare 시스템 요구사항 정보:

https://iansommerville.com/software-engineering-book/case-studies/mentcare/

연습문제

4.1. 컴퓨터 기반 시스템을 고려하여 정의한 네 가지 유형의 요구사항을 찾아서 간략히 설명하라.

4.2. 다음에 주어진 탐색 및 복구를 고려한 드론 시스템 일부의 요구사항 내용에서 모호하거나 누락된 부분을 찾아라.

드론(쿼드콥터)은 탐색과 복구 작업, 특히 멀리 떨어진 지역이나 극한 기후 조건에서, 매우 유용할 것이다. 드론은 고해상도 이미지를 촬영하게 되며, 지상 조종사가 설정한 경로를 따라 비행하게 된다. 하지만, 자동으로

장애물을 회피할 수 있으며, 언제든지 가능한 경우 원래 경로를 따라 출발지로 되돌아 올 수 있다. 드론은 다양한 물체들을 식별할 수 있으며 찾고 있는 목표물을 추적할 수 있다.

4.3. 이 장에서 설명한 구조적 기법을 사용해서 앞의 내용을 재작성하라. 식별과정에서의 모호성을 합리적인 방법으로 해결하라.

4.4. 기대하는 안전성과 응답 시간을 설정하도록 드론 시스템에 대한 비기능적 요구사항을 작성하라.

4.5. 여기서 제안한 기법(표준 서식에 맞추어 자연어로 작성)을 사용해서, 다음 기능들에 대한 합리적인 사용자 요구사항을 작성하라.

신용카드 리더기를 포함한 무인 주유 펌프 시스템. 고객이 리더기에 카드를 긁은 후, 필요한 연료량을 명시한다. 연료가 공급되고 고객의 계좌에서 돈이 인출된다.

은행 ATM의 현금 출금 기능

인터넷 뱅킹 시스템, 고객이 한 계좌로부터 같은 은행의 다른 계좌로 자금을 이체할 수 있도록 하는 기능

4.6. 시스템 요구사항 명세를 작성해야 하는 책임이 있는 엔지니어가 기능적 요구사항과 비기능적 요구사항 사이의 관계를 추적할 수 있는 방법을 제안하라.

4.7. ATM을 사용하는 방법에 대한 지식을 사용해서, ATM 시스템에 대한 요구사항을 이해하기 위한 기초로 사용할 수 있는 유스케이스들을 만들어라.

4.8. 한 개발조직이 요구사항 검토 과정에서의 실수를 최소화하기 위해 검토 회의를 문서화하려는 목적으로 2명의 기록 담당자를 두기로 결정했다. 어떤 식으로 하면 좋을지 설명하라.

4.9. 시스템을 긴급히 변경해야 하는 경우, 요구사항 변경에 대한 승인을 얻기 전에 시스템 소프트웨어를 수정해야 하는 경우가 있다. 이러한 경우에 수정을 하더라도 요구사항 문서와 시스템 구현이 일치하도록 보장해줄 수 있는 프로세스 모델을 제안하라.

4.10. 여러분은 시스템을 개발하기 위해 당신의 이전 고용주와 계약을 맺은 소프트웨어 사용자와 일을 하게 되었다. 그리고, 여러분의 회사에서 해석한 요구사항의 내용이 이전 고용주가 해석한 내용과 다르다는 것을 알게 된다. 이런 경우에 어떻게 하는 것이 좋을지 논의하라. 만약 그 모호성을 제거하지 못하면, 여러분의 현재 고용주에게 지불해야 할 비용이 증가함을 알고 있다. 하지만, 여러분은 이전 고용주에 대한 비밀유지의무도 가지고 있다.

참고문헌

Crabtree, A. 2003. *Designing Collaborative Systems: A Practical Guide to Ethnography.* London: Springer-Verlag.

Davis, A. M. 1993. *Software Requirements: Objects, Functions and States.* Englewood Cliffs, NJ: Prentice-Hall.

IBM. 2013. "Rational Doors Next Generation: Requirements Engineering for Complex Systems." https://jazz.net/products/rational-doors-next-generation/

IEEE. 1998. "IEEE Recommended Practice for Software Requirements Specifications." In *IEEE Software*

Engineering Standards Collection. Los Alamitos, CA: IEEE Computer Society Press.

Jacobsen, I., M. Christerson, P. Jonsson, and G. Overgaard. 1993. *Object-Oriented Software Engineering*. Wokingham, UK: Addison-Wesley.

Martin, D., and I. Sommerville. 2004. "Patterns of Cooperative Interaction: Linking Ethnomethodology and Design." *ACM Transactions on Computer-Human Interaction* 11 (1) (March 1): 59 – 89. doi:10.1145/972648.972651.

Rittel, H., and M. Webber. 1973. "Dilemmas in a General Theory of Planning." *Policy Sciences* 4: 155 – 169. doi:10.1007/BF01405730.

Robertson, S., and J. Robertson. 2013. *Mastering the Requirements Process, 3rd* ed. Boston: Addison-Wesley.

Sommerville, I., T. Rodden, P. Sawyer, R. Bentley, and M. Twidale. 1993. "Integrating Ethnography into the Requirements Engineering Process." In *RE'93, 165–173*. San Diego, CA: IEEE Computer Society Press. doi:10.1109/ISRE.1993.324821.

Stevens, P., and R. Pooley. 2006. *Using UML: Software Engineering with Objects and Components, 2nd ed.* Harlow, UK: Addison-Wesley.

Suchman, L. 1983. "Office Procedures as Practical Action: Models of Work and System Design." *ACM Transactions on Office Information Systems* 1 (3): 320 – 328. doi:10.1145/357442.357445.

Viller, S., and I. Sommerville. 2000. "Ethnographically Informed Analysis for Software Engineers." *Int. J. of Human-Computer Studies* 53 (1): 169 – 196. doi:10.1006/ijhc.2000.0370.

5

시스템 모델링

System modeling

학습목표

이 장의 목표는 요구공학과 시스템 설계 프로세스의 일부로서 개발될 수 있는 시스템 모델을 소개하는 것이다. 이 장을 통해 학습할 내용은 다음과 같다.

- 그래픽 모델이 소프트웨어 시스템을 나타내는 데 어떻게 사용되는지, 시스템을 완전히 나타내기 위하여 여러 유형의 모델이 왜 필요한지 이해한다.
- 컨텍스트, 상호 작용, 구조, 동작 등 기본적인 시스템 모델링 관점을 이해한다.
- UML의 주요 다이어그램 유형들과 다이어그램들이 시스템 모델링에 어떻게 이용되는지 이해한다.
- 실행 가능한 시스템이 구조 모델과 동작 모델로부터 자동으로 생성되는 모델 주도 공학을 소개한다.

학습내용

시스템 모델링은 시스템의 추상 모델을 개발하는 프로세스이며, 각각의 모델은 시스템의 서로 다른 뷰나 관점을 나타낸다. 이제 시스템 모델링은 시스템을 UML (Unified Modeling Language) 다이어그램 유형에 기반을 둔 그래픽 표기법으로 나타내는 것을 보통 의미한다. 그러나 상세 시스템 명세로 시스템의 정형(수리) 모델을 개발하는 것도 가능하다. 여기서는 UML을 이용한 그래픽 모델을 다루고, 10장에서 정형 모델을 간략하게 논의한다.

모델은 요구공학 프로세스에서는 시스템의 상세 요구사항을 이끌어내기 위해서 사용되고, 설계 프로세스에서는 시스템을 구현할 엔지니어들에게 시스템을 설명하기 위해서 사용되며, 구현 후에는 시스템의 구조와 동작을 문서화하기 위해서 사용된다. 기존 시스템이나 개발될 시스템 둘 다 모델을 개발할 수 있다.

1. 기존 시스템의 모델은 요구공학(RE) 중에 사용된다. 모델은 기존 시스템이 무엇을 하는지 밝혀주고, 이해당사자 간 논의를 강점과 약점에 집중하게 하는 데 사용될 수 있다.
2. 새 시스템의 모델은 제안된 요구사항들을 다른 시스템 이해당사자들에게 설명하는 것을 돕기 위해 요구공학(RE) 중에 사용된다. 엔지니어들은 이 모델들을 제안된 설계를 논의하고 구현할 시스템을 문서화하는 데 사용한다. 모델 주도 공학(MDE) 프로세스(Brambilla, Cabot, and Wimmer 2012)를 사용한다면 시스템 모델로부터 완전하거나 부분적인 시스템 구현을 생성할 수 있다.

시스템 모델이 시스템의 완전한 표현이 아니라는 것을 이해하는 것은 중요하다. 이해하기 쉽도록 자세한 부분은 의도적으로 제외된다. 모델은 시스템의 다른 표현이라기보다 검토 중인 시스템의 추상화이다. 시스템의 표현은 표현하는 개체에 대한 모든 정보를 유지하여야 한다. 추상화는 시스템 설계를 계획적으로 단순화하고 가장 현저한 특성들을 골라낸다. 예를 들어 이 책의 파워포인트 슬라이드는 이 책의 핵심을 추상화한 것이다. 그러나 만일 이 책이 영어에서 한국어로 번역된다면 그것은 이 책의 다른 **표현**이다. 번역자의 의도는 영어로 표현되어 있는 모든 정보를 유지하는 것이 될 것이다.

서로 다른 관점에서 시스템을 표현하기 위하여 서로 다른 모델들을 개발할 수 있다. 예를 들면,

1. 시스템의 컨텍스트나 환경을 모델링하는 외부 관점
2. 시스템과 그 환경 사이의 상호 작용을 모델링하는 상호 작용 관점
3. 시스템의 구성이나 시스템에 의해 처리되는 데이터의 구조를 모델링하는 구조 관점
4. 시스템의 동적인 행동을 모델링하는 동작 관점

시스템 모델을 개발할 때 그래픽 표기법을 융통성 있게 사용할 수 있다. 표기법의

UML

UML (Unified Modeling Language)은 소프트웨어 시스템을 모델링하는 데 사용될 수 있는 13가지 다이어그램 유형들의 집합이다. 1990년대에 객체지향 모델링을 하면서 등장하였고 유사한 객체지향 표기법들을 통합하여 UML이 만들어졌다. 주요 개정(UML 2)은 2004년에 마무리되었다. UML은 소프트웨어 시스템 모델을 개발하는 표준 접근법으로 널리 받아들여진다. 더 일반적인 시스템 모델링을 위하여 SysML과 같은 변형이 제안되었다.

http://software-engineering-book.com/web/uml/

상세한 부분들을 항상 엄격하게 지킬 필요는 없다. 모델의 상세와 엄밀함은 어떻게 사용하려는지에 달려있다. 그래픽 모델들을 사용하는 방법은 보통 세 가지가 있다.

1. 기존 또는 제안된 시스템에 대한 토론을 자극하고 초점을 맞추기 위한 방법으로서, 모델의 목적은 시스템 개발에 관여하는 소프트웨어 엔지니어들 간의 토론을 자극하고 초점을 맞추기 위한 것이다. 모델은 불완전할 수 있으며(토론의 핵심이 포함되어 있는 한) 모델링 표기법을 약식으로 사용할 수 있다. 이것은 보통 애자일 모델링에서 모델을 사용하는 방법이다(Ambler and Jeffries 2002).
2. 기존의 시스템을 문서화하는 방법으로서 문서로서 사용될 때 모델이 완전할 필요는 없으며, 모델을 사용하여 시스템의 일부분을 문서화하면 된다. 그러나 이 모델은 정확해야 한다—표기법을 올바르게 사용해야 하며 시스템의 설명이 정확해야 한다.
3. 시스템 구현을 생성하는 데 사용될 수 있는 상세 시스템 설명으로서 모델기반 개발 프로세스의 일부로 모델이 사용되는 경우, 시스템 모델은 완전하고 정확해야 한다. 모델은 시스템의 소스코드를 생성하기 위한 기반으로 사용되므로 막대 화살표와 블록 화살표처럼 비슷한 기호들을 혼동하지 않도록 매우 주의를 기울여야 한다.

이 장에서는 객체지향 모델링의 표준 언어가 된 UML (Rumbaugh, Jacobson, and Booch 2004; Booch, Rumbaugh, and Jacobson 2005)에 정의된 다이어그램들을 사용한다. UML에는 13개의 다이어그램 유형이 있어 여러 서로 다른 유형의 시스템 모델을 지원한다. 그러나 Erickson과 Siau의 연구(Erickson and Siau 2007)에 따르면 대부분의 UML 사용자들은 다섯 개의 다이어그램 유형으로 시스템의 핵심을 표현할 수 있다고 생각한다. 따라서 여기서는 다음 다섯 개 UML 다이어그램 유형에 집중할 것이다.

1. **액티비티 다이어그램**: 프로세스나 데이터 처리와 관련된 액티비티들을 보여준다.
2. **유스케이스 다이어그램**: 시스템과 그 환경 간의 상호 작용을 보여준다.
3. **시퀀스 다이어그램**: 액터와 시스템 간, 시스템 컴포넌트들 간의 상호 작용을 보여준다.

4. **클래스 다이어그램:** 시스템의 객체 클래스들과 클래스들 간의 연관을 보여준다.
5. **상태 다이어그램:** 시스템이 내부 또는 외부 이벤트에 대해 어떻게 반응하는지 보여준다.

5.1 컨텍스트 모델

시스템 명세의 초기 단계에서는 어떤 것이 개발되는 시스템의 일부이고 어떤 것은 아닌지 시스템의 경계를 정해야 한다. 이것은 시스템 이해당사자들과 작업하며 어떤 기능이 시스템에 포함되어야 하고 시스템의 운영 환경에서 어떤 처리과정과 어떤 오퍼레이션이 수행되어야 하는지 결정하는 것과 관련되어있다. 비즈니스 프로세스들 중 개발되는 소프트웨어에서 자동화된 지원이 구현되어야 하는 것과 수작업이나 다른 시스템에 의해 지원되어야 하는 것을 결정하여야 한다. 기존 시스템의 기능과 중복되는 것을 살펴보아야 하며 어디에 새로운 기능이 구현되어야 하는지 결정하여야 한다. 시스템 비용과 시스템 요구사항과 설계를 이해하는 데 필요한 시간을 제한하기 위하여 이와 같은 결정은 일찍 내려져야 한다.

어떤 경우에는 시스템과 그 환경 사이의 경계가 비교적 명확하다. 예를 들어 기존의 수작업 또는 전산 시스템을 자동화된 시스템으로 대체하는 경우, 새로운 시스템의 환경은 보통 기존 시스템의 환경과 같다. 다른 경우에는 좀 더 융통성이 있어서 요구공학 프로세스 중에 시스템과 환경 사이의 경계를 구성하는 것이 무엇인지 결정한다.

예를 들어 여러분이 Mentcare 환자 정보 시스템을 위한 명세를 개발하고 있다고 하자. 이 시스템의 목적은 신경정신과 환자들에게 처방된 치료법 정보를 관리하는 것이다. 시스템의 명세를 개발할 때, 이 시스템이 진찰에 대한 정보만 배타적으로 수집하게끔 초점을 맞추어야 할지(환자들의 개인 정보를 수집하는 것은 다른 시스템을 이용), 이 시스템이 환자의 개인 정보도 같이 수집하게 해야 할지 결정해야 한다. 환자 정보를 위해 다른 시스템에 의존하는 것의 장점은 데이터 중복을 피할 수 있다는 것이고, 주요 단점은 다른 시스템을 이용하는 것이 정보 접근을 느리게 할 수 있고, 다른 시스템을 이용할 수 없게 되면 Mentcare 시스템을 사용하지 못할 수 있다는 것이다.

어떤 경우에는 시스템을 위한 사용자 기반이 매우 다양하고 사용자들이 넓은 분야의 서로 다른 시스템 요구사항을 가진다. 명시적으로 경계를 정의하지 않고 서로 다른 사용자의 요구에 따라 적응시킬 수 있는 설정 가능한 시스템을 개발하기로 결정할 수 있다. 이것은 1장에서 소개된 iLearn 시스템에서 채택한 접근방법이다. 사용자들의 범위는 읽기를 못하는 어린이들부터 청소년들, 교사들, 학교 관리자들이다. 이 그룹들이

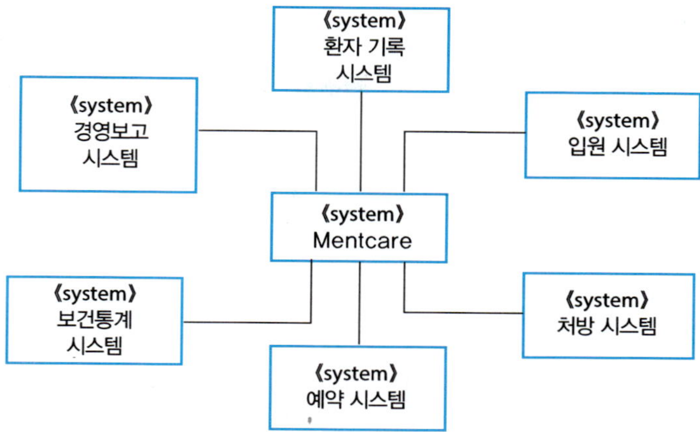

그림 5.1 Mentcare 시스템의 컨텍스트

필요로 하는 시스템 경계가 서로 다르기 때문에, 우리는 시스템이 배치될 때 시스템 경계를 지정할 수 있도록 설정 시스템을 명시하였다.

시스템 경계의 정의는 가치중립적 판단이 아니다. 사회적 조직적 관계는 시스템 경계의 위치가 기술적이 아닌 요소에 의해 정해질 수 있다는 것을 의미할 수 있다. 예를 들어, 전체 분석 프로세스가 한 장소에서 수행될 수 있게 하거나, 특별히 까다로운 관리자의 조언이 필요하지 않도록 선택되거나, 시스템 비용이 늘어나고 이에 따라 시스템 개발 부서가 시스템을 설계하고 구현하기 위하여 확장되도록 시스템 경계를 의도적으로 위치시킬 수 있다.

일단 시스템의 경계에 대한 몇몇 결정들이 내려지면, 분석 활동의 일부는 컨텍스트와 시스템이 환경에 대해 가지는 의존성의 정의이다. 보통 단순한 아키텍처 모델을 생성하는 것이 이 활동의 첫 단계이다.

그림 5.1은 Mentcare 시스템과 그 환경의 다른 시스템들을 보여주는 컨텍스트 모델이다. Mentcare 시스템이 예약 시스템과 데이터를 공유하는 일반적인 환자기록 시스템과 연결되어 있음을 볼 수 있다. 이 시스템은 경영보고와 입원을 위한 시스템들, 연구를 위하여 정보를 수집하는 통계 시스템들과도 연결되어 있다. 또한 이 시스템은 환자 투약 처방을 생성하기 위하여 처방 시스템을 이용한다.

컨텍스트 모델은 보통 여러 자동화된 시스템들을 포함하는 환경을 보여준다. 그러나 환경에 포함된 시스템들과 명세하려는 시스템 간 관계들의 유형을 보여주지는 않는다. 외부 시스템들은 시스템을 위하여 데이터를 생성하거나 시스템에서 생성된 데이터를 소비할 수 있다. 외부 시스템들은 시스템과 데이터를 공유할 수 있고 외부 시스템들은 직접 연결되거나 네트워크를 통하거나 연결되지 않을 수도 있다. 시스템들은 물리적으로 같은 장소에 위치하거나 다른 건물에 위치할 수 있다. 이들 관계 모두는 정의하려는 시스템의 요구사항과 설계에 영향을 줄 수 있으므로 반드시 고려되어야 한다. 그러

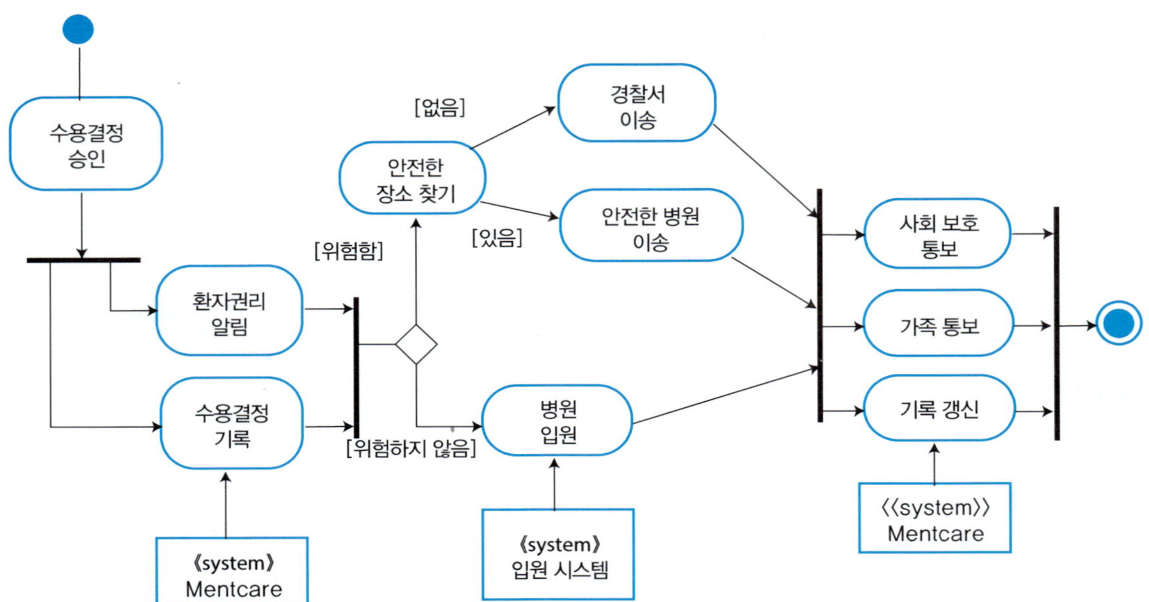

그림 5.2 강제수용 프로세스 모델

므로 간단한 컨텍스트 모델은 비즈니스 프로세스 모델 같은 다른 모델들과 같이 사용된다. 비즈니스 프로세스 모델은 특정 소프트웨어 시스템이 사용되는 자동화된 프로세스들과 사람들을 설명한다.

UML 액티비티 다이어그램이 시스템이 사용되는 비즈니스 프로세스를 보여주기 위하여 사용될 수 있다. 그림 5.2는 Mentcare 시스템이 중요한 정신건강 치료 방법인 정신병원에 수용하는 것을 보여주는 UML 액티비티 다이어그램이다.

정신건강 문제를 겪는 환자들은 가끔 다른 사람들이나 자신에게 위험할 수 있다. 그러므로 환자들은 치료과정이 관리될 수 있게 그들의 의지와 관계없이 병원에 수용될 수 있다. 이와 같은 수용은 엄격한 법적 보호장치를 따라야 한다. 예를 들어 합리적인 이유 없이 환자가 무기한으로 갇혀있지 않도록 수용 결정은 정기적으로 검토되어야 한다. Mentcare 시스템의 중대한 기능 하나는 이와 같은 보호장치가 구현되었는지, 환자의 권리가 존중되는지를 확인하는 것이다.

UML 액티비티 다이어그램은 프로세스의 액티비티들과 한 액티비티에서 다른 액티비티로 제어의 흐름을 보여준다. 프로세스의 시작은 채워진 원으로 표시되며 프로세스의 끝은 원 안에 채워진 원이 있는 것으로 표시된다. 모서리가 둥근 사각형은 액티비티를 나타내는데 이는 특정한 서브프로세스들이 수행되어야 한다는 것이다. 액티비티 차트에 객체를 포함시킬 수도 있다. 그림 5.2는 강제수용 프로세스에서 시스템이 서로 다른 서브프로세스들을 지원하기 위해서 사용되는 것을 보여준다. 이중꺾쇠 사이에 개체의 유형을 표시하는 UML 스테레오타입 기능을 이용하여 이들이 서로 다른 독립적인 시스템이라는 것을 나타내었다.

화살표는 한 액티비티에서 다른 액티비티로의 작업의 흐름을 나타내고 굵은 막대는 액티비티 조정을 나타낸다. 여러 액티비티들로부터 굵은 막대로 흐름이 연결된 경우 이들 모든 액티비티들이 완료되어야 다음으로 진행될 수 있다. 굵은 막대로부터 여러 액티비티들로 흐름이 연결된 경우 이 액티비티들은 병렬 수행될 수 있다. 그러므로 그림 5.2에서 사회 보호와 환자의 가족에게 통보하고 수용기록을 갱신하는 액티비티들은 동시에 수행될 수 있다. 화살표는 흐름의 조건을 명시하는 가드(대괄호 안에 표시)가 달릴 수 있다. 그림 5.2에서 사회에 위험이 되는 환자와 그렇지 않은 환자별 흐름을 보여주는 가드를 볼 수 있다. 사회에 위험이 되는 환자들은 안전한 시설에 수용되어야 한다. 반면 자살충동이 있거나 자해를 하는 환자들은 병원에서 밀접하게 감시되는 적절한 병실에 수용될 수 있다.

5.2 상호 작용 모델

모든 시스템은 일종의 상호 작용과 관련되어 있다. 사용자 입출력과 관련된 사용자 상호 작용일 수도 있고, 개발되는 소프트웨어와 그 환경에 있는 다른 시스템들과의 상호 작용일 수도 있고, 소프트웨어 시스템의 컴포넌트들 간의 상호 작용일 수도 있다. 사용자 상호 작용 모델링은 사용자 요구사항을 확인하는 데 도움을 주므로 중요하다. 시스템과 시스템 사이 상호 작용 모델링은 일어날 수 있는 시스템 간 통신 문제를 밝혀준다. 컴포넌트 상호 작용 모델링은 제안된 시스템 구조가 요구되는 수준의 시스템 성능과 확실성이 제공되는지 이해하는 데 도움을 준다.

이 절에서는 상호 작용 모델링의 두 가지 관련된 접근법을 논한다.

1. **유스케이스 모델링**: 시스템과 외부 에이전트(사람 사용자나 다른 시스템들)와의 상호 작용을 모델링하는 데 주로 사용된다.
2. **시퀀스 다이어그램**: 시스템 컴포넌트들 간의 상호 작용을 모델링하는 데 사용되지만 외부 에이전트도 상호 작용에 포함될 수 있다.

유스케이스 모델과 시퀀스 다이어그램은 서로 다른 수준의 상세함으로 상호 작용을 보여주므로 둘이 같이 사용될 수 있다. 예를 들어 상위수준 유스케이스와 관련된 상호 작용의 상세 내역은 시퀀스 다이어그램으로 문서화될 수 있다. UML은 상호 작용 모델링에 사용될 수 있는 커뮤니케이션 다이어그램도 포함하고 있지만 커뮤니케이션 다이어그램은 시퀀스 다이어그램의 다른 표현이므로 여기서 설명하지 않는다.

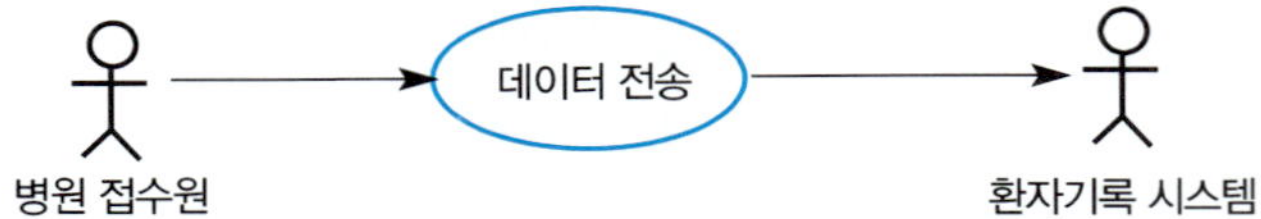

그림 5.3 데이터 전송 유스케이스

5.2.1 유스케이스 모델링

유스케이스 모델링은 원래 1990년대에 Ivar Jacobson에 의해 개발되었으며(Jacobsen 등. 1993), 유스케이스 모델링을 지원하기 위한 UML 다이어그램 유형이 UML의 일부가 되었다. 유스케이스는 사용자가 어떤 인터페이스를 통하여 시스템에 무엇을 기대하는지에 대한 간단한 기술이라고 보면 된다. 4장에서는 요구사항 도출을 위한 유스케이스를 논의하였다. 4장에서 언급한대로 유스케이스 모델은 요구공학에서보다 시스템 설계의 초기 단계에 더 유용하게 사용된다.

각 유스케이스는 시스템과의 외부 상호 작용과 관련된 별개의 작업을 나타낸다. 가장 간단한 형태로 유스케이스는 타원으로 표시되고 유스케이스와 관련된 액터는 막대 모양으로 표시된다. 그림 5.3은 Mentcare 시스템의 유스케이스를 보여주는데 Mentcare 시스템으로부터 일반적인 환자 기록 시스템으로 데이터를 업로드하는 작업을 나타낸다. 이 환자 기록 시스템은 Mentcare 시스템에 저장되어 있는 것과 같은 각 진찰에 대한 데이터가 아닌 환자에 대한 요약 데이터를 유지한다.

이 유스케이스에는 데이터 전송을 조작하는 사람과 환자 기록 시스템의 두 액터가 있음을 주목하라. 원래 막대 모양 표기법은 사람과의 상호 작용을 다루기 위하여 개발되었으나 다른 외부 시스템이나 하드웨어를 나타내기 위해서도 사용된다. UML에서 화살표는 메시지의 흐름을 나타내지만 공식적으로 유스케이스 다이어그램은 화살촉이 없는 선을 사용해야 한다. 유스케이스에서는 메시지가 양 방향으로 전달되는 것이 명백하다. 그러나 그림 5.3의 화살표는 병원 접수원(medical receptionist)이 트랜잭션을 시작하여 데이터가 환자 기록 시스템으로 전송된다는 것을 나타내기 위하여 비공식적으로 사용된다.

유스케이스 다이어그램은 상호 작용을 단순하게 개략적으로 보여주며 완전한 상호 작용을 위해서는 더 상세 내역을 추가해야 할 필요가 있다. 상세 내역은 간단한 글로 기술한 것일 수도 있고 표나 시퀀스 다이어그램과 같이 구조적인 기술일 수도 있다. 유스케이스와 모델에서 요구되는 상세한 수준에 따라 가장 적절한 형식을 선택하면 되는데 표준화된 표 형식이 가장 유용해 보인다. 그림 5.4는 "데이터 전송" 유스케이스의 표 형식 기술을 보여준다.

복합 유스케이스 다이어그램은 여러 서로 다른 유스케이스를 보여준다. 하나의 복합 유스케이스 다이어그램에 한 시스템에서 가능한 모든 상호 작용을 포함하는 것이

Mentcare 시스템: 데이터 전송	
액터	병원 접수원, 환자 정보 시스템(PRS)
설명	접수원은 Mentcare 시스템에서 보건당국에 의해 관리되는 일반 환자 기록 데이터베이스로 데이터를 전송할 수 있다. 전송되는 정보는 갱신된 개인정보(주소 전화번호 등)이거나 환자의 진찰 및 치료 요약이다.
데이터	환자 개인정보, 치료 요약
자극	병원 접수원의 명령 실행
반응	PRS가 갱신되었음을 확인한다.
주석	접수원은 환자 정보와 PRS를 접근하기에 적합한 보안허가가 있어야 한다.

그림 5.4 데이터 전송 유스케이스의 표 형식 기술

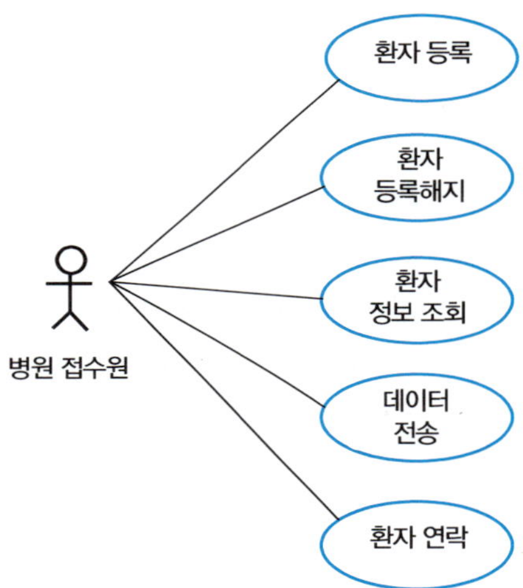

그림 5.5 "병원 접수원" 역할과 관련된 유스케이스들

때때로 가능하다. 그러나 이것은 유스케이스의 수 때문에 불가능할 수도 있다. 이와 같은 경우 여러 다이어그램을 작성하되 각 다이어그램은 관련된 유스케이스를 보여주도록 할 수 있다. 예를 들어 그림 5.5는 Mentcare 시스템에서 "병원 접수원"과 관련된 모든 유스케이스들을 보여준다. 이들 각각은 더 자세한 설명이 동반되어야 한다.

UML에는 유스케이스의 전체나 부분을 공유할 수 있는 여러 구조들이 포함되어 있다. 이 구조들이 시스템 설계자에게는 유용한 반면, 많은 사람들, 특히 최종 사용자들은 이해하기 어렵다고 생각한다. 이와 같은 이유로 이 구조들을 여기서 설명하지 않는다.

5.2.2 시퀀스 다이어그램

UML 시퀀스 다이어그램은 액터와 시스템의 객체들 간의 상호 작용과 객체들 간의 상호 작용을 모델링하기 위하여 주로 사용된다. UML은 여러 다른 종류의 상호 작용이 모델링될 수 있도록 시퀀스 다이어그램을 위한 풍부한 문법을 가지고 있다. 여기서 모든 가능성을 다루기에는 지면이 허락하지 않으므로 시퀀스 다이어그램의 기본사항에 집중할 것이다.

이름이 의미하듯이 시퀀스 다이어그램은 특정 유스케이스나 유스케이스 인스턴스에서 일어나는 상호 작용의 순서를 보여준다. 그림 5.6은 표기법의 기초를 설명하는 시퀀스 다이어그램의 예이다. 이 다이어그램은 병원 접수원이 어떤 환자의 정보를 보는 "환자 정보 조회" 유스케이스와 관련된 상호 작용을 모델링한다.

관련된 객체들과 액터들은 다이어그램의 상단에 나열되어 있고 여기서부터 수직으로 점선이 그어져 있다. 주석이 달린 화살표는 객체들 간의 상호 작용을 표시한다. 점선 위의 사각형(해당 활동에 객체 인스턴스가 연관되어 있는 시간)은 관련된 객체의 생명선을 나타낸다. 상호 작용들은 위에서 아래로 시간 순서로 배치되어 있으며 화살표에 붙은 주석은 객체의 호출, 호출에 사용된 인자, 반환 값을 나타낸다. 이 예제는 선택을 나타내는 기호를 보여준다. alt 이름이 붙은 사각형은 점선으로 나뉘어져 있으며 대괄호로 표시된 조건들과 선택적인 상호 작용들이 있다.

그림 5.6은 다음과 같이 해석할 수 있다.

1. 병원 접수원이 환자 식별자 PID를 전달하여 환자 정보 객체 클래스의 P 인스턴스의

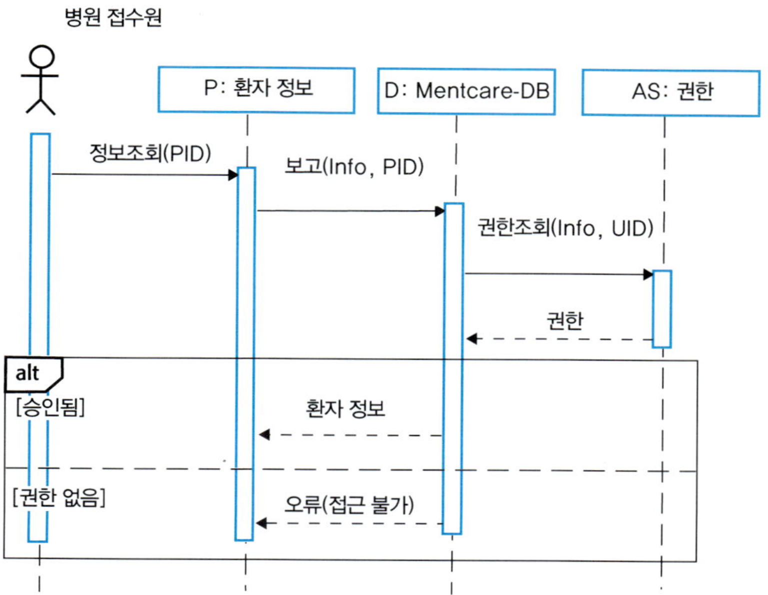

그림 5.6 환자 정보 조회의 시퀀스 다이어그램

정보조회 메서드를 작동시켜 필요한 정보를 확인한다. P는 환자 정보를 양식형태로 보여주는 사용자 인터페이스 객체이다.

2. 인스턴스 P가 필요한 정보를 얻기 위해 데이터베이스를 호출하는데 보안 검사를 위하여 접수원 식별자를 전달한다. (이 단계에서 접수원의 식별자 UID가 어디서 온 것인지는 중요하지 않다.)
3. 접수원의 행위를 인가받기 위하여 데이터베이스에서 권한 시스템을 통해 이를 검사한다.
4. 만일 인가되면 환자 정보가 반환되고 사용자 화면의 양식에 표시된다. 승인되지 않으면 실패하면 오류메시지가 반환된다. 왼쪽 위 모서리에 "alt"로 표기된 상자는 포함된 상호 작용들 중 하나를 표시하는 선택 상자이다. 선택을 위한 조건은 대괄호 안에 표시되어 있다.

그림 5.7은 같은 시스템의 시퀀스 다이어그램 보충 예제인데 두 가지 특징을 추가로 보여준다. 두 가지는 시스템의 액터들 간의 직접 통신과 오퍼레이션 순서의 일부로서 객체의 생성이다. 이 예제에서는 국가 환자 기록 시스템(PRS)에 업로드할 요약 데이터를 담기 위하여 요약 객체가 생성된다. 이 다이어그램은 다음과 같이 해석할 수 있다.

1. 접수원이 PRS에 로그온한다.
2. 두 가지 선택이 가능하다("alt" 상자로 표시됨). 갱신된 환자 정보를 Mentcare 데이터베이스에서 PRS로 바로 전송하거나 요약된 건강 데이터를 Mentcare 데이터베이스에서 PRS로 전송하는 것이다.
3. 두 가지 경우 모두 권한 시스템을 이용하여 접수원의 권한을 검사한다.
4. 선택에 따라 사용자 인터페이스 객체로부터 개인 정보를 PRS로 바로 전송하거나, 데이터베이스로부터 요약 기록을 생성하여 이를 전송한다.
5. 전송이 끝나면 PRS는 상태 메시지를 보내고 사용자는 로그오프한다.

시퀀스 다이어그램을 코드 생성이나 상세 문서화에 사용하지 않는다면 모든 상호 작용을 다이어그램에 포함시킬 필요는 없다. 개발 프로세스의 전반부에서 요구공학과 상위 수준 설계를 지원하기 위한 시스템 모델을 개발한다면 구현 결정에 따라 달라지는 상호 작용이 많이 있을 것이다. 예를 들어 그림 5.7에서 권한 검사를 위하여 어떻게 사용자 식별자(identifier)를 얻는지는 구현 시까지 미루어질 수 있는 것 중 하나이다. 어떤 구현에서는 이것이 User 객체와 상호 작용하는 것과 연관될 수 있다. 이 단계에서는 이런 것이 중요하지 않기 때문에 시퀀스 다이어그램에 포함시킬 필요가 없다.

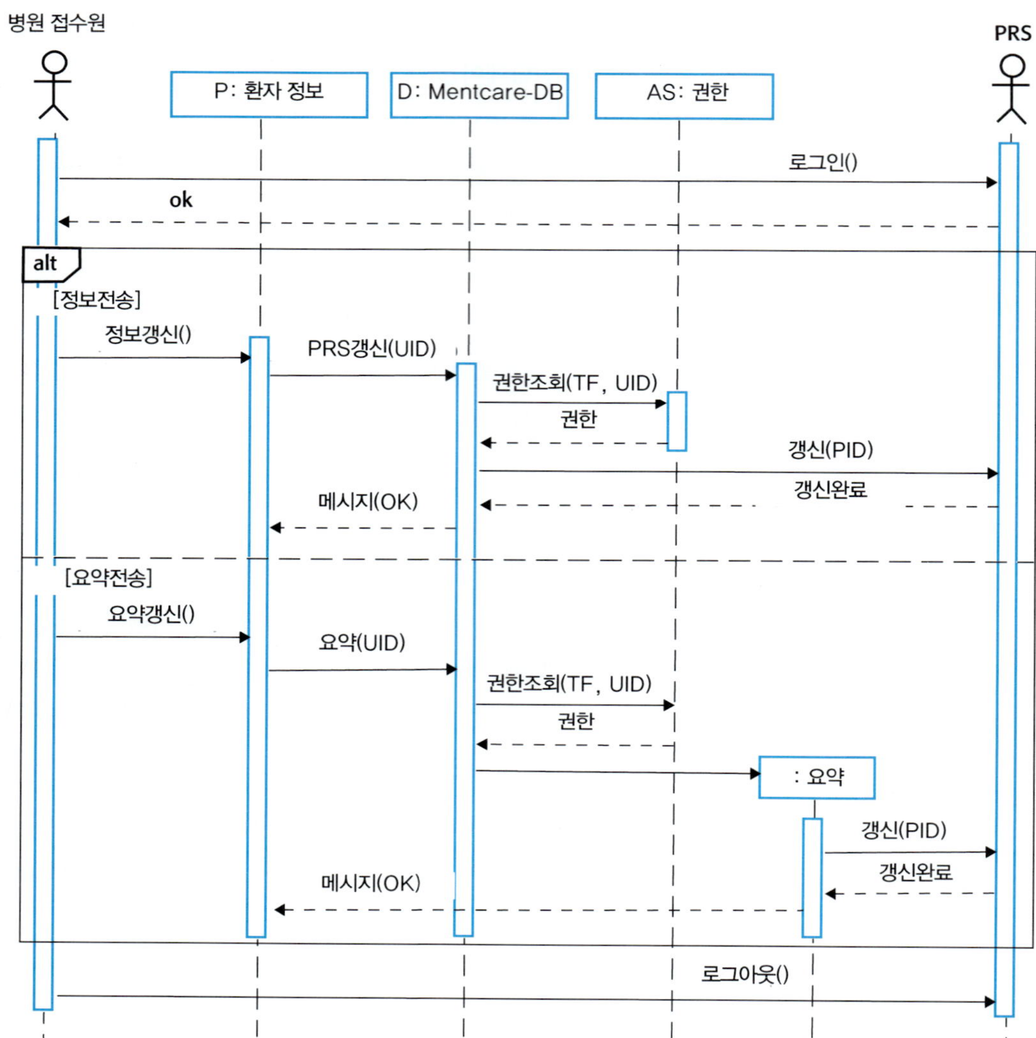

그림 5.7 데이터 전송의 시퀀스 다이어그램

5.3 구조 모델

소프트웨어의 구조 모델은 시스템을 구성하는 컴포넌트들과 그들 간의 관계로 시스템 구성을 보여준다. 구조 모델은 시스템 설계 구성을 보여주는 정적 모델일 수도 있고 시스템이 실행될 때의 구성을 보여주는 동적 모델일 수도 있다. 정적 모델과 동적 모델은 같은 것이 아닌데, 상호 작용하는 쓰레드의 집합으로서 시스템의 동적 구성은 시스템 컴포넌트들의 정적 모델과는 완전히 다르다.

시스템 아키텍처를 논의하고 설계할 때 구조 모델을 생성한다. 이들은 전체 시스템 아키텍처 모델이거나 시스템에 있는 객체와 그들 간의 관계에 대한 더 상세한 모델일 수 있다.

이 절에서는 소프트웨어 시스템을 구성하는 객체 클래스들의 정적 구조를 모델링하기 위한 클래스 다이어그램에 초점을 맞출 것이다. 아키텍처 설계는 소프트웨어 공학에서 중요한 주제이며, 아키텍처 모델을 표현하는 데 UML 컴포넌트, 패키지, 배치(deployment) 다이어그램 모두가 사용될 수 있다. 6장과 17장에서 아키텍처 모델링을 다룬다.

5.3.1 클래스 다이어그램

클래스 다이어그램은 시스템의 클래스들과 그들 간의 연관을 보여주는 객체지향 시스템 모델을 개발할 때 사용된다. 대략적으로 클래스는 한 가지 종류의 시스템 개체를 일반적으로 정의한 것으로 생각할 수 있다. 연관은 클래스들 사이에 어떤 관계가 있다는 것을 표시하는 클래스 사이의 연결이다. 결과적으로 각 클래스는 그와 연결된 클래스에 대해 어느 정도 알고 있어야 할 수 있다.

소프트웨어 공학 프로세스의 초기 단계(전반부)에서 모델을 개발할 때, 객체들은 환자, 처방, 의사 등과 같이 실세계의 무엇인가를 표현한다. 구현 시에는 시스템에서 처리되는 데이터를 표현하는 구현 객체들을 정의할 수 있다. 이 절에서는 요구사항 또는 초기 소프트웨어 설계 프로세스의 일부로서 실세계의 객체들을 모델링하는 것에 초점을 맞춘다. 데이터 구조 모델링을 위해서 비슷한 접근 방법이 사용된다.

UML 클래스 다이어그램은 상세 수준을 다르게 표현할 수 있다. 모델을 개발할 때, 첫 단계는 보통 실세계를 관찰하고 필수 객체들을 식별하고 이들을 클래스로 표현하는 것이다. 이들 다이어그램을 작성하는 가장 간단한 방법은 클래스 이름을 상자 안에 기입하는 것이다. 클래스들 사이에 선을 연결하여 연관의 존재를 표시할 수 있다. 예를 들어 그림 5.8은 **환자**와 **환자 기록** 두 개 클래스와 둘 사이의 연관을 보여주는 간단한 클래스 다이어그램이다. 이 단계에서 연관이 무엇을 의미하는지 설명할 필요는 없다.

그림 5.9는 **환자** 클래스 객체가 여러 다른 클래스들과도 관계를 가진다는 것을 보여주기 위해 그림 5.8의 단순한 클래스 다이어그램을 확장하였다. 이 예에서는 독자에게 존재하는 관계의 유형을 알려주기 위하여 연관에 이름을 붙일 수 있다는 것을 보여주었다.

그림 5.8 UML 클래스와 연관

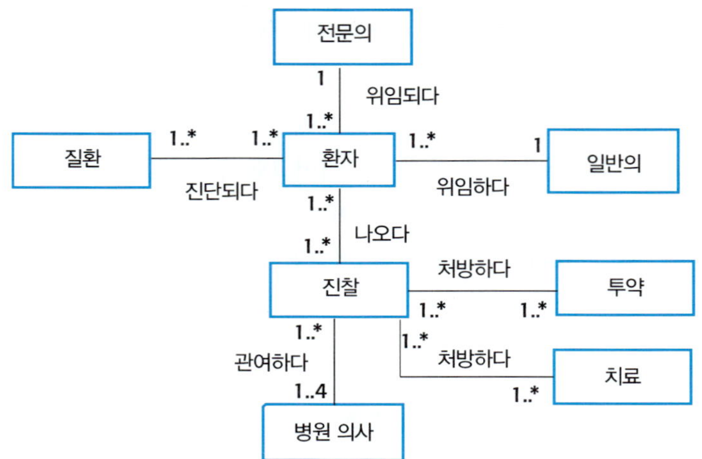

그림 5.9 Mentcare 시스템의 클래스와 연관

그림 5.8과 5.9는 클래스 다이어그램의 중요한 특징을 보여주는데, 몇 개의 객체가 특정 연관에 관련되었는지 보여줄 수 있는 기능이다. 그림 5.8에서 연관들의 각 끝점에 1이 표시되어 있는데, 이는 이 클래스 객체들 사이에 1:1 관계가 있다는 것을 의미한다. 즉, 각 환자는 정확히 하나의 기록을 가지며, 각 기록은 정확히 한 환자에 관한 정보를 유지한다.

그림 5.9에서 볼 수 있는 것처럼 다른 다중성도 가능하다. 관련된 객체들의 수를 정확히 정의(예를 들어 1..4)할 수 있고, *를 사용하여 다수의 객체들이 연관에 관련되어 있는 것을 나타낼 수 있다. 예를 들어 그림 5.9에서 환자와 질환 사이 관계의 (1..*) 다중성은 한 환자가 여러 질환을 겪을 수 있다는 것과 같은 질환이 여러 환자들과 연관될 수 있다는 것을 보여준다.

이 같은 상세 수준에서는 클래스 다이어그램이 시맨틱(semantic) 데이터 모델처럼 보인다. 시맨틱 데이터 모델은 데이터베이스 설계에 사용된다. 이는 데이터 엔터티들과 그들과 연관된 속성들, 그리고 엔터티들 간의 관계를 보여준다(Hull and King 1987). UML은 데이터베이스 모델링을 위한 다이어그램 유형을 포함하지 않고 데이터를 객체들과 객체 간 관계를 이용하여 모델링한다. 그렇지만 UML을 시맨틱 데이터 모델을 표현하는 데 사용할 수 있다. 시맨틱 데이터 모델의 엔터티를 단순화된 객체 클래스로, 속성을 객체 클래스 속성으로, 관계를 객체 클래스들 간의 연관에 이름을 붙인 것으로 생각할 수 있다.

클래스들 사이의 연관을 보여줄 때 클래스들을 속성과 오퍼레이션을 표시하지 않고 가능한 단순하게 보여주는 것이 최선이다. 객체를 더 상세하게 정의하려면 속성(객체의 특성)과 오퍼레이션(객체의 함수)에 관한 정보를 추가한다. 예를 들어, 환자 객체는 주소 속성과 환자의 주소가 변경되었을 때 호출할 주소변경 오퍼레이션을 가진다.

진찰
의사 일자 시간 진찰실 사유 투약 처방 치료 처방 음성 메모 기록 ...
신규() 처방() 메모녹음() 기록()

그림 5.10 진찰 클래스

UML에서는 클래스를 표시하는 단순한 사각형을 확장하여 속성과 오퍼레이션을 보여준다. 의사와 환자 간 진찰을 표현한 객체를 보여주는 그림 5.10에서 이것을 설명하였다.

1. 제일 윗부분은 객체 클래스의 이름이다.
2. 중간 부분은 클래스 속성들이다. 여기에는 속성 이름과 그림 5.10에는 보이지 않았지만 선택적으로 속성의 유형을 포함한다.
3. 객체 클래스와 연관된 오퍼레이션(Java와 다른 객체지향 프로그래밍 언어에서 메서드라고 불림)은 사각형의 제일 아랫부분이다. 그림 5.10에 오퍼레이션의 일부를 나타내었다.

그림 5.10의 예제에서는 의사가 음성 기록을 녹음하고 나중에 상세한 진찰 기록으로 옮겨 쓰는 것을 가정했다. 투약을 처방하기 위하여 관련된 의사는 전자 처방을 생성하기 위하여 반드시 처방 메서드를 이용하여야 한다.

5.3.2 일반화

일반화는 복잡도를 다루기 위하여 우리가 매일 사용하는 기술이다. 모든 것의 상세한 특징을 배우는 것보다 우리는 일반적인 클래스들(동물, 자동차, 말 등)을 배우고 이 클래스들의 특징을 배운다. 우리가 사물을 분류하고 사물 간의 차이점과 클래스에 초점을 맞출 때 지식을 재사용하는 것이다. 예를 들어 다람쥐와 쥐는 "설치류" 클래스의 구성원이므로 설치류의 특징을 공유한다. 일반적인 서술은 모든 클래스 구성원에 적용되는데, 예를 들면 모든 설치류는 갉는 이빨을 가진다.

시스템을 모델링할 때 시스템의 클래스들에 대해 일반화와 클래스를 생성할 범위가

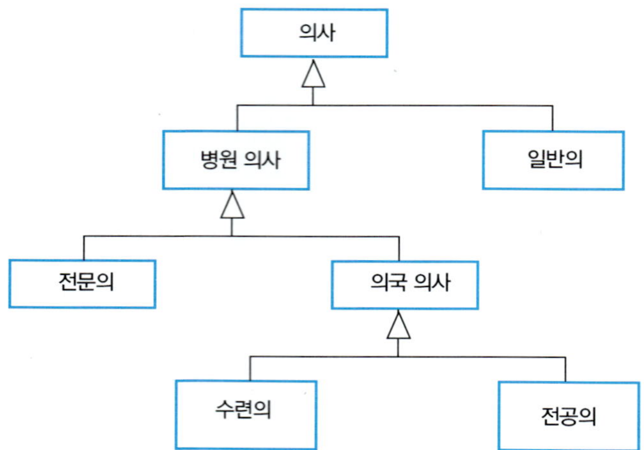

그림 5.11 일반화 계층구조

있는지 검사하는 것은 종종 유용하다. 이것은 공통 정보가 한 곳에서만 유지된다는 것을 의미한다. 이것은 변경이 필요할 때 클래스들이 변경에 영향을 받는지 시스템의 모든 클래스들을 살펴볼 필요가 없음을 의미하므로 좋은 설계 사례이다. 가장 일반적인 수준의 클래스를 변경하면 된다. Java와 같은 객체지향 언어에서는 일반화는 언어에 포함된 클래스 상속 기법을 이용하여 구현되어 있다.

UML은 그림 5.11에 보인 것과 같이 일반화를 표시하기 위한 특수한 연관 유형을 가지고 있다. 일반화는 화살촉이 더 일반적인 클래스를 가리키도록 나타낸다. 이것은 일반의가 병원 의사가 의사로 일반화되고 세 가지 유형의 병원 의사가 있음을 나타내는데, 의대를 바로 졸업하고 감독을 받아야 하는 의사(수련의), 전문의 팀의 일부로서 감독을 받지 않고 일할 수 있는 의사(전공의), 상급 의사로 전체 결정 책임을 가지고 있는 전문의이다.

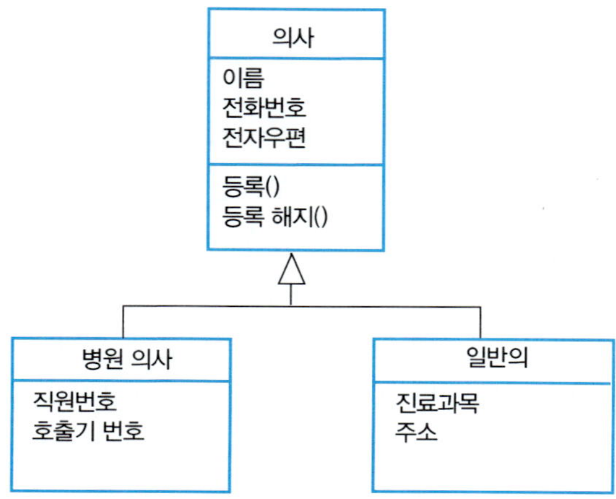

그림 5.12 상세내역이 추가된 일반화 계층구조

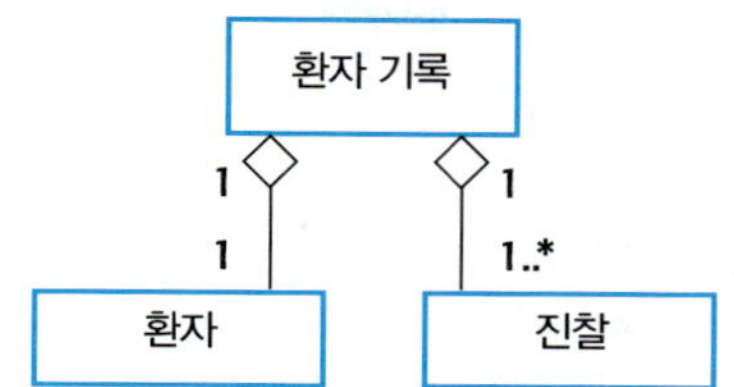

그림 5.13 집합 연관

일반화에서 상위 수준 클래스와 연관된 속성과 오퍼레이션은 하위 수준 클래스에도 연관되어 있다. 하위 수준 클래스들은 그들의 슈퍼클래스로부터 속성과 오퍼레이션을 상속받는 서브클래스이다. 그밖에 하위 수준 클래스들은 특수한 속성과 오퍼레이션을 추가한다.

예를 들어 모든 의사들은 이름과 전화번호를 가진다. 그리고 모든 병원 의사들은 직원번호를 가지며 호출기를 휴대한다. 일반 개업의들은 독립적으로 일하므로 이 속성들을 가지지 않고 개별적인 의원 이름과 주소를 가진다. 그림 5.12는 의사 클래스를 확장하여 속성을 추가한 일반화 계층구조를 보여준다. 의사 클래스의 오퍼레이션들은 의사를 Mentcare 시스템에 등록하거나 등록을 취소하기 위한 것이다.

5.3.3 집합

실세계의 객체는 종종 여러 부분으로 만들어져 있다. 예를 들어 어떤 과목을 위한 학습 자료가 책, 파워포인트 슬라이드, 퀴즈, 추가 읽을거리 추천으로 구성될 수 있다. 가끔 시스템 모델에서도 이와 같은 것을 나타낼 필요가 있다. UML은 집합(aggregation)이라고 불리는 특별한 유형의 클래스들 간 연관을 제공하는데, 이는 한 객체(전체)가 다른 객체들(부분)로 구성된다는 것을 의미한다. 집합을 정의하기 위해서 전체에 해당하는 객체 쪽 연결에 마름모 모양을 추가한다.

그림 5.13은 환자 기록이 환자 객체와 다수의 진찰 객체의 집합이라는 것을 보여준다. 이것은 환자 기록에 환자 개인 정보뿐만 아니라 의사의 진찰 기록 각각이 유지된다는 것이다.

5.4 동작 모델

동작 모델은 시스템이 실행될 때의 동적 행동에 대한 모델이다. 이것은 시스템이 환경의 자극에 반응할 때 무엇이 일어나는지 또는 무엇이 일어나도록 의도되었는지를 보여준다. 이와 같은 자극은 데이터일 수도 있고 이벤트일 수도 있다.

데이터 흐름도

데이터 흐름도(DFD: data-flow diagram)는 기능적 관점을 보여주는 시스템 모델이며 각 변환이 단일 기능이나 프로세스를 나타낸다. DFD는 일련의 처리 단계를 거치는 데이터의 흐름을 보여주기 위해 사용된다. 처리 단계의 예는 고객 데이터베이스에서 중복된 레코드를 걸러내는 것이 될 수 있다. 데이터는 다음 단계로 이동하기 전에 각 단계에서 변환된다. 이 처리 단계 또는 변환은 소프트웨어 프로세스 또는 기능을 나타내며, 데이터 흐름도는 소프트웨어 설계 문서화를 위해서 사용된다. 데이터 흐름도를 나타내기 위해 UML 액티비티 다이어그램이 사용될 수 있다.

http://software-engineering-book.com/web/dfds/

1. 시스템에서 처리될 데이터가 이용가능하게 된다. 데이터의 가용성이 처리를 시작시킨다.
2. 발생한 이벤트가 시스템 처리를 시작시킨다. 이벤트와 연관된 데이터가 있을 수도 있지만 항상 그런 것은 아니다.

많은 비즈니스 시스템들은 데이터에 의해 일차적으로 주도되는 데이터 처리 시스템이다. 이것은 시스템 데이터 입력에 의해 제어되고 외부 이벤트 처리는 상대적으로 적다. 이 시스템들의 처리는 데이터에 대한 일련의 행위와 출력을 생성하는 것과 연관되어 있다. 예를 들어, 전화 과금 시스템은 고객의 전화 발신 정보를 받아 통화에 대한 비용을 계산하여 고객에게 보낼 청구서를 생성한다.

반면 실시간 시스템은 보통 한정적인 데이터 처리가 있는 이벤트 주도 시스템이다. 예를 들어 유선전화 교환기는 "수화기를 드는" 이벤트에 대해 발신음을 내고, 전화기 버튼을 누르는 이벤트에는 전화번호를 인식하는 것 등이 있다.

5.4.1 데이터 주도 모델링

데이터 주도 모델은 입력 데이터의 처리와 이와 연관된 출력 생성과 관련된 일련의 행동들을 보여준다. 이것은 처음부터 끝까지 시스템의 처리과정을 보여주므로 요구사항 분석 중에 사용될 수 있다. 다시 말하면, 이것은 최초의 입력 처리와 이에 따른 출력부터 시스템이 반응하여 일어나는 행동 전체를 연속으로 보여준다.

데이터 주도 모델은 처음으로 사용된 그래픽 소프트웨어 모델이다. 1970년대에 구조적 설계 방법은 시스템의 처리과정을 기술하기 위한 방법으로 데이터 흐름도(DFD: data flow diagram)를 사용하였다. 데이터 흐름 모델은 특정 프로세스와 관련된 데이터가 어떻게 시스템을 통해 이동하는지 추적하고 문서화하는 것이 분석가와 설계자가 해당 프로세스에서 일어나는 일을 이해하는 데 도움을 주기 때문에 유용하다. DFD는 간

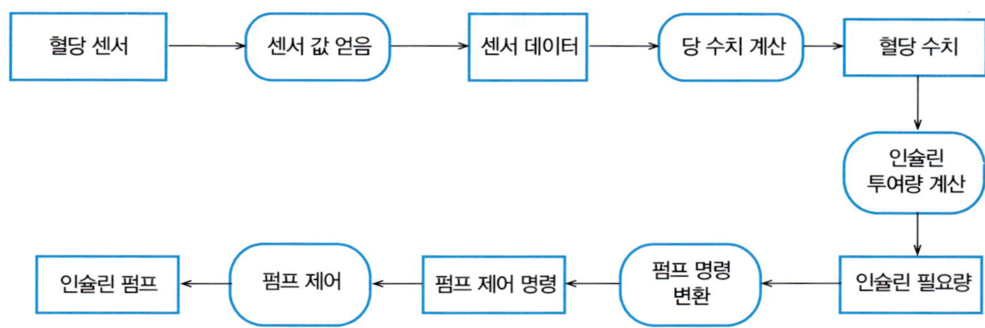

그림 5.14 인슐린 펌프 동작의 액티비티 모델

단하고 직관적이어서 다른 유형의 모델보다 이해당사자들이 더 접근하기 쉽다. 모델을 잠재적 시스템 사용자들에게 설명하고 그들이 모델을 검증하는 데 참여할 수 있게 하는 것이 일반적으로 가능하다.

데이터 흐름도는 5.1절에서 설명한 액티비티 다이어그램을 이용하여 UML에서 표현할 수 있다. 그림 5.14는 인슐린 펌프 소프트웨어와 관련된 일련의 처리를 보여주는 간단한 액티비티 다이어그램이다. 처리 단계는 액티비티(둥근 사각형)로 나타내고 처리 단계 간 자료흐름은 객체(사각형)로 나타낸 것을 볼 수 있다.

시스템에서 처리 순서를 보여주는 다른 방법은 UML 시퀀스 다이어그램을 사용하는 것이다. 상호 작용을 모델링하기 위하여 시퀀스 다이어그램이 어떻게 사용되는지 보았는데, 메시지를 왼쪽에서 오른쪽으로만 보내게 시퀀스 다이어그램을 작성하여 시스템의 연속적인 데이터 처리를 보인다. 그림 5.15는 이것을 설명하는데, 주문을 처리하고 그것을 공급자에게 보내는 시퀀스 모델을 사용한다.시퀀스 모델은 시스템의 객체를 강조하는 반면 데이터 흐름도는 오퍼레이션이나 액티비티를 강조한다. 실제로 비전문가들은 데이터 흐름도가 더 직관적이라고 생각하는 것으로 보이지만 엔지니어들은 시퀀스 다이어그램을 선호한다.

5.4.2 이벤트 주도 모델링

이벤트 주도 모델링은 어떻게 시스템이 외부와 내부 이벤트에 반응하는지를 보여준다. 이것은 시스템이 유한한 수의 상태를 가지고 이벤트(자극)가 한 상태에서 다른 상태로 전이를 일으킨다는 가정을 기반으로 한다. 예를 들어 밸브 제어 시스템은 조작자의 명령(자극)을 받았을 때 "밸브 열림" 상태에서 "밸브 닫힘" 상태로 이동할 수 있다. 시스템에 대한 이와 같은 관점은 특별히 실시간 시스템에 적합하다. 이벤트 주도 모델링은

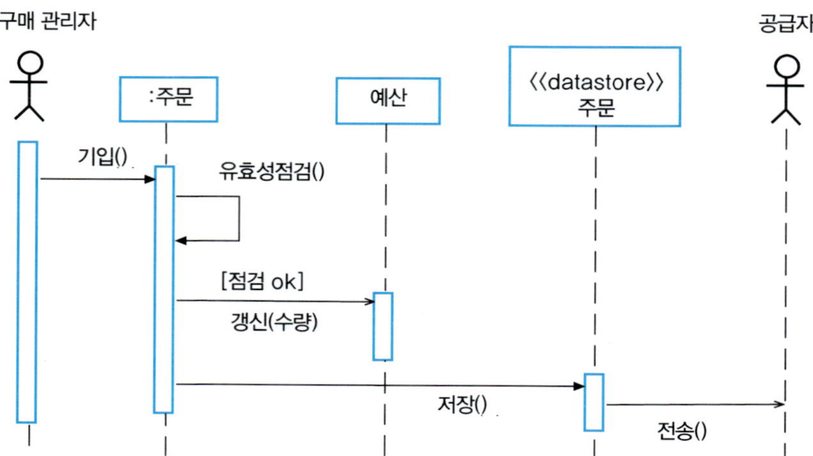

그림 5.15 주문 처리

실시간 시스템을 설계하고 문서화할 때 광범위하게 사용된다(21장).

UML은 이벤트 주도 모델링을 Statecharts (Harel 1987)에 기반을 둔 상태 다이어그램을 이용하여 지원한다. 상태 다이어그램은 시스템의 상태와 한 상태에서 다른 상태로 전이를 일으키는 이벤트를 보여준다. 이것은 시스템에서 데이터의 흐름은 보여주지 않지만 각 상태에서 수행되는 연산에 대한 추가 정보를 포함할 수 있다.

이벤트 주도 모델링을 설명하기 위하여 매우 간단한 마이크로웨이브 오븐 제어 소프트웨어를 예로 사용한다(그림 5.16). 실제 마이크로웨이브 오븐은 이 시스템보다 훨씬 더 복잡하지만, 단순화된 시스템은 더 이해하기 쉽다. 간단한 오븐은 최대 출력과 절반의 출력을 선택하는 스위치, 조리시간을 입력하는 숫자 키패드, 시작/정지 버튼, 영숫자 표시창이 있다.

마이크로웨이브를 사용하는 행동 순서가 다음과 같다고 가정한다.

1. 출력 세기를 선택한다(절반 출력 또는 최대 출력).

2. 숫자 키패드를 이용하여 조리시간을 입력한다.

3. **시작** 버튼을 누르고 음식이 지정된 시간동안 조리된다.

안전을 위하여 오븐은 문이 열렸을 때 동작해서는 안 되고, 조리가 끝나면 버저가 울린다. 오븐에는 여러 가지 알림과 경고 메시지를 표시하는 간단한 표시창이 있다.

UML 상태 다이어그램에서 둥근 사각형은 시스템 상태를 나타낸다. 상태에는 상태 안에서 취하는 행동에 대한 간략한 설명("do" 뒤에)이 포함될 수 있다. 라벨이 붙은 화살표는 한 상태에서 다른 상태로 전이시키는 자극을 나타낸다. 액티비티 다이어그램처럼 채워진 원으로 시작 상태와 종료 상태를 표시할 수 있다.

그림 5.16에서 시스템은 대기 상태에서 시작하며 처음에 최대 출력 또는 절반 출력 버튼에 대하여 반응한다. 사용자는 출력을 선택한 후에도 마음을 바꾸어 다른 버튼을

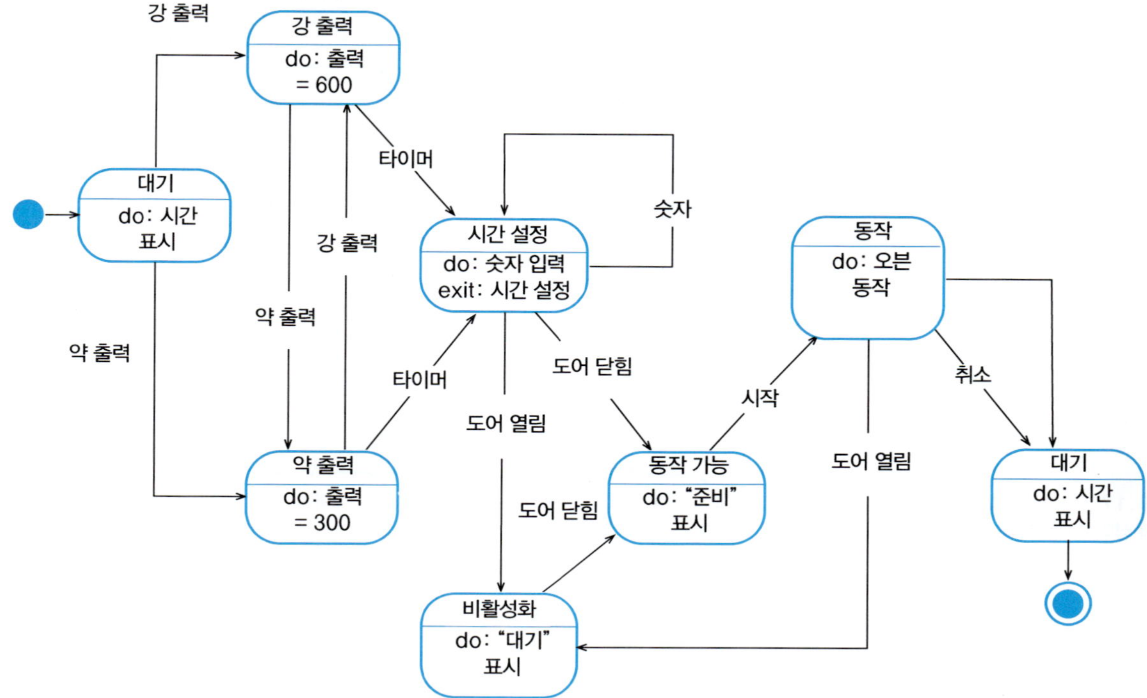

그림 5.16 마이크로웨이브 오븐의 상태 다이어그램

누를 수도 있다. 문이 닫혀 있고 시간이 설정되면 시작 버튼이 활성화된다. 시작 버튼을 누르면 오븐 동작을 시작하며 지정한 시간동안 조리가 된다. 이것이 조리 과정의 끝이며 시스템은 대기 상태로 돌아간다.

상태기반 모델링의 문제점은 가질 수 있는 상태의 개수가 빠르게 증가한다는 것이다. 그러므로 큰 시스템 모델을 위해서는 모델에서 상세한 내용을 숨길 필요가 있다. 이 방법 중 하나는 여러 개의 서로 다른 상태들을 포함하는 "상위 상태(superstate)" 개념을 이용하는 것이다. 상위 상태는 상위 수준 모델에서는 하나의 상태처럼 보이지만 더 자세한 내용을 보여주기 위해 별도의 다이어그램 상에 확장된다. 이 개념을 설명하기 위하여 그림 5.16의 동작 상태를 고려해 보자. 이것은 그림 5.17처럼 확장될 수 있는 상위 상태이다.

동작 상태는 여러 개의 하위 상태(substate)들을 포함한다. 상태 검사부터 동작을 시작하여 만일 문제가 발견되면 경보가 표시되고 동작이 비활성화된다. 조리는 마이크로웨이브 발생기를 지정한 시간동안 돌리는 것과 관련되어 있으며, 완료되면 버저가 울린다. 만일 동작 중에 문이 열리면 그림 5.17에 보인 것처럼 시스템은 비활성화 상태로 이동한다.

시스템의 상태 모델은 이벤트 처리의 개요를 제공하지만, 일반적으로 자극과 시스

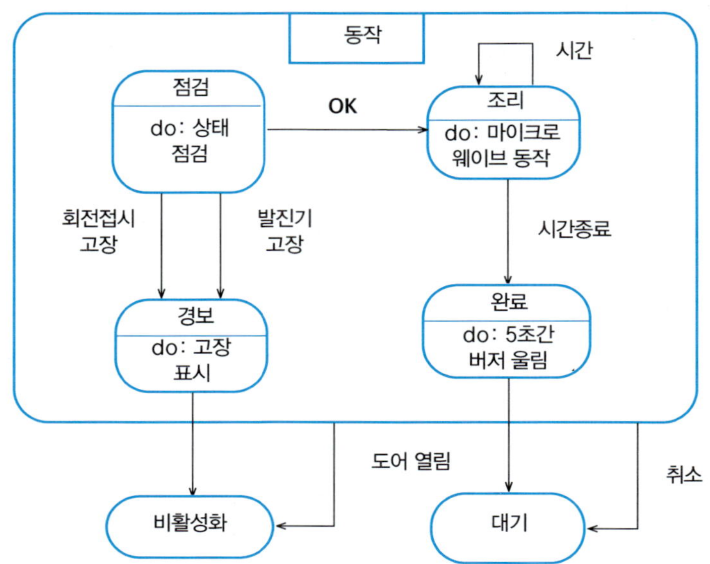

그림 5.17 마이크로웨이브 오븐의 상태 다이어그램

템 상태에 대한 더 자세한 설명을 가지고 확장하여야 한다. 표를 이용하여 상태들과 상태 전이를 유발하는 이벤트들을 상태와 이벤트에 대한 설명과 함께 나열할 수 있다. 그림 5.18은 각 상태와 어떻게 자극이 상태 전이가 일어나도록 시키는지 표 형식으로 기술한 것을 보여준다.

5.4.3 모델 주도 공학

모델 주도 공학(MDE: model-driven engineering)은 프로그램보다 모델이 개발 프로세스의 주요 출력물인 소프트웨어 개발 접근법이다(Brambilla, Cabot, and Wimmer 2012). 하드웨어/소프트웨어 플랫폼에서 실행되는 프로그램은 모델로부터 자동으로 생성된다. MDE의 지지자들은 이것이 소프트웨어 공학에서 추상화 수준을 올림에 따라 엔지니어들이 더 이상 프로그래밍 언어의 상세 내역이나 실행 플랫폼의 특성에 관여할 필요가 없다고 주장한다.

모델 주도 공학은 모델 주도 아키텍처(MDA: model-driven architecture)의 아이디어로부터 개발되었다. 이것은 Object Management Group (OMG)에 의해 새로운 소프트웨어 개발 패러다임으로서 제안되었다(Mellor, Scott, and Weise 2004). MDA는 소프트웨어 개발의 설계와 구현 단계에 초점을 두는 반면 MDE는 소프트웨어 공학 프로세스의 모든 면과 연관되어있다. 그러므로 모델 주도 요구공학, 모델 주도 개발을 위한 소프트웨어 프로세스, 모델 주도 테스팅은 MDE의 일부이지만 MDA에서는 고려되지 않는다.

상태	설명
대기	오븐이 입력을 기다림. 표시창에 현재 시간을 보여줌
약 출력	오븐 출력이 300 W로 설정됨. 표시창에 "약 출력"을 보여줌
강 출력	오븐 출력이 600 W로 설정됨. 표시창에 "강 출력"을 보여줌
시간 설정	조리시간을 사용자가 입력한 값으로 설정함. 표시창에 선택된 조리시간을 보여주며 시간이 설정될 때 변경된 값을 보여줌
비활성화	안전을 위하여 오븐 동작이 불가능함. 오븐 내부 등이 켜짐. 표시창에 "준비 안됨"을 보여줌
동작 가능	오븐 동작이 가능함. 오븐 내부 등이 꺼짐. 표시 창에 "조리 준비"를 보여줌
동작	오븐이 동작함. 오븐 내부 등이 켜짐. 표시창에 남은 시간을 보여줌. 조리가 끝나면 5초간 버저가 울림. 오븐 등이 켜짐. 버저가 울리는 동안 표시창에 "조리 완료"를 보여줌
자극	**설명**
약 출력	사용자가 약 출력 버튼을 누름
강 출력	사용자가 강 출력 버튼을 누름
타이머	사용자가 타이머 버튼을 누름
숫자	사용자가 숫자 키를 누름
문 열림	오븐 도어 스위치가 닫히지 않음
문 닫힘	오븐 도어 스위치가 닫힘
시작	사용자가 시작 버튼을 누름
취소	사용자가 취소 버튼을 누름

그림 5.18 마이크로웨이브 오븐의 상태와 자극

MDA는 다수의 큰 회사들이 개발 프로세스를 지원하기 위하여 채택한 시스템 공학에 대한 접근법이다. 이 절에서는 MDE의 일반적인 면을 다루기보다 소프트웨어 구현을 위한 MDA의 사용에 초점을 맞춘다. 더 일반적인 모델 주도 공학의 시작은 느리게 진행되었으며 몇몇 회사들이 소프트웨어 개발 생명주기 전체에 이 접근법을 채택했다. den Haan은 자신의 블로그에서 MDE가 널리 채택되지 않은 이유를 토론한다(den Haan 2011).

5.5 모델 주도 아키텍처

모델 주도 아키텍처(Mellor, Scott, and Weise 2004; Stahl and Voelter 2006)는 시스

템을 기술하기 위하여 UML 모델의 일부를 사용하는 소프트웨어 설계와 구현에 대한 모델 중심 접근법이다. 여기서는 서로 다른 추상화 수준에 있는 모델들이 생성된다. 원칙적으로 상위 수준의 플랫폼 독립 모델로부터 사람의 개입 없이 동작하는 프로그램을 생성하는 것이 가능하다.

MDA 방법은 세 가지 유형의 추상 시스템 모델을 생성할 것을 권장한다.

1. **계산 독립 모델**(*CIM: computation independent model*): CIM은 시스템에서 사용되는 중요한 도메인 추상화를 모델링해서 때때로 도메인 모델이라고 불린다. 시스템의 서로 다른 관점을 반영하는 여러 개의 서로 다른 CIM을 개발할 수 있다. 예를 들어 자산과 같은 중요한 보안 추상화를 식별하는 보안 CIM, 환자와 진찰 같은 추상화를 기술하는데 사용되는 역할과 환자 기록 CIM이 있을 수 있다.
2. **플랫폼 독립 모델**(*PIM: platform-independent model*): PIM은 구현을 참조하지 않고 시스템의 동작을 모델링한다. PIM은 보통 UML의 정적 시스템 구조와 외부와 내부 이벤트에 어떻게 반응하는지를 보여주는 모델을 이용하여 기술된다.
3. **플랫폼 특화 모델**(*PSM: platform-specific models*): PSM은 각 응용 플랫폼별로 플랫폼 독립 모델을 변환한 것이다. 원칙적으로 각 계층에서 플랫폼에 특화된 세부 사항을 추가하는 PSM 계층들이 존재할 수 있다. 따라서 첫 번째 수준의 PSM은 미들웨어 특화지만 데이터베이스 독립이 될 수 있다. 특정 데이터베이스가 선택되면 데이터베이스 특화 PSM이 생성될 수 있다.

모델 기반 공학은 엔지니어들이 구현의 상세함에 신경 쓰지 않고 시스템에 대해 추상화의 상위 수준에서 생각할 수 있게 해 준다. 이것은 오류 가능성을 줄이고, 설계와 구현 프로세스 속도를 올리며, 재사용이 가능하고 플랫폼 독립적인 응용 모델의 생성을 가능하게 한다. 강력한 도구를 사용함으로써 같은 모델로부터 다른 플랫폼을 위한 시스템 구현이 생성될 수 있다. 그러므로 시스템을 새로운 플랫폼 기술에 적응시키기 위하여 그 플랫폼을 위한 모델 번역기를 만든다. 이것이 가능하다면 모든 플랫폼 독립적인 모델은 새로운 플랫폼에 빠르게 다시 호스팅될 수 있다.

MDA에 근간은 그림 5.19에 보인 것과 같이 모델들 간의 변환이 정의되고 소프트웨어 도구에 의해서 자동으로 적용될 수 있다는 개념이다. 이 다이어그램은 지정된 소프트웨어 플랫폼에서 돌아갈 실행 코드를 생성하기 위해 PSM에 변환이 적용되는 마지막 수준의 자동 변환도 보여준다. 그러므로 적어도 원칙적으로는 실행 소프트웨어가 상위수준 시스템 모델로부터 생성될 수 있다.

실제로 모델에서 코드로의 완전히 자동화된 번역은 거의 가능하지 않다. 상위 수준 CIM을 PIM 모델로 번역하는 것은 연구 문제로 남아있으며, 생산 시스템을 위해 그림 5.19에 막대 모양으로 표시된 것처럼 일반적으로 사람의 개입이 필요하다. 자동화된 모

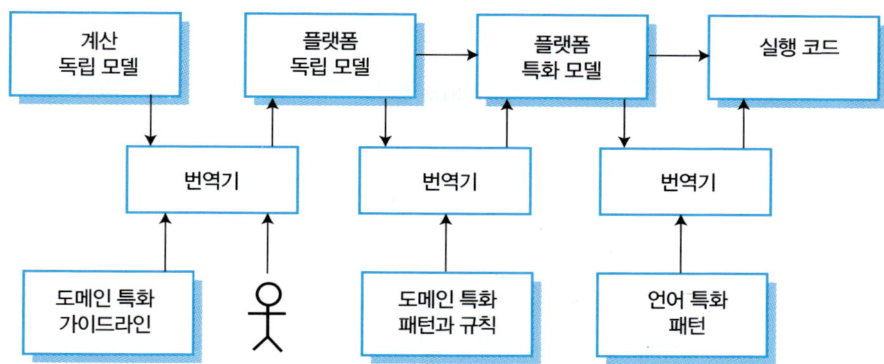

그림 5.19 MDA 변환

델 변환을 위해 특별히 어려운 문제는 서로 다른 CIM에서 사용되는 개념들을 연결할 필요가 있다는 것이다. 예를 들어 역할 기반 접근 제어를 포함하는 보안 CIM의 역할 개념이 병원 CIM의 직원 개념 위에 대응되어야 할 수 있다. 보안과 병원 환경을 이해하는 사람만이 이 대응을 만들 수 있다.

플랫폼 독립적 모델에서 플랫폼 특화 모델로의 번역은 간단한 기술적 문제이다. PIM으로부터 Java와 J2EE 같은 공통 플랫폼으로의 번역기를 제공하는 상업적인 도구들과 오픈 소스 도구(Koegel 2012)들이 이용가능하다. 이들은 플랫폼 특화 규칙들과 PIM을 PSM으로 바꾸는 패턴들의 대규모 라이브러리를 이용한다. 소프트웨어 시스템이 다른 플랫폼(예를 들어, J2EE와 .NET)에서 실행되는 것으로 의도되었다면, 원칙적으로 단일한 PIM만 유지하면 된다. 각 플랫폼을 위한 PSM은 자동으로 생성된다(그림 5.20).

MDA가 플랫폼 특화 번역기를 포함한 도구들을 지원하지만 이것은 때때로 PIM을 PSM으로 변역하는 부분적인 지원만 제공한다. 시스템을 위한 실행 환경은 J2EE나 Java와 같은 표준 실행 플랫폼 이상의 것이다. 여기에는 다른 응용 시스템들, 회사를 위해 만들어진 특별한 응용 라이브러리들, 외부 서비스들, 사용자 인터페이스 라이브러리들도 포함된다.

이런 것들은 회사마다 다르기 때문에 이를 고려한 기성품 도구 지원이 제공되지 않는다. 그러므로 MDA가 조직에 도입될 때 지역 환경에서 가용한 설비를 활용할 수 있도록 특별한 목적의 번역기가 생성되어야 할 수 있다. 이것이 많은 회사들이 개발에 모델 주도 접근법을 채용하는 것을 꺼려온 이유이다. 회사들은 자체적으로 도구를 개발하고 유지하는 것을 원치 않으며 도구 개발에 폐업할 수도 있는 작은 소프트웨어 회사에 의지하려고 하지도 않는다. 이와 같은 특별한 도구가 없다면 모델 기반 개발은 이 접근법의 경제성을 감소시키게 되는 추가의 수작업 코딩이 필요하다.

MDA가 소프트웨어 개발의 주류 접근법이 되지 못한 여러 다른 이유들이 있다고 생각한다.

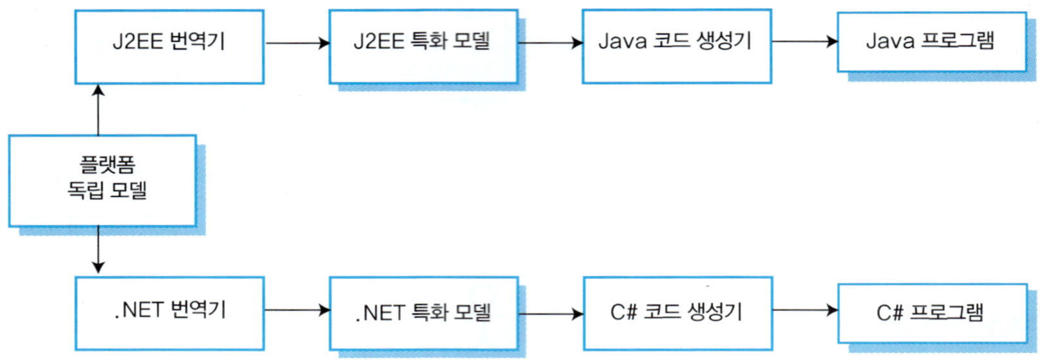

그림 5.20 다중 플랫폼 특화 모델

1. 모델은 소프트웨어 설계에 관한 토론을 촉진하는 좋은 방법이다. 그러나 토론하기에 유용한 추상화가 항상 구현에 맞는 추상화인 것은 아니다. 상용 시스템 재사용을 기반으로 한 완전히 다른 구현 방법을 사용하기로 결정할 수도 있다.

2. 대부분의 복잡한 시스템들은 구현이 주요 문제가 아니다. 요구공학, 보안성, 확실성, 기존 시스템과의 통합, 테스팅 모두가 더 중요하다. 결과적으로 MDA를 사용함으로써 얻는 이득이 제한된다.

3. 플랫폼 독립성에 대한 주장이 시스템의 수명 동안 플랫폼이 구식이 되어버린 크고 수명이 긴 시스템에만 유효하다. Windows나 Linux와 같은 표준 플랫폼을 위해 개발된 소프트웨어 제품과 정보 시스템에서는 MDA의 도입과 도구사용 비용이 MDA 사용에 의한 비용절약을 초과할 가능성이 크다.

4. MDA가 진화하던 같은 시기에 애자일 기법이 광범위하게 채택되어 모델 주도 접근법에 대한 관심을 돌렸다.

MDA의 성공 사례(OMG 2012)들은 주로 하드웨어와 소프트웨어가 포함되는 시스템 제품을 개발하는 회사들에서 있었다. 이들 제품에 들어가는 소프트웨어는 긴 수명을 가지고 하드웨어 기술 변화를 반영하도록 수정되어야 할 수 있다. 응용 도메인(자동차, 항공 관제 등)은 자주 잘 이해되고 CIM으로 정형화될 수 있다.

Hutchinson과 그의 동료들(Hutchinson, Rouncefield, and Whittle 2012)은 산업에서 MDA의 사용에 대해 보고하였는데, 모델 주도 개발을 사용하여 성공한 것은 시스템 제품에서였다는 것을 확인하였다. 그들의 평가는 이 접근법을 채택할 때 회사들이 혼재된 결과를 가지게 되었다는 것을 시사하지만, 다수의 사용자들은 MDA 사용이 생산성을 증가시키고 유지보수 비용을 감소시켰다고 보고했다. 그들은 MDA가

Executable UML

모델 주도 공학에 깔려있는 기본 개념은 모델로부터 코드로의 완전하게 자동화된 변환이 가능해야 한다는 것이다. 이것을 가능하게 하려면 명확하게 정의된 의미를 가지고 실행 코드로 컴파일될 수 있는 그래픽 모델을 만들 수 있어야 한다. 또, 모델에 정의된 오퍼레이션이 구현되는 방법에 관하여 그래픽 모델에 정보를 추가할 수 있는 수단이 필요할 수 있다. 이것은 Executable UML 또는 xUML (Mellor an Balcer 2002)이라고 불리는 UML 2의 부분집합을 이용하여 가능하다(Meller and Balcer 2002).

http://software-engineering-book.com/web/xuml/

재사용을 촉진할 때 특별히 유용하고 이것이 주요 생산성 향상을 이끌었다는 것을 발견하였다.

애자일 기법과 모델 주도 아키텍처 간에는 불편한 관계가 있다. 광범위한 선행 모델링은 애자일 선언의 기본적인 생각과 모순이 되며, 소수의 애자일 개발자들만 모델 주도 공학을 편하게 느낄 것이라고 생각한다. 애자일 기법 개발의 개척자인 Ambler는 MDA의 어떤 측면들이 애자일 프로세스에서 사용될 수 있다고 제안하였으나(Ambler 2004), 자동화된 코드 생성은 실용적이지 않다고 여긴다. 그러나 Zhang과 Patel은 자동화된 코드 생성과 함께 애자일 개발을 사용한 Motorola의 성공을 보고하였다(Zhang and Patel 2011).

키 포인트

- 모델은 시스템의 어떤 세부 사항들을 고의로 무시하는 시스템의 추상 뷰이다. 시스템의 컨텍스트, 상호 작용, 구조, 동작 등을 보여주는 보완적인 시스템 모델들이 개발될 수 있다.
- 컨텍스트 모델은 모델링되는 시스템이 어떻게 다른 시스템들과 프로세스들이 있는 환경에 위치하는지 보여준다. 컨텍스트 모델은 개발될 시스템의 경계를 정의하는 데 도움이 된다.
- 유스케이스 다이어그램과 시퀀스 다이어그램은 설계되는 시스템에서 사용자와 시스템 간의 상호 작용을 기술하는 데 사용된다. 유스케이스는 시스템과 외부 액터 간의 상호 작용을 기술하고 시퀀스 다이어그램은 여기에 정보를 추가하여 시스템 객체 간의 상호 작용을 보여준다.
- 구조 모델은 시스템의 구조와 아키텍처를 보여준다. 클래스 다이어그램은 시스템에 있는 클래스들의 정적 구조와 그들 간의 관계를 정의한다.
- 동작 모델은 시스템이 실행될 때의 동적 행동을 기술하기 위하여 사용된다. 동작 모델은 시스템에 의해 처리되는 데

이터 관점 또는 시스템의 반응을 유발하는 이벤트 관점에서 모델링될 수 있다.

- 액티비티 다이어그램은 데이터의 처리를 모델링하는 데 사용될 수 있다. 각 액티비티는 하나의 처리 단계를 나타낸다.
- 상태 다이어그램은 내부 또는 외부 이벤트에 반응하여 시스템이 동작하는 것을 모델링하는 데 사용된다.
- 모델 주도 공학은 실행 코드로 자동 변환될 수 있는 모델들의 집합으로 시스템이 표현되는 소프트웨어 개발 접근법이다.

추가로 읽을거리

어떤 UML 소개 책이라도 표기법에 대해 이 책보다 더 많은 정보를 제공한다. UML은 지난 몇 년간 조금밖에 변하지 않았기 때문에 어떤 책들은 거의 10년이 되었지만 여전히 유효하다.

Using UML: Software Engineering with Objects and Components, 2nd ed. 이 책은 시스템 명세와 설계에 UML을 사용하는 것을 간결하고 읽기 쉽게 소개한다. UML 참조 설명서에서 찾아볼 수 있는 UML에 대한 완전한 설명보다는 덜 포괄적이지만 UML 표기법을 배우고 이해하기에는 훌륭한 책이라고 생각한다. (P. Stevens with R. Pooley, Addison-Wesley, 2006)

Model-driven Software Engineering in Practice. 이것은 모델 주도 설계와 구현에 중점을 둔 모델 주도 접근법에 대한 매우 포괄적인 책이다. 이 책은 UML뿐만 아니라 특정 도메인을 위한 모델링 언어의 개발도 다룬다. (M. Brambilla, J. Cabot, and M. Wimmer. Morgan Claypool, 2012)

웹 사이트

이 장의 파워포인트 슬라이드:

https://iansommerville.com/software-engineering-book/slides

관련 비디오 링크:

https://iansommerville.com/software-engineering-book/videos/req/

연습문제

5.1. 범위 증가(scope creep)는 프로젝트 범위의 연속적인 증가가 프로젝트 비용을 상당히 증가시킬 수 있다는 것으로 정의될 수 있다. 적당한 시스템 컨텍스트 모델이 어떻게 범위 증가를 막을 수 있는지 설명하라.

5.2. 시스템 경계를 정의하는 방법과 적절한 컨텍스트 모델을 생성하는 방법은 프로젝트 복잡도와 비용에 중대한 의미를 가질 수 있다. 이것이 적용될 수 있는 두 개의 예를 제시하라.

5.3. 결혼식, 졸업식, 생일파티와 같은 대규모 이벤트 계획을 돕는 시스템을 개발하도록 요청받았다. 이와 같은 시

스템을 위하여 파티를 계획하는 것과 관련된 액티비티들(장소 예약, 초대장 구성 등)을 보여주는 처리 컨텍스트를 액티비티 다이어그램을 이용하여 모델링하라.

5.4. Mentcare 시스템을 위하여 환자를 보고 투약과 치료 처방을 하는 의사와 Mentcare 시스템 간의 상호 작용을 설명하는 유스케이스를 제안하라.

5.5. 대학에서 학생이 과목을 등록할 때와 관련된 상호 작용을 나타내는 시퀀스 다이어그램을 작성하라. 과목은 등록 인원을 제한할 수 있으므로 등록 절차에 자리가 있는지 여부 검사가 포함되어야 한다. 학생은 등록 가능한 과목을 찾을 수 있는 온라인 과목 목록을 이용한다고 가정한다.

5.6. 사용하고 있는 전자우편 시스템에서 메시지와 메일박스가 어떻게 표현되는지 주의 깊게 관찰하라. 메일박스와 전자우편 메시지를 표현하기 위하여 시스템 구현에 사용될 수 있는 객체 클래스를 모델링하라.

5.7. 은행 ATM 사용 경험을 기반으로 고객이 ATM에서 현금을 인출할 때와 관련된 데이터 처리를 모델링하는 액티비티 다이어그램을 작성하라.

5.8. 같은 시스템을 위하여 시퀀스 다이어그램을 작성하라. 시스템의 동작을 모델링할 때 액티비티 다이어그램과 시퀀스 다이어그램을 둘 다 작성하기 원하는지 이유를 설명하라.

5.9. 다음 제어 소프트웨어를 위한 상태 다이어그램을 작성하라.

- 옷의 유형에 따라 별도의 프로그램을 제공하는 자동 세탁기
- DVD 플레이어를 위한 소프트웨어
- 스마트폰 카메라를 위한 제어 소프트웨어. 플래시 작동은 무시한다.

5.10. 원칙적으로 모델 주도 공학을 이용할 때 사람의 관여 없이 상위 수준 모델로부터 실행 가능한 프로그램을 생성하는 것이 가능하다. 완전히 자동화된 번역 도구를 만들기 위해 노력하는 현재의 도전을 논의하라.

참고문헌

Ambler, S. W. 2004. *The Object Primer: Agile Model-Driven Development with UML 2.0, 3rd ed.* Cambridge, UK: Cambridge University Press.

Ambler, S. W., and R. Jeffries. 2002. *Agile Modeling: Effective Practices for Extreme Programming and the Unified Process.* New York: John Wiley & Sons.

Booch, G., J. Rumbaugh, and I. Jacobson. 2005. *The Unified Modeling Language User Guide, 2nd ed.* Boston: Addison–Wesley.

Brambilla, M., J. Cabot, and M. Wimmer. 2012. *Model-Driven Software Engineering in Practice.* San Rafael, CA: Morgan Claypool.

Den Haan, J. 2011. "Why There Is No Future for Model Driven Development." http://www.

theenterprisearchitect. eu/archive/2011/01/25/why-there-is-no-future-for-model-driven-development/

Erickson, J,, and K Siau. 2007. "Theoretical and Practical Complexity of Modeling Methods." *Comm. ACM* 50 (8): 46 – 51. doi:10.1145/1278201.1278205.

Harel, D. 1987. "Statecharts: A Visual Formalism for Complex Systems." *Sci. Comput. Programming* 8 (3): 231 – 274. doi:10.1016/0167-6423(87)90035-9.

Hull, R., and R King. 1987. "Semantic Database Modeling: Survey, Applications and Research Issues." *ACM Computing Surveys* 19 (3): 201 – 260. doi:10.1145/45072.45073.

Hutchinson, J., M. Rouncefield, and J. Whittle. 2012. "Model-Driven Engineering Practices in Industry." In *34th Int. Conf. on Software Engineering*, 633 – 642. doi:10.1145/1985793.1985882.

Jacobsen, I., M. Christerson, P. Jonsson, and G. Overgaard. 1993. *Object-Oriented Software Engineering.* Wokingham, UK: Addison-Wesley.

Koegel, M. 2012. "EMF Tutorial: What Every Eclipse Developer Should Know about EMF." http://eclipsesource.com/blogs/tutorials/emf-tutorial/

Mellor, S. J., and M. J. Balcer. 2002. Executable UML. Boston: Addison-Wesley.

Mellor, S. J., K. Scott, and D. Weise. 2004. *MDA Distilled: Principles of Model-Driven Architecture.* Boston: Addison-Wesley.

OMG. 2012. "Model-Driven Architecture: Success Stories." http://www.omg.org/mda/products_success.htm

Rumbaugh, J., I. Jacobson, and G Booch. 2004. *The Unified Modelling Language Reference Manual, 2nd ed.* Boston: Addison-Wesley.

Stahl, T., and M. Voelter. 2006. *Model-Driven Software Development: Technology, Engineering, Management.* New York: John Wiley & Sons.

Zhang, Y., and S. Patel. 2011. "Agile Model-Driven Development in Practice." *IEEE Software* 28 (2): 84 – 91. doi:10.1109/MS.2010.85.

6

아키텍처 설계

Architectural design

학습목표

이 장의 목표는 소프트웨어 아키텍처와 아키텍처 설계의 개념을 소개하는 것이다. 이 장을 통해 학습할 내용들은 다음과 같다.

- 왜 소프트웨어의 아키텍처 설계가 중요한지 이해한다.
- 아키텍처 설계 프로세스 중에 소프트웨어 아키텍처에 대해 내려져야 하는 결정을 이해한다.
- 시스템 설계에서 재사용될 수 있는 소프트웨어 아키텍처를 구성하는, 충분한 시험을 거쳐 성공적인 방법인 아키텍처 패턴의 개념이 소개된다.
- 애플리케이션 별 아키텍처 패턴이 어떻게 트랜잭션 처리와 언어 처리 시스템에서 사용되는지 이해한다.

학습내용

아키텍처 설계는 어떻게 소프트웨어 시스템이 구성되어야 하는지와 시스템의 전체 구조 설계를 이해하는 것과 연관되어있다. 2장에서 기술한 소프트웨어 개발 프로세스 모델에서 아키텍처 설계는 소프트웨어 설계 프로세스의 첫 단계이다. 아키텍처 설계는 주요 구조 컴포넌트들과 그들 간의 관계를 식별하므로 설계와 요구공학 사이의 중요한 연결이다. 아키텍처 설계 프로세스의 출력은 시스템이 상호 작용하는 컴포넌트들의 집합으로 어떻게 구성되었는지를 설명하는 아키텍처 모델이다.

애자일 프로세스에서는 일반적으로 애자일 개발 프로세스의 초기 단계가 전체 시스템 아키텍처 설계에 초점을 맞추어야 한다는 것을 받아들인다. 아키텍처의 점진적인 개발은 보통 성공적이지 않다. 변화에 대응하여 컴포넌트를 리팩토링하는 것은 비교적 쉽다. 그러나 시스템 아키텍처를 리팩토링하는 것은 대부분의 시스템 컴포넌트들을 아키텍처 변화에 따라 수정해야 할 수 있기 때문에 비용이 많이 든다.

그림 6.1을 보면 시스템 아키텍처가 의미하는 바를 이해하는 데 도움이 된다. 이 다이어그램은 포장 로봇 시스템 아키텍처의 추상적 모델이다. 이 로봇 시스템은 다른 종류의 물건을 포장할 수 있는데, 시각 컴포넌트를 이용하여 컨베이어 위에 있는 물건을 집고 물건 종류를 인식하고 적절한 포장방법을 선택한다. 이 시스템은 출하 컨베이어로부터 물건을 옮기고 포장하여 다른 컨베이어에 올려놓는다. 아키텍처 모델은 이들 컴포넌트들과 그들 간의 연결을 보여준다.

실제로 요구공학 프로세스와 아키텍처 설계 사이에는 중첩되는 부분이 상당히 많다. 이상적으로는 시스템 명세에는 설계 정보가 포함되지 않아야 한다. 그러나 아주 작은

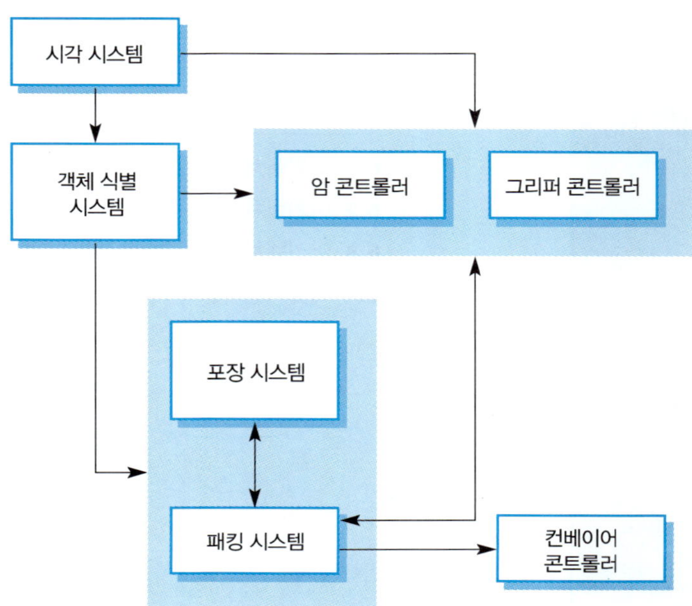

그림 6.1 포장 로봇 제어 시스템의 아키텍처

시스템을 제외하고 이와 같은 이상은 비현실적이다. 주요 아키텍처 컴포넌트들이 시스템의 상위 수준 특징을 반영하므로 컴포넌트들을 식별할 필요가 있다. 그러므로 요구공학 프로세스의 일부로서, 시스템의 기능들과 특징들을 그룹지어 큰 단위의 컴포넌트나 서브시스템과 연결 짓는 추상 시스템 아키텍처를 제안할 수 있어야 한다. 이와 같이 분해된 결과를 시스템의 요구사항과 더 자세한 특징들을 이해당사자들과 논의하기 위하여 사용한다.

소프트웨어 아키텍처를 **작은 수준의 아키텍처**와 **큰 수준의 아키텍처** 두 수준의 추상화로 설계할 수 있다.

1. **작은 수준의 아키텍처:** 개별 프로그램의 아키텍처와 연관되어 있다. 이 수준에서는 개별 프로그램을 컴포넌트들로 분해하는 방법과 관련되어 있다. 이 장에서는 주로 프로그램 아키텍처를 다룰 것이다.
2. **큰 수준의 아키텍처:** 다른 시스템들과 프로그램 컴포넌트를 포함하는 복잡한 기업 시스템과 연관되어 있다. 이와 같은 기업 시스템은 서로 다른 회사에서 소유하고 관리하는 컴퓨터들에 분산되어 있을 수도 있다. (큰 수준의 아키텍처는 17장과 18장에서 다룬다.)

소프트웨어 아키텍처는 시스템의 성능, 견고성(robustness), 분산성, 유지보수성에 영향을 주므로 중요하다(Bosch 2000). Bosch는 개별 컴포넌트가 기능적 시스템 요구사항을 구현하지만 비기능적 시스템 특성에 지배적인 영향을 주는 것은 시스템의 아키텍처라고 설명하였다. Chen 등(Chen, Ali Babar, and Nuseibeh 2013)은 "아키텍처적으로 중요한 요구사항" 연구에서 비기능적 요구사항이 시스템의 아키텍처에 가장 중요한 영향을 미쳤다는 것을 확인하였다.

Bass 등(Bass, Clements, and Kazman 2012)은 소프트웨어 아키텍처를 명시적으로 설계하고 문서화하는 것의 세 가지 장점을 소개하였다.

1. **이해당사자 간의 의사소통:** 아키텍처는 상위 수준의 시스템 표현으로 다양한 범위의 이해당사자들 간 논의의 중심으로 사용될 수 있다.
2. **시스템 분석:** 시스템 개발의 초기 단계에 시스템 아키텍처를 명시적으로 만드는 것은 어느 정도 분석이 필요하다. 아키텍처 설계 결정은 시스템이 성능, 신뢰성, 유지보수성과 같은 중대한 요구사항을 만족시킬 수 있는지 여부에 깊은 영향을 미친다.
3. **대규모 재사용:** 아키텍처 모델은 시스템이 어떻게 구성되고 컴포넌트들이 어떻게 상호 작용하는지에 대한 간결하고 다루기 쉬운 설명이다. 시스템 아키텍처는 비슷한 요구사항을 가진 시스템과 종종 동일하다. 15장의 설명과 같이 제품라인 아키텍처는 관련 시스템의 범위에 걸쳐 같은 아키텍처를 재사용하는 접근 방법이다.

시스템 아키텍처는 그림 6.1과 같이 종종 간단한 블록 다이어그램을 이용하여 약식으로 나타낸다. 다이어그램의 각 상자는 컴포넌트를 나타낸다. 상자 내부의 상자들은 해당 컴포넌트가 서브 컴포넌트들로 이루어짐을 나타낸다. 화살표는 데이터 또는 제어 신호가 컴포넌트에서 다른 컴포넌트에 화살표 방향으로 전달되는 것을 의미한다. 이와 같은 유형의 아키텍처 모델은 Booch (Booch 2014)의 소프트웨어 아키텍처 핸드북에서 많이 볼 수 있다.

블록 다이어그램은 시스템 개발 프로세스에 관여하는 서로 다른 분야의 사람들이 시스템 구조를 쉽게 이해할 수 있는 상위 수준의 그림으로 보여준다. Bass 등(Bass, Clements, and Kazman 2012)은 아키텍처를 기술하는 데 비정형적인 블록 다이어그램이 많이 사용되고 있음에도 불구하고 이를 선호하지 않는다. 비정형적인 다이어그램은 시스템 컴포넌트 간 관계의 유형을 보여주지 못하고 컴포넌트가 외부로 보여주는 속성도 표현하지 못하기 때문에 아키텍처 표현으로는 적절하지 않다고 주장한다.

아키텍처 이론과 산업 실무 간 명백한 모순이 생기는 것은 아키텍처 모델이 사용되는 두 가지 방법이 있기 때문이다.

1. **시스템 설계에 대한 논의를 장려하기 위한 방법**: 시스템의 상위 수준 아키텍처 뷰는 상세한 내용으로 복잡하지 않으므로 시스템 이해당사자들 간 의사소통과 프로젝트 계획수립에 유용하다. 이해당사자들은 아키텍처 관점에 관련될 수 있고 시스템에 대한 추상적인 뷰를 이해할 수 있다. 그들은 시스템을 세부 사항에 의해 혼동되지 않고 시스템을 전체로서 논의할 수 있다. 아키텍처 모델은 개발할 주요 컴포넌트들을 식별하므로 관리자들이 시스템 개발을 계획하기 위하여 인력 배치를 시작할 수 있다.
2. **설계한 아키텍처를 문서화하는 방법**: 이 방법의 목표는 시스템의 서로 다른 컴포넌트들과 그들의 인터페이스와 그들의 연결을 보여주는 완전한 시스템 모델을 작성하는 것이다. 이 같은 모델에 대한 요지는 상세한 아키텍처 기술은 시스템을 이해하고 발전시키는 것을 쉽게 한다는 것이다.

블록 다이어그램은 소프트웨어 설계 프로세스에 관여하는 사람들 사이의 의사소통을 지원한다. 블록 다이어그램은 직관적이며, 도메인 전문가들과 소프트웨어 엔지니어들이 다이어그램에 관련될 수 있고 시스템에 대한 토론에 참여할 수 있다. 관리자들은 블록 다이어그램이 프로젝트를 계획하는 데 도움이 된다는 것을 알았다. 많은 프로젝트에서 블록 다이어그램은 단지 아키텍처 기술이다.

이상적으로는 시스템의 아키텍처를 자세히 문서화한다면 아키텍처 기술을 위하여 더 엄격한 표기법을 사용하는 것이 낫다. 다양한 아키텍처 기술 언어들이 이런 목적으로 개발되었다(Bass, Clements, and Kazman 2012). 더 자세하고 완전한 기술은 아키텍처 컴포넌트 간 관계를 잘못 이해할 여지를 줄인다는 것을 의미한다. 그러나 상세한

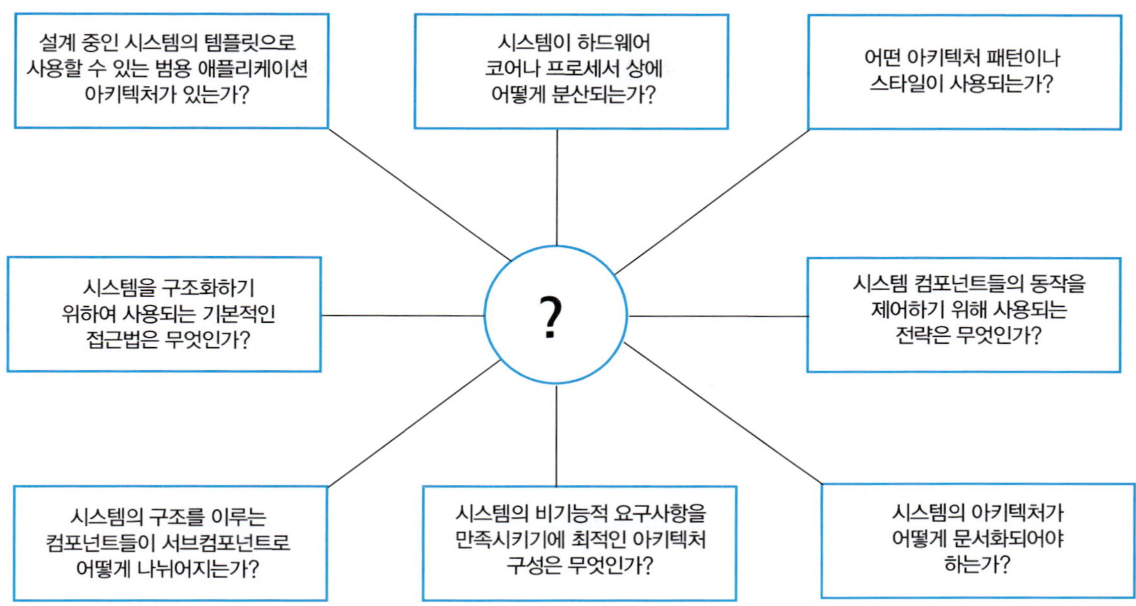

그림 6.2 아키텍처 설계 결정

아키텍처 기술을 작성하는 것은 비싸고 시간이 걸리는 프로세스이다. 이런 접근법이 널리 사용되지 않기 때문에 이것이 비용효과적인지 아는 것은 현실적으로 불가능하다.

6.1 아키텍처 설계 결정

아키텍처 설계는 시스템의 기능적, 비기능적 요구사항을 만족시키기 위한 시스템 구조를 설계하는 창의적인 프로세스이다. 아키텍처 설계 프로세스에 정해진 방법은 없으며, 개발되는 시스템의 유형, 시스템 아키텍트의 배경지식과 경험, 그리고 시스템의 특유의 요구사항에 좌우된다. 결과적으로 아키텍처 설계는 일련의 활동이라기보다 연속적인 결정이라고 여기는 것이 좋다고 생각한다.

아키텍처 설계 프로세스 중에는 시스템 아키텍트가 시스템과 그 개발 프로세스에 심오한 영향을 주는 수많은 구조적 결정을 내려야 한다. 시스템 아키텍트의 지식과 경험을 기반으로 그림 6.2에 보인 기본적인 질문들이 고려되어야 한다.

개별 소프트웨어 시스템은 유일하지만, 동일한 응용 도메인의 시스템들은 종종 도메인의 근본적인 개념을 반영하는 유사한 아키텍처를 가진다. 예를 들어 응용 제품 라인은 핵심 아키텍처에 특정 고객 요구사항을 만족시키는 변형을 추가하여 만들어진 애플리케이션들이다. 시스템 아키텍처를 설계할 때 광범위한 애플리케이션 클래스와 시스템의 공통점이 무엇인지 결정하여야 하고, 이들 애플리케이션 아키텍처에서 재사용할 수 있는 지식이 얼마나 되는지를 결정하여야 한다.

임베디드 시스템과 PC나 모바일 기기를 위해 설계된 앱에 대해서는 시스템을 위해 분산 아키텍처를 설계할 필요는 없다. 그러나 대다수의 큰 시스템들은 시스템 소프트웨어가 여러 컴퓨터에 걸쳐 분포되어 있는 분산 시스템이다. 분산 아키텍처의 선택은 시스템의 성능과 신뢰성에 영향을 주는 핵심 결정이다. 이것은 그 자체로도 주요한 주제이며 17장에서 다루어진다.

소프트웨어 시스템의 아키텍처는 특정 아키텍처 패턴 또는 스타일(두 용어는 같은 것을 의미하게 됨)에 기반을 둘 수 있다. 아키텍처 패턴은 클라이언트-서버 구조 또는 계층 아키텍처와 같이 시스템 구조를 기술한 것이다(Garlan and Shaw 1993). 아키텍처 패턴은 다양한 소프트웨어 시스템에서 사용되어 온 아키텍처의 핵심을 담아낸 것이다. 시스템의 아키텍처에 대해 결정할 때 공통 패턴들이 어디에 사용되는지, 강점과 약점이 무엇인지 알고 있어야 한다. 6.3절에서 자주 사용되는 몇몇 패턴을 다룬다.

Garlan과 Shaw의 아키텍처 스타일 개념은 그림 6.2에 보인 기본적인 아키텍처 관련 질문들 중 4에서 6까지를 포함한다. 시스템 요구사항을 만족시킬 수 있게 해 주는 클라이언트-서버 또는 계층 구조와 같이 가장 적절한 구조를 선택해야 한다. 구조적 시스템 단위를 분해하기 위해서 컴포넌트를 서브컴포넌트로 나누는 전략이 필요하다. 마지막으로 제어 모델링 프로세스에서 시스템의 다양한 부분들 간의 일반적 제어 관계 모델을 개발하고 어떻게 컴포넌트의 실행이 제어될 것인지 결정을 내린다.

비기능적 특성과 소프트웨어 아키텍처 간에는 밀접한 관계가 있기 때문에 아키텍처 스타일과 구조의 선택은 시스템의 비기능적 요구사항에 좌우된다.

1. **성능:** 성능이 중대한 요구사항이면 네트워크에 걸쳐 분산된 것보다 같은 컴퓨터에 배치된 소수의 컴포넌트 안에 중요한 작업이 모이도록 아키텍처가 설계되어야 한다. 이것은 작고 세분화된 컴포넌트보다는 상대적으로 큰 몇 개의 컴포넌트를 사용하는 것을 의미할 수 있다. 큰 컴포넌트를 사용하는 것은 연관된 시스템 기능 사이 상호 작용의 대부분의 컴포넌트 내부에서 일어나므로 컴포넌트 통신 횟수가 줄어든다. 시스템이 중복되거나 서로 다른 프로세서에 실행되는 것을 허용하는 런타임 시스템 구성을 고려할 수 있다.

2. **보안성:** 보안이 중대한 요구사항이면 아키텍처에 계층 구조가 사용되어야 하는데, 가장 중요한 자산이 가장 안쪽 계층에서 보호되고 높은 수준의 보안 검증이 이 계층에 적용된다.

3. **안전성:** 안전이 중대한 요구사항이면 안전 관련 작업이 단일 컴포넌트나 소수의 컴포넌트에 같이 배치되도록 아키텍처가 설계되어야 한다. 이것은 안전 검증 비용과 문제를 줄이고 장애가 일어났을 때 안전하게 시스템을 종료시킬 수 있는 관련된 보호 시스템을 제공할 수 있다.

4. **가용성:** 가용성이 중대한 요구사항이면 중복 컴포넌트를 포함하여 시스템의 중단 없이 컴포넌트를 교체하고 갱신하는 것이 가능하게 아키텍처가 설계되어야 한다. 고가용성 시스템을 위한 결함내성 시스템 아키텍처를 11장에서 설명한다.

5. **유지보수성:** 유지보수성이 중대한 요구사항이면, 변경이 용이한 세분화되고 독립적인 컴포넌트를 사용하도록 시스템 아키텍처가 설계되어야 한다. 데이터 생산자는 소비자와 분리되어야 하며 데이터 구조를 공유하는 것은 피해야 한다.

분명히 어떤 아키텍처들 사이에는 잠재적인 충돌이 있다. 예를 들어 큰 컴포넌트는 성능을 개선하고 작고 세분화된 컴포넌트는 유지보수성을 개선한다. 성능과 유지보수성 둘 다 중요한 시스템 요구사항이면 어느 정도 타협점을 찾아야 한다. 가끔 분리된 시스템 부분들에 서로 다른 아키텍처 패턴이나 스타일을 사용함으로써 이것을 할 수 있다. 이제 보안은 거의 항상 중요한 요구사항이고 다른 비기능적 요구사항이 만족되면서도 보안을 유지하는 아키텍처를 설계하여야 한다.

시스템이 사용될 때 시스템이 얼마나 기능적, 비기능적 요구사항을 만족시키는지가 아키텍처의 진정한 시험이기 때문에 아키텍처 설계를 평가하는 것은 어렵다. 그러나 설계를 참조 아키텍처 또는 일반 아키텍처 패턴과 비교하여 어느 정도 평가하는 것은 가능하다. 몇몇 아키텍처 패턴의 비기능적 특성에 대한 Bosch (Bosch 2000)의 설명은 아키텍처 평가에 도움이 된다.

6.2 아키텍처 뷰

이 장의 도입부에서 소프트웨어 시스템의 아키텍처 모델이 소프트웨어 요구사항이나 설계에 대한 논의를 집중시키는 데 사용할 수 있다고 설명하였다. 그 외에도 아키텍처 모델은 설계 문서화에 사용될 수 있으므로 시스템의 상세 설계와 구현을 위한 기초로 사용될 수 있다. 이 절에서는 두 가지 모두와 관련된 이슈를 논의한다.

1. 시스템의 아키텍처를 설계하거나 문서화할 때 어떤 뷰나 관점이 유용한가?
2. 아키텍처 모델을 기술하기 위하여 어떤 표기법이 사용되어야 하는가?

그래픽 모델은 시스템의 한 가지 뷰나 관점만 보여줄 수 있기 때문에 시스템의 아키텍처와 관련된 모든 정보를 하나의 다이어그램에 표현하는 것은 불가능하다. 그래픽 모델은 시스템이 모듈들로 어떻게 분해되는지, 런타임 프로세스가 어떻게 상호 작용하는지, 또는 시스템 컴포넌트들이 네트워크에 걸쳐 분산되어 있는 서로 다른 방법들을 보여줄 수 있다. 이 모두가 서로 다른 시점에서 설계와 문서화 둘 다에 유용하므로 보통

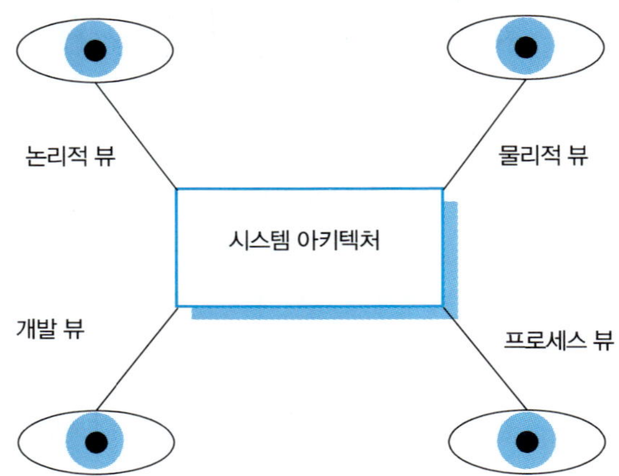

그림 6.3 아키텍처 뷰

소프트웨어 아키텍처의 여러 가지 뷰를 보여줄 필요가 있다.

어떤 뷰가 요구되는지는 서로 다른 의견이 있는데, Kruchen (Kruchen 1955)은 소프트웨어 아키텍처의 널리 알려진 4+1 뷰 모델에서 공통적인 유스케이스나 시나리오를 통해 연결될 수 있는 네 가지 기본적인 아키텍처 뷰가 있어야 한다고 제안하였다(그림 6.3). Kruchen은 다음 뷰들을 제안한다.

1. **논리적 뷰:** 객체 또는 객체 클래스로 시스템의 핵심 추상화를 보여주며 시스템 요구사항을 논리적 뷰의 개체들에 연관 짓는 것이 가능하여야 한다.
2. **프로세스 뷰:** 런타임에 시스템이 어떻게 상호 작용하는 프로세스들로 구성되는지 보여주며 이 뷰는 성능이나 가용성과 같은 비기능적 시스템 특성들을 판단하는 데 유용하다.
3. **개발 뷰:** 소프트웨어가 개발을 위해 어떻게 분해되는지를 보여준다. 소프트웨어를 단일 개발자나 개발 팀에서 구현할 컴포넌트들로 나눈 것을 보여준다. 이 뷰는 소프트웨어 관리자나 프로그래머를 위해 유용하다.
4. **물리적 뷰:** 시스템 하드웨어와 소프트웨어 컴포넌트들이 시스템의 프로세서에 어떻게 분산되는지를 보여주는 이 뷰는 시스템 배치를 계획하는 시스템 엔지니어에게 유용하다.

Hofmeister 등(Hofmeister, Nord, and Soni 2000)은 여기에 개념적 뷰 관념을 추가한 유사한 뷰들의 사용을 제안하였다. 이 뷰는 상위 수준 요구사항을 더 자세한 명세로 분해하기 위한 기초가 될 수 있는 시스템의 추상적 뷰이며, 엔지니어들이 재사용할 수 있는 컴포넌트에 대한 결정을 내리는 것을 도와주고, 단일한 시스템이라기보다 제품 라인(15장에서 논의됨)을 표현한다. 포장 로봇의 아키텍처가 기술되어 있는 그림 6.1은 개념적 시스템 뷰의 예이다.

실제로는 시스템 아키텍처의 개념적 뷰가 거의 항상 설계 프로세스 중에 개발된다. 개념적 뷰는 시스템 아키텍처를 이해당사자들에게 설명하고 아키텍처 상의 의사 결정을 알리는 데 사용된다. 설계 프로세스 중에 시스템의 서로 다른 측면을 논의할 때 약간의 다른 뷰들도 개발될 수 있으나, 모든 관점에서 완전한 기술을 개발할 필요는 거의 없다. 시스템의 서로 다른 뷰들을 다음 절에서 논의되는 아키텍처 패턴과 연관시키는 것도 가능하다.

소프트웨어 아키텍트가 소프트웨어 아키텍처 기술과 문서화를 위해 UML을 이용해야 하는지에 대한 서로 다른 관점이 있다. 2006년의 연구(Lange, Chaudron, and Muskens 2006)는 UML이 사용되었을 때 대부분 비정형적인 방법으로 적용되었음을 보였다. 이 논문의 저자들은 이것이 좋지 않은 것이라고 주장하였다.

이 관점에 동의하지는 않지만, UML은 객체지향 시스템을 기술하기 위해 설계되었고 아키텍처 설계 단계에 종종 시스템을 상위 수준의 추상화로 기술하기를 원할 것이다. 객체 클래스들은 아키텍처 기술을 위해 유용하게 사용되기에는 구현에 너무 가깝다. 설계 프로세스 자체 과정에서는 UML이 유용하다고 생각하지 않으며 빠르게 작성하고 칠판에 쉽게 그릴 수 있는 비정형적인 표기법을 선호한다. UML은 아키텍처를 상세하게 문서화하거나 5장에서 논의된 모델 주도 개발을 사용할 때 가장 가치가 있다.

여러 연구자들(Bass, Clements, and Kazman 2012)이 시스템 아키텍처를 기술하기 위해 더 특수한 아키텍처 기술 언어(ADL)의 사용을 제안하였다. ADL의 기본 요소는 컴포넌트와 커넥터이며 잘 구성된 아키텍처를 위한 규칙과 가이드라인을 포함하고 있다. 그러나 ADL은 전문가 언어이기 때문에 도메인과 응용분야 전문가들은 ADL을 이해하고 사용하기 어렵다고 생각한다. 모델 주도 개발의 일부로서 도메인 한정적 ADL을 이용하는 것도 가치가 있으나, 주류 소프트웨어 공학 실무가 될 것이라고 생각하지 않는다. UML과 같이 비정형적인 모델과 표기법들이 가장 일반적으로 사용되는 시스템 아키텍처 문서화 방법으로 남을 것이다.

애자일 방법의 사용자들은 상세 설계 문서화는 거의 사용되지 않는다고 주장한다. 그러므로 이와 같은 문서를 작성하는 것은 시간과 돈의 낭비이다. 이런 관점에 주로 동의하며, Kruchen의 네 가지 관점에 따른 상세 아키텍처 기술을 작성하는 것은 중대한 시스템을 제외하고 가치가 없다. 의사소통을 위해 유용한 뷰를 개발하여야 하며 아키텍처 문서화가 완전한지에 대해 걱정할 필요는 없다.

6.3 아키텍처 패턴

소프트웨어 시스템에 대한 지식을 표현하고 공유하고 재사용하는 방법으로서 패턴의

이름	MVC(모델 뷰 제어기)
설명	시스템 데이터로부터 표현과 상호 작용을 분리시킨다. 시스템은 서로 상호 작용하는 세 개의 논리적 컴포넌트로 구조화된다. 모델 컴포넌트는 시스템 데이터와 데이터에 대한 오퍼레이션을 관리한다. 뷰 컴포넌트는 사용자에게 데이터가 어떻게 표현되는지를 정의하고 관리한다. 제어기 컴포넌트는 사용자 상호 작용(키 누름, 마우스 클릭 등)을 관리하고 이를 뷰와 모델에 전달한다. 그림 6.5를 참고하라.
예	그림 6.6은 MVC 패턴을 사용하여 구성된 웹 기반 애플리케이션 시스템의 아키텍처를 보여준다.
언제 사용되는가	데이터를 보여주고 상호 작용하는 방법이 여러 가지일 때 사용된다. 데이터의 표현과 상호 작용에 대한 추후 요구사항을 알 수 없을 때도 사용한다.
장점	데이터 표현과 무관하게 데이터를 변경할 수 있게 해 주며 그 반대도 마찬가지이다. 동일한 데이터를 서로 다른 방법으로 표현하는 것을 지원하며, 한 표현에 가해진 변경이 다른 표현에도 반영된다.
단점	데이터 모델과 상호 작용이 단순한 경우에는 추가 코딩과 코드의 복잡도가 단점이 될 수 있다.

그림 6.4 모델 뷰 제어기(MVC) 패턴

개념은 소프트웨어 공학의 여러 분야에 채택되었다. 시발점은 객체지향 설계 패턴에 관한 책의 출간이다(Gamma 등. 1995). 이것이 구조 설계를 위한 패턴(Coplien and Harrison 2004), 사용성 패턴(Usability Group 1998), 협동 상호 작용 패턴(Martin and Sommerville 2004), 형상관리 패턴(Berczuk and Appleton 2002)과 같이 다른 유형의 패턴 개발을 촉진하였다.

아키텍처 패턴은 1990년대에 "아키텍처 스타일"(Shaw and Garlan 1996)이라는 이름으로 제안되었다. 패턴 지향 소프트웨어 아키텍처에 관한 매우 상세한 다섯 권의 안내서들이 1996년과 2007년 사이에 출간되었다(Buschmann 등. 1996; Schmidt 등. 2000; Buschmann, Henney, and Schmidt 2007a, 2007b; Kircher and Jain 2004).

이 절에서는 아키텍처 패턴을 소개하고 공통적으로 사용되는 선별된 아키텍처 패턴에 대하여 간략하게 기술한다. 패턴은 설명 기술과 다이어그램을 섞어서 사용하는 표준 방법(그림 6.4와 그림 6.5)으로 기술될 수 있다. 패턴과 그 사용법에 대한 더 자세한 정보를 위해서는 출간되어 있는 패턴 안내서를 참고하여야 한다.

아키텍처 패턴은 서로 다른 시스템과 환경에서 시도되고 시험된 바람직한 사례를 양식화하고 추상화한 기술이라고 생각할 수 있다. 그러므로 아키텍처 패턴은 이전 시스템들에서 성공적이었던 시스템 구조를 기술하여야 한다. 해당 패턴을 언제 사용하기에 적절하고 적절하지 않은지에 대한 정보와 패턴의 강점과 약점에 대한 상세한 내용이 포함되어야 한다.

그림 6.4는 잘 알려진 모델인 모델 뷰 제어기(MVC) 패턴을 설명한다. 이 패턴은 많은 웹 기반 시스템에서 상호 작용 관리의 기반이고 대부분의 언어 프레임워크에서 지원된다. 양식화된 패턴 기술은 패턴 이름, 간단한 설명, 그래픽 모델, 패턴이 사용되는 시스템 유형의 예를 포함한다. 패턴이 사용되어야 할 때와 패턴의 장점과 단점에 대한

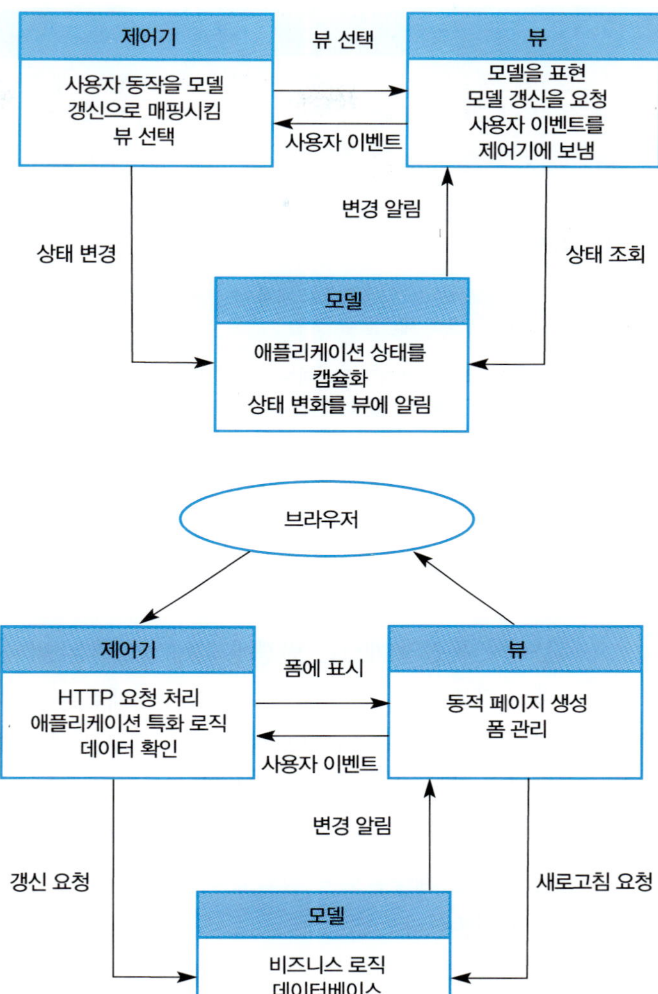

그림 6.5 모델 뷰 제어기 패턴의 구성

그림 6.6 MVC 패턴을 이용한의 애플리케이션 아키텍처

정보도 역시 포함되어야 한다.

MVC 패턴과 연관된 아키텍처의 그래픽 모델을 그림 6.5와 6.6에서 보여준다. 이들은 서로 다른 뷰에서의 아키텍처를 보여주는데, 그림 6.5는 개념적 뷰이고 그림 6.6은 웹 기반 시스템에서 상호 작용 관리를 위해 이 패턴이 사용될 때 런타임 시스템 아키텍처를 보여준다.

짧은 지면에 소프트웨어 개발에서 사용될 수 있는 일반 패턴 모두를 설명하는 것은 불가능하다. 그 대신 널리 사용되고 좋은 아키텍처 설계 원칙을 포함하는 패턴 예제 약간을 선별하여 제공한다.

이름	계층 아키텍처
설명	시스템을 계층들로 구성하고 각 계층은 관련된 기능을 수행한다. 각 계층은 상위 계층에 서비스를 제공하는데 가장 아래 계층은 시스템 전체에서 사용되는 핵심 서비스를 나타낸다. 그림 6.8을 참고하라.
예	학교에서 모든 과목의 학습을 지원하는 디지털 학습 시스템의 계층 모델 (그림 6.9)
언제 사용되는가	새로운 기능을 기존 시스템 위에 구축할 때, 개발을 여러 팀으로 나누어서 하고 각 팀이 기능 계층에 대한 책임이 있을 때, 다중수준 보안이 필요할 때 사용된다.
장점	인터페이스가 유지된다면 전체 계층을 대체하는 것이 가능하다. 시스템의 확실성을 향상시키기 위하여 중복된 기능(예를 들어 인증)이 각 계층에 제공될 수 있다.
단점	현실적으로 계층들을 명확하게 분리하는 것이 종종 어렵고, 상위 수준 계층이 바로 아래 계층을 통하지 않고 하위 수준 계층과 직접 상호 작용해야 할 수 있다. 서비스 요청이 각 계층에서 처리되면서 여러 단계에서 해석되므로 성능이 문제가 될 수 있다.

그림 6.7 계층 아키텍처 패턴

6.3.1 계층 아키텍처

분리와 독립의 개념은 변경에 의해 영향받는 범위를 작게 만들기 때문에 아키텍처 설계의 기본이다. 그림 6.4에 보인 MVC 패턴은 시스템의 요소들을 분리하여 독립적으로 변경될 수 있도록 하였다. 예를 들어 새로운 뷰를 추가하거나 기존 뷰를 변경하는 것이 모델에 있는 데이터에 어떠한 변경도 없이 가능하다. 계층 아키텍처 패턴은 분리와 독립을 이루는 또 다른 방법이다. 이 패턴을 그림 6.7에서 보였다. 여기서 시스템의 기능은 분리된 계층들로 구성되고 각 계층은 바로 아래 계층에서 제공하는 기능과 서비스에만 의존한다.

이와 같이 계층적인 접근은 시스템의 점증적 개발을 지원한다. 계층이 개발될 때 그 계층에서 제공되는 서비스의 일부는 사용자에게 제공될 수 있다. 이 아키텍처는 역시 변경가능하고 이식가능하다. 만일 인터페이스가 변경되지 않는다면 시스템의 다른 부분을

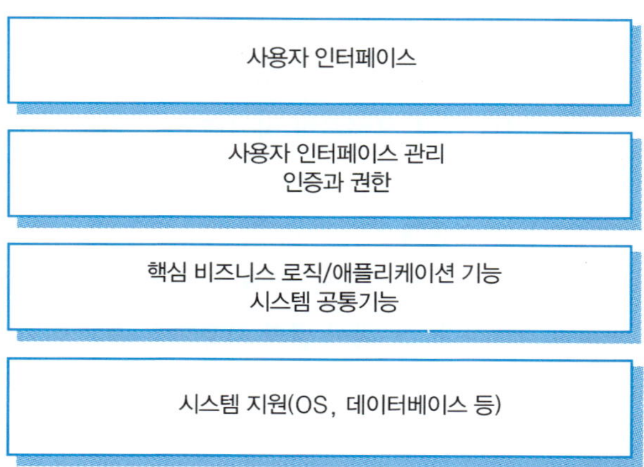

그림 6.8 범용 계층 아키텍처

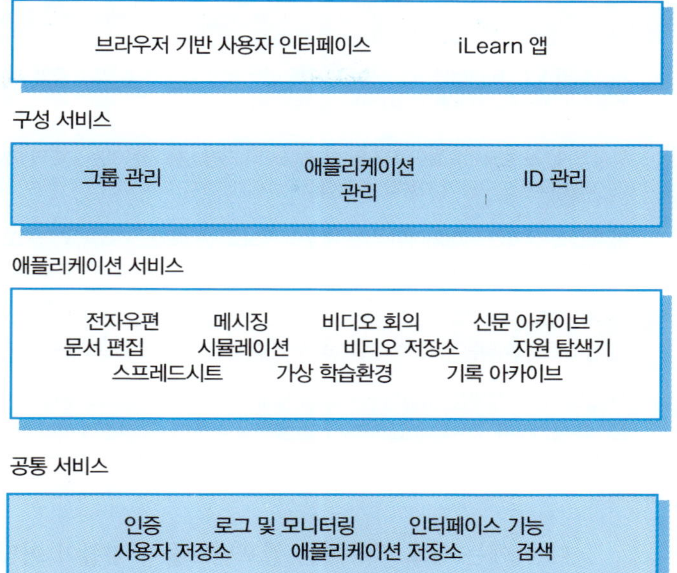

그림 6.9 iLearn 시스템 아키텍처

변경하지 않고 확장된 기능을 가지는 새로운 계층으로 기존의 계층을 대체할 수 있다. 더 나아가 계층 인터페이스가 변경되거나 계층에 새로운 기능이 추가되었을 때 인접한 계층만 영향을 받는다. 계층화된 시스템이 기계 의존성을 지역화하기 때문에 애플리케이션 시스템의 멀티 플랫폼 구현 제공을 쉽게 한다. 다른 운영체제나 데이터베이스를 고려하기 위하여 단지 기계 의존적인 계층만 다시 구현하면 된다.

그림 6.8은 네 계층이 있는 계층 아키텍처의 예이다. 가장 아래 계층은 전형적으로 데이터베이스나 운영체제 지원과 같은 시스템 지원 소프트웨어를 포함한다. 다음 계층은 애플리케이션 계층이고 애플리케이션 기능과 관련된 컴포넌트들과 다른 애플리케이션 컴포넌트에 의해 사용되는 유용한 컴포넌트들을 포함한다.

세 번째 계층은 사용자 인터페이스 관리와 사용자 인증 및 권한 부여 기능 제공과 관련되어 있고, 제일 위 계층은 사용자 인터페이스 기능을 제공한다. 물론 계층의 개수는 임의이다. 그림 6.6의 어떤 계층도 둘 또는 그 이상의 계층들로 나누어질 수 있다.

그림 6.9는 1장에서 소개되었던 네 계층 아키텍처를 가지고 이 패턴을 따르는 iLearn 디지털 학습 시스템을 보여준다. 계층 아키텍처 패턴의 다른 예는 그림 6.19에서 볼 수 있다(Mentcare 시스템의 구조를 보여주는 6.4절).

6.3.2 저장소 아키텍처

계층 아키텍처와 MVC 패턴은 제공되는 뷰가 시스템의 개념적 구조인 패턴의 예이다.

이름	저장소
설명	시스템의 모든 데이터는 모든 시스템 컴포넌트들이 접근할 수 있는 중앙 저장소에서 관리된다. 컴포넌트들은 직접 상호 작용하지 않고 저장소를 통해서만 상호 작용한다.
예	그림 6.11은 컴포넌트들이 시스템 설계 정보의 저장소를 사용하는 IDE의 예이다. 각 소프트웨어 도구들은 정보를 생성하며, 이를 다른 도구들이 사용할 수 있다.
언제 사용되는가	이 패턴은 장기간 저장되어야 하는 대량의 정보를 생성하는 시스템을 가지고 있을 때 사용해야 한다. 저장소에 데이터가 추가되면 어떤 행동이나 도구의 동작이 필요한 데이터 주도 시스템에서도 사용할 수 있다.
장점	컴포넌트들이 독립적이고 다른 컴포넌트들의 존재를 알 필요가 없다. 한 컴포넌트에 의한 변경이 모든 컴포넌트로 전파된다. 모든 데이터는 한 장소에 일관성 있게(예를 들어, 백업을 동시에 함) 관리된다.
단점	저장소가 단일 장애점(single point of failure)이므로 저장소의 문제는 전체 시스템에 영향을 끼친다. 모든 통신이 저장소를 통하도록 구성되어 있으므로 비효율적일 수 있다. 저장소를 여러 컴퓨터에 분산시키는 것은 어려울 수 있다.

그림 6.10 저장소 아키텍처

다음 예는 상호 작용하는 컴포넌트들이 집합이 어떻게 데이터를 공유하는지 기술하는 저장소 패턴이다(그림 6.10).

대량의 데이터를 사용하는 시스템들의 대부분을 공유 데이터베이스 또는 저장소 중심으로 구성한다. 그러므로 이 모델은 한 컴포넌트에서 생성된 데이터가 다른 컴포넌트에서 사용되는 응용분야에 적합하다. 이 유형의 시스템의 예는 명령과 제어 시스템, 경영 정보 시스템, 컴퓨터 지원 설계(CAD) 시스템, 대화식 소프트웨어 개발 환경 등이 있다.

그림 6.11은 저장소가 사용될 수 있는 경우를 설명한다. 이 다이어그램은 모델 주도 개발을 지원하는 여러 가지 도구들을 포함하는 IDE(통합 개발 환경)를 보여준다. 이 경우 저장소는 소프트웨어 변경을 기록하고 이전 버전으로 돌아가는 것이 가능한 버전 관리 환경(25장에서 논의됨)이다.

도구들을 저장소 주변에 구성하는 것은 대량의 데이터를 공유하는 효율적인 방법이다. 하나의 컴포넌트에서 다른 컴포넌트로 명시적으로 데이터를 전송할 필요가 없으나, 컴포넌트들은 합의된 저장소 데이터 모델에 따라 작동되어야 한다. 이는 불가피하게 각

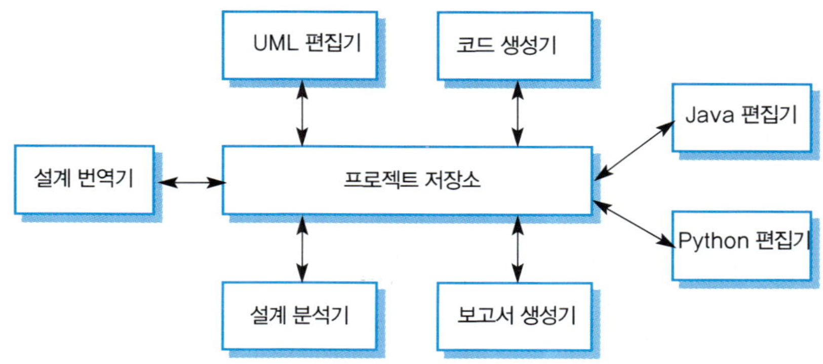

그림 6.11 IDE를 위한 저장소 아키텍처

도구의 특수한 요구들을 타협한 것이고, 새로운 컴포넌트의 데이터 모델이 합의된 스키마에 맞지 않으면 그 컴포넌트를 통합하는 것이 어렵거나 불가능할 수 있다. 실제로 저장소를 여러 대의 기계에 분산시키는 것은 어려울 수 있다. 논리적으로 집중되어 있는 저장소를 분산시키는 것은 가능하지만 이것은 데이터의 여러 사본을 유지하는 것이 수반된다. 데이터 사본의 일관성과 최신 값을 유지하는 것은 시스템에 추가 부담을 준다.

그림 6.11에 보인 저장소 아키텍처에서는 저장소가 수동적이고 제어는 저장소를 사용하는 컴포넌트들의 책임이다. 다른 접근법은 인공지능(AI) 시스템으로부터 파생되었으며, 특정 데이터가 사용 가능하게 되면 컴포넌트들을 동작시키는 “블랙보드” 모델을 사용한다. 이것은 저장소의 데이터가 비구조적일 때 적절하다. 어떤 도구가 작동될 것인지 결정은 데이터 분석했을 때만 내릴 수 있다. 이 모델은 Nii (Nii 1986)에 의해 소개되었고, Bosch (Bosch 2000)의 연구는 이 유형에 어떻게 시스템 품질 속성에 연관시킬지에 대한 좋은 논의를 포함하였다.

6.3.3 클라이언트-서버 아키텍처

저장소 패턴은 시스템의 정적 구조와 연관되어 있고 런타임 구성을 보여주지 못한다. 다음 예로 드는 클라이언트-서버 패턴(그림 6.12)은 분산 시스템을 위하여 공통적으로 사용되는 런타임 구성을 보여준다. 클라이언트-서버 패턴을 따르는 시스템은 서비스와 관련된 서버들의 집합으로서 구성된다. 이 모델의 주요 컴포넌트는 다음과 같다.

1. 서비스를 다른 컴포넌트에 제공하는 서버들의 집합. 서버의 예로서 프린팅 서비스를 제공하는 프린트 서버, 파일 관리 서비를 제공하는 파일 서버, 프로그래밍 언어 컴파일 서비스를 제공하는 컴파일 서버 등이 포함된다. 서버는 소프트웨어 컴포넌트이고 여러 서버가 같은 컴퓨터에서 실행될 수 있다.
2. 서버에 의해 제공되는 서비스를 요청하는 클라이언트들의 집합. 보통 서로 다른 컴퓨터에서 동시에 실행되는 클라이언트 프로그램의 여러 개의 인스턴스가 존재한다.
3. 클라이언트가 서비스에 접근할 수 있게 해 주는 네트워크. 클라이언트-서버 시스템은 보통 인터넷 프로토콜을 이용하여 연결된 분산 시스템으로 구현된다.

클라이언트-서버 아키텍처는 보통 분산 시스템 아키텍처로 여겨지지만, 분리된 서버에서 실행되는 독립적인 서비스들의 논리적 모델이 단일 컴퓨터 상에 구현될 수 있다. 다시 말해, 중요한 이점은 분리와 독립이다. 서비스들과 서버들은 시스템의 다른 부분에 영향을 주지 않고 변경될 수 있다.

클라이언트들은 가용 서버와 서버가 제공하는 서비스의 이름을 알아야 할 수도 있

이름	클라이언트-서버
설명	클라이언트-서버 아키텍처에서는 시스템이 각 서비스가 독립적인 서버에 의해 제공되는 서비스들의 집합으로 표현된다. 클라이언트는 서비스의 사용자이며 서비스를 사용하기 위해 서버에 접속한다.
예	그림 6.13은 클라이언트-서버 시스템으로 구성된 영화와 비디오/DVD 라이브러리의 예이다.
언제 사용되는가	공유 데이터베이스에 있는 데이터를 여러 지역에서 접근해야 할 때 사용한다. 서버는 중복이 가능하므로 시스템의 부하 변동이 클 때도 사용할 수 있다.
장점	이 모델의 주요 장점은 서버가 네트워크 상에 분산될 수 있다는 것이다. 일반적인 기능(예를 들어, 프린팅 서비스)은 모든 클라이언트가 사용할 수 있으며 모든 서비스에 의해 구현될 필요가 없다.
단점	각 서비스가 단일 장애점(single point of failure)이므로 서비스 거부 공격(DoS)에 민감하다. 성능이 시스템뿐만 아니라 네트워크에도 영향을 받기 때문에 성능을 예측하기 어려울 수 있다. 서버를 서로 다른 기관에서 소유한다면 관리 문제가 발생할 수 있다.

그림 6.12 클라이언트-서버 아키텍처

다. 그러나 서버는 클라이언트가 누구인지 또는 몇 개의 클라이언트가 서비스에 접속하고 있는지 알 필요가 없다. 클라이언트는 서버에 의해 제공되는 서비스를 요청-응답 프로토콜(http와 같은)을 이용하는 원격 프로시저 호출을 통하여 접근하는데, 클라이언트가 서버에 요청하고 서버로부터 응답을 받을 때까지 기다린다.

그림 6.13은 클라이언트-서버 모델에 기반을 둔 시스템의 예이다. 이것은 영화와 사진 라이브러리를 제공하는 다중 사용자 웹 기반 시스템이다. 이 시스템에서 여러 서버들은 서로 다른 유형의 미디어를 관리하고 보여준다. 비디오 프레임은 상대적으로 해상도는 낮아도 빠르게 동시성을 가지고 전송될 필요가 있다. 비디오는 저장소에 압축되어 보관될 수 있고, 따라서 비디오 서버는 서로 다른 형식의 비디오 압축 및 압축 해제를 처리할 수 있다. 그러나 정지 화상은 고해상도로 유지되어야 하므로 별도의 서버에 유지하는 것이 적합하다.

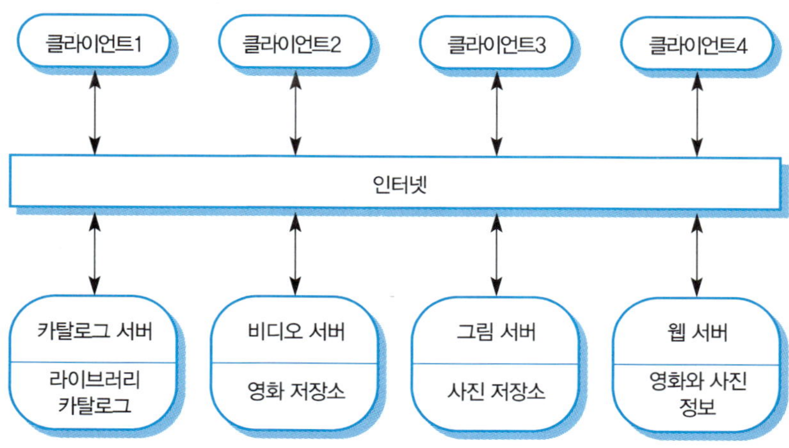

그림 6.13 영화 라이브러리를 위한 클라이언트-서버 아키텍처

카탈로그는 다양한 질의를 다룰 수 있어야 하고 영화와 비디오 클립, 사진과 영화와 비디오 클립의 판매를 지원하는 전자상거래 시스템에 관한 데이터를 포함하는 웹 정보 시스템에 대한 연결을 제공하여야 한다. 클라이언트 프로그램은 단순한 통합 사용자 인터페이스이고 이들 서버에 접속할 수 있는 웹브라우저로 구성되어 있다.

클라이언트-서버 모델의 가장 중요한 장점은 분산 아키텍처라는 것이다. 효과적인 사용은 여러 분산 프로세서가 있고 네트워크로 연결된 시스템으로 만들어질 수 있다. 새로운 서버를 추가하여 나머지 시스템과 통합하거나 시스템의 다른 부분에 영향을 주지 않고 서버를 업그레이드하는 것이 쉽다. 분산 아키텍처는 17장에서 다루며 클라이언트 서버 모델과 그 변형을 자세히 설명한다.

6.3.4 파이프 필터 아키텍처

마지막 예로 드는 일반적인 아키텍처 패턴은 파이프 필터 패턴이다(그림 6.14). 이것은 기능적 변환들이 입력과 출력을 처리하는 시스템의 런타임 구성 모델이다. 데이터가 하나의 변환에서 다른 변환으로 흘러가고 순서에 따라 가면서 변형된다. 각 처리 단계는 변환으로서 구현된다. 입력 데이터는 출력으로 바뀔 때까지 변환들을 통해 흘러간다. 변환은 순차적으로 또는 병렬적으로 실행될 수 있다. 데이터는 각 변환에 의해 항목 별로 처리되거나 한 번에 일괄 처리될 수 있다.

"파이프 필터"라는 이름은 프로세스들을 "pipe"를 이용하여 연결할 수 있는 Unix 시스템으로부터 온 것이다. 이것은 텍스트 흐름을 한 프로세스에서 다른 프로세스로 넘겨준다. 이 모델을 따르는 시스템들은 파이프와 Unix 쉘의 제어 기능을 이용하여 Unix

그림 6.14 파이프 필터 아키텍처

이름	파이프 필터
설명	시스템에서 데이터 처리는 각 처리 컴포넌트(필터)가 분리되어 있으며 한 가지 종류의 변환을 수행하도록 구성되어 있다. 데이터는 처리를 위해 한 컴포넌트에서 다른 컴포넌트로 흐른다(파이프).
예	그림 6.15는 송장 처리를 위한 파이프 필터 시스템의 예이다.
언제 사용되는가	입력으로부터 출력을 생성하기 위하여 개별적인 단계를 거치는 데이터 처리 애플리케이션(배치 및 트랜잭션 기반)에서 보통 사용된다.
장점	이해하기 쉽고 변환의 재사용을 지원한다. 워크플로 유형은 많은 비즈니스 프로세스의 구조와 일치한다. 변환을 추가하여 기능을 변경하는 것이 명료하다. 순차적 또는 병행 시스템으로 구현할 수 있다.
단점	데이터를 주고 받는 변환 간에 데이터 전송 형식이 일치해야 한다. 각 변환은 입력을 분석해야 하고 약속된 형식에 맞추어 출력을 생성해야 한다. 이는 시스템 부담을 증가시키며 호환되지 않는 데이터 구조를 사용하는 아키텍처 컴포넌트를 재사용할 수 없음을 의미한다.

명령의 조합으로 구현될 수 있다. **필터**라는 용어는 변환이 입력 데이터 흐름으로부터 처리할 수 있는 데이터를 "필터링"하기 때문에 사용된다.

이 패턴의 변종들은 컴퓨터가 자동 데이터 처리를 위해 처음 사용될 때부터 있었다. 변환의 일괄 데이터 처리가 순차적일 때, 파이프 필터 아키텍처 모델은 결제 시스템 같은 데이터 처리 시스템을 위한 공통 아키텍처인 일괄 순차 모델이 된다. 임베디드 시스템의 아키텍처도 각 프로세스가 동시에 실행되는 처리 파이프라인으로 구성될 수 있다. 임베디드 시스템에서 이 패턴의 사용은 21장에서 다룬다.

일괄처리 애플리케이션에서 사용되는 이 유형의 시스템 아키텍처의 예를 그림 6.15에 보였다. 기관이 고객에게 송장을 발행하고, 일주일에 한 번씩 송장과 관련하여 지불된 것을 처리한다. 지불된 송장들에 대하여 영수증이 발행되고, 지불 기한 내에 지불되지 않은 송장에 대해서는 독촉장이 발행된다.

파이프 필터 시스템은 사용자 상호 작용이 제한되어 있는 일괄처리 시스템과 임베디드 시스템에 가장 적합하다. 대화식 시스템은 처리될 데이터 흐름이 필요하기 때문에 파이프 필터 모델을 이용하여 작성하기 힘들다. 단순한 텍스트 입출력은 이 방법으로 모델링될 수 있는 반면, 그래픽 사용자 인터페이스는 더 복잡한 입출력 형식과 마우스 클릭 또는 메뉴 선택과 같은 이벤트에 기반을 둔 제어 정책을 가진다. 이것을 파이프 필터 모델을 따르는 순차적 흐름으로 구현하는 것은 힘들다.

6.4 애플리케이션 아키텍처

애플리케이션 시스템은 비즈니스 또는 조직의 필요를 만족시키기 위한 것이다. 모든 비즈니스는 공통적인 부분이 많은데, 사람들을 고용하고 송장을 발행하고 계정을 관리할 필요가 있다. 같은 영역의 비즈니스는 그 영역에 특화된 공통 애플리케이션을 사용한다. 그러므로 일반적인 비즈니스 기능뿐만 아니라 모든 전화 회사는 통화를 연결하고 측정하며 네트워크를 관리하고 고객에게 청구서를 발행하는 시스템이 필요하다. 결과적으로

그림 6.15 파이프 필터 아키텍처의 예

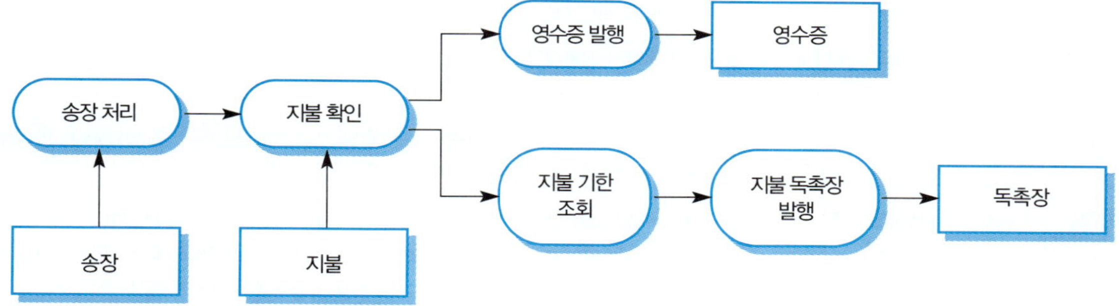

제어를 위한 아키텍처 패턴

시스템에서 제어를 구성하는 데 공통적으로 사용되는 방법을 반영한 특화된 아키텍처 패턴이 있다. 이것은 다른 컴포넌트들을 호출하는 하나의 컴포넌트를 사용하는 중앙 집중 제어와 시스템이 외부 이벤트에 반응하는 이벤트 기반 제어이다.

http://software-engineering-book.com/web/archpatterns/

이들 비즈니스에서 사용되는 애플리케이션 시스템들은 공통적인 부분을 많이 가진다.

이들 공통점이 특정 유형의 소프트웨어 시스템의 구조와 조직을 기술하는 소프트웨어 아키텍처 개발에 이르게 하였다. 애플리케이션 아키텍처는 시스템 클래스의 주요 특성을 포함한다. 예를 들어 실시간 시스템에서는 데이터 수집 시스템 또는 모니터링 시스템과 같이 서로 다른 시스템 유형의 일반 아키텍처 모델이 있을 수 있다. 이들 시스템의 인스턴스들이 상세한 부분에서는 다르지만, 같은 유형의 새로운 시스템을 개발할 때 공통적인 아키텍처 구조가 재사용될 수 있다.

새로운 시스템을 개발할 때 애플리케이션 아키텍처가 다시 구현될 수도 있다. 그러나 많은 비즈니스 시스템에서 새로운 애플리케이션을 생성하기 위하여 일반 애플리케이션 시스템이 구성될 때 애플리케이션 아키텍처 재사용은 암묵적이다. 이것은 회계 및 재고관리 시스템과 같이 전사적 자원 관리(ERP) 시스템들과 설정 가능한 기성품 애플리케이션 시스템들의 광범위한 사용에서 볼 수 있다. 이들 시스템은 표준 아키텍처와 컴포넌트를 가진다. 컴포넌트는 특정한 비즈니스 애플리케이션을 생성하기 위하여 설정되고 개조된다. 예를 들어 공급망 관리(SCM)를 위한 시스템은 다른 유형의 공급자, 상품, 계약 협정을 다루기 위해 개조될 수 있다.

소프트웨어 설계자는 여러 방법으로 애플리케이션 아키텍처 모델을 사용할 수 있다.

1. **아키텍처 설계 프로세스의 시작점:** 개발하는 애플리케이션 유형에 익숙하지 않으면 초기 설계를 일반 애플리케이션 아키텍처에 기반을 둘 수 있다. 그러고 나서 개발할 특정 시스템을 위해 특화시킨다.
2. **설계 점검표:** 애플리케이션 시스템을 위해 아키텍처 설계를 개발했다면 이것을 일반적인 애플리케이션 아키텍처와 비교할 수 있다. 설계가 일반적인 아키텍처와 일치하는지 점검할 수 있다.
3. **개발팀의 업무를 조직하는 방법:** 애플리케이션 아키텍처는 시스템 아키텍처의 안정된 구조적 특징들을 식별하는데, 많은 경우 이들을 동시에 개발하는 것이 가능하다. 아키텍처 내에서 서로 다른 컴포넌트를 구현하기 위하여 그룹 구성원들에게 업무를 할당할 수 있다.

애플리케이션 아키텍처

이 책의 웹 사이트에 애플리케이션 아키텍처의 몇 가지 예가 있다. 여기에는 일괄 데이터 처리 시스템, 자원 할당 시스템, 그리고 이벤트 기반 편집 시스템이 포함된다.

http://software-engineering-book.com/web/apparch/

4. **재사용할 컴포넌트를 평가하는 수단:** 컴포넌트들을 가지고 있다면 재사용할 수도 있고, 애플리케이션 아키텍처에 유사한 컴포넌트들이 있는지 이들을 일반적인 구조와 비교할 수 있다.
5. **애플리케이션에 관해 대화하는 용어:** 특정 애플리케이션에 대해 논의하거나 애플리케이션들을 비교하려고 한다면 일반적인 아키텍처에서 식별한 개념들을 이들 애플리케이션에 관해 대화하기 위해 사용할 수 있다.

애플리케이션 시스템에는 많은 유형이 있고, 어떤 경우 애플리케이션들이 매우 달라 보일 수 있다. 그러나 표면적으로는 유사성이 없는 애플리케이션들이 공통점을 많이 가지고 추상 애플리케이션 아키텍처를 공유할 수도 있다. 두 유형의 애플리케이션의 아키텍처를 기술하면서 이것을 설명한다.

1. **트랜잭션 처리 애플리케이션:** 트랜잭션 처리 애플리케이션은 정보에 대한 사용자 요청을 처리하고 데이터베이스의 정보를 갱신하는 데이터베이스 중심 애플리케이션이다. 이것은 대화식 비즈니스 시스템의 가장 흔한 유형이다. 사용자들의 행위가 서로 간섭하지 않도록 하고 데이터베이스의 무결성이 유지되도록 구성되어있다. 이 시스템 클래스에는 대화식 은행 시스템, 전자상거래 시스템, 정보 시스템, 예약 시스템 등이 포함된다.
2. **언어 처리 시스템:** 언어 처리 시스템은 사용자의 의도가 프로그래밍 언어와 같이 형식 언어로 표현되어 있는 시스템이다. 언어 처리 시스템은 언어를 처리하여 내부 형식으로 만들고 이 내부 표현을 해석한다. 가장 잘 알려진 언어 처리 시스템은 컴파일러인데, 상위 수준 언어로 작성된 프로그램을 기계어 코드로 번역한다. 그러나 언어 처리 시스템은 데이터베이스와 정보 시스템을 위한 명령어와, XML과 같은 마크업 언어를 해석하기 위해서도 사용된다.

이 두 가지 특정 유형의 시스템을 선택한 이유는 다수의 웹 기반 비즈니스 시스템이 트랜잭션 처리 시스템이고 모든 소프트웨어 개발이 언어 처리 시스템에 의존하기 때문이다.

6.4.1 트랜잭션 처리 시스템

트랜잭션 처리 시스템은 데이터베이스에 있는 정보에 대한 사용자 요청이나 데이터베이스 갱신을 위한 요청을 처리하기 위하여 설계되었다(Lewis, Bernstein, and Kifer 2003). 기술적으로 데이터베이스 트랜잭션은 연속된 작업의 일부이고 단일 단위(atomic 단위)로서 여겨진다. 한 트랜잭션 내의 모든 작업들은 데이터베이스 변경이 영구적으로 이루어지기 전에 완료되어야 한다. 이것은 한 트랜잭션 내에 있는 작업의 실패로 인하여 데이터베이스가 일관성 없는 상태에 이르지 않도록 보장한다.

사용자 관점에서 트랜잭션은 "런던발 파리행 비행편의 시간 검색"과 같은 목표를 만족시키기 위한 작업들의 일관된 순서이다. 만일 사용자 트랜잭션이 데이터베이스 변경을 필요로 하지 않으면 이것을 기술적 데이터베이스 트랜잭션으로서 묶어야 할 필요가 없을 수도 있다.

데이터베이스 트랜잭션의 예는 ATM을 이용하여 은행 계좌에서 돈을 인출하는 고객의 요청이다. 이것은 충분한 금액이 있는지 알아보기 위하여 고객 계좌 잔액을 확인하고 인출한 금액만큼 잔액을 수정하고 ATM에 현금을 지급하라고 명령을 보내는 것과 관련되어 있다. 모든 단계가 완료되기 전까지 트랜잭션은 불완전하고 고객 계좌 잔액은 변경되지 않는다.

트랜잭션 처리 시스템은 일반적으로 사용자가 서비스 요청을 비동기적으로 하는 대화식 시스템이다. 그림 6.16은 트랜잭션 처리 애플리케이션의 개념적 아키텍처 구조를 보여준다. 먼저 사용자가 입출력 처리 컴포넌트를 통하여 시스템에 요청하고, 요청은 애플리케이션 특화 논리로 처리된다. 트랜잭션이 생성되고 일반적으로 데이터베이스 관리 시스템에 내장되어 있는 트랜잭션 관리자에 전달된다. 트랜잭션 관리자가 트랜잭션이 제대로 완료되었음을 확인한 후 애플리케이션에 처리가 끝났다는 신호를 보낸다.

트랜잭션 처리 시스템은 시스템 컴포넌트가 입력과 처리와 출력을 책임지는 "파이프 필터" 아키텍처로서 구성될 수도 있다. 예를 들어 고객이 계정에 대해 질의하고 ATM에서 현금을 인출할 수 있는 은행 시스템을 고려하자. 시스템은 협력하는 두 소프트웨어 컴포넌트로 구성되는데, ATM 소프트웨어와 은행 데이터베이스 서버에 있는 계정 처리 소프트웨어이다. 입력과 출력 컴포넌트는 ATM에 있는 소프트웨어로서 구현되고 처리 컴포넌트는 은행 데이터베이스 서버의 일부이다. 그림 6.17은 이 시스템의 아키텍처를 보여주는데, 입력, 처리, 출력 컴포넌트들의 기능을 설명한다.

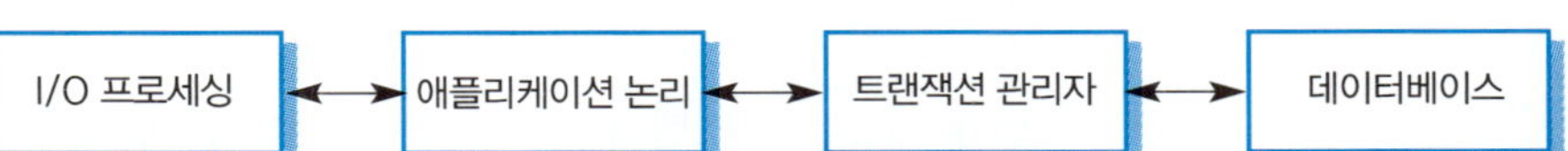

그림 6.16 트랜잭션 처리 애플리케이션의 구조

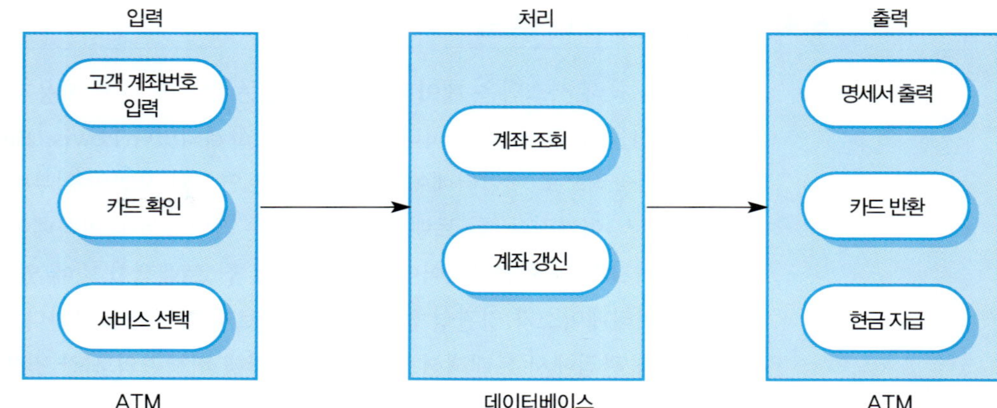

그림 6.17
ATM 시스템의 소프트웨어 아키텍처

6.4.2 정보 시스템

공유 데이터베이스와 상호 작용에 관련된 모든 시스템은 트랜잭션 기반 정보 시스템으로 여겨질 수 있다. 정보 시스템은 도서관 카탈로그, 항공편 시간표, 병원 환자 기록 등과 같이 대규모로 축적된 정보에 대한 통제된 접근을 가능하게 한다. 정보 시스템은 거의 항상 사용자 인터페이스가 웹브라우저로 구현된 웹 기반 시스템이다.

그림 6.18은 정보 시스템의 매우 일반적인 모델을 보여준다. 시스템은 최상위 계층이 사용자 인터페이스를 지원하고 최하위 계층이 시스템 데이터베이스인 계층 접근법(6.3절에서 논의된)을 이용하여 모델링되었다. 사용자 상호 작용 계층은 사용자 인터페이스로부터의 모든 입력과 출력을 다루고 정보 검색 계층은 데이터베이스 접근과 갱신을 위한 애플리케이션 특화 논리를 포함한다. 이 모델이 계층들은 분산 인터넷 기반 시스템의 서버로 직접 대응될 수 있다.

이 계층 모델의 인스턴스의 예로서 그림 6.19는 Mentcare 시스템의 아키텍처를 보여준다. 이 시스템이 정신 건강 문제에 대해 전문의와 상담한 환자들의 상세 정보를 유지하고 관리한다는 것을 상기하자. 사용자 상호 작용과 정보 검색과 접근을 지원하는 컴포넌트들을 식별하여 모델의 각 계층에 상세 내역을 추가하였다.

1. 최상위 계층은 브라우저 기반 사용자 인터페이스이다.
2. 두 번째 계층은 웹브라우저를 통해 전달되는 사용자 인터페이스 기능을 제공한다. 이것은 사용자가 시스템에 로그인할 수 있게 해주는 컴포넌트들과 사용자의 작업이 사용자 역할에 허용되는지 확인하는 검사 컴포넌트들을 포함한다. 이 계층은 사용자에게 정보를 제공하는 폼과 메뉴 관리 컴포넌트와 데이터 일관성을 검사하는 데이터 검증 컴포넌트를 포함한다.
3. 세 번째 계층은 시스템의 기능을 구현하고 시스템 보안, 환자 정보 생성 및 갱신, 다

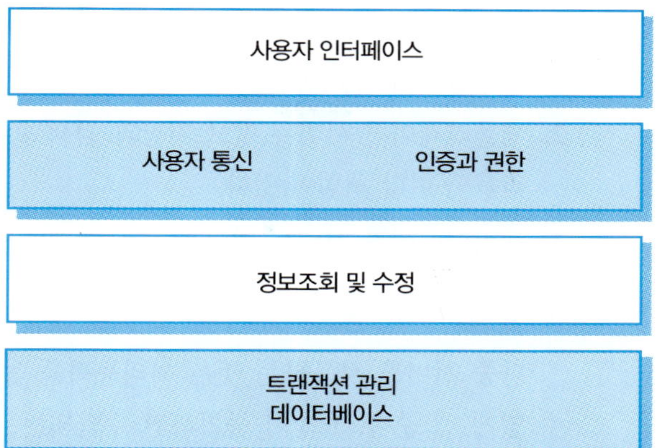

그림 6.18
계층화된 정보 시스템 아키텍처

른 데이터베이스에서 환자 데이터를 가져오기와 내보내기, 관리 보고서를 생성하는 보고서 생성기 등을 구현하는 컴포넌트들을 포함한다.

4. 마지막으로 상용 데이터베이스 관리 시스템을 이용하여 구축된 제일 아래 계층은 트랜잭션 관리와 영구적 데이터 저장을 제공한다.

정보와 자원 관리 시스템은 종종 트랜잭션 처리 시스템이다. 예를 들어 전자상거래 시스템은 물품 또는 서비스에 대한 전자 주문을 받고 상품과 서비스의 배송을 준비하는 인터넷 기반 자원관리 시스템이다. 전자상거래 시스템에서 애플리케이션 특화 계층은 사용자가 여러 트랜잭션에서 여러 개의 항목을 "장바구니"에 담아 두고 단일 트랜잭션에서 한 번에 지불하는 것을 지원하는 추가적인 기능을 포함한다.

이와 같은 시스템에서 서버의 구성은 보통 그림 6.18에 보인 네 계층의 일반 모델을 반영한다. 이 시스템들은 종종 다단 클라이언트-서버 아키텍처를 따르는 분산 시스템으로 구현된다.

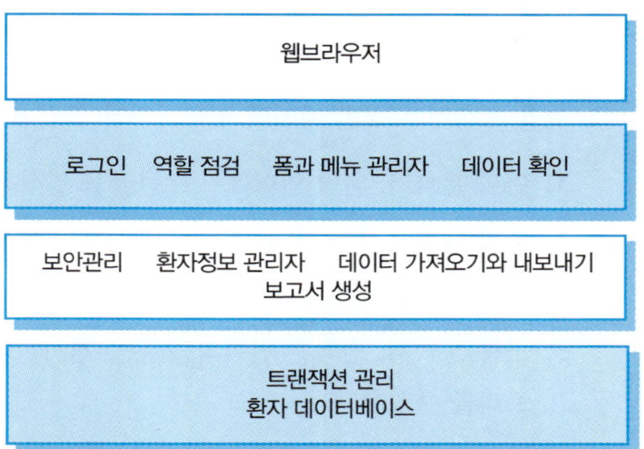

그림 6.19
Mentcare 시스템의 아키텍처

1. 웹 서버는 모든 사용자 상호 작용을 책임지고, 사용자 인터페이스는 웹브라우저를 이용하여 구현된다.
2. 애플리케이션 서버는 정보 저장과 검색 요청뿐만 아니라 애플리케이션에 특화된 논리를 구현할 책임이 있다.
3. 데이터베이스 서버는 정보를 데이터베이스로 들어가고 나오게 하고 트랜잭션 관리를 다룬다.

다중 서버를 사용하는 것은 처리능력을 높여주고 분당 수천 개의 트랜잭션을 다룰 수 있게 해 준다. 요청이 증가하면 수반되는 추가 처리를 대처할 수 있게 서버를 추가하는 것이 가능하다.

6.4.3 언어 처리 시스템

언어 처리 시스템은 한 언어를 그 언어의 다른 표현으로 번역하며, 프로그래밍 언어의 경우 결과 코드를 실행시킬 수도 있다. 컴파일러는 프로그래밍 언어를 기계어 코드로 번역한다. 다른 언어 처리 시스템들은 XML 데이터 기술을 데이터베이스 질의 명령어나 다른 XML 표현으로 변환한다. 자연어 처리 시스템은 어떤 자연어를 다른 언어로 변역할 수 있는데, 예를 들면 영어를 일본어로 바꾸는 것이다.

프로그래밍 언어를 위한 언어 처리 시스템에서 가능한 아키텍처를 그림 6.20에 나타내었다. 원시 언어 명령어들은 실행될 프로그램을 정의하는데, 번역기는 이것을 추상 기계를 위한 명령어들로 바꾼다. 그 다음 이 명령어들은 실행할 명령어를 가져가서 환경의 데이터를 이용(필요하다면)하여 명령을 실행시키는 또 다른 컴포넌트에 의해 해석된다. 처리의 출력은 입력 데이터에 대한 명령어를 해석한 결과이다.

많은 컴파일러에서 해석기는 기계어를 처리하는 시스템 하드웨어이고, 추상 기계는 실제 프로세서이다. 그러나 Ruby 또는 Python과 같이 동적 타입 언어에서 해석기는 소프트웨어 컴포넌트이다.

프로그래밍 언어 컴파일러는 일반적인 프로그래밍 환경의 일부이며, 다음 컴포넌트들을 포함하는 일반 아키텍처를 가진다(그림 6.21).

1. 어휘 분석기: 입력 언어에서 토큰들을 인식하여 내부 형태로 변환한다.
2. 심벌 테이블: 변역될 텍스트에서 사용된 개체들(변수, 클래스 이름, 객체 이름 등)의 이름에 대한 정보를 관리한다.
3. 구문 분석기: 번역할 언어의 구문을 검사한다. 언어에 정의된 문법을 이용하고 구문 트리를 생성한다.

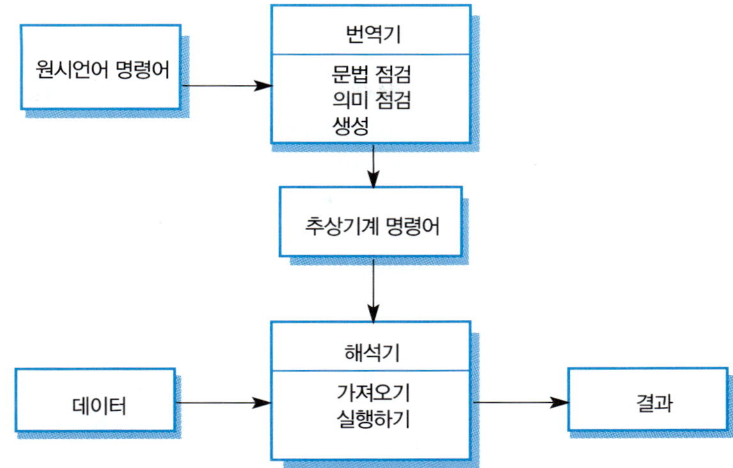

그림 6.20 언어처리 시스템의 아키텍처

4. 구문 트리: 컴파일되는 프로그램을 내부 구조로 표현한 것이다.
5. 의미 분석기: 입력 언어 텍스트의 의미 정확성을 점검하기 위하여 구문 트리와 심벌 테이블의 정보를 이용한다.
6. 코드 생성기: 구문 트리를 "따라가면서" 추상 기계어 코드를 생성한다.

생성된 기계어 코드의 효율을 개선하고 중복을 제거하기 위하여 구문 트리를 분석하고 변환하는 다른 컴포넌트들도 포함될 수 있다. 자연어 번역기처럼 다른 유형의 언어 처리 시스템에서는 사전과 같은 추가의 컴포넌트가 있을 것이다. 이 시스템의 출력은 입력 텍스트의 번역이다.

그림 6.21은 어떻게 언어 처리 시스템이 통합 프로그래밍 지원 도구 집합의 일부가 될 수 있는지 보여준다. 이 예에서 심벌 테이블과 구문 트리는 중앙 정보 저장소 역할을 한다. 도구나 도구의 일부는 저장소를 통해 통신한다. 때때로 도구에 내장되어 있는

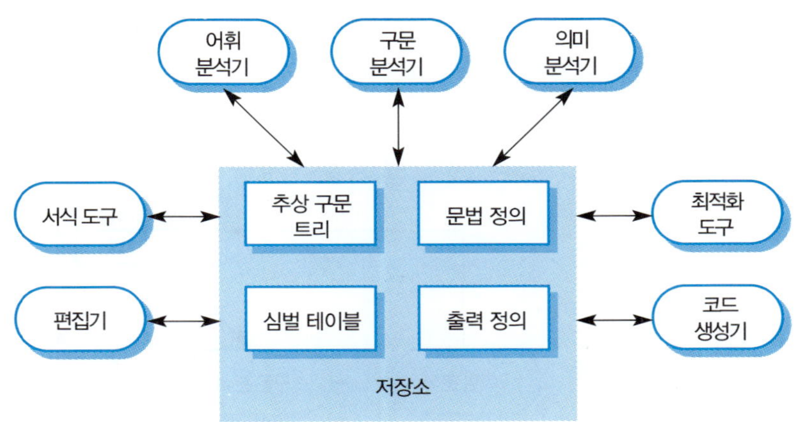

그림 6.21 언어처리 시스템을 위한 저장소 아키텍처

참조 아키텍처

참조 아키텍처는 어떤 도메인의 시스템 아키텍처에서 중요한 특징을 추출한 것이다. 본질적으로 참조 아키텍처는 해당 응용분야 아키텍처에 있어야 하는 모든 것을 포함할 수 있는데, 실제로 개별 애플리케이션이 참조 아키텍처에 있는 모든 기능을 포함할 가능성은 거의 없다. 참조 아키텍처의 주요 목적은 설계 제안을 평가하고 비교하며 해당 도메인의 아키텍처 특성을 교육하기 위한 것이다.

http://software-engineering-book.com/web/refarch/

문법 정의와 프로그램 출력 형식 정의와 같은 정보를 도구에서 꺼내어 저장소에 넣어두었다. 따라서 구문 지향 편집기는 프로그램을 편집할 때 프로그램의 구문이 올바른지 검사할 수 있다. 프로그램 서식기는 서로 다른 구문 요소를 강조하여 읽고 이해하기 쉬운 프로그램을 목록을 생성할 수 있다.

그 외의 아키텍처 패턴이 언어 처리 시스템에 사용될 수 있다(Garlan and Shaw 1993). 컴파일러는 복합 저장소와 파이프 필터 모델을 이용하여 구현될 수 있다. 컴파일러 아키텍처에서 심벌 테이블은 공유 데이터를 위한 저장소이다. 어휘, 구문, 의미 분석의 단계들은 그림 6.22에 보인 것처럼 순차적으로 구성되고 공유 심벌 테이블을 통하여 통신한다.

언어 컴파일에서 파이프 필터 모델은 프로그램이 컴파일되어 사용자 상호 작용 없이 실행되는 일괄처리 환경에서 효율적이다. 예를 들어 XML 문서를 다른 것으로 번역하는 것이다. 컴파일러가 구조화된 편집 시스템, 대화식 디버거, 프로그램 서식기와 같은 다른 언어 처리 도구와 통합되었을 때는 파이프 필터 모델이 덜 효율적이다. 이 경우에는 한 컴포넌트의 변경이 다른 컴포넌트들에 바로 반영되어야 할 필요가 있다. 일반적인 언어지향 프로그래밍 환경을 구현한다면 그림 6.21에 보인 것처럼 시스템을 저장소 주변에 배치하는 것이 낫다.

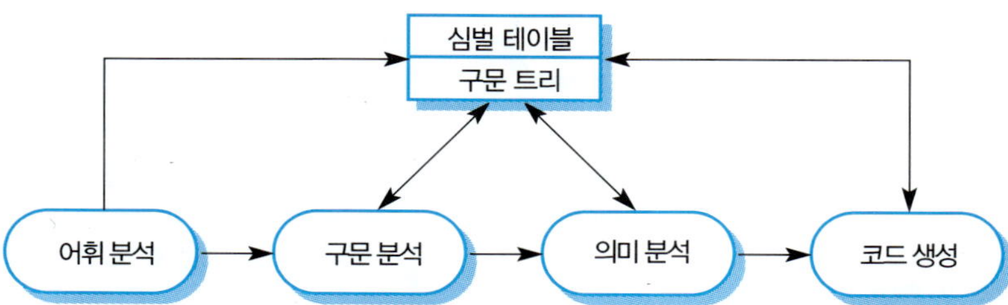

그림 6.22 파이프 필터 컴파일러 아키텍처

키 포인트

- 소프트웨어 아키텍처는 소프트웨어 시스템이 어떻게 구성되었는지 기술한 것이다. 성능, 보안성, 가용성과 같은 시스템의 특성들은 아키텍처에 영향 받는다.
- 아키텍처 설계 결정은 애플리케이션 유형, 시스템의 분배, 사용될 아키텍처 스타일, 아키텍처가 문서화되고 평가되는 방법에 대한 결정을 포함한다.
- 아키텍처는 여러 다른 관점 또는 뷰로 문서화될 수 있다. 가능한 뷰에는 개념적 뷰, 논리적 뷰, 프로세스 뷰, 개발 뷰, 물리적 뷰가 포함된다.
- 아키텍처 패턴은 일반 시스템 아키텍처에 대한 지식을 재사용하는 수단이다. 아키텍처 패턴은 아키텍처를 기술하고, 패턴이 사용될 수 있는 경우를 설명하고, 패턴의 장점과 단점을 집어낸다.
- 일반적으로 사용되는 아키텍처 패턴에는 모델 뷰 제어기, 계층 아키텍처, 저장소, 클라이언트-서버, 파이프 필터 등이 포함된다.
- 애플리케이션 시스템 아키텍처의 일반 모델은 애플리케이션의 동작을 이해하고, 같은 유형의 애플리케이션을 비교하고, 애플리케이션 시스템 설계를 확인하고, 재사용을 위한 대규모 컴포넌트를 평가하는 것을 도와준다.
- 트랜잭션 처리 시스템은 데이터베이스의 정보를 다수의 사용자가 원격으로 접근하고 변경할 수 있게 해 주는 대화형 시스템이다. 정보 시스템과 자원 관리 시스템은 트랜잭션 처리 시스템의 예이다.
- 언어 처리 시스템은 텍스트를 한 언어에서 다른 언어로 변역하고 입력 언어로 명시된 명령어를 수행하는 데 사용된다. 여기에는 번역기와 생성된 언어를 실행하는 추상 기계가 포함된다.

추가로 읽을거리

Software Architecture: Perspectives on an Emerging Discipline. 이것은 소프트웨어 아키텍처에 관한 첫 번째 책이며 여전히 의미 있는 서로 다른 아키텍처 스타일에 관한 좋은 논의이다. (M. Shaw and D. Garlan, 1996, Prentice-Hall).

"The Golden Age of Software Architecture." 이 논문은 소프트웨어 아키텍처의 발전을 1980년대 그 시작부터 21세기의 사용에 이르기까지 조사하였다. 기술적인 내용이 많지 않지만 흥미로운 역사적 개요이다. (M. Shaw and P. Clements, IEEE Software, 21 (2), March.April 2006) http://doi.dx.org/10.1109/MS.2006.58.

Software Architecture in Practice (3rd ed.) 이 책은 아키텍처 설계의 이점을 과장하지 않고 소프트웨어 아키텍처에 대해 실용적으로 논의한다. 왜 아키텍처가 중요한지 설명하면서 분명한 비즈니스 근거를 제공한다. (L. Bass, P. Clements, and R. Kazman, 2012, Addison-Wesley).

Handbook of Software Architecture. 이것은 초기에 소프트웨어 아키텍처를 널리 알린 사람 중 하나인 Grady Booch가 진행 중인 작업이다. 그는 다양한 범위의 소프트웨어 시스템들의 아키텍처를 문서화하여 학술적 추상화라기보다 실체를 알 수 있게 하였다. 웹에서 제공되며 책으로 출간할 의도가 있다. (G. Booch, 2014) http://www.handbookofsoftwarearchitecture.com/

웹 사이트

이 장의 파워포인트 슬라이드:

https://iansommerville.com/software-engineering-book/slides

관련 비디오 링크:

https://iansommerville.com/software-engineering-book/videos/req/

연습문제

6.1. 시스템을 기술할 때 요구사항 명세가 완성되기 전에 시스템 아키텍처 설계를 시작해야 할 수도 있는지 이유를 설명하라.

6.2. 새로운 프로젝트를 위한 시스템 아키텍트 채용을 정당화하기 위하여 비기술분야 관리자에게 발표할 자료를 준비해야 한다. 소프트웨어 아키텍트의 중요성을 설명할 발표에서 핵심을 설정하기 위한 중요 항목들을 작성하라.

6.3. 성능과 보안성은 소프트웨어 시스템의 아키텍처를 설계할 때 상충하는 비기능적 요구사항으로 제기될 수 있다. 이것을 지지하는 주장을 제시하라.

6.4. 다음 시스템들을 위한 개념적인 뷰와 프로세스 뷰를 보여주는 다이어그램을 작성하라.

기차역에서 승객에 의해 사용되는 발권기

영상, 소리, 컴퓨터 데이터가 동시에 여러 참여자에게 제공되는 컴퓨터 제어 비디오 컨퍼런스 시스템

복도와 같이 비교적 단순한 공간을 청소하도록 의도된 로봇 청소기

6.5. 드론이 자율적으로 농장의 가축을 무리 짓게 하는 소프트웨어 시스템을 구축한다. 드론은 사람에 의해 원격으로 조종될 수도 있다. 어떻게 복수의 아키텍처 패턴이 이 시스템을 구축하는 데 도움이 되도록 함께 어울릴 수 있는지 설명하라.

6.6. 인터넷에서 음악을 판매하고 배포하는데 사용되는 시스템(iTunes와 같은)을 위한 아키텍처를 제안하라. 제안한 아키텍처는 어떤 아키텍처 패턴을 기초로 하였는가?

6.7. 건물, 운송수단, 장비와 같은 공공설비 회사가 소유한 자산 정보를 관리하기 위하여 정보 시스템을 개발한다. 이 시스템으로 새로운 자산 정보가 들어오면 현장에서 일하는 직원이 모바일 기기를 이용하여 갱신할 수 있게 할 것이다. 회사는 시스템에 통합되어야 하는 기존의 자산 데이터베이스를 여러 개 가지고 있다. 그림 6.18의 일반 정보 시스템 아키텍처를 기반으로 이 자산관리 시스템을 위한 계층 아키텍처를 설계하라.

6.8. 이 장에서 제시된 언어 처리 시스템의 일반 모델을 이용하여 자연어 명령을 받아들여 SQL과 같은 데이터베이스 질의어로 번역하는 시스템의 아키텍처를 설계하라.

6.9. 그림 6.18에 제시된 정보 시스템의 기본 모델을 이용하여 사용자가 박스 오피스 행사 보기, 구매가능한 표 보기, 표 가격 보기, 표 구매가 가능한 정보 시스템의 부분으로 사용될 수 있는 컴포넌트들을 제안하라.

6.10. 소프트웨어 시스템 아키텍처를 설계하기 위하여 독립적으로 고객과 일하는 역할의 "소프트웨어 아키텍트"라는 별도의 직업이 있어야 하는가? 그런 경우 별도의 소프트웨어 회사가 시스템을 구현할 것이다. 이와 같은 직업을 자리 잡게 하는 데 어떤 어려움이 있는가?

참고문헌

Bass, L., P. Clements, and R. Kazman. 2012. *Software Architecture in Practice (3rd ed.)*. Boston: Addison-Wesley.

Berczuk, S. P., and B. Appleton. 2002. *Software Configuration Management Patterns: Effective Teamwork, Practical Integration.* Boston: Addison-Wesley.

Booch, G. 2014. "Handbook of Software Architecture." http://handbookofsoftwarearchitecture. com/

Bosch, J. 2000. *Design and Use of Software Architectures.* Harlow, UK: Addison-Wesley.

Buschmann, F., K. Henney, and D. C. Schmidt. 2007a. *Pattern-Oriented Software Architecture Volume 4: A Pattern Language for Distributed Computing.* New York: John Wiley & Sons.

———. 2007b. *Pattern-Oriented Software Architecture Volume 5: On Patterns and Pattern Languages.* New York: John Wiley & Sons.

Buschmann, F., R. Meunier, H. Rohnert, and P. Sommerlad. 1996. Pattern–Oriented Software Architecture Volume 1: *A System of Patterns*. New York: John Wiley & Sons.

Chen, L., M. Ali Babar, and B. Nuseibeh. 2013. "Characterizing Architecturally Significant Requirements." *IEEE Software* 30 (2): 38–45. doi:10.1109/MS.2012.174.

Coplien, J. O., and N. B. Harrison. 2004. *Organizational Patterns of Agile Software Development.* Englewood Cliffs, NJ: Prentice-Hall.

Gamma, E., R. Helm, R. Johnson, and J. Vlissides. 1995. *Design Patterns: Elements of Reusable Object-Oriented Software.* Reading, MA: Addison-Wesley.

Garlan, D., and M. Shaw. 1993. "An Introduction to Software Architecture." *In Advances in Software Engineering and Knowledge Engineering,* edited by V. Ambriola and G. Tortora, 2:1–39. London:

World Scientific Publishing Co.

Hofmeister, C., R. Nord, and D. Soni. 2000. *Applied Software Architecture.* Boston: Addison-Wesley.

Kircher, M., and P. Jain. 2004. *Pattern-Oriented Software Architecture Volume 3: Patterns for Resource Management.* New York: John Wiley & Sons.

Krutchen, P. 1995. "The 4+1 View Model of Software Architecture." *IEEE Software* 12 (6): 42–50. doi:10.1109/52.469759.

Lange, C. F. J., M. R. V. Chaudron, and J. Muskens. 2006. "UML Software Architecture and Design Description." *IEEE Software* 23 (2): 40 – 46. doi:10.1109/MS.2006.50.

Lewis, P. M., A. J. Bernstein, and M. Kifer. 2003. *Databases and Transaction Processing: An Application-Oriented Approach.* Boston: Addison-Wesley.

Martin, D., and I. Sommerville. 2004. "Patterns of Cooperative Interaction: Linking Ethnomethodology and Design." *ACM Transactions on Computer-Human Interaction* 11 (1) (March 1): 59 – 89. doi:10.1145/972648.972651.

Nii, H. P. 1986. "Blackboard Systems, Parts 1 and 2." *AI Magazine 7* (2 and 3): 38 – 53 and 62 – 69. http://www.aaai.org/ojs/index.php/aimagazine/article/view/537/473

Schmidt, D., M. Stal, H. Rohnert, and F. Buschmann. 2000. *Pattern-Oriented Software Architecture Volume 2: Patterns for Concurrent and Networked Objects.* New York: John Wiley & Sons.

Shaw, M., and D. Garlan. 1996. *Software Architecture: Perspectives on an Emerging Discipline.* Englewood Cliffs, NJ: Prentice-Hall.

Usability Group. 1998. "Usability Patterns". University of Brighton. http://www.it.bton.ac.uk/ Research/patterns/home.html

7

설계와 구현

Design and implementation

학습목표

이 장의 목표는 UML을 이용한 객체 지향 소프트웨어 설계를 소개하고 중요한 구현 관련사항들을 밝히는 것이다. 이 장을 통해 학습할 내용들은 다음과 같다.

- 일반적인 객체 지향 설계 프로세스에서 가장 중요한 활동들을 이해한다.
- 객체 지향 설계를 문서화하는 데 사용될 수 있는 몇몇 다른 모델들을 이해한다.
- 디자인 패턴의 개념과 어떻게 디자인 패턴이 설계 지식과 경험을 재사용하는 방법인지 알게 된다.
- 소프트웨어 재사용과 오픈 소스 개발을 포함하여 소프트웨어를 구현할 때 고려해야 할 중요한 이슈들이 소개된다.

학습내용

소프트웨어 설계와 구현은 실행 가능한 소프트웨어 시스템이 개발되는 소프트웨어 공학 프로세스 단계이다. 몇몇 간단한 시스템에서의 소프트웨어 공학은 소프트웨어 설계와 구현을 의미하고 다른 모든 소프트웨어 공학 활동들은 이 프로세스에 병합된다. 그러나 큰 시스템에서는 소프트웨어 설계와 구현은 단지 많은 소프트웨어 공학 프로세스들(요구공학, 확인과 검증 등) 중 하나이다.

소프트웨어 설계와 구현은 필연적으로 중첩되는 활동이다. 소프트웨어 설계는 고객의 요구사항을 기반으로 하여 소프트웨어 컴포넌트들과 그들 간의 관계를 식별하는 창의적인 활동이다. 구현은 설계를 프로그램으로 실현하는 프로세스이다. 때때로 분리된 설계 단계가 있어 설계가 모델링되고 문서화된다. 다른 경우에는 설계는 프로그래머의 머리에 있거나 화이트보드나 종이에 개략적으로 스케치되어있다. 설계는 어떻게 문제를 풀 것인가에 관한 것이고 따라서 항상 설계 프로세스가 있다. 그러나 이것이 UML이나 다른 설계 기술 언어로 설계를 자세히 기술하는 것이 항상 필요하거나 적절하다는 것은 아니다.

설계와 구현은 밀접하게 연결되어 있고, 설계를 할 때 보통 구현 이슈들을 고려하여야 한다. 예를 들어 설계 문서화를 위해 UML을 사용하는 것은 Java나 C# 같은 객체 지향 언어로 프로그래밍을 한다면 적절하다고 할 수 있다. Python과 같은 동적 타입 언어를 이용하여 개발한다면 그것은 덜 유용할 것이다. 만일 기성품 패키지를 설정하여 시스템을 구현한다면 UML을 사용하는 것이 아무 소용이 없다. 3장에서 논의한 것처럼 애자일 방법은 보통 설계할 때 대략적인 스케치를 하고 설계 결정은 프로그래머에게 남겨둔다.

소프트웨어 프로젝트 초기 단계에 내려야 하는 가장 중요한 구현 결정 중 하나는 애플리케이션 소프트웨어를 구축할 것인지 구매할 것인지이다. 많은 유형의 애플리케이션 분야에 기성품 애플리케이션 시스템을 구매하여 사용자의 요구사항에 맞게 개조시키고 맞추는 것이 이제 가능해졌다. 예를 들어 의료 기록 시스템을 구축하기 원한다면 병원에서 이미 사용되고 있는 패키지를 구매할 수 있다. 이 같은 접근법이 전형적인 프로그래밍 언어로 새로운 시스템을 개발하는 것보다 보통 값싸고 빠르다.

기성 제품을 재사용하여 애플리케이션 시스템을 개발할 때 설계 프로세스는 어떻게 시스템 제품을 설정하여 응용 분야 요구사항을 만족시킬 것인지에 집중한다. 시스템 객체와 그 상호 작용 모델과 같이 시스템의 설계 모델을 만들어나갈 필요는 없다. 재사용 기반 개발 접근법은 15장에서 다룬다.

이 책의 독자 대부분은 프로그램 설계와 구현 경험이 있다고 가정한다. 이것은 프로그래밍을 배우고 Java나 Python 같은 프로그래밍 언어의 요소들을 숙달하면서 얻은 것이다. 아마 본인이 공부한 프로그래밍 언어에서 좋은 프로그래밍 습관에 대해 배웠을 뿐만 아니라 개발한 프로그램을 어떻게 디버그하는지도 배웠을 것이다. 그러므로 여기서 프로그래밍 주제는 다루지 않는다. 대신 이 장은 두 가지 목적이 있다.

1. 시스템 모델링과 아키텍처 설계(5장과 6장에서 다루어진)가 객체 지향 소프트웨어 설계를 하는 데 실제로 어떻게 사용되는지를 보여주기 위함이다.
2. 프로그래밍 책에서 보통 다루어지지 않는 중요한 구현 이슈를 소개하기 위함이다. 이것은 소프트웨어 재사용, 형상 관리, 오픈 소스 개발 등을 포함한다.

수없이 많은 서로 다른 개발 플랫폼이 있기 때문에 이 장은 특정 프로그래밍 언어나 구현 기술에 편향되지 않는다. 그러므로 모든 예제를 Java나 Python 같은 프로그래밍 언어를 사용하지 않고 UML을 이용하여 나타내었다.

7.1 UML을 이용한 객체 지향 설계

객체 지향 시스템은 상호 작용하는 객체로 구성되는데 객체들은 자신의 내부 상태를 유지하고 그 상태에 대한 오퍼레이션을 제공한다. 상태의 표현은 비공개이고 객체 외부에서 직접 접근할 수 없다. 객체 지향 설계 프로세스는 객체 클래스들과 이 클래스들 간의 관계를 설계하는 것과 관련되어있다. 이 클래스들은 시스템에 있는 객체들과 그들의 상호 작용을 정의한다. 설계가 실행 프로그램으로 실현될 때 객체는 이 클래스 정의로부터 동적으로 생성된다.

객체는 데이터와 데이터를 조작하는 오퍼레이션을 모두 포함한다. 그러므로 객체는 독립적인 개체로서 이해될 수 있고 수정될 수 있다. 객체의 구현을 변경하거나 서비스를 추가하는 것이 시스템의 다른 객체들에 영향을 주지 않아야 한다. 객체는 사물과 연관되어 있으므로 종종 실세계의 개체들(하드웨어 컴포넌트 같은)과 시스템에 있는 제어 객체들 간 분명한 대응이 있다. 이것은 설계의 이해용이성을 향상시키고 이에 따라 유지보수성을 향상시킨다.

시스템을 설계하는 데에 개념으로부터 상세 수준 객체 지향 설계를 위해 다음과 같은 절차가 필요하다.

1. 시스템의 컨텍스트와 시스템과 외부의 상호 작용을 이해하고 정의한다.
2. 시스템 아키텍처를 설계한다.
3. 시스템의 주요 객체를 식별한다.
4. 설계 모델을 개발한다.
5. 인터페이스를 명시한다.

모든 창의적인 활동처럼 설계는 명쾌하고 순차적인 프로세스가 아니다. 설계는 아이디어를 얻고, 해법을 제안하고, 가용한 정보에 따라 해법을 정련하면서 발전해간다. 문제가 발생하면 되돌아가서 다시 시도하는 것이 불가피하다. 작동되는지 보려고 가끔 선택사항을 상세하게 조사하지만, 다른 경우 설계 프로세스의 후반부까지 상세한 부분은 무시한다. 때때로 설계의 모습을 명시하기 위하여 UML과 같은 표기법을 엄밀하게 사용하며, 다른 경우 논의를 활발하게 하기 위해 표기법을 약식으로 사용한다.

객체 지향 소프트웨어 설계를 1장에서 소개한 황무지의 기상 관측소를 위한 임베디드 소프트웨어의 일부를 설계하는 것으로 설명한다. 황무지의 기상 관측소는 원격지에 설치된다. 각 기상 관측소는 지역 기상정보를 기록하고 이것을 위성 연결을 이용하여 주기적으로 기상정보 시스템으로 전송한다.

7.1.1 시스템 컨텍스트와 상호 작용

소프트웨어 설계 프로세스의 첫 단계는 설계될 소프트웨어와 외부 환경 사이의 관계에 대한 이해를 발전시키는 것이다. 이것은 요구되는 시스템 기능을 어떻게 제공하고 시스템을 그 환경과 통신하도록 어떻게 구조화하는지를 결정하는 데 핵심적이다. 5장에서 논의한 것처럼 컨텍스트를 이해하는 것은 시스템의 경계를 확립하게도 해 준다.

시스템 경계를 정하는 것은 어떤 특징들이 설계 중인 시스템에 구현되는지와 어떤 특징들이 다른 관련된 시스템에 있는지 결정하는 데 도움이 된다. 이 경우 어떻게 기능을 모든 기상 관측소들을 제어하는 시스템과 기상 관측소 자체에 있는 임베디드 소프트웨어 간에 분배할 것인지 결정할 필요가 있다.

시스템 컨텍스트 모델과 상호 작용 모델은 시스템과 환경 간 관계에 대한 상호보완적 관점을 제공한다.

1. 시스템 컨텍스트 모델은 개발되는 시스템의 환경에 있는 다른 시스템들을 보여주는 구조 모델이다.
2. 상호 작용 모델은 시스템이 사용될 때 어떻게 그 환경과 상호 작용하는지 보여주는 동적 모델이다.

시스템의 컨텍스트 모델은 연관을 이용하여 표현될 수 있다. 연관은 단순히 개체들 간에 어떤 관계가 있다는 것을 보여준다. 시스템의 개체들과 그들의 관계를 보여주는 단순한 블록 다이어그램을 이용하여 시스템의 환경을 문서화할 수 있다. 그림 7.1은 각 기상 관측소의 환경에 있는 시스템들이 기상정보 시스템, 탑재 위성 시스템, 제어 시스템이라는 것을 보여준다. 연결에 표시된 카디널리티 정보는 단일한 제어 시스템과 여러 개의 기상 관측소, 하나의 위성, 하나의 일반 기상정보 시스템이 있음을 보여준다.

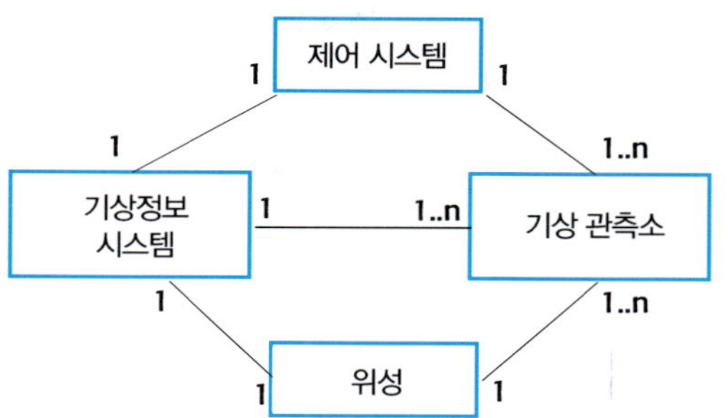

그림 7.1 기상 관측소의 시스템 컨텍스트

시스템이 환경과 상호 작용하는 것을 모델링할 때 너무 자세한 것을 포함하지 않도록 추상적인 접근법을 사용해야 한다. 이를 위한 방법 중 하나는 유스케이스 모델을 사용하는 것이다. 4장과 5장에서 논의한 대로, 각 유스케이스는 시스템과의 상호 작용을 나타낸다. 각각의 가능한 상호 작용은 이름을 붙여 타원으로 나타내고 상호 작용과 관련된 외부 개체는 막대 그림으로 나타낸다.

기상 관측소를 위한 유스케이스 모델을 그림 7.2에 보였다. 이것은 기상 관측소가 기상 데이터와 기상 관측소 하드웨어 상태를 보고하기 위하여 기상정보 시스템과 상호 작용하는 것을 보여준다. 제어 시스템과의 다른 상호 작용들은 특정 기상 관측소 제어 명령을 내릴 수 있다. UML에서 사용되는 막대 그림은 사람 사용자뿐만 아니라 다른 시스템을 나타내기 위해서 사용된다.

이 유스케이스들 각각은 구조화된 자연어로 기술되어야 한다. 이것은 설계자가 시스템의 객체를 식별하고 시스템이 무엇을 의도하는지 이해하는 것을 돕는다. 무슨 정보가 교환되는지, 어떻게 상호 작용이 시작되는지 등을 분명하게 식별하는 이 같은 기술을 위하여 표준 형식을 사용한다. 21장에서 설명하는 것처럼, 임베디드 시스템은 내

기상 관측소 유스케이스

기상 보고 – 기상 데이터를 기상정보 시스템으로 보냄

상태 보고 – 상태 정보를 기상정보 시스템으로 보냄

재시작 – 기상 관측소가 종료되어 있으면 시스템을 재시작함

종료 – 기상 관측소를 종료함

재설정 – 기상 관측소를 재설정함

절전 – 기상 관측소를 절전 모드로 전환함

원격제어 – 기상 관측소의 서브시스템에 제어 명령을 보냄

http://software-engineering-book.com/web/ws-use-cases/

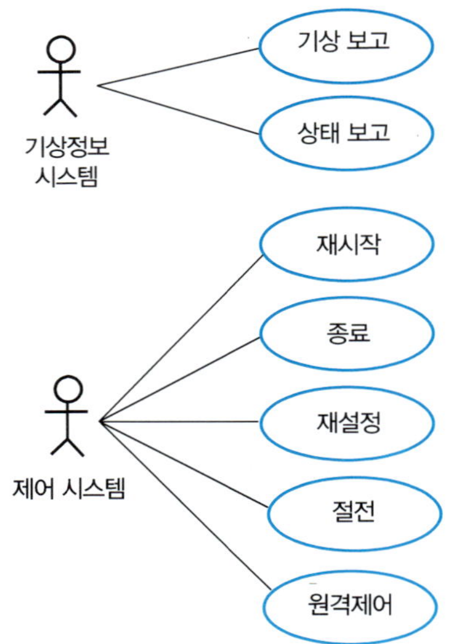

그림 7.2 기상 관측소 유스케이스

시스템	기상 관측소
유스케이스	기상 보고
액터	기상정보 시스템, 기상 관측소
데이터	기상 관측소는 수집 기간 동안 장치들에서 수집한 기상 데이터의 요약을 기상정보 시스템으로 보낸다. 전송되는 데이터는 최고, 최저, 평균 지면 온도와 기온, 최대, 최저, 평균 기압, 최대, 최저, 평균 풍속, 총 강수량, 5분 간격으로 측정한 풍향이다.
자극	기상정보 시스템이 기상 관측소와 위성 통신 연결을 설정하고 데이터 전송을 요청한다.
반응	요약된 데이터가 기상정보 시스템으로 전송된다.
주석	기상 관측소는 보통 한 시간에 한 번 보고하도록 요청 받는다. 그러나 이 주기는 관측소마다 다를 수 있으며 향후 변경될 수도 있다.

그림 7.3 유스케이스 기술-기상 보고

부 또는 외부 자극에 어떻게 반응하는지를 기술하는 것으로 자주 모델링된다. 그러므로 자극과 연관된 반응은 기술에 나열되어야 한다. 그림 7.3은 이 같은 접근법을 기반으로 그림 7.2의 기상 보고 유스케이스의 기술을 보여준다.

7.1.2 아키텍처 설계

일단 소프트웨어 시스템과 시스템의 환경 간 상호 작용이 정의되면 이 정보를 시스템 아키텍처 설계를 위한 기반으로 사용한다. 물론 이 지식을 아키텍처 설계 원칙에 대한

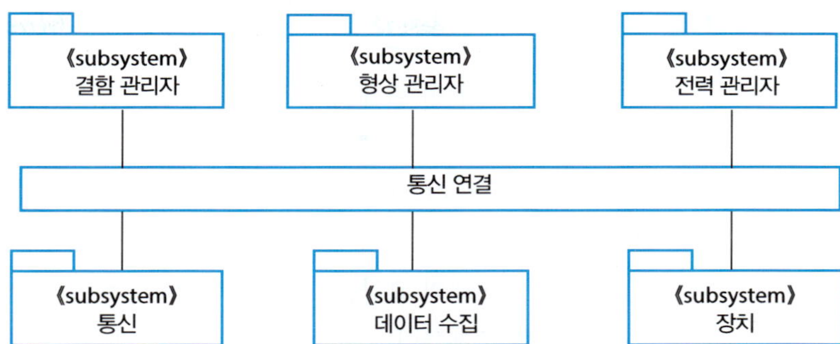

그림 7.4 기상 관측소의 상위 수준 아키텍처

일반적인 지식과 상세한 도메인 지식과 조합할 필요가 있다. 시스템을 구성하는 주요 컴포넌트들과 그들 간의 상호 작용을 식별한다. 그 다음 계층 또는 클라이언트-서버 모델과 같은 아키텍처 패턴을 이용하여 시스템 구조를 설계할 수 있다.

기상 관측소 소프트웨어를 위한 상위 수준 아키텍처 설계를 그림 7.4에 보였다. 기상 관측소는 그림 7.4에서 통신 연결로 표시된 공통 기반구조에 메시지를 방송하여 통신하는 독립적인 서브시스템들로 구성된다. 각 서브시스템은 이 기반구조에서 메시지를 청취하면서 자신에게 보내지는 메시지를 받아온다. 이 같은 "청취자 모델"은 분산 시스템을 위해 공통적으로 사용되는 아키텍처 스타일이다.

통신 서브시스템이 시스템 종료 같은 제어 명령을 받았을 때, 다른 시스템들 각각은 명령을 받아와서 적절한 방법으로 자신을 종료시킨다. 이 아키텍처의 핵심 이점은 메시지의 송신자가 메시지의 주소를 특정 서브시스템으로 지정할 필요가 없기 때문에 서브시스템의 다른 설정을 지원하기 쉽다는 것이다.

그림 7.5는 그림 7.4에 포함된 데이터 수집 서브시스템의 아키텍처를 보여준다. **송신기**(Transmitter)와 **수신기**(Receiver) 객체는 통신 관리와 연관되어 있고 **기상데이터**(WeatherData) 객체는 장치로부터 수집된 정보와 기상정보 시스템으로 전송된 정보를 가지고 있다. 이와 같은 배치는 21장에서 논의되는 생산자 소비자 패턴을 따른다.

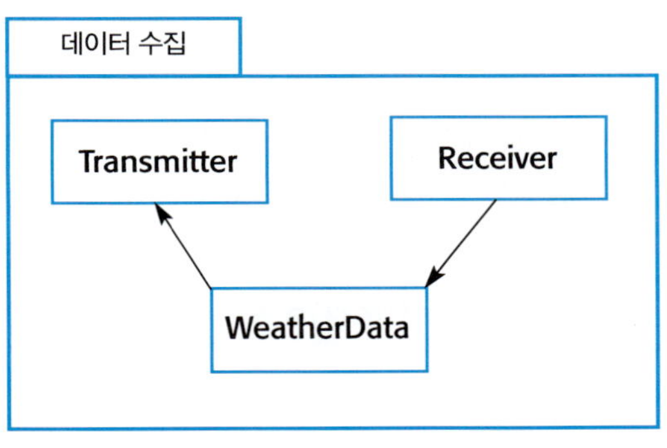

그림 7.5 데이터 수집 시스템의 아키텍처

7.1.3 객체 클래스 식별

설계 프로세스의 이 단계에서 설계 중인 시스템의 핵심 객체들에 대한 생각을 가져야 한다. 설계에 대한 이해가 발전할수록 시스템 이 객체들에 대한 생각을 정련해간다. 유스케이스 기술은 시스템의 객체들과 오퍼레이션을 식별하는 데 도움을 준다. 기상 보고(Report weather) 유스케이스의 기술로부터 기상 데이터를 수집하는 장치를 표현할 객체와 기상 데이터의 요약을 표현할 객체를 구현할 필요가 있다는 것은 분명하다. 상위 수준 시스템 객체들이나 유스케이스에 정의된 시스템 상호 작용을 포함하는 객체들도 보통 필요하다. 이 객체들을 마음에 담고 시스템에 있는 일반적인 객체 식별을 시작할 수 있다.

1980년대에 객체 지향 설계가 발전함에 따라 객체 지향 시스템의 객체 클래스를 식별하는 여러 방법들이 제안되었다.

1. 구축할 시스템에 대한 자연어 기술의 문법적 분석을 사용한다. 객체와 속성은 명사이고 오퍼레이션이나 서비스는 동사이다(Abbott 1983).
2. 비행기, 관리자와 같은 역할, 요청과 같은 이벤트, 회의 같은 상호 작용, 사무실과 같은 장소, 회사와 같은 조직단위, 등 응용 도메인에 있는 실제의 개체(사물)를 사용한다(Wirfs-Brock, Wilkerson, and Weiner 1990).
3. 다양한 시스템 사용 시나리오가 식별되고 차례대로 분석되는 시나리오 기반 분석을 사용한다. 각 시나리오가 분석될 때, 분석 담당팀은 필요한 객체들과 속성, 오퍼레이션을 식별해야 한다(Beck and Cunningham 1989).

실제로 객체 클래스를 발견하기 위해서 다양한 지식을 사용해야 한다. 대략적인 시스템 기술로부터 초기에 식별된 객체 클래스, 속성, 오퍼레이션은 설계를 위한 시작점이 될 수 있다. 그 다음 응용 도메인 지식 또는 시나리오 분석으로부터의 정보는 초기 객체들을 정련하고 확장하는 데 사용될 수 있다. 이와 같은 정보는 요구사항 문서, 사용자와의 토론, 기존 시스템의 분석으로부터 수집될 수 있다. 시스템 외부로의 개체를 표현하는 객체들뿐만 아니라 검색과 유효성 검사와 같이 일반적인 서비스를 제공하기 위해 사용되는 "구현 객체"도 설계할 수 있다.

황무지의 기상 관측소에서 객체 식별은 시스템의 실제 하드웨어에 기반을 둔다. 모든 시스템 객체를 포함시키기에는 공간이 부족하므로 그림 7.6에 다섯 개의 객체 클래스를 보였다. **지상 온도계**(Ground thermometer), **풍속계**(Anemometer), **기압계**(Barometer) 객체들은 응용 도메인 객체들이고, **기상관측소**(WeatherStation)와 **기상 데이터**(WeatherData) 객체들은 시스템 기술과 시나리오(유스케이스)로부터 식별된 객체이다.

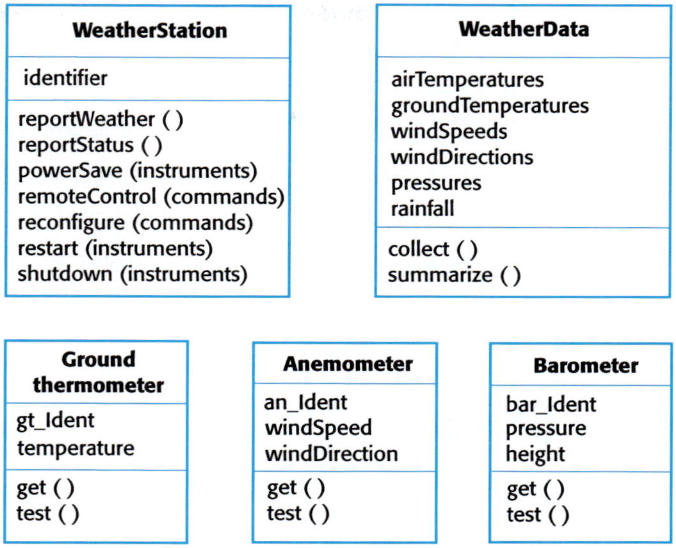

WeatherStation
identifier
reportWeather ( )
reportStatus ( )
powerSave (instruments)
remoteControl (commands)
reconfigure (commands)
restart (instruments)
shutdown (instruments)

WeatherData
airTemperatures
groundTemperatures
windSpeeds
windDirections
pressures
rainfall
collect ( )
summarize ( )

Ground thermometer
gt_Ident
temperature
get ( )
test ( )

Anemometer
an_Ident
windSpeed
windDirection
get ( )
test ( )

Barometer
bar_Ident
pressure
height
get ( )
test ( )

그림 7.6 기상 관측소 객체

1. **기상관측소** 객체 클래스는 기상 관측소의 환경과 관련된 기본 인터페이스를 제공한다. 오퍼레이션들은 그림 7.3에 보인 상호 작용에 기반을 둔다. 단일 객체 클래스를 사용하였으며 이 모든 상호 작용을 포함한다. 다른 방법으로 시스템 인터페이스를 상호 작용마다 하나의 클래스를 두어 여러 개의 서로 다른 클래스로 설계할 수 있다.
2. **기상데이터** 객체 클래스는 기상 보고 명령 처리를 담당한다. 기상 관측소 장치로부터 수집한 데이터를 요약하여 기상 정보 시스템으로 보낸다.
3. **지상 온도계, 풍속계, 기압계** 객체 클래스들은 시스템의 장치들과 직접 관련되어 있다. 이들은 시스템에 있는 실제 하드웨어를 반영하고 오퍼레이션은 해당 하드웨어를 제어하는 것과 연관되어 있다. 이 객체들은 자율적으로 동작하며 특정 주기로 데이터를 수집하여 수집한 데이터를 자체적으로 저장한다. 이 데이터는 요청 시 **기상데이터** 객체에 전달된다.

다른 객체와 속성, 서비스를 식별하기 위하여 응용 도메인 지식을 이용한다.

1. 기상 관측소는 대개 원격지에 위치해 있고 가끔 고장이 날 수 있는 여러 가지 장치들을 포함한다. 장치 고장은 자동적으로 보고되어야 한다. 이것은 장치의 올바른 작동을 점검할 속성과 오퍼레이션이 필요함을 의미한다.
2. 많은 원격 기상 관측소가 있으므로 기상 관측소는 자체 식별자를 가지고 통신에서 유일하게 식별될 수 있어야 한다.
3. 기상 관측소가 서로 다른 시기에 설치되므로 장치의 유형이 다를 수 있다. 그러므로 각

장치 역시 유일하게 식별될 수 있어야 하며 장치 정보 데이터베이스가 유지되어야 한다.

설계 프로세스의 현 단계에서 이 객체들이 어떻게 구현되는지 생각하지 말고 객체 자체에 초점을 맞추어야 한다. 일단 객체들을 식별하고 그 다음 객체 설계를 정련한다. 공통적인 특징들을 찾아 시스템의 상속 계층구조를 설계한다. 예를 들어 식별자, 값을 얻어오는 오퍼레이션, 시험 오퍼레이션과 같이 모든 장치들이 가지는 공통 특징을 정의하는 **장치**(instrument) 슈퍼클래스를 정의할 수 있다. 이 슈퍼클래스에 데이터 수집 주기를 기록하는 속성과 같이 새로운 속성들과 오퍼레이션들도 추가할 수 있다.

7.1.4 설계 모델

5장에서 논의한 설계 또는 시스템 모델은 시스템의 객체들과 객체 클래스들을 보여준다. 또한 이 모델은 개체들 간의 연관과 관계도 보여준다. 이 모델은 시스템 요구사항과 시스템 구현 사이의 연결이다. 이것은 추상적이어야 하므로 불필요한 자세함이 모델과 시스템 요구사항 간의 관계를 감추지 않는다. 그러나 이 모델은 프로그래머들이 구현 결정을 내릴 수 있도록 충분히 상세한 내용을 포함해야 한다.

설계 모델에서 필요한 상세함의 수준은 사용되는 설계 프로세스에 달려있다. 요구 엔지니어, 설계자와 프로그래머 간에 밀접한 연결이 있는 곳에서는 추상 모델이 필요한 전부일 수 있다. 격식 없는 논의를 통해 문제를 해결하며 시스템이 구현됨에 따라 특수한 설계 결정이 이루어질 수 있다. 이와 유사하게 애자일 개발이 사용된다면 화이트보드에 나타낸 개요 설계 모델이 필요한 전부일 수 있다.

그러나 계획 기반 개발 프로세스가 사용된다면 더 상세한 모델이 필요할 수 있다. 요구 엔지니어, 설계자, 프로그래머 간의 연결이 간접적일 때(시스템이 조직의 한 부분에서 설계되지만 구현은 다른 곳에서 되는) 의사소통을 위하여 정확한 설계 기술이 필요하다. 상위 수준의 추상 모델로부터 파생된 상세 모델이 사용되어 모든 팀 구성원이 설계에 대한 공통적인 이해를 가진다.

따라서 설계 프로세스의 중요한 단계는 필요로 하는 설계 모델과 그 모델에서 요구되는 상세함의 수준을 결정하는 것이다. 이것은 개발하는 시스템의 유형에 따라 좌우된다. 순차적 데이터 처리 시스템과 임베디드 실시간 시스템은 완전히 다르므로 서로 다른 유형의 설계 모델을 사용할 필요가 있다. UML은 13가지 유형의 모델들을 지원하지만, 5장에서 논의한대로 이 모델들의 대부분은 널리 사용되지 않는다. 생성되는 모델의 개수를 최소화하는 것은 설계 비용과 설계 프로세스를 완료하는 데 요구되는 시간을 줄인다.

설계를 작성하기 위하여 UML을 사용할 때 두 종류의 설계 모델을 개발해야 한다.

1. **정적 모델:** 시스템의 정적 구조를 객체 클래스와 그들 간의 관계를 이용하여 기술한다. 이 단계에서 문서화될 수 있는 중요한 관계는 일반화(상속) 관계, 사용/사용됨 관계, 복합 관계이다.
2. **동적 모델:** 시스템의 동적 구조를 기술하고 시스템 객체 간에 예상되는 런타임 상호 작용을 보여준다. 문서화될 수 있는 상호 작용은 객체에 의한 서비스 요청 순서와 객체 상호 작용에 의해 유발되는 상태 변화를 포함한다.

유스케이스 모델과 아키텍처 모델에 세부 사항을 추가하기 위해서는 세 가지 UML 모델 유형이 특히 유용하다.

1. **서브시스템 모델:** 객체들의 논리적인 그룹들을 일관된 서브시스템들로 보여준다. 이것은 객체들을 둘러싸는 패키지로 각 서브시스템을 나타내는 클래스 다이어그램 형태로 표현된다. 서브시스템 모델은 구조 모델이다.
2. **시퀀스 모델:** 객체 상호 작용의 순서를 보여준다. 이것은 UML 시퀀스 다이어그램 또는 협력(collaboration) 다이어그램으로 표현된다. 시퀀스 모델은 동적 모델이다.
3. **상태 기계 모델:** 객체들이 이벤트에 반응하여 어떻게 그들의 상태를 변경하는지 보여준다. 이것은 UML 상태 다이어그램으로 표현된다. 상태 기계 모델은 동적 모델이다.

서브시스템 모델은 어떻게 설계가 논리적으로 연관된 객체의 그룹으로 구성되는지 보여주는 유용한 정적 모델이다. 이미 이 유형의 모델을 기상 측량 시스템의 서브시스템들을 표현하기 위하여 그림 7.4에서 보였다. 서브시스템 모델뿐만 아니라 상세 객체 모델도 역시 설계할 수 있는데, 시스템의 객체들과 그들 간의 연관(상속, 일반화, 집합 등)을 보여준다. 그러나 너무 지나친 모델링에는 위험이 있다. 시스템이 구현될 때까지 남겨지는 것이 진정 최상인 구현에 대한 상세한 결정을 내리지 않아야 한다.

시퀀스 모델은 객체 상호 작용이 일어나는 순서를 각 상호 작용 방식에 대해 보여주는 동적 모델이다. 설계를 문서화할 때 각각의 의미 있는 상호 작용에 대해 시퀀스 모델을 생성하여야 한다. 유스케이스 모델을 개발한다면 식별된 각 유스케이스에 대해 시퀀스 모델이 있어야 한다.

그림 7.7은 UML 시퀀스 다이어그램으로 보인 시퀀스 모델의 예이다. 이 다이어그램은 외부 시스템이 기상 관측소에 요약된 데이터를 요청할 때 일어나는 상호 작용의 순서를 보여준다. 시퀀스 다이어그램을 위에서부터 아래로 읽는다.

1. SatComms 객체는 기상정보 시스템으로부터 기상 관측소의 기상 보고를 수집하라는 요청을 받는다. 이 객체는 요청을 받았음을 확인한다. 보내진 메시지의 열린 화살표는 외부 시스템이 요청에 대한 응답을 기다리지 않고 다른 처리를 계속함을 나타낸다.

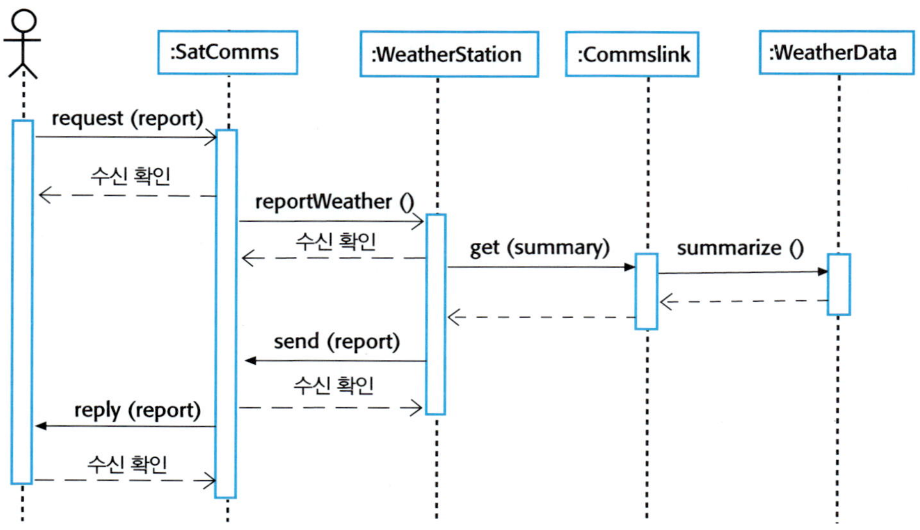

그림 7.7 데이터 수집을 설명하는 시퀀스 다이어그램

2. SatComms가 수집된 기상 데이터의 요약을 생성하기 위하여 WeatherStation에 위성 연결을 통해 메시지를 보낸다. 역시 열린 화살표는 SatComms가 응답을 기다리면서 정지되지 않는다는 것을 나타낸다.
3. WeatherStation이 기상 데이터를 요약하기 위하여 Commslink 객체에 메시지를 보낸다. 이 경우 화살표는 WeatherStation 객체 클래스의 인스턴스가 응답을 기다린다는 것을 나타낸다.
4. Commslink가 WeatherData 객체의 요약 메서드를 호출하고 응답을 기다린다.
5. 기상 데이터 요약이 계산되고 Commslink 객체를 거쳐 WeatherStation으로 반환된다.
6. WeatherStation이 요약된 데이터를 위성통신 시스템을 통하여 기상정보 시스템으로 전송하기 위해 SatComms 객체를 호출한다.

SatComms와 **WeatherStation** 객체는 실행이 정지되고 재개될 수 있는 동시에 수행되는 프로세스로 구현될 수 있다. **SatComms** 객체 인스턴스는 외부 시스템으로부터의 메시지를 청취하고 메시지를 해석하여 기상 관측소 오퍼레이션을 시작한다.

시퀀스 다이어그램은 객체 그룹의 결합된 행동을 모델링하는 데 사용되므로, 하나의 객체 또는 하나의 서브시스템이 메시지나 이벤트에 반응하는 행동을 요약하기 원할 수도 있다. 이것을 위해서 어떻게 객체 인스턴스가 받은 메시지에 따라 상태를 변경하는지 보여주는 상태 기계 모델을 사용한다. 5장에서 논의한대로 UML은 상태 기계 모

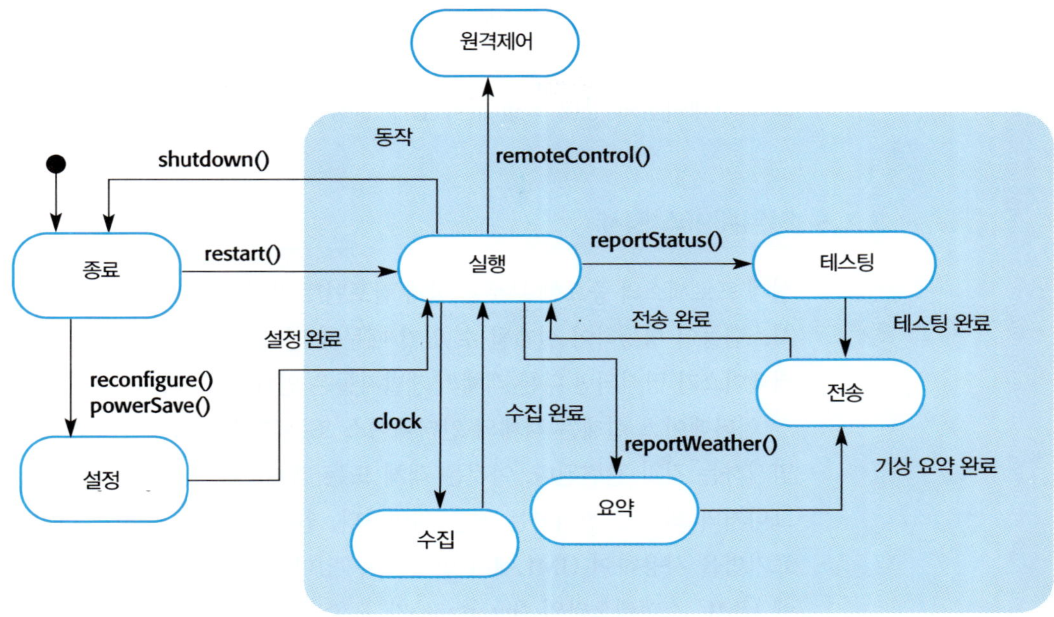

그림 7.8 기상 관측소 상태 다이어그램

델을 기술하기 위하여 상태 다이어그램을 포함한다.

그림 7.8은 기상 관측소 시스템을 위한 상태 다이어그램인데 여러 가지 서비스 요청에 어떻게 반응하는지를 보여준다.

이 다이어그램을 다음과 같이 해석한다.

1. 시스템 상태가 **종료**이면 **restart**(), **reconfigure**(), **powerSave**() 메시지에 반응한다. 까만 점과 연결된 아무 내용이 없는 화살표는 **종료** 상태가 초기 상태임을 나타낸다. **restart**() 메시지는 정상적인 동작으로 전이하게 한다. **powerSave**()와 **reconfigure**() 메시지 둘 다 시스템이 스스로 재설정하는 상태로 전이하게 한다. 상태 다이어그램은 시스템이 종료되었을 때만 재설정이 허용됨을 보여준다.

2. **실행** 상태에서는 시스템이 더 많은 메시지를 기다린다. **shutdown**() 메시지를 받으면 객체가 종료 상태로 돌아간다.

3. **reportWeather**() 메시지를 받으면 시스템이 **요약** 상태로 이동한다. 요약이 완료되면 정보 시스템은 원격 시스템으로 정보가 전송되는 **전송** 상태로 이동한다. 그 후 **실행** 상태로 돌아간다.

4. 시간 신호를 받으면 시스템이 장치로부터 데이터를 수집하는 **수집** 상태로 이동한다. 각 장치가 순서대로 연관된 센서로부터 데이터를 수집하라는 명령을 받는다.

5. **remoteControl**() 메시지를 받으면 시스템이 원격 제어실로부터 오는 다른 종류의 메시지에 응답하는 원격제어 상태로 이동한다. 이것은 다이어그램에 나타내지 않았다.

상태 다이어그램은 시스템 또는 객체 오퍼레이션의 유용한 상위 수준 모델이다. 그러나 모든 객체들에 상태 다이어그램이 필요하지는 않다. 많은 시스템 객체들은 단순하고 오퍼레이션이 상태 모델 없이 쉽게 설명될 수 있다.

7.1.5 인터페이스 명세

설계 프로세스의 중요한 부분은 설계 컴포넌트 간의 인터페이스 명세이다. 객체들과 서브시스템들이 병행하여 설계될 수 있기 때문에 인터페이스를 명시할 필요가 있다. 일단 인터페이스가 명시되면 다른 객체의 개발자들은 인터페이스가 구현될 것이라고 가정한다.

인터페이스 설계는 객체의 인터페이스 또는 객체 그룹의 인터페이스의 상세 내역을 명시하는 것과 관련된다. 이것은 객체 또는 객체 그룹에 의해 제공되는 서비스들의 시그니처와 의미를 정의하는 것을 의미한다. 인터페이스는 클래스 다이어그램과 동일한 표기법을 사용하여 UML에서 명시될 수 있다. 그러나 속성 부분이 없으며, 이름 부분에 UML 스테레오타입 《interface》가 포함되어야 한다. 인터페이스의 의미는 객체 제약 언어(OCL)를 이용하여 정의될 수 있다. 16장에서 OCL의 사용을 논의하는데 어떻게 이것이 컴포넌트의 의미를 기술하는 데 사용될 수 있는지 설명한다.

인터페이스 설계에서 데이터는 인터페이스 명세에 정의되지 않으므로 데이터 표현의 세부 사항을 포함하지 않아야 한다. 그러나 데이터를 접근하고 갱신하는 오퍼레이션은 포함해야 한다. 데이터 표현이 숨겨져 있으므로, 데이터를 사용하는 객체들에 영향을 주지 않고 데이터 표현을 쉽게 변경할 수 있다. 이것은 본질적으로 유지보수하기 쉬운 설계로 이어진다. 예를 들어 스택의 배열 표현은 스택을 사용하는 다른 객체들에 영향을 주지 않고 리스트 표현으로 변경될 수 있다. 반면에 객체 모델에서는 속성을 보통 드러내는데, 이것이 객체의 핵심 특성을 기술하는 가장 분명한 방법이기 때문이다.

객체와 인터페이스 간에는 단순한 1:1 관계가 존재하지 않는다. 동일한 객체가 여러 인터페이스를 가질 수 있는데, 각 인터페이스는 객체가 제공하는 메서드에 대한 하나의 관점이다. 이것은 Java에서 직접적으로 지원되는데, 인터페이스는 객체와 별도로 선언되고 객체는 인터페이스를 "구현"한다. 마찬가지로 객체들의 그룹이 단일한 인터페이스를 통하여 접근될 수도 있다.

그림 7.9는 기상 관측소에 정의될 수 있는 두 인터페이스를 보여준다. 왼쪽 인터페이스는 기상 보고와 상태 보고를 생성하는 데 사용되는 오퍼레이션 이름을 정의하는 Reporting 인터페이스이다. 이것은 WeatherStation 객체의 오퍼레이션과 직접 대응된다. Remote Control 인터페이스는 WeatherStation 객체의 단일 메서드에 대응되는 네 개의 오퍼레이션을 제공한다. 이 경우 개별 오퍼레이션은 그림 7.6에 보인 remoteControl 메서드에 연관된 명령 문자열로 인코딩된다.

«interface» Reporting
weatherReport (WS-Ident): Wreport statusReport (WS-Ident): Sreport

«interface» Remote Control
startInstrument(instrument): iStatus stopInstrument (instrument): iStatus collectData (instrument): iStatus provideData (instrument): string

그림 7.9 기상 관측소 인터페이스

7.2 디자인 패턴

디자인 패턴은 Christopher Alexander (Alexander 1979)에 의해 제시된 아이디어로부터 파생되었는데, 그는 건물 설계에서 본질적으로 만족스럽고 효과적인 어떤 공통 패턴이 있다고 시사하였다. 패턴은 문제와 그 해법의 핵심을 기술한 것이므로 이 해결책은 다른 환경에서도 재사용될 수 있다. 패턴은 상세한 명세가 아니다. 오히려 이것은 축적된 지혜와 경험에 대한 기술, 즉 공통 문제에 대한 잘 시도된 해결책이라고 생각할 수 있다.

패턴에 관한 정보를 유지하는 데 특화된 힐사이드 그룹 웹 사이트(hillside.net/patterns/)는 재사용에서의 패턴의 역할을 요약하였다.

> 패턴과 패턴 언어는 모범 사례와 바람직한 설계를 기술하고 다른 사람들이 이 경험을 재사용할 수 있게 경험을 담아내는 방법이다. †

패턴은 객체 지향 소프트웨어 설계에 커다란 영향을 주었다. 공통의 문제에 대한 시험된 해법일 뿐만 아니라 설계에 대한 대화에서 사용되는 어휘가 되었다. 그러므로 사용된 패턴을 기술하는 것으로 설계를 설명할 수 있다. 이것은 1995년에 출간된 “Gang of Four”의 패턴 서적(Gamma et al. 1995)에서 처음 기술된 잘 알려진 디자인 패턴일 경우 특별히 그렇다. 다른 중요한 패턴 기술은 유럽 대기업인 지멘스의 연구원이 저술한 여러 권의 서적에 발표된 것이다(Buschmann et al. 1996; Schmidt et al. 2000; Kircher and Jain 2004; Buschmann, Henney, and Schmidt 2007a, 2007b). 패턴은 다른 설계자의 지식과 경험을 재사용하는 방법이다.

디자인 패턴은 보통 객체 지향 설계와 연관되어 있다. 공개된 패턴들은 일반성을 제공하기 위한 상속과 다형성 같은 객체 특성에 대개 의존한다. 그러나 패턴에 경험을 요약하는 일반 원칙은 어떤 종류의 소프트웨어 설계에도 똑같이 적용 가능하게 하는 것이다. 예를 들어 재사용 가능한 애플리케이션 시스템을 인스턴스화하기 위하여 형상 패턴을 가질 수 있다.

Gang of Four는 패턴에 관한 그들의 책에서 디자인 패턴의 네 가지 핵심 요소를 정의하였다.

---

† The HIllside Group: hillside.net/patterns

패턴 이름: Observer

설명: 객체의 상태 표시를 객체 자체로부터 분리하고 상태를 표시하는 대안을 제공할 수 있게 한다. 객체 상태가 변경되었을 때 모든 표시에 변경을 반영하도록 자동으로 통지되며 갱신된다.

문제 서술: 많은 경우, 상태 정보를 그래프 또는 표와 같이 여러 방법으로 표시할 필요가 있다. 정보를 명시할 때 이와 같은 표시 방법이 모두 알려져 있지 않을 수 있다. 모든 대체 표현은 상호 작용을 지원해야 하고 상태가 변경되었을 때 모든 표시가 갱신되어야 한다. 이 패턴은 상태 정보를 위해 하나 이상의 표시 형식이 필요하고 상태 정보를 유지하는 객체가 특정 표시 형식이 사용되는지 알 필요가 없는 경우에 사용될 수 있다.

해법 서술: 이것은 두 개의 추상 객체 Subject, Observer와 해당 추상 객체의 속성을 상속하는 두 개의 구체적 객체 ConcreteSubject, ConcreteObserver와 관련되어 있다. 추상 객체는 모든 상황에 적용 가능한 일반적인 오퍼레이션들을 포함한다. 표시되어야 할 상태는 ConcreteSubject 객체에 유지되는데, 이는 Subject로부터 Observer(각 observer는 상태 표시에 대응된다)를 추가하고 삭제하는 오퍼레이션과 상태가 변경되었을 때 이를 통지하는 오퍼레이션을 상속받는다. ConcreteObserver는 ConcreteSubject의 상태를 복사하여 유지하고 복사한 값을 최신으로 유지하게 해 주는 Observer의 Update() 인터페이스를 구현한다. ConcreteObserver는 자동으로 상태를 표시하고 상태가 변경될 때마다 이를 반영한다. 이 패턴의 UML 모델을 그림 7.12에 보였다.

결과: Subject는 구체적인 클래스의 상세 내역을 모르는 추상 Observer만을 알기 때문에 이들 객체 간의 결합이 최소화된다. 상세 내역을 모르기 때문에 표시 성능을 향상시키기 위한 최적화가 비실용적이다. Subject에 대한 변경은 Observer들의 갱신이 연달아 일어나도록 하지만 일부는 불필요한 것일 수도 있다.

그림 7.10 Observer 패턴

1. 패턴을 지칭하는 의미 있는 이름
2. 패턴이 적용될 수 있는 때를 설명하는 문제 영역에 대한 서술
3. 설계 해법의 구성요소들에 대한 서술 그들의 관계와 책임. 이것은 구체적으로 설계를 기술한 것이 아니고 다른 방법으로 인스턴스화될 수 있는 설계 해법을 위한 템플릿이다. 이것은 종종 그림으로 표현되고 해법에 포함된 객체와 객체 클래스 간의 관계를 보여준다.
4. 패턴을 적용한 결과에 대한 서술, 즉 결과와 트레이드 오프. 이것은 설계자가 특정 상황에 패턴을 사용할 수 있는지의 여부를 이해하는 데 도움을 준다.

Gamma와 공저자들은 문제 서술을 동기(왜 패턴이 유용한지에 대해 설명)와 적용 가능성(패턴이 사용될 수 있는 상황에 대한 설명)으로 나누었다. 해법에 대한 서술에서 그들은 패턴 구조, 참여자, 협업, 구현을 설명하였다.

패턴 서술을 설명하기 위하여 Gang of Four 패턴 서적으로부터 가져온 Observer 패턴을 사용하는데, 이를 그림 7.10에 보였다. 네 가지 핵심 서술 요소가 사용되었고 패턴이 무엇을 할 수 있는지에 대한 간략한 서술이 포함되었다. 이 패턴은 한 객체의 상태를 다양하게 표현해야 하는 상황에 사용될 수 있다. 이것은 표시되어야 하는 객체를 다양한 표현 형태들로부터 분리시킨다. 이를 그림 7.11에 나타내었는데, 동일한 데이터 세트를 두 개의 서로 다른 그래픽 표현으로 보여준다.

그래픽 표현은 보통 패턴에 있는 객체 클래스들과 그들의 관계를 보여주기 위하여

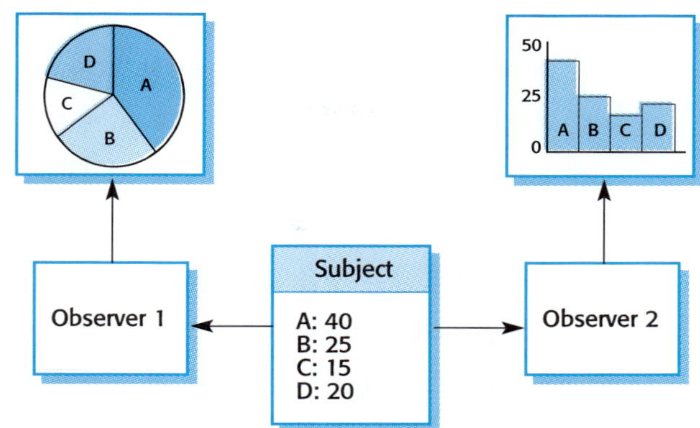

그림 7.11 다중 디스플레이

사용된다. 이것은 패턴 서술을 보충하고 해법 서술에 상세 내역을 추가한다. 그림 7.12는 Observer 패턴의 UML 표현이다.

패턴을 설계에 사용하기 위해서 당면한 설계 문제에 적용 가능한 관련된 패턴이 있는지 알아보아야 한다. Gang of Four의 최초의 패턴 책에 소개된 이 같은 문제의 예로서 다음과 같은 것이 있다.

1. 어떤 객체의 상태가 변경되었음을 여러 객체들에게 알린다(Observer 패턴).
2. 종종 점증적으로 개발된 여러 관련된 객체들에 대한 인터페이스를 정돈한다(Faca-de 패턴).
3. 어떻게 컬렉션이 구현되었는지에 무관하게 컬렉션의 원소를 접근하는 표준 방법을 제공한다(Iterator 패턴).
4. 실행 시간에 기존 클래스의 기능을 추가할 수 있는 가능성을 허용한다(Decorator 패턴).

패턴은 상위 수준, 개념 재사용을 지원한다. 실행 컴포넌트를 재사용하려고 시도

그림 7.12 Observer 패턴의 UML 모델

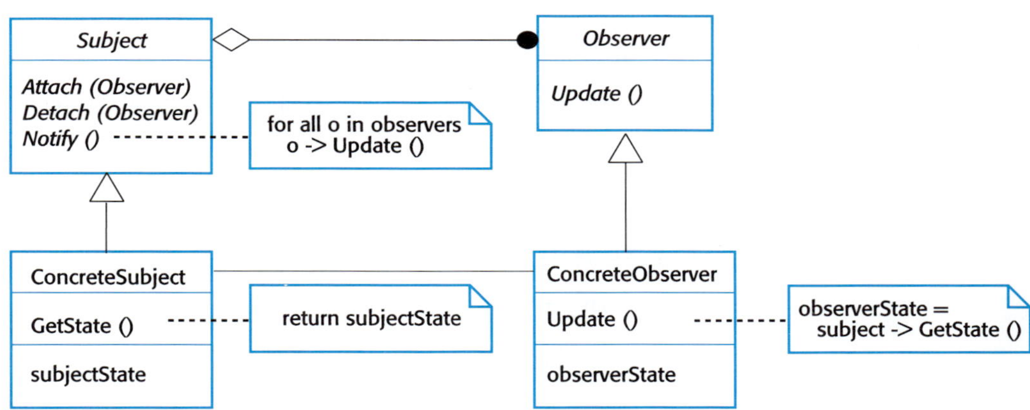

할 때 불가피하게 컴포넌트의 구현 단계에서 만들어진 세부 설계 결정 사항으로 인하여 제약을 받는다. 이것은 컴포넌트를 구현하기 위하여 사용된 특정 알고리즘이 될 수도 있고 컴포넌트 인터페이스에 사용된 객체나 타입일 수도 있다. 이 같은 설계상의 결정이 요구사항과 충돌할 때 컴포넌트 재사용은 불가능할 수도 있고 시스템에 비효율을 초래할 수도 있다. 패턴을 사용하는 것은 아이디어를 재사용하지만 개발하는 시스템에 맞게 구현을 맞추는 것을 의미한다.

시스템 설계를 시작할 때 미리 특정 패턴이 필요한지 아는 것은 어렵다. 그러므로 설계 프로세스에 패턴을 사용하는 것은 설계를 하고 문제를 경험하면서 패턴이 사용될 수 있음을 인식하는 것이 대개 수반된다. 이것은 최초의 패턴 책에 소개된 23개의 범용 패턴에 집중한다면 확실히 가능하다. 그러나 문제가 다른 것이라면 제안된 수백 개의 패턴 중에 적절한 패턴을 찾기 어려울 수도 있다.

패턴은 훌륭한 생각이지만 패턴을 효과적으로 사용하려면 소프트웨어 설계의 경험이 필요하다. 여러분은 패턴이 적용될 수 있는 상황을 인식할 수 있어야 한다. 경험이 부족한 프로그래머들은 패턴 서적을 읽었음에도 불구하고 패턴을 재사용해야 하는지 특수 목적의 해법을 개발해야 하는지 결정하는 것이 항상 어렵다고 생각한다.

7.3 구현 이슈

소프트웨어 공학은 시스템의 초기 요구사항으로부터 설치된 시스템의 유지보수와 관리까지 소프트웨어 개발에 수반되는 모든 활동들을 포함한다. 이 프로세스의 중요한 단계는 물론 소프트웨어의 실행 가능한 형태를 생성하는 시스템 구현이다. 구현은 프로그램을 고수준 또는 저수준 프로그래밍 언어로 개발하거나 일반 기성품 시스템을 조직의 요구사항에 맞추기 위하여 고치고 개조하는 것을 포함할 수 있다.

이 책의 독자 대부분은 프로그래밍 원칙을 이해하고 약간의 프로그래밍 경험이 있을 것으로 가정한다. 이 장은 언어 독립적인 접근법을 제안하려고 의도되었기 때문에 언어 한정적인 예를 사용할 필요가 있는 좋은 프로그래밍 사례 이슈에는 집중하지 않았다. 대신 소프트웨어 공학에 특별히 중요하고 프로그래밍 교재에서 자주 다루어지지 않는 일부 구현 측면들을 소개한다.

1. **재사용:** 대부분의 최신 소프트웨어는 기존의 컴포넌트나 시스템을 재사용하여 구축된다. 소프트웨어를 개발할 때 가능한 기존 코드를 가능한 많이 사용해야 한다.
2. **형상 관리:** 개발 프로세스 중에 각 소프트웨어 컴포넌트의 많은 다른 버전들이 생성된다. 만일 이 버전들을 형상 관리 시스템에서 추적하지 않으면 시스템에 잘못된 버

전의 컴포넌트를 포함하기 쉽다.

3. **호스트 타겟 개발:** 제품 소프트웨어는 보통 소프트웨어 개발 환경과 같은 컴퓨터에서 실행되지 않는다. 대신 소프트웨어를 한 컴퓨터(호스트 시스템)에서 개발하고 별개의 컴퓨터(타겟 시스템)에서 실행한다. 호스트와 타겟 시스템은 때때로 같은 유형이지만, 대개는 호스트와 타겟이 완전히 다르다.

7.3.1 재사용

1960년대부터 1990년대까지 대부분의 새로운 소프트웨어는 모든 코드를 고급 프로그래밍 언어로 작성하여 처음부터 개발되었다. 의미 있는 유일한 재사용 또는 소프트웨어는 프로그래밍 언어 라이브러리에 있는 함수와 객체의 재사용이었다. 그러나 비용과 일정 압박은 특별히 상용 시스템과 인터넷 기반 시스템에는 이 접근법이 점점 더 실행 불가능하게 됨을 의미했다. 결과적으로 기존 소프트웨어의 재사용에 기반을 둔 개발 접근법이 현재 많은 유형의 시스템 개발에서 표준이 되었다. 재사용 기반의 접근법은 이제 모든 종류의 웹 기반 시스템, 과학용 소프트웨어에 널리 사용되며 갈수록 더 임베디드 시스템 공학에서 사용된다.

소프트웨어 재사용은 그림 7.13에 보인 것과 같이 다양한 수준에서 가능하다.

1. **추상 수준:** 이 수준에서는 소프트웨어를 직접 재사용하지 않고 대신 성공적인 추상화 지식을 소프트웨어 설계에 사용한다. 디자인 패턴과 아키텍처 패턴(6장에서 다룬)이 재사용을 위한 추상적인 지식을 표현하는 방법이다.

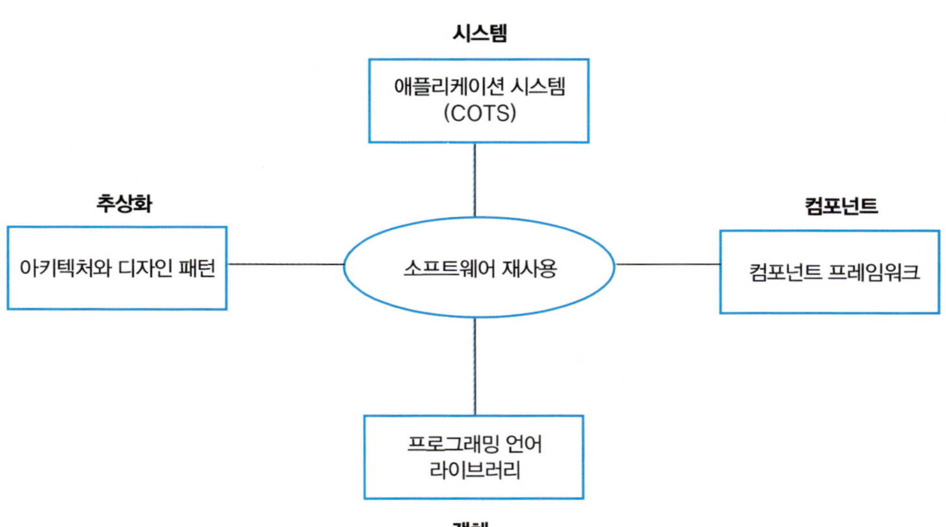

그림 7.13 소프트웨어 재사용

2. **객체 수준:** 이 수준에서는 코드를 스스로 작성하는 대신 라이브러리의 객체를 직접 재사용한다. 이 유형의 재사용을 시행하기 위하여 적절한 라이브러리를 찾아 객체와 메서드가 필요한 기능을 제공하는지 알아내야 한다. 예를 들어 Java 프로그램에서 전자우편 메시지를 처리할 필요가 있으면 JavaMail 라이브러리의 객체와 메서드를 사용할 수 있다.

3. **컴포넌트 수준:** 컴포넌트는 관련된 기능과 서비스를 제공하기 위해 같이 동작하는 객체들과 객체 클래스들의 모임이다. 종종 약간의 코드를 추가하는 것으로 컴포넌트를 개조하고 확장해야 한다. 컴포넌트 수준 재사용의 예는 프레임워크를 이용하여 사용자 인터페이스를 구축하는 것이다. 이것은 이벤트 처리, 디스플레이 관리 등을 구현하는 일반 객체 클래스들의 집합이다. 표시될 데이터에 대한 연결을 추가하고 화면 배치나 색상처럼 특정한 디스플레이 세부 사항을 정의하기 위한 코드를 작성한다.

4. **시스템 수준:** 이 수준에서는 전체 애플리케이션 시스템들을 재사용한다. 보통 이 기능은 어떤 종류의 시스템 설정이 수반된다. 이것은 코드를 추가하고 수정(소프트웨어 제품 라인을 재사용하는 경우)하는 것이나 시스템의 자체 설정 인터페이스를 이용하는 것으로 될 수 있다. 최근 대부분의 상용 시스템들은 일반 애플리케이션 시스템을 개조하여 재사용하는 방식으로 구축되어 있다. 때때로 이 접근법은 여러 애플리케이션 시스템들을 통합하여 새로운 시스템을 생성하는 것을 포함할 수도 있다.

기존 소프트웨어를 재사용하는 것으로 새로운 시스템을 적은 개발 리스크와 낮은 비용으로 더 빨리 개발할 수 있다. 재사용되는 소프트웨어는 다른 애플리케이션에서 시험되었으므로 새로운 소프트웨어보다 더 신뢰할 수 있을 것이다. 그러나 재사용과 관련하여 다음과 같은 비용이 있다.

1. 재사용할 소프트웨어를 찾고 요구에 맞는지 평가하는 시간 비용. 특히 소프트웨어가 개발된 환경과 다를 경우 사용할 환경에서 동작하는지 확인하기 위하여 소프트웨어를 시험해야할 수도 있다.
2. 적용 가능한 경우 재사용 가능한 소프트웨어를 구매하는 비용. 대형 기성품 시스템의 경우 비용이 매우 높을 수도 있다.
3. 개발하는 시스템의 요구사항을 반영하기 위하여 재사용 가능한 소프트웨어 컴포넌트나 시스템을 개조하고 설정하는 비용.
4. 재사용 가능한 소프트웨어 요소들을 서로 통합(만일 서로 다른 출처의 소프트웨어를 사용한다면)하고 새로 개발한 코드와 통합하는 비용. 공급자가 서로 다른 재사용 가능한 소프트웨어를 통합하는 것은 개별 소프트웨어가 어떻게 재사용되는지에 대한 공급자들의 가정이 상충할 수 있기 때문에 어렵고 비용이 많이 든다.

어떻게 기존 지식과 소프트웨어를 재사용하는지는 소프트웨어 개발 프로젝트를 시작할 때 제일 먼저 생각해 보아야 하는 것이다. 기존 소프트웨어 자산을 재사용하기 위해 설계를 조정하기를 원할 수 있으므로 소프트웨어를 상세하게 설계하기 전에 재사용 가능성을 고려해야 한다. 2장에서 논의한 대로 재사용 지향 개발 프로세스에서는 재사용 가능한 요소들을 찾은 후 이들을 잘 사용하기 위하여 요구사항과 설계를 수정한다.

최신 소프트웨어 공학에서 재사용의 중요성 때문에 이 책 Part 3의 여러 장을 이 주제에 할애하였다(15, 16, 18장).

7.3.2 형상 관리

소프트웨어 개발에서 변경은 항상 일어나므로 변경 관리는 절대적으로 필요하다. 소프트웨어 개발에 여러 사람이 관여할 때 팀 구성원이 서로 타인의 일을 방해하지 않도록 확실히 해야 한다. 다시 말해서 두 사람이 한 컴포넌트에 작업을 한다면 변경 내용을 서로 조정해야 한다. 그렇지 않으면 한 프로그래머가 변경하면서 다른 사람의 작업을 덮어쓰게 될 수 있다. 또한 모두가 소프트웨어 컴포넌트의 가장 최신 버전을 접근할 수 있게 해 주어야 한다. 그렇지 않으면 개발자들이 이미 한 일을 다시 해야 할 수도 있다. 시스템의 새로운 버전이 잘못되었을 때 시스템이나 컴포넌트의 작동하는 버전으로 돌아갈 수 있어야 한다.

형상 관리는 변화하는 소프트웨어 시스템을 관리하는 일반적인 프로세스에 주어진 이름이다. 형상 관리의 목표는 시스템 통합 프로세스를 지원하는 것이어서 모든 개발자들이 프로젝트 코드와 문서에 통제된 방법으로 접근하고, 무슨 변경이 일어났는지 알고, 시스템을 생성하기 위하여 컴포넌트들을 컴파일하고 링크할 수 있다. 그림 7.14에 보인 것과 같이 네 개의 기본적인 형상 관리 활동이 있다.

1. **버전 관리:** 소프트웨어 컴포넌트의 서로 다른 버전을 추적하기 위해서 지원이 제공될 때. 버전 관리 시스템은 여러 프로그래머의 개발을 조정하는 기능을 포함한다. 버전 관리 시스템은 개발자가 타인에 의해 시스템에 제출된 코드를 덮어쓰지 않게 해 준다.
2. **시스템 통합:** 개발자들이 어떤 버전의 컴포넌트들이 시스템의 각 버전을 생성하는 데 사용되는지 정의하는 것을 도와주기 위해서 지원이 제공될 때. 이 기술은 필요한 컴포넌트들을 컴파일하고 링크하여 자동으로 시스템을 빌드하는 데 사용된다.
3. **문제 추적:** 사용자들이 버그와 다른 문제점들을 보고하는 것을 가능하게, 모든 개발자들이 누가 이 문제에 관해 작업하고 있는지 언제 고쳐졌는지 볼 수 있게 지원이 제공된다.
4. **릴리스 관리:** 소프트웨어 시스템의 새 버전이 고객에게 릴리스되었을 때. 릴리스 관

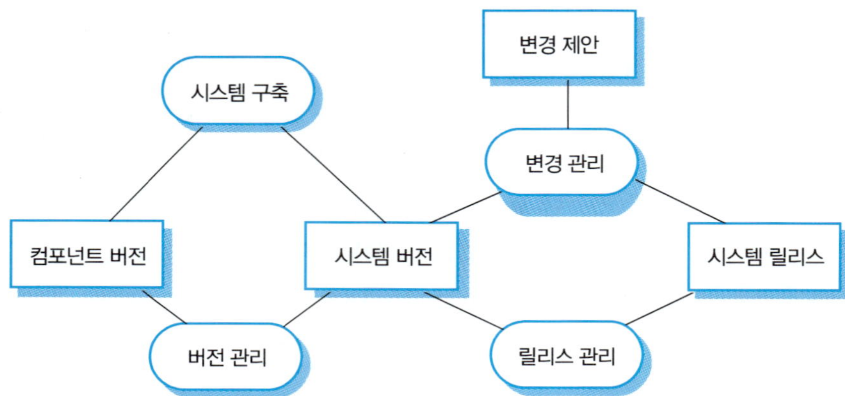

그림 7.14 형상 관리

리는 새로운 릴리스의 기능과 배포를 위한 소프트웨어 구성을 계획하는 것과 관련되어 있다.

소프트웨어 형상 관리 도구들은 위의 각 활동을 지원한다. 이 도구들은 보통 Eclipse 같은 통합 개발 환경에 설치되어 있다. 버전 관리는 다중 사이트, 다중 팀 개발을 가능하게 하는 Subversion (Pilato, Collins-Sussman, and Fitzpatrick 2008)이나 Git (Loeliger and McCullough 2012)과 같은 버전 관리 시스템을 이용하여 지원될 수 있다. 시스템 통합 지원은 언어에 포함되거나 GNU 빌드 시스템 같은 별개의 도구 집합에 의존한다. Bugzilla 같은 버그 추적 또는 이슈 추적 시스템은 버그와 다른 이슈들을 보고하고 이것이 고쳐졌는지 추적하는 데 사용된다. Git 시스템을 중심으로 만들어진 종합적인 도구들의 집합은 Github (http://github.com)에서 이용할 수 있다.

전문적인 소프트웨어 공학에서의 그 중요성 때문에 변경과 형상 관리를 25장에서 더 자세히 논의한다.

7.3.3 호스트 타겟 개발

대부분의 전문 소프트웨어 개발은 호스트 타겟 모델에 기반을 둔다(그림 7.15). 소프트웨어는 한 컴퓨터(호스트)에서 개발되지만 별개의 컴퓨터(타겟)에서 실행된다. 더 일반적으로 개발 플랫폼(호스트)와 실행 플랫폼(타겟)이라고 말할 수 있다. 플랫폼은 단순 하드웨어 이상이다. 플랫폼은 설치된 운영 체제에 추가로 데이터베이스 관리 시스템 같은 다른 지원 소프트웨어를 포함하고, 개발 플랫폼의 경우 대화식 개발 환경을 포함한다.

가끔 개발 플랫폼과 실행 플랫폼이 같아 소프트웨어를 개발하고 시험하는 것을 동일한 기계에서 하는 것이 가능하다. 그러므로 Java로 개발하면 타겟 환경이 Java 가상 기계이다. 원칙적으로 Java 가상 기계는 모든 컴퓨터에서 동일하고 프로그램이 한 기계

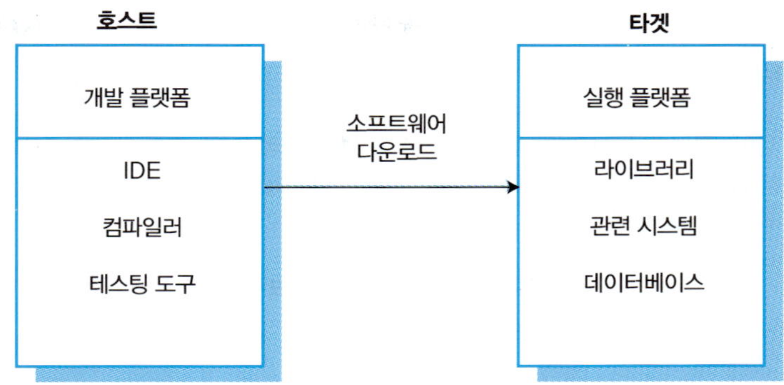

그림 7.15 호스트 타겟 개발

에서 다른 기계로 이식성이 있다. 그러나 특별히 임베디드 시스템과 모바일 시스템의 경우 개발과 실행 플랫폼이 서로 다르다. 개발한 소프트웨어를 시험하기 위해 실행 플랫폼으로 옮기거나 개발 기계의 시뮬레이터에서 실행시킬 필요가 있다.

시뮬레이터는 임베디드 시스템을 개발할 때 종종 사용된다. 센서 같은 하드웨어 장치나 시스템이 설치될 환경에서의 이벤트를 시뮬레이션한다. 시뮬레이터는 각 개발자가 소프트웨어를 타겟 하드웨어로 다운로드할 필요 없이 자신의 실행 플랫폼을 가질 수 있으므로 임베디드 시스템 개발 프로세스의 시간을 단축시킨다. 그러나 시뮬레이터는 개발하는 데 비용이 많이 들기 때문에 보통 가장 많이 사용되는 하드웨어 아키텍처에서만 이용할 수 있다.

만일 타겟 시스템에 미들웨어나 사용해야 하는 다른 소프트웨어가 설치되어 있다면 그 소프트웨어를 이용하여 시스템을 시험할 수 있을 필요가 있다. 그 소프트웨어를 개발 플랫폼에 설치하는 것은 타겟 플랫폼과 같은 경우조차도 사용권 제한 때문에 비현실적일 수 있다. 만일 이 경우 시스템을 시험하기 위하여 개발된 코드를 실행 플랫폼으로 전송할 필요가 있다.

소프트웨어 개발 플랫폼은 소프트웨어 공학을 지원하기 위하여 다양한 도구들을 제공해야 한다. 여기에는 다음이 포함된다.

1. 코드를 생성하고 편집하고 컴파일 할 수 있게 하는 통합 컴파일러와 구문 지향 편집기 시스템
2. 언어 디버깅 시스템
3. UML 모델 편집 도구 같은 그래픽 편집 도구들
4. 프로그램의 새로운 버전에 자동으로 테스팅 집합을 실행시키는 JUnit 같은 테스팅 도구들
5. 리팩토링과 프로그램 시각화를 지원하는 도구들
6. 소스 코드 버전을 관리하고 시스템을 통합하고 빌드하는 형상 관리 도구들

UML 배치 다이어그램

UML 배치 다이어그램은 소프트웨어 컴포넌트들이 프로세서 상에 물리적으로 어떻게 배치되는지 보여준다. 다시 말해서 배치 다이어그램은 시스템의 하드웨어와 소프트웨어, 시스템의 서로 다른 컴포넌트들을 연결하는 데 사용되는 미들웨어를 보여준다. 본질적으로 배치 다이어그램을 타겟 환경을 정의하고 문서화하는 방법으로서 생각할 수 있다.

http://software-engineering-book.com/web/deployment/

위의 표준 도구들 외에도 개발 시스템은 정적 분석기(12장에서 논의됨) 같은 특수한 도구를 포함할 수 있다. 보통 팀을 위한 개발 환경은 변경 및 형상 관리 시스템이 실행되는 공용 서버도 포함하고 아마 요구사항 관리를 지원하는 시스템도 포함한다.

소프트웨어 개발 도구들은 보통 통합 개발 환경(IDE) 안에 설치되어 있다. IDE는 공통 프레임워크와 사용자 인터페이스 안에서 서로 다른 관점을 지원하는 소프트웨어 개발 소프트웨어 도구들의 집합이다. 일반적으로 IDE는 Java 같이 특정 프로그래밍 언어를 지원하기 위해 만들어졌다. 언어 IDE가 특별히 개발될 수도 있고 특정 언어 지원 도구와 함께 범용 IDE의 인스턴스화일 수도 있다.

범용 IDE는 개발될 소프트웨어를 위한 데이터 관리 기능과 도구들이 어울려 실행될 수 있는 메커니즘을 제공하는 호스팅 소프트웨어 도구들을 위한 프레임워크이다. 가장 잘 알려진 범용 IDE는 Eclipse 환경(http://www.eclipse.org)이다. 이 환경은 플러그인 아키텍처에 기반을 두고 있어 Java 같은 언어나 응용 도메인을 위해 전문화될 수 있다. 그러므로 Eclipse를 설치하고 플러그인을 추가하여 특정 요구에 맞게 고칠 수 있다. 예를 들어 Java 네트워크 시스템 개발(Vogel 2013)이나 C를 이용한 임베디드 시스템 공학을 지원하는 플러그인들을 추가할 수 있다.

개발 프로세스의 일부로서 개발된 소프트웨어가 타겟 플랫폼에 어떻게 설치될 것인지에 대해 결정을 내릴 필요가 있다. 이것은 타겟이 보통 단일 컴퓨터인 임베디드 시스템에서는 간단하다. 그러나 분산시스템에서는 컴포넌트가 배치될 특정 플랫폼에 대한 결정을 내려야 한다. 이 결정을 내릴 때 고려해야 할 이슈들은 다음과 같다.

1. **컴포넌트의 하드웨어와 소프트웨어 요구사항:** 만일 컴포넌트가 특정 하드웨어 아키텍처를 위해 설계되었거나 어떤 소프트웨어 시스템에 의존한다면 요구되는 하드웨어와 소프트웨어 지원이 제공되는 플랫폼에 배치하는 것이 분명하다.
2. **시스템의 가용성 요구사항:** 고가용성 시스템은 컴포넌트가 하나 이상의 플랫폼에 배치되는 것을 요구할 수 있다. 이것은 플랫폼 장애 시에 컴포넌트의 다른 구현을 사용할 수 있음을 의미한다.

3. **컴포넌트 통신:** 컴포넌트 간 통신이 많으면 보통 컴포넌트들을 같은 플랫폼 또는 물리적으로 서로 가까운 플랫폼에 배치하는 것이 최상이다. 이것은 통신 대기시간, 즉 한 컴포넌트에서 보낸 메시지가 다른 컴포넌트에 수신되기까지 시간 지연을 감소시킨다.

하드웨어나 소프트웨어 배치에 관한 결정을 소프트웨어 컴포넌트가 하드웨어 플랫폼에 어떻게 분산되어 있는지 보여주는 UML 다이어그램을 이용하여 문서화할 수 있다.

만일 임베디드 시스템을 개발한다면 물리적 크기, 전원 용량, 센서 이벤트에 대한 실시간 반응 필요성, 작동 장치의 물리적 특성, 실시간 운영체제 등과 같은 타겟의 특성을 고려해야 할 수도 있다.

7.4 오픈 소스 개발

오픈 소스 개발은 소프트웨어 시스템의 소스 코드가 공개되고 개발 프로세스에 지원자들이 참여하도록 초대되는 소프트웨어 개발 접근법이다(Raymond 2001). 이것의 시초는 자유 소프트웨어 재단(www.fsf.org)인데, 소스 코드는 사유되지 않아야 하고 항상 사용자가 원하면 시험하고 수정할 수 있게 제공되어야한다고 주장한다. 코드의 사용자보다는 소수의 핵심 그룹에 의해 코드가 관리되고 개발되어야 한다는 가정이 있었다.

오픈 소스 소프트웨어는 훨씬 많은 수의 자발적인 개발자들을 모집하기 위해 인터넷을 사용하여 이 생각을 확장하였다. 그들 중 다수는 코드의 사용자이기도 하다. 적어도 원칙적으로는 오픈 소스 프로젝트의 어떤 기여자도 버그를 보고하고 고치며 새로운 특징과 기능을 제안할 수 있다. 그러나 실제로 성공적인 오픈 소스 시스템은 역시 소프트웨어에 대한 변경을 관리하는 개발자의 핵심 그룹에 의존한다.

오픈 소스 소프트웨어는 인터넷과 소프트웨어 공학의 중추이다. Linux 운영체제는 오픈 소스 웹 서버 Apache가 그런 것처럼 가장 널리 사용되는 서버 시스템이다. 중요하고 널리 사용되는 다른 오픈 소스 제품들은 Java, Eclipse IDE, mySQL 데이터베이스 관리 시스템 등이다. Android 운영체제는 수백만의 모바일 기기에 설치되어 있다. IBM, Oracle 같은 컴퓨터 업계의 주요 기업들은 오픈 소스 운동을 지원하고 소프트웨어를 오픈 소스 제품 기반으로 한다. 덜 알려졌지만 수천 개의 오픈 소스 시스템과 컴포넌트들도 역시 사용되고 있다.

오픈 소스 소프트웨어를 얻는 것은 보통 값이 저렴하거나 무료이기도 하다. 오픈 소프트웨어는 보통 무료로 다운로드할 수 있다. 그러나 문서화와 지원을 원한다면 그 값을 지불해야 하는데, 보통 비용이 상당히 낮다. 오픈 소스 제품을 사용하는 것의 다른 주요 장점으로는 널리 사용되는 오픈 소스 시스템은 매우 안정적이라는 것이다. 문제를 개발자에게 보고하고 시스템의 새로운 릴리스를 기다리기보다 스스로 문제를 고치고자 하는 많은 수의 사용자들이 있다. 버그는 사유(proprietary) 소프트웨어에서보다 더 빨리 발견되고 고쳐진다.

소프트웨어 개발 관련 회사에서 고려해야 할 두 개의 오픈 소스 이슈는 다음과 같다.

1. 개발 중인 제품이 오픈 소스 컴포넌트들을 사용해야 하는가?

2. 자체 소프트웨어 개발을 위해 오픈 소스 접근법을 사용해야 하는가?

이 질문들에 대한 답은 개발 중인 소프트웨어의 유형과 개발 팀의 배경 지식과 경험에 달려있다.

판매를 위한 소프트웨어 제품을 개발한다면 출시 시간과 비용 절감이 중요하다. 고품질 오픈 소스 시스템을 이용할 수 있는 도메인의 소프트웨어를 개발한다면 이를 이용하여 시간과 비용을 절약할 수 있다. 그러나 특정한 조직 요구사항에 따라 소프트웨어를 개발한다면 오픈 소스 컴포넌트는 선택 대상이 아닐 수도 있다. 가용한 오픈 소스 시스템과 호환되지 않는 기존의 시스템과 개발하는 소프트웨어를 통합해야 할 수도 있다. 그렇다 하더라도 필요한 기능을 새로 개발하는 것보다 오픈 소스 시스템을 수정하는 것이 빠르고 비용이 적게 들 수 있다.

많은 소프트웨어 제품 회사들은 특히 전문적인 시스템을 위해서 개발에 오픈 소스 접근법을 사용하고 있다. 회사들의 비즈니스 모델은 소프트웨어 제품을 판매하는 것보다 제품을 위한 지원을 판매하는 것에 의지한다. 회사들은 관련된 오픈 소스 공동체가 소프트웨어를 더 싸고 빠르게 개발되게 하고 그 소프트웨어를 위한 사용자 공동체를 형성한다고 생각한다.

어떤 회사들은 오픈 소스 접근법의 채택이 비즈니스 기밀을 경쟁자들에게 유출시킬 것이기 때문에 이 개발 모델을 채택하는 것을 꺼려한다. 그러나 작은 회사가 소프트웨어를 공개한다면 회사가 폐업하더라도 소프트웨어 지원이 가능하다는 것으로 고객을 안심시킬 수 있다.

시스템의 소스 코드를 공개하는 것은 폭넓은 공동체의 사람들이 반드시 개발을 도울 것이라는 것을 의미하지 않는다. 대부분의 성공적인 오픈 소스 제품은 애플리케이션 시스템보다 플랫폼 제품이었다. 전문화된 애플리케이션 시스템에 관심을 가질 개발자 수는 제한되어 있다. 소프트웨어 시스템을 오픈 소스로 하는 것이 공동체의 관여를 보장하는 것은 아니다. Sourceforge와 GitHub에 얼마 다운로드되지 않은 수천 개의 오픈 소스 프로젝트가 있다. 그러나 소프트웨어 사용자들이 그 소프트웨어가 장래에 이용 가능한지 관심을 가지는 경우 소프트웨어를 오픈 소스로 만드는 것이 사용자 스스로 복사본을 가질 수 있으므로 접근 불가하게 되는 일이 없을 것이라고 안심시키는 것을 의미한다.

7.4.1 오픈 소스 라이선스

오픈 소스 개발의 기본적인 원칙은 소스 코드는 무료로 이용 가능해야 된다는 것인데, 이것은 누구든지 그 코드를 원하는 대로 할 수 있다는 것을 의미하지 않는다. 법적으로 코드의 개발자(회사 또는 개인)는 코드를 소유한다. 개발자들은 오픈 소스 소프트웨어 라이선스(St. Laurent 2004) 내에 법적 구속 조건을 포함하여 코드가 어떻게 사용되는지에 대한 제약을 둘 수 있다. 어떤 오픈 소스 개발자들은 오픈 소스 컴포넌트가 새로운 시스템을 개발하기 위하여 사용되면 그 시스템도 역시 오픈 소스가 되어야 한다고 생각한다. 다른 개발자들은 그들의 코드가 이런 제약 없이 사용되는 것을 기꺼이 허락하며 개발된 시스템은 소유권이 있고 소스 비공개 시스템으로 판매될 수도 있다.

대부분의 오픈 소스 라이선스(Chapman 2010)들은 세 개의 일반 모델의 변형이다.

1. GNU 일반 공중 라이선스(GPL): 이것은 단순히 GPL 라이선스 아래에 있는 오픈 소스 소프트웨어를 이용한다면 그 소프트웨어를 오픈 소스로 해야 한다는 이른바 상호 라이선스이다.
2. GNU 레서 일반 공중 라이선스(LGPL): 컴포넌트의 소스를 공개할 필요 없이 오픈 소스 코드와 연결된 컴포넌트들을 작성할 수 있는 GPL 라이선스의 변형이다. 그러나 라이선스 된 컴포넌트를 변경할 경우 그것을 오픈 소스로 공개하여야 한다.
3. 버클리 표준 배포(BSD) 라이선스: 이것은 비 상호 라이선스인데 오픈 소스에 가한 어떤 변경이나 수정을 재공개할 의무가 없다는 것을 의미한다. 오픈 소스 코드를 판매되는 사유 시스템에 포함할 수 있다. 오픈 소스 컴포넌트를 사용한다면 그 코드의 원작자를 알려야 한다. MIT 라이선스는 유사한 조건을 가지는 BSD 라이선스의 변형이다.

   라이선스 이슈는 오픈 소스 소프트웨어를 소프트웨어 제품의 일부로 사용하면 자신의 제품을 오픈 소스로 해야 하는 라이선스 조항의 의무를 따라야 할 수 있기 때문에 중요하다. 만일 소프트웨어를 판매하려고 하면 그것을 숨기기 원할 수 있다. 이것은 GPL 라이선스된 오픈 소스 소프트웨어 사용을 피하기를 원할 수 있다는 의미이다.

오픈 소스 플랫폼에서 실행되지만 오픈 소스 컴포넌트를 재사용하지 않는 소프트웨어를 구축한다면 라이선스는 문제가 아니다. 그러나 소프트웨어 안에 오픈 소스 소프트웨어를 내장시킨다면 무엇이 사용되었고 그 라이선스 조건은 무엇인지 추적할 프로세스와 데이터베이스가 필요하다. Bayersdorfer (Bayersdorfer 2007)는 오픈 소스를 사용하는 프로젝트를 관리하는 회사들이 해야 할 일을 제시하였다.

1. 다운로드되고 사용된 오픈 소스 컴포넌트들에 대한 정보를 관리할 시스템을 수립해야 한다. 각 컴포넌트에 대하여 컴포넌트가 사용되는 시점에 유효한 라이선스의 사본을 유지하여야 한다. 라이선스는 변할 수 있으므로 동의했던 조건을 알 필요가 있다.
2. 서로 다른 유형의 라이선스에 대해 알고 컴포넌트가 사용되기 전에 어떻게 컴포넌트가 라이선스되었는지 이해해야 한다. 시스템들을 서로 다른 방법으로 사용하기를 계획하기 때문에 어떤 컴포넌트를 한 시스템에서 사용하지만 다른 시스템에서 사용하지 않기로 결정할 수 있다.
3. 컴포넌트의 진화 경로를 알아야 한다. 앞으로 컴포넌트가 어떻게 변경될지 이해하기 위하여 컴포넌트가 개발된 오픈 소스 프로젝트에 대해 조금 알 필요가 있다.
4. 오픈 소스에 대하여 사람들을 교육해야 한다. 라이선스 조건을 따르는지 확인하는 절차를 제자리에 두는 것은 충분하지 않다. 오픈 소스와 오픈 소스 라이선스에 대하여 개발자들을 교육할 필요도 있다.
5. 감사 시스템을 제자리에 두어야 한다. 빡빡한 마감 시한 아래의 개발자들은 라이선스 조항을 어기는 유혹을 받을 수 있다. 가능하다면 이를 감지하고 막는 소프트웨어를 제자리에 두어야 한다.
6. 오픈 소스 공동체에 참여하여야 한다. 오픈 소스 제품에 의존한다면 공동체에 참여하고 그들의 개발을 지원해야 한다.

오픈 소스 접근법은 소프트웨어의 여러 비즈니스 모델 중 하나이다. 이 모델에서는 회사가 소프트웨어 소스를 릴리스하고 부가 서비스 및 이와 연관된 도움을 판매한다. 클라우드 기반 소프트웨어 서비스를 판매할 수도 있는데, 사용자가 소유한 오픈 소스 시스템뿐만 아니라 특정 고객들을 위해 전문화된 버전의 시스템을 관리할 전문기술이 없는 사용자들을 위해서는 매력적인 선택이다. 그러므로 오픈 소스는 소프트웨어를 개발하고 배포하는 방법으로서 중요성이 커질 가능성이 크다.

키 포인트

- 소프트웨어 설계와 구현은 중첩되는 활동이다. 설계의 상세 수준은 개발되는 시스템의 유형과 계획 주도 접근법인지 애자일 접근법인지에 따라 좌우된다.
- 객체 지향 설계 프로세스는 시스템 아키텍처를 설계하고, 시스템의 객체를 식별하고, 서로 다른 객체 모델을 이용하여 설계를 기술하고, 컴포넌트 인터페이스를 문서화하는 활동을 포함한다.
- 다양한 범위의 서로 다른 모델들이 객체 지향 설계 프로세스 중에 생성될 수 있다. 이것은 정적 모델(클래스 모델, 일반화 모델, 연관 모델)과 동적 모델(시퀀스 모델, 상태 기계 모델)을 포함한다.
- 컴포넌트 인터페이스는 다른 객체들이 사용할 수 있도록 정확하게 정의되어야 한다. 인터페이스를 정의하기 위하여 UML 인터페이스 스테레오타입이 사용될 수 있다.
- 소프트웨어를 개발할 때 기존 소프트웨어를 컴포넌트, 서비스, 완전한 시스템 중 어떤 형태라도 재사용할 수 있는 가능성을 항상 고려하여야 한다.
- 형상관리는 진화하는 소프트웨어 시스템의 변화를 관리하는 프로세스이다. 소프트웨어를 개발하기 위하여 사람들이 협력할 때 형상관리는 필수적이다.
- 대부분의 소프트웨어 개발은 호스트 타겟 개발이다. 호스트에서 IDE를 사용하여 소프트웨어를 개발하고 실행을 위하여 타겟으로 옮겨진다.
- 오픈 소스 개발은 시스템의 소스코드를 공개하는 것과 관련된다. 이것은 많은 사람들이 소프트웨어 변경과 개선을 제안할 수 있다는 것을 의미한다.

추가로 읽을거리

Design Patterns: Elements of Reusable Object-oriented Software. 이 책은 소프트웨어 패턴을 널리 소개한 최초의 소프트웨어 패턴 안내서이다. (E. Gamma, R. Helm, R. Johnson and J. Vlissides, Addison-Wesley, 1995).

Applying UML and Patterns: An Introduction to Object-oriented Analysis and Design and Iterative Development, 3rd ed. 객체 지향 설계에 관하여 명료하게 설명하였으며 UML의 사용도 논의한다. 이것은 설계 프로세스에 패턴을 사용하는 것에 대한 좋은 소개이다. 이 책은 10년 이상되었지만 이 주제에서 여전히 최고의 책이다. (C. Larman, Prentice-Hall, 2004).

Producing Open Source Software: How to Run a Successful Free Software Project. 이 책은 오픈 소스 소프트웨어에 대한 배경, 라이선스 논쟁점, 오픈 소스 개발 프로젝트 수행의 실용성에 대한 포괄적인 안내이다. (K. Fogel, O'Reilly Media Inc., 2008).

소프트웨어 재사용에 관한 참고자료는 15장에, 형상 관리에 관한 참고자료는 25장에 소개되었다.

웹 사이트

이 장의 파워포인트 슬라이드:

https://iansommerville.com/software-engineering-book/slides

관련 비디오 링크:

https://iansommerville.com/software-engineering-book/videos/imp/

기상정보 시스템에 대한 추가 정보:

https://iansommerville.com/software-engineering-book/case-studies/weather/

연습문제

7.1. 그림 7.3에 보인 표 형식을 이용하여 기상 관측소의 상태 보고와 재구성 유스케이스의 명세를 작성하라. 요구되는 기능에 대해 적당한 가정을 해야 할 수도 있다.

7.2. Mentcare 시스템을 객체 지향 접근법으로 개발한다고 가정한다. 이 시스템을 위해 최소 6개의 유스케이스를 가진 유스케이스 다이어그램을 작성하라.

7.3. 객체 클래스의 UML 그래픽 표기법을 이용하여 다음 객체 클래스들을 설계하고 속성과 오퍼레이션을 식별하라. 자신의 경험을 이용하여 객체와 연관되어야 하는 속성과 오퍼레이션을 결정하라.

- 휴대전화 또는 태블릿의 메시지 시스템
- 개인 컴퓨터를 위한 프린터
- 개인 음악 시스템
- 은행 계정
- 도서관 목록

7.4. 모형은 2차원과 3차원으로 분류될 수 있다. 서로 다른 종류의 2차원과 3차원 모형을 포함하는 상속 계층구조를 설계하라. 최소 5개의 모형 클래스를 만들어야 한다.

7.5. 데이터 수집 서브시스템과 기상 데이터를 수집하는 장치 간의 상호 작용을 보여주는 기상 관측소 설계를 작성하라. 상호 작용을 보여주기 위해 시퀀스 다이어그램을 사용하라.

7.6. 다음 시스템에서 가능한 객체들을 식별하고 이를 위한 객체 지향 설계를 작성하라. 설계할 때 시스템에 대한 적당한 가정을 해도 된다.

- 그룹의 일정 및 시간 관리 시스템은 공동 작업자들 간의 회의와 약속을 위한 시간표를 지원하는 것이 목적이다. 여러 사람과 관련된 약속을 만들 때 시스템은 각자의 일정에서 공통으로 빈 공간을 찾아 그 시간에 약속을 배정한다. 만일 공통으로 가능한 시간이 없으면 각 사용자에게 질의하여 개인 일정을 재배정하고 약속을 위한 공간을 만든다.

- 완전히 자동으로 운영되는 주유소를 설치한다. 운전자가 신용카드를 주유기와 연결된 판독기에 통과시키면 신용카드 회사 컴퓨터와의 통신에 의해 카드가 검증되며 주유 한도가 설정된다. 운전자는 필요한 만큼 주유를 할 수 있다. 주유를 완료하고 주유 호스를 제자리에 돌려놓으면 주유한 금액만큼 신용카드 계정에서 청구된다. 신용카드 청구 후 카드가 반환된다. 만일 카드가 유효하지 않으면 주유 전에 카드가 반환된다.

7.7. 어떤 그룹의 사람들이 회의 일정을 잡을 때 그룹 일정 시스템의 객체들 간 상호 작용을 보여주는 시퀀스 다이어그램을 작성하라.

7.8. 그룹 일정 시스템 또는 주유소 시스템의 가능한 상태 변화를 보여주는 UML 상태 다이어그램을 작성하라.

7.9. 소스 코드를 큰 시스템에 통합할 때 문제가 나타날 수 있다. 이와 같은 문제를 다룰 때 왜 형상 관리 시스템이 유용한지 설명하라.

7.10. 작은 회사가 각 고객을 위해 특별하게 구성할 수 있는 전문 소프트웨어 제품을 개발했다. 새로운 고객은 보통 그들의 시스템에 포함시킬 특수한 요구사항을 가지고 있으며 이를 개발하여 제품에 통합하는 것에 비용을 지불한다. 소프트웨어 회사는 고객 기반을 두 배로 늘려줄 수 있는 새로운 계약에 입찰할 기회가 있다. 새로운 고객은 시스템 설정에 어느 정도 관여하기를 희망한다. 이와 같은 환경에서 이를 오픈 소스로 만드는 것이 소프트웨어를 소유한 회사에게 좋은 생각이 될 수 있는지 이유를 설명하라.

참고문헌

Abbott, R. 1983. “Program Design by Informal English Descriptions.” *Comm. ACM 26* (11): 882 – 894. doi:10.1145/182.358441.

Alexander, C. 1979. *A Timeless Way of Building.* Oxford, UK: Oxford University Press.

Bayersdorfer, M. 2007. “Managing a Project with Open Source Components.”*ACM Interactions* 14 (6): 33 – 34. doi:10.1145/1300655.1300677.

Beck, K., and W. Cunningham. 1989. “A Laboratory for Teaching Object-Oriented Thinking.” In *Proc. OOPSLA’89 (Conference on Object-Oriented Programming, Systems, Languages and Applications)*, 1 – 6. ACM Press. doi:10.1145/74878.74879.

Buschmann, F., K. Henney, and D. C. Schmidt. 2007a. Pattern-Oriented *Software Architecture Volume 4: A Pattern Language for Distributed Computing.* New York: John Wiley & Sons.

———. *2007b. Pattern-Oriented Software Architecture Volume 5: On Patterns and Pattern Languages.* New York: John Wiley & Sons.

Buschmann, F., R. Meunier, H. Rohnert, and P. Sommerlad. 1996. *Pattern-Oriented Software Architecture Volume 1: A System of Patterns.* New York: John Wiley & Sons.

Chapman, C. 2010. “A Short Guide to Open-Source and Similar Licences.” *Smashing Magazine.* http://www.smashingmagazine.com/2010/03/24/a-short-guide-to-open-source-and-similar-licenses./

Gamma, E., R. Helm, R. Johnson, and J. Vlissides. 1995. *Design Patterns: Elements of Reusable Object-Oriented Software. Reading, MA.: Addison-Wesley.*

Kircher, M., and P. Jain. 2004. *Pattern-Oriented Software Architecture Volume 3: Patterns for Resource Management.* New York: John Wiley & Sons.

Loeliger, J., and M. McCullough. 2012. *Version Control with Git: Powerful Tools and Techniques for Collaborative Software Development.* Sebastopol, CA: O'Reilly & Associates.

Pilato, C., B. Collins-Sussman, and B. Fitzpatrick. 2008. *Version Control with Subversion.* Sebastopol, CA: O'Reilly & Associates.

Raymond, E. S. 2001. *The Cathedral and the Bazaar: Musings on Linux and Open Source by an Accidental Revolutionary.* Sebastopol. CA: O'Reilly & Associates.

Schmidt, D., M. Stal, H. Rohnert, and F. Buschmann. 2000. *Pattern-Oriented Software Architecture Volume 2: Patterns for Concurrent and Networked Objects.* New York: John Wiley & Sons.

St. Laurent, A. 2004. *Understanding Open Source and Free Software Licensing.* Sebastopol, CA: O'Reilly & Associates.

Vogel, L. 2013. *Eclipse IDE: A Tutorial.* Hamburg, Germany: Vogella Gmbh.

Wirfs−Brock, R., B. Wilkerson, and L. Weiner. 1990. *Designing Object-Oriented Software.* Englewood Cliffs, NJ: Prentice−Hall.

8

소프트웨어 테스팅

Software Testing

학습목표

이 장의 목적은 소프트웨어 테스팅과 소프트웨어 테스팅 프로세스를 소개하는 것이다. 이 장을 통해 학습할 내용들은 다음과 같다.

- 개발 중의 테스팅부터 시스템 고객에 의한 인수 테스팅까지 테스팅의 단계들을 이해한다.
- 프로그램 결함을 발견하는 데 적합한 테스트 케이스들의 선택을 돕는 기술들이 소개된다.
- 코드를 작성하기 전에 테스트를 설계하고 테스트를 자동으로 실행하는 테스트 우선 개발을 이해한다.
- 테스팅의 세 가지 구분된 유형, 컴포넌트 테스팅, 시스템 테스팅, 릴리스 테스팅에 대해 알게 된다.
- 개발 테스팅과 사용자 테스팅 간의 차이를 이해한다.

학습내용

테스팅의 목적은 프로그램이 의도된 대로 수행되는지 보여주고 프로그램을 사용하기 전에 결함을 발견하는 것이다. 소프트웨어를 테스트할 때 인위적인 데이터를 이용하여 프로그램을 실행시키고 테스트 실행의 결과를 오류, 이상, 또는 프로그램의 비기능적 속성에 관한 정보에 대해 점검한다.

소프트웨어를 테스트할 때, 다음 두 가지를 하려고 한다.

1. 개발자와 고객에게 소프트웨어가 요구사항에 맞는지 보여준다. 맞춤 소프트웨어의 경우 요구사항 문서의 각 요구사항마다 적어도 하나의 테스트가 있어야 함을 의미한다. 일반 소프트웨어 제품의 경우 제품 릴리스에 포함될 모든 시스템 기능들을 위한 테스트가 있어야 함을 의미한다. 기능들 간에 원치 않는 상호 작용을 점검하기 위하여 기능들의 조합도 테스트할 수 있다.
2. 소프트웨어의 동작이 부정확하거나, 바람직하지 않거나, 명세에 따르지 않게 되는 입력 또는 입력 순서를 찾는다. 이것은 소프트웨어의 결함(버그)에 의한 것이다. 결함을 찾기 위하여 소프트웨어를 테스트할 때 시스템 장애, 다른 시스템과의 원치 않는 상호 작용, 부정확한 계산, 데이터 손상과 같은 바람직하지 않은 시스템 동작을 찾아낸다.

이들 중 첫 번째는 검증 테스팅이다. 시스템의 예상된 사용을 반영하는 테스트 케이스 집합을 이용하여 시스템이 정확하게 수행되는 것을 기대한다. 두 번째는 결함 테스팅이다. 테스트 케이스는 결함을 드러낼 수 있도록 설계된다. 결함 테스팅의 테스트 케이스는 의도적으로 모호할 수 있고 시스템이 정상적으로 어떻게 사용되는지를 반영할 필요가 없다. 물론 테스팅의 두 접근법 간의 명확한 경계는 없다. 검증 테스팅 중에 시스템의 결함을 찾을 것이고 결함 테스팅 중에 어떤 테스트는 프로그램이 요구사항에 맞는지 보여줄 것이다.

그림 8.1은 검증 테스팅과 결함 테스팅의 차이점을 보여준다. 시스템이 블랙박스로서 테스트된다고 생각하자. 시스템은 어떤 입력 집합 I에 속한 입력을 받아 출력 집합 O에 속한 출력을 생성한다. 어떤 출력은 오류가 있을 것인데, 이것은 집합 I_e에 속한 입력에 대한 반응으로 시스템에 의해 생성되는 집합 O_e에 속한 출력이다. 결함 테스팅의 우선순위는 집합 I_e에 속한 입력을 찾는 것인데 이것이 시스템에 있는 문제를 드러내기 때문이다. 검증 테스팅은 I_e에 속하지 않은 정확한 입력으로 테스팅하는 것과 연관되어 있다. 이것은 시스템이 예상되는 정확한 출력을 생성하도록 한다.

테스팅이 소프트웨어의 결함이 없다는 것이나 모든 환경에서 명세대로 동작할 것이라는 것을 보여줄 수는 없다. 간과된 테스트가 시스템에 있는 추가의 문제를 발견할 수 있는 것은 언제나 가능하다. 소프트웨어 공학 발전의 초창기 기여자인 Edsger Digkstra라는 다음과 같이 설득력있게 말하였다(Dijkstra 1972).

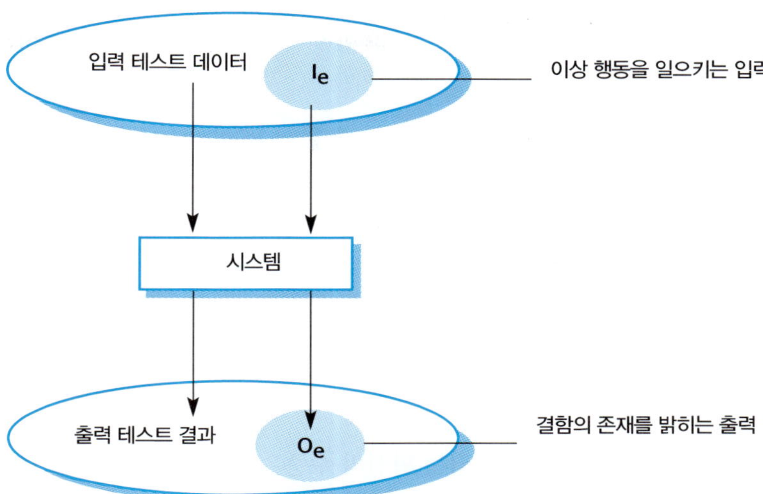

그림 8.1 프로그램 테스팅의 입출력 모델

"테스팅은 오류의 부재가 아닌 오류의 존재만 보일 수 있다[†]."

테스팅은 폭넓은 소프트웨어 검증 및 확인(V & V) 프로세스의 일부이다. 검증과 확인은 종종 혼동되지만 같은 것이 아니다. 소프트웨어 공학의 개척자인 Barry Boehm은 그 차이점을 간결하게 표현하였다(Boehm 1979).

- **확인: 올바른 제품을 만들고 있는가?**
- **검증: 제품을 올바르게 만들고 있는가?**

검증과 확인 프로세스는 개발되는 소프트웨어가 명세에 맞는지와 소프트웨어를 위해 비용을 지불하는 사람들이 기대하는 기능을 제공하는지를 점검하는 것과 연관되어 있다. 이 점검 프로세스는 요구사항이 가용하게 되면 바로 시작하며 개발 프로세스의 모든 단계에 걸쳐 계속된다.

소프트웨어 검증은 소프트웨어가 명시된 기능적 및 비기능적 요구사항에 맞는지 점검하는 프로세스이다. 확인은 더 일반적인 프로세스이다. 소프트웨어 확인의 목표는 소프트웨어가 고객의 기대에 맞는지 보증하는 것이다. 이것은 명세를 따르는 것을 넘어서 소프트웨어가 고객이 기대하는 것을 하는지 보여주는 것이다. 확인은 필수적인데 4장에서 논의한 것처럼 요구사항 서술이 항상 시스템 고객과 사용자가 실제로 바라는 것 또는 필요를 반영하는 것은 아니기 때문이다.

검증과 확인 프로세스의 목표는 소프트웨어 시스템이 "목적에 맞는다"는 확신을 세우는 것이다. 이것은 시스템이 의도된 사용을 위해 충분히 괜찮아야 한다는 것을 의미

[†] Dijkstra, E. W. 1972. "The Humble Programmer." Comm. ACM 15 (10): 859–66. doi:10.1145/355604.361591

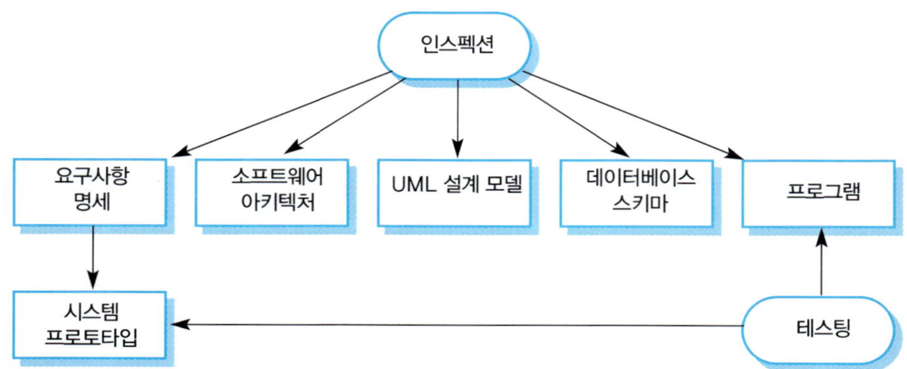

그림 8.2 인스펙션과 테스팅

한다. 요구되는 확신의 수준은 시스템의 목적, 시스템 사용자의 기대, 시스템의 현재 시장 환경 등에 좌우된다.

1. **소프트웨어의 목적:** 소프트웨어가 중요할수록 신뢰성이 있는 것이 더 중요하다. 예를 들어 안전성 중심 시스템을 제어하는 데 사용되는 소프트웨어에서 요구되는 신뢰도 수준은 신제품 아이디어를 실증하는 시스템에서 요구되는 것보다 훨씬 더 높다.
2. **사용자 기대:** 버그투성이의 신뢰할 수 없는 시스템에 대한 이전의 경험 때문에 사용자는 가끔 소프트웨어 품질에 대해 낮은 기대를 가진다. 소프트웨어에 장애가 발생해도 사용자들은 당황하지 않는다. 새 시스템이 설치되었을 때 사용 이익이 장애 복구 비용을 초과하므로 사용자들은 장애를 감내할 수도 있다. 그러나 소프트웨어 제품이 더 확립될수록 사용자는 소프트웨어를 더 신뢰할 수 있게 될 것이라고 기대한다. 결과적으로 시스템의 나중 버전은 더 철저한 테스팅이 필요할 수 있다.
3. **시장 환경:** 소프트웨어 회사가 시스템을 출시하였을 때 경쟁 제품, 고객이 시스템을 위해 지불하려는 가격, 시스템을 인도하는 데 필요한 일정 등을 반드시 고려하여야 한다. 경쟁적인 환경에서 회사는 시장에서 최초가 되기 원하므로 프로그램을 충분히 테스트하고 디버그하기 전에 릴리스하기로 결정할 수 있다. 소프트웨어 제품이나 앱이 매우 저렴하다면 사용자들은 낮은 신뢰성 수준을 감내한다.

소프트웨어 테스팅뿐만 아니라 검증과 확인 프로세스는 소프트웨어 인스펙션 및 리뷰를 포함한다. 인스펙션과 리뷰는 시스템 요구사항, 설계 모델, 프로그램 소스 코드를 분석하고 검사한다. 이것은 소프트웨어를 검증하기 위하여 실행시킬 필요가 없는 "정적" V & V 기술이다. 그림 8.2는 소프트웨어 인스펙션과 테스팅이 소프트웨어 프로세스에서 서로 다른 단계의 V & V를 지원하는 것을 보여준다. 화살표는 기술이 사용될 수 있는 프로세스의 단계를 표시한다.

인스펙션은 대부분 시스템의 소스 코드에 집중하지만, 요구사항 또는 설계 모델과 같이 소프트웨어의 어떤 가독 표현이라도 검사될 수 있다. 시스템을 검사할 때 오류를 발견하기 위하여 시스템, 응용 도메인, 프로그래밍 또는 모델링 언어에 대한 지식을 사용한다.

소프트웨어 인스펙션은 테스팅에 비해 세 가지 장점이 있다.

1. 테스팅 중에 오류가 다른 오류들을 가릴(숨길) 수 있다. 한 오류로 인해 예상치 못한 출력이 나올 때 그 뒤의 출력 이상이 새로운 오류로 인한 것인지 아니면 원래 오류의 부작용인지 확신할 수 없다. 인스펙션은 시스템을 실행시키는 것과 무관하므로 오류들 간의 상호 작용에 대해 염려할 필요가 없다. 결과적으로 한 번의 인스펙션으로 시스템에 있는 여러 오류를 발견할 수 있다.
2. 추가 비용 없이 시스템의 불완전한 버전이 검사될 수 있다. 만일 프로그램이 불완전하다면 가용한 부분을 테스트하기 위하여 특별한 테스트 장치를 개발할 필요가 있다. 이것은 분명히 시스템 개발 비용에 추가된다.
3. 프로그램 결함을 찾는 것뿐만 아니라 인스펙션은 표준의 준수, 이식성, 유지보수성과 같은 프로그램의 폭넓은 품질 속성을 검토할 수 있다. 시스템을 유지보수하고 변경하기 어렵게 만드는 비효율성, 부적절한 알고리즘, 서툰 프로그래밍 방식 등을 찾아낼 수 있다.

프로그램 인스펙션은 오래된 생각이며, 여러 연구와 실험에서 인스펙션이 프로그램 테스팅보다 결함을 발견하는 데 더 효과적이라는 것을 보였다. Fagan (Fagan 1976)은 프로그램에 있는 60% 이상의 오류가 약식의 프로그램 인스펙션을 이용하여 검출될 수 있다고 보고하였다. 클린룸 프로세스(Prowell et al. 1999)에서는 프로그램 인스펙션에서 90% 이상의 결함이 발견될 수 있다고 주장하였다.

그러나 인스펙션은 소프트웨어 테스팅을 대체할 수 없다. 인스펙션은 프로그램의 다른 부분 간의 예상치 못한 상호 작용이나 타이밍 문제, 또는 시스템 성능 문제 때문에 발생하는 결함을 발견하는 데는 적합하지 않다. 작은 회사 또는 개발팀에서는 모든 잠재적인 팀 구성원이 소프트웨어 개발자가 될 수 있으므로 별도의 인스펙션팀을 두는 것은 어렵고 비용이 많이 든다.

24장(품질 경영)에서 리뷰와 인스펙션을 더 자세히 논한다. 이상을 찾기 위해 프로그램의 소스가 자동으로 분석되는 정적 분석은 12장에서 설명한다. 이 장에서는 테스팅과 테스팅 프로세스에 집중한다.

그림 8.3은 계획 주도 개발에서 사용되는 전통적인 테스팅 프로세스의 추상 모델이다. 테스트 케이스는 테스트에 대한 입력과 시스템으로부터 예상되는 출력의 명세, 그리고 무엇이 테스트되고 있는지에 대한 서술이다. 테스트 데이터는 시스템을 테스트하기 위하여 고안된 입력이다. 때때로 테스트 데이터는 자동으로 생성될 수 있지만 테스

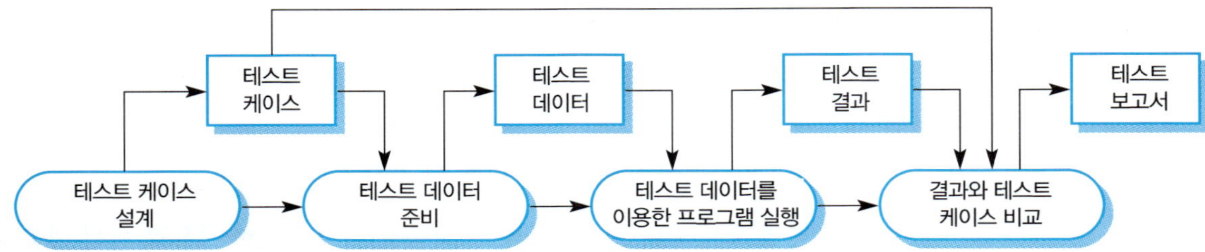

그림 8.3 소프트웨어 테스팅 프로세스 모델

트 케이스 생성은 불가능하다. 시스템이 무엇을 하기로 되어 있는지 이해하는 사람들이 예상되는 테스트 결과를 명시하는 데 반드시 관련되어야 한다. 그러나 테스트 실행은 자동화될 수 있다. 테스트 결과는 예측된 결과와 자동으로 비교되고 실행에서 오류나 이상을 찾기 위하여 사람이 필요하지 않다.

전형적으로 상용 소프트웨어 시스템은 테스팅의 세 단계를 거쳐야 한다.

1. **개발 테스팅:** 버그와 결함을 발견하기 위하여 시스템이 개발 중에 테스트된다. 시스템 설계자와 프로그래머가 테스팅 프로세스에 관여할 개연성이 크다.
2. **릴리스 테스팅:** 별도의 테스팅팀이 시스템의 완성된 버전을 사용자에게 릴리스하기 전에 테스트한다. 릴리스 테스팅의 목표는 시스템이 이해당사자들의 요구사항에 맞는지 점검하는 것이다.
3. **사용자 테스팅:** 시스템의 사용자 또는 잠재적인 사용자들이 자신의 환경에서 시스템을 테스트한다. 소프트웨어 제품의 경우 소프트웨어가 팔릴 수 있을지 결정하는 내부 마케팅 그룹이 "사용자"일 수도 있다. 인수 테스팅은 시스템 공급자로부터 시스템을 인수해야 하는지 아니면 추가 개발이 필요한지 결정하기 위해 고객이 공식적으로 시스템을 테스트하는 사용자 테스팅의 한 유형이다.

실제로 테스팅 프로세스에는 보통 수동 테스팅과 자동화된 테스팅이 섞여있다. 수동 테스팅에서는 테스터가 프로그램을 어떤 테스트 데이터를 가지고 실행시키고 그 결

테스트 계획 수립

테스트 계획 수립은 테스팅 프로세스의 모든 활동들의 계획을 세우고 자원을 배분하는 것과 관련되어 있다. 이것은 테스팅 프로세스를 정의하고 인력 및 시간 가용성을 고려하는 것을 포함한다. 보통 무엇이 테스트될지, 예상되는 테스팅 일정, 어떻게 테스트가 기록될지 정의하는 테스트 계획이 생성된다. 중대한 시스템에는 테스트 계획이 소프트웨어 상에서 실행될 테스트에 대한 상세 내역이 포함될 수도 있다.

http://software-engineering-book.com/web/test-planning/

과를 예상되는 값과 비교한다. 테스터는 불일치를 기록하고 프로그램 개발자에게 보고한다. 자동화된 테스팅에서는 테스트가 개발 중인 시스템이 테스트될 때마다 실행되는 프로그램으로 포함되어있다. 이것은 수동 테스팅보다 빠른데, 프로그램의 변경으로 새로운 버그가 생기지 않았는지 점검하기 위해 이전의 테스트를 다시 실행하는 회귀 테스팅과 관련되었을 때 특히 그렇다.

유감스럽게도 자동화된 테스트는 프로그램이 예정된 대로 동작하는지 점검만 가능하므로 테스팅은 완전히 자동화될 수 없다. 사물이 어떻게 보이는지에 의존하는 시스템(예를 들어 그래픽 사용자 인터페이스)을 테스트하거나 프로그램이 예상치 못한 부작용이 없는지 테스트하기 위하여 자동화된 테스트를 이용하는 것은 실질적으로 불가능하다.

8.1 개발 테스팅

개발 테스팅은 시스템을 개발하는 팀에 의해 수행되는 모든 테스팅 활동을 포함한다. 소프트웨어의 테스터는 보통 소프트웨어를 개발한 프로그래머이다. 어떤 개발 프로세스는 각 프로그래머와 연관된 테스터가 테스트를 개발하고 테스팅 프로세스를 도와주는 프로그래머/테스터 짝(Cusamano and Selby 1998)을 이용한다. 중대한 시스템의 경우 개발팀 내의 별도의 테스팅 그룹이 있는 더 정형적인 프로세스가 사용될 수 있다. 이 그룹은 테스트를 개발하고 테스트 결과의 상세한 기록을 관리하는 책임을 진다.

개발 테스팅은 세 단계가 있다.

1. **단위 테스팅:** 개별 프로그램 단위 또는 객체 클래스가 테스트된다. 단위 테스팅은 객체나 메서드의 기능을 테스트 하는 것에 집중하여야 한다.
2. **컴포넌트 테스팅:** 여러 개별 단위가 복합 컴포넌트를 생성하기 위하여 통합된다. 컴포넌트 테스팅은 컴포넌트 기능에 접근하는 컴포넌트 인터페이스를 테스트하는 것에 집중하여야 한다.

디버깅

디버깅은 테스팅에 의해 발견된 오류와 문제점을 고치는 프로세스이다. 프로그램 테스트로부터의 정보를 이용하여 디버깅 담당자는 프로그램 오류를 찾고 수정하기 위하여 프로그래밍 언어와 테스트에서 의도된 결과에 대한 지식을 이용한다. 프로그램을 디버깅할 때 보통 프로그램 실행에 대한 추가의 정보를 제공하는 대화식 도구를 사용한다.

http://software-engineering-book.com/web/debugging/

3. **시스템 테스팅**: 시스템의 어느 정도 또는 모든 컴포넌트들을 통합하여 시스템이 전체로서 테스트된다. 시스템 테스팅은 컴포넌트의 상호 작용을 테스트하는 것에 집중하여야 한다.

주로 개발 테스팅은 테스팅의 목표가 소프트웨어의 버그를 발견하는 것에 있는 결함 테스팅 프로세스이다. 그러므로 이것은 보통 코드의 문제를 찾아 그 문제를 고치기 위해 프로그램을 변경하는 프로세스인 디버깅과 중첩된다.

8.1.1 단위 테스팅

단위 테스팅은 메서드 또는 객체 클래스와 같은 프로그램 컴포넌트를 테스팅하는 프로세스이다. 개별 함수나 메서드는 컴포넌트의 가장 단순한 유형이다. 테스트는 서로 다른 입력 매개변수를 가지고 이 루틴들을 호출하여야 한다. 함수나 메서드 테스트를 설계하기 위하여 8.1.2절에서 논의된 테스트 케이스 설계 접근법을 사용할 수 있다.

객체 클래스를 테스팅할 때 객체의 모든 기능이 포함되도록 테스트를 설계하여야 한다. 이것은 객체에 포함된 모든 오퍼레이션들을 테스트해야 한다는 것을 의미하는데, 객체에 포함된 모든 속성의 값을 지정하고 검사하며, 객체를 모든 가능한 상태가 되도록 한다. 이것은 상태 변경을 일으키는 모든 이벤트들을 실험해야 하는 것을 의미한다.

예를 들어 7장에서 논의한 예제의 기상 관측소 객체를 고려하자. 이 객체의 속성과 오퍼레이션을 그림 8.4에 보였다. 이 객체는 식별자인 단일 속성을 가진다. 이것은 기상 관측소가 설치될 때 지정되는 상수이다. 그러므로 이것이 제대로 설정되었는지 점검하는 테스트만 필요하다. reportWeather와 reportStatus 같이 객체에 포함된 모든 메서드들을 위한 테스트 케이스를 정의할 필요가 있다. 이상적으로는 메서드를 고립시켜(분리하여) 테스트해야 하지만 어떤 경우에는 테스트 순서가 필요하다. 예를 들어 기상 관측소 장치들을 종료시키는 메서드(shutdown)를 테스트하기 위하여 **재시작** 메서드를 실행시켜야 한다.

WeatherStation
identifier
reportWeather ( ) reportStatus ( ) powerSave (instruments) remoteControl (commands) reconfigure (commands) restart (instruments) shutdown (instruments)

그림 8.4 기상 관측소 객체 인터페이스

일반화 또는 상속은 객체 클래스 테스팅을 더 복잡하게 한다. 오퍼레이션을 단순히 정의된 클래스에서만 테스트하고 오퍼레이션을 상속하는 모든 서브클래스들에서 예상대로 동작할 것이라고 가정할 수 없다. 상속된 오퍼레이션은 다른 오퍼레이션과 속성에 대한 가정을 할 수 있다. 이 가정은 오퍼레이션을 상속한 어떤 서브클래스들에서는 유효하지 않을 수 있다. 그러므로 상속된 오퍼레이션은 그것이 사용되는 모든 곳에서 테스트해야 한다.

기상 관측소의 상태를 테스트하기 위하여 7장에서 논의된 상태 모델을 이용할 수 있다(그림 7.8). 이 모델을 이용하여 테스트되어야 하는 상태 전이 순서를 식별하고 이 순서대로 전이시키는 이벤트 순서를 정의한다. 원칙적으로 모든 가능한 상태 전이 순서를 테스트해야 하지만 이것은 실질적으로 너무 비용이 많이 든다. 기상 관측소에서 테스트되어야 하는 상태 순서의 예는 다음을 포함한다.

Shutdown → Running → Shutdown

Configuring → Running → Testing → Transmitting → Running

Running → Collecting → Running → Summarizing → Transmitting → Running

가능하다면, 언제든지 단위 테스팅을 자동화해야 한다. 자동화된 단위 테스팅에서는 프로그램 테스트를 작성하고 실행시키기 위해서 JUnit (Tahchiev et al. 2010) 같은 테스트 자동화 프레임워크를 사용한다. 단위 테스팅 프레임워크는 특정 테스트 케이스를 생성하기 위하여 확장할 수 있는 범용 테스트 클래스를 제공한다. 프레임워크는 구현된 테스트 모두를 실행시키고 테스트의 성공 또는 그렇지 않음을 종종 그래픽 인터페이스(GUI)를 통해 보고한다. 전체 테스트 모음은 대개 몇 초안에 실행될 수 있으므로 프로그램을 변경할 때마다 모든 테스트를 실행하는 것이 가능하다.

자동화된 테스트에는 세 부분이 있다.

1. **설정 부분:** 시스템을 테스트 케이스, 말하자면 입력과 예상되는 출력으로 초기화한다.
2. **호출 부분:** 테스트될 객체나 메서드를 호출한다.
3. **단언 부분:** 호출 결과를 예상되는 결과와 비교한다. 단언이 참으로 평가되면 테스트는 성공이고 거짓이면 실패이다.

가끔 테스팅하는 객체가 구현되지 않은 객체들 또는 테스팅 프로세스에 시간이 많이 걸리게 하는 객체들에 의존성을 가진다. 예를 들어 객체가 데이터베이스 호출을 한다면 사용 전 설정이 오래 걸릴 수 있다. 이 같은 경우 모형 객체를 사용할지 결정할 수 있다.

모형 객체는 사용되는 외부 객체와 같은 인터페이스를 가지며 그 기능을 모사하는 객체이다. 예를 들어 모형 객체는 배열로 구성된 단지 몇 개의 데이터 항목을 가지고 데이터베이스를 모사할 수 있다. 그것은 데이터베이스 호출과 디스크 접근 부담 없이 빠르게 접근 가능하다. 이와 유사하게 모형 객체는 비정상 동작이나 잘 일어나지 않는 이벤트를 모사하는 데 사용될 수 있다. 예를 들어 시스템이 특정 시간에 행동을 하도록 예정되어 있다면 실제 시간에 관계없이 모형 객체가 단순히 그 시간을 반환할 수 있다.

8.1.2 단위 테스트 케이스 선정

테스팅은 비용과 시간이 많이 소요되므로 효과적인 단위 테스트 케이스를 선정하는 것이 중요하다. 이 경우 효과적이라는 것은 다음 두 가지를 의미한다.

1. 테스팅하는 컴포넌트가 예상대로 사용되는 경우, 무엇을 하기로 되어있는지를 테스트 케이스가 보여주어야 한다.
2. 컴포넌트에 결함이 있을 경우, 테스트 케이스에 의해 밝혀져야 한다.

그러므로 두 가지 종류의 테스트 케이스를 설계해야 한다. 첫 번째 종류는 프로그램의 정상적인 작업을 반영하고 컴포넌트가 동작한다는 것을 보여주어야 한다. 예를 들어 새로운 환자 기록을 생성하고 초기화하는 컴포넌트를 테스팅한다면 테스트 케이스는 데이터베이스에 기록이 존재하고 레코드의 필드가 지정한 대로 설정되었는지 보여주어야 한다. 다른 종류의 테스트 케이스는 공통적인 문제들이 발생하는 곳에 대한 테스팅 경험을 바탕으로 하여야 한다. 비정상 입력을 사용하여 이것이 적절히 처리되고 컴포넌트를 망가뜨리지 않는지 검사하여야 한다.

테스트 케이스 선정을 도와주는 데 효과적인 두 전략은 다음과 같다.

1. **분할 테스팅:** 공통 특성을 가지고 동일한 방식으로 처리되어야 하는 입력 그룹을 식별한다. 각 그룹 안에서 테스트를 선정한다.
2. **가이드라인 기반 테스팅:** 테스트 케이스를 선정하기 위하여 테스팅 가이드라인을 사용한다. 이 가이드라인은 컴포넌트를 개발할 때 프로그래머가 자주 범하는 오류의 종류에 대한 이전의 경험을 반영한다.

프로그램의 입력 데이터와 출력 결과는 공통 특징을 가진 집합의 원소라고 생각할 수 있다. 이 같은 집합의 예는 양수, 음수, 메뉴 선택 등이다. 프로그램은 보통 한 집합의 모든 원소에 대해 비슷한 방법으로 행동한다. 다시 말해, 계산을 수행하고 두 개의 양수를 필요로 하는 프로그램을 테스트한다면 그 프로그램이 모든 양수에 대하여 동일한 방식으로 동작할 것이라고 예상할 수 있다.

이 같은 동등한 행동으로 인하여 이 클래스들은 때때로 동등 분할 또는 도메인이라고 불린다(Bezier 1990). 테스트 케이스 설계에 대한 체계적인 접근법 하나는 시스템 또는 컴포넌트에 대한 입력과 출력 분할을 식별하는 것이다. 입력과 출력이 이 분할들

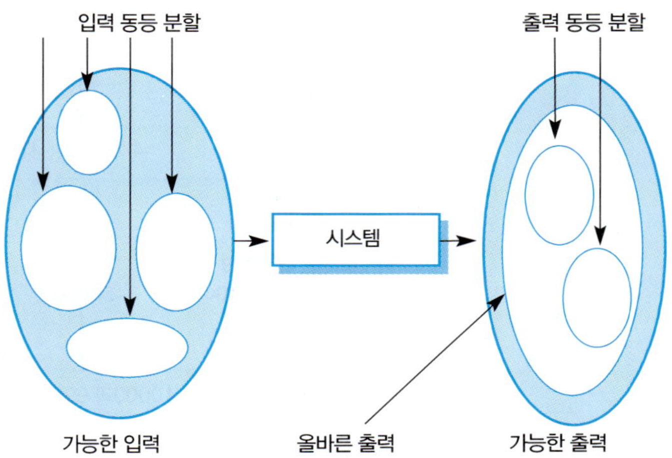

그림 8.5 동등 분할하기

안에 놓이도록 테스트 케이스가 설계된다. 분할 테스팅은 시스템과 컴포넌트 모두를 위하여 테스트 케이스를 설계하는 데 사용될 수 있다.

그림 8.5에서 왼쪽의 음영이 있는 커다란 타원은 테스트되는 프로그램에 대한 모든 가능한 입력의 집합을 나타낸다. 음영이 없는 작은 타원은 동등 분할을 나타낸다. 테스트되는 프로그램은 한 입력 동등 분할의 모든 원소를 같은 방식으로 처리하여야 한다.

출력 동등 분할은 그 안에 속한 모든 출력이 공통으로 어떤 것을 가지는 분할이다. 가끔 입력과 출력 동등 분할 간에 1:1 대응이 된다. 그러나 항상 그런 것은 아니며, 별도의 입력 동등 분할을 정의할 필요가 있는데 분할에 속한 입력의 유일한 공통 특징은 같은 출력 분할 내의 출력을 생성하는 것이다. 왼쪽 타원의 음영 부분은 유효하지 않은 입력을 나타낸다. 오른쪽 타원의 음영 부분은 유효하지 않은 입력에 대한 반응으로 일어날 수 있는 예외를 나타낸다.

한번 분할의 집합을 식별하면 각 분할에서 테스트 케이스를 선정한다. 테스트 케이스 선택을 위한 괜찮은 경험 법칙은 분할의 경계에 있는 테스트 케이스, 그리고 분할의 중간점에 가까운 케이스를 선정하는 것이다. 그 이유는 설계자와 프로그래머는 시스템을 개발할 때 전형적인 값을 고려하는 경향이 있기 때문이다. 분할의 중간점을 선택하여 이것을 테스트한다. 경계 값들은 전형적이 아니므로(0은 다른 음이 아닌 수와 다르게 행동할 수 있다) 가끔 개발자들에 의해 간과된다. 프로그램 장애는 종종 이와 같이 전형적이 아닌 값을 처리할 때 일어난다.

프로그램 명세 또는 사용자 문서를 사용하고 오류를 감지할 개연성이 있는 입력 값 부류들을 예측하는 경험으로부터 분할을 식별한다. 예를 들어 프로그램 명세에 프로그램이 10,000보다 큰 다섯 자리 정수를 네 개에서 여덟 개까지 받는다고 기술되었다고 하자. 이 정보를 이용하여 입력 분할과 가능한 테스트 입력 값들을 식별한다. 이것을 그림

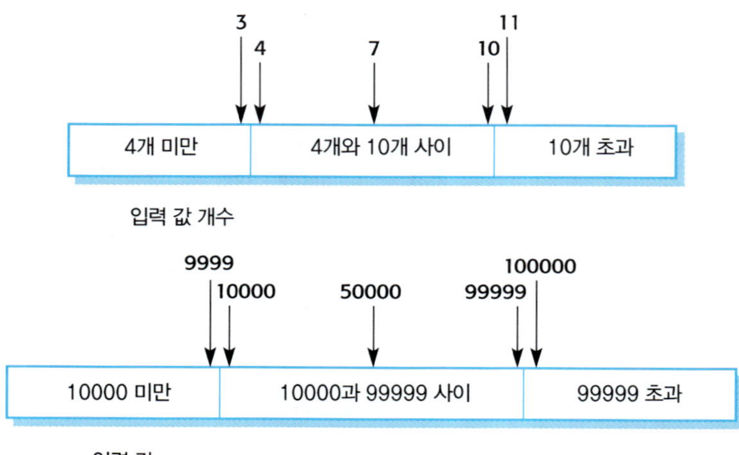

그림 8.6 동등 분할

8.6에 보였다.

동등 분할을 식별하기 위하여 시스템의 명세를 사용할 때, 이것은 블랙박스 테스팅이라고 불린다. 시스템이 어떻게 동작하는지 아무 지식도 필요하지 않다. 다른 가능한 테스트를 찾기 위하여 프로그램의 코드를 보는 "화이트박스 테스팅"으로 블랙박스 테스트를 보완하는 것이 가끔 유용하다. 예를 들어 코드가 부정확한 입력에 대한 예외를 포함하고 있을 수 있다. 이 지식을 이용하여 동일한 예외 처리가 적용되어야 하는 서로 다른 범위인 "예외 분할"을 식별한다.

동등 분할은 분할의 끝에 있는 입력을 처리할 때 프로그래머가 종종 범하는 오류를 처리하는 것을 도와주므로 테스팅에 대한 효과적인 접근법이다. 테스트 케이스 선정을 돕기 위하여 테스팅 가이드라인도 역시 사용할 수 있다. 가이드라인은 어떤 종류의 테스트 케이스가 오류 발견에 효과적인지에 관한 지식을 포함한다. 예를 들어 시퀀스, 배열, 또는 리스트가 있는 프로그램을 테스팅할 때 결함을 밝히는 데 도움이 되는 지침은 다음과 같은 것이 있다.

1. 단지 하나의 값만 가지는 시퀀스로 소프트웨어를 테스트한다. 프로그래머들은 자연스럽게 시퀀스가 여러 값으로 만들어져 있다고 생각하고 때때로 이 가정이 프로그램에 들어가 있다. 결과적으로 단일 값을 가지는 시퀀스가 주어졌을 경우 프로그램이 제대로 동작하지 않을 수 있다.
2. 테스트마다 다양한 크기를 가지는 서로 다른 시퀀스를 사용한다. 이것은 입력의 우연한 특성 때문에 결함이 있는 프로그램이 우연히 정확한 출력을 낼 가능성을 줄인다.
3. 시퀀스의 첫 번째, 중간, 마지막 원소가 접근되도록 테스트를 유도한다. 이 접근은 분할 경계에 있는 문제를 드러나게 한다.

경로 테스팅

경로 테스팅은 컴포넌트나 프로그램의 모든 독립적인 실행 경로를 수행하는 것을 목표로 하는 테스팅 전략이다. 모든 독립적인 경로가 실행된다면 컴포넌트의 모든 문장들이 적어도 한 번은 실행되었어야만 한다. 모든 조건문은 참과 거짓인 경우 둘 다 테스트되어야 한다. 객체 지향 개발 프로세스에서 경로 테스팅은 객체와 연관된 메서드를 테스트하는 데 사용될 수 있다.

http://software-engineering-book.com/web/path-testing/

Whittaker의 책(Whittaker 2009)에는 테스트 케이스 설계에 사용될 수 있는 지침의 예가 많이 포함되어 있다. 가장 일반적인 지침 중 일부는 다음과 같다.

- 시스템에서 모든 오류 메시지들이 생성되게 만드는 입력 값들을 선택한다.
- 버퍼 오버플로우가 일어나도록 입력을 설계한다.
- 같은 입력 또는 같은 입력 순서를 여러 번 반복한다.
- 유효하지 않은 출력이 생성되도록 한다.
- 계산 결과가 너무 크거나 너무 작게 만든다.

테스팅하면서 경험을 얻으면 효과적인 테스트 케이스를 어떻게 선정하는지 스스로의 지침을 개발할 수 있다. 다음 절에서 테스팅 지침의 예를 더 소개한다.

8.1.3 컴포넌트 테스팅

소프트웨어 컴포넌트는 대개 상호 작용하는 여러 객체들로 이루어져 있다. 예를 들어 기상 관측소 시스템에서 재설정 컴포넌트는 재설정의 각 측면을 담당하는 객체들을 포함한다. 이 객체들의 기능은 컴포넌트 인터페이스를 통해서 접근한다(7장 참조). 복합 컴포넌트를 테스팅하는 것은 컴포넌트 인터페이스 또는 인터페이스가 명세에 따라 동작한다는 것을 보여주는 데 집중하여야 한다. 컴포넌트 안의 개별 객체들에 대한 단위 테스트는 완료되었다고 가정할 수 있다.

그림 8.7은 컴포넌트 인터페이스 테스팅의 개념을 보여준다. 컴포넌트 A, B, C가 더 큰 컴포넌트나 서브시스템을 만들기 위하여 통합되었다고 가정한다. 테스트 케이스는 개별 컴포넌트에 적용되지 않고 컴포넌트들을 조합하여 만들어진 복합 컴포넌트의 인터페이스에 적용된다. 복합 컴포넌트의 인터페이스 오류는 컴포넌트의 객체들 간 상호 작용에 기인하므로 개별 객체를 테스팅하는 것으로 검출하지 못할 수 있다.

프로그램 컴포넌트 간에는 서로 다른 유형의 인터페이스가 있고 결과적으로 서로

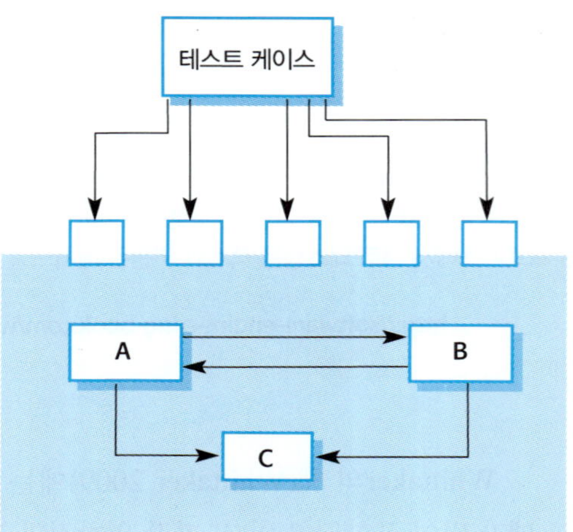

그림 8.7 인터페이스 테스팅

다른 유형의 인터페이스 오류가 일어날 수 있다.

1. **매개변수 인터페이스:** 데이터의 참조 또는 어떤 경우 함수의 참조가 한 컴포넌트에서 다른 컴포넌트로 전달되는 인터페이스이다. 객체의 메서드는 매개변수 인터페이스를 가진다.
2. **공유 메모리 인터페이스:** 메모리 블록이 컴포넌트 간에 공유되는 인터페이스이다. 한 서브시스템이 데이터를 메모리에 기록하고 다른 서브시스템이 메모리에서 데이터를 읽어간다. 이 유형의 인터페이스는 센서가 생성한 데이터를 다른 시스템 컴포넌트가 읽고 처리하는 임베디드 시스템에서 사용된다.
3. **프로시저 인터페이스:** 다른 컴포넌트들에 의해 호출될 수 있는 프로시저들의 집합을 한 컴포넌트에 모아놓은 인터페이스이다. 객체와 재사용 가능한 컴포넌트들은 이 형식의 인터페이스를 가진다.
4. **메시지 전달 인터페이스:** 한 컴포넌트가 다른 컴포넌트에 메시지를 전달하여 서비스를 요청하는 인터페이스이다. 반환 메시지에는 서비스를 실행한 결과가 포함되어 있다. 어떤 객체 지향 시스템들은 클라이언트-서버 시스템처럼 이 같은 형식의 인터페이스를 가진다.

인터페이스 오류는 복잡한 시스템에서 가장 흔한 형태의 오류 중 하나이다(Lutz 1993). 오류들은 세 부류로 나뉜다.

- **인터페이스 오용:** 호출하는 컴포넌트가 다른 컴포넌트를 호출하는 데 인터페이스 사용 오류가 생긴다. 이 유형의 오류는 매개변수 유형이 잘못되거나 순서가 잘못 전달될 수 있는 매개변수 인터페이스에서 흔하다.
- **인터페이스 오해:** 호출하는 컴포넌트가 호출되는 컴포넌트의 인터페이스 명세를 잘

못 이해하고 호출되는 컴포넌트의 동작을 가정한다. 호출된 컴포넌트는 기대한 대로 동작하지 않고 이는 호출한 컴포넌트의 예기치 못한 동작을 일으킨다. 예를 들어 이진 탐색 메서드를 호출할 때 매개변수로 정렬되지 않은 배열이 전달될 수 있고, 탐색은 실패할 것이다.

- **타이밍 오류:** 이것은 공유 메모리나 메시지 전달 인터페이스를 사용하는 실시간 시스템에서 일어난다. 데이터의 생산자와 소비자는 서로 다른 속도로 작동할 수 있다. 인터페이스 설계에 특별한 주의를 기울이지 않으면 정보 생산자가 공유 인터페이스 정보를 갱신하지 않아서 소비자가 오래된 정보에 접근할 수 있다.

어떤 인터페이스 결함은 일반적이지 않은 조건하에서만 나타나기 때문에 인터페이스 결함에 대한 테스팅은 어렵다. 예를 들어 어떤 객체가 고정 길이 자료구조로 큐를 구현했다고 하자. 호출하는 객체는 큐가 무한한 자료구조로 구현되었다고 가정할 수 있고 항목을 넣을 때 큐 오버플로우를 검사하지 않는다.

이 조건은 테스팅 중에 큐가 넘치게 하는 테스트 케이스들의 순서를 설계하는 것에 의해서만 감지될 수 있다. 테스트는 호출하는 객체가 큐가 넘치는 것을 어떻게 다루는지 점검하여야 한다. 그러나 이것은 드물게 일어나는 조건이기 때문에 테스터는 큐 객체를 위한 테스트 집합을 작성할 때 이를 점검할 가치가 없다고 생각할 수 있다.

서로 다른 모듈이나 객체에 있는 결함들 간 상호 작용 때문에 추가의 문제가 일어날 수 있다. 한 객체의 결함은 어떤 다른 객체가 예상치 않게 행동할 때만 감지될 수도 있다. 한 객체가 어떤 서비스를 받기 위하여 다른 객체를 호출하고 호출하는 객체는 응답이 정확하다고 가정하자. 호출된 서비스가 어떤 면에서 결함이 있다면 반환된 값은 유효하지만 부정확할 수 있다. 그러므로 문제는 바로 감지될 수 없으며 반환 값을 사용한 계산이 잘못된 후에야 분명해진다.

다음은 인터페이스 테스팅을 위한 일반적 지침이다.

1. 테스트될 코드를 검사하여 각각의 외부 컴포넌트 호출을 식별한다. 외부 컴포넌트에 전달되는 매개변수 값이 범위의 극단에 있게 테스트 집합을 설계한다. 극단적인 값은 인터페이스 불일치를 밝힐 개연성이 크다.

2. 인터페이스를 통해 포인터가 전달될 때 항상 널 포인터 매개변수를 가지고 인터페이스를 테스트한다.

3. 프로시저 인터페이스를 통해 컴포넌트가 호출될 때 고의적으로 컴포넌트가 실패하게 하는 테스트를 설계한다. 실패에 대한 가정이 다른 것이 가장 흔히 있는 명세를 잘못 이해하는 경우이다.

4. 메시지 전달 시스템에서 스트레스 테스팅을 사용한다. 이것은 실제로 일어날 만한

것보다 훨씬 더 많은 메시지를 생성하는 테스트를 설계해야 한다는 것을 의미한다. 이것은 타이밍 문제를 드러나게 하는 효과적인 방법이다.

5. 공유 메모리를 통해 여러 컴포넌트가 상호 작용하는 경우 컴포넌트들이 활성화되는 순서가 바뀌도록 테스트를 설계한다. 이 테스트는 공유 데이터가 생산되고 소비되는 순서에 대한 프로그래머가 만든 암묵적인 가정을 드러나게 할 수 있다.

때때로 인터페이스 오류를 찾기 위해 테스팅보다 인스펙션과 리뷰를 사용하는 것이 낫다. 인스펙션은 컴포넌트 인터페이스들과 인스펙션 프로세스에 제기된 인터페이스의 예상된 행동에 대한 질문들에 집중할 수 있다.

8.1.4 시스템 테스팅

개발 중의 시스템 테스팅은 시스템의 버전을 생성하기 위하여 컴포넌트들을 통합하고 통합된 시스템을 테스팅하는 것과 관련되어 있다. 시스템 테스팅은 컴포넌트들이 호환되는지, 올바르게 상호 작용하는지, 인터페이스를 통하여 정확한 시간에 정확한 데이터를 전송하는지 검사한다. 이것은 명백하게 컴포넌트 테스팅과 겹치지만 두 가지 중요한 차이점이 있다.

1. 시스템 테스팅 중에는 별도로 개발된 재사용 가능한 컴포넌트와 기성품 시스템이 새로 개발된 컴포넌트들과 통합될 수 있다. 완전한 시스템이 테스트된다.
2. 다른 팀 구성원이나 하부팀에서 개발된 컴포넌트가 이 단계에서 통합된다. 시스템 테스팅은 개별적이라기보다 집단적인 프로세스이다. 어떤 회사에서는 시스템 테스팅이 설계자와 프로그래머의 관여 없이 별도의 테스팅팀과 관련될 수 있다.

모든 시스템은 창발적 행동을 가진다. 이것은 어떤 시스템 기능과 특성은 컴포넌트들을 합쳤을 때만 명백해진다는 것을 의미한다. 이것은 계획된 창발적 행동일 수 있으며 테스트되어야 한다. 예를 들어 인증 컴포넌트를 시스템 데이터베이스를 갱신하는 컴포넌트와 통합할 수 있다. 그 결과 권한 부여를 받은 사용자로 정보 갱신을 제한하는 시스템 기능을 가진다. 그러나 때때로 창발적 행동은 예기치 못하고 바람직하지 않은 것이다. 시스템이 하기로 예정되어 있는 것만 하는지 점검하는 테스트를 개발하여야 한다.

시스템 테스팅은 시스템을 구성하는 컴포넌트들과 객체들 간의 상호 작용을 테스팅하는 것에 초점을 맞추어야 한다. 재사용 가능한 컴포넌트나 시스템을 새로운 컴포넌트와 통합했을 때 예상대로 작동하는지 점검하기 위하여 테스트 할 수 있다. 이 상호 작용 테스팅은 컴포넌트가 시스템의 다른 컴포넌트에 의해 사용되었을 때만 밝혀지는 컴포넌트 버그들을 발견하여야 한다. 상호 작용 테스팅은 시스템의 다른 컴포넌트들에 대한 컴포넌트 개발자의 오해를 찾는 데도 도움을 준다.

상호 작용에 초점을 맞추기 때문에 시스템 테스팅에는 유스케이스 기반 테스팅이 효과적인 접근법이다. 여러 컴포넌트들이나 객체들은 보통 시스템의 각 유스케이스를 구현한다. 유스케이스를 테스팅하는 것은 이들 상호 작용이 일어나도록 한다. 유스케이스 구현을 모델링하기 위하여 시퀀스 다이어그램을 만들었다면 상호 작용에 관련된 객체들이나 컴포넌트들을 볼 수 있다.

황무지의 기상 관측소 예제에서는 그림 7.3에 기술한대로 시스템 소프트웨어가 요약된 기상 데이터를 원격 컴퓨터에 보고한다. 그림 8.8은 기상 관측소가 측량 시스템을 위한 데이터 수집 요청에 응답할 때 기상 관측소에서 일어나는 오퍼레이션의 순서를 보여준다. 이 다이어그램은 테스트될 오퍼레이션을 식별하고 테스트 실행을 위한 테스트 케이스 설계를 돕기 위해 사용될 수 있다. 따라서 보고 요청이 있으면 다음 순서로 메서드가 수행된다.

SatComms:request → WeatherStation:reportWeather → Commslink:Get (summary) → WeatherData:summarize

시퀀스 다이어그램은 요구되는 입력과 생성되는 출력을 보여주므로 필요로 하는 특정 테스트 케이스를 설계하는 데 도움이 된다.

1. 보고를 요청하는 입력은 연관된 응답이 있어야 한다. 요청에 대해 궁극적으로 보고가 되어야만 한다. 테스팅 중에는 보고가 제대로 구성되었는지 점검하기 위한 요약 데이터를 생성하여야 한다.
2. WeatherStation에 보고하라는 입력 요청의 결과로 요약 보고가 생성된다. SatComms의 테스트를 위해 준비한 요약에 해당하는 원시 데이터를 생성하고 WeatherStation 객체가 요약을 바르게 생성하는지 점검하여 이를 분리하여 테스트할 수 있다. 이 원시 데이터는 WeatherData 객체를 테스트하는 데도 사용될 수 있다.

물론 그림 8.8의 시퀀스 다이어그램은 간략하게 표현한 것이므로 예외를 표시하지 않았다. 완전한 유스케이스/시나리오 테스트는 예외를 고려하고 예외가 제대로 다루어지는지 확인해야 한다.

대부분의 시스템에서 시스템 테스팅이 얼마나 중요한지와 언제 테스팅을 마쳐야 하는지를 알기 어렵다. 모든 가능한 프로그램 실행 순서를 테스트하는 철저한 테스팅은 불가능하다. 그러므로 테스팅은 가능한 테스트 케이스들의 부분집합에 기반을 두어야 한다. 이상적으로 소프트웨어 회사들은 이 부분집합을 선택하는 정책을 가지고 있어야 한다. 이 정책들은 모든 프로그램 문장이 적어도 한번은 실행되어야 한다는 정책과 같이 일반적인 테스팅 정책에 기반을 두어야 한다. 대안으로 이 정책들은 시스템

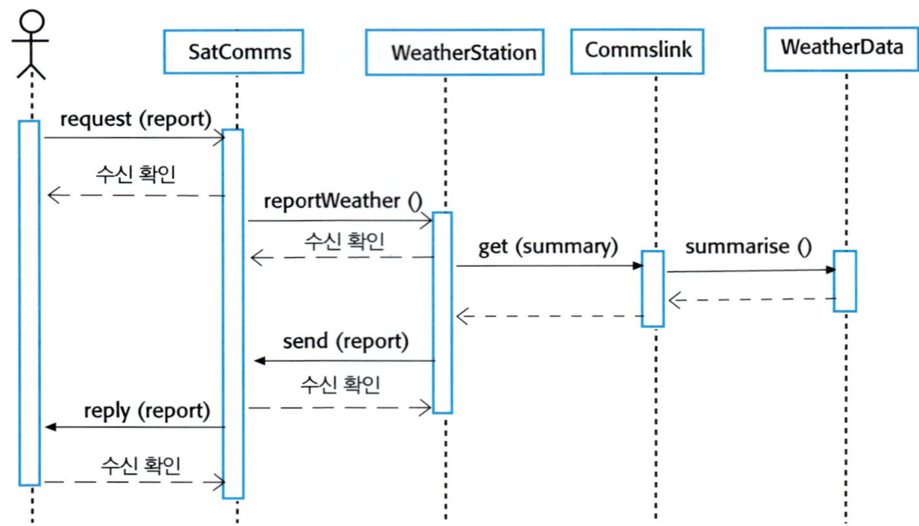

그림 8.8 기상 데이터 수집 시퀀스 다이어그램

사용의 경험에 기반을 둘 수 있고 운영되는 시스템의 기능을 테스팅하는 것에 초점을 둘 수 있다. 예를 들어,

1. 메뉴를 통해 접근되는 모든 시스템 기능들이 테스트되어야 한다.
2. 같은 메뉴를 통해 접근되는 기능들의 조합(예를 들어, 텍스트 서식)이 테스트되어야 한다.
3. 사용자 입력이 제공되는 경우 모든 기능들은 올바른 입력과 틀린 입력 둘 다를 가지고 테스트되어야 한다.

워드프로세서나 스프레드시트 같은 주요 소프트웨어 제품들에 대한 경험으로부터 제품 테스팅 중에 비슷한 가이드라인들이 보통 사용된다는 것은 분명하다. 소프트웨

점증적 통합과 테스팅

시스템 테스팅은 서로 다른 컴포넌트들의 통합, 즉 통합하여 생성된 시스템을 테스팅하는 것과 관련되어 있다. 통합과 테스팅에는 하나의 컴포넌트를 통합하고 시스템을 테스트하고, 또 다른 컴포넌트를 통합하고 다시 테스트하는 것을 반복하는 점증적 접근법이 항상 사용되어야 한다. 문제가 발생한다면 아마도 가장 최근에 통합된 컴포넌트와의 상호 작용에 기인하는 것이다.
점증적 통합과 테스팅은 애자일 방법의 기본인데, 애자일 방법에서는 새로운 증분을 통합할 때마다 회귀 테스트를 수행한다.

http://software-engineering-book.com/web/integration/

어의 기능들은 분리하여 사용될 때 보통 작동한다. Whittaker가 설명한 것처럼(Whittaker 2009) 문제점은 덜 사용되는 기능들의 조합이 같이 테스트되지 않았을 때 발생한다. 그는 일반적으로 사용하는 워드프로세서에서 다단으로 된 각주를 사용하는 것이 어떻게 옳지 않은 텍스트 레이아웃의 원인이 되는지 예를 들었다.

8.2 테스트 주도 개발

테스트 주도 개발(TDD)은 테스팅과 코드 개발을 중첩시키는 프로그램 개발 접근법이다(Beck 2002; Jeffries and Melnik 2007). 증분을 위한 테스트와 함께 코드를 점증적으로 개발한다. 개발된 코드가 그것을 위한 테스트를 모두 통과할 때까지 다음 증분 작업을 시작하지 않는다. 테스트 주도 개발은 XP 애자일 개발 기법의 일부로 소개되었다. 그렇지만 지금은 주류로 받아들여졌으며 애자일 프로세스와 계획기반 프로세스 모두에서 사용될 수 있다.

기본적인 TDD 프로세스는 그림 8.9에 보인 것과 같다. 그 프로세스의 단계들은 다음과 같다.

1. 요구되는 기능의 증분을 식별하는 것으로 시작한다. 이것은 보통 작고 몇 줄의 코드로 구현 가능하여야 한다.
2. 이 기능을 위해 테스트를 만들고 자동화된 테스트로 구현한다. 이것은 테스트가 실행될 수 있고 통과되었는지 또는 실패했는지 여부를 보고할 것이라는 것을 의미한다.
3. 구현되어 있는 다른 모든 테스트들과 함께 그 테스트를 실행한다. 처음에는 기능을 구현하지 않았으므로 새로운 테스트는 실패할 것이다. 이것은 테스트 집합에 그 테스트가 무엇을 추가했다는 것을 보여주도록 고의적인 것이다.
4. 해당 기능을 구현하고 테스트를 다시 실행한다. 이것은 기존 코드를 개선하고 새로운 코드를 추가하기 위한 리팩토링을 포함할 수 있다.
5. 모든 테스트가 성공적으로 실행되었으면 기능의 다음 부분 구현으로 이동한다.

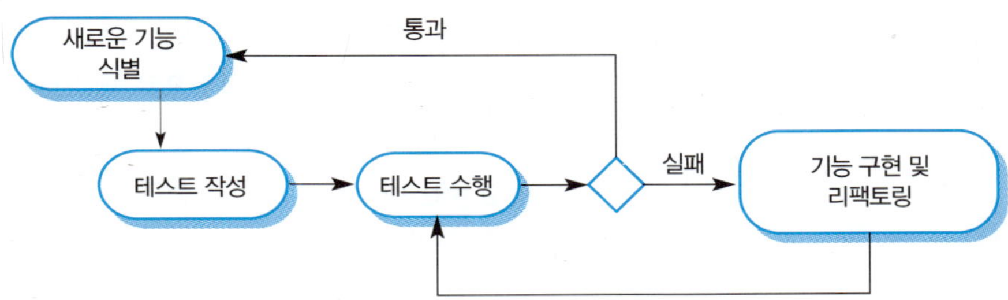

그림 8.9 테스트 주도 개발

Java 프로그램 테스팅을 지원하는 JUnit 환경(Tahchiev et al. 2010)과 같이 자동화된 테스팅 환경이 TDD에 필수적이다. 아주 작은 증분의 코드가 개발되기 때문에 기능을 추가하거나 프로그램을 리팩토링했을 때마다 모든 테스트를 실행할 수 있어야 한다. 그러므로 테스트를 실행시키고 테스트 대상 시스템을 호출하는 별도의 프로그램으로 테스트가 내장되어야 한다. 이 접근법을 이용하여 수백 개의 독립된 테스트를 몇 초 안에 실행할 수 있다.

테스트 주도 개발은 프로그래머가 코드의 일부가 실제로 무엇을 하는 것인지에 대한 생각을 분명히 하는 것을 도와준다. 테스트를 작성하기 위하여 무엇이 의도되었는지 이해할 필요가 있는데 이에 대한 이해는 요구되는 코드를 작성하는 것을 쉽게 해 준다. 물론 불완전한 지식이나 이해가 있다면 TDD는 도움이 되지 않는다.

테스트를 작성할 만큼 충분히 알지 못한다면 요구되는 코드를 개발하지 못할 것이다. 예를 들어, 계산에 나눗셈이 포함되어 있다면 0으로 나누지 않도록 확인해야 한다. 이 테스트를 잊어버린다면 프로그램에 이를 확인하는 코드가 포함되지 않을 것이다.

문제를 더 잘 이해하는 것뿐만 아니라 테스트 주도 개발에는 다른 장점들이 있다.

1. **코드 커버리지**: 원칙적으로 작성된 모든 코드의 일부는 적어도 하나의 연관된 테스트가 있어야 한다. 그렇다면 시스템의 모든 코드가 실제로 실행되었다고 확신할 수 있다. 코드가 작성될 때 테스트되므로 개발 프로세스의 초기에 결함이 발견될 수 있다.
2. **회귀 테스팅**: 프로그램이 개발될 때 테스트 스위트가 점증적으로 개발된다. 프로그램에 대한 변경이 새로운 버그를 초래하지 않았는지 회귀 테스트를 항상 실행할 수 있다.
3. **단순화된 디버깅**: 테스트가 실패했을 때 문제를 찾기 위하여 디버깅 도구를 사용할 필요가 없다. TDD의 사용에 대한 보고서는 테스트 주도 개발에서 자동화된 디버거를 사용할 필요가 거의 없다고 시사하였다(Martin 2007).
4. **시스템 문서화**: 테스트 자체가 코드가 무엇을 하는지 설명하는 문서의 형태로 동작한다. 테스트를 읽는 것은 코드를 이해하기 쉽게 한다.

TDD의 가장 중요한 장점 중 하나는 회귀 테스팅의 비용을 감소시킨다는 것이다. 회귀 테스팅은 시스템에 변경이 가해진 후 성공적으로 실행되었던 테스트 집합들을 실행시키는 것과 관련되어 있다. 회귀 테스트는 이 변경이 시스템에 새로운 버그를 초래하지 않았고 새로운 코드가 기존 코드와 예상한 대로 상호 작용하는지 검사한다. 회귀 테스팅은 비용이 많이 들며 시스템을 수작업으로 테스트할 때 시간과 노력 비용이 매우 높기 때문에 때때로 비실용적이다. 다시 실행시킬 가장 관련성 높은 테스트를 고르려고 노력해야 하며 중요한 테스트를 놓치기 쉽다.

자동화된 테스팅은 회귀 테스팅의 비용을 극적으로 감소시킨다. 기존 테스트들이 빠르고 값싸게 재실행될 수 있다. 테스트 우선 개발에서는 시스템에 변경을 가한 후 기능을 더 추가하기 전에 기존의 모든 테스트가 성공적으로 수행되어야 한다. 프로그래머로서 추가된 새로운 기능이 기존 코드와 문제를 일으키거나 드러내지 않았다는 확신이 가능하다.

테스트 주도 개발은 새로운 코드나 표준 라이브러리의 컴포넌트를 사용하여 기능이 구현되는 신규 소프트웨어 개발에서 가장 가치가 있다. 큰 코드 컴포넌트나 레거시 시스템을 재사용한다면 전체로서 이 시스템들을 위한 테스트를 작성할 필요가 있다. 이들을 별도의 테스트 가능한 요소들로 분해할 수 없다. 점증적인 테스트 주도 개발은 비실용적이다. 테스트 주도 개발은 멀티 쓰레드 시스템에도 효과적이지 않을 수 있다. 서로 다른 쓰레드들은 여러 번의 테스트 실행에서 서로 다른 횟수로 중첩될 수 있으므로 상이한 결과를 생성할 수 있다.

TDD를 사용해도 시스템이 모든 시스템 이해당사자의 요구사항에 맞는지 점검하기 위하여 시스템을 확인하는 테스팅 프로세스가 여전히 필요하다. 시스템 테스팅은 성능과 신뢰성도 역시 테스트하며 원치 않는 출력을 생성하지 않는다는 것처럼 시스템이 하지 말아야 할 일을 하지 않는지 점검한다. Andrea (Andrea 2007)는 어떻게 테스팅 도구들이 TDD에서의 시스템 테스팅 관점을 통합하도록 확장될 수 있는지 제안하였다.

테스트 주도 개발은 이제 소프트웨어 테스팅에서 널리 사용되는 주류 접근법이다. 이 접근법을 채택한 대부분의 프로그래머들은 테스트 주도 개발을 좋게 생각하며 소프트웨어를 개발하는 더 생산적인 방법이라는 것을 알았다. TDD의 사용은 프로그램의 더 나은 구조화와 코드 품질 개선을 촉진한다고도 주장된다. 그러나 이 주장을 확인하기 위한 실험은 결론이 나지 않았다.

8.3 릴리스 테스팅

릴리스 테스팅은 개발팀 외부에서 사용하기로 의도된 시스템의 특정 릴리스를 테스팅하는 프로세스이다. 보통 시스템 릴리스는 고객과 사용자를 위한 것이다. 그러나 복잡한 프로젝트에서는 릴리스가 관련된 시스템을 개발하는 다른 팀을 위한 것일 수 있다. 소프트웨어 제품의 경우 릴리스는 판매를 준비하는 제품 관리자를 위한 것이다. 개발 프로세스 중에 릴리스 테스팅과 시스템 테스팅 간 두 가지 중요한 구분이 있다.

1. 시스템 개발팀이 릴리스 테스팅의 책임을 지면 안 된다.
2. 릴리스 테스팅은 시스템이 요구사항에 맞고 시스템의 고객에게 사용되기에 충분히 괜찮다는 것을 보장하기 위한 확인 점검 프로세스이다. 개발 팀에 의한 시스템 테스

팅은 시스템에 있는 버그를 발견하는 데 집중하여야 한다(결함 테스팅).

릴리스 테스팅 프로세스의 주 목표는 시스템이 사용하기에 충분히 괜찮다는 것을 시스템의 공급자에게 확신시키는 것이다. 만일 그렇다면 제품이나 고객에게 인도되는 것으로 시스템이 릴리스될 수 있다. 그러므로 릴리스 테스팅은 시스템이 명시된 기능, 성능, 확실성을 제공하며 일반적인 사용 중에 장애가 발생하지 않는다는 것을 보여주어야 한다.

릴리스 테스팅은 보통 테스트가 시스템 명세로부터 유도되는 블랙박스 테스팅 프로세스이다. 시스템은 그 행동이 시스템의 입력과 연관된 출력을 조사하는 것으로만 결정될 수 있는 블랙박스로 취급된다. 블랙박스 테스팅의 다른 이름은 소위 기능적 테스팅인데, 테스터가 기능만 고려하고 소프트웨어의 구현은 고려하지 않기 때문이다.

8.3.1 요구사항 기반 테스팅

좋은 요구공학 실제의 일반적인 원칙은 요구사항이 테스트 가능해야 한다는 것이다. 말하자면 요구사항은 그것을 위한 테스트가 설계될 수 있도록 작성되어야 한다는 것이다. 그렇다면 테스터는 요구사항이 만족되었는지 점검할 수 있다. 그러므로 요구사항 기반 테스팅은 각 요구사항을 고려하고 그것을 위한 테스트 집합을 유도하는 테스트 케이스 설계에 대한 체계적인 접근이다. 요구사항 기반 테스팅은 시스템이 요구사항을 제대로 구현했는지 보여주려고 노력하므로 결함 테스팅이라기보다 검증 테스팅이다.

예를 들어 약물 알레르기 검사와 관련된 다음 Mentcare 시스템 요구사항을 고려하자.

> 만일 어떤 환자가 특정 약물치료에 알레르기가 있다고 알려져 있으면 그 약물치료 처방은 시스템 사용자에게 경고 메시지가 나오는 결과가 되어야 한다.
>
> 만일 처방자가 알레르기 경고를 무시하기로 선택한다면 왜 그것이 무시되었는지 이유를 제공해야 한다.

이 요구사항이 만족되었는지 점검하기 위해 관련된 여러 테스트를 개발해야 할 수 있다.

1. 환자 기록을 알려진 알레르기가 없는 것으로 설정한다. 알레르기가 존재한다고 알려진 약물치료 처방을 한다. 시스템에서 경고 메시지가 나오지 않는지 점검한다.
2. 환자 기록을 알려진 알레르기가 있는 것으로 설정한다. 환자가 알레르기를 가진 약물치료를 처방하고 시스템에서 경고 메시지가 나오는지 점검한다.
3. 환자 기록을 둘 이상의 약물에 알레르기가 기록되게 설정한다. 두 약물을 따로 처방하여 각 약물에 대해 올바른 경고 메시지가 나오는지 점검한다.

4. 환자가 알레르기를 가진 두 약물을 처방한다. 두 개의 경고 메시지가 올바르게 나오는지 점검한다.
5. 경고 메시지가 뜨는 약물을 처방하고 경고를 무시한다. 시스템이 사용자에게 왜 경고를 무시했는지 설명하는 정보를 제공하도록 요구하는지 점검한다.

이 목록으로부터 요구사항 테스팅은 단지 하나의 테스트를 작성하는 것을 의미하지 않는다는 것을 알 수 있다. 보통 요구사항이 만족되는지 확인하기 위하여 여러 테스트를 작성해야 한다. 요구사항 기반 테스팅의 추적가능성 기록도 유지하여야 하는데, 이는 테스트된 특정 요구사항과 테스트를 연결해준다.

8.3.2 시나리오 테스팅

시나리오 테스팅은 전형적인 사용 시나리오들을 만들어 이 시나리오들을 시스템의 테스트 케이스를 개발하는 데 사용하는 릴리스 테스팅 접근법이다. 시나리오는 시스템이 사용될 수 있는 한 방법을 설명하는 스토리이다. 시나리오는 현실적이어야 하고 실제 시스템 사용자가 시나리오와 관계될 수 있어야 한다. 시나리오들 또는 사용자 스토리들을 요구공학 프로세스(4장에서 설명됨)의 일부로 사용했다면 그것들을 시나리오 테스팅에 재사용할 수 있다.

시나리오 테스팅에 대한 짧은 논문에서 Kaner (Kaner 2003)는 시나리오 테스트가 신뢰할 수 있고 매우 복잡한 이야기 같은 스토리이어야 한다고 제안했다. 시나리오 테스팅은 이해당사자들에게 동기를 주어야 하는데, 이는 이해당사자들이 시나리오와 관련하여 시스템이 테스트를 통과하는 것이 중요하다고 믿어야 한다는 것이다. 그는 시나리오 테스팅이 평가하기 쉬워야 한다고도 시사했다. 만일 시스템에 문제가 있다면 릴리스 테스팅 팀은 문제를 인식하여야 한다.

Mentcare 시스템에서 가능한 시나리오의 예로서 그림 8.10은 가정 방문에 시스템이 사용될 수 있는 한 방법을 설명한다. 이 시나리오는 Mentcare 시스템의 여러 기능을 테스트한다.

1. 시스템 로그온에 의한 인증
2. 특정 환자 기록을 노트북 PC에 다운로드와 업로드
3. 가정 방문 일정
4. 모바일 장치에서 환자 기록의 암호화와 복호화
5. 기록 검색과 수정
6. 부작용 정보를 유지하는 약물 데이터베이스에 연결

George는 정신건강 관리 업무를 담당하는 간호사이다. 그의 책임 중 하나는 환자 가정을 방문하여 치료가 효과적인지, 환자가 약물치료의 부작용을 겪지는 않는지 점검하는 것이다.

가정 방문일에 George는 Mentcare 시스템에 로그인하여 당일의 가정 방문 일정과 방문할 환자의 요약 정보를 출력한다. 그는 노트북 PC에 방문할 환자들의 기록을 다운로드하도록 요청하고 PC에 저장될 기록을 암호화할 키를 입력하도록 요구 받는다.

그가 방문할 환자 중 하나는 우울증 약으로 치료받고 있는 Jim이다. Jim은 약물치료가 도움이 된다고 느끼지만 밤에 깨어있게 되는 부작용이 있다고 믿는다. George는 Jim의 기록을 찾고 암호를 풀기 위해 키를 입력하도록 요구 받는다. 그는 처방된 약물을 점검하고 부작용에 대해 질의한다. 불면증은 알려진 부작용이므로 Jim의 문제를 기록하고 약물치료를 변경할 수 있게 병원에 방문할 것을 권한다. Jim이 동의하고 Jearge는 병원에 돌아가서 진료 예약을 잡기 위해 Jim에게 전화해야 한다는 내용을 입력한다. Jearge는 진찰을 끝내고 시스템은 Jim의 기록을 다시 암호화한다.

진찰을 끝낸 후 George는 병원으로 돌아가서 방문한 환자들의 기록을 데이터베이스에 업로드한다. 시스템은 그가 추적 정보를 위해 연락해야 하거나 병원 예약을 잡아야 하는 환자들의 통화 목록을 생성한다.

그림 8.10 Mentcare 시스템의 사용자 스토리

7. 전화 안내 시스템

여러분이 릴리스 테스터라면 George 역할을 하며 시스템이 서로 다른 입력에 반응하여 어떻게 행동하는지 관찰하면서 이 시나리오를 따라 실행시킬 것이다. George 역할로서 기록을 해독하는 데 잘못된 키 구문을 입력하는 것과 같이 고의적인 실수를 할 수 있다. 이것은 오류에 대한 시스템의 반응을 점검한다. 성능 문제를 포함하여 발생하는 문제를 주의하여 기록하여야 한다. 만일 시스템이 너무 느리다면 시스템을 사용하는 방법이 바뀔 것이다. 예를 들어 기록을 암호화하는 데 너무 오래 걸린다면 시간이 부족한 사용자는 이 단계를 건너뛸 수 있다. 만일 노트북 PC를 잃어버린다면 권한을 부여받지 않은 사람이 환자 기록을 볼 수도 있다.

시나리오 기반 접근법을 사용할 때 보통 같은 시나리오 안에서 여러 요구사항들을 테스팅한다. 그러므로 개별 요구사항을 점검할 뿐만 아니라 요구사항의 조합이 문제를 일으키지 않는지도 점검하는 것이다.

8.3.3 성능 테스팅

일단 시스템이 완전히 통합되면 성능과 신뢰성과 같은 창발성에 대한 테스트가 가능하다. 성능 테스트는 시스템이 의도된 부하를 처리할 수 있는지 확인하기 위하여 설계되어야 한다. 이것은 보통 시스템 성능이 수용 불가능해질 때까지 부하를 증가시키는 일련의 테스트를 실행시키는 것을 포함한다.

다른 유형의 테스팅처럼 성능 테스팅은 시스템이 그 요구사항을 만족하는지 보여주는 것과 시스템에 있는 문제와 결함을 발견하는 것 둘 다 관련되어 있다. 성능 요구사항이 달성되었는지 테스트하기 위하여 운영 프로파일을 구성해야 할 수도 있다. 운영 프로파일(11장 참조)은 시스템이 처리할 작업의 실제 구성이 반영된 테스트들

의 집합이다. 따라서 만일 시스템 트랜잭션의 90%가 A 유형이고 5%가 B 유형, 나머지가 C, D, E 유형이라면 대부분의 테스트가 A 유형이 되도록 운영 프로파일을 설계하여야 한다. 그렇지 않으면 시스템의 운영 성능에 대한 정확한 테스트가 되지 않을 것이다.

물론 이 접근법은 반드시 결함 테스팅을 위한 최상의 방법은 아니다. 경험에서 보여주는 결함을 발견하는 효과적인 방법은 시스템의 한계에 가까운 테스트를 설계하는 것이다. 성능 테스팅에서 이것은 소프트웨어 설계 한계를 넘어서는 요청을 생성하여 시스템에 스트레스를 주는 것을 의미한다. 이것은 스트레스 테스팅(stress testing)이라고 알려져 있다.

초당 300개의 트랜잭션까지 처리하도록 설계된 트랜잭션 처리 시스템을 테스팅한다고 하자. 이 시스템의 테스팅을 초당 300개 이하의 트랜잭션으로 시작한다. 그 다음 초당 300개 트랜잭션 이상으로 시스템의 최대 설계 부하를 초과하여 시스템에 장애가 발생하기까지 점차적으로 시스템에 부하를 증가시킨다.

스트레스 테스팅은 두 가지 측면에서 도움이 된다.

1. **시스템의 장애 행동을 테스트한다.** 시스템에 최대 예상 부하를 넘어서는 부하가 주어지는 사건들의 예기치 않은 조합을 통해 상황이 발생할 수 있다. 이 상황에서 시스템 장애가 데이터 손상이나 예기치 않은 사용자 서비스의 손실을 초래하지 않아야 한다. 스트레스 테스팅은 시스템에 과부하를 주었을 때 부하로 인해 시스템이 망가지지 않고 "부드럽게 실패하는지" 점검하는 것이다.
2. **시스템이 최대 부하가 걸렸을 때만 보일 수 있는 결함을 드러나게 한다.** 이는 정상적이 사용에서 시스템 장애를 일으킬 가능성이 낮은 결함이라고 주장할 수도 있지만 스트레스 테스팅이 모사하는 상황들의 비정상적인 조합이 있을 수도 있다.

스트레스 테스팅은 프로세서들의 네트워크를 기반으로 하는 분산 시스템과 특별히 관련되어 있다. 분산 시스템은 심한 부하가 있을 때 종종 심각한 성능저하를 보인다. 네트워크는 프로세스들이 교환해야 하는 조정 데이터로 넘쳐나게 되고, 프로세스들은 다른 프로세스로부터 필요한 데이터가 오기 기다리면서 점점 더 느려진다. 스트레스 테스팅은 언제 성능 저하가 시작되는지 알 수 있게 도와주므로 시스템이 그 지점을 넘어서는 트랜잭션을 거부하게 하는 검사점을 둘 수 있다.

8.4 사용자 테스팅

사용자 또는 고객 테스팅은 사용자나 고객이 입력을 제공하고 시스템 테스팅에 관한 의견을 내는 테스팅 프로세스의 한 단계이다. 이것은 외부 공급자로부터 위탁받은 시스템을 공식적으로 테스트하는 것을 포함할 수 있다. 그 외에도 사용자들이 선호하고 필요로 하는 것인지 점검하기 위하여 사용자가 새로운 소프트웨어를 경험해보는 비공식적인 프로세스가 될 수도 있다. 광범위한 시스템 테스팅과 릴리스 테스팅이 수행된 경우에도 사용자 테스팅은 필수적이다. 사용자의 작업 환경으로부터 영향은 시스템의 신뢰성, 성능, 사용성, 견고성 등에 주된 효과를 끼친다.

개발자 환경에서의 테스트는 어쩔 수 없이 인위적이기 때문에 시스템 개발자가 시스템의 운영 환경을 복제하는 것은 현실적으로 불가능하다. 예를 들어 병원에서 사용하기로 의도된 시스템은 환자 응급상황과 친지와의 대화처럼 다른 일들이 일어나는 임상 환경에서 사용된다. 이런 모든 것이 시스템의 사용에 영향을 주지만 개발자는 이런 것을 테스트 환경에 포함시킬 수가 없다.

사용자 테스팅에는 서로 다른 세 가지 유형이 있다.

1. **알파 테스팅:** 선택된 그룹의 소프트웨어 사용자들이 개발팀과 밀접하게 작업하며 소프트웨어의 초기 릴리스를 테스트한다.
2. **베타 테스팅:** 소프트웨어의 릴리스를 더 큰 그룹의 사용자들에게 제공하여 사용자들이 실험해볼 수 있게 하고 발견한 문제점을 시스템 개발자에게 알린다.
3. **인수 테스팅:** 시스템 개발자로부터 시스템을 인수하고 고객 환경에 배치할 준비가 되었는지 여부를 결정하기 위하여 고객이 시스템을 테스트한다.

알파 테스팅에서는 시스템이 개발됨에 따라 이를 테스트하기 위하여 사용자와 개발자가 같이 작업한다. 그것은 개발 테스팅팀에는 명백하지 않은 문제점과 논점들을 사용자가 확인할 수 있다는 것을 의미한다. 개발자는 사실 요구사항에 의해서만 작업할 수 있는데, 이것은 소프트웨어의 실제 사용에 영향을 주는 다른 요소들을 자주 반영하지 못한다. 그러므로 사용자들이 더 현실적인 테스트의 설계를 도와주는 실질적인 정보를 제공할 수 있다.

알파 테스팅은 소프트웨어 제품이나 앱을 개발할 때 자주 사용된다. 이 제품의 경험 많은 사용자들은 그들이 이용할 수 있는 새로운 시스템 기능에 대한 정보를 일찍 얻기 위해 알파 테스팅 프로세스에 관여하기 원할 수 있다. 테스팅에 관여하는 것은 소프트웨어의 예상치 않은 변경이 그들의 비즈니스에 혼란스러운 영향을 줄 수 있는 리스크를 감소시킬 수도 있다. 그러나 알파 테스팅은 맞춤 소프트웨어를 개발할 때도 사용될 수 있다. 애자일 개발 기법은 개발 프로세스에 사용자 참여를 주장하며 사용자는 시스템을 위한 테스트를 설계하는 데 핵심 역할을 해야 한다.

베타 테스팅은 소프트웨어 시스템의 초기 또는 가끔 완성되지 않은 릴리스를 평가 목적으로 고객들과 사용자들의 큰 규모 그룹이 사용할 수 있게 할 때 일어난다. 베타

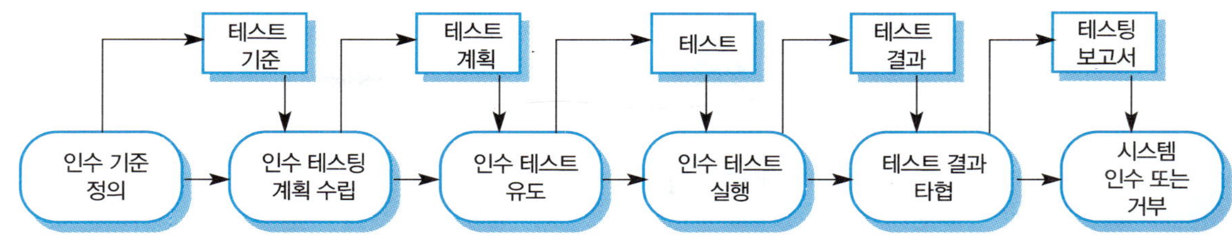

그림 8.11
인수 테스팅 프로세스

테스터는 선택된 그룹의 시스템의 얼리어답터 고객일 수 있다. 다른 방법으로 소프트웨어 시험에 관심이 있는 누구든지 사용할 수 있도록 소프트웨어를 공개적으로 제공할 수도 있다.

베타 테스팅은 수많은 서로 다른 설정에서 사용되는 소프트웨어 제품을 위해 주로 사용된다. 이것은 맞춤 제품 개발자와 달리 제품 개발자가 소프트웨어의 운영 환경을 제한할 수 있는 방법이 없기 때문에 중요하다. 제품 개발자가 소프트웨어 제품이 사용되는 모든 설정을 알고 모사하는 것은 불가능하다. 그러므로 베타 테스팅은 소프트웨어와 운영 환경의 특성 간 상호 작용 문제를 발견하기 위하여 사용된다. 또, 베타 테스팅은 마케팅의 한 형태이다. 고객들은 그들의 시스템과 시스템이 그들을 위해 무엇을 할 수 있는지에 대해 배운다.

인수 테스팅은 맞춤 시스템 개발의 고유한 부분이다. 고객이 그들 자신의 데이터를 이용하여 시스템을 테스트하고 시스템 개발자로부터 시스템을 인수할 것인지 결정한다. 인수한다는 것은 그 소프트웨어에 대해 최종 지불이 되어야 함을 의미한다.

그림 8.11은 인수 테스팅 프로세스의 여섯 단계를 보여준다.

1. **인수 기준 정의:** 이상적으로 이 단계는 시스템에 대한 계약이 맺어지기 전 프로세스의 초반부에 일어나야 한다. 인수 기준은 시스템 계약의 일부가 되어야 하고 고객과 개발자에 의해 승인되어야 한다. 그러나 현실적으로 프로세스 초기에 기준을 정의하는 것이 어려울 수 있다. 상세한 요구사항이 주어지지 않을 수 있고 요구사항은 개발 프로세스 중에 거의 확실히 변경될 것이다.

2. **인수 테스팅 계획 수립:** 이 단계는 인수 테스팅을 위한 자원, 시간, 예산을 결정하고 테스트 일정을 수립하는 것과 관련되어 있다. 인수 테스트 계획은 요구사항의 필요한 적용범위와 시스템 기능들을 테스트할 순서를 다루어야 한다. 계획에서 시스템 장애나 부적절한 성능처럼 테스팅 프로세스에서의 리스크를 정의하고 이 리스크를 어떻게 완화시킬 것인지 논의해야 한다.

3. **인수 테스트 유도:** 일단 인수 기준이 수립되면 시스템을 인수할 수 있는지 여부를 점검하도록 테스트가 설계되어야 한다. 인수 테스트는 시스템의 기능적 특성과 비기

능적 특성(예를 들어 성능)을 둘 다 테스트 하는 것을 목표로 하여야 한다. 이상적으로 테스트는 시스템 요구사항의 완전한 적용범위를 제공하여야 한다. 현실적으로 완전히 객관적인 인수 기준을 수립하는 것은 어렵다. 테스트가 기준을 확실히 만족시킨 것을 보였는지 여부에 대한 논쟁의 범위가 종종 있다.

4. **인수 테스트 실행:** 합의된 인수 테스트가 시스템에서 실행된다. 이상적으로 이 단계는 시스템이 사용될 실제 환경에서 일어나야 하지만 그렇게 하는 것은 혼란스럽고 비현실적일 수 있다. 그러므로 인수 테스트를 실행하기 위하여 사용자 테스팅 환경이 만들어져야 할 수 있다. 인수 테스트의 일부로 최종 사용자와 시스템 간 상호 작용을 테스팅하는 것이 포함될 수 있기 때문에 이 프로세스를 자동화하는 것은 어렵다. 최종 사용자에 대한 교육이 필요할 수도 있다.
5. **테스트 결과 타협:** 정의된 모든 인수 테스트가 통과되고 시스템에 아무 문제가 없을 가능성은 매우 낮다. 만일 그렇다면 인수 테스팅은 완료되고 시스템은 인도될 수 있다. 더 일반적으로 몇몇 문제점이 발견될 것이다. 이와 같은 경우 개발자와 고객은 시스템이 사용되기에 충분히 괜찮은지 결정하기 위하여 타협하여야 한다. 그들은 확인된 문제점을 개발자가 어떻게 고칠지 합의해야 할 수도 있다.
6. **시스템 거부/인수:** 이 단계는 개발자와 고객이 시스템이 인수되어야 할지 여부를 결정하기 위한 회의를 포함한다. 시스템이 사용하기에 충분하지 않다면 확인된 문제점을 고치기 위한 추가 개발이 요구된다. 개발이 완료되면 인수 테스트가 반복된다.

인수 테스팅이 분명한 계약 문제라고 생각할 수 있다. 시스템이 인수 테스트를 통과하지 못하면 인수될 수 없고 지불이 이루어질 수 없다. 그러나 현실은 더 복잡하다. 고객은 시스템 즉각 배치의 이익 때문에 가능한 바로 소프트웨어를 사용하기를 원한다. 고객은 새로운 하드웨어를 구매하고 직원을 교육하고 업무 절차를 변경했을 수 있다. 고객은 소프트웨어를 사용하지 못함으로써 발생하는 비용이 문제점으로 인한 작업 비용보다 크기 때문에 문제점에 관계없이 소프트웨어를 인수하기 원할 수 있다.

따라서 타협 결과는 시스템의 조건부 인수일 수 있다. 고객은 배치가 시작될 수 있게 시스템을 인수할 수 있다. 시스템 제공자는 긴급한 문제점을 고치고 새로운 버전을 가능한 빨리 인도하기로 합의한다.

익스트림 프로그래밍(Extreme Programming) 같은 애자일 기법에서는 별도의 인수 테스팅 활동이 없을 수 있다. 최종 사용자는 개발팀의 일부이고(즉, 알파 테스터) 사용자 스토리 관점에서 시스템 요구사항을 제공한다. 사용자는 개발된 소프트웨어가 사용자 스토리를 지원하는지 여부를 결정할 테스트를 정의할 책임도 역시 가진다. 따라서 이 테스트는 인수 테스트와 동등하다. 테스트는 자동화되고 스토리 인수 테스트가 성공적으로 실행될 때까지 개발이 진행되지 않는다.

사용자들이 소프트웨어 개발 팀에 포함되어 있을 때 이상적으로 그들은 시스템이 어떻게 사용되는지 일반적인 지식을 가진 "전형적인" 사용자여야 한다. 그러나 이 같은 사용자를 찾는 것은 어렵고, 따라서 현실적으로 인수 테스트는 시스템이 실제로 어떻게 사용되는지의 진정한 반영이 아닐 수 있다. 게다가 자동화된 테스트에 대한 요구는 대화형 시스템 테스팅의 유연성을 제한한다. 이와 같은 시스템을 위해서는 인수 테스팅이 평소 업무의 일부인 것처럼 시스템을 사용할 최종 사용자 집단이 필요하다. 그러므로 개발팀에 포함된 사용자는 원칙적으로 매력적인 생각이지만 높은 품질의 시스템 테스트로 반드시 이어지는 것은 아니다.

애자일 팀에서의 사용자 관여의 문제는 많은 회사들이 애자일과 전통적인 테스팅을 섞어서 사용하는 한 가지 이유이다. 시스템은 애자일 기법으로 개발될 수 있지만 주요한 릴리스의 완성 이후에는 시스템을 인수해야 할지 결정하기 위해 별도의 인수 테스팅이 사용된다.

키 포인트

- 테스팅은 프로그램에 있는 오류의 존재를 보여줄 수 있을 뿐이다. 이것은 남아있는 결함이 없다는 것을 보일 수 없다.
- 개발 테스팅은 소프트웨어 개발팀의 책임이다. 시스템이 고객에게 인도되기 전에 별도의 팀이 시스템을 테스팅하는 책임을 져야 한다. 사용자 테스팅 프로세스에서 고객 또는 시스템 사용자는 테스트가 성공적인지 점검할 테스트 데이터를 제공한다.
- 개발 테스팅은 개별 객체와 메서드를 테스트하는 단위 테스팅, 연관된 객체의 그룹을 테스트하는 컴포넌트 테스팅, 부분 또는 완전한 시스템을 테스트하는 시스템 테스팅을 포함한다.
- 소프트웨어를 테스팅할 때 다른 시스템에서 결함을 발견하는 데 효과적이었던 테스트 케이스들의 유형을 선택하는 경험과 지침을 이용하여 소프트웨어를 "나누려고" 노력해야 한다.
- 가능하다면 자동화된 테스트를 작성해야 한다. 테스트가 시스템이 변경되었을 때마다 실행될 수 있는 프로그램에 내장된다.
- 테스트 우선 개발은 테스트될 코드보다 테스트를 먼저 작성하는 개발 접근법이다. 작은 코드 변경이 이루어지고 모든 테스트가 성공적으로 실행될 때까지 코드가 리팩토링된다.
- 시나리오 테스팅은 시스템의 실제적인 사용을 모사하므로 유용하다. 이것은 전형적인 사용 시나리오를 고안하여 테스트 케이스를 유도하는 데 사용하는 것을 포함한다.
- 인수 테스팅은 소프트웨어가 계획된 운영 환경에 배치되고 사용되기에 충분히 괜찮은지 결정하는 것이 목표인 사용자 테스팅 프로세스이다.

추가로 읽을거리

"How to design practical test cases." 결함이 거의 없는 소프트웨어를 인도하는 것으로 평판이 높은 일본 기업의 저자가 쓴 테스트 케이스 설계 사례에 대한 논문 (T. Yamaura, IEEE Software, 15 (6), November 1998) http://dx.doi.org/10.1109/52.730835.

"Test-driven development." 테스트 주도 개발에 대한 이 특집은 TDD에 대한 좋은 일반 개요뿐만 아니라 어떻게 TDD가 서로 다른 소프트웨어 유형에서 사용되었는지에 대한 경험적인 논문들을 포함한다. (*IEEE Software*, 24 (3) May/June 2007).

Exploratory Software Testing. 소프트웨어 테스팅에 관한 이론적이라기보다 실용적인 이 책은 Whittaker가 초기에 쓴 책인 *How to Break Software*의 생각을 발전시켰다. 저자는 소프트웨어 테스팅에 대해 경험을 기반으로 한 지침들을 제공한다. (J. A. Whittaker, 2009, Addison-Wesley).

How Google Tests Software. 이것은 대규모 클라우드 기반 시스템의 테스팅에 관한 책이고 맞춤 소프트웨어 어플리케이션과 비교되어 전체적으로 새로운 도전을 제기한다. Google의 접근법이 바로 사용될 수 있을 것이라고 생각하지 않지만 이 책에는 대규모 시스템 테스팅을 위한 흥미로운 교훈들이 있다. (J. Whittaker, J. Arbon, and J. Carollo, 2012, Addison-Wesley).

웹 사이트

이 장의 파워포인트 슬라이드:

https://iansommerville.com/software-engineering-book/slides

관련 비디오 링크:

https://iansommerville.com/software-engineering-book/videos/imp/

연습문제

8.1. 인도 시점에 프로그램에 남아있는 알려진 결함의 수가 어떻게 제품 지원에 영향을 끼치는지 설명하라.

8.2. 테스팅은 프로그램이 의도된 대로 동작하는지 보여주는 것을 의미한다. 프로그램의 의도가 무엇인지 왜 테스터가 항상 알 수 있는 것은 아닌가?

8.3. 어떤 사람들은 개발자가 자신의 코드를 테스트하는 데 관여하지 않고 모든 테스팅은 별도의 팀 책임이어야 한다고 주장한다. 개발자 자신이 하는 테스팅에 대해 찬성과 반대 의견을 제시하라.

8.4. 문단의 연속된 공백 문자들을 하나의 공백 문자로 바꾸어주는 "Paragraph" 객체의 catWhiteSpace 메서드를 테스트하여야 한다. 이를 위한 테스팅 분할을 찾고 catWhiteSpace 메서드를 위한 테스트 집합을 유도하라.

8.5. 회귀 테스팅은 무엇인가? 자동화된 테스트와 JUnit과 같은 테스팅 프레임의 사용이 어떻게 회귀 테스팅을 간단하게 하는지 설명하라.

8.6. Mentcare 시스템은 기성 정보 시스템을 개조하여 만들어졌다. 이 같은 시스템을 테스팅하는 것과 Java 같은 객체 지향 언어로 개발된 소프트웨어를 테스팅하는 것의 차이는 무엇이라고 생각하는가?

8.7. 황무지의 기상 관측소의 테스트 설계에 사용될 수 있는 시나리오를 작성하라.

8.8. 스트레스 테스팅이라는 용어를 어떻게 이해하는가? Mentcare 시스템을 어떻게 스트레스 테스트할 수 있을지 제안하라.

8.9. 릴리스 테스팅에서 테스팅 프로세스의 초기 단계에 사용자를 관여시키는 것의 이점은 무엇인가?

8.10. 시스템 테스팅에서 일반적인 접근법은 시스템의 더 중요한 기능을 먼저 테스트하고 덜 중요한 기능을 뒤따라 하되 테스팅 예산이 소진될 때까지 하는 것이다. "더 중요한" 것이 무엇을 의미하는지 식별하는 것과 관련된 윤리를 논의하라.

참고문헌

Andrea, J. 2007. "Envisioning the Next Generation of Functional Testing Tools." *IEEE Software* 24 (3): 58 – 65. doi:10.1109/MS.2007.73.

Beck, K. 2002. *Test Driven Development: By Example*. Boston: Addison-Wesley.

Bezier, B. 1990. *Software Testing Techniques, 2nd ed*. New York: Van Nostrand Reinhold.

Boehm, B. W. 1979. "Software Engineering; R & D Trends and Defense Needs." In *Research Directions in Software Technology*, edited by P. Wegner, 1 – 9. Cambridge, MA: MIT Press.

Cusamano, M., and R. W. Selby. 1998. *Microsoft Secrets*. New York: Simon & Schuster.

Dijkstra, E. W. 1972. "The Humble Programmer." *Comm. ACM* 15 (10): 859 – 866. doi:10.1145/355604.361591.

Fagan, M. E. 1976. "Design and Code Inspections to Reduce Errors in Program Development." *IBM Systems J.* 15 (3): 182 – 211.

Jeffries, R., and G. Melnik. 2007. "TDD: The Art of Fearless Programming." *IEEE Software* 24: 24 – 30. doi:10.1109/MS.2007.75.

Kaner, C. 2003. "An Introduction to Scenario Testing." *Software Testing and Quality Engineering* (October 2003).

Lutz, R. R. 1993. "Analysing Software Requirements Errors in Safety-Critical Embedded Systems." In *RE*'93, 126 – 133. San Diego CA: IEEE. doi:0.1109/ISRE.1993.324825.

Martin, R. C. 2007. "Professionalism and Test-Driven Development." *IEEE Software* 24 (3): 32 – 36.

doi:10.1109/MS.2007.85.

Prowell, S. J., C. J. Trammell, R. C. Linger, and J. H. Poore. 1999. *Cleanroom Software Engineering: Technology and Process*. Reading, MA: Addison-Wesley.

Tahchiev, P., F. Leme, V. Massol, and G. Gregory. 2010. *JUnit in Action, 2nd ed.* Greenwich, CT: Manning Publications.

Whittaker, J. A. 2009. *Exploratory Software Testing.* Boston: Addison-Wesley.

9

소프트웨어 진화

Software evolution

학습목표

이 장의 목표는 소프트웨어 진화(software evolution)가 왜 소프트웨어 공학의 중요한 부분인지를 설명하고, 오랜 기간 동안 개발된 소프트웨어 시스템을 유지하는 데 있어서의 도전들을 소개하는 것이다. 이 장을 통해 학습할 내용은 다음과 같다.

- 소프트웨어 시스템이 유용하게 유지되려면 소프트웨어 시스템이 적응하고 진화해야 된다는 것과 소프트웨어 변경과 진화가 소프트웨어 공학의 필수적인 부분으로 여겨져야 한다는 것을 이해한다.
- 레거시 시스템이 무엇을 의미하는지와 왜 비즈니스에 중요한지를 이해한다.
- 레거시 시스템의 폐기, 유지보수, 재공학, 또는 대체 여부에 대한 판단을 위해 레거시 시스템을 평가하는 방법을 이해한다.
- 다양한 유형의 소프트웨어 유지보수와 레거시 소프트웨어 시스템을 변경하는 비용에 영향을 미치는 요인들에 대해서 학습한다.

학습내용

9.1 진화 프로세스

9.2 레거시 시스템

9.3 소프트웨어 유지보수

대형 소프트웨어 시스템은 오랫동안 사용한다. 예를 들어, 항공관제 시스템과 같은 군사 및 기반구조 시스템은 30년 이상의 수명을 가질 수 있다. 비즈니스 시스템은 보통 10년 이상 사용된다. 기업용 소프트웨어는 매우 비싸기 때문에 기업은 투자금을 회수할 때까지 오랜 시간 동안 소프트웨어 시스템을 사용해야 한다. 성공적인 소프트웨어 제품과 앱은 오랜 시간 전에 처음 출시되고 몇 년 간격으로 새 버전이 나온다. 예를 들어, Microsoft Word와 같은 경우에는 1983년에 출시되어 30년 이상 사용되고 있다.

운영 소프트웨어 시스템이 그 수명 동안 유용하게 유지되려면 변경이 되어야 한다. 비즈니스와 사용자의 기대가 변화됨에 따라 소프트웨어에 대한 새로운 요구사항들이 생겨난다. 운영 중에 발견된 오류들을 수정하고, 하드웨어와 소프트웨어 플랫폼의 변화에 맞추어 적응하고, 성능이나 다른 비기능적인 특성들을 개선하기 위해 소프트웨어가 부분적으로 변경되어야 할 수 있다. 소프트웨어 제품과 앱은 플랫폼 변화와 경쟁자에 의해 도입된 새로운 기능에 대처하기 위해 진화해야 한다. 따라서 소프트웨어 시스템은 초기 배치부터 최종 사용 종료까지의 수명 동안 적응하고 진화한다.

비즈니스 조직들은 소프트웨어로부터 가치를 계속해서 얻어내기 위해 소프트웨어를 변경해야 한다. 조직의 소프트웨어 시스템은 중요한 비즈니스 자산이므로 이 자산의 가치를 유지하기 위해 변경에 투자해야 한다. 따라서 대부분의 대규모 기업에서 새로운 시스템의 개발보다는 기존 시스템의 유지보수에 더 많은 비용을 쓴다. 역사적 데이터는 소프트웨어 비용의 60%에서 90%가 진화비용이라고 제시하고 있다(Lientz and Swanson 1980; Erlikh 2000). Jones (Jones 2006)는 2006년 미국에서 75% 정도의 개발 직원이 소프트웨어 진화에 관련되었음을 발견했고 이 비율은 가까운 미래에 떨어지지 않을 것 같다고 말했다.

시스템 진화는 특히 기업 시스템에서 개별 소프트웨어 시스템이 더 광범위한 "복합시스템(System of system)"의 일부일 때 비용이 많이 든다. 이 경우 하나의 시스템에 대한 변경만 고려하면 안 되고 이 변경이 더 광범위한 복합시스템에 어떤 영향을 미치는지를 검토해야 한다. 하나의 시스템을 변경하는 것은 그 환경에 있는 다른 시스템들도 이 변경에 대처하여 진화해야 한다는 것을 의미한다.

따라서, 시스템 자체에 제안된 변경의 영향을 이해하고 분석하는 것뿐만 아니라 그 운영환경에 있는 다른 시스템들이 이 변경에 어떤 영향을 받는지를 평가해야 한다. Hopkins와 Jenkins (Hopkins and Jenkins 2008)는 소프트웨어 시스템이 다른 소프트웨어 시스템에 의존적인 환경에서 개발되고 관리되어야 하는 상황을 기술하기 위해 **브라운필드(*brownfield*) 소프트웨어 개발**이라는 용어를 만들었다.

설치된 소프트웨어 시스템의 요구사항은 비즈니스와 그 환경이 변함에 따라 변경되며, 변경과 업데이트를 포함한 시스템의 새로운 릴리스는 보통 주기적인 간격으로 만들어진다. 따라서 소프트웨어 공학은 시스템의 수명 동안 요구분석, 설계, 구현, 테스팅이

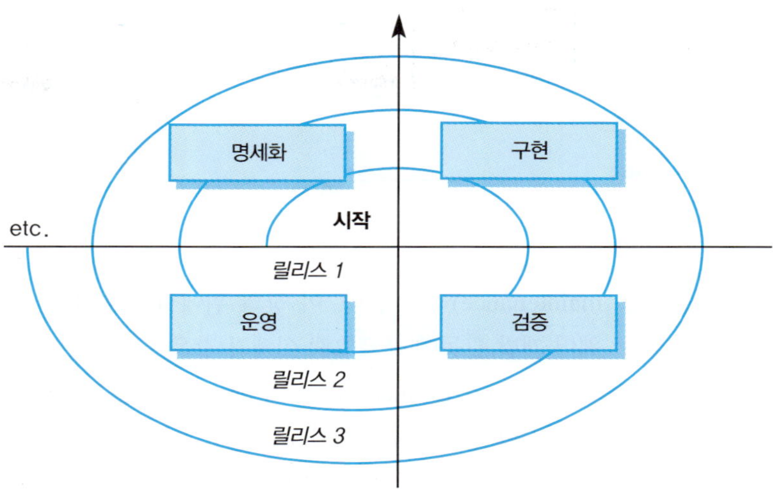

그림 9.1 개발과 진화의 나선형 모델

계속되는 나선형 프로세스로 생각할 수 있다(그림 9.1). 시스템의 릴리스 1을 생성하여 프로세스를 시작한다. 일단 시스템이 인도되면, 변경이 제안되고 릴리스 2의 개발이 즉시 시작된다. 심지어 실제로는 시스템이 설치되기 이전부터 진화의 필요성이 명백해져서 현재 버전이 배포되기도 전에 소프트웨어의 나중의 릴리스들이 개발 시작될 수도 있다.

지난 10년 동안 나선의 반복 사이의 시간은 극적으로 줄어들었다. 인터넷이 널리 사용되기 전에는 소프트웨어 시스템의 새로운 버전은 2년 내지 3년마다 릴리스되었다. 현재는 경쟁자들의 압박과 사용자들의 피드백에 빠르게 반응해야 하는 필요 때문에 앱과 웹 기반 시스템의 릴리스 간격이 연 단위가 아니라 주 단위일 수 있다.

소프트웨어 진화의 이 모델은 동일한 회사가 소프트웨어의 수명 동안 책임을 질 때 적용될 수 있다. 개발에서 진화로 매끄럽게 전이될 때 동일한 소프트웨어 개발 방법과 프로세스가 소프트웨어 수명 동안 적용될 수 있다. 소프트웨어 제품과 앱은 이러한 방식을 사용하여 개발된다.

그러나 맞춤식(custom) 소프트웨어의 진화는 보통 다른 모델을 따른다. 시스템 고객은 소프트웨어 회사에 소프트웨어를 개발하기 위한 비용을 지불하고 나서 지원과 진화는 고객 자신이 담당할 수 있다. 그 대안으로 소프트웨어 고객은 시스템 지원과 진화를 담당하는 외부 회사와 별도 계약을 체결하기도 한다.

이런 경우에 진화 프로세스가 불연속적일 가능성이 존재한다. 요구사항과 설계 문서는 한 기업에서 다른 기업으로 전달되지 않을 수 있다. 기업이 다른 기업들의 소프트웨어를 물려받아 합치거나 재구성한 다음에 이 소프트웨어가 변경되어야 한다는 것을 발견할 수 있다. 소프트웨어가 개발에서 진화로 매끄럽게 전이되지 않을 때, 사용자에게 인도된 이후의 소프트웨어 변경 프로세스를 소프트웨어 유지보수(software

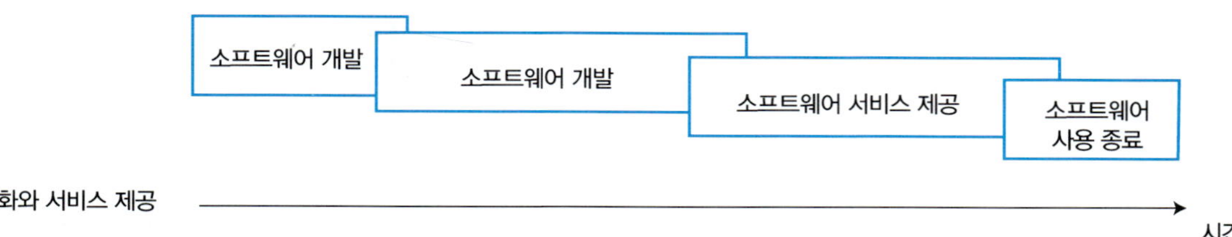

그림 9.2 진화와 서비스 제공

maintenance)라고 한다. 이 장의 뒤에서 설명하는 것처럼, 유지보수는 보통의 소프트웨어 개발 활동에 프로그램 이해와 같은 특별한 프로세스 활동들을 추가로 포함한다.

Rajlich와 Bennett (Rajlich and Bennett 2000)은 비즈니스 시스템을 위한 소프트웨어 진화 생명주기의 대안적인 관점을 제안하였다. 이 모델에서 그들은 진화와 서비스 제공(servicing)을 구분하였다. 진화는 소프트웨어 아키텍처와 기능에 상당한 변경이 가해지는 단계이다. 서비스 제공 동안에는 상대적으로 작지만 필수적인 변경만 가해진다. 이 단계들은 그림 9.2와 같이 서로 겹칠 수 있다.

Rajlich와 Bennett에 따르면 소프트웨어가 처음 성공적으로 사용될 때 이해당사자들에 의해 요구사항에 대한 많은 변경들이 제안되고 구현된다. 이것이 진화단계이다. 그러나 소프트웨어가 수정됨에 따라 그 구조가 엉망진창이 되는 경향이 있고 시스템 변경이 점점 더 비싸진다. 이것은 몇 년 사용 후에 하드웨어나 운영체제와 같은 환경적인 변경 또한 요구될 때 자주 일어난다. 생명주기의 어떤 시기에서 소프트웨어는 중요한 변경과 새로운 요구사항의 구현이 점점 덜 비용 효과적이게 되는 전이점에 도달하게 된다. 이 시점에서 소프트웨어는 진화에서 서비스 제공 단계로 이동한다.

서비스 제공 단계에서도 소프트웨어는 여전히 유용하나 단지 작은 전략적인 변경만 가해진다. 이 단계에서 기업은 보통 이 소프트웨어를 어떻게 대체할지를 고려한다. 마지막 단계에서 소프트웨어는 여전히 사용될 수 있으나 필수적인 변경만 가해진다. 사용자들은 그들이 발견한 문제에 대해 이를 피하는 차선책을 사용해야 한다. 결국 소프트웨어는 더 이상 쓰이지 않게 된다. 이것은 흔히 구형 시스템에서 신형 대체 시스템으로 데이터를 이전하는 추가 비용을 야기한다.

9.1 진화 프로세스

모든 소프트웨어 프로세스와 마찬가지로 표준화된 소프트웨어 변경이나 진화 프로세스는 없다. 어떤 소프트웨어 시스템에 가장 적합한 진화 프로세스는 유지보수되는 소프트웨어의 유형, 조직이 사용하는 소프트웨어 개발 프로세스, 참여한 사람들의 기술에 의해 좌우된다. 모바일 앱과 같은 유형의 시스템에서는 진화가 정형화되지 않은 프로세스

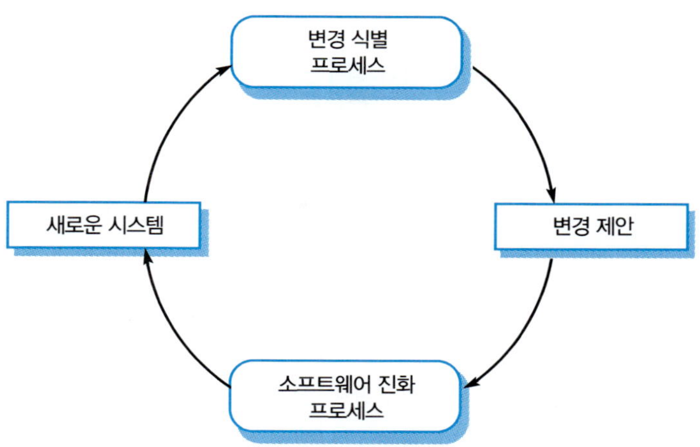

그림 9.3 변경 식별과 진화 프로세스

일 수 있는데, 이 경우에 변경 요구는 주로 시스템 사용자들과 개발자들 사이의 대화로부터 나온다. 내장된 중대한 시스템과 같은 다른 유형의 시스템에서는 소프트웨어 진화가 프로세스 각 단계에서 생성되는 구조화된 문서를 가지도록 정형화될 수 있다.

모든 조직에서 정형적 또는 비정형적 시스템 변경 제안이 시스템 진화를 주도한다. 변경 제안에서 개인이나 그룹은 기존 소프트웨어 시스템에 대한 변경이나 업데이트를 제안한다. 이러한 제안은 릴리스된 시스템에 구현되어 있지 않은 기존 요구사항, 새로운 요구사항에 대한 요청, 시스템 이해당사자로부터의 버그 보고, 시스템 개발팀이 제안하는 소프트웨어 개선을 위한 새로운 아이디어를 기반으로 할 수 있다. 변경 식별 및 시스템 진화 프로세스는 순환하고 시스템의 수명 동안 계속된다(그림 9.3).

변경 제안이 받아들여지기 전에, 어떤 컴포넌트들이 변경되어야 하는지를 알아내기 위한 소프트웨어 분석이 필요하다. 이 분석은 변경의 비용 및 영향의 평가를 가능하게 한다. 이것은 각 시스템 릴리스에 포함될 컴포넌트들의 올바른 버전을 보장하는 변경 관리의 일반적인 프로세스의 한 부분이다. 변경 및 형상관리에 대해서는 25장에서 다룬다.

그림 9.4는 소프트웨어 진화에 포함되는 활동들을 보여준다. 진화 프로세스는 변경 분석, 릴리스 계획 수립, 시스템 구현, 고객에게 릴리스와 같은 기본적인 활동들을 포함

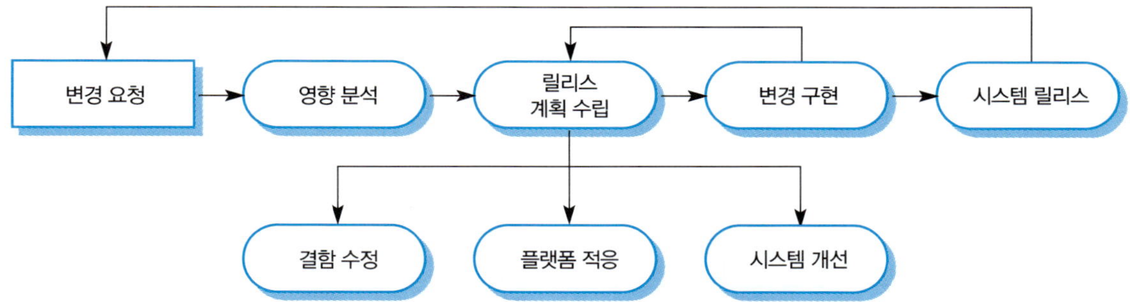

그림 9.4 시스템 진화 프로세스

한다. 시스템의 얼마나 많은 부분이 변경에 영향을 받고 변경을 구현하는 데 얼마의 비용이 들 것인지를 알기 위해 변경의 비용 및 영향이 평가된다.

만일 제안된 변경이 수용되면 시스템의 새로운 릴리스가 계획된다. 릴리스 계획을 세우는 동안, 제안된 모든 변경들(결함 수리, 적응, 새로운 기능)이 고려된다. 시스템의 다음 버전에 어떠한 변경을 구현할지를 결정한다. 변경이 구현되고 확인되고 나면 시스템의 새로운 버전이 릴리스된다. 다음번 릴리스를 위해 제안된 새로운 변경들의 집합을 가지고 프로세스가 반복된다.

개발과 진화가 통합된 상황에서 변경 구현은 단순히 개발 프로세스의 반복이다. 시스템에 대한 개정판이 설계되고, 구현되고, 테스트된다. 초기 개발과 진화의 차이는 인도 이후의 고객의 피드백이 애플리케이션의 새 릴리스를 계획할 때 고려되어야 한다는 것이다.

개발과 진화가 상이한 팀에 의해 수행되는 경우에 개발과 진화의 중요한 차이는 변경 구현의 초기 단계가 프로그램의 이해를 필요로 한다는 점이다. 이 프로그램 이해 단계에서 새로운 개발자들이 프로그램의 구조, 기능 제공 방식, 제안된 변경이 프로그램에 미치는 영향을 이해해야 한다. 개발자들이 이러한 이해를 이용해서 구현된 변경이 기존 시스템에 도입될 때 새로운 문제가 야기되지 않도록 해야 한다.

요구사항 명세서와 설계 문서가 있다면 요구된 변경을 반영하기 위해 이것들도 진화 프로세스 동안 업데이트해야 한다(그림 9.5). 새로운 소프트웨어 요구사항들은 기록되고 분석되고 확인되어야 한다. 만약 설계가 UML 모델을 사용하여 문서화되었다면 이 모델이 업데이트되어야 한다. 제안된 변경은 변경의 영향 및 비용을 평가하는 변경 분석 프로세스의 일부분으로서 프로토타입될 수 있다.

그러나 변경 요구는 때때로 긴급하게 해결되어야 하는 운영 시스템 상의 문제와 관련된다. 이러한 긴급한 변경은 다음 세 가지 이유 때문에 발생할 수 있다.

1. 시스템의 정상적인 운영을 위해 수리해야 하거나 심각한 보안 취약성에 대처해야 하는 심각한 시스템 결함이 감지됨
2. 시스템 운영 환경의 변화가 정상적인 운영을 중단시키는 예상치 못한 영향을 미침
3. 새로운 경쟁자의 등장이나 시스템에 영향을 미치는 새로운 법령의 제정과 같은 비즈니스 운영에 대한 예측하지 못한 변화가 있음

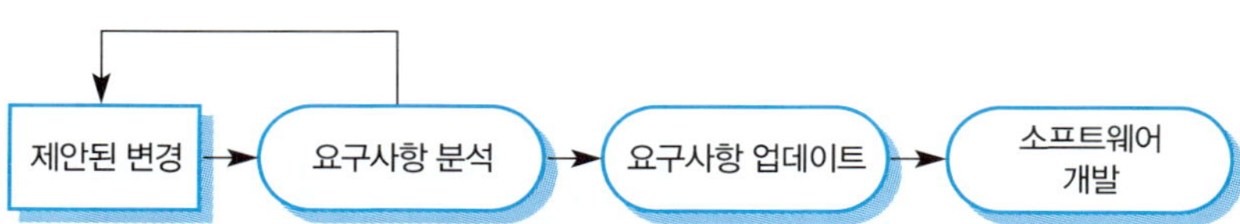

그림 9.5 변경 구현

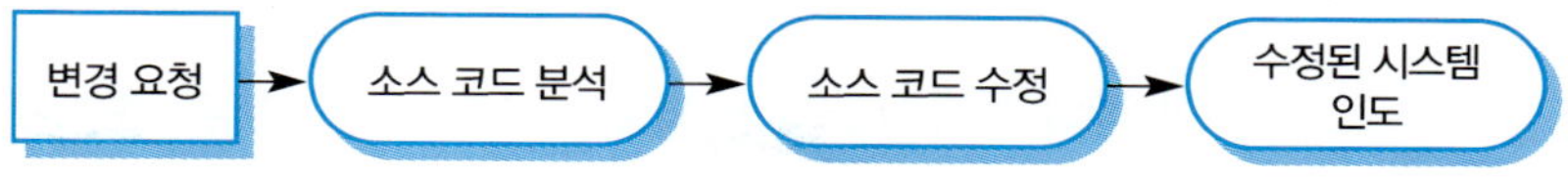

그림 9.6 긴급한 수정 프로세스

이러한 경우에 신속한 변경의 필요성은 모든 소프트웨어 문서를 업데이트할 수 없을 수도 있다는 것을 의미한다. 당면 문제를 해결하기 위해 요구사항과 설계를 수정하기보다는 프로그램의 긴급한 수정이 이루어진다(그림 9.6). 이러한 방식의 위험성은 요구사항, 소프트웨어 설계, 코드가 일치하지 않게 될 수 있다는 것이다. 요구사항과 설계에 대한 변경을 문서화하려는 동안에도 추가적인 긴급 소프트웨어 수정이 필요할 수 있다. 긴급한 수정이 문서화보다 우선순위가 더 높다. 결국 원래의 변경은 잊혀지고 시스템 문서와 코드는 결코 재정비되지 않게 된다. 시스템의 여러 표현을 유지하는 이 문제는 애자일 개발 프로세스의 근본이 되는 최소한의 문서화에 대한 논쟁 중 하나이다.

긴급한 시스템 수정은 가능한 한 빨리 완결지어야 한다. 시스템 구조까지 고려하는 최선의 해결책이 아닌 신속히 작업가능한 해결책이 선택된다. 이것은 시스템 노후화 과정을 가속시키므로 장래의 변경이 점차 더 어려워지고 유지보수 비용이 증가한다. 이상적으로는 긴급히 코드가 수정되었을 때, 새로운 코드는 프로그램 저하를 피하기 위해 리팩토링되고 개선되어야 한다. 물론 그 수정된 코드들이 재사용될 수 있다. 그러나 그 대신 분석에 더 많은 시간을 사용하면 문제에 대한 더 좋은 해결책을 발견할 수도 있다.

3장에서 논의한 애자일 방법 및 프로세스는 프로그램 개발뿐만 아니라 프로그램의 진화를 위해 사용될 수 있다. 이러한 방법은 점증적 개발을 기반으로 하고 있기 때문에, 애자일 개발로부터 인도 후의 진화로 가는 전이가 매끄러워야 한다.

그러나 개발한 팀에서 시스템 진화를 책임지는 별도의 팀으로 일을 넘기는 과정에서 문제가 발생할 수 있다. 두 가지 잠재적인 문제 상황이 있다.

1. 개발팀은 애자일 접근법을 사용해왔지만 진화팀은 계획 기반 접근법을 선호한다. 진화팀은 진화를 지원하기 위한 자세한 문서를 예상할 수 있으나 애자일 프로세스에서는 그런 문서를 거의 생성하지 않는다. 시스템이 변경됨에 따라 수정될 수 있는 시스템 요구사항에 대한 확실한 서술이 없을 수도 있다.
2. 개발에서는 계획 기반 접근법이 사용되어 왔지만 진화팀은 애자일 방법을 선호한다. 이 경우 진화팀은 자동화된 테스트 개발을 처음부터 다시 시작해야 할 수 있다. 시스템 코드는 애자일 개발에서 예상되는 리팩토링과 단순화가 되지 않은 상태일 수도 있다. 이 경우, 애자일 개발 프로세스에 사용하기 전에 코드를 개선하는 프로그램 재공학이 요구될 수도 있다.

테스트 주도 개발과 자동화된 회귀 테스트와 같은 애자일 기법은 시스템 변경이 있을 때 유용하다. 시스템 변경은 사용자 스토리로 표현될 수 있으며, 고객의 참여는 운영 시스템에 요구되는 변경 사항의 우선순위를 정하는 데 도움이 될 수 있다. 수행되어야 할 작업 목록에 초점을 맞추는 스크럼 접근법은 가장 중요한 시스템 변경 사항의 우선순위를 정하는 데 도움이 될 수 있다. 즉, 진화는 단순히 애자일 개발 프로세스를 계속하는 것을 포함한다.

그러나 개발에 사용된 애자일 방법이 프로그램 유지보수 및 진화에 사용될 때는 변형되어야만 할 수도 있다. 넓은 범위의 이해당사자들로부터 변경 제안이 들어오므로 개발 팀에 사용자를 포함시키는 것이 현실적으로 불가능할 수 있다. 짧은 개발주기는 긴급한 수정을 위해 잠깐 중단될 수도 있고, 운영 프로세스를 방해하지 않도록 하기 위해 릴리스 사이의 간격이 연장될 수도 있다.

9.2 레거시 시스템

대규모 회사들은 그들의 사업에 1960년대부터 컴퓨터를 도입하기 시작하였고, 지난 50년 동안 점점 더 많은 소프트웨어 시스템들이 도입되어왔다. 비즈니스가 변화하고 진화함에 따라 이들 중 많은 시스템들이 (때때로 여러 번) 대체되어 왔다. 그러나 많은 구형 시스템들이 비즈니스를 운영하는 데 있어 중대한 부분으로 여전히 사용되고 있다. 이러한 구형 소프트웨어 시스템들은 일반적으로 레거시 시스템(legacy system)이라 부른다.

레거시 시스템은 신형 시스템 개발에는 더 이상 사용되지 않는 언어와 기술에 의존하는 구형 시스템이다. 보통 오랜 시간 동안 유지보수되어왔고 변경들로 인해 그 구조가 저하되어 왔다. 레거시 소프트웨어는 메인프레임과 같은 구형 하드웨어에 의존적일 수 있고 레거시 프로세스 및 절차에 연관되어 있을 수 있다. 레거시 소프트웨어는 새로운 프로세스를 지원하기 위해 수정될 수 없기 때문에 보다 효과적인 비즈니스 프로세스를 위한 변경이 불가능할 수도 있다.

레거시 시스템은 소프트웨어 시스템에 국한되지 않고 하드웨어, 소프트웨어, 라이브러리, 다른 지원 소프트웨어 및 비즈니스 프로세스를 포함하는 더 광범위한 사회기술적 시스템이다. 그림 9.7은 레거시 시스템의 논리적 부분과 그 관계를 나타낸다.

1. **시스템 하드웨어**: 레거시 시스템은 더 이상 생산되지 않고, 유지보수 비용이 비싸며, 조직의 현재 IT 구매 정책과 호환되지 않는 하드웨어에 대해 작성되었다.
2. **지원 소프트웨어**: 레거시 시스템은 하드웨어 생산자에 의해서 제공된 운영체제와 유틸리티부터 시스템 개발에 사용된 컴파일러까지 다양한 지원 소프트웨어에 의존한다. 이러한 것들은 구식이며 더 이상 원래 생산자에 의해 지원되지 않는다.

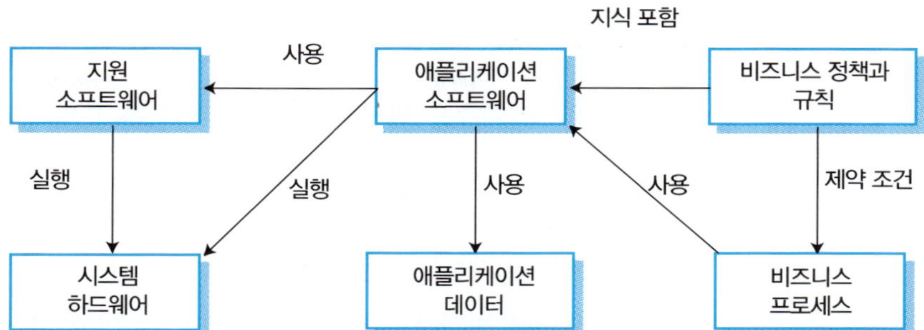

그림 9.7 레거시 시스템의 구성 요소

3. **애플리케이션 소프트웨어**: 비즈니스 서비스를 제공하는 애플리케이션 시스템은 상이한 시기에 개발된 여러 개의 프로그램으로 구성되어있다. 이러한 프로그램 중 몇몇은 다른 애플리케이션 소프트웨어 시스템의 일부분이 될 것이다.
4. **애플리케이션 데이터**: 애플리케이션 시스템에 의해서 처리된 데이터이다. 막대한 양의 데이터가 시스템의 수명 동안 쌓여 왔다. 이 데이터는 일관성이 없으며, 여러 파일에 중복되고, 여러 개의 다른 데이터베이스에 걸쳐져 있을 수 있다.
5. **비즈니스 프로세스**: 어떤 비즈니스 목적을 달성하기 위해 사용된 프로세스이다. 보험 회사에서 비즈니스 프로세스의 예는 보험 증권을 발행하는 것이고, 제조 공장에서는 제품 주문을 받고 관련된 제조 공정을 설정하는 것이다. 비즈니스 프로세스는 레거시 시스템을 기반으로 설계되고 레거시 시스템이 제공하는 기능에 의해 제약을 받는다.
6. **비즈니스 정책과 규칙**: 비즈니스가 수행되는 방법과 비즈니스에 대한 제약을 정의한 것이다. 레거시 애플리케이션 시스템의 사용은 이 정책과 규칙들에 내장되어 있다.

레거시 시스템의 컴포넌트를 보는 다른 대안은 그림 9.8과 같이 계층으로 생각하는 것이다.

각 계층은 바로 아래에 있는 계층에 의존하고 그 계층과 연동된다. 만약 인터페이스가 유지되면, 인접한 계층들에 영향을 주지 않고 현재 계층 안에서 변경을 반영할 수

사회기술적 시스템

비즈니스 프로세스
애플리케이션 소프트웨어
플랫폼 및 기반구조 소프트웨어
하드웨어

그림 9.8 레거시 시스템 계층

있다. 실제로 이러한 단순한 캡슐화는 지나친 단순화이고, 시스템의 한 계층을 변경하면 그 결과로 일어나는 변경이 아래위 계층에 요구될 수 있다. 그 이유는 다음과 같다.

1. 시스템의 한 계층을 변경하여 새로운 기능을 도입하고 나면, 그 기능을 이용할 수 있도록 상위 계층을 변경해야 한다. 예를 들어, 지원 소프트웨어 계층에 도입된 새로운 데이터베이스가 웹 브라우저를 통해서 데이터에 접근할 수 있는 기능을 포함하고 있다면, 이 기능을 이용할 수 있도록 비즈니스 정책이 변경되어야 한다.
2. 소프트웨어를 변경하면 시스템이 느려질 수 있고 시스템 성능을 높이기 위해 새로운 하드웨어가 필요하다. 새로운 하드웨어로 성능을 높인다는 것은 전에는 비현실적이었던 추가적인 소프트웨어 변경이 가능해진다는 것을 의미할 수 있다.
3. 특히 새로운 하드웨어가 도입되면 하드웨어 인터페이스를 유지하는 것이 종종 불가능하다. 이것은 특히 소프트웨어와 하드웨어가 밀결합되는 임베디드 시스템에서 문제이다. 새로운 하드웨어를 효과적으로 사용하기 위해 애플리케이션 소프트웨어의 대대적인 변경이 필요할 수도 있다.

얼마나 많은 레거시 코드가 아직 사용되고 있는지를 정확히 알기는 어렵다. 그러나 하나의 지표로서 산업계에서는 현재의 비즈니스 시스템에 2,000억 라인 이상의 COBOL 코드가 존재한다고 추정하고 있다. COBOL은 비즈니스 시스템을 작성하기 위해 설계된 프로그래밍 언어이며, 특히 금융 산업에서 1960년대에서 1990년대까지 주요 비즈니스 개발 언어였다(Mitchell 2012). 이러한 프로그램은 여전히 효과적이고 효율적으로 작동하고 있으며, 이를 이용하고 있는 기업들은 프로그램을 변경할 필요를 느끼지 않는다. 그러나 이 회사들이 직면한 큰 문제는 시스템의 원래 개발자들이 은퇴함에 따라 COBOL 프로그래머가 부족해진다는 것이다. 대학에서는 더 이상 COBOL을 가르치지 않으며, 젊은 소프트웨어 엔지니어는 현대적인 언어로 프로그래밍하는 것에 더 많은 관심이 있다.

기술 부족은 비즈니스 레거시 시스템을 유지보수하는 문제들 중에 하나에 불과하다. 다른 이슈는 레거시 시스템이 인터넷이 광범위하게 사용되기 전에 개발되었기 때문에 보안 취약점을 포함하고 있으며 현대적인 프로그래밍 언어로 작성된 시스템과 인터페이스하는 데 문제가 있다는 것이다. 원래의 소프트웨어 도구 공급 업체는 사업을 그만두었거나 시스템을 개발하는 데 사용되는 지원 도구를 더 이상 유지보수하지 않을 수 있다. 시스템 하드웨어는 더 이상 쓸모가 없고 유지보수하는 데 점점 더 비용이 많이 들 수 있다.

그렇다면 왜 회사들이 레거시 시스템을 최신 시스템으로 교체하지 않는 것일까? 이 질문에 대한 단순한 답은 교체하기에는 비용이 너무 많이 들고 리스크가 너무 크기 때문이다. 레거시 시스템이 효과적으로 작동한다면 교체 비용이 새 시스템을 도입함으로써 감소되는 지원 비용을 초과할 수 있다. 레거시 시스템을 폐기하고 최신 소프트웨어로 교체하는 것이 일을 잘못되게 만들고 새 시스템이 비즈니스 요구를 만족시키지 못할 가능성이 있다. 관리자들은 이러한 리스크를 최소화하려고 하기 때문에 새 소프트웨어 시스템의 불확실성을 받아들이고 싶어 하지 않는다.

필자가 큰 조직의 레거시 시스템 교체 프로젝트를 분석하는 데 참여했을 때 레거시 시스템 교체의 몇 가지 문제를 발견했다. 이 기업은 사업을 운영하기 위해 150개 이상의 레거시 시스템을 사용했다. 이 기업은 이러한 시스템 모두를 하나의 중앙 관리 ERP 시스템으로 교체하기로 결정했다. 비즈니스 및 기술적 이유로 새로운 시스템 개발은 실패했고 약속된 개선을 제공하지 못했다. 천만 파운드 이상을 쓰고 난 후에 새로운 시스템의 일부만 동작했고 레거시 시스템보다 덜 효과적으로 동작했다. 사용자는 이전 시스템을 계속 사용했지만 구현한 새로운 시스템의 부분과 통합할 수 없었고, 그래서 추가적인 수동 처리가 필요했다.

레거시 시스템을 새로운 시스템으로 교체하는 것이 비싸고 위험한 이유는 다음과 같다.

1. 레거시 시스템은 완전한 명세서가 거의 없다. 원래의 명세서는 사라졌을 수 있다. 명세서가 존재하더라도 시스템의 모든 변경 사항이 업데이트되어있을 가능성이 낮다. 따라서 사용 중인 레거시 시스템과 기능적으로 동일하도록 새로운 시스템을 명세화하는 간단한 방법이 없다.
2. 비즈니스 프로세스와 레거시 시스템은 종종 서로 밀접하게 얽혀 동작한다. 비즈니스 프로세스는 소프트웨어 서비스를 활용하고 소프트웨어의 단점을 피하는 방식으로 진화했을 가능성이 크다. 시스템이 교체되는 경우에 비즈니스 프로세스가 예상치 못한 비용과 결과를 감수하고 변경되어야 한다.
3. 중요한 비즈니스 규칙이 소프트웨어 안에만 내장되어있고 다른 곳에는 설명되어 있지 않을 수 있다. 비즈니스 규칙은 일부 비즈니스 기능에 적용되는 제약 조건이며, 이 제약 조건을 위반하는 것은 비즈니스에 대한 예측할 수 없는 결과를 초래할 수 있다. 예를 들어 보험 회사는 소프트웨어 안에 정책 적용의 리스크를 평가하기 위한 규칙을 포함하고 있을 수 있다. 이러한 규칙이 유지되지 않으면 미래에 고비용의 보상금 청구를 초래할 수 있는 고위험 정책을 회사가 수용하게 될 수도 있다.
4. 새로운 시스템 개발은 본질적으로 위험하며 새로운 시스템에 예기치 않은 문제가 있을 수 있다. 새로운 시스템은 제때 예상된 가격에 제공되지 않을 수 있다.

사용 중인 레거시 시스템을 유지하면 교체의 리스크를 피할 수 있지만 시스템이 오래 될수록 기존 소프트웨어를 변경하는 것이 필연적으로 더 비싸진다. 몇 년 이상 된 레거시 소프트웨어 시스템이 특히 변경하기 비싼 이유는 다음과 같다.

1. 다양한 사람들이 시스템을 변경했기 때문에 프로그램 스타일 및 사용 규칙이 일관성이 없다. 이 문제는 시스템 코드를 이해하는 데 어려움을 추가한다.
2. 시스템의 부분 또는 전체가 구식 프로그래밍 언어를 사용하여 구현되어 있을 수 있다. 이들 언어에 대한 지식이 있는 사람을 찾기 어려울 수 있다. 따라서 비싼 아웃소싱으로 시스템을 유지보수해야 할 수도 있다.
3. 시스템 문서는 종종 불충분하고 뒤떨어져 있다. 어떤 경우에는 소스 코드가 유일한 문서일 수도 있다.
4. 다년간의 유지보수는 보통 시스템 구조를 엉망진창으로 만들고 점점 더 이해하기 어렵게 한다. 추가된 새로운 프로그램은 시스템의 다른 부분과 임시변통으로 인터페이스되어있다.
5. 시스템은 느린 구형 하드웨어에서 효과적으로 동작하도록 공간 활용 또는 실행 속도에 최적화되었을 수 있다. 이것은 보통 특정 기계 및 언어 최적화를 포함하여 일반적으로 이해하기 어려운 소프트웨어를 초래한다. 이것은 현대적인 소프트웨어 공학 기술을 배웠고, 소프트웨어를 최적화하기 위해 사용된 기존의 프로그래밍 트릭을 이해하지 못하는 프로그래머에게 문제를 일으킨다.
6. 시스템에 의해 처리된 데이터가 호환되지 않는 구조를 가진 다양한 파일들로 관리될 수 있다. 데이터가 중복될 수 있고, 데이터 자체가 예전 것이고 부정확하고 불완전할 수 있다. 상이한 공급자들부터 공급받은 여러 데이터베이스가 사용될 수 있다.

위와 같은 시점에서, 레거시 시스템의 관리 및 유지보수 비용이 매우 높아져서 새로운 시스템으로 대체해야만 한다. 다음 절에서는 이러한 대체 결정을 내리기 위한 체계적인 의사 결정 방법에 대해 설명한다.

9.2.1 레거시 시스템 관리

애자일 개발과 소프트웨어 제품 라인과 같은 최신 소프트웨어 공학 프로세스를 이용하여 개발된 새로운 소프트웨어 시스템의 경우, 시스템 개발과 진화를 통합하는 방안에 대한 계획을 세우는 것이 가능하다. 점점 더 많은 기업이 시스템 개발 프로세스가 전체 생명주기 프로세스라는 것을 이해하고 있다. 소프트웨어 개발과 진화를 분리하는 것은 도움이 되지 않으며 더 많은 비용을 초래한다. 그러나 앞에서 논의했듯이 중요한 비즈니스 시스템으로 사용되는 레거시 시스템이 아직 많이 존재한다. 이러한 레거시 시스템들은 변화하는 e-비즈니스 실무에 따라 확장되고 적응되어야 한다.

대부분의 조직은 레거시 시스템을 유지보수하고 업그레이드하는 데 한정된 예산을 가지고 있으므로 투자 수익을 최대화하는 방법을 결정해야 한다. 이것은 조직이 자신의 레거시 시스템을 실제적으로 평가하고 이 시스템을 진화시키기 위해 가장 적합한 전략을 결정하는 것을 포함한다. 네 가지 전략적인 옵션이 있다.

1. **시스템의 완전한 폐기**: 이 옵션은 시스템이 비즈니스 프로세스에 효과적으로 기여하지 못할 때 선택되어야 한다. 이것은 보통 시스템이 설치된 후 비즈니스 프로세스가 변경되어 더 이상 레거시 시스템에 의존하지 않을 때 발생한다.
2. **시스템을 변경 없이 놔두고 정기적인 유지보수를 계속**: 이 옵션은 시스템이 여전히 요구되나 매우 안정적이고 사용자가 비교적 시스템 변경을 거의 요구하지 않을 때 선택되어야 한다.
3. **유지보수성을 향상시키기 위해 시스템을 재공학**: 이 옵션은 변경으로 인해 시스템 품질이 나빠졌고, 시스템에 대한 변경이 여전히 요구되는 경우에 선택되어야 한다. 이 프로세스는 새로운 인터페이스 컴포넌트의 개발을 포함하여 원래의 시스템이 다른 새로운 시스템과 함께 작동되도록 할 수 있다.
4. **시스템 전체나 일부를 새로운 시스템으로 대체**: 이 옵션은 새로운 하드웨어와 같은 요인으로 구형 시스템을 계속 운영할 수 없을 때나 기성품 시스템을 이용하여 합리적인 가격으로 새로운 시스템을 개발할 수 있을 때 선택되어야 한다. 주요 시스템 컴포넌트들이 기성품 시스템으로 대체되고 다른 컴포넌트들이 가능하면 재사용되는 경우에 진화적인 대체 전략이 채택될 수 있다.

레거시 시스템을 평가할 때, 비즈니스 관점과 기술적 관점 모두에서 바라보아야 한다(Warren 1998). 비즈니스 관점에서는 비즈니스가 실제로 그 시스템을 필요로 하는지의 여부를 판단해야 한다. 기술적 관점에서는 애플리케이션 소프트웨어의 품질과 시스템 지원 소프트웨어 및 하드웨어를 평가해야 한다. 비즈니스 가치와 시스템 품질을 결합하여 레거시 시스템을 가지고 무엇을 할 것인지 결정한다.

예를 들어, 10개의 레거시 시스템을 가진 조직을 가정하자. 이들 시스템 각각의 품질과 비즈니스 가치를 평가해야 한다. 다음으로 상대적인 비즈니스 가치와 시스템 품질을 보여주는 도표를 작성한다. 이것은 그림 9.9에서 예시되어 있다. 이 다이어그램에서 네 가지 부류의 시스템을 볼 수 있다.

1. **낮은 품질, 낮은 비즈니스 가치**: 이 시스템들을 계속 운영하는 것은 비용이 많이 들 것이고 비즈니스에 대한 수익률이 상당히 작을 것이다. 이 시스템들은 폐기되어야 한다.
2. **낮은 품질, 높은 비즈니스 가치**: 이 시스템들은 비즈니스에 중요한 기여를 하기 때문에 폐기될 수 없다. 그러나 낮은 품질이 의미하는 것은 유지보수 비용이 많이 든다는 것이다. 이 시스템들은 품질을 향상시키기 위해 재공학되어야 한다. 적당한 기성

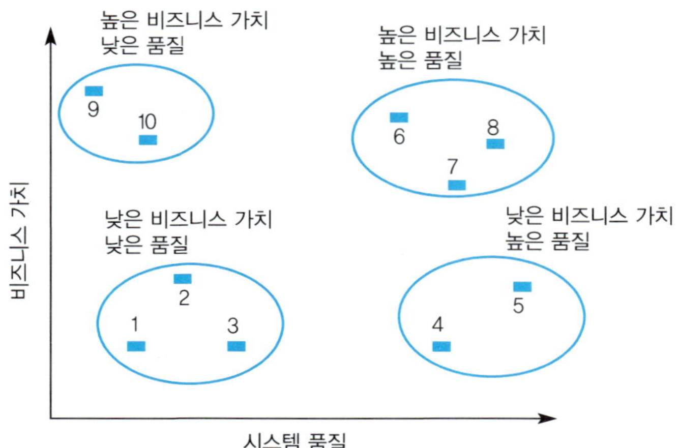

그림 9.9 레거시 시스템의 평가

품 시스템을 구할 수 있으면 교체될 수 있다.

3. **높은 품질, 낮은 비즈니스 가치**: 이 시스템들은 비즈니스에 크게 기여하는 바는 없으나 유지보수하는 데 비용이 많이 들지 않는다. 이 시스템들은 교체할 가치가 없으므로 비용이 많이 드는 변경이 요구되지 않고 시스템 하드웨어를 계속 사용할 수 있으면 정상적인 시스템 유지보수를 계속할 수 있다. 만일 비용이 많이 드는 유지보수가 필요해지면 폐기되어야 한다,

4. **높은 품질, 높은 비즈니스 가치**: 이 시스템들은 계속 운영되어야 한다. 높은 품질이 의미하는 것은 변환이나 시스템 교체에 투자할 필요가 없다는 것이다. 정상적인 시스템 유지보수가 계속되어야 한다.

어떤 시스템의 비즈니스 가치는 수작업이나 다른 시스템을 사용하는 것에 비해 그 시스템이 얼마나 많은 시간과 노력을 절약해주는지에 대한 척도이다. 시스템의 비즈니스 가치를 평가하기 위해, 시스템 최종 사용자와 관리자 같은 시스템 이해당사자를 식별하여 시스템에 관한 일련의 질문을 해야 한다. 논의해야 하는 네 가지 기본적인 주제는 다음과 같다.

1. **시스템 이용**: 만일 시스템이 단지 가끔 사용되거나 소규모 팀이 사용한다면, 비즈니스 가치가 낮다는 것을 의미한다. 이제는 변경되었거나 다른 방식으로 더욱 효과적으로 만족되는 비즈니스 요구를 만족시킬 목적으로 레거시 시스템이 개발되었을 것이다. 그러나 가끔이기는 하지만 중요한 시스템 사용에 주의해야 한다. 예를 들어 학생 등록을 위한 대학 시스템은 각 학년 초에만 사용될 수 있다. 이 시스템은 가끔 사용되기는 하지만 높은 비즈니스 가치를 가진 필수적인 시스템이다.

2. **지원되는 비즈니스 프로세스**: 시스템이 도입될 때 해당 시스템의 능력을 이용하기 위

해 비즈니스 프로세스가 도입되었을 것이다. 만약 시스템이 융통성이 없다면 비즈니스 프로세스를 변경하는 것이 불가능할 수 있다. 그러나 환경이 변함에 따라 원래의 비즈니스 프로세스는 쓸모없어졌을 수 있다. 따라서 시스템이 비효율적인 비즈니스 프로세스를 강제하기 때문에 비즈니스 가치가 낮다.

3. **시스템 확실성**: 시스템 확실성은 기술적인 문제일 뿐만 아니라 비즈니스 상의 문제이다. 만일 시스템을 믿을 수 없고 문제가 비즈니스 고객에게 직접적으로 영향을 미치거나, 이 문제를 해결하기 위해 다른 업무를 하는 사람들이 투입되어야하면, 이 시스템의 비즈니스 가치가 낮다.

4. **시스템 산출물**: 여기서 중요한 주제는 비즈니스의 성공적인 기능을 위한 시스템 산출물의 중요성이다. 만일 비즈니스가 이러한 산출물에 좌우되면, 이 시스템의 비즈니스 가치는 높다. 역으로 이 산출물이 어떤 다른 방식으로 쉽게 생성되거나 시스템이 거의 사용되지 않는 산출물을 생성하면, 비즈니스 가치가 낮다.

예를 들어, 여행 준비 담당직원들이 사용하는 여행 주문 시스템을 제공하는 기업을 가정하자. 직원들은 공인된 여행 대리점에 주문을 할 수 있다. 티켓이 인도되고 나면 그 기업은 티켓에 대한 청구서를 발행한다. 그러나 비즈니스 가치 평가에 의하면 이 시스템이 매우 작은 비율의 여행 주문에만 사용된다. 여행을 준비하는 사람들이 웹 사이트를 통해 여행사와 직접 거래하는 것이 더 저렴하고 더욱 편리하다는 것을 알았기 때문이다. 이 시스템이 여전히 사용될 수는 있지만, 이 시스템을 유지할 실질적인 목적이 존재하지 않는다. 동일한 기능을 외부 시스템을 통해 이용할 수 있다.

역으로, 기업이 이전의 모든 고객 주문 기록을 유지하여 고객이 다시 상품을 주문하도록 자동적으로 상기시켜주는 시스템을 개발했다고 가정하자. 이 시스템은 많은 횟수의 반복적인 주문을 낳고 고객은 공급자가 자신의 요구를 인식하고 있다고 느끼기 때문에 만족하게 한다.

소프트웨어 시스템을 기술적인 관점에서 평가하기 위해, 애플리케이션 시스템 자체와 그 시스템이 운영되는 환경 둘 다 고려할 필요가 있다. 환경은 시스템을 유지보수하는 데 필요한 하드웨어, 관련된 모든 지원 소프트웨어(컴파일러, 디버거 등), 개발 환경을 포함한다. 환경이 중요한 이유는 많은 시스템 변경이 하드웨어나 운영체제의 업그레이드와 같은 환경 변화의 결과이기 때문이다.

환경 평가 동안에 고려해야 하는 요인들은 그림 9.10과 같다. 이들 모두가 환경의 기술적인 특성은 아니다. 하드웨어 및 지원 소프트웨어의 공급자의 신뢰성도 고려해야 한다. 만약 공급자가 더 이상 사업을 하지 않으면 시스템이 지원되지 않아 시스템을 대체해야 할 수도 있다.

환경 평가 과정에서 가능하다면, 시스템 및 시스템 변경에 대한 데이터를 수집해야

요인	질문
공급자 안정성	공급자가 여전히 존재하는가? 공급자가 재정적으로 안정되어 계속 존재할 가능성이 있는가? 만일 공급자가 더 이상 사업을 하지 않으면, 다른 자가 시스템을 유지보수하는가?
고장률	하드웨어의 보고된 고장률이 높은가? 지원 소프트웨어의 장애로 시스템을 강제로 재시동해야 하는가?
나이	하드웨어와 소프트웨어가 얼마나 오래되었는가? 하드웨어와 소프트웨어가 오래될수록 쓸모없어져 갈 것이다. 여전히 제대로 작동하지만, 최신 시스템으로 바꾸면 상대한 경제적 및 사업적 이익이 있을 수 있다.
성능	시스템의 성능이 적절한가? 성능 문제가 시스템 사용자에게 중요한 영향을 미치는가?
지원 요구사항	하드웨어와 소프트웨어가 필요로 하는 지원은 무엇인가? 만일 이러한 지원에 관련된 비용이 높으면, 시스템 교체를 고려해야 될 수도 있다.
유지보수 비용	하드웨어 유지보수 비용과 지원 소프트웨어의 라이선스 비용은 얼마인가? 오래된 하드웨어는 최신 시스템보다 유지보수 비용이 높을 수 있다. 지원 소프트웨어의 연간 라이선스 비용이 높을 수 있다.
상호운용성	다른 시스템과 인터페이스하는 데 문제가 있는가? 예를 들어, 컴파일러가 운영체제의 현재 버전과 함께 사용될 수 있는가?

그림 9.10 환경 평가에 이용되는 요인

한다. 유용하게 이용할 수 있는 데이터로는 시스템 하드웨어 및 지원 소프트웨어의 유지보수 비용, 어떤 시간 간격 동안 발생한 하드웨어 고장의 수와 시스템 지원 소프트웨어에 적용되는 패치와 수정의 빈도가 있다.

애플리케이션 시스템의 기술적 품질을 평가하기 위해서는 주로 시스템 확실성, 시스템 유지보수 난이도, 시스템 문서화에 관련된 다양한 요인들(그림 9.11)을 평가해야 한다. 시스템 품질을 판단하는 데 도움이 될 다음과 같은 데이터도 수집할 수 있다.

1. **시스템 변경 요구 횟수**: 시스템 변경은 보통 시스템 구조를 훼손시키고 추가적인 변경을 더욱 어렵게 만든다. 이 누적값이 높을수록 시스템 품질이 떨어진다.
2. **사용자 인터페이스의 수**: 이것은 개별 양식(form)이 별도의 사용자 인터페이스로 간주될 수 있는 양식 기반 시스템에서 중요한 요인이다. 인터페이스가 많을수록 인터페이스들 간에 비일관성과 중복성이 있을 가능성이 높다.
3. **시스템이 이용하는 데이터의 양**: 시스템에 의해 처리되는 데이터의 양(파일 개수, 데이터베이스 크기 등)이 증가할수록 데이터에 비일관성과 오류가 증가한다. 데이터가 오랜 시간 동안 모아졌다면 오류와 비일관성은 피할 수 없다. 오래된 데이터를 정리하는 일은 매우 비싸고 시간이 많이 드는 프로세스이다.

이상적으로는 레거시 시스템을 가지고 할 일을 결정하는 데 객관적인 평가가 사용되어야 한다. 그러나 실제로는 많은 경우에 결정이 객관적이지 않고 조직이나 정치적인 고려에 기초한다. 예를 들어, 두 사업체가 합병되면 보통 정치적으로 가장 강력한 파트너가 자신의 시스템을 유지할 것이고 다른 회사의 시스템은 폐기될 것이다. 만일 조직

요인	질문
이해가능성	현재 시스템의 소스 코드를 이해하기가 얼마나 어려운가? 사용된 제어 구조가 얼마나 복잡한가? 변수가 그 기능을 반영하는 의미 있는 이름을 갖는가?
문서화	어떤 시스템 문서가 이용 가능한가? 문서가 완전하고, 일관성이 있으며, 최신의 내용인가?
데이터	시스템에 관한 명시적인 데이터 모델이 있는가? 파일들에 데이터가 어느 정도 중복되어 있는가? 시스템이 사용하는 데이터가 최신의 내용이고 일관성이 있는가?
성능	애플리케이션의 성능은 적절한가? 성능 문제가 시스템 사용자에게 중요한 영향을 미치는가?
프로그래밍 언어	시스템 개발에 사용된 프로그래밍 언어의 최신 컴파일러가 이용 가능한가? 사용된 프로그래밍 언어가 새로운 시스템 개발을 위해 여전히 사용되는가?
형상 관리	시스템의 모든 부분의 모든 버전이 형상 관리 시스템에 의해 관리되고 있는가? 현재 시스템에 이용된 컴포넌트들의 버전에 대한 명시적인 서술이 존재하는가?
테스트 데이터	시스템에 대한 테스트 데이터가 존재하는가? 시스템에 새로운 기능이 추가되었을 때 수행된 회귀 테스트 기록이 존재하는가?
개인의 기술	애플리케이션을 유지보수하는 기술이 있는 사람을 활용할 수 있는가? 시스템에 대한 경험을 가진 사람을 활용할 수 있는가?

그림 9.11 애플리케이션 평가에 이용되는 요인들

의 상급 경영진이 새로운 하드웨어 플랫폼으로 옮기기로 결정하면 애플리케이션의 교체가 필요할 수도 있다. 만일 어떤 해에 시스템 변환을 위한 가용 예산이 없다면, 비록 장기적으로는 더 높은 비용이 들지라도 시스템 유지보수가 계속될 수 있다.

9.3 소프트웨어 유지보수

소프트웨어 유지보수는 시스템을 인도한 후에 변경하는 일반적인 프로세스이다. 이 용어는 보통 인도 이전과 이후에 서로 다른 개발 그룹이 참여하는 맞춤식 소프트웨어에 적용된다. 변경은 코딩 오류를 정정하기 위한 단순한 변경일 수도 있고, 설계 오류를 정정하기 위한 더 광범위한 변경, 혹은 명세서 오류를 정정하거나 새로운 요구사항을 수용하기 위한 상당한 변경일 수도 있다. 변경은 기존 시스템 컴포넌트를 수정하고 필요하다면 시스템에 새로운 컴포넌트를 추가하는 식으로 구현된다.

다음과 같은 세 가지 상이한 유형의 소프트웨어 유지보수가 존재한다.

1. **버그와 취약점을 고치기 위한 결함 수리**: 코딩 오류는 보통 정정하는 데 적은 비용이 든다. 설계 오류는 여러 개의 프로그램 컴포넌트들을 다시 작성하는 것을 포함할 수 있으므로 더 많은 비용이 든다. 요구사항 오류는 광범위한 시스템 재설계가 필요할 수 있기 때문에, 수정하는 데 가장 많은 비용이 든다.

프로그램 진화 역학

프로그램의 진화 역학은 1970년대에 Manny Lehman과 Les Belady에 의해 개척된 소프트웨어 시스템 진화에 관한 연구이다. 이것은 모든 대규모 소프트웨어 시스템에 적용되는 소위 Lehman의 법칙을 낳았다. 이 법칙의 가장 중요한 내용은 다음과 같다.

1. 프로그램이 유용한 상태로 유지되려면 지속적으로 변경되어야 한다.
2. 진화하는 프로그램이 변경됨에 따라 그 구조가 저하된다.
3. 프로그램의 수명 동안 변경되는 비율은 거의 일정하고 가용한 자원에 독립적이다.
4. 시스템의 각 릴리스의 증분 변경은 거의 일정하다.
5. 사용자의 만족도를 증가시키기 위해 새로운 기능이 시스템에 추가되어야 한다.

http://software-engineering-book.com/web/program-evolution-dynamics/

2. **소프트웨어를 새로운 플랫폼과 환경에 맞추기 위한 환경적 적응**: 이러한 유형의 유지보수는 하드웨어, 플랫폼 운영체제, 다른 지원 소프트웨어와 같은 시스템 환경의 어떤 측면이 변할 때 필요하다. 이러한 환경의 변화에 대처하기 위해 애플리케이션 시스템이 수정되어야 할 수 있다.
3. **새로운 기능을 추가하고 새로운 요구사항을 지원하기 위한 기능성 추가**: 이러한 유형의 유지보수는 조직이나 비즈니스 변화에 대응하기 위해 시스템 요구사항이 변할 때 필요하다. 소프트웨어에 요구되는 변경의 규모는 종종 다른 유형의 유지보수보다 훨씬 크다.

실제로 이러한 유형의 유지보수 사이에 뚜렷한 구분이 존재하는 것은 아니다. 새로운 환경에 시스템을 적응시킬 때, 새로운 환경이 제공하는 장점을 이용하기 위해 기능이 추가될 수 있다. 종종 사용자들이 시스템을 예상치 못한 방식으로 사용하기 때문에 소프트웨어 결함이 드러날 수 있다. 사용자들의 작업 방식을 수용하기 위해 시스템을 변경하는 것이 이러한 결함을 수정하는 최선의 방법이다.

유지보수의 이러한 유형들이 일반적으로 인식되어 있지만, 다양한 사람들이 서로 다른 이름을 부여하는 경우가 있다. "수정 유지보수(corrective maintenance)"는 보편적으로 결함 수리를 위한 유지보수를 언급하기 위해 사용된다. "적응 유지보수(adaptive maintenance)"는 종종 새로운 환경으로의 적응과 새로운 요구사항에 대한 소프트웨어의 적응을 의미한다. "완전 유지보수(perfective maintenance)"는 종종 새로운 요구사항을 구현하여 소프트웨어를 완전하게 만드는 것을 의미하나, 다른 경우에는 시스템의 기능을 유지하면서 시스템의 구조와 성능을 개선하는 것을 의미한다. 이와 같은 명명이 가지는 불확실성 때문에 이 책에서는 이 용어들의 사용을 피한다.

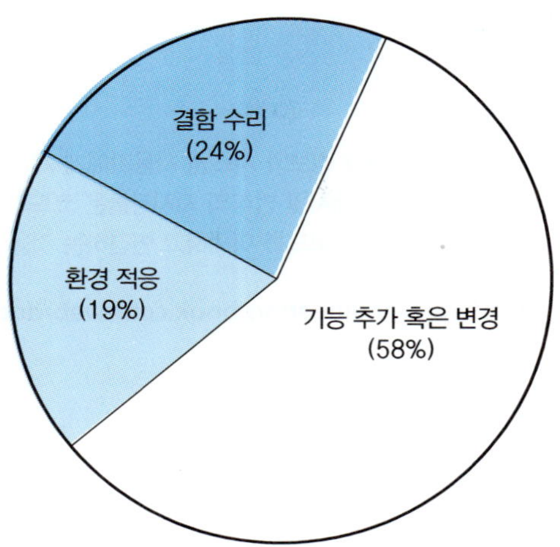

그림 9.12 유지보수 노력의 분포

그림 9.12는 최신 조사(Davidsen and Krogstie 2010)의 데이터에 기반한 유지보수 비용의 근사적 분포이다. 이 연구에서는 1980년에서 2005년까지의 기존 연구들의 유지보수 비용 분포를 비교하였다. 저자들은 30년 동안 유지보수 비용의 분포가 거의 변화하지 않았다는 것을 발견했다. 보다 최근의 데이터는 없지만 이것은 이 분포가 여전히 대체로 맞다는 것을 시사한다. 시스템 결함을 수리하는 것이 가장 비용이 많이 드는 유지보수 활동이 아니다. 새로운 환경과 새롭거나 변경된 요구사항에 대처하기 위해 시스템을 진화시키는 것에 대부분의 유지보수 노력이 소모된다.

유지보수 과정에서 시스템에 새로운 기능을 추가하는 것이 초기 개발 과정에서 동일한 기능을 구현하는 것보다 보통 비용이 더 많이 든다. 그 이유는 다음과 같다.

1. **새로운 팀이 유지보수되는 프로그램을 이해해야 함**: 시스템이 인도된 후에는 보통 팀이 해체되고 개인들은 새로운 프로젝트에서 일한다. 시스템 유지보수를 담당하는 새로운 팀이나 개인들은 시스템이나 시스템 설계 결정의 배경을 이해하지 못한다. 기존 시스템에 대한 변경을 구현하기 전에 시스템을 이해하는 시간이 필요하다.

2. **유지보수와 개발의 분리는 개발 팀이 유지보수가 쉬운 소프트웨어를 작성하는 데 인센티브가 없다는 것을 의미함**: 시스템을 유지보수하기 위한 계약은 대개 시스템 개발 계약과 구분된다. 소프트웨어를 개발한 회사가 아닌 다른 회사가 소프트웨어 유지보수를 책임질 수 있다. 이러한 상황에서는 개발 팀이 소프트웨어를 유지보수하기 쉽도록 만드는 데 노력을 투자하는 것에 대한 이득이 없다. 개발팀이 개발 중에 노력을 절약하기 위해 절차나 원칙을 무시하여 미래에 소프트웨어를 변경하는 것이 더 어려워진다고 하더라도 그들 입장에서는 그럴 만하다.

3. **프로그램 유지보수 업무는 인기가 없음**: 유지보수는 소프트웨어 엔지니어들에게 보잘것 없어 보인다. 유지보수는 시스템 개발보다 기술이 덜 요구되는 프로세스로 보여

문서화

시스템 문서화는 시스템 구조 및 구성에 대한 정보와 시스템 사용자에게 제공되는 기능에 대한 정보를 유지보수 담당자에게 제공함으로써 유지보수 프로세스를 도울 수 있다. 애자일 방식의 지지자들은 코드가 주요 문서가 되어야 한다고 제안하고 있지만, 코드보다 고수준의 설계 모델과 의존 및 제약 정보가 코드를 이해하고 변경하는 것을 용이하게 해준다.

http://software-engineering-book.com/web/documentation/ (web chapter)

종종 가장 경험이 없는 직원에게 할당된다. 더욱이 오래된 시스템들은 구식 프로그래밍 언어로 작성되어있기도 하다. 유지보수 담당 개발자는 이러한 언어에 대한 경험이 많지 않아 시스템을 유지보수하기 위해 이 언어를 배워야 한다.

4. **프로그램이 오래될수록 구조가 엉망진창이 되고 변경하기 어려워짐**: 프로그램에 변경이 가해짐에 따라 구조가 엉망진창이 되는 경향이 있다. 결과적으로 이해하고 변경하기 어려워진다. 어떤 시스템들은 현대적인 소프트웨어 공학 기술 없이 개발되었다. 이 시스템들은 잘 구조화되지 않았으며, 유지보수성보다는 효율성을 위해 최적화되었다. 오래된 시스템의 문서들은 분실되었거나 일관성이 없을 수 있다. 오래된 시스템은 엄격하게 형상 관리가 되지 않았기 때문에 개발자들이 변경할 시스템 컴포넌트들의 올바른 버전을 찾는 데 시간을 보낼 수도 있다.

이 문제점들의 처음 세 가지는 아직도 많은 조직들이 소프트웨어 개발과 유지보수를 별개의 활동으로 간주하는 데에서 유래한다. 유지보수는 이류 활동으로 인식되며, 개발 중에 시스템 변경 비용을 줄이기 위해 노력하는 것이 장려되지 않는다. 이 문제에 대한 유일한 장기 해결책은 시스템이 계속적인 개발 프로세스를 통해 그 수명 동안 계속 진화해 나간다고 생각하는 것이다. 유지보수는 새로 소프트웨어를 개발하는 것만큼 높은 중요도를 가져야 한다.

네 번째 쟁점, 즉 개악되는 시스템 구조의 문제점은 가장 해결하기 쉬운 문제이다. 이 장의 뒤에서 기술하는 소프트웨어 재공학 기술이 시스템 구조와 이해도를 향상시키기 위해 적용될 수 있다. 시스템을 새로운 하드웨어에 적응시키기 위해 아키텍처 변환이 적용될 수 있다. 리팩토링이 시스템 코드의 품질을 개선하고 변경을 용이하게 만들 수 있다.

원칙적으로 미래의 변경 비용을 줄이기 위해 시스템을 설계하고 구현하는 데 노력을 투자하는 것이 거의 항상 비용효율적이다. 인도 후에 새로운 기능을 추가하는 것은 시스템을 학습하고 제안된 변경의 영향을 분석하는 데 시간을 써야하기 때문에 비싸다. 개발 중에 소프트웨어를 구조화하고 이해하고 변경하기 쉽게 만들어 두는 작업은 진화 비용을 절감시킨다. 정확한 명세, 테스트 우선 개발, 객체 지향 개발의 사용, 형상 관리 등과 같은 좋은 소프트웨어 공학 기술은 모두 유지보수 비용을 절감하는 데 도움이 된다.

불행하게도 시스템을 더 유지보수하기 쉽게 만드는 데 투자하는 것이 전체 수명 비용 절감에 도움이 된다는 원칙적인 주장을 실제 데이터로 입증하는 것은 불가능하다. 데이터를 수집하는 데 비용이 많이 들고 그 데이터의 가치를 판단하기도 어렵다. 따라서 대부분의 기업은 소프트웨어 엔지니어링 데이터를 수집하고 분석할 가치가 있다고 생각하지 않는다.

실제로 대부분의 기업은 장기 유지보수 비용을 줄이기 위해 소프트웨어 개발에 더 많이 지출하는 것을 꺼려한다. 이러한 꺼림에는 두 가지 이유가 있다.

1. 기업은 분기 또는 연간 지출 계획을 설정하고, 관리자는 단기 비용 절감을 장려 받는다. 유지보수성에 대한 투자는 단기 비용 증가로 이어지며 측정할 수 있다. 그러나 장기적인 이익을 동시에 측정할 수 없기 때문에 기업은 미지수의 미래 이익을 위해 돈을 지출하기를 꺼려한다.
2. 개발자들은 일반적으로 그들이 개발한 시스템을 유지보수하는 데 책임을 지지 않는다. 결과적으로 유지보수 비용을 절감할 수 있는 추가 작업을 수행함으로써 어떤 혜택도 받지 않기 때문에 그런 작업을 할 이유가 없다.

이 문제를 해결하는 유일한 방법은 개발과 유지보수를 통합하여 원래 개발팀이 소프트웨어 수명 전반에 걸쳐 소프트웨어에 대한 책임을 지도록 하는 것이다. 자신의 소프트웨어를 개발하고 유지보수하는 아마존 같은 기업과 소프트웨어 제품에 대해서는 이것이 가능하다(O'Hanlon 2006). 그러나 고객을 위해 소프트웨어 회사에 의해 개발된 맞춤식 소프트웨어에서는 이렇게 될 가능성이 낮다.

9.3.1 유지보수 예측

유지보수 예측은 소프트웨어 시스템에 요구될 수 있는 변경을 평가하는 것과 변경하는 데 가장 비용이 많이 들 것 같은 시스템의 부분들을 식별하는 것에 관한 것이다. 이것을 이해한다면 변경 가능성이 가장 높은 소프트웨어 컴포넌트를 변경에 더 잘 적응할 수 있도록 설계할 수 있다. 또한 소프트웨어 수명 동안의 유지보수 비용을 절감할 수 있는 컴포넌트 개선에 노력을 투자할 수 있다. 변경을 예측하여 주어진 기간 동안의 전체적인 시스템 유지보수 비용을 산출할 수 있으므로 소프트웨어를 유지보수하기 위한 예산을 설정할 수 있다. 그림 9.13은 가능한 예측과 이러한 예측에 대답해줄 수 있는 질문들을 보여준다.

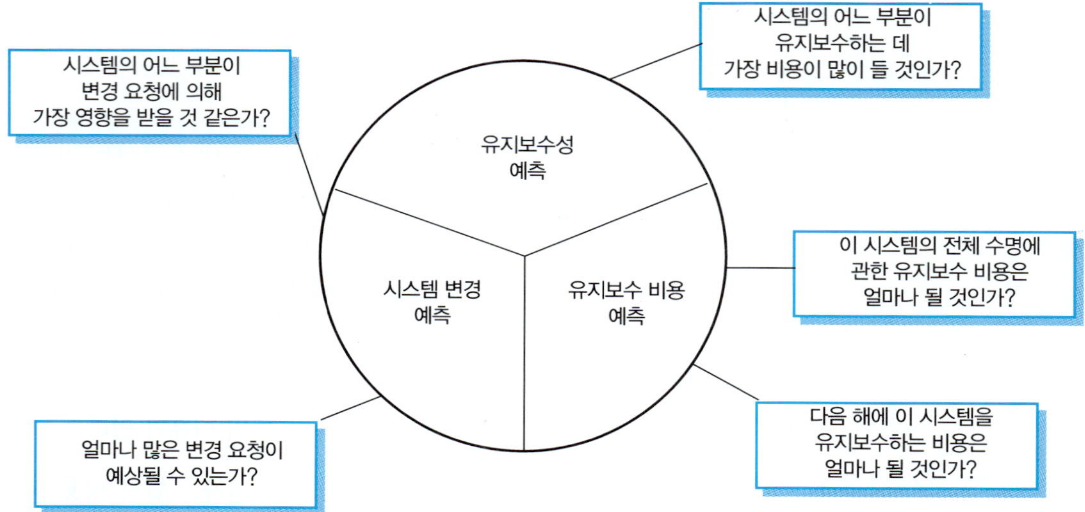

그림 9.13 유지보수 예측

시스템에 대한 변경 요청 횟수를 예측하기 위해서는 시스템과 외부 환경 사이의 관계를 이해해야 한다. 어떤 시스템은 외부 환경과 매우 복잡한 관계를 갖고 있어 환경의 변화가 시스템의 변경으로 귀결되는 것이 필연적이다. 시스템과 그 주변 환경 사이의 관계를 판단하기 위해서는 다음을 살펴봐야 한다.

1. **시스템 인터페이스의 개수와 복잡도**: 인터페이스의 개수가 많아지고 복잡해질수록 새로운 요구사항이 제안되었을 때 인터페이스 변경이 요구될 가능성이 높아진다.
2. **본래 변하기 쉬운 시스템 요구사항의 개수**: 4장에서 설명한 것처럼, 조직의 정책과 절차들을 반영하는 요구사항은 안정된 도메인 특성에 기초한 요구사항보다 더 변하기 쉽다.
3. **시스템이 사용되는 비즈니스 프로세스**: 비즈니스 프로세스가 진화함에 따라 변경 요청이 발생하게 된다. 시스템이 점점 더 많은 비즈니스 프로세스와 통합될수록 변경 요구가 증가한다.

소프트웨어 유지보수에 관한 초기 연구에서 연구자들은 프로그램 복잡도와 유지보수성 사이의 관계를 살펴보았다(Banker et al. 1993; Coleman et al. 1994; Kozlov et al. 2008). 이 연구에서 시스템이나 컴포넌트가 복잡할수록 유지보수 비용이 많이 든다는 것을 발견했다. 복잡도 측정은 특히 유지보수 비용이 많이 들 것 같은 프로그램 컴포넌트들을 식별하는 데 유용하다. 따라서 유지보수 비용을 줄이기 위해 복잡한 시스템 컴포넌트들을 더 단순한 것으로 대체하는 노력을 해야 한다.

시스템이 서비스되기 시작한 이후에, 유지보수성을 예측하는 데 프로세스 데이터를 이용할 수 있다. 유지보수성을 평가하는 데 유용하게 사용될 수 있는 프로세스 지표의 예는 다음과 같다.

1. **수정 유지보수를 위한 요청 횟수**: 버그 및 결함 보고 횟수의 증가는 유지보수 프로세스 동안 고쳐진 오류보다 더 많은 오류들이 프로그램에 생겼음을 나타낼 수 있다. 이것은 유지보수성의 하락을 나타낼 수 있다.
2. **영향분석에 필요한 평균 시간**: 이것은 변경 요구에 영향을 받는 프로그램 컴포넌트들의 개수와 관련이 있다. 영향분석에 요구되는 시간이 증가한다는 것은 더 많은 컴포넌트들이 영향을 받고 유지보수성이 감소한다는 것을 의미한다.
3. **변경 요구를 구현하는 데 걸리는 평균 시간**: 이것은 영향분석 시간과 상관관계가 있지만 동일하지는 않다. 이것은 어떤 컴포넌트들이 영향을 받는지 평가한 후에, 시스템을 수정하고 문서화하는 데 필요한 시간의 양이다. 변경을 구현하는 데 필요한 시간의 증가는 유지보수성의 하락을 나타낼 수 있다.
4. **아직 처리되지 않은 변경 요구의 개수**: 이 개수가 시간에 따라 증가하면, 유지보수성이 하락하는 것을 의미할 수 있다.

유지보수 비용 예측을 위해 변경 요구에 관한 예측 정보와 시스템 유지보수성에 관한 예측을 이용한다. 대부분의 관리자들은 비용을 추정하기 위해 이러한 정보를 직관 및 경험과 결합한다. 23장에서 설명하는 COCOMO 2 비용 산정 모델은 소프트웨어 유지보수 노력의 추정이 기존 코드를 이해하기 위한 노력과 새로운 코드를 개발하기 위한 노력에 기초할 수 있다고 제안한다.

9.3.2 소프트웨어 재공학

소프트웨어 유지보수는 변경되어야 하는 프로그램을 이해하고 요구된 변경을 구현하는 것을 포함한다. 그러나 특히 오래된 레거시 시스템을 비롯한 많은 시스템은 이해하고 변경하기 어렵다. 이해용이성을 낮추는 대신 성능 및 기억장치 활용을 위해 프로그램이 최적화되었거나 시간이 지남에 따라 초기의 프로그램 구조가 일련의 변경에 의해 훼손되었을 수 있다.

레거시 소프트웨어 시스템을 유지보수하기 쉽게 만들기 위해, 그 구조와 이해용이성을 개선하기 위해 시스템을 재공학할 수 있다. 재공학은 시스템을 다시 문서화하고, 시스템 아키텍처를 리팩토링하고, 프로그램을 최신의 프로그래밍 언어로 변환하고, 시스템 데이터의 구조와 값을 수정하고 업데이트하는 것을 포함한다. 소프트웨어의 기능은 변경되지 않으며, 보통 시스템 아키텍처에 대한 중대한 변경을 피하도록 노력해야 한다.

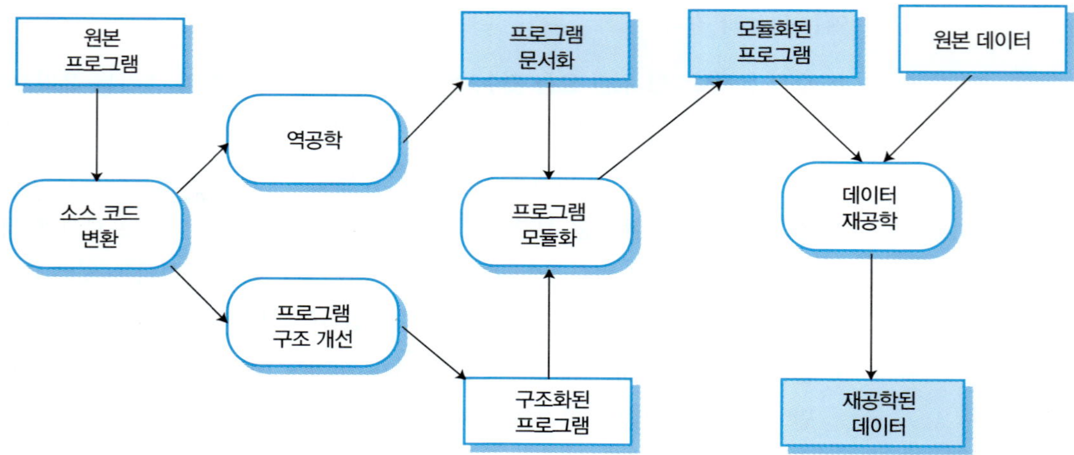

그림 9.14 재공학 프로세스

재공학은 교체에 비해 두 가지 중요한 장점을 가지고 있다.

1. **리스크 감소**: 비즈니스에 중요한 소프트웨어를 다시 개발하는 것에는 매우 높은 리스크가 존재한다. 시스템 명세서에 오류가 생길 수도 있고 개발에 문제가 있을 수도 있다. 새로운 소프트웨어 도입의 지연은 비즈니스의 손실과 추가 비용의 야기를 의미할 수도 있다.

2. **비용 절감**: 새로운 소프트웨어를 개발하는 비용에 비해 재공학 비용은 상당히 적을 수 있다. Ulrich (Ulrich 1990)는 시스템을 다시 구현하는 데 드는 비용이 5,000만 달러로 추정되는 상용 시스템의 예를 인용했다. 그 시스템은 1,200만 달러의 비용을 가지고 성공적으로 재공학되었다. 최신 소프트웨어 기술로 시스템을 다시 구현하는 상대적인 비용은 아마 Ulrich의 수치보다는 작겠지만, 재공학에 소요되는 비용보다는 여전히 클 것이다.

그림 9.14는 재공학 프로세스의 일반적인 모델이다. 프로세스의 입력은 레거시 시스템이고, 출력은 동일한 프로그램의 개선되고 재구조화된 버전이다. 이 재공학 프로세스의 활동들은 다음과 같다.

1. **소스 코드 변환**: 변환 도구를 이용하여 프로그램을 오래된 프로그래밍 언어에서 동일한 언어의 최신 버전이나 다른 언어로 변환한다.

2. **역공학**: 프로그램을 분석하고 정보를 추출한다. 이것은 구성과 기능을 문서화하는 데 도움이 된다. 이 프로세스는 보통 완전히 자동화된다.

3. **프로그램 구조 개선**: 프로그램의 제어 구조가 분석되어 읽고 이해하기 쉽게 수정된다. 이것은 부분적으로 자동화될 수 있으나 보통 사람의 개입이 요구된다.

4. **프로그램 모듈화**: 프로그램의 관련된 부분들이 함께 그룹으로 묶이고, 적절한 경우에는 중복성이 제거된다. 어떤 경우에는 이 단계에서 아키텍처 변환을 포함할 수도 있다. 예를 들어 여러 개의 서로 다른 데이터 저장소를 사용하는 시스템이 단일 저장소를 사용하도록 변환될 수 있다. 이것은 비자동적인 프로세스이다.

5. **데이터 재공학**: 프로그램이 처리하는 데이터가 프로그램의 변화를 반영하기 위해 변경된다. 이것은 데이터베이스 스키마를 재정의하고 기존 데이터베이스를 새로운 구조로 변환하는 것을 의미할 수 있다. 일반적으로 데이터도 정리해야 한다. 이것은 실수를 찾아서 바로 잡고 중복된 레코드를 제거하는 것을 포함한다. 이것은 매우 비용이 많이 들고 장기적인 프로세스이다.

프로그램 재공학에서 그림 9.11의 모든 단계들이 반드시 요구되는 것은 아니다. 애플리케이션을 작성하는 데 사용한 프로그래밍 언어를 여전히 사용하고 있다면 소스 코드 변환이 필요 없다. 만일 모든 재공학을 자동화할 수 있으면 재공학을 통한 문서의 복구가 불필요할 수도 있다. 시스템 재공학 동안 프로그램의 데이터 구조가 변경될 때만 데이터 재공학이 요구된다.

재공학된 시스템이 새로운 소프트웨어와 상호 연동하게 만들기 위해서 18장에서 설명한 어댑터 서비스를 개발해야 한다. 이 어댑터 컴포넌트는 소프트웨어 시스템의 원래의 인터페이스를 감추고 다른 컴포넌트들이 사용할 수 있는 새롭고 더 잘 구조화된 인터페이스를 제공한다. 레거시 시스템을 둘러싸는 이 프로세스는 대규모의 재사용 가능한 서비스들을 개발하기 위한 중요한 기술이다.

재공학 비용은 수행되는 작업의 범위에 명백하게 좌우된다. 그림 9.15에 나타낸 것처럼, 재공학에 대해 가능한 접근법의 범위가 존재한다. 비용은 왼쪽에서 오른쪽으로 증가하므로 소스 코드 변환이 가장 비용이 적게 드는 옵션이고 아키텍처 변환(architectural migration)의 일환인 재공학은 가장 비용이 많이 드는 옵션이다.

소프트웨어 재공학의 문제는 재공학을 통해 시스템을 향상시키는 데에 실제적인 제한이 있다는 것이다. 예를 들어 함수적 접근법을 사용하여 작성된 시스템을 객체 지향

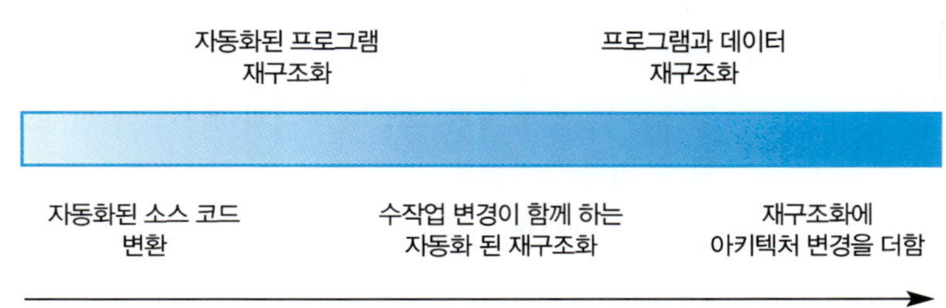

그림 9.15 재공학 접근법

시스템으로 변환하는 것은 불가능하다. 대대적인 아키텍처 변경이나 시스템 데이터 관리의 급진적인 재구성은 자동적으로 수행될 수 없으므로 매우 많은 비용이 든다. 재공학이 유지보수성을 향상시킬 수 있기는 하지만 재공학된 시스템은 아마도 최신 소프트웨어 공학 기법을 사용하여 새로이 개발된 시스템만큼 유지보수성이 좋지는 않을 것이다.

9.3.3 리팩토링

리팩토링은 변경에 따른 프로그램의 품질 저하를 느리게 하기 위해 프로그램을 개선하는 프로세스이다. 구조를 개선하고, 복잡도를 줄이고, 보다 이해하기 쉽도록 프로그램을 수정하는 것을 의미한다. 리팩토링은 때때로 객체 지향 개발에 한정되는 것으로 간주되지만 실제로는 어떤 개발 방식에도 그 원리를 적용할 수 있다. 프로그램을 리팩토링 할 때 기능을 추가하지 말고 프로그램 개선에 집중해야 한다. 리팩토링을 미래의 변경 문제를 감소시켜주는 "예방 유지보수"로 생각할 수 있다.

리팩토링은 변경을 기반으로 하기 때문에 애자일 방법의 본질적인 부분이다. 프로그램 품질은 빠르게 저하되기 쉽기 때문에 애자일 개발자는 이러한 품질 저하를 방지하기 위해 프로그램을 자주 리팩토링한다. 애자일 방법에서 회귀 테스트에 대한 강조는 리팩토링을 통해 새로운 오류를 생겨나는 리스크를 낮춘다. 새로운 오류가 생겨나면 이전에 성공한 테스트가 실패할 것이기 때문에 새로 생긴 오류를 감지할 수 있어야 한다. 그러나 리팩토링은 다른 "애자일 활동"에는 의존하지 않는다.

재공학과 리팩토링 모두 소프트웨어를 이해하고 변경하기 쉽게 하기 위한 것이지만, 이들은 같은 것이 아니다. 재공학은 시스템이 일정 시간 동안 유지보수되고 나고 유지보수 비용이 증가하고 있을 때 발생한다. 유지보수성이 더 좋은 새로운 시스템으로 만들기 위해 레거시 시스템을 처리하고 재공학하는 데 자동화된 도구를 사용한다. 리팩토링은 개발 및 진화 과정 전반에 걸쳐 개선하는 연속 프로세스이다. 이것은 시스템 유지보수 비용과 어려움을 증가시키는 구조 및 코드의 품질 저하를 방지하기 위한 것이다.

Fowler 등(Fowler et al. 1999)은 프로그램 코드를 향상시킬 수 있는 전형적인 상황(Fowler는 이를 "악취"라고 부름)이 있다고 말했다. 리팩토링을 통해 개선될 수 있는 악취의 예는 다음과 같다.

1. **중복 코드**: 동일하거나 매우 유사한 코드가 프로그램의 여러 곳에 포함되어 있을 수 있다. 이렇게 중복된 코드는 하나의 메서드나 함수로 구현하여 호출함으로써 제거할 수 있다.
2. **길이가 긴 메서드**: 길이가 너무 긴 메서드는 다수의 짧은 메서드들로 재설계되어야 한다.

3. **스위치 (케이스) 문**: 값의 유형에 의존하는 스위치 문은 종종 중복을 포함한다. 스위치 문이 프로그램 곳곳에 흩어져 있을 수 있다. 객체 지향 언어에서 종종 같은 것을 달성하기 위해 다형성(polymorphism)을 사용할 수 있다.
4. **데이터 군집**: 데이터 항목들(클래스 필드, 메서드 파라미터)의 동일한 그룹이 프로그램의 여러 곳에서 반복해서 발생할 때 데이터 군집이 생긴다. 이는 종종 그 모든 데이터를 캡슐화하는 객체로 대체될 수 있다.
5. **추측에 근거한 일반성**: 이것은 개발자들이 앞으로 필요할 경우를 대비하여 프로그램에 일반성을 포함시킬 때 발생한다. 이것은 종종 간단하게 제거될 수 있다.

Fowler는 그의 책과 웹 사이트에서 악취를 다루기 위해 단독으로 또는 함께 사용할 수 있는 몇 가지 기본적인 리팩토링 변환들을 제안한다. 이러한 변환의 예로는 중복을 제거하고 새로운 메서드를 만드는 추출 방법, 일련의 테스트들을 단일 테스트로 대체하는 조건식 통합, 서브 클래스들에 나타나는 유사한 메서드들을 슈퍼 클래스의 단일 메서드로 대체하는 끌어올리기 방법이 있다. Eclipse와 같은 대화형 개발 환경은 보통 에디터에 리팩토링 지원을 포함하고 있다. 이것은 리팩토링을 구현하기 위해 변경되어야 하는 프로그램의 종속 부분들을 찾아내는 것을 용이하게 한다.

프로그램 개발 과정에서 수행되는 리팩토링은 프로그램의 장기 유지보수 비용을 줄이는 효과적인 방법이다. 그러나 구조가 크게 저하된 프로그램의 유지보수를 맡아야 하는 경우에는 코드만을 리팩토링하는 것은 사실상 불가능할 수 있다. 더 비싸고 어려운 문제가 될 가능성이 있는 설계 리팩토링에 대해 생각해야 할 수도 있다. 설계 리팩토링은 관련된 디자인 패턴(7장에서 설명함)을 식별하는 것과 이러한 디자인 패턴을 구현한 코드로 기존 코드를 대체하는 것을 포함한다(Kerievsky 2004).

키 포인트

- 소프트웨어 개발 및 진화는 나선형 모델을 사용하여 표현할 수 있는 통합된 반복 프로세스로 생각할 수 있다.
- 맞춤식 소프트웨어에서 소프트웨어 유지보수 비용은 일반적으로 소프트웨어 개발 비용을 초과한다.
- 소프트웨어 진화의 과정은 변경 요청에 의해 주도되며 변경 영향 분석, 릴리스 계획, 변경 구현을 포함한다.
- 레거시 시스템은 구식 소프트웨어 및 하드웨어 기술을 사용하여 개발되었으며 비즈니스에 아직 유용한 오래된 소프트웨어 시스템이다.
- 최신 기술을 사용하여 대체 시스템을 개발하는 것보다 레거시 시스템을 유지보수하는 것이 종종 더 저렴하고 덜 위험하다.

- 레거시 시스템을 대체, 변환, 혹은 유지보수할지 여부를 결정하기 위해 레거시 시스템의 비즈니스 가치, 애플리케이션 소프트웨어의 품질, 주변 환경을 평가해야 한다.
- 소프트웨어 유지보수에는 버그 수정, 새로운 환경에서의 작동을 위한 소프트웨어 수정, 신규 또는 변경된 요구사항 구현의 세 가지 유형이 있다.
- 소프트웨어 재공학은 소프트웨어를 이해하고 변경하기 쉽게 재구조하고 재문서화하는 것이다.
- 리팩토링은 기능을 보존하면서 프로그램에 작은 변경을 가하는 것으로 예방 유지보수로 생각할 수 있다.

추가로 읽을거리

Working Effectively with Legacy Code. 레거시 시스템을 다루는 문제와 어려움에 대한 믿을 수 있는 실질적인 조언. (M. Feathers, 2004, John Wiley & Sons).

"The Economics of Software Maintenance in the 21st Century" 이 글에서는 유지보수에 대한 전반적인 소개와 유지보수 비용에 대한 포괄적인 논의를 하고 있다. Jones는 유지보수 비용에 영향을 미치는 요인들을 논의하고 소프트웨어 인력의 거의 75%가 소프트웨어 유지보수 활동에 참여하고 있다고 제시한다. (C. Jones, 2006) http://www.compaid.com/caiinternet/ezine/capersjones-maintenance.pdf

"You Can't Be Agile in Maintenance?" 제목에도 불구하고, 이 블로그 글은 애자일 기법이 유지보수에 적절하고 XP에서 제시된 기법 중에 어떤 것이 효과적인지를 논의한다. (J. Bird, 2011) http://swreflections.blogspot.co.uk/2011/10/you-cant-be-agile-in-maintenance.html

"Software Reengineering and Testing Considerations" 인도의 주요 소프트웨어 회사에 생긴 유지보수 문제에 대한 탁월한 요약 백서이다.(Y. Kumar and Dipti, 2012) http://www.infosys.com/engineering-services/white-papers/Documents/software-re-engineering-processes.pdf

웹 사이트

이 장의 파워포인트 슬라이드:

https://iansommerville.com/software-engineering-book/slides

관련 비디오 링크:

https://iansommerville.com/software-engineering-book/videos/imp/

연습문제

9.1. 기술의 진보가 어떻게 소프트웨어 서브시스템이 변화를 겪게 하거나 쓸모없게 할 수 있는지 설명하라.

9.2. 그림 9.4로부터 영향분석이 소프트웨어 진화 프로세스에서 중요한 서브프로세스임을 알 수 있다. 다이어그램

을 사용하여 변경의 영향분석에 포함될 수 있는 활동들이 무엇인지 제시하라.

9.3. 왜 레거시 시스템이 단순히 구식 기술로 개발된 소프트웨어 시스템이 아니라 사회기술적 시스템으로 생각되어야 하는지 설명하라.

9.4. 어떤 소프트웨어 서브시스템이 "낮은 품질, 높은 비즈니스 가치"로 보인다. 이 서브시스템이 어떻게 조직의 운영에 최소한의 영향을 주면서 재공학될 수 있는지 논하라.

9.5. 레거시 시스템의 진화를 위한 전략적인 옵션들은 무엇인가? 소프트웨어를 계속적으로 유지보수하는 대신 보통 언제 시스템 전체나 일부를 교체하는가?

9.6. 지원 소프트웨어의 문제가 왜 레거시 시스템의 교체를 의미할 수 있는지를 설명하라.

9.7. 근해 석유 산업을 위한 소프트웨어 개발을 전문적으로 하는 기업의 소프트웨어 프로젝트 관리자로서, 회사에서 개발된 시스템의 유지보수성에 영향을 미치는 요인들을 찾아내라는 업무를 부여받았다고 하자. 어떻게 유지보수 프로세스를 분석하는 프로그램을 마련하고 회사에 적합한 유지보수성 지표들을 결정할 것인지를 제시하라.

9.8. 유지보수의 세 가지 유형을 간략하게 기술하라. 이들을 구분하는 것이 어려운 이유는 무엇인가?

9.9. 소프트웨어 재공학과 리팩토링의 차이점을 설명하라.

9.10. 소프트웨어 엔지니어는 비록 자신의 고용인이 명시적으로 요구하지 않더라도 유지보수가 용이한 코드를 개발해야 할 직업적 책임이 있는가?

참고문헌

Banker, R. D., S. M. Datar, C. F. Kemerer, and D. Zweig. 1993. "Software Complexity and Maintenance Costs." *Comm. ACM* 36 (11): 81 – 94. doi:10.1145/163359.163375.

Coleman, D., D. Ash, B. Lowther, and P. Oman. 1994. "Using Metrics to Evaluate Software System Maintainability." *IEEE Computer* 27 (8): 44 – 49. doi:10.1109/2.303623.

Davidsen, M. G., and J. Krogstie. 2010. "A Longitudinal Study of Development and Maintenance." *Information and Software Technology* 52 (7): 707 – 719. doi:10.1016/j.infsof.2010.03.003.

Erlikh, L. 2000. "Leveraging Legacy System Dollars for E-Business." *IT Professional* 2 (3 (May/June 2000)): 17 – 23. doi:10.1109/6294.846201.

Fowler, M., K. Beck, J. Brant, W. Opdyke, and D. Roberts. 1999. *Refactoring: Improving the Design of Existing Code*. Boston: Addison-Wesley.

Hopkins, R., and K. Jenkins. 2008. Eating the IT Elephant: *Moving from Greenfield Development to Brownfield*. Boston: IBM Press.

Jones, T. C. 2006. "The Economics of Software Maintenance in the 21st Century." www.compaid.com/caiinternet/ezine/capersjones-maintenance.pdf.

Kerievsky, J. 2004. *Refactoring to Patterns*. Boston: Addison-Wesley.

Kozlov, D., J. Koskinen, M. Sakkinen, and J. Markkula. 2008. "Assessing Maintainability Change over Multiple Software Releases." *J. of Software Maintenance and Evolution* 20 (1): 31 – 58. doi:10.1002/smr.361.

Lientz, B. P., and E. B. Swanson. 1980. *Software Maintenance Management*. Reading, MA: Addison-Wesley.

Mitchell, R. M. 2012. "COBOL on the Mainframe: Does It Have a Future?" *Computerworld US*. http://features.techworld.com/applications/3344704/cobol-on-the-mainframe-does-it-have-a-future/

O'Hanlon, C. 2006. "A Conversation with Werner Vogels." *ACM Queue* 4 (4): 14 – 22. doi:10.1145/1142055.1142065.

Rajlich, V. T., and K. H. Bennett. 2000. "A Staged Model for the Software Life Cycle." *IEEE Computer* 33 (7): 66 – 71. doi:10.1109/2.869374.

Ulrich, W. M. 1990. "The Evolutionary Growth of Software Reengineering and the Decade Ahead." *American Programmer* 3 (10): 14 – 20.

Warren, I. (ed.). 1998. *The Renaissance of Legacy Systems*. London: Springer.

PART 2 확실성(dependability)과 보안성

소프트웨어 시스템은 이제 우리 삶의 모든 측면에 속하기 때문에, 우리가 소프트웨어 공학에서 직면한 가장 중요한 도전은 이러한 시스템을 신뢰할 수 있도록 보장해야 한다는 것입니다. 시스템을 신뢰하려면, 우리가 시스템이 필요할 때 사용할 수 있고 예상하는 대로 동작한다는 확신이 있어야만 합니다. 우리의 컴퓨터 또는 데이터가 위협받지 않고 장애 또는 사이버 공격이 발생하면 신속하게 복구해야 하므로 보안이 유지되어야 합니다. 따라서 이 책의 2부는 소프트웨어 시스템의 확실성(dependability)과 보안성에 관한 중요한 주제에 중점을 두고 있습니다.

10장에서는 신뢰성, 가용성, 안전성, 보안성 및 복원성과 같은 확실성 및 보안성의 기본 개념을 소개합니다. 여기에서는 안전하고 신뢰할 수 있는 시스템을 구축하는 것이 단순히 기술적인 문제가 아닌 이유를 설명합니다. 신뢰할 수 있고 안전한 시스템을 만드는 데 사용되는 기본 메커니즘으로 중복성과 다양성을 소개합니다. 개별적인 확실성 속성은 다음 장에서 보다 자세히 설명합니다.

11장은 안정성과 가용성에 중점을 두어 이러한 속성을 어떻게 장애 또는 다운타임의 확률로 명세할 수 있는지 설명합니다. 시스템의 결함 수를 줄이는 데 사용할 수 있는 결함 내성 시스템 아키텍처 및 개발 기술에 대한 여러 가지 아키텍처 패턴을 설명합니다. 마지막 절에서는 시스템의 안정성을 테스트하고 측정하는 방법을 설명합니다.

점점 더 많은 시스템이 시스템의 장애로 인하여 사람을 위험에 빠뜨릴 수 있는 안전성 중심(safety-critical) 시스템입니다. 12장은 이러한 안전성 중심 시스템을 개발하는 데 사용될 수 있는 안전 공학 및 기술에 관한 것입니다. 왜 안전성이 신뢰성보다 더 광범위한 개념인지 설명하고 시스템의 안전성 요구사항을 도출하는 방법을 논의합니다. 또한 안전성 중심 시스템 공학을 위하여 정의되고 문서화된 프로세스가 중요한 이유를 설명하고 소프트웨어 안전성 사례인 시스템이 왜 안전한지를 정당화하는 데 사용되는 구조화된 문서를 설명합니다.

시스템 보안에 대한 위협은 오늘날 사회가 직면한 주요 문제 중 하나이며 이 주제에 대해서 나머지 두 장에서 다룹니다. 13장은 애플리케이션의 보안성 공학, 즉 개별 소프트웨어 시스템에서 보안을 달성하는 데 사용되는 방법을 다룹니다. 보안성 및 기타 확실성 속성 간의 관계를 설명하고 보안성 요구공학, 보안성 시스템의 설계 및 보안성 테스팅을 다룹니다.

14장은 보다 광범위한 복원성 문제를 다루는 새로운 장입니다. 복원성 있는 시스템은 시스템의 개별 부분에 오류가 발생하거나 사이버 공격의 대상이 되는 경우에도 필수적인 서비스를 계속 제공할 수 있습니다. 사이버 보안의 기본을 설명하고 중복성과 다양성을 사용하고 기술적인 메커니즘을 통해 사람들에게 권한을 부여함으로써 복원성이 어떻게 달성되는지에 대해 논의합니다. 마지막으로 시스템의 복원성 향상에 기여할 수 있는 시스템 및 소프트웨어 설계 문제에 대해 논의합니다.

10

확실성 있는 시스템

Dependable systems

학습목표

이 장의 목표는 소프트웨어 확실성(dependability)의 개념과 확실성 있는 소프트웨어 시스템을 개발하는 데 관련된 것을 소개하는 것이다. 이 장을 통해 학습할 내용은 다음과 같다.

- 확실성과 보안성이 왜 모든 소프트웨어 시스템의 중요한 특성인지를 이해한다.
- 확실성의 다섯 가지 중요한 특성, 즉, 가용성, 신뢰성, 안전성, 보안성, 복원성을 이해한다.
- 사회기술적 시스템의 개념과 왜 사회기술적 시스템을 단지 소프트웨어 시스템보다는 전체로서 고려해야 하는지를 이해한다.
- 왜 중복성과 다양성이 확실성 있는 시스템 및 프로세스를 달성하는 데 사용되는 기본 개념인지를 안다.
- 확실성 있는 시스템 공학에서 정형 기법의 가능성을 안다.

학습내용

컴퓨터 시스템이 우리의 비즈니스와 개인적인 삶에 깊이 내재됨에 따라, 시스템 및 소프트웨어 장애으로 인한 문제가 증가하고 있다. 전자 상거래 회사에서 서버 소프트웨어의 장애는 그 회사의 수익 및 고객의 주요 손실을 초래할 수 있다. 자동차 임베디드 제어 시스템에서 소프트웨어 오류는 수리를 위한 해당 모델의 비싼 리콜로 이어질 수 있고, 최악의 경우에는 사고의 원인이 될 수 있다. 회사 PC의 악성 코드 감염은 문제를 처리하기 위한 고가의 청소 작업을 필요로 하며 민감한 정보의 손실 또는 손상이 발생할 수 있다.

소프트웨어 집약적 시스템은 정부, 기업, 개인에게 매우 중요하기 때문에 신뢰할 수 있어야 한다. 필요할 때 소프트웨어를 사용할 수 있어야 하고 정보 무단 유출 등의 바람직하지 않은 부작용 없이 정확하게 작동해야 한다. 즉, 소프트웨어 시스템을 신뢰할 수 있어야 한다.

확실성(*dependability*)이란 용어는 가용성, 신뢰성, 안전성, 보안성과 같은 관련된 시스템 특성들을 포함하기 위해 1995년에 Jean-Claude Laprie에 의해 제안되었다. 그의 아이디어는 그 후 몇 년에 걸쳐 개선되었고, 2004년에 발표된 최종 논문에서 논의되었다(Avizienis et al. 2004). 10.1절에서 논의하는 바와 같이 이러한 특성들은 서로 밀접하게 연결되어 있으므로 이들 모두를 포함하는 하나의 용어를 갖는 것이 이치에 맞다.

일반적으로 시스템 확실성이 시스템의 상세 기능보다 중요한 이유는 다음과 같다.

1. **시스템 장애는 많은 사람들에게 영향을 미친다:** 많은 시스템들이 거의 사용되지 않는 기능을 포함하고 있다. 이러한 기능은 시스템에서 제외될지라도 소수의 사용자들만이 영향을 받을 것이다. 시스템의 가용성에 영향을 주는 시스템 장애는 잠재적으로 시스템의 모든 사용자들에게 영향을 미친다. 사용할 수 없는 시스템은 정상적인 비즈니스가 불가능하다는 것을 의미한다.

2. **신뢰할 수 없고, 안전하지 않으며, 보안성이 없으면 사용자가 시스템을 거부한다:** 시스템이 신뢰성이나 보안성이 없다는 것을 사용자가 발견한다면 사용하기를 거부할 것이다. 더군다나 신뢰할 수 없는 시스템을 생산한 회사의 다른 제품을 구입하거나 사용하지도 않게 될 것이다. 사용자는 확실성이 없는 시스템과의 나쁜 경험이 반복되는 것을 원하지 않는다.

3. **시스템 장애 비용이 막대하다:** 원자로 제어 시스템 혹은 항공기 내비게이션 시스템과 같은 애플리케이션의 경우, 시스템 장애의 비용은 제어 시스템의 비용보다 훨씬 더 크다. 전력 네트워크와 같은 중대한 기반시설을 제어하는 시스템의 장애는 광범위한 경제적 결과를 야기한다.

4. **확실성이 없는 시스템은 정보 손실을 초래할 수 있다:** 데이터를 수집하고 유지하는 데

중대한 시스템

시스템 장애가 사람의 부상, 환경 훼손, 광범위한 경제적 손실을 초래할 수 있는 시스템의 종류를 "중대한 시스템(critical system)"이라 한다. 중대한 시스템의 예로는 인슐린 펌프와 같은 의료기기에 들어가는 임베디드 시스템(안전성 중심), 우주선의 네비게이션 시스템(임무 중심), 온라인 송금 시스템 (비즈니스 중심) 등이 포함된다.

중대한 시스템을 개발하는 데 비용이 매우 많이 든다. 장애가 매우 드물게 발생하도록 개발되어야 할 뿐만 아니라 장애가 발생할 경우에 복구하는 메커니즘을 포함해야 한다.

http://software-engineering-book.com/web/critical-systems/

매우 많은 비용이 든다. 때로는 데이터를 처리하는 컴퓨터 시스템보다 데이터가 더 가치 있을 수도 있다. 손실 또는 손상된 데이터를 복구하는 비용은 일반적으로 매우 높다.

그러나 확실성이 매우 높지 않더라도 유용한 시스템이 있다. 필자는 이 책을 쓰기 위해 사용하는 워드 프로세서가 매우 확실성 있는 시스템이라고 생각하지 않는다. 때때로 멈춰버려서 다시 시작해야 한다. 그럼에도 불구하고 매우 유용하기 때문에 필자는 가끔 발생하는 장애를 용인할 준비가 되어있다. 그러나 시스템에 대한 필자의 신뢰 부족으로 인해, 내 작업을 자주 저장하고 여러 백업 사본을 보관한다. 필자는 시스템 장애로 인해 발생할 수 있는 피해를 최소화하는 조치를 취함으로써 시스템 확실성의 부족을 보완한다.

확실성 있는 소프트웨어를 구축하는 것은 확실성 있는 시스템 공학의 일반적인 프로세스의 일부분이다. 10.2절에서 논의하는 바와 같이 소프트웨어는 항상 더 광범위한 시스템의 일부이다. 소프트웨어는 소프트웨어가 실행되는 하드웨어, 소프트웨어의 사용자, 소프트웨어가 사용되는 조직 및 비즈니스 프로세스를 포함하는 운영 환경에서 실행된다. 따라서 확실성 있는 시스템을 설계할 때에 다음을 고려해야 한다.

1. **하드웨어 장애**: 설계 상의 실수, 생산 시의 오류로 인한 부속품의 고장, 습기나 고온 등의 환경 요인, 혹은 부속품이 수명을 다했기 때문에 시스템 하드웨어 장애가 발생한다.

2. **소프트웨어 장애**: 명세화, 설계, 혹은 구현 시의 실수 때문에 시스템 소프트웨어 장애가 발생한다.

3. **운영 시의 장애**: 설계자가 의도한 대로 시스템을 사용하지 않거나 운영하지 않아서 장애가 발생한다. 하드웨어나 소프트웨어는 갈수록 신뢰성이 높아지고 있으므로, 운영 시의 장애가 이제 아마도 시스템 장애의 가장 큰 원인일 것이다.

이러한 장애는 상호관련성이 있다. 고장난 하드웨어 부속품은 시스템 운영자가 예상치 않은 상황과 추가적인 업무에 대처해야 한다는 것을 의미할 수 있다. 이것으로 인해 스트레스를 받게 되고 스트레스를 받고 있는 사람은 자주 실수를 하게 된다. 이 실수는 시스템 장애의 원인이 되고 운영자에게 더 많은 일과 스트레스가 된다.

결과적으로 확실성이 있으면서 소프트웨어 중심적인 시스템의 설계자는 소프트웨어나 하드웨어처럼 시스템의 한 측면에 초점을 맞추기보다는 사회기술적 시스템의 전체에 초점을 맞추어야 한다. 하드웨어, 소프트웨어, 운영 프로세스가 시스템의 다른 부분의 잠재적 약점에 대한 고려 없이 별도로 설계된다면, 시스템의 다른 부분들 사이의 접점에서 오류가 생길 확률이 커진다.

10.1 확실성의 특성들

우리 모두는 컴퓨터 시스템의 장애 문제에 친숙하다. 분명한 이유 없이 우리의 컴퓨터는 때때로 고장이 나거나 어떤 식으로든 잘못된다. 컴퓨터에서 실행 중인 프로그램은 기대한 대로 작동하지 않을 수 있으며 때로는 시스템이 관리하는 데이터를 손상시킨다. 우리는 이러한 장애에 익숙해져 있지만, 우리가 사용하고 있는 개인용 컴퓨터를 완전히 신뢰하지는 않는다.

컴퓨터 시스템의 확실성은 믿을 수 있음을 반영하는 시스템의 특성이다. 여기서 믿을 수 있음이란 근본적으로 시스템이 기대하는 대로 작동하고 시스템을 정상적으로 사용할 경우 "장애"가 발생하지 않는다는 것에 대한 사용자의 확신 정도를 의미한다. 수치적으로 확실성을 표현하는 것은 의미가 없다. 오히려, 우리가 시스템을 믿는 정도에 따라 "믿을 수 없다", "매우 믿을 만하다", "완전히 믿을 만하다"와 같은 상대적인 말로 표현할 수 있다.

그림 10.1과 같이 확실성에는 다섯 가지 주요 측면이 있다.

1. **가용성*(availability)***: 시스템의 가용성은 어떤 주어진 시간에 시스템이 작동 중이고 사용자에게 유용한 서비스를 제공할 확률이다.
2. **신뢰성*(reliability)***: 시스템의 신뢰성은 주어진 기간 동안 시스템이 사용자가 기대하는 대로 정확하게 서비스를 제공할 확률이다.
3. **안전성*(safety)***: 시스템의 안전성은 시스템이 사람 혹은 환경에 손상을 입힐 가능성에 대한 추정이다.
4. **보안성*(security)***: 시스템의 보안성은 시스템이 우연적 혹은 의도적 침입을 막아낼 가능성에 대한 추정이다.

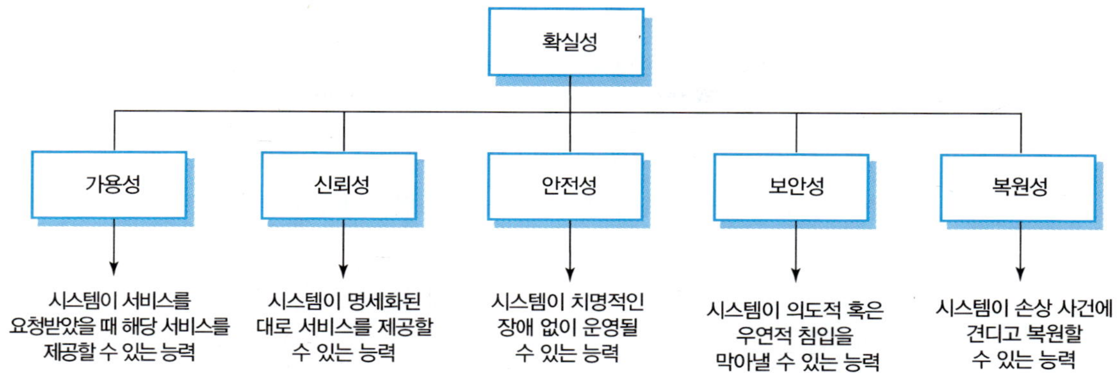

그림 10.1 확실성의 주요 특성

5. **복원성**(*resilience*): 시스템의 복원성은 시스템이 장비 고장, 사이버 공격 등과 같은 파괴적 사건의 존재 하에서 중요한 서비스를 얼마나 잘 유지할 수 있는지에 대한 추정이다. 복원성은 원래 Laprie에 의해 제안된 확실성의 특성 집합에 최근에 추가되었다.

그림 10.1의 확실성 특성들은 몇 개의 더 간단한 특성들로 나눌 수 있는 복잡한 특성이다. 예를 들어 보안성은 "무결성(integrity, 시스템 프로그램과 데이터가 손상되지 않음)"과 "기밀성(confidentiality, 권한이 있는 사람만 정보에 접근 가능함)"을 포함한다. 신뢰성은 "정확성(correctness, 명세서와 일치하는 시스템 서비스를 보장함)", "정밀성(precision, 정보가 적절한 상세 수준으로 제공됨)," "적시성(timeliness, 정보가 필요할 때 제공됨)"을 포함한다.

물론, 확실성의 모든 특성들이 모든 시스템에 중요한 것은 아니다. 1장에서 소개한 인슐린 펌프 시스템에서 가장 중요한 특성은 신뢰성(정확한 양의 인슐린을 투여해야 함) 및 안전성(위험한 양의 인슐린을 절대 투여해서는 안 됨)이다. 펌프가 비밀 정보를 저장하지는 않기 때문에 보안성은 문제가 되지 않는다. 펌프는 네트워크에 연결된 것이 아니므로 의도적으로 공격당할 수 없다. 사람이 없는 황무지에 위치한 기상 시스템의 경우에는 수리비용이 매우 높을 수 있기 때문에 가용성과 신뢰성이 가장 중요한 특성이다. Mentcare 환자 정보 시스템은 민감한 개인 데이터를 관리하고 환자 진찰을 위해 시스템이 가용해야 하므로 보안성과 복원성이 특히 중요하다.

다섯 가지의 확실성 특성과 밀접하게 관련되어 있고 시스템의 확실성에 영향을 미치는 다른 시스템 특성은 다음과 같다.

1. **수리가능성**(*repairability*): 시스템 장애는 불가피하지만, 시스템이 빨리 수리될 수 있다면 시스템 장애에 의한 운영 중단을 최소화할 수 있다. 문제를 진단하고 고장난 부품을 찾아내서 고칠 수 있어야 한다. 소프트웨어의 수리가능성은 시스템을 사용

하는 조직이 소스 코드에 접근하고 수정할 수 있는 기술을 가졌을 때 향상된다. 오픈소스 소프트웨어는 이것을 더 쉽게 하지만, 컴포넌트의 재사용은 이것을 더 어렵게 할 수 있다.

2. **유지보수성***(maintainability)*: 시스템을 사용함에 따라 새로운 요구사항이 생겨나며 이 새로운 요구사항을 수용하기 위해 시스템을 변경하여 시스템의 가치를 유지하는 것이 중요하다. 유지보수성이 좋은 소프트웨어는 새로운 요구사항에 경제적으로 적응할 수 있으며, 변경 작업이 시스템에 새로운 오류를 유발할 확률이 낮은 소프트웨어이다.

3. **오류 내성***(error tolerance)*: 이 특성은 사용성의 일부분으로 생각할 수 있는 것으로서 시스템이 사용자 입력 오류를 방지하고 감내할 수 있는 정도를 반영한다. 사용자 오류가 발생하면 시스템은 가능한 한 이 오류를 감지하고 자동적으로 정정하거나 아니면 사용자에게 데이터를 재입력하도록 요구해야 한다.

가용성, 보안성, 신뢰성, 안전성, 복원성이라는 확실성의 특성들이 서로 밀접한 관계를 갖기 때문에 포괄적인 특성으로 시스템 확실성이란 개념이 도입되었다. 안전한 시스템 운영은 사용 가능하고 믿을 수 있게 운영되는 시스템에 달려 있다. 침입자가 데이터를 파괴하면 시스템을 신뢰할 수 없게 될 것이다. 시스템에 대한 서비스 거부 공격은 시스템의 가용성을 손상시키는 것이 목적이다. 시스템이 바이러스에 감염되면 바이러스가 시스템의 행동을 변경할 수 있기 때문에, 시스템의 신뢰성이나 안전성을 확신할 수 없게 된다.

확실성 있는 소프트웨어를 개발하기 위해 다음 사항을 확인해야 한다.

1. 소프트웨어 명세화 및 개발 과정에서 우발적으로 시스템에 오류가 도입되는 것을 피한다.
2. 시스템의 확실성에 영향을 주는 잔여 오류를 발견하는 데 효과적인 검증 및 확인 프로세스를 설계한다.
3. 장애가 발생된 후에도 작업을 계속 할 수 있게 결함 내성을 가지도록 시스템을 설계한다.
4. 시스템의 가용성 및 보안성을 손상시킬 수 있는 외부 공격으로부터 보호하는 메커니즘을 설계한다.
5. 운영 환경에 맞게 시스템 및 지원 소프트웨어를 구성한다.
6. 외부 사이버 공격을 인식하고 이러한 공격에 저항하기 위한 시스템의 기능을 포함한다.
7. 중요한 데이터의 손실 없이 시스템 장애 및 사이버 공격으로부터 신속하게 복구될 수 있도록 시스템을 설계한다.

결함 내성은 확실성 있는 시스템이 자신을 모니터링하고, 잘못된 상태를 감지하고, 장애가 발생하기 전에 결함으로부터 복구하기 위한 여분의 코드를 포함해야 한다는 것을 의미한다. 시스템이 실행될 때마다 추가적인 검사가 필요하기 때문에 이것은 시스템의 성능에 영향을 미친다. 따라서 설계자는 일반적으로 성능과 확실성 사이의 상쇄 관계(trade-off)를 고려해야 한다. 검사가 시스템을 느리게 하기 때문에 검사를 생략해야 할 수 있으나, 그 결과로 결함이 감지되지 않아 시스템 장애가 발생할 수 있다.

확실성 있는 시스템을 구축하는 것은 비용이 많이 든다. 시스템의 확실성이 증가한다는 것은 시스템 설계, 구현, 집중을 위한 추가 비용이 발생한다는 것을 의미한다. 검증 및 확인 비용은 안전성 중심의 제어 시스템과 같이 매우 확실성이 있어야 하는 시스템에서 특히 높다. 검증 프로세스에서 시스템이 그 요구사항에 맞는지를 검증하는 것뿐만 아니라 시스템이 안전한지를 외부 규제기관에서 검증해야 한다. 예를 들어, 항공기 시스템은 미국 연방 항공국과 같은 규제기관에게 항공기의 안전성에 영향을 미치는 치명적인 시스템 장애의 확률이 매우 낮다는 것을 보여야 한다.

그림 10.2는 비용과 확실성의 향상 간의 관계를 보여준다. 소프트웨어가 그다지 확실성이 없는 경우, 더 나은 소프트웨어 공학을 사용하여 꽤 저렴하게 상당한 개선을 얻을 수 있다. 그러나 이미 좋은 방법을 사용하는 경우, 개선의 비용은 훨씬 더 크며, 개선의 이점은 더 적다.

소프트웨어가 확실성이 있음을 입증하는 테스팅의 문제도 있다. 이 문제는 많은 테스트를 실행하고 발생하는 장애 횟수를 살펴보는 식으로 해결한다. 소프트웨어가 점점 확실성이 있어짐에 따라 장애 횟수는 점점 더 줄어든다. 따라서, 소프트웨어에 얼마나 많은 문제가 남아있는지를 평가하기 위해 점점 더 많은 테스트가 필요하다. 테스팅은 매우 비싼 프로세스이기 때문에 확실성이 높은 시스템의 비용을 상당히 증가시킬 수 있다.

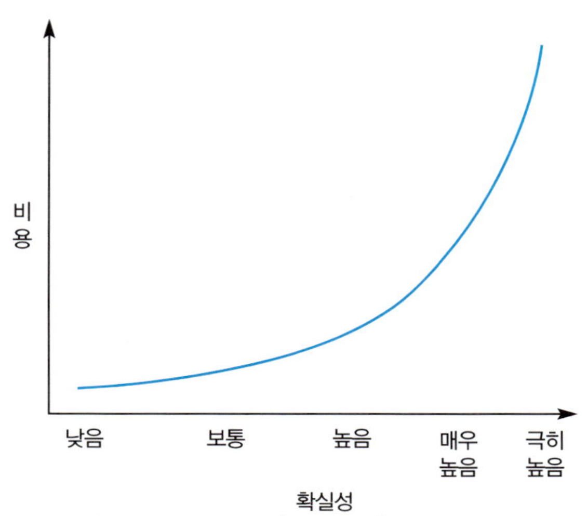

그림 10.2 비용/확실성 곡선

10.2 사회기술적 시스템

컴퓨터 시스템에서 소프트웨어와 하드웨어는 상호의존적이다. 하드웨어 없는 소프트웨어 시스템은 단순히 인간의 지식과 아이디어를 표현하는 추상적인 것이다. 소프트웨어 없는 하드웨어는 비활성화된 일련의 전자 장치들이다. 그러나 이들을 합쳐 시스템을 구성하면 복잡한 계산을 수행하고 계산 결과를 환경에 제공할 수 있는 시스템을 만들 수 있다.

이것은 시스템이 부분의 합 이상이라는 시스템의 근본적인 특징을 보여준다. 시스템은 구성 요소가 통합되고 함께 작동하는 경우에만 분명해지는 특성을 갖는다. 소프트웨어 시스템은 고립된 시스템이 아니라 인간적, 사회적, 또는 조직적 목적을 가지는 더 광범위한 시스템의 일부이다. 따라서 소프트웨어 공학은 고립된 활동이 아니라 시스템 공학(19장)의 본질적인 부분이다.

예를 들어, 황무지의 기상 시스템 소프트웨어는 기상대의 계기들을 제어한다. 이것은 다른 소프트웨어 시스템들과 통신하며 광범위한 국내외 기상 예측 시스템의 일부이다. 이러한 시스템은 하드웨어와 소프트웨어뿐만 아니라 기상 예측을 위한 프로세스 및 시스템을 운영하고 그 결과를 분석하는 사람을 포함한다. 이 시스템은 또한 개인, 정부, 산업계에 일기 예보를 제공하기 위해 이 시스템에 의존하는 조직을 포함한다.

이러한 광범위한 시스템을 **사회기술적 시스템**(*sociotechnical system*)이라고 한다. 사회기술적 시스템은 컴퓨터, 소프트웨어, 기타 장비와 같은 기술적 구성 요소뿐만 아니라 사람, 프로세스, 규정과 같은 비기술적 요소를 포함한다. 시스템 확실성은 사회기술적 시스템의 하드웨어, 소프트웨어, 사람, 조직과 같은 모든 요소에 의해 영향을 받는다.

사회기술적 시스템은 너무 복잡하여 전체로 이해하는 것이 불가능하다. 그보다는 그림 10.3에 도시된 바와 같이 계층으로 보아야 한다. 다음 계층들이 사회기술적 시스템을 구성한다.

1. **장비 계층**: 하드웨어 장치로 구성되며 그 일부는 컴퓨터일 수 있다.
2. **운영체제 계층**: 하드웨어와 소통하고 시스템의 상위 소프트웨어 계층들에 공통된 기능 집합을 제공한다.
3. **통신 및 데이터 관리 계층**: 운영체제의 기능을 확장하고 시스템 데이터베이스 및 원격 시스템에 대한 접근과 같이 더 폭넓은 기능과의 상호 작용을 허용하는 인터페이스를 제공한다. 이것은 애플리케이션과 운영체제 사이에 있기 때문에 때때로 미들웨어(middleware)라고 불린다.
4. **애플리케이션 계층**: 필요한 애플리케이션 별 기능을 제공한다. 이 계층에 다양한 애플리케이션 프로그램이 있을 수 있다.

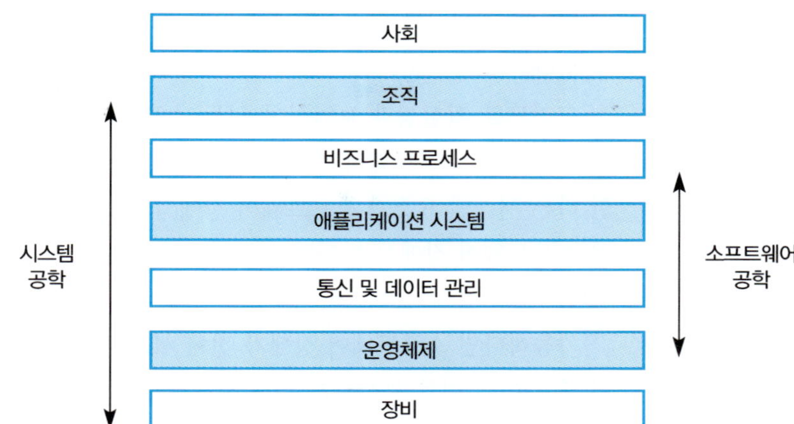

그림 10.3 사회기술적 시스템 계층

5. **비즈니스 프로세스 계층**: 소프트웨어 시스템을 활용한 조직의 비즈니스 프로세스를 포함한다.
6. **조직적 계층**: 시스템을 사용할 때 따라야 할 비즈니스 규칙, 정책, 규범뿐만 아니라 높은 수준의 전략적 프로세스를 포함한다.
7. **사회적 계층**: 시스템의 운영을 지배하는 사회의 법률과 규정을 말한다.

별도의 "소프트웨어 계층"이 없음을 알 수 있다. 이런저런 종류의 소프트웨어는 사회기술적 시스템의 모든 계층의 중요한 부분이다. 장비는 임베디드 소프트웨어에 의해 제어되고, 운영체제 및 애플리케이션은 소프트웨어이다. 비즈니스 프로세스, 조직, 사회는 인터넷(소프트웨어) 및 기타 글로벌 소프트웨어 시스템에 의존하고 있다.

원칙적으로 대부분의 상호 작용은 인접하는 계층 사이에 있어야 하고 각 계층은 하위 계층의 세부 사항을 상위 계층에게 숨겨야 한다. 그러나 실제로는 전체 시스템에 문제를 일으킬 수 있는 예기치 않은 계층 간의 상호 작용이 있을 수 있다. 예를 들어, 개인 정보에 대한 접근을 관리하는 법에 변경이 생겼다고 하자. 이 변경은 사회적 계층에서 나온다. 이것은 새로운 조직 절차로 이어지고 비즈니스 프로세스가 변경된다. 애플리케이션 시스템 자체는 프라이버시 요구 수준을 제공하지 못할 수 있기 때문에, 통신 및 데이터 관리 계층에서 변경을 구현해야 할 수도 있다.

소프트웨어 보안성과 확실성을 고려할 때 단순히 소프트웨어를 분리하여 고려하는 것보다 시스템에 대해 전체적으로 생각하는 것이 필수적이다. 소프트웨어 자체는 무형이고 손상된 경우에도 용이하고 저렴하게 복원할 수 있다. 그러나 이러한 소프트웨어의 장애가 시스템의 다른 부분으로 퍼져나가 소프트웨어의 물리적 및 인적 환경에 영향을 미친다. 이때 장애의 결과가 더 심각하다. 중요한 데이터가 없어지거나 손상될 수 있다. 장애를 방지하거나 복구하기 위해 추가 작업을 수행해야 할 수 있다. 예를 들어, 장비가 훼손되고, 데이터가 없어지거나 손상되고, 비밀이 유출되고, 알 수 없는 결과가 발생할 수 있다.

그러므로 확실성과 보안성이 있는 소프트웨어를 설계할 때 시스템 수준의 관점을 가져야 한다. 소프트웨어 장애의 결과를 시스템의 다른 요소에 대해 고려해야 한다. 또한 다른 시스템 요소가 소프트웨어 장애의 원인이 될 수 있다는 것과 다른 시스템 요소가 소프트웨어 장애를 방지하고 복구하는 데 도움이 될 수 있다는 것을 이해할 필요가 있다.

가능하다면 소프트웨어 장애가 전체 시스템의 장애로 이어지지 않도록 보장하는 것이 중요하다. 이를 보장하기 위해 소프트웨어가 그 환경과 상호 작용하는 방식을 다음과 같이 검사해야 한다.

1. 가능한 한 소프트웨어 장애가 그 장애가 발생한 계층에만 국한되고 시스템의 다른 계층의 작동에 심각한 영향을 미치지 않는다.
2. 시스템의 다른 계층의 결함과 장애가 해당 소프트웨어에 어떻게 영향을 줄 수 있는지를 이해한다. 또한 이러한 장애를 감지하기 위한 검사가 소프트웨어에 내장될 수 있는 방법을 고려하고, 장애 복구를 위한 지원이 어떻게 제공될 수 있는지를 고려한다.

소프트웨어는 근본적으로 유연성이 있기 때문에, 예상치 않은 시스템의 문제는 대개 소프트웨어 엔지니어가 해결할 수 있다. 레이더가 이미지 잔상이 생기는 곳에 설치되었다고 하자. 그렇다고 해서 레이더를 덜 방해받는 곳으로 옮기는 것은 비현실적이기 때문에, 시스템 엔지니어가 이 잔상을 없앨 수 있는 다른 방법을 찾아내야 한다. 그 해결책은 소프트웨어의 이미지 처리 능력을 향상시켜서 잔상을 제거하도록 하는 것이다. 이것이 소프트웨어를 느리게 만들어 사용하지 못할 정도의 성능이 나올 수 있다. 이 문제는 소프트웨어 장애라기보다는 전체적인 시스템 설계 프로세스 상의 오류이다.

소프트웨어 엔지니어가 추가적인 하드웨어 비용 없이 소프트웨어의 능력을 향상시키는 방법을 고려하는 이런 종류의 상황은 매우 흔하다. 많은 경우에 소프트웨어 장애는 근본적인 소프트웨어 문제로 인한 결과가 아니라 수정된 시스템 공학의 요구사항에 맞게 소프트웨어를 변경하는 과정에서 생긴 결과이다. 그 예가 바로 덴버 공항의 수하물 처리 시스템의 장애(Swartz 1996)인데, 사용된 장비의 제약에 제어 소프트웨어가 대처하는 것이 요구되면서 발생했다.

10.2.1 규정과 준수

현재 세계적으로 보편적인 경제 조직의 일반적인 모델은 사적 기업들이 제품과 서비스를 제공하고 이로부터 이윤을 얻는다는 것이다. 이 기업들은 비용, 품질, 배송 시간 등에서 경쟁하는 환경에 처해있다. 시민들의 안전을 보장하기 위해, 대부분의 정부는 그들의 제품이 안전하고 보안성이 있도록 보장하기 위해 특정 기준을 준수하도록 사적 기업의 자유를 제한한다. 기업이 제품의 안전성을 줄여서 비용을 감소했기 때문에 더 싸게 제품을 제공할 수 없다.

정부는 여러 분야에 대해 안전과 보안을 위한 표준을 정의하는 일련의 규칙 및 규정을 만들었다. 그리고 기업들이 이러한 규칙을 준수하여 제품을 제공하도록 보장하는 업무를 담당하는 규제기관을 설립했다. 규제기관은 넓은 권한을 가지고 있다. 기업이 규정을 위반하는 경우에 벌금을 부과하고 감독자를 투옥할 수도 있다. 규제기관은 라이선스를 부여하는 역할도 하는데(예로 항공 및 원자력 산업), 새로운 시스템이 사용되기 전에 라이선스를 발부해야 한다. 따라서 항공기 제조업체는 항공기가 사용되는 각국의 규제기관으로부터 받은 내항 증명서를 가지고 있어야 한다.

안전성 중심 시스템을 개발하는 기업은 인증을 받기 위해 규칙과 규정을 준수한다는 것을 보여주는 광범위한 안전성 사례(13장에서 설명함)를 만들어야 한다. 이 사례는 시스템이 안전하게 작동할 수 있다는 것을 규제기관에게 확신시켜야 한다. 이러한 안전성 사례를 개발하는 데 매우 비용이 많이 든다. 인증을 위한 문서를 개발하는 것이 시스템 자체를 개발하는 것만큼 비용이 많이 들 수 있다.

규제와 준수(규칙을 따름)는 사회기술적 시스템 전체에 적용되는 것이며, 단순히 해당 시스템의 소프트웨어 요소에만 적용되는 것이 아니다. 예를 들어, 원자력 산업에서 규제기관은 과열이 발생했을 때 원자로가 환경으로 방사능을 누출하지 않아야 한다는 것에 관심을 갖는다. 이 경우 소프트웨어 보호 시스템, 원자로 노심을 모니터링하는 운영 프로세스, 방사능 누출을 방지하는 구조의 무결성에 기반하여 규제기관을 납득시킬 수 있다.

이들 요소 각각은 그 자신만의 안전성 사례를 가지고 있어야 한다. 보호 시스템은 소프트웨어가 제대로 작동하고 의도한 대로 원자로를 정지시킨다는 것을 입증하는 안전성 사례를 가져야 한다. 또한 전체 안전성 사례는 소프트웨어 보호 시스템이 실패하면 소프트웨어에 의존하지 않는 다른 안전 메커니즘이 발동된다는 것을 보여야 한다.

10.3 중복성과 다양성

시스템 컴포넌트 장애는 피할 수 없다. 사람들은 실수를 하고, 소프트웨어의 발견되지 않은 버그가 바람직하지 않은 행동을 일으키고, 하드웨어는 고장이 난다. 우리는 하드웨어의 예상 수명이 끝나기 전에 하드웨어 부품을 교체하고 정적 분석(static analysis) 도구를 이용하여 소프트웨어를 검사하는 등 장애를 감소시키기 위한 다양한 전략을 사용한다. 그러나 이렇게 하더라도 컴포넌트 장애의 제거를 확신할 수 없다. 따라서 개별 컴포넌트의 장애가 전체 시스템 장애로 이어지지 않도록 시스템을 설계해야 한다.

확실성을 달성하고 향상시키기 위한 전략은 중복성과 다양성 모두에 의존한다. 중복성은 시스템의 일부가 실패할 경우에 사용될 수 있는 여분의 기능을 시스템에 포함하는 것을 의미한다. 다양성은 시스템의 중복된 컴포넌트들을 서로 다른 종류로 하여 동일한 방식으로 실패하지 않을 확률을 높이는 것을 의미한다.

우리는 일상생활에서 확실성을 향상시키기 위해 중복성과 다양성을 사용한다. 일반적으로 집을 지키기 위해 하나 이상의 잠금장치(중복성)를 사용하고, 보통 서로 다른 종류의 잠금장치(다양성)를 사용한다. 이것은 침입자가 잠금장치 중 하나를 풀 수 있는 어떤 방법을 찾더라도 다른 잠금장치에 대해서는 다른 방법을 찾아야 한다는 것을 의미한다. 일상적으로 우리는 컴퓨터를 백업하여 데이터의 중복 사본을 유지한다. 디스크 장애 문제를 방지하기 위해 백업은 별도의 다양한 외부 장치에 보관해야 한다.

확실성을 위해 설계된 소프트웨어 시스템은 다른 시스템 컴포넌트와 동일한 기능을 제공하는 중복된 컴포넌트를 포함할 수 있다. 주 컴포넌트가 실패하면 중복된 컴포넌트로 전환된다. 이러한 중복된 컴포넌트가 다양한 경우, 즉, 다른 컴포넌트와 동일하지 않을 경우, 중복된 컴포넌트들의 공통적인 결함이 시스템 장애로 귀결되지 않을 것이다. 또 다른 형태의 중복성은 시스템이 작동하는 데 꼭 필요하지 않은 검사 코드를 포함하는 것이다. 이 코드는 데이터 손상과 같이 몇몇 종류의 문제가 장애를 야기하기 전에 문제를 감지할 수 있게 해준다. 이 코드는 시스템이 계속 가동되도록 문제를 바로잡기 위한 복구 메커니즘을 작동시킬 수 있다.

가용성이 중요한 요구사항인 시스템에서, 보통 여분의 서버가 사용된다. 지정된 서버가 장애가 발생하면 여분의 서버가 자동적으로 가동된다. 때로는 시스템에 대한 공격이 공통적인 취약점을 악용하지 않도록 보장하기 위해, 이 여분의 서버들은 상이한 유형이고 상이한 운영체제를 실행하고 있기도 한다. 상이한 운영체제를 사용하는 것은 소프트웨어 다양성과 중복성의 한 예인데 유사한 기능이 다양한 방식으로 제공된다. (12장에서 소프트웨어 다양성에 대하여 더욱 자세히 설명하겠다.)

Ariane 5호 폭발

1996년, 유럽 우주국(ESA)의 Ariane 5 로켓은 처녀 비행에서 발사 37초 후에 폭발했다. 이 결함은 소프트웨어 시스템의 오류로 인해 발생했다. 백업 시스템이 있었지만 다양하지 않았기 때문에 백업 컴퓨터의 소프트웨어는 동일하게 실패하였다. 로켓과 그곳에 실린 위성이 파괴되었다.

http://software-engineering-book.com/web/ariane/

다양성과 중복성은 확실성 있는 소프트웨어 개발 프로세스의 설계에도 사용될 수 있다. 확실성 있는 개발 프로세스는 시스템에 결함의 도입을 방지한다. 확실성 있는 프로세스에서 소프트웨어 검증 등의 활동은 하나의 도구나 기술에 의존하지 않는다. 확실성 있는 프로세스는 소프트웨어 개발 과정 중에 생긴 인간의 실수가 소프트웨어 오류로 이어지는 프로세스 실패의 가능성을 줄일 수 있기 때문에 소프트웨어 확실성을 향상시킨다.

예를 들어, 검증 활동은 결함 발견 방법으로 프로그램 테스팅, 프로그램 수동 인스펙션(inspection), 정적 분석을 포함할 수 있다. 이들 방법 중 어느 하나는 다른 방법에 의해 누락되는 결함을 발견해낼 수 있다. 또한, 동일한 프로세스 활동(예를 들면, 프로그램 인스펙션)을 여러 명의 팀원이 담당할 수 있다. 사람들은 자신들의 개성, 경험, 교육에 따라 상이한 방식으로 일을 처리한다. 따라서 이러한 종류의 중복성은 시스템에 다양한 관점을 제공한다.

그러나 11장에서 논의하듯이 소프트웨어의 중복성과 다양성을 사용하는 것 자체가 소프트웨어에 버그를 도입할 수 있다. 다양성과 중복성은 시스템을 더 복잡하게 만들고 일반적으로 이해하기 어렵게 한다. 작성하고 점검해야 할 코드가 많아질 뿐만 아니라 컴포넌트 장애를 감지하고 다른 컴포넌트로 제어를 전환하기 위한 추가적인 기능이 시스템에 추가되어야 한다. 이러한 추가적인 복잡도는 프로그래머가 오류를 만들 가능성을 높이고 시스템을 점검하는 사람이 이러한 오류를 찾아 낼 가능성을 낮춘다.

일부 엔지니어들은 소프트웨어는 파손되지 않으므로 소프트웨어의 중복성과 다양성을 피하는 것이 최선이라고 생각한다. 그들은 소프트웨어를 가능한 한 단순하게 설계하고, 극도로 엄격한 소프트웨어 검증 및 확인 절차를 가지는 것이 최선이라고 생각한다(Parnas, van Schouwen, and Shu 1990). 중복된 소프트웨어 컴포넌트를 개발하지 않기 때문에 검증 및 확인에 더 많이 투자할 수 있다.

두 가지 접근법 모두가 안전성이 중요한 상용 시스템에서 이용된다. 예를 들어, Airbus 340 비행 제어 하드웨어와 소프트웨어는 둘 다 다양성과 중복성의 특징을 가지

확실성 있는 운영 프로세스

이 장에서는 확실성 있는 개발 프로세스를 설명하지만, 시스템 운영 프로세스도 시스템 확실성에 있어서 동등하게 중요하다. 이러한 운영 프로세스를 설계할 때, 인적 요소를 고려해야 하고 사람들이 시스템을 사용할 때 실수할 수 있음을 명심해야 한다. 확실성 있는 프로세스는 인간의 실수를 회피하도록 설계되어야 하며, 실수가 생겼을 때 소프트웨어는 실수를 감지하여 정정할 수 있어야 한다.

http://software-engineering-book.com/web/human-error/

고 있다. Boeing 777의 비행 제어 소프트웨어는 중복된 하드웨어에서 실행되지만, 각 컴퓨터는 매우 광범위하게 확인된 동일한 소프트웨어를 실행한다. Boeing 777 비행 제어 시스템의 설계자는 중복성보다는 단순성에 초점을 맞추고 있다. 이 두 항공기는 모두 매우 신뢰할 수 있으므로, 확실성에 대한 다양성 접근법과 단순성 접근법 모두 분명히 성공할 수 있다.

10.4 확실성 있는 프로세스

확실성 있는 소프트웨어 프로세스는 확실성 있는 소프트웨어를 생산하도록 설계된 소프트웨어 프로세스이다. 확실성 있는 프로세스에 투자해야 하는 이유는 좋은 소프트웨어 프로세스가 적은 오류를 포함하여 실행 시에 장애 발생이 적은 소프트웨어로 이어질 가능성이 높다는 것이다. 확실성 있는 프로세스를 사용하는 회사는 프로세스가 올바르게 제정되고 문서화된 것과 적절한 개발 기술이 중요한 시스템 개발에 사용되었음을 확신할 수 있다. 그림 10.4는 확실성 있는 소프트웨어 프로세스의 특성을 나타낸다.

확실성 있는 프로세스가 사용되었다는 증거는 종종 가장 효과적인 소프트웨어 공학 실무관행이 소프트웨어 개발에 적용되었다는 것을 규제기관에 확신시키는 데 있어서 중요하다. 시스템 개발사는 일반적으로 프로세스 모델과 함께 그 프로세스를 준수했다는 증거를 규제기관에 제시한다. 규제기관은 그 프로세스가 모든 참여자에 의해 일관되게 사용되는 것과 다른 개발 프로젝트에도 사용될 수 있다는 것을 확신할 수 있어야 한다. 이것은 프로세스가 명시적으로 정의되고 반복 가능해야 한다는 것을 의미한다.

1. 명시적으로 정의된 프로세스는 소프트웨어 생산 프로세스를 구동하는 데 사용되는 정의된 프로세스 모델을 가진다. 개발팀이 프로세스 모델에 정의된 대로 프로세스를 준수했다는 것을 증명하는 데이터가 프로세스 중에 수집되어야 한다.

그림 10.4 확실성 있는 프로세스의 특성

프로세스 특성	설명
감사가능	프로세스 참여자 이외의 사람도 프로세스 표준이 준수되고 있는지를 점검하고 프로세스 개선을 제안하기 위해 프로세스를 이해할 수 있어야 한다.
다양성	프로세스는 중복되고 다양한 검증 및 확인 활동을 포함해야 한다.
문서화가능	프로세스는 프로세스 활동들을 명시하는 정의된 프로세스 모델을 가져야 하고 이들 활동 중에 문서를 생성해야 한다.
견고성	프로세스는 개별 프로세스 활동 실패로부터 복구될 수 있어야 한다.
표준화	소프트웨어 생성과 문서화를 다루는 소프트웨어 개발 표준의 포괄적인 집합이 있어야 한다.

2. 반복 가능한 프로세스는 개인의 해석과 판단에 의존하지 않는다. 프로세스는 누가 개발에 참여하는지에 관계없이 다른 팀원들로 여러 프로젝트에 걸쳐 반복될 수 있다. 이것은 종종 긴 개발주기를 가지는 중대한 시스템에 특히 중요하다. 개발주기 동안 종종 개발팀에 상당한 변화가 있다.

확실성 있는 프로세스는 신뢰성을 달성하기 위해 중복성과 다양성을 사용한다. 그들은 종종 같은 목적을 가진 다양한 활동들을 포함한다. 예를 들어, 프로그램 인스펙션과 테스팅은 프로그램에서 오류를 발견하는 것을 목표로 한다. 두 방법을 함께 사용하면 하나의 기술을 사용하여 발견하는 것보다 더 많은 오류를 발견해낼 수 있다.

확실성 있는 프로세스에서 사용되는 활동들은 분명히 개발되고 있는 소프트웨어의 유형에 의존한다. 그러나 일반적으로 이들 활동은 시스템에 오류가 도입되는 것을 방지하고, 오류를 감지하여 제거하고, 프로세스 자체에 대한 정보를 관리하는 데 맞춰져야 한다.

확실성 있는 프로세스에 포함될 수 있는 활동의 예는 다음과 같다.

1. 요구사항 검토: 요구사항이 가능한 한 완전하고 일관성이 있는지 점검한다.
2. 요구사항 관리: 요구사항의 변경이 통제되는 것과 제안된 요구사항 변경의 영향이 그 영향을 받는 모든 개발자에 의해 이해되는 것을 보장한다.
3. 정형 명세: 소프트웨어의 수학적 모델을 생성하고 분석한다. 10.5절에서 정형 명세의 장점을 설명한다. 아마도 이것의 가장 중요한 장점은 시스템 요구사항의 매우 상세한 분석을 강제한다는 것이다. 이 분석 자체는 요구사항 검토에서 누락되었을 수 있는 요구사항 문제를 발견해 낼 가능성이 높다.
4. 시스템 모델링: 소프트웨어 설계가 일련의 그래픽 모델로 명시적으로 문서화되고, 요구사항과 이들 모델 사이의 관계가 명시적으로 문서화된다. 모델 주도 공학 접근법(5장 참조)이 사용되면, 코드는 이러한 모델로부터 자동적으로 생성될 수 있다.
5. 설계 및 프로그램 인스펙션: 시스템의 다른 표현들이 다른 사람들에 의해 검사되고 점검된다. 일반적인 설계 및 프로그래밍 오류의 체크리스트가 인스펙션 프로세스에 집중하기 위해 사용될 수 있다.
6. 정적 분석: 자동화된 검사가 프로그램의 소스 코드에 대해 수행된다. 이것은 프로그래밍 오류 또는 누락을 나타낼 수 있는 이상(anomaly)들을 찾는다. (12장에서 정적 분석을 설명한다.)
7. 테스트 계획 수립 및 관리: 시스템 테스트의 포괄적인 집합이 설계된다. 이러한 테스트가 시스템 요구사항의 커버리지를 제공하고 정확하게 테스팅 프로세스에 적용되었음을 입증하기 위해 테스팅 프로세스가 주의 깊게 관리되어야 한다.

시스템 개발 및 테스팅에 초점을 맞춘 프로세스 활동뿐만 아니라 잘 정의된 품질 관리 및 변경 관리 프로세스가 있어야 한다. 확실성 있는 프로세스의 구체적인 활동이 회사마다 다를 수 있지만, 효과적인 품질 및 변경 관리의 필요성은 보편적이다.

품질 관리 프로세스(24장에서 설명함)에서는 일련의 프로세스 및 제품 표준을 수립한다. 또한 표준이 준수되었음을 입증하기 위한 프로세스 정보들을 수집하는 활동을 포함한다. 예를 들어, 프로그램 인스펙션을 수행하기 위해 정의된 표준이 있을 수 있다. 인스펙션팀의 팀장은 인스펙션 표준이 준수되었음을 보여주기 위해 프로세스를 문서화할 책임이 있다.

25장에서 논의되는 변경 관리는 시스템에 대한 변경 사항을 관리하고, 승인된 변경이 실제로 구현되는 것을 보장하고, 소프트웨어의 계획된 릴리스가 계획된 변경을 포함하는 것을 확인하는 것에 관한 것이다. 소프트웨어의 일반적인 문제 중 하나는 잘못된 컴포넌트가 시스템 빌드(build)에 포함되어 있다는 것이다. 이것은 개발 과정에서 확인되지 않은 컴포넌트가 실행 시스템에 포함되는 상황으로 이어질 수 있다. 이러한 일이 발생하지 않도록 하기 위해 형상 관리 절차가 변경 관리 프로세스의 일부로서 정의되어야 한다.

애자일 방법이 점점 더 많이 사용됨에 따라, 연구자와 실무자들은 확실성 있는 소프트웨어 개발에 애자일 방법을 사용하는 방안에 대해 주의 깊게 생각해오고 있다(Trimble 2012). 중대한 소프트웨어 시스템을 개발하는 대부분의 기업은 계획 기반 프로세스를 이용하여 개발해왔고 자사의 개발 프로세스에 급진적인 변화를 가하는 것을 꺼려왔다. 그러나 애자일 방법의 가치를 인식하고 자사의 확실성 있는 개발 프로세스에 애자일 방법을 도입할 방안을 모색하고 있다.

확실성 있는 소프트웨어는 종종 생성되어야 하는 프로세스 및 제품 문서의 인증을 필요로 한다. 또한 시스템의 안전성과 보안성을 손상시킬 수 있는 요구사항 및 요구사항 충돌을 발견해내기 위해 선행 요구사항 분석이 필수적이다. 시스템의 안전성과 무결성에 대한 변경의 영향을 평가하기 위해 정형 변경 분석이 필수적이다. 이러한 요구는 요구사항과 시스템을 같이 개발하고 문서화를 최소로 하는 애자일 개발의 일반적인 방식과 충돌한다.

대부분의 애자일 개발은 비정형적이고 문서화되지 않는 프로세스를 사용하지만, 이것은 애자일의 기본 요구사항이 아니다. 애자일 프로세스는 반복적인 개발, 테스트 우선 개발, 개발팀에 사용자 참여 등과 같은 기술을 포함하는 것으로 정의될 수 있다. 팀이 프로세스를 준수하고 그들의 행동을 문서화한다면 애자일 기법이 사용될 수 있다. 이 개념을 지원하기 위해, 확실성 있는 시스템 공학의 요구사항을 포함하는 수정된 애자일 방법의 다양한 제안들이 만들어지고 있다(Douglass 2013). 이 제안들은 애자일 및 계획 기반 개발에서 가장 적절한 기술들을 결합한다.

10.5 정형 기법과 확실성

연구자들은 30년 이상 소프트웨어 개발에서 정형 기법의 사용을 주장해오고 있다. 정형 기법은 소프트웨어 개발의 수학적 접근법으로 소프트웨어의 정형 모델을 정의한다. 그런 다음 오류와 불일치를 찾아내기 위해 이 모델을 정형적으로 분석하고, 프로그램이 모델과 일치함을 증명하고, 정확성을 보존하는 일련의 변환을 적용하여 모델로부터 프로그램을 생성해낸다. Abrial (Abrial 2009)은 의미하는 바를 조심스럽게 제한하기는 했지만 정형 기법의 사용이 "결함없는 시스템"으로 이어질 수 있다고 주장했다.

Woodcock 외의 우수한 조사(Woodcock et al. 2009)에서 정형 기법이 성공적으로 적용된 산업용 애플리케이션에 대해 설명한다. 그 사례로 열차 제어 시스템(Badeau and Amelot 2005), 현금 카드 시스템(Hall and Chapman 2002), 비행 제어 시스템(Miller et al. 2005) 등이 있다. 정형 기법은 Microsoft (Ball et al. 2006)에서 사용되는 드라이버 검증 시스템과 같이 정적 검증에 사용되는 도구들의 기본이 된다.

소프트웨어 개발에 수학적인 정형 접근법을 사용하는 것은 컴퓨터 과학 발전의 초기 단계에서 제안되었다. 아이디어는 정형 명세와 프로그램이 독립적으로 개발될 수 있다는 것이다. 다음으로 프로그램과 명세가 일치한다는 것을 보여주기 위해 수학적 증명이 개발될 수 있다. 처음에는 증명이 수동으로 개발되었지만 이것은 시간과 비용이 많이 드는 프로세스였다. 곧 수동 증명은 매우 작은 시스템에 대해서만 개발될 수 있음이 분명해졌다. 이제는 프로그램 증명이 대규모 자동 정리 증명 소프트웨어에 의해 지원되며, 이것은 더 큰 시스템이 증명될 수 있다는 것을 의미한다. 그러나 정리증명기(theorem prover)를 위한 증명의무(proof obligation)를 개발하는 것은 어려운 전문 작업이기 때문에 정형 검증은 널리 사용되지 않는다.

별도의 증명 활동을 피하는 다른 방법은 정련 기반 개발(refinement-baseddevelopment)이다. 여기서는 시스템의 명세서가 정확성을 보존하는 일련의 변환을 통해 정련되어 소프트웨어로 생성된다. 이들은 신뢰할 수 있는 변환이기 때문에 생성된 프로그램이 정형 명세서와 일치함을 확신할 수 있다. 이것은 파리 지하철 시스템을 위한 소프트웨어 개발에서 사용된 방식이다(Badeau and Amelot 2005). 이때 명세서 정련을 지원하도록 설계된 B라는 언어(Abrial 2010)를 사용했다.

모델 검사에 기반한 정형 기법(Jhala and Majumdar 2009)은 몇 개의 시스템(Bochot et al. 2009; Calinescu and Kwiatkowska 2009)에서 사용되어왔다. 이러한 시스템은 시스템의 정형 상태 모델을 구축하거나 생성하는 데 의존한다. 또한 안전성과 같은 모델의 특성이 항상 성립한다는 것을 검사하기 위한 모델 검사기의 사용에 의존한다. 모델 검사 프로그램은 철저하게 명세서를 분석하고 모델에 의해 만족되는 시스템 특성을 보고하거나 만족되지 않음을 보여주는 예를 제공한다. 모델이 프로그램으로부

정형 명세 기술

정형 시스템 명세서는 두 가지 기본적인 접근법을 사용하여 표현될 수 있다. 그것은 시스템 인터페이스 모델(대수적 명세)과 시스템 상태 모델이다. 이 주제에 대한 별도의 웹 상의 장에서는 이러한 두 접근법 모두의 예를 보여준다. 그 장에는 인슐린 펌프 시스템 일부의 정형 명세서가 포함되어 있다.

http://software-engineering-book.com/web/formal-methods/ (web chapter)

터 자동적으로 또는 체계적으로 생성될 수 있다면, 이는 프로그램의 버그가 드러날 수 있다는 것을 의미한다. (안전성 중심 시스템에서의 모델 검사는 12장에서 설명한다.)

소프트웨어 공학을 위한 정형 기법은 소프트웨어 표현에서 두 종류의 오류를 발견하거나 피하는 데 효과적이다.

1. **명세서 및 설계의 오류 및 누락**: 소프트웨어의 정형 모델을 개발하고 분석하는 프로세스가 소프트웨어 요구사항의 오류 및 누락을 드러낼 수 있다. 모델이 소스 코드로부터 자동적으로 또는 체계적으로 생성되는 경우, 모델 검사를 이용한 분석은 동시성 시스템에서의 교착 상태(deadlock)와 같이 바람직하지 않은 상태를 발견해낼 수 있다.
2. **명세서와 프로그램 사이의 불일치**: 정련 방법이 사용되는 경우, 소프트웨어가 명세서와 일치하지 않게 만드는 개발자의 실수를 피할 수 있다. 프로그램 증명은 프로그램과 명세서 간의 불일치를 발견해낸다.

모든 정형 기법의 출발점은 시스템 명세서 역할을 하는 수학적 시스템 모델이다. 이 모델을 생성하기 위해 자연 언어, 다이어그램, 테이블로 표현되어있는 시스템의 사용자 요구사항을 정형적으로 정의된 의미를 가진 수학적 언어로 번역한다. 정형 명세는 시스템이 해야 할 일의 명확한 기술이다.

정형 명세는 시스템 명세의 가장 정확한 방법이므로, 오해의 여지를 줄여 준다. 정형 기법의 많은 지지자들은 정련이나 프로그램 증명이 없을지라도 정형 명세서를 만드는 것이 가치가 있다고 믿는다. 정형 명세서를 만드는 것은 요구사항의 상세한 분석을 강제하며 요구사항의 문제를 발견해내는 데 효과적인 방법이다. 자연 언어 명세서에서는 언어의 비정확성 때문에 오류가 감춰질 수 있다. 시스템이 정형적으로 명세되면 그렇지 않다.

정형 명세서를 개발하고 정형 개발 프로세스에 그것을 사용하는 장점은 다음과 같다.

1. 정형 명세서를 상세히 개발하기 때문에, 시스템 요구사항에 대한 깊고 상세한 이해를 발전시킬 수 있다. 요구사항 문제가 초기에 발견되는 것이 개발 프로세스에서 나중에 발견되는 것보다 해결하기 훨씬 저렴하다.
2. 명세서가 정형적으로 정의된 의미를 가진 언어로 표현되기 때문에, 비일관성과 불완전성을 발견하기 위해 명세서를 자동적으로 분석할 수 있다.
3. B 방법과 같은 방법을 사용하는 경우, 일련의 정확성 보존 변환을 통해 정형 명세서를 프로그램으로 변환할 수 있다. 따라서 결과 프로그램이 명세서를 충족하는 것이 보장된다.
4. 명세서에 대해 프로그램을 검증했기 때문에 프로그램 테스팅 비용이 절감될 수 있다. 예를 들어, 파리 지하철 시스템용 소프트웨어의 개발에서 정련의 사용은 소프트웨어 컴포넌트의 테스팅이 불필요하고 시스템 테스트만 요구된다는 것을 의미한다.

Woodcock의 연구(Woodcock et al. 2009)에서 정형 기법의 사용자가 인도된 소프트웨어에서 더 적은 오류를 보고했음을 발견했다. 소프트웨어 개발에 필요한 비용과 시간 모두 비교되는 개발 프로젝트보다 높지 않았다. 규제기관 인증을 요구하는 안전성 중심 시스템에서 정형 접근 방법을 사용하여 상당한 이점이 있었다. 생성된 문서는 시스템 안전성 사례의 중요한 부분이 되었다(12장 참조).

이러한 장점에도 불구하고 정형 기법이 실제적인 소프트웨어 개발에 제한적인 영향을 미쳤고 중대한 시스템일 때조차도 그러했다. Woodcock은 25년이라는 기간 동안에 정형 기법을 사용한 62개의 프로젝트를 보고했다. 정형 기법을 사용했지만 사용했다고 보고하지 않은 프로젝트들을 감안하더라도, 이것은 그 시간 동안 개발된 중대한 시스템 전체에 비해 아주 작은 부분이다. 산업계에서는 다음과 같은 여러 가지 이유로 정형 기법의 채택을 꺼려하고 있다.

1. 문제 소유자와 도메인 전문가들은 정형 명세를 이해할 수 없다. 그래서 그들은 그것이 정확하게 자신들의 요구사항을 나타낸다는 것을 확인할 수 없다. 정형 명세를 이해하는 소프트웨어 엔지니어는 애플리케이션 도메인을 이해하지 못할 수 있다. 그래서 그들 역시 정형 명세서가 시스템 요구사항을 정확하게 반영하고 있는지 확신할 수 없다.
2. 정형 명세서를 생성하는 비용은 상당히 정량화하기 쉽지만 그것을 사용함으로써 생기는 비용 절감은 추정하기가 어렵다. 결과적으로, 관리자들은 정형 기법을 채택하는 리스크를 감수하려고 하지 않는다. 그들은 정형 기법이 성공적이라는 보고에 설득되지 않는데, 그런 보고가 대체적으로 정형 방식을 열정적으로 지지하는 개발자들이 있는 이례적인 프로젝트에서 나왔기 때문이다.

3. 대부분의 소프트웨어 엔지니어는 정형 명세 언어를 사용하는 훈련을 받지 않았다. 따라서 이들은 개발 프로세스에서 정형 명세 언어의 사용을 제안하기 꺼려한다.
4. 현재의 정형 기법을 매우 큰 시스템에까지 확장하기는 어렵다. 정형 기법은 전체 시스템보다는 중요한 핵심 소프트웨어를 명세하는 데 사용되는 것이 대부분이다.
5. 정형 기법을 위한 도구 지원이 제한적이고, 사용 가능한 도구들은 주로 오픈 소스이고 사용하기 어렵다. 상용 도구 제공자에게는 시장이 너무 작다.
6. 정형 기법은 프로그램을 점진적으로 개발하는 애자일 개발과 호환되지 않는다. 그러나 대부분의 중대한 시스템들은 여전히 계획 기반의 접근법을 사용하여 개발되고 있기 때문에 이것은 중요한 문제가 아니다.

정형 개발의 초기 지지자인 Parnas는 현재의 정형 기법들을 비판하고 그들이 근본적으로 잘못된 전제에서 시작했다고 주장했다(Parnas 2010). 그는 정형 기법들이 근본적으로 단순화될 때까지 용인되지 못할 것이며 이를 위한 기초로 다른 유형의 수학이 필요할 것이라고 믿는다. 필자의 견해로는 그렇게 하더라도 정형 기법의 채택 및 사용이 다른 소프트웨어 공학 방법에 비해 비용효과적이라는 것을 명확히 입증할 수 없다면 정형 기법이 중대한 시스템 공학에 일상적으로 채택되지는 않을 것이다.

키 포인트

- 중대한 컴퓨터 시스템의 장애는 대규모 경제적 손실, 심각한 정보 손실, 물리적 손상, 인명 위협으로 이어질 수 있기 때문에 시스템 확실성이 중요하다.
- 컴퓨터 시스템의 확실성은 사용자가 시스템을 믿는 정도를 반영하는 시스템 특성이다. 확실성의 가장 중요한 측면은 가용성, 신뢰성, 안전성, 보안성, 복원성이다.
- 사회기술적 시스템은 컴퓨터 하드웨어, 소프트웨어, 사람을 포함하며 조직 안에 위치하고 있다. 조직 또는 비즈니스 목표와 목적을 지원하기 위해 설계되었다.
- 시스템 결함이 최소화되어야 한다면 확실성 있고 반복 가능한 프로세스의 사용이 필수적이다. 프로세스는 요구사항 정의에서부터 시스템 구현에 이르는 모든 단계에서 검증 및 확인 활동을 포함해야 한다.
- 확실성 있는 시스템의 개발을 위해 하드웨어, 소프트웨어 프로세스, 소프트웨어 시스템에서 중복성과 다양성의 사용이 필수적이다.
- 시스템의 정형 모델이 개발의 기초로 사용되는 정형 기법은 시스템에서 명세화 및 구현 오류를 줄이는 데 도움이 된다. 그러나 산업계에서 정형 기법의 비용효용성을 염려하기 때문에 제한된 사용률을 보인다.

추가로 읽을거리

"Basic Concepts and Taxonomy of Dependable and Secure Computing" 확실성의 개념에 대한 철저한 논의를 제시한다. 확실성의 아이디어를 개발한 분야의 선구자가 저자이다. (A. Avizienis, J.-C. Laprie, B. Randell and C. Landwehr., *IEEE Transactions on Dependable and Secure Computing,* 1 (1), 2004) http://dx.doi.org/10.1109/TDSC.2004.2

Formal Methods: Practice and Experience. 산업계에서의 정형 기법 사용에 관한 우수한 연구이다. 정형 기법을 사용한 프로젝트에 대해 기술하였다. 정형 기법 사용의 장애물에 대한 현실적인 요약을 제시한다. (J. Woodcock, P. G. Larsen, J. Bicarregui, and J. Fitzgerald. *Computing Surveys*, 41 (1) January 2009) http://dx.doi.org/10.1145/1592434.1592436

The LSCITS Socio-technical Systems Handbook. 이 안내서는 이해하기 쉬운 방식으로 사회기술적 시스템을 소개하고 있으며, 사회기술적 주제에 관한 보다 상세한 논문들을 알려준다. (2012) http://archive.cs.st-andrews.ac.uk/STSE-Handbook/

웹 사이트

이 장의 파워포인트 슬라이드:

https://iansommerville.com/software-engineering-book/slides

관련 비디오 링크:

https://iansommerville.com/software-engineering-book/videos/critical/

연습문제

10.1. 왜 소프트웨어 확실성이 대부분의 사회기술적 시스템에서 중요한지 여섯 가지 이유를 제시하라.

10.2. 왜 사이버 공격에 대한 복원성이 시스템 확실성의 매우 중요한 특성인지를 예를 들어 설명하라.

10.3. 확실성 있는 시스템을 개발할 때 왜 단순히 기술적 소프트웨어 및 하드웨어 시스템이 아니라 사회기술적 시스템으로 고려하는 것이 중요한지를 예를 들어 설명하라.

10.4. 복잡한 사회기술적 시스템에 의해 지원되는 정부 기능의 두 가지 예를 들고, 가까운 미래에 이러한 기능이 완전히 자동화될 수 없는 이유를 설명하라.

10.5. 중복성과 다양성의 차이를 설명하라.

10.6. 확실성 있는 프로세스의 사용이 확실성 있는 소프트웨어의 생성으로 이어질 것이라고 가정하는 것이 합리적인 이유를 설명하라.

10.7. 확실성 있는 프로세스에 다양한, 중복된 활동들을 수용한 두 가지 예를 제시하라.

10.8. 소프트웨어 다양성에 기반한 시스템의 상이한 버전이 유사한 방식으로 실패할 수 있는 두 가지 이유를 제시하라.

10.9. 당신은 작은 안전성 중심 열차 제어 시스템의 개발 담당 엔지니어이다. 당신은 정형 기법이 시스템의 개발에 사용되어야 한다고 제안하지만 당신의 관리자는 회의적이다. 정형 기법의 장점을 강조하고 이 프로젝트에 정형 기법을 사용하는 경우를 보이는 보고서를 작성하라.

10.10. 규제에 대한 필요성이 혁신을 저해하고 규제기관들이 다른 시스템에서 사용되어온 구식 시스템 개발 방법의 사용을 강제한다는 의견이 있다. 이것이 사실이라고 생각하는지, 그리고 개발 방법에 대해 규제기관이 자신의 견해를 내세우는 것이 바람직한지를 논의하라.

참고문헌

Abrial, J. R. 2009. "Faultless Systems: Yes We Can." *IEEE Computer* 42 (9): 30 – 36. doi:10.1109/MC.2009.283.

———. 2010. *Modeling in Event-B: System and Software Engineering*. Cambridge, UK: Cambridge University Press.

Avizienis, A., J. C. Laprie, B. Randell, and C. Landwehr. 2004. "Basic Concepts and Taxonomy of Dependable and Secure Computing." *IEEE Trans. on Dependable and Secure Computing* 1 (1): 11 – 33. doi:10.1109/TDSC.2004.2.

Badeau, F., and A. Amelot. 2005. "Using B as a High Level Programming Language in an Industrial Project: Roissy VAL." In *Proc. ZB 2005: Formal Specification and Development in Z and B*. Guildford, UK: Springer. doi:10.1007/11415787_20.

Ball, T., E. Bounimova, B. Cook, V. Levin, J. Lichtenberg, C. McGarvey, B. Ondrusek, S. K. Rajamani, and A. Ustuner. 2006. "Thorough Static Analysis of Device Drivers." In *Proc. EuroSys 2006*. Leuven, Belgium. doi:10.1145/1218063.1217943.

Bochot, T., P. Virelizier, H. Waeselynck, and V. Wiels. 2009. "Model Checking Flight Control Systems: The Airbus Experience." In *Proc. 31st International Conf. on Software Engineering, Companion Volume*, 18 – 27. Leipzig: IEEE Computer Society Press. doi:10.1109/ICSE-COMPANION.2009.5070960.

Calinescu, R. C., and M. Z. Kwiatkowska. 2009. "Using Quantitative Analysis to Implement Autonomic IT Systems." In *Proc. 31st International Conf. on Software Engineering, Companion Volume*, 100 – 10. Leipzig: IEEE Computer Society Press. doi:10.1109/ICSE.2009.5070512.

Douglass, B. 2013. "Agile Analysis Practices for Safety-Critical Software Development." http://www.ibm.com/developerworks/rational/library/agile-analysis-practices-safety-critical-development/.

Hall, A., and R. Chapman. 2002. "Correctness by Construction: Developing a Commercially Secure System." *IEEE Software* 19 (1): 18 – 25.doi:10.1109/52.976937.

Jhala, R., and R. Majumdar. 2009. "Software Model Checking." *Computing Surveys* 41 (4), Article 21. doi:1145/1592434.1592438.

Miller, S. P., E. A. Anderson, L. G. Wagner, M. W. Whalen, and M. P. E. Heimdahl. 2005. "Formal Verification of Flight Critical Software." In *Proc. AIAA Guidance, Navigation and Control Conference*. San Francisco. doi:10.2514/6.2005−6431.

Parnas, D. 2010. "Really Rethinking Formal Methods." *IEEE Computer* 43 (1): 28 – 34. doi:10.1109/MC.2010.22.

Parnas, D., J. van Schouwen, and P. K. Shu. 1990. "Evaluation of Safety-Critical Software." *Comm. ACM* 33 (6): 636 – 651. doi:10.1145/78973.78974.

Swartz, A. J. 1996. "Airport 95: Automated Baggage System?" *ACM Software Engineering Notes* 21 (2): 79 – 83. doi:10.1145/227531.227544.

Trimble, J. 2012. "Agile Development Methods for Space Operations." In *SpaceOps 2012*. Stockholm. doi:10.2514/6.2012−1264554.

Woodcock, J., P. G. Larsen, J. Bicarregui, and J. Fitzgerald. 2009. "Formal Methods: Practice and Experience." *Computing Surveys* 41 (4): 1 – 36. doi:10.1145/1592434.1592436.

11

신뢰성 공학

Reliability engineering

학습목표

이 장의 목표는 소프트웨어 공학을 소개하고 책의 나머지 부분을 이해하는 데 도움을 주기 위한 기초를 제공하는 것이다. 이 장을 통해 학습할 내용들은 다음과 같다.

- 소프트웨어의 신뢰성과 가용성의 차이를 이해한다.
- 신뢰성 명세에 대한 척도와 측정 가능한 신뢰성 요구사항을 명세하는 데 이러한 척도가 어떻게 사용될 수 있는지를 이해한다.
- 신뢰할 수 있고 결함 내성을 가지는 시스템 아키텍처를 구현하는 데 사용될 수 있는 다양한 아키텍처 스타일을 이해한다.
- 신뢰성 있는 소프트웨어 공학을 위한 좋은 프로그래밍 실무관행에 대해 안다.
- 통계적 테스팅을 사용한 소프트웨어 시스템의 신뢰성 측정 방법을 이해한다.

학습내용

우리가 업무와 개인 생활의 거의 모든 측면에서 소프트웨어 시스템에 의존한다는 것은 우리가 소프트웨어를 필요로 할 때 그것을 사용할 수 있을 것으로 기대한다는 것을 의미한다. 이는 이른 아침, 늦은 밤, 주말이나 휴가 중에도 해당되며 소프트웨어는 종일 매일 작동해야 한다. 우리는 소프트웨어가 장애 없이 작동하고 데이터와 개인 정보를 지켜줄 것으로 기대한다. 우리가 사용하는 소프트웨어를 신뢰할 수 있어야 한다는 의미는 그 소프트웨어가 반드시 신뢰성이 있어야한다는 것을 의미한다.

소프트웨어 공학 기법, 보다 좋은 프로그래밍 언어, 효과적인 품질 관리의 사용은 지난 20년 동안 소프트웨어의 신뢰성을 상당히 향상시켰다. 그럼에도 불구하고 시스템의 가용성에 영향을 미치거나 잘못된 결과의 생성으로 이어지는 시스템 장애가 여전히 일어난다. 소프트웨어가 항공기나 중요 국가 기반시설의 일부분으로서 중대한 역할을 하는 상황에서는 요구되는 고수준의 신뢰성과 가용성을 달성하기 위해 특수한 신뢰성 공학이 사용될 수 있다.

불행하게도 시스템 신뢰성에 대해 이야기할 때 혼동하기 쉽다. 사람들이 시스템 결함과 고장에 대해 다양한 의미로 이야기하기 때문이다. 소프트웨어 신뢰성 분야에서 선구적인 연구자인 Brian Randell은 결함 – 오류 – 고장 모델(Randell 2000)을 정의하였다. 이 모델은 인간의 오류가 결함을 야기하고, 결함이 오류로 이어지고, 오류가 시스템 고장으로 이어지는 개념을 기반으로 한다. 그는 이러한 용어를 다음과 같이 정확하게 정의하였다.

1. **사람의 오류 혹은 실수**: 시스템 결함에 이르게 하는 사람의 행동. 예를 들어 황무지의 기상 시스템에서 프로그래머는 현재 시간에 1시간을 더하는 방식으로 다음 송신을 위한 시간을 계산할 수 있다. 이것은 전송 시각이 23.00부터 자정 사이에 있을 때는 제대로 작동하지 않는다(24시 시계에서 자정은 00.00이다).
2. **시스템 결함**: 시스템 오류로 이어지는 소프트웨어 시스템의 특성. 위의 예에서 결함은 Transmission_time 변수의 값이 23.00 이상인지 확인하는 검사 없이 Transmission_time에 1을 더하는 코드의 포함이다.
3. **시스템 오류**: 시스템 사용자가 예상하지 못한 시스템 행동으로 이어지는 실행 중의 잘못된 시스템 상태. 이 예에서는 결함 코드가 실행될 때 변수 Transmission_time의 값이 00.XX 아니라 24.XX로 잘못 설정된다.
4. **시스템 장애**: 시스템이 사용자가 기대하는 서비스를 제공하지 못할 때 일어나는 사건. 이 예에서는 시간이 유효하지 않기 때문에 기상 데이터가 송신되지 않는다.

시스템 결함이 반드시 시스템 오류를 초래하지는 않고, 시스템 오류가 반드시 시스템 장애를 초래하지는 않는다. 그 이유는 다음과 같다.

1. 프로그램의 모든 코드가 실행되는 것은 아니다. 소프트웨어가 사용되는 방식 때문에 결함(예를 들어, 변수의 초기화 실패)을 포함하는 코드가 한 번도 실행되지 않을 수 있다.
2. 오류는 일시적이다. 결함이 있는 코드의 실행으로 인해 상태 변수가 잘못된 값을 가질 수 있다. 그러나 그 변수가 접근되어 시스템 장애를 야기하기 전에 그 변수를 올바른 값으로 다시 설정하는 다른 시스템 입력이 처리될 수 있다. 잘못된 값은 실제 효과가 없다.
3. 시스템이 결함 감지 및 보호 메커니즘을 포함할 수 있다. 이는 시스템 서비스가 영향을 받기 전에 잘못된 행동이 발견되고 정정되는 것을 보장한다.

시스템 결함이 시스템 장애로 이어지지 않을 수도 있는 또 다른 이유는 사용자가 프로그램 장애를 야기하는 입력을 사용하지 않도록 적응해서 행동하기 때문이다. 경험이 있는 사용자는 신뢰할 수 없는 소프트웨어 기능들을 "피해나간다". 예를 들어 필자는 종종 잘못 입력되는 경험 때문에 워드프로세싱 시스템에 있는 자동 번호 넣기 같은 기능의 사용을 피한다. 이러한 사용되지 않는 기능에서 결함의 수리는 시스템 신뢰성에 실질적인 차이를 만들지 않는다.

결함, 오류, 고장의 구분은 시스템의 신뢰성을 향상시키기 위해서 사용될 세 가지 보완적인 접근법으로 이어진다.

1. **결함 회피**: 소프트웨어 설계 및 구현 프로세스는 설계 및 프로그래밍 오류를 피하는 소프트웨어 개발 방식을 사용하여 시스템에 도입되는 결함을 최소화해야 한다. 적은 결함은 실행 중에 장애가 적다는 것을 의미한다. 결함 회피 기법은 광범위한 컴파일러 검사를 허용하는 강한 자료형의 언어 사용과 포인터와 같이 오류가 발생하기 쉬운 언어 구성요소의 사용을 최소화하는 것을 포함한다.
2. **결함 감지 및 정정**: 검증 및 확인 프로세스는 프로그램이 운영을 위해 배치되기 전에 결함을 발견하고 제거하도록 설계된다. 중대한 시스템은 배치 전에 가능한 한 많은 결함을 발견해내고 시스템 이해당사자들과 규제기관에게 이 시스템이 신뢰할 만하다는 것을 확신시키기 위해 광범위한 검증 및 확인을 필요로 한다. 체계적인 테스팅, 디버깅, 정적 분석은 결함 감지 기법의 예이다.
3. **결함 내성**: 실행 중에 결함이나 예상치 못한 시스템의 행동을 알아내고 시스템 고장이 발생하지 않는 방식으로 관리되도록 시스템을 설계해야 한다. 내장 런타임(runtime) 검사에 기반하는 간단한 방식의 결함 내성이 모든 시스템에 포함될 수 있다. 높은 수준의 시스템 가용성과 신뢰성이 요구될 때는 11.3절에서 논의하는 결함 내성 시스템 아키텍처와 같은 특수한 결함 내성 기술이 사용될 수 있다.

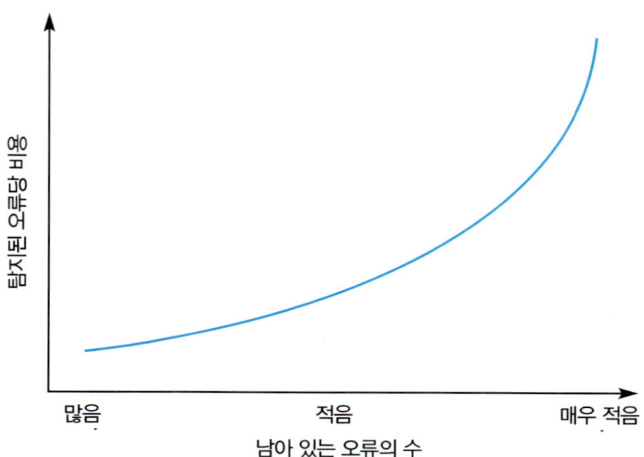

그림 11.1 남아있는 결함을 제거하는 비용

불행히도, 결함 회피, 결함 감지, 결함 내성 기술들을 적용하는 것이 항상 비용 효과적인 것은 아니다. 프로그램 결함이 발견되고 제거되어 감에 따라 소프트웨어 시스템에 남아있는 결함들을 찾아내서 제거하는 비용이 기하급수적으로 증가한다(그림 11.1). 소프트웨어의 신뢰성이 더 높아짐에 따라, 점점 더 줄어드는 결함을 찾기 위해 더 많은 시간과 노력을 들여야 한다. 어떤 단계에서는 중대한 시스템에서도 이러한 추가적인 노력에 드는 비용이 정당화될 수 없다.

그 결과로 소프트웨어 회사는 소프트웨어에 잔여 결함이 조금 포함되어 있는 것을 받아들인다. 결함의 수준은 시스템의 유형에 좌우된다. 소프트웨어 제품들은 비교적 높은 수준의 결함 밀도를 갖는 반면에, 중대한 시스템은 대개 훨씬 낮은 결함 밀도를 갖는다.

결함을 허용하는 근거는 시스템을 인도하기 전에 결함을 찾아 제거하는 것보다 시스템 장애가 발생되었을 때 그 결과에 대한 비용을 지불하는 것이 더 저렴하기 때문이다. 그러나 단순히 경제적인 측면만 보고 결함이 있는 소프트웨어의 릴리스를 결정하면 안 된다. 시스템 장애에 대한 사회적 및 정치적 용인 가능성도 고려해야 한다.

11.1 가용성과 신뢰성

10장에서 시스템 신뢰성과 가용성의 개념을 소개하였다. 시스템을 어떤 종류의 서비스(예를 들면, 현금 인출, 브레이크 제어, 전화 통화 연결)를 제공해주는 것이라고 생각하자. 서비스의 가용성은 서비스가 운영 중인지의 여부이고, 신뢰성은 서비스가 올바른 결과를 제공해주는지의 여부이다. 가용성과 신뢰성은 모두 확률로 표현될 수 있다. 만약 가용성이 0.999라면, 이는 어떤 시간 동안 그 시스템이 그 시간의 99.9% 동안 사용이 가능하다는 것을 의미한다. 만약 1,000번의 입력에 대해 평균 2번의 고장이 있다면, 고장 발생 비율로 표현된 신뢰성은 0.002이다. 가용성과 신뢰성의 보다 정확한 정의는 다음과 같다.

1. **신뢰성**: 주어진 환경에서 특정 목적을 위해 지정된 시간 동안에 고장 없이 운영될 확률
2. **가용성**: 주어진 시점에서 시스템이 운영 중이고 요청된 서비스를 제공할 확률

시스템 신뢰성은 절대적인 값이 아니며 그 시스템이 사용되는 장소와 방법에 따라 달라진다. 예를 들어, 대부분의 사용자들이 소프트웨어의 운용에 관심이 없는 사무실 환경에서 애플리케이션의 신뢰성을 측정한다고 가정하자. 이 사용자들은 설명에 따라 사용하고 시스템을 가지고 실험을 하려고 하지 않는다. 만약 같은 시스템을 대학 환경에서 측정한다면, 신뢰성은 달라질 것이다. 학생들은 시스템의 경계가 어디인지를 알아내기 위해 시스템을 예상치 못한 방법으로 사용할 수 있다. 이런 경우에 제한된 사무실 환경에서는 일어나지 않았던 시스템 장애가 일어날 수 있다. 따라서 이들 각각의 환경에서 시스템 신뢰성에 대한 인식이 다르다.

신뢰성에 대한 위의 정의는 고장 없는 운영(failure-free operation)이라는 아이디어에 기초한다. 여기서 고장은 시스템 사용자들에게 영향을 주는 외부 이벤트이다. 그러나 무엇이 "고장"으로 여겨지는가? 고장의 기술적인 정의는 시스템 명세서를 준수하지 않는 행동이다. 하지만 이 정의에는 두 가지 문제가 있다.

1. 소프트웨어 명세서는 종종 불완전하거나 부정확하며, 시스템이 어떻게 동작해야 하는지를 해석하는 것은 소프트웨어 엔지니어들에게 달려있다. 그들은 시스템이 사용되는 분야의 전문가가 아니기 때문에 사용자가 기대하는 동작을 구현하지 않을 수 있다. 이 소프트웨어는 명세서에 있는 대로 동작하지만 사용자에게는 여전히 장애가 발생한 것이다.
2. 시스템 개발자를 제외하고 아무도 소프트웨어 명세서를 읽지 않는다. 따라서 사용자가 예상하는 소프트웨어의 동작은 명세서와 완전히 다른 방식일 수 있다.

따라서 고장은 객관적으로 정의될 수 있는 것이 아니고, 오히려 시스템 사용자에 의해 판단된다. 이것이 동일한 시스템의 신뢰성에 대해 사용자들이 같은 인상을 가지지 않는 이유이다. 상이한 환경에서 신뢰성이 왜 상이한지를 이해하기 위해서는 시스템을 입력/출력 대응관계로 생각할 필요가 있다. 그림 11.2는 입력 집합을 출력 집합과 연결하는 소프트웨어 시스템을 보여준다. 프로그램은 주어진 입력에 대해 대응하는 출력을 생산한다. 예를 들어 웹 브라우저는 URL의 입력에 대해 요청한 웹 페이지를 화면에 출

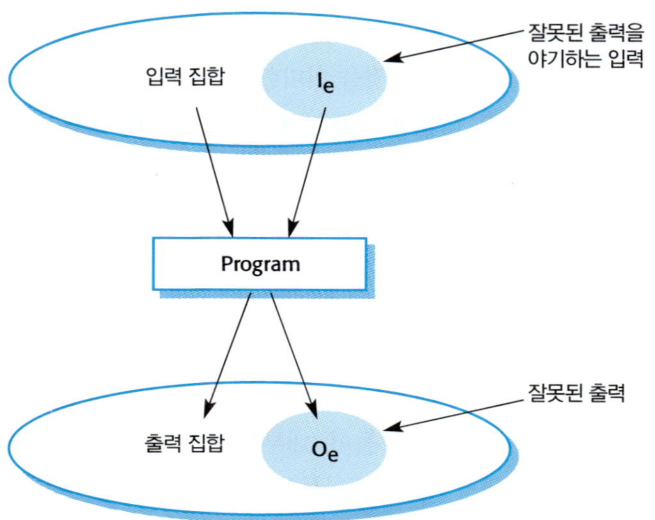

그림 11.2 입력/출력 대응관계로 본 시스템

력한다.

대부분의 입력은 시스템 장애로 이어지지 않는다. 하지만 어떤 입력 혹은 입력 조합(그림 11.2에 음영 처리된 타원 I_e)은 시스템 장애를 야기하거나 잘못된 출력을 생산한다. 프로그램의 신뢰성은 잘못된 출력으로 이어지는 입력 집합(즉, 결함 코드를 실행시켜 시스템 오류를 일으키는 입력 집합)에 속하는 입력의 수에 의존한다. 만약 집합 I_e에 속한 입력이 시스템에서 빈번하게 사용되는 부분에 의해 실행된다면 장애가 자주 발생할 것이다. 그러나 만약 I_e에 속한 입력이 거의 사용되지 않는 코드에 의해 실행된다면 사용자는 장애를 보기 힘들 것이다.

어떤 한 사용자가 경험한 시스템 신뢰성에 영향을 미치는 결함은 다른 사람이 사용할 경우에 전혀 드러나지 않을 수도 있다. 그림 11.3에서 잘못된 입력 집합은 그림 11.2의 I_e로 표시된 타원에 해당된다. 2번 사용자의 입력 집합과 잘못된 입력 집합은 겹치는

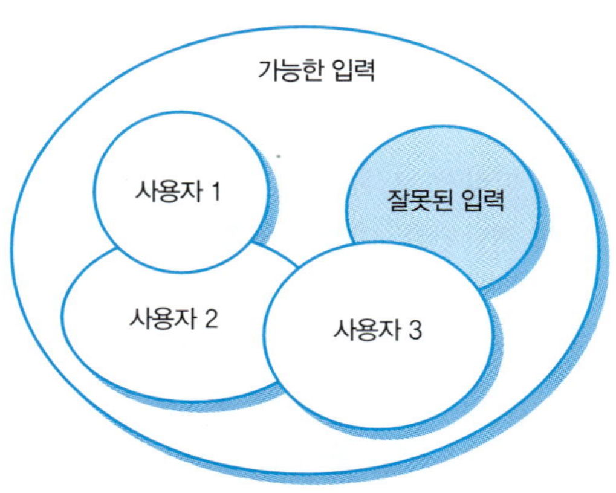

그림 11.3 소프트웨어 사용 패턴

부분이 있다. 그러므로 2번 사용자는 시스템 장애를 경험했을 것이다. 하지만 1번과 3번 사용자는 잘못된 집합에 속하는 입력을 전혀 사용하지 않았다. 그들에게 이 소프트웨어는 신뢰할 수 있는 것이다.

시스템 가용성은 시스템 장애 횟수뿐만 아니라 장애를 야기한 결함을 수리하는 데 걸리는 시간에도 의존한다. 시스템 A가 1년에 한 번 장애가 발생하고 시스템 B가 한 달에 한 번 장애가 발생하면 A가 B보다 더 신뢰성이 있다. 그러나 시스템 A를 수리하는 데 6시간이 걸리는 반면 시스템 B는 5분이 걸린다면, 1년 동안에 시스템 B의 가용성(60분간의 중지 시간)이 A의 가용성(360분간의 중지 시간)보다 훨씬 좋다.

게다가 사용할 수 없는 시스템에 의해 야기된 중단과 혼란은 시스템이 사용가능한 시간의 백분율로 명시되는 간단한 가용성 척도에 반영되지 않는다. 시스템 장애 시각도 중요하다. 만약 시스템이 매일 오전 3시부터 4시까지 한 시간 동안 사용이 불가능하다면 많은 사용자들에게 영향을 주지 않을 수 있다. 그러나 만약 같은 시스템이 업무 시간에 10분간 사용 불가능하다면 사용자들에게 훨씬 큰 영향을 준다.

신뢰성과 가용성은 밀접하게 관련되어 있지만, 때로는 어떤 하나가 다른 하나보다 더 중요하다. 만약 사용자가 어떤 시스템으로부터 지속적인 서비스를 기대하는 경우 그 시스템은 고가용성 요구사항을 가진다. 그것은 수요가 있을 때 반드시 사용가능해야 한다. 그러나 만약 시스템이 사용자 데이터 손실 없이 장애로부터 빠르게 복구될 수 있다면 이러한 장애는 시스템 사용자들에게 큰 영향을 미치지 않을 것이다.

통화를 연결하는 전화 교환기는 가용성이 신뢰성보다 더 중요한 시스템의 예이다. 사용자는 전화기를 들거나 전화 앱을 실행시켰을 때 통화가 가능하길 기대하기 때문에 시스템은 고가용성 요구사항을 가진다. 만약 연결이 설정되는 동안 시스템 결함이 발생하면 이것은 종종 신속하게 복구될 수 있다. 교환기나 기지국 스위치는 시스템을 초기화하고 연결을 재시도할 수 있다. 이것은 매우 빨리 이루어질 수 있으며 전화 사용자는 고장이 일어났는지도 모르는 경우가 있다. 또한 통화가 중단된 경우에도 그 결과는 일반적으로 심각하지 않다. 만약 중단되는 일이 발생하면 사용자는 간단히 다시 연결한다.

11.2 신뢰성 요구사항

1993년 9월에 폭풍우를 뚫고 폴란드의 바르샤바 공항에 비행기 한 대가 착륙했다. 착륙 후 9초 동안 컴퓨터에 의해 제어되는 브레이크 시스템이 작동하지 않았다. 브레이크 시스템은 비행기가 착륙했음을 인식하지 못하고 여전히 비행 중이라고 추정했다. 비행 중에는 속도를 떨어뜨리는 역방향 추력이 치명적이기 때문에 항공기의 안전 기능은 역방향 추력 시스템의 전개를 멈췄다. 그 비행기는 활주로 끝을 벗어나 둑에 부딪치고 불이 났다.

사고에 대한 조사는 브레이크 시스템 소프트웨어가 명세서에 따라 동작했음을 보여주었다. 제어 시스템의 오류는 없었다. 하지만 소프트웨어 명세서가 불완전했고 이번처럼 드물게 발생하는 상황을 고려하지 않았다. 소프트웨어는 동작했지만 시스템은 실패했다.

이 사건은 시스템 확실성이 단지 좋은 공학에만 의존하지 않는다는 것을 보여준다. 시스템 요구사항을 도출할 때 세부적인 것에 대한 주의와 시스템 확실성을 보장하기 위한 소프트웨어 요구사항 명세를 필요로 한다. 확실성 요구사항의 두 가지 유형은 다음과 같다.

1. **기능적 요구사항**: 시스템에 포함되어야 하는 점검 및 복구 기능과 시스템 장애 및 외부 공격에 대한 보호 기능을 정의한다.
2. **비기능적 요구사항**: 요구되는 시스템 신뢰성 및 가용성을 정의한다.

10장에서 설명한 것처럼 시스템의 전체 신뢰성은 하드웨어 신뢰성, 소프트웨어 신뢰성, 시스템 운영자의 신뢰성에 의해 좌우된다. 시스템 소프트웨어는 이러한 요구사항들을 고려해야 한다. 소프트웨어 장애를 보완하는 요구사항뿐만 아니라 하드웨어 고장과 운영자의 오류를 감지하고 복구하는 것을 돕기 위한 신뢰성 요구사항도 있을 수 있다.

11.2.1 신뢰성 척도

신뢰성은 시스템이 주어진 운영 환경에서 사용될 때 시스템 장애가 일어날 확률로 명시할 수 있다. 예를 들어, 어떤 1,000개의 트랜잭션 중 1개가 실패한다면 고장 확률이 0.001이라 할 수 있다. 이것은 매번 1,000개의 트랜잭션마다 정확히 한 번의 고장이 있다는 것을 의미하지 않는다. 이것은 만약 *N*천 개의 트랜잭션을 관찰한다면 고장의 횟수가 대략 *N*개여야 한다는 것을 의미한다.

신뢰성과 가용성을 명시하는 데 다음 세 가지 척도가 사용될 수 있다.

1. **온 디맨드 고장 확률***(POFOD: probability of failure on demand)*: 시스템 서비스에 대한 요구가 시스템 장애를 일으킬 확률이다. POFOD = 0.001은 어떤 요구가 있을 때 1/1000 확률로 고장이 발생한다는 것을 의미한다.
2. **고장 발생 비율***(ROCOF: rate of occurrence of failures)*: 이 척도는 특정 시간 간격(예를 들어, 한 시간) 또는 시스템 실행 횟수에서 발생할 수 있는 시스템 장애의 확률 수를 나타낸다. 위의 예에서, ROCOF는 1/1000이다. ROCOF의 역수는 신뢰성 척

가용성	설명
0.9	시스템을 90%의 시간 동안 사용할 수 있다. 이는 24시간(1,440 분) 중에 144분 동안 시스템을 사용할 수 없다는 것을 의미한다.
0.99	24시간 중에 14.4분 동안 시스템을 사용할 수 없다.
0.999	24시간 중에 84초 동안 시스템을 사용할 수 없다.
0.9999	24시간 중에 8.4초 동안, 대략 1주일 중에 1분 동안 시스템을 사용할 수 없다.

그림 11.4 가용성 명세서

도로 가끔 사용되는 고장 간 평균시간(MTTF: mean time to failure)이다. MTTF는 시스템 장애 간의 시간 단위의 평균이다. 한 시간 당 두 번의 고장이 있을 때의 ROCOF는 고장 평균 시간이 30분임을 의미한다.

3. **가용성 척도*(AVAIL: availability)***: AVAIL은 서비스에 대한 요구가 있을 때 시스템이 가동 중일 확률이다. 따라서 0.9999의 가용성은 평균적으로 시스템이 운영 시간의 99.99% 동안 사용 가능함을 의미한다. 그림 11.4는 다른 수준의 가용성이 실제로 무엇을 의미하는지 보여준다.

POFOD는 요구에 따른 실패가 심각한 시스템 장애로 이어지는 상황에서 사용되어야한다. 이는 요구의 빈도와 관계없이 적용된다. 예를 들어 화학 반응기를 감시하고 과열되면 정지시키는 방호 시스템은 POFOD를 사용하여 신뢰성을 명시해야 한다. 일반적으로 방호 시스템에 대한 요구는 드물 것이다. 왜냐하면 방호 시스템은 모든 다른 복구 기법이 실패한 다음의 마지막 방어선이기 때문이다. 0.001의 POFOD (1000번의 요구 중 한번 실패)는 위험한 것으로 보일 수 있다. 그러나 만약 전체 시스템 수명 중 두 번 또는 세 번의 요구만 있다면 시스템은 거의 실패하지 않을 것이다.

ROCOF는 시스템에 대한 요구가 간헐적이기보다는 정기적일 때 사용되어야 한다. 예를 들어 많은 트랜잭션을 처리하는 시스템에서는 ROCOF를 하루에 10번 고장으로 명시할 수 있다. 이것은 하루에 평균 10개의 트랜잭션이 성공적으로 완료되지 않아 취소되고 다시 제출되는 것을 기꺼이 받아들인다는 의미이다. 또는 1000개의 트랜잭션 당 고장 횟수로 ROCOF를 명시할 수도 있다.

만약 고장 간의 절대적인 시간이 중요하다면 고장 간 평균시간(MTTF)으로 신뢰성을 명시할 수 있다. 예를 들어, 긴 트랜잭션을 가지는 시스템(예를 들어, 컴퓨터 지원 설계 시스템)에 필요한 신뢰성을 명시한다면 이 척도를 사용해야 한다. MTTF는 사용자가 결과를 저장하지 않고 자신의 모델을 작업하는 평균 시간보다 훨씬 더 길어야 한다. 이것은 사용자들이 어떤 세션에서도 시스템 장애로 인해 작업한 것을 잃을 가능성이 희박하다는 것을 의미한다.

11.2.2 비기능적 신뢰성 요구사항

비기능적 신뢰성 요구사항은 신뢰성 척도(POFOD, ROCOF, AVAIL) 중 하나를 사용하여 시스템에 요구되는 신뢰성과 가용성을 명세한 것이다. 신뢰성과 가용성의 정량적인 명세는 안전성 중심 시스템에서는 오랜 시간 동안 사용되어 왔지만 비즈니스 중심 시스템에서는 드물다. 그러나 점점 더 많은 기업들이 시스템에 대한 24/7 서비스를 요구함에 따라 신뢰성과 가용성에 대해 정확하게 명세하는 것이 타당하다.

정량적 신뢰성 명세는 아래와 같은 점에서 유용하다.

1. 신뢰성의 요구수준을 결정하는 과정은 이해당사자가 정말 필요로 하는 것을 명확히 하는 데 도움이 된다. 시스템 장애의 다양한 유형이 있다는 것을 이해당사자가 이해하도록 돕고, 높은 수준의 신뢰성을 달성하는 데 비용이 많이 든다는 것을 명백하게 한다.
2. 시스템 테스팅을 중지할 시점을 산출하기 위한 기초를 제공한다. 요구되는 신뢰성 수준에 시스템이 도달했을 때 테스팅을 중지한다.
3. 시스템 신뢰성을 향상시키기 위한 다양한 설계 전략을 평가하는 수단이다. 각 전략이 신뢰성 요구 수준에 도달할 수 있는지를 판단할 수 있다.
4. 서비스에 들어가기 전에 규제기관이 시스템을 승인해야 한다면(예를 들어, 항공기 비행 안전에 중요한 모든 시스템은 규제됨), 요구된 신뢰성 목표가 충족되었음을 보여주는 증거는 시스템 인증을 위해 중요하다.

과도하고 불필요한 비용을 피하기 위해 단순히 전체 시스템에 대해 매우 높은 수준의 신뢰성을 선택하기보다는 정말 필요한 신뢰성을 명시하는 것이 중요하다. 만약 어떤 부분이 다른 부분보다 더 중요하다면 시스템의 부분에 따라 다른 요구사항이 있을 수 있다. 신뢰성 요구사항을 명세할 때 다음 세 가지 지침을 따라야 한다.

1. 고장의 다양한 유형에 따라 가용성 및 신뢰성 요구사항을 명세한다. 고비용의 고장이 일어날 확률은 심각한 결과를 가져오지 않는 고장이 일어날 확률보다 낮아야 한다.

신뢰성의 과명세

신뢰성의 과명세는 소프트웨어의 실제 운영을 위해 정말로 필요한 것보다 더 높은 신뢰성 요구 수준을 정의하는 것을 의미한다. 신뢰성의 과명세는 개발 비용을 불균형적으로 증가시킨다. 그 이유는 결함을 감소시키고 신뢰성을 검증하는 비용이 신뢰성이 증가함에 따라 기하급수적으로 증가하기 때문이다.

http://software-engineering-book.com/web/over-specifying-reliability/

2. 시스템 서비스의 다양한 유형에 따라 가용성 및 신뢰성 요구사항을 명세한다. 중대한 시스템 서비스는 가장 높은 신뢰성을 가져야 하지만 덜 중요한 서비스에서는 더 많은 고장을 감내할 수 있다. 가장 중대한 시스템 서비스에 대해서만 정량적 신뢰성 명세를 사용하는 것이 비용효과적이라고 결정할 수 있다.
3. 높은 신뢰성이 정말로 요구되는지 생각해봐야 한다. 예를 들어, 시스템 출력을 검사하는 오류 감지 메커니즘을 사용하고 오류를 정정해주는 오류 정정 프로세스를 가질 수 있다. 오류를 감지하고 정정하여 출력하는 시스템에서는 높은 수준의 신뢰성이 필요 없다.

이러한 지침을 설명하기 위해 고객에게 현금을 지급하고 다른 서비스도 제공하는 은행 ATM 시스템의 신뢰성 및 가용성 요구사항에 대해 생각해보자. 은행은 이러한 시스템에 대해 다음 두 가지를 중시한다.

1. 요청에 따른 고객 서비스를 수행하고 계좌 데이터베이스에 고객의 트랜잭션을 제대로 기록한다는 것을 보증한다.
2. 필요할 때 시스템이 사용 가능하다는 것을 보증한다.

은행들은 잘못된 계좌 트랜잭션을 파악하고 정정하는 다년간의 경험을 가지고 있다. 그들은 문제가 생겼을 때 이를 감지하는 회계 방법을 사용한다. 실패한 대부분의 트랜잭션은 간단하게 취소될 수 있으며, 은행에 손실을 끼치지 않고 고객 불편도 적다. 따라서 ATM 네트워크를 운영하는 은행들은 ATM 고장으로 소수의 트랜잭션이 잘못될 수 있다는 것을 받아들인다. 잘못된 트랜잭션을 방지하기 위해 많은 비용을 부담하는 것보다 오류를 나중에 고치는 것이 더 비용효과적이라고 생각한다. 따라서 ATM에 요구되는 절대적인 신뢰성은 상대적으로 낮을 수 있다. 하루에 몇 번의 고장이 허용될 수 있다.

은행(및 은행의 고객)의 경우, ATM 네트워크의 가용성은 개별 ATM 트랜잭션의 실패 여부보다 더 중요하다. 가용성의 부족은 은행 창구 서비스 요구, 고객 불만, 네트워크 수리 비용 등의 증가를 의미한다. 따라서 은행이나 전자상거래 시스템처럼 트랜잭션 기반의 시스템의 경우에 신뢰성 명세의 초점이 일반적으로 시스템의 가용성 명세에 맞춰져있다.

ATM 네트워크의 가용성을 명세하기 위해서는 시스템 서비스들을 식별해내고 각 서비스에 대해 요구되는 가용성을 다음과 같이 명시해야 한다.

- 고객 계좌 데이터베이스 서비스
- "현금 인출"이나 "계좌 정보 제공" 같은 ATM에서 제공하는 개별 서비스

데이터베이스 서비스는 고장이 날 경우 네트워크 상의 모든 ATM이 동작하지 않는다는 것을 의미하기 때문에 가장 중요하다. 따라서 데이터베이스 서비스는 높은 수준의 가용성을 가지도록 명세해야 한다. 이 경우 데이터베이스 가용성에 대한 허용치(계획된 유지보수 및 업그레이드 등의 문제는 무시함)는 오전 7시부터 오후 11시까지에 0.9999 정도가 될 것이다.

개별 ATM의 경우에 전체적인 가용성은 기계적 신뢰성과 현금이 부족할 수 있다는 사실에 의존한다. 소프트웨어 문제는 이러한 요소들보다 아마도 덜 중요할 것이다. 따라서 ATM 소프트웨어에 대한 낮은 수준의 소프트웨어 가용성이 허용된다. 따라서 ATM 소프트웨어의 전반적인 가용성은 0.999로 명시될 수 있으며, 이는 하루에 1~2분 동안 사용하지 못할 수 있다는 것을 의미한다. 이는 문제가 발생한 경우 ATM 소프트웨어를 다시 시작하는 것을 허용한다.

제어 시스템의 신뢰성은 보통 요구가 있을 때 시스템이 고장 날 확률(POFOD)로 명세된다. 1장에서 소개한 인슐린 펌프 제어 소프트웨어의 신뢰성 요구사항을 생각해보자. 이 시스템은 하루에 여러 번 인슐린을 투여하고 사용자의 혈당을 시간당 여러 번 측정한다.

인슐린 펌프 장애에는 두 가지 유형이 있다.

1. **일시적인 소프트웨어 장애**: 사용자가 기계를 재시작하거나 재조정하여 수리할 수 있는 장애. 이러한 종류의 고장에 대해서는 비교적 낮은(0.002와 같이) POFOD가 허용 가능하다. 이것은 매 500번마다 한 번의 장애가 일어난다는 의미이다. 혈당 검사를 시간당 5번 정도 하므로 이것은 3.5일마다 한 번 일어나는 정도이다.
2. **영구적인 소프트웨어 장애**: 제조사가 소프트웨어를 재설치해야 하는 장애. 이러한 장애의 확률은 매우 낮아야 한다. 대체로 1년에 한 번 정도가 최소의 값이기 때문에 POFOD 값은 0.00002 이하이어야 한다.

인슐린 투여 장애가 즉각적으로 안전성에 영향을 주는 것은 아니기 때문에, 안전성 요소보다는 상업적인 요소가 요구되는 신뢰성의 수준을 좌우한다. 사용자는 빠른 수리와 교체를 요구하기 때문에 서비스 비용이 높다. 제조사는 수리를 요하는 영구적인 장애의 수를 줄이는 데 관심이 있다.

11.2.3 기능적 신뢰성 명세

소프트웨어 중심 시스템에서 높은 수준의 신뢰성 및 가용성을 얻기 위해 결함 회피, 결함 감지, 결함 내성 기술들을 조합하여 사용한다. 이는 시스템이 결함 회피, 감지, 내성을 제공하는 방법을 명시하는 기능적 신뢰성 요구사항들이 만들어져야 한다는 것을 의미한다.

이러한 기능적 신뢰성 요구사항들은 결함이 발견되고 이러한 결함이 시스템 장애로 이어지지 않도록 보장하기 위해 취해져야 하는 조치를 명시해야 한다. 따라서 기능적 신뢰성 명세는 비기능적 요구사항(명시되어 있다면)의 분석, 신뢰성 리스크 평가, 이러한 리스크를 해결하기 위한 시스템 기능 명세를 포함한다.

기능적 신뢰성 요구사항에는 네 가지 유형이 있다.

1. **검사 요구사항**: 이 요구사항은 부정확하거나 범위를 벗어난 입력이 시스템에 의해 처리되기 전에 감지되는 것을 보장하기 위한 시스템 입력 검사들을 식별한다.
2. **복구 요구사항**: 이 요구사항은 장애가 생긴 후 시스템 복구를 도와주는 데 맞춰져 있다. 이러한 요구사항은 보통 시스템 및 그 데이터의 사본을 관리하고 장애 발생 후 시스템 서비스를 복원하는 방법을 명시하는 것에 관련되어 있다.
3. **중복성 요구사항**: 이 요구사항은 단일 컴포넌트 고장이 서비스의 완전한 손실로 이어지지 않는다는 것을 보장하는 시스템의 중복 기능들을 명시한다. 이에 관해서는 다음 장에서 더 자세하게 설명한다.
4. **프로세스 요구사항**: 이것은 개발 프로세스에서 좋은 실무관행이 사용되는 것을 보장하는 결함 회피 요구사항이다. 명시된 실무관행은 시스템 장애 횟수를 감소시켜야 한다.

신뢰성 요구사항의 이러한 유형에 대한 예는 그림 11.5와 같다.

기능적 신뢰성 요구사항을 유도하기 위한 간단한 규칙은 없다. 중대한 시스템을 개발하는 조직에서는 보통 가능한 신뢰성 요구사항들과 이 요구사항들을 시스템의 실제 신뢰성에 반영하는 방법에 관한 지식을 가지고 있다. 이러한 조직은 철도 제어 시스템과 같이 특정 종류의 시스템에 특화되어있어서, 신뢰성 요구사항이 여러 시스템에 걸쳐 재사용될 수 있다.

11.3 결함 내성 아키텍처

결함 내성은 소프트웨어나 하드웨어 고장이 발생하고 시스템 상태가 잘못된 경우에도 작동을 계속하기 위한 메커니즘을 포함하는 확실성에 대한 런타임 접근법이다. 결함 내성 메커니즘은 결함 발생이 시스템 장애로 이어지지 않도록 잘못된 상태를 감지하고 정정한다. 결함 내성은 오류가 감지되었을 때 안전한 상태로 전환될 수 없으며 안전성이나 보안성을 중시하는 시스템에서 요구된다.

결함 내성을 제공하기 위해 중복되고 다양한 하드웨어 및 소프트웨어를 포함하도록

RR1: 모든 연산자의 입력 값의 범위를 미리 정의하고, 모든 연산자 입력 값이 사전에 정의된 범위에 들어가는지를 시스템이 검사해야 한다. (검사)
RR2: 환자 데이터베이스의 사본은 동일한 건물에 있지 않는 두 개의 별도 서버에 관리되어야한다. (복구, 중복성)
RR3: 브레이크 제어 시스템을 구현할 때 *N*-버전 프로그래밍을 사용해야 한다. (중복성)
RR4: 시스템은 Ada의 안전한 부분집합으로 구현하고 정적 분석을 사용하여 검사해야한다. (프로세스)

그림 11.5 기능적 신뢰성 요구사항의 예

시스템 아키텍처가 설계되어야 한다. 이러한 결함 내성 아키텍처가 필요한 시스템의 예로는 비행 중에 계속 가용해야 하는 항공기 시스템, 원격 통신 시스템, 중대한 지휘 및 통제 시스템이 있다.

확실성 있는 아키텍처의 간단한 실현은 두 대 이상의 서버가 동일한 작업을 수행하는 복제된 서버들이다. 처리에 대한 요청은 서버 관리 컴포넌트를 통해 특정 서버로 보내진다. 이 컴포넌트는 또한 서버 응답을 추적한다. 응답 없음으로 감지 가능한 서버 고장이 발생한 경우에 결함이 있는 서버는 시스템에서 교체된다. 처리되지 않은 요청은 처리를 위해 다른 서버로 다시 전송된다.

복제 서버 방법은 처리될 트랜잭션의 복사본을 관리하기 쉬운 트랜잭션 처리 시스템에서 널리 사용된다. 트랜잭션 처리 시스템은 트랜잭션이 올바르게 완료되면 데이터가 오직 한 번만 업데이트되도록 설계된다. 처리 지연은 시스템의 무결성에 영향을 미치지 않는다. 백업 서버가 보통 낮은 우선순위의 작업에 사용되는 것이라면, 이것은 효율적인 하드웨어 사용 방법일 수 있다. 주 서버에서 문제가 발생하면 처리되지 않은 트랜잭션들은 백업 서버로 전송되고 가장 높은 우선순위를 부여받는다.

복제 서버는 중복성은 제공하지만 일반적으로 다양성은 제공하지 않는다. 서버 하드웨어는 일반적으로 동일하고, 서버는 소프트웨어의 동일한 버전을 실행한다. 따라서 단일 기계에 국한된 하드웨어 및 소프트웨어 장애를 대처할 수 있으나, 동시에 소프트웨어의 모든 버전에 장애를 일으키는 소프트웨어 설계 문제에는 대처할 수 없다. 소프트웨어 설계 실패를 다루기 위해, 시스템은 다양한 소프트웨어와 하드웨어를 사용해야 한다.

Torres-Pomales는 다양한 소프트웨어 결함 내성 기법을 조사하였고(Torres-Pomales 2000), Pullum (Pullum, 2001)은 다양한 유형의 결함 내성 아키텍처를 설명하였다. 다음 절에서는 결함 내성 시스템에서 사용되는 세 가지 아키텍처 패턴을 설명한다.

11.3.1 보호 시스템

보호 시스템은 다른 시스템과 관련되는 특별한 시스템이다. 이것은 일반적으로 화학 제조 공정과 같은 프로세스를 위한 제어 시스템이거나 무인 열차 시스템과 같은 장비 제어 시스템이다. 보호 시스템의 예는 기차가 적색 신호를 통과했는지의 여부를 감지하는 열차 시스템일 수 있다. 열차 제어 시스템이 열차를 늦추는 징후가 없으면, 보호 시스템이 자동적으로 열차 브레이크를 적용해서 열차를 정지시켜야 한다. 보호 시스템은 독립적으로 자신의 환경을 감시한다. 만약 제어되는 시스템이 처리하지 않는 문제가 있다고 센서가 알려주면, 보호 시스템이 프로세스나 장비를 정지시키기 위해 활성화된다.

그림 11.6은 보호 시스템과 제어되는 시스템 사이의 관계를 보여준다. 보호 시스템은 제어되는 장치와 환경 모두를 감시한다. 만약 문제가 감지되면 작동기에 시스템을 종료시키는 명령을 주거나 압력 배출 밸브 개방과 같은 다른 보호 메커니즘을 호출한다. 두 개의 센서 집합이 있다는 것을 알 수 있다. 한 집합은 정상적인 시스템 감시에 사용되고 다른 집합은 특별히 보호 시스템을 위한 것이다. 센서 고장 시에 보호 시스템이 계속 동작할 수 있도록 백업이 준비되어 있다. 또한 시스템은 여분의 작동기를 가질 수 있다.

보호 시스템은 잠재적으로 안전하지 않은 상태에서 안전한 상태(시스템 정지일 수도 있음)로 시스템을 전환하는 데 요구되는 중요한 기능을 포함한다. 이것은 필수적인 기능만을 포함하는 더 작고 단순한 백업 시스템에 의해 주된 시스템이 지원되는 보다 일반적인 결함 내성 아키텍처의 한 예이다. 예를 들어, 미국 우주 왕복선의 제어 소프트웨어는 "귀환" 기능을 가진 백업 시스템을 가지고 있다. 즉, 주 제어 시스템에 장애가 일어나면 백업 시스템이 우주 왕복선을 착륙시킬 수 있으나 다른 제어 기능은 없다.

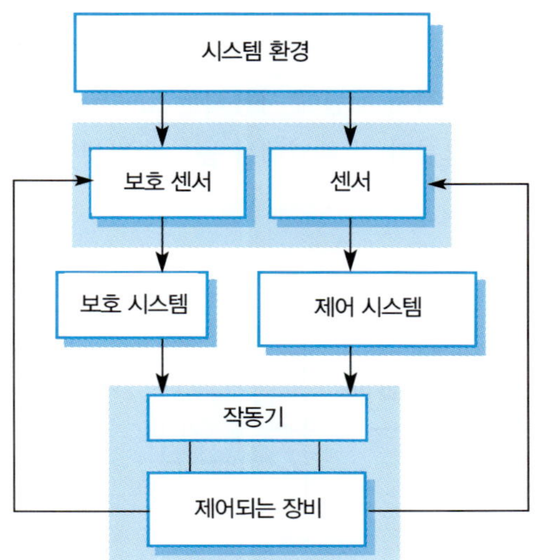

그림 11.6 보호 시스템 아키텍처

이 아키텍처 스타일의 장점은 보호받는 프로세스를 제어하는 소프트웨어보다 보호 시스템 소프트웨어가 훨씬 더 간단해질 수 있다는 것이다. 이 보호 시스템의 유일한 기능은 운영을 감시하고 위급한 상황이 발생했을 때 시스템이 안전한 상태로 전환되는 것을 보장하는 것이다. 따라서 결함 회피와 결함 감지에 더 많은 노력을 투자할 수 있다. 소프트웨어 명세서가 정확하고 일관성이 있는지와 소프트웨어가 그 명세서와 대조해서 정확한지를 확인할 수 있다. 이것의 목적은 온 디맨드 고장 확률이 매우 낮은 (예를 들면, 0.001) 보호 시스템의 신뢰성을 보증하기 위한 것이다. 보호 시스템에 대한 요구가 매우 드문 경우, 온 디맨드 고장 확률 1/1000은 보호 시스템 장애가 거의 일어나지 않음을 의미한다.

11.3.2 자기점검 아키텍처

자기점검 아키텍처(그림 11.7)는 시스템이 자신의 동작을 점검하고 만약 문제가 발견되면 조치를 취하도록 설계된 시스템 아키텍처다. 계산이 별도의 채널들에서 수행되고, 이러한 계산의 출력들이 비교된다. 만약 출력이 동일하고 동시에 가용한 경우, 시스템이 제대로 작동하고 있다고 판단된다. 만약 출력이 다르다면, 고장으로 추측된다. 이 경우 시스템은 상태 출력 라인에 고장 예외를 발생시킨다. 이 제어 신호는 다른 시스템으로 전송되어야 한다.

하드웨어 및 소프트웨어 결함 감지를 효과적으로 하기 위해, 자기점검 시스템은 다음과 같이 설계되어야 한다.

1. 각각의 채널에 사용되는 하드웨어가 다양하다. 실제로 이것은 요구되는 계산을 수행하기 위해 각각의 채널이 서로 다른 프로세서 유형을 사용하거나, 시스템을 구성하는 칩셋이 다양한 제조사로부터 공급될 수 있다는 것을 의미한다. 이것은 계산에 영향을 주는 공통적인 프로세서 설계 결함의 확률을 낮춘다.
2. 각각의 채널에 사용되는 소프트웨어가 다양하다. 그렇지 않다면 동일한 소프트웨어 오류가 각 채널에서 동시에 발생할 수 있다.

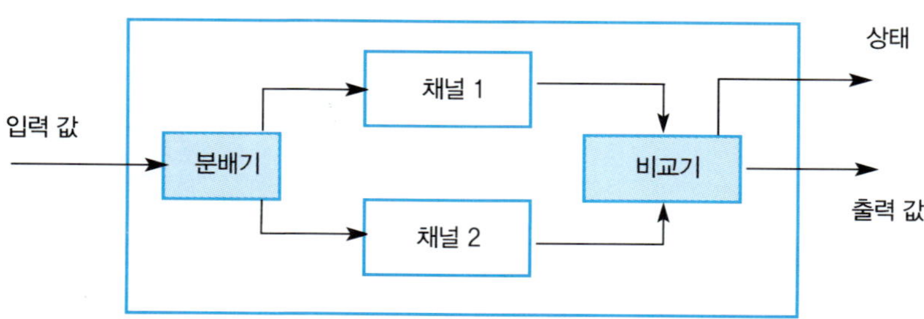

그림 11.7 자기점검 아키텍처

이 아키텍처는 계산이 정확해야 하지만 가용성이 필수가 아닌 상황에서 사용될 수 있다. 각 채널이 서로 다른 결과를 준 경우에 시스템은 종료된다. 많은 의학적 치료 및 진단 시스템의 경우, 부정확한 시스템 반응으로 환자가 잘못된 치료를 받을 수 있기 때문에 신뢰성이 가용성보다 더 중요하다. 오류 발생 시 시스템이 종료된다면, 불편하기는 하지만 환자가 피해를 입지는 않을 것이다.

높은 가용성이 요구되는 상황에서는 여러 개의 자기검사 시스템들을 병렬로 사용해야 한다. 결함을 감지하고 두 채널이 일관된 응답을 생산하는 시스템 중 하나로부터의 결과를 선택하는 스위칭 장치를 필요로 한다. 이 방법은 다섯 대의 자기검사 컴퓨터를 사용하는 Airbus 340 시리즈 항공기의 비행 제어 시스템에서 사용된다. 그림 11.8은 자기점검 시스템의 구성을 보여주는 Airbus 비행 제어 시스템의 간략한 다이어그램이다.

Airbus 비행 제어 시스템에서 각각의 비행 제어 컴퓨터는 동일한 입력을 사용하여 병렬로 계산을 수행한다. 출력은 하드웨어 필터와 연결되는데, 이 필터는 결함 상태인지 확인하고 만약 그렇다면 그 컴퓨터로부터의 출력이 꺼지게 된다. 출력은 대체 시스템에서 가져온다. 따라서 네 대의 컴퓨터가 고장 나도 항공기 운항을 계속할 수 있다.

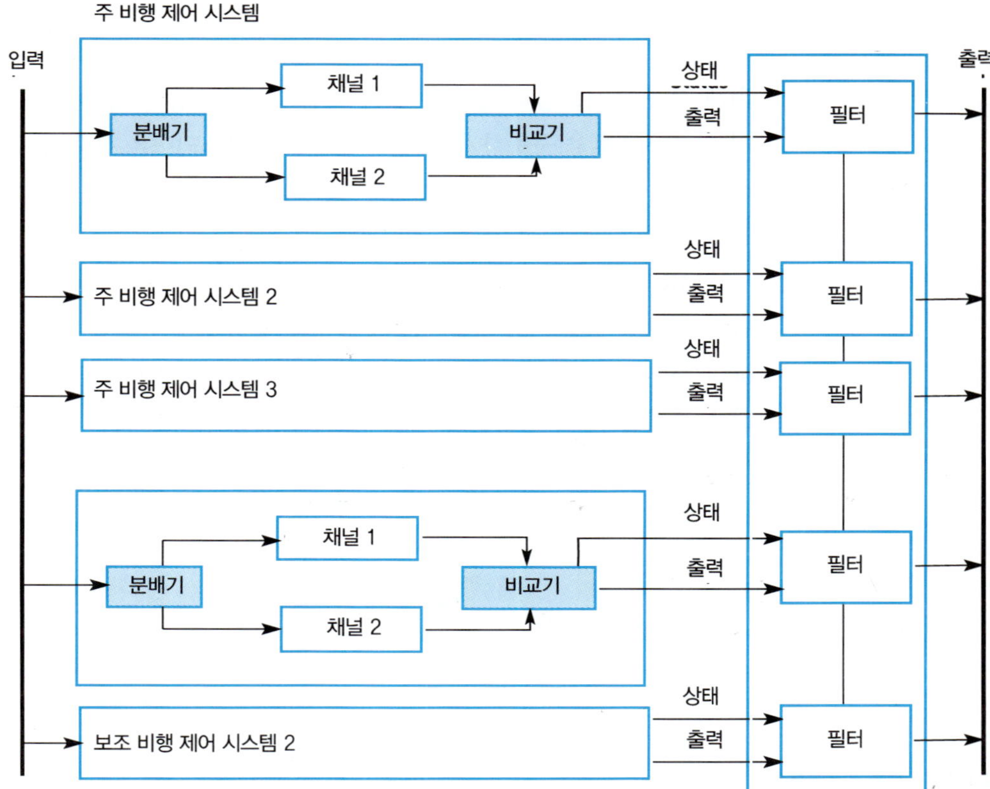

그림 11.8 비행 제어 시스템 아키텍처

15년 이상의 운항에도 전체 비행 제어 시스템 장애로 항공기 제어가 불가능해진 상황에 대한 보고는 없다.

Airbus 시스템 설계자는 다수의 다른 방법으로 다양성을 달성하기 위해 노력했다.

1. 주 비행 제어 컴퓨터들은 보조 비행 제어 시스템들과는 상이한 프로세서를 사용한다.
2. 주 및 보조 시스템의 각 채널에서 사용되는 칩셋은 각기 다른 제조사로부터 공급받는다.
3. 보조 비행 제어 시스템의 소프트웨어는 중요한 기능을 제공하지만 주 소프트웨어보다는 덜 복잡하다.
4. 주 및 보조 시스템에서 각 채널의 소프트웨어는 상이한 팀에서 상이한 프로그래밍 언어를 사용하여 개발한다.
5. 보조 시스템과 주 시스템에는 상이한 프로그램 언어가 사용된다.

11.3.4절에서 설명하는 것처럼, 이들이 다양성을 보장하지는 않지만 서로 다른 채널들에서의 공통적인 고장 확률은 줄일 수 있다.

11.3.3 *N* 버전 프로그래밍

자기점검 아키텍처는 멀티 버전 프로그래밍이 소프트웨어 중복성과 다양성을 제공하기 위해 사용된 시스템의 예이다. 멀티 버전 프로그래밍의 개념은 하드웨어 고장에 내성이 있는 시스템을 구축하기 위해 오래 전부터 사용되어온 삼중 모듈 중복(TMR: triple modular redundancy)이란 개념이 있는 하드웨어 시스템으로부터 유도되었다(그림 11.9).

TMR 시스템에서 하드웨어 장치는 세 번(혹은 그 이상) 복제된다. 각 장치로부터의 출력은 대개 투표 시스템(voting system)으로 구현되는 출력 비교기(output comparator)로 전달된다. 이 시스템은 모든 입력들을 비교하여 만약 두 개 이상이 동일하면 그 값을 출력한다. 이 장치들 중에서 한 개가 고장이 나서 다른 장치들과 동일한 출력을 생성하지 못하면 그 장치의 출력은 무시된다. 결함 관리자는 결함이 있는 하드웨어 장

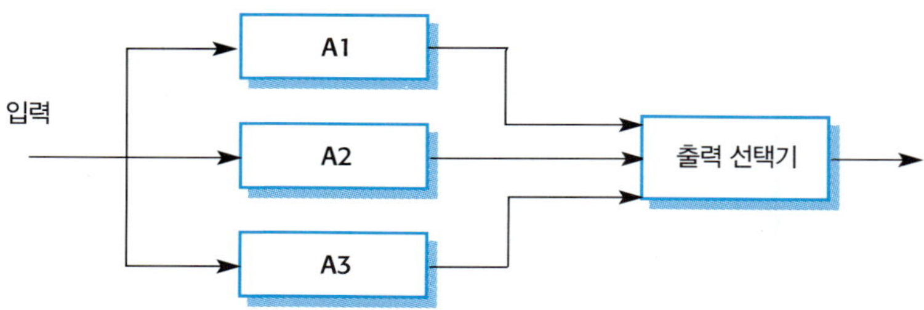

그림 11.9 삼중 모듈 중복

치를 자동적으로 수리하려고 시도하고, 불가능하면 그 장치가 사용되지 않도록 시스템을 자동적으로 재구성한다. 시스템은 작동하는 두 개의 하드웨어 장치로 기능을 계속 수행한다.

결함 내성에 대한 이러한 접근법은 하드웨어 고장의 대부분이 설계 결함보다는 부품 고장의 결과라는 사실에 의존한다. 그러므로 부품들은 독립적으로 고장이 나는 경향이 있다. 시스템이 완전하게 운영 중일 때, 모든 하드웨어 장치들이 명세서를 따른다고 가정한다. 따라서 모든 하드웨어 장치에서 동시에 부품 고장이 발생할 확률은 낮다.

물론 부품들이 공통적인 설계 결함을 가질 수 있으므로 모두가 똑같이 잘못된 결과를 낼 수 있다. 공통적인 명세서를 갖지만 상이한 제조업체에 의해 설계되고 제작되는 하드웨어 장치를 사용함으로써 이러한 공통적인 형태의 고장 가능성을 줄일 수 있다. 상이한 팀들이 똑같은 설계 오류나 제작 오류를 만들 가능성은 적다고 가정된다.

유사한 접근법이 소프트웨어 시스템의 *N*개의 다양한 버전이 병렬로 실행되는 결함 내성 소프트웨어에 적용될 수 있다(Avizienis 1995). 그림 11.10에서 보여주는 소프트웨어 결함 내성을 위한 이 방법은 철도 신호 시스템, 항공기 시스템, 원자로 보호 시스템에 사용된다.

동일한 소프트웨어 시스템이 공통의 명세서를 사용하여 다수의 팀에 의해 구현된다. 이 버전들은 별도의 컴퓨터에서 실행된다. 이들의 출력은 투표 시스템을 사용하여 비교하고 일치하지 않거나 제 시간에 생성되지 않은 출력은 기각한다. 적어도 세 개의 버전이 가용해서 한 버전에 고장이 발생하더라도 나머지 두 버전은 일치해야 한다.

높은 수준의 가용성이 요구되는 시스템에서 *N* 버전 프로그래밍이 자기검사 아키텍처보다 저렴할 수 있다. 그러나 다양한 버전의 소프트웨어를 개발하기 위해 여러 개의 팀이 필요하다. 이는 매우 높은 소프트웨어 개발 비용을 초래한다. 결과적으로 이 접근법은 안전성에 치명적인 고장이 발생하지 않도록 하는 보호 시스템을 제공하는 것이 비현실적일 때만 사용된다.

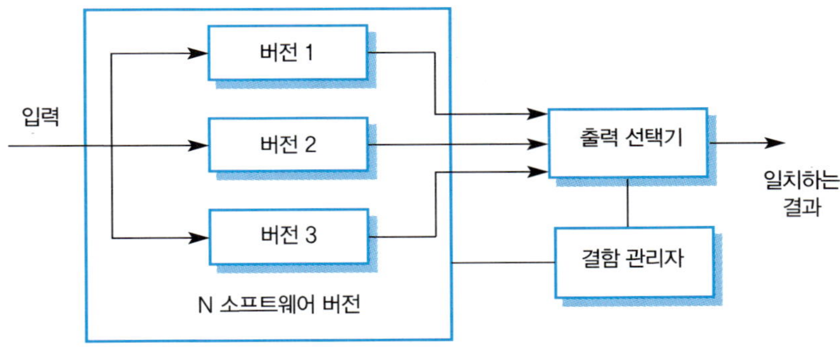

그림 11.10 N 버전 프로그래밍

11.3.4 소프트웨어 다양성

위의 결함 내성 아키텍처는 모두 결함 내성을 달성하기 위해 소프트웨어 다양성에 의존한다. 이는 동일한 명세서(혹은 보호 시스템을 위한 일부 명세서)의 다양한 구현이 서로 독립적이라는 가정에 기초한다. 이들은 공통적인 오류를 포함하지 않아야 하므로 동시에 같은 방식으로 장애가 발생하지 않을 것이다. 소프트웨어는 상이한 팀에 의해 작성되어야 하며 이들은 개발 과정 동안 의사소통을 하면 안 된다. 이 요구사항은 명세서를 공통되게 잘못 이해하거나 잘못 해석할 가능성을 줄여 준다.

시스템을 조달하는 회사는 시스템 버전 간의 차이를 극대화하기 위해 명시적 다양성 정책을 포함할 수 있다. 그 예는 다음과 같다.

1. 상이한 설계 방법을 사용해야 하는 요구사항을 포함한다. 예를 들어, 한 팀은 객체지향 설계를 사용하고 다른 팀은 함수지향(function-oriented) 설계를 사용할 것을 요구한다.
2. 상이한 프로그래밍 언어를 사용하여 프로그램을 구현해야 한다고 규정한다. 예를 들어, 세 가지 버전의 시스템에서 소프트웨어 버전들을 구현하기 위해 Ada, C++, Java가 사용되어야 한다.
3. 시스템을 위해 상이한 도구 및 개발 환경을 사용해야 한다고 요구한다.
4. 구현의 일부분에 상이한 알고리즘이 사용되어야 한다고 요구한다. 그러나 이것은 설계팀의 자유를 제한하여 시스템 성능 요구사항을 만족시키기 어려울 수 있다.

이상적으로는, 시스템의 다양한 버전이 종속성(dependency)을 가지지 않고 완전히 다른 방식으로 장애가 발생해야 한다. 이러한 경우에 다양성 있는 시스템의 전체 신뢰성은 각 채널의 신뢰도를 곱하여 얻어진다. 각 채널이 0.001의 온 디맨드 고장 확률을 가진다면, 3-채널 시스템(모든 채널이 독립적임)의 전체 POFOD는 단일 채널 시스템의 POFOD보다 백만 배 더 적다.

그러나 실제로 완전한 채널 독립성을 달성하는 것은 불가능하다. 독립적인 소프트웨어 설계 팀이 종종 같은 실수를 하거나 명세서의 같은 부분을 동일하게 오해한다는 것이 실험적으로 밝혀졌다(Brilliant, Knight, and Leveson 1990; Leveson 1995). 이 오해에 대한 다음과 같은 몇 가지 이유가 있다.

1. 상이한 팀의 구성원이 종종 같은 문화적 배경을 가지고 동일한 방식과 교재를 사용한 교육을 받았을 수 있다. 이것은 그들이 이해하기 어려워하는 것들이 동일할 수 있고 도메인 전문가와 의사소통하는 데 동일한 어려움을 가질 수 있다는 것을 의미한다. 그들이 독립적으로 동일한 실수를 하고 문제를 해결하기 위해 동일한 알고리즘을 설계하는 것이 가능하다.

2. 요구사항이 잘못되거나 시스템 환경에 대한 오해에 기초한다면 이러한 실수는 시스템의 각 구현에 반영될 것이다.

3. 중대한 시스템에서 시스템 요구사항으로부터 유도되는 세부 시스템 명세서는 시스템의 동작에 대한 명확한 정의를 제공해야 한다. 명세서가 모호하면 상이한 팀들이 동일한 방식으로 명세서를 잘못 해석할 수 있다.

공통적인 명세서 오류의 가능성을 줄이는 한 가지 방법은, 시스템의 상세한 명세서를 독립적으로 개발하고 명세서를 상이한 언어들로 정의하는 것이다. 한 개발팀은 정형 명세서로, 다른 팀은 상태 기반 시스템 모델로, 세 번째 팀은 자연어 명세서로 작업한다. 이 접근법은 명세서 해석의 오류를 피하는 데 도움이 되지만, 요구사항 오류의 문제를 해결하지는 못한다. 또한 일관성 없는 명세서로 이어지는 요구사항 번역 오류의 가능성도 생긴다.

Hatton (Hatton 1997)은 실험 분석을 통해 3-채널 시스템이 단일 채널 시스템보다 5배에서 9배까지 더 신뢰성이 있다고 결론지었다. 단일 버전에 더 많은 자원을 들여 신뢰성을 향상시키는 방식으로는 이것에 필적할 수 없으므로 *N* 버전 접근법이 단일 버전 접근법보다 더 신뢰성 있는 시스템으로 이어질 가능성이 있다고 결론을 내렸다.

그러나 불분명한 것은 멀티 버전 시스템으로 인한 신뢰성 향상에 추가로 개발 비용을 투입할 가치가 있는지의 여부이다. 많은 시스템에서 잘 제작된 단일 버전 시스템으로도 충분하기 때문에 추가 비용이 인정되지 않을 수 있다. 고장 비용이 매우 높은 안전성 중심 시스템과 임무 중심 시스템에서만 멀티버전 소프트웨어가 필요할 수 있다. 이러한 경우에도(예를 들어 우주선 시스템), 주 시스템이 수리되고 재시작될 때까지 제한적인 기능을 가진 간단한 백업을 제공하면 충분할 것이다.

11.4 신뢰성을 위한 프로그래밍

필자는 의도적으로 이 책의 초점을 소프트웨어 공학의 프로그래밍 독립적인 측면에 맞추고 있다. 특정 프로그래밍 언어의 세부사항으로 들어가지 않고 프로그래밍을 논의하는 것은 거의 불가능하다. 그러나 신뢰성 공학을 고려할 때, 상당히 보편적이고 인도할 시스템의 결함을 줄이는 데 도움이 되는 좋은 프로그래밍 실무관행들이 있다.

여덟 개의 좋은 실무 지침이 그림 11.11에 나타나 있다. 이 실무 지침들은 시스템 개발에 사용되는 특정 프로그래밍 언어에 관계없이 적용될 수 있다. 그러나 사용되는 방법은 시스템 개발에 사용되는 특정 언어와 표기법에 의존한다. 이 지침들을 따르면 프로그램에 보안 관련 취약점이 생기는 가능성도 줄일 수 있다.

신뢰성 있는 프로그래밍 지침들

1. 프로그램 내에서 정보의 가시성을 제한하라.
2. 모든 입력이 유효한지 검사하라.
3. 모든 예외에 대해 처리기를 제공하라.
4. 오류가 발생하기 쉬운 구조의 사용을 최소화하라.
5. 재시작 기능을 제공하라.
6. 배열의 경계를 검사하라.
7. 외부 컴포넌트를 호출할 때는 타임아웃을 포함하라.
8. 실세계의 값을 나타내는 모든 상수에 이름을 지어라.

그림 11.11 신뢰할 수 있는 프로그래밍을 위한 좋은 실무 지침

지침 1: 프로그램 내에서 정보의 가시성을 제한하라.

국방 조직이 채택한 보안 원칙은 "숙지 필요성(need to know)"의 원리이다. 임무를 수행하기 위해 정보의 특정 부분을 알 필요가 있는 사람에게만 그 정보가 주어진다. 임무와 직접적으로 관련이 없는 정보는 알려 주지 않는다.

프로그래밍을 할 때 사용할 변수와 데이터 구조에 대한 접근을 통제하는 데 유사한 원리를 채택해야 한다. 프로그램 컴포넌트는 구현에 필요한 데이터만 접근해야 한다. 다른 프로그램 데이터는 숨겨지고 접근이 불가능해야 한다. 정보를 숨기면 그 정보를 사용하지 않아야 하는 프로그램 컴포넌트에 의해서 정보가 훼손되는 것을 막을 수 있다. 만약 인터페이스가 똑같이 유지된다면, 시스템 내의 다른 컴포넌트에 영향을 주지 않고 데이터 표현을 변경할 수 있다.

프로그램에서 데이터 구조를 추상 데이터 타입으로 구현함으로써 이를 달성할 수 있다. 추상 데이터 타입은 그 타입의 변수의 내부 구조와 표현이 숨겨진 것이다. 타입의 구조와 속성은 외부로 노출되지 않고 데이터로의 모든 접근은 오퍼레이션을 통해서 가능하다.

예를 들어 서비스 요청 큐(queue)를 나타내는 추상 데이터 타입을 가질 수 있다. 오퍼레이션은 큐에 항목을 추가하거나 제거하는 get 및 put과 큐에 들어있는 항목의 개수를 반환하는 오퍼레이션을 포함해야 한다. 처음에 큐를 배열로 구현했다가 나중에 링크드 리스트(linked list)로 구현을 변경하기로 한다. 이는 큐를 사용하는 코드를 변경하지 않고 달성할 수 있는데 큐 표현이 절대 직접적으로 접근되지 않기 때문이다.

일부 객체 지향 언어에서는 인터페이스 정의를 사용하여 추상 데이터 타입을 구현할 수 있다. 여기서 구현을 참조하지 않고 객체의 인터페이스를 선언한다. 예를 들어, 객체를 큐에 넣고, 큐에서 객체를 제거하고, 큐의 크기에 대해 질의할 수 있는 메서드들을 지원하는 Queue 인터페이스를 정의할 수 있다. 이 인터페이스를 구현하는 객체 클래스에서 속성과 메서드는 해당 클래스에 숨겨져야 한다.

지침2: 모든 입력이 유효한지 검사하라.

모든 프로그램은 그들의 환경에서 입력을 받아 처리한다. 명세서는 실세계에서의 사용을 반영하여 이러한 입력에 대한 가정들을 만든다. 예를 들어 은행 계좌번호가 항상 8자리 양의 정수라고 가정할 수 있다. 그러나 대부분의 경우에 시스템 명세서는 틀린 입력을 어떻게 처리해야 하는지에 대해 정의하지 않는다. 필연적으로 사용자들은 실수를 하고 때때로 잘못된 데이터를 입력할 것이다. 13장에서 설명하는 것처럼 시스템에 대한 악의적인 공격은 의도적으로 잘못된 정보를 입력하는 것에 의존할 수 있다. 심지어 센서나 다른 시스템들로부터 입력이 올 때에도 이 시스템들이 잘못되어 부정확한 값을 제공할 수 있다.

따라서 프로그램의 운영 환경에서 입력을 읽자마자 항상 유효성 검사를 해야 한다. 검사는 분명히 입력 자체에 의존하나 다음 방법들을 이용한 검사가 가능하다.

1. **범위 검사**: 입력을 특정 범위로 예상할 수 있다. 예를 들어, 확률을 나타내는 입력은 0.0에서 1.0까지의 범위 내에 있어야한다. 액체 상태의 물 온도를 나타내는 입력은 섭씨 0도에서 섭씨 100도 사이에 있어야 한다.[†]
2. **크기 검사**: 예를 들어, 은행 계좌번호를 나타내는 8개의 문자처럼 입력을 주어진 개수의 문자로 예상할 수 있다. 다른 경우로 크기가 고정이 아니더라도 현실적인 상한이 있을 수 있다. 예를 들어, 사람 이름이 40개 이상의 문자를 가지지는 않을 것이다.
3. **표현 검사**: 입력을 표준 방식으로 표현되는 특정 타입으로 예상할 수 있다. 예를 들어, 사람 이름은 숫자를 포함하지 않고, 전자우편 주소는 @ 기호로 구분된 두 부분으로 구성되어 있다.
4. **타당성 검사**: 입력이 어떤 연속 중에 하나에 해당하고 그 연속의 구성원들 사이의 관계에 대해 아는 사실이 있다면, 입력 값이 타당한지 확인할 수 있다. 예를 들어, 입력 값이 가정용 전기 계량기의 수치를 나타내는 경우, 사용된 전기량이 전년도의 해당 기간의 값과 대략 동일하리라고 예측할 수 있다. 물론 차이가 있을 수 있으나, 자릿수가 다르다면 뭔가가 잘못되었음을 시사한다.

입력 유효성 검사가 실패할 경우 취할 조치는 구현되고 있는 시스템의 유형에 의존한다. 어떤 경우에는 사용자에게 문제를 보고하고 값을 재입력하도록 요청한다. 센서에서 값이 오는 경우에는 최근에 유효했던 값을 사용할 수 있다. 임베디드 실시간 시스템에서는 시스템이 계속 동작할 수 있도록 이전의 데이터에 기초하여 값을 추정해야 할 수도 있다.

[†] 1기압일 때

지침 3: 모든 예외에 대해 처리기를 제공하라.

프로그램 실행 중에 오류나 예상치 못한 사건이 필연적으로 발생한다. 이들은 프로그램 결함 때문에 발생하거나, 예측할 수 없는 외부 환경의 결과일 수 있다. 프로그램의 실행 중에 발생한 오류나 예상치 못한 사건을 예외(exception)라고 한다. 예외의 예로는 시스템 전원 고장, 존재하지 않는 데이터에 대한 접근 시도, 수치 오버플로와 언더플로 등이 있다.

예외는 하드웨어나 소프트웨어 문제에 의해 발생할 수 있다. 예외가 발생하면 시스템에 의해 관리되어야 한다. 예외는 프로그램 내에서 자체적으로 처리할 수도 있고, 시스템의 예외 처리 메커니즘으로 제어를 넘겨서 처리할 수도 있다. 보통 시스템의 예외 관리 메커니즘은 오류를 보고하고 실행을 중단시킨다. 따라서 프로그램 예외가 시스템 장애를 초래하지 않게 보장하려면, 발생할 수 있는 모든 예외에 대한 예외 처리기를 정의하여 모든 예외가 감지되고 명시적으로 처리되도록 해야 한다.

Java, C++, Python과 같은 언어들은 예외 처리 구조를 내장하고 있다. 예외 상황이 발생하면 예외 신호가 보내지고 프로그래밍 언어의 런타임 시스템은 예외 처리기로 제어를 전달한다. 그림 11.12는 예외의 이름과 각 예외를 처리하는 적절한 동작을 나타내는 코드 부분이다. 예외 처리기는 정상적인 제어 흐름 밖에 있으며 정상 제어 흐름은 예외가 처리된 후에 다시 시작되지 않는다.

예외 처리기는 일반적으로 다음 세 가지 중 하나를 수행한다.

1. 상위 수준의 컴포넌트로 예외가 발생했다는 신호를 보내고 예외의 종류에 대한 정보를 제공한다. 하나의 컴포넌트가 다른 컴포넌트를 호출하고 호출된 컴포넌트가 성공적으로 실행되었는지를 호출한 컴포넌트가 알 필요가 있을 때 이 방식을 사용한다. 호출된 컴포넌트가 성공적으로 실행되지 않았다면 문제에서 복구하는 작업을 수행하는 것은 호출한 컴포넌트에 달려있다.
2. 원래 의도한 것과 다른 대체 절차를 수행한다. 따라서 예외 처리기는 문제에서 복구

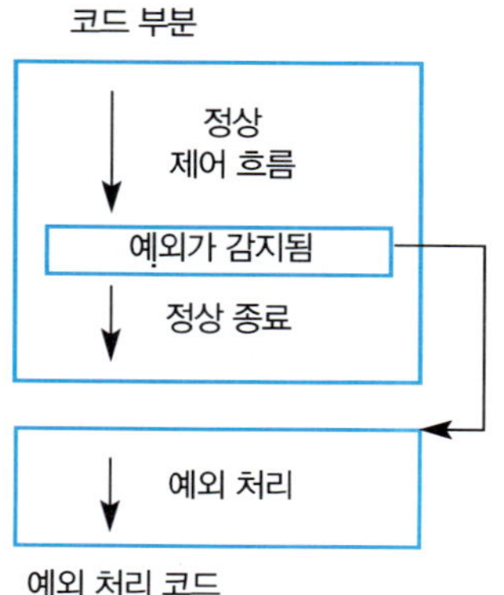

그림 11.12 예외 처리

하기 위해 몇 가지 조치를 취한다. 그 다음에 절차가 정상적으로 계속될 수 있다. 다른 방법으로는 예외 처리기가 예외가 발생했음을 알려주어서 호출한 컴포넌트가 예외를 인식하고 처리하도록 할 수 있다.

3. 예외를 처리하는 프로그래밍 언어 런타임 지원 시스템으로 제어권을 넘긴다. 이것은 수치 오버플로 발생과 같이 프로그램에 결함이 발생했을 때에 디폴트가 된다. 런타임 시스템의 일반적인 조치는 처리를 중단하는 것이다. 이 방법은 런타임 시스템에 제어권을 넘기기 전에 시스템을 안전하고 중단된 상태로 전환할 수 있는 경우에만 사용해야 한다.

프로그램 내에서 예외를 처리하는 것은 일부 입력 오류와 예기치 않은 외부 이벤트를 감지하고 복구하는 것을 가능하게 한다. 이것은 어느 정도의 결함 내성을 제공한다. 프로그램은 결함을 감지하고 복구하는 조치를 취할 수 있다. 대부분의 입력 오류와 예기치 않은 외부 이벤트는 일반적으로 일시적이므로 종종 예외가 처리된 후에는 정상적인 운영을 계속할 수 있다.

지침 4: 오류가 발생하기 쉬운 구조의 사용을 최소화하라.

프로그램의 결함과 이로 인한 많은 프로그램 장애는 대개 사람의 오류에 의한 결과이다. 프로그래머들은 상태 변수들 사이의 수많은 관계를 따라가지 못하기 때문에 실수를 한다. 그들은 예상치 못한 동작과 시스템 상태 변화로 귀결되는 프로그램 문장들을 작성한다. 사람들은 항상 실수를 하게 마련이지만 일부 프로그래밍 방법이 다른 방법보다 프로그램에 오류를 만들 가능성이 높다는 것이 1960년대 후반에 분명해졌다.

예를 들어, 부동소수점 수의 정밀도는 하드웨어 표현에 의해 제한되기 때문에 부동소수점 수를 피하도록 해야 한다. 아주 크거나 아주 작은 수의 비교는 신뢰할 수 없다. 잠재적으로 오류가 발생하기 쉬운 또 다른 구조는 프로그램에서 명시적으로 기억장소를 관리하는 동적 기억장소 할당이다. 더 이상 필요 없어졌을 때 기억장소를 해제하는

오류 유발 구조(error-prone constructs)

일부 프로그램 언어 기능은 다른 것들보다 프로그램 버그를 만들 가능성이 높다. 이러한 구조의 사용을 피함으로써 프로그램 신뢰성을 향상시킬 수 있을 것이다. 가능하다면 go to 문, 부동소수점 수, 포인터, 동적 메모리 할당, 병렬성, 재귀, 인터럽트, 에일리어싱(aliasing), 경계없는 배열, 디폴트 입력 처리 등의 사용을 최소화해야 한다.

http://software-engineering-book.com/web/error-prone-constructs/

것을 잊어버리기 쉬우며 이는 감지하기 어려운 런타임 오류로 이어질 수 있다.

안전성 중심 시스템 개발을 위한 몇몇 표준은 오류 유발 구조의 사용을 완전히 금지한다. 그러나 이런 극단적인 상황은 대개 잘 일어나지 않는다. 오류 유발 구조와 기법들 모두 유용하지만 주의 깊게 사용해야 한다. 가능하면 추상 자료형이나 객체 내에 그들을 사용함으로써 잠재적으로 위험한 영향을 통제해야 한다. 이것은 오류가 발생하면 유발되는 손실을 제한하는 자연스러운 "방화벽"의 역할을 한다.

지침 5: 재시작 기능을 제공하라.

많은 조직의 정보 시스템은 사용자 입력 처리에 비교적으로 짧은 시간이 걸리는 짧은 트랜잭션을 기반으로 한다. 이러한 시스템은 모든 처리가 성공적으로 완료된 후에 데이터베이스 변경이 완료되도록 설계된다. 처리 중에 문제가 생긴다면 데이터베이스는 업데이트 되지 않고 따라서 일관성이 깨지지 않는다. 마지막 화면에서 구입을 결정하는 사실상 모든 전자 상거래 시스템은 이런 방식으로 동작한다.

전자 상거래 시스템과 사용자의 상호 작용은 일반적으로 몇 분 동안 지속되고 최소한의 처리를 포함한다. 데이터베이스 트랜잭션은 짧고 보통 1초 안에 완료된다. 그러나 CAD 시스템, 워드 프로세싱 시스템과 같은 다른 종류의 시스템은 긴 트랜잭션을 수반한다. 긴 트랜잭션 시스템에서는 시스템 사용 시작부터 작업 종료까지 몇 분 또는 몇 시간이 걸릴 수 있다. 긴 트랜잭션 동안 시스템이 실패하면 작업이 모두 손실될 수 있다. 마찬가지로 일부 e-사이언스 시스템과 같은 계산 집약적 시스템에서는 계산을 완료하기 위해 몇 분 또는 몇 시간의 처리가 필요하다. 시스템 장애가 발생한 경우에 이 시간 동안의 모든 작업이 손실된다.

이러한 유형의 시스템들 모두에서는 재시작 기능을 제공해야 하며, 이 재시작 기능은 처리 중에 수집되거나 생성된 데이터의 사본을 유지하는 데 기초한다. 재시작 기능은 시스템이 처음부터 모든 것을 다시 시작하기보다는 사본을 이용하여 재시작할 수 있도록 해야 한다. 이 사본을 때로는 체크포인트(checkpoint)라고 한다. 그 예는 다음과 같다.

1. 전자 상거래 시스템에서는 사용자가 입력한 양식의 사본을 유지하여 다시 양식을 채우지 않고 양식에 접근하고 제출할 수 있어야 한다.
2. 긴 트랜잭션이나 계산 집약적인 시스템에서는 데이터를 몇 분 간격으로 자동으로 저장하고, 시스템 장애가 발생한 경우에는 최근에 저장한 데이터로부터 재시작할 수 있다. 또한 사용자 오류를 허용하고 사용자가 최근의 체크포인트로 돌아가서 다시 시작할 수 있는 방법을 제공해야 한다.

예외가 발생하고 정상적인 작동을 계속하는 것이 불가능하다면, 역방향 오류 복구를 사용하여 예외를 처리할 수 있다. 이것은 체크포인트에 저장된 상태로 시스템 상태를 재설정하고 그 시점에서부터 작업을 재시작하는 것을 의미한다.

지침 6: 배열의 경계를 검사하라.

모든 프로그래밍 언어는 배열을 지원한다. 배열은 숫자 인덱스를 사용하여 접근할 수 있는 순차적인 데이터 구조이다. 이러한 배열은 일반적으로 프로그램의 작업 메모리 내에서 연속된 영역에 배치된다. 배열은 사용되는 방법을 반영하여 특정 크기로 지정된다. 예를 들어, 10,000명의 나이를 표현하고자 하는 경우에 나이 데이터를 저장하기 위해 10,000의 크기를 가지는 배열을 선언할 수 있다.

Java와 같은 일부 프로그래밍 언어에서는 배열로 값이 입력될 때, 인덱스가 배열 내에 있는지 항상 확인한다. 그래서 배열 A가 0~10,000으로 색인이 되어있다면 A [-5] 또는 A [12345]에 대한 접근은 예외를 발생시킨다. 그러나 C, C++와 같은 프로그래밍 언어는 자동으로 배열 경계 검사를 하지 않고 단순히 배열의 시작점부터의 오프셋을 계산한다. 따라서 A [12345]가 배열 영역에 포함되는지의 여부와 관계없이 배열의 시작점부터 12345 위치에 해당되는 데이터에 접근한다.

자동 배열 경계 검사를 사용하면 배열이 접근될 때마다 오버헤드가 생겨서 프로그램 실행 시간이 증가하기 때문에 C, C++와 같은 언어들은 자동 배열 경계 검사를 포함하지 않는다. 그러나 경계 검사의 부재는 13장에서 설명한 버퍼 오버플로와 같은 보안 취약점으로 이어진다. 보다 일반적으로 이는 시스템 장애로 이어질 수 있는 시스템 취약성을 가져온다. 만약 배열 경계 검사가 포함되지 않은 C, C++와 같은 언어를 사용한다면 배열 인덱스가 경계 안에 들어오는지 항상 검사해야 한다.

지침 7: 외부 컴포넌트를 호출할 때는 타임아웃을 포함하라.

분산 시스템에서 시스템 컴포넌트들은 서로 다른 컴퓨터에서 실행되고 네트워크를 통해 컴포넌트 간에 호출이 이루어진다. 서비스를 받기 위해 컴포넌트 A가 컴포넌트 B를 호출할 수 있다. A는 실행을 계속하기 전에 B의 응답을 기다린다. 그러나 컴포넌트 B가 어떤 이유로 응답에 실패하면 컴포넌트 A는 실행을 계속할 수 없다. 단순히 무한히 응답을 기다린다. 시스템으로부터의 응답을 기다리는 사용자는 응답 없는 시스템 장애를 보게 된다. 사용자는 대기 프로세스를 종료하고 시스템을 재시작하는 수밖에 없다.

이 문제를 피하기 위해 외부 컴포넌트를 호출할 때 항상 타임아웃을 포함해야 한다. 타임아웃은 호출된 컴포넌트가 실패하고 응답을 하지 않을 것이라는 자동적인 가정이다. 호출된 컴포넌트로부터 응답을 받을 것이라고 예상되는 시간을 정한다. 만약 해당 시간 안에 응답을 받지 못하면 실패라고 가정하고 호출된 컴포넌트로부터 제어권을 돌려받는다. 그런 다음 오류 복구를 시도하거나 시스템 사용자들에게 무슨 일이 일어났는지를 알리고 무엇을 할지 결정할 수 있게 한다.

지침 8: 실세계의 값을 나타내는 모든 상수에 이름을 지어라.

모든 중요한 프로그램들은 실세계 개체의 값을 나타내는 상수들을 포함한다. 프로그램이 실행될 때 이 값들은 수정되지 않는다. 때때로 이들은 절대적인 상수이고 절대 변하지 않지만(예를 들어, 빛의 속도), 대부분은 상대적으로 느리게 변하는 값들이다. 예를 들어, 개인 세금을 계산하는 프로그램은 현재 세율 상수를 포함한다. 이들은 매년 변경되므로 프로그램이 새로운 상수 값으로 업데이트되어야 한다.

사용되는 모든 실세계 상수 값들의 이름을 항상 프로그램의 한 부분에 포함해야 한다. 상수들을 사용할 때 값보다는 이름으로 참조해야 한다. 이는 확실성이 고려될 때 두 가지 장점을 가진다.

1. 실수하거나 잘못된 값을 사용할 가능성을 줄인다. 숫자를 잘못 입력하기 쉽고 시스템은 종종 이 실수를 감지할 수 없다. 예를 들어 세율이 34%라고 하자. 단순히 순서가 바꾸어지는 오류로 세율이 43%로 잘못 입력될 수 있다. 그러나 이름을 잘못 입력하는 경우(예를 들어, Standard-tax-rate), 이 오류는 컴파일러에 의해 선언되지 않은 변수로 검출될 수 있다.
2. 값이 변경될 때 그 값이 사용된 곳을 찾기 위해 전체 프로그램을 살펴보지 않아도 된다. 단지 해야 할 일은 상수 선언에 관련된 값을 변경하는 것이다. 새로운 값은 자동으로 값이 필요한 모든 곳에 포함된다.

11.5 신뢰성 측정

시스템의 신뢰성을 평가하기 위해서는 그 동작에 대한 데이터를 수집해야 한다. 필요한 데이터는 다음을 포함할 수 있다.

1. 주어진 시스템 서비스 요청 횟수에 대한 시스템 장애 횟수. 이것은 POFOD를 측정하는 데 사용되고 요청이 생긴 시간에 관계없이 적용된다.
2. 시스템 장애 사이의 시간 간격 또는 트랜잭션 개수, 전체 경과 시간 또는 전체 트랜잭션 개수. 이것은 ROCOF와 MTTF를 측정하는 데 사용된다.

3. 서비스의 손실로 이어지는 시스템에 장애가 발생한 후 수리 또는 재시작에 걸리는 시간. 이는 가용성 측정에 사용된다. 가용성은 고장 간의 시간뿐만 아니라 시스템이 다시 운영되는 데 필요한 시간에도 영향을 받는다.

이러한 척도에 사용되는 시간 단위는 캘린더 시간(calendar time) 혹은 트랜잭션의 개수와 같은 이산 단위일 수 있다. 캘린더 시간은 지속적으로 운영되는 시스템에 사용해야 한다. 프로세스 제어 시스템과 같은 모니터링 시스템이 이 종류에 속한다. 따라서 ROCOF는 일일 고장 횟수가 될 수 있다. 은행 ATM과 항공 예약 시스템과 같이 트랜잭션을 처리하는 시스템은 하루 중의 시간에 따라 부하가 다르다. 이 경우에 사용되는 "시간"의 단위는 트랜잭션의 개수가 될 수 있다. 즉, ROCOF는 *N*천 개의 트랜잭션 당 실패한 트랜잭션의 개수일 것이다.

신뢰성 테스팅은 시스템의 신뢰성을 측정하는 것이 목표인 통계적 테스팅 프로세스이다. 온 디맨드 고장 확률인 POFOD와 고장 발생 비율인 ROCOF와 같은 신뢰성 척도는 요구된 소프트웨어 신뢰성을 정량적으로 명시하기 위해 사용될 수 있다. 시스템이 요구된 신뢰성 수준에 도달했는지를 신뢰성 테스팅 프로세스로 확인할 수 있다.

시스템의 신뢰성 측정 프로세스는 때때로 통계적 테스팅으로 불린다(그림 11.13). 통계적 테스팅 프로세스는 결함을 찾기보다는 신뢰성을 측정하는 데 맞춰져 있다. Prowell 등(Prowell et al. 1999)은 클린룸(Cleanroom) 소프트웨어 공학에 관한 자신의 책에서 통계적 테스팅에 대해 잘 설명하였다.

통계적 테스팅 프로세스에는 네 단계가 있다.

1. 실제로 어떻게 사용되는지 이해하기 위해 동일한 유형의 기존 시스템들을 연구하기 시작한다. 시스템 사용자가 경험한 것처럼 신뢰성을 측정하려고 노력하는 것이 중요하다. 목표는 운영 프로파일을 정의하는 것이다. 운영 프로파일은 시스템 입력의 유형과 정상적인 사용 시 이러한 입력이 발생할 확률을 파악한다.
2. 운영 프로파일을 반영하는 테스트 데이터의 집합을 구성한다. 이것은 위에서 연구한 시스템의 테스트 데이터와 동일한 확률 분포를 갖는 테스트 데이터를 생성하는 것을 의미한다. 보통, 이 프로세스를 지원하기 위해 테스트 데이터 생성기를 이용한다.
3. 이러한 데이터를 가지고 시스템을 테스트하고 발생한 고장의 횟수와 유형을 센다. 또한 고장 시간도 기록한다. 10장에서 설명한 것처럼, 선택된 시간 단위는 사용되는

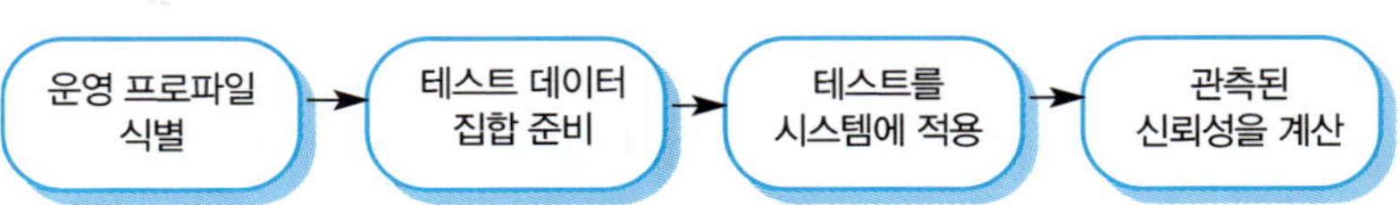

그림 11.13 신뢰성 측정을 위한 통계적 테스팅

신뢰성 척도에 적합해야 한다.

4. 통계적으로 유의미한 고장 횟수가 관측된 후에 소프트웨어 신뢰성을 계산하고 적절한 신뢰성 척도 값을 산출할 수 있다.

개념적으로 매력적인 이 방법을 실제로 신뢰성 측정에 적용하기는 쉽지 않다. 주요한 어려움은 다음에 기인한다.

1. **운영 프로파일의 불확실성**: 다른 시스템의 이용 경험에 기초한 운영 프로파일이 시스템의 실제 사용을 정확하게 반영하지 않을 수 있다.
2. **테스트 데이터 생성을 위한 높은 비용**: 프로세스가 완전하게 자동화될 수 없으면 운영 프로파일에서 요구되는 많은 양의 데이터를 생성하는 데 매우 많은 비용이 들 수 있다.
3. **높은 신뢰성이 명세되었을 때의 통계적 불확실성**: 정확한 신뢰성 측정을 위해서는 통계적으로 유의미한 수의 장애를 생성해야 한다. 소프트웨어가 이미 신뢰성이 높으면, 상대적으로 거의 장애가 일어나지 않을 것이고 새로운 장애를 생성하기 어렵다.
4. **인식 실패**: 시스템 장애가 발생하였는지의 여부가 항상 명확한 것은 아니다. 만약 정형 명세서가 있으면 명세서로부터의 편차를 확인할 수 있지만, 명세서가 자연어로 되어있는 경우에는 모호할 수 있고 이는 관측자가 시스템의 장애 여부를 확신할 수 없다는 의미이다.

신뢰성 측정에 필요한 대량의 데이터 집합을 생성하는 데 가장 좋은 방법은 운영 프로파일에 맞는 입력을 자동적으로 생성하도록 설정된 테스트 데이터 생성기를 이용하는 것이다. 그러나 대화식 시스템을 위한 모든 테스트 데이터의 생성을 자동화하는 것은 일반적으로 가능하지 않은데 종종 시스템 출력에 대한 응답이 입력이 되기 때문이다. 이러한 시스템을 위한 데이터 집합은 그만큼 더 높은 비용을 들여 수작업으로 생성해야 한다. 완전한 자동화가 가능한 경우에도 테스트 데이터 생성기를 위한 명령을 작성하는 데 많은 시간이 소모될 수 있다.

통계적 테스팅은 결함 감지 프로세스가 얼마나 효과적인지에 대한 데이터를 수집하기 위해 결함 주입(fault injection)과 함께 사용될 수 있다. 결함 주입(Voas and McGraw 1997)은 프로그램에 오류를 고의로 주입하는 것이다. 프로그램이 실행되면 이들은 프로그램 결함과 그로 인한 장애를 일으킨다. 그런 다음 근본 원인이 프로그램에 주입한 오류들 중 하나인지 발견하기 위해 장애를 분석한다. 만약 주입된 결함의 X%가 장애로 이어지는 것으로 발견하면, 결함 주입 제안자는 결함 테스팅 프로세스가 프로그램의 실제 결함의 X%를 발견할 것으로 주장한다.

이 접근법은 주입된 결함의 분포 및 유형이 시스템의 실제 결함을 반영한다고 가정

신뢰성 성장 모델링

신뢰성 성장 모델은 테스팅 프로세스 동안에 시간에 따른 시스템 신뢰성 변화의 모델이다. 시스템을 테스팅하고 디버깅하면서 시스템 장애가 발견되고 장애의 원인이 되는 결함이 고쳐져서 시스템 신뢰성이 향상된다. 신뢰성을 예측하기 위해서는 개념적인 신뢰성 성장 모델이 수학적인 모델로 변환되어야 한다.

http://software-engineering-book.com/web/reliability-growth-modeling/

한다. 이것이 프로그래밍 오류로 인한 결함에 대해서는 맞는 가정이라고 생각할 수 있지만, 요구사항이나 설계 문제로 인한 결함에 대해 참일 가능성이 적다. 결함 주입은 프로그래밍 오류 이외 것으로부터 생겨나는 결함의 수를 예측하는 데는 효과적이지 않다.

11.5.1 운영 프로파일

소프트웨어 시스템의 운영 프로파일은 그것이 실제로 사용되는 방식을 반영한다. 운영 프로파일은 입력 유형과 그 입력 유형의 발생 확률의 명세로 구성된다. 새로운 소프트웨어 시스템이 기존의 자동 시스템을 대체할 때, 새로운 소프트웨어의 가능한 용례 패턴을 산출하는 것이 상당히 쉽다. 새로운 소프트웨어의 사용 패턴은 기존의 용례에 부합하되 새로운 소프트웨어에 (아마도) 포함된 새로운 기능이 어느 정도 감안될 수 있다. 예를 들어 운영 프로파일이 전화 교환 시스템에 관해 명세될 수 있는데, 그 이유는 통신사가 이 시스템이 처리해야 하는 통화 패턴을 알기 때문이다.

일반적으로 그림 11.14의 왼쪽에 나타낸 것처럼 운영 프로파일에서 생성될 확률이 가장 높은 입력들이 소수의 입력 유형에 들어간다. 그림 11.14의 오른쪽에 나타낸 것처

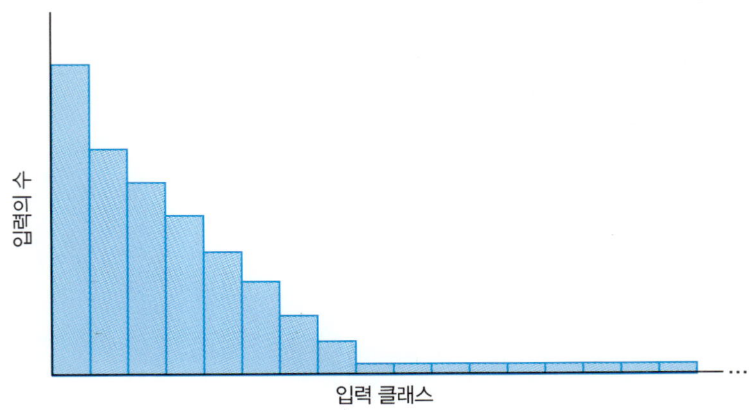

그림 11.14 운영 프로파일에서 입력의 분포

럼 발생할 가능성이 매우 낮으나 불가능하지는 않은 많은 입력 유형이 있다. 생략 부호 (. . .)는 그림에 나타낸 것보다 더 많은 드문 입력들이 있다는 것을 의미한다.

Musa (Musa, 1998)는 통신 시스템에서 운영 프로파일을 개발하는 것에 대해 논의하였다. 장기간에 걸쳐 이 분야의 용례 데이터를 수집하였기 때문에 운영 프로파일 개발 프로세스가 비교적 간단하게 진행되었다. 이것은 단순히 장기간의 용례 데이터를 반영한다. 개발 노력이 약 15 (person-years)가 필요한 시스템의 경우, 운영 프로파일을 개발하는 데 약 1 person-month의 노력이 들었다. 다른 경우에는 운영 프로파일을 생성하는 데 더 노력(2~3 person-years)이 드나 비용은 다수의 시스템 릴리스로 분산되었다.

그러나 소프트웨어 시스템이 새롭고 혁신적인 것일 때, 그것이 어떻게 사용될지를 예측하는 것이 어렵다. 결과적으로 정확한 운영 프로파일을 만드는 것은 실제적으로 불가능하다. 상이한 기대, 배경, 경험을 가진 많은 수의 다양한 사용자들이 새로운 시스템을 사용할 수 있다. 장기간의 용례 데이터베이스는 존재하지 않는다. 이러한 사용자들은 시스템 개발자들이 예상치 못한 방식으로 시스템을 사용하기도 한다.

통신 시스템과 같이 표준화된 사용 패턴이 있는 유형의 시스템의 경우에는 정확한 운영 프로파일을 개발하는 것이 분명히 가능하다. 그러나 다음과 같이 다른 유형의 시스템인 경우에는 정확한 운영 프로파일을 개발하는 것이 어렵거나 불가능할 수 있다.

1. 시스템을 사용하는 방식이 상이한 사용자들이 많다. 이번 장의 앞부분에서 설명한 것처럼 시스템을 상이한 방식으로 사용하기 때문에 신뢰성에 대해 다른 느낌을 갖는다. 단일 운영 프로파일로 모든 사용 패턴을 맞추는 것이 어렵다.

2. 시간이 지남에 따라 시스템 사용 방식이 변한다. 사용자들이 새로운 시스템에 대해 학습하여 더욱 자신감을 갖게 됨에 따라, 사용자들이 더욱 복잡한 방식으로 시스템을 사용하기 시작한다. 따라서 시스템의 초기 사용 패턴에 맞춘 운영 프로파일은 사용자들이 시스템에 익숙해진 후에는 유효하지 않을 수 있다.

이런 이유로 신뢰할 수 있는 운영 프로파일을 개발하는 것은 종종 불가능하다. 만약 오래되거나 잘못된 운영 프로파일을 사용한다면 신뢰성 측정의 정확성에 관해 확신할 수 없다.

키 포인트

- 소프트웨어 신뢰성은 결함 도입 회피, 시스템 배치 전에 결함 감지 및 제거, 결함이 시스템 장애를 야기한 후에도 시스템이 계속 운영되는 것을 허용하는 결함 내성 기능을 포함함으로써 달성할 수 있다.
- 신뢰성 요구사항은 시스템 요구사항 명세서에 정량적으로 정의될 수 있다. 신뢰성 척도는 온 디맨드 고장 확률(POFOD), 고장 발생 비율(ROCOF), 가용성(AVAIL)을 포함한다.
- 기능적 신뢰성 요구사항은 시스템이 비기능적 신뢰성 요구사항을 충족하는 데 도움을 주는 검사 및 중복성 요구사항과 같은 시스템 기능에 대한 요구이다.
- 신뢰성 있는 시스템 아키텍처는 결함 내성을 위해 설계된 시스템 아키텍처이다. 보호 시스템, 자기점검 아키텍처, *N* 버전 프로그래밍을 포함한 많은 아키텍처 스타일들이 결함 내성을 지원한다.
- 소프트웨어의 각 버전이 정말로 독립적이라고 보장하는 것이 사실상 불가능하기 때문에 소프트웨어 다양성은 달성하기 어렵다.
- 신뢰할 수 있는 프로그래밍은 입력의 유효성과 프로그램 변수 값을 검사하는 것처럼 프로그램에 중복성을 포함하는 것에 의존한다.
- 통계적 테스팅은 소프트웨어 신뢰성을 추정하기 위해 사용된다. 이것은 운영 프로파일에 맞는 테스트 데이터로 시스템을 테스팅하는 것에 의존하며, 운영 프로파일은 소프트웨어가 사용될 때의 입력 분포를 반영한다.

추가로 읽을거리

Software Fault Tolerance Techniques and Implementation. 소프트웨어 결함 내성과 결함 내성 아키텍처를 달성하기 위한 포괄적인 논의. 이 책은 또한 일반적인 소프트웨어 확실성 문제를 다루고 있다. 신뢰성 공학은 성숙한 분야이며 이 책에서 다룬 기법들은 여전히 통용된다. (L. L. Pullum, Artech House, 2001).

"Software Reliability Engineering: A Roadmap." 소프트웨어 신뢰성 분야를 선도하는 연구자가 작성한 이 조사 논문은 최신 소프트웨어 신뢰성 공학을 요약하고 있으며 이 분야의 연구 과제를 논의한다. (M. R. Lyu, Proc. *Future of Software Engineering*, IEEE Computer Society, 2007) http://dx.doi.org/10.1109/FOSE.2007.24

"Mars Code." 이 논문은 화성 탐사 로봇(Mars Curiosity Rover)을 위한 소프트웨어 개발에 사용된 신뢰성 공학의 방법에 대해 설명한다. 이것은 좋은 프로그래밍 실무관행, 중복성, 그리고 모델 검사(12장에서 설명함)의 사용에 의존한다. (G. J. Holzmann, *Comm. ACM*., 57 (2), 2014) http://dx.doi.org/10.1145/2560217.2560218

웹 사이트

이 장의 파워포인트 슬라이드:

https://iansommerville.com/software-engineering-book/slides

지원 비디오 링크:

https://iansommerville.com/software-engineering-book/videos/reliability/

Airbus 비행 제어 시스템에 대한 추가 정보:

https://iansommerville.com/software-engineering-book/case-studies/airbus340/

연습문제

11.1. 신뢰성 명세를 시스템의 전체 수명에 대한 매우 작은 고장 횟수로 나타냈을 때 왜 신뢰성 명세를 검증하는 것이 실질적으로 불가능한지를 설명하라.

11.2. 다음과 같은 소프트웨어 시스템 유형에 대한 적절한 신뢰성 척도를 제시하고 척도를 선택한 이유 또한 제시하라. 이러한 시스템의 용례를 예측하고 신뢰성 척도에 대한 적절한 값을 제시하라.

- 병원 중환자실에서 환자를 모니터링하는 시스템
- 워드 프로세서
- 자동화된 자판기 제어 시스템
- 자동차 브레이크 제어 시스템
- 냉장고 제어 시스템
- 관리 보고서 생성기

11.3. 네트워크 운영 센터가 한 국가의 통신망을 모니터링하고 제어하는 것을 상상해보자. 이는 스위칭 및 전송 장비의 운영 상태를 제어하고 감시하는 것과 전국의 장비 재고를 기록하는 것을 포함한다. 센터는 중복된 시스템들을 가져야 한다. 이러한 시스템의 요구를 명세하는 데 사용하는 세 가지 신뢰성 척도를 설명하라.

11.4. 소프트웨어 결함 내성을 지원하는 모든 아키텍처 스타일의 공통적인 특성은 무엇인가?

11.5. 소프트웨어 기반의 제어 시스템을 구현할 때 결함 내성 구조를 사용하기에 적당한 환경을 제안하고 이러한 방식이 필요한 이유를 설명하라.

11.6. 본인이 24/7 가용성을 제공해야 하지만 안전성 중심은 아닌 통신 스위치의 설계를 담당한다고 하자. 이 시스템을 위해 사용해야 하는 아키텍처 스타일을 제안하고 그 이유를 설명하라.

11.7. 암 환자를 치료하기 위해 사용되는 방사선 치료 기계를 위한 제어 소프트웨어를 *N* 버전 프로그래밍을 사용하여 구현해야 한다고 제안되었다. 여러분이 생각하기에 이것이 좋은 제안인지의 여부를 설명하라.

11.8. 소프트웨어 다양성을 중심으로 설계된 시스템의 모든 버전이 비슷한 방식으로 실패할 수 있는 이유를 설명

하라.

11.9. 프로그래밍 언어가 예외 처리를 지원하는 것이 어떻게 소프트웨어 시스템의 신뢰성에 기여할 수 있는지를 설명하라.

11.10. 소프트웨어 장애는 소프트웨어 사용자에게 상당한 불편함을 줄 수 있다. 기업이 소프트웨어 장애로 이어질 결함을 포함하고 있다는 사실을 알면서도 소프트웨어를 릴리스하는 것이 윤리적인가? 기업이 자사 소프트웨어 장애에 의한 손실에 대해 사용자에게 보상할 책임이 있는가? 소비재 제조사가 그들의 상품을 반드시 보증해야 하는 것처럼 소프트웨어 보증을 제공하도록 법적으로 요구되어야 하는가?

참고문헌

Avizienis, A. A. 1995. "A Methodology of N-Version Programming." In *Software Fault Tolerance*, edited by M. R. Lyu, 23–46. Chichester, UK: John Wiley & Sons.

Brilliant, S. S., J. C. Knight, and N. G. Leveson. 1990. "Analysis of Faults in an N-Version Software Experiment." *IEEE Trans. On Software Engineering* 16 (2): 238–247. doi:10.1109/32.44387.

Hatton, L. 1997. "N-Version Design Versus One Good Version." *IEEE Software* 14 (6): 71–76. doi:10.1109/52.636672.

Leveson, N. G. 1995. Safeware: *System Safety and Computers*. Reading, MA: Addison-Wesley.

Musa, J. D. 1998. *Software Reliability Engineering: More Reliable Software, Faster Development and Testing*. New York: McGraw-Hill.

Prowell, S. J., C. J. Trammell, R. C. Linger, and J. H. Poore. 1999. *Cleanroom Software Engineering: Technology and Process*. Reading, MA: Addison-Wesley.

Pullum, L. 2001. *Software Fault Tolerance Techniques and Implementation*. Norwood, MA: Artech House.

Randell, B. 2000. "Facing Up To Faults." *Computer J.* 45 (2): 95–106. doi:10.1093/comjnl/43.2.95.

Torres-Pomales, W. 2000. "Software Fault Tolerance: A Tutorial." NASA. http://ntrs.nasa.gov/archive/nasa/casi. . ./20000120144_2000175863.pdf

Voas, J., and G. McGraw. 1997. *Software Fault Injection: Innoculating Programs Against Errors*. New York: John Wiley & Sons.

12

안전성 공학

Safety engineering

학습목표

이 장의 목표는 소프트웨어 공학을 소개하고 책의 나머지 부분을 이해하는 데 도움을 주기 위한 기초를 제공하는 것이다. 이 장을 통해 학습할 내용들은 다음과 같다.

- 안전성 중심 시스템(safety-critical system)이 의미하는 바와 왜 안전성이 중대한 시스템 공학에서 신뢰성과 별도로 고려되어야 하는지를 이해한다.
- 위험 분석이 안전성 요구사항을 유도하는 데 어떻게 사용될 수 있는지를 이해한다.
- 소프트웨어 안전성 보증에 사용되는 프로세스와 도구에 대해 안다.
- 규제기관에게 시스템 안전성을 보여주는 데 사용되는 안전성 사례(safety case)의 개념과 정형 논증(formal argument)이 안전성 사례에 어떻게 이용될 수 있는지를 이해한다.

학습내용

11.2절에서 Airbus 항공기가 착륙 중에 충돌한 바르샤바 공항의 항공사고에 대해 간략히 설명했다. 두 명이 사망하고 54명이 부상당했다. 후속 조사에서 사고의 주요 원인은 항공기 브레이크 시스템의 효율을 감소시킨 제어 소프트웨어의 장애로 드러났다. 이 사고는 소프트웨어 시스템의 동작이 사망이나 부상으로 이어진 드문 사례 중 하나이다. 이것은 소프트웨어가 이제 많은 시스템에서 생명을 보존하고 유지하는 데 있어서 중요한 핵심 구성 요소임을 보여준다. 이들은 안전성 중심의 소프트웨어 시스템이고, 다양한 전문 방법과 기술들이 안전성 중심의 소프트웨어 공학을 위해 개발되어 왔다.

10장에서 설명했듯이 안전성은 주요한 확실성 특성 중에 하나이다. 시스템이 사람들을 사망이나 부상에 이르게 하는 치명적인 장애 없이 동작한다면, 그 시스템은 안전한 것으로 간주될 수 있다. 시스템 장애가 환경 훼손으로 이어질 수 있는 시스템도 안전성 중심일 수 있는데, 환경 훼손(화학물질 유출과 같은)이 차후 인간의 부상이나 사망을 초래할 수 있기 때문이다.

안전성 중심 시스템에서 소프트웨어는 안전성을 달성하는 데 있어서 두 가지 역할을 가진다.

1. 시스템이 소프트웨어로 제어되므로 소프트웨어가 내린 결정과 이후의 행동이 안전성 중심이다. 따라서 소프트웨어 동작이 시스템의 전체 안전성에 직접적으로 관련된다.
2. 시스템의 다른 안전성 중심 컴포넌트들을 검사하고 감시하기 위해 소프트웨어가 광범위하게 사용된다. 예를 들어 모든 항공기 엔진 컴포넌트들은 컴포넌트 장애의 초기 징후를 찾는 소프트웨어에 의해 감시된다. 이 소프트웨어에 장애가 발생하면 다른 컴포넌트들이 장애로 인해 사고를 일으킬 수 있기 때문에 이 소프트웨어는 안전성 중심이다.

소프트웨어 시스템에서 안전성은 안전성 관련 장애로 이어지는 상황에 대한 이해를 발전시킴으로써 달성된다. 소프트웨어는 이러한 장애가 발생하지 않도록 제작된다. 안전성 중심 시스템이 신뢰할 수 있고 명세된 것처럼 동작한다면 그 시스템이 안전하다고 생각할 수 있다. 불행하게도 그렇게 간단하지 않다. 시스템 신뢰성은 안전성을 달성하는 데 필요하지만 충분하지는 않다. 신뢰성 있는 시스템이 안전하지 않을 수 있고 그 반대도 그렇다. 바르샤바 공항 사고가 이러한 경우의 한 예로, 12.2절에서 더 자세하게 다룰 것이다.

소프트웨어 시스템이 신뢰할 수 있지만 안전하지 않을 수 있는 네 가지 이유는 다음과 같다.

1. 소프트웨어 시스템이 결함이 없고 결함에 내성이 있다는 것을 100% 확신할 수 없다. 발견되지 않은 결함이 장기간 휴면상태일 수 있고 신뢰성 있게 수년간 운영된 후에 소프트웨어 장애가 발생할 수 있다.
2. 명세서는 어떤 위태로운 상황에 처했을 때 필요한 시스템 행동을 기술하지 않기 때문에 완전하지 않을 수 있다. 시스템 오작동의 대부분은 설계 오류라기보다는 명세화의 결과이다. 임베디드 시스템의 오류에 관한 연구에서 Lutz (Lutz 1993)는 다음과 같이 결론지었다. "요구사항과 관련된 어려움이 안전성 관련 소프트웨어 오류의 주원인이며 통합 및 시스템 테스팅까지 계속된다."†

   공간 시스템 분야에서 Veras 등(Veras et al. 2010)의 최근 연구는 요구사항 오류가 여전히 임베디드 시스템의 주요 문제임을 확인했다.
3. 하드웨어 오작동으로 센서 및 작동기가 예측할 수 없는 방식으로 행동할 수 있다. 컴포넌트가 물리적으로 고장이 날 때가 되면 불규칙하게 행동하고 소프트웨어가 처리할 수 있는 범위 밖의 신호를 생성한다. 소프트웨어는 이 신호를 잘못 해석하거나 해석하는 데 실패할 수 있다.
4. 시스템 운영자가 개별적으로는 맞는 입력들을 생성하지만 어떤 상황에서는 그 입력들이 시스템 오작동을 일으킬 수 있다. 이러한 일화는 항공기가 지상에 있는 동안 항공기의 이착륙 장치를 접었을 때 일어났다. 분명히 정비사는 이착륙 장치를 들어올리도록 유틸리티 관리 소프트웨어에 명령을 내리는 버튼을 눌렀다. 소프트웨어는 정비사의 명령을 완벽하게 수행했다. 그러나 시스템은 항공기가 공중에 있지 않는 한 그 명령을 실행하지 말았어야 했다.

따라서 안전성 중심의 시스템을 개발할 때 신뢰성뿐만 아니라 안전성도 고려해야 한다. 11장에서 소개한 신뢰성 공학 기술들은 안전성 중심 시스템 공학에도 분명히 적용할 수 있다. 따라서 여기서는 시스템 아키텍처나 신뢰할 수 있는 프로그래밍에 대해 논의하지 않고 시스템 안전성을 개선하고 보장하는 기술에 초점을 맞춘다.

12.1 안전성 중심 시스템

안전성 중심 시스템은 시스템 운영이 늘 안전해야 하는 것이 기본 요건인 시스템을 말한다. 즉, 시스템이 명세서를 따르는지에 관계없이 사람 혹은 시스템의 환경에 결코 손

---

† Lutz, R R. 1993. "Analysing Software Requirements Errors in Safety-Critical Embedded Systems." In RE'93, 126–133. San Diego CA: IEEE. doi:0.1109/ISRE.1993.324825.

상을 입혀서는 안 된다. 안전성 중심 시스템의 예로는 항공 관제 시스템, 화학 및 제약 공장의 공정 제어 시스템, 자동차 제어 시스템 등이 있다.

안전성 중심 소프트웨어는 두 종류로 나뉜다.

1. **일차적인 안전성 중심 소프트웨어**: 이것은 시스템의 제어기로서 내장된 소프트웨어이다. 이러한 소프트웨어의 오작동은 하드웨어 오작동을 초래하여 인간의 부상이나 환경 훼손을 초래할 수 있다. 저자가 1장에서 소개한 인슐린 펌프 소프트웨어는 일차적인 안전성 중심 시스템의 예이다. 시스템 장애는 사용자의 부상으로 이어질 수 있다.

   인슐린 펌프 시스템은 간단한 시스템이지만, 매우 복잡한 안전성 중심 시스템에도 소프트웨어 제어가 사용된다. 복잡한 제어 규칙을 갖는 다수의 센서와 작동기를 관리하기 위해서는 하드웨어보다는 소프트웨어 제어가 필수적이다. 예를 들어, 공기역학적으로 불안정한 고등 군용 항공기는 추락하지 않도록 소프트웨어를 이용하여 기체 표면을 끊임없이 조정해야 한다.

2. **이차적인 안전성 중심 소프트웨어**: 이것은 간접적으로 손상을 입힐 수 있는 소프트웨어이다. 이러한 소프트웨어의 예로는 컴퓨터 지원 공학 설계 시스템이 있는데, 이것의 오작동은 설계 결함을 초래할 수 있다. 설계된 시스템이 오작동하면 사람에게 부상을 입힐 수 있다. 이차적인 안전성 중심 시스템의 또 다른 예는 정신건강 환자 관리를 위한 Mentcare 시스템이다. 이 시스템의 장애로 인해 불안정한 환자가 제대로 치료받지 못할 수 있고 이는 환자가 자신이나 다른 사람에게 부상을 입히는 일로 이어질 수 있다.

   중대한 국가 기반시설(전기 공급, 통신, 하수 처리 등)을 제어하는 것과 같은 일부 제어 시스템들은 이차적인 안전성 중심 시스템이다. 이러한 시스템의 장애가 즉각적인 인적 피해를 가져올 가능성은 적다. 그러나 제어 시스템의 장기간 중단은 부상 및 사망을 초래할 수 있다. 예를 들어 하수 처리 시스템에 장애가 발생한다면 오물이 환경으로 배출되어 전염병 증가로 이어질 수 있다.

저자는 11장에서 소프트웨어 및 시스템의 가용성과 신뢰성이 결함 회피, 결함 감지 및 제거, 결함 내성을 통해 달성되는 방법에 대해 설명하였다. 안전성 중심 시스템 개발은 발생할 수 있는 잠재적 시스템 사고를 고려하는 위험 주도 기법(hazard-driven technique)을 이러한 방법에 추가하여 사용한다.

1. **위험 회피**: 위험을 피할 수 있도록 시스템을 설계한다. 예를 들어, 종이 절단 시스템에서 작업자가 두 손을 사용하여 동시에 별도의 버튼을 눌러야 작동한다면 날에 작업자의 손이 다치는 위험을 피할 수 있다.

2. **위험 감지 및 제거**: 사고가 생기기 전에 위험을 감지하고 제거할 수 있도록 시스템을 설계한다. 예를 들어, 화학 공장 시스템은 과도한 압력을 감지하여 폭발이 일어나기 전에 압력을 낮추는 경감 밸브를 열 수 있도록 설계한다.
3. **손실 제한**: 시스템은 사고 피해를 최소화하는 보호 기능을 포함할 수 있다. 예를 들어, 항공기 엔진은 보통 자동 소화기를 가지고 있어서 엔진에 불이 나도 항공기에 위협이 되기 전에 제어할 수 있다.

위험은 사고로 이어질 수 있는 시스템 상태이다. 위의 종이 절단 시스템의 예로 보면 위험은 작업자의 손이 절단 날에 부상을 입을 수 있는 위치에 있을 때 발생한다. 위험은 사고가 아니다. 종종 위험한 상황에 빠지더라도 문제없이 그 상황을 빠져나갈 수 있다. 그러나 항상 사고 전에 위험이 있으므로 위험을 줄이면 사고를 줄일 수 있다.

위험(hazard)은 안전성 중심 시스템 공학에서 사용되는 전문 용어의 한 예이다. 그림 12.1에서 안전성 중심 시스템에서 사용되는 다른 용어들을 설명한다.

한 가지가 잘못되는 것에 대처할 수 있는 시스템을 구축하는 것은 실제로 잘 되고 있다. 하나의 문제를 감지하고 복구할 수 있는 시스템 메커니즘을 설계할 수 있다. 그러나 여러 개가 동시에 잘못되었을 때 사고가 일어날 가능성이 높다. 시스템이 점점 복잡해짐에 따라 우리는 시스템의 다른 부분들 사이의 관계를 이해하지 못한다. 결과적으로 우리는 예기치 못한 시스템 사건이나 장애의 조합으로 인한 결과를 예측할 수 없다.

여러 가지 심각한 사고를 분석한 결과, Perrow (Perrow 1984)는 거의 대부분의 사고들이 시스템의 다른 부분들에서 발생한 장애들의 조합 때문이라고 제시하였다. 서브

그림 12.1 안전성 용어

용어	설명
사고(accident)	사람이 죽거나 부상에 이르고 환경 혹은 재산에 피해를 입히는 예상치 못한 사건 혹은 사건의 연속. 인슐린의 과다 투여가 사고의 예이다.
손실(damage)	사고로부터 생긴 피해의 정도. 손실은 경미한 부상 혹은 재산 피해에서부터 많은 사람이 죽는 경우까지 다양하다. 인슐린의 과다 투여로 인한 손실은 인슐린 펌프 사용자의 심각한 부상이나 사망으로 이어질 수 있다.
위험(hazard)	사고의 원인이 되거나 기여하는 잠재적인 조건. 혈당을 측정하는 센서의 고장이 위험의 예이다.
위험 확률(hazard probability)	위험을 일으키는 사건의 발생 확률. 확률값은 임의적이며, 일어날 수 있는 정도(1/100)에서부터 일어나기 어려운 정도에 이르기까지 다양하다. 인슐린 펌프에서 사용자의 혈당 수준을 과대하게 어림잡는 센서 고장의 확률은 낮다.
위험 정도(hazard severity)	특정 위험으로부터 생길 수 있는 최악의 손실에 대한 평가. 위험 정도는 경미한 손해에서부터 많은 사람이 죽는 재앙에 이르기까지 다양하다. 사망 가능성이 있는 경우에 위험 정도에 대한 타당한 평가는 "매우 높음(very high)"이다.
리스크(risk)	시스템이 사고를 낼 확률이다. 리스크는 위험 확률, 위험 정도, 위험이 사고를 야기할 수 있는 확률을 고려하여 평가된다. 인슐린 과다 투여의 리스크는 중간 이하이다.

시스템 장애의 예상치 못한 조합이 초래한 상호 작용이 전체 시스템의 장애를 초래했다. 예를 들면 냉방 시스템의 장애는 과열을 초래할 수 있다. 하드웨어가 과열되면 그 동작을 예측할 수 없어져서 잘못된 신호를 생성할 수 있다. 이러한 잘못된 신호는 소프트웨어가 잘못 반응하는 원인이 될 수 있다.

Perrow는 복잡한 시스템에서 모든 가능한 장애의 조합을 예측하는 것은 불가능하다고 지적하였다. 그는 복잡한 안전성 중심 시스템을 구축할 때, 사고는 피할 수 없는 것으로 간주해야 한다는 의미를 가진 "정상적인 사고(normal accident)"라는 문구를 만들었다.

복잡도를 감소시키기 위해 우리는 소프트웨어 제어보다는 단순한 하드웨어 제어기를 사용할 수 있다. 그러나 소프트웨어 제어 시스템은 단순한 전자기계 시스템보다 더 광범위한 조건을 감시할 수 있어서 상대적으로 쉽게 새로운 용도에 맞추어 조정할 수 있다. 소프트웨어 제어 시스템은 신뢰성이 높고 물리적으로 작고 가벼운 컴퓨터 하드웨어를 사용한다.

소프트웨어 제어 시스템은 고도의 안전성 연동장치(interlock)를 제공한다. 그리고 위험 환경에 노출되는 시간을 줄여주는 제어 전략을 제공할 수 있다. 소프트웨어 제어는 시스템이 잘못될 수 있는 더 많은 가능성을 제공하기도 하지만, 더 나은 감시와 보호를 가능하게 해준다. 그러므로 소프트웨어 제어는 시스템 안전성 증진에 기여할 수 있다.

안전성 중심 시스템에 관한 균형 감각을 유지하는 것이 중요하다. 중대한 소프트웨어 시스템은 대부분의 시간 동안 문제없이 동작한다. 전 세계적으로 비교적 소수의 사람들이 결함이 있는 소프트웨어로 인해 사망하거나 부상당해왔다. Perrow가 사고는 항상 일어날 수 있다고 한 것은 맞는 말이다. 100% 안전한 시스템을 만드는 것은 불가능하며, 가끔 발생하는 사고의 결과가 고도의 기술을 사용함으로써 얻는 이익만큼 가치가 있는 것인지의 여부를 사회가 결정해야 한다.

리스크 기반 요구사항 명세화

리스크 기반 명세화는 안전성 및 보안성 중심 시스템의 개발자들에 의해 널리 사용되어온 접근법이다. 이것은 가장 많은 손상을 초래하거나 자주 일어날 것 같은 사고에 초점을 맞춘다. 사소한 결과를 가져오거나 극히 드물게 발생하는 사고는 무시될 수 있다. 리스크 기반 명세화 프로세스는 시스템이 직면한 리스크에 대한 이해, 리스크의 근본 원인 발견, 리스크 관리를 위한 요구사항 생성을 포함한다.

http://software-engineering-book.com/web/risk-based-specification/

12.2 안전성 요구사항

이 장의 도입부에서 바르샤바 공항에서 브레이크 시스템 고장으로 일어난 Airbus 항공기의 사고를 소개했다. 이 사고의 조사에 의하면 브레이크 시스템 소프트웨어는 명세서에 따라 동작하였다. 프로그램에 오류는 없었다. 그러나 소프트웨어 명세서가 불완전했고 드물게 발생하는 상황을 고려하지 않았다. 소프트웨어는 제대로 작동했지만 시스템은 실패했다.

이 사례는 시스템 안전성이 단순히 좋은 기술에 의존하지 않음을 보여준다. 시스템 요구사항을 도출할 때 세부사항에 대한 주의와 시스템 안전성 보장을 위한 특수한 소프트웨어 요구사항의 포함을 필요로 한다. 안전성 요구사항은 시스템에 포함되어야 하는 검사 및 복구 기능과 시스템 고장이나 외부 공격에 대한 보호를 제공하는 기능을 정의하는 기능적 요구사항이다.

기능적 안전성 요구사항을 생성하기 위한 출발점은 일반적으로 도메인 지식, 안전성 표준, 규정이다. 이들은 "하지 말아야 할(shall not)" 요구사항으로 가장 잘 표현될 수 있는 고수준의 요구사항으로 이어진다. 보통의 기능적 요구사항인 시스템이 "해야 할(shall do)" 일과 반대로, 받아들일 수 없는 시스템의 행동을 "하지 말아야 할" 요구사항으로 정의한다. "하지 말아야 할" 요구사항의 예는 다음과 같다.

"시스템은 항공기가 비행 중일 때 역추진 모드가 선택될 수 없도록 해야 한다."
"시스템은 세 개 이상의 경보가 동시에 작동되는 것을 허용하지 말아야 한다."
"네비게이션 시스템은 차가 움직이고 있을 때 사용자가 목적지를 설정하지 못하게 해야 한다."

이러한 "하지 말아야 할" 요구사항은 직접적으로 구현될 수 없고, 좀 더 구체적인 소프트웨어의 기능적 요구사항들로 분해되어야 한다. 대안적으로 특정 유형의 장비를 사용하기로 결정하는 것처럼 시스템 설계 결정을 통해 구현될 수 있다.

안전성 요구사항은 주로 보호 요구사항이고 정상적인 시스템 동작과 관련되어 있지 않다. 안전성 요구사항은 안전성을 유지하기 위해 시스템이 종료되도록 명시할 수 있다. 안전성 요구사항을 도출할 때 안전성과 기능성 사이에 받아들여질 수 있는 균형을 찾아 과보호를 방지할 필요가 있다. 만약 시스템이 비용 효과적으로 운영되지 않는다면 매우 안전한 시스템을 구축하는 것이 의미가 없다.

리스크 기반 요구사항 명세는 중대한 시스템 공학에서 사용되는 일반적인 접근법으로 시스템이 직면한 리스크를 식별하고 이러한 리스크를 피하거나 완화하기 위한 요구사항들을 찾는다. 리스크 기반 요구사항 명세는 확실성 요구사항의 모든 유형에 사용될 수 있다. 안전성 중심 시스템에서 리스크 기반 요구사항 명세는 식별된 위험에 의해 주도되는 프로세스로 변환된다. 저자가 이전 절에서 설명했듯이 위험은 때때로 사람에게 부상을 입히거나 사망을 초래할 수 있다.

위험 주도 안전성 명세 프로세스에는 네 가지 활동이 있다.

1. **위험 식별**: 위험 식별 프로세스는 시스템을 위협할 수 있는 위험들을 식별한다. 이러한 위험은 위험 기록부에 기록될 수 있다. 위험 기록부는 안전성 분석 및 평가를 기록한 공식 문서이며 안전성 사례의 일부로 규제기관에 제출될 수 있다.
2. **위험 평가**: 위험 평가 프로세스는 어떤 위험들이 가장 위험한지와 가장 발생 가능성이 높은지를 결정한다. 이러한 위험들은 안전성 요구사항을 유도할 때 우선순위가 매겨져야 한다.
3. **위험 분석**: 위험의 발생으로 이어질 수 있는 사건들을 식별하는 근본 원인 분석 프로세스이다.
4. **위험 감소**: 이 프로세스는 위험 분석의 결과에 기초하며 안전성 요구사항의 식별로 이어진다. 이러한 요구사항은 위험이 발생하지 않고, 위험이 사고로 이어지지 않고, 사고가 일어나더라도 관련 피해가 최소화되도록 보장하는 것에 관련되어 있다.

그림 12.2는 위험 주도 안전성 요구사항 명세화 프로세스를 나타낸다.

12.2.1 위험 식별

안전성 중심 시스템에서 위험 식별은 물리적, 전기적, 생물학적, 방사능, 서비스 고장 위험과 같은 여러 가지 유형의 위험을 식별하는 것으로 시작된다. 이러한 유형 각각은 발생할 수 있는 구체적인 위험을 발견해내기 위해서 분석될 수 있다. 잠재적인 위험들의 조합도 식별되어야 한다.

도메인 전문가나 안전 관리 전문가와 함께 일한 경험이 있는 엔지니어는 이전의 경험과 애플리케이션 도메인 분석으로부터 위험을 식별한다. 브레인스토밍과 같은 그룹 작업 기술은 그룹이 아이디어를 교환하기 위해 만날 때 사용될 수 있다. 인슐린 펌프 시스템의 경우에 의사, 의료 물리학자, 엔지니어, 소프트웨어 설계자가 참여할 수 있다.

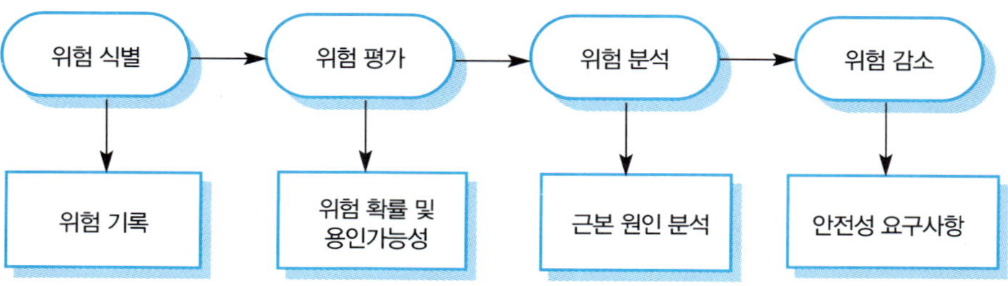

그림 12.2 위험 주도 요구사항 명세화

저자가 1장에서 소개한 인슐린 펌프 시스템은 장애가 시스템 사용자를 다치게 하거나 심지어 사망에 이르게 할 수 있으므로 안전성 중심 시스템이다. 이 시스템을 사용할 때 발생할 수 있는 사고로는 장기적인 혈당 제어 잘못으로 인한 사용자의 고통(눈, 심장, 신장 문제), 낮은 혈당 수준으로 인한 인지 기능 장애, 알레르기 반응과 같은 다른 질병의 발생이 있을 수 있다.

인슐린 펌프 시스템에서 생길 수 있는 위험은 다음과 같다.

- 인슐린 과다 투여(서비스 고장)
- 인슐린 과소 투여(서비스 고장)
- 하드웨어 모니터링 시스템의 장애(서비스 고장)
- 전지 방전에 의한 전력 장애(전기적)
- 심장 박동 조율기와 같은 다른 의료 장비와의 전기적 간섭(전기적)
- 부정확한 조절에 의한 센서와 작동기의 접촉 불량(물리적)
- 환자의 몸에서 떨어져 나간 기계 부품(물리적)
- 기계 부착에 의한 감염(생물학적)
- 기계에 사용된 재료나 인슐린에 의한 알레르기 반응(생물학적)

소프트웨어 관련 위험은 보통 시스템 서비스 제공 실패나 시스템 감시 및 보호 실패와 관련이 있다. 감시 및 보호 시스템은 배터리 잔량 부족과 같이 장치 고장으로 이어질 수 있는 상태를 감지하는 장치에 포함될 수 있다.

위험 기록부는 식별된 위험과 그 위험이 포함된 이유를 기록하는 데 사용될 수 있다. 위험 기록부는 각각의 위험에 대한 모든 안전성 관련 결정을 기록하는 중요한 법률 문서이다. 이것은 요구사항 엔지니어가 모든 예측 가능한 위험들을 고려하는 데 있어서 잘 주의했고 이러한 위험들이 분석되었다는 것을 보여주기 위해 사용될 수 있다. 사고가 발생한 경우에 위험 기록부는 후속 조사 또는 법적 절차에서 시스템 개발자가 시스템 안전성 분석에 태만하지 않았음을 보여주는 데 사용될 수 있다.

12.2.2 위험 평가

위험 평가 프로세스는 위험의 발생으로 이어지는 요인들과 위험과 관련된 사고가 일어난 경우에 그 결과를 이해하는 데 초점을 맞추고 있다. 위험이 시스템 또는 환경에 심각한 위협이 되는지의 여부를 이해하기 위해 분석을 수행할 필요가 있다. 분석은 또한 위험과 관련된 리스크를 어떻게 관리할지를 결정하는 데 있어서 기초를 제공한다.

각 위험에 대한 분석 및 분류 프로세스의 결과는 용인가능성에 관한 것이다. 이는 사고 발생 가능성과 그 결과를 고려하는 리스크로 표현된다. 위험 평가에 사용되는 세 가지 리스크 유형이 있다.

1. **용인불가능 리스크**: 안전성 중심 시스템에서 용인불가능 리스크는 인간의 삶을 위협하는 것들이다. 시스템은 이런 위험이 발생하지 못하게 하거나, 발생하더라도 위험이 사고로 이어지기 전에 발견되는 것이 보장되도록 설계되어야 한다. 인슐린 펌프의 경우에 용인불가능 리스크는 인슐린이 과도하게 투여되는 것이다.
2. **일어날 확률이 적은*(ALARP: as low as reasonably practical)* 리스크**: ALARP 리스크는 결과가 덜 심각하거나 심각하지만 발생 확률이 매우 낮은 것들이다. 시스템은 위험 때문에 사고가 생길 확률이 최소화되도록 설계되어야 하는데 이때 비용과 인도 시기와 같은 다른 사항들도 고려되어야 한다. 인슐린 펌프에서 ALARP 리스크는 하드웨어 모니터링 시스템의 장애일 수 있다. 이러한 장애의 결과는 최악의 경우에 단기간 동안 인슐린이 과소 투여되는 것이다. 이러한 상황은 심각한 사고로 이어지지 않을 것이다.
3. **용인가능한 리스크**: 이 리스크는 일반적으로 작은 손상만 일으키는 사고와 관련되어 있다. 시스템 설계자는 비용, 인도 시간, 다른 비기능적 시스템 속성을 크게 증가시키지 않는 범위 내에서 "용인가능한" 위험을 줄이기 위해서 가능한 모든 조치를 취해야 한다. 인슐린 펌프의 경우에 용인가능한 리스크는 사용자에게 발생하는 알레르기 반응의 위험일 수 있다. 이 반응은 보통 경미한 피부 자극을 일으킨다. 이 리스크를 감소시키기 위해 장치에 특별하고 더 비싼 재료를 사용할 가치는 없을 것이다.

그림 12.3은 세 개의 영역을 나타낸다. 이 삼각형의 폭은 위험이 사고를 유발하지 않도록 보장하기 위한 비용을 나타내고 있다. 다이어그램의 맨 위에 있는 위험은 가장 높은 비용을 초래하고, 삼각형의 아래 정점에 있는 위험은 가장 낮은 비용을 초래한다.

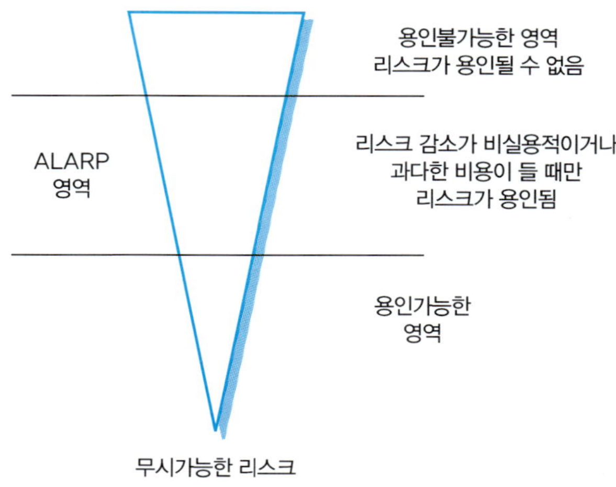

그림 12.3 위험 삼각형

그림 12.3에서 영역 사이의 경계는 고정된 것이 아니고 시스템이 배포될 사회에서 얼마나 리스크가 용인되는지에 따라 달라진다. 이것은 국가에 따라 다르다. 어떤 사회에서는 다른 사회보다 리스크를 더 싫어하고 소송을 일삼을 수 있다. 그러나 시간이 지남에 따라 모든 사회는 리스크를 더 싫어하게 되어 경계는 아래쪽으로 이동해왔다. 드물게 발생하는 사건의 경우에 사고 예방 비용보다 리스크를 받아들이고 초래된 사고에 대해 지불하는 재정적 비용이 더 적을 수 있다. 그러나 여론은 비용에 관계없이 시스템 사고의 가능성을 줄이는 데 투자하도록 요구한다.

예를 들어, 회사 입장에서는 오염 방지를 위한 시스템을 설치하는 것보다 드물게 오염을 정화하는 비용이 더 싸다. 그러나 대중과 미디어는 그런 사고를 용인하지 않을 것이기 때문에, 사고를 예방하지 않고 피해를 정리만 하는 것은 더 이상 용인되지 않을 것이다. 다른 시스템의 사건은 리스크의 재분류로 이어질 수 있다. 예를 들어, 일어나지 않을 것으로 생각된 리스크(그래서 ALARP 영역에 있는)는 테러 공격 같은 외부 사건이나 쓰나미와 같은 자연 현상 때문에 용인불가능으로 재분류될 수 있다.

그림 12.4는 인슐린 투여 시스템에 대해 앞 절에서 식별한 위험의 리스크를 분류한 것이다. 저자는 인슐린의 잘못된 계산과 관련된 위험을 인슐린 과다 투여와 인슐린 과소 투여로 분리했다. 단기적으로 인슐린 과다 투여는 인슐린 과소 투여보다 잠재적으로 더 심각하다. 인슐린 과다 투여는 인지 기능 장애, 의식 불명, 그리고 궁극적으로는 죽음에 이를 수 있다. 인슐린 과소 투여는 혈당 수치를 높이게 된다. 단기적으로 높은 혈당 수치는 피로의 원인이 될 수 있지만 매우 심각하지는 않다. 그러나 장기적으로 심장, 신장, 눈에 심각한 문제를 일으킬 수 있다.

그림 12.4에서 위험 4부터 9는 소프트웨어와 관련이 없으나 소프트웨어가 위험 감지 역할을 한다. 하드웨어 감시 소프트웨어는 시스템 상태를 감시하고 잠재적인 문제를

그림 12.4 인슐린 펌프의 리스크 분류

식별된 위험	위험 확률	사고 심각성	추정된 리스크	용인가능성
1.인슐린 과다 투여	중간	높음	높음	용인불가능
2.인슐린 과소 투여	중간	낮음	낮음	용인가능
3.하드웨어 감시 시스템 고장	중간	중간	낮음	ALARP
4. 전원 고장	높음	낮음	낮음	용인가능
5. 기계가 잘못 맞춰짐	높음	높음	높음	용인불가능
6. 기계가 환자 몸에서 고장	낮음	높음	중간	ALARP
7. 기계가 감염을 유발	중간	중간	중간	ALARP
8. 전기적 간섭	낮음	높음	중간	ALARP
9. 알러지 반응	낮음	낮음	낮음	용인가능

경고해야 한다. 경고는 위험이 사고를 발생시키기 전에 감지될 수 있게 해 준다. 감지될 수 있는 위험의 예로는 배터리를 감시하여 감지할 수 있는 전원 고장, 혈당 센서로부터의 신호들을 감시하여 감지할 수 있는 기계의 잘못된 고정 상태 등이 있다.

감시 소프트웨어는 물론 안전성과 관계가 있다. 위험을 감지하지 못하면 사고에 이르게 된다. 만약 감시 시스템이 고장 났지만 하드웨어가 제대로 동작한다면 이는 심각한 고장이 아니다. 하지만 감시 시스템이 고장 나고 하드웨어 고장이 감지될 수 없다면 이는 더 심각한 결과를 가져온다.

위험 평가는 위험 확률과 리스크의 심각성을 추정하는 것을 포함한다. 위험과 사고는 드물기 때문에 위험을 평가하기가 어렵다. 관련된 엔지니어들은 이전의 사건이나 사고에 직접적인 경험이 없을 수 있다. 확률과 사고의 심각성을 추정할 때 있음직한, 있음직하지 않은, 희귀한, 높은, 중간, 낮은 같은 상대적인 용어를 사용하는 것이 합리적이다. 사고의 대부분 유형에 대해 충분한 통계 자료를 얻을 수 없기 때문에 이 용어들을 정량화하는 것은 현실적으로 불가능하다.

12.2.3 위험 분석

위험 분석은 안전성 중심 시스템에서 위험의 근본 원인을 찾는 프로세스이다. 목표는 위험을 초래할 시스템 고장을 야기하는 사건이나 사건의 조합을 찾아내는 것이다. 이를 위해 하향식(top-down) 또는 상향식(bottom-up) 접근법을 사용할 수 있다. 사용하기 용이한 연역적 하향식 기법은 위험으로부터 시작해서 가능한 시스템 고장을 찾는다. 귀납적 상향식 기법은 제안된 시스템 고장으로부터 시작해서 그 고장의 결과로 어떤 위험이 초래되는지 식별한다.

위험 분해나 분석 방법으로 여러 가지 기술이 제안되었다(Storey 1996). 가장 일반적으로 사용되는 기술 중 하나가 결함 트리 분석(fault tree analysis)으로 하드웨어와 소프트웨어 둘 다의 위험 분석을 위해 개발된 하향식 기술이다(Leveson, Cha, and Shimeall 1991). 이 기술은 전문적인 특정 분야의 지식 없이도 이해하기 상당히 쉽다.

결함 트리 분석을 수행하기 위해 식별된 위험으로부터 시작한다. 각 위험에 대해 그 위험의 가능한 원인을 찾기 위해 역방향으로 작업을 수행한다. 트리의 루트에 위험을 놓고 그 위험에 이를 수 있는 시스템 상태들을 찾아낸다. 이들 상태 각각을 초래하는 시스템 상태를 더 거슬러 올라가 찾아낸다. 리스크의 근본적인 원인에 도달할 때까지 이 분해를 계속한다. 근본 원인들의 조합으로부터만 발생할 수 있는 위험은 보통 단일 근본 원인으로부터 발생하는 위험보다 사고로 이어질 가능성이 적다.

그림 12.5는 잘못된 양의 인슐린 투여로 이어질 수 있는 인슐린 투여 시스템의 소프트웨어 관련 위험에 대한 결함 트리이다. 이 경우에 인슐린 과소 투여와 과다 투여는

"잘못된 인슐린 투여"라는 단일 위험으로 합쳐져 있다. 이는 필요한 결함 트리의 수를 줄인다. 물론 소프트웨어가 이 위험에 어떻게 반응해야 하는지를 분석할 때는 인슐린 과소 투여와 과다 투여를 구분해야 한다. 저자가 말했듯이 이들은 똑같이 심각하지 않으며 단기간에는 과다 투여가 더 심각한 위험이다.

1. 인슐린의 잘못된 투여로 이어질 수 있는 세 가지 상태가 있다. (1) 혈당 수치가 잘못 측정되어 인슐린 필요량이 잘못된 입력을 가지고 계산된다. (2) 투여할 인슐린의 양을 지정하는 명령에 공급 시스템이 올바르게 응답하지 않는다. (3) 투여량은 정확하게 계산되었으나 너무 일찍 또는 너무 늦게 공급된다.
2. 잘못된 혈당 수치 측정과 관련된 결함 트리의 왼쪽 가지는 이런 일이 발생할 수 있는 방법을 식별한다. 이러한 일이 발생하는 이유는 혈당 수치 계산을 위한 입력을

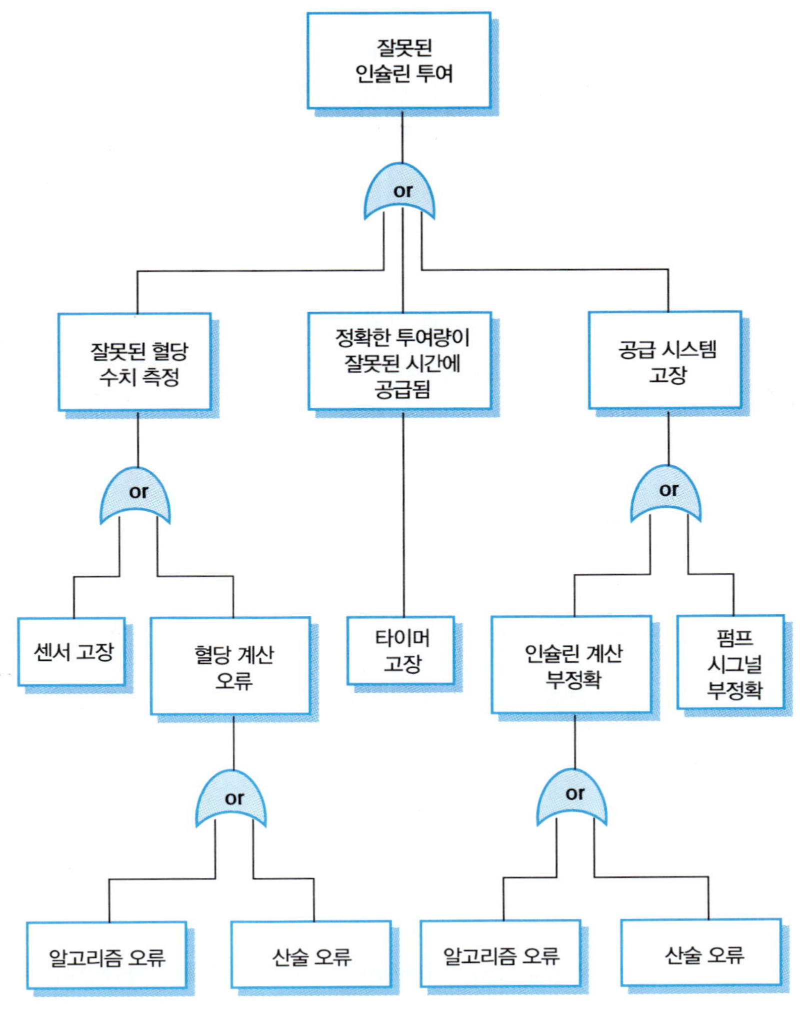

그림 12.5 결함 트리의 예

제공하는 센서가 고장 났거나 혈당 수치 계산이 잘못되었기 때문이다. 혈당 수치는 피부 전도도와 같은 측정값으로부터 계산된다. 잘못된 계산은 잘못된 알고리즘 또는 부동소수점 숫자의 사용으로 인한 산술 오류로 발생할 수 있다.

3. 트리의 중앙 가지는 타이밍 문제와 관련되는데 이 문제는 오직 시스템 타이머 고장으로 인해서만 발생할 수 있다고 판단된다.
4. 공급 시스템 고장과 관련된 트리의 오른쪽 가지는 이 고장의 가능한 원인을 조사한다. 이는 인슐린 필요량의 잘못된 계산이나 인슐린 공급 펌프에 올바른 신호를 보내는데 실패함으로써 발생할 수 있다. 잘못된 계산은 알고리즘 실패 또는 산술 오류로 인해 발생할 수 있다.

결함 트리는 잠재적인 하드웨어 문제를 식별하는 데에도 사용될 수 있다. 하드웨어 결함 트리는 소프트웨어가 문제를 감지하고 정정하기 위한 요구사항에 대한 통찰력을 제공할 수 있다. 예를 들어, 인슐린 투여는 자주하는 것이 아니다. 한 시간에 대여섯 번 혹은 더 적게 투여한다. 그러므로 프로세서는 진단과 자체 점검 프로그램을 실행시킬 만한 여유가 있다. 센서, 펌프, 타이머 오류와 같은 하드웨어 오류는 환자에게 심각한 영향을 주기 전에 발견되어 경고를 생성할 수 있다.

12.2.4 리스크 감소

잠재적 리스크들과 그들의 근본 원인이 식별되고 나면, 그 리스크들을 관리하고 사고가 일어나지 않도록 보장하는 안전성 요구사항들을 도출해낼 수 있다. 여기에 사용할 수 있는 세 가지 전략이 있다.

1. **위험 회피**: 위험이 일어날 수 없도록 시스템을 설계한다.
2. **위험 감지 및 제거**: 위험이 감지되고 사고가 일어나기 전에 막아낼 수 있도록 시스템을 설계한다.
3. **손실 최소화**: 사고의 피해를 최소화하도록 시스템을 설계한다.

보통 중대한 시스템의 설계자는 이러한 방법들을 조합하여 사용한다. 안전성 중심 시스템에서 용인할 수 없는 위험은 그 가능성을 최소화하고, 안전을 위한 예비 시스템을 제공하는 보호 시스템(11장 참조)을 추가하여 처리할 수 있다. 예를 들어 화학 공장 제어 시스템에서 시스템은 반응기의 초과압력을 감지하고 피하려는 시도를 한다. 그러나 압력을 감시하고 만약 높은 압력이 감지되면 안전밸브를 여는 독립적인 보호 시스템도 있을 것이다.

인슐린 공급 시스템에서 안전한 상태는 인슐린이 주입되지 않는 중단 상태이다. 짧

SR1: 시스템은 시스템 사용자를 위해 지정된 최대값보다 더 많은 인슐린을 한 번에 공급하지 않아야 한다.
SR2: 시스템은 시스템 사용자를 위해 지정된 일일 최대 인슐린 투여량보다 더 많은 일일 누적 투여량을 공급하지 않아야 한다.
SR3: 시스템은 시간당 적어도 네 번 실행되는 하드웨어 진단 기능을 포함해야 한다.
SR4: 시스템은 표 3에서 식별된 모든 예외에 대한 예외 처리기를 포함해야 한다.
SR5: 하드웨어나 소프트웨어 이상이 발견되면 경보가 울리고, 표 4에 정해진 진단 메시지를 디스플레이에 출력해야 한다.
SR6: 시스템이 경보 상태일 경우에는 사용자가 경보 상태를 해제하고 시스템을 다시 시작할 때까지 인슐린 공급을 중지해야 한다.
주: 표 3과 4는 요구사항 문서에 포함된 표로서 여기에 나타내지 않았다.

그림 12.6 안전성 요구사항의 예

은 시간 동안에는 이것이 당뇨병 환자의 건강에 위협이 되지 않는다. 인슐린의 잘못된 투여로 이어질 수 있는 소프트웨어 장애의 경우, 다음과 같은 해결책이 개발될 수 있다.

1. **산술 오류**: 이 오류는 산술 계산이 표현 실패를 일으킬 때 발생할 수 있다. 명세서에 발생할 수 있는 모든 가능한 산술 오류와 가능한 각 오류에 대한 예외 처리기가 기술되어 있어야 한다. 명세서에 오류가 발생되면 각 오류에 대해서 취해야 될 행동이 규정되어 있어야 한다. 기본 안전 행동은 공급 시스템을 차단하고 경고를 발생시키는 것이다.

2. **알고리즘 오류**: 이것은 처리되어야 할 명확한 프로그램 예외가 없기 때문에 더 어려운 상황이다. 이 오류 유형은 전에 투여된 양과 현재 계산된 필요 인슐린 양을 비교하여 감지할 수 있다. 만약 현재 계산된 양이 훨씬 더 크다면 잘못 계산되었다는 것을 의미할 수 있다. 시스템은 투여량을 계속 추적해야 한다. 여러 번 평균 이상 투여되면 경고를 발생시키고 추가 투여를 금지한다.

그림 12.6에 인슐린 펌프 소프트웨어에 대한 안전성 요구사항이 나타나 있다. 그림 12.6에 있는 요구사항은 사용자 요구사항이다. 이 사용자 요구사항은 더 상세한 시스템 요구사항 명세에서 상세하게 표현될 수 있다.

12.3 안전성 공학 프로세스

안전성 중심 소프트웨어를 개발하는 데 사용되는 소프트웨어 프로세스는 소프트웨어 신뢰성 공학에서 사용되는 프로세스에 기초한다. 일반적으로 완전하고 매우 상세한 시스템 명세서를 개발하는 데 많은 노력이 든다. 시스템 설계 및 구현은 보통 프로세스의 각 단계에서 검토와 점검을 하는 계획 기반의 폭포수 모델을 따른다. 결함 회피 및 결함 감지가 프로세스를 이끈다. 저자가 11장에서 설명한 것처럼 항공기 시스템과 같은 일부 시스템 유형에서 결함 내성 아키텍처가 사용될 수 있다.

신뢰성은 안전성 중심 시스템을 위한 필요조건이다. 매우 높은 비용과 시스템 장애의 잠재적인 비극적 결과 때문에 안전성 중심 시스템 개발에 추가 검증 작업이 사용될 수 있다. 이러한 활동에는 시스템의 정형 모델 개발, 오류 및 불일치 발견을 위한 분석, 잠재적인 결함을 찾기 위해 소스 코드를 분석하는 정적 분석 소프트웨어 도구의 사용 등이 있다.

안전성 있는 시스템은 신뢰할 수 있어야 하지만 저자가 언급한 바와 같이 신뢰성만으로는 충분하지 않다. 요구사항과 검증의 오류 및 누락은 신뢰할 수 있는 시스템이 안전하지 않다는 것을 의미할 수 있다. 따라서 안전성 중심 시스템 개발 프로세스는 엔지니어와 시스템 이해당사자가 수행된 작업을 조사하고 시스템 안전성에 영향을 줄 수 있는 잠재적 문제들을 명시적으로 찾는 안전성 검토를 포함해야 한다.

저자가 10장에서 설명한 것처럼 안전성 중심 시스템의 일부 유형은 규제를 받는다. 국내 및 국제 규제기관에서 이 시스템이 안전하다는 자세한 증거를 요구한다. 이 증거에 포함될 수 있는 것은 다음과 같다.

1. 개발된 시스템의 명세서와 명세서 검사 기록.

2. 수행된 검증 및 확인 프로세스의 증거와 시스템 검증 및 확인의 결과.

3. 시스템을 개발하는 조직이 안전성 보증 검토를 포함하는 분명하고 신뢰할 수 있는 소프트웨어 프로세스를 가지고 있다는 증거. 이러한 프로세스가 제대로 이행되고 있다는 것을 보여주는 기록이 있어야 한다.

모든 안전성 중심 시스템이 규제되는 것은 아니다. 예를 들어 자동차는 현재 많은 임베디드 컴퓨터 시스템을 가지고 있지만 자동차에 대한 규제기관은 없다. 차량 기반 시스템의 안전성은 자동차 제조사의 책임이다. 그러나 사고 발생 시 소송 가능성 때문에 규제받지 않는 시스템의 개발사들도 동일한 상세 안전성 정보를 관리해야 한다. 만약 소송이 제기되면 그들은 자동차 소프트웨어 개발에 부주의하지 않았음을 보여줄 수 있어야 한다.

이 광범위한 프로세스 및 제품 문서화의 필요성은 안전성 중심 시스템 개발을 위해 애자일 프로세스가 큰 변화 없이 사용될 수 없는 또 다른 이유다. 애자일 프로세스는 소프트웨어 자체에 초점을 맞추며, 다량의 프로세스 문서가 만들어지고 나서 실제로 전혀 사용되지 않는다고 주장한다. 그러나 법이나 규제 때문에 기록을 유지해야 할 경우에는 사용된 프로세스와 시스템 그 자체 모두에 대한 문서를 유지해야 한다.

높은 확실성 요구사항을 가진 다른 유형의 시스템처럼 안전성 중심 시스템은 확실성 있는 프로세스(10장 참조)를 기반으로 해야 한다. 확실성 있는 프로세스에는 일반적으로 요구사항 관리, 변경 관리, 형상 제어, 시스템 모델링, 검토 및 인스펙션, 테스트 계획, 그리고 테스트 커버리지 분석과 같은 활동이 포함된다. 시스템이 안전성 중심일 때 추가적인 안전성 보증, 검증, 분석 프로세스가 있을 수 있다.

12.3.1 안전성 보증 프로세스

안전성 보증은 시스템이 안전하게 작동할 것인지를 확인하는 일련의 활동이다. 구체적인 안전성 보증 활동이 소프트웨어 개발 프로세스의 모든 단계에 포함되어야 한다. 이러한 활동에 대해 수행된 안전성 분석과 이러한 분석의 담당자를 기록한다. 안전성 보증 활동은 철저하게 문서화되어야 한다. 이러한 문서는 규제기관이나 시스템 소유자에게 시스템이 안전하게 작동할 것이라고 설득하는 데 사용되는 증거의 일부가 될 수 있다.

안전성 보증 활동의 예는 다음과 같다.

1. **위험 분석 및 감시:** 예비 위험 분석부터 테스팅 및 시스템 확인에 이르기까지의 위험을 추적한다.
2. **안전성 검토:** 개발 프로세스 전반에 걸쳐 사용된다.
3. **안전성 증명**: 중요한 컴포넌트의 안전성이 공식적으로 인증된다. 이것은 시스템이 사용되기 전에 시스템 개발팀 외부의 그룹이 가능한 증거를 조사하고 시스템 또는 컴포넌트가 안전한지의 여부를 결정하는 것을 포함한다.

이러한 안전성 보증 프로세스를 지원하기 위해 프로젝트 안전성 엔지니어는 시스템 안전성에 명백한 책임을 가진 사람으로 임명되어야 한다. 안전성 관련 시스템 장애가 발생할 경우에 이러한 사람들이 책임을 지게 된다. 이들은 안전성 보증 활동이 적절히 수행되었음을 입증할 수 있어야 한다.

안전성 엔지니어들은 품질 관리자와 함께 일한다. 이는 모든 안전성 관련 문서를 추적하고 관련 기술 문서와 보조를 맞추어 안전성 관련 문서를 유지하는 데 상세한 형상 관리 시스템이 사용되는 것을 보장하기 위함이다. 형상 관리의 실패가 잘못된 시스템이 고객에게 인도된다는 것을 의미한다면 엄격한 확인 절차를 가지는 것이 거의 의미가 없다. 품질 및 형상 관리는 24, 25장에서 다룬다.

위험 분석은 안전성 중심 시스템 개발의 필수적 부분이다. 이것은 위험, 위험 발생 확률, 위험이 사고를 유발할 확률을 식별하는 것을 포함한다. 만일 각 위험을 확인하고 처리하는 프로그램 코드가 있다면, 해당 위험이 사고를 일으키지 않을 것이라고 주장할 수 있다. 시스템이 사용되기 전에 외부 인증이 요구하는 곳에서(예를 들어, 항공기에서) 일반적으로 인증 조건은 이 추적가능성이 입증될 수 있는가이다.

산출해야 하는 주요 안전성 문서는 위험 기록부이다. 이 문서는 소프트웨어 개발 과정에서 식별된 위험이 고려되는 방법에 대한 증거를 제공한다. 이 위험 기록부는 소프트웨어 개발 프로세스의 각 단계에서 해당 개발 단계가 위험을 고려하는 방법을 문서화하기 위해 사용된다.

인슐린 투여 시스템을 위한 위험 기록부의 간단한 예는 그림 12.7에 있다. 이 기록부는 위험 분석 프로세스를 문서화하고 이 프로세스 동안 생성된 설계 요구사항을 나타낸다. 이 설계 요구사항의 의도는 제어 시스템이 인슐린 펌프의 사용자에게 인슐린을 절대 과다 투여할 수 없게 보장하는 것이다.

안전에 책임을 지는 사람이 위험 기록부에 명확하게 지정되어야 한다. 책임자 식별은 두 가지 이유에서 중요하다.

1. 책임자가 식별되면 자신의 행동에 책임을 지게 할 수 있다. 어떠한 문제가 자신의 작업으로 인해 발생한 것이라고 밝혀질 수 있기 때문에 더욱 주의를 기울일 것이다.
2. 사고가 발생하면 법적 절차 또는 조사가 있을 수 있다. 안전성 보증 책임자를 식별할 수 있는 것이 중요한 이유는 법적 절차의 일부로서 책임자 자신의 행동을 방어할 수 있기 때문이다.

위험 기록부 **4페이지: 2012년 2월 20일 인쇄**

시스템: 인슐린 펌프 시스템 *파일:* InsulinPump/Safety/HazardLog
안정성 엔지니어: Jame Brown *로그 버전:* 1/3
식별된 위험: 환자에게 인슐린 과다 투여
식별한 사람: Jane Williams
위험 등급: 1
식별된 리스크: 높음
결함 트리 식별 여부: 예, 날짜 2011년 1월 24일, 위치: 위험기록부 5페이지
결함 트리 생성자: Jane Williams, Bill Smith
결함 트리 점검 여부: 예, 날짜 2011년 1월 28일, 점검자: James Brown

시스템 안전성 설계 요구사항

1. 센서 시스템, 클럭, 인슐린 투여 시스템을 검사하는 자가검사 소프트웨어를 시스템에 포함해야 한다.
2. 자가점검 소프트웨어가 1분에 한번 실행되어야 한다.
3. 자가점검 소프트웨어가 시스템 컴포넌트에서 결함을 발견한 경우에 경보를 울리고 결함이 발견된 컴포넌트 이름을 펌프 디스플레이에 출력해야 한다. 인슐린 공급은 중지되어야 한다.
4. 시스템에 의해 계산된 인슐린 투여량을 시스템 사용자가 변경할 수 있도록 허용해야 한다.
5. 변경하는 양은 사전에 의료진에 의해 설정된 값(maxOverride)보다 크지 않아야 한다.

그림 12.7 단순화한 위험 기록부 항목

소프트웨어 엔지니어의 라이선스 취득

공학의 일부 분야에서 안전성 엔지니어는 반드시 라이선스를 받은 엔지니어여야 한다. 경험과 자격이 없는 엔지니어는 안전성에 대한 책임을 지는 것이 허용되지 않는다. 미국의 30개 주에서 안전성 관련 시스템 개발에 참여하는 소프트웨어 엔지니어를 위한 라이선싱 형태가 있다. 이들 주에서는 안전성 중심 소프트웨어 개발에 참여하는 엔지니어는 정해진 최소한의 자격과 경험을 가진 라이선스를 받은 엔지니어일 것을 요구한다. 이것은 논란이 많은 이슈이고 다른 많은 국가에서는 라이선스 취득이 요구되지 않는다.

http://software-engineering-book.com/safety-licensing/

안전성 검토는 소프트웨어 명세서, 설계, 소스 코드에 대한 검토이며 잠재적으로 위험한 상황을 발견해내는 것이 목적이다. 이것은 자동화된 프로세스가 아니고 생성된 오류와 시스템의 안전성에 영향을 미칠 수 있는 가정이나 누락을 신중하게 검사하는 사람들을 포함한다. 예를 들어 앞서 소개한 항공기 사고에서 안전성 검토는 두 바퀴에 하중이 있고 바퀴가 회전해야 항공기가 지상에 있는 것이라는 가정에 의문을 제기했을 수 있다.[†]

안전성 검토는 위험 기록부에 의해 주도되어야 한다. 식별된 각 위험에 대해 검토팀은 시스템을 조사하고 시스템이 안전한 방식으로 해당 위험에 대처하는지의 여부를 판단한다. 제기된 어떠한 의심도 검토 팀의 보고서에 기록되고 시스템 개발팀에 의해 해결되어야 한다. 저자는 소프트웨어 품질 보증을 다루는 24장에서 다른 유형의 검토에 대해 더 자세히 설명한다.

외부 컴포넌트가 안전성 중심 시스템에 통합될 때 소프트웨어의 안전성 인증이 사용된다. 시스템의 모든 부분이 자체적으로 개발했을 때 사용된 개발 프로세스에 대한 완전한 정보를 관리할 수 있다. 다른 업체로부터 쉽게 구할 수 있는 컴포넌트를 자체 개발하는 것은 비용효과적이지 않다. 안전성 중심 시스템 개발에서 문제는 이러한 외부 컴포넌트가 자체적으로 개발한 컴포넌트와 다른 표준을 사용하여 개발되었을 수 있다는 것이다. 외부 컴포넌트의 안전성을 알 수가 없다.

결과적으로 모든 외부 컴포넌트는 시스템에 통합되기 전에 먼저 인증되어야 한다는 요구사항이 있을 수 있다. 개발팀과 분리된 안전성 인증팀은 외부 컴포넌트에 대한 광범위한 검증 및 확인을 수행한다. 만약 적절하다면 외부 컴포넌트 개발자에게 연락하여 컴포넌트 개발에 확실성 있는 프로세스를 사용했는지 확인하고 컴포넌트 소스 코드를 검사한다. 안전성 인증팀이 컴포넌트가 명세서와 일치하고 "숨겨진" 기능이 없는 것을 확신하면, 컴포넌트가 안전성 중심 소프트웨어에 사용될 수 있도록 인증서를 발행할 수 있다.

† 항공기에 문제가 있어 바퀴를 내리지 못하고 착륙하는 경우가 있다.

12.3.2 정형 검증

저자가 10장에서 설명했듯이 소프트웨어 개발의 정형 기법은 시스템 명세서로서의 역할을 하는 시스템의 정형 모델에 의존한다. 이러한 정형 기법은 주로 명세서의 수학적 분석에 관련이 있다. 명세서를 더욱 상세하고 의미적으로 동등한 표현으로 변환하거나 시스템의 한 가지 표현이 다른 표현과 의미적으로 동등함을 엄밀하게 검증한다.

안전성 중심 시스템에서 보증의 필요성은 정형 기법의 개발에 주요한 동인 중 하나이다. 광범위한 시스템 테스팅은 매우 비용이 많이 들고 시스템의 모든 결함을 찾아내는 것을 보증할 수 없다. 특히 시스템 컴포넌트들이 동시에 실행되는 분산 시스템에서 그렇다. 안전성 중심의 철도 시스템들이 1990년대에 정형 기법을 사용하여 개발되었다(Dehbonei and Mejia 1995; Behm et al. 1999). Airbus와 같은 회사는 중대한 시스템을 위한 소프트웨어 개발에 정형 기법을 일상적으로 사용한다(Souyris et al. 2009).

정형 기법은 V & V 프로세스의 다양한 단계에서 이용될 수 있다.

1. 시스템의 정형 명세서가 개발되고 비일관성에 관해 수학적으로 분석된다. 이 기술은 명세서 오류와 누락을 발견하는 데 효과적이다. 다음 절에서 설명하는 모델 검사는 명세서 분석에 특히 효과적인 방법이다.
2. 소프트웨어 시스템의 코드가 명세서와 일치함을 엄밀하게 검증하기 위해 수학적 논증을 적용할 수 있다. 이 기법은 정형 명세를 필요로 하며 프로그래밍 오류와 일부 설계 오류를 발견해내는 데에 효과적이다.

정형 시스템 명세서와 프로그램 코드 간의 넓은 의미적 차이 때문에 별도로 개발된 프로그램이 명세서와 일치하는지를 증명하기 어렵고 비용이 많이 든다. 프로그램 검증에 대한 작업은 이제 대부분 변환 개발을 기반으로 한다. 변환 개발 프로세스에서 정형 명세서는 일련의 표현들을 통해 프로그램 코드로 체계적으로 변환된다. 소프트웨어 도구는 변환의 개발을 지원하고 시스템의 대응하는 표현들이 일치하는지 검증하는 것을 돕는다. B 기법은 아마도 가장 널리 사용되는 정형 변환 기법이다(Abrial 2010). 이것은 열차 제어 시스템과 항공 전자 소프트웨어의 개발에 이용되어 오고 있다.

정형 기법의 옹호자들은 이러한 기법의 사용이 더 신뢰할 수 있고 안전한 시스템으로 이어진다고 주장한다. 정형 검증은 개발된 프로그램이 명세서를 충족시킨다는 것과 구현 오류가 시스템의 확실성을 떨어뜨리지 않는다는 것을 입증한다. CSP (Schneider 1999)와 같은 언어로 작성된 명세서를 사용하여 동시성 시스템의 정형 모델을 개발하면, 최종 프로그램에서 교착 상태(deadlock)를 초래하는 조건을 발견할 수 있으며, 이러한 문제를 해결할 수 있을 것이다. 테스팅만 해서는 이렇게 하기가 매우 어렵다.

그러나 정형 명세와 증명이 소프트웨어가 실제로 사용될 때 안전할 것이라는 것을 보장하지는 않는다.

1. 명세서가 사용자와 다른 시스템 이해당사자의 실제 요구사항을 반영하지 않을 수 있다. 10장에서 설명한 바와 같이 시스템 이해당사자들은 정형 표기법을 거의 이해하지 못하므로 오류와 누락을 찾기 위해 정형 명세서를 직접 읽을 수가 없다. 이는 정형 명세서가 시스템 요구사항의 정확한 표현이 아닐 수 있다는 것을 의미한다.
2. 증명에 오류가 포함될 수 있다. 프로그램 증명은 방대하고 복잡하므로 방대하고 복잡한 프로그램처럼 대개 오류를 포함한다.
3. 증명은 시스템이 사용되는 방식에 대해 잘못된 가정을 할 수 있다. 만일 시스템이 예상한 대로 사용되지 않으면 시스템의 동작은 증명의 범위 밖에 있다.

중대한 소프트웨어 시스템을 검증하는 데는 많은 시간이 든다. 이것은 수학적 전문 지식과 정리증명기와 같은 특수한 소프트웨어 도구를 필요로 한다. 정형 검증 프로세스는 비용이 많이 드는 프로세스이고, 시스템 크기가 커짐에 따라 정형 검증 비용은 필요 이상으로 증가한다.

그러므로 많은 소프트웨어 엔지니어들이 정형 검증이 비용 측면에서 효과적이지 않다고 생각한다. 그들은 동일한 신뢰 수준을 인스펙션 및 시스템 테스팅과 같은 다른 확인 기법을 사용하여 더욱 저렴하게 달성할 수 있다고 믿는다. 그러나 정형 검증을 활용하는 Airbus와 같은 회사는 컴포넌트의 단위 테스팅이 필요하지 않기 때문에 상당한 비용 절감이 있다고 주장한다(Moy et al. 2013).

저자는 정형 기법과 정형 검증이 중대한 소프트웨어 시스템의 개발에 중요한 역할을 한다고 확신한다. 정형 명세는 시스템 장애를 초래하는 명세화 문제의 일부 유형을 발견해내는 데 매우 효과적이다. 정형 검증이 대형 시스템에는 비실용적이지만 중대한 안전성 및 보안성 중심의 핵심 컴포넌트를 검증하는 데 사용될 수 있다.

12.3.3 모델 검사

연역적 접근법을 사용한 정형적인 검증 프로그램은 어렵고 고비용이다. 정형 분석을 위한 대안적인 접근법이 더욱 제한적인 정확성 개념에 기반하여 개발되어 왔다. 이러한 접근법 중 가장 성공적인 것이 모델 검사이다(Jhala and Majumdar 2009). 모델 검사는 시스템의 정형 상태 모델을 만들고 특화된 소프트웨어 도구를 사용하여 모델의 정확성을 검사한다. 모델 검사의 단계들은 그림 12.8에 있다.

모델 검사는 하드웨어 시스템 설계를 검사하는 데 널리 사용되어왔다. 이것은 중대한 소프트웨어 시스템에 점점 더 많이 사용되고 있다. 그 예로 NASA 화성 탐사 차량의 제어 소프트웨어(Regan and Hamilton 2004; Holzmann 2014)와 Airbus사의 항공 전자 소프트웨어 개발(Bochot et al. 2009)이 있다.

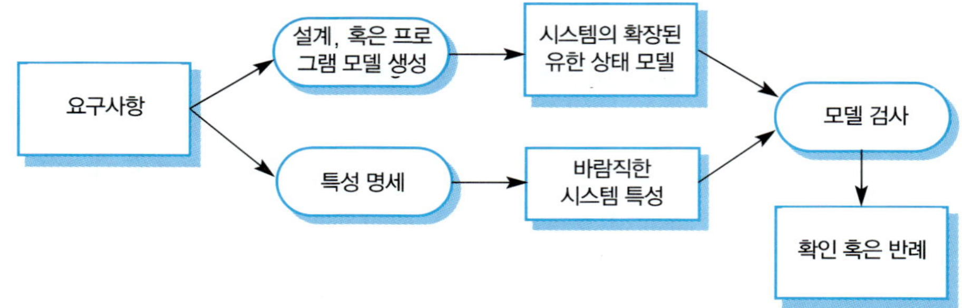

그림 12.8 모델 검사

다수의 다양한 모델 검사 도구가 개발되어왔다. SPIN은 소프트웨어 모델 검사기의 초기 예이다(Holzmann, 2003). 더 최근의 시스템으로는 Microsoft사의 SLAM (Ball, Levin, and Rajamani 2011)과 PRISM (Kwiatkowska, Norman, and Parker 2011)이 있다.

모델 검사 시스템에서 사용되는 모델은 소프트웨어의 확장된 유한 상태 모델(finite-state model)이다. 모델은 모델 검사 시스템의 언어로 표현된다. 예를 들어 SPIN 모델 검사기는 Promela라는 언어를 사용한다. 바람직한 시스템 특성들의 집합이 식별되고 일반적으로 시간적 로직에 기초한 정형 표기법으로 작성된다. 예를 들어 황야의 기상 시스템에서 검사되어야 할 특성은 시스템이 항상 "기록" 상태에서 "전송" 상태로 간다는 것이다.

모델 검사기는 모델을 통해 모든 경로(즉, 모든 가능한 상태 전이)를 탐색하고 각 경로에서 성립해야 하는 특성을 검사한다. 만약 특성이 성립한다면 모델 검사기는 모델이 해당 특성에 대해 옳다고 확인해준다. 특정 경로에 대해 특성이 성립하지 않는 경우, 모델 검사기는 특성이 성립하지 않음을 보여주는 반례를 출력한다. 모델 검사는 시간에 대한 민감도 때문에 테스트하기가 매우 어려운 동시성 시스템의 확인에 특히 유용하다. 모델 검사기는 엇갈리고 동시에 일어나는 전이를 탐색할 수 있고 잠재적인 문제를 발견할 수 있다.

모델 검사에 있어서 중요한 주제는 시스템 모델의 생성이다. 모델이 (요구사항 또는 설계 문서로부터) 수동으로 생성되어야 한다면 모델 생성에 많은 시간이 소요되기 때문에 이는 비용이 많이 드는 프로세스이다. 또한 생성된 모델이 요구사항이나 설계의 정확한 모델이 아닐 가능성이 있다. 따라서 프로그램 소스 코드로부터 모델이 자동적으로 생성되는 것이 최선이다. Java, C, C++, Ada로 작성된 프로그램으로부터 직접 모델을 생성하는 모델 검사기들이 사용 가능하다.

모델 검사는 시스템 모델을 통해 모든 경로를 확인하는 철저한 방법을 사용하기 때문에 계산 비용이 매우 많이 든다. 시스템의 크기가 증가하고 그에 따라 상태의 수가 증가함에 따라 검사해야 하는 경로의 수가 결과적으로 증가한다. 따라서 대형 시스템의 경우에는 검사를 실행하는 데 필요한 계산 시간 때문에 모델 검사가 비현실적일 수 있다. 그러나 특정 속성을 검사할 때 탐색할 필요가 없는 상태의 부분을 식별할 수 있는 더 나은 알고리즘이 개발 중이다. 이러한 알고리즘이 모델 검사기에 통합됨에 따라 대규모의 중대한 시스템의 개발에서 일상적인 모델 검사의 사용이 점점 가능해질 것이다.

12.3.4 정적 프로그램 분석

자동화된 정적 분석기는 프로그램의 소스 코드를 살펴서 가능한 결함과 이상을 찾아내는 소프트웨어 도구이다. 정적 분석기는 프로그램 코드를 분석해서 프로그램 내 문장의 다양한 유형을 인식한다. 문장들이 잘 구성되었는지의 여부를 감지하고, 프로그램의 제어 흐름에 관해 추론하고, 많은 경우에 프로그램 데이터에 대해 가능한 모든 값들의 집합을 계산할 수 있다. 정적 분석기는 언어 컴파일러가 제공하는 오류 감지 기능을 보완하고, 인스펙션 프로세스의 일부 혹은 별도의 V & V 프로세스 활동으로 사용될 수 있다.

자동화된 정적 분석은 상세 코드 검토보다 더 빠르고 저렴하며 프로그램 결함의 일부 유형을 발견해내는 데 매우 효과적이다. 그러나 프로그램 인스펙션 회의에서 식별될 수 있는 오류의 일부 유형을 발견해낼 수 없다.

정적 분석 도구(Lopes, Vicente, and Silva 2009)는 시스템의 소스 코드 상에서 작동하고 적어도 분석의 일부 유형에서는 추가적인 입력을 필요로 하지 않는다. 이것은 프로그래머가 프로그램 명세서를 작성하기 위해 전문적인 표기법을 배울 필요가 없다는 의미이므로 분석의 장점을 바로 알 수 있다. 이것은 자동화된 정적 분석이 정형 검증이나 모델 검사보다 개발 프로세스에 도입되는 것을 더 쉽게 만든다.

자동 정적 분석의 목적은 초기화되지 않고 사용되는 변수, 사용되지 않는 변수, 값이 범위를 벗어난 데이터 등과 같은 프로그램 내의 이상에 코드를 읽는 사람의 관심을 유도하는 것이다. 정적 분석에 의해 감지될 수 있는 문제의 예는 그림 12.9와 같다.

물론 정적 분석기에 의한 구체적인 검사는 프로그래밍 언어에 따라 특화되며 언어에서 무엇이 허용되는지에 따라 달라진다. 이상한 코드는 종종 프로그래밍 오류 또는 누락의 결과로 나타나므로 정적 분석기는 프로그램 실행 시에 잘못될 수 있는 것들을 강조 표시한다. 그러나 이상한 코드가 반드시 프로그램 결함은 아니며, 프로그래머에 의해 도입된 고의적 구조일 수도 있고, 부정적인 결과를 주지 않을 수도 있다.

다음과 같은 검사의 세 단계는 정적 분석기로 구현될 수 있다.

1. **특정 오류 검사**: 이 수준에서 정적 분석기는 Java나 C와 같은 언어를 사용하는 프로그래머에 의해 만들어지는 일반적인 오류를 알아낸다. 도구는 코드를 분석하여 문제의 특정 패턴을 찾고 강조 표시를 하여 프로그래머에게 알린다. 비교적 간단하지

결함 부류	정적 분석 점검항목
데이터 결함	초기화되기 전에 사용된 변수 선언되었지만 결코 사용되지 않은 변수 두 번 배정되었지만, 배정문 사이에 한번도 사용되지 않은 변수 배열 경계 위반 선언되지 않은 변수
제어 결함	제어가 도달할 수 없는 코드 반복문 안으로 무조건 분기
입출력 결함	중간에 배정문 없이 변수를 두 번 출력
인터페이스 결함	매개변수 형 불일치 매개변수 개수 불일치 함수 결과를 사용하지 않음 호출되지 않는 함수와 프로시져
기억 장소 관리 결함	배정되지 않는 포인터 포인터 계산 메모리 누수

그림 12.9 자동화된 정적 분석의 점검항목

만 일반적인 오류에 기반을 둔 분석은 비용 측면에서 매우 효과적일 수 있다. Zheng 등(Zheng et al. 2006)은 C와 C++ 언어로 된 방대한 양의 코드를 분석하였다. 이들은 프로그램 오류의 90%가 10가지 유형의 특정 오류로부터 발생한다는 것을 발견했다.

2. **사용자가 정의한 오류 검사**: 이 방식에서는 감지할 오류 패턴을 정적 분석기의 사용자가 정의한다. 이 패턴은 애플리케이션 도메인에 관련되거나 개발 중인 특정 시스템의 지식에 기초할 수 있다. 오류 패턴의 예 중 하나인 "순서 유지"는 메서드 A가 메서드 B보다 항상 먼저 호출되어야 하는 것이다. 시간이 지남에 따라, 조직은 자신의 프로그램에서 발생하는 일반적인 버그에 대한 정보를 수집할 수 있으며, 이러한 오류를 강조 표시하도록 오류 패턴을 가지고 정적 분석 도구를 확장할 수 있다.

3. **단언*(assertion)* 검사**: 이것은 정적 분석에서 가장 일반적이고 강력한 방법이다. 개발자는 (주로 양식화된 주석으로 작성되는) 정형적인 단언을 프로그램에 포함한다. 이 단언은 프로그램에서 어떤 시점에 성립해야 하는 관계를 명시한다. 예를 들어 프로그램은 어떤 변수의 값이 반드시 범위 x..y에 있어야 한다는 단언을 포함할 수 있다. 분석기는 코드를 실행하여 단언이 성립하지 않을 수 있는 문장을 강조 표시한다.

정적 분석은 프로그램에서 오류를 찾을 때 효과적이지만 다수의 거짓 양성(false

positive)을 생성한다. 거짓 양성은 오류가 없는데 정적 분석기의 규칙이 오류 가능성이 있다고 감지한 코드 영역이다. 거짓 양성의 개수는 프로그램에 단언의 형태로 정보를 추가함으로써 감소될 수 있지만, 이는 코드 개발자의 추가적인 작업을 요구한다. 코드를 검사하기 전에 이러한 거짓 양성을 걸러내는 작업을 수행해야 한다.

많은 조직들은 이제 자사의 소프트웨어 개발 프로세스에서 정적 분석을 일상적으로 사용한다. Microsoft사는 프로그램 장애가 심각한 영향을 미칠 수 있는 장치 드라이버의 개발에 정적 분석을 도입했다. 그리고 프로그램 신뢰성에 영향을 주는 오류뿐만 아니라 보안성 문제를 찾기 위해 훨씬 더 넓은 범위의 소프트웨어에 걸쳐 이 접근법을 확대했다(Ball, Levin, and Rajamani 2011). 공격자는 종종 일반적인 취약점을 기초로 공격하기 때문에 버퍼 오버플로와 같이 잘 알려진 문제에 대한 검사는 보안성을 향상시키는 데 효과적이다. 공격은 거의 사용되지 않아 철저하게 테스트되지 않을 수 있는 코드 영역을 목표로 할 수 있다. 정적 분석은 이러한 취약점 유형을 찾는 데 비용측면에서 효과적이다.

12.4 안전성 사례

저자가 이미 언급한 바와 같이, 많은 안전성 중심의 소프트웨어 집약적 시스템들은 규제된다. 외부 기관은 그들의 개발 및 배포에 상당한 영향을 미친다. 규제기관은 상업적 회사가 공공 및 환경 안전 또는 국가 경제에 위협이 되는 시스템을 배포하지 않도록 보장하는 일을 하는 정부 기관이다. 안전성 중심 시스템의 소유자는 자신의 시스템이 안전하다는 것을 보장하기 위해 최선의 노력을 다했다는 것을 규제기관에게 설득시켜야 한다. 규제기관은 시스템의 안전성 사례를 평가한다. 안전성 사례는 시스템의 정상적인 동작이 사용자에게 해가 되지 않는다는 증거와 논증을 나타낸다.

이러한 증거는 시스템 개발 과정에서 수집된다. 증거는 위험 분석과 완화, 테스트 결과, 정적 분석, 사용된 개발 프로세스에 대한 정보, 검토 회의 기록 등에 대한 정보를 포함할 수 있다. 이들을 모아서 안전성 사례로 구성한다. 안전성 사례는 시스템 소유자와 개발자가 해당 시스템이 안전하다고 믿는 이유에 대한 자세한 설명이다.

안전성 사례는 인증되어야 하는 시스템에 관한 기술, 시스템을 개발하는 데 이용된 프로세스에 관한 정보, 그리고 결정적으로 시스템이 안전할 것임을 입증하는 논리적인 논증을 포함하는 문서 집합이다. Bishop과 Bloomfield (Bishop and Bloomfield 1998)는 안전성 사례를 더욱 간결하게 다음과 같이 정의한다.

구성요소	설명
시스템 설명	시스템 개요와 주요 컴포넌트의 설명
안전성 요구사항	시스템 요구사항 명세서로부터 얻은 안전성 요구사항. 다른 관련 시스템의 요구사항도 포함될 수 있음
위험과 리스크 분석	식별된 위험과 리스크를 기술하는 문서와 리스크를 줄이기 위한 조치. 위험 분석 및 기록
설계 분석	설계가 안전한 이유를 정당화하는 구조적 논증의 집합(12.4.1절 참조)
검증과 확인	사용된 V & V 절차에 대한 기술과 적절하다면 시스템 테스트 계획. 결함이 감지되고 고쳐졌다는 것을 보여주는 테스트 결과 요약. 정형 기법이 사용된 경우에는 정형 시스템 명세서와 그 명세서에 대한 분석. 소스 코드의 정형 분석에 대한 기록.
검토 보고서	모든 설계 및 안전성 검토 기록
팀의 능력	안전성 관련 시스템 개발과 확인에 참여한 모든 팀원의 능력에 대한 증거
품질 보증 프로세스	시스템 개발 과정에서 수행된 품질 보증 프로세스(24장 참조)의 기록
변경 관리 프로세스	제안되고 실행된 모든 변경의 기록과 적절하다면 이러한 변경의 안전성에 대한 입증. 형상 관리 절차에 대한 정보와 형상 관리 기록
관련된 안전성 사례	해당 안전성 사례에 영향을 줄 수 있는 다른 안전성 사례에 대한 언급

그림 12.10 소프트웨어 안전성 사례의 가능한 콘텐츠

시스템이 주어진 환경에서 주어진 애플리케이션에 대해 충분히 안전하다는 설득력이 있고 타당한 논증을 제공하는 증거의 문서화된 실체.[§]

안전성 사례의 구조와 내용은 인증될 시스템의 유형과 운영 상황에 의해 좌우된다. 그림 12.10은 안전성 사례의 가능한 한 가지 구조를 보여주지만, 이 분야에서 보편적인 산업 표준은 없다. 안전성 사례 구조는 산업과 도메인의 성숙도에 따라 다르다. 예를 들어 원자력 안전성 사례는 오랜 기간 동안 요구되어왔다. 원자력 안전성 사례는 매우 포괄적이고 원자력 엔지니어에게 익숙한 방식으로 제공된다. 그러나 의료 기기를 위한 안전성 사례는 최근에 도입되었다. 의료 기기 안전성 사례는 원자력 안전성 사례보다 구조가 더 유연하고 내용이 덜 상세하다.

안전성 사례는 시스템을 전체적으로 참조하며, 안전성 사례의 일부분으로 부수적인 소프트웨어 안전성 사례가 있을 수 있다. 소프트웨어 안전성 사례를 구성할 때 소프트웨어 장애를 더 광범위한 시스템 장애와 관련지어야 하고, 이러한 소프트웨어 장애가 발생하지 않을 것을 입증하거나, 위험한 시스템 장애를 발생시키는 방식으로 전파되지 않을 것임을 입증해야 한다.

안전성 사례는 방대하고 복잡한 문서이므로 생산 및 유지보수에 비용이 많이 든다.

[§]Bishop, P., and R. E. Bloomfield. 1998. "A Methodology for Safety Case Development." In Proc. Safety-Critical Systems Symposium. Birmingham, UK: Springer. http://www.adelard.com/papers/sss98web.pdf

비용이 많이 들기 때문에 안전성 중심 시스템의 개발자들은 안전성 사례의 요구사항을 개발 프로세스에 고려해야 한다.

1. Graydon 등(Graydon, Knight, and Strunk 2007)은 안전성 사례의 개발이 시스템 설계 및 구현과 밀접하게 통합되어야 한다고 주장한다. 이는 시스템 설계 결정이 안전성 사례의 요구사항에 의해 영향을 받을 수 있다는 것을 의미한다. 안전성 사례 개발의 어려움과 비용을 상당히 증가시키는 설계 선택은 회피될 수 있다.

2. 규제기관은 안전성 사례에서 무엇이 용인되고 무엇이 용인되지 않는가에 대한 자신의 관점을 가지고 있다. 따라서 규제기관이 시스템 안전성 사례로부터 기대하는 것을 설정하기 위해 개발 초기부터 개발팀이 규제기관과 함께 일하는 것이 의미가 있다.

안전성 사례의 개발은 기록 유지에 필요한 비용, 광범위한 시스템 확인 비용, 안전성 보증 프로세스로 인해 비용이 많이 든다. 시스템 변경 및 재작업 또한 안전성 사례의 비용을 증가시킨다. 소프트웨어 또는 하드웨어 변경이 생기면 시스템 안전성이 이 변경에 의해 영향을 받지 않는다는 것을 입증하기 위해 안전성 사례의 많은 부분이 다시 작성되어야 한다.

12.4.1 구조적 논증

시스템이 운영상 안전한지 여부를 결정하는 것은 논리적 논증에 기초해야 한다. 이러한 논증은 제시된 증거가 시스템의 안전성과 확실성에 대한 주장(claim)을 지지한다는 것을 입증해야 한다. 이러한 주장은 절대적(사건 X가 일어나거나 일어나지 않거나)이거나 확률적(사건 Y의 발생 확률은 0.n)일 수 있다. 논증은 증거와 주장을 연결한다. 그림 12.11에 나타나 있듯이, 논증은 사실로 생각되는 것(주장)과 수집된 다수의 증거 사이의 관계이다. 논증은 시스템의 보안성이나 확실성에 대한 단언인 주장이 가용한 증거로

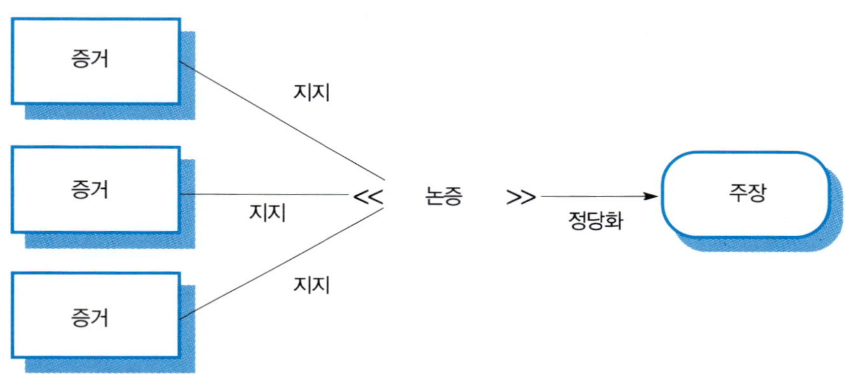

그림 12.11 구조적 논증

부터 유추될 수 있는 이유를 설명한다.

안전성 사례의 논증은 일반적으로 "주장 기반" 논증으로 표현된다. 시스템 안전성에 대한 일부 주장은 가용한 증거를 기반으로 이루어지고, 논증은 그 주장이 성립하는 이유를 나타낸다. 예를 들어 다음의 논증은 인슐린 펌프의 제어 소프트웨어에 의해 수행된 계산이 인슐린 과다 투여를 야기하지 않을 것이라는 주장을 정당화하기 위해 사용될 수 있다. 물론 이는 매우 단순화된 논증의 표현이다. 실제 안전성 사례에서는 증거에 대한 더욱 상세한 참조가 제시될 것이다.

주장: 인슐린 펌프가 계산한 1회 최대 투여량은 특정 환자에 대한 안전한 1회 투여량으로 평가된 maxDose를 넘지 않을 것이다.

증거: 인슐린 펌프 소프트웨어 제어 프로그램에 대한 안전성 논증(이 절의 뒤에서 다룸)

증거: 인슐린 펌프에 대한 테스트 데이터 집합. 완전한 코드 커버리지가 제공되는 400회의 테스트에서 투여되는 인슐린의 양(currentDose)은 maxDose를 결코 초과하지 않았다.

증거: 인슐린 펌프 제어 프로그램에 대한 정적 분석 보고서. 제어 소프트웨어의 정적 분석은 인슐린 투여량을 저장하는 프로그램 변수 currentDose 값에 영향을 주는 이상이 없음을 보였다.

논증: 제시된 증거들은 계산될 수 있는 인슐린의 최대 투여량이 maxDose와 동일하다는 것을 보여준다.

따라서 인슐린 펌프가 안전한 1회 최대 투여량을 초과하는 인슐린 투여량을 계산하지 않을 것이라는 주장을 증거가 정당화한다고 높은 신뢰수준으로 가정할 수 있다.

제시된 증거는 중복되고 다양하다. 소프트웨어는 상당한 공통부분을 가지는 여러 개의 다양한 메커니즘을 사용하여 검사된다. 저자가 10장에서 설명했듯이 중복성과 다양성을 가진 프로세스를 사용하여 신뢰도를 증가시킨다. 어떤 확인 프로세스에서 누락이나 실수가 감지되지 않더라도 다른 프로세스에 의해 발견될 가능성이 있다.

보통 시스템 안전성에 대한 많은 주장이 있으며, 한 주장의 타당성은 다른 주장의 타당성 여부에 달려있다. 따라서 주장들은 계층 구조로 구성될 수 있다. 그림 12.12는 인슐린 펌프에 관한 이러한 주장의 계층을 부분적으로 보여준다. 상위 수준의 주장이 타당하다는 것을 입증하기 위해서는 먼저 하위 수준의 주장에 대한 논증을 처리해야 한다. 이러한 하위 수준의 주장들이 정당하다는 것을 보여줄 수 있다면, 상위 수준의 주장이 정당하다는 것을 추론할 수 있을 것이다.

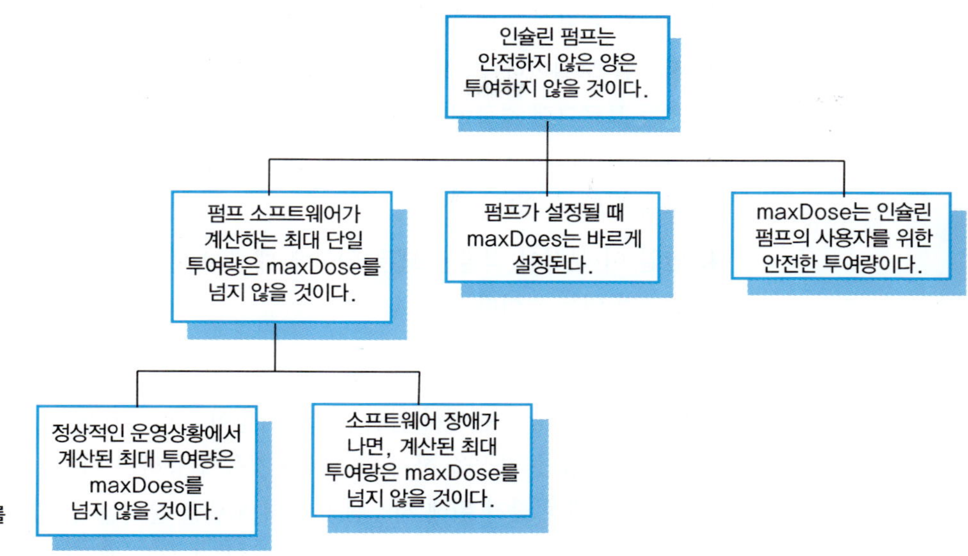

그림 12.12 인슐린 펌프를 위한 안전성 계층 구조

12.4.2 소프트웨어 안전성 논증

시스템 안전성 작업에 깔려있는 일반적인 가정은 안전성 위험을 초래할 수 있는 시스템 결함의 수가 시스템에 존재하는 전체 결함의 수보다 상당히 적다는 것이다. 그러므로 안전성 보증은 위험가능성을 가진 결함에 집중할 수 있다. 만일 이러한 결함이 발생할 수 없다고 입증할 수 있거나, 발생하더라도 관련된 위험이 사고로 이어지지 않을 것이라고 입증할 수 있으면 시스템은 안전하다. 이것이 소프트웨어 안전성 논증의 기초가 된다.

소프트웨어 안전성 논증은 프로그램이 안전성 의무를 만족시킴을 증명하는 구조적인 논증의 한 종류이다. 안전성 논증에서는 프로그램이 의도한 대로 작동한다는 것을 증명할 필요는 없다. 단지 프로그램 실행으로 잠재적으로 불안전한 상태로 도달할 수 없다는 것만 보여주면 된다. 따라서 안전성 논증은 정확성 논증보다 만들기 저렴하다. 모든 프로그램 상태를 고려할 필요는 없으며 단지 위험을 초래할 수 있는 상태에 집중할 수 있다.

안전성 논증은 정상적인 실행 조건을 가정할 때, 프로그램이 안전해야 한다는 것을 입증한다. 안전성 논증은 시스템이 불안전하다고 가정한 다음 불안전 상태에 도달하는 것은 불가능하다는 것을 보여주는 귀류법에 기반한다. 안전성 논증을 만드는 것과 관련된 단계는 다음과 같다.

1. 시스템 위험 분석에 의해 식별된 불안전 상태가 프로그램 실행에 의하여 도달될 수 있다고 가정하는 것으로 시작한다.

2. 이러한 불안전 상태를 정의하는 술어(논리식)를 작성한다.
3. 시스템 모델이나 프로그램을 체계적으로 분석한다. 다음으로 그 상태에 도달되는 모든 프로그램 경로에 대해 술어로 정의된 이 경로의 종료 조건이 불안전 상태 술어와 모순이라는 것을 보인다. 모순이라면 불안전 상태의 초기 가정이 잘못된 것이라고 주장할 수 있다.
4. 만일 이 분석이 식별된 모든 위험에 대해 반복되면, 이 시스템이 안전하다는 강한 증거가 있는 것이다.

안전성 논증은 요구사항부터 설계 모델을 거쳐 코드까지의 다양한 수준에서 적용될 수 있다. 요구사항 수준에서 안전성 요구사항이 누락되지 않고 요구사항이 시스템에 대해 타당하지 않은 가정을 하지 않는다는 것을 입증하기 위해 노력한다. 설계 수준에서 불안전한 상태를 찾기 위해 시스템의 상태 모델을 분석할 수 있다. 코드 수준에서 안전성 중심 코드를 거치는 모든 경로를 고려하여 그 모든 경로의 실행이 모순으로 이어진다는 것을 보인다.

예를 들어, 인슐린 투여 시스템의 단순화된 일부 구현을 보여주는 그림 12.13의 코드를 보자. 이 코드는 투여되는 인슐린의 양을 계산한 다음 이것이 환자에게 과다복용이 아닌지 안전성 검사를 적용한다. 이 코드의 안전성 논증은 투여되는 인슐린 양이 안전한 1회 최대 투여량을 절대로 초과하지 않는다는 것을 입증하는 것을 포함한다. 이

```
– 투여될 인슐린 양은
– 혈당 수치, 이전 투여량,
– 이전 투여 시간의 함수로 계산된다

currentDose = computeInsulin () ;
// 안전성 점검–필요 시에 currentDose 조정

if 문 1

if (previousDose == 0)
{
    if (currentDose > maxDose/2)
       currentDose = maxDose/2 ;
}
else
    if (currentDose > (previousDose * 2) )
       currentDose = previousDose * 2 ;
if 문 2

if ( currentDose < minimumDose )
   currentDose = 0 ;
else if ( currentDose > maxDose )
   currentDose = maxDose ;
administerInsulin (currentDose) ;
```

그림 12.13 안전성 점검이 있는 인슐린 투여량 계산

투여량은 각 당뇨병 환자에 대해 담당 의사와의 상담을 통해 설정된다.

안전성을 입증하기 위해, 시스템이 "정확한" 양을 투여하는지 증명할 필요는 없고, 단지 절대로 환자에게 과다투여를 하지 않는다는 것을 증명하면 된다. maxDose가 시스템 사용자에 대한 안전한 수준이라는 가정을 가지고 시작하면 된다.

안전성 논증을 위해 불안전한 상태를 정의하는 술어인 "currentDose > maxDose"를 식별한다. 그리고 모든 프로그램 경로가 이 불안전하다는 단언에 모순이 된다는 것을 입증한다. 입증된다면 불안전한 조건은 참이 될 수 없다. 만약 모순을 증명할 수 있다면 프로그램이 불안전한 인슐린 투여량을 계산하지 않을 것이라고 확신할 수 있다.

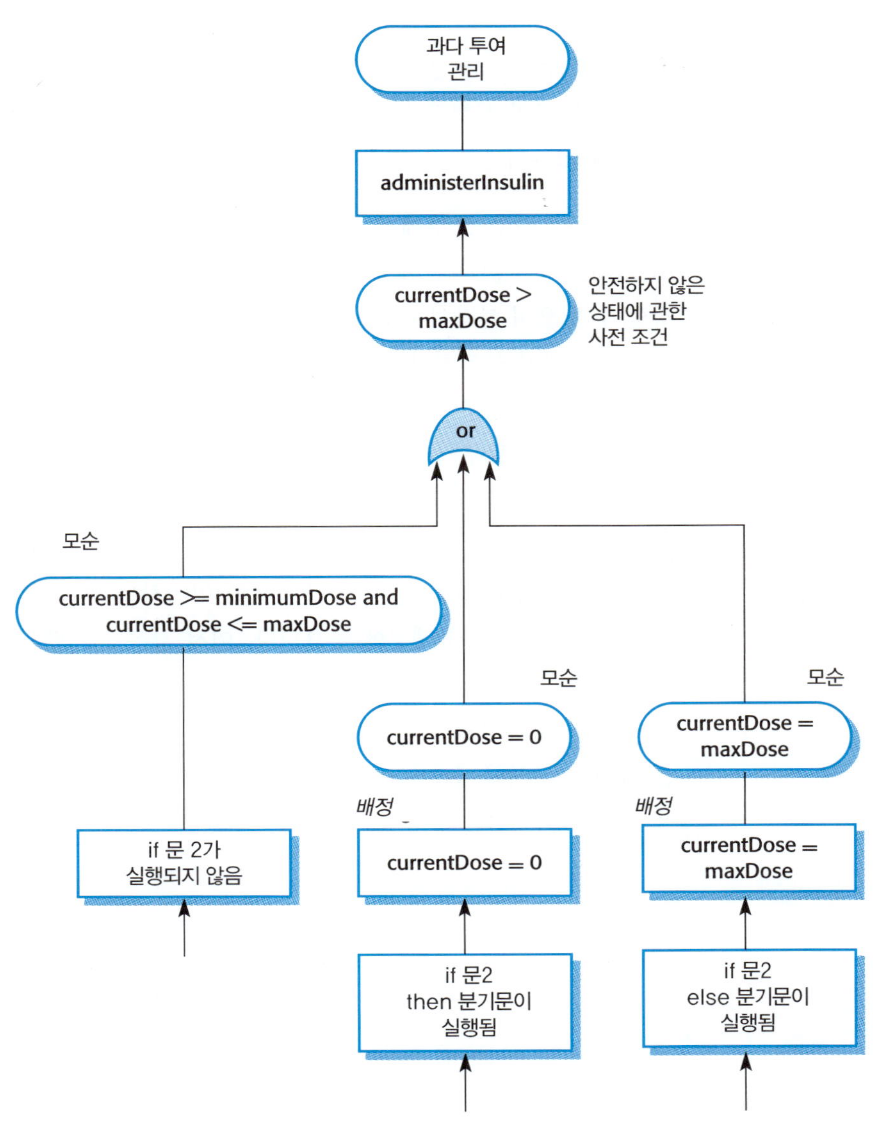

그림 12.14 모순 증명에 기초한 비정상적인 안정성 논증

그림 12.14와 같이 안전성 논증을 그림으로 표현할 수 있다.

그림 12.14에 나타낸 안전성 논증에서는 administerInsulin 메서드의 호출로 이어지는 세 개의 가능한 프로그램 경로가 존재한다. 인슐린 투여량이 절대 maxDose를 초과하지 않는다는 것을 보여야 한다. 다음과 같이 administerInsulin으로 가는 가능한 모든 경로가 고려된다.

1. if문 2의 어떤 분기도 수행되지 않는다. if문 2의 분기는 currentDose가 minimumDose..maxDose 범위 밖일 때 수행된다. 따라서 사후조건 술어는 다음과 같다.

   currentDose >= minimumDose and currentDose <= maxDose

2. if문 2의 then 분기가 실행된다. 이 경우에 currentDose를 0으로 설정하는 배정문이 실행된다. 따라서 사후조건 술어는 currentDose = 0이다.
3. if문 2의 else if 분기가 실행된다. 이 경우에 currentDose를 maxDose로 설정하는 배정문이 실행된다. 따라서 이 문장이 실행되고 나면 사후조건은 currentDose = maxDose이다.

세 가지 경우 모두에서 사후조건 술어는 불안전한 사전조건인 currentDose > maxDose에 모순된다. 모두 참이 될 수 없기 때문에, 초기 가정이 잘못된 것이라고 주장할 수 있으며 따라서 계산은 안전하다.

프로그램이 불안전한 계산을 하지 않는다는 구조적 논증을 구성하려면, 먼저 잠재적인 불안전 배정문으로 이어질 수 있는 코드를 거치는 가능한 모든 경로를 식별한다. 이 불안전 상태로부터 거꾸로 작업하여 불안전 상태로 이어지는 각 경로 상의 모든 상태 변수에 대한 마지막 배정문을 고려한다. 불안전한 변수 값이 없다는 것을 보이면 초기 가정(계산이 불안전하다)이 틀렸다는 것으로 보인 것이다.

역방향 작업은 코드의 종료 조건으로 이어지는 최종 상태를 제외한 모든 중간 상태를 무시할 수 있기 때문에 중요하다. 이전 값은 시스템의 안전성에 문제가 되지 않는다. 이 예에서 관심을 가져야할 것은 administerInsulin 메서드가 실행되기 직전에 currentDose의 가능한 값의 집합이다. 그림 12.13의 안전성 논증에 있는 if문 1과 같은 계산은 무시할 수 있다. 왜냐하면 그 결과는 뒤에 나오는 프로그램 문장에서 덮어쓰여지기 때문이다.

키 포인트

- 안전성 중심 시스템은 시스템의 장애가 사람의 부상 또는 사망으로 이어질 수 있는 시스템이다.
- 위험 주도 접근법은 안전성 중심 시스템을 위한 안전성 요구사항을 이해하는 데 사용될 수 있다. 잠재적인 위험들을 식별하고 근본 원인을 찾기 위해(결함 트리 분석과 같은 방법을 사용하여) 위험을 분해한다. 다음으로 이 문제들을 피하거나 복구하기 위한 요구사항들을 명시한다.
- 안전성 중심 시스템 개발에 잘 정의되고 인증된 프로세스를 가지는 것이 중요하다. 이 프로세스는 잠재적인 위험의 식별 및 감시를 포함해야 한다.
- 정적 분석은 오류와 이상을 찾기 위해 시스템의 소스 코드(또는 다른 표현)를 검사하는 V & V에 대한 접근 방법이다. 정적 분석은 시스템 테스트로 실행된 부분뿐만 아니라 프로그램의 모든 부분이 검사될 수 있도록 한다.
- 모델 검사는 잠재적인 오류에 대해 시스템의 모든 상태를 철저하게 검사하는 정적 분석에 대한 정형적인 방법이다.
- 안전성 및 확실성 사례들은 시스템이 안전하고 확실성 있다는 것을 입증하는 모든 증거를 수집한다. 시스템이 사용되기 전에 외부 규제기관에서 시스템을 인증할 때 안전성 사례들이 요구된다.

추가로 읽을거리

Safeware: System Safety and Computers. 20년이 지났지만 이 책은 여전히 안전성 중심 시스템을 철저하고 가장 훌륭하게 다루고 있다. 특히 위험 분석과 이로부터의 요구사항 유도에 대한 설명이 좋다. (N. Leveson, Addison-Wesley, 1995).

"Safety-Critical Software." 안전성 중심 시스템에 초점을 맞춘 *IEEE 소프트웨어* 매거진의 특별판이다. 모델 기반 안전성 중심 시스템 개발, 모델 검사, 정형 기법에 대한 논문들을 포함하고 있다. (*IEEE Software,* 30 (3), May/June 2013).

"Constructing Safety Assurance Cases for Medical Devices." 이 짧은 논문은 진통제 펌프를 위한 안전성 사례를 만드는 방법에 대한 실용적인 예를 보여주고 있다. (A. Ray and R. Cleaveland, Proc. Workshop on Assurance Cases for Software-Intensive Systems, San Francisco, 2013) http://dx.doi.org/10.1109/ASSURE.2013.6614270

웹 사이트

파워포인트 슬라이드:

https://iansommerville.com/software-engineering-book/slides

지원 비디오 링크

https://iansommerville.com/software-engineering-book/videos/reliability/

연습문제

12.1. 안전성 중심 소프트웨어 시스템에 의해서 제어되는 것으로 보이는 소비자 제품 여섯 가지를 찾아라.

12.2. 매우 높은 안전성 기준을 가지고 있으며 거의 모든 리스크를 (작은 부상조차도) 허용하지 않는 회사를 위한 소프트웨어 시스템이 배치될 것이다. 이것이 그림 12.3에 있는 리스크 삼각형의 모양에 어떻게 영향을 미칠 것인가?

12.3. 인슐린 펌프 시스템에서 사용자는 주기적으로 바늘과 인슐린 공급을 교체해야 하고 회당 최대 복용량과 일일 최대 복용량도 변경해야 한다. 생길 수 있는 세 가지 사용자 오류와 사고를 초래하는 이러한 오류를 피할 수 있는 안전성 요구사항들을 제안하라.

12.4. 롤러코스터를 관리하기 위한 안전성 중심 소프트웨어 시스템은 두 가지 주요 구성 요소를 제어한다.

- 롤러코스터가 급격하고 갑작스럽게 움직일 때 탑승자를 지키기 위한 안전벨트의 잠금과 풀림. 안전벨트가 풀려있으면 롤러코스터가 움직일 수 없다.
- 롤러코스터를 타는 사람들의 수가 주어졌을 때, 다양한 구간에서 탈선을 방지하기 위한 롤러코스터의 최소 및 최고 속도

이 시스템에서 생길 수 있는 세 가지 위험을 찾아내라. 각 위험에 대해 이러한 위험이 사고를 초래하는 확률을 줄이는 방어적 요구사항을 제시하라. 여러분이 제시한 방어가 왜 위험에 관련된 리스크를 줄일 수 있는지 설명하라.

12.5. 열차 보호 시스템은 만약 지정된 곳에서 제한 속도를 넘기거나, 기차가 현재 빨간불인 지역에 들어가면 자동적으로 브레이크를 작동시킨다. 이 열차 보호 시스템에 대한 두 가지 중요한 안전성 요구사항이 있다.

열차는 빨간불인 지역에 들어가지 말아야 한다.

열차는 지정된 트랙에서 지정된 제한 속도를 넘지 말아야 한다.

열차가 지정된 지역에 들어가기 전에 신호의 상태와 제한 속도가 소프트웨어로 보내진다고 가정하고, 시스템 안전성 요구사항으로부터 생성될 수 있는 소프트웨어에 대한 다섯 가지 기능적 시스템 요구사항을 제안하라.

12.6. 안전성 중심 소프트웨어 시스템의 개발에서 정형 명세 및 검증을 사용하는 것이 비용 측면에서 효과적일 수 있는 이유를 설명하라. 중대한 시스템의 엔지니어들이 정형 기법의 사용에 반대하는 이유는 무엇이라고 생각하는가?

12.7. 정형 명세와 대조해 프로그램의 정확성을 검증하는 것보다 모델 검사를 사용하는 것이 검증에 있어서 더 비용 효과적인 접근법인 이유를 설명하라.

12.8. 시스템 소프트웨어 안전성 사례를 요구하는 네 가지 유형의 시스템을 나열하고, 왜 안전성 사례가 필요한지 설명하라.

12.9. 핵 폐기물 저장 장치에서 안전한 운영을 위한 문 차단 제어 메커니즘이 설계된다. 방사능 차폐기가 가동 중이거나 방 안의 방사능 수준이 어떤 주어진 값(dangerLevel) 이하일 때만 출입하는 것을 보장한다. 즉,

(i) 원격 제어 방사능 차폐기가 방 안에서 작동 중이라면 허가받은 기사가 문을 열 수 있다.

(ii) 방 안의 방사능 수준이 지정된 값 이하이면 허가받은 기사가 문을 열 수 있다.

(iii) 허가받은 기사는 공인된 문 출입 코드를 입력함으로써 식별된다.

```
1       entryCode = lock.getEntryCode () ;
2       if (entryCode == lock.authorizedCode)
3       {
4               shieldStatus = Shield.getStatus ();
5               radiationLevel = RadSensor.get ();
6               if (radiationLevel < dangerLevel)
7                       state = safe;
8               else
9                       state = unsafe;
10              if (shieldStatus == Shield.inPlace() )
11                      state = safe;
12              if (state == safe)
13                      {
14                              Door.locked = false ;
15                              Door.unlock ();
16                      }
17              else
18              {
19                      Door.lock ( );
20                      Door.locked := true ;
21              }
22      }
```

그림 12.15 문 출입 코드

그림 12.15의 코드가 문 차단 메커니즘을 제어한다. 안전한 상태는 출입이 허용되지 않은 상태이다. 이 장에서 설명한 방법을 사용하여 이 코드의 안전성 증명을 하라. 특정 문장을 참조하기 위해 줄 번호를 사용하라. 코드가 안전하지 않은 것을 발견하면 그것을 안전하도록 수정하는 방법을 제안하라.

12.10. 안전성과 관련된 시스템의 명세와 개발을 수행하는 소프트웨어 엔지니어는 전문적인 인증이나 라이선스를 받아야 하는가? 여러분의 생각을 피력하라.

참고문헌

Abrial, J. R. 2010. *Modeling in Event-B: System and Software Engineering*. Cambridge, UK: Cambridge University Press.

Ball, T., V. Levin, and S. K. Rajamani. 2011. "A Decade of Software Model Checking with SLAM." *Communications of the ACM* 54 (7) (July 1): 68. doi:10.1145/1965724.1965743.

Behm, P., P. Benoit, A. Faivre, and J-M. Meynadier. 1999. "Meteor: A Successful Application of B in a Large Project." In *Formal Methods'99*, 369 – 387. Berlin: Springer-Verlag. doi:10.1007/3-540-48119-2_22.

Bishop, P., and R. E. Bloomfield. 1998. "A Methodology for Safety Case Development." In *Proc. Safety-Critical Systems Symposium*. Birmingham, UK: Springer. http://www.adelard.com/papers/sss98web.pdf

Bochot, T., P. Virelizier, H. Waeselynck, and V. Wiels. 2009. "Model Checking Flight Control Systems: The Airbus Experience." In *Proc. 31st International Conf. on Software Engineering, Companion Volume*, 18 – 27. Leipzig: IEEE Computer Society Press. doi:10.1109/ICSE-COMPANION. 2009.5070960.

Dehbonei, B., and F. Mejia. 1995. "Formal Development of Safety-Critical Software Systems in Railway Signalling." In *Applicadhshods*, edited by M. Hinchey and J. P. Bowen, 227 – 252. London: Prentice-Hall.

Graydon, P. J., J. C. Knight, and E. A. Strunk. 2007. "Assurance Based Development of Critical Systems." In Proc. *37th Annual IEEE Conf. on Dependable Systems and Networks*, 347 – 357. Edinburgh, Scotland. doi:10.1109/DSN.2007.17.

Holzmann, G. J. 2014. "Mars Code." *Comm ACM* 57 (2): 64 – 73. doi:10.1145/2560217.2560218.

Jhala, R., and R. Majumdar. 2009. "Software Model Checking." *Computing Surveys* 41 (4). doi:10.1145/1592434.1592438.

Kwiatkowska, M., G. Norman, and D. Parker. 2011. "PRISM 4.0: Verification of Probabilistic Real-Time Systems." In *Proc. 23rd Int. Conf. on Computer Aided Verification*, 585 – 591. Snowbird, UT: Springer-Verlag. doi:10.1007/978-3-642-22110-1_47.

Leveson, N. G., S. S. Cha, and T. J. Shimeall. 1991. "Safety Verification of Ada Programs Using Software Fault Trees." *IEEE Software* 8 (4): 48 – 59. doi:10.1109/52.300036.

Lopes, R., D. Vicente, and N. Silva. 2009. "Static Analysis Tools, a Practical Approach for Safety-Critical Software Verification." In *Proceedings of DASIA 2009 Data Systems in Aerospace.* Noordwijk, Netherlands: European Space Agency.

Lutz, R. R. 1993. "Analysing Software Requirements Errors in Safety-Critical Embedded Systems." In *RE'93*, 126 – 133. San Diego, CA: IEEE. doi:0.1109/ISRE.1993.324825.

Moy, Y., E. Ledinot, H. Delseny, V. Wiels, and B. Monate. 2013. "Testing or Formal Verification: DO-178C Alternatives and Industrial Experience." *IEEE Software* 30 (3) (May 1): 50 – 57. doi:10.1109/MS.2013.43.

Perrow, C. 1984. *Normal Accidents: Living with High-Risk Technology*. New York: Basic Books.

Regan, P., and S. Hamilton. 2004. "NASA's Mission Reliable." *IEEE Computer* 37 (1): 59 – 68. doi:10.1109/MC.2004.1260727.

Schneider, S. 1999. *Concurrent and Real-Time Systems: The CSP Approach*. Chichester, UK: John Wiley & Sons.

Souyris, J., V. Weils, D. Delmas, and H. Delseny. 2009. "Formal Verification of Avionics Software Products." In *Formal Methods'09: Proceedings of the 2nd World Congress on Formal Methods*, 532 – 546. Springer-Verlag. doi:10.1007/978-3-642-05089-3_34.

Storey, N. 1996. *Safety-Critical Computer Systems*. Harlow, UK: Addison-Wesley.

Veras, P. C., E. Villani, A. M. Ambrosio, N. Silva, M. Vieira, and H. Madeira. 2010. "Errors in Space Software Requirements: A Field Study and Application Scenarios." In *21st Int. Symp. on Software Reliability Engineering*. San Jose, CA. doi:10.1109/ISSRE.2010.37.

Zheng, J., L. Williams, N. Nagappan, W. Snipes, J. P. Hudepohl, and M. A. Vouk. 2006. "On the Value of Static Analysis for Fault Detection in Software." *IEEE Trans. on Software Eng.* 32 (4): 240 – 253. doi:10.1109/TSE.2006.38.

13

보안성 공학

Security engineering

학습목표

이 장의 목표는 소프트웨어 공학을 소개하고 책의 나머지 부분을 이해하는 데 도움을 주기 위한 기초를 제공하는 것이다. 이 장을 통해 학습할 내용들은 다음과 같다.

- 보안성 공학의 중요성 및 애플리케이션 보안과 기반구조 보안의 차이점을 이해한다.
- 보안성 요구사항을 도출하고 시스템 설계를 분석하는 데 리스크 기반 접근법이 사용될 수 있는 방법을 안다.
- 소프트웨어 아키텍처 패턴과 보안 시스템 공학의 설계 지침을 안다.
- 보안성 테스팅 및 보증이 어렵고 비용이 높은 이유를 이해한다.

학습내용

1990년대에 인터넷의 광범위한 채택은 소프트웨어 엔지니어에게 보안성 있는 시스템을 설계하고 구현하는 새로운 도전을 야기했다. 더욱 더 많은 시스템들이 인터넷에 연결됨에 따라, 이 시스템들을 위협하기 위한 여러 가지 다양한 외부 공격이 고안되었다. 확실성 있는 시스템을 제작하는 데 따르는 문제점이 크게 증가하였다. 시스템 엔지니어들은 개발 프로세스에서의 우연한 실수로 야기되는 문제뿐만 아니라 기술적으로 훈련된 악의적인 공격자들로부터의 위협을 고려해야만 한다.

외부 공격에 견뎌내고 그런 공격으로부터 복구하는 시스템을 설계하는 것이 이제는 필수적이다. 보안 예방조치가 없으면, 공격자가 네트워크에 연결된 시스템에 피해를 끼치는 것이 필연적이다. 공격자들은 시스템 하드웨어를 오용할 수 있고 기밀 데이터를 훔치거나 시스템이 제공하는 서비스를 방해할 수 있다.

보안성 있는 시스템 공학에서 세 가지 보안성 관점을 고려해야 한다.

1. **기밀성***(confidentiality)*: 시스템의 정보가 접근 권한이 없는 사람이나 프로그램에 누출되거나 접근될 수 있다. 예를 들어, 전자 상거래 시스템에서 신용 카드 데이터의 절도는 기밀 문제이다.
2. **무결성***(integrity)*: 시스템의 정보가 손상되거나 오류가 생겨 이상해졌거나 신뢰할 수 없다. 예를 들어, 시스템의 데이터를 삭제하는 웜(worm)이 무결성 문제이다.
3. **가용성***(availability)*: 보통 때는 사용가능하던 시스템 또는 그 데이터에 대한 접근이 불가능할 수 있다. 서버를 과부하시키는 서비스 거부 공격은 시스템 가용성이 훼손되는 상황의 예이다.

이러한 관점들은 긴밀하게 관련되어 있다. 공격에 의해 시스템을 사용할 수 없게 되면, 시간에 따라 변화하는 정보를 업데이트할 수 없을 것이다. 이것은 시스템의 무결성이 훼손될 수 있다는 의미이다. 공격이 성공하여 시스템의 무결성이 훼손되면, 문제를 고치기 위해 시스템을 멈춰야 할 수도 있다. 따라서 시스템의 가용성이 감소한다.

조직적인 관점에서 보안은 세 가지 계층으로 간주되어야 한다.

1. **기반구조 보안**: 기반구조와 공유 서비스 집합을 조직에 제공하는 모든 시스템 및 네트워크의 보안성 유지와 관련된다.
2. **애플리케이션 보안**: 개별 애플리케이션 시스템 또는 관련 있는 시스템들의 그룹의 보안성과 관련된다.
3. **운영 보안**: 조직 시스템의 보안성 있는 운영 및 사용과 관련된다.

그림 13.1은 애플리케이션 시스템이 그 운영에서 다른 시스템의 기반구조에 어떻게 의존하는지 보여주는 애플리케이션 시스템 계층 다이어그램이다. 기반구조의 하부 계

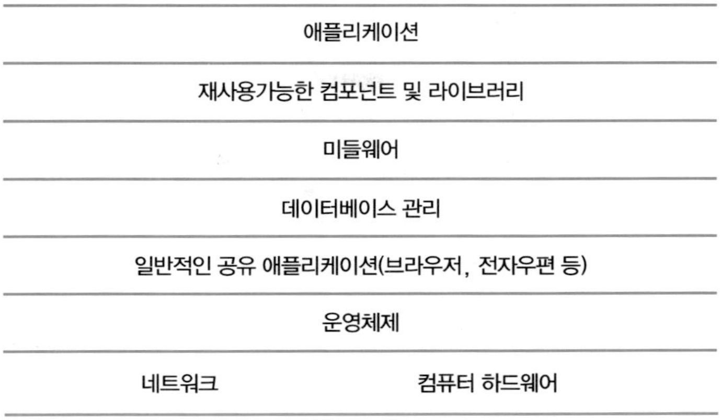

애플리케이션	
재사용가능한 컴포넌트 및 라이브러리	
미들웨어	
데이터베이스 관리	
일반적인 공유 애플리케이션(브라우저, 전자우편 등)	
운영체제	
네트워크	컴퓨터 하드웨어

그림 13.1 보안을 고려해야 하는 시스템 계층

층은 하드웨어이다. 애플리케이션 시스템을 위한 소프트웨어 기반구조는 다음을 포함한다.

- 리눅스나 윈도우와 같은 운영체제 플랫폼
- 웹 브라우저, 전자우편 클라이언트와 같이 해당 시스템 위에서 돌아가는 다른 일반 애플리케이션
- 데이터베이스 관리 시스템
- 분산 컴퓨팅과 데이터베이스 접근을 지원하는 미들웨어
- 애플리케이션 소프트웨어가 사용하는 재사용가능한 컴포넌트의 라이브러리

네트워크 시스템은 소프트웨어로 제어되며 네트워크는 공격자가 네트워크 패킷을 가로채서 읽거나 변경하는 보안 위협의 대상이 될 수 있다. 그러나 이는 전문적인 장비를 필요로 하므로 보안 공격의 대부분은 시스템의 소프트웨어 기반구조에 대한 것이다. 공격자들은 웹 브라우저와 같은 기반구조 컴포넌트들이 보편적으로 사용되기 때문에 소프트웨어 기반구조에 초점을 맞춘다. 공격자들은 이러한 시스템의 약점을 조사하고 그들이 발견한 취약점에 대한 정보를 공유할 수 있다. 많은 사람들이 같은 소프트웨어를 사용하므로 공격이 넓은 적용가능성을 가진다.

기반구조의 보안은 주로 공격에 견디도록 시스템 관리자가 기반구조를 설정하는 시스템 관리 문제이다. 시스템 보안 관리는 사용자 및 허가권 관리, 시스템 소프트웨어의 배치와 유지보수, 공격 감시 및 감지, 복구와 같은 부류의 활동을 포함한다.

1. 사용자 및 허가권 관리는 시스템에 사용자를 추가 및 제거하고, 적절한 사용자 인증 메커니즘이 이루어지도록 보장하고, 시스템에 허가권을 설정하여 사용자가 오직 필요한 자원에만 접근하도록 한다.

2. 시스템 소프트웨어 배치 및 유지보수는 시스템 소프트웨어 및 미들웨어를 설치하고 적절하게 설정하여 보안 취약점을 피하도록 한다. 또한 발견된 보안 문제점을 해결한 새로운 버전이나 패치로 소프트웨어를 정기적으로 업데이트하는 것을 포함한다.
3. 공격 감시 및 감지, 복구는 허가받지 않은 시스템 접근의 감시 및 감지, 공격에 견디기 위한 적절한 전략의 수립, 외부 공격 이후에 정상적인 운영이 계속될 수 있도록 하기 위한 프로그램 및 데이터 백업 준비를 포함한다.

운영 보안은 주로 인적 및 사회적 문제이다. 이는 시스템을 사용하는 사람들이 시스템 보안을 훼손하는 방식으로 행동하지 못하도록 보장하는 것에 초점을 맞춘다. 예를 들어, 사용자가 시스템을 사용하지 않는 동안에도 로그인된 상태로 남아있을 수 있다. 그렇다면 공격자는 시스템에 쉽게 접근할 수 있다. 종종 사용자들은 보다 더 효율적으로 일하기 위해 보안성 없이 행동하고, 사용자가 보안성 없이 행동하는 데는 타당한 이유가 있다. 운영 보안에서의 도전은 보안 문제에 대한 인식을 높이는 것과 보안성과 시스템 효율성 사이의 올바른 균형을 찾는 것이다.

사이버보안은 시스템 보안 논의에서 현재 흔히 사용되는 용어이다. 사이버보안은 컴퓨터와 인터넷을 사용하면서 일어나는 위협으로부터 시민, 비즈니스, 중대한 기반구조를 보호하고 모든 측면을 포함하는 매우 넓은 범위의 용어이다. 그 범위는 하드웨어 및 네트워크로부터 애플리케이션 시스템을 거쳐 이러한 시스템에 접근하는 데 사용되는 모바일 기기까지의 모든 시스템 계층을 포함한다. 복원성 공학을 다루는 14장에서 기반구조 보안을 포함하는 일반적인 사이버보안 주제에 대해 기술한다.

이 장에서는 보안성 요구사항, 보안성을 위한 설계, 보안성 테스팅 등의 애플리케이션 보안성 공학 주제에 대해 초점을 맞춘다. 암호화 및 접근 통제 메커니즘과 같은 일반적인 보안 기술과 바이러스 및 웜과 같은 공격 매개체는 다루지 않는다. 이 기술들은 컴퓨터 보안에 관한 일반적인 교재(Pfleeger and Pfleeger 2007; Anderson 2008; Stallings and Brown 2012)에서 상세히 다룬다.

13.1 보안성과 확실성

보안성은 악의적인 내외부의 공격으로부터 자신을 방어하는 시스템의 능력을 나타내는 시스템 특성이다. 대부분의 컴퓨터와 모바일 기기가 네트워크에 연결되어 외부인에 의해 접근가능하기 때문에 이러한 외부 공격이 가능하다. 공격의 예로는 바이러스 및 트로이 목마 설치, 시스템 서비스의 비인가 사용, 시스템 또는 데이터의 비인가 수정이 있다.

정말 시스템을 가능한 한 보안성 있게 하고 싶다면, 인터넷에 연결하지 않는 것이 최선이다. 그렇다면 보안성 문제는 권한이 있는 사용자가 시스템을 오용하지 않도록 하고 USB 드라이브와 같은 장치의 사용을 통제하는 데 한정된다. 그러나 실제로는 네트워크 접근이 대부분의 시스템에 큰 이익을 주므로 인터넷 연결을 끊는 것은 실행 가능한 보안성 옵션이 아니다.

어떤 시스템들에서는 보안성이 시스템 확실성의 가장 중요한 특성이다. 군사 시스템, 전자 상거래 시스템, 비밀 정보의 처리와 교환을 포함하는 시스템은 고도의 보안성을 달성하도록 설계되어야 한다. 항공 좌석 예약 시스템의 사용이 불가능하면, 불편을 초래하고 티켓 발행이 지연된다. 그러나 그러한 시스템이 보안에 취약하다면, 공격자는 모든 예약을 삭제할 수 있고 실제로 정상적인 항공사 운영 지속이 불가능해질 수 있다.

확실성에 대한 다른 측면으로 보안성에 관련된 전문 용어들이 있다(Pfleeger and Pfleeger 2007). 그 용어들은 그림 13.2에 설명되어 있다. 그림 13.3은 이러한 용어들을 설명하기 위해 사용한 Mentcare 시스템의 보안 시나리오이다. 그림 13.4는 그림 13.2에 정의된 보안 개념들이 이 보안 시나리오에 어떻게 적용되는지를 보여준다.

시스템 취약점들은 요구사항, 설계 또는 구현 문제 때문에 발생하거나 인적, 사회적 또는 조직적 결함으로 인해 생겨난다. 사람들은 짐작하기 쉬운 패스워드를 사용하거나 쉽게 발견될 수 있는 곳에 패스워드를 적어 놓는다. 시스템 관리자는 접근 제어와 설정 파일을 설정하는 데 오류를 범하며 사용자는 보호 소프트웨어를 설치하거나 사용하는 것을 잊는다. 그러나 단순히 이러한 문제들을 인적 오류로 분류할 수는 없다. 사용자 실수나 누락은 종종 빈번한 패스워드 변경(사용자가 패스워드를 적어 놓게 하는)이나 복잡한 설정 메커니즘 등을 요구하는 형편없는 시스템 설계 결정을 반영한다.

네 가지 유형의 보안 위협이 발생할 수 있다.

그림 13.2 보안 용어

용어	정의
자산(asset)	보호되어야 할 가치를 가진 어떤 것. 자산은 소프트웨어 시스템 자체나 그 시스템에 의해 사용되는 데이터가 될 수 있다.
공격(attack)	시스템 자산에 어떠한 손실을 일으키는 것을 목표를 하는 시스템 취약점의 부당한 이용. 공격은 시스템의 외부(외부 공격) 또는 권한이 있는 내부자(내부 공격)로부터 올 수 있다.
통제(control)	시스템 취약점을 줄이는 방어적 조치. 약한 접근 통제 시스템의 취약점을 줄이는 통제의 한 예가 암호화이다.
노출(exposure)	컴퓨터 시스템의 가능한 손실이나 손해. 이것은 데이터에 대한 손실 혹은 손상이 될 수 있고 보안 침입 후에 복구가 필요하면 시간과 노력의 손실이 될 수 있다.
위협(threat)	손실 혹은 손해를 초래할 가능성이 있는 상황. 공격받기 쉬운 시스템 취약점을 위협으로 생각할 수 있다.
취약점(vulnerability)	손실이나 손해를 초래하기 위해 이용될 수 있는 컴퓨터 기반 시스템의 약점이다.

Mentcare 시스템으로의 비인가 접근

진료진이 사용자 이름과 패스워드를 사용하는 Mentcare 시스템에 로그인한다. 시스템은 패스워드가 최소 8자이기를 요구하나 이를 검사하지는 않는다. 범죄자는 높은 보수를 받는 스포츠 스타가 정신 질환 문제로 치료를 받고 있는 것을 발견한다. 그는 스타를 협박하기 위해 시스템 정보에 불법적으로 접근하고 싶어 한다.

정신 병원에서 걱정하는 친척인 것처럼 행동하고 간호사들과 대화함으로써, 그는 어떻게 시스템과 간호사 및 그 가족에 관한 개인 정보에 접근할지를 알아낸다. 이름 배지를 확인하여 그는 접근이 허용된 몇몇 사람들의 이름을 알아낸다. 그는 알아낸 이름들을 이용해 간호사의 자녀 이름과 같이 가능성 있는 비밀번호를 체계적으로 추측하여 시스템에 로그인하는 것을 시도한다.

그림 13.3 Mentcare 시스템의 보안 시나리오

용어	예
자산	치료 중이거나 치료를 받은 각 환자의 기록
공격	접근 권한이 있는 사용자로 위장
통제	고유명사나 사전에 포함되어 있는 단어는 사용자 패스워드로 허용하지 않는 패스워드 검사 시스템
노출	환자들이 데이터 관리를 제대로 못하는 병원을 신뢰하지 않아 치료를 받지 않으려고 할 것이기 때문에 잠재적인 재정 손실 발생 스포츠 스타의 법적 행위로 인한 재정 손실 발생. 평판을 잃음
위협	접근 권한이 없는 사용자가 인증을 받은 사용자의 증명(로그인 이름과 패스워드)을 추측하여 시스템의 접근 권한을 얻을 수 있음
취약점	강력한 패스워드를 필요로 하지 않는 패스워드 시스템에 기반하여 인증함. 사용자가 쉽게 추측할 수 있는 패스워드를 설정할 수 있음

그림 13.4 보안 용어의 예

1. 가로채기 위협은 공격자가 자산에 접근하는 것을 허용한다. Mentcare 시스템에서 가능한 위협은 공격자가 개별 환자 기록에 접근하는 상황이다.
2. 중단 위협은 공격자가 시스템의 일부를 사용할 수 없게 만드는 것을 허용한다. 가능성 있는 위협은 시스템 데이터베이스 서버에 가해지는 서비스 거부 공격이다.
3. 수정 위협은 공격자가 시스템 자산을 마음대로 조작하도록 허용한다. Mentcare 시스템에서 수정 위협은 공격자가 환자 기록을 변경하거나 파괴하는 것이다.
4. 위조 위협은 공격자가 거짓 정보를 시스템에 삽입하는 것을 허용한다. 아마 Mentcare 시스템에서는 신빙성 없는 위협일 수 있지만, 은행 시스템에서 범인의 은행 계좌로 송금하는 거짓 트랜잭션이 시스템에 추가되는 상황을 생각해보면 틀림없이 위협이 될 수 있다.

시스템의 보안성을 향상시키기 위한 통제는 회피, 감지, 복구의 기본적인 개념에 기반한다.

1. **취약점 회피**: 공격이 성공할 수 없도록 보장하기 위한 통제. 여기서의 전략은 보안 문제를 피할 수 있도록 시스템을 설계하는 것이다. 예를 들어, 민감한 국방 시스템은

인터넷에 연결하지 않아 외부 접근을 더욱 어렵게 한다. 암호화는 회피에 기반을 둔 통제로 생각할 수 있다. 암호화된 데이터에 대한 허가받지 않은 접근은 공격자가 암호화된 데이터를 읽을 수 없음을 의미한다. 강력한 암호를 풀기 위해서는 비용과 시간이 많이 든다.

2. **공격 감지와 무효화**: 공격을 감지하고 격퇴하기 위한 통제. 이러한 통제는 시스템의 운영을 감시하고 특이한 활동 패턴을 검사하는 시스템 기능을 포함한다. 만일 공격이 감지되면, 시스템을 부분적으로 차단하고, 특정 사용자의 접근을 제한하는 등의 조치를 취할 수 있다.

3. **노출 제한 및 복구**: 문제로부터의 복구를 지원하는 통제. 이것은 자동화된 백업 전략과 정보 "미러링"부터 시스템에 대한 성공적 공격에 관련된 비용을 보장하는 보험 정책까지를 아우를 수 있다.

보안성은 신뢰성, 가용성, 안전성, 복원성과 같은 확실성의 다른 특성들과 긴밀하게 관련되어 있다.

1. **보안성과 신뢰성**: 시스템이 공격받고 시스템 또는 데이터가 공격의 결과로 손상되면, 이는 시스템의 신뢰성을 훼손시키는 시스템 장애를 유발할 수 있다.

   시스템 개발 시의 오류는 보안에 구멍이 생기게 한다. 만약 시스템이 예기치 않은 입력을 거부하지 않거나 배열 경계를 검사하지 않는다면, 공격자는 시스템에 접근하기 위해 이러한 약점을 이용할 수 있다. 예를 들어, 입력의 유효성을 검사하는 데 실패하는 것은 공격자가 악성 코드를 삽입하고 실행할 수 있다는 것을 의미할 수 있다.

2. **보안성과 가용성**: 웹 기반의 시스템에서의 흔한 공격은 다양한 다른 소스들로부터의 서비스 요청에 의해 웹 서버가 폭주하게 되는 서비스 거부 공격이다. 이 공격의 목적은 시스템을 사용할 수 없도록 만드는 것이다. 이 공격의 변형은 공격자에 몸값(ransom)을 지불하지 않으면 수익성 있는 사이트를 공격하겠다고 위협하는 것이 있다.

3. **보안성과 안전성**: 핵심적인 문제는 시스템이나 데이터를 손상시키는 공격이다. 안전성 검사는 안전성 중심 소프트웨어의 소스코드를 분석할 수 있고 실행되는 코드가 소스코드의 완전히 정확한 번역이라는 가정에 기반을 둔다. 만일 공격자가 실행되는 코드를 변경하여 가정과 다르다면, 안전성 관련 장애가 발생할 수 있고 해당 소프트웨어에 대해 만들어진 안전성 사례는 유효하지 않을 수 있다.

   안전성처럼 시스템 보안성은 수치로 나타날 수 없고 보안성을 위해 시스템을 완전히 테스트할 수도 없다. 안전성과 보안성 모두 발생하지 말아야 할 것들에 관련되어 있으므로 "부정적"이거나 "하지 말아야 할" 특성으로 생각할 수 있다. 부정을 절대 입증할 수 없으므로, 시스템이 안전하거나 보안이 철저하다고 입증할 수 없다.

4. **보안성과 복원성**: 14장에서 다루는 복원성은 손상을 주는 사건에 저항하고 복구하는 능력을 반영하는 시스템 특성이다. 네트워크에 연결된 소프트웨어 시스템에 가해지는 가장 개연성 있는 손상 사건은 사이버 공격이므로, 복원성에서 현재 수행되는 대부분의 작업들은 이러한 공격의 억제, 감지, 복구를 목표로 한다.

신뢰성, 가용성, 안전성이 있는 소프트웨어 집약적 시스템을 만든다면 보안성이 지켜져야만 한다. 이것은 나중에 추가할 수 있는 것이 아니라 초기 요구사항부터 시스템 운영까지의 개발 수명주기의 모든 단계에서 고려되어야만 한다.

13.2 보안성과 조직

보안성 있는 시스템을 구축하는 것은 비용이 많이 들고 불확실하다. 보안 실패의 비용을 예측하는 것은 불가능하므로, 기업 및 다른 조직들은 시스템 보안에 얼마의 비용을 지불해야 할지 판단하기 어렵다. 이러한 관점에서 보안성과 안전성은 다르다. 작업장 및 작업자의 안전을 관리하는 법률이 있으며, 안전성 중심 시스템의 개발사는 비용에 관계없이 그러한 법률을 준수해야 한다. 만일 그들이 안전하지 않은 시스템을 사용한다면, 그들은 소송의 대상이 될 수도 있다. 그러나 보안 실패가 개인 정보를 드러내지 않는 한 보안이 취약한 시스템이 배치되는 것을 막는 법률은 없다.

기업들은 시스템 자산에 가해지는 공격의 특정 유형으로부터 발생할 수 있는 리스크와 손실을 평가한다. 그리고 외부 공격을 막거나 격퇴할 수 있는 보안성 있는 시스템을 구축하기보다는 이러한 리스크를 감내하는 것이 비용이 더 저렴하다고 결정할지도 모른다. 신용카드 회사는 사기 방지를 위해 이러한 접근 방법을 적용한다. 신용카드 사기를 줄이기 위한 새로운 기술을 도입하는 것이 대개 가능하다. 그러나 이러한 회사들에게는 사기 때문에 사기 감소 기술을 구입하고 배치하는 것보다 사용자에게 손실에 대해 보상금을 지급하는 것이 보통 더 저렴할 수 있다.

따라서 보안 리스크 관리는 기술적인 문제라기보다는 사업적인 문제이다. 성공적인 시스템 공격으로 인한 재정 및 평판 손실뿐만 아니라 이러한 손실을 감소시킬 수 있는 보안 절차와 기술의 비용도 고려해야만 한다. 리스크 관리가 효율적이기 위해서는 조직이 다음과 같이 문서로 기록된 정보 보안 정책을 가지고 있어야 한다.

1. **반드시 보호되어야만 하는 자산**: 엄격한 보안 절차를 모든 조직 자산에 적용할 필요는 없다. 많은 자산들은 비밀이 아니며, 회사는 이러한 자산들을 자유롭게 사용하게 해

서 회사의 이미지를 향상시킬 수 있다. 공공 정보 보안을 유지하는 비용은 비밀 정보 보안을 유지하는 비용보다 훨씬 저렴하다.

2. **다양한 유형의 자산을 위해 요구되는 보호 수준**: 모든 자산이 같은 수준의 보호를 필요로 하는 것은 아니다. 경우에 따라서 (예를 들어, 민감한 개인 정보), 높은 보안 수준이 요구된다. 다른 정보에 대해서는 손실의 결과가 사소할 수 있으므로, 더 낮은 보안 수준이 적절하다. 따라서 어떤 정보는 권한이 있고 로그인한 어떠한 사용자도 사용할 수 있다. 또 다른 정보는 훨씬 더 민감하여 오직 특정한 역할이나 책임지는 위치에 있는 사용자들만 사용할 수 있다.
3. **개인 사용자, 관리자, 조직의 책임**: 보안 정책은 사용자에게 기대하는 것들을 명시해야 한다. 예를 들어, 강력한 패스워드를 사용하고, 컴퓨터를 로그아웃하고, 사무실을 잠가야 한다. 또한 백업 및 정보 보관 서비스, 장비 제공과 같이 사용자가 회사에 기대하는 것이 무엇인지 정의한다.
4. **유지되어야만 하는 기존 보안 절차 및 기술**: 실용성과 비용 문제 때문에 기존의 접근 방법의 한계를 알고 있어도 그 방법을 계속해서 사용하는 것이 필요할 수도 있다. 예를 들어, 단순히 다른 접근 방법이 사용자들에 의해 거부당할 가능성이 있기 때문에, 회사는 인증을 위해 이름/패스워드의 사용을 요구할 수 있다.

보안 정책은 종종 조직 전체에 걸쳐 적용되는 일반적인 정보 접근 전략을 명시한다. 예를 들어, 접근 전략은 정보에 접근하는 개인의 사용 허가권이나 연공서열에 근거할 수 있다. 따라서 국방 보안 정책은 "독자는 문서의 등급이 독자의 조사 수준 이하인 문서만 검토할 수 있다"라고 기술할 수 있다. 만약 독자가 "기밀" 수준의 검사 권한을 가지고 있다면, 기밀, 비밀 혹은 공개로 분류된 문서에 접근할 수 있지만, 극비로 분류된 문서에는 접근할 수 없음을 의미한다.

보안 정책의 요점은 조직 내의 모든 사람에게 보안에 대해 알리는 것이므로 길고 자세한 기술적 문서여서는 안 된다. 보안성 공학 관점에서 보안 정책은 광범위한 용어로 조직의 보안 목표를 정의한다. 보안성 공학 프로세스는 이러한 목표를 구현하는 것에 관련되어 있다.

13.2.1 보안성 리스크 평가

보안성 리스크 평가 및 관리는 조직의 정보 자산(시스템 및 데이터)에 대한 리스크를 식별하고 이해하는 데 주력하는 조직 활동이다. 이론적으로 개별 리스크 평가는 모든 자산에 대해 수행되어야 한다. 그러나 만약 다수의 기존 시스템과 데이터베이스가 평가되어야 한다면 비현실적일 수 있다. 이러한 상황에서는 포괄적인 평가가 모든 기존 시스템 및 데이터베이스에 적용될 수 있다. 하지만 새로운 시스템에 대해서는 개별 리스크 평가가 수행되어야 한다.

리스크 평가 및 관리는 소프트웨어 개발 수명주기의 일부인 기술적 활동이기보다는 조직적 활동이다. 그 이유는 공격의 일부 유형이 기술 기반이 아니라 더 일반적인 조직 보안의 취약점에 의존하기 때문이다. 예를 들어, 공격자가 승인 받은 엔지니어처럼 행동하면서 장비에 접근할 수 있다. 만일 엔지니어의 방문이 예정되어 있는지를 장비 공급자와 확인하는 검사 과정이 있다면, 이러한 유형의 공격을 막을 수 있다. 이러한 접근 방법은 기술적 해결책을 사용하여 문제를 처리하려고 하는 것보다 훨씬 간단하다.

새로운 시스템이 개발될 때, 보안성 리스크 평가 및 관리는 초기 명세화부터 운영에 이르는 개발 수명주기 내내 계속되는 프로세스이어야 한다. 리스크 평가의 단계는 다음과 같다.

1. **사전 리스크 평가**: 이 초기 리스크 평가의 목적은 시스템에 적용 가능한 포괄적인 리스크를 식별하고 합당한 비용으로 이루어질 수 있는 적절한 보안 수준을 결정하는 것이다. 이 단계에서는 상세한 시스템 요구사항, 시스템 설계 혹은 구현 기술에 관한 결정이 내려지지는 않는다. 재사용된 시스템 컴포넌트나 미들웨어에 포함된 잠재적 기술 취약점 혹은 통제에 관해 알지 못한다. 따라서 리스크 평가는 시스템에 대한 높은 수준의 리스크를 식별하고 분석하는 데 초점을 맞춰야 한다. 리스크 평가 프로세스의 결과는 보안성 요구사항을 식별하는 데 사용된다.
2. **설계 리스크 평가**: 이 리스크 평가는 시스템 개발 생명주기 동안에 행해지고 기술적인 시스템 설계 및 구현 결정에 영향을 받는다. 이 평가의 결과는 보안성 요구사항의 변경과 새로운 요구사항의 추가를 초래할 수 있다. 알려진 잠재적인 취약점이 인식되고 나서 이러한 지식이 시스템 기능과 기능의 구현, 테스트, 배치 방법에 관한 의사결정에 정보를 제공하는 데 이용된다.
3. **운영 리스크 평가**: 이 리스크 평가 프로세스는 시스템의 사용과 발생 가능한 리스크에 초점을 맞춘다. 예를 들어, 인터럽트가 자주 발생하는 환경에서 시스템이 사용되는 경우에 보안 리스크는 로그인한 사용자가 인터럽트를 처리하기 위해 그들의 컴퓨터를 무인상태로 놓아두는 것이다. 이 리스크에 대해 대항하기 위해, 일정 비활동 시간 후에 사용자가 자동적으로 로그아웃될 수 있도록 타임아웃 요구사항을 명시할 수 있다.

   운영 리스크 평가는 시스템이 설치된 후에도 계속되어야만 한다. 이는 시스템이 사용되는 방식과 새롭거나 변경된 요구사항의 제안을 고려하기 위해서이다. 시스템이 명세화될 때 만들어진 운영 요구사항에 대한 가정이 틀릴 수 있다. 운영 변경은 시스템이 원래 계획된 방식과 다른 방식으로 사용되는 것을 의미할지도 모른다. 이러한 변경은 시스템이 진화함에 따라 구현되어야 하는 새로운 보안성 요구사항을 초래한다.

13.3 보안성 요구사항

시스템에 대한 보안성 요구사항 명세는 안전성 요구사항 명세와 많은 공통점을 가진다. 안전성 또는 보안성 요구사항은 확률로 명시할 수 없다. 안전성 요구사항처럼 보안성 요구사항은 보통 요구되는 시스템 기능이라기보다는 수용할 수 없는 시스템 행동을 정의한 "하지 말아야 할" 요구사항이다.

그러나 보안성은 많은 이유에서 안전성보다 더 도전적인 문제이다.

1. 안전성을 고려할 때는 시스템이 설치된 환경이 적대적이지 않다고 가정할 수 있다. 아무도 안전과 관련된 사고를 일으키려 노력하지 않는다.† 보안성을 고려할 때는 시스템에 대한 공격이 의도적이고 공격자가 시스템의 약점에 대해 알고 있다고 가정해야 한다.
2. 안전에 대한 리스크를 제기하는 시스템 장애가 발생했을 때는 장애를 일으킨 오류나 누락을 찾을 수 있다. 의도적인 공격이 시스템 장애를 일으켰을 때는, 공격자가 장애의 원인을 숨기려고 노력할 수 있기 때문에 근본 원인을 찾는 것이 더욱 어렵다.
3. 안전에 관련된 장애를 피하기 위해 시스템을 중단시키거나 시스템 서비스를 저하시키는 것이 보통 받아들여진다. 그러나 시스템에 대한 공격은 시스템의 가용성을 위태롭게 하는 서비스 거부 공격일 수도 있다. 시스템을 중단시키는 것은 공격이 성공적이라는 것을 의미한다.
4. 안전과 관련된 사건은 우연적이고 지능적인 적에 의해 발생하지 않는다. 공격자는 일련의 공격으로 시스템의 방어를 조사할 수 있다. 시스템이 공격에 반응하는 것에 대해 더 배워감에 따라 공격을 수정할 수 있다.

이러한 차이는 보안성 요구사항이 안전성 요구사항보다 비용이 더 높음을 의미한다. 안전성 요구사항은 안전에 관련된 장애를 일으킬 수 있는 사건 및 결함으로부터의 보호를 제공하는 기능적 시스템 요구사항의 생성을 이끈다. 이러한 안전성 요구사항들은 주로 문제가 있는지 살펴보고 문제가 발생하면 조치를 취하는 것과 관련되어 있다. 대조적으로 많은 유형의 보안성 요구사항들은 시스템이 직면하는 다양한 위협을 다룬다.

---

† 테러리스트를 제외하면

Firesmith (Firesmith 2003)는 시스템 명세에서 포함해야 할 10가지 종류의 보안성 요구사항을 제안하였다.

1. 식별 요구사항: 시스템이 사용자와 상호 작용을 하기 전에 사용자를 식별할지 말지를 명시한다.
2. 인증 요구사항: 사용자를 식별하는 방법을 명시한다.
3. 권한 부여 요구사항: 식별된 사용자의 권한 및 접근 허가권을 명시한다.
4. 면역 요구사항: 시스템이 바이러스, 웜, 그리고 유사한 위협에 대해 자신을 보호하는 방법을 명시한다.
5. 무결성 요구사항: 데이터 손상을 방지하는 방법을 명시한다.
6. 침입 감지 요구사항: 시스템에 대한 공격을 감지하는 데 사용되는 메커니즘을 명시한다.
7. 부인방지(nonrepudiation) 요구사항: 트랜잭션의 당사자가 해당 트랜잭션에 참여한 것을 부인하지 못하게 한다.
8. 프라이버시 요구사항: 데이터 프라이버시가 지켜지는 방법을 명시한다.
9. 보안 감사 요구사항: 시스템이 감사되고 점검되는 방법을 명시한다.
10. 시스템 유지보수 보안성 요구사항: 허가된 변경이 애플리케이션의 보안 메커니즘을 우연히 무효화시키는 것을 방지하는 방법을 명시한다.

물론 이러한 모든 유형의 보안성 요구사항을 모든 시스템에서 볼 수는 없다. 특정 요구사항은 시스템의 종류, 사용 시의 상황, 예상되는 사용자에 따라 다르다.

사전 리스크 평가 및 분석은 시스템과 그 데이터에 대한 포괄적인 보안 리스크를 식별하는 것을 목표로 한다. 이 리스크 평가는 보안성 요구공학 프로세스의 중요한 입력이다. 보안성 요구사항은 회피, 감지 및 완화의 일반적인 리스크 관리 전략을 지원하기 위해 제안될 수 있다.

1. 리스크 회피 요구사항: 리스크가 발생하지 않도록 시스템을 설계하여 리스크를 회피한다.
2. 리스크 감지 요구사항: 리스크가 발생하면 이를 식별하고 손실이 발생하기 전에 리스크를 무효화시키는 메커니즘을 정의한다.
3. 리스크 완화 요구사항: 손실이 발생한 후에 이로부터 회복하고 시스템 자산을 복구하기 위해 시스템이 어떻게 설계되어야 하는지를 명시한다.

그림 13.5는 리스크 주도 안정성 요구사항 프로세스를 나타난다. 프로세스의 단계는 다

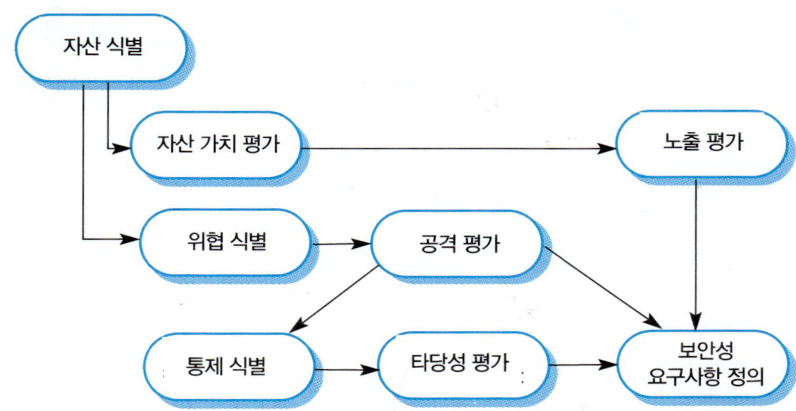

그림 13.5 보안성 요구사항을 위한 사전 리스크 평가 프로세스

음과 같다.

1. **자산 식별 단계:** 보호할 필요성이 있는 시스템 자산을 식별한다. 시스템 자체나 특정 시스템 기능뿐만 아니라 시스템에 관련된 데이터도 자산으로 식별될 수 있다.
2. **자산 가치 평가 단계:** 식별된 자산의 가치를 추정한다.
3. **노출 평가 단계:** 각 자산에 관련된 잠재적인 손실을 평가한다. 이 단계는 정보의 절도, 회복 비용, 평판 손실과 같은 직접적인 손실을 고려해야 한다.
4. **위협 식별 단계:** 시스템 자산에 대한 위협을 식별한다.
5. **공격 평가 단계:** 각 위협을 시스템에 가해질 수 있는 공격과 이러한 공격이 발생할 수 있는 방법으로 분해한다. 가능성 있는 공격들을 분석하기 위해 공격 트리(Schneier 1999)를 사용할 수 있다. 이것은 결함 트리(12장)와 유사하다. 그 이유는 트리의 루트에서 위협으로 시작하여 가능한 공격과 그것이 가해지는 방법을 식별해내기 때문이다.
6. **통제 식별 단계:** 자산을 보호하기 위해 행해져야 하는 통제를 제안한다. 통제는 자산을 보호하는 데 사용할 수 있는 암호화와 같은 기술적인 메커니즘이다.
7. **타당성 평가 단계:** 기술적 타당성과 제안된 통제 비용을 평가한다. 높은 가치를 가지는 않는 자산을 보호하는 데 높은 비용의 통제를 사용할 필요가 없다.
8. **보안성 요구사항 정의 단계:** 노출, 위협, 통제 평가의 지식이 시스템 보안성 요구사항을 도출하기 위해 이용된다. 이 요구사항은 시스템 기반구조나 애플리케이션 시스템에 적용될 수 있다.

Mentcare 환자 관리 시스템은 보안이 중요한 시스템이다. 그림 13.6과 13.7은 소프트웨어 시스템의 리스크 분석을 기록한 보고서의 일부이다. 그림 13.6은 시스템에서의

자산	가치	노출
정보 시스템	높음. 모든 진료를 지원하기 위해 필요함. 잠재적으로 안전성이 중요함	높음. 진료가 취소될 때 재정적인 손실이 있을 수 있음. 시스템을 복구하는 비용. 치료를 처방할 수 없으면 환자에게 해가 될 가능성이 있음
환자 데이터베이스	높음. 모든 진료를 지원하기 위해 필요함. 잠재적으로 안전성이 중요함	높음. 진료가 취소될 때 재정적인 손실이 있을 수 있음. 시스템을 복구하는 비용. 치료 처방을 내릴 수 없으면 환자에게 해가 될 가능성이 있음
각 환자의 기록	특히 주목할 만한 환자의 경우에는 높지만, 보통은 낮음	직접적인 손실은 낮지만 평판을 잃을 가능성이 있음

그림 13.6 Mentcare 시스템을 위한 사전 리스크 평가 보고서의 자산 분석 내용

자산과 그 가치를 기술한 자산 분석이다. 그림 13.7은 시스템이 직면할 수 있는 위협들을 나타낸다.

일단 사전 리스크 평가가 완성되면 시스템에 대한 리스크들을 회피, 감지, 완화시키기 위한 요구사항들이 제안될 수 있다. 그러나 이러한 요구사항들을 만들어 내는 것은 정형화되거나 자동적인 프로세스가 아니다. 이 프로세스는 엔지니어와 특정 분야 전문가로부터의 조언을 필요로 하는데, 리스크 분석에 대한 그들의 이해와 소프트웨어 시스템의 기능적 요구사항을 기반으로 하여 요구사항들을 제안한다.

다음은 Mentcare 시스템 보안성 요구사항과 관련된 리스크들에 대한 예이다.

1. 환자 정보는 진료 세션이 시작할 때 데이터베이스로부터 시스템 클라이언트의 보안 영역으로 다운로드되어야 한다.

   리스크: 서비스 거부 공격으로 인한 손상. 로컬 사본을 유지한다는 것은 접근이 여전히 가능하다는 것을 의미한다.

2. 시스템 클라이언트에 모든 환자 정보가 암호화되어있어야 한다.

   리스크: 환자 기록으로의 외부 접근. 만일 데이터가 암호화되어있다면, 공격자는 환자 정보를 알아내기 위해 암호화 키에 반드시 접근해야만 한다.

3. 환자 정보는 진료 세션이 끝날 때 데이터베이스에 업로드되고 클라이언트 컴퓨터로부터 삭제될 것이다.

   리스크: 도난당한 휴대용 컴퓨터를 통한 환자 기록으로의 외부 접근

4. 시스템 데이터베이스의 모든 변경과 이러한 변경의 개시자에 대한 로그는 데이터베이스 서버로부터 분리된 컴퓨터에서 관리되어야 한다.

   리스크: 현재의 데이터를 손상시키는 내부자 또는 외부 공격. 로그를 이용하여 백업으로부터 최신 기록을 다시 만들 수 있어야 한다.

처음 두 가지 요구사항은 서로 관련된 것이다. 환자 정보는 로컬 머신에 다운로드

위협	확률	통제	타당성
허가 받지 않은 사용자가 시스템 관리자의 접근 권한을 얻어 시스템을 사용할 수 없게 만듦	낮음	물리적으로 안전한 특정 장소에서만 시스템을 관리할 수 있게 함	구현 비용은 낮지만 키 분배에 주의를 기울여야 하고 위급한 상황에서 키를 이용할 수 있도록 보장해야함
허가 받지 않은 사용자가 시스템 사용자의 접근 권한을 얻어 비밀 정보에 접근함	높음	모든 사용자가 생체인식 메커니즘을 이용하여 인증받도록 함	기술적으로 타당하지만 고비용의 해결책임. 사용자의 저항가능성이 있음
		시스템 사용을 추적하기 위해 환자 정보에 대한 모든 변경을 기록함	구현이 단순하고 투명하며 또한 복구를 지원함

그림 13.7 사전 리스크 평가 보고서 내의 위협 및 통제 분석

되므로, 만일 환자 데이터베이스 서버가 공격을 받거나 사용이 불가능해져도 진료는 계속될 수 있다. 그러나 이 정보는 삭제되어 추후에 클라이언트 컴퓨터의 다른 사용자가 해당 정보에 접근할 수 없게 된다. 네 번째 요구사항은 복구 및 감사(auditing) 요구사항이다. 이것은 변경 로그를 재생하여 변경 사항을 복구해낼 수 있고 누가 무슨 변경을 가했는지를 알아낼 수 있음을 의미한다. 이 책임 추적성(accountability)은 권한을 부여받은 직원이 시스템을 오용하는 것을 막을 수 있다.

13.3.1 오용케이스(misuse case)

리스크 분석으로부터 보안성 요구사항을 도출해내는 것은 엔지니어와 특정 분야의 전문가를 포함하는 창의적인 프로세스이다. 이 프로세스를 지원하기 위해 UML 사용자를 대상으로 개발된 접근방법이 오용케이스(Sindre and Opdahl 2005)라는 개념이다. 오용케이스는 시스템과의 악의적인 상호 작용을 나타내는 시나리오이다. 가능한 위협들을 논의하고 식별하기 위해 이러한 시나리오들을 사용할 수 있으며 시스템의 보안성 요구사항 또한 결정할 수 있다. 오용케이스는 시스템 요구사항을 이끌어낼 때 유스케이스와 나란히 사용될 수 있다(4, 5장).

오용케이스는 유스케이스 사례와 관련되어있고 이러한 유스케이스와 관련된 위협이나 공격을 나타낸다. 오용케이스는 유스케이스 다이어그램에 포함될 수도 있지만 더 완전하고 자세한 텍스트 설명을 가져야 한다. 그림 13.8에서 Mentcare 시스템을 사용하는 의료 접수원에 대한 유스케이스에 오용케이스를 추가하였다. 오용케이스는 보통 검은 타원으로 표현된다.

유스케이스에서와 같이 오용케이스도 여러 가지 방식으로 기술될 수 있다. 저자는 오용케이스를 본래의 유스케이스 표현에 대한 보충물로 설명하는 것이 도움이 된다고 생각한다. 다양한 유형의 공격들을 다양한 방식으로 기술해야 하기 때문에 오용케이스는 유연한 형식을 가지는 것이 최선이다. 그림 13.9는 데이터 전송 유스케이스(그림

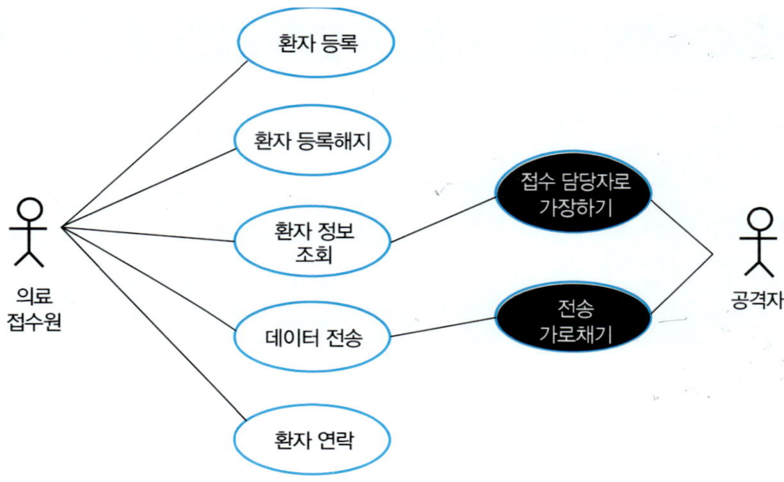

그림 13.8 오용케이스

5.4)의 원래 표현에 오용케이스 표현을 추가하여 보여준다.

오용케이스의 문제점은 유스케이스의 일반적인 문제점을 반영한다. 그것은 최종 사용자와 시스템 간의 상호 작용이 모든 시스템 요구사항을 포착하지는 못 한다는 것이다. 오용케이스는 보안성 요구공학 프로세스의 일부로 사용될 수 있지만, 시스템과 직접적으로 상호 작용하지 않는 시스템 이해당사자와 관련된 리스크도 고려해야 한다.

13.4 보안성 있는 시스템 설계

시스템이 구현된 후에 시스템에 보안성을 추가하는 것은 매우 어렵다. 따라서 시스템 설계 프로세스 동안 보안 문제들을 고려하고 시스템의 보안성을 높일 설계 선택을 해야 한다. 이 절에서는 보안성 있는 시스템 설계에 관련된 두 가지 애플리케이션 독립적인 주제에 초점을 맞춘다.

1. **아키텍처 설계**—어떤 아키텍처 설계 결정이 시스템의 보안성에 영향을 미치는가?
2. **좋은 실무관행**—보안성 있는 시스템을 설계할 때 받아들일 만한 좋은 실무관행은 무엇인가?

물론 이러한 주제 이외에도 보안성에 중요한 설계 주제들이 있다. 모든 애플리케이션은 다르고, 보안 설계는 애플리케이션의 목적, 중요성, 운영 환경을 고려해야 한다. 예를 들어 군사 시스템을 설계한다면, 보안 분류 모델(기밀, 일급기밀 등)을 적용할 필요가 있다. 개인 정보를 관리하는 시스템을 설계한다면, 데이터 관리 방법에 제한을 가

Mentcare 시스템: 데이터 전송	
액터	의료 접수원, 환자 기록 시스템(PRS)
설명	접수원은 Mentcare 시스템에서 보건 당국이 관리하는 일반 환자 기록 데이터베이스로 데이터를 전송할 수 있다. 전송된 정보는 개인 정보(주소, 전화번호 등)나 환자의 진단 및 치료 요약을 업데이트할 수 있다.
데이터	환자의 개인 정보, 치료 요약
자극	의료 접수원에 의한 사용자 명령
반응	PRS가 업데이트되었다는 확인
코멘트	접수원은 환자 정보와 PRS에 접근할 수 있는 적절한 보안 허가권을 가져야 한다.

Mentcare 시스템: 전송 가로채기(오용케이스)	
액터	의료 접수원, 환자 기록 시스템(PRS), 공격자
설명	접수원이 자신의 PC에서 서버에 있는 Mentcare 시스템으로 데이터를 전송한다. 공격자는 데이터 전송을 가로채서 데이터의 복사본을 가지고 간다.
데이터(자산)	환자의 개인 정보, 치료 요약
공격	네트워크 모니터가 시스템에 추가되고, 접수 담당자로부터 서버로 보내지는 패킷을 가로챈다. 접수원이 실제 시스템과 상호 작용하고 있다고 믿게 만들기 위해 접수원과 데이터베이스 서버 사이에 도용 서버(spoof server)를 설치한다.
완화	네트워크에 연결된 모든 장치는 폐쇄된 공간에서 관리되어야 한다. 장비에 접근하는 엔지니어들은 승인받아야 한다. 클라이언트와 서버 간의 모든 데이터 전송은 암호화되어야 한다. 인증서 기반의 클라이언트-서버 통신이 사용되어야 한다.
요구사항	접수원은 환자 정보와 PRS에 접근할 수 있는 적절한 보안 허가권을 가져야 한다.

그림 13.9 오용케이스 설명

하는 데이터 보호 법률을 고려해야 한다.

확실성에 필수적인 중복성과 다양성을 사용한다는 것은 시스템이 특정한 설계 및 구현 특성을 목표로 삼는 공격에 저항하고 회복할 수 있다는 것을 의미한다. 높은 수준의 가용성을 지원하는 메커니즘은 공격자가 시스템을 무너뜨리고 제대로 일을 할 수 없도록 만드는 것을 목표로 하는 서비스 거부 공격으로부터 시스템이 회복되도록 도울 수 있다.

시스템을 보안성 있게 설계하는 것은 타협을 필연적으로 포함한다. 성공적인 공격의 가능성을 감소시키는 시스템에는 보통 다수의 보안성 수단을 설계한다. 그러나 이러한 보안성 수단들은 추가적인 계산을 필요로 할 수 있기 때문에 시스템의 전체적인 성능에 영향을 미친다. 예를 들어, 정보를 암호화하여 비밀 정보가 유출되는 가능성을 감소시킬 수 있다. 그러나 이는 정보의 사용자가 정보가 해독될 때까지 기다려야 하므로 그들의 작업이 느려진다는 것을 의미한다.

또한 보안성과 사용성(새로이 등장하는 시스템 특성) 사이에 갈등이 있다. 보안성

서비스 거부 공격

서비스 거부 공격은 보통 수백 대의 공격 시스템으로부터의 수많은 서비스 요청을 네트워크에 연결된 시스템에 퍼부어 무너뜨리려는 시도를 한다. 이것은 애초에 설계된 부하보다 더 많은 부하를 시스템에 걸기 때문에 정상적인 요청을 처리하지 못하게 된다. 결과적으로 과부하에 걸려서 장애가 생기거나 시스템 관리자가 요청의 흐름을 막기 위해 오프라인 상태로 만들면서 사용할 수 없게 된다.

http://software-engineering-book.com/web/denial-of-service/

수단들은 때때로 사용자가 추가적인 정보(예를 들어, 여러 개의 패스워드)를 기억하고 제시하도록 요구한다. 그러나 때때로 사용자들이 이러한 정보를 잊어버리므로 추가적인 보안은 그들이 이 시스템을 사용할 수 없다는 것을 의미한다.

시스템 설계자는 보안성, 성능, 사용성 사이의 균형을 찾아야 한다. 이는 개발되는 시스템의 유형, 예상되는 사용자, 운영 환경에 의해 좌우된다. 예를 들어, 군사 시스템의 사용자는 높은 보안성 있는 시스템에 친숙하므로 빈번한 검사를 요구하는 프로세스들을 받아들이고 따른다. 속도가 중요한 주식 거래 시스템에서는 보안 검사를 위해 운영이 중단되는 것은 전혀 받아들여지지 않는다.

13.4.1 설계 리스크 평가

요구공학 동안의 보안성 리스크 평가는 시스템에 대한 높은 수준의 보안성 요구사항들을 식별한다. 그러나 시스템이 설계되고 구현되어감에 따라 시스템 설계 프로세스 동안에 만들어진 아키텍처 및 기술적 결정은 시스템의 보안성에 영향을 준다. 이러한 결정들은 새로운 설계 요구사항들을 만들어 내고, 기존 요구사항들이 변경되어야 한다는 것을 의미할 수 있다.

시스템 설계와 설계 관련 리스크 평가는 서로 겹치는 프로세스이다(그림 13.10). 사전 설계 결정이 정해지고, 이러한 결정에 관련된 리스크들이 평가된다. 이러한 평가는 식별된 리스크들을 완화시키기 위한 새로운 요구사항이나 리스크를 감소시키기 위한 설계 변경으로 이어질 수 있다. 시스템 설계가 진화하고 보다 상세하게 개발되면서, 리스크가 재평가되고 시스템 설계자에게 그 결과가 피드백된다. 설계 리스크 평가 프로세스는 설계가 완료되고 남아있는 리스크들이 받아들여질 수 있을 때 끝난다.

설계 및 구현에서 리스크를 평가할 때, 무엇이 보호되어야 하는지에 대해 더 많은 정보를 가지게 되고, 또한 시스템의 취약점들에 대해 알게 될 것이다. 이러한 취약점들 중 몇몇은 정해진 설계 선택에 내재할 것이다. 예를 들어, 패스워드 기반의 인증에 내재

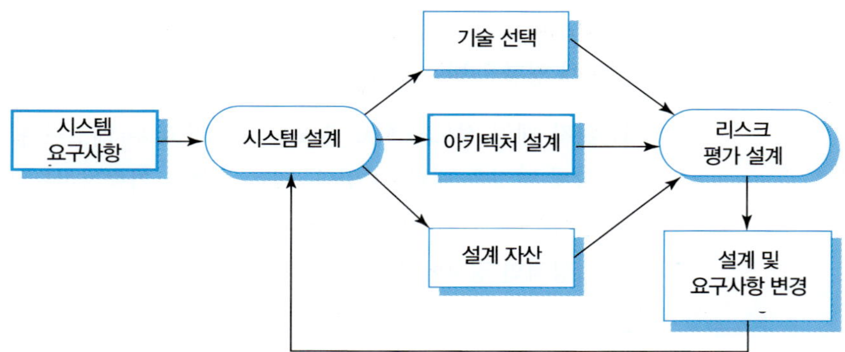

그림 13.10 서로 겹치는 설계 및 리스크 평가

된 취약점은 인가된 사용자가 자신의 패스워드를 비인가 사용자에게 드러내는 것이다. 따라서 패스워드 기반의 인증이 사용된다면, 리스크 평가 과정은 리스크를 완화시키기 위한 새로운 요구사항들을 제시할 수 있다. 예를 들어, 사용자가 비밀번호뿐만 아니라 어떤 개인적인 지식도 사용하여 자신을 인증하도록 하는 다원적 인증에 대한 요구사항이 있을 수 있다.

그림 13.11은 설계 리스크 평가 프로세스의 모델이다. 사전 리스크 분석과 설계 리스크 평가 간의 중요한 차이점은 설계 단계에서는 보호되어야 하는 높은 수준의 자산에 대한 정보 표현 및 분산, 데이터베이스 구조에 관한 정보를 갖고 있다는 것이다. 또한 재사용될 소프트웨어, 기반구조 통제 및 보호 등과 같은 중요한 설계 결정을 알 수 있다. 이러한 정보에 근거하여 평가는 보안성 요구사항과 중요한 시스템 자산에 대한 추가적인 보호를 제공하는 시스템 설계의 변경을 식별할 수 있다.

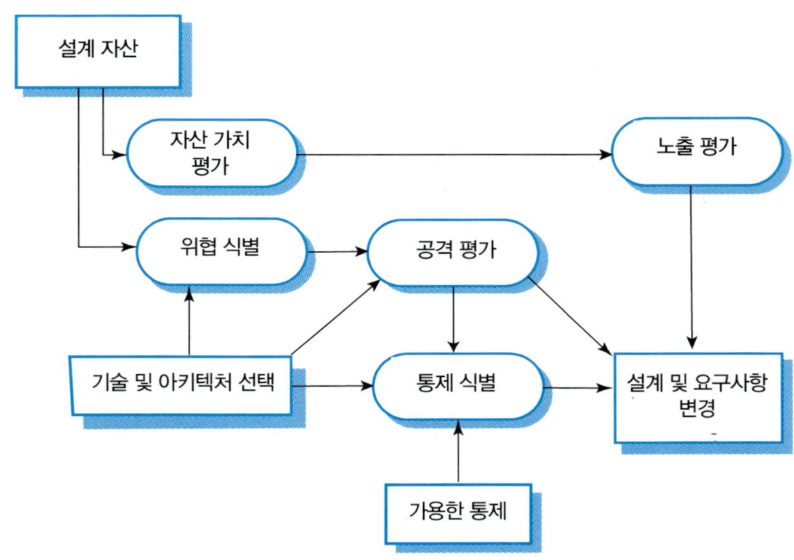

그림 13.11 설계 리스크 평가

Mentcare 시스템에서의 두 가지 예는 정보 표현 및 분산 결정에 보호 요구사항이 어떻게 영향을 받는지 보여준다.

1. 환자 개인 정보와 치료 정보를 분리하고 두 레코드를 연결하는 키를 가지도록 하는 설계 결정을 내릴 수 있다. 치료 정보는 기술적이므로 환자 개인 정보보다 훨씬 덜 민감하다. 키가 보호된다면 공격자들은 개별 환자 정보에는 접근하지 못하고 오직 일상적인 정보에만 접근할 수 있다.
2. 세션의 시작에서 환자의 기록을 로컬 클라이언트 시스템에 복사하는 설계 결정이 이루어졌다고 가정하자. 이것은 서버를 사용할 수 없어도 작업이 계속되는 것을 허용한다. 네트워크 연결이 가능하지 않더라도 의료진이 휴대용 컴퓨터에서 환자 기록에 접근하는 것을 가능하게 한다. 그러나 보호해야 하는 기록이 두 개가 되고, 클라이언트 복사본은 휴대용 컴퓨터 절도와 같은 추가적인 리스크의 대상이 된다. 그러므로 리스크를 감소시키기 위한 통제 방법을 생각해야 한다. 휴대용 또는 다른 개인 컴퓨터에서 있는 클라이언트 기록이 암호화되어야 한다는 요구사항을 포함할 수 있다.

개발 기술에 대한 결정이 보안성에 어떻게 영향을 미치는 지를 보여주기 위해, 의료 제공자가 기성품 정보 시스템을 사용하여 Mentcare 시스템의 환자 기록을 관리하기로 결정했다고 하자. 이 시스템은 사용되는 진료의 유형에 따라 다르게 설정되어야 한다. 가장 낮은 개발 비용과 신속한 배치 시간에도 불구하고 가장 뛰어난 기능을 제공해야 하기 때문에 이러한 결정이 이루어졌다.

일반적인 시스템을 재사용하여 애플리케이션을 개발할 때는 일반적인 시스템의 개발자에 의해 이루어진 설계 결정을 받아 들여야만 한다. 그러한 설계 결정 중의 일부가 다음과 같다고 가정하자.

1. 시스템 사용자는 로그인 이름/패스워드의 조합을 사용하여 인증을 받는다. 다른 인증 방법은 지원되지 않는다.
2. 시스템 아키텍처는 클라이언트가 클라이언트 컴퓨터 상의 표준 웹 브라우저를 통해 데이터에 접근하는 클라이언트-서버 아키텍처이다.
3. 정보는 사용자에게 편집가능한 웹 폼으로 제시된다. 사용자는 정보를 적절하게 변경하고 서버에게 갱신된 정보를 업로드한다.

포괄적인 시스템에 대해서는 이러한 설계 결정들이 완전히 받아들여질 수 있겠지만, 설계 리스크 평가는 이들이 취약점과 관련되어 있다는 것을 보여준다. 가능한 취약점의 예는 그림 13.12에 있다.

일단 취약점이 식별되면 관련된 리스크를 낮추기 위해 취할 단계를 결정해야 한다.

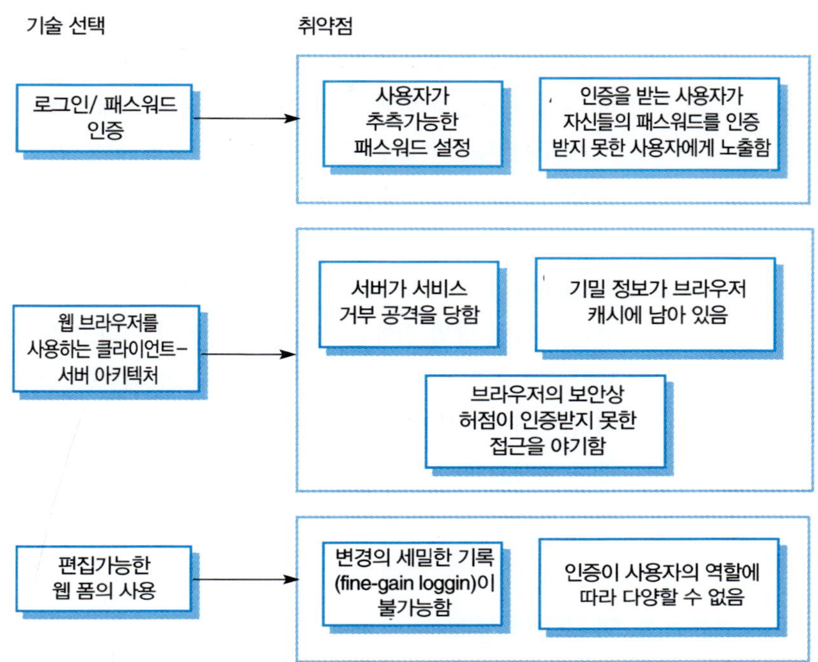

그림 13.12
기술 선택에 관련된 취약점

이것은 종종 추가적인 시스템 보안 요구사항이나 시스템을 이용하는 운영 프로세스에 관한 결정을 포함할 것이다. 요구사항의 예는 다음과 같다.

1. 패스워드 검사 프로그램이 사용 가능해야 하고 사용자 패스워드를 검사하기 위해 매일 실행되어야 한다. 시스템 사전에 나타나는 사용자 패스워드가 식별되고 약한 패스워드를 쓰는 사용자들은 시스템 관리자에게 보고되어야 한다.
2. 시스템에 대한 접근은 시스템 관리자가 인가하고 등록한 클라이언트 컴퓨터에만 허용되어야 한다.
3. 오직 하나의 인가된 웹 브라우저만 클라이언트 컴퓨터에 설치될 것이다.

기성품 시스템을 사용하므로 패스워드 검사기를 애플리케이션 시스템 자체에 포함시키는 것은 불가능하고 별도의 시스템이 사용되어야 한다. 패스워드 검사기는 패스워드가 설정되면 사용자 패스워드의 강력함을 분석하고 약한 패스워드를 선택했다면 사용자에게 알린다. 따라서 취약한 패스워드가 상당히 신속하게 식별될 수 있고, 사용자가 패스워드를 변경하도록 보장하는 조치를 취할 수 있다.

두 번째와 세 번째 요구사항은 모든 사용자가 항상 동일한 브라우저를 통해 시스템에 접근할 것임을 의미한다. 시스템이 배치될 때 가장 보안성 있는 브라우저가 무엇인지 결정하고 모든 클라이언트 컴퓨터에 설치할 수 있다. 보안 취약점이 발견되고 고쳐졌을 때 다양한 브라우저를 업데이트할 필요가 없기 때문에 보안 업데이트가 간단하다.

그림 13.10에 보이는 프로세스 모델은 구현 시작 전에 설계가 상당히 자세한 수준까지 개발된 설계 프로세스를 가정한다. 이는 설계가 진전됨에 따라 코드를 리팩토링하면서 설계와 구현을 함께 개발하는 애자일 프로세스에는 맞지 않다. 빈번한 시스템 증분의 인도는 자산과 기술 선택에 대한 정보가 이용 가능하더라도 상세한 리스크 평가를 위한 시간을 허락하지 않는다.

보안성과 애자일 개발을 둘러싼 문제들이 폭넓게 논의되어 왔다(Lane 2010; Schoenfield 2013). 지금까지 이 문제들은 사실 해결되지 않았다. 몇몇 사람들은 보안성과 애자일 방법 간에는 근본적인 충돌이 있다고 생각하고, 다른 사람들은 이 충돌이 보안성에 초점을 맞춘 스토리를 사용하여 해결할 수 있다고 믿는다(Safecode 2012). 이것은 애자일 방법의 개발자들에게 아직 미해결된 문제이다. 한편 보안을 중요시하는 많은 회사들은 그들의 보안과 리스크 분석 정책에 갈등을 일으키는 애자일 방법의 사용을 거부한다.

13.4.2 아키텍처 설계

소프트웨어 아키텍처 설계 결정은 소프트웨어 시스템의 창발성에 큰 영향을 미친다. 부적절한 아키텍처가 사용되면, 시스템 정보의 기밀성과 무결성을 유지하거나 필요한 수준의 시스템 가용성을 보장하기가 매우 어려울 수 있다.

보안성을 유지하는 시스템 아키텍처를 설계하는 데 있어서, 다음과 같은 두 가지 기본적인 이슈들을 고려할 필요가 있다.

1. **보호**—시스템이 어떻게 구성되어야 중요한 자산이 외부 공격으로부터 보호될 수 있는가?
2. **분산**—시스템 자산이 어떻게 분산되어야 성공적인 공격의 영향을 최소화할 수 있는가?

이 주제들은 잠재적으로 충돌한다. 만일 모든 자산을 한 곳에 두면 자산을 둘러싸는 보호 계층을 구축할 수 있다. 하나의 보호 시스템만을 만들면 되기 때문에 여러 겹의 보호 계층을 갖는 강력한 시스템을 만들 여유가 있을 것이다. 그러나 만일 보호가 실패하면 모든 자산이 위태롭게 된다. 여러 겹의 보호 계층을 추가하는 것 또한 시스템의 사용성에 영향을 미치므로, 이는 시스템의 사용성과 성능 요구사항을 충족시키기 더 어렵다는 것을 의미한다.

반면에 자산을 분산시키면 각각의 분산된 자산에 대해 보호 시스템이 구현되어야 하기 때문에 보호 비용이 더 많이 든다. 그러면 일반적으로는 많은 보호 계층을 구현할 여유가 없을 것이다. 보호가 깨뜨려질 가능성이 높아진다. 그러나 그렇게 된다고 하더라도 전체를 잃어버리지는 않는다. 만일 하나의 복사본이 손상되거나 접근할 수 없게 되면, 다른 복사본이 사용될 수 있도록 정보 자산을 복제하고 분산시킬 수 있다. 그러나 만일 정보가 비밀이라면, 추가적인 복사본을 유지하는 것은 침입자가 이 정보에 대한 접근 권한을 얻는 리스크를 증가시킨다.

Mentcare 시스템에서 공유 데이터베이스를 가지는 클라이언트—서버 아키텍처가 사용된다. 보호를 제공하기 위해 시스템은 중요 보호 자산을 가장 낮은 계층에 두는 계층적 아키텍처를 가진다. 그림 13.13은 보호해야 할 중요 자산이 개별 환자 기록인 다단계 시스템 아키텍처를 예시한다.

환자 기록에 접근하고 수정하기 위해서 공격자는 다음의 세 가지 시스템 계층을 뚫어야 한다.

1. **플랫폼 수준의 보호**: 최상위 계층은 환자 기록 시스템이 운영되는 플랫폼에 대한 접근을 통제한다. 이것은 사용자가 특정 컴퓨터에 인증하는 것을 포함한다. 플랫폼은 시스템에 있는 파일의 무결성을 유지하기 위한 지원, 백업 등을 포함할 것이다.
2. **애플리케이션 수준의 보호**: 다음 보호 계층은 애플리케이션 시스템 자체에 구축된다. 이것은 애플리케이션에 접근하는 사용자가 인증받고, 데이터를 보거나 수정하는 것과 같은 동작을 취하기 위한 권한을 얻는 것을 포함한다. 애플리케이션에 특화된 무결성 관리 지원이 사용 가능할 수도 있다.
3. **레코드 수준의 보호**: 이 계층은 특정 레코드에 대한 접근이 요구될 때 호출되고, 사용

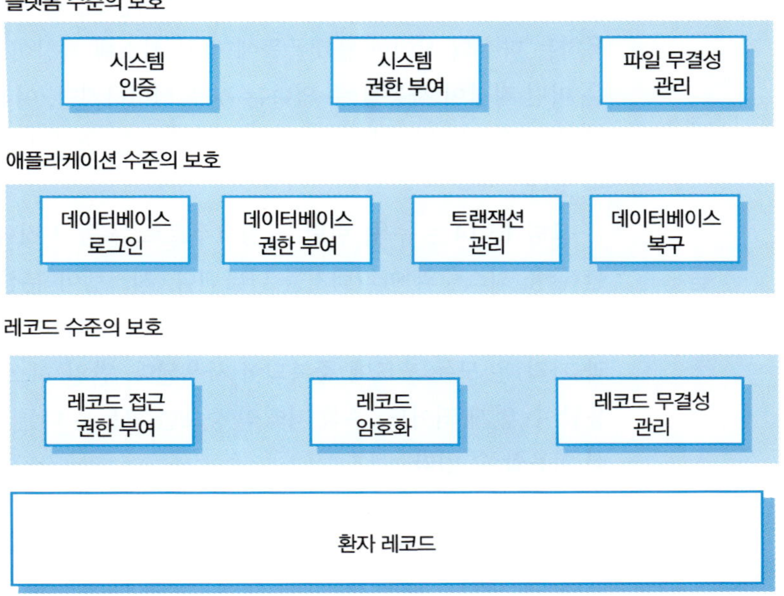

그림 13.13 계층화된 보호 아키텍처

자가 해당 레코드에 대해 요청한 동작을 수행할 권한을 가지고 있는지 검사하는 것을 포함한다. 또한 이 계층에서의 보호는 레코드를 파일 브라우저를 이용하여 훑어볼 수 없도록 보장하는 암호화를 포함한다. 예를 들어, 암호화 체크섬(cryptographic checksum)을 이용하는 무결성 검사는 정상적인 레코드 갱신 메커니즘 밖에서 이루어지는 변경을 감지할 수 있다.

특정 애플리케이션에서 필요로 하는 보호 계층의 수는 데이터의 중요성에 좌우된다. 모든 애플리케이션이 레코드 수준의 보호를 필요로 하는 것은 아니고 더 큰 단위의 접근 제어가 더 흔히 사용된다. 보안성을 달성하기 위해 각 계층에서 동일한 사용자 인증이 사용되지 않도록 해야 된다. 패스워드 기반 시스템을 갖고 있다면 이상적으로는 시스템 패스워드와 레코드 수준의 패스워드가 달라야 한다. 그러나 여러 개의 패스워드는 사용자가 기억하기 어렵고 사용자 자신을 인증하기 위해 요청을 반복해야 되는 것이 짜증난다는 것을 알게 될 것이다. 따라서 종종 시스템 사용성을 위해 보안성을 양보해야한다.

만일 데이터 보호가 중요한 요구사항이라면, 중앙집중형 클라이언트—서버 아키텍처가 종종 가장 효과적인 보안 아키텍처이다. 서버가 민감한 데이터를 보호하는 책임을 진다. 그러나 만일 보호가 훼손되면, 모든 데이터가 손실되거나 손상되기 때문에 공격에 관련된 손실이 크다. 또한 복구 비용이 높을 수 있다. 예를 들어, 모든 사용자 인증서가 재발급되어야 할 수도 있다. 중앙집중형 시스템은 서버를 과부하시켜 시스템 데이터베이스에 접근하는 것을 불가능하게 하는 서비스 거부 공격에 더 취약하다.

만일 서버 붕괴의 결과가 크다면 애플리케이션을 위해 대안적인 분산 아키텍처를 사용하기로 결정할 수도 있다. 이 상황에서는 각 플랫폼이 별도의 보호 메커니즘을 사용하는 다수의 상이한 플랫폼들에 걸쳐 시스템 자산이 분산된다. 한 노드에 대한 공격은 어떤 자산이 사용될 수 없다는 것을 의미하지만, 여전히 일부 시스템 서비스를 제공할 수 있을 것이다. 시스템 노드들에 데이터를 중복시켜 공격으로부터 간단하게 복구할 수 있다.

그림 13.14는 뉴욕, 런던, 프랑크푸르트, 홍콩 시장에서 주식과 펀드를 거래하기 위한 금융 시스템의 아키텍처를 나타낸다. 시스템이 분산되어 각 시장에 대한 데이터가 별도로 관리된다. 주식 거래의 중요한 활동을 지원하기 위해 필요한 자산(사용자 계정과 가격)은 모든 노드에 중복되어 사용된다. 만일 시스템의 한 노드가 공격을 받아 사용할 수 없게 되어도, 주식 거래의 중요한 활동은 다른 국가로 이동되어 사용자가 여전히 이용할 수 있다.

보안성과 시스템 성능 사이의 균형을 찾는 문제에 대해 이미 언급하였다. 보안성 있는 시스템 설계의 문제는 많은 경우에 보안성 요구사항에 대해 최선인 아키텍처 스타

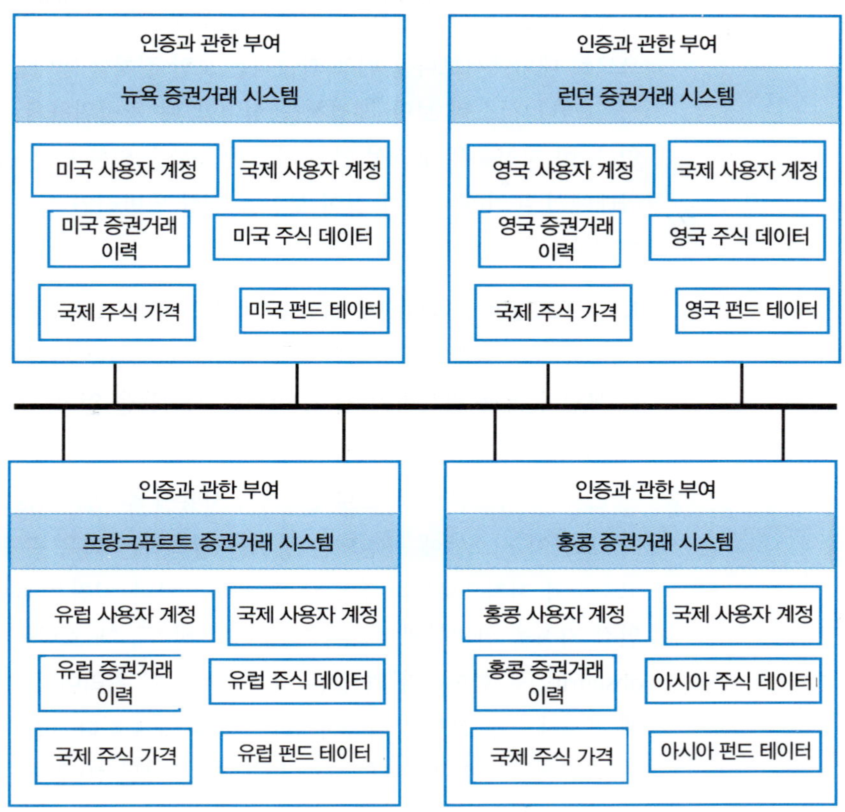

그림 13.14
주식 거래 시스템에서 분산된 자산

일이 성능 요구사항을 충족시키는 데 있어서는 최선이 아닐 수 있다는 것이다. 예를 들어, 대규모 데이터베이스의 기밀성을 관리하기 위한 절대적인 요구사항과 해당 데이터로의 매우 빠른 접근을 위한 다른 요구사항을 애플리케이션이 갖는다고 가정하자. 높은 수준의 보호는 보호 계층이 필요함을 시사하는데, 이는 시스템 계층 간의 통신이 있어야 한다는 것을 의미한다. 이것은 필연적으로 성능의 오버헤드를 가지므로 데이터의 접근이 느려지게 된다.

만일 대안적인 아키텍처가 사용되면, 보호를 구현하고 기밀성을 보장하는 것이 더욱 어려워지고 비싸진다. 이러한 환경에서는 시스템의 고객과 내재적인 충돌에 대해 논의하고 충돌 해결 방안에 대해 합의해야 한다.

13.4.3 설계 지침

시스템 보안성을 보장하는 쉬운 방법은 존재하지 않는다. 상이한 유형의 시스템은 시스템 소유자가 받아들일 수 있는 보안 수준을 달성하기 위해 상이한 기술 수단을 필요로 한다. 상이한 그룹의 사용자들의 태도와 요구사항이 무엇이 수용 가능한 지에 지대한 영향을 미친다. 예를 들어, 은행에서 사용자들은 높은 보안 수준을 수용하는 경향이 있으므로 대학에서보다는 더욱 거슬리는 보안 절차를 받아들인다.

그러나 시스템 보안 해결책을 설계할 때 광범위하게 적용되는 일반적인 지침들이 있다. 이 지침들은 보안성 있는 시스템 공학을 위한 좋은 설계 관행들을 요약하고 있다. 아래에서 논의하는 것과 같이 보안을 위한 일반적인 설계 지침은 주로 두 가지 용도를 가진다.

1. 소프트웨어 공학팀에서 보안 문제의 인식 제고를 돕는다. 소프트웨어 엔지니어들은 종종 소프트웨어가 동작하고 고객에게 인도되는 단기 목표에 초점을 맞추기 때문에 보안 문제를 간과하기 쉽다. 이러한 지침들을 알고 있으면 소프트웨어 설계 결정을 내릴 때 보안 문제를 고려하게 된다.

2. 시스템 검증 프로세스에서 사용될 수 있는 검토 체크리스트로 사용될 수 있다. 보안이 시스템에 구현되는 방법을 탐색하는 더욱 구체적인 질문들이 여기서 논한 고수준의 지침으로부터 유도될 수 있다. 보안 지침은 때때로 "시스템에서 가장 약한 연결 지점을 안전하게 하라", "단순하게 하라", "모호함을 통한 보안(security through obscurity)을 회피하라"와 같은 매우 일반적인 원리이다. 이러한 일반적인 지침들은 설계 프로세스에 실제로 사용하기에는 매우 모호하다. 따라서 여기서는 보다 상세한 설계 지침에 초점을 맞춘다. 그림 13.15에 요약된 10개의 지침은 다양한 소스(Schneier 2000; Viega and McGraw 2001; Wheeler 2004)에서 가져왔다.

보안을 위한 설계 지침	
1	보안 결정은 명시적인 보안 정책에 기초하라.
2	심층 방어를 사용하라.
3	보안을 유지하며 장애를 일으켜라.
4	보안성과 사용성 사이에 균형을 맞추어라.
5	사용자 행동을 기록하라.
6	리스크를 줄이기 위해 중복성과 다양성을 이용하라.
7	시스템 입력의 형태를 명시하라.
8	자산을 구획화하라.
9	배치를 위해 설계하라.
10	복구를 위해 설계하라.

그림 13.15 보안성 있는 시스템 공학을 위한 설계 지침

지침 1: 보안 결정은 명시적인 보안 정책에 기초하라.

조직의 보안 정책은 조직의 근본적인 보안 상태를 나타내는 고수준의 서술이다. 보안 정책은 "어떻게"가 아니라 "무엇"을 정의한다. 보안 정책은 보안을 제공하고 강제하기 위해 사용되는 메커니즘을 정의하지 않아야 한다. 원칙적으로 보안 정책의 모든 측면이 시스템 요구사항에 반영되어야 한다. 실제로는 특히 애자일 개발이 사용되면 이렇게 될 가능성이 낮다.

설계자는 설계 결정을 내리고 평가하는 프레임워크로서 보안 정책을 사용해야 한다. 예를 들어 Mentcare 시스템의 접근 통제 시스템을 설계한다고 가정하자. 병원의 보안 정책은 인증을 받은 의료진만이 환자의 전자 기록을 수정할 수 있다고 기술한다. 이것은 시스템을 수정하려고 시도하는 사람의 인증 여부를 검사하여 인증받지 않은 사람으로부터의 수정은 거부하는 요구사항으로 이어진다.

직면할 수 있는 문제는 많은 조직들이 명시적인 시스템 보안 정책을 가지고 있지 않다는 것이다. 시간이 지나면서 발견된 문제들에 대응하여 시스템에 변경이 일어나고 있지만, 시스템의 진화를 안내하는 중요한 정책 문서는 없다. 이러한 상황에서는 사례로부터 정책을 산출해내고 문서화하여 회사의 관리자에게 확인받아야만 한다.

지침 2: 심층 방어를 사용하라.

모든 중대한 시스템에서 좋은 설계 관행은 단일 장애 지점을 피하도록 시도하는 것이다. 이것은 단일 장애 지점이 전체적인 시스템 장애로 귀결되지 않아야 한다는 뜻이다. 보안 용어로 표현하면, 이것은 보안을 보장하기 위해 단일 메커니즘에 의존해서는 안 되고 여러 개의 다양한 기술을 채택해야 함을 의미한다. 이 개념은 종종 "심층 방어"라고 불린다.

심층 방어의 한 예는 다원적 인증이다. 예를 들어, 시스템 사용자를 인증하기 위해 패스워드를 사용한다고 할 때, 사용자가 질의 및 응답을 사전에 시스템에 등록해두는 시도/응답 인증 메커니즘을 추가로 포함할 수 있다. 로그인 자격 증명을 입력한 다음에 사용자가 질문에 바르게 응답해야 접근이 허용된다.

지침 3: 보안을 유지하며 장애를 일으켜라.

시스템 실패는 모든 시스템에서 불가피하다. 안전성 중심 시스템이 항상 안전하게 실패(fail-safe)해야 하는 것처럼 보안성 중심 시스템은 항상 "보안을 유지하며 실패(fail-secure)" 해야 한다. 시스템이 실패할 때 시스템 그 자체보다 보안성이 떨어지는 장애 대체 절차를 사용해서는 안 된다. 또한 시스템 실패가 평상시에는 접근이 허용되지 않는 데이터에 공격자가 접근할 수 있음을 의미해서는 안 된다.

예를 들어, Mentcare 시스템에서 진료 세션의 시작에서 시스템 클라이언트로 환자 데이터가 다운로드되어야 하는 요구사항을 제안했다. 이것은 데이터 접근을 빠르게 하고 서버를 사용할 수 없어도 접근이 가능함을 의미한다. 보통 서버는 이 데이터를 진료 세션이 끝날 때 삭제한다. 그러나 만일 서버에 장애가 일어나면, 정보가 클라이언트에 유지될 수 있다. 이러한 환경에서 보안을 유지하며 실패하는 접근법은 클라이언트 상의 모든 환자 데이터를 암호화하는 것이다. 이는 허가 받지 않은 사용자가 데이터를 읽을 수 없다는 것을 의미한다.

지침 4: 보안성과 사용성 사이에서 균형을 맞추어라.

보안성과 사용성의 요구는 종종 모순된다. 시스템을 보안성 있게 만들기 위해서는, 인증받은 사용자만이 시스템을 사용하고 보안 정책에 따라 행동하도록 검사해야 한다. 이러한 모든 것들은 사용자가 로그인 이름과 패스워드를 기억해야 하고, 특정 컴퓨터에서만 시스템을 사용해야 하는 등의 요구를 사용자에게 해야 한다. 이것은 시스템을 시작하고 효과적으로 이용하는 데 시간이 더 소요됨을 의미한다. 시스템에 보안 특성을 추가함에 따라, 보통 더 사용하기 어려워진다. 보안성과 사용성의 일반적인 분야에서 넓은 범위의 이슈들을 논의하는 Cranor와 Garfinkel의 책(Cranor and Garfinkel 2005)을 추천한다.

사용성을 잃어 가며 새로운 보안 특성을 추가해 나가는 것이 비생산적이게 되는 지점이 온다. 예를 들어, 사용자에게 여러 개의 패스워드를 입력하게 하거나 패스워드를 기억하기가 불가능할 정도로 빈번하게 변경하게 하면, 사용자들은 이 패스워드들을 단순히 적어놓을 것이다. 공격자(특히 내부자)는 적어놓은 패스워드를 발견하여 시스템의 접근 권한을 얻을 수 있다.

지침 5: 사용자 행동을 기록하라.

실제로 할 수 있다면 항상 사용자 행동 기록을 관리해야 한다. 이 기록은 적어도 누가 무엇을 했는지, 어떤 자산을 사용했는지, 행동의 시간 및 날짜를 기록해야 한다. 이를 실행 가능한 명령어들의 리스트로 관리한다면, 장애로부터 회복하기 위해 기록을 재생할 수 있다. 또한 기록을 분석하고 잠재적으로 변칙적인 행동을 감지하는 도구가 필요하다. 이러한 도구들은 기록을 스캔하고 변칙적인 행동을 찾을 수 있으므로, 공격을 감지하고 어떻게 공격자가 시스템에 접근을 할 수 있었는지를 추적하는 데 도움이 된다.

장애로부터 회복되도록 돕는 것 이외에도 사용자 행동 기록은 내부자 공격을 제지할 수 있기 때문에 유용하다. 사람들이 자신의 행동이 기록되고 있다는 것을 안다면 승인되지 않은 일을 할 가능성이 적다. 이는 이웃의 환자 기록을 찾아보는 간호사와 같은 가벼운 공격이나 정당한 사용자 인증 정보가 사회 공학을 통해 도난당하는 공격을 감지하는 데 가장 효과적이다. 물론 이러한 접근 방법은 기술적으로 능숙한 내부자가 접근하고 기록을 바꾼다면 실패할 수 있다.

지침 6: 리스크를 줄이기 위해 중복성과 다양성을 이용하라.

중복성은 시스템에 둘 이상의 소프트웨어 또는 데이터 버전을 유지하는 것을 의미한다. 다양성이 소프트웨어에 적용되면 상이한 버전이 동일한 플랫폼에 의존하거나 동일한 기술로 구현되지 않아야 한다. 따라서 플랫폼이나 기술의 취약점이 모든 버전에 영향을 미치지 않아 공통의 장애를 유발하지 않을 것이다.

중복성의 예는 이미 논의했다. Mentcare 시스템에서 서버와 클라이언트 모두에 환자 정보를 유지하는 것과 그림 13.14의 분산 주식 거래 시스템이 그 예이다. 환자 기록 시스템에서, 클라이언트와 서버에 다양한 운영체제(예를 들어, 서버에 리눅스, 클라이언트에 윈도우)를 사용할 수 있다. 이렇게 하면 단일 운영체제 취약점에 기반한 공격이 서버와 클라이언트 모두에 영향을 미치지 않는다는 것을 보장할 수 있다. 물론 다수의 운영체제를 운영하는 것은 더 높은 시스템 관리 비용을 유발한다. 따라서 보안 혜택과 상승된 비용 사이의 균형을 유지해야 한다.

지침 7: 시스템 입력의 형태를 명시하라.

시스템에 대한 흔한 공격은 시스템이 예상치 못한 방식으로 동작하도록 하는 예상 밖의 입력을 시스템에 주는 것을 포함한다. 이러한 입력은 간단히 시스템이 서비스를 제공하지 못하게 장애를 일으킬 수도 있고, 입력이 시스템에 의해 실행되는 악의적인 코드로 구성되어 있을 수도 있다. 인터넷 웜(Spafford 1989)에서 처음 나타난 후에 공격자들이 흔히 사용하는 버퍼 오버플로 취약점은 긴 입력 스트링을 사용하여 작동될 수 있다. 소위 말하는 SQL poisoning은 악의적인 사용자가 서버에 의해 해석되는 SQL 코드를 입력하는 것으로 또 다른 매우 흔한 공격이다.

예상되는 시스템 입력 형태와 구조를 명세하면 이러한 많은 문제를 피할 수 있다. 이 명세는 예상되는 시스템 입력에 대한 지식에 근거한다. 예를 들어, 성씨가 입력이라면 모든 글자가 숫자 또는 구두점(하이픈 제외)이 아닌 알파벳만 허락된다고 명시할 것이다. 또한 이름의 길이를 제한할 수도 있다. 예를 들어, 40자를 초과하는 성씨를 가진 사람은 없고, 100자를 초과하는 주소는 없다. 만일 숫자 값이 예상된다면, 어떠한 알파벳 글자도 허락되어서는 안 된다. 이 정보는 시스템이 구현될 때 입력을 검사하는데 사용된다.

지침 8: 자산을 구획화하라.

자산의 구획화는 시스템의 모든 정보를 사용자에게 제공해서는 안 된다는 의미이다. "꼭 필요한 것만 알려주어야 한다"는 일반적인 보안 원칙에 기초하여 시스템 정보를 구획하여 정리해야 한다. 시스템의 모든 정보가 아닌 사용자가 일하는 데 필요한 정보에만 접근하도록 해야 한다. 이것은 개별 사용자의 계정을 손상시키는 공격의 영향이 억제될 수 있다는 의미이다. 어떤 정보는 손실되거나 손상될 수도 있지만, 시스템의 모든 정보가 영향을 받지는 않을 것이다.

예를 들어 Mentcare 시스템에서 진료진이 자신의 진료에 예약한 환자의 기록에만 접근하도록 시스템을 설계할 수 있다. 진료진이 시스템의 모든 환자 기록에 접근할 수 있어서는 안 된다. 이는 내부자의 공격으로부터 발생할 수 있는 잠재적 손실을 제한할 뿐만 아니라, 침입자가 진료진의 자격을 훔친다고 하더라도 모든 환자 기록을 손상시킬 수 없다는 것을 의미한다.

심각한 질환이 있어 예약 없이 응급 처치를 받아야 하는 환자와 같이 시스템에 예상치 않은 접근을 허용해주는 메커니즘을 가져야 할 수도 있다. 이러한 환경에서는 시스템의 구획화를 무효화하는 보안 메커니즘을 대안으로 사용할 수 있다. 시스템의 가용성을 유지하기 위해 보안을 완화하는 상황에서는 시스템 사용을 기록하는 로깅(logging) 메커니즘을 사용하는 것이 필수적이다. 나중에 승인받지 않은 사용을 추적하기 위해 기록을 검사할 수 있다.

지침 9: 배치를 위해 설계하라.

많은 보안 문제는 시스템이 운영 환경에 배치될 때 적절하게 설정되지 않기 때문에 발생한다. 배치는 소프트웨어를 실행할 컴퓨터에 이를 설치하고 실행 환경과 시스템 사용자의 선호를 반영하여 소프트웨어 매개 변수를 설정하는 것을 의미한다. 디버깅 기능을 끄는 것을 잊어버리거나 관리자 기본 패스워드를 변경하는 것을 잊어버리는 실수들이 시스템에 취약점을 도입할 수 있다.

좋은 관리 실무관행으로 설정과 배치의 실수에서 발생하는 많은 보안 문제를 피할 수 있다. 그러나 소프트웨어 설계자는 "배치를 위한 설계"에 대한 책임이 있다. 사용자 및 시스템 관리자가 소프트웨어를 잘못 설정할 수 있는 가능성을 낮추는 배치를 위한 지원 기능을 항상 제공해야 한다.

배치를 위한 지원 기능으로 다음과 같은 네 가지를 권장한다.

1. **설정을 검색하고 분석하는 지원 기능을 제공한다**: 관리자나 허가된 사용자가 시스템의 현재 설정을 검토할 수 있게 하는 기능을 시스템에 항상 포함해야 한다.
2. **디폴트 권한을 최소화한다**: 시스템의 디폴트 설정이 최소한의 필수적인 권한을 제공하도록 소프트웨어를 설계해야 한다.
3. **설정을 지역화한다**: 시스템 설정 지원을 설계할 때, 시스템의 동일한 부분에 영향을 미치는 설정은 동일한 곳에 설정되도록 보장해야 한다.
4. **보안 취약점을 고치는 쉬운 방법을 제공한다**: 발견된 보안 취약점을 고치기 위해 시스템을 업데이트하는 간단한 메커니즘을 포함해야 한다.

점점 더 소프트웨어가 클라이언트 설치를 요구하지 않기 때문에 배치는 문젯거리가 덜 된다. 오히려 소프트웨어는 서비스로 실행되고 웹 브라우저를 통해 접근된다. 그러나 서버 소프트웨어는 여전히 배치 오류와 누락에 취약하고, 시스템의 몇몇 유형들은 사용자의 컴퓨터에서 실행되는 전용 소프트웨어를 필요로 한다.

지침 10: 복구를 위해 설계하라.

시스템 보안을 유지하기 위해 얼마나 많은 노력을 투입하느냐에 관계없이, 시스템에 보안 실패가 발생할 수도 있다는 가정을 가지고 설계해야 한다. 따라서 가능한 장애로부터 복구하고 시스템을 보안성이 있는 운영 상태로 복원하는 방법에 관해 생각해야 한다. 예를 들어, 패스워드 인증이 손상된 경우를 대비하여 백업 인증 시스템을 포함할 수 있다.

예를 들어, 병원 외부의 허가받지 않은 어떤 사람이 Mentcare 시스템에 접근 권한을 얻었고, 여러분은 그들이 유효한 로그인/패스워드 조합을 어떻게 얻었는지 모른다고 가정하자. 단순히 침입자에 의해 사용된 자격만 변경해서는 안 되고 인증 시스템을 다시 초기화해야 한다. 침입자가 다른 사용자의 비밀번호에 대한 접근 또한 얻을 수 있기 때문에 이는 필수적이다. 그러므로 모든 승인된 사용자가 패스워드를 변경하도록 해야 된다. 또한 허가받지 않은 사람이 패스워드 변경 메커니즘에 접근할 수 없도록 확실하게 할 필요가 있다.

따라서 각자가 자신의 패스워드를 변경할 때까지 접근하지 못하게 하고, 모든 사용자에게 패스워드를 변경하도록 요청하는 전자우편을 보내게 시스템을 설계해야 한다. 사용자가 선택한 패스워드가 안전하지 않을 수도 있다고 가정하고, 패스워드 변경을 위해 실제 사용자를 인증할 대안 메커니즘이 필요하다. 이를 위한 한 가지 방식은 사용자가 미리 등록한 응답을 가지는 질문에 답하는 시도/응답 메커니즘을 이용하는 것이다. 이것은 패스워드가 변경될 때만 호출되므로 상대적으로 사용자를 적게 방해하면서 공격으로부터 복구되게 한다.

복구 가능성을 위해 설계하는 것은 시스템에서 복원성을 구축하는 데 필수적인 요소이다. 이 이슈는 14장에서 좀 더 자세히 다룬다.

13.4.4 보안성 있는 시스템 프로그래밍

보안성 있는 시스템 설계는 애플리케이션 시스템에 보안성을 도입하는 설계를 의미한다. 그러나 설계 단계에서 보안에 대해 초점을 맞추는 것뿐만 아니라, 소프트웨어 시스템을 프로그래밍할 때 보안을 고려하는 것 또한 중요하다. 소프트웨어에서 많은 성공적인 공격들은 프로그램이 개발될 때 도입된 프로그램 취약점에 의존한다.

인터넷 기반의 시스템들에서 발생한 널리 알려진 첫 번째 공격은 1988년에 네트워크 전체에 걸쳐 웜이 유닉스 시스템에 도입되었을 때이다(Spafford 1989). 이는 잘 알려진 프로그래밍 취약점을 이용했다. 만일 시스템이 C 언어로 프로그래밍되었다면, 자동적인 배열 경계 검사가 없다. 공격자는 프로그램 명령을 가진 긴 스트링을 입력으로 포함할 수 있고, 이것이 프로그램 계층을 덮어 써서 악성 코드로 통제가 넘어갈 수 있다. 이 취약점은 그 이후로 C 또는 C++로 프로그래밍된 다른 많은 시스템에서 이용되었다.

이 예는 보안성 있는 시스템 프로그래밍의 두 가지 중요한 측면을 보여준다.

1. 취약점은 종종 언어에 좌우된다. 배열 경계 검사는 자바와 같은 언어에서는 자동적이므로 위의 예는 자바 프로그램에서 이용될 수 있는 취약점이 아니다. 그러나 C나 C++를 사용하면 더 효율적인 소프트웨어를 개발할 수 있기 때문에 수백만 개의 프로그램이 C나 C++로 작성된다. 따라서 이러한 언어의 사용을 단순히 회피하는 것은 현실성 있는 선택이 아니다.
2. 보안성 취약점들은 프로그램 신뢰성과 밀접하게 관련되어 있다. 위의 예는 프로그램 장애를 야기하기 때문에 프로그램 신뢰성을 향상시키기 위해 취해지는 행동들은 시스템의 보안성도 향상시킬 수 있다.

11장에서 신뢰성 있는 시스템 프로그래밍에 대한 프로그래밍 지침들을 소개하였다. 이 지침들은 그림 13.16에 있다. 공격자들이 시스템에 접근하기 위해 프로그램 취약점에 초점을 맞추므로 이러한 지침들은 프로그램의 보안성을 향상시키는 데 도움이 된다. 예를 들어 SQL poisoning 공격은 시스템에서 예상하는 텍스트 대신에 SQL 명령어들로 양식에 채우는 공격자를 기반으로 한다. 이들은 데이터베이스를 손상시키거나 비밀

신뢰성 있는 프로그래밍 지침들

1. 프로그램 내에서 정보의 가시성을 제한하라.
2. 모든 입력이 유효한지 검사하라.
3. 모든 예외에 대해 처리기를 제공하라.
4. 오류가 발생하기 쉬운 구조의 사용을 최소화하라.
5. 재시작 기능을 제공하라.
6. 배열의 경계를 검사하라.
7. 외부 컴포넌트를 호출할 때는 타임아웃을 포함하라.
8. 실세계의 값을 나타내는 모든 상수에 이름을 지어라.

그림 13.16 신뢰성 있는 프로그래밍 지침들

정보를 유출할 수 있다. 이러한 문제는 예상되는 입력 형태와 구조에 근거한 입력 검사(지침 2)를 구현하면 완전히 피할 수 있다.

13.5 보안성 테스팅 및 보증

사용하는 시스템이 보안성 있다고 확신할 수 있게 하는 시스템 보안성 평가에 대한 중요성이 증가하고 있다. 웹 기반 시스템을 위한 검증 및 확인 프로세스는 다양한 유형의 공격에 저항하는 시스템 능력을 테스트하는 보안 평가에 초점을 맞춰야 한다. 그러나 Anderson이 설명한 것처럼(Anderson 2001), 이러한 유형의 보안성 평가는 수행하기 매우 어렵다. 그 결과로 시스템들은 종종 보안 허점(security loopholes)을 가진 채로 배치된다. 공격자는 시스템에 대한 접근 권한을 얻거나 시스템 및 그 데이터를 손상을 시키는 데 이러한 취약점을 이용한다.

근본적으로 보안성 테스팅은 다음 두 가지 이유로 인해 어렵다.

1. 보안성 요구사항은 일부의 안전성 요구사항과 같이 "금지(shall not)" 요구사항이라는 것이다. 즉, 보안성 요구사항은 시스템의 기능이나 필요한 동작보다는 발생하지 않아야 하는 것을 명세화한다. 이러한 원하지 않는 동작을 시스템에 의해 점검될 수 있는 간단한 제약 조건으로 정의하는 것은 일반적으로 불가능하다.

만일 자원이 이용가능하다면 적어도 이론상으로는 시스템이 기능적 요구사항을 만족시킨다는 것을 입증할 수 있다. 그러나 시스템이 어떤 것을 하지 않는다는 것을 증명하기란 불가능하다. 테스팅 양에 관계없이 시스템이 배치된 이후에 보안 취약점이 시스템에 남아있다.

물론 몇몇 알려진 공격 유형으로부터 시스템을 보호하기 위해 설계된 기능적인 요구사항들을 만들어낼 수 있다. 그러나 알려지지 않거나 예상되지 않은 공격 유형에 대한 요구사항들은 유도할 수 없다. 수년간 이용해 온 시스템이라 하더라도 머리가 좋은 공격자는 새로운 공격을 찾아낼 수 있고 보안성 있는 시스템이라 생각했던 곳에 침투할 수 있다.

2. 시스템을 공격하는 사람은 지능적이고 적극적으로 그들이 이용할 수 있는 취약점을 찾는다. 그들은 기꺼이 시스템을 실험하고 정상적인 활동 및 시스템 사용과는 거리가 먼 일들을 시도하려고 한다. 예를 들어 단순히 시스템이 어떻게 대응하는지 보기 위해서 성씨를 입력하는 필드에 문자, 구두점, 숫자를 조합한 1,000자를 입력할 수 있다.

   일단 취약점을 찾으면 공격자들이 이를 알리므로 가능성 있는 공격자들의 수가 증가한다. 시스템 취약점에 대한 정보를 교환하기 위해 인터넷 포럼들이 설립되어 있다. 또한 공격자들이 웜과 키 자동 기록기(keystroke logger)와 같이 악성코드를 쉽게 개발할 수 있게 도와주는 키트를 구할 수 있는 번창하는 악성코드 시장이 있다.

공격자들은 시스템 개발자에 의해 만들어진 가정을 찾으려고 노력하고 무슨 일이 생기는지 보기 위해 이러한 가정들에 도전한다. 그들은 일정 시간 동안 시스템을 사용하고 탐구하는 위치에 있고 그들이 이용할 수 있는 취약점을 발견하기 위해 소프트웨어 도구를 사용하여 시스템을 분석한다. 공격자들은 사실 시스템 테스트 엔지니어보다 취약점을 찾기 위해 더 많은 시간을 보내는데, 그 이유는 테스터는 시스템을 테스팅하는 데에도 집중해야 하기 때문이다.

애플리케이션 시스템의 보안성을 검사하고 분석하기 위해 테스팅, 도구 기반의 분석, 정형 증명을 조합하여 사용할 수 있다.

1. **경험 기반 테스팅**: 이 경우 확인 팀에 알려진 공격 유형에 따라 시스템이 분석된다. 이는 테스트 케이스를 개발하거나 시스템의 소스 코드를 검토하는 과정을 포함할 수 있다. 예를 들어 잘 알려진 SQL poisonig 공격을 시스템이 허용하지 않는지 검사하기 위해 SQL 명령어를 포함하는 입력을 사용하여 시스템을 테스트할 수 있다. 버퍼 오버플로 오류가 일어나지 않는지 검사하기 위해, 버퍼에 입력되는 것이 경계 안에 들어오는지를 프로그램이 확인하고 있는지 보기 위해 모든 입력 버퍼를 검사할 수 있다.

   알려진 보안 문제의 체크리스트가 이 프로세스를 지원하기 위해 생성될 수도 있다. 그림 13.17은 경험 기반 테스팅을 유도하기 위해 사용될 수 있는 질문의 예를 제시한다. 보안을 위한 설계와 프로그래밍 지침들이 지켜지고 있는지에 대한 확인도 보안 문제 체크리스트에 포함될 수 있다.

2. **침투 테스팅**: 애플리케이션 시스템을 테스트하기 위해 개발팀 외부로부터 경험을 이끌어낼 가능성이 있는 경험 기반 테스팅의 한 형태이다. 침투 테스팅 팀은 시스템

보안성 체크리스트	
1.	애플리케이션에서 생성된 모든 파일이 적절한 접근 허가를 갖는가? 잘못된 접근 허가는 승인받지 않은 사용자의 파일 접근으로 이어질 수 있다.
2.	어떤 정해진 시간 동안 비활동 상태이면 시스템이 자동적으로 사용자 세션을 종료하는가? 유효한 상태로 남겨진 세션은 자리를 비운 컴퓨터를 통한 승인받지 않은 접근을 가능하게 한다.
3.	시스템이 배열 경계 검사를 하지 않는 프로그래밍 언어로 작성되면, 버퍼 오버플로가 악용되는 상황이 존재하는가? 버퍼 오버플로는 공격자가 시스템으로 코드 스트링을 전송하여 실행하는 것을 가능하게 한다.
4.	패스워드가 설정되면, 시스템은 패스워드가 "강력한지" 검사하는가? 강력한 패스워드는 문자, 숫자, 특수 문자로 구성되고 사전에 있는 보통의 단어가 아니다. 강력한 패스워드는 단순한 패스워드보다 알아내기가 더 어렵다.
5.	시스템 환경으로부터의 입력이 입력 명세와 비교하여 항상 검사되는가? 잘못된 입력의 부정확한 처리가 보안 취약점의 흔한 원인이다.

그림 13.17 보안성 체크리스트의 예

보안을 뚫는 것을 목표로 한다. 그들은 시스템 공격을 시뮬레이션하고 시스템 보안을 훼손시킬 새로운 방안을 찾기 위해 그들의 독창성을 사용한다. 침투 테스팅 팀원들은 보안 테스팅과 시스템의 보안 약점을 찾아본 경험을 가지고 있어야 한다.

3. **도구 기반 분석**: 이 방식에서는 패스워드 검사기와 같은 보안 도구가 시스템을 분석하기 위해 이용된다. 패스워드 검사기는 흔한 이름이나 연속적인 문자들로 구성되는 문자열과 같이 보안성이 없는 패스워드를 찾아낸다. 이 방식은 사용되는 도구에 보안 결함에 대한 경험이 내장된 경험 기반 검증의 확장이다. 물론 정적 분석은 사용이 점점 늘어나고 있는 도구 기반 분석의 또 다른 유형이다.

   도구 기반의 정적 분석(12장)은 보안 검사에 특히 유용한 방식이다. 프로그램의 정적 분석은 오류나 취약점을 포함할 수 있는 프로그램의 영역을 테스팅 팀에게 빠르게 안내할 수 있다. 정적 분석에서 드러나는 이상들은 바로 고쳐질 수 있거나, 이러한 이상들이 실제로 시스템에 대한 리스크를 나타내는지 아닌지를 드러내기 위해 수행될 필요가 있는 테스트들을 식별하는 데 도움을 줄 수 있다. Microsoft사는 가능성 있는 보안 취약점으로부터 자사 소프트웨어를 검사하기 위해 정적 분석을 일상적으로 사용한다(Jenney 2013). Hewlett-Packward는 보안 취약점에 대해 Java 프로그램을 검사하기 위해 특별히 설계된 Fortify (Hewlett-Packard 2012)라 불리는 도구를 제공한다.

4. **정형 검증**: 정형 프로그램 검증의 사용을 10, 12장에서 논의하였다. 본질적으로 이것은 프로그램이 명세서를 따른다는 것을 입증하는 정형적이고 수학적인 논거를 포함한다. Hall과 Chapman (Hall and Chapman 2002)은 적어도 10년 전에 시스템이 정형 보안성 요구사항을 충족시키는지를 증명하는 것이 실현 가능하다고 입증했고, 그 이후로 다른 많은 실험들이 진행되어 왔다. 그러나 다른 분야에서와 같이 보안을

위한 정형 검증은 광범위하게 사용되지 않는다. 이는 전문가의 전문 지식을 필요로 하고 정적 분석처럼 비용효과적일 가능성이 적다.

보안 테스팅은 오랜 시간이 걸리고 보통 테스팅 팀이 사용할 수 있는 시간은 제한되어 있다. 이는 보안 테스팅에 리스크 기반의 접근방법을 채택하고 시스템이 직면한 가장 중요한 리스크라고 생각되는 것에 초점을 맞춰야 한다는 것을 의미한다. 시스템에 대한 보안 리스크를 분석한 결과가 있다면, 테스트 프로세스를 만드는 데 사용할 수 있다. 이러한 리스크들로부터 유도된 보안성 요구사항에 대해 시스템을 테스팅하는 것뿐만 아니라, 테스팅팀은 시스템 자산을 위협하는 대안적인 접근법을 채택하여 시스템의 장애를 유발하도록 시도해야 한다.

키 포인트

- 보안성 공학은 컴퓨터 기반 시스템과 그 데이터를 손상시키는 악의적 공격에 저항할 수 있는 소프트웨어 시스템을 개발하고 관리하는 방법에 초점을 둔다.
- 보안 위협은 시스템 및 그 데이터의 기밀성, 무결성, 가용성을 위협할 수 있다.
- 보안 리스크 관리는 시스템에 대한 공격의 결과로 뒤따라 발생하는 손실의 평가와 이 손실을 제거하거나 감소시키기 위한 보안성 요구사항을 유도하는 것을 포함한다.
- 보안성 요구사항을 명세하기 위해, 보호되어야 하는 자산들을 식별하고 이러한 자산들을 보호하기 위해 보안 기법과 기술을 사용하는 방법을 정의해야 한다.
- 보안성 있는 시스템의 아키텍처를 설계할 때 주요 자산을 보호하기 위한 시스템 구조를 잡는 것과 성공적인 공격으로부터 손실을 최소화하기 위해 시스템 자산을 분산시키는 것이 중요하다.
- 보안성 설계 지침은 시스템 설계자가 고려하지 않았을 수도 있는 보안 문제에 대해 민감하게 만든다. 이러한 지침은 보안성 검토 체크리스트를 만드는 데 기초로 사용될 수 있다.
- 보안성 요구사항이 발생해야 되는 것이 아니라 발생해서는 안 되는 것들을 명시하기 때문에 보안성 검증이 어렵다. 게다가 시스템 공격자는 지능적이고 보안성 테스팅에 사용가능한 시간보다 더 많은 시간을 약점을 찾는 데 투자할 수 있다.

추가로 읽을거리

Security Engineering: A Guide to Building Dependable Distributed Systems, 2nd ed. 이 책은 보안성 있는 시스템을 구축하는 문제를 철저하고 종합적으로 논한다. 소프트웨어 공학보다는 시스템에 초점을 맞추고 있다. 하드웨어와 네

트워킹도 광범위하게 다루며, 실제 시스템 실패로부터 나온 좋은 사례를 보여준다. (R.Anderson, Joh Wiley & Sons, 2008) http://www.cl.cam.ac.uk/~rja14/book.html

24 Deadly Sins of Software Security: Programming Flaws and How to Fix Them. 보안성 있는 시스템 프로그래밍에 있어서 가장 실용적인 책 중 하나이다. 저자는 가장 흔한 프로그래밍 취약점을 논의하고 실제로 어떻게 회피할 수 있는지를 기술한다. (M. Howard, D. LeBlanc, and J. Viega, McGraw-Hill, 2009)

Computer Security: Principles and Practice. 컴퓨터 보안 문제에 대한 좋은 범용 교재이다. 보안 기술, 신뢰할 수 있는 시스템, 보안 관리, 암호화에 대해 다룬다. (W. Stallings and L. Brown, Addison-Wesley, 2012)

웹 사이트

이 장의 파워포인트 슬라이드:

https://iansommerville.com/software-engineering-book/slides

관련 비디오 링크:

https://iansommerville.com/software-engineering-book/videos/security/

연습문제

13.1. 보안 시스템 공학에서 고려되어야 하는 보안 관점과 보안 단계를 서술하라.

13.2. Mentcare 시스템에 대해 자산, 노출, 취약점, 공격, 위협, 통제의 예를 이 장에서 논의된 것에 추가하여 제시하라.

13.3. 시스템에서 보안성이 안전성보다 더 어려운 문제로 여겨지는 이유를 설명하라.

13.4. Mentcare 시스템에 대한 두 개의 추가 위협을 식별하기 위해 관련된 통제들과 함께 그림 13.7의 테이블을 확장하라. 그리고 이를 근거로 사용하여 제안한 통제들을 구현하는 소프트웨어 보안성 요구사항을 만들어라.

13.5. 소프트웨어 공학 밖에서 얻을 수 있는 유사한 사례를 이용하여, 자산 보호를 위해 계층적 접근법이 사용되어야 하는 이유를 설명하라.

13.6. 보안성 있는 시스템을 개발하는 데 사용자 행동을 기록하는 것이 중요한 이유를 설명하라.

13.7. 13.4.2절에서 설명하고 그림 13.14에서 아키텍처를 보여준 주식 거래 시스템의 경우에, 시스템에 가해질 수 있는 두 가지 추가적인 공격을 제안하고, 이 공격을 막아낼 수 있는 가능한 전략을 제안하라.

13.8. 보안성 있는 시스템을 작성할 때 사용자 입력이 예상한 형태를 가지는지를 검사하기 위해 모든 사용자 입력을 검증하는 것이 중요한 이유를 설명하라.

13.9. 개발한 애플리케이션을 위한 패스워드 보호 시스템을 확인하는 방법을 제안하라. 유용하다고 생각하는 도구의 기능을 설명하라.

13.10. Mentcare 시스템은 비밀 환자 정보를 드러낼 수 있는 공격으로부터 안전해야 한다. 이 시스템에 발생할 수 있는 세 개의 공격이 있다고 하자. 이 정보를 이용하여 Mentcare 시스템의 테스터를 안내하는 그림 13.17의 체크리스트를 확장하라.

참고문헌

Anderson, R. 2008. *Security Engineering, 2nd ed*. Chichester, UK: John Wiley & Sons.

Cranor, L. and S. Garfinkel. 2005. *Designing Secure Systems That People Can Use*. Sebastopol, CA: O'Reilly Media Inc.

Firesmith, D. G. 2003. "Engineering Security Requirements." *Journal of Object Technology* 2 (1): 53–68. http://www.jot.fm/issues/issue_2003_01/column6

Hall, A., and R. Chapman. 2002. "Correctness by Construction: Developing a Commercially Secure System." *IEEE Software* 19 (1): 18–25. doi:10.1109/52.976937.

Hewlett-Packard. 2012. "Securing Your Enterprise Software: Hp Fortify Code Analyzer." http://h20195.www2.hp.com/V2/GetDocument.aspx?docname=4AA4-2455ENW&cc=us&lc=en

Jenney, P. 2013. "Static Analysis Strategies: Success with Code Scanning." http://msdn.microsoft.com/en-us/security/gg615593.aspx

Lane, A. 2010. "Agile Development and Security." https://securosis.com/blog/agile-development-and-security

Pfleeger, C. P., and S. L. Pfleeger. 2007. *Security in Computing, 4th ed*. Boston: Addison-Wesley.

Safecode. 2012. "Practical Security Stories and Security Tasks for Agile Development Environments." http://www.safecode.org/publications/SAFECode_Agile_Dev_Security0712.pdf

Schneier, B. 1999. "Attack Trees." *Dr Dobbs Journal* 24 (12): 1–9. https://www.schneier.com/paperattacktrees-ddj-ft.html

———. 2000. Secrets and Lies: *Digital Security in a Networked World*. New York: John Wiley & Sons.

Schoenfield, B. 2013. "*Agile and Security: Enemies for Life?*" http://brookschoenfield.com/?p=151

Sindre, G., and A. L. Opdahl. 2005. "Eliciting Security Requirements through Misuse Cases." *Requirements Engineering* 10 (1): 34–44. doi:10.1007/s00766-004-0194-4.

Spafford, E. 1989. "The Internet Worm: Crisis and Aftermath." *Comm ACM* 32 (6): 678–687. doi:10.1145/63526.63527.

Stallings, W., and L. Brown. 2012. *Computer Security: Principles, d Practice*. (2nd ed.) Boston: Addison-Wesley.

Viega, J., and G. McGraw. 2001. *Building Secure Software*. Boston: Addison-Wesley.

Wheeler, D. A. 2004. *Secure Programming for Linux and Unix*. Self-published. http://www.dwheeler.com/secure-programs/

14

복원성 공학

Resilience engineering

학습목표

이 장의 목표는 시스템이 운영자 오류 및 사이버 공격과 같은 악의적인 외부 이벤트를 견딜 수 있도록 설계하기 위한 복원성 공학의 개념을 소개하는 것이다. 이 장을 통해 학습할 내용은 다음과 같다:

- 복원성, 안정성 및 보안 간의 차이점을 이해하며 복원성이 네트워크 시스템에 중요한 이유를 이해한다.
- 복원성 있는 시스템을 구축하는 경우에 문제의 발견, 장애에 대한 대응, 공격 이후 중심 시스템의 복구와 시스템 정상화와 관련된 기본적인 이슈를 알게 된다.
- 복원성이 기술적이 아닌 사회기술적 이슈가 되는 원인과 복원성을 제공하는 시스템 운영자 및 관리자의 역할을 이해한다.
- 복원성을 지원하는 시스템 설계 기법을 소개한다.

학습내용

14.1 사이버보안

14.2 사회기술적 복원성

14.3 복원성 있는 시스템 설계

1970년 4월 아폴로 13호의 유인 달 탐사 비행은 심각한 오류를 겪었다. 호흡을 위한 산소와 우주선을 구동시키기 위한 연료용 산소가 지속적으로 유출되어 우주에서 산소탱크가 폭발하였다. 구조될 가능성이 전혀 없어, 생명에 심각한 위협이 되는 상황이었다. 이러한 상황에 대한 비상 대책도 없었다. 하지만 새로운 방식으로 장비를 사용하고 표준 절차를 적용하여, 우주선 승무원과 지상 직원의 결합된 노력으로 문제를 해결했다. 우주선은 안전하게 지구로 귀환하였고 모든 승무원들은 살아남았다. 전체 시스템(사람, 장치 및 프로세스)은 복원되었다. 문제는 극복되었고, 장애로부터 복구되었다.

시스템 신뢰성의 기본 속성 중 하나로서, 복원성의 개념을 10장에 소개했다. 10장에서 복원성을 다음과 같이 정의했다.

> 시스템 복원성은 시스템이 장치 고장 및 사이버 공격과 같은 파괴적 이벤트가 존재하는 경우 중심 서비스가 지속적으로 운영 유지하는가에 대한 판단이다.

이것이 복원성의 "표준" 정의는 아니다. Labrie (Labrie 2008)와 Hollnagel (Hollnagel 2006)과 같은 다른 학자들은 변화를 견딜 수 있는 시스템의 능력에 기초하여 일반적인 정의를 제시하였다. 즉, 복원성 있는 시스템은 시스템 설계자에 의해 작성된 기본적인 가정들의 일부가 더 이상 유지하지 않을 경우에도, 성공적으로 동작할 수 있는 시스템이다.

예를 들어, 사용자가 실수할 수 있지만, 의도적으로 시스템의 취약성을 찾아내지 않는다는 초기 설계 가정을 수립할 수 있다. 시스템은 사이버 공격 대상이 될 수 있는 환경에서 사용되는 경우, 이것은 더 이상 참이 아니다. 복원성 있는 시스템은 환경 변화에 대응하여 성공적으로 운영을 계속할 수 있다.

이러한 정의가 일반적이나, 여기에서 정의한 복원성은 정부와 산업계에서 현재 실제로 사용되는 정의와 보다 유사하다. 본 정의는 세 가지 중요한 아이디어를 포함한다.

1. 시스템에 의하여 제공되는 서비스들 중 일부의 장애가 인간, 사회, 그리고 경제적으로 심각한 영향을 발생시킬 수 있는 중심 서비스(critical service)라는 아이디어
2. 일부의 이벤트는 파괴적이며 중심 서비스를 제공하는 시스템의 능력에 영향을 미칠 수 있다는 아이디어
3. 복원성은 판단이라는 아이디어. 즉 복원성에는 척도가 없고, 측정될 수도 없다. 시스템의 복원성은 시스템과 운영 프로세스를 감사할 수 있는 전문가에 의해서만 평가될 수 있다.

시스템 복원성에 대한 기본 작업은 안전이 중요한 시스템을 다루는 전문가 그룹에서 시작되었고, 이들의 목표는 회피되고 대비해야 하는, 사고를 발생시키는 요소들을 이해하는 것이었다. 그러나 네트워크 시스템에서의 사이버 공격의 증가는 복원성이 이

제 종종 보안 문제로 인식된다는 것을 의미한다. 악의적 사이버 공격을 견딜 수 있고 사용자에게 서비스를 지속적으로 제공하는 시스템을 구축하는 것이 필수적이다.

분명하게 복원성 공학은 신뢰성 공학 및 보안성 공학과 밀접한 관계를 갖는다. 신뢰성 공학의 목적은 시스템에 장애가 발생하지 않도록 하는 것이다. 시스템 장애는 외부에서 관찰 가능한 이벤트이고, 시스템 내부에서 발생하는 결함의 결과인 이벤트이다. 따라서 11장에서 논의된 바와 같이 결함 회피 및 결함 내성과 같은 기술들은 시스템 결함의 빈도를 줄이기 위해 그리고 결함들이 시스템 장애로 이어지기 전에 결함들을 방지하기 위해 개발되었다.

최선의 노력에도 불구하고 결함은 복잡한 대형 시스템에 항상 존재하며 시스템 고장으로 이어질 수도 있다. 개발 일정은 짧고 테스트 예산은 제한되어 있다. 개발 팀의 높은 업무 강도로 인해 소프트웨어 시스템의 보안 취약성과 모든 결함들을 발견하기란 실질적으로 불가능하다. 여기서는 시스템 컴포넌트들 사이의 모든 상호 작용이 이해할 수 없을 정도로 매우 복잡한 시스템들(19장 참조)을 구축하고 있다. 이러한 상호 작용의 일부는 전체 시스템 장애의 원인이 될 수 있다.

복원성 공학은 장애를 방지하는 것이 아니라 오히려 장애가 발생하는 현실을 수용하는 것에 초점을 둔다. 복원성 공학은 두 가지 중요한 가정을 하고 있다.

1. 복원성 공학은 시스템 장애를 방지하는 것은 불가능하다고 가정하므로, 이러한 고장들과 복구에 대한 비용을 최소화하는 것에 초점을 두고 있다.
2. 복원성 공학은 잘 준비된 신뢰성 공학 경험이 시스템의 기술적 결함 수를 최소화시키기 위해 사용됨을 의미한다. 따라서 잘못된 운영 또는 사이버 공격과 같은 외부적 이벤트에서 발생하는 시스템 장애의 수를 제한함에 더 많은 중점을 둔다.

실제로, 기술 시스템 장애는 종종 시스템 외부 이벤트에 의해 발생된다. 이러한 이벤트들은 예기치 않은 사용자 오류 또는 운영 방식을 포함할 수도 있다. 최근 몇 년 동안 네트워크 시스템의 수가 증가함에 따라 다수의 사이버 공격이 발생하였다. 사이버 공격은 악의적으로 사람이나 그룹의 시스템을 손상시키거나 기밀 정보를 훔친다. 사이버 공격은 현재 시스템 장애의 잠재적 원인인 사용자 또는 운영자 오류보다 더 중요하다.

실제로 시스템 장애는 필연적이므로 복원성 공학은 모든 시스템 서비스들의 장기적 회복과 중심 서비스를 유지하기 위해 장애로부터 즉각적인 복구를 수행하는 데 중점을 두고 있다. 14.3절에서 설명하고 있는 바와 같이, 시스템 설계자들은 시스템 소프트웨어 및 데이터의 상태를 유지하기 위한 기능을 시스템에 포함시킬 필요가 있다는 것을 의미한다. 장애가 발생하는 경우 필수적 정보는 복원될 수 있다.

시스템 문제로부터 탐지하고 복구하기 위한 네 가지 복원 활동이 있다.

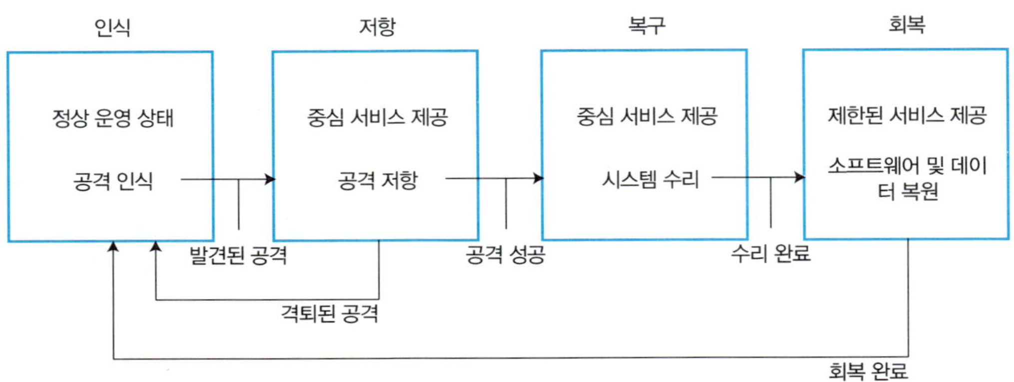

그림 14.1 복원 활동

1. **인식:** 시스템이나 시스템 운영자들은 시스템 장애를 일으킬 수 있는 문제의 증상들을 인식할 필요가 있다. 이러한 인식은 장애 발생 이전에 가능해야 한다.
2. **저항:** 문제의 증상 또는 사이버 공격의 징후들이 조기에 발견되는 경우, 저항 전략은 시스템이 실패할 확률을 감소시킬 수 있다. 이러한 저항 전략들은 시스템의 중심 부분들을 분리함에 초점을 두었기 때문에 다른 곳에서 발생된 문제에 영향을 받지 않게 된다. 저항은 문제들을 가두기 위한 방어들이 시스템에 포함되어있는 적극적인 저항과 문제가 발견될 때 필요한 조치들이 수행되는 반응성 저항을 포함한다.
3. **복구:** 장애가 발생하는 경우, 복구 활동의 목적은 중심 시스템 서비스들이 빠르게 복구되는 것을 보장하여, 시스템 사용자들이 장애에 의하여 심각한 영향을 받지 않게 된다.
4. **회복:** 이 마지막 활동에서, 모든 시스템 서비스들이 복구되고 정상적인 시스템 작업이 계속될 수 있다.

사이버 공격이 발생할 경우 시스템의 상태 변화를 보여 주는 그림 14.1에서 표시된 바와 같이 이러한 활동들은 시스템 상태에 대한 변경을 초래한다. 정상적인 시스템 운영과 병행하여, 시스템은 가능한 사이버 공격에 대한 네트워크 트래픽을 관측한다. 사이버 공격이 발생하는 경우, 시스템은 정상적인 서비스가 제한될 수 있는 저항 상태로 이동한다.

저항이 성공적으로 공격을 격퇴하는 경우, 정상적인 서비스가 재개된다. 다른 경우에는, 시스템이 중심 서비스만 제공하는 복구 상태로 이동한다. 사이버 공격에 의해 발생된 손상 수리가 수행된다. 마지막으로, 수리가 완료되면 시스템이 회복 상태로 이동한다. 회복 상태에서 시스템 서비스들이 점진적으로 복구된다. 마지막으로, 모든 복원이 완료되는 경우, 정상적인 서비스가 재개된다.

아폴로 13호의 예에서 보듯이 모든 복원이 시스템으로 프로그래밍될 수는 없다. 문제들이 발생할 수 있는 모든 상황을 예측하는 것은 불가능하다. 따라서 유연성 및 적응성이 복원성의 핵심이다. 14.2절에서 설명하고 있는 바와 같이, 이 조치들은 비정상적이나 정상적으로 인정되지 않는 어느 경우에도 시스템 운영자와 관리자들이 시스템을 보호하고 수리하는 활동을 수행할 수 있어야 한다.

물론 시스템의 복원성을 향상시키기 위해서는 큰 비용이 필요하다. 소프트웨어를 구입 또는 수정할 수 있으며, 시스템 장애가 발생하는 경우에 필요한 백업 시스템을 제공하기 위한 하드웨어 또는 클라우드 서비스를 위해 추가적인 투자가 발생된다. 장애나 공격에서의 손상은 이벤트 후에만 계산될 수 있기 때문에 이러한 비용에 대한 이익은 계산하기 불가능하다.

회사들은 심각한 공격 또는 관련된 손상에서 고통받은 적이 없는 경우 복원에 투자하기를 꺼릴 수 있다. 그러나 유명한 사이버 공격의 수가 증가하여, 손상을 본 기업과 정부 기관들의 복원의 필요성에 대한 인식도 증가했다. 손상이 매우 심각할 수 있으며, 때로 기업들이 성공적인 사이버 공격에서 살아남을 수 없다는 것은 분명하다. 따라서 시스템 장애와 관련된 사업 위험을 줄이기 위한 복원성 공학에 대한 투자가 증가하고 있다.

14.1 사이버보안

네트워크 기반구조 및 정부, 기업 그리고 개인용 컴퓨터의 보안에 대한 관리는 우리 사회가 직면하고 있는 가장 중요한 문제 중 하나이다. 인터넷의 보급 및 컴퓨터 시스템에 대한 의존성은 사회적 혼란과 도난에 대해 범죄가 발생할 수 있는 새로운 기회를 만들어왔다. 사이버 범죄로 인한 손실을 측정하는 것은 매우 어렵다. 그러나 세계 경제에 사이버 범죄로 인한 손실은 2013년에 100억 달러와 500억 달러 사이에 있다고 추정되었다(InfoSecurity 2013).

13장에서 제시된 바와 같이, 사이버보안은 시스템 보안성 공학보다 광범위한 문제다. 소프트웨어 보안성 공학은 애플리케이션 시스템은 안전하다는 것을 보증하기 위한 기법과 기술들에 초점을 맞춘 기본적인 기술적 활동이다. 사이버보안은 사회기술적 관심사다. 사이버보안은 컴퓨터와 인터넷의 사용에서 발생하는 위협으로부터 시민, 비즈니스 그리고 중심 기반구조들의 보호를 보증하는 모든 측면들을 포함한다. 기술적 문제들이 중요하지만 그 기술 자체가 보안을 보증할 수는 없다. 사이버보안 실패의 원인이 되는 요소들은 다음과 같다.

- 문제의 심각성에 대한 조직의 무지
- 보안 절차의 부실한 설계와 방만한 애플리케이션

- 인간의 부주의
- 사용성과 보안성 사이의 부적절한 절충

사이버보안은 네트워크부터 애플리케이션에 이르기까지 조직의 모든 IT 자산들과 관련된다. 이러한 자산들의 대부분은 외부에서 조달하고 있으며, 기업들은 세부적인 동작을 이해하지 못하고 있다. 웹 브라우저와 같은 시스템들은 크고 복잡한 프로그램이며, 그들은 필연적으로 취약성의 원인이 될 수 있는 버그들을 포함한다. 하나의 조직 내에 존재하는 다양한 시스템들은 다양한 방법으로 서로 연관되어 있다. 그것들은 동일한 디스크, 공유데이터, 일반적인 운영체계 컴포넌트 등에 저장될 수 있다. 조직에 존재하는 "시스템의 시스템"은 믿을 수 없을 정도로 복잡하다. 보안 취약성이 존재하지 않는다는 것을 보증하기는 불가능하다.

결론적으로 시스템은 사이버 공격에 취약하다는 것과 일반적으로 시스템의 특정 부분들에서는 사이버 공격이 발생하기 쉽다는 것을 가정해야 한다. 성공적 사이버 공격은 비즈니스에 매우 심각한 재정적 결과를 초래할 수 있고, 공격이 발생할 수 있고, 손실이 최소화되는 것이 필수적이다. 조직과 시스템 수준의 효율적 복원성 공학은 공격을 격퇴할 수 있고 빠른 시간 내에 시스템을 재운영하고, 그리고 발생하는 손실을 제한할 수 있다.

13장에서 보안 공학을 설명하면서 복원 계획 수립의 기초 개념들을 소개했다. 이러한 개념의 일부는 다음과 같다.

1. **자산:** 보호되어야 할 시스템과 데이터이다. 자산의 일부는 다른 자산들보다 더 중요하며 높은 수준의 보호를 요구한다.
2. **위협:** 조직의 IT 기반구조 또는 시스템 자산을 훼손하거나, 도난으로 피해를 일으키는 상황이다.
3. **공격:** 공격자가 웹사이트 또는 개인정보 같은 IT 자산들을 훔치고 훼손하려는 목적을 갖는 위협의 징후이다.

복원 계획 수립에서 세 가지 유형의 위협이 고려되어야 한다.

1. **자산의 기밀성에 대한 위협:** 이 경우에는 데이터가 손실되지 않지만 데이터에 접근하면 안 되는 사람들에게 접근이 가능하게 해준다. 기밀성에 대한 위협의 예는 회사가 보유한 불법 사용의 잠재성을 갖고 있는 신용 카드 정보 데이터베이스가 도난되는 경우이다.
2. **자산의 무결성에 대한 위협:** 사이버 공격에 의해 시스템 또는 데이터가 특정 방법으로 손상되는 위협이 있다. 이 위협은 웜 바이러스를 소프트웨어에 침투시키는 것과 조직의 데이터베이스를 손상하는 것을 포함한다.

3. **자산의 가용성에 대한 위협:** 인증된 사용자가 자산을 사용하지 못하게 하는 목적을 갖는 위협이다. 가장 널리 알려진 예는 웹 사이트를 다운시켜서 외부에서의 사용을 못하게 하는 목적을 갖는 서비스 거부 공격이다.

이것들은 독립적인 위협의 종류가 아니다. 공격자는 봇넷 구성 요소와 같은 맬웨어를 주입하여, 사용자 시스템의 무결성을 손상시킬 수 있다. 다른 시스템에 분산된 서비스 거부 공격(DoS)의 일부로서, 맬웨어가 원격으로 호출될 수 있다. 다른 유형의 맬웨어는 개인의 세부사항을 사용할 수 있어 개인의 기밀 정보를 접근할 수 있게 한다.

이러한 위협에 대응하기 위해 조직은 공격자가 접근하거나 자산을 손상하기 어렵게 만들 수 있도록 적절하게 자산을 제어해야 한다. 사이버보안의 문제 인식을 향상시켜 사람들이 이러한 제어가 왜 중요한가를 알게 되어 공격자에게 정보를 노출시킬 가능성을 감소시키는 것이 중요하다.

사용될 수 있는 제어의 예이다.

1. **인증:** 시스템 사용자가 시스템의 접근에 대한 권한을 보여준다. 인증을 위해 일반적으로 친숙한 로그인/암호 접근법이 사용되지만, 약한 보안 방법이다.
2. **암호화:** 인증받지 못한 독자가 정보에 접근할 수 없도록 데이터를 알고리즘으로 뒤섞는다. 많은 기업들이 이제 암호화된 노트북 디스크를 요구하고 있다. 컴퓨터가 분실되었거나 도난당한 경우, 암호화는 정보의 기밀성이 위반될 가능성을 감소시킨다.
3. **방화벽:** 수신 네트워크 패킷을 검사하여 조직에서 정의한 규칙들에 따라 패킷을 허용하거나 또는 거부한다. 방화벽은 신뢰할 수 있는 송신자로부터의 트래픽만이 외부 인터넷으로부터 조직의 내부 네트워크로 전달되는 것을 허용된다.

조직의 제어들은 계층화된 보호 시스템을 제공한다. 공격자가 공격을 성공하기 위해 모든 보호 계층들에 침투해야 한다. 그러나 보호와 효율성 사이에 트레이드오프가 있다. 보호 계층의 수가 증가하면 시스템 속도가 감소된다. 보안 시스템은 많은 양의 메모리 및 프로세서 자원들을 소비하여, 유용한 작업에 사용할 자원들을 적게 남긴다. 사용자에게 있어서 보안이 강화될수록 더 불편해지며 반면, 시스템의 사용성을 증가시키게 되면 보안에 문제가 발행할 가능성이 올라간다.

사이버 공격에 근본적인 보호 방법은 시스템 신뢰성의 다른 측면들과 유사한 중복성과 다양성이다. 중복성은 시스템에서 여유 자원들을 보유하여 자원을 중복시키는 것을 의미한다. 다양성은 여러 종류의 장비, 소프트웨어, 프로그램들이 사용되어서 일반적인 장애가 시스템 전체에 거쳐 확산될 확률을 감소시키는 것이다. 중복성과 다양성이 사이버-복원에 중요한 예는 다음과 같다.

1. 각 시스템에서, 데이터와 소프트웨어의 복제본은 별도의 컴퓨터 시스템에서 유지되

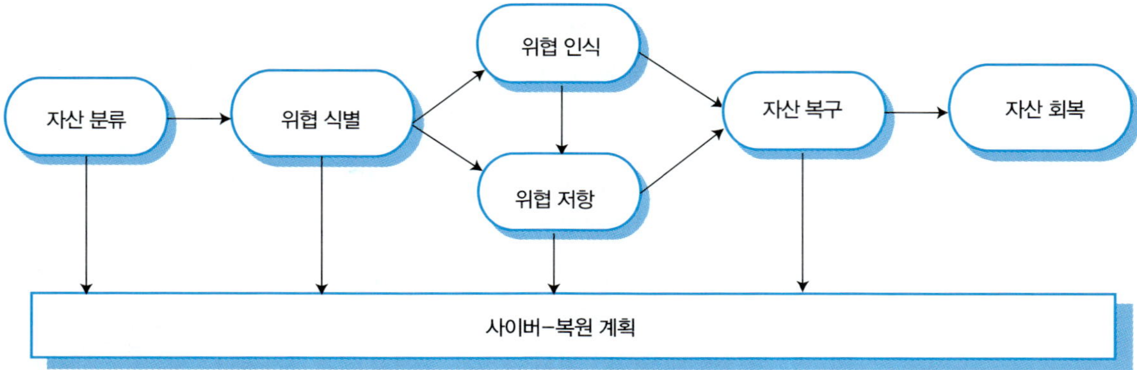

그림 14.2 사이버-복원 계획 수립

어야 한다. 가능하면 공유 디스크를 피해야 한다. 이것은 사이버 공격이 발생한 이후 복구를 효율적으로 지원한다(복구와 회복).

2. 다양한 다단계 인증은 암호 공격을 보호할 수 있다. ID/Password 인증뿐만 아니라, 사용자에게 개인 정보나 모바일 폰으로 생성된 코드를 제공하도록 하는 추가 인증 단계들이 포함될 수 있다(저항).

3. 더 많은 수의 중심 서버들을 구입할 수 있다. 즉 예상되는 부하를 처리하기 위해 요구된 것보다 시스템이 더 많은 용량을 가질 수 있다. 여분의 자원은 서버의 정상적 반응 시간이 감소될 필요 없이 공격에 저항할 수 있다는 것을 의미한다. 따라서 다른 서버들이 손상된 경우, 여분의 자원들은 그들이 수리되는 동안 소프트웨어를 실행하는데 활용된다(저항과 복구).

사이버보안의 계획 수립은 자산과 제어 그리고 복원 공학의 4 Rs인 인식, 복원, 복구 및 회복에 기초해야 한다. 그림 14.2는 필요한 계획 수립 프로세스를 보여준다. 이 과정의 주요 단계는 다음과 같다.

1. **자산 분류:** 조직의 하드웨어, 소프트웨어 및 인적 자산들은 그들이 정상 작동에 얼마나 중요한가에 따라 검토되고 분류된다. 자산들은 중심(critical), 중요(important) 또는 유용한(useful) 자산으로 분류될 수 있다.

2. **위협 식별:** 각 자산(적어도 중심 자산과 중요 자산)에 대해, 각 자산에 대한 위협을 식별하고 분류해야 한다. 위협이 발생할 확률을 예측해야 하지만, 어떤 경우에는 잠재적인 공격자에 대한 충분한 정보가 없기 때문에 이러한 예측은 종종 부정확할 수도 있다.

3. **위협 인식:** 각 위협 또는 자산/위협 쌍에 대해, 위협에 따른 공격이 인식되는 방법을 식별해야 한다. 위협의 인식을 위해 추가적인 소프트웨어가 구입되거나 작성되어야 할 필요성 또는 정기적 검사 절차가 수행되어야 할 필요성을 결정해야 한다.

4. **위협 저항:** 각 위협 또는 자산/위협 쌍에 대해, 가능한 저항 전략을 식별해야 한다. 시스템에 포함될 수 있고 또는 운영 절차에 의지할 수도 있다. 위협 중립화 전략을 고려해서 위협이 재발하지 않도록 고려할 필요가 있다.
5. **자산 복구:** 각 중심 자산 또는 자산/위협 쌍에 대해, 사이버 공격이 발생하는 경우 해당 자산을 복구할 방법을 수행해야 한다. 이것은 데이터를 중복시킨 복제본에 쉽게 접근하기 위해 추가 하드웨어를 준비하거나 백업 절차를 변경하는 것을 포함할 수 있다.
6. **자산 회복:** 시스템이 다시 정상적으로 운영되기 위한 절차들을 정의하는 자산 복구의 보다 일반적인 과정이다. 자산 회복은 간단한 자산이 아닌 조직의 중요한 모든 자산들을 다루어야 한다.

이러한 모든 단계의 대한 정보는 사이버-복원 계획에 의해 유지되어야 한다. 사이버-복원 계획은 정기적으로 갱신되어야 하고 가능하면 식별된 전략은 시스템의 모의 환경에서 공격이 테스트되어야 한다.

사이버-복원 계획 수립의 다른 중요한 부분은 사이버 공격이 발생하는 경우 유연한 대응을 지원하는 방법을 결정하는 것이다. 역설적으로, 복원성 및 보안성 요구사항은 때로 충돌한다. 일반적으로 보안의 목적이 특권을 가능한 한 제한하는 것이기 때문에 사용자들은 조직의 보안 정책이 허용하는 것만 수행할 수 있다. 그러나 이 문제들을 해결하기 위해, 사용자 및 시스템 운영자는 더 높은 수준의 특권을 가진 사람의 주도권과 활동을 수행할 수 있다.

예를 들어, 일반적으로는 의료 시스템의 시스템 관리자에게 의료 직원 레코드를 변경하는 접근 권한이 허용되지 않는다. 보안상의 이유로, 접근 승인허가는 공식적 인증을 받아야 하며 변경을 위해서는 두 사람의 참여가 필요하다. 이것은 시스템 관리자와 공격자의 유착 기회를 감소시키고 보안이 유지되는 의료 정보의 접근을 제공한다.

이제 시스템 관리자가 로그인한 사용자가 정상 근무 시간 이외에 대량의 기록에 접근하고 있다는 것을 발견했다고 상상해보자. 관리자가 계정이 누출되었고, 정보에 접근하는 사용자는 실제로 인증받지 않는 사용자라는 것을 의심한다. 손상을 제한하기 위해, 먼저 사용자의 접근 권한이 제거되어야 하고 실제로 불법 접근이 발생했는가를 확인하기 위해 인증을 받은 사용자에게 확인을 해야 한다. 그러나 시스템 관리자가 사용자 권한을 변경하는 기능을 제한하는 보안 절차들이 이것을 불가능하게 한다.

복원 계획은 이러한 상황을 고려해야 한다. 이것을 해결하는 한 가지 방법은 정상적인 점검이 무시되어야 하는 경우를 위한 시스템의 "비상"모드를 포함하는 것이다. 작업을 금지시키는 것보다, 시스템은 수행되었던 작업과 그에 대한 책임자를 로그로 남긴다. 따라서 비상 동작의 감사 추적은 시스템 관리자의 행동이 정당하다는 것을 확인하기 위해 사용될 수 있다. 물론, 여기에는 잘못 사용될 수 있는 부분이 있고, 비상 모드의 존재 자체가 잠재적인 취약성이 될 수 있다. 따라서 조직은 복원을 지원하기 위한 시스템에 더 많은 기능을 추가하는 경우 발생할 수 있는 장점과 잠재적인 단점을 고려해야 한다.

14.2 사회기술적 복원성

근본적으로, 복원성 공학은 기술적 활동보다 사회기술적인 측면이 강하다. 10장에서 설명한 바와 같이, 사회기술적 시스템은 하드웨어, 소프트웨어 및 사람을 포함하며 시스템을 소유하고 사용하는 조직의 문화, 정책 및 절차에 의해 영향을 받는다. 복원성 있는 시스템을 설계할 때, 소프트웨어에만 초점을 두지 말고 사회기술적 시스템 설계에 대해 고려해야 한다. 복원성 공학은 시스템 장애로 이어질 수 있는 악의적인 외부 이벤트들을 고려해야 한다. 이러한 이벤트들은 폭넓은 사회기술적 시스템의 측면으로 접근하면 간단하고 더 효율적이다.

예를 들어, Mentcare 시스템은 환자의 대외비 데이터를 유지하고 외부 사이버 공격은 그 데이터를 도용하는 것을 목표로 할 수 있다. 인증 및 암호화와 같은 기술적 안전보장조치들이 데이터를 보호하기 위해 사용될 수 있는데 만약 공격자가 시스템 사용자의 권한에 접근하는 경우, 이러한 안전보장조치들은 효과적이지 못하다. 더 복잡한 인증 절차들을 사용하여 기술적 수준에서 이러한 문제를 해결할 수 있다. 그러나 이러한 절차들은 사용자들에게 귀찮게 하여 인증 정보를 어디엔가 적어놓아 취약성의 원인이 될 수도 있다. 보다 나은 전략은 조직의 정책과 로그인 정보를 공유하지 않는 것의 중요성을 강조하는 절차와 사용자에게 강력한 암호를 생성하고 유지하기 쉬운 방법을 알려주는 절차를 소개할 수 있다. 보다 나은 전략은 로그인 정보를 공유하지 않는 것의 중요성을 강조하고, 강력한 암호를 용이하게 만들고 유지하는 방법을 교육시키는 정책과 절차를 도입하는 것이 될 수 있다.

복원성 있는 시스템을 유연하고 적응성 있게 구축하여 그들이 예기치 못한 상황에 대처할 수 있게 해야 한다. 예상되지 않았던 문제에 대처할 수 있는 소프트웨어를 제작하는 것은 매우 어렵다. 그러나 아폴로 13호 사고에서 살펴본 바와 같이, 사람들은 대응을 매우 잘한다. 따라서 복원성을 달성하기 위해 본래 사람들은 사회기술적 시스템의 일부분이라는 사실의 장점을 활용해야 한다. 소프트웨어의 모든 문제를 예상하고 해결하는 대신에 몇 가지 유형의 문제들은 소프트웨어 시스템을 운영하고 관리할 책임이 있는 사람에게 해결을 남겨 놓아야 한다.

사람들에게 몇 가지 유형의 문제 해결을 남겨야 하는 이유를 이해하기 위해 기술적인 소프트웨어 중심 시스템을 포함하는 사회기술적 시스템의 계층구조를 고려해야 한

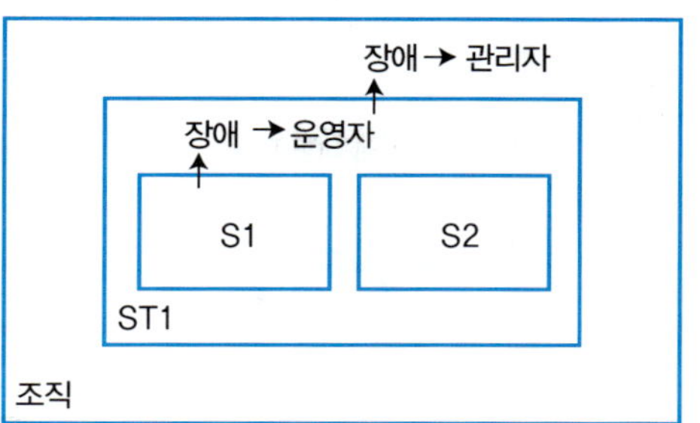

그림 14.3 중첩된 기술 및 사회기술적 시스템

다. 그림 14.3이 폭넓은 사회기술적 시스템 ST1의 부분으로서 기술적 시스템 S1과 S2를 보여준다. 사회기술적 시스템은 S1과 S2의 상태를 감시하는 운영자와 이러한 시스템의 문제들을 해결하기 위해 조치를 취할 수 있는 담당자들을 포함한다. 시스템 S1이 실패하는 경우, ST1의 운영자들은 소프트웨어 장애가 폭넓은 사회기술적 시스템의 고장으로 이어지기 전에 그 장애를 발견하여 복구 활동을 수행해야 한다. 운영자들은 S1을 다시 정상적 운영 상태로 되돌리기 위해 복구와 회복 절차들을 수행할 수도 있다.

운영 및 관리 프로세스들은 조직과 사용된 기술적 시스템 사이의 인터페이스이다. 이러한 프로세스들이 잘 설계된 경우, 운영자의 오류들이 최소화된 것을 보장할 뿐만 아니라, 사람들이 기술적 시스템의 장애를 발견하고 대처하는 것을 허용한다. 14.2.2절에서 설명한 바와 같이, 필요 이상으로 엄격하게 자동화된 프로세스들은 본질적인 복원이라고 보기 힘들다. 그들은 사람에게 예상치 못한 장애를 대처하고 처리하기 위해 프로세스들을 적용하고 변경하기 위해 자신의 지식과 기술을 사용하는 것을 허용하지 않는다.

시스템 ST1은 조직의 여러 사회기술적 시스템들 중 하나이다. 시스템 운영자들이 기술적 시스템 장애를 처리하지 못하는 경우, 이것은 사회기술적 시스템 ST1의 장애로 이어질 수 있다. 조직 수준의 관리자들은 문제를 감지해야 하고 그 문제들을 복구하는 조치들을 취해야 한다. 따라서 복원은 시스템 특성뿐만 아니라 조직적 특성이기도 하다.

복원성 공학의 초기 옹호자인 Hollnagel (Hollnagel 2010)은 조직들이 장애뿐만 아니라 성공을 배우는 것도 중요하다고 주장하였다. 유명한 안전 및 보안 관련 장애에 대한 사례들은 절차에 대한 연구와 실제적인 변화로 이어진다. 그러나 이러한 장애들에 대응하는 것보다, 사람들이 어떻게 문제를 해결하고 복원성을 유지하는가를 관찰함으로써 예방하는 것이 좋다. 좋은 사례들은 조직 전체에 전파될 수 있다. 그림 14.4는 Hollnagel의 조직의 복원성을 반영하는 네 가지 특성을 보여준다. 그 네 가지 특성은 다음과 같다.

1. **대응 능력:** 조직은 위험에 대하여 자신의 프로세스와 절차들을 적응할 수 있는 능력을 보유해야 한다. 이러한 위험들은 예상된 위험일 수 있거나, 이미 조직과 시스템에서 발견된 위험일 수 있다. 예를 들어, 새로운 위협이 검출되고 알려진 경우, 복원 조

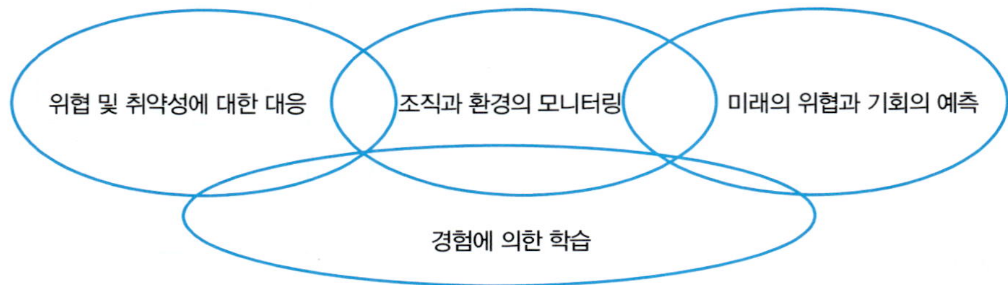

그림 14.4 복원 조직의 특성

직은 신속하게 변경하여 이러한 위협이 더 이상 운영을 방해하지 않게 할 수 있다.

2. **모니터링 능력:** 조직은 위협들이 발생하기 전에 조직의 위협에 대한 자신의 내부 운영과 외부 환경을 모두 모니터링해야 한다. 예를 들어, 기업은 직원들의 보안 정책 준수여부를 모니터링해야 한다. 잠재적으로 안전하지 않은 행동들이 감지되면, 기업은 이것이 발생한 이유를 이해하기 위한 활동과 직원을 변화시키는 활동을 수행해야 한다.

3. **예측 능력:** 복원 조직은 단순히 현재의 작업에도 초점을 두어야 하지만, 작동 및 복원성에 영향을 미칠 수 있는 가능한 미래의 이벤트와 변화도 예측해야 한다. 이러한 이벤트들은 기술적 혁신, 규정 또는 법률의 변화, 그리고 고객 행동의 변화를 포함할 수 있다. 예를 들어, 웨어러블 기술이 막 사용 가능한 초기 단계라면, 기업들이 그들의 현재 보안 정책 및 절차에 영향을 줄 수 있는 방법을 고려해야 한다.

4. **학습 능력:** 조직의 복원은 경험으로부터의 학습에 의해 개선될 수 있다. 사이버 공격의 효과적인 저항과 같은 부정적인 이벤트에 대한 성공적인 대응으로부터 배우는 것은 특히 중요하다. 성공에서 배우는 것은 성공 사례를 조직 전체에 전파할 수 있게 한다.

Hollnagel이 언급한 바와 같이, 복원성 조직이 되려면 어느 정도 이러한 모든 문제들을 해결해야 한다. 일부 기업들은 다른 측면보다 품질에 더 초점을 맞출 것이다. 예를 들어, 대규모 데이터 센터를 운영하는 기업은 모니터링 및 반응시간에 더 초점을 둘 수 있다. 그러나 장기 기록물 정보를 관리하는 디지털 도서관은 즉각적인 보안 위협들에 대한 대응뿐만 아니라, 사업에 미칠 수 있는 미래의 변화도 예측해야 한다.

14.2.1 인간 오류

복원성 공학의 초기의 연구는 안전성-중심 시스템의 사고와 운영자들의 행동이 어떻게 안전성-관련 시스템의 장애로 이어질 수 있는가를 고려하였다. 이것으로 인하여 우발적인 사람의 행위뿐만 아니라 악의적인 행동에 대응할 수 있는 시스템에도 동일하게 적용되는 시스템 방어를 이해하게 되었다.

시스템이 완전히 자동화되어 있지 않으면, 사람이 실수를 할 수도 있다는 사실을 알고 있으며, 사용자와 시스템 운영자들이 때로 실수를 하는 것이 불가피하다. 불행하게도 때로는 이러한 인간 오류들이 심각한 시스템 장애로 이어진다. Reason (Reason, 2000)은 인간 오류의 문제를 두 가지로 볼 수 있다고 제안하였다.

1. **인간적 접근:** 오류는 개인의 책임으로, 안전하지 못한 행위(운영자가 안전한 범위에 머무르는 것을 실패하는 것과 같은)는 개인의 부주의 또는 무모한 행위의 결과로 간주된다. 이러한 접근을 적용하는 사람은 인간의 오류가 징계 조치의 위협, 더 엄중한 절차들, 재교육 등으로 감소될 수 있다고 믿는다. 그들의 견해는, 오류는 실수를 하는 개인적 책임의 문제라는 것이다.
2. **시스템적 접근:** 기본적인 가정은 사람들은 오류를 범할 수 있고 실수를 할 것이라는 것이다. 사람들은 높은 업무량에 의한 압력을 받기 때문에, 그리고 부족한 훈련 때문에, 또는 부적절한 시스템 설계 때문에 사람들은 실수를 한다. 좋은 시스템은 인간 오류의 가능성을 인식해야 하고 인간 오류를 발견하는 장벽과 안전보장조치를 포함해야 하고, 그리고 장애가 발생하기 전에 시스템을 복구하는 것을 허용해야 한다. 고장이 발생하는 경우, 재발을 예방하는 가장 좋은 방법은 시스템 방어가 오류에 대응하지 못했던 이유와 방법을 이해하는 것이다. 장애를 유발한 사람을 비난하고 처벌하는 것은 시스템의 장기 안전성을 향상시키지 않는다.

시스템적 접근은 올바른 것이고 시스템 엔지니어들이 시스템을 운영하는 동안 인간 오류들이 발생한다는 것을 가정해야 한다고 믿는다. 따라서 시스템의 복원성을 향상시키기 위해, 설계자들은 있는 인간 오류를 위한 방어와 장벽이 시스템의 일부가 되어야 하는 것을 고려해야 한다. 설계자들은 또한 이러한 장벽들이 시스템의 기술 컴포넌트로 내장시켜야 할 것인가에 대하여 생각해야 한다. 그렇지 않다면, 그들은 시스템을 사용하기 위한 프로세스, 절차, 지침의 일부가 될 수 있다. 예를 들어, 두 명의 운영자가 중심 시스템 입력을 확인하는 것이 요구될 수 있다.

인간 오류에 대한 보호하기 위한 장벽과 안전보장조치들은 기술적 또는 사회기술적일 수 있다. 예를 들어, 모든 입력들을 검증하는 코드는 기술적 방어이다; 두 사람의 확인이 요구되는 중심 시스템 업데이트를 위한 승인 절차는 사회기술적인 방어이다. 다양한 장벽을 사용하는 것은, 공유된 취약성은 발생 가능성이 적고 사용자 오류는 시스템 오류가 발생하기 전에 발견될 가능성이 높다는 것을 의미한다.

일반적으로, 방어 계층(그림 14.5)의 집합을 만들기 위해 중복성과 다양성을 사용해야 하고, 각 계층들은 공격자를 저지하기 위해 또는 컴포넌트 고장이나 인간 오류들을 발견하기 위해 여러 가지 접근 방법을 사용한다. 어두운 파란색 장벽은 소프트웨어 검사이고, 밝은 파란색 장벽은 사람들에 의해 수행된 검사이다.

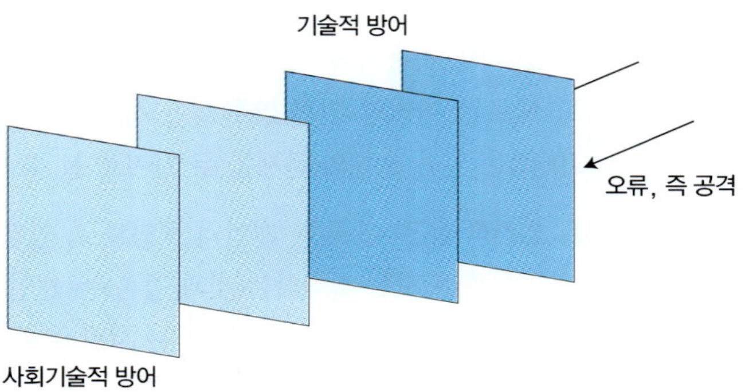

그림 14.5 방어 계층

수준 높은 방어를 위한 이러한 접근 방법의 예는, 항공 교통 관제 시스템의 일부가 될 수 있는 관제사 오류를 점검하는 시스템이다.

1. **항공 교통 관제 시스템의 일부로서 충돌 경고:** 관제사가 항공기의 속도나 고도의 변경을 지시할 때, 시스템은 궤도를 추정하여 항공기가 다른 항공기와 교차하는가를 확인한다. 그렇다면, 그것은 경보를 울린다.
2. **항공 교통 관리에 대한 정형화된 기록 절차:** 동일한 ATC 시스템은 항공기에 지시된 제어명령을 기록하는 방법을 명확하게 정의하는 절차를 가질 수 있다. 이러한 절차들은 관제사가 명령을 제대로 지시하였는가를 검사할 수 있도록 도와주고, 다른 사람들이 검사를 할 수 있는 정보를 볼 수 있게 해준다.
3. **협업 검사:** 항공 교통 관제는 서로의 작업을 끊임없이 모니터하는 관제팀을 포함한다. 관제사가 실수하면, 일반적으로 다른 관제사들은 사건이 발생하기 전에 그 실수를 검출하고 수정한다.

Reason (Reason 2000)은 인간 오류가 어떻게 시스템 장애로 이어지는가에 대한 이론에서 방어 계층의 아이디어를 제시하였다. Reason의 방어 계층들은 견고한 장벽이 아니지만 스위스 치즈 조각과 비슷하다는 "스위스 치즈"라고 불리는 모델을 소개했다. Emmenthal과 같은 스위스 치즈 종류는 다양한 크기의 구멍들을 갖는다. Reason은 취약성 또는 계층들에서 잠재적 조건이라고 불리는 것들이 이 구멍들과 비슷하다고 제안하였다.

이러한 잠재적 조건들이 정적이지 않다—이것들은 시스템의 상태에 따라 변경되고 사람들은 시스템 운영에 포함된다. 비유를 계속하자면 구멍들의 크기는 변경되며, 시스템이 운영되는 동안 방어 계층에서 이동된다고 가정하자. 예를 들어, 시스템이 서로의 작업을 확인하는 운영자에 의존하는 경우, 모두 같은 실수를 하는 취약성이 존재할 수 있다. 이것은 정상적 조건에서는 발생할 가능성이 적은 이유는 스위스 치즈 모델에서는

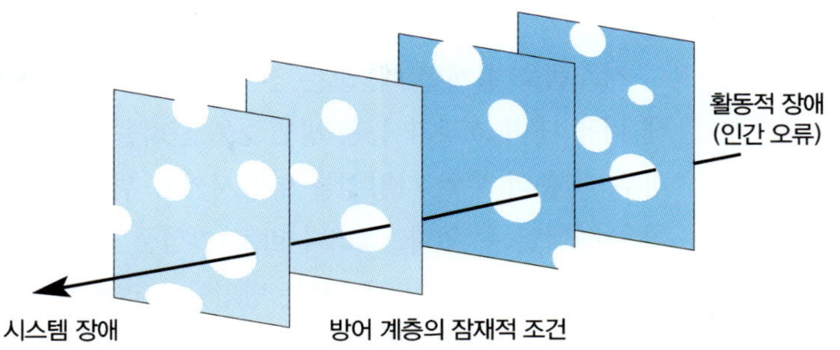

그림 14.6 Reason의 시스템 장애의 스위스 치즈 모델

구멍들이 작기 때문이다. 그러나 시스템 부하가 많은 경우와 모든 운영자의 업무량이 높은 경우, 실수가 발생할 가능성이 높다. 구멍의 양은 취약성의 증가를 나타낸다.

잠재적으로 손상을 발생시키는 외부의 트리거 이벤트가 있는 경우, 계층 방어 구조를 갖는 시스템에서 장애가 발생된다. 이러한 이벤트는 인간 오류(Reason은 활동적 고장이라고 부른다)일 수도 있고 사이버 공격이 될 수도 있다. 모든 방어 장벽들이 실패하는 경우, 전체 시스템에 장애가 발생할 것이다. 개념적으로 그림 14.6에서 표시한 대로, 이것은 스위스 치즈 조각들에서 줄을 서는 구멍들에 해당한다.

이 모델은 악의적인 외부 이벤트에 대한 시스템 복원성을 증가시키기 위해 사용될 수 있는 다음과 같은 다양한 전략들을 제안했다.

1. 시스템 장애를 야기할 수 있는 외부 이벤트의 발생할 확률을 감소시키는 전략. 인간 오류를 감소시키기 위해, 운영자에게 개선된 훈련을 소개하거나, 운영자에게 그들의 업무량을 조절할 수 있는 더 많은 권한을 주어서 운영자들이 힘들지 않게 한다. 사이버 공격을 감소시키기 위해, 시스템 정보에 대한 권한을 가지고 있는 사람의 수를 감소시켜 공격자에게 누출될 가능성을 감소시킨다.

2. 방어 계층의 수를 증가시키는 전략. 일반적인 규칙으로, 시스템에 더 많은 계층들이 있으면, 구멍들이 줄을 설 가능성이 적기 때문에 시스템 장애가 발생할 가능성도 더 적다. 그러나 이러한 계층들이 독립적이지 않는 경우, 공통의 취약성을 공유할 수 있다. 그러므로 장벽이 동일한 장소에서 동일한 "구멍"을 가질 가능성이 있으므로, 새로운 계층을 추가해도 장점들이 제한된다.

3. 다양한 유형의 장벽들이 포함되게 시스템을 설계하는 전략. 이것은 구멍들이 다른 장소에 존재할 가능성을 높게 하여, 구멍들이 줄을 서는 오류 처리의 실패 가능성을 낮추는 것을 의미한다.

4. 시스템의 잠재적 조건의 수를 최소화시키는 전략. 효과적으로, 이것은 시스템 "구멍"의 수와 크기를 감소시키는 것을 의미한다. 그러나 이것은 시스템 공학의 비용을 상당히 증가시킬 수 있다. 시스템의 버그의 수를 줄이는 것은 테스팅과 V&V 비용

을 증가시킨다. 따라서 이 전략은 비용 대비 효과가 낮을 수도 있다.

시스템을 설계할 때, 모든 전략들을 고려해야 하고 시스템의 방어를 향상시키기 위해 비용 대비 효과가 높은 방법들을 선택을 해야 한다. 커스텀 소프트웨어를 구축하는 경우, 계층의 수와 다양성을 향상시키기 위해 소프트웨어 검사를 사용하는 것이 가장 좋은 선택일 수 있다. 그러나 바로 기성품 소프트웨어(off-the-shelf)를 사용하는 경우, 사회기술적 방어들이 적용하는 방안을 고려해야 할 수도 있다. 문제가 발생할 가능성을 감소시키고, 문제가 발생할 때 사건을 쉽게 처리할 수 있기 위해 훈련 절차를 변경하는 것을 결정할 수 있다.

14.2.2 운영 및 관리 프로세스

모든 소프트웨어 시스템은 시스템이 어떻게 사용될 것에 대한 설계자의 가정을 반영하는 운영 절차와 관련되었다. 특히 특수한 장비를 제어하거나 연결하는 어떤 소프트웨어 시스템들은 본질적으로 제어 시스템의 일부인 훈련된 운영자들을 포함할 수 있다. 어느 기능이 기술적 시스템의 일부가 되어야 할지, 어느 기능이 운영자의 책임이 되어야 할지에 대한 결정이 설계 단계에서 이루어진다. 예를 들어 병원의 영상 시스템에서는, 운영자가 영상들이 처리된 직후에 그들의 품질을 검사하는 책임을 갖게 된다. 이러한 검사는 만약 문제가 생기면 영상 절차가 반복되는 것을 허용한다.

운영 프로세스들은 시스템의 정의된 목적을 위해 시스템을 사용하는 데 관련된 프로세스이다. 예를 들어, 항공 교통 관제 시스템의 운영자가 항공기가 영공에 들어가고 떠날 때, 항공기의 높이 및 속도를 변경해야 할 때, 비상사태가 발생할 때 등 여러 가지 상황에 대한 특정 프로세스들을 따른다. 신규 시스템에서, 이러한 운영 프로세스들은 시스템 개발 프로세스 동안 정의되고 문서로 기록되어야 한다. 운영자들은 신규 시스템의 효과적인 사용을 위해 훈련되어야 하고, 다른 업무 프로세스들을 개선시켜야 한다.

그러나 대부분의 소프트웨어 시스템은 훈련된 작업자가 없지만, 자신의 업무의 일부로서 또는 개인의 관심을 지원하기 위해 시스템을 사용하는 시스템 사용자를 가지고 있다. 개인 시스템의 경우, 설계자는 시스템의 예상된 사용을 설명할 수 있지만 사용자가 실제로 어떻게 동작하는가를 제어할 수 없다. 그러나 기업의 IT 시스템의 경우, 사용자에게 시스템을 사용하는 방법을 가르치기 위한 교육이 제공될 수 있다. 사용자 동작을 제어할 수는 없지만, 그들이 정의된 프로세스를 정상적으로 따를 것을 기대하는 것은 합리적이다.

일반적으로 기업의 IT 시스템에 시스템을 유지할 책임이 있는 시스템 관리자 또는 관리자가 있다. 그들은 시스템에 의하여 지원되는 업무 프로세스의 일부가 아니지만,

효율적 프로세스 운영	문제 관리
프로세스 최적화 및 제어	프로세스 유연성 및 적응성
정보 은닉 및 안전	정보 공유 및 가시성
보다 적은 수의 운영자 및 관리자와 그들의 작업량을 감소시키는 자동화	문제 대응을 위한 수작업 프로세스와 예비 운영자/관리자의 수
역할 구체화	역할 공유

그림 14.7 효율성 및 복원성

그들의 업무는 소프트웨어 시스템의 오류와 문제를 모니터링한다는 것이다. 문제가 발생하는 경우, 시스템 관리자가 오류와 문제들을 해결하기 위한 조치를 취하고 시스템을 정상적 운영 상태로 회복시킨다.

이전 절에서, 시스템 장애로 이어질 수 있는 악의적인 이벤트를 검사하기 위해 방어의 중요성과 다양한 구조의 사용을 심도 깊게 논의했다. 운영과 관리 프로세스들은 중요한 방어 기술이고, 설계 프로세스에서 효율적인 운영과 문제 관리 간의 균형을 찾을 필요가 있다. 시스템에서 효율이 증가되면 중복성과 다양성이 감소되는 충돌이 발생된다는 것을 그림 14.7에서 보여준다.

지난 25년 동안, 비즈니스들은 소위 프로세스 개선에 초점을 맞췄다. 운영과 관리 프로세스들의 효율성을 향상시키기 위해 기업들은 그들의 프로세스를 적응시키는 방법을 연구하고, 특히 효율적, 비효율적인 사례를 발굴하였다. 효율적인 사례는 성문화 및 문서화되었고 소프트웨어가 이 "최적" 프로세스를 지원하기 위해 개발될 수 있다. 비효율적인 사례는 더 효율적인 방법으로 대체되었다. 때로 시스템의 운영자와 관리자가 이러한 "최선의 사례"를 따라 가는 것을 보장하기 위해 프로세스 제어 구조들이 도입되었다.

프로세스 개선에는 때로 사람들이 문제에 대처할 것을 어렵게 하는 문제가 있다. 일이 잘못될 때 문제를 쉽게 해결할 수 있는 것을 알기 때문에, 사람들이 중복 정보를 유지하고 정보를 공유하는 "비효율적" 사례가 종종 발생하는 경우가 있다. 예를 들어, 항공 교통 관제사가 시스템 데이터베이스를 사용할 수 없을 경우를 대비하여 운항 중인 항공편에 대한 정보를 알기 위해 항공편 데이터베이스에 의존할 뿐만 아니라 항공편 정보를 인쇄할 수도 있다.

사람들은 특정 상황에 대한 직접적인 경험이 없어도, 예상치 못한 상황에 효과적으로 반응하는 독특한 능력을 갖는다. 따라서 일이 잘못될 때, 운영자와 시스템 관리자는 때로 규칙을 어겨야 하고 정의된 프로세스를 "피함으로써" 종종 그 상황을 복구할 수 있다. 그러므로 유연하고 적응력인 운영 프로세스를 설계해야 한다. 운영 프로세스들이 너무 구속적이지 않아야 한다; 운영 프로세스들은 특정한 순서로 수행될 작업을 요구하지 않아야 하고 시스템 소프트웨어는 따라야 되는 특정 프로세스에 의존하지 않아야 한다.

예를 들어, 응급 서비스 제어실 시스템은 긴급 호출을 관리하는 데 사용되고 이러한 통화에 대한 대응을 시작하는 데 사용된다. 응급호출을 처리하는 "정상" 프로세스는 통화자의 상세 정보를 기록하고 사건 및 주소의 상세 정보를 제공하는 적절한 메시지를 응급 서비스에 보낸다. 이러한 절차는 수행된 조치의 감사 기록을 제공한다. 그 후의 조사는 긴급 통화가 적절하게 처리되었는가를 검사할 수 있다.

이제 이 시스템이 메시징 시스템을 사용할 수 없게 하는 서비스 거부 공격의 대상이라고 상상해 보자. 호출에 단순히 대응하지 않는 것보다, 운영자들은 직접적으로 응급 서비스 부서를 호출하기 위해 자신의 휴대폰을 사용하고 호출 응답자에 대한 지식을 사용하여 심각한 사건에 대응할 수 있다.

관리 및 정보 제공은 복원 운영에도 중요하다. 프로세스를 더 효과적으로 처리하기 위해, 운영자에게 필요한 정보와 시점을 제공하는 것이 의미가 있을 수 있다. 보안 측면에서, 운영자 또는 관리자가 그 정보가 필요하지 않는 경우에 해당 정보가 접근되어서는 안 된다. 그러나 보다 자유로운 정보 접근은 시스템 복원성을 향상시킬 수 있다.

만약 프로세스 설계자들이 생각하기에 운영자들이 "알아야 할 필요가 있는" 정보만 제공된다면, 운영자들은 그들에게 업무에 영향을 직접적으로 미치지 않는 문제들은 감지할 수 없을 수 있다. 일이 잘못될 때 시스템 운영자들이 시스템에서 발생되는 문제에 대한 넓은 시각을 갖지 못하기 때문에, 운영자들에게 문제를 다루기 위한 전략을 수립하는 것이 더 어려워진다. 운영자들이 보안 이유로 시스템의 일부의 정보에 접근할 수 없으면, 공격을 중단시키고 발생된 손상을 복구하지 못할 수 있다.

시스템 관리 프로세스를 자동화하는 것은 한 사람의 관리자가 여러 개의 시스템들을 관리할 수 있다는 것을 의미한다. 자동화된 시스템으로 공통 문제들을 발견할 수 있고 이러한 문제를 복구하는 조치를 취할 수도 있다. 시스템 운영과 관리에 더 적은 수의 사람들이 필요하므로 비용이 감소된다. 그러나 프로세스 자동화는 두 가지 단점을 갖는다.

1. 자동화된 관리 시스템에 장애가 발생할 수 있고 잘못된 조치를 취할 수도 있다. 문제가 진행됨에 따라 시스템은 상황을 악화시키고 시스템 관리자에 의해 이해될 수 없는 예상되지 않은 조치들을 취할 수 있다.
2. 문제 해결은 협업 프로세스이다. 적은 수의 관리자가 있다면, 문제 또는 사이버 공격을 복구하는 전략을 수립하기 위해 오랜 시간이 걸릴 수 있다.

따라서 프로세스 자동화는 시스템 복원성에 긍정적인 영향과 부정적인 영향을 모두 미칠 수 있다. 자동화된 시스템이 제대로 작동하는 경우, 이것은 문제를 발견할 수 있고, 필요하다면 사이버 공격에 저항할 수 있고, 그리고 자동 복구 절차를 시작할 수 있다. 그러나 자동화된 시스템이 문제를 처리할 수 없는 경우, 문제를 해결할 사람들이 적은 경우, 잘못된 작업을 하는 프로세스 자동화에 의해 시스템이 손상될 수 있다.

다양한 유형이 있는 시스템과 장치가 존재하는 환경에서, 모든 운영자 및 관리자들이 다양한 유형의 모든 시스템을 다루기를 기대하는 것은 비현실적일 수 있다. 따라서 개인들이 특정 분야에 특화되어서 그들이 특정 시스템들에 대한 전문가가 되어 많은 지식을 알게 될 수 있다. 이것으로 더 효율적인 운영이 가능하나 시스템 복원성에 다음과 같은 결과를 이끈다.

역할 전문화의 문제는 특정 시간에 시스템 간에 발생하는 상호 작용을 이해하는 사람이 아무도 없을 수 있다는 것이다. 따라서 전문가가 없는 경우 문제에 대처하기가 어렵다. 사람들이 여러 시스템들에 대하여 작업하는 경우, 그들은 시스템들 사이에 존재하는 의존성과 관계를 이해하게 되고 그래서 두 개 이상의 시스템들에 영향을 미치는 문제들을 해결할 수 있다. 필요한 전문가가 없다면, 문제를 수용하고 발생된 손상을 수리하는 것이 훨씬 더 어려워진다.

프로세스 효율성과 복원성 사이의 균형을 결정할 수 있도록 도와주기 위해 제 13 장에서 논의된 대로, 위험 평가를 적용할 수 있다. 운영자 및 관리자의 개입이 요구되는 모든 위험과 각 위험들이 발생할 수 있는 가능성과 가능한 손실의 정도의 평가를 고려한다. 심각한 손상 및 대규모의 손실을 초래할 수 있는 위험과 발생하기 쉬운 위험에 대해, 프로세스 효율성보다 복원성에 중심을 두어야 한다.

14.3 복원성 있는 시스템 설계

복원성 있는 시스템은 소프트웨어 장애와 사이버 공격 같은 부정적인 사건에 대해 저항하고 복구할 수 있다. 복원성 있는 시스템은 최소한의 중단으로 중심 서비스를 제공할 수 있고 사건이 발생한 이후 신속하게 정상 작동 상태로 돌아갈 수 있다. 복원성 있는 시스템을 설계할 때, 시스템 장애 또는 공격자에 의한 침투가 발생될 것을 가정해야 하고 이러한 부정적인 이벤트들에 대처하는 중복 및 다양한 기능을 포함해야 한다.

복원성을 위한 설계 시스템은 다음과 같은 밀접하게 관련된 두 개의 작업 흐름을 포함한다.

1. **중심 서비스 및 자산의 식별:** 중심 서비스 및 자산은 시스템이 주요 목적을 달성할 수 있는 시스템의 요소들이다. 예를 들어, 긴급 호출에 대한 대응으로 구급차 출동을 처리하는 시스템의 주요 목적은 그것이 가능한 빨리 필요한 사람에게 도움을 주는 것이 될

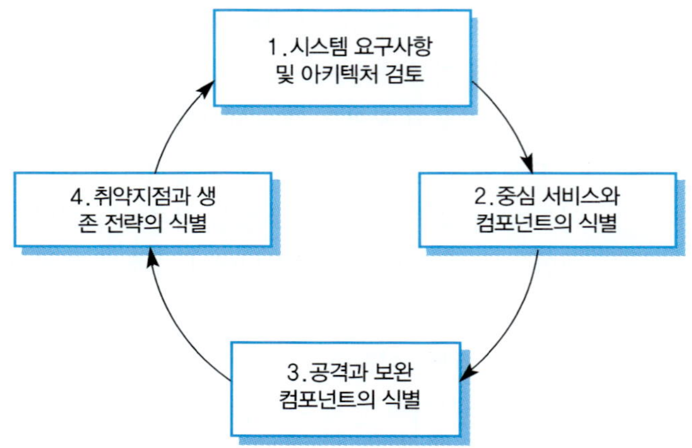

그림 14.8 생존성 분석 단계

수 있다. 중심 서비스들은 긴급 호출을 받는 것과 응급 의료를 위해 구급차를 파견하는 것과 관련된다. 통화 기록과 구급차 추적 같은 다른 서비스들은 중요성이 크지 않다.

2. **인식, 저항, 복구 및 회복 문제를 지원하는 시스템 컴포넌트 설계:** 예를 들어, 구급차 출동 시스템에서, 시스템이 이벤트에 응답하지 않는 경우를 탐지하기 위해 워치 독 타이머(12장 참조)가 포함될 수 있다. 운영자가 인증되지 않은 접근의 가능성에 저항하기 위해 하드웨어 토큰으로 인증할 수 있다. 시스템이 실패하는 경우, 통화가 다른 센터로 전환될 수 있기 때문에 필수 서비스가 유지된다. 대체 하드웨어에서 수행되는 시스템 데이터베이스와 소프트웨어의 복사본은 정전 후 회복을 허용하기 위해 유지될 수 있다.

인식, 저항 및 복구의 개념은 Ellison 등(Ellison et al. 1999, 2002)에 의한 복원성 공학 초기 연구의 기초였다. 그들은 생존 가능한 시스템 분석이라고 불리는 분석 방법을 설계했다. 이 방법은 시스템의 취약성을 평가하는 데 사용되었고 시스템의 생존을 촉진하는 시스템 아키텍처 및 기능 설계를 지원하는 데 사용되었다.

생존 가능한 시스템 분석(그림 14.8)은 현재 또는 제안된 시스템 요구사항과 아키텍처를 분석하고, 중심 서비스를 식별하고, 공격 시나리오를 분석하고, 그리고 시스템의 "취약지점(softspots)"을 식별하는 것이다. 그리고 이것은 시스템의 생존성을 향상시키기 위한 변화를 제안한다. 각 단계의 핵심 활동들은 다음과 같다.

1. **시스템 이해:** 기존 또는 제안된 시스템에 대해, 시스템의 목표(때로는 임무 목표라고 불린다)와 시스템 요구사항 및 시스템 아키텍처를 검토한다.
2. **중심 서비스 식별:** 항상 유지되어야 하는 서비스들과 이러한 서비스를 유지하기 위해 필요한 컴포넌트들을 식별한다.
3. **공격 시뮬레이션:** 공격에 의해 영향을 받을 수 있는 시스템 컴포넌트뿐만 아니라 발

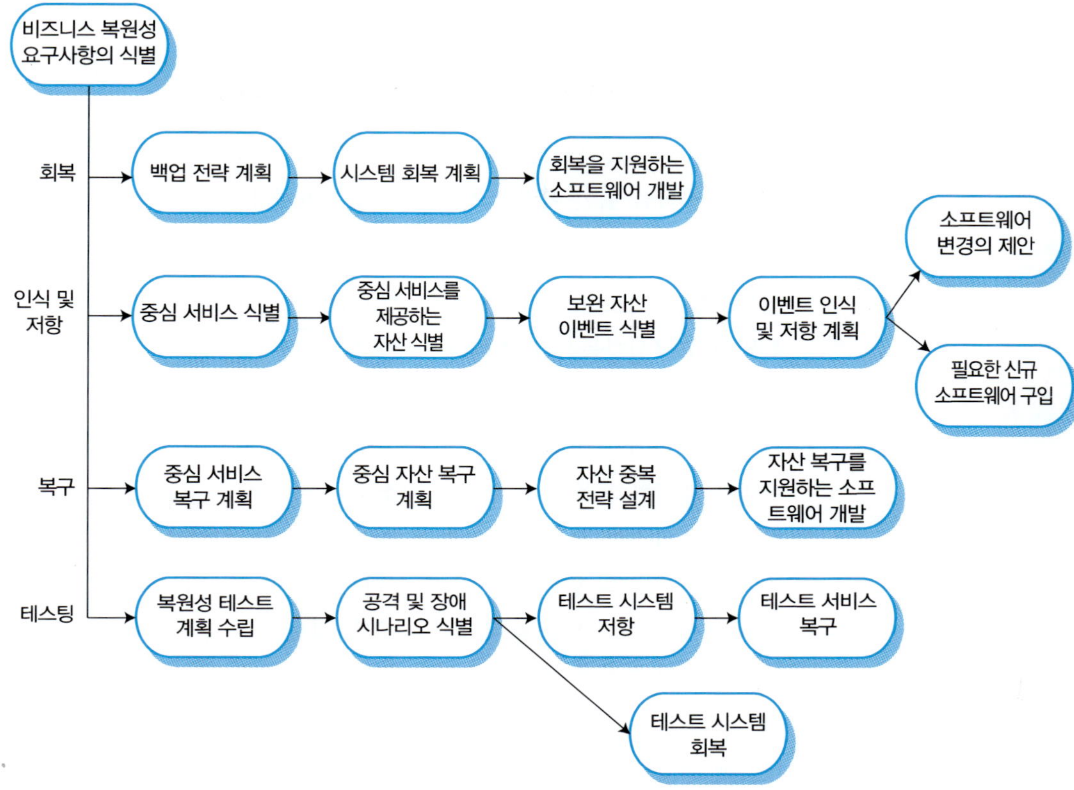

그림 14.9 복원성 공학

생할 수 있는 공격에 대한 시나리오 또는 유스케이스를 식별한다.

4. **생존성 분석:** 공격에 대한 필수적인 컴포넌트와 보완 컴포넌트들이 식별되고 저항, 인식 및 복구에 근거하는 생존 전략들이 식별된다.

생존 분석을 위한 이러한 접근 방법의 근본적인 문제는 출발점이 시스템의 요구사항 및 구조에 대한 문서라는 것이다. 이것은 국방 시스템(미 국방성의 지원을 받은 연구)이 기준에서 보면 합리적인 가정이지만, 비즈니스 시스템에 대해서는 다음 두 가지 문제를 제기한다.

1. 이것은 복원성에 대한 비즈니스 요구사항과 명시적인 관련성이 없다. 본인은 기술적인 시스템 요구사항보다 더 적합한 출발점이 있다고 믿는다.
2. 시스템에 대한 상세 요구사항이 있다고 가정하고 있다. 사실상 완벽하거나 최신의 요구사항 문서가 없는 경우 복원성은 시스템에 새롭게 "추가되어야" 할 수 있다. 신규 시스템에서 복원성은 자체가 요구사항이 되거나, 애자일 방식을 사용하여 개발될 수도 있다. 시스템 아키텍처는 복원성을 고려해서 설계될 수 있다.

그림 14.9에서 보여준 보다 일반적인 복원성 공학 방법은 시스템에 대한 복구 및 회복에 대한 명시적인 설계와 복원성을 고려하지 않았을 뿐만 아니라 상에 요구에 대한 고려도 부족하다. 시스템 내부의 대부분의 컴포넌트들의 소스코드에 접근하지 않지 않고, 변경하지도 않을 것이다. 복원성에 대한 전략은 이러한 한계를 마음에 두고 설계되어야 한다.

복원성 공학을 위한 이러한 접근에는 서로 관계가 있는 다섯 가지 작업 흐름이 있다:

1. 비즈니스 복원성 요구사항들을 식별한다. 이러한 요구사항들은 고객에게 제공되는 서비스들을 비즈니스 전체적으로 운영하는 방법과 이것으로부터 각 시스템에 대한 복원성 요구사항들을 도출한다. 복원성을 제공하는 것은 비용이 많이 들기 때문에 불필요한 복원성을 위한 엔지니어 시스템을 지원하지 않은 것이 중요하다.
2. 부정적인 이벤트 이후 시스템 또는 시스템의 집합을 정상적 작동 상태로 복원하는 방법을 계획한다. 이러한 계획은 기술적 오류와 인간 오류 이후 정보의 복구를 허용하는 비즈니스의 정상적 백업과 보관 전략이 통합되어야 한다. 이러한 계획은 넓은 재해 복구 전략의 일부가 될 수도 있다. 화재 및 홍수 같은 물리적 이벤트의 가능성을 고려해야 하고 별도의 위치에 중요한 정보를 유지하는 방법들을 고려해야 한다. 이 계획에서 클라우드 백업의 사용이 결정될 수 있다.
3. 시스템을 손상시킬 수 있는 장애와 사이버 공격을 식별하고 이러한 부정적인 이벤트들에 대처하기 위해 인식과 복원 전략을 설계한다.
4. 장애나 사이버 공격에 의하여 손상되거나 오프라인된 후 중심 서비스들을 신속하게 복구하는 방법을 계획한다. 일반적으로 이 단계는 이러한 서비스를 제공하는 중심 자산의 중복 복사본을 제공하는 것과 필요한 경우 이러한 복사본들로 전환하는 것을 포함한다.
5. 결정적으로, 복원 계획의 모든 측면들을 테스트해야 한다. 이러한 테스트는 장애와 공격 시나리오를 식별하는 것과 시스템에 이러한 시나리오를 테스트하는 것을 포함한다.

중심 서비스의 가용성을 유지하는 것은 복원성의 본질이다. 따라서 다음 사항들을 알아야 한다.

- 비즈니스에 가장 중요한 시스템 서비스들
- 유지되어야 할 서비스의 최소 품질
- 이러한 서비스들이 손상될 수 있는 방법
- 이러한 서비스들을 보호할 수 있는 방법 및
- 서비스들을 사용할 수 없는 경우 신속하게 복구할 수 있는 방법

중심 시스템 분석의 일부로서, 이러한 서비스들을 제공하기 위한 필수적인 시스템 자산들을 식별해야 한다. 이러한 자산들은 하드웨어(서버, 네트워크 등), 소프트웨어,

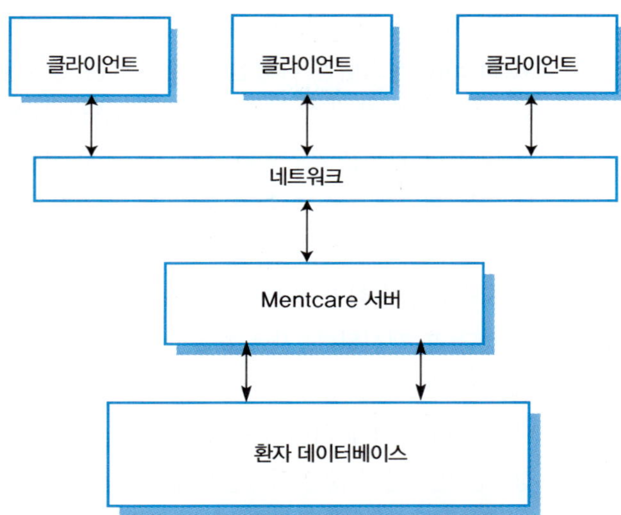

그림 14.10 Mentcare 시스템의 클라이언트-서버 아키텍처

데이터 및 사람들일 수 있다. 복원성 있는 시스템을 구축하려면, 시스템 장애가 발생하는 경우 이러한 자산들이 계속 사용할 수 있는지 확인하기 위해 중복성과 다양성을 적용하는 방법을 생각해야 한다.

모든 활동들에 대해서 부정적인 이벤트 이후 신속한 대응 및 복구 계획을 제공하는 핵심은 저항, 복구 및 회복을 지원하는 추가 소프트웨어를 보유하는 것이다. 이것은 상업 보안 소프트웨어 또는 애플리케이션 시스템에 프로그램된 복원 지원 기능이 될 수 있다. 이것은 또한 복구 및 회복을 위해 개발된 스크립트와 특별히 작성된 프로그램들을 포함한다. 적합한 지원 소프트웨어가 있는 경우, 복구와 회복 프로세스들은 부분적으로 자동화할 수 있고 시스템에 장애가 발생한 후 신속하게 호출 및 실행된다.

복원성 테스트는 복원 계획이 예측된 방법대로 처리되는가의 여부를 테스트하기 위해 발생 가능한 시스템 장애와 사이버 공격을 모의실험하는 것을 포함한다. 복원성 계획 수립에서 이루어진 가정들이 종종 맞지 않는다는 경험과 계획된 행동은 항상 작동하지 않는다는 것을 경험을 통해 알고 있기 때문에 테스트는 필수적이다. 복원에 대한 테스트는 이러한 문제를 밝힐 수 있기 때문에 복원 계획이 보다 개선될 수 있다.

분명히 테스트는 운영 시스템에서 수행될 수 없으므로 매우 어렵고 비용이 많이 들 수 있다. 시스템과 환경은 테스트를 위해 복제해야 할 수 있고, 테스트 시스템에서 작업하기 위해 직원은 그들의 정상적인 업무를 중단해야 할 수 있다. 비용을 감소시키기 위해 "데스크 테스트"를 사용할 수 있다. 테스트팀은 문제의 발생을 가정하고 자신의 반응을 테스트한다; 그들은 실제 시스템에서 문제를 시뮬레이션하지 않는다. 이러한 접근은 시스템의 복원성에 대한 유용한 정보를 제공할 수 있지만, 복원 계획에서 결함의 발견은 테스트보다 효과적이지 않다.

이 방법의 예로서, Mentcare 시스템의 복원성 공학을 살펴보자. 다시 정리하면, Ment-care 시스템은 다양한 지역에 있는 정신건강의 문제가 있는 환자들을 치료하는 의료진을 지원하는 데 사용한다. Mentcare 시스템은 의사와 전문 간호사들의 환자 정보 및 상담 기록을 제공한다. Mentcare 시스템은 잠재적으로 위험하거나 자살을 할 수도 있는 환자를 찾아낼 수 있는 몇 개의 검사들을 포함한다. 그림 14.10은 이 시스템의 아키텍처를 보여준다.

시스템에서 환자 정보는 상담 이전과 상담하는 동안 의사와 간호사에 의해 참조되고 상담 후 갱신된다. 진료 효율성을 보장하기 위해, 비즈니스 복원성 요구사항은 중심 시스템 서비스는 정상 근무 시간 동안 사용할 수 있을 것, 환자 데이터는 시스템 장애나 사이버 공격에 의해 영구적으로 손상되거나 손실되지 말아야 하는 것, 그리고 환자 정보는 인증받지 않은 사람들에게 공개되어서는 안 된다는 것들이다.

시스템에서 유지되어야 할 두 가지 중심 서비스가 있다.

1. **정보서비스:** 환자의 현재 진단 및 치료 계획에 대한 정보를 제공한다.
2. **경고서비스:** 다른 사람들에게 또는 자신에게 위험을 초래할 수 있는 환자를 강조한다.

중심 서비스가 완전한 환자 기록을 제공하는 것이 아니라는 것을 주목하라. 때로 의사와 간호사가 이전 치료에 대한 정보만 필요한 경우에, 전체 기록을 사용할 수 없어도 임상 치료는 심각하게 영향을 받지 않는다. 따라서 환자와 최근의 치료에 대한 정보가 포함되어 있는 요약 기록을 사용하여 효과적인 치료를 제공하는 것이 가능하다.

정상적인 시스템 운영에서 이 서비스들을 제공하기 위해 요구된 자산들이 있다.

1. 환자의 모든 정보를 유지하는 환자 기록 데이터베이스
2. 로컬 클라이언트 컴퓨터의 데이터베이스에 대한 액세스를 제공하는 데이터베이스 서버
3. 클라이언트-서버 통신을 위한 네트워크
4. 환자 정보에 접근하기 위해 의료진이 사용하는 로컬 노트북 또는 데스크톱 컴퓨터
5. 잠재적으로 위험한 환자를 식별하고, 그 내용을 환자 기록에 표시할 수 있는 규칙들의 집합. 클라이언트 소프트웨어는 시스템 사용자들에게 위험한 환자를 강조한다.

인식, 저항 및 복구 전략을 계획하기 위해, 시스템에 의해 제공되는 중심 서비스들을 손상시킬 수 있는 부정적인 이벤트들을 예측한 시나리오들의 집합을 개발할 필요가 있다. 이러한 부정적인 이벤트들의 예이다.

1. 시스템 장애, 네트워크 장애 및 서비스 거부 사이버 공격 등을 통하여 데이터베이스 서버의 장애
2. 환자 기록 데이터베이스 또는 "위험한 환자"로 의미되는 것을 정의하는 규칙들의 고

이벤트	인식	저항
서버 불가용성	1. 클라이언트 접근에 대한 반응 없는 경우 타임아웃되는 클라이언트의 워치 독 타이머 2. 시스템 관리자가 임상 사용자에게 보내는 문자 메시지	1. 중심 정보의 로컬 복사본을 유지하기 위한 시스템 아키텍처의 설계 2. 클라이언트에 있는 환자 데이터에 대한 피어 투 피어 방식의 검색 제공 3. 서버에 장애가 발생하는 경우 스마트 폰을 지닌 직원이 네트워크에 접근할 수 있는 기능을 제공 4. 백업 서버의 제공
환자 데이터베이스 훼손	1. 레코드 수준의 암호화된 체크섬 2. 데이터베이스 무결성의 정기적인 자동 검사 3. 잘못된 정보에 대한 보고 시스템	1. 최근 트랜잭션으로 데이터베이스 백업을 업데이트하기 위한 재수행 가능한 트랜잭션 로그 2. 환자 정보의 로컬 복사본의 관리와 로컬 복사본 및 백업으로부터 데이터베이스를 복구하는 소프트웨어
클라이언트 컴퓨터의 맬웨어 감염	1. 컴퓨터 사용자가 특이한 행동을 알릴 수 있는 보고 시스템 2. 시작 시 자동화된 맬웨어 검사	1. 모든 시스템 사용자에 대한 보안 인식 워크숍 2. 클라이언트 컴퓨터의 USB 포트 비활성화 3. 새로운 클라이언트를 위한 자동화 시스템 설치 4. 모바일 디바이스들을 이용한 시스템 접근 지원 5. 보안 소프트웨어의 설치
환자 정보에 인증되지 않은 접근	1. 가능한 침입자에 대한 사용자로부터의 경고 문자 메시지 2. 비정상적인 활동에 대한 로그 분석	1. 다단계 시스템 인증 프로세스 2. 클라이언트 컴퓨터의 USB 포트 비활성화 3. 접근 기록 및 실시간 로그 분석 4. 모든 시스템 사용자에 대한 보안 인식 워크숍

그림 14.11 부정적인 이벤트에 대한 인식 및 저항 전략

의적 또는 우발적인 손상

3. 맬웨어에 의한 클라이언트 컴퓨터의 감염
4. 인증받지 않은 사람이 환자 기록에 접속하기 위해 클라이언트 컴퓨터에 접근

그림 14.11은 이러한 가능한 부정적인 이벤트에 대한 인식과 저항 전략을 보여준다. 이것들은 기술적 방법뿐만 아니라 보안 문제에 대한 시스템 사용자에게 공지하는 워크숍을 포함한다는 것을 유의하라. 사용자가 공격자에게 부주의하게 기밀정보를 노출하기 때문에 많은 보안 침해가 발생한다는 것과 워크숍들은 이러한 일이 발생할 가능성을 감소시킨다는 것을 알고 있다. 여기서는 그림 14.11에서 식별된 모든 선택을 논의하지는 않겠다. 대신에, 시스템 아키텍처가 복원성 향상을 위해 변경될 수 있는 방법에 집중한다.

그림 14.11에서 클라이언트 컴퓨터에서 환자 정보를 유지하는 것은 중심 서비스를 유지하는 데 도움이 될 수 있는 가능한 중복 전략이라는 것을 보여준다. 그림 14.12에 이에 따른 수정된 소프트웨어 아키텍처를 보여준다. 이 아키텍처의 핵심 기능들은 다음과 같다:

1. **로컬 클라이언트 컴퓨터에 유지되는 환자 기록의 요약:** 로컬 컴퓨터들은 시스템 네트

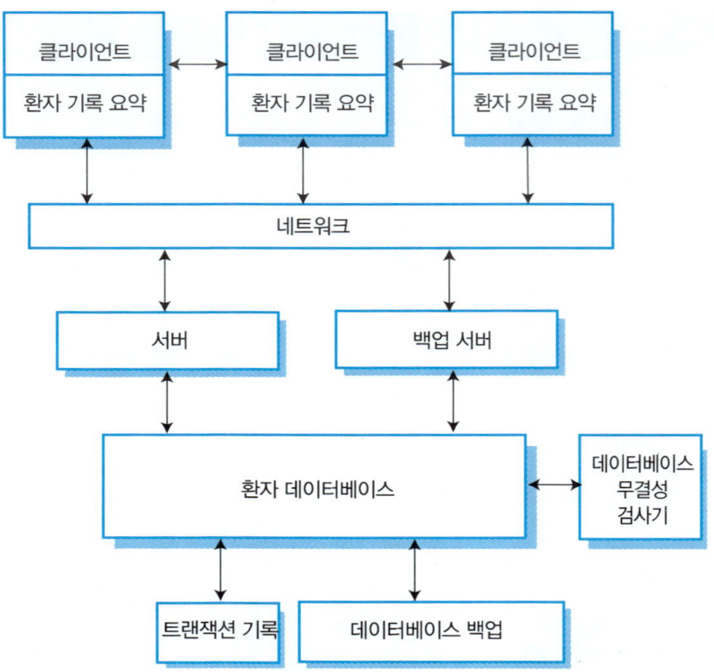

그림 14.12 Mentcare 시스템의 복원성 아키텍처

워크 또는 필요하면 휴대 전화를 사용하여 생성된 애드혹 네트워크를 이용하여 서로 직접 통신할 수 있고 정보를 교환할 수 있다. 따라서 데이터베이스를 사용할 수 없는 경우, 의사와 간호사는 여전히 중요한 환자 정보에 접근할 수 있다(저항 및 복구).

2. **메인 서버 장애를 허용하는 백업 서버:** 이 서버는 백업처럼 데이터베이스의 스냅 샷을 보관하는 책임을 갖는다. 메인 서버에 오류가 발생하는 경우, 백업 서버는 전체 시스템의 메인 서버의 역할을 할 수 있다. 이것은 서비스의 지속성을 제공하고 서버 장애 이후 복구를 제공한다(저항 및 복구).

3. **데이터베이스 무결성 검사와 복구 소프트웨어:** 무결성 검사는 데이터베이스 손상의 징후를 검사하기 위해 백 그라운드 작업으로 실행한다. 손상이 발견되면, 자동으로 백업에서 일부 또는 모든 데이터의 복구를 시작할 수 있다. 트랜잭션 로그를 사용해 백업에 최근 변경의 세부사항을 반영한다(인식 및 복구).

환자 정보 접근과 직원 경고의 핵심 서비스를 유지하기 위해, 클라이언트-서버 시스템에서 많이 사용하는 중복성을 사용할 수 있다. 임상 세션 시작 단계에서 클라이언트의 정보를 다운로드함으로써, 의료진은 서버에 접근하지 않고 업무를 계속할 수 있다. 환자의 정보는 해당 환자의 정보만, 예정된 상담일 당일에만 다운로드할 수 있다. 다른 환자 정보에 접근할 필요가 있고 서버를 사용할 수 없는 경우, 정보가 다른 클라이언트에 존재하는가를 확인하기 위해 그들에게 피어 투 피어 통신을 사용하여 접근할 수 있다.

위험할 수 있는 환자를 담당하는 직원에게 경고를 제공하는 서비스는 이 방법을 이용해 쉽게 구현될 수 있다. 자신이나 다른 사람을 해칠 수 있는 환자의 기록들은 다운로드 프로세스 전에 식별된다. 의료 직원이 기록에 접근할 때, 소프트웨어는 특정 치료가 필요한 환자를 나타내는 기록을 강조할 수 있다.

부정적인 이벤트에 대한 저항을 지원하는 아키텍처 기능들은 이러한 이벤트들에 대한 복구 지원에도 매우 유용하다. 정보의 여러 복사본을 유지하고 백업 하드웨어를 사용할 수 있게 함으로써, 중심 시스템 서비스는 정상 작동 상태로 신속하게 복원될 수 있다. 시스템은 정상 근무 시간(오전 8시부터 오후 6시까지)에만 사용할 수 있을 필요가 있기 때문에, 시스템이 밤새 회복될 수 있어 장애가 발생한 이후 다음 날에 사용할 수 있다.

중심 서비스의 유지뿐만 아니라, 기밀성을 유지하는 다른 비즈니스 요구사항과 환자 데이터의 무결성이 지원되어야 한다. 그림 14.12에서 표현된 아키텍처는 환자 정보가 실수로 손상될 가능성 또는 악의적인 공격이 발생할 가능성을 줄이기 위한 백업 시스템과 명시적 데이터베이스 무결성 검사를 포함한다. 클라이언트 컴퓨터에 대한 정보가 존재하기 때문에 데이터 손상 또는 훼손으로부터 복구를 지원하는 데 사용될 수 있다.

많은 데이터 복사본을 유지하는 것은 데이터 손상에 대한 안전보장조치이나, 이러한 복사본들은 모두 보안이 유지되어야 하므로 기밀성에 위험을 야기한다. 이러한 경우에서, 위험이 다음 것들에 의해 제어될 수 있다.

1. 치료에 참석할 예정이 있는 환자의 요약 기록만을 다운로드하기. 이것은 손상될 수 있는 기록의 수를 제한한다.
2. 로컬 클라이언트 컴퓨터의 디스크를 암호화하기. 암호 핵심을 가지고 있지 않은 공격자들이 컴퓨터에 접근하면 디스크를 읽을 수 없다.
3. 임상 세션의 끝에서 다운로드된 정보를 안전하게 삭제하기. 더 나아가 이것은 기밀 정보에 접근하는 공격자의 가능성을 감소시킨다.
4. 모든 네트워크 트랜잭션이 암호화됨을 보장하기. 공격자가 이 트랜잭션을 가로채도 정보에 접근할 수 없다.

이것이 성능 저하 때문에 서버에 있는 전체 환자 데이터베이스를 암호화하는 데 비현실적일 수 있다. 따라서 강력한 인증은 이러한 정보를 보호하기 위해 사용되어야 한다.

키 포인트

- 시스템의 복원성은 시스템이 장치 고장 및 사이버 공격과 같은 파괴 이벤트가 존재하는 경우 중심 서비스의 지속적 운영 유지에 대한 판단이다.
- 복원은 4 Rs 모델이라는 인식, 저항, 복구 및 회복을 기반으로 해야 한다.
- 복원 계획 수립은 네트워크 시스템이 악의적 내부자와 외부자에 의한 사이버 공격의 대상이 될 것이라는 가정을 기반으로 해야 하고 이러한 공격 중 일부는 성공할 수 있다는 가정을 기반으로 수립된다.
- 시스템은 다수의 서로 다른 유형의 방어 계층으로 설계되어야 한다.이러한 계층들이 효과적이면, 인간 및 기술적 장애가 고립되어 사이버 공격에 저항된다.
- 시스템 운영자 및 관리자가 문제에 대처하게 하려면, 프로세스는 유연하고 적응력이 있어야 한다. 프로세스 자동화는 사람들의 문제 대처를 더 어렵게 만들 수 있다.
- 비즈니스 복원성 요구는 복원성 있는 시스템 설계의 시작점이 될 것이다. 시스템 복원성을 달성하기 위해 문제의 인식 및 회복, 중심 서비스 및 자산의 복구 그리고 시스템의 회복에 중점을 두어야 한다.
- 복원성 설계의 가장 중요한 부분은 시스템은 주 목적을 보장하기 위해 필수적인 서비스들인 중심 서비스들을 식별하는 것이다. 시스템은 이러한 서비스들이 장애 이벤트에서 보안되고, 가능한 한 조속히 복구되도록 설계되어야 한다.

추가로 읽을거리

"Survivable Network System Analysis: A Case Study."An excellent paper that introduces the notion of system survivability and uses a case study of a mental health record treatment system to illustrate the application of a survivability method. (R. J. Ellison, R. C. Linger, T. Longstaff, and N. R. Mead, *IEEE Software*, 16 (4), July/August 1999) http://dx.doi.org/10.1109/52.776952

Resilience Engineering in Practice: A Guidebook. This is a collection of articles and case studies on resilience engineering that takes a broad, sociotechnical systems perspective. (E. Hollnagel, J. Paries, D. W. Woods, and J. Wreathall, Ashgate Publishing Co., 2011).

"Cyber Risk and Resilience Management."This is a website with a wide range of resources on cybersecurity and resilience, including a model for resilience management. (Software Engineering Institute, 2013) https://www.cert.org/resilience/

웹 사이트

이 장의 파워포인트 슬라이드:

https://iansommerville.com/software-engineering-book/slides

관련 비디오 링크:

https://iansommerville.com/software-engineering-book/videos/security/

연습문제

14.1. 저항, 인식, 복구 및 회복의 보완적인 전략들이 시스템 복원성을 제공하는 데 사용될 수 있는 방법을 설명하라.

14.2. 복원 계획 수립에서 고려되어야 할 위협들의 종류는 무엇인가? 조직이 이러한 위협들에 대응하기 위해 수행해야할 제어들의 예들을 제공하라.

14.3. 인간 오류가 Reason (Reason 2000)에 의하여 보일 수 있는 방법과 스위스 치즈 모델(그림 14.6)에 의하여 복원성을 증가시키기 위해 사용될 수 있는 전략들을 설명하라.

14.4. 병원은 의료진(의사 또는 간호사) 중 환자가 다칠 수 있는 활동을 수행하거나 인증하는 어떤 구성원이라도 형사 고발의 대상이 되는 정책을 도입할 것을 요구한다. 이것은 환자의 안전을 향상시키지 않는 나쁜 생각인 이유를 설명하고, 이것이 조직의 복원에 부정적인 영향을 미치는 이유를 설명하라.

14.5. 생존 가능한 시스템 분석이란 무엇인가? 그리고 그림 14.8에 나타난 바와 같이 그것에 포함된 각 4단계의 핵심 활동들은 무엇인가?

14.6. 사이버 공격과 소프트웨어 장애 같은 부정적인 이벤트들에서부터 저항과 복구하기 위해, 프로세스 비유연성이 사회기술적 시스템의 능력을 억제할 수 있는 이유를 설명하라. 만약 당신이 프로세스 유연성에 대한 경험이 있다면, 당신의 경험에 대하여 예를 들어 설명하라.

14.7. 그림 14.9에서 제안한 시스템의 소프트웨어를 위해 애자일 개발 프로세스와 함께 사용될 수 있는 복원성 공학의 접근 방법을 제안하라. 복원성이 중요한 시스템에서 애자일 개발을 사용하면 어떤 문제들이 발생할 수 있는가?

14.8. 13.4.2절에서, (1) 인증되지 않은 사용자가 가격을 변경하는 악의적인 명령을 수행시키고, (2) 침입이 트랜잭션을 수행시켜 데이터베이스를 손상시켰다. 이러한 각 사이버 공격에 대해, 사용될 수 있는 저항, 인식 및 복구 전략들을 식별하라.

14.9. 그림 14.11에서 Mentcare 시스템에 영향을 미칠 수 있는 몇 개의 부정적인 이벤트들을 제안하였다. 이 시스템에 대해 이러한 부정적인 이벤트들을 인식, 저항 및 복구하기 위한 Mentcare 시스템의 능력을 테스트를 위한 테스트 계획을 작성하라.

14.10. 회사의 수석 관리자는 불만을 품은 직원이 기업의 IT 자산을 공격하는 내부자 공격을 우려하고 있다. 복원성 개선 프로그램의 일부로써, 모든 직원의 행동들을 수집하고 분석하기 위해 로깅 시스템 및 데이터 분석 소프

트웨어가 도입하는 것을 제안하지만 직원들은 이 시스템에 관해 이야기하지 말기를 바란다. 로깅 시스템을 도입하는 것과 시스템 사용자에게 말하지 않는 것에 대한 윤리성에 대해 논의하라.

참고문헌

Ellison, R. J., R. C. Linger, T. Longstaff, and N. R. Mead. 1999. "Survivable Network System Analysis: A Case Study."*IEEE Software* 16 (4): 70 – 77. doi:10.1109/52.776952.

Ellison, R. J., R. C. Linger, H. Lipson, N. R. Mead, and A. Moore. 2002. "Foundations of Survivable Systems Engineering."*Crosstalk: The Journal of Defense Software Engineering* 12: 10 – 15.

http://resources.sei.cmu.edu/asset_files/WhitePaper/2002_019_001_77700.pdf

Hollnagel, E. 2006. "Resilience—the Challenge of the Unstable."In *Resilience Engineering: Concepts and Precepts,* edited by E. Hollnagel, D. D. Woods, and N.G. Leveson, 9 – 18.

———. 2010. "RAG—The Resilience Analysis Grid."In *Resilience Engineering in Practice,* edited by E. Hollnagel, J. Paries, D. Woods, and J. Wreathall, 275 – 295. Farnham, UK: Ashgate Publishing Group.

InfoSecurity. 2013. "Global Cybercrime, Espionage Costs $100 – $500 Billion Per Year." http://www.infosecurity-magazine.com/view/33569/global-cybercrime-espionage-costs-100500-billion-per-year

Laprie, J-C. 2008. "From Dependability to Resilience."In 38th Int. Conf. on Dependable Systems and Networks. Anchorage, Alaska. http://2008.dsn.org/fastabs/dsn08fastabs_laprie.pdf

Reason, J. 2000. "Human Error: Models and Management." *British Medical J*. 320: 768 – 770.doi:10.1136/bmj.320.7237.768.

PART 3 고급 소프트웨어 공학

3부에서는 고급 소프트웨어 공학 주제를 다룹니다. 이 장에서는 독자들이 1 ~ 9 장에서 다루는 내용의 기초를 이해한다고 미리 가정합니다.

15~18장은 웹 기반 정보 시스템과 전사적 시스템의 주된 개발 패러다임인 소프트웨어 재사용에 중점을 둡니다. 15 장에서는 주제를 소개하고 가능한 여러 유형의 재사용을 설명합니다. 그런 다음 재사용에 대한 가장 일반적인 접근 방식인 애플리케이션 시스템의 재사용을 다룹니다. 애플리케이션 시스템의 재사용은 각 비즈니스의 특정 요구에 맞게 구성 및 조정됩니다.

16장은 전체 소프트웨어 시스템보다는 소프트웨어 컴포넌트의 재사용에 관한 것입니다. 이 장에서는 컴포넌트가 의미하는 바를 설명하고 효과적인 컴포넌트 재사용을 위해 표준 컴포넌트 모델이 필요한 이유를 설명합니다. 또한 컴포넌트 기반 소프트웨어 공학의 일반적인 프로세스와 컴포넌트 결합 문제에 대해서도 논의합니다.

대형 시스템의 대부분은 현재 분산 시스템이며, 17장은 분산 시스템 구축의 문제점을 다룹니다. 분산 시스템 공학의 기본 패러다임으로 클라이언트-서버 접근 방식을 소개하고 이러한 아키텍처 스타일을 구현하는 방법을 설명합니다. 마지막 섹션에서는 인터넷을 통해 소프트웨어 기능을 제공함으로써 소프트웨어 제품에 대한 시장을 변화시킨 서비스로서의 소프트웨어(software as a service)를 설명합니다.

18장에서는 분산 및 재사용이라는 개념을 연결하는 서비스 지향 아키텍처와 관련된 주제를 소개합니다. 서비스는 인터넷을 통해 기능에 액세스 할 수 있는 재사용 가능한 소프트웨어 컴포넌트입니다. SOAP 기반 및 RESTful 서비스라는 두 가지 널리 사용되는 서비스 개발 방식을 설명합니다. 서비스를 만들고(서비스 공학) 새로운 소프트웨어 시스템을 만들기 위해 서비스를 결합하는 데 관련된 것이 무엇인지 설명합니다.

19~21장의 초점은 시스템 공학입니다. 19 장에서는 주제를 소개하고 소프트웨어 엔지니어가 시스템 공학을 이해하는 것이 중요한 이유를 설명합니다. 시스템 공학 생명주기와 그 생명주기에서 조달의 중요성에 대해 논의합니다.

20장에서는 복합시스템(SoS)에 대해 다룹니다. 우리가 21 세기에 구축할 대형 시스템은 처음부터 개발되지는 않지만, 기존의 복잡한 시스템을 통합함으로써 생성될 것입니다. 나는 왜 SoS 개발에서 복잡도에 대한 이해가 중요한지를 설명하고 복잡한 시스템 시스템에 대한 아키텍처 패턴을 논의합니다.

대부분의 소프트웨어 시스템은 앱이나 비즈니스 시스템이 아니지만 임베디드 실시간 시스템입니다. 21장에서는 이 중요한 주제를 다룹니다. 실시간 임베디드 시스템에 대한 아이디어를 소개하고 임베디드 시스템 설계에 사용되는 아키텍처 패턴을 설명합니다. 그런 다음 타이밍 분석 프로세스를 설명하고 실시간 운영 체제에 대한 토론을 통해 이 장을 마무리합니다.

15

소프트웨어 재사용

Software reuse

학습목표

이 장의 목표는 소프트웨어 재사용의 소개와 대규모 소프트웨어 재사용에 기초한 시스템 개발에 대한 접근을 소개하는 것이다. 이 장을 통해 학습할 내용은다음과 같다.

- 새로운 시스템 개발을 할 때 재사용 소프트웨어의 문제점과 장점을 이해한다.
- 재사용 객체의 집합으로서의 애플리케이션 프레임워크의 개념을 이해하고, 애플리케이션 개발에서 프레임워크가 어떻게 사용되는가를 이해한다.
- 공통 핵심 구조와 제품의 각 버전을 위하여 설정된 재사용 컴포넌트로 제작된 소프트웨어 제품 라인이 소개된다.
- 기성품 애플리케이션 소프트웨어 시스템의 설정 및 조립에 의해서 하나의 시스템이 어떻게 개발되는가를 배우게 된다.

학습내용

재사용 기반 소프트웨어 공학은 개발 프로세스가 기존 소프트웨어의 재사용을 가능하게 개선된 소프트웨어 공학의 전략이다. 2000년대까지 체계적 소프트웨어 재사용이 많지 않았지만, 최근에는 신규 비즈니스 시스템의 개발에 광범위하게 사용된다. 재사용 기반 개발로의 변화는 높은 소프트웨어 생산성, 저렴한 유지보수 비용, 시스템의 더 빠른 공급, 그리고 더 높은 소프트웨어 품질 요구에 대응하기 위한 것이다. 기업은 자신의 소프트웨어를 귀중한 자산으로 생각한다. 기업은 소프트웨어 투자에 대한 결과물의 부가 가치 향상을 위해 기존 시스템의 재사용을 촉진한다.

최근 많은 종류의 재사용 가능한 소프트웨어들이 있다. 오픈 소스 운동은 재사용 가능한 많은 코드들이 있다는 것을 의미한다. 이것은 프로그램 라이브러리 또는 전체 애플리케이션의 형태로 되어 있다. ERP 시스템 같은 도메인에 특화된 애플리케이션 시스템은 고객 요구사항에 따라 수정과 개조를 통해서 사용할 수 있다. 몇몇 대기업들은 고객을 위해 다양한 재사용 가능한 컴포넌트들을 제공한다. 웹 서비스와 같은 표준은 소프트웨어 서비스 개발을 용이하게 하고, 다양한 애플리케이션에서 재사용될 수 있다.

재사용 기반 소프트웨어 공학은 기존 소프트웨어 재사용 극대화하기 위한 접근 방법이다. 재사용되는 소프트웨어 단위는 크기가 매우 다양하다. 예를 들어,

1. **시스템 재사용:** 여러 개의 애플리케이션으로 구성된 전체 시스템은 복합 시스템의 구성 요소로 재사용될 수 있다(20장).

그림 15.1 소프트웨어 재사용의 장점

장점	설명
가속화 개발	때로 가능하면 신속하게 시스템을 시장에 출시하는 것이 전체 개발 비용보다 중요한 경우가 있다. 소프트웨어 재사용은 개발과 검증 시간 모두를 절감할 수 있어 시스템 생산을 가속화할 수 있다.
전문가의 효과적인 활용	애플리케이션 전문가들이 같은 일을 반복적으로 수행하는 대신에 그들의 지식을 포함하는 재사용 가능한 소프트웨어를 개발할 수 있다.
신뢰성 증가	실제 수행되는 시스템에서 사용되고 테스트된 재사용 소프트웨어는 새 소프트웨어보다 더 신뢰할 수 있다. 재사용 소프트웨어의 설계와 실행 상의 오류는 발견되고 수정된다.
낮은 개발 비용	개발 비용은 개발되는 소프트웨어의 규모에 비례한다. 재사용 소프트웨어는 작성되어야 할 코드 라인이 감소함을 의미한다.
프로세스 리스크 감소	개발 비용은 예측에 의하지만, 개발된 소프트웨어의 비용은 이미 알고 있다. 이것은 프로젝트 비용 예측의 오차 범위를 줄여주기 때문에 프로젝트 관리를 위해 중요한 요소다. 특히 서브시스템이 재사용되는 대형 소프트웨어 컴포넌트인 경우 더욱 의미가 있다.
표준 준수	사용자 인터페이스 표준 같은 몇 가지 표준은 재사용 컴포넌트의 집합처럼 구현될 수 있다. 예를 들어 만약 사용자 인터페이스의 메뉴가 재사용 컴포넌트를 사용하여 구현된다면 모든 애플리케이션들은 사용자에게 같은 형태의 메뉴를 제공하게 될 것이다. 사용자는 친숙한 인터페이스일 때 실수가 감소하기 때문에 표준 사용자 인터페이스 사용으로 신뢰성이 개선되게 된다.

2. **애플리케이션 재사용:** 애플리케이션은 변경 없이 다른 시스템에 통합시키거나 다른 고객을 위해 애플리케이션을 재설정하여 재사용할 수 있다. 대안으로 동일한 구조를 가지지만 각 고객에게 최적화된 애플리케이션 패밀리 또는 소프트웨어 제품 라인이 신규 시스템을 개발하는 경우 사용될 수도 있다.

3. **컴포넌트 재사용:** 단일 객체에서 서브시스템에 이르기까지 다양한 규모의 애플리케이션의 컴포넌트가 재사용될 수 있다. 예를 들어, 텍스트 처리 시스템의 부분으로 개발된 패턴매칭 시스템은 데이터베이스 관리 시스템에서 재사용될 수 있다. 컴포넌트는 클라우드 또는 전용 서버에서 운영될 수 있으며, 애플리케이션 프로그래밍 인터페이스(API)를 통해 서비스를 접근할 수 있다.

4. **객체와 함수의 재사용:** 수학 함수를 구현한 단일 함수 또는 객체 클래스가 재사용될 수 있다. 이러한 형태의 재사용 방법은 지난 40여 년 동안 표준 라이브러리에서 일반적으로 사용됐다. 많은 함수 라이브러리와 클래스들을 무료로 사용할 수 있다. 개발자는 새로운 애플리케이션 코드를 개발할 때, 라이브러리의 클래스와 함수들을 링크하여 재사용한다. 수학적 알고리즘과 그래픽스와 같은 특화된 분야에서, 효율적인 객체와 함수를 개발하기 위해서는 고도의 전문성이 필요하며, 재사용은 특히 비용 대비 효과가 높다.

일반적인 기능을 포함하는 모든 소프트웨어 시스템 및 컴포넌트는 잠재적으로 재사용이 가능하다. 그러나 이러한 시스템 또는 컴포넌트는 때때로 매우 구체적이어서 새로운 상황을 위해 수정하게 되면 매우 많은 비용을 요구한다. 반면 코드를 재사용하는 대신에 소프트웨어의 기본적 아이디어를 재사용할 수도 있다. 이것을 개념 재사용이라고 한다.

개념 재사용에서는 소프트웨어 컴포넌트를 재사용하는 것이 아니라 아이디어, 작업 방식, 또는 알고리즘을 재사용한다. 개념 재사용은 이러한 세부 구현 사항을 포함하지 않는 시스템 모델과 같은 추상 개념으로 표현된다. 따라서 다양한 상황을 위해 구성되고 적응된다. 개념 재사용은 디자인 패턴(7장), 설정 가능한 시스템 제품, 그리고 프로그램 생성기 같은 접근방법에 포함된다. 개념이 재사용되는 경우, 재사용 프로세스는 실행 가능한 컴포넌트를 만들기 위해 추상 개념이 적용되는 활동을 반드시 포함해야 한다.

소프트웨어 재사용의 명백한 장점은 전체 개발 비용이 더 낮아지는 것이다. 명세되고, 계획되고, 실행되고 그리고 검증해야 할 필요성이 있는 소프트웨어 컴포넌트 개수가 더욱 감소한다. 그러나 비용 감소는 단지 소프트웨어 재사용의 한 가지 장점이다. 그림 15.1에서 소프트웨어 재사용의 다른 장점을 나열하였다.

그러나 재사용과 관련된 비용과 몇 가지 문제점들이 있다(그림 15.2). 특정 상황에서 하나의 컴포넌트가 재사용에 적합한가를 이해하고, 그 컴포넌트의 신뢰성을 확보하기 위해 테스트하는 것을 위한 상당한 비용이 있다. 이러한 추가 비용은 개발 비용의 절약이 예상보다 클 수 있다는 것을 의미한다. 그러나 재사용의 다른 장점이 여전히 적용된다.

문제점	설명
컴포넌트 라이브러리의 생성, 유지보수 및 사용	재사용 가능한 컴포넌트 라이브러리를 생성하고 이 라이브러리를 사용할 수 있도록 소프트웨어 개발자들에게 확신을 주는 것은 큰 비용을 요구한다. 라이브러리가 사용되는 것을 확인할 수 있도록 개발 프로세스를 개선해야 한다.
재사용 컴포넌트의 검색, 이해 및 적용	소프트웨어 컴포넌트는 라이브러리에서 찾아지고, 이해되고, 그리고 새로운 환경에서 동작될 수 있도록 적용되어야 한다. 정상적인 개발 프로세스의 일부로서 컴포넌트 검색을 포함하기 전에 엔지니어는 라이브러리에서 컴포넌트를 검색해야 하는 것에 대하여 상당한 확신을 가져야 한다.
유지보수 비용 증가	시스템의 재사용 요소가 시스템에 요구하는 변화에 대하여 호환성이 없는 경우에, 재사용된 소프트웨어 시스템이나 컴포넌트의 소스 코드가 존재하지 않는다면, 유지보수 비용이 증가할 수 있다.
지원 도구의 부족	어떤 소프트웨어 도구들은 재사용 개발을 지원하지 않는다. 이러한 도구들을 컴포넌트 라이브러리 시스템과 통합하는 것은 어렵거나 불가능할 수 있다. 이러한 도구들을 사용하는 소프트웨어 프로세스는 재사용이 어려울 수 있다. 특히 객체 지향 개발 도구보다는 임베디드 시스템 공학을 지원하는 도구인 경우에 많이 발생한다.
NIH (not-invented-here) 증후군	이것은 부분적으로 신뢰와 관계가 있고, 부분적으로 소프트웨어를 처음부터 작성하는 것은 다른 사람의 소프트웨어를 재사용하는 것보다 더 도전적인 것으로 인식된다는 사실과 관계가 있다.

그림 15.2 소프트웨어 재사용의 문제점

2장에서 설명하고 있는 바와 같이, 소프트웨어 개발 프로세스에 재사용을 위해 개선해야 할 것을 고려해야 한다. 재사용 소프트웨어를 사용하기 위해 시스템의 요구사항이 수정되는 단계가 있어야 한다. 시스템의 설계 및 구현 단계는 재사용을 위한 후보 컴포넌트들을 평가하기 위한 명시적 활동을 포함할 수 있다.

15.1 재사용 관점

지난 20년간 많은 기술들이 소프트웨어 재사용을 지원하기 위해 개발되고 있다. 이러한 기술들은 동일한 응용분야의 시스템들은 유사하고 재사용을 위한 잠재성을 갖는다는 사실, 재사용은 단순 기능부터 복잡한 응용까지 다양한 수준에서 가능하다는 사실, 그리고 재사용을 촉진하는 재사용 컴포넌트의 표준을 활용한다. 그림 15.3은 "재사용 관점", 즉 소프트웨어 재사용의 다양한 방법들을 보여준다. 이러한 각각의 재사용 방식은 그림 15.4에서 간단히 설명한다.

재사용을 위한 기술 목록이 주어질 때, 핵심 질문은 "특정 상황에서 어떤 것이 가장 적절하게 사용할 기술인가?"이다. 명백히 이 질문에 대한 대답은 개발될 시스템을 위한 요구사항, 사용 가능한 기술과 재사용 자산, 그리고 개발팀의 전문성에 의존한다. 재사용을 계획할 때 고려해야 할 핵심 요소는 다음과 같다.

1. **소프트웨어를 위한 개발계획:** 소프트웨어가 신속하게 개발되어야 한다면, 각각의 컴포넌트를 재사용하는 것보다 완전한 시스템들을 재사용해야 한다. 이 방법은 필요

한 개발의 양을 최소화하지만, 요구사항을 완전히 만족시키지 않을 수 있다.

2. **예상되는 소프트웨어의 사용기간:** 장기간 사용할 시스템을 개발하는 경우에는 시스템의 유지 보수성에 초점을 맞추어야 한다. 개발자는 재사용의 단기적인 장점뿐만 아니라 장기간의 영향에 대해서도 고려해야 한다. 사용 기간 동안, 새 요구사항을 위해 시스템을 개선해야 하는데 이것은 시스템의 부분적인 수정을 의미한다. 재사용 가능한 컴포넌트의 소스 코드에 접근할 수 없다면 기성품과 외부에서 공급된 시스템을 회피하는 것을 더 선호할 것이다. 이러한 공급자들은 재사용된 소프트웨어에 대한 지원을 계속하지 못할 수 있다. 오픈 소스 시스템과 컴포넌트는 개발자가 소스 코드를 접근하고 복사본은 보관할 수 있음을 의미하므로 이를 재사용하는 것이 보다 안전하다 판단할 수 있다.
3. **개발팀의 배경, 기술, 그리고 경험:** 모든 재사용 기술은 매우 복잡하고, 개발자가 이것들을 이해하고 효율적으로 사용하는 데 상당히 많은 시간이 필요하다. 따라서 개발팀이 전문성을 보유한 영역에 재사용의 노력을 집중해야 한다.
4. **소프트웨어의 중요성과 비기능적 요구사항:** 외부의 규정에 의하여 검증되어야 하는 중요한 시스템에 대해, 시스템을 위한 안전성 또는 보안성 사례를 만들어야 한다(12장에서 설명). 이것은 소프트웨어의 소스 코드에 접근할 수 없는 경우에 쉽지 않다. 소프트웨어가 엄격한 성능 요구사항이 있는 경우, 모델 주도 공학(MDE)(5장)과 같은 전략을 사용하는 것이 불가능할 수 있다. MDE는 시스템의 재사용 가능한 도메인 특화 모델에서 생성된 코드에 의존한다. 그러나 MDE에서 사용되는 코드 생성기는 상대적으로 비효율적인 코드를 생성하는 경우가 자주 발생한다.
5. **애플리케이션 도메인:** 제조 및 의료 정보 시스템과 같은 많은 애플리케이션 도메인에서, 특정 조직을 위해 시스템을 설정하여 재사용할 수 있는 일반적인 제품이 있다.

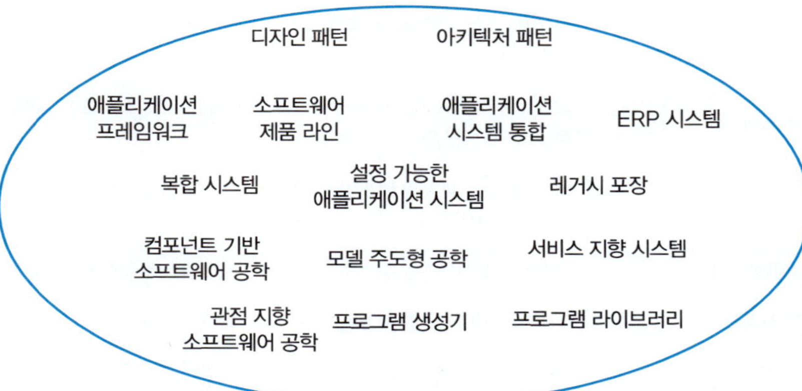

그림 15.3 재사용 관점

이것은 재사용을 위한 가장 효과적인 방법 중 하나이며, 새로운 시스템을 구축하는 것 보다 일반적으로 더 저렴하다.

6. **플랫폼이 운영될 시스템:** .NET 같은 몇 가지 컴포넌트 모델들은 Microsoft 플랫폼에 특화되어 있다. 유사하게, 일반화된 애플리케이션 시스템은 플랫폼에 종속될 수 있으며, 시스템이 동일한 플랫폼을 위해 설계되는 경우 재사용이 가능하다.

대부분의 경우에 다양한 사용가능한 재사용 기술들은 소프트웨어 재사용 가능성이 어느 정도 있다. 재사용 달성은 기술적인 문제보다는 오히려 경영적인 문제이다. 관리자는 재사용 가능한 컴포넌트를 사용하기 위한 요구사항의 변경에 타협하려하지 않을 수 있다. 그들은 재사용과 관련된 위험뿐만 아니라 개발의 위험도 이해하지 못할 수 있다. 비록 신규 소프트웨어 개발의 위험이 높아질 수 있지만, 몇몇 관리자들은 재사용의

그림 15.4 소프트웨어 재사용을 지원하는 접근 방법

접근	설명
애플리케이션 프레임워크	애플리케이션 시스템을 생성하기 위해 추상클래스들과 구체클래스들의 집합들이 적용되고 확장된다.
애플리케이션 시스템 통합	두 개 이상의 애플리케이션 시스템이 확장된 기능성을 제공하기 위해 통합된다.
아키텍처 패턴	애플리케이션 시스템의 일반적인 유형을 지원하는 표준 소프트웨어 아키텍처는 애플리케이션의 기초로 사용된다. 6장, 11장, 17장에 설명되어있다.
관점 지향 소프트웨어 개발	프로그램의 컴파일 시점에서 공유 컴포넌트들은 다른 장소에서 하나의 애플리케이션으로 만들어진다. 웹 31장에 설명되어있다.
컴포넌트 기반 소프트웨어 공학	시스템은 컴포넌트 모델 표준에 부합하는 컴포넌트(객체들의 집합)들을 통합하며 개발한다. 16장에 설명되어있다.
설정 가능한 애플리케이션 시스템	특정 시스템의 요구를 위하여 설정하여 도메인에 특화된 시스템을 설계한다.
디자인 패턴	여러 애플리케이션들에 걸쳐 발생하는 일반화된 추상개념은 추상 객체, 구체 객체, 그리고 상호 작용을 보여주는 디자인 패턴으로써 표현된다. 7장에 설명되어있다.
ERP 시스템	일반화된 비즈니스 기능을 캡슐화시키고 특정 조직을 위하여 비즈니스 규칙을 설정할 수 있는 대규모 시스템
기존 시스템 포장	인터페이스의 집합을 정의하고 이 인터페이스를 통해 기존 시스템에 접근을 지원하기 위해 기존 시스템을 포장한다.
모델 주도형 공학	소프트웨어는 도메인 모델 및 구현에 독립적인 모델 그리고 이 모델들로부터 생성된 코드로 표현된다. 5장에 설명되어있다.
프로그램 생성기	생성시스템은 애플리케이션의 유형에 관한 지식을 포함하고, 사용자가 제공한 해당 도메인의 시스템을 생성하는 데 사용된다.
프로그램 라이브러리	일반적으로 사용되는 추상개념들로 구현한 클래스와 함수 라이브러리는 재사용을 위해 사용될 수 있다.
서비스 지향 시스템	시스템은 외부적으로 제공된 공유 서비스를 연결하여 개발된다. 18장에서 설명한다.
소프트웨어 제품 라인	하나의 애플리케이션 유형은 아키텍처에 대하여 일반화될 수 있으므로 다른 고객을 위해서도 적용될 수 있다.
복합 시스템	두 개 이상의 분산 시스템들이 새로운 시스템을 만들기 위해 통합된다. 20장에서 설명한다.

생성기 기반 재사용

생성기 기반 재사용은 재사용 개념과 지식을 포함하는 자동화 도구를 사용한다. 또한 도구의 사용자들을 위해 일반화된 지식을 포함하는 특수한 코드를 용이하게 통합시키는 방법을 제공한다. 이러한 일반적인 지식을 포함하는 특정 코드를 통합하기 위해 자동화 도구 지식 그리고 일반적인 지식과 특정 코드를 통합하는 도구 사용자를 위한 한 가지 쉬운 방법을 포함한다. 이 방법은 일반적으로 도메인에 특화된 애플리케이션에 가장 효과적이다. 도메인에서의 알려진 문제 해결방법을 생성기 시스템에 포함시켜 신규 시스템을 만드는 사용자들이 선택할 수 있게 한다.

http://software-engineering-book.com/web/generator-reuse/

알려지지 않은 위험보다 개발의 알려진 위험을 더 선호할 수 있다. 전사적인 재사용을 촉진하기 위해, 재사용 자산의 생성에 집중하고 재사용을 가능하게 하기 위한 과정에 집중된 재사용 프로그램을 도입하는 것이 필요할 수 있다(Jacobsen, Griss, and Jonsson 1997).

15.2 애플리케이션 프레임워크

초기 객체 지향 개발 지지자들은 객체는 다른 시스템에서 재사용될 수 있다는 객체 지향 사용의 핵심 장점을 제안했다. 그러나 경험으로 객체는 너무 세분화되는 경우가 많고 특정 애플리케이션에 종속된다는 것을 알게 되었다. 다시 구현하는 것보다 이것을 이해하고 객체를 개선하는 데 더 오랜 시간이 필요한 경우가 많다. 최근에는 프레임워크라 불리는 큰 크기의 추상개념을 사용하는 객체 지향 개발 프로세스가 객체 지향 재사용을 가장 잘 지원한다는 사실이 명백해졌다.

이름에서 알 수 있듯이, 더 구체적인 서브시스템 또는 애플리케이션을 제작하기 위해 프레임워크를 확장하는 일반화된 구조이다. Schmidt 등은 프레임워크를 다음과 같이 정의했다.

> 관련된 애플리케이션들의 패밀리를 위해 재사용 가능한 아키텍처와 협력하는 소프트웨어 산출물(클래스, 객체 그리고 컴포넌트와 같은)의 통합된 집합[†]

프레임워크는 유사한 형태의 모든 애플리케이션에서 사용될 수 있는 일반화 기능을 지원한다. 예를 들어, 사용자 인터페이스 프레임워크는 인터페이스 이벤트 처리를 위한

[†] Schmidt, D. C., A. Gokhale, and B. Natarajan. 2004. "Leveraging Application Frameworks."ACM Queue 2 (5 (July/August)): 66~75. doi:10.1145/1016998.1017005.

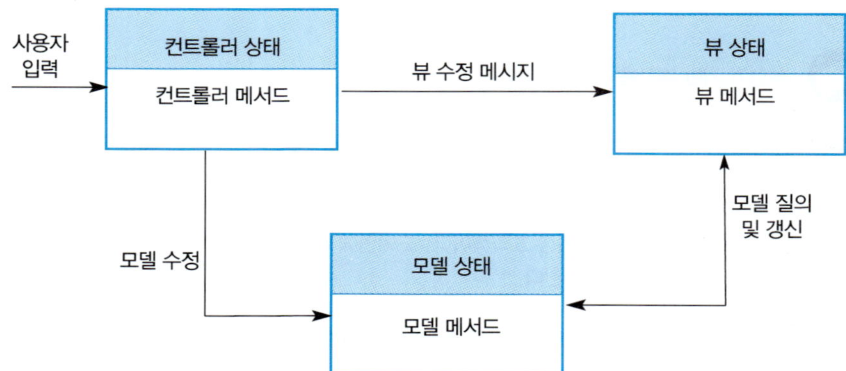

그림 15.5 MVC (Model-View-Controller) 패턴

지원을 제공하고, 화면에 표현하기 위해 사용할 수 있는 위젯의 집합을 포함할 것이다. 특정 애플리케이션을 위해 기능을 추가하여 이것들을 특화시키는 것이 전문가에게 남겨진다. 예를 들어, 사용자 인터페이스 프레임워크에서 개발자는 애플리케이션 구현에 적합한 디스플레이 레이아웃을 정의한다.

프레임워크는 시스템에서 특정 클래스의 재사용뿐만 아니라 애플리케이션을 위한 핵심 아키텍처를 제공하여 설계의 재사용을 지원한다. 아키텍처는 객체 클래스와 그들의 상호 작용에 의해 구현된다. 클래스는 직접 사용되며, 상속 및 다형성 등의 기능을 사용하여 확장될 수 있다. 프레임워크는 객체 지향 프로그래밍 언어에서 구체클래스와 추상 객체 클래스들의 집합으로 구현된다. 따라서 프레임워크는 구현 언어에 종속적이다.

프레임워크는 Java, C# 및 C++와 같은 일반적으로 사용되는 객체 지향 프로그래밍 언어뿐만 아니라 루비나 파이썬 같은 동적인 언어도 사용가능하다. 사실상, 프레임워크가 다른 프레임워크를 포함할 수 있으며 각 프레임워크는 애플리케이션의 일부를 개발하기 위해 설계된 것이다. 사용자는 완전한 애플리케이션을 생성하거나, 프레임워크를 사용하거나, GUI 같은 애플리케이션의 일부를 구현하기 위한 프레임워크를 사용할 수 있다. 가장 널리 사용되는 애플리케이션 프레임워크는 동적 웹 사이트의 구축을 지원하는 웹 애플리케이션 프레임워크(WAFs)이다. WAF의 구조는 그림 15.5에서 나타난 바와 같이 일반적으로 MVC 결합 패턴에 기반을 둔다. 하나의 객체를 여러 가지 방식으로 표현할 수 있고, 각 표현 방식은 고유의 상호 작용 제공하는 MVC 패턴은 원래 1980년대에 GUI 설계 방법으로 제안되었다. 본질적으로 이것은 표현을 상태로부터 분리하기 때문에 상태는 각각의 표현에서 변경될 수 있다.

MVC 프레임워크는 다양한 방법의 데이터의 표현들을 지원하며, 각 표현들과 상호 작용을 가능하게 한다. 여러 표현들 중 한 개를 통하여 데이터가 변경되면 컨트롤러는 각 뷰의 표현이 갱신될 수 있도록 연관되어 있다.

7장에서 논의 된 바와 같이 프레임워크는 디자인 패턴을 구현한 경우가 많다. 예를 들어 MVC 프레임워크는 Gamma 등(Gamma et al. 1995)이 설명한 Observer 패턴, Strategy 패턴, Composite 패턴 등을 포함한다. 일반적인 패턴의 본질 그리고 추상클래스 및 구체클래스의 사용은 확장을 허용한다. 패턴이 없는 프레임워크는 거의 확실하게 불가능하다고 볼 수 있다. 각 프레임워크는 약간씩 다른 기능을 제공하는 반면, 웹 애플리케이션 프레임워크는 보통 다음과 같은 내용을 지원하는 컴포넌트와 클래스들을 제공한다.

1. **보안:** WAFs는 사용자 인증(login)의 구현을 위한 클래스를 포함하고, 사용자는 시스템에서 허가된 기능들만 접근 가능하도록 제어된다.
2. **동적 웹페이지:** 클래스는 웹페이지의 템플릿을 정의하는 것과 시스템 데이터베이스에서 동적으로 특정 데이터를 템플릿에 적용시키는 것을 도와준다.
3. **데이터베이스 통합:** 프레임워크는 일반적으로 데이터베이스를 포함하지 않지만 MySQL과 같은 분리된 데이터베이스 사용하는 것을 가정한다. 이 프레임워크는 다양한 데이터베이스를 위한 추상 인터페이스를 제공하는 클래스들을 포함할 수 있다.
4. **세션 관리:** 세션(사용자에 의한 시스템과의 상호 작용)의 생성과 관리를 위한 클래스는 일반적으로 WAFs의 일부가 된다.
5. **사용자 상호 작용:** 웹 애플리케이션 프레임워크는 상호 작용을 갖는 웹페이지를 생성할 수 있게 하는 AJAX (Holdener 2008) 및 HTML5 (Sarris 2013)를 지원한다. 이들은 스마트폰과 태블릿의 화면 크기에 자동적으로 적응되는 장치-독립적인 인터페이스를 생성할 수 있는 클래스들을 포함할 수 있다.

프레임워크를 사용하여 시스템을 구현하기 위해, 프레임워크의 추상클래스의 오퍼레이션들을 상속받은 구체클래스를 추가하게 된다. 또한 개발자는 프레임워크에 의하여 인식되는 이벤트에 반응하여 호출되는 메서드인 콜백을 정의한다. 애플리케이션 특화 객체보다 프레임워크에 존재하는 객체들이 시스템 제어를 위한 더 큰 책임을 갖는다. Schmidt 등(Schmidt, Gokhale, and Natarajan 2004)은 이것을 "제어의 역행"이라 명명하였다.

사용자 인터페이스와 데이터베이스 이벤트에 대한 응답으로 프레임워크 객체들은 사용자가 제공한 기능들과 연결된 "후크 메서드"를 호출한다. 사용자-제공 기능은 애플리케이션이 어떻게 이벤트에 대해 응답하는가를 정의한다(그림 15.6). 예를 들어, 프레임워크는 GUI 환경에서 마우스 클릭을 처리하는 메서드를 가질 것이다. 후크 메서드라 불리는 이 메서드는, 마우스 클릭을 처리하기 위한 적절한 애플리케이션 메서드를 호출하도록 설정해야 한다. Fayad와 Schmidt (Fayad와 Schmidt 1997)는 프레임워크의 다음과 같은 세 가지 클래스들에 대해 설명하였다.

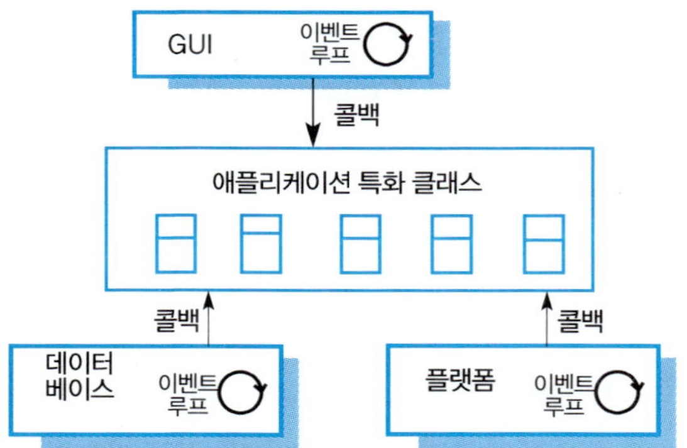

그림 15.6 프레임워크의 제어 역행

1. **시스템 기반구조 프레임워크:** 통신, 사용자 인터페이스, 컴파일러 같은 기반구조 시스템의 개발을 지원한다.
2. **미들웨어 통합 프레임워크:** 컴포넌트들 간의 통신과 정보 교환을 지원하는 표준들과 연관된 객체 클래스들의 집합으로 설정되어 있다. 이 프레임워크 형태의 예로는 Microsoft의 .NET과 Enterprise Java Beans (EJB)가 있다. 이 프레임워크들은 16장에서 설명한 표준 컴포넌트 모델을 지원한다.
3. **엔터프라이즈 애플리케이션 프레임워크:** 엔터프라이즈 애플리케이션 프레임워크는 통신 또는 금융 시스템과 같은 특정 애플리케이션 분야와 관련이 있다(Baumer et al. 1997). 이것은 애플리케이션 도메인 지식을 포함하고, 최종-사용자 애플리케이션의 개발을 지원한다. 현재 널리 사용되지 않고 있으며 주로 소프트웨어 제품 라인으로 대체되었다.†

프레임워크를 사용하여 구축된 애플리케이션은 소프트웨어 제품 라인의 개념 또는 애플리케이션 패밀리를 통한 추가적인 재사용의 기반이 될 수 있다. 애플리케이션이 프레임워크를 사용하여 구축되었기 때문에 시스템의 인스턴스를 생성하기 위해 설정 요소를 변경하는 것은 비교적 단순한 프로세스다. 이것은 프레임워크에 추가했던 구체클래스와 메서드의 재작성을 포함한다.

프레임워크는 매우 효과적인 재사용 방법이다. 그러나 본질적으로 복잡하고 사용하기 위한 학습 기간이 몇 달이 걸릴 수도 있게 때문에, 소프트웨어 개발 프로세스에 도입하기 위해서 많은 비용이 요구된다. 즉, 사용가능한 프레임워크들 중에서 가장 적합한 한 가지를 선택하는 것은 어렵고 비용이 많이 요구될 수 있다. 프레임워크 기반 애플리케이션을 디버깅하는 것은 프레임워크 메서드가 상호 작용하는 방법들을 이해하지

† Fayad, M.E., and D.C. Schmidt. 1997. "Object-Oriented Application Frameworks."Comm. ACM 40 (10): 32-38. doi:10.1145/262793.262798.

못할 수도 있기 때문에 원본 코드를 디버깅하는 것보다 어렵다. 디버깅 도구가 재사용된 프레임워크 컴포넌트에 대해 개발자가 이해하지 못한 정보를 제공할 수 있다.

15.3 소프트웨어 제품 라인

기업들은 다르지만 유사한 여러 개의 시스템들을 지원하려는 경우 가장 효과적인 재사용 방법은 소프트웨어 제품 라인을 만드는 것이다. 물류 또는 의학 시스템 같은 분야에서 도메인 특화된 애플리케이션들을 재사용하기 위해 하드웨어 제어시스템은 이 방법을 자주 사용하여 개발된다. 예를 들어, 프린터 생산 회사는 각 프린터의 종류에 대해 특정 제품 버전으로 프린터 제어 소프트웨어를 개발해야 한다. 이러한 소프트웨어의 버전들은 공통점이 많아서, 핵심 제품(제품 라인)을 생산하고 이것을 각 프린터 형태에 적응시키는 것이 타당하다.

소프트웨어 제품 라인은 일반적인 아키텍처와 공유된 컴포넌트들과 특정 고객의 요구사항을 반영한 특화된 각 애플리케이션을 포함하는 애플리케이션들의 집합이다. 핵심 시스템은 다양한 고객 또는 장비의 요구사항에 부합되도록 설정되고 적응될 수 있도록 설계되었다. 이것은 새로운 요구사항을 반영하기 위해 몇 가지 컴포넌트의 설정, 추가적인 컴포넌트의 구현, 그리고 몇 가지 컴포넌트의 변경들을 포함할 수 있다.

애플리케이션의 일반화된 버전을 개선하여 애플리케이션을 개발하는 것은, 높은 비율의 애플리케이션 코드가 각 시스템에서 재사용된다는 것을 의미한다. 애플리케이션 테스트의 대부분이 또한 재사용될 것이고 따라서 전체적인 애플리케이션 개발 시간이 감소하기 때문에 테스팅이 단순해진다. 기술자들은 소프트웨어 제품 라인을 통하여 애플리케이션 도메인에 대해 배우기 때문에 새로운 애플리케이션을 신속하게 개발할 수 있는 전문가가 된다.

소프트웨어 제품 라인은 일반적으로 기존의 애플리케이션들로부터 생겨났다. 즉 한 조직이 애플리케이션을 개발하고, 유사한 시스템이 요구될 때, 새로운 애플리케이션에서 개발된 애플리케이션의 코드를 비공식적으로 재사용한다. 동일한 프로세스가 다른 유사한 애플리케이션들이 개발에 사용된다. 그러나 변경은 애플리케이션 구조를 훼손하는 경향이 있기 때문에, 새로운 버전의 애플리케이션을 개발하는 것이 점점 더 어렵게 된다. 결과적으로 일반화된 제품 라인을 설계하기 위한 결정이 이루어져야 한다. 이것은 일반화된 기능을 식별하고, 장래의 개발을 위해 사용될 기반 애플리케이션을 개발하는 것을 포함한다. 이 기반 애플리케이션(그림 15.7)은 단순화된 재사용과 재구성을 위해 설계된다. 일반적으로, 기반 애플리케이션은 다음과 같은 내용들을 포함한다.

1. 기반구조를 지원하는 핵심 컴포넌트들, 일반적으로 제품 라인의 새로운 인스턴스를

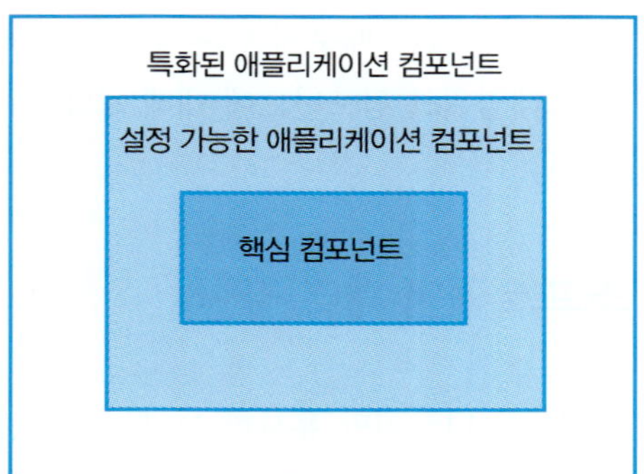

그림 15.7 제품 라인을 위한 기반 시스템의 설정

개발할 때 변경되지 않는다.

2. 새로운 애플리케이션을 위해 변경될 수 있고 특화를 위해 설정될 수 있는 설정 가능한 컴포넌트, 때로 내장 컴포넌트 설정 언어를 사용하여 코드의 변경 없이 이러한 컴포넌트들의 재구성이 가능하다.
3. 제품 라인의 새로운 인스턴스가 생성될 때 일부 또는 전체가 교체될 수 있는 도메인 특화 컴포넌트들

애플리케이션 프레임워크 그리고 소프트웨어 제품 라인은 많은 공통점을 가지고 있다. 이것들은 모두 공통 아키텍처와 컴포넌트들을 지원하고, 시스템의 특화 버전을 생성하기 위해 새로운 개발을 요구한다. 이것들의 주요 차이점은 다음과 같다.

1. 애플리케이션 프레임워크는 프레임워크 확장성을 구현하기 위해 상속과 다형성 같은 객체 지향 특성에 의존한다. 일반적으로 프레임워크 핵심 코드는 변경되지 않으며, 어떤 것이 프레임워크로부터 지원되던 간에 가능한 수정은 제한된다. 소프트웨어 제품 라인은 반드시 객체 지향 접근을 사용하여 만들어지는 것은 아니다. 애플리케이션의 컴포넌트는 변경되고, 삭제되고 또는 재사용된다. 원칙적으로 변경에 대한 제한은 없다.
2. 대부분의 애플리케이션 프레임워크는 도메인에 특화된 지원보다는 일반적인 지원을 주로 제공한다. 예를 들어, 웹 기반 애플리케이션을 생성하기 위한 애플리케이션 프레임워크가 있다. 소프트웨어 제품 라인은 일반적으로 세부적인 도메인과 플랫폼 정보를 포함한다. 예를 들어, 건강 기록 관리를 위한 웹 기반 애플리케이션과 관련된 소프트웨어 제품 라인이 존재한다.
3. 소프트웨어 제품 라인은 장치를 위한 제어 애플리케이션이다. 예를 들어, 특정 유형의 프린터들을 위한 소프트웨어 제품 라인이 있을 수 있다. 이것은 제품 라인이 하드웨어 인터페이스를 지원해야 한다는 것을 의미한다. 애플리케이션 프레임워크는 일반적으로 소프트웨어 지향적이고 하드웨어 상호 작용 컴포넌트를 포함하지 않는다.

4. 소프트웨어 제품 라인은 관련된 애플리케이션 패밀리로 이루어져있으며 동일한 기업에 의해 소유된다. 새로운 애플리케이션을 만들 때 개발자의 시작점은 종종 일반적인 핵심 애플리케이션보다 애플리케이션 패밀리에서 가장 가까운 멤버가 된다.

만약 개발자가 객체 지향언어를 사용하여 소프트웨어 제품 라인을 개발한다면, 시스템의 기반으로서 애플리케이션 프레임워크를 사용할 것이다. 개발자는 내장 메커니즘을 이용하여 도메인 특화 컴포넌트를 갖는 프레임워크를 확장하여 제품 라인의 핵심을 만든다. 다른 고객을 위해 생성한 시스템 버전에서 개발하는 두 번째 단계가 존재한다. 예를 들어, 개발자는 웹기반 헬프 데스크를 지원하는 소프트웨어 제품 라인의 핵심을 제작하기 위해 웹기반 프레임워크를 사용할 수 있다. 이 “헬프 데스크 제품 라인”은 헬프 데스크의 특수한 형태의 지원을 위해 더욱 특화된다.

소프트웨어 제품 라인의 아키텍처는 종종 일반적인 애플리케이션에 특화된 아키텍처 스타일 또는 패턴을 반영한다. 예를 들어, 응급 서비스를 위한 차량 배치 시스템을 처리하기 위해 설계된 제품 라인 시스템을 고려해 보자. 시스템의 운영자는, 사건에 대한 호출을 받고, 사건에 대응하기 위해 적합한 차량을 검색하고, 사고 위치에 차량을 출동시킨다. 이러한 시스템의 개발자들은 경찰, 소방서, 앰뷸런스 서비스를 위한 버전들을 시장에 판매할 수 있다.

이 차량 출동 시스템은 일반적인 자원 할당과 관리 아키텍처의 예다(그림 15.8). 자원 관리 시스템은 사용가능한 자원의 데이터베이스를 사용하고 그 시스템을 사용하는 기업에 의하여 결정된 자원할당정책을 구현하기 위한 컴포넌트를 포함한다. 사용자는 자원을 할당하고 반환하기 위해서, 그리고 자원과 그들의 사용 가능성을 질의하기 위해 자원 관리 시스템과 상호 작용한다.

이 4단계 구조가 차량 출동 시스템 제품 라인이 포함되는 모듈들을 보여주는 그림 15.9에서 적용되는 방법을 볼 수 있다. 제품 라인 시스템에서 각 단계에 존재하는 컴포넌트들은 다음과 같다.

1. 상호 작용단계에서, 컴포넌트들은 오퍼레이터 디스플레이 인터페이스와 통신 시스템의 인터페이스를 제공한다.

2. 입출력 관리 단계(2단계)에서, 컴포넌트는 운영자 인증을 처리하고, 사건의 보고와 차량의 출동을 생성하고, 지도 출력과 경로 계획을 지원하고, 그리고 운영자를 위해 시스템 데이터베이스의 질의 처리 메커니즘을 제공한다.

3. 자원 관리 단계(3단계)에서, 컴포넌트는 차량을 배정해서 출동시키고, 차량과 장비의 상태를 갱신하고, 사고의 세부사항을 기록한다.

4. 데이터베이스 단계에서는 통상적인 트랜잭션 관리 지원뿐만 아니라, 차량, 장비 그리고 지도를 위한 별도의 데이터베이스가 있다.

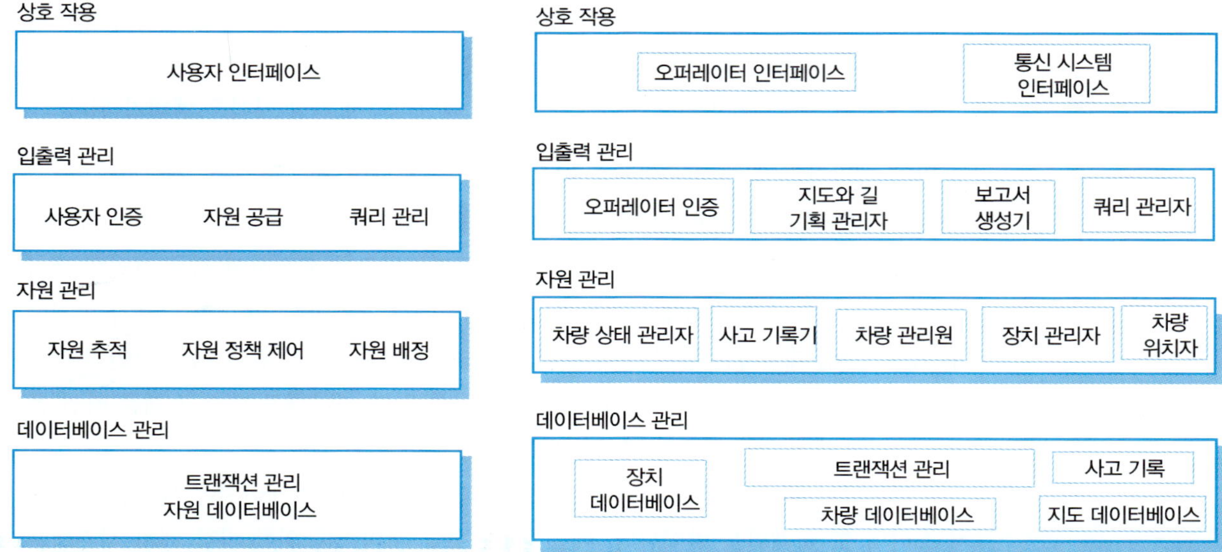

그림 15.8 자원 관리 시스템의 아키텍처

그림 15.9 차량 배치 시스템의 제품 라인 아키텍처

시스템의 새 인스턴스를 생성하기 위해 개발자는 개별 컴포넌트들을 변경해야 한다. 예를 들어, 경찰은 많은 수의 차량을 가지고 있지만 차량의 종류는 비교적 적다. 그에 반해서, 화재 서비스는 다양한 종류의 특수 차량들을 가지고 있지만 비교적 차량의 대수는 적다. 그러므로 이러한 다른 형태의 서비스들을 구현할 때, 개발자는 다양한 데이터베이스 구조를 정의할 수 있다.

소프트웨어 제품 라인의 다양한 종류가 다음과 같이 개발될 수 있다.

1. **플랫폼 특화:** 애플리케이션의 버전들은 여러 플랫폼들로 개발될 것이다. 예를 들어, 애플리케이션의 버전은 Windows, Mac OS, 그리고 플랫폼을 위해 존재할 수 있다.이 경우 애플리케이션의 기능은 보통 변하지 않으며, 단지 하드웨어와 운영체제의 인터페이스되는 컴포넌트들만 변경된다.
2. **환경 특화:** 애플리케이션의 버전은 여러 운영체제들과 주변 기기들을 다루기 위해 생성될 수 있다. 예를 들어, 응급 서비스를 위한 시스템은 각 서비스에 의하여 사용되는 통신 하드웨어에 의존하는 여러 가지 버전으로 존재할 수 있다. 예를 들어, 경찰용 무전기는 내장된 암호 기능을 사용해야 할 수 있다. 제품 라인 컴포넌트는 사용되는 장비의 기능과 특성을 반영하기 위해 변경된다.
3. **기능적 특화:** 애플리케이션의 버전들은 다른 요구사항을 가지는 특정 고객을 위해 만들어질 수 있다. 예를 들어, 도서관 자동화 시스템은 공공 도서관, 참고 도서관 또는 대학 도서관 등 사용 용도에 의존하여 변경될 수 있다. 이 경우 기능을 구현한 컴포넌트는 변경될 수 있고, 새 컴포넌트가 시스템에 추가될 수 있다.

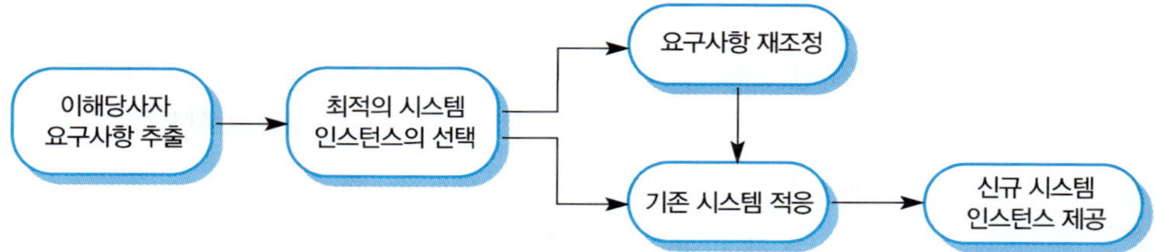

그림 15.10 제품 인스턴스 개발

4. **프로세스 특화:** 시스템은 구체적인 비즈니스 프로세스에 대처하여 적용될 수 있다. 예를 들어, 주문 시스템은 한 회사에서는 중앙식 주문 처리에, 다른 회사들에서는 분산식으로 대처하여 적용될 수 있다.

그림 15.10은 새 애플리케이션을 생성하기 위해 소프트웨어 제품 라인을 확장하는 프로세스를 보여준다. 이 프로세스의 활동은 다음과 같다음과 같다:

1. **이해당사자들의 요구사항을 도출:** 개발자는 일반적인 요구공학 프로세스로 시작할 수 있다. 그러나 시스템이 이미 존재하기 때문에, 시스템을 보여줄 수 있고 이해당사자가 사용해 볼 수 있으므로, 이해당사자들은 제공된 기능들에 대한 수정 요구사항을 표현할 수 있다.
2. **요구사항에 가장 근접하는 기존 시스템 선택:** 제품 라인의 새로운 멤버를 만들 때 개발자는 가장 유사한 제품 인스턴스로 시작할 수 있다. 요구사항이 분석된 후 가장 적합한 설정 멤버가 수정을 위해 선택되었다.
3. **요구사항 재조정:** 더 많은 요구 변경의 세부사항이 드러나고, 프로젝트가 계획됨에 따라, 기본 애플리케이션에 가해질 변화를 최소화시키기 위해 몇 가지 요구사항들에 고객과의 재조정이 발생될 수 있다.
4. **기존 시스템 적용:** 새 모듈들이 기존 시스템을 위해 개발되고 기존 시스템 모듈은 새 요구사항과 만족시켜주기 위해 적응시킨다.
5. **새로운 제품 패밀리 멤버의 제공:** 제품 라인의 새 인스턴스는 고객에게 제공된다. 사용될 시스템의 특수한 환경을 반영하기 위해 설치시간에 특수한 시스템의 설정을 요구할 수 있다. 이 단계에서 개발자는 그것의 핵심 기능을 문서화하여, 미래에 다른 시스템 개발의 기초로 사용될 수 있다.

제품 라인의 새 멤버를 생성할 때 개발자는 가능한 일반적인 애플리케이션의 재사용과 이해당사자의 세부적인 요구사항의 만족 사이에서 타협점을 찾아야 한다. 시스템의 요구사항이 상세할수록, 기존 컴포넌트가 이러한 요구사항들을 만족시킬 가능성이 적어진다. 그러나 만약 이해당사자들의 유연성이 높아 요구되는 시스템 변경을 제한한다면, 일반적으로 개발자는 시스템을 신속하게 제공하거나 더 낮은 비용으로 제공할 수 있다.

소프트웨어 제품 라인은 재구성이 가능하도록 설계된다. 이 재구성은 시스템에서 컴포넌트를 추가하거나 제거하는 것, 시스템 컴포넌트에 대한 매개 변수 및 제약조건을 정의하는 것, 그리고 비즈니스 프로세스에 대한 지식을 포함한다. 이 설정은 개발 프로세스의 여러 단계에서 발생한다.

1. **설계 시간 설정:** 소프트웨어를 개발하는 조직은 고객을 위한 새로운 시스템을 생산하기 위하여 컴포넌트들을 개발하고, 선택하고, 적응시켜 공통 제품 라인 핵심을 수정한다.
2. **배치 시간 설정:** 일반화된 시스템은 고객 또는 고객과 함께 일하는 컨설턴트에 의해 설정할 수 있도록 설계된다. 고객 특화 요구사항의 지식과 시스템의 운영 환경은 일반화된 시스템에 의해 사용되는 설정 데이터에 포함된다.

설계 시간에 시스템이 설정될 때, 공급자는 일반화된 시스템 또는 기존 제품 인스턴스 중 한 가지로부터 시작한다. 이 시스템에서 모듈을 수정하고 확장함으로서, 공급자는 요구되는 고객 기능들을 제공하는 특화시스템을 생성한다. 일반적으로 이것은 시스템의 소스 코드를 변경하고 확장하는 것을 포함하기 때문에 배치 시간 설정보다 유연성이 높아진다. 배치 시간 설정은 신규 시스템 버전을 개발하기 위한 시스템의 기존 배치 시간 설정 기능의 사용이 불가능할 때 사용된다. 개발자는 여러 애플리케이션 패밀리 멤버에서 구현된 기능을 포함하기 위해 핵심 제품 라인을 리팩토링할 것을 결정할 수 있다. 후에 개발자는 시스템이 배치될 때 설정 가능한 새로운 기능성을 만든다.

배치 시간 설정은 설정 도구를 사용하여 설정 데이터베이스 또는 설정 파일의 집합에(그림 15.11) 특화 시스템 설정을 저장하는 것이다. 실행 시스템은 서버나 PC에서 실행될 때 이 데이터베이스를 참고하므로 수행 환경에 특화되는 기능을 지원한다.

실행 시간의 설정은 다음의 몇 가지 단계를 포함한다.

1. **컴포넌트 선택:** 요구된 기능을 제공하는 시스템의 모듈을 선택. 예를 들어, 환자 정보 시스템에서, 개발자는 환자의 의료 기록을 위해 의료 이미지(X-ray, CT 스캔 등)의 연결을 제공하는 이미지 관리 컴포넌트를 선택해야 한다.
2. **워크플로와 규칙의 정의:** 워크플로(각 정보가 단계적으로 처리되는 방법)와 사용자가 입력하는 정보 및 시스템에 의해 생성되는 정보의 검증을 위한 규칙의 정의.
3. **매개변수의 정의:** 개발자가 생성하는 애플리케이션 인스턴스를 반영하는 특정 시스템 매개변수 값의 지정. 예를 들어, 개발자는 사용되는 시스템에 연결된 하드웨어의 특성 또는 사용자에 의하여 지정된 데이터 입력 필드의 최대 길이를 명시할 수 있다.

배치 시간 설정은 매우 복잡하게 될 수 있고, 대규모 시스템에 대한 것일 수도 있기 때문에 고객을 위해 시스템을 설정하고 테스트하기 위해 몇 개월이 걸릴 수 있다. 대규모의 설정 가능 시스템은 설정 프로세스를 지원하기 위한 계획 도구 같은 소프트웨

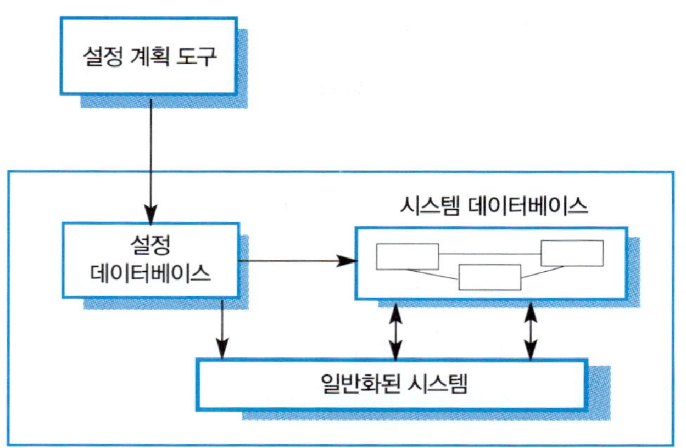

그림 15.11 배치 시간 설정

어 도구를 제공함으로서 설정 프로세스를 지원한다. 저자는 15.4.1절에서 배치 시간 설정에 대해 보다 자세히 설명하였다. 이 설명은 다른 작동 환경을 위해 설정되어야 하는 애플리케이션 시스템의 재사용을 다룬다.

15.4 애플리케이션 시스템 재사용

애플리케이션 시스템 제품은 시스템의 소스 코드를 변경하지 않고 다른 고객의 필요성에 적응할 수 있는 소프트웨어 시스템이다. 애플리케이션 시스템은 일반적인 시장을 위해 시스템 판매자에 의하여 개발된다. 이것은 개별 고객을 위해 특별히 개발되지 않는다. 이 시스템 제품은 때때로 COTS (Commercial Off-the Shelf System) 제품으로 알려져 있다. 그러나 "COTS"라는 용어는 대부분 군용 시스템에서 사용되고, 여기에서는 이 시스템을 제품 **애플리케이션 시스템**이라고 부르는 것을 더 선호한다.

가상적으로 비즈니스를 위한 모든 데스크톱 소프트웨어와 많은 서버기반 시스템은 애플리케이션 시스템이다. 이 소프트웨어는 일반적 사용을 위해 설계되었고, 그렇기 때문에 많은 특징과 기능을 포함한다. 따라서 이것은 여러 환경과 여러 애플리케이션의 일부에서 재사용 잠재성을 가지고 있다. Torchiano와 Morisio (Torchiano 그리고 Morisio 2004)는 오픈 소스 제품들은 변경 없이 그리고 소스 코드를 볼 필요 없이 사용되는 경우가 많다는 것을 발견하였다.

애플리케이션 시스템 제품은 특정한 고객의 요구에 맞게 만들기 위해 시스템의 기능을 변경시킬 수 있는 내장된 설정 메커니즘을 사용함으로서 적응된다. 예를 들어, 병원 환자 기록 시스템에서, 분리된 입력 양식과 출력 보고서는 여러 종류의 환자들을 위해 정의될 수 있다. 다른 설정 기능은 기능을 확장하거나 사용자의 입력의 유효성을 확인하기 위해 사용자의 입력을 검사하는 플러그인을 허용할 수 있다.

이 소프트웨어 재사용은 개인의 요구에 맞춰진 소프트웨어 개발에 비해 큰 이익을 제공해주기 때문에, 90년대 후반부터 대기업을 중심으로 매우 폭넓게 적용되어 왔다.

1. 다른 재사용의 형태들과 마찬가지로, 신뢰성 있는 시스템의 더 신속한 개발이 가능할 수 있다.
2. 애플리케이션이 제공하는 기능을 알 수 있으므로, 적합성을 판단하는 것이 용이하다. 다른 기업들이 이미 애플리케이션을 사용하고 있을 수 있으므로 시스템의 사용 경험도 활용할 수 있다.
3. 기존 소프트웨어를 사용함으로서 몇 가지 개발의 리스크가 회피된다. 그러나 이 방법은 아래에 설명한 고유의 리스크를 가지고 있다.
4. IT시스템 개발을 위해 많은 양의 자원을 투자할 필요가 없이, 그들 사업의 핵심 활동에 집중할 수 있다.
5. 운영 플랫폼이 발전함에 따라, 고객보다는 애플리케이션 시스템 판매자에 책임이 있기 때문에 기술의 업데이트가 단순화된다.

물론 소프트웨어 공학에 대한 이러한 접근 방법은 다음과 같은 자체적인 문제점들이 있다.

1. 요구사항은 기성품 애플리케이션 시스템의 기능과 운영모드를 반영하기 위해서 적응되어야 한다. 이것은 기존 비즈니스 프로세스에 지장을 주는 변화로 이어질 수 있다.
2. 애플리케이션 시스템은 사실상 변화가 불가능하다는 가정에 기반을 둘 수 있다. 따라서 고객들은 이러한 가정을 반영하기 위해 그들의 비즈니스를 적응시켜야 한다.
3. 특히 이러한 많은 시스템들은 문서화가 충분하지 않기 때문에, 특정 기업을 위한 올바른 애플리케이션 시스템을 선정하는 것은 어려운 과정이 될 수 있다. 잘못된 선택을 하는 것은 새 시스템이 요구된 작업을 수행하는 것이 불가능할 수 있다는 것을 의미한다.
4. 시스템 개발을 지원하기 위한 사내의 전문기술이 부족할 수 있다. 결과적으로 고객은 개발 지원을 위해서 판매자와 외부 컨설턴트에 의존해야 한다. 이러한 기술적 조언은 고객의 실제 요구를 이해하기 위한 충분하지 못한 시간을 가지고 제품 판매와 서비스에 초점을 맞추었을 수 있다.
5. 시스템 판매자가 시스템 지원과 개선을 제어한다. 제품들은 단종될 수도 있고, 인수될 수도 있고, 고객에게 어려움을 발행시키는 변화가 있을 수도 있다.

애플리케이션 시스템은 두 개 이상의 시스템이 통합될 때, 개별적으로 또는 조합해서 사용될 수 있다. 개별 시스템은 단일 판매자에 의하여 제공된, 고객의 요구에 따라

설정 가능한 애플리케이션 시스템	애플리케이션 시스템 통합
고객이 요구하는 기능을 제공하는 단일 제품	특화된 기능을 제공하기 위해, 여러 개의 다른 애플리케이션 시스템들이 통합되었다.
일반화된 솔루션과 표준 프로세스에 기반	유연한 솔루션이 고객 프로세스를 위해 개발될 수 있다.
개발의 초점은 시스템의 설정에 있다.	개발의 초점은 시스템 통합에 있다.
시스템 판매자가 유지보수의 책임을 갖는다.	시스템 소유자가 유지보수의 책임을 갖는다.
시스템 판매자가 시스템의 플랫폼을 제공한다.	시스템 소유자가 시스템의 플랫폼을 제공한다.

그림 15.12 설정요소와 통합 애플리케이션 시스템

설정된 일반적인 애플리케이션으로 이루어진다. 새로운 애플리케이션 시스템을 만들기 위해, 통합시스템은 때로 다른 판매자로부터 제공된 개별 시스템들의 통합을 포함한다. 그림 15.12에서 이러한 다양한 접근 방법들 간의 차이점을 요약하였다. 15.4.2절에서 애플리케이션 시스템 통합을 설명하였다.

15.4.1 설정 가능한 애플리케이션 시스템

설정 가능한 애플리케이션 시스템은 특수한 비즈니스 유형, 비즈니스 활동, 또는 때로 비즈니스 기업 전체를 지원하기 위해 설계된 일반화된 애플리케이션 시스템이다. 예를 들어, 치과의사를 위해 생산된 시스템은 예약, 예약 알림, 치료 기록, 환자의 호출, 지불 등을 다룰 수 있다. 보다 큰 규모에서 보면 대기업에서 전사적 자원 관리(ERP: Enterprise Resource Planning) 시스템은 제조, 주문 그리고 고객 관계 관리 프로세스를 지원할 수 있다.

문서관리와 같은 비즈니스 기능을 지원하는 시스템 같이 분야에 특화된 애플리케이션 시스템은 다양한 잠재적 사용자로부터 요구되는 기능을 지원한다. 그러나 그것들은 사용자의 작업을 설정 가능하게 하는 방법에 대한 가정들을 포함하고 있으며, 이러한 가정들은 특정 상황에서 문제를 발생시킬 수 있다. 예를 들어, 대학에서 학생 등록을 지원하기 위한 시스템은 하나의 대학에서 하나의 학위를 위해서 학생이 등록할 것을 가정할 수 있다. 그러나 만약 대학이 공동 학위를 위해 협력한다면, 시스템에서 이러한 기능을 제공하기는 불가능할 수 있다.

SAP와 Oracle로부터 제공되는 ERP는 주문, 송장작성, 재고관리 그리고 제조 일정관리와 같은 사업 활동을 지원하기 위해 설계된 대규모로 통합된 시스템이다(Monk and Wagner 2013). 이 시스템들을 위한 설정 프로세스는 고객의 비즈니스와 비즈니스 프로세스에 대한 세부정보 수집과 이 정보를 설정 데이터베이스에 저장하는 것을 포함한다. 설정은 때로 설정에 대한 개념과 도구에 대한 상세한 지식을 요구하며, 이것은 시

스템 고객과 함께 작업하는 컨설턴트에 의하여 수행된다.

일반화된 ERP 시스템은 고객을 위한 시스템을 만들기 위해 다양한 방법으로 결합될 수 있는 다수의 모듈을 포함한다. 설정 프로세스는 포함되어야 할 모듈을 선택하고, 각 모듈을 설정하고, 비즈니스 프로세스와 비즈니스 규칙을 정의하고, 그리고 시스템 데이터베이스의 설정과 조직을 정의하는 것을 포함한다. 다양한 비즈니스 기능들을 제공하는 ERP 시스템의 전체적인 아키텍처 모델을 그림 15.13에서 볼 수 있다. 이 아키텍처의 핵심 특징은 다음과 같다.

1. 다양한 비즈니스 기능을 지원하기 위한 다수의 모듈. 이 모듈들은 해당 사업의 전체 부서들을 지원할 수 있는 크게 분류된 모듈이다. 그림 15.13에서 나타난 예제에서, 시스템에서 포함되기 위해 선택된 모듈들은 구매 지원을 위한 모듈들이다; 공급망 관리를 지원하기 위한 모듈; 상품의 배송을 지원하기 위한 물류 모듈; 그리고 고객 정보 유지를 위한 고객 관계 관리(CRM) 모듈이다.
2. 각 모듈의 활동과 관련된 비즈니스 프로세스 모델들의 정의된 집합. 예를 들어, 주문 프로세스 모델은 주문이 생성되고 승인되는 방법을 정의할 수 있다. 이것은 발주에 포함된 역할과 활동을 명시할 것이다.
3. 모든 관련된 비즈니스 기능에 대한 정보를 운영하는 공통 데이터베이스. 따라서 비즈니스의 다른 부분에서 고객의 상세 정보와 같은 것을 중복시킬 필요가 없다.
4. 데이터베이스에 저장되는 모든 데이터에 적용되는 비즈니스 규칙의 집합. 따라서 데이터가 한 가지 기능에 의해 입력되는 경우, 이 규칙들은 데이터가 다른 기능에 의해 요구되는 데이터와 일관성이 있는가를 확인하여야 한다. 예를 들어, 비즈니스 규칙은 모든 비용 청구는 요청을 하는 사람보다 더 높은 사람에 의해서 허가되어져야 함을 요구할 수 있다.

ERP 시스템은 일부 또는 모든 기능들을 지원하기 위해 거의 대부분의 대기업에서 사용된다. 따라서 이것들은 매우 넓게 사용되는 소프트웨어 재사용의 형태다. 재사용을 위한 이 방법의 분명한 제한은 고객 애플리케이션의 기능은 ERP 시스템의 내장 모듈의 기능에 의하여 제한된다는 것이다. 만약 기업이 추가적인 기능을 필요로 한다면, 이 기능을 제공하기 위해 별도의 추가 시스템을 개발해야 할 것이다.

뿐만 아니라, 구매 기업의 프로세스와 오퍼레이션은 ERP 시스템의 설정 언어에서 정의되어야 한다. 이 언어는 시스템 판매자의 눈으로 바라본 비즈니스 프로세스의 이해를 포함하며, 이러한 가정 및 개념과 고객의 비즈니스에서 사용된 프로세스 사이에 불일치가 있을 수 있다. 고객의 비즈니스 모델과 ERP 시스템의 의해 사용된 시스템 모델 사이의 심각한 불일치는 ERP 시스템이 고객의 실제 요구를 만족시키지 못할 가능성을

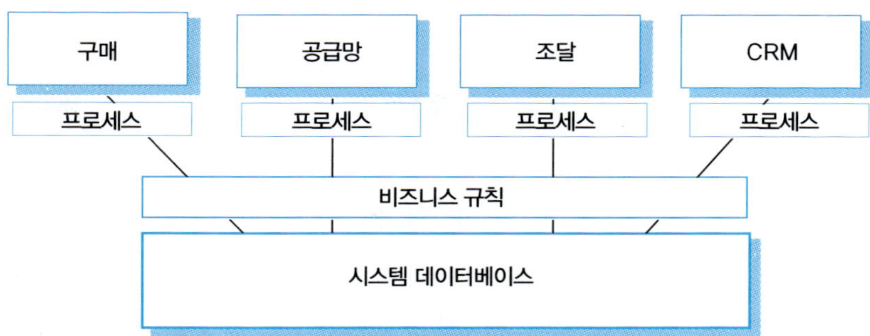

그림 15.13 ERP 시스템 아키텍처

매우 높게 만든다(Scott 1999).

예를 들어, 대학에 판매된 ERP 시스템에서 근본적인 시스템 개념은 고객의 개념이었다. 이 시스템에서 고객은 공급자로부터 상품과 서비스를 구매하는 외부인이었다. 이 개념은 시스템을 설정할 때 많은 어려움을 발생시켰다. 대학은 실제로 그런 의미의 고객이 없다. 그것보다 그들은 학생, 연구기금 재단, 그리고 교육적 자선단체와 같은 다양한 사람과 조직에 대해 고객 유형의 관계를 가지고 있다. 이것들 중 어떤 관계도 외부로부터 제품 또는 서비스를 구매하는 개인 또는 비즈니스 고객 관계와 호환되지 않는다. 이와 같이 특별한 경우 이러한 불일치를 해결하기 위해 몇 달이 걸리고, 최종 해결방안은 단지 부분적으로 대학의 요구사항을 만족시키는 것이었다.

ERP 시스템은 일반적으로 그들이 설치되는 각 조직의 요구사항을 만족시키기 위한 대규모의 설정을 요구한다. 이 설정은 다음을 포함할 수 있다.

1. 시스템으로부터 요구된 기능의 선택, 예를 들어, 포함되어야하는 모듈의 선택에 의해 기능이 결정된다.
2. 시스템 데이터베이스에서 조직의 데이터가 구조화되는 방법을 정의하는 데이터 모델의 수립
3. 데이터에 적용할 비즈니스 규칙의 정의
4. 예상되는 외부 시스템과의 상호 작용의 정의
5. 입력 양식과 시스템에 의해 생성되는 출력 보고서의 설계
6. 시스템에 의해 지원되는 기본적인 프로세스 모델을 따르는 새로운 비즈니스 프로세스의 설계
7. 시스템이 기본적인 플랫폼에 설치되는 방법을 정의하는 매개변수의 설정

일단 설정이 완료되고 나면, 새로운 시스템은 테스트할 준비가 된다. 일반적인 언어를 사용하여 프로그램된 것보다 시스템이 설정된 경우의 테스팅은 더 중요한 문제이다. 이 문제를 위한 두 가지 이유는 다음과 같다.

1. 테스트 자동화가 어렵거나 불가능할 수 있다. 이것들은 JUnit 같은 테스팅 프레임워크에서 사용할 수 있는 API 수준의 접근이 쉽지 않을 수 있으므로, 시스템은 테스터가 시스템에 테스트 데이터를 입력하여 수동으로 테스트되어야 한다. 뿐만 아니라, 시스템은 때로 비형식적으로 명세되기 때문에 최종 사용자로부터의 많은 도움이 없이 테스트 케이스를 정의하는 것은 어려워질 수 있다.

2. 시스템 오류는 때때로 미묘하고 비즈니스 프로세스에 종속된다. 애플리케이션 시스템 또는 ERP 시스템은 신뢰성 있는 플랫폼이므로 기술적 시스템 장애는 드물다. 발생하는 문제들은 때로 시스템 설정과 사용자 이해당사자 간의 오해 때문이다. 최종 사용자 프로세스의 상세한 지식 없는 시스템 테스터는 이러한 오류를 감지할 수 없다.

15.4.2 통합된 애플리케이션 시스템

통합된 애플리케이션 시스템들은 두 개 이상의 애플리케이션 시스템들 또는 때로 기존 시스템들을 포함한다. 개발자는 어떠한 단일 애플리케이션 시스템으로 모든 요구사항을 만족하지 못하거나, 새 애플리케이션 시스템과 이미 사용하고 있는 시스템의 통합을 원하는 경우 이 방법을 사용할 수 있다. 만약 그들의 API 또는 서비스 인터페이스가 정의되었다면, 이것들을 통해 컴포넌트 시스템들은 상호 작용을 할 수 있다. 대신에 한 시스템의 출력을 다른 시스템의 입력으로 연결하거나 애플리케이션에 의하여 사용되는 데이터베이스를 갱신하여, 시스템이 연결될 수 있다.

통합된 애플리케이션 시스템을 개발하기 위해 개발자는 여러 가지 설계에 대한 선택을 해야 한다.

1. **가장 적합한 기능을 제공하는 개별 애플리케이션은 무엇인가?** 일반적으로, 다양한 방법을 통하여 결합될 수 있는 여러 개의 시스템 제품들이 사용가능하다. 만약 개발자가 아직 특정한 애플리케이션 시스템을 사용해본 경험이 없다면, 이 제품이 가장 적합하다고 결정하기 어려울 수 있다.

2. **데이터가 어떻게 교환될 것인가?** 일반적으로 다양한 시스템들은 자신만의 특별한 데이터 구조와 포맷들을 사용한다. 개발자는 하나의 표현을 다른 것의 표현으로 변경하는 어댑터를 작성해야 한다. 이러한 어댑터들은 설정 요소가 되는 애플리케이션 시스템과 함께 작동하는 런타임 시스템이다.

3. **제품의 어떤 기능이 실제로 사용될 것인가?** 개별 애플리케이션 시스템들은 필요한 것보다 더 많은 기능을 포함할 수 있고 기능은 다양한 제품에 걸쳐 중복될 수 있다. 개발자는 어떤 제품이 요구사항에 가장 적합한 기능을 제공하는가를 결정해야 한다. 정상적인 시스템 작동을 방해할 수 있기 때문에, 만약 가능하면 사용하지 않는 기능

에 대한 접근을 막아야 한다.

애플리케이션 시스템 통합을 정리해보기 위해 다음 시나리오를 고려해 보자. 어떤 대형 조직이 직원들이 그들의 책상에서 주문을 할 수 있게 하는 조달 시스템을 개발하려 한다. 조직 전체에 이 시스템을 도입함으로서 기업은 연간 500만 달러를 절약할 수 있다고 평가하였다. 중앙 구매를 통해 신규 조달 시스템은 최고의 가격을 제공하는 공급자들로부터 주문이 항상 이루어지고, 주문과 관련된 행정 업무가 감소됨을 것을 보장할 수 있다. 수작업 시스템과 같이 이 시스템은 공급자로부터의 사용가능한 상품의 선택, 주문 생성, 주문 승인, 공급자에게 주문 전송, 상품 수신, 그리고 지불 확인에 관여한다.

이 기업은 중앙 조달 부서가 사용하는 기존 주문 시스템을 가지고 있다. 이 주문 처리 소프트웨어는 기존 송장 및 운반 시스템과 통합된다. 새로운 주문 시스템을 만들기 위해 기존 시스템은 웹 기반 전자상거래 플랫폼과 사용자와의 통신을 처리하는 전자우편 시스템과 통합된다. 그림 15.14는 최종 조달 시스템 시스템의 구조를 보여준다.

이 조달시스템은 클라이언트에서 사용된 표준 웹브라우징과 전자우편 시스템을 갖는 함께 클라이언트-서버 시스템이 되어야 한다. 서버에서 전자상거래 플랫폼은 어댑터를 통하여 기존 주문 시스템과 통합해야 한다. 전자상거래 시스템은 주문, 배송 확인 등을 위한 고유의 포맷을 가지고 있고, 이 포맷들은 주문 시스템에 의해 사용되는 포맷으로 변경되어야 한다. 전자상거래 시스템은 사용자에게 알림을 보내기 위해 전자우편 시스템을 사용하지만, 주문시스템은 이 목적을 위해 설계된 것이 아니었다. 따라서 주문 시스템의 알림을 전자우편 메시지로 변환하기 위해서 다른 어댑터가 작성되어야 한다.

몇 개월, 때론 몇 년의 구현 노력이 절약될 수 있고, 기존 애플리케이션의 통합으로 인해 개발 및 설치 시간을 크게 절감할 수 있다. 위에서 설명한 조달시스템은 매우 큰 규모의 기업에서 구현과 배치되는 데 9개월이 소요되었다. 이것은 원래 기존 주문 시스템과 통합해야 하는 조달 시스템을 자바로 개발하는 데 3년이 필요할 것이라고 예측하였다.

만약 서비스지향 방법이 사용된다면 애플리케이션 시스템 통합은 단순화될 수 있다. 근본적으로 서비스 지향 방법은 기능의 개별 단위를 위한 서비스들을 포함하는 표준 서비스 인터페이스를 통해 애플리케이션 시스템의 기능을 접근하게 허용하는 것을 의미한다. 어떤 애플리케이션들은 서비스 인터페이스를 제공할 수 있지만, 때로 이 서비스 인터페이스는 시스템 통합자에 의해 구현되어야 한다. 필수적으로, 애플리케이션을 은닉하고 외부에서 접근할 수 있는 서비스를 제공하는 랩퍼를 프로그램해야 한다(그림 15.15). 이 방법은 새로운 애플리케이션 시스템과 통합되어야 하는 기존 시스템에 특히 가치가 높다.

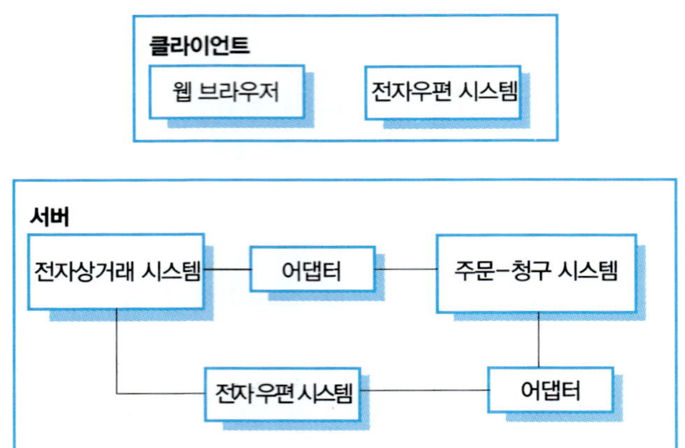

그림 15.14 통합 조달 시스템

원칙적으로, 애플리케이션 시스템을 통합하는 것은 다른 컴포넌트의 통합과 동일하다. 개발자는 시스템 인터페이스를 이해하고 또 소프트웨어와 통신하기 위해 이 인터페이스들만 사용해야 한다; 신속한 개발에 반하는 특수한 요구사항과 컴포넌트의 재사용은 트레이드오프 관계가 있다. 그리고 개발자는 애플리케이션들이 함께 작동할 수 있도록 시스템 아키텍처를 설계해야 한다.

그러나 일반적으로 이 제품들이 자체로서도 규모가 크고, 때로 자체적으로 개별적으로 수행되는 시스템이라는 사실들은 추가적인 문제들을 발생시킨다. Boehm과 Abts (Boehm and Abts 1999)가 다음의 네 가지 중요한 시스템 통합 문제들을 강조하였다.

1. **기능과 성능에 대한 제어 부족:** 비록 공개된 제품의 인터페이스는 요구된 기능을 제공하는 것처럼 보이지만, 시스템이 적절하게 구현되지 않거나 낮은 성능을 낼 수 있다. 제품은 특수한 상황에서 사용하는 데 방해하는 숨겨진 오퍼레이션을 가질 수 있다. 이러한 문제들을 해결하는 것이 시스템 통합자에게는 우선순위가 높을 수 있지만 판매자는 이를 고려하지 않을 수 있다. 사용자가 그 애플리케이션 시스템을 재사용하려면, 그들은 단순히 문제를 해결을 위한 대안을 찾기 위해 노력해야 한다.

2. **시스템 상호운용의 문제점:** 각 시스템이 사용되는 방법에 대한 자신의 가정들을 포함하기 때문에 개별 애플리케이션 시스템들이 함께 작동하게 하는 것이 어려운 경우가 자주 있다. Garlan 등(Garlan, Allen, and Ockerbloom 1995)은 4개의 애플리케이션 시스템을 통합하는 경험을 보고하였고 이 제품들 중 3개는 이벤트 기반이었지만, 각각 다른 이벤트의 모델을 사용하고 있다는 것을 발견하였다. 각 시스템은 이벤트 큐를 위한 배타적인 접근을 가진다고 가정하였다. 결과적으로 통합은 매우 어려웠다. 그 프로젝트는 본래 예상됐던 노력보다 다섯 배의 노력이 요구되었다. 이 계획은 예상됐던 6개월보다 2년 연장되었다. Garlan 등(Garlan, Allen, and Ockerbloom 1995)은 10년 후에 이루어진 분석에서 그들이 발견했던 통합문제가

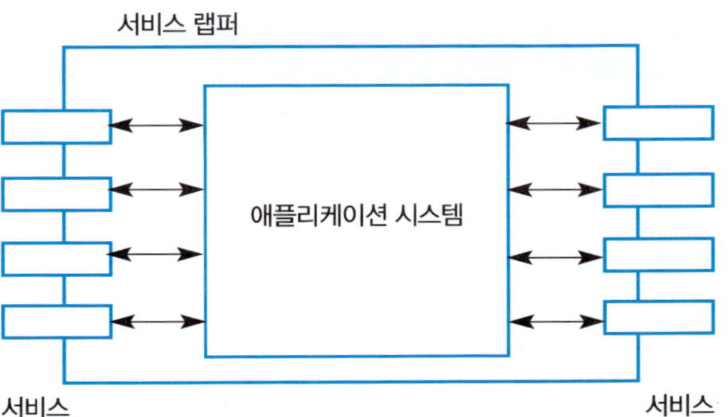

그림 15.15 애플리케이션 랩핑

아직도 해결되지 않았다는 결론을 내렸다. Torchiano와 Morisio (Torchiano and Morisio 2004)는 다수의 애플리케이션 시스템들의 표준 준수가 부족하게 되면 통합이 예측한 것보다 어렵다는 사실을 발견했다.

3. **시스템 진화에 대한 제어 불가능성:** 애플리케이션 시스템의 판매자는 시장 상황에 대응하여 자체적으로 시스템 변화에 대한 결정을 내린다. 특히 PC 제품의 경우, 새 버전이 때로 빈번하게 생산되고 모든 이전의 버전과 호환되지 않을 수 있다. 새 버전은 원하지 않는 추가 기능을 가질 수 있고, 이전 버전들은 사용할 수 없을 수도 있고, 지원이 중단될 수도 있다.
4. **시스템 판매자로부터 지원:** 시스템 판매자의 지원가능 수준은 매우 다양하다. 판매자 지원은 개발자들이 소스 코드와 시스템의 상세 문서에 접근을 못하는 경우, 문제가 발생했을 경우 특히 중요하다. 반면 판매자가 지원에 대한 책임이 있는 경우에도, 시장 변화와 경제적 환경이 그들의 책임을 완수하는 것을 어렵게 만들 수 있다. 예를 들어 수요가 적어서 시스템 판매자가 제품의 단종을 결정할 수도 있고, 또는 설치된 제품을 지원하지 않기를 원하는 다른 기업에게 인수될 수도 있다.

Boehm과 Abts는 많은 경우에서 시스템 유지보수와 진화 비용이 통합된 애플리케이션 시스템보다 커질 수 있다고 경고하였다. 위의 어려움은 생명주기와 관련된 문제들로 단지 시스템의 초기개발에만 영향을 주지 않는다. 초기 시스템 개발자에서 시스템 관리자로 업무가 변경된 인력을 추가적으로 감축하게 되면, 통합된 시스템에 어려움이 발생할 가능성이 높다.

키 포인트

- 다양한 소프트웨어 재사용 방법이 존재한다. 이것은 라이브러리의 클래스와 메서드의 재사용부터 전체 애플리케이션 시스템 재사용에 이르기까지 다양한 방법이 있다.
- 소프트웨어 재사용의 장점은 더 낮은 비용, 더 신속한 소프트웨어 개발, 그리고 더 낮은 리스크다. 시스템의 신뢰성은 증가된다. 전문가는 재사용 가능한 컴포넌트의 설계에 대한 그들의 전문지식에 집중하여 효율적으로 작업할 수 있다.
- 애플리케이션 프레임워크는 구체화를 통한 재사용과 신규 객체의 추가를 통해 설계된 구체 객체들과 추상 객체들의 모임이다. 그들은 일반적으로 디자인패턴을 통한 좋은 설계 사례들을 포함한다.
- 소프트웨어 제품 라인은 하나 이상의 기본 애플리케이션들로부터 개발된 관련된 애플리케이션이다. 일반화된 시스템은 기능성, 목표 플랫폼, 그리고 운영 환경에 대한 구체적 요구사항을 충족하기 위해 적용되고 특화된다.
- 애플리케이션 시스템 재사용은 대규모 기성품의 재사용과 관련이 있다. 이것은 다양한 기능을 제공하고, 그들의 재사용은 비용과 개발 시간을 급격하게 절감할 수 있다. 시스템은 하나의 일반화된 애플리케이션 시스템의 설정으로 개발될 수도 있고, 두 개 이상의 애플리케이션 시스템들을 통합하여 개발될 수도 있다.
- 애플리케이션 시스템 재사용의 기능성, 성능, 그리고 시스템 개선에 대한 관리의 부족, 외부 벤더 지원에 대한 필요성, 그리고 시스템과 상호운용의 확실성을 보장의 어려움의 잠재적 문제들을 포함한다.

추가로 읽을거리

"Overlooked Aspects of COTS-Based Development."An interesting article that discusses a survey of developers using a COTS-based approach, and the problems that they encountered. (M. Torchiano and M. Morisio, *IEEE Software*, 21 (2), March–April 2004) http://dx.doi.org/10.1109/ MS.2004.1270770

CRUISE—Component Reuse in Software Engineering. This e-book covers a wide range of reuse topics, including case studies, component-based reuse, and reuse processes. However, its coverage of application system reuse is limited. (L. Nascimento et al., 2007) http://www.academia.edu/179616/ C.R.U.I.S.E_-_Component_Reuse_in_Software_Engineering

"Construction by Configuration: A New Challenge for Software Engineering."In this invited paper, I discuss the problems and difficulties of constructing a new application by configuring existing systems. (I. Sommerville, Proc. *19th Australian Software Engineering Conference,* 2008) http://dx. doi.org/10.1109/ ASWEC.2008.75

"Architectural Mismatch: Why Reuse Is Still So Hard."This article looks back on an earlier paper that discussed the problems of reusing and integrating a number of application systems. The authors concluded that, although some progress has been made, there were still problems in conflicting assumptions made by the designers of the individual systems. (D. Garlan et al., *IEEE Software*, 26 (4), July–August 2009) http://dx.doi.org//10.1109/MS.2009.86

웹 사이트

이 장의 파워포인트 슬라이드:

https://iansommerville.com/software-engineering-book/slides

관련 비디오 링크:

https://iansommerville.com/software-engineering-book/videos/reuse/

연습문제

15.1 어떤 주요 기술적 요소와 비기술적 요소가 소프트웨어 재사용을 저해하는가? 당신은 개인적으로 많은 소프트웨어를 재사용하는가? 만약 아니라면 왜 그런가?

15.2 소프트웨어 재사용의 장점을 나열하고 재사용 계획을 수립할 때 소프트웨어의 예상되는 수명을 고려해야 하는 이유를 설명하라.

15.3 제품 라인에서 기초 애플리케이션의 설계가 어떻게 재사용과 재구성을 단순화시키는가?

15.4 애플리케이션 프레임워크에서 "제어의 역행"이 무엇을 의미하는지 설명하라. 만약 개발자가 동일한 애플리케이션 프레임워크를 사용하여 개발된 두 개의 시스템들을 통합하면, 이러한 접근 방법이 문제를 발생시키는 이유를 설명하라.

15.5 1장과 7장에서 설명된 기상 관측기 시스템의 예를 사용하여 원격 모니터링 및 데이터 수집과 관련된 애플리케이션 패밀리를 위한 제품 라인 아키텍처를 제안하라. 패밀리로 계층 모델로서 당신의 아키텍처를 설명하고, 각 계층에 포함될 수 있는 컴포넌트들을 보여라.

15.6 워드 프로세서 소프트웨어 같은 대부분의 데스크톱 소프트웨어는 다양한 여러 방법으로 설정될 수 있다. 여러분이 자주 사용하고 있는 소프트웨어를 조사해서 그 소프트웨어의 설정 옵션들을 나열하라. 소프트웨어 설정에서 사용자가 가질 수 있는 어려움에 대하여 제안하라. Microsoft Office(또는 이것의 대체가능한 오프소스 중 하나)는 이 문제를 위해 좋은 예제이다.

15.7 많은 대기업들이 그들의 전사적 정보 시스템의 기반으로서 ERP 시스템을 선택하는 이유는 무엇인가? 한 조직에 대규모 ERP 시스템을 구축할 경우 어떤 문제가 발생할 수 있는가?

15.8 맞춤형 소프트웨어 개발 방법과 비교할 경우 애플리케이션 시스템 재사용 방법에 의해 제공되는 중요한 장점은 어떤 것들이 있는가?

15.9 통합 애플리케이션 시스템으로 시스템이 구축될 경우 일반적으로 어댑터가 필요한 이유를 설명하라. 두 개의 애플리케이션 시스템을 연결하기 위한 어댑터 소프트웨어의 작성에서 발생할 수 있는 현실적인 문제점 세 개를 제시하라.

15.10 소프트웨어의 재사용은 많은 저작권과 지적재산권 문제를 야기한다. 만약 고객이 시스템을 개발하기 위해 소프트웨어 계약자에게 지불한다면, 개발된 코드의 재사용에 대한 권리는 누구에게 있는가? 소프트웨어 계약자가 일반적인 컴포넌트를 위한 기초의 코드를 사용할 권리를 가지는가? 재사용 컴포넌트 제공자 보상을 위해 어떤 지불 메커니즘이 사용될 수 있는가? 이러한 문제들 및 소프트웨어의 재사용에 관련된 다른 도덕적인 문제점에 대해 토론하라.

참고문헌

Baumer, D., G. Gryczan, R. Knoll, C. Lilienthal, D. Riehle, and H. Zullighoven. 1997. "Framework Development for Large Systems."*Comm. ACM* 40 (10): 52 – 59. doi:10.1145/262793.262804.

Boehm, B., and C. Abts. 1999. "COTS Integration: Plug and Pray?"Computer 32 (1): 135 – 138. doi:10.1109/2.738311.

Fayad, M.E., and D.C. Schmidt. 1997. "Object-Oriented Application Frameworks."*Comm. ACM* 40 (10): 32 – 38. doi:10.1145/262793.262798.

Gamma, E., R. Helm, R. Johnson, and J. Vlissides. 1995. *Design Patterns: Elements of Reusable Object-Oriented Software.* Reading, MA: Addison–Wesley.

Garlan, D., R. Allen, and J. Ockerbloom. 1995. "Architectural Mismatch: Why Reuse Is So Hard."*IEEE Software* 12 (6): 17 – 26. doi:10.1109/52.469757.

———. 2009. "Architectural Mismatch: Why Reuse Is Still so Hard."*IEEE Software* 26 (4): 66 – 69. doi:10.1109/MS.2009.86.

Holdener, A.T. 2008. Ajax: *The Definitive Guide.* Sebastopol, CA: O'Reilly and Associates.

Jacobsen, I., M. Griss, and P. Jonsson. 1997. *Software Reuse.* Reading, MA: Addison-Wesley.

Monk, E., and B. Wagner. 2013. *Concepts in Enterprise Resource Planning, 4th ed. Independence,* KY: CENGAGE Learning.

Sarris, S. 2013. *HTML5 Unleashed. Indianapolis,* IN: Sams Publishing.

Schmidt, D. C., A. Gokhale, and B. Natarajan. 2004. "Leveraging Application Frameworks."*ACM Queue* 2 (5 (July/August)): 66 – 75. doi:10.1145/1016998.1017005.

Scott, J. E. 1999. "The FoxMeyer Drug's Bankruptcy: Was It a Failure of ERP."In *Proc. Association for Information Systems 5th Americas Conf. on Information Systems.* Milwaukee, WI. http://www.uta. edu/faculty/weltman/OPMA5364TW/FoxMeyer.pdf

Torchiano, M., and M. Morisio. 2004. "Overlooked Aspects of COTS-Based Development."*IEEE Software* 21 (2): 88 – 93. doi:10.1109/MS.2004.1270770.

16

컴포넌트 기반 소프트웨어 공학

Component-based software engineering

학습목표

이 장의 목표는 표준화된, 재사용 가능한 컴포넌트 요소의 결합을 기반으로둔 소프트웨어 재사용 접근 방식을 소개하는 것이다. 이 장을 통해 학습할 내용은 다음과 같다.

- 하나의 프로그램에 포함되는 수행 가능한 요소로서의 소프트웨어 컴포넌트를 이해할 수 있다.
- 소프트웨어 컴포넌트 모델의 주요 요소들과 미들웨어가 이 모델들을 위해 제공하는 지원들을 이해한다.
- 재사용을 위한 컴포넌트 기반 소프트웨어 공학(CBSE: component-based software engineering) 프로세스와 재사용 CBSE 프로세스의 주요 활동들을 이해한다.
- 세 종류의 컴포넌트 결합과 컴포넌트가 새로운 컴포넌트나 시스템을 생성하기 위해 결합될 때 해결되어야만 하는 몇 가지 문제점들을 이해한다.

학습내용

컴포넌트 기반 소프트웨어 공학(CBSE)은 재사용 소프트웨어 컴포넌트를 기반으로 소프트웨어 시스템을 개발하는 접근 방법으로서 1990년도 후반에 등장하였다. CBSE가 탄생하게 된 이유는 객체 지향 개발이 원래 의도했던 광범위한 재사용을 이끌어내지 못했다는 어려움에 기인한다. 단일 객체 클래스는 너무 상세하고 구체적이며 대부분 컴파일 시점에 애플리케이션과 결합되어야 한다. 단일 객체 클래스를 사용하기 위해서는 일반적으로 컴포넌트 소스 코드의 의미에 대한 상세한 지식을 갖추어야 한다. 재사용가능한 개별 컴포넌트로 판매하거나 배포하는 것은 실제적으로 불가능하다.

반면 컴포넌트는 객체보다 높은 수준으로 추상화되어야 하고, 그들의 인터페이스에 의해 정의된다. 컴포넌트는 보통 개별적인 객체보다 더 크며, 모든 세부 구현 사항은 다른 컴포넌트로부터 숨겨져 있다. 컴포넌트 기반의 소프트웨어 공학은 느슨하게 결합된 독립적인 컴포넌트들을 하나의 시스템으로 구성하기 위해, 시스템을 정의하고, 구현하고, 통합 또는 결합하는 과정이다.

성능 및 보안 요구사항의 요구에 의해, CBSE는 대규모 엔터프라이즈 시스템의 중요한 소프트웨어 개발 접근 방식이 되었다. 고객은 더 빠르게 배포되고 설치될 수 있는 보다 안전하고 신뢰할 수 있는 소프트웨어를 요구하고 있다. 이러한 요구를 충족시킬 수 있는 유일한 방법은 기존 컴포넌트들을 재사용하여 소프트웨어를 구축하는 것이다.

다음은 컴포넌트 기반 소프트웨어 공학의 필수사항이다.

1. 완전히 자신의 인터페이스에 의해 명시된 독립적인 컴포넌트. 컴포넌트 인터페이스와 구현이 명확하게 분리되어야 한다. 이것은 시스템의 다른 부분들을 변경할 필요가 없이, 컴포넌트의 하나의 구현이 다른 구현으로 대체될 수 있다는 것을 의미한다.
2. 인터페이스를 정의하여 컴포넌트의 통합을 가능하게 하는 컴포넌트 표준. 이 표준들이 컴포넌트 모델에 포함되어 있다. 컴포넌트 모델은 최소한 컴포넌트의 인터페이스가 기술되는 방법과 컴포넌트들의 통신 방법을 정의한다. 몇 개의 모델은 훨씬 더 확장되어, 표준을 준수하는 모든 컴포넌트에 의하여 구현되어져야 하는 인터페이스를 정의하였다. 컴포넌트가 표준에 부합하면, 컴포넌트의 동작은 프로그래밍 언어에 독립적이다. 다른 언어로 작성된 컴포넌트는 동일한 시스템에 통합될 수 있다.
3. 소프트웨어에게 컴포넌트 통합을 지원하는 미들웨어. 독립되고 분산된 컴포넌트가 함께 작동되게 하려면 컴포넌트 통신을 처리하기 위한 미들웨어 지원이 필요하다. 컴포넌트를 위한 미들웨어가 효율적으로 저수준의 문제를 처리하여, 프로그래머가 애플리케이션에 대한 문제들에 집중할 수 있다. 추가로 컴포넌트를 위한 미들웨어는 자원 할당, 트랜잭션 관리, 보안 및 동시성을 제공할 수 있다.
4. 컴포넌트 기반 소프트웨어 공학 위주의 개발 프로세스 사용 가능한 컴포넌트의 기능에 따라 요구사항을 개선하거나 변경할 수 있는 개발 프로세스가 필요하다.

CBSE의 문제점들

CBSE는 현재 새로운 시스템을 생성하기 위해 폭넓게 적용되고 있는 소프트웨어 공학의 접근 방법의 주류가 되었다. 그러나 재사용 접근 방법의 하나로 사용되는 경우에 컴포넌트의 신뢰성, 인증, 요구사항의 조정, 그리고 특히 다른 컴포넌트들과 통합되는 경우에 컴포넌트의 특성에 대한 예측에 대한 문제점들을 포함하고 있다.

http://software-engineering-book.com/web/cbse-problems/

컴포넌트 기반의 개발은 소프트웨어 공학의 성공 사례들을 포함한 것이다. 만약 개발자가 컴포넌트를 개발해야 하는 경우에도 재사용을 하는 것이 종종 더 효과적인 경우가 있다. 기본으로 CBSE는 이해하기 쉽고 운영 가능한 소프트웨어를 구축을 지원하는 매우 건전한 설계 원칙이다.

1. 컴포넌트는 독립적이므로 그들은 서로의 연산을 방해하지 않는다. 세부적인 구현 사항은 숨겨져 있다. 컴포넌트들의 구현은 시스템의 나머지 부분에 영향을 미치지 않고 변경될 수 있다.
2. 컴포넌트는 잘 정의된 인터페이스를 통해 통신한다. 이러한 인터페이스를 유지하는 경우, 하나의 컴포넌트는 추가되거나 향상된 기능을 제공하는 다른 컴포넌트로 대체될 수 있다.
3. 컴포넌트 기반 구조는 애플리케이션에서 사용될 수 있는 다양한 표준 서비스를 제공한다. 따라서 이것은 개발되어야 할 새로운 코드의 양을 감소시킨다.

초기에 CBSE를 만들게 된 동기는 재사용과 분산 소프트웨어 공학을 지원할 필요성이었다. 컴포넌트는 다른 컴퓨터에서 수행되는 컴포넌트에 의해 원격 프로시저 호출을 통해서 접근될 수 있는 소프트웨어 시스템의 요소로서 간주되었다. 컴포넌트를 재사용하는 각 시스템은 해당 컴포넌트의 복사본을 포함해야 한다. CORBA 규격과 같은 분산 시스템 모델에 정의된 것과 같이 컴포넌트의 아이디어는 분산 객체 개념으로 확장되었다. 컴포넌트의 이러한 컴포넌트 관점을 지원하기 위해 몇 가지 다양한 프로토콜과 "표준" 기술 규격이 소개되었는데, 예를 들면 썬의 엔터프라이즈 자바 빈즈(EJB), 마이크로소프트의 COM과 .NET, 그리고 CORBA CCM 등이 있다.

불행하게도 표준을 제안하는 데 참여한 기업체들은 컴포넌트의 단일 표준에 동의할 수 없었으므로, 분산 방식의 소프트웨어 재사용에 대한 효과가 제한적이었다. 여러 접근들을 함께 사용하여 컴포넌트를 개발하는 것이 불가능하였다. .NET 또는 J2EE와 같이 다른 플랫폼들로 개발된 컴포넌트들은 서로 연결될 수 없다. 더구나, 제안된 표준 및 프로토콜은 복잡하고 이해하기 어렵다. 이것은 도입에 있어서 진입 장벽이 되었다.

이러한 문제를 해결하기 위하여, 서비스로서의 컴포넌트 개념의 개발되었으며, 서비스 지향 소프트웨어 기술을 지원하기 위한 표준이 제안되었다. 서비스로서의 컴포넌트와 컴포넌트의 원래 개념의 가장 큰 차이점은 서비스는 그들을 사용하는 프로그램 외부에 존재하는 독자적인 개체라는 것이다. 서비스 지향 시스템을 구축할 때, 시스템에서 해당 서비스의 복사본을 포함하는 대신 외부 서비스를 참조한다.

서비스 지향 소프트웨어 공학은 컴포넌트 기반 소프트웨어 공학의 일종이다. 이것은 더 큰 시스템에 포함된 컴포넌트를 수행 가능한 루틴으로 이해하는 초기 CBSE에서 제안한 것보다 단순한 개념을 사용한다. 하나의 컴포넌트를 사용하는 각 시스템은 그 컴포넌트의 자신의 버전을 포함한다. 서비스 지향 접근 방식은 시스템 개발의 접근 방법에서 임베디드된 컴포넌트를 사용하는 CBSE를 점진적으로 대체하였다. 이번 장에서는 임베디드 컴포넌트를 사용하는 CBSE의 사용에 대해 논의하고, 서비스 지향 소프트웨어 공학은 18장에서 다룬다.

16.1 컴포넌트와 컴포넌트 모델

소프트웨어 재사용 커뮤니티는 일반적으로 컴포넌트는 하나의 소프트웨어 시스템을 생성하기 위해 다른 컴포넌트들로 구성될 수 있는 독립적인 소프트웨어 단위라는 것에 동의하고 있다. 그러나 그것을 넘어서 사람들은 소프트웨어 컴포넌트에 대한 다양한 정의를 제안하였다. Councill과 Heineman (Councill and Heineman 2001)은 컴포넌트를 다음과 같이 제안하였다.

> 표준 컴포넌트 모델에 부합되는 소프트웨어 요소는 결합 표준에 따라 독립적으로 설치되고 수정 없이 구성될 수 있다.[†]

이 정의는 표준에 기반을 두었으므로, 이러한 표준들에 부합되는 소프트웨어 단위를 컴포넌트라고 한다. Szyperski (Szyperski 2002)는 컴포넌트에 대한 자신의 정의에서 표준을 언급하지 않았으나, 대신에 컴포넌트의 주요 특성에 대하여 초점을 맞추었다.

> 소프트웨어 컴포넌트는 명세가 지정된 인터페이스와 명시적으로 정의된 문맥상의 종속성을 갖는 결합의 단위이다. 소프트웨어 컴포넌트는 독립적으로 설치될 수 있고, 제3자에 의하여 결합될 수 있다.[‡]

[†] Councill, W. T., and G. T. Heineman.2001. "Definition of a Software Component and Its Elements."In Component-Based Software Engineering, edited by G T Heineman and W T Councill, 5 - 20. Boston: Addison Wesley.

[‡] Szyperski, C. 2002. Component Software: Beyond Object-Oriented Programming, 2nd Ed. Harlow, UK: Addison Wesley.

설명	설명
결합성	컴포넌트가 결합가능하려면 모든 외부 상호 작용은 공개적으로 정의된 인터페이스를 통해 이루어져야 한다. 메서드 및 속성과 같은 자신에 대한 정보를 외부에서 접근 가능하도록 해야한다.
배치성	배치를 위해서, 컴포넌트는 스스로 충분해야 한다(self-contained). 이것은 컴포넌트 모델의 구현을 제공하는 컴포넌트 플랫폼 위의 독립적 엔티티로서 작동이 가능해야만 한다. 이것은 컴포넌트가 배치되기 전에 컴파일될 필요가 없는 바이너리 형식으로 존재한다는 것을 의미한다. 만약 컴포넌트가 서비스의 형태로 구현된다면 컴포넌트는 사용자에 의해 설치되기보다는 서비스 제공자에 의해 설치되는 것이 더 바람직하다.
문서화	컴포넌트는 완전히 문서화되어야만 잠재적인 사용자가 컴포넌트가 그들의 요구사항에 만족하는지 여부를 판단할 수 있다. 모든 컴포넌트 인터페이스의 문법과 의미는 명시되어야만 한다.
독립성	컴포넌트는 다른 특정 컴포넌트의 사용하지 않고 구성과 배포가 가능해야 하고 이는 곧 컴포넌트가 독립적이어야 하는 것을 의미한다. 컴포넌트가 외부에서 제공된 서비스를 필요로 한다면 그 컴포넌트는 "요구" 인터페이스에 명시적으로 규정해야한다.
표준화	컴포넌트 표준화는 CBSE 공정에서 사용되는 컴포넌트가 표준 컴포넌트 모델을 따르는 것을 의미한다. 표준 컴포넌트 모델은 컴포넌트 인터페이스, 컴포넌트 메타데이터, 문서화, 결합, 그리고 배치를 정의한다.

그림 16.1 컴포넌트 특성

두 개의 정의 모두는 시스템에 의해 참조되는 서비스보다 시스템에 포함된 요소로서의 컴포넌트라는 아이디어에서 출발하였다. 그러나 이 정의들은 서비스 컴포넌트에도 동일하게 적용 가능하다.

Szyperski는 컴포넌트 외부에서 관찰 가능한 상태가 없다고 언급하였고, 즉 복사된 컴포넌트는 구별되지 않는다는 것을 의미한다. 자바빈 모델과 같은 몇몇 컴포넌트 모델들은 상태 기반 컴포넌트를 허용하며 이들은 Szyperski 정의와 일치하지 않는다. 상태가 없는 컴포넌트를 사용하는 것은 매우 간단하지만, 몇 가지 시스템 상태 컴포넌트의 경우에는 더 편리하고 시스템 복잡도를 감소시킨다.

위 정의들의 공통점은 컴포넌트가 독립적이라는 것이고, 이것들은 시스템 구성의 기본 단위라는 것을 의미한다. 이러한 정의들을 결합하면, 재사용 가능한 컴포넌트에 대하여 좀 더 포괄적인 이해를 얻을 수 있다고 생각된다. 그림 16.1은 CBSE에 사용되는 컴포넌트의 핵심 특성을 고려한 것을 보여준다.

컴포넌트를 이해할 수 있는 유용한 방법 중 하나는 컴포넌트가 서비스로 구현되지 않고 포함된 경우라도 컴포넌트를 하나 이상의 서비스 제공자로 보는 것이다. 시스템이 무엇인가를 수행해야 할 필요가 있는 경우, 컴포넌트의 수행 장소 또는 컴포넌트를 개발할 때 사용된 프로그래밍 언어의 종류를 고려할 필요가 없이 해당 서비스를 제공하기 위하여 컴포넌트를 호출한다. 예를 들어, 공용 라이브러리에 사용하는 시스템의 컴포넌트는 사용자가 라이브러리 카탈로그를 검색할 수 있는 검색 서비스를 제공할 수 있다. 그래픽 형식을 다른 형식으로(예를 들어, JPEG에 TIFF) 변환하는 컴포넌트 등은 데이터 변환 서비스 등을 제공한다.

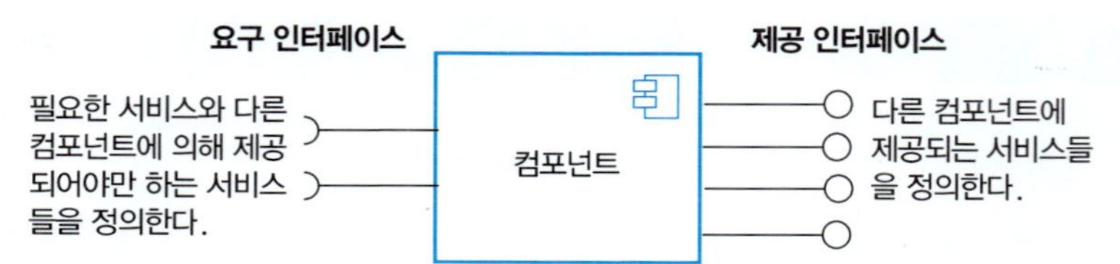

그림 16.2 컴포넌트 인터페이스

서비스 제공자의 관점은 컴포넌트의 두 가지 중요한 특성을 강조한다. 구성요소는 다음과 같다.

1. 컴포넌트는 해당 인터페이스에 의해 정의된 독립 실행 개체이다. 사용자는 사용하는 소스 코드에 대한 지식을 필요로 하지 않는다. 컴포넌트는 외부 서비스로 참조할 수 있고 또는 프로그램에 직접 포함할 수 있다.
2. 컴포넌트에서 제공하는 서비스는 인터페이스를 통해 제공되며, 모든 상호 작용은 인터페이스를 통한다. 컴포넌트 인터페이스의 동작은 매개 변수로 표현하고, 내부 상태는 노출되지 않는다.

원론적으로 그림 16.2에 표현된 바와 같이 모든 컴포넌트는 두 개의 관련된 인터페이스를 갖는다. 이 인터페이스들은 컴포넌트가 제공하는 서비스와 정확하게 작동하기 위해 요구되는 서비스들로 구성된다.

1. "제공" 인터페이스는 컴포넌트에 의해 제공되는 서비스들을 정의한다. 이 인터페이스는 컴포넌트 API다. 이것은 컴포넌트의 요구 인터페이스에 의해 호출되는 메서드들을 정의한다. UML 컴포넌트 다이어그램에서 컴포넌트의 "제공" 인터페이스는 컴포넌트 아이콘에서 시작하는 라인의 끝 부분에 있는 원으로서 표현된다.
2. "요구" 인터페이스는 컴포넌트가 제대로 작동하기 위해서 다른 컴포넌트가 제공해야 하는 서비스들을 지정한다. 이러한 서비스를 사용할 수 없는 경우, 컴포넌트가 작동하지 않는다. "요구" 인터페이스는 이러한 서비스들의 제공 방법을 정의하지 않으므로 이것은 컴포넌트의 독립성 또는 배치 기능을 유지한다. UML에서 "요구" 인터페이스의 기호는 컴포넌트 아이콘으로부터 시작한 라인의 끝부분의 반원이다. "제공" 인터페이스와 "요구" 인터페이스 아이콘은 공과 소켓처럼 연결됨을 주목해야 한다.

이 인터페이스들을 설명하기 위해 그림 16.3은 센서 배열로부터 정보를 수집하고 점검하기 위해 설계된 컴포넌트의 모델을 보여준다. 이것은 일정 기간에 걸쳐 데이터를 수집하고, 요청이 있는 경우 호출하는 컴포넌트에 점검된 데이터를 제공하기 위하여 자율적으로 수행된다. "제공" 인터페이스는 센서를 추가, 삭제, 시작, 중지 그리고 테스트하는 메서드들을 포함한다. report 메서드는 수집된 센서 데이터를 반환하고 listAll 메

컴포넌트와 객체

컴포넌트는 일반적으로 객체 지향 언어를 사용하여 개발되며, 어떤 경우에는 컴포넌트의 "제공" 인터페이스를 접근하는 것은 메서드 호출을 통하여 수행된다. 그러나 컴포넌트와 객체 클래스는 같은 것이 아니다. 객체 클래스와는 달리 컴포넌트는 독립적으로 설치 가능하고, 타입을 정의하지 않으며, 언어에 독립적이며, 표준 컴포넌트 모델에 기반한다.

http://software-engineering-book.com/web/components-and-objects/

서드는 부착된 센서들에 대한 정보를 제공한다. 비록 여기에 나타나지 않았지만, 이러한 메서드들은 센서 식별자, 위치 등을 지정하는 관련된 매개 변수들을 갖고 있다.

"요구" 인터페이스는 센서들을 컴포넌트에 연결하기 위해 사용된다. 센서가 sensorData를 통해 접근하는 데이터 인터페이스와 sensorManagement를 통해 접근하는 관리 인터페이스를 가지고 있다고 가정한다. 이 인터페이스는 다른 종류의 센서를 연결할 수 있도록 설계되어 Test와 provideReading과 같은 특정한 센서 연산을 포함하지 않는다. 대신에 특정 유형의 센서에 의해 사용되는 명령은 "요구" 인터페이스의 연산에 필요한 매개 변수들을 스트링 형태로 포함된다. 어댑터 컴포넌트가 스트링에 포함된 명령어와 매개 변수들을 분석하여 각 유형의 센서의 특정 제어 명령어로 번역한다. 이 장의 후반부에 어댑터의 사용이 설명될 것이며, 여기에서 데이터 수집기 컴포넌트가 하나의 센서에 연결되는 방법을 보여줄 것이다(그림 16.12).

컴포넌트는 원격 프로시저 호출을 사용하여 접근할 수 있다. 각 컴포넌트는 고유 한 식별자를 보유하고, 이 이름을 사용하여, 다른 컴퓨터로부터 호출될 수 있다. 호출된 컴포넌트는 자신의 인터페이스에서 정의된 "요구"되는 컴포넌트를 접근하기 위해 동일한 메커니즘을 사용한다.

외부 서비스로서의 컴포넌트와 원격 프로시저 호출을 사용하여 접근되는 프로그램 요소의 중요한 차이점은 서비스가 완전히 독립적인 개체라는 것이다. 그들은 명시적

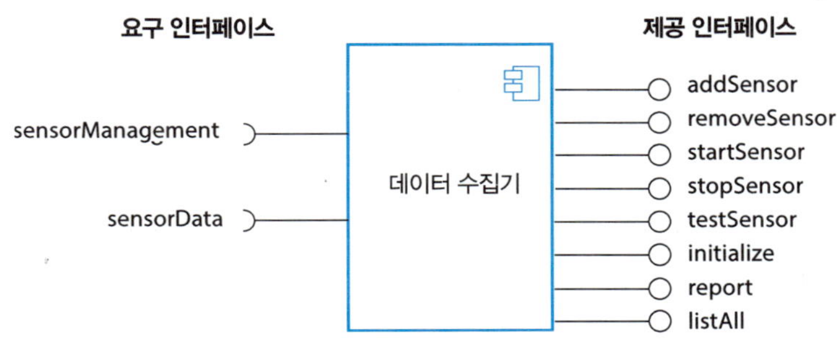

그림 16.3 데이터 수집기 컴포넌트 모델

"요구" 인터페이스를 갖지 않는다. 물론, 그들의 동작을 지원하는 다른 컴포넌트를 필요로 할 수 있지만, 이들은 내부적으로 제공된다. 다른 프로그램들이 서비스에 의해 요구되는 추가적인 지원을 구현할 필요 없이 서비스를 이용할 수 있다.

16.1.1 컴포넌트 모델

컴포넌트 모델을 정의하는 표준은 컴포넌트 구현, 문서, 배포이다. 이 표준은 컴포넌트 개발자가 컴포넌트가 상호운용할 수 있다는 것을 확인하기 위한 것이다. 이것들은 컴포넌트 운영을 지원하는 미들웨어를 제공하는 컴포넌트 수행의 기반구조의 제공자를 위한 것이다. 서비스 컴포넌트에 대한 가장 중요한 컴포넌트 모델은 웹 서비스 모델이며, 내장 컴포넌트에 널리 사용되는 모델은 엔터프라이즈 자바 빈(EJB) 모델 및 마이크로소프트 .NET 모델(Lau and Wang 2007)을 포함한다.

이상적인 컴포넌트 모델의 기본 요소는 Weinreich 및 Sametinger (Weinreich and Sametinger 2001)에 의해 논의되었다. 그림 16.4에서 이러한 모델 요소를 요약하였다. 이 그림은 컴포넌트 모델의 요소는 이 컴포넌트를 사용하기 위해 필요한 정보인 컴포넌트 인터페이스와 컴포턴트가 설치되는 방법을 정의한다는 것을 보여준다:

1. **인터페이스:** 컴포넌트는 자신의 인터페이스를 지정하여 정의된다. 컴포넌트 모델은 인터페이스가 정의되는 방법과 연산의 이름, 매개 변수, 그리고 예외와 같이 인터페이스의 정의에 포함되어야 하는 요소들을 지정한다. 이 모델은 컴포넌트 인터페이스를 정의하기 위해 사용되는 언어를 지정한다.

   웹서비스에 대하여 인터페이스의 명세는 18장에서 논의된 XML기반의 언어를 사용하며, EJB는 Java와 연관이 되므로, Java의 인터페이스 정의 언어를 사용하며, .NET 인터페이스는 마이크로소프트의 CIL (Common Intermediate Language)을

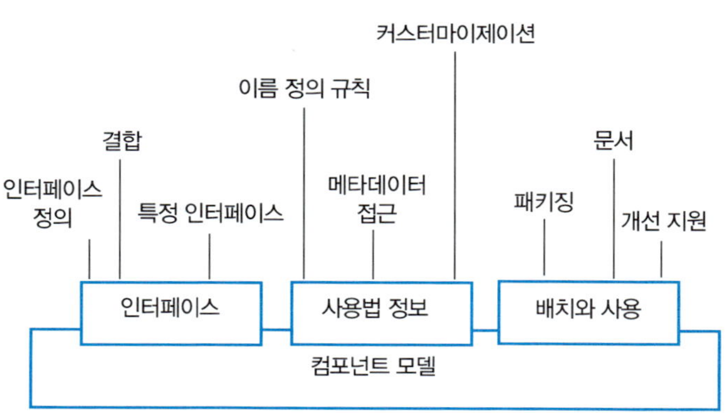

그림 16.4 컴포넌트 모델의 기본 요소

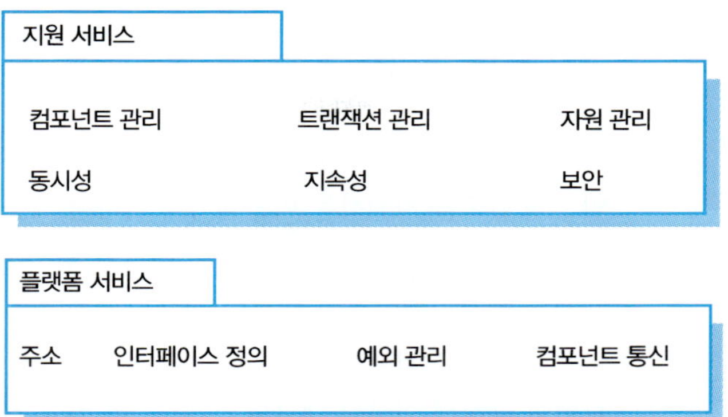

그림 16.5 컴포넌트 모델에 정의된 미들웨어 서비스

사용한다. 일부 컴포넌트 모델들은 그 컴포넌트에 의하여 정의되어야 하는 특수한 인터페이스를 요구한다. 보안과 트랜잭션 관리와 같은 표준화된 기능을 제공하는 컴포넌트 모델 기반구조와 컴포넌트의 결합이 사용되기도 한다.

2. **사용:** 컴포넌트가 배포되고 RPC를 통하여 원격으로 접근하기 위해, 컴포넌트는 유일한 이름을 갖거나 관련된 처리를 할 필요가 있다. 이것은 전역적 유일성을 갖아야 한다. 예를 들어 EJB에서 인터넷 도메인 이름에 기반을 둔 구조적 이름이 생성된다. 서비스들은 유일한 URI (Uniform Resource Identifier)를 갖는다.

   컴포넌트의 메타데이터는 인터페이스와 속성 정보와 같은 컴포넌트 자신에 대한 데이터이다. 메타데이터는 컴포넌트의 사용자가 제공하는 서비스와 요구 조건을 검색할 수 있게 지원해주기 때문에 중요하다. 컴포넌트 모델 구현은 컴포넌트의 메타데이터에 접근하기 위해 자바의 리플렉션 인터페이스와 같은 특별한 방법을 포함한다.

   컴포넌트는 설치된 경우 일반화된 개체이며 애플리케이션 시스템에 적합하도록 구성되어야 한다. 예를 들어 센서 배열에서 센서의 최대 개수를 정의하여 데이터 수집기 컴포넌트(그림 16.3)를 구성해야 한다. 따라서 컴포넌트 모델은 바이너리 컴포넌트가 특정 설치 환경을 위하여 커스터마이즈되는 방법을 지정할 수 있다.

3. **설치:** 컴포넌트 모델은 컴포넌트가 독립적이고 수행되는 루틴으로서 설치되는 패키징 방법을 포함한다. 컴포넌트는 독립적인 개체이므로 그것들은 컴포넌트의 환경에 의하여 지원되지 않거나 "요구" 인터페이스에서 정의되지 않은 모든 지원 소프트웨어들도 함께 패키징되어야 한다. 설치 정보는 패키지와 그것들의 바이너리 구조에 대한 내용 정보를 포함해야 한다.

   당연히 새로운 요구사항이 발견되면 컴포넌트는 변경되거나 대체되어야 한다. 따라서 컴포넌트 모델은 컴포넌트의 대체가 허락되는 시점과 방법에 대한 규칙을 포함할 수 있다. 마지막으로 컴포넌트 모델은 작성되어야 할 컴포넌트 문서를 정의할 수 있다. 이것은 컴포넌트를 검색하고 이것의 적합성을 결정하는 데 사용된다.

컴포넌트는 외부 서비스라기보다 수행되는 루틴이므로, 컴포넌트 모델은 수행 중인 컴포넌트를 지원하는 미들웨어에 의하여 제공되는 서비스를 정의한다. Weinreich와 Sametinger는 컴포넌트 모델을 설명하기 위하여 운영체제의 비유를 사용하였다. 운영체제는 애플리케이션에 의하여 사용되는 일반적인 서비스 집합을 제공한다. 컴포넌트 모델의 구현은 컴포넌트를 위한 다양한 공유 서비스를 제공한다. 그림 16.5는 컴포넌트 모델의 구현에 의하여 제공될 수 있는 몇 가지 서비스들을 보여준다.

컴포넌트 모델 구현에 의하여 제공되는 서비스들은 두 가지 종류로 분류된다:

1. **플랫폼 서비스:** 분산 환경에서 컴포넌트들이 통신하고 협력하게 한다. 모든 컴포넌트 기반 시스템에서 제공되어야하는 기본적인 서비스들이 있다.

2. **지원 서비스:** 많은 종류의 컴포넌트들이 요구할 가능성이 높은 공통서비스이다. 예를 들어, 많은 컴포넌트들은 컴포넌트의 사용자들이 인증을 확인해주는 인증서비스를 요구한다. 모든 컴포넌트의 사용을 위해 미들웨어 서비스의 표준 집합을 제공하는 것은 의미가 있다. 이것은 컴포넌트 개발 비용을 감소시키고 잠재적인 컴포넌트 비호환성을 줄여준다.

미들웨어는 공통 컴포넌트 서비스를 구현하고 이 서비스들에 대한 인터페이스를 제공한다. 컴포넌트 모델의 기반구조에 의하여 제공되는 서비스를 사용하기 위해, 컴포넌트는 "컨테이너"에 설치된다고 생각할 수 있다. 컨테이너는 제공 서비스의 구현과, 컴포넌트를 컨테이너에 통합시키기 위해 제공해야하는 인터페이스의 정의를 합한 것이다. 개념적으로 컨테이너에 컴포넌트를 추가하는 경우, 그 컴포넌트는 제공 서비스에 접근할 수 있고 컨테이너는 컴포넌트 인터페이스를 접근할 수 있다. 사용 중에 컴포넌트 인터페이스 자체는 다른 컴포넌트들에 의하여 직접 접근될 수 없다. 그들은 내장 컴포넌트의 인터페이스를 접근하는 코드를 호출하는 컨테이너 인터페이스를 통하여 접근된다.

컨테이너는 크고 복잡하며 컨테이너 내부에 컴포넌트를 설치하는 경우 모든 미들웨어 서비스를 접근할 수 있다. 그러나 단순한 컴포넌트는 지원 미들웨어에 의하여 제공되는 모든 기능이 필요하지 않을 수 있다. 따라서 공통 서비스 제공을 위해 웹서비스에서 사용하는 접근 방법은 상이하다. 웹서비스를 위해 트랜잭션 관리와 보안과 같은 공통 서비스를 위한 표준이 정의되었고 이 표준들은 프로그램 라이브러리로 구현되었다. 서비스 컴포넌트를 구현한다면 필요한 공통 서비스만을 사용한다.

15장에서 논의한 바와 같이, 컴포넌트 모델과 연관된 서비스들은 객체 지향 프레임워크에 의하여 제공되는 기능들과 많은 공통점을 갖는다. 비록 제공되는 서비스들이 이해하기 어려울 수 있지만, 프레임워크 서비스들은 컨테이너 기반 서비스들에 비해 때로 더 효율적이다. 결론적으로 어떤 사람들은 Java 개발을 위해 EJB의 완전히 갖추어진 컴포넌트 모델을 사용하는 것보다 스프링(Wheeler and White 2013)과 같은 프레임워크를 사용하는 것이 최선이라고 생각한다.

16.2 CBSE 프로세스

CBSE 프로세스들은 컴포넌트 기반 소프트웨어 공학을 지원하는 소프트웨어 프로세스이다. 이것은 재사용의 가능성과 개발 및 재사용 컴포넌트의 사용을 포함하는 다양한 프로세스 활동을 고려하였다. 그림 16.6 (Kotonya 2003)은 CBSE의 프로세스에 대한 개요를 보여준다. 최상위 수준에서 두 가지 종류의 CBSE 프로세스들이 있다.

1. **재사용을 위한 개발:** 이 프로세스는 컴포넌트 또는 다른 애플리케이션에서 재사용될 서비스를 개발하는 것과 관련된다. 이것은 기존 컴포넌트를 일반화시키는 것을 포함한다.
2. **재사용을 하는 개발:** 이 프로세스는 기존 컴포넌트와 서비스를 활용하여 새로운 애플리케이션을 개발하는 프로세스다.

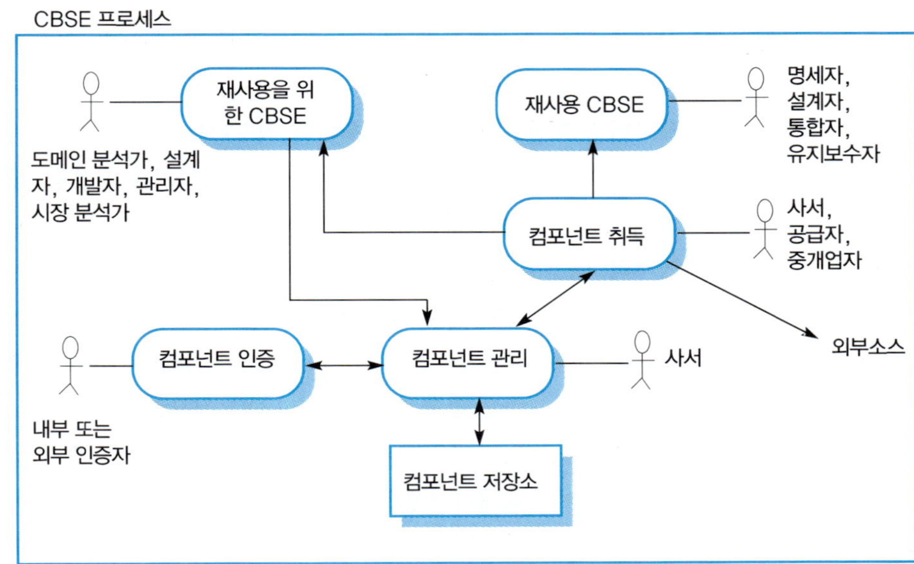

그림 16.6 CBSE 프로세스

이 프로세스들은 다른 목적을 갖고 있으며 따라서 다른 활동들을 포함한다. 재사용 프로세스를 위한 개발에서 그 목적은 하나 이상의 재사용 컴포넌트를 생산하는 것이다. 작업 대상 컴포넌트를 알고 있고, 그들을 일반화시키기 위해 그들을 소스 코드들에 접근할 수 있어야 한다. 재사용을 하는 개발에서 사용가능한 컴포넌트를 모르기 때문에, 이러한 컴포넌트를 발견하고 최대한 그들을 활용하기 위해 시스템을 설계해야 한다. 개발자가 컴포넌트 소스 코드에 접근하지 못할 수도 있다.

그림 16.6에서 살펴본 바와 같이, 재사용을 위한 또는 재사용하기 위한 CBSE의 기본 프로세스는 컴포넌트의 획득, 관리, 그리고 인증 등 컴포넌트에 관련된 지원 프로세스를 갖는다.

1. **컴포넌트 획득:** 재사용을 위한 또는 재사용 컴포넌트 개발을 위해 컴포넌트들을 획득하는 프로세스다. 이것은 내부에서 개발된 컴포넌트 및 서비스 또는 외부로부터 찾아낸 컴포넌트들을 접근하는 것을 포함한다.
2. **컴포넌트 관리:** 기업의 재사용 컴포넌트를 관리하는 것, 적합하게 컴포넌트들이 정리되고, 저장되고 재사용을 위해 제공하는 것과 관계된다.
3. **컴포넌트 인증:** 컴포넌트를 점검하고 사양에 만족하는가를 인증하는 프로세스다.

기업에 의해 운영되는 컴포넌트는 컴포넌트와 그들의 사용에 관련된 정보를 포함하는 컴포넌트 저장소에 저장될 수 있다.

16.2.1 재사용을 위한 CBSE

재사용을 위한 CBSE는 컴포넌트 관리 시스템을 통해 재사용 컴포넌트를 개발하고 재사용을 위해 제공하는 프로세스다. CBSE (Szyperski 2002)의 초기 지지자들의 비전은 활성화된 컴포넌트 시장의 개발이었다. 특화된 컴포넌트 제공자들과 다른 개발자들로부터 컴포넌트의 판매를 지원하는 컴포넌트 판매자가 있을 수 있다. 소프트웨어 개발자들은 시스템에 포함시킬 컴포넌트를 구입하거나 사용될 서비스를 위해 비용을 지불할 수 있다. 그러나 이러한 비전은 실현되지 않았다. 컴포넌트 공급자가 상대적으로 적었으며, 바로 구입할 수 있는 컴포넌트들이 드물었다.

결과적으로, 재사용을 위한 CBSE는 대부분 재사용 기반 소프트웨어 공학의 책임감을 갖는 조직 내부에서 사용되었다. 이러한 기업들은 재사용을 위해 내부적으로 개발된 컴포넌트의 기반을 갖고 있다. 그러나 내부적으로 개발된 컴포넌트는 개선 없이 사용되지 않을 수 있다. 이것들은 자주 다른 프로그램에서 필요하지 않을 수 있는 컴포넌트가 재사용될 애플리케이션에 특화된 기능과 인터페이스를 포함한다.

컴포넌트들이 재사용될 수 있도록 보다 일반화하여 보다 재사용성이 높은 버전들을 제작하기 위해, 개발자들은 애플리케이션에 특화된 컴포넌트들을 적용시키고 확장해야 한다. 당연히 이 적응은 비용과 관련이 있다. 개발자들은 컴포넌트의 재사용 확률과 미래의 재사용으로부터의 비용 절감으로 재사용 컴포넌트를 개발하는 비용 투자에 대한 정당성을 먼저 결정해야 한다.

첫 번째 질문에 대답하기 위해, 개발자는 해당 컴포넌트의 구현이 하나 이상의 도메인을 안정적으로 추상화하는가를 결정해야 한다. 안정된 도메인 추상화는 천천히 변화되는 애플리케이션 도메인의 기본적인 요소이다. 예를 들어 은행 시스템에서 도메인 추상화는 계정, 계정의 소유자, 그리고 잔고 증명을 포함할 수 있다. 병원 관리 시스템에서 도메인 추상화는 환자, 치료, 그리고 간호사를 포함할 수 있다. 이러한 도메인 추상화는 때로 비즈니스 객체라고 부르기도 한다. 만약 컴포넌트가 일반적으로 사용되는 도메인 추상화 또는 관련되는 비즈니스 객체의 그룹의 구현이라면, 재사용될 수 있다.

비용대비 효과에 대한 질문에 답하기 위해, 컴포넌트의 재사용에 요구되는 변화에 대한 비용을 산정해야 한다. 이 비용들은 컴포넌트의 문서화와 검증 그리고 컴포넌트를 보다 일반화시키는 비용들이다. 컴포넌트의 재사용성을 향상시키기 위해 컴포넌트에 발생되는 변화들은 다음을 포함한다.

- 애플리케이션과 관련된 메서드의 제거
- 보다 일반화시키기 위한 이름의 변경
- 보다 완벽한 기능의 적용범위를 제공하기 위한 메서드 추가
- 모든 메서드들의 일관성을 처리하기 위한 예외처리 작업
- 컴포넌트가 다양한 사용 환경에 적응할 수 있도록 허가하기 위한 "설정 가능한" 인터페이스의 추가
- 독립성 향상을 위해 요구되는 컴포넌트의 통합

예외 처리의 문제는 매우 어려운 일이다. 각 애플리케이션은 예외 처리에 대한 자신의 요구를 갖고 있기 때문에 원론적으로 컴포넌트는 자체적으로 예외를 처리해서는 안된다. 대신 컴포넌트는 예외를 발생시키고 이 예외를 인터페이스의 일부로 공개해야 한다. 예를 들어, 스택 자료 구조를 구현한 단순한 컴포넌트는 스택의 오버플로우와 언더플로우 예외를 감지하고 공개해야 한다. 그러나 실제적으로 이 프로세스에 두 가지 문제가 존재한다.

1. 모든 예외를 공개하는 것은 인터페이스를 비대하게 만들어 이해하기 어렵게 된다. 이것은 컴포넌트의 잠재적 사용자의 흥미를 잃게 만들 수 있다.
2. 컴포넌트의 연산은 내부 예외처리에 의존할 수 있고, 이것을 변경하는 것은 컴포넌트의 기능 구현에 심각한 함축을 갖게 할 수 있다.

따라서 개발자는 컴포넌트 예외 처리에 실제적인 접근 방법을 채택해야 한다. 컴포넌트의 기능에 복구가 중요시 되는 통상적인 기술적 예외들은 지역적으로 처리되어야 한다. 이러한 예외들과 그들의 처리 방법은 컴포넌트에 문서화되어야 한다. 컴포넌트의 비즈니스 기능과 관련된 다른 예외들은 예외 처리를 위해 호출하는 컴포넌트에게 전달되어야 한다.

Mili 등(Mili et al. 2002)은 컴포넌트를 재사용이 가능하게 만들기 위해 요구되는 비용과 이러한 투자에 의하여 이익을 추정하는 방법에 대하여 논의하였다. 컴포넌트를 재개발하는 것 대신 재사용하는 것의 장점은 생산성에 대한 것이다. 재사용 컴포넌트는 신뢰성이 높으므로 품질적인 측면에서 장점이 있고 출시 시기도 앞당길 수 있다. 소프트웨어를 더 신속하게 출시하여 수익이 자연스럽게 증가한다.

Mili 등은 23장에서 논의한 것과 같이 COCOMO 모델처럼 이러한 장점을 다양한 공식을 통하여 추정할 수 있음을 보여주었다. 그러나 이러한 공식들의 인자들은 정확하게 추정하기가 어려우며, 공식들은 각 환경에 따라 변경되어야 하므로 사용을 더욱 어렵게 만든다. 본인은 컴포넌트 재사용의 투자에 대한 수익을 산정하는 이러한 모델을 사용하는 소프트웨어 프로젝트 관리자들은 거의 없을 것이라고 생각한다.

컴포넌트의 재사용 가능 여부는 그것의 적용 분야, 기능, 그리고 일반화에 종속되어 있다. 만약 도메인이 일반적인 것이고 컴포넌트가 해당 도메인의 표준 기능을 구현한 것이라면, 재사용할 가능성이 더 높아진다. 컴포넌트의 일반성이 향상될수록 보다 넓은 환경에 적용될 수 있으므로 그것의 재사용성은 향상된다. 불행하게도 일반적으로 이것은 컴포넌트가 더 많은 연산을 보유해야 하고 더 복잡해져야 하고 이것은 컴포넌트를 이해하고 사용하는 것을 더욱 어렵게 만든다는 것을 의미한다.

따라서 재사용성과 컴포넌트의 이해는 트레이드-오프 관계를 갖는다. 컴포넌트를 재사용할 수 있게 만들려면, 컴포넌트가 사용될 수 있는 모든 방법을 제공하는 연산들을 포함하는 일반화된 인터페이스 집합을 제공해야 한다. 재사용성은 복잡도를 증가시키고 따라서 컴포넌트의 이해성을 감소시킨다. 이것은 하나의 컴포넌트가 재사용에 적합한가에 대한 판단을 더욱 어렵게 만들고 시간을 소모하게 만든다. 재사용 컴포넌트의 이해를 위해 시간이 필요하므로, 때로 요구되는 특정 기능을 보유한 단순한 컴포넌트를 재구현하는 것이 보다 비용대비 효과가 높은 경우가 있다.

컴포넌트의 잠재적 공급원은 레거시 시스템이다. 9장에서 논의된 바와 같이 레거시 시스템은 중요한 비즈니스 기능을 충족시키는 시스템이지만, 노후화된 소프트웨어 기술을 사용하여 작성된 것이다. 결과적으로 새로운 시스템에 그것들을 사용하기가 어려울 수 있다. 그러나 이러한 이전 시스템들을 컴포넌트로 변환한다면 그들의 기능들은 새로운 시스템에 재사용될 수 있다.

물론 레거시 시스템들은 일반적으로 명확한 "요구" 및 "제공" 인터페이스를 갖지 못한다. 이 컴포넌트들을 재사용하기 위해, 컴포넌트 인터페이스를 정의하는 랩퍼(wrapper)를 생성해야 한다. 랩퍼는 기존 코드들의 복잡도를 은닉하고 이것들이 제공하는 서비스에 접근하려는 외부 컴포넌트를 위한 인터페이스를 제공한다. 비록 랩퍼가 매우 복잡한 소프트웨어지만, 랩퍼의 개발 비용은 기존 시스템을 재개발하는 것보다 매우 저렴할 수 있다.

재사용 컴포넌트나 서비스를 개발하고 테스트하고 나면, 미래의 재사용을 위해 관리되어져야 한다. 관리는 컴포넌트를 용이하게 검색할 수 있도록 분류하는 방법, 컴포넌트를 저장소 또는 서비스로 제공하는 방법, 컴포넌트의 사용에 대한 정보의 관리방법, 그리고 여러 컴포넌트 버전의 기록을 유지하는 방법에 대한 판단을 포함한다. 만약 컴포넌트가 오픈 소스라면, GitHub 또는 Sourceforge와 같은 공개 저장소를 통해 제공할 수 있다. 만약 사내에서 사용할 목적이라면 내부 저장소 시스템을 사용할 수 있다.

재사용 프로그램을 가진 회사는 컴포넌트가 재사용을 위해 공개되기 전에 특정한 형태의 컴포넌트 인증 작업을 수행할 수 있다. 인증은 개발자가 아닌 누군가가 컴포넌트의 품질을 점검하는 것이다. 그들은 재사용을 위해 공개되기 전에, 컴포넌트들을 테스트하고 납득할 만한 품질 표준에 도달했음을 인증한다. 그러나 이 프로세스는 많은 비용이 필요할 수 있어, 다수의 기업들은 컴포넌트 개발자들에게 품질 검사와 테스트를 맡긴다.

16.2.2 재사용을 하는 CBSE

성공적인 컴포넌트의 재사용은 개발되는 소프트웨어에 컴포넌트의 재사용을 포함할 수 있도록 개선된 개발 프로세스를 요구한다. 재사용 프로세스를 포함하는 CBSE는 재사용 컴포넌트를 검색하고 통합하는 활동을 포함해야 한다. 이 프로세스의 구조는 2장에서 논의되었으며, 그림 16.7은 해당 프로세스 내부의 원칙적인 활동을 보여준다. 초기 사용자 요구사항의 발견과 같은 이러한 활동들의 일부는 다른 소프트웨어 개발과 같은

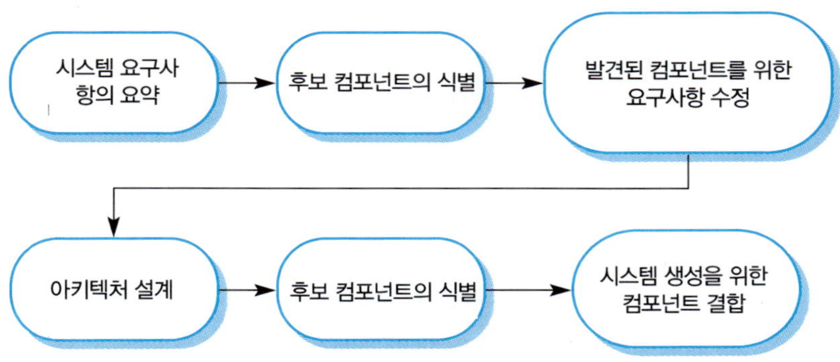

그림 16.7 재사용을 하는 CBSE

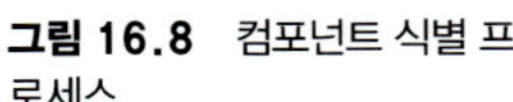
그림 16.8 컴포넌트 식별 프로세스

방법으로 수행된다. 그러나 재사용을 포함하는 CBSE와 기존 소프트웨어 개발을 위한 프로세스와의 차이점은 다음과 같다.

1. 사용자 요구사항은 초기에 상세한 것보다는 포괄적으로 작성되며, 이해 당사자들은 자신의 요구사항을 가능하면 유연하게 표현할 수 있도록 유도한다. 너무 상세한 요구사항은 이러한 요구사항을 만족시키기 위한 컴포넌트의 개수를 제한한다. 그러나 점진적 개발과는 달리 완전한 요구사항의 명세를 작성하여 재사용을 위한 가능하면 많은 컴포넌트를 식별할 수 있게 하여야 한다.
2. 요구사항들은 사용가능한 컴포넌트에 의존하여 초기 프로세스에서 정제되고 수정된다. 만약 사용자 요구가 사용 가능한 컴포넌트로 만족되지 않는다면, 재사용 컴포넌트에 의하여 제공되는 관련된 요구사항을 다시 논의해야 한다. 사용자들은 이 방법이 저렴하고 신속하게 시스템을 제공받을 수 있다면 자신의 생각을 변경시킬 의사가 있을 수 있다.
3. 시스템 아키텍처가 설계된 이후에도 추가적인 컴포넌트의 검색과 설계 정제 활동이 있다. 분명히 유용했던 컴포넌트가 부적합하다고 판단될 수 있으며, 다른 선택된 컴포넌트와 적절하게 연결되지 않을 수 있다. 이들을 대체할 수 있는 컴포넌트들을 찾아야 할 수도 있다. 따라서 이러한 컴포넌트들의 기능에 의한 추가적인 요구 변경이 필요하다.
4. 개발은 발견된 컴포넌트를 통합하는 결합 프로세스다. 이것은 컴포넌트 모델 기반 구조로 컴포넌트들을 통합시키는 것과 때로 호환이 안 되는 인터페이스를 해결하는 어댑터를 개발하는 것을 포함한다. 물론 재사용 컴포넌트에 의하여 제공되는 것 이상의 추가적인 기능이 요구될 수도 있다.

특히 아키텍처 설계 단계는 중요하다. Jacobsen 등(Jacobsen, Griss, and Jonsson 1997)은 성공적인 재사용을 위해 견고한 아키텍처를 정의하는 것의 중요성을 발견하였다. 아키텍처 설계활동 중에 컴포넌트 모델을 선택하고 플랫폼을 구현할 수 있다. 그러나 많은 기업들은 표준 개발 플랫폼(예, .NET)을 보유하여 컴포넌트 모델들은 사전에 결정된다. 6장에서 논의된 바와 같이 이 단계에서 시스템의 상위 수준의 아키텍처를 구축할 수 있으며 시스템의 배포와 제어에 대한 결정을 내릴 수 있다.

CBSE 프로세스 특유의 활동은 재사용을 위한 후보 컴포넌트와 서비스의 식별이다. 이것은 그림 16.8에서 나타난 바와 같이 다수의 하부 활동들을 포함한다. 초기에 개발자의 초점은 검색과 선택이다. 개발자는 요구사항을 만족시키는 컴포넌트를 입수할 수 있다고 자신을 확신시킬 필요가 있다. 분명히 컴포넌트의 적합성에 대한 초기 검사를 수행해야 하지만, 상세한 테스팅이 요구되지는 않는다. 시스템 아키텍처가 설계된 이후 단계에서 컴포넌트의 검증에 추가적인 시간을 투자해야 한다. 식별된 컴포넌트가 애플리케이션에 적합하다는 것에 대한 확신을 가질 필요가 있으며, 만약 그렇지 않다면 검색과 선택 프로세스를 반복해야 한다.

컴포넌트를 식별하는 첫 번째 단계는 사내 또는 신뢰성 있는 제공자의 컴포넌트를 검색하는 것이다. 컴포넌트 판매자가 많지 않으므로 기업 내부에서 또는 접근 가능한 오픈 소스 소프트웨어의 저장소에서 컴포넌트를 검색할 가능성이 높다. 소프트웨어 개발 기업은 외부 제공자에 의한 컴포넌트를 사용하면서 발생되는 위험이 없는 사내에 자체적인 재사용 컴포넌트 데이터베이스를 구축할 수도 있다. 대안으로서 필요한 컴포넌트의 소스 코드를 검색하기 위해서 Sourceforge, GitHub 또는 Google Code과 같은 웹에서 사용할 수 있는 코드 라이브러리의 검색을 결정할 수도 있다.

사용 가능한 컴포넌트들을 식별하고 난 이후에는, 평가를 위한 후보 컴포넌트들을 선택해야 한다. 어떤 경우에는 이것이 단순한 작업이 될 것이다. 목록에 있는 컴포넌트는 사용자 요구사항을 직접 구현할 것이고 이러한 요구사항에 부합되는 경쟁 컴포넌트가 없을 것이다. 그러나 그렇지 않다면 선택 프로세스는 보다 복잡해진다. 요구사항과 컴포넌트가 완벽하게 대응되지 않을 것이다. 개발자는 특정 요구사항 또는 요구사항의 그룹을 만족시키기 위해 통합할 몇 개의 컴포넌트들을 검색할 수 있다. 따라서 개발자는 어떤 컴포넌트 결합이 요구사항을 가장 잘 지원할 것인가를 결정해야 한다.

시스템에 포함될 컴포넌트를 선택하고 나면, 이것들이 알려진 대로 동작하는가를 확인해 보아야 한다. 검증된 것 이상의 요구된 기능을 위한 확장을 위해서는 컴포넌트의 소스 코드가 필요하다. 유명하고 신뢰성 있는 조직에서 개발된 컴포넌트를 사용한다면 컴포넌트 테스트가 불필요하다고 판단할 수 있다. 다른 컴포넌트와 통합된 경우에는 단순한 테스트를 수행한다. 반면에 출처가 불분명한 컴포넌트를 사용하려면 시스템에 포함되기 전에 항상 점검하고 테스트해야 한다.

컴포넌트의 검증은 컴포넌트의 테스트 케이스 집합(또는 해당 컴포넌트와 같이 제공되는 확장된 테스트 케이스들)과 컴포넌트 테스트들을 수행시킬 도구의 개발을 포함한다. 컴포넌트 검증의 중요한 문제는 컴포넌트의 명세가 완전한 컴포넌트 테스트 개발을 위해 충분히 상세하지 않다는 것이다. 컴포넌트는 인터페이스 명세만이 정형적으로 명시되며, 다른 것들은 보통 비정형적으로 명시된다. 이것은 개발자가 필요한 컴포넌트의 공개된 인터페이스가 개발자에게 확신을 주는 완전한 테스트 시나리오를 개발하기 위한 충분한 정보를 포함하지 않을 수 있다.

재사용을 위한 컴포넌트는 개발자가 원하는 것을 테스팅하는 것뿐만 아니라, 개발자

아리안 5 로켓 발사기의 실패

아리안 5 우주 로켓을 개발하는 동안, 설계자는 아리안 4 발사에 성공적으로 적용되었던 관성 참조 소프트웨어를 재사용하기로 결정하였다. 관성 참조 소프트웨어는 로켓의 안정성을 관리한다. 비록 이것이 아리안 5에서 요구되지 않은 추가적인 기능을 포함하고 있었으나(컴포넌트를 사용할 때 개발자들이 하듯이), 설계자는 변경 없는 재사용을 결정하였다.

아리안 5의 첫 번째 발사에서 관성 항법 소프트웨어는 실패했고, 로켓의 제어는 불가능하였다. 로켓과 적재물은 파괴되었다. 문제의 원인은 고정 소수점 숫자가 정수로 변환되면서 발생된 오버플로우 예외를 처리하지 못했기 때문이다. 이것은 실행 시스템이 관성 참조 소프트웨어를 중단시키게 하였고 발사기의 안정성을 유지될 수 없었다. 아리안 4의 엔진의 출력은 작았으며 변환해야 할 값은 변환에서 오버플로우를 발생시킬 만큼 크지 않았기 때문에 이 결함은 아리안 4에서는 발생하지 않았다.

이것은 소프트웨어 재사용의 중요한 문제를 보여준다. 소프트웨어는 시스템이 사용되는 환경에 대한 가정에 기초하였고 이러한 가정은 다른 환경에서는 유효하지 않을 수 있다.

이 실패에 대한 보다 자세한 정보는 http://software-engineering-book.com/case-studies/ariane5/에서 확인할 수 있다.

그림 16.9 재사용 소프트웨어 검증 실패의 예

는 컴포넌트가 악의적인 코드 또는 필요 없는 기능을 포함하고 있지 않다는 것을 점검해야 한다. 전문적인 개발자는 신뢰할 수 없는 소스로부터의 컴포넌트들, 특히 소스 코드가 제공되지 않은 컴포넌트는 거의 사용하지 않는다. 따라서 일반적으로 악의적인 코드 문제는 발생하지 않는다. 그러나 재사용된 컴포넌트는 자주 개발자가 필요 없는 기능들을 포함하므로, 이러한 기능들이 컴포넌트의 사용에 대한 방해 여부를 점검해야 한다.

불필요한 기능의 문제는 이것이 컴포넌트 자체적으로 활성화될 수 있기 때문이다. 이것이 해당 컴포넌트를 재사용하는 애플리케이션에 전혀 영향이 없을 수 있으나, 컴포넌트의 속도를 저하시킬 수 있으며, 놀랄만한 결과를 야기하거나 어떤 경우에는 시스템 장애의 원인이 될 수 있다. 그림 16.9는 재앙 수준의 시스템 장애를 야기하는 불필요한 기능을 갖는 재사용된 소프트웨어 시스템의 장애가 발생하는 상황을 요약하고 있다.

아리안 5에서는 문제가 있는 아리안 4의 소프트웨어에 대한 가정 때문에 아리안 5 발사기의 문제가 발생되었다. 이것은 재사용 컴포넌트들에서 일반적으로 발생하는 문제다. 이들은 원래 특정 애플리케이션 환경을 위한 구현이며 자연적으로 그 환경에 대한 가정을 포함하고 있다. 이 가정들은 거의 문서화되어 있지 않기 때문에 컴포넌트가 사용되는 시점에 이러한 가정이 아직도 유효한가를 점검하기 위한 테스트를 개발하는 것은 불가능하다. 만약 새로운 환경에서 이러한 컴포넌트를 재사용한다면, 개발자가 운영시스템에서 컴포넌트를 사용하기 전까지 포함된 환경적인 가정들을 발견하지 못할 수 있다.

16.3 컴포넌트 결합

컴포넌트 결합은 새로운 시스템이나 다른 컴포넌트를 제작하기 위해 "접착코드"를 사

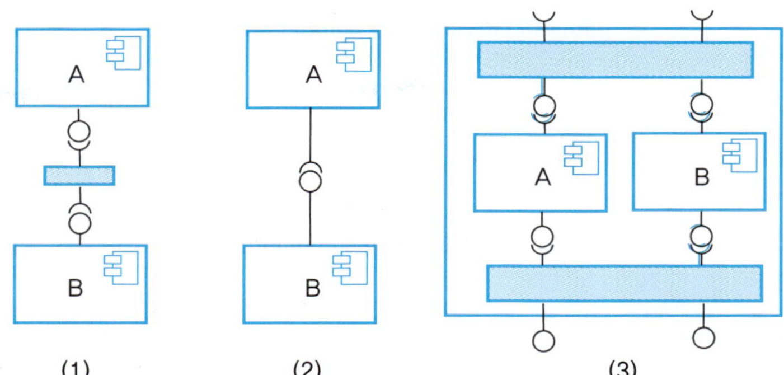

그림 16.10 컴포넌트 결합의 종류

용하여 서로 결합하고 통합시키는 프로세스다. 그림 16.10에 설명된 바와 같이 다양한 방법으로 컴포넌트를 결합시킬 수 있다. 그림에서 좌측에서부터 우측으로 순차 결합, 구조적 결합 그리고 추가 결합 구조가 표현되었다. 새로운 컴포넌트를 생성하기 위해 두 개의 컴포넌트(A와 B)를 결합하는 것을 가정하였다.

1. **순차 결합:** 순차 결합에서는 기존의 두 개의 컴포넌트를 순차적으로 호출하여 새로운 컴포넌트를 생성한다. "제공 인터페이스"의 결합으로서 컴포넌트 결합을 생각할 수 있다. 즉, 컴포넌트 A에 의하여 제공되는 서비스가 호출되고, A에 의하여 반환되는 결과는 컴포넌트 B에 의하여 제공되는 서비스를 호출하는 데 사용된다. 순차결합에서는 컴포넌트가 서로 호출하는 것이 아니라 외부 애플리케이션에 의하여 호출된다. 이러한 결합의 방식은 포함된 컴포넌트와 서비스 컴포넌트에서 사용될 수 있다.
   추가적인 접착 코드는 올바른 순서를 따르는 컴포넌트 서비스의 호출을 요구하며, 컴포넌트 B의 예상 입력과 컴포넌트 A에 의하여 얻어지는 결과의 호환성을 확인하는 것을 요구할 수 있다. "접착코드"는 이러한 결과물을 컴포넌트 B가 원하는 양식으로 변환한다.

2. **계층 결합:** 이 형태의 결합은 하나의 컴포넌트가 다른 컴포넌트에 의하여 제공된 서비스를 직접 호출하는 경우 발생된다. 즉, 컴포넌트 A가 컴포넌트 B를 직접 호출한다. 호출된 컴포넌트는 호출하는 컴포넌트가 요구하는 서비스를 지원한다. 따라서 호출된 컴포넌트의 "제공" 인터페이스는 호출하는 "요구" 인터페이스와 호환되어야한다.
   컴포넌트 A가 컴포넌트 B를 직접 호출하고, 만약 인터페이스가 맞는다면 추가적인 코드가 필요 없다. 그러나 A의 "요구" 인터페이스와 B의 "제공" 인터페이스가 맞지 않는다면 변환코드가 필요할 수 있다. 서비스들이 "요구" 인터페이스를 갖지 않으므로, 이러한 결합 방식은 웹을 통하여 접근하는 서비스로서 컴포넌트를 구현할 수 없다.

3. **추가 결합:** 이 결합은 두 개 이상의 컴포넌트를 결합하여 그들의 기능을 조합하는 새로운 컴포넌트를 생성하는 경우 사용된다. 새로운 컴포넌트의 "제공" 인터페이스

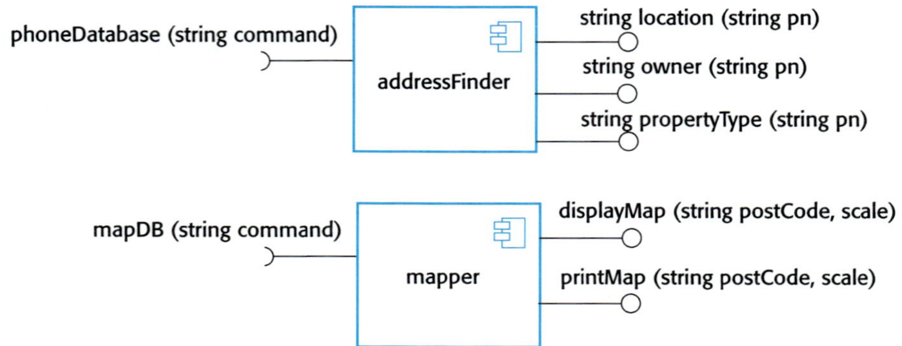

그림 16.11 비호환 인터페이스를 같은 컴포넌트

와 "요구" 인터페이스는 컴포넌트 A와 B의 관련되는 인터페이스들의 조합이 된다. 이 컴포넌트들은 결합된 컴포넌트의 외부 인터페이스를 통하여 별도로 호출되고 어떤 순서로도 호출될 수 있다. A와 B는 독립적이고 서로를 호출하지 않는다. 이 유형의 결합은 포함된 컴포넌트 또는 서비스 컴포넌트로 사용될 수 있다.

새로운 시스템을 제작하는 경우 모든 종류의 컴포넌트 결합을 사용할 수 있다. 모든 경우에 있어서 컴포넌트들을 결합하는 "접착코드"를 작성해야 할 수 있다. 예를 들어 순차 결합의 경우 컴포넌트 A의 결과는 컴포넌트 B의 입력이 되어야 한다. 컴포넌트 A를 호출하고, 결과를 수집하고, 결과를 컴포넌트 B의 인자로 사용하는 중간 코드들이 필요하다. 하나의 컴포넌트가 다른 컴포넌트를 호출하는 경우 "제공" 인터페이스와 "요구" 인터페이스 간의 호환성을 확인하는 중간 컴포넌트를 도입할 필요가 있다.

결합을 위한 특수한 컴포넌트를 작성하는 경우 이러한 컴포넌트들의 인터페이스를 작성해서 시스템 내의 다른 컴포넌트와 호환되게 해야 한다. 이렇게 함으로서 여러 컴포넌트를 하나의 단위로 용이하게 결합할 수 있다. 그러나 재사용을 위해 독립적으로 컴포넌트를 개발하는 경우, 인터페이스의 종종 비호환성 문제에 부딪치게 된다. 이것은 결합을 원하는 컴포넌트의 인터페이스가 동일하지 않음을 의미한다. 다음과 같은 세 가지 형태의 비호환성이 발생된다:

1. **매개 변수 비호환성:** 인터페이스에 존재하는 모든 연산은 동일한 이름을 갖지만 매개 변수의 타입이나 개수는 다를 수 있다. 그림 16.11에서와 같이, addressFinder에서 반환되는 location매개 변수는 mapDB의 displayMap과 printMap 메서드에서 요구되는 매개 변수와 호환되지 않는다.
2. **연산 비호환성:** 제공 인터페이스와 "요구" 인터페이스의 연산의 이름이 다르다. 컴포넌트들 사이에 추가적인 비호환성을 그림 16.11에 보여준다.
3. **연산 비완전성:** 컴포넌트의 "제공" 인터페이스는 다른 컴포넌트의 "요구" 인터페이스의 부분집합이고 그 역도 성립된다.

모든 경우에서 재사용될 두 개의 컴포넌트들 간의 인터페이스를 조정해 주는 어댑터를 작성하여 호환성 문제를 해결할 수 있다. 어댑터 컴포넌트는 하나의 인터페이스를 다른 것으로 변환시킨다.

정확한 형태의 어댑터는 결합 유형에 좌우된다. 때로 다른 예제에서와 같이 어댑터는 하나의 컴포넌트의 결과물을 취해서 다른 것의 입력으로 사용할 수 있는 형태로 변환시킨다. 다른 경우에 어댑터는 컴포넌트 B의 프락시(대리인)로서 컴포넌트 A에 의하여 호출될 수 있다. 이 경우는 만약 A가 B를 호출하려고 하나, A의 "요구" 인터페이스가 B의 "제공" 인터페이스와 정확하게 맞지 않는 경우에 발생된다. 어댑터는 A의 입력 인자를 B의 요구 입력 인자로 변환할 때 발생되는 차이점을 조정한다. A에 의하여 요구되는 서비스를 제공하기 위해 다음에 B를 호출한다.

어댑터를 이해하기 위해 그림 16.11의 인터페이스가 호환되지 않는 두 개의 단순한 컴포넌트를 생각해 보자. 이것들은 응급 서비스에 사용되는 시스템의 부분이 될 것이다. 응급 운영자가 호출을 받게 되면 주소에 도착하기 위해서 전화번호를 addressFinder 컴포넌트에 입력하게 된다. 이후에 운영자는 mapper 컴포넌트를 사용하여 응급 수송차를 출발시키기 위해 지도를 출력해서 전송한다.

첫 번째 컴포넌트인 addressFinder는 전화번호에 해당되는 주소를 검색한다. 이것은 전화번호와 연결된 건물의 소유자와 형태를 반환할 수 있다. mapper 컴포넌트는 우편번호(미국에서는 건물의 위치를 식별하는 4자리 숫자가 추가된 표준 ZIP코드)를 입력받고 지정된 척도로 해당 코드 주변의 지도를 표시하고 출력한다.

원론적으로 건물의 위치가 우편번호를 포함하고 있으므로 이 컴포넌트들은 결합이 가능하다. 그러나 addressFinder에서 위치 데이터를 찾아내고 우편번호를 추출하는 postCodeStripper이라고 명명된 어댑터 컴포넌트를 작성해야 한다. 이 우편번호는 mapper의 입력으로 사용되고 지도는 1:10,000의 척도로 표시된다. 다음 코드는 순차 결합의 예로서 이 과정을 구현하기 위한 호출의 순서를 보여준다.

```
address = addressFinder.location (phonenumber);
postCode = postCodeStripper.getPostCode (address);
mapper.displayMap (postCode, 10000);
```

어댑터 컴포넌트가 사용되는 다른 경우는 하나의 컴포넌트가 다른 컴포넌트를 사용하고자 하나 컴포넌트의 "제공" 인터페이스와 "요구" 인터페이스 상의 비호환성이 존재하는 구조적 결합이다. 그림 16.12에서 데이터 수집기와 센서 컴포넌트를 연결하기 위한 어댑터의 사용을 설명하였다. 이것들은 7장에서 논의된 야외 기상관측 시스템을 구현하는 경우 사용할 수 있다.

센서와 데이터 수집기 컴포넌트들은 데이터 수집기 컴포넌트의 "요구" 인터페이스

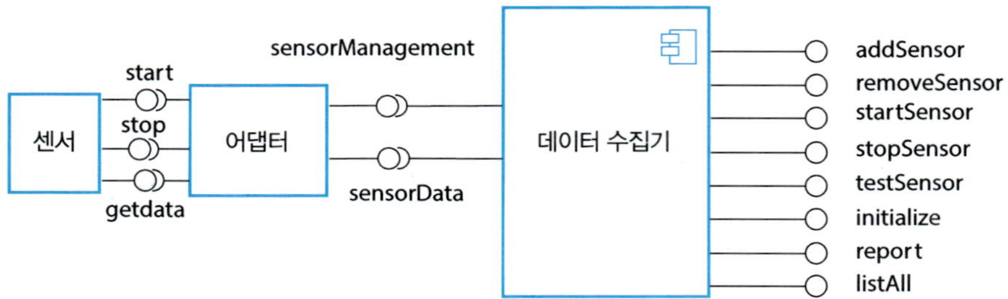

그림 16.12 데이터 수집기와 센서를 연결하는 어댑터

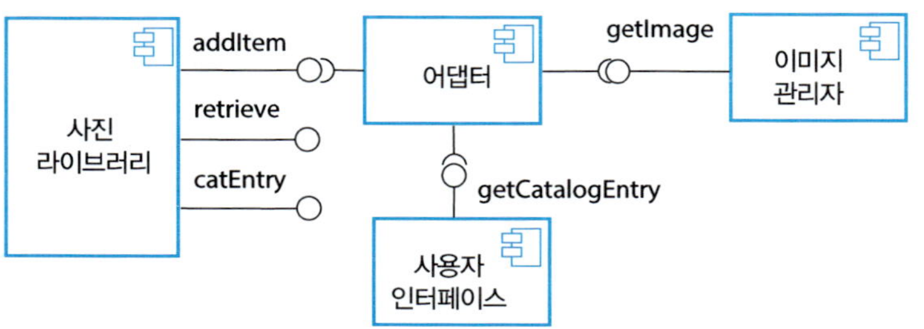

그림 16.13 사진 라이브러리 컴포넌트

와 센서 컴포넌트의 "제공" 인터페이스를 조정하는 어뎁터에 의하여 결합된다. 데이터 수집기 컴포넌트는 센서 데이터 수집기와 센서 관리를 지원하는 일반화된 요구 인터페이스로 설계되었다. 각 연산들을 위하여 인자는 특수한 센서 명령어를 표현하는 텍스트 스트링이다. 예를 들어, 수집 명령을 보내기 위해 sensorData ("collect")를 사용할 수 있다. 그림 16.12에서 나타난 것과 같이 센서 자신은 start, stop 그리고 getdata와 같은 별도의 연산들을 가지고 있다.

어댑터는 입력 스트링을 분석해서 collect와 같은 명령어를 식별하고 센서 값을 수집하기 위해 Sensor.getdata를 호출한다. 그다음 데이터 수집기 컴포넌트로 스트링 타입을 갖는 결과를 반환한다. 이러한 인터페이스 방식은 데이터 수집기가 다른 타입의 센서들과도 통신할 수 있다는 것을 의미한다. 데이터 수집기로부터 센서 인터페이스까지 센서 명령어들을 변환하는 별도의 어댑터는 각 센서 타입 별로 구현한다.

컴포넌트 결합에 대한 지금까지의 논의는 컴포넌트 문서에서 인터페이스의 호환 여부를 찾을 수 있다는 것을 가정한다. 물론 인터페이스의 정의가 연산의 이름과 인자의 타입을 포함하기 때문에 이것으로부터 호환성 여부를 확인할 수 있다. 그러나 인터페이스가 의미적으로 호환성이 있는가를 판단하기 위해 컴포넌트 문서에 의존해야한다.

이 문제를 살펴보기 위해 그림 16.13에서 나타난 결합을 고려해 보자. 이 컴포넌트들은 카메라로부터 이미지를 다운로드 받아 사진 라이브러리에 저장하는 시스템을 구

```
– The context keyword names the component to which the conditions apply
context addItem
– The preconditions specify what must be true before execution of addItem
pre: PhotoLibrary.libSize() > 0
PhotoLibrary.retrieve(pid) = null
– The postconditions specify what is true after execution
post: libSize () = libSize()@pre + 1
PhotoLibrary.retrieve(pid) = p
PhotoLibrary.catEntry(pid) = photodesc
context delete
pre: PhotoLibrary.retrieve(pid) <> null ;
post: PhotoLibrary.retrieve(pid) = null
PhotoLibrary.catEntry(pid) = PhotoLibrary.catEntry(pid)@pre
PhotoLibrary.libSize() = libSize()@pre–1
```

그림 16.14
사진 라이브러리 인터페이스의 OCL 명세

현하기 위해 사용되었다. 이 시스템의 사용자는 사진의 카탈로그에 기술할 추가적인 정보를 제공할 수 있다. 혼동을 피하기 위해 여기에 모든 인터페이스들을 나열하지는 않았다. 그것보다는 컴포넌트 문서의 문제점을 보여주기 위해 필요한 메서드들만 나열하였다. 사진 라이브러리의 인터페이스 메서드들은 다음과 같다.

public void addItem (Identifier pid; Photograph p; CatalogEntry photodesc);
public Photograph retrieve (Identifier pid);
public CatalogEntry catEntry (Identifier pid);

사진 라이브러리의 **addItem** 메서드를 위한 문서를 가정해 보면,

이 메서드는 라이브러리에 사진을 추가하고 사진의 identifier와 카탈로그의 descriptor를 사진과 연관시킨다.

이 설명은 컴포넌트가 무엇을 하는가를 기술하고 있으나 다음 질문들을 고려해야 한다.

- 만약 라이브러리에서 사진의 식별자가 이미 하나의 사진과 연관되었다면 무엇이 발생되는가?
- 사진의 설명자가 사진과 연결된 카탈로그 항목과 연관되었는가? 즉, 사진을 삭제하면 카탈로그 정보도 역시 삭제해야 하는가?

이러한 질문에 답하기 위해서 **addItem**의 비형식적 설명에 충분한 정보가 없다. 물론 메서드에 대한 자연언어로 작성된 설명에 정보를 추가할 수 있으나, 일반적으로 모호성을 해결하는 최선의 방법은 인터페이스를 기술하기 위해 형식언어를 사용하는 것이다. 그림 16.14에 나타난 사양은 비형식적인 기술에 정보를 추가하는, 사진 라이브러

리의 인터페이스에 대한 기술의 일부다.

그림 16.14는 UML (Warmer and Kleppe 2003)의 일부인 Object constraint language (OCL)의 개념에서 정의된 사전조건과 사후조건을 보여준다. OCL은 UML 객체 모델에서 제약조건을 기술하기 위해 설계되었다. 이것은 항상 참을 만족해야 하고, 메서드가 수행되기 전에 반드시 만족해야 하고, 메서드가 수행된 이후에 반드시 만족해야하는 술어(predicate)의 표현을 가능하게 한다. 이것들을 각각 불변조건, 사전조건, 그리고 사후 조건이라고 한다. 연산 이전의 변수 값을 접근하려면 @pre를 이름 뒤에 추가한다. 따라서 예로서 age를 사용하여,

```
age = age@pre + 1
```

이 문장은 연산 이후의 age의 값이 연산 이전의 것보다 1이 더 커야한다는 것을 의미한다.

OCL 기반 접근 방법은 모델 기반 소프트웨어 공학에서 UML 모델에 의미적 정보를 추가하기 위하여 주로 사용되었다. OCL 기술은 모델 기반 공학의 코드 생성기를 구동시키기 위하여 사용될 수 있다. 일반적인 접근 방법은 Meyer의 계약에 의한 설계(Meyer 1992) 접근으로부터 도출되었고, 이 접근 방법에서는 통신하는 객체의 인터페이스와 의무가 형식적으로 기술되고 수행 시스템에 의하여 사용이 강제된다. Meyer는 신뢰할 수 있는 컴포넌트를 개발하기 위해서는 계약에 의한 설계의 사용이 필수적이라고 제안하였다(Meyer 2003).

그림 16.14는 사진 라이브러리의 addItem과 delete 메서드의 사용을 보여준다. 설명될 메서드는 pre와 post 키워드에 의하여 사전조건과 사후조건과 키워드를 사용하는 문맥에 의하여 표현된다. addItem 상태의 사전조건은 다음과 같다.

1. 입력될 사진과 동일한 ID를 갖는 사진이 라이브러리에 존재해서는 안 된다.
2. 라이브러리가 이미 존재해야 한다. 즉 하나의 아이템을 추가하게 되면 라이브러리가 생성된다는 것을 가정하여 라이브러리의 크기는 항상 1이상이어야 한다.
3. addItem 상태에 대한 사후조건은 다음과 같다.

    라이브러리의 크기는 1씩 증가한다.(따라서 한 번에 한 개의 입력만 가능하다)

    만약 동일한 ID로 검색을 하면 추가된 사진을 얻게 된다.

    만약 카탈로그에서 해당 ID를 사용하여 검색하게 되면 삽입한 카탈로그 항목을 얻게 된다.

delete의 명세는 좀 더 많은 정보를 제공한다. 아이템의 삭제에 대한 사전 조건은 삭제될 아이템이 라이브러리에 존재해야 하는 것이고, 삭제 조건은 사진이 더 이상 존

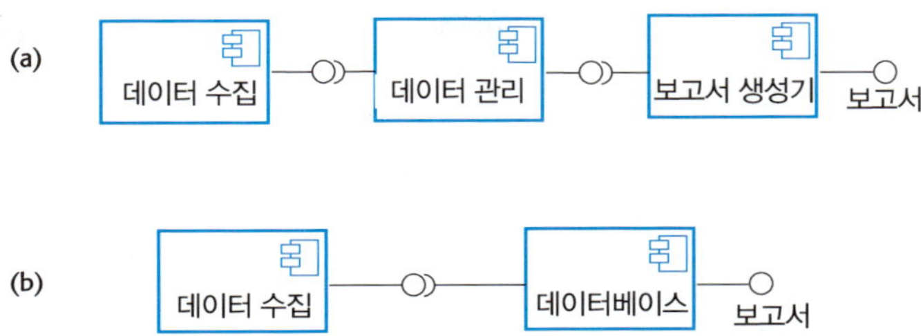

그림 16.15 데이터 수집 및 보고서 생성 컴포넌트

재하면 안 되며, 라이브러리의 크기는 1이 감소되어야 하는 것이다. 그러나 delete는 카탈로그 항목을 삭제하지 않기 때문에 삭제된 이후에도 검색이 가능하다. 그 이유는 사진이 삭제된 이유와 새로운 위치에 관련된 정보들을 관리하기를 원하기 때문이다.

컴포넌트를 결합하여 새로운 시스템을 개발하는 경우, 기능적 그리고 비기능적인 요구사항에서 잠재적 충돌을 발견할 수 있고, 가능하면 빠른 시간 내에 시스템이 제공될 필요가 있고, 새로운 시스템을 만들기 위해 요구를 개선해야 할 필요가 있다. 컴포넌트를 결정할 때 고려해야 할 트레이드-오프는 다음과 같다.

1. 시스템의 기능적 요구사항을 제공하기 위해 어떤 컴포넌트의 결합 방법이 가장 효율적인가?
2. 요구사항이 변경되었을 때 어떤 컴포넌트 결합 방법이 컴포넌트 결합 변경의 용이성을 제공하는가?
3. 결합된 시스템의 창발적 속성들은 무엇이 될 것인가? 이 속성들은 성능과 신뢰성을 포함한다. 시스템이 완전하게 구축되었을 때만 이러한 특성들을 점검할 수 있다.

불행하게도 많은 경우에 있어 컴포넌트 결합 문제의 해결방법에 충돌이 발생할 수 있다. 예를 들어 그림 16.15에서 표현된 두 가지 대안적인 결합을 통하여 시스템이 만들어지는 경우를 고려해 보자. 이 시스템은 데이터가 다양한 소스에서 수집되고, 데이터베이스에 저장되고, 저장된 데이터로부터 다양한 요약 보고서를 생성하는 데이터 수집기과 보고시스템이다.

여기에서 적응성과 성능 간에 잠재적 충돌이 발생된다. 결합 (a)는 보다 적응성이 높은 반면 결합 (b)는 보다 성능이 좋고 신뢰성이 높다. 결합 (a)의 장점은 보고서 기능과 데이터 관리 기능이 분리되어서 미래의 변화에 보다 유연하게 대처할 수 있다는 것이다. 현재 사용 중인 데이터 관리 시스템이 교체될 수 있고, 보고서 컴포넌트가 제공할 수 없는 보고서가 요구된다면 데이터 관리 컴포넌트를 수정하지 않고 그 컴포넌트를 교체할 수도 있다.

결합 (b)에서 내장된 보고서 생성기능을 갖는 데이터베이스 컴포넌트(예, Microsoft Access)가 사용되었다. 결합 (b)의 주요 장점은 컴포넌트의 개수가 적고, 컴포넌트 사이에서의 통신 부하가 없기 때문에 보다 빠른 구현이 될 수 있다. 더구나 데이터베이스 적용되는 데이터 무결성 법칙도 보고서에 제공될 수 있다. 이 보고서들은 올바르지 않은 방식으로 결합될 수 없다. 결합 (a)에서는 이러한 제약조건이 없기 때문에 보고서에서 오류가 발생될 수 있다.

일반적으로 바람직한 결합 원칙은 관심 분리의 원칙을 따른다. 즉, 시스템을 각 컴포넌트의 역할이 명확하게 설계되도록 노력해야 한다. 이상적으로 컴포넌트의 역할이 겹쳐지지 않아야 한다. 그러나 두 개 또는 세 개의 별도의 컴포넌트를 구입하는 것보다 하나의 다기능 컴포넌트를 구입하는 것이 저렴할 수 있다. 다기능 컴포넌트를 사용하여 경우 신뢰성 및 성능 상의 결점이 발생할 가능성이 있다.

키 포인트

- 컴포넌트 기반 소프트웨어 공학은 느슨하게 연결된 독립적인 컴포넌트들을 사용하여 하나의 시스템을 개발하기 위해 시스템을 정의, 구현, 연결하는 재사용 기반 접근이다.
- 컴포넌트는 기능과 종속성이 하나의 공통 인터페이스의 집합으로 정의된 소프트웨어 단위이다. 컴포넌트는 컴포넌트의 구현에 관련된 지식 없이도 다른 컴포넌트와 결합이 가능하고 실행 단위로 배포될 수 있다.
- 컴포넌트는 하나의 시스템 내에 포함되거나 해당 시스템에서 참조하는 수행 가능한 외부 서비스로서 구현될 수 있다.
- 컴포넌트 모델은 인터페이스 표준, 용법 표준, 배포 표준을 포함하는 컴포넌트 표준 집합을 정의한다. 컴포넌트 모델의 구현은 다른 모든 컴포넌트들이 사용할 수 있는 공통 서비스 집합을 제공한다.
- CBSE 프로세스의 수행 중에 요구공학 및 시스템 설계 프로세스를 수행해야 한다. 기존의 재사용가능한 컴포넌트에서 제공되는 서비스들과 바람직한 요구사항의 균형을 맞추어야 한다.
- 컴포넌트 결합은 컴포넌트들이 하나의 시스템을 구성하기 위해 컴포넌트들을 “연결하는” 프로세스다. 결합의 유형들은 순차적 결합, 계층적 결합, 그리고 부가적인 결합이 있다.
- 애플리케이션을 개발하지 않고, 재사용 가능한 컴포넌트들을 결합하는 경우, 상이한 컴포넌트 인터페이스를 일치시키기 위하여 어댑터 또는 “접착코드”를 작성할 필요가 있다.
- 컴포넌트 결합을 선택하는 경우에 시스템에 요구되는 기능적 요구사항, 비기능적 요구사항, 그리고 시스템 변경시 컴포넌트를 용이하게 대체할 수 있는 방안들을 고려해야 한다.

추가로 읽을거리

Component Software: Beyond Object-Oriented Programming, 2nd ed. This updated edition of the first book on CBSE covers technical and nontechnical issues in CBSE. It has more detail on specific technologies than Heineman and Councill's book and includes a thorough discussion of market issues. (C. Szyperski, Addison-Wesley, 2002).

"Specification, Implementation and Deployment of Components." A good introduction to the fundamentals of CBSE. The same issue of the *CACM* includes articles on components and component-based development. (I. Crnkovic, B. Hnich, T. Jonsson, and Z. Kiziltan, *Comm. ACM,* 45(10), October2002) http://dx.doi.org/10.1145/570907.570928

"Software Component Models."This comprehensive discussion of commercial and research component models classifies these models and explains the differences between them. (K-K. Lau and Z. Wang, *IEEE Transactions on Software Engineering,* 33 (10), October 2007) http://dx.doi.org/10.1109/TSE.2007.70726

"Software Components Beyond Programming: From Routines to Services."This is the opening article in a special issue of the magazine that includes several articles on software components. This article discusses the evolution of components and how service-oriented components are replacing executable program routines. (I. Crnkovic, J. Stafford, and C. Szyperski, *IEEE Software,* 28 (3), May/June 2011) http://dx.doi.org/10.1109/MS.2011.62

Object Constraint Language (OCL) Tutorial. A good introduction to the use of the object-constraint language. (J. Cabot, 2012) http://modeling-languages.com/ocl-tutorial/

웹 사이트

이 장의 파워포인트 슬라이드:

https://iansommerville.com/software-engineering-book/slides

관련 비디오 링크:

https://iansommerville.com/software-engineering-book/videos/reuse/

보다 자세한 아리안 5 사건에 대한 논의는:

https://iansommerville.com/software-engineering-book/case-studies/ariane5/

연습문제

16.1. 이해할 수 있고, 운영할 수 있는 구축을 지원하는 CBSE의 설계원리는 무엇인가?

16.2. 컴포넌트 독립성의 원리는 완전히 다른 방법에 의해 구축된 다른 컴포넌트로 특정 컴포넌트를 대체할 수 있다

는 것을 의미한다. 예를 사용하여 이러한 컴포넌트 대체가 기대하지 않았던 결과를 갖고 시스템 장애를 발생시킬 수 있는가를 설명하라.

16.3. 특정 재사용 컴포넌트에서 이 컴포넌트가 서비스로 인식되는 경우 강조되어야 할 가장 중요한 특성은 무엇인가?

16.4. 컴포넌트가 표준 컴포넌트 모델에 기반해야 하는 가장 중요한 이유는 무엇인가?

16.5. 스택 또는 리스트와 같은 추상 데이터 타입을 구현하는 컴포넌트의 예를 사용하여 재사용을 위해 컴포넌트를 확장하고 적응하는 것이 필요한 이유를 설명하라.

16.6. 재사용을 제공하는 CBSE와 기존의 소프트웨어 개발 프로세스 간의 중요한 차이점을 설명하라.

16.7. 1장에서 소개된 Mentcare 시스템에서 환자를 표현하기 위해 사용되는 재사용 컴포넌트의 제공 인터페이스와 요구 인터페이스를 설계하라.

16.8. 예를 사용하여 순차적 결합, 구조적 결합, 추가적 결합을 지원하기 위해 필요한 다른 종류의 어댑터들을 묘사하라.

16.9. 응급 제어실을 위한 시스템에서 사용될 수 있는 컴포넌트의 인터페이스를 설계하라. 발생된 호출을 기록하는 컴포넌트의 인터페이스들과 해당 사고를 처리하기 위해 주어진 우편번호와 사고 유형을 고려하여, 사고 지점에 가장 가까운 응급차를 찾아내는 응급차를 호출에 대한 컴포넌트를 위한 인터페이스들을 설계해야 한다.

16.10. 독립적인 인증기관이 설립되어야 한다는 것이 제안되어 왔다. 벤더는 이 기관에 그들의 컴포넌트를 제출하여 해당 컴포넌트의 신뢰성을 검증받으려고 한다. 이 기관에 대한 장점과 단점은 무엇인가?

참고문헌

Councill, W. T., and G. T. Heineman. 2001. “Definition of a Software Component and Its Elements.”In *Component-Based Software Engineering*, edited by G. T. Heineman and W. T. Councill, 5 – 20.Boston: Addison-Wesley.

Jacobsen, I., M. Griss, and P. Jonsson. 1997. *Software Reuse*. Reading, MA: Addison-Wesley.

Kotonya, G. 2003. “The CBSE Process: Issues and Future Visions.”In *2nd CBSEnet Workshop*. Budapest, Hungary. http://miro.sztaki.hu/projects/cbsenet/budapest/presentations/Gerald-CBSEProcess.ppt

Lau, K-K., and Z. Wang. 2007. “Software Component Models.”*IEEE Trans. on Software Eng*. 33 (10): 709 – 724. doi:10.1109/TSE.2007.70726.

Meyer, B. 1992. “Applying Design by Contract.”*IEEE Computer* 25 (10): 40 – 51. doi:10.1109/2.161279.

2003. “The Grand Challenge of Trusted Components.”*In Proc. 25th Int. Conf. on Software Engineering*. Portland, OR: IEEE Press. doi:10.1109/ICSE.2003.1201252.

Mili, H., A. Mili, S. Yacoub, and E. Addy. 2002. *Reuse-Based Software Engineering*. New York: John Wiley & Sons.

Pope, A. 1997. *The CORBA Reference Guide: Understanding the Common Object Request Broker Architecture.* Harlow, UK: Addison-Wesley.

Szyperski, C. 2002. *Component Software: Beyond Object-Oriented Programming, 2nd ed*. Harlow, UK: Addison-Wesley.

Warmer, J., and A. Kleppe. 2003. *The Object Constraint Language: Getting Your Models Ready for MDA.* Boston: Addison-Wesley.

Weinreich, R., and J. Sametinger. 2001. "Component Models and Component Services: Concepts and Principles."In *Component-Based Software Engineering,* edited by G. T. Heineman and W. T. Councill, 33–48. Boston: Addison-Wesley.

Wheeler, W., and J. White. 2013. *Spring in Practice.* Greenwich, CT: Manning Publications.

17

분산 소프트웨어 공학

Distributed software engineering

학습목표

이 장의 목표는 분산 시스템 공학과 분산 시스템 아키텍처를 소개하는 것이다. 이 장을 통해 학습할 내용들은 다음과 같다.

- 분산 소프트웨어 시스템을 설계하고 구현할 때, 고려해야 할 핵심 사항들을 알 수 있다.
- 클라이언트–서버 시스템의 계층 구조와 클라이언트–서버 컴퓨팅 모델을 이해할 수 있다.
- 일반적으로 사용되는 분산 시스템의 아키텍처 패턴과 각 아키텍처 패턴이 적용되는 시스템의 유형들을 알 수 있다.
- 원격으로 설치된 애플리케이션 시스템에 웹 기반 접근을 제공하는 서비스로서의 소프트웨어 개념을 이해한다.

학습내용

최근 대부분의 컴퓨터 기반 시스템들은 분산 시스템이다. 분산 시스템은 단일 애플리케이션이 하나의 컴퓨터에서 수행되는 것은 아니고 다수의 컴퓨터들에서 실행되는 것을 뜻한다. 심지어 이미지 편집기 같은 PC나 노트북 자체에 포함된 애플리케이션도 분산 시스템이다. 이들은 단일 컴퓨터 시스템 환경에서 실행되지만 업데이트, 저장 및 기타 서비스를 위해 원격 클라우드 시스템에 의존한다. Tanenbaum과 Van Steen (Tanenbaum and Van Steen 2007)은 분산 시스템을 "사용자에게 하나의 시스템으로 보이는 독립적인 컴퓨터들의 집합이다."라고 정의했다.*

분산 시스템을 설계할 때, 시스템이 분산되었기 때문에 고려해야 할 몇 개의 특수한 문제들이 있다. 이러한 문제들은 시스템의 각 부분들이 독립적으로 관리하는 컴퓨터에서 실행되기 때문에 그리고 지연 및 신뢰성과 같은 네트워크 특성을 분산 시스템 설계에서 고려해야 하기 때문에 발생된다.

Coulouris 등(Coulouris et al. 2011)은 분산 시스템을 개발하여 얻는 다섯 가지 장점에 대하여 정리하였다.

1. **자원공유:** 분산 시스템은 네트워크로 연결된 컴퓨터들의 디스크, 프린터, 파일, 컴파일러와 같은 하드웨어 및 소프트웨어 자원들을 공유할 수 있도록 한다.
2. **개방성:** 분산 시스템은 일반적으로 오픈 시스템(표준 인터넷 프로토콜을 중심으로 설계된 시스템)이므로 서로 다른 공급 업체에서 제공되는 장비와 소프트웨어가 결합할 수 있다.
3. **동시성:** 분산 시스템에서 여러 개의 프로세스들이 네트워크상의 서로 다른 컴퓨터에서 동시에 수행할 수 있다. 이러한 프로세스들은 정상적으로 수행하는 동안 서로 통신할 수 있다.
4. **확장성:** 분산 시스템은 시스템의 새로운 수요에 대처하기 위해 새로운 자원을 추가할 수 있는 시스템의 능력이 있으므로 확장 가능하다. 실제로는, 시스템 내의 개별 컴퓨터를 연결하는 네트워크가 시스템 확장성을 제한할 수 있다.
5. **장애 내성(*fault tolerance*):** 여러 대 컴퓨터들을 사용가능하고 정보를 복제할 수 있다는 것은 분산 시스템이 일부 하드웨어 및 소프트웨어의 장애에 내성을 가지고 있다는 것을 의미한다(11장 참조). 대부분의 분산 시스템에서 장애 발생 시 성능이 저하된 상태에서도 서비스가 유지될 수 있다; 네트워크 오류가 있는 경우 전체 서비스가 중단될 수 있다.†

---

*Tanenbaum, A. S., and M. Van Steen. 2007. Distributed Systems: Principles and Paradigms, 2nd Ed. Upper Saddle River, NJ: Prentice-Hall.

†Coulouris, G., J. Dollimore, T. Kindberg, and G. Blair. 2011. Distributed Systems: Concepts and Design, 5th Edition. Harlow, UK.: Addison Wesley.

분산 시스템은 본질적으로 중앙 집중 시스템보다 더 복잡하다. 이것은 분산 시스템의 설계, 구현, 및 테스트를 더 어렵게 만든다. 시스템 컴포넌트 및 시스템 기반구조 사이의 상호 작용의 복잡도로 인하여 분산 시스템에서 의외로 발생되는 특성을 이해하기가 더욱 어렵다. 예를 들어, 전체 시스템의 성능은 하나의 프로세서의 실행 속도에 의존하기보다는 네트워크 대역폭, 네트워크 부하, 시스템에 포함된 다른 컴퓨터들의 속도에 더 큰 영향을 받는다. 하나의 시스템에 존재하는 자원을 이동하는 것이 시스템의 성능에 상당한 영향을 미칠 수 있다.

더구나 WWW의 모든 사용자들이 알고 있듯이, 분산 시스템의 응답시간은 예측할 수 없다. 응답 시간은 전체적인 시스템의 부하, 시스템 아키텍처 및 네트워크 부하에 의존적이다. 이러한 모든 요소들이 짧은 시간에 걸쳐 변경될 수 있으므로, 사용자 요청에 응답하는 데 걸리는 시간은 사용자의 서비스 요청마다 크게 다를 수 있다.

지난 몇 년 동안 분산 소프트웨어 시스템에 영향을 미친 가장 중요한 발전은 서비스 지향 시스템과 클라우드 컴퓨팅의 출현, 서비스 제공 기반구조, 플랫폼 및 서비스로서의 소프트웨어다. 이 장에서는 분산 시스템의 일반적인 문제에 초점을 두고, 17.4절에서는 서비스로서의 소프트웨어 아이디어를 설명한다. 18장에서는 서비스 지향 소프트웨어 공학의 여러 측면에 대해 설명한다.

17.1 분산 시스템

이 장을 소개한 바와 같이, 분산 시스템은 단일 프로세서 시스템보다 더 복잡하다. 이러한 복잡도는 시스템 컨트롤이 하향식(top-down) 모델을 적용하는 것이 실제적으로 불가능하기 때문에 발생한다. 시스템에서 기능을 제공하는 노드들은 대부분 독립적으로 관리되고 제어된다. 전체 분산 시스템을 담당하는 유일한 권한이 존재하지 않는다. 노드들을 연결하는 네트워크 또한 개별적으로 제어되는 시스템이다. 분산 시스템은 그 자체로 복잡한 시스템이고 이것은 네트워크를 사용하는 시스템의 소유자에 의해 제어될 수 없다. 따라서 시스템을 설계할 때 분산 시스템에서 본질적으로 예측 불가능한 동작들을 고려해야 한다.

분산 시스템을 설계할 때 고려해야 하는 가장 중요한 몇 가지 사항들은 다음과 같다.

1. **투명성:** 분산 시스템은 사용자에게 어느 수준의 단일 시스템으로 인지되어야 하는가? 언제 사용자가 분산 시스템임을 이해하는 것이 바람직한가?
2. **개방성:** 시스템이 상호운용성을 지원하는 표준 프로토콜을 사용하여 설계되어야 하는가 또는 보다 특화된 프로토콜을 사용해야 하는가? 최근 일반적으로 표준 네트워

CORBA-Common Object Request Broker Architecture

CORBA는 미들웨어 시스템의 명세로 1990년대에 Object Management Group에 의해 제안되었다. CORBA는 분산 컴포넌트들에 의하여 사용될 수 있는 표준 서비스를 제공할 뿐만 아니라 분산 컴포넌트의 통신과 실행을 지원하는 미들웨어의 개발을 가능하도록 하는 오픈 표준으로 의도되었다.

몇 가지 CORBA의 구현들이 생산되었지만 CORBA는 널리 적용되지 못했다. 사용자는 Microsoft나 Oracle에서 제공하는 자체적인 시스템을 선호하거나, 서비스 지향 아키텍처를 사용했다.

http://software-engineering-book.com/web/corba/

크 프로토콜들이 이용되고 있지만 서비스간의 통신과 같은 높은 수준의 상호 작용에는 한계가 있다.

3. **확장성:** 어떻게 시스템을 확장 가능하도록 구성할 것인가? 즉, 어떻게 시스템의 요구 증가에 따라 용량이 증가되도록 전체 시스템을 설계할 것인가?
4. **보안:** 어떻게 개별적으로 관리되는 시스템 간에 적용되는 유용한 보안 정책을 정의하고 구현할 것인가?
5. **서비스 품질:** 어떻게 시스템 사용자에게 전달되는 서비스 품질을 정의할 것인가? 모든 사용자들이 납득할 수 있는 시스템의 서비스 품질을 어떻게 구현될 것인가?
6. **고장 관리:** 어떻게 시스템 고장이 감지되고, 비상 운영되고(다른 컴포넌트에 최소한의 영향을 미치며 운영되는 상태), 수리될 것인가?

이상적으로는, 시스템이 분산되었다는 사실이 사용자에게 감추어진다. 사용자들에게는 시스템이 분산되는 방법에 의해 행위가 영향을 받지 않는 단일 시스템으로 보인다. 실제로 이것은 전체 시스템에 대한 중앙 제어가 없기 때문에 실현 불가능하다. 결과적으로, 시스템의 개별 컴퓨터는 상이한 시간에 상이하게 작동할 수 있다. 나아가서 네트워크 신호가 이동할 때 항상 유한한 시간이 걸리므로, 네트워크 지연이 불가피하다. 이러한 지연의 정도는 시스템 자원의 위치, 사용자 네트워크 연결의 품질 및 네트워크 부하에 따라 다르다.

분산 시스템을 투명성 제공을 위해(즉, 분산 시스템 특성 은폐), 시스템이 분산되어 있음을 숨겨야 한다. 추상화를 통해 시스템 자원을 숨기게 되면 자원의 위치 및 구현은 분산 애플리케이션 변경 없이 변경될 수 있다. 17.1.2절에 논의된 미들웨어는 프로그램에 의해 참조된 논리적 자원을 실제 물리적 자원에 매핑하고 자원의 상호 작용을 관리하는 데 사용된다.

실제로 시스템을 완전히 투명하게 하는 것은 불가능하며, 일반적으로 사용자는 분산 시스템으로 처리되고 있음을 알고 있다. 그러므로 사용자에게 시스템이 분산되었다는 것을 노출하는 것을 고려해볼 수 있다. 이것으로 사용자들은 네트워크 지연 및 원격 노드 고장에 대한 결과에 미리 대처할 수 있다.

일반적으로 인정된 표준에 따라 오픈 분산 시스템이 구축되었다. 따라서 어떤 공급자로부터의 컴포넌트라도 시스템에 통합될 수 있고, 다른 시스템 컴포넌트와 상호운용될 수 있다. 인터넷 프로토콜을 준수한다면 네트워크 수준의 오픈이 가능하지만, 컴포넌트 수준에서의 오픈은 여전히 보편적이지 않다. 개방성은 시스템의 컴포넌트들이 모든 프로그래밍 언어에 의하여 표준을 준수하여 독립적으로 개발될 수 있고, 이것들이 다른 컴포넌트들과 같이 동작할 수 있음을 의미한다.

1990년대에 개발된 CORBA 표준(Pope 1997)은 오픈 분산 시스템에 대한 보편적인 표준을 위해 의도되었으나, CORBA 표준은 충분한 사용자들을 확보하는 데 실패하였다. 반면에 많은 기업들은 Sun(현재 Oracle)과 Microsoft 같은 회사들의 자체적인 컴포넌트 표준을 사용하여 시스템을 개발하는 것을 더 선호했다. 이들은 더 나은 제품을 제공했고, 소프트웨어를 지원하였으며, 산업용 프로토콜들을 장기적으로 지원했다.

18장에서 논의된 서비스 기반 아키텍처를 위한 웹 서비스 표준들이 오픈 표준을 위해 개발되었다. 그러나 이러한 표준은 비효율성으로 인해 많은 한계를 보였다. 서비스 기반 시스템의 많은 개발자들은 웹 서비스 프로토콜보다 본질적으로 낮은 오버헤드를 가지고 있는 RESTful 프로토콜을 선택했다. RESTful 프로토콜에 대한 사용은 아직 표준화되어 있지 않다.

시스템 확장성은 시스템에 대한 요구 증가에도 고품질의 서비스를 제공하는 능력을 의미한다. 확장성에는 크기, 분산, 관리의 세 가지 중요 요소가 있다.

1. **크기:** 사용자 증가에 따른 추가 자원 할당이 가능해야 한다. 이상적으로 사용자의 수가 증가함에 따라 시스템은 증가된 사용자의 수를 처리하기 위해 자동으로 크기를 증가시킨다.
2. **분산:** 컴포넌트의 성능을 저하시키지 않고 지리적으로 시스템을 분산시킬 수 있어야 한다. 새로운 컴포넌트가 추가될 때의 위치가 문제가 되어서는 안 된다. 대기업들은 때로 전 세계에 구축된 여러 시설들의 컴퓨팅 자원을 사용할 수 있다.
3 **관리성:** 시스템의 일부가 별도의 독립 조직에 존재하는 경우에도 사용량이 증가함에 따라 시스템을 관리할 수 있어야 한다. 관리자들이 교류하고 관리 정책에 동의하는 것을 포함하고 있으므로 이것은 확장성에 있어 가장 어려운 과제 중 하나다. 실제로 시스템의 관리성은 시스템의 확장을 제한하는 요소가 될 때도 있다.

시스템의 크기를 변경하는 것은 수직 확장 및 수평 확장을 고려해야 한다. 수직 확장은 기존의 자원을 더욱 강력한 자원으로 교체하는 것을 뜻한다. 예를 들어, 서버의 메모리를 16 GB에서 64 GB로 증가시킬 수 있다. 수평 확장은 시스템에 더 많은 자원을 추가하는 것을 뜻한다. (예를 들어, 기존의 웹 서버에 별도의 추가적인 서버를 제공하여 함께 동작하도록 하는 것이다.) 수평 확장은 수직 확장보다 비용 효과가 높으며, 특히 클라우드 컴퓨팅에서는 시스템으로부터 서버를 용이하게 추가하거나 제거할 수 있다. 그러나 병렬 처리가 가능할 때만 성능 향상을 제공한다.

이 책의 Part 2에서 일반적인 보안 문제와 보안성 공학의 문제들을 논의하였다. 시스템이 분산되는 경우 공격자들은 개별적인 시스템 컴포넌트 또는 네트워크 중 어떤 것도 공격 대상으로 할 수 있다. 시스템의 일부를 성공적으로 공격하면, 침입자는 시스템의 다른 부분의 "백 도어"로 사용할 수 있다.

분산 시스템은 다음과 같은 공격 유형들을 자체적으로 방어해야 한다.

1. **가로채기:** 공격자가 시스템의 일부분들 사이의 통신을 가로채면 기밀성의 손실이 되는 경우
2. **차단:** 시스템 서비스가 공격 받아 본래의 기능을 못 하는 경우. 서비스 거부 공격은 불법 서비스 요청으로 노드를 폭격하여 유효한 요청을 처리할 수 없게 하는 것을 포함한다.
3. **수정:** 공격자가 시스템 접근 권한을 얻고 데이터나 시스템을 변경하는 경우
4. **위조:** 공격자가 존재해서는 안 될 정보를 만들어내고 이 정보를 이용해 특별한 권한을 얻는 경우. 예를 들어, 공격자는 불법적인 비밀번호를 생성하고 이를 시스템 접근에 이용할 수 있다.

분산 시스템의 가장 큰 어려움은 시스템의 모든 컴포넌트에 신뢰성 있게 적용할 수 있는 보안정책을 수립하는 것이다. 13장에서 언급한 대로, 보안 정책은 시스템에 의해 달성할 수 있는 보안 수준을 설정한다. 암호화 및 인증과 같은 보안 메커니즘은 보안 정책을 수립하는 데 사용된다. 여러 조직들이 시스템의 부분들을 소유하고 있기 때문에 분산 시스템의 보안에 어려움이 발생한다. 이러한 조직들은 비호환적인 보안 정책 및 보안 메커니즘을 가질 수 있다. 또한, 시스템이 함께 동작할 수 있기 위해 보안 타협점이 만들어질 필요가 있다.

분산 시스템에서 제공하는 서비스의 품질(QoS)은 사용자가 납득할 만한 신뢰성 있는 서비스의 전달, 반응 시간 및 시스템의 처리능력을 반영한다. 이상적으로 QoS 요구는 미리 명시되어야 하고 시스템은 이러한 QoS를 제공하기 위해 설계되고 구성되어야 한다. 불행하게도, 이것은 다음과 같은 두 가지 이유로 항상 현실적이지는 않다.

1. 피크 타임 이하의 고품질 서비스를 제공하기 위해 시스템을 설계 및 구성하는 것이 비용 대비 효율적일 수 있다. 피크 상황에서의 수요는 응답 시간을 보장하기 위한 여분의 서버들을 필요로 한다는 것을 의미한다. 이 문제는 필요한 만큼 서버를 제공

해주는 클라우드 컴퓨팅의 사용으로 완화될 수 있다. 수요가 증가함에 따라 서버는 자동으로 추가될 수 있다.

2. 서비스 품질의 요소들은 서로 충돌이 발생할 수 있다. 예를 들어 모든 시스템의 입력이 유효한지 확인하기 위해 도입되는 검증 과정은 신뢰성을 증가시키지만 처리량을 감소시킨다.

시스템이 사운드 또는 비디오와 같은 시간에 중요한 데이터를 처리할 때, 서비스의 품질은 특히 중요하다. 이러한 상황에서, 서비스의 품질이 임계값 이하로 떨어지는 경우, 사운드 또는 비디오의 품질은 이해 불가능한 정도로 저하될 수 있다. 사운드와 비디오 처리 시스템은 수용 가능한 서비스의 품질을 정의하고 이를 관리하는 컴포넌트도 갖추고 있어야 한다. 관리 컴포넌트는 사용 가능한 자원에 대해 서비스 품질 요구사항의 적합성을 판단하고, 만약, 시스템 자원의 부족으로 인해 서비스 품질이 떨어진다면 더 많은 자원의 사용을 고려하거나 서비스 품질 목표를 감소시키는 것에 대해 고려해야 한다.

실질적으로 분산 시스템에서 장애의 발생은 불가피하기 때문에 시스템은 이러한 고장에 회복될 수 있도록 설계되어야 한다. 유명한 분산 시스템 연구가인 Leslie Lamport는 분산 시스템에서의 장애는 너무나도 흔하다고 말했다.

분산 시스템에서 작업 중 들어 본 적 없는 시스템의 문제로 인해 작업의 수행이 정지되었을 때가 있었을 것이다. †

이것은 더욱 많은 시스템들이 클라우드 환경에서 실행되고 있는 경우에 더욱 자주 발생된다. 고장 관리는 11장에서 설명한 고장내성 기술들을 적용하고 있다. 분산 시스템은 시스템 컴포넌트의 고장여부를 발견하기 위한 메커니즘을 포함해야 하고, 고장이 발생한 상황에서도 가능한 많은 서비스를 지속적으로 제공해야 하고, 고장으로부터 자동적으로 복구되어야 한다. 클라우드 컴퓨터의 가장 큰 장점은 중복된 시스템 컴포넌트들의 비용을 극적으로 감소시킨다는 것이다.

17.1.1 모델의 상호 작용

절차적 상호 작용 및 메시지 기반 상호 작용의 두 가지 기본적인 유형이 분산 컴퓨터 시스템에서의 컴퓨터 간에 발생한다. 절차적 상호 작용에서는 한 컴퓨터가 다른 컴퓨터에 의해 제공되는 서비스를 호출하고 호출된 서비스가 완료될 때까지 기다린다. 메시지 기반 상호 작용은 필요한 사항에 대해 정의된 정보를 메시지의 형태로 다른 컴퓨터에

† Leslie Lamport, in Ross J. Anderson, Security Engineering: A Guide to Building Dependable Distributed Systems (2nd ed.), Wiley (April 14, 2008).

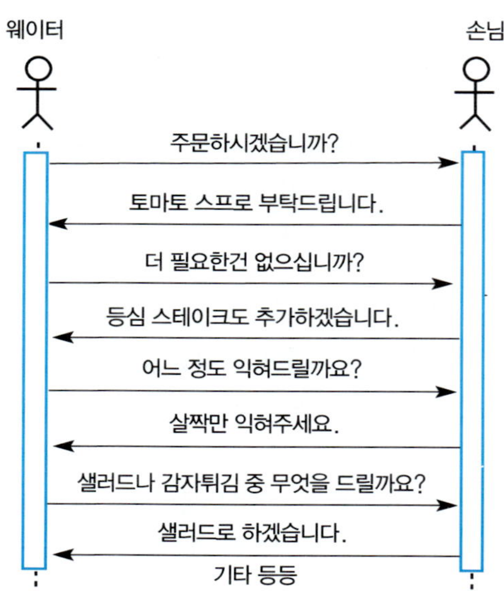

그림 17.1 손님과 웨이터간의 순차적 상호 작용

"전송"하는 것을 의미한다. 메시지는 일반적으로 절차적 호출보다 하나의 상호 작용에 더 많은 정보를 전송한다.

절차 및 메시지 기반 상호 작용의 차이를 설명하기 위해 레스토랑에서 식사를 주문하는 상황을 고려해보자. 웨이터와 대화를 할 때 손님은 주문을 위해 일련의 동기화된 절차적 상호 작용을 주고받는다. 손님은 주문을 하고 웨이터는 주문에 대한 확인을 하고, 추가 요구를 하고 확인을 받는 상황들이 반복적으로 발생한다. 이것은 하나의 컴포넌트가 다른 컴포넌트의 메서드를 호출하는 소프트웨어 시스템에서 상호 작용하는 컴포넌트들과 유사하다고 볼 수 있다. 웨이터는 손님들의 주문을 동석인들의 주문과 함께 차례대로 작성한다. 음식을 준비하기 위해 웨이터는 모든 주문의 세부사항을 포함한 주문서를 주방으로 전달한다. 이는 곧 웨이터가 주방 담당자에게 메시지를 전달하고 준비될 요리를 정의하는 과정으로 볼 수 있다. 이것은 메시지 기반 상호 작용이다.

동기화된 주문 요청 과정을 나타내는 그림 17.1에서 이런 종류의 상호 작용을 묘사하고 있고, 그림 17.2에서는 세 명의 주문을 정의하는 가상의 XML 메시지를 나타낸다. 정보교환의 이러한 형태는 분명히 큰 차이가 있다. 웨이터는 주문을 정의하는 일련의 상호 작용을 수행한다. 그러나 웨이터와 주방 사이에는 완벽한 주문을 정의하는 메시지를 가진 하나의 상호 작용을 가진다.

분산 시스템의 절차적 통신은 보통 원격 프로시저 호출(RPC: Remote Procedure Calls)을 사용해 구현된다. 원격 프로시저 호출(RPC)의 경우, 컴포넌트들은 세계적으로 고유한 이름(URL 같은)을 갖는다. 이 이름을 사용해서, 하나의 컴포넌트는 다른 컴포넌트로부터 제공되는 서비스를 마치 로컬 프로시저나 메서드처럼 호출할 수 있다. 시

```
<starter>
   <dish name = "soup" type = "tomato" />
   <dish name = "soup" type = "fish" />
   <dish name = "pigeon salad" />
</starter>
<main course>
   <dish name = "steak" type = "sirloin" cooking = "medium" />
   <dish name = "steak" type = "fillet" cooking = "rare" />
   <dish name = "sea bass">
</main>
<accompaniment>
   <dish name = "french fries" portions = "2" />
   <dish name = "salad" portions = "1" />
</accompaniment>
```

그림 17.2 주방장과 웨이터 간의 메시지 기반의 상호 작용

스템 미들웨어는 이러한 호출을 받아 원격 컴포넌트에 전달한다. 미들웨어를 통해 필요한 계산을 수행하고, 해당 호출 컴포넌트에 결과를 반환한다. Java에서는 원격 메서드 호출(RMI: Remote Method Invocations)들을 원격 프로시저 호출로 볼 수 있다.

원격 프로시저 호출은 호출을 시작하는 로컬 컴퓨터에서 접근할 수 있도록 호출될 프로세스를 위한 "스텁"을 요구한다. 스텁은 원격 프로시저의 인터페이스를 정의한다. 이 스텁이 호출되면 원격 프로시저에 전송하는 표준 표현으로 프로시저 인자들을 변환한다. 미들웨어를 통해, 원격 프로시저 실행을 위한 요청을 보낸다. 원격 프로시저는 필요한 형식으로 매개 변수를 변환하고, 계산을 수행하며, 호출자를 대표하는 "스텁"을 통해 결과를 반환하기 위해 라이브러리 함수를 사용한다.

메시지 기반 상호 작용은 일반적으로 다른 컴포넌트로부터 요청된 서비스를 상세하게 정의한 메시지를 생성하는 하나의 컴포넌트를 가진다. 이 메시지는 시스템 미들웨어를 통해 수신 컴포넌트로 전송된다. 수신 컴포넌트는 메시지를 분석하고, 계산을 수행하고, 송신 컴포넌트에 요구되는 결과를 보내기 위한 메시지를 만든다. 이후 송신 컴포넌트에 전송하기 위해 메시지는 미들웨어로 전달된다.

RPC 방식의 상호 작용에서 한 가지 문제점은 호출자와 피호출자 모두가 통신 시에 참조 가능한 상태여야 하며 서로를 참조하는 방법도 알아야 한다는 점이다. 본질적으로, RPC는 로컬 프로시저 또는 메서드 호출과 같은 요구사항이 있다. 반면 메시지 기반 접근법에서 불가용성이 허용될 수 있다. 만약 메시지를 처리하는 시스템 컴포넌트를 사용할 수 없는 경우, 수신자가 온라인 상태가 될 때까지 메시지는 단순히 큐에 남아 있게 된다. 더구나 송신자가 메시지 수신자의 이름을 알 필요도 없으며 반대의 경우도 마찬가지다. 메시지가 적합한 시스템에 전달되었음을 보장해주는 미들웨어가 있으므로, 송신자와 수신자는 단순히 미들웨어를 통해 통신한다.

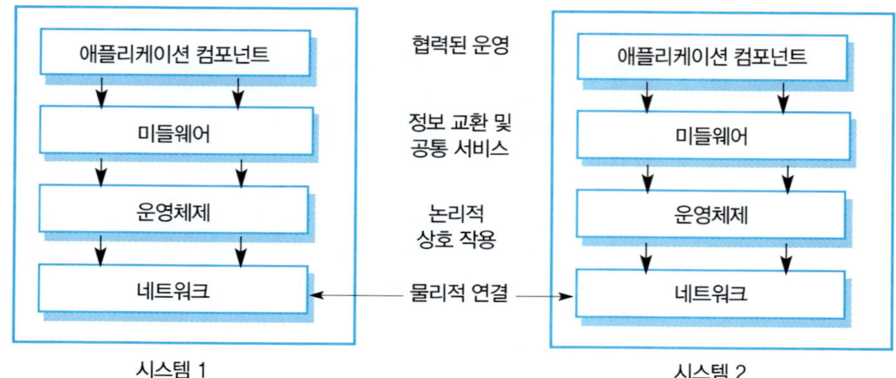

그림 17.3 분산 시스템에서의 미들웨어

17.1.2 미들웨어

분산 시스템에서의 컴포넌트는 서로 다른 프로그래밍 언어로 구현될 수 있으며, 서로 다른 종류의 프로세서에서 실행할 수 있다. 데이터 모델, 정보 표현 그리고 통신 규약이 모두 다를 수 있다. 따라서 분산 시스템은 이러한 다양한 부분을 관리하고 통신하며 데이터를 교환할 수 있는 소프트웨어가 필요하다.

미들웨어라는 용어는 이러한 소프트웨어를 가리킬 때 사용되며 시스템의 분산 컴포넌트들 사이에 위치한다. 이 개념은 그림 17.3에서 설명되었고, 미들웨어가 운영체제와 애플리케이션 프로그램 사이에 위치한 계층임을 보여주고 있다. 미들웨어는 일반적으로 각각의 분산 컴퓨터에 설치된 라이브러리와 통신을 관리하기 위한 런타임 시스템의 집합으로 구현된다.

Bernstein (Bernstein 1996)은 분산 컴퓨터를 지원하는 데 사용할 수 있는 미들웨어의 유형을 설명했다. 미들웨어는 애플리케이션 개발자에 의해 특별히 작성된 범용 소프트웨어가 아니며, 일반적으로 구매 가능한 기성품 소프트웨어이다. 미들웨어의 예로는 데이터베이스와의 통신을 관리하는 소프트웨어, 트랜잭션 관리자, 데이터 컨버터, 통신 컨트롤러 등을 들 수 있다.

분산 시스템의 미들웨어는 제공하는 두 가지를 지원한다.

1. **상호 작용 지원:** 미들웨어는 시스템의 서로 다른 컴포넌트 사이의 상호 작용을 조정한다. 미들웨어는 위치 투명성(location transparency)을 제공하며, 이것은 하나의 컴포넌트가 다른 컴포넌트의 물리적 위치를 알 필요가 없게 만든다. 만약 컴포넌트 구현에 다른 종류의 프로그래밍 언어가 사용되었더라도 이벤트 탐지나 통신 등에 있어서 파라미터 변환을 지원한다.

2. **공통 서비스의 제공:** 미들웨어는 분산 시스템의 여러 컴포넌트가 요구하는 재사용가능한 서비스의 구현을 제공한다. 이러한 공통 서비스를 이용하여, 컴포넌트들은 용

이하게 협업하고 일관성 있는 방식으로 사용자에게 서비스를 제공할 수 있다.

미들웨어의 상호 작용 지원에 대한 부분은 17.1.1절에 이미 예시로 주어져 있다. 원격 프로시저와 원격 메서드 호출, 메시지 교환 등을 위해 미들웨어를 사용해야 한다.

공통 서비스는 이러한 컴포넌트들의 기능에 관계없이 다른 컴포넌트에 의해서도 요구될 수 있는 서비스이다. 16장에서 논의한 바와 같이 공통 서비스는 보안 서비스(인증과 자격), 알림과 네이밍 서비스, 그리고 트랜잭션 관리 서비스 등을 포함한다. 분산 컴포넌트를 위해 미들웨어 컨테이너에 의해 제공되는 이러한 공통 서비스들을 고려할 수 있으며, 이러한 서비스들은 공유 라이브러리를 통해 제공된다. 이후에 컴포넌트를 배포하면, 이러한 공통 서비스를 접근하고 사용할 수 있다.

17.2 클라이언트–서버 컴퓨팅

인터넷을 통해 접근하는 분산 시스템은 클라이언트–서버 시스템으로 구성되어있다. 클라이언트–서버 시스템에서 사용자들은 그들의 컴퓨터에서 실행되는 웹 브라우저나 모바일 기기에서 실행되는 앱과 상호 작용한다. 이것은 웹 서버와 같은 원격 컴퓨터에서 실행되는 다른 프로그램과 상호 작용한다. 원격 컴퓨터는 외부 클라이언트가 사용할 수 있는 웹 페이지에 대한 접근 서비스를 제공한다. 6장에서 언급한 클라이언트–서버 모델은 애플리케이션의 일반적인 아키텍처 모델이다. 애플리케이션이 다수의 기계에 분산되는 것을 제한하지 않는다. 또한 클라이언트와 서버가 동일한 컴퓨터에서 실행되는 논리적 상호 작용 모델을 사용할 수 있다.

클라이언트–서버 아키텍처에서 애플리케이션은 서버가 제공하는 서비스의 집합으로 모델링된다. 클라이언트는 이러한 서비스들을 접근하고 최종 사용자에게 결과를 표현할 수 있다. 클라이언트는 현재 사용 가능한 서버를 알아야 하지만 다른 클라이언트들에 대해서는 어느 것도 알 필요가 없다. 그림 17.4에서 나타난 바와 같이 클라이언트와 서버는 별도의 프로세스이다. 이 그림은 각각 다른 서비스를 제공하는 4개의 서버(s1-s4)가 존재하는 상황을 표현하고 있다. 각 서비스는 해당 서비스에 접근한 클라이언트들의 집합으로 이루어져 있다.

그림 17.4는 프로세서들이 아닌 클라이언트와 서버 프로세스를 보여주고 있다. 일반적으로 여러 개의 클라이언트 프로세스들이 단일 프로세서에서 실행된다. 예를 들어 PC에서 원격 메일 서버로부터 메일을 다운로드 받는 경우가 이에 속한다. 또한 웹 브라우저를 통해 웹 서버에 접속하는 동시에 원격 프린터로 문서를 출력할 수 있다. 그림 17.5는 그림 17.4에 표시된 12개의 논리적 클라이언트가 6개의 컴퓨터에서 실행했을 때의 구성을 보여준다. 4개의 서버 프로세스가 2개의 물리적인 서버 컴퓨터에 매핑되었다.

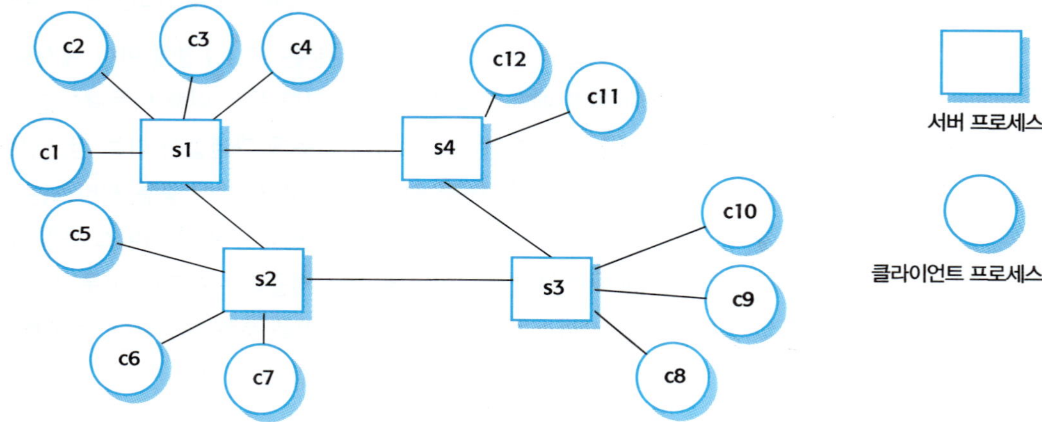

그림 17.4 클라이언트-서버 상호 작용

여러 개의 서버 프로세스들이 같은 프로세서에서 실행될 수도 있지만 대부분의 서버는 멀티프로세서 시스템으로 구축되며 각 서버 프로세스의 인스턴스는 각 CPU에서 수행된다. 부하 균형 소프트웨어는 클라이언트가 요청한 서비스를 여러 서버로 분산하여 각 서버가 같은 양의 일을 처리하도록 한다. 이것은 개별 클라이언트의 응답시간 저하 없이 많은 양의 요청을 처리할 수 있게 한다.

클라이언트-서버 시스템은 정보의 표현과 정보의 생성 및 가공이 완벽하게 분리될수록 더 높은 성능을 발휘할 수 있다. 결과적으로 분산 클라이언트-서버 시스템은 계층 간에 분명한 인터페이스를 갖는 몇 개의 논리적 계층으로 구성되도록 설계해야 한다. 이로 인해 각 계층이 다른 컴퓨터로 분산되는 것이 가능해진다. 그림 17.6에서 4개의 계층으로 구성된 애플리케이션을 보여준다.

1. **표현 계층**: 사용자에게 정보를 표현하고 모든 사용자의 상호 작용을 관리한다.
2. **데이터 처리 계층:** 클라이언트로부터의 전송되는 데이터를 관리한다. 이 계층은 데

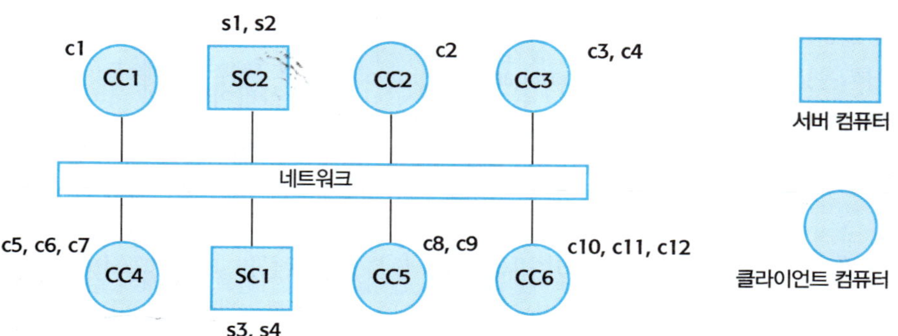

그림 17.5 네트워크로 연결된 컴퓨터에 클라이언트와 서버 매핑

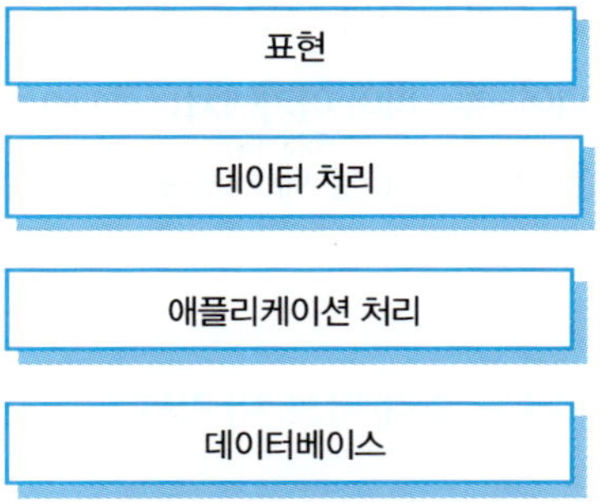

그림 17.6 클라이언트-서버 애플리케이션에 대한 계층적 아키텍처 모델

이터 검증, 웹 페이지 생성 등을 구현하고 있다.

3. **애플리케이션 처리 계층:** 애플리케이션 논리의 구현과 요구된 기능을 최종 사용자에게 제공한다.
4. **데이터베이스 계층:** 데이터를 저장하고 트랜잭션 관리와 질의 서비스를 제공한다.

다음 절에서는 클라이언트-서버 아키텍처가 논리적 계층을 분산하는 여러 가지 다양한 방식을 설명한다. 클라이언트-서버 모델은 또한 인터넷을 통해 소프트웨어를 배포하고 접근하게 하는 중요한 방법인 서비스로서의 소프트웨어(SaaS) 개념의 하부에 존재한다. 이 주제는 17.4절에서 다루고 있다.

17.3 분산 시스템을 위한 아키텍처 패턴

이 장의 소개에서 설명한 바와 같이 분산 시스템 설계자는 시스템의 성능, 신뢰성, 보안 그리고 관리용이성 사이의 균형을 찾기 위해 시스템 설계를 구성해야 한다. 모든 상황에 적합한 시스템 조직의 일반적인 모델이 존재하지 않으므로, 다양한 분산 아키텍처 스타일이 등장했다. 분산 애플리케이션을 설계할 때, 설계자는 시스템에서 요구하는 중요한 비기능적인 요구사항을 지원하는 아키텍처 스타일을 선택해야 한다.

이번 절에서 다음과 같은 다섯 가지 아키텍처 스타일을 논의한다.

1. **마스터-슬레이브 아키텍처:** 상호 작용 시에 최소한의 응답시간을 보장해야 하는 실시간 시스템에서 주로 사용된다.
2. **2단 클라이언트-서버 아키텍처:** 단순한 클라이언트 – 서버 시스템을 위해 사용되고 보안상의 이유로 중앙 집중적인 형태를 갖는 시스템에서도 사용된다.
3. **다단 클라이언트-서버 아키텍처:** 서버가 대량의 트랜잭션을 처리해야 할 때 사용된다.
4. **분산 컴포넌트 아키텍처:** 다양한 시스템의 자원과 데이터베이스들이 결합되어야 할

때 사용되거나 다단 클라이언트–서버 시스템 모델의 구현에도 사용된다.

5. **피어–투–피어 아키텍처:** 클라이언트의 로컬 데이터를 공유하고 클라이언트가 서버의 역할도 해야 할 때 사용된다. 대량의 독립적인 계산이 필요할 때 역시 사용될 수 있다.

17.3.1 마스터 – 슬레이브 아키텍처

분산 시스템을 위한 마스터–슬레이브 아키텍처는 일반적으로 실시간 시스템에서 사용된다. 이러한 시스템에서, 시스템 환경으로부터의 데이터 습득, 데이터 처리 및 연산, 액추에이터 관리와 연관된 별도의 프로세서들이 있을 수 있다. 21장에서 언급한 액추에이터는 시스템의 환경을 변경하는 역할을 하는 소프트웨어에 의해 제어되는 장치이다. 예를 들어 하나의 액추에이터는 밸브를 제어하여 밸브의 상태를 "열림"에서 "닫힘"으로 변경하는 것이 될 수 있다. "마스터" 프로세스는 일반적으로 연산, 조정, 통신을 책임지며, 이것은 "슬레이브" 프로세스들을 제어한다. "슬레이브" 프로세스는 센서 배열에서의 데이터 수집과 같은 특정 행동만 취한다.

그림 17.7은 이러한 아키텍처 모델의 예를 보여준다. 도시의 교통 제어 시스템은 별도의 프로세서 위에서 수행되는 세 가지의 논리적 프로세스들을 가지고 있다. 마스터 프로세스는 교통 데이터를 수집하고 교통 신호의 동작을 관리하는 슬레이브 프로세스들과 통신하는 제어실에 있는 프로세스다.

여러 곳에 분산된 센서 개체들이 교통 흐름 정보를 수집한다. 센서 제어 프로세스는 주기적으로 교통 흐름 정보를 읽어내고 추가적인 처리를 위해 이러한 정보를 가공한다.

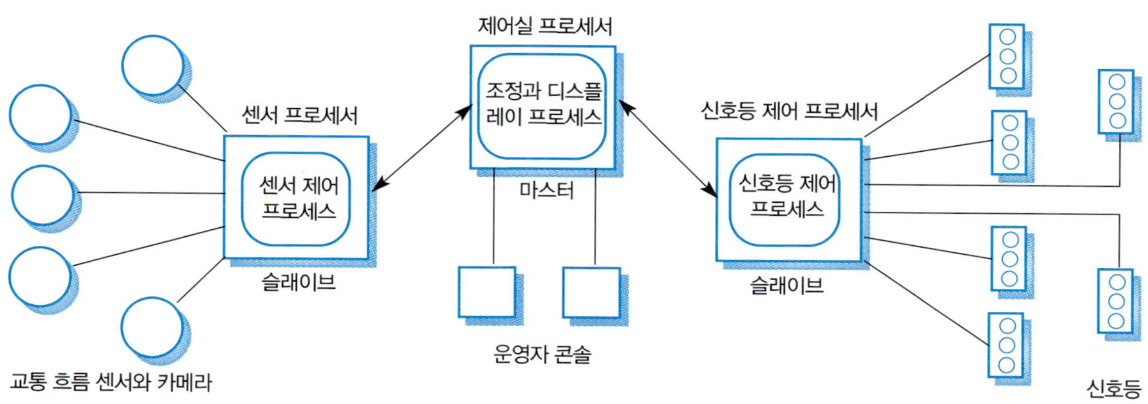

그림 17.7 마스터–슬레이브 구조를 갖는 교통 관리 시스템

마스터 프로세스는 주기적으로 센서 프로세서들이 제공하는 정보를 수집하여, 운영자에게 교통 상태를 보여주고, 신호등의 순서를 계산하고, 이러한 순서를 수정하기 위해 운영자의 명령을 받아들인다. 제어실 시스템은 교통 신호 제어 프로세스에게 명령을 보내고 이것은 해당 명령어를 신호등 하드웨어를 제어하기 위한 신호로 변환한다. 마스터 제어실 시스템 자체는 운영자의 콘솔에서 실행되는 클라이언트 프로세스들을 갖는 클라이언트-서버 시스템으로 구성된다.

요구되는 분산 처리를 예측할 수 있고, 처리가 슬래이브 프로세서들에 쉽게 지역화될 수 있는 상황에서 이러한 마스터-슬래이브 모델을 사용할 수 있다. 처리 시간을 충족시키는 것이 중요한 실시간 시스템에서 이 상황은 자주 발생한다. 슬래이브 프로세서는 이러한 신호 처리와 시스템에 의해 제어되는 장비 관리와 같은 계산 집약적인 연산에 사용될 수 있다.

17.3.2 2단 클라이언트-서버 아키텍처

17.2절에서 애플리케이션의 일부가 사용자의 컴퓨터(클라이언트)에서 동작하고 일부가 원격 컴퓨터(서버)에서 동작하는 클라이언트-서버 시스템의 일반적인 구조에 대해 설명했다. 또한 시스템의 각 계층이 서로 다른 컴퓨터에서 실행되는 계층적인 애플리케이션 모델을 그림 17.6에서 보여주었다.

2단 클라이언트-서버 아키텍처는 클라이언트-서버 아키텍처의 가장 단순한 형태다. 시스템은 하나의 논리적인 서버와 이를 사용하는 다수의 클라이언트로 구현된다. 이 개념은 그림 17.8에서 두 가지 형태의 아키텍처 모델로 표현하고 있다.

1. **씬 클라이언트 모델**: 표현 계층만 클라이언트에서 구현되고 이를 제외한 모든 나머지 계층(데이터 제어, 애플리케이션 처리, 데이터베이스)은 모두 서버에서 구현된다. 클라이언트의 표현 소프트웨어는 보통 대부분 웹 브라우저이지만 모바일 기기의 경

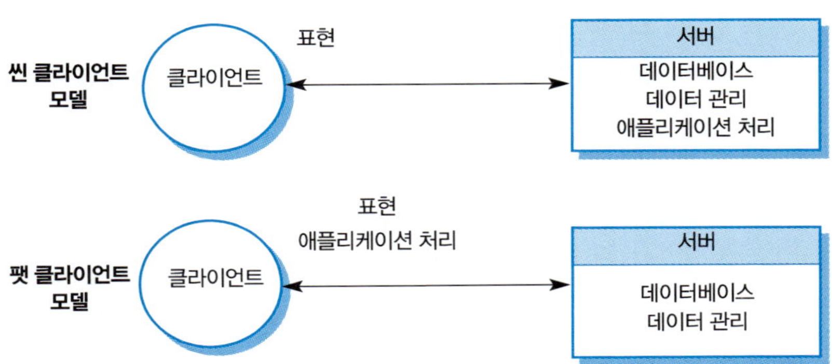

그림 17.8 씬 클라이언트와 팻 클라이언트 아키텍처 모델

우 앱도 가능하다.

2. **팻 클라이언트 모델:** 일부 또는 모든 애플리케이션 처리 과정이 클라이언트에서 수행된다. 데이터 관리와 데이터베이스 기능들은 서버에 구현된다. 이 경우 클라이언트 소프트웨어는 서버 애플리케이션과 밀접한 관련이 있는 특별히 작성된 프로그램이 될 수 있다.

씬 클라이언트 모델의 장점은 클라이언트 관리가 간단하다는 점이다. 이는 다수의 클라이언트가 존재할 때, 클라이언트 모두에 새로운 소프트웨어를 설치하는 것이 곤란하고 비용이 많이들 수 있으므로 효과적이라고 볼 수 있다. 만약 웹 브라우저가 클라이언트로 사용된다면, 어떤 소프트웨어도 추가적으로 설치할 필요가 없게 된다.

그러나 씬 클라이언트 방식의 단점은 수행할 때 서버와 네트워크 모두에 큰 부하가 발생한다는 점이다. 서버가 모든 처리를 수행하므로 클라이언트와 서버 사이의 심각한 네트워크 트래픽 문제가 발생할 수 있다. 그러므로 시스템을 구현할 때 이러한 모델을 사용하는 것은 네트워크와 서버 용량에 있어서 추가적인 비용을 발생시킬 수 있다.

팻 클라이언트 모델은 클라이언트 소프트웨어를 실행하는 컴퓨터에서 사용 가능한 처리 능력을 활용하고, 애플리케이션 처리와 표현 계층의 일부 또는 모두를 클라이언트에게 분산시킨다. 서버는 주로 모든 데이터베이스 트랜잭션을 관리하는 트랜잭션 서버이다. 클라이언트와 애플리케이션 처리 시스템 간의 상호 작용을 관리할 필요가 없으므로 데이터 처리가 간단하다. 팻 클라이언트 모델은 클라이언트 컴퓨터에 소프트웨어를 배포하고 유지하기 위한 시스템 관리가 필요하다.

팻 클라이언트 아키텍처가 사용되는 상황의 예는 사용자에게 현금 지불을 포함하는 다양한 은행 서비스를 제공하는 ATM 시스템이다. ATM은 클라이언트 컴퓨터이고 일반적으로 서버는 고객 계정 데이터베이스를 관리하는 메인프레임이다. 메인프레임 컴퓨터는 트랜잭션 처리에 성능이 최적화된 기계다. 그러므로 메인프레임 컴퓨터는 ATM, 온라인 뱅킹, 출납 시스템으로부터 발생하는 대량의 트랜잭션을 처리할 수 있다. 출납 기계의 소프트웨어는 대량의 고객 관련 트랜잭션들을 처리한다.

그림 17.9는 ATM 시스템 구성의 간략한 버전을 나타내고 있다. ATM은 고객 데이터베이스와 직접적으로 연결을 하지 않고 원격-프로세싱(TP) 모니터와 연결된다. TP 모니터는 데이터베이스에 의해 처리되어야 할 트랜잭션들을 직렬화하고 원격 클라이언트들과 통신을 조정하는 미들웨어 시스템이다. TP 모니터는 트랜잭션들의 독립성과 상호 간섭의 방지를 보장한다. 직렬 트랜잭션을 사용하므로 시스템 장애 발생 시 시스템 데이터의 손상 없이 복구가 가능하다.

팻 클라이언트 모델은 씬 클라이언트 모델보다 더욱 효과적으로 처리를 분배하지만 브라우저가 아닌 특수 목적의 클라이언트를 사용한다면 시스템 관리는 더욱 복잡해진

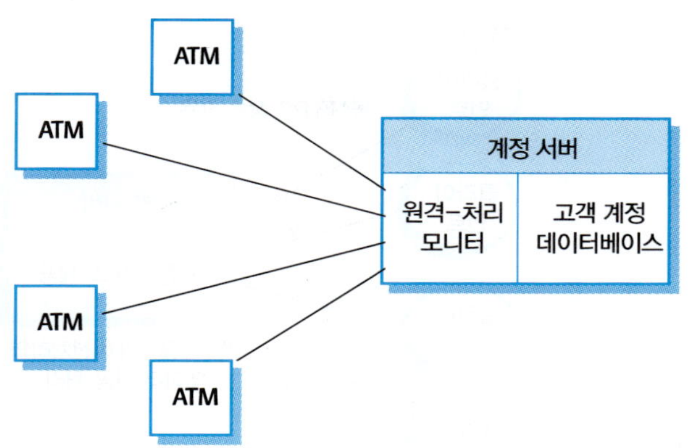

그림 17.9 ATM 시스템에 대한 팻 클라이언트 아키텍처

다. 애플리케이션 기능은 많은 컴퓨터에 분산되어 있다. 애플리케이션 소프트웨어가 변경될 때, 모든 클라이언트 컴퓨터의 소프트웨어를 재설치해야 한다. 이것은 수백 개의 클라이언트가 시스템에 존재한다면 비용상 큰 문제를 초래한다. 클라이언트 소프트웨어의 자동 업데이트가 이러한 비용을 절감할 수 있지만 근본적인 해결책이 될 수는 없다. 새로운 기능의 도입은 시스템을 사용하는 방법에 따라 비즈니스 프로세스가 변경되어야 하는 것을 의미한다.

모바일 기기 사용의 증가로 네트워크 트래픽을 최소화하는 것이 중요해졌다. 이러한 기기들은 이제 로컬 처리를 수행할 수 있는 강력한 컴퓨터들을 포함하고 있다. 결과적으로 씬 클라이언트와 팻 클라이언트 아키텍처 사이의 구분은 무의미해지고 있다. 앱은 로컬 처리를 수행할 수 있는 기능적인 요소들을 내장하고 있고 웹 페이지는 사용자의 로컬 컴퓨터에서 실행되는 Javascript 컴포넌트들을 포함하고 있다. 여전히 앱에서의 업데이트 문제가 남아있지만, 사용자의 개입 없이 앱을 갱신함으로써 어느 정도 해결되었다. 따라서 분산 시스템 아키텍처의 일반적인 기반으로 이러한 모델을 사용하는 것이 때로는 도움이 되지만, 실제로 모든 처리를 원격 서버에서 구현하는 웹 기반 애플리케이션은 거의 없다.

17.3.3 다단 클라이언트–서버 아키텍처

2단 클라이언트-서버 접근 방법의 근본적인 문제는 시스템의 논리 계층(표현, 애플리케이션 처리, 데이터 관리, 데이터베이스)들이 두 개의 컴퓨터 시스템(클라이언트 및 서버)에 모두 매핑되어야 한다는 것이다. 씬 클라이언트 모델의 경우, 확장성 및 성능의 문제가 발생할 수 있고, 팻 클라이언트 모델이 사용된 경우 시스템 관리의 문제를 일으킬 수 있다. 이러한 문제들을 회피하기 위해, "다단 클라이언트–서버 아키텍처"가 사용될 수 있다. 이 아키텍처에서는, 시스템의 다양한 계층들 즉 표현, 애플리케이션 처

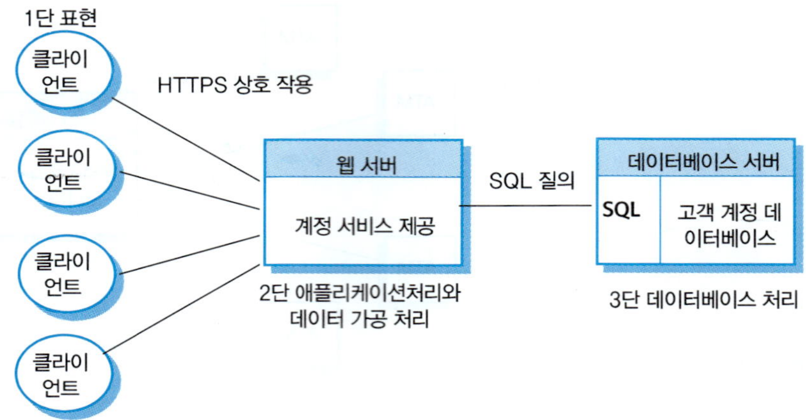

그림 17.10 인터넷 뱅킹 시스템을 위한 3단 아키텍처

리, 데이터 관리, 데이터베이스들이 다른 프로세서에서 실행될 수 있는 별도의 프로세스들이다.

인터넷 뱅킹 시스템(그림 17.10)은 시스템의 세 가지 계층이 있는 다단 클라이언트–서버 아키텍처의 예다. 은행의 고객 데이터베이스(이전에 언급한 일반적인 메인프레임 컴퓨터에서 운영되는)는 데이터베이스 서비스를 제공한다. 웹 서버는 웹 페이지 생성 및 일부 애플리케이션 서비스 같은 데이터 관리 서비스들을 제공한다. 송금, 입출금 내역서 생성 그리고 청구서 지불 등과 같은 애플리케이션 서비스는 웹 서버에 구현되어 있으며 스크립트의 형태로 클라이언트에서 실행된다. 인터넷 브라우저가 있는 사용자의 컴퓨터는 클라이언트가 된다. 고객 증가에 따른 서버 증설이 상대적으로 쉽기 때문에 이 시스템은 확장성이 높다.

이 경우에는, 3단 아키텍처의 사용이 웹 서버와 데이터베이스 서버 간의 정보 전송을 최적화할 수 있다. 구조적 질의 언어(SQL: Structured Query Language)로 데이터베이스 조회를 지원하는 효과적인 미들웨어가 데이터베이스로부터 정보 검색을 처리하기 위해 사용된다.

서버를 추가한 3단 클라이언트–서버 모델은 다단 클라이언트–모델로 확장될 수 있다. 이것은 데이터 관리를 위해 웹 서버를 사용할 수 있게 하고 애플리케이션 처리와 데이터베이스 서비스 서버의 분리를 가능하게 한다. 다단 시스템은 애플리케이션들이 여러 데이터베이스들에 접근하여 데이터를 사용할 필요가 있을 때도 사용될 수 있다. 이 경우에 시스템에 통합 서버를 추가할 필요가 있다. 통합 서버는 분산된 데이터를 모아서 마치 하나의 데이터베이스인 것처럼 애플리케이션 서버에 이를 제공한다. 다음 절에서 설명한 바와 같이, 분산 컴포넌트 아키텍처가 다단 클라이언트–서버 시스템을 구현하는 데 사용될 수 있다.

다단 클라이언트–서버 시스템은 여러 대의 서버를 통해 애플리케이션 처리를 분산

아키텍처	애플리케이션
씬 클라이언트 모델을 갖는 2단 클라이언트-서버 아키텍처	애플리케이션 처리와 데이터 처리의 분리가 비현실적인 경우에 사용되는 기존 시스템 애플리케이션 17.4절에서 논의된 바와 같이, 클라이언트는 서비스로써 이것들에게 접근할 수 있다. 데이터 처리를 위한 요구사항이 거의 없는 컴파일러 같은 계산 집약적인 애플리케이션 애플리케이션 처리가 거의 없는 데이터 집약적인 애플리케이션(검색 및 질의). 간단한 웹 브라우저를 통한 검색은 이 아키텍처가 사용된 좋은 예로 볼 수 있다.
팻 클라이언트 모델을 갖는 2단 클라이언트-서버 아키텍처	애플리케이션 처리가 클라이언트의 기성품 소프트웨어(예, Microsoft Excel)에 의해 제공되는 애플리케이션 데이터 처리와 계산이 주로 요구되는 애플리케이션(예, 데이터 시각화) 인터넷 연결이 보장되지 않는 모바일 애플리케이션 데이터베이스를 사용할 수 있는 시점에 로컬에 저장된 정보를 사용하는 처리
다단 클라이언트-서버 아키텍처	수천 또는 수백 개의 클라이언트들이 존재하는 대규모 애플리케이션 데이터와 애플리케이션이 모두 휘발성(volatile)이 있는 애플리케이션 다양한 소스들로부터 데이터가 통합되는 애플리케이션

그림 17.11 클라이언트-서버 아키텍처 패턴의 사용

하므로 2단 아키텍처보다 확장성이 더욱 뛰어나다. 시스템의 계층들은 부하의 증가에 따라 추가된 서버를 이용하여 독립적으로 관리될 수 있다. 처리는 애플리케이션 논리 및 데이터 처리서버 사이에 분산될 수 있으므로 클라이언트 요청에 보다 신속한 대응을 할 수 있게 한다.

클라이언트-서버 아키텍처의 설계자들이 분산 아키텍처를 선택할 때, 가장 적절한 선택을 위해 몇 가지 요소를 고려해야 한다. 여기에서 논의된 클라이언트-서버 아키텍처에 다양한 상황들은 그림 17.11에 설명되어있다.

17.3.4 분산 컴포넌트 아키텍처

그림 17.6에서 살펴본 바와 같이 처리를 계층적으로 구성하여, 시스템의 각 계층들은 별도의 논리 서버로 구현될 수 있다. 이 모델은 애플리케이션의 다양한 유형에 잘 동작된다. 그러나 각 서비스가 포함되어야 할 계층을 선택함에 있어서는 어느 정도 시스템의 유연성을 제한하고 있다. 그러나 실제로 어떤 서비스가 데이터 관리 서비스, 애플리케이션 서비스 및 데이터베이스 중 어떤 종류의 서비스인지는 항상 명백하지 않다. 따라서 설계자들은 확장에 대한 대비를 하며 설계해야 하고 추가되는 클라이언트를 언제나 수용할 수 있도록 서버 증설을 위한 방안도 수립해야 한다.

분산 시스템의 보다 일반적인 접근 방법은 시스템 계층들에 이러한 서비스를 할당하지 않고 시스템을 몇 개의 서비스들로 설계하는 것이다. 각 서비스 또는 관련이 있는 서비스들의 그룹은 별도의 개체 또는 컴포넌트를 이용하여 구현될 수 있다. 분산 컴포넌트 아키텍처(그림 17.12)에서 시스템은 16장에서 논의된 바와 같이 상호 작용하는

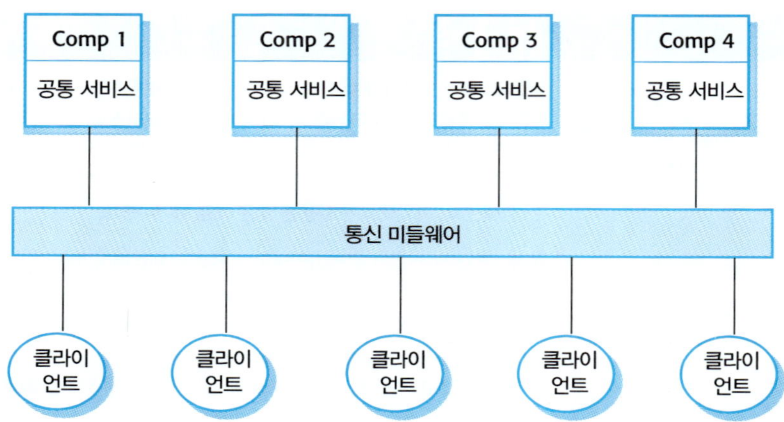

그림 17.12 분산 컴포넌트 아키텍처

컴포넌트들의 집합으로 구성되어있다. 이러한 컴포넌트들은 그들이 제공하는 서비스들의 집합에 대한 인터페이스를 제공한다. 다른 컴포넌트들은 원격 프로시저 또는 메서드 호출을 사용해 미들웨어를 통해 이러한 서비스를 호출한다.

분산 컴포넌트 시스템들은 미들웨어에 의존적이다. 미들웨어는 컴포넌트의 상호 작용을 관리하고, 컴포넌트 간에 전달된 파라미터의 유형들의 차이를 조정하고, 애플리케이션 컴포넌트들이 사용할 수 있는 공통 서비스의 집합을 제공한다. CORBA 표준(Orfali, Harkey, 및 Edwards 1997)은 분산 컴포넌트 시스템에 대한 미들웨어를 정의했지만, CORBA의 구현은 실제로 많이 사용되지 않았다. 기업은 엔터프라이즈 자바 빈즈(EJB: Enterprise Java Beans) 또는 .NET처럼 독점 소프트웨어를 사용하는 것을 선호했다.

분산 시스템 구현을 위한 분산 컴포넌트 모델의 사용은 다음과 같은 여러 가지의 장점들을 갖는다.

1. 시스템 설계자가 어디서 어떻게 서비스를 제공되어야 하는가에 대한 결정을 연기시킬 수 있다. 서비스 제공 컴포넌트들은 네트워크의 모든 노드에서도 실행할 수 있다. 서비스가 데이터 관리 계층, 애플리케이션 계층 또는 사용자 인터페이스 계층의 일부인지 사전에 결정할 필요가 없다.
2. 이것은 필요에 따라 새로운 자원을 추가하는 것을 허용하는 매우 개방적인 시스템 아키텍처다. 신규 시스템 서비스들은 기존 시스템에 큰 혼란 없이 쉽게 추가될 수 있다.
3. 시스템은 유연하고 확장성이 높다. 시스템의 다른 부분에 영향을 주지 않고 시스템 부하가 증가함에 따라 새로운 객체 또는 복제된 객체들이 추가될 수 있다.
4. 필요에 따라 네트워크를 통해 컴포넌트를 이동시켜 시스템을 동적으로 재구성하는 것이 가능하다. 이것은 서비스에 대한 수요 변동이 큰 형태가 나타나는 경우에 중요

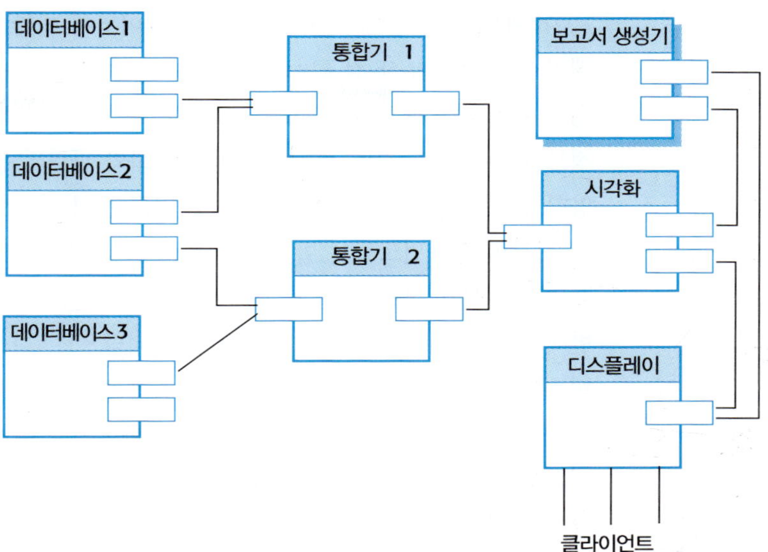

그림 17.13 데이터 마이닝 시스템을 위한 분산 컴포넌트 아키텍처

할 수 있다. 서비스 제공 컴포넌트는 서비스 요청 객체와 같은 프로세서로 이동시킬 수 있으므로, 시스템의 성능을 향상시킬 수 있다.

분산 컴포넌트 아키텍처는 논리적 모델로 사용될 수 있으며 이는 구조적이고 조직적으로 시스템을 구성할 수 있도록 도와준다. 이 경우 전적으로 서비스와 서비스의 결합의 관점에서 애플리케이션의 기능을 제공하는 방법을 고려해야 한다. 이후 이러한 서비스들을 구현하는 방법을 알아야 한다. 예를 들어, 소매 애플리케이션은 재고 관리, 고객 상담, 상품 주문 등에 관련된 애플리케이션 컴포넌트들을 가질 수 있다.

데이터마이닝 시스템은 분산 컴포넌트 아키텍처를 사용하여 구현할 수 있는 시스템의 유형의 좋은 예다. 데이터마이닝 시스템은 여러 데이터베이스들에 분산되어있는 (그림 17.13) 데이터 사이의 관계를 찾는다. 이 시스템은 몇 개의 별도의 데이터베이스에서 정보를 가져와, 계산 집약적인 처리를 수행하고, 발견된 관계들을 이해하기 쉽게 시각화해준다.

이러한 데이터마이닝 애플리케이션의 예는 음식과 책을 판매하는 소매 사업을 위한 시스템이 될 수 있다. 소매 사업은 음식과 책에 대한 자세한 정보를 갖는 별도의 데이터베이스를 유지한다. 그들은 고객의 구매를 추적하기 위해 회원 카드 시스템을 사용하고, 고객 정보와 상품의 바코드를 연결하는 대규모의 데이터베이스가 있다. 마케팅 부서는 고객의 음식과 책 구매 사이의 관계를 찾기를 원한다. 예를 들어 피자를 구입하는 사람 중 비교적 높은 비율로 범죄 추리소설을 구입할 수 있다. 이러한 지식을 바탕으로 새로운 소설이 나올 때 잠재 고객에 대한 정보와 연관되는 특정 식품을 목표로 수익을 올릴 수 있다.

이 예에서 각 판매 데이터베이스는 데이터에 대한 읽기 전용 접근을 제공하는 인터페이스를 갖는 분산 컴포넌트로 캡슐화될 수 있다. 통합기 컴포넌트들은 각각 특정 유형의 관계들과 관련되고, 그들은 해당 관계들을 추론하기 위해 모든 데이터베이스에서 정보를 수집한다. 판매 제품의 계절적 변화와 관련된 통합 컴포넌트가 있을 수 있고, 다양한 유형의 상품 간의 관계와 관련된 다른 통합 컴포넌트가 있을 수 있다.

시각화 컴포넌트들은 발견된 관계를 시각화를 하거나 보고서 생성을 위해 통합 컴포넌트와 상호 작용을 한다. 처리된 데이터가 매우 많으므로, 시각화 컴포넌트들은 일반적으로 그래프로 결과를 제시한다. 마지막으로, 디스플레이 컴포넌트는 클라이언트의 웹 브라우저를 통해 그래프 모델의 결과를 제공한다.

큰 혼란 없이 시스템에 새로운 데이터베이스를 추가할 수 있기 때문에 계층적 아키텍처보다 분산 컴포넌트 아키텍처가 이러한 유형의 애플리케이션에 적합하다. 단순히 다른 데이터베이스를 위한 분산 컴포넌트를 추가하여 새로운 데이터베이스를 접근 가능하게 한다. 데이터베이스 접근 컴포넌트들은 데이터에 대한 접근 제어를 위한 단순화된 인터페이스를 제공한다. 접근되는 데이터베이스는 다른 기계에 존재할 수 있다. 이 아키텍처는 새로운 통합을 위한 컴포넌트를 추가함으로써 새로운 유형의 관계를 용이하게 발굴할 수 있다.

분산 컴포넌트 아키텍처는 두 가지 주요 단점을 갖는다.

1. 그들을 설계할 때 클라이언트-서버 시스템에 비해 더 복잡하다. 다단 클라이언트-서버 시스템은 매우 직관적인 방법으로 시스템을 구성할 수 있다. 이것들은 사람이 서비스를 요청하면 해당 서비스들을 제공하는 특화된 전문가들이 서비스를 응답하는 실제 업무 프로세스를 반영한다. 분산 컴포넌트 아키텍처의 복잡도는 구현의 비용을 증가시킨다.
2. 분산 컴포넌트 모델이나 미들웨어에 대한 보편적인 기준이 없다. Microsoft와 Sun과 같은 다른 공급 업체들이 호환성이 없는 미들웨어를 개발했다. 이러한 미들웨어들은 복잡하며 이러한 미들웨어에 대한 의존은 분산 컴포넌트 시스템의 복잡도를 더욱 증가시킨다.

이러한 문제점의 결과로서, 분산 컴포넌트 아키텍처들은 서비스 지향 시스템으로 대체되고 있다(18장에서 설명함). 그러나 분산 컴포넌트 시스템은 서비스 지향 시스템에 비해 성능상의 장점이 있다. 일반적으로 RPC 통신은 서비스 지향 시스템에 사용하는 메시지 기반 상호 작용보다 빠르다. 따라서 분산 컴포넌트 아키텍처들은 많은 수의 트랜잭션들을 신속하게 처리해야 하고 높은 처리량이 요구되는 시스템에서 아직도 사용되고 있다.

17.3.5 피어-투-피어 아키텍처

이전 절에서 설명한 클라이언트-서버 모델은 서비스를 제공해주는 서버와 서비스를 받는 클라이언트가 명확하게 구분된다. 이 모델은 일반적으로 시스템에서 서버가 클라이언트보다 더 많은 작업을 하게 되어 부하가 편중되는 문제가 있다. 시스템 서버들에게 접근하는 데 사용되는 수백 또는 수천 대의 PC들과 모바일 디바이스에 사용되지 않는 처리 능력이 있음에도 불구하고 이것은 기업이 서버 용량에 많은 투자를 하게 만든다.

피어-투-피어 시스템(Oram 2001, p2p: peer-to-peer)은 네트워크의 어떠한 노드도 주어진 연산을 수행할 수 있는 비중앙집중적인 시스템이다. 원칙적으로, 서버와 클라이언트 사이에서 어떠한 차이점도 발생하지 않는다. 피어-투-피어 애플리케이션에서 전체 시스템은 잠재적으로 거대한 컴퓨터의 네트워크에 존재하는 대량의 저장 공간과 강력한 연산 능력의 장점을 활용하기 위해 설계되었다. 애플리케이션 자체에 노드 간의 통신을 가능하게 하는 표준과 프로토콜이 내장되고 각 노드들은 해당 애플리케이션을 실행해야 한다.

피어-투-피어 기술은 대부분 비즈니스 시스템보다 개인적 목적으로 사용되어 왔다. 중앙 서버가 없다는 사실은 피어-투-피어 시스템을 모니터하고 관리하기 어렵다는 것을 뜻한다. 따라서 더 높은 수준의 개인 통신이 가능하다.

예를 들어, BitTorrent 프로토콜에 기반을 둔 파일 공유 시스템은 사용자의 PC에서 파일을 주고받기 위해 널리 사용된다. ICQ나 Jabber와 같은 실시간 사설 메시지 시스템은 중간 서버를 거치지 않고 사용자 간에 직접적인 통신을 제공한다. Bitcoin은 Bitcoin 전자 화폐를 사용하는 대표적인 피어-투-피어 지불 시스템이다. Freenet은 정보를 익명으로 더 쉽게 공개할 수 있게 만들고, 정부가 이러한 정보를 금지하기 어렵게 만들기 위한 비중앙집중식 데이터베이스이다.

사생활이 중요한 요구사항이 아닌 다른 피어-투-피어 시스템들이 개발되었다. Viber와 같은 인터넷 전화 서비스(VoIP: Voice over IP)는 전화 통화 또는 그룹통화에서 피어-투-피어 통신을 사용하고 있다. SETI@home은 전파망원경으로부터 생성된 데이터를 인터넷에 연결된 가정 PC에서 처리해 외계생명체를 찾는 장기 프로젝트다. 이러한 시스템에서, 피어-투-피어 모델의 장점은 중앙 서버에 처리의 병목현상이 나타나지 않는다는 것이다.

또한 피어-투-피어 시스템은 네트워크에 존재하는 PC의 연산 능력을 활용하기 위해 기업에서도 사용되어왔다(McDougall 2000). Intel과 Boeing 모두 연산 집약적인 애플리케이션을 위한 피어-투-피어 시스템을 개발했다. 이와 같은 시스템들은 로컬 컴퓨터에서 사용되지 않는 여분의 처리능력을 활용할 수 있는 장점을 갖는다. 고가의 하드웨어를 구입하는 대신, 데스크톱 컴퓨터를 사용한다면 공학 계산은 밤새 실행될 수

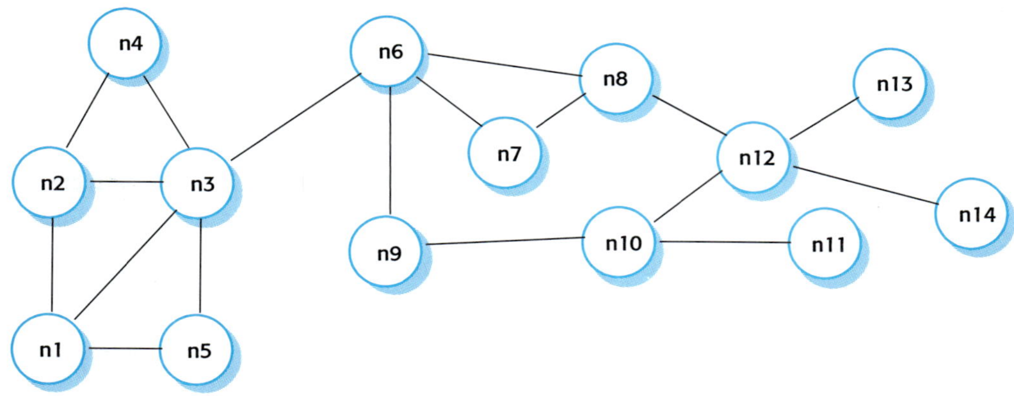

그림 17.14 비중앙집중식 p2p 아키텍처

있다. 기업 역시 VoIP 시스템과 메시징 같은 상업적인 피어-투-피어 시스템들의 사용을 확대했다.

원칙적으로 피어-투-피어 네트워크에 존재하는 모든 노드들은 모든 다른 노드를 알 수 있어야 한다. 각 노드들은 다른 어떤 노드와도 연결될 수 있고 직접적으로 데이터를 교환할 수 있다. 노드들의 개수가 매우 크다면 이것은 실제적으로 불가능하다. 결론적으로 노드들은 "지역성(localities)"을 기반으로 구성되며 이것들 중 어떤 노드들은 다른 지역 단위와의 브리지 역할을 수행한다. 그림 17.14는 비중앙집중식 피어-투-피어 아키텍처를 보여준다.

분산 아키텍처에서 네트워크상의 노드는 단순히 기능적 요소가 아닌 하나의 노드에서 다른 노드로 데이터와 제어신호를 라우팅하는 통신 스위치 역할을 수행한다. 예를 들어, 그림 17.4가 비중앙집중식 문서 관리 시스템을 표현한다고 가정해 보자. 하나의 연구자 그룹이 문서 공유를 위해 이 시스템을 사용하고 있다. 그룹의 각 구성원은 자신의 문서를 저장하고 이를 유지 및 관리한다. 그러나 하나의 문서가 조회되는 경우, 문서를 조회하는 노드는 이것을 다른 노드들에게도 제공할 수 있다.

만약 누군가가 네트워크의 어디엔가 저장된 문서가 필요하다면, 문서가 저장된 "로컬" 단위에 검색 명령어를 수행시킨다. 이 노드들은 자신들이 그 문서를 보유하고 있는가를 확인해 보고 있으면 요청자에게 문서를 반환한다. 만약 노드에 문서가 존재하지 않을 경우, 또 다른 노드에게 검색을 의뢰한다. 그러므로 만약 n1 노드가 n10 노드에 저장된 문서를 검색하려고 하면 n3, n6 그리고 n9를 통해 검색을 진행하게 된다. 마침내 문서의 위치를 알게 되면, 요청 노드는 문서를 소유한 노드에게 피어-투-피어 연결을 생성하여 직접적으로 해당 노드에게 전송을 요청한다.

이러한 비중앙집중식 아키텍처는 고도로 중복된 장점을 갖고 있어, 네트워크 연결 손실에 대한 내성과 결함 내성을 갖는다. 반대로, 다수의 노드가 같은 검색 작업을 수행할 수 있으므로, 중복된 피어 간의 통신으로 심각한 부하가 발생된다.

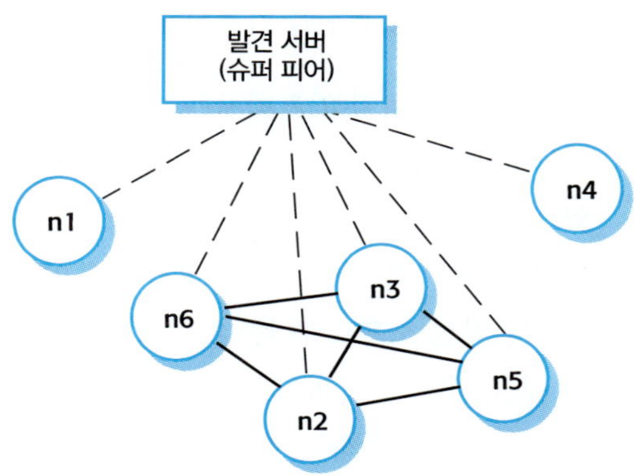

그림 17.15 반-집중 p2p 아키텍처

순수한 p2p 아키텍처에서 벗어난 p2p 아키텍처 모델의 대안은 네트워크에 존재하는 하나 이상의 노드들이 노드 간의 통신을 담당하는 서버 역할을 하는 반-집중 아키텍처 모델이다. 이것은 노드들 사이의 네트워크 전송량을 감소시킨다. 그림 17.15는 반-집중 아키텍처 모델이 어떻게 비중앙집중식 아키텍처 모델과 구분되는지를 보여주고 있다.

반-집중 아키텍처(슈퍼 피어라고도 불리는)에서 서버의 역할은 피어 간의 연결 형성을 돕거나 연산의 결과를 조정하는 것이다. 예를 들어 만약 그림 17.15가 실시간 메시지 시스템을 표현한다고 가정하면, 네트워크의 각 노드들이 참조 가능한 다른 노드들을 찾아내기 위해 서버와 통신한다(점선으로 표현). 일단 참조 가능한 노드가 발견되면, 직접적인 통신이 생성되고 서버는 더 이상 개입하지 않게 된다. 그러므로 노드 n2, n3, n5 그리고 n6은 직접적인 통신을 한다.

프로세서를 많이 이용하는 계산 집약적인 피어-투-피어 시스템에서는 다수의 노드들이 분산되어있으며 일부 노드들이 슈퍼피어의 역할을 하고 있다. 슈퍼피어의 역할은 작업을 다른 노드에게 분산시키고 연산의 결과를 수집하고 점검하는 것이다.

피어-투-피어 아키텍처 모델은 다음과 같은 두 가지 환경에서 최고의 성능을 기대할 수 있다.

1. 시스템이 연산 집약적이고 요구된 처리가 독립적인 연산들로 분리되어 처리할 수 있는 경우다. 계산이 필요한 약품 발견을 지원하는 어떤 피어-투-피어 시스템이 암의 진행을 억제하기 위해 필요한 특성을 보유하고 있는가를 살펴보기 위해 엄청나게 많은 수의 세포를 분석하여 잠재적 암 치료 방법을 발견하기 위한 계산을 분산시키는 예를 살펴보자. 각 세포는 개별적으로 처리가 가능하므로 시스템 내의 피어들 사이의 통신은 필요하지 않다.

2. 네트워크에 존재하는 개별 컴퓨터간의 정보 교환이 자주 발생하며, 정보가 중앙에 저장되거나 관리되지 않아도 되는 시스템들의 경우. 음악이나 비디오 파일 같은 지역 파일을 피어 간에 교환할 수 있게 하는 파일공유 시스템이나, 컴퓨터들 사이에

음성과 영상 통신을 가능하게 해주는 전화 시스템을 예로 들 수 있다.

피어-투-피어 아키텍처는 네트워크로 연결된 컴퓨터들의 용량을 효율적으로 사용 가능하게 해준다. 그러나 보안과 관련된 이유로 좀 더 광범위하게 사용되지는 못하고 있으며, 특히 기업에서는 거의 사용하지 않고 있다(Wallach 2003). 시스템의 통신에 있어서 중앙 관리의 부족은 공격자가 악의적인 노드를 설정하여 이것을 통해 스팸 메시지나 악성 소프트웨어를 합법적인 피어-투-피어 시스템 사용자에게 전송할 수 있다는 것을 의미한다. 피어-투-피어 통신은 다른 피어들과의 직접적인 통신을 위해 자신의 컴퓨터를 개방하는 것이며, 이것은 이들 시스템들이 개방된 어떤 자원들도 잠재적으로 접근될 수 있다는 것을 의미한다. 이러한 가능성을 배제하기 위해, 사용자는 시스템의 리소스를 보호할 필요가 있다. 만약 리소스를 적절히 보호하지 않은 상태라면 시스템은 공격에 노출되며 외부로부터 공격에 취약해진다.

17.4 서비스로서의 소프트웨어

이전 절에서, 클라이언트-서버 모델과 클라이언트 및 서버에 기능들이 분리되는 방법에 대해 언급하였다. 클라이언트-서버 시스템을 구현하기 위해, 서버와 통신을 하며, 클라이언트 측면의 기능을 구현하고, 사용자 인터페이스를 관리하는 프로그램 또는 앱을 클라이언트 컴퓨터에 설치해야 할 수 있다. 예를 들어, Outlook이나 Mac Mail 같은 메일 클라이언트 프로그램은 해당 컴퓨터에 설치되어 메일 관리 기능을 제공한다. 이것은 모든 처리가 서버에서 수행되는 씬 클라이언트 시스템에서의 서버 과부하 문제를 회피하게 한다.

서버 과부하 문제는 AJAX (Holdener, 2008)와 HTML5 (Sarris 2013) 같은 웹 기술을 사용함으로써 효과적으로 감소시킬 수 있다. 이 기술들은 웹 페이지 표현과 웹 페이지의 일부로서 로컬 컴퓨터에서 실행되는 스크립트의 효율적인 관리를 지원한다. 이는 곧 브라우저가 로컬 처리를 통해 클라이언트로 사용될 수 있다는 것을 의미한다. 애플리케이션 소프트웨어는 표준 브라우저에서 실행되는 어떠한 기기에서도 접근 가능한 원격 서비스 개념으로 생각해볼 수 있다. Yahoo와 Gmail 같은 웹 기반 메일 시스템과 Google Docs와 Office 365 같은 오피스 애플리케이션은 대표적인 SaaS의 사례로 들 수 있다.

서비스로서의 소프트웨어(SaaS)는 소프트웨어가 원격으로 운영되고 인터넷을 통한 접근을 가능하게 한다. SaaS의 주요 요소는 다음과 같다.

1. 소프트웨어는 서버(거의 대부분 클라우드)에서 실행되고 웹 브라우저를 통해 접근할 수 있다. 이것은 로컬 PC에 설치되지 않는다.

2. 소프트웨어는 소프트웨어를 사용하는 조직이 아닌 소프트웨어 제공자가 소유하고 관리한다.
3. 사용자는 실제 사용량이나 월별 및 연도 별로 서비스를 신청하여, 소프트웨어 비용을 지불할 수도 있다. 때로 모든 사용자에게 무료로 소프트웨어가 제공될 때도 있지만 사용자는 소프트웨어 서비스에 기여한 조직이 제공하는 광고에 대한 동의를 해야만 한다.

지난 몇 년간 SaaS의 발전은 클라우드 컴퓨팅의 보급으로 인해 급격히 증가하고 있다. 서비스가 클라우드에서 실행될 때, 서비스에 대한 사용자의 요구에 부합하기 위해 서버의 대수가 신속하게 변경된다. 클라우드 시스템을 사용하는 서비스 제공자는 최고 시스템 부하를 위한 서버들을 구입할 필요가 없으며, 따라서 서버 증설에 대한 비용을 크게 절감할 수 있다.

소프트웨어 구매자에게 SaaS의 장점은 소프트웨어 관리 비용을 서비스 제공자에게 전가시킬 수 있다는 것이다. 서비스 제공자는 버그를 수정하고, 소프트웨어 업그레이드하고 운영 체제의 변경에 대한 처리를 하고, 그리고 요구에 부합하는 하드웨어 용량을 보장하는 책임을 갖는다. 소프트웨어 라이선스 관리 비용은 없다고 볼 수 있다. 만약 누군가가 다수의 컴퓨터를 보유하고 있다면, 모든 컴퓨터들을 위한 소프트웨어 라이선스를 구입할 필요가 없다. 만약 소프트웨어 애플리케이션이 가끔 사용된다면, 사용량에 따라 요금을 지불하는 방식은 애플리케이션을 구매하는 것 보다 저렴할 수 있다. 전 세계 어디에서든 스마트폰 같은 모바일 기기를 이용해 소프트웨어에 접근할 수 있다.

SaaS 사용의 가장 중요한 문제는 원격 서비스에 의해 데이터가 전송된다는 점이다. 데이터 전송은 네트워크 속도에 의존적이므로 비디오나 고품질 이미지 같은 많은 양의 데이터를 전송할 때는 전송 시간이 오래 걸린다. 전송량에 따라 서비스 제공자에게 비용을 지불해야 한다. 또 다른 문제로 사용자가 소프트웨어의 개선을 주도할 수 없다는 문제(서비스 제공자가 그들이 원할 때만 소프트웨어를 변경시킬 수 있다)와 법령과 규제에 대한 문제가 있다. 다수의 국가들이 데이터 저장, 관리, 보존 및 접근성을 관리하는 법을 가지고 있으며 원격 서비스로 데이터를 전송하는 것은 이 법을 위반하는 것일 수도 있다.

서비스로서의 소프트웨어의 개념과 18장에서 논의된 서비스 지향 아키텍처(SOA)와 관련성이 있지만 동일하지 않다.

1. 서비스로서의 소프트웨어는 웹 브라우저를 통해 접근하는 클라이언트에게 원격 서버가 기능을 제공하는 방법 중 하나이다. 서버는 상호 작용을 위한 세션 동안, 사용자의 데이터와 상태를 유지한다. 예를 들어, 문서 편집 같은 작업은 긴 트랜잭션이라고 볼 수 있다.
2. 서비스 지향 아키텍처는 소프트웨어 시스템을 별도의 상태가 유지되지 않는 서비스

의 집합으로 구조화하는 방법이다. 이러한 서비스는 다중 제공자에 의해 제공되며 분산될 수 있다. 일반적으로 트랜잭션은 짧으며 서비스가 호출되고, 작업을 수행하고, 그리고 결과를 반환하는 형태이다.

SOA는 애플리케이션 시스템을 위한 구현하기 위한 기술인 반면에, SaaS는 애플리케이션 기능을 사용자에게 제공하는 방법이다. SOA를 이용해 구현된 시스템은 웹서비스로 사용자에게 접근을 허락하면 안 된다. 기업에서 사용되는 SaaS 애플리케이션은 서비스보다는 컴포넌트의 형태로 구현될 수 있다. 만약 SaaS가 SOA를 이용해 구현되었다면, 다른 애플리케이션의 기능에 접근하기 위해 서비스 API를 사용할 수 있다. 이것들은 더 복잡한 시스템에 통합될 수도 있다. 이러한 시스템들은 매시업(mashup)이라 불리며 소프트웨어 재사용과 신속하게 소프트웨어를 개발하는 또 다른 방법이다.

소프트웨어 개발 관점에서 서비스 개발의 과정은 다른 종류의 소프트웨어 개발과 공통된 점이 많다. 그러나 서비스는 사용자 요구사항에 의해서가 아니라, 사용자가 원하는 것에 대한 서비스 제공자의 가정에 의해 구축된다. 따라서 소프트웨어는 사용자 요구사항에 대한 피드백에 대해 신속히 개선될 필요가 있다. 따라서 점진적으로 배포하는 애자일 개발이 서비스를 제공하는 소프트웨어에 대한 효과적인 접근 방법이다.

웹 사용자를 위한 Google Docs와 같은 서비스로서의 소프트웨어로 구현된 일부 소프트웨어는 모든 사용자에게 가장 일반화된 서비스를 제공한다. 그러나 기업들은 그들의 요구사항에 맞는 특수한 서비스를 원할 수도 있다. 만약 기업을 위한 SaaS를 구현한다면, 일반화된 서비스를 기반으로 각 기업 고객의 요구를 반영하기 위해 특화시킬 수 있다. 이 경우 고려되어야 할 가장 중요한 세 가지 특성은 다음과 같다.

1. **설정기능:** 각 조직의 특수한 요구사항을 반영하기 위해 소프트웨어를 어떻게 설정할 것인가?
2. **멀티-테넌시:** 어떻게 시스템 자원을 효율적으로 이용하고, 동시에 자신의 사본으로 작업하고 있다는 느낌을 소프트웨어의 각 사용자에게 제시할 것인가?
3. **확장성:** 예기치 못한 사용자 수의 증가를 수용하기 위해 어떻게 시스템이 확장될 수 있도록 설계할 것인가?

16장에서 논의된 제품-라인 아키텍처의 개념은 겹쳐지지만 동일하지는 않은 요구사항을 갖는 사용자들을 위해 소프트웨어를 설정하는 하나의 방법이다. 일반화된 시스템으로 시작하고 각 사용자의 특수한 요구사항에 따라 적용한다.

이것이 SaaS에 적용되지는 않지만 소프트웨어를 사용하는 각 조직에 적합한 서비스들을 제공할 수 있음을 의미한다. 시스템의 설정기능을 먼저 설계하고 사용자가 원하는 기능을 선택하는 설정 인터페이스를 대신 제공할 필요가 있다. 그 다음에 소프트웨어의 동작을 동적으로 조정하기 위해 이러한 설정을 사용해야 한다. 설정 기능은 다음과 같다.

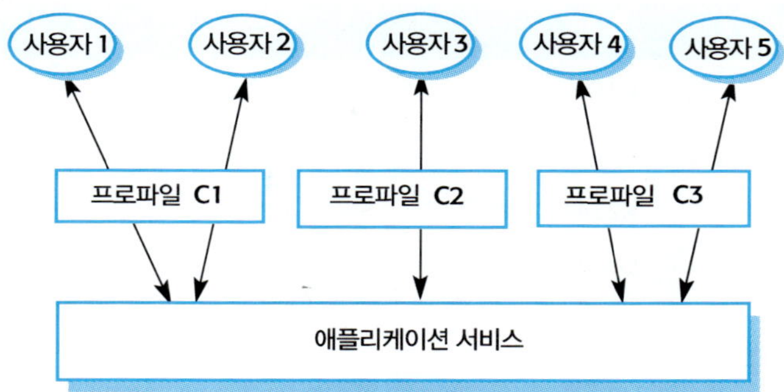

그림 17.16 서비스로 제공되는 소프트웨어 시스템의 설정

1. **브랜드:** 각 조직의 사용자들이 그들의 조직을 반영하는 브랜드를 설정하는 인터페이스의 제공
2. **비즈니스 규칙과 작업 흐름:** 각 조직이 서비스의 사용을 지배하는 자신의 규정을 정의할 수 있는 기능을 제공
3. **데이터베이스 확장:** 각 조직이 일반적인 서비스 모델을 그들의 특정 요구를 만족시키기 위해 확장하는 방법을 정의하는 기능 제공
4. **접근 제어:** 서비스의 고객이 그들의 직원을 위한 개별적인 계정을 생성하고 사용자들이 접근할 수 있는 자원과 기능을 정의하는 기능 제공

그림 17.16은 이와 같은 상황을 설명한다. 서비스 제공자의 세 명의 다른 고객과 다섯 명의 애플리케이션 서비스 사용자를 보여주고 있다. 사용자는 직원의 서비스 설정을 정의한 고객 프로파일을 통해 서비스를 사용한다.

멀티-테넌시는 다수의 다른 사용자들이 동일한 시스템에 접근하고, 시스템 아키텍처는 효율적인 시스템 자원의 공유를 위해 정의된 경우를 의미한다. 그러나 사용자는 자신만이 시스템을 사용하고 있다고 느끼게 해야 한다. 멀티-테넌시는 시스템 기능과 시스템 데이터가 완전히 분리되도록 설계하는 것을 포함한다. 그러므로 모든 연산들을 사용자들이 공유할 수 있도록 상태가 유지되지 않아야 한다(stateless). 데이터는 클라이언트에 의해 제공되거나, 모든 시스템 인스턴스에서도 접근할 수 있는 시스템의 스토리지 시스템 또는 데이터베이스에 저장되어 사용할 수 있어야 한다.

다수-임차 시스템에서 특히 데이터 관리 문제가 많이 발생한다. 데이터 관리 문제를 해결하는 가장 간단한 방법은 모든 고객을 위해 그들이 사용할 수 있고 설정할 수 있는 그들만의 데이터베이스를 갖게 하는 것이다. 그러나 이것은 서비스 제공자에게 고객마다 하나의 데이터베이스 인스턴스를 운영하게 하고, 필요에 따라 이 데이터베이스들을 생성하게 하는 것을 요구한다.

대안으로 서비스 제공자는 하나의 데이터베이스를 사용하고, 그 데이터베이스 내부에 사용자마다 가상으로 분리시킬 수 있다. 그림 17.17에서 데이터베이스의 레코드들

테넌트	기본키	이름	주소
234	C100	XYZ Corp	43, Anystreet, Sometown
234	C110	BigCorp	2, Main St, Motown
435	X234	J. Bowie	56, Mill St, Starville
592	PP37	R. Burns	Alloway, Ayrshire

그림 17.17 멀티-테넌시 데이터베이스

의 내부에 특정 사용자로 연결해주는 "테넌트 ID"를 확인할 수 있다. 데이터베이스의 뷰를 사용하여, 각 서비스 고객을 위한 레코드들을 추출할 수 있으며 가상 개인 데이터베이스를 이용해 필요한 데이터를 사용자에게 제공할 수 있다. 이 처리과정은 위에서 언급한 설정 기능을 사용해서 특정 고객의 요구사항에 만족되도록 확장될 수 있다.

확장성은 모든 사용자에게 제공되는 전체적인 서비스의 품질의 저하가 없이, 사용자의 수가 증가에 대응하는 시스템의 능력이다. 일반적으로 SaaS의 관점에서 확장성을 고려하는 경우, "수직 확장"보다는 "수평 확장"을 고려해야 한다. 수평 확장은 서버들을 추가하여 병렬로 처리되는 트랜잭션의 수를 증가시키는 것을 의미한다는 것을 상기하자. 확장성은 이 책에서 다루기에는 복잡한 내용이지만 아래에 확장성을 고려한 소프트웨어 구현에 있어서 다음에 몇 가지 일반적인 가이드라인을 소개한다.

1. 어떤 서버에서도 실행 가능하도록 간단한 형태의 상태가 유지되지 않는 서비스로 각 컴포넌트들을 구현하여 애플리케이션을 개발한다. 따라서 단일 트랜잭션의 수행 과정에서, 사용자는 여러 개의 다른 서버에서 실행되는 동일 서비스와 상호 작용할 수 있다.
2. 애플리케이션이 상호 작용 중에 결과를 기다리지 않도록(읽기 요청 같은) 비동기적인 상호 작용을 사용하는 시스템을 설계한다. 이것은 애플리케이션이 인터랙션이 완료될 때까지 대기하지 않고 유용한 작업을 수행할 수 있게 한다.
3. 네트워크와 데이터베이스 연결과 같은 자원들을 풀의 형태로 관리하여 단일 서버의 자원의 부족 현상을 방지한다.
4. 데이트베이스의 잠금 단위를 최소화하여 설계하라. 즉, 데이터베이스에서 전체 레코드들에 대한 잠금 대신 사용하려는 레코드들의 잠금을 사용한다.
5. 다른 시스템을 구현할 때, Google App Engine (Sanderson 2012) 같은 클라우드 PaaS 플랫폼이나 다른 PaaS 플랫폼을 사용한다. 이것들은 시스템에 부하가 증가할 때 자동으로 수평 확장을 수행한다.

서비스로서의 소프트웨어 개념은 분산 컴퓨팅의 중요한 패러다임의 변화라고 볼 수 있다. 이미 소비자 소프트웨어와 Photoshop 같은 전문적인 애플리케이션을 제공하기 위해 이러한 모델을 사용하고 있음을 살펴보았다. 기업들은 점진적으로 CRM과 재고 시스템과 같은 자체 시스템들을 Salesforce와 같은 외부 제공자로부터 제공되는 클라우드-기반 SaaS 시스템으로 교체하고 있다. 기업 애플리케이션을 제공하는 전문 소프트웨어 회사들은 소프트웨어 업데이트와 관리의 편의성 때문에 SaaS를 제공하는 것을 선호한다.

SaaS는 기업 시스템 공학을 생각하는 새로운 방법이다. 사용자에게 서비스를 제공하는 것으로 시스템을 생각하는 것은 항상 유용하였으나, SaaS가 등장하여, 이것은 시스템을 구축할 때 객체와 같은 다른 추상화를 사용하는 것이 포함되었다. 사용자와 시스템의 추상화가 일치할수록, 결과 시스템은 이해하기 쉽고, 운영하기 쉽고 그리고 개선되기가 쉬워진다.

키 포인트

- 분산 시스템의 장점은 수요 증가에 대처하기 위해 확장될 수 있으며, 시스템의 일부에 장애가 발생하는 경우에도 사용자 서비스를 계속 제공할 수 있으며, 자원의 공유가 가능하다는 것이다.
- 분산 시스템의 설계에서 고려해야 할 문제들은 투명성, 개방성, 확장성, 보안, 서비스의 품질 및 장애 관리를 포함한다.
- 클라이언트-서버 시스템은 클라이언트 컴퓨터에 표현 계층을 구현한 분산 시스템이다. 서버는 데이터 관리, 애플리케이션 및 데이터베이스 서비스를 제공한다.
- 클라이언트-서버 시스템은 여러 계층들을 포함하며, 시스템의 각 계층은 다른 컴퓨터에 분산될 수 있다.
- 분산 시스템은 위한 아키텍처 패턴은 마스터-슬레이브 구조, 2단 및 다단 클라이언트-서버 아키텍처, 분산 컴포넌트 아키텍처 및 피어-투-피어 아키텍처를 포함한다.
- 분산 컴포넌트 시스템은 컴포넌트들 간 통신과 시스템에 객체가 추가되고 제거될 수 있도록 제어해주는 미들웨어를 필요로 한다.
- 피어-투-피어 아키텍처는 클라이언트와 서버의 구분이 없는 분산 아키텍처이다. 따라서 다른 조직의 다수의 시스템에 처리가 분산될 수 있다.
- 서비스로서의 소프트웨어는 클라이언트가 웹 브라우저일 경우 씬 클라이언트-서버 시스템으로 애플리케이션을 배포하는 방법이다.

추가로 읽을거리

Peer-to-Peer: Harnessing the Power of Disruptive Technologies. Although this book does not have a lot of information on p2p architectures, it is an excellent introduction to p2p computing and discusses the organization and approach used in a number of p2p systems. (A. Oram (ed.), O'Reilly and Associates Inc., 2001).

"Turning Software into a Service." A good overview paper that discusses the principles of serviceoriented computing. Unlike many papers on this topic, it does not conceal these principles behind a discussion of the standards involved. (M. Turner, D. Budgen, and P. Brereton, *IEEE Computer*, 36 (10), October 2003) http://dx.doi.org/10.1109/MC.2003.1236470

Distributed Systems, 5th ed. A comprehensive textbook that discusses all aspects of distributed systems design and implementation. It includes coverage of peer-to-peer systems and mobile systems. (G. Coulouris, J. Dollimore, T. Kindberg, and G. Blair. Addison-Wesley, 2011).

Engineering Software as a Service: An Agile Approach Using Cloud Computing. This book accompanies the authors' online course on the topic. A good practical book that is aimed at people new to this type of development. (A. Fox and D. Patterson, Strawberry Canyon LLC, 2014) http://www.saasbook.info

웹 사이트

이 장의 파워포인트 슬라이드:

https://iansommerville.com/software-engineering-book/slides

관련 동영상 링크:

https://iansommerville.com/software-engineering-book/videos/req/

연습문제

17.1. "확장성"에 대해 무엇을 이해하였는가? 수평확장과 수직확장에 대해 토론하고 이러한 두 가지 접근법이 시스템 확장에 있어서 어떻게 다른지 설명하라.

17.2. 시스템의 모든 기능이 단일 컴퓨터에서 구현될 때, 중앙집중식 소프트웨어보다 분산 소프트웨어 시스템이 더 복잡한 이유를 설명하라.

17.3. 원격 프로시저 호출 예제를 사용하여 미들웨어가 어떻게 분산 시스템의 컴퓨터들 간에 상호 작용을 조정하는지 설명하라.

17.4. 분산 클라이언트-서버 아키텍처를 사용한 애플리케이션에서 다른 논리 계층은 무엇인가?

17.5. 여러분은 강력한 인증과 권한을 필요로 하는 보안 시스템의 설계를 요청 받았다. 시스템의 여러 부분이 통신

중에 공격자가 이를 가로채거나 읽을 수 없어야 한다. 이러한 시스템에 적합한 클라이언트-서버 시스템을 제시하고, 클라이언트와 서버 시스템 간의 기능이 어떻게 분산될 수 있을지 제안하고, 그 이유를 설명하라.

17.6. 고객은 딜러들이 회사의 정보를 알 수 있고 시뮬레이션 시스템을 이용해 다양한 투자 시나리오를 평가할 수 있는 주식 정보 관리 시스템의 개발을 원한다. 각 딜러들은 시뮬레이션 시스템을 그들의 경험과 해당 종목의 종류에 따라 다양한 방법으로 사용한다. 기능의 위치를 포함하는 이러한 시스템을 위한 클라이언트-서버 아키텍처를 제시하시오. 당신이 선택한 아키텍처의 클라이언트-서버 모델에 대한 정당성을 제시하라.

17.7. 분산 컴포넌트를 사용하여, 국립극장 예약 시스템을 위한 아키텍처를 제안하라. 사용자들은 빈 좌석을 확인할 수 있고 여러 개의 극장들에 있는 좌석을 예약할 수 있어야 한다. 시스템은 표를 반환하는 기능을 제공하여 반환된 표를 다른 고객에게 재판매될 수 있도록 해야 한다.

17.8. 2단 클라이언트-서버 시스템에서 발생하는 근본적인 문제는 무엇인가? 다단 클라이언트-서버 시스템을 이용해 어떻게 이를 극복할 수 있는지 설명하라.

17.9. 분산 컴포넌트 모델을 사용해 분산 시스템을 구현할 때 얻을 수 있는 장점을 모두 나열하라.

17.10. 회사는 데스크톱에서 사용하는 애플리케이션들의 기능을 원격 서비스로 접근하고 싶어한다. 발생할 수 있는 세 가지 문제점을 설명하고 어떻게 이러한 문제점을 감소시킬 수 있는 방법을 제시하라.

참고문헌

Bernstein, P. A. 1996. “Middleware: A Model for Distributed System Services.”*Comm. ACM 39* (2): 86 – 7. doi:10.1145/230798.230809.

Coulouris, G., J. Dollimore, T. Kindberg, and G. Blair. 2011. *Distributed Systems: Concepts and Design, 5th ed.* Harlow, UK: Addison-Wesley.

Holdener, A. T. (2008). *Ajax: The Definitive Guide. Sebastopol, CA.: O'Reilly & Associates.*

McDougall, P. 2000. “The Power of Peer-to-Peer.”*Information Week* (August 28, 2000). http://www.informationweek.com/801/peer.htm

Oram, A. 2001. “Peer-to-Peer: Harnessing the Benefits of a Disruptive Technology.”Sebastopol, CA: O'Reilly & Associates.

Orfali, R., D. Harkey, and J. Edwards. 1997. *Instant CORBA*. Chichester, UK: John Wiley & Sons.

Pope, A. 1997. *The CORBA Reference Guide: Understanding the Common Object Request Broker Architecture.* Harlow, UK: Addison-Wesley.

Sanderson, D. 2012. *Programming with Google App Engine.* Sebastopol, CA: O'Reilly Media Inc.

Sarris, S. 2013. *HTML5 Unleashed.* Indianapolis, IN: Sams Publishing.

Tanenbaum, A. S., and M. Van Steen. 2007. *Distributed Systems: Principles and Paradigms, 2nd ed.* Upper Saddle River, NJ: Prentice-Hall.

Wallach, D. S. 2003. "A Survey of Peer-to-Peer Security Issues." *In Software Security: Theories and Systems,* edited by M. Okada, B. C. Pierce, A. Scedrov, H. Tokuda, and A. Yonezawa, 42–7. Heidelberg: Springer-Verlag. doi:10.1007/3-540-36532-X_4.

18

서비스 지향 소프트웨어 공학

Service-oriented software engineering

학습목표

이 장에서는 서비스 지향 소프트웨어 공학을 웹 서비스를 이용하는 분산 애플리케이션을 만드는 한 방법으로서 소개하고자 한다. 이 장을 통해 학습할 내용들은 다음과 같다.

- 웹 서비스, 웹 서비스 표준과 서비스 지향 아키텍처의 기본 개념을 이해할 수 있다.
- RESTful 서비스에 대한 개념과 더불어 SOAP 기반 서비스와 RESTful 서비스의 중요 차이점을 이해할 수 있다.
- 재사용 가능한 웹 서비스를 만드는 서비스 공학 프로세스를 이해할 수 있다.
- 워크플로 기반 서비스 결합이 어떻게 비즈니스 프로세스를 돕는 서비스 지향 소프트웨어를 만드는지 이해할 수 있다.

학습내용

1990년대 Web의 개발은 조직 간의 정보 교환의 변혁을 일으켰다. 클라이언트 컴퓨터는 조직 외부의 원격 서버에서 정보접근이 가능하게 되었다. 그러나 외부 서버에서의 접근은 오직 웹 브라우저를 통해서만 가능하였으며, 다른 프로그램을 사용한 직접적 접근은 비실용적이었다. 이것은 서버 간의 편리한 연결, 예를 들어 한 프로그램이 상이한 공급자들의 다수의 카탈로그를 질의하는 것이 불가능했음을 의미한다.

이 문제를 해결하기 위해, 웹 상의 자원들에 접근하고 갱신하는 것이 가능하도록 웹 서비스가 개발되었다. 웹 서비스를 사용하면서 다른 프로그램에서도 그들의 정보가 접근가능하길 바라는 조직은, 프로그램화된 웹 서비스 인터페이스를 정의하고 공개함으로써 이를 해결했다. 이 인터페이스는 가용한 데이터와 이 데이터에 접근하고 사용하는 방식을 정의한다.

더 일반적으로 웹 서비스는 다른 프로그램이 사용가능할 수 있게 한 계산 및 정보 자원을 위한 표준 표현이다. 이들은 부품 카탈로그, 컴퓨터 자원, 특화된 프로세서나 저장장치 자원과 같은 정보 자원일 것들이다. 예를 들면, 기록 보관 서비스는 법적으로 조직에서 발생하는 데이터를 몇 년간 저장하게 되어있다.

웹 서비스는 다양하고 일반적인 서비스의 한 사례이며, Lovelock 등(Lovelock et al 1996)은 다음과 같이 정의한다.

> 한 부분에서 다른 부분으로 제공되는 활동이나 동작. 비록 프로세스가 물리적인 제품과 연결될 수는 있지만, 동작은 본질적으로 실체가 없고, 보통 어떤 생산 요소도 가지지 않는다.[†]

서비스는 소프트웨어 컴포넌트의 자연스러운 개발로, 컴포넌트 모델은 필수적으로 웹 서비스와 연관된 표준의 집합이다. 따라서 웹 서비스는 다음과 같이 정의된다.

> 이산적인 기능을 캡슐화하여 느슨하게 결합된, 재사용기능한 소프트웨어 컴포넌트로, 분산되어 있고 프로그램으로 접근할 수도 있다. 웹 서비스는 표준 인터넷과 *XML* 기반 프로토콜을 이용하여 접근하는 서비스이다.

컴포넌트 기반 소프트웨어 공학에서의 서비스와 소프트웨어 컴포넌트의 중요한 차이는 서비스가 독립적이어야 하고 느슨하게 연결되어야 한다. 즉 이들은 수행 환경에 상관없이 항상 같은 방식으로 동작해야 한다. 즉 이들은 다른 기능 · 비기능적 동작을 가지는 외부 컴포넌트에 의존하지 않아야 한다. 따라서 CBSE 내에서의 웹 서비스는 다른 시스템 컴포넌트들이 존재해야한다는 서비스 "요구" 인터페이스를 포함하고 있지는 않다. 웹 서비스 인터페이스는 단순히 서비스 기능과 매개변수를 정의하는 서비스

[†] Lovelock, C., Vandermerwe, S. and Lewis B. (1996). Services marketing. Englewood Cliffs, NJ: Prentice Hall

"제공" 인터페이스이다.

서비스 지향 시스템은 지리적으로 분산된 컴퓨터 상에서 시스템 컴포넌트가 실행되는 독립적 서비스인 분산 시스템을 개발하는 방식이다. 서비스들은 플랫폼 및 구현 언어에 독립적이다. 소프트웨어 시스템은 서로 다른 제공자로부터 오는 지역 및 외부의 서비스를, 시스템 내의 서비스 간 매끄러운 상호 작용을 가지도록 결합되어 구축된다.

17장에서 논의한대로 "서비스로서의 소프트웨어"와 "서비스 지향 시스템"의 개념은 다른 것이다. 서비스로서의 소프트웨어는 소프트웨어 기능을, 사용자의 컴퓨터에 설치된 애플리케이션을 통해서 한다기보다는 웹을 통해 원격으로 제공한다는 의미이다. 서비스 지향 시스템은 재사용 가능한 서비스 컴포넌트를 이용하여 구현되고, 사용자가 직접 접근하는 것이 아니라 다른 프로그램이 접근한다. 서비스로 제공되는 소프트웨어는 서비스 지향 시스템을 사용하여 구현된다. 그러나 사용자 서비스로 제공할 때에는 반드시 이런 방법으로 소프트웨어를 구현하지 않아도 된다.

서비스 지향 접근방식을 소프트웨어 공학에 적용하는 것은 중요한 장점들이 많다.

1. 서비스는 조직의 내부나 외부의 서비스 제공자로부터 제공될 수 있다. 정확한 표준에 따른 이런 서비스를 가정하면 조직은 다양한 제공자로부터 오는 서비스를 통합함으로써 애플리케이션을 만들 수 있다. 예를 들면, 제조회사의 경우 그들의 제공자로부터 오는 서비스를 직접 연결할 수 있다.
2. 서비스 제공자는 서비스에 대한 정보를 공개하여 공인된 사용자들이 서비스를 사용할 수 있게 한다. 서비스 제공자와 서비스 사용자는 서비스가 애플리케이션 프로그램에 포함되기 전에 어떠한 서비스를 제공하는지 논의할 필요는 없다.
3. 애플리케이션은 배치 혹은 실행 시까지 서비스 바인딩을 지연할 수 있다. 따라서 원칙적으로 시스템이 실행되는 동안, 주식 가격 서비스를 사용하는 애플리케이션이 동적으로 서비스 제공자를 변경할 수 있다. 이것은 애플리케이션이 반응하여 실행 환경의 변화에 맞춰 오퍼레이션을 조정할 수 있음을 의미한다.
4. 새로운 서비스의 편리한 구축이 가능하다. 서비스 제공자는 혁신적인 방식으로 기존의 서비스들을 연결하여 만들 수 있는 새로운 서비스들을 인식할 수 있다.
5. 서비스 사용자는 서비스 제공이 아닌 사용에 따른 비용을 지불할 수 있다. 따라서 거의 사용되지 않는 비싼 컴포넌트를 구입하기보다는 필요한 경우에만 지불하고 사용할 수 있는 외부의 서비스를 사용할 수 있다.
6. 애플리케이션이 더 소형화되어 만들어질 수 있는데, 이는 특히 모바일 기기처럼 제한된 처리능력이나 메모리 용량을 가진 장비에서 중요하다. 많은 계산이나 예외 처리는 외부 서비스에 떠넘길 수 있다.

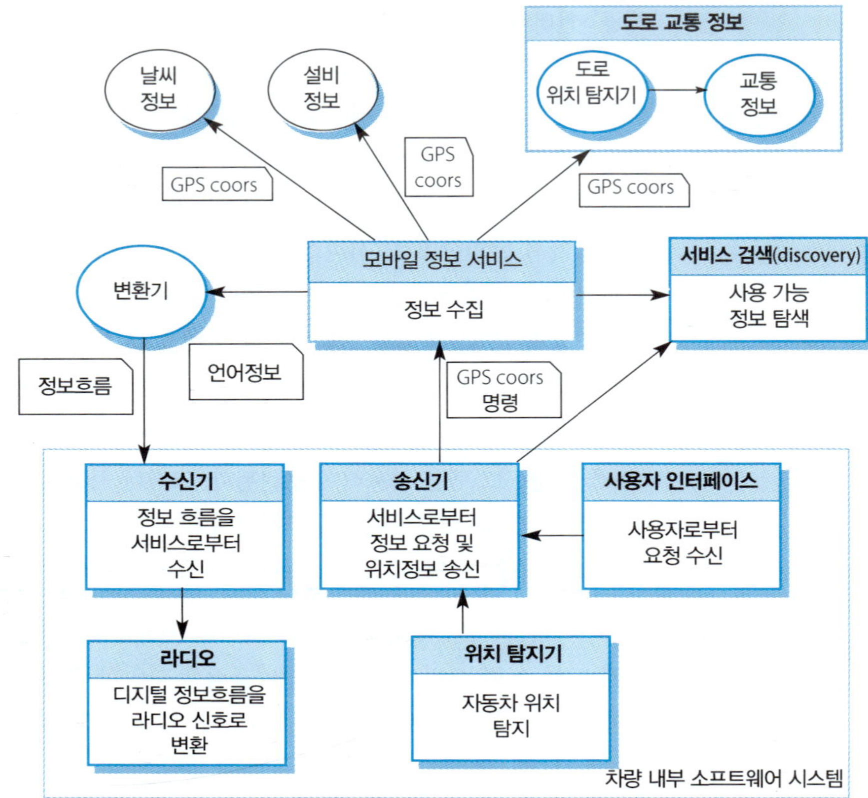

그림 18.1 서비스 기반 차량 내부 정보 시스템

서비스 지향 시스템은 느슨하게 연결된 아키텍처를 가지고 있는데, 이 아키텍처에서는 시스템 수행 중에 서비스 바인딩이 변경되기도 한다. 다르지만 동등한 버전의 서비스는 따라서 서로 다른 때 수행되기도 한다. 어떤 시스템은 웹 서비스를 이용하여 구성되고, 어떤 것은 각 부분에서 개발된 컴포넌트를 가지고 웹 서비스를 섞기도 한다. 서비스의 혼합이나 컴포넌트를 사용하는 애플리케이션이 어떻게 조직되는지 보기 위해서는, 다음과 같은 시나리오를 고려하라.

> 차량 내부의 정보 시스템은 사용자에게 날씨에 관한 정보, 도로교통 상황, 지역 정보 등을 제공한다. 이것은 차량 라디오에 연결되어 특정 라디오 채널에서 정보를 제공한다. 차량은 자신의 위치를 찾기 위한 *GPS* 수신기를 장착하고 있으며, 이 위치에 기초하여 정보 시스템은 다양한 정보 서비스에 접근할 수 있다. 정보는 운전자의 특정 언어에 맞춰 제공된다.

그림 18.1은 그와 같은 시스템이 가질 수 있는 모습을 보여준다. 차량 내부의 소프트웨어는 다섯 개의 모듈을 가지고 있다. 이것들은 운전자, 차량의 위치를 보고하는 GPS 수신기나 라디오를 가지고 통신을 담당한다. **송신기**와 **수신기** 모듈은 외부 서비스와의 모든 통신을 담당한다.

차량은 기상, 교통, 지역 시설 정보를 제공하는 다양한 서비스로부터 정보를 통합한 외부 모바일 정보 서비스와 통신한다. 서로 다른 곳의 다른 제공자들이 이런 서비스를 제공하며 차량 내부 시스템은 외부에서 검색된 서비스들이 그 지역에서 사용될 수 있는지 확인하고 접근을 허용한다. 또한 모바일 정보 서비스는 적당한 기상, 교통, 지역 시설 서비스를 연결하기 위해 검색(discovery) 서비스를 사용한다. 통합된 정보는 운전자가 선호하는 언어로 바뀌어 번역되어 차량으로 보내지는 것이다.

이 예는 서비스 지향 접근 방식의 핵심 장점 중 하나를 보여준다. 여러분은 시스템이 프로그래밍되고 배치되었을 때 어떤 서비스 제공자가 사용되고 특정 서비스가 접근 허용되는지 고민할 필요가 없다. 차량이 나아가면서, 차량 내부 소프트웨어는 가장 유용한 지역 정보 서비스를 찾기 위해 서비스 검색(discovery) 서비스를 사용한다. 번역 서비스 덕분에 사용자들은 국경을 넘어가는 경우에도 그 지역 언어를 사용할 필요가 없다.

저자의 의견으로는 소프트웨어 공학에서의 서비스 지향 접근은 객체 지향 소프트웨어 공학만큼 중요한 발전이다. 클라우드와 모바일 시스템에서 서비스 지향 시스템에서 아주 중요하다. Newcomer와 Lomow (Newcomer and Lomow 2005)는 그들의 SOA에 관한 저서에서 서비스 지향 접근의 잠재성을 강조했으며, 이는 지금 현실이 되고 있다.

> 주요 기술을 결합하고 다양한 웹 서비스를 적용함으로써, 서비스 지향 기업들은 기업의 기민성을 크게 개선시키고, 새로운 제품과 서비스에 관한 출하 시간을 단축시키고, IT 비용을 낮추고, 운영 효율을 개선시킬 것으로 전망된다.[†]

서비스에 기반한 애플리케이션을 구축하는 것은 기업과 다른 조직이 협력하고 각자의 비즈니스 기능들을 활용하는 것을 가능하게 한다. 예를 들어 한 기업이 다른 기업에게 물품을 주문하는 공급망 관리 시스템과 같이 기업 영역에서 발생하는 많은 정보 교환들을 포함하는 시스템은 쉽게 자동화가 가능하다. 18.4절에서 논의된 바와 같이 서비스 기반 애플리케이션은 표준 프로그래밍 언어 또는 특화된 워크플로 언어를 사용하는 다양한 공급자들을 연결함으로써 구축될 수도 있다.

서비스 제공 및 구현의 초기 작업은 소프트웨어 산업의 컴포넌트 표준에 대한 합의 실패에 큰 영향을 받았다. 따라서 표준이 중요해졌고, 이는 많은 주요 산업체들이 표준 개발에 참가하게 만들었다. 그로 인해 서비스 지향 아키텍처의 모든 표준(WS* 표준) 및 개념으로 귀결됐다. 아키텍처가 서비스 기반 시스템으로 제안되었으며, 모든 서비스 통신 또한 표준 지향적으로 제안되었다. 그러나 제안된 표준은 복잡하였으며 상당한 실

---

† Newcomer, E. and Lomow, G. (2005). Understanding SOA with Web Services. Boston: Addison-Wesley

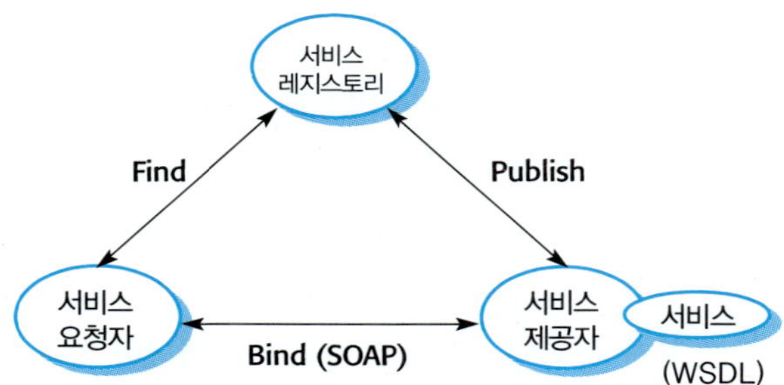

그림 18.2 서비스 지향 아키텍처

행 오버헤드를 가진다. 많은 기업들이 이 문제 때문에 이른바 RESTful 서비스에 기반한 대체 가능한 아키텍처 접근방식을 적용하게 만들었다. RESTful 접근 방식은 서비스 지향 아키텍처보다는 간단하지만, 복잡한 기능을 제공하는 서비스에는 다소 부적절하다. 저자는 이 두 가지 접근 방식을 이번 장에서 다루고자 한다.

18.1 서비스 지향 아키텍처

서비스 지향 아키텍처(SOA)는 실행 가능한 서비스를 애플리케이션에 두는 것을 기반으로한 아키텍처 스타일이다. 서비스는 잘 정의되고 공개된 인터페이스를 가지며, 애플리케이션은 이들을 적절성 여부에 따라 선택할 수 있다. SOA의 기저가 되는 중요한 아이디어는 다른 공급자들도 같은 서비스를 제공하며, 애플리케이션이 서비스 제공자에 관한 실행 시간에 따른 결정을 내릴 수 있게 해준다.

그림 18.2는 서비스 지향 아키텍처의 구조를 보여준다. 서비스 제공자들은 서비스를 설계 및 구현하고, 이 서비스들에 관한 인터페이스를 명세한다. 또한 제공자들은 접근 가능한 레지스트리에 이러한 서비스에 관한 정보를 공개해놓는다. 이러한 서비스를 사용하길 원하는 서비스 요청자(때로는 서비스 클라이언트라고 부른다)들은 서비스 명세를 검색하여 서비스 제공자의 위치를 찾는다. 그들은 표준 서비스 프로토콜을 사용하여 특정 서비스를 애플리케이션에 연결(bind)하여 통신할 수 있다.

국제적으로 합의된 표준의 개발과 사용은 SOA의 기본이다. 그 결과로 서비스 지향 아키텍처는 보통 상이한 공급자가 자신의 기술적 소유권을 유지하는 경우에 기술적 혁신과 함께 대두되는 비호환성 문제를 겪지 않았다. 그림 18.3에서는 웹 서비스를 지원하기 위해 만들어진 핵심 표준들을 보여준다.

웹 서비스 프로토콜은 서비스 정보 교환을 위한 기본적인 메커니즘(SOAP)부터 프로그래밍 표준(WS-BPEL)에 이르기까지 모든 측면의 서비스 지향 아키텍처를 커버한다. 이 표준들은 모두 텍스트에 의미 있는 식별자 태그가 붙어 구조화된 데이터 정의를

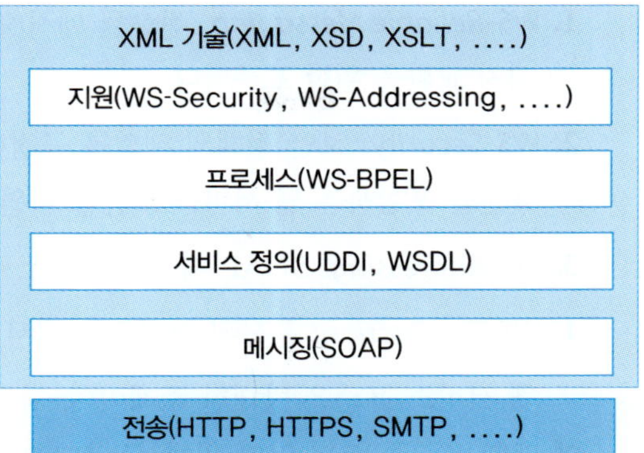

그림 18.3 웹 서비스 표준

허용하여 사람과 기계가 판독가능한 표기법인 XML에 기반을 둔다. XML은 스키마 정의를 위해 XSD와 같이 XML 표현을 확장하고 조작하는 데 사용되는 다양한 지원 기술을 갖는다. Erl (Erl, 2004)은 XML 기술을 잘 요약하고, 웹 서비스에서의 XML의 역할을 제시한다.

요약하면, 서비스 지향 아키텍처의 핵심적 표준은 다음과 같다.

1. *SOAP*: 이것은 서비스 사이의 통신을 지원하는 메시지 교환 표준이다. 이것은 서비스 간에 전달되는 메시지의 필수적인 컴포넌트와 선택적인 컴포넌트를 정의한다. 서비스 지향 아키텍처에서의 서비스는 종종 SOAP 기반 서비스라고 불린다.

2. *WSDL*: 웹 서비스 정의 언어(WSDL)는 서비스 인터페이스 정의를 위한 표준이다. 이것은 서비스 오퍼레이션(오퍼레이션 이름, 매개변수, 그리고 타입)과 서비스 바인딩이 정의되는 방식을 결정한다.

3. *WS-BPEL*: 이것은 여러 가지 상이한 서비스를 포함하는 프로세스 프로그램을 정의하는 데 이용되는 워크플로 언어를 위한 표준이다. 18.3절에서 프로세스 프로그램에 대해 설명한다.

UDDI (Universal Description, Discovery, and Integration) 표준은 서비스 명세의 컴포넌트를 정의하는데, 이는 잠재적 사용자들이 이미 존재하는 서비스를 찾을 수 있게 도와준다. 이러한 표준들은 그들이 제공하는 서비스를 정의하는 UDDI를 가지고 기업들이 레지스트리를 설정할 수 있도록 해준다. 어떤 기업들은 UDDI 레지스트리를 21세기 초에 설정하였으나, 사용자들은 서비스 검색에 표준 검색 엔진을 선호한다. 모든 공용 UDDI 레지스트리는 현재 폐쇄된 상태이다.

SOA의 아주 전문화된 부분에 집중하는 많은 표준들에 의해 주요 SOA 표준들은 지원받고 있다. 다양한 사업의 애플리케이션 내에서 SOA를 지원하게 되어 있기 때문에 많은 지원 표준들이 있다. 이러한 표준들의 몇 가지 예는 다음을 포함한다.

1. *WS-Reliable Messaging*: 전송될 메시지가 오직 한 번만 전송되는 것을 보장하는 메시지 교환을 위한 표준이다.
2. *WS-Security*: 보안 정책의 정의를 규정하는 표준과 디지털 서명의 사용을 커버하는 표준을 포함하는 웹 서비스 보안을 지원하는 표준 집합이다.
3. *WS-Addressing*: SOAP 메시지에 주소 정보를 어떻게 표현해야 하는지 정의한다.
4. *WS-Transaction*: 분산된 서비스 상에서 트랜잭션이 어떻게 조정되는지를 정의한다.

웹 서비스 표준은 방대한 주제이며, 자세한 내용을 상술하기엔 지면이 부족하다. 이에 대한 표준들을 더 알기 위해서는 Erl (Erl 2004, 2005)의 저서들을 참고하길 바란다. 이들이 웹에 업로드한 공개문서로도 자세하게 알 수 있다(W3C 2013).

18.1.1 SOA에서의 서비스 컴포넌트

17.1절에서 논의한 메시지 교환은 분산 컴퓨팅 시스템에서 동작을 조율하는 중요한 메커니즘이다. SOA에서의 서비스는 XML로 표현되는 메시지 교환에 의해 통신하고, 이 메시지들은 HTTP와 TCP/IP와 같은 표준 인터넷 프로토콜을 이용하여 분산된다.

서비스는 메시지에 요구사항을 설정하여 해당 메시지를 송신하는 방식으로 다른 서비스로부터 필요한 것을 정의한다. 수신 서비스는 메시지를 분석하고, 계산을 수행하고, 완료되는 즉시 메시지를 요청 서비스에 전송한다. 그런 다음 이 서비스는 요청된 정보를 추출하기 위해 회신을 분석한다. 소프트웨어 컴포넌트와 달리 서비스는 다른 서비스와 연관된 기능에 접근하기 위해 원격 프로시서나 메서드 호출을 이용하지 않는다.

여러분이 웹 서비스를 이용하고자 한다면, 서비스의 위치정보(URI)나 서비스 인터페이스의 세부사항들을 알아야 할 필요가 있다. 세부사항들은 WSDL (Web Service Description Language)로 불리는 XML 기반 언어로 서비스 설명에 나와있다. WSDL 명세는 웹 서비스에 관한 세 가지를 정의한다. 즉, 어떤 서비스를 하고, 서비스가 어떻게 통신하는지, 그리고 서비스를 어디에서 찾는지 정의한다.

1. 인터페이스라고 부르는 WSDL 문서의 "what" 부분은 서비스가 지원하는 오퍼레이션을 명세하고, 서비스가 송수신하는 메시지의 형식을 정의한다.
2. 바인딩이라고 부르는 WSDL 문서의 "how" 부분은 추상적 인터페이스를 구체적인 프로토콜 집합으로 변환한다. 바인딩은 웹 서비스와 통신하는 기술적 세부사항들을 명세한다.
3. WSDL 문서의 "where"부분은 특정 웹 서비스 구현 위치(종료점 포함)를 기술한다.

그림 18.4에서 보이는 WSDL의 개념 모델은 서비스 서술의 구성요소들을 보여준

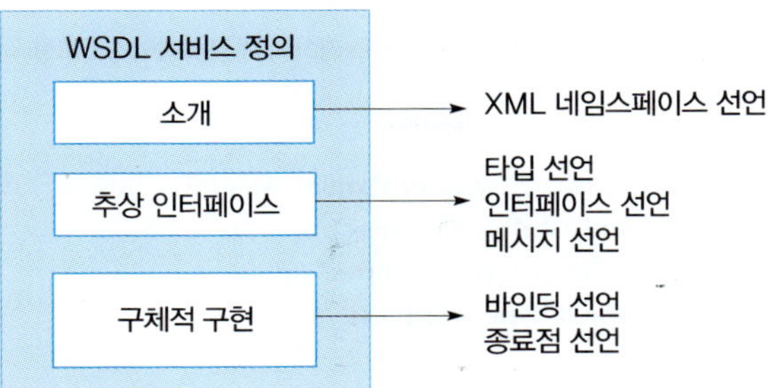

그림 18.4 WSDL 명세의 구성

다. 이 요소들은 XML로 표현되며, 별도의 파일로 제공된다. 이러한 요소들은 다음과 같다.

1. 소개 부분은 대개 사용된 XML 네임스페이스를 정의하고 서비스에 관한 추가 정보를 제공하는 문서 부분을 포함할 수도 있다.

2. 서비스에 의해 교환되는 메시지에서 사용된 유형의 선택적인 표현

3. 서비스 인터페이스의 표현, 즉 서비스가 제공하는 오퍼레이션

4. 서비스에 의해 처리되는 입력 메시지와 출력 메시지의 표현

5. 서비스가 사용하는 바인딩의 표현, 즉 메시지를 송수신하기 위해 사용될 메시지 프로토콜. 디폴트는 SOAP이지만 다른 바인딩이 사용될 수도 있다. 바인딩은 서비스와 관련된 입력 메시지와 출력 메시지가 메시지로 어떻게 패키지되어야 하는지를 명백히 하고, 사용된 통신 프로토콜을 규정한다. 바인딩은 또한 보안 증명이나 트랜잭션 식별자와 같은 지원 정보가 어떻게 포함되는지를 규정할 수도 있다.

6. 서비스의 물리적 위치인 종료점 명세는 인터넷 위에서 접근할 수 있는 자원의 주소인 URI로 표현된다.

그림 18.5는 주어진 날짜와 장소(town과 country)의 최대 기온과 최소 기온의 기록을 반환하는 간단한 서비스에 대한 인터페이스의 일부를 나타낸다. 또한 입력 메시지는 이러한 기온이 섭씨 온도나 화씨 온도로 반환되는지의 여부를 명세한다.

XML 기반 서비스 서술은 XML 네임스페이스의 정의까지 포함한다. 네임스페이스 식별자는 XML 서술에서 사용되는 모든 식별자에 선행하는데, 서로 다른 파트의 XML 서술로 정의된 서로 같은 이름을 가진 식별자들을 구별하는 것을 가능하게 한다. 여러분은 여기 있는 그림을 이해하기 위해 네임스페이스의 세부사항들을 이해하려고 할 필요는 없다. 여러분이 알아두어야 할 필요가 있는 것은 네임스페이스 식별자 앞에 붙는 이름과 namespace:name에 같이 짝을 이루는 명칭은 유일하다는 것이다.

사용된 타입을 정의한다. WS로 시작하는 네임스페이스는 XML 스키마의 네임스페이스 URI를 나타내고 이 정의와 연관된 네임스페이스의 접두사는 weathns이다.

```
<types>
    <xs: schema targetNameSpace = "http://.../weathns" xmlns: weathns = "http://.../weathns" >
        <xs:element name = "PlaceAndDate" type = "pdrec" />
        <xs:element name = "MaxMinTemp" type = "mmtrec" />
        <xs:element name = "InDataFault" type = "errmess" />

        <xs:complexType name = "pdrec"
        <xs:sequence>
            <xs:element name = "town" type = "xs:string"/>
            <xs:element name = "country" type = "xs:string"/>
            <xs:element name = "day" type = "xs:date" />
        </xs:complexType>

        여기에 MaxMinType과 InDataFault를 정의한다.

    </schema>

</types>
```

인터페이스와 오퍼레이션을 정의한다. 이 경우에는 최고 기온과 최저 기온을 반환하는 하나의 오퍼레이션만이 있다.

```
<interface name = "weatherInfo" >

    <operation name = "getMaxMinTemps" pattern = "wsdlns: in-out">
    <input messageLabel = "In" element = "weathns: PlaceAndDate" />
    <output messageLabel = "Out" element = "weathns:MaxMinTemp" />
    <outfault messageLabel = "Out" element = "weathns:InDataFault" />
</operation>
</interface>
```

그림 18.5 웹 서비스에 대한 WSDL 서술의 일부

그림 18.5에서는 서비스 명세에서 쓰이는 요소나 타입의 일부를 서술의 첫 부분에서 보여준다. 이것은 요소 PlaceAndDate, MaxMinTemp와 InDataFault를 정의해준다. 저자는 오직 PlaceAndDate의 명세만을 포함했는데, 여러분은 town, country, date라는 세 개의 필드를 가지는 레코드를 떠올리면 될 것이다. 이와 비슷한 접근방식이 MaxMinTemp와 InDataFault를 정의하는 데 사용된다.

서술의 두 번째 부분은 서비스 인터페이스가 어떻게 정의되는지 보여준다. 예제에서는 정의되어야 하는 오퍼레이션의 수에 제한이 없음에도 서비스 weatherInfo가 오퍼레이션을 갖는다. weatherInfo 오퍼레이션은 하나의 입력 메시지를 받아 하나의 출력 메시지를 생성하는 의미와 관련된 in-out 패턴을 갖는다. WSDL 2.0 명세는 in-only, in-out, out-only, in-optional-out, out-in과 같은 많은 수의 메시지 교환 패턴을 허용한다. 타입 절의 앞에 있는 정의를 참조하는 입력과 출력 메시지가 그 다음에 정의된다.

WSDL로 정의된 서비스 인터페이스는 서비스 시그니처, 즉 오퍼레이션이나 이들의

매개변수의 간단한 서술이다. 서비스 인터페이스는, 성능이나 확실성과 같은 서비스의 의미나 그것의 비기능적 특성에 대한 어떤 정보도 포함하고 있지 않다. 만약 여러분이 서비스를 사용할 계획이라면 서비스의 실제 동작과 입·출력 메시지의 의미를 이해해야 한다. 서비스의 성능이나 확실성을 알아내기 위해 실험을 해야만 한다. 만약 의미있는 명칭들이나 문서들이 서비스 기능을 이해하는 데 도움이 된다하더라도, 서비스가 실제 어떻게 동작하는지 잘못 이해할 수 있기 때문이다.

XML 기반 서비스 설명은 길고, 자세하며 읽기 지루할 수 있다. WSDL 명세가 수기로 작성되는 일은 보통 없으며, 명세의 대다수 정보는 자동으로 만들어진다.

18.2 RESTful 서비스

웹 서비스와 서비스 지향 소프트웨어 공학의 초기의 개발은 XML 기반 서비스 간 메시지 교환에 의한 표준 기반이었다. 이는 서비스 품질이나 확실성을 조정하고 동적 서비스 바인딩과 복잡한 서비스를 개발하기에 일반적인 방식이었다. 그러나 서비스가 개발되면서, 이들 대부분이 상대적으로 간단한 입·출력 인터페이스임을 알게 되었다. 서비스 사용자들은 동적 바인딩이나 다수의 서비스 제공자에게 관심이 전혀 없었고, 서비스 품질이나 신뢰성 등에 관한 웹 서비스 표준을 사용하지 않았다.

문제는 이 웹 서비스 표준이라는 것이 아주 "두껍고" 종종 지나치게 일반적이거나 비효율적이다. XML 메시지와 관련해서 상당한 양의 생성, 전송, 해석들이 이를 실행하기 위하여 필요했다. 이는 서비스 간의 통신을 느리게 했고, 대용량 시스템에서는 추가적인 요구 서비스 품질을 맞추기 위하여 추가적인 하드웨어가 요구되었다.

이러한 상황에 대처하기 위해서 대안으로 "가벼운" 방식의 웹 서비스 아키텍처가 개발되었다. 이 방식은 REST (Representational State Transfer) 스타일을 기반으로 하고 있다(Fielding 2000). REST는 서버에서 클라이언트까지의 자원의 전송표현을 기반으로 하는 아키텍처 스타일이다. 이는 웹 서비스 인터페이스를 구현하기 위한 방법으로 SOAP/WSDL보다 더욱 간단한 방법으로 사용되고 있고, 웹 전체의 기저를 이룬다.

RESTful 아키텍처의 기본 요소는 자원이다. 기본적으로 자원은 카탈로그 및 의료 기록 혹은 이 책의 장과 같은 문서에 해당하는 데이터 요소이다. 일반적으로 자원은 다양하게 표현될 수 있다:즉 서로 다른 포맷으로 존재할 수 있다. 예를 들어 이 장에서는 세 가지의 표현이 가능하다. 편집을 위한 MS Word로도 되며, 웹 디스플레이를 위한 PDF도 가능하며 출판을 위한 InDesign으로도 표현될 수 있다. 텍스트와 이미지로 구성되는 논리적 자원은 이러한 모든 표현 방식에서 동일하다.

RESTful 아키텍처에서는 모든 것이 자원으로 표현될 수 있다. 자원들은 URL처럼

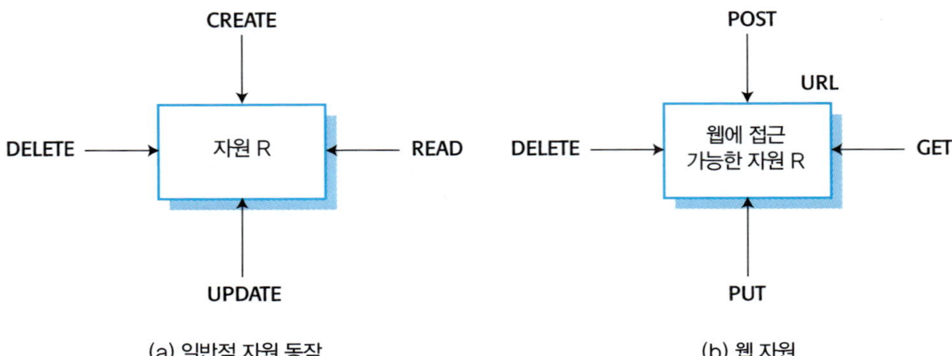

그림 18.6 자원과 동작

각기 다른 식별자가 있다. 그림 18.6(a)에서 볼 수 있듯이 자원은 객체 같은 것으로 자신과 관련된 네 개의 기본적인 다형적 오퍼레이션을 가진다.

1. Create – 자원을 내부로 가져온다.
2. Read – 자원의 표현을 반환한다.
3. Update – 자원값을 바꾼다.
4. Delete – 정보를 접근불가능하게 만든다.

웹은 RESTful 아키텍처를 가진 시스템의 한 예이다. 웹 페이지가 자원이며 웹 페이지의 유일한 식별자가 URL이다.

웹 프로토콜 http와 https는 네 가지 동작에 기반한다. 즉 POST, GET, PUT 그리고 DELETE이다. 그림 18.6(b)에서 볼 수 있듯이 기본적인 자원 오퍼레이션에 대응된다.

1. POST는 자원을 생성하는 데 사용된다. 이는 자원을 정의하는 연관된 데이터를 가진다.
2. GET은 자원값을 읽어오고, 웹 브라우저로 렌더링될 수 있도록 XHTML과 같이 정의된 표현으로 요청자에게 반환하는 데 쓰인다.
3. PUT은 자원값을 갱신하는 데 쓰인다.
4. DELETE는 자원을 삭제하는 데 쓰인다.

어떤 의미에선 모든 서비스는 데이터를 기본으로 동작한다. 예를 들면 18.2절에서 기술된 서비스는 주어진 날씨 정보 데이터베이스를 이용하여 지역의 최고온도 및 최저온도를 반환한다. SOAP 기반 서비스(Richardson and Ruby 2007)는 이 데이터베이스를 바탕으로 그로부터 특정 값을 반환하는 동작을 수행한다. RESTful 서비스는 데이터에 직접적으로 접근한다.

RESTful 접근 방식이 사용될 때에는 데이터는 노출되어있으며 그것의 URL을 이용하여 접근된다. RESTful 서비스는 http나 https 프로토콜을 사용하는데 이 때는 POST, GET, PUT과 DELETE만 허용된다. 따라서 데이터베이스에서의 각 장소의 날씨 정보는 다음과 같은 URL을 이용하여 접근할 수 있다.

http://weather-info-example.net/temperatures/boston

http://weather-info-example.net/temperatures/edinburgh

이것은 GET 오퍼레이션을 호출하며 최고온도와 최저온도의 목록을 반환한다. 특정 날짜의 날씨를 요청하기 위해서는 다음과 같은 URL 질의가 이용될 수 있다.

http://weather-info-example.net/temperatures/edinburgh?date=20140226

URL 질의는 또한 같은 이름을 가진 세계의 여러 지역들에 대한 요청의 모호성을 해결하기 위해서도 사용될 수 있다.

http://weather-info-example.net/temperatures/boston?date=20140226&country=USA&state="Mass"

RESTful 서비스와 SOAP 기반 서비스의 중요한 차이는 RESTful 서비스가 전적으로 XML 기반만은 아니라는 데 있다. 자원이 요구되고, 생성되고 혹은 변경될 때 표현이 명세화될 수도 있다. 이는 XML뿐만 아니라 JSON (Javascript Object Notation)이 사용될 수 있기 때문에 중요하다. 이것들은 XML 기반의 표기보다는 더욱 효과적으로 처리될 수 있으며, 따라서 서비스 호출에 포함한 오버헤드 타임을 줄일 수 있다. 그러므로 위와 같이 보스턴의 최고 및 최저 기온을 요청하면 다음과 같은 정보를 반환할 수 있다.

```
{
"place": "Boston",
"country "USA",
"state": "Mass",
"date": "26 Feb 2014",
"units": "Fahrenheit",
"max temp": 41,
"min temp": 29
}
```

RESTful 서비스에서의 GET 요청에 따른 응답은 URL들을 포함할 수 있다. 그러므로 만약 요청에 대한 응답이 자원에 관한 것이라면 이러한 서비스들의 각 URL이 포함될 수 있다. 그러면 아마 요구된 서비스는 요청을 그 자체의 방식으로 처리할 것이다. 따라서 유일하지 않은 주어진 지역 이름의 날씨 정보에 대한 요청은 요청과 일치하는 모든 장소의 URL을 반환할 수도 있다.

http://weather-info-example.net/temperatures/edinburgh-scotland

http://weather-info-example.net/temperatures/edinburgh-australia

http://weather-info-example.net/temperatures/edinburgh-maryland

RESTful 서비스에 대한 기본적인 설계 원칙이 있다. 그것은 상태를 가지지 않아야 한다는 것이다. 즉 상호 작용 세션에는 자원 그 자체에, 마지막 요청에 대한 특정 시간과 같은 상태 정보가 포함되면 안 된다. 대신 모든 필요한 상태 정보들이 요청자에게 제공되어야 한다. 만약 마지막 요청에서 상태 정보가 요구된다면, 요청자에 의해서 서버로 보내져야 한다.

RESTful 서비스는 최근 수년간 모바일 기기가 널리 사용됨에 따라 더욱 광범위하게 쓰이고 있다. 이 기기들은 한정된 연산 능력을 가지고 있기 때문에, RESTful 서비스에서 더욱 적은 오버헤드 타임을 가진 기기가 더욱 좋은 시스템 성능을 보일 것이다. 또한 모바일 기기들은 기존의 웹 사이를 이용하기도 쉽다. 대개 웹 사이트를 위한 RESTful API 구현은 매우 간단하다.

그러나 RESTful 접근법에는 다음과 같은 문제들이 있다.

1. 서비스가 복잡한 인터페이스를 가지고 있고 자원이 단순하지 않을 때에는 인터페이스에 RESTful 서비스를 이용하여 설계하는 것이 어려울 수 있다.
2. RESTful 서비스 기술을 위한 표준이 없기 때문에, 사용자들이 인터페이스를 이해하기 위해 비공식문서에 의존해야 한다.
3. 여러분이 RESTful 서비스를 이용할 때, 서비스 품질이나 서비스 신뢰성 관리를 위해서는 여러분 자신의 기반구조를 구현해야 한다. SOAP 기반 서비스는 WS-Realiability나 WS-Transaction과 같은 추가적인 기반구조의 지원 표준이 있다.

Pautasso 등(Pautasso, Zimmermann and Leymann 2008)은 언제 RESTful과 SOAP 기반을 이용해야하는지 논의했다. 그러나 종종 SOAP 기반이나 RESTful 인터페이스가 같은 서비스나 자원에 대하여 제공될 수 있었다(그림 18.7). Microsoft, Google 그리고 Amazon과 같은 클라우드 서비스 제공자들은 흔히 이 둘을 같이 사용

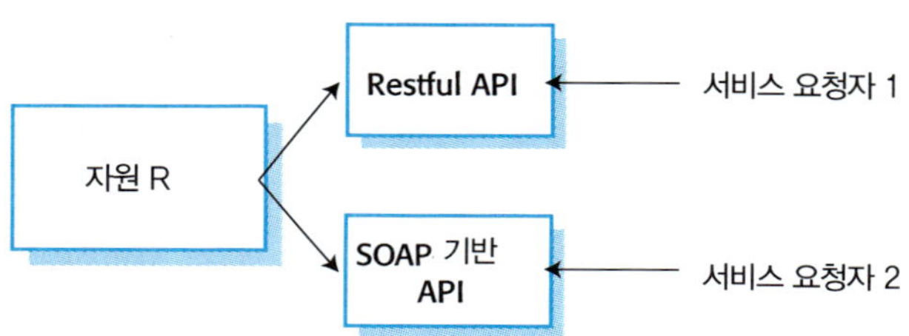

그림 18.7 RESTful 및 SOAP 기반 API

한다. 서비스 클라이언트들은 그들의 애플리케이션으로 가장 적합한 서비스 접근 기법을 선택할 수 있다.

18.3 서비스 공학

서비스 공학은 서비스 지향 애플리케이션에서 재사용을 위한 서비스를 개발하는 프로세스이다. 컴포넌트 공학과 많은 공통점이 있다. 서비스 엔지니어들은 상이한 시스템에서 유용할 수 있는 재사용가능한 추상화로 서비스를 표현하는 것을 보장해야 한다. 그들은 일반적으로 추상화와 관련된 유용한 기능을 설계하고 개발해야 한다. 또한 서비스가 강건하고 신뢰성이 있도록 보장하여 상이한 응용에서의 서비스 운영이 신뢰할 수 있어야 한다. 그들은 서비스를 문서화하여 잠재적인 사용자가 발견하고 이해할 수 있게 해야 한다.

그림 18.8에서 나타나듯이 서비스 공학 과정은 세 가지의 논리적 단계가 있다.

1. **서비스 후보 식별**: 이 단계에서는 구현되어야 할 가능 서비스들을 식별하고 서비스 요구사항들을 정의한다.
2. **서비스 설계**: 이 단계에서는 논리적인 서비스 인터페이스와 추가적인 인터페이스(SOAP 기반 그리고/또는 RESTful)를 설계한다.
3. **서비스 구현과 배치**: 이 단계에서는 서비스를 구현하고 테스트함으로써 사용가능하게 만든다.

16장에서 논의한 것과 같이, 재사용가능한 컴포넌트의 개발은 이미 구현되어 애플리케이션에서 사용되고 있는 컴포넌트에서부터 시작된다. 이는 서비스에도 그대로 적용된다. 이미 존재하는 서비스나 서비스로 전환된 컴포넌트가 종종 이러한 프로세스의 시작점이 될 것이다. 이러한 상황에서 설계 프로세스는 기존의 컴포넌트를 일반화하는 것을 포함하는데 이로 인해 특정 애플리케이션에 국한된 특징들을 제거할 수 있다. 구현은 서

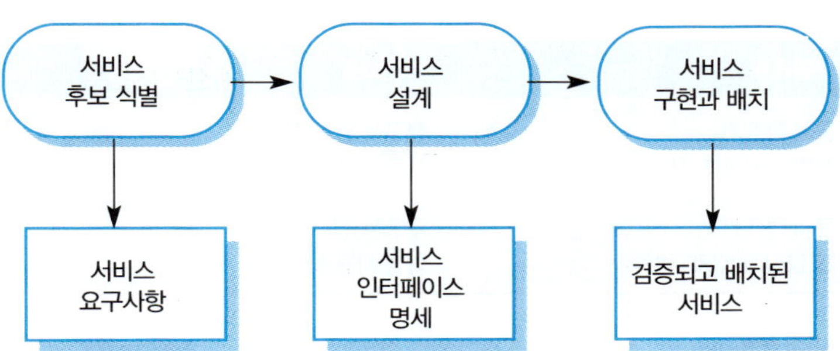

그림 18.8 서비스 공학 프로세스

비스 인터페이스를 추가하고 요구되는 일반화를 구현함으로써 컴포넌트를 적용하는 것을 말한다.

18.3.1 서비스 후보 식별

서비스 지향 컴퓨팅의 기본 아이디어는 서비스는 비즈니스 프로세스를 지원해야 한다는 것이다. 모든 조직이 광범위한 프로세스를 갖게 됨에 따라, 구현될 수 있는 많은 가능한 서비스들이 존재한다. 따라서 서비스 후보 식별 작업에서는 조직의 비즈니스 프로세스를 돕기 위하여 어떤 재사용가능한 서비스가 구현되어야 하는지 결정하기 위해, 이를 이해하고 분석하는 것이 포함되어야 한다.

Erl (Erl 2005)는 기본적인 세 가지 서비스의 타입을 제안했다.

1. **유틸리티 서비스**: 이 서비스는 서로 다른 비즈니스 프로세스에서 쓰이는 일반적인 기능들을 구현하는 역할을 한다. 유틸리티 서비스의 예는 한 가지 통화(예, 달러)를 다른 통화(예, 유로)로 환전하는 계산에 접근할 수 있는 통화 환전 서비스이다.
2. **비즈니스 서비스**: 이 서비스는 특정한 비즈니스 기능과 관련이 있다. 예를 들면 대학교에서의 비즈니스 기능이라면 학생들의 수강 신청 등록과 같은 것이 있다.
3. **협력이나 프로세스 서비스**: 대개 상이한 액터와 활동을 포함하는 더욱 일반적인 비즈니스 프로세스를 지원하는 서비스이다. 기업에서 협력 서비스의 예는 공급자에게 주문을 하고, 상품을 받고, 지불을 하는 것을 허용하는 주문 서비스이다.

Erl은 또한 업무 중심 혹은 개체 중심으로 고려할 수 있는 서비스를 제안했다. 업무 중심 서비스는 어떠한 활동들과 연관이 있는 반면에 개체 중심 서비스는 시스템 자원과 관련이 있다. 자원은 업무 지원 양식과 같은 비즈니스 개체이다. 그림 18.9에서는 업무 중심 서비스와 개체 중심 서비스의 예들을 보여준다. 유틸리티나 비즈니스 서비스는 개체 중심이거나 업무 중심인데, 협력 서비스는 언제나 업무 중심이다.

서비스 후보 식별 작업에서의 목표는 서비스가 논리적으로 일관되고, 독립적이며 재사용가능한지를 식별하는 것이다. Erl의 분류는 비즈니스 개체와 비즈니스 활동을 살

	유틸리티	비즈니스	협력
업무	통화 환전기 직원 위치 탐지기	청구서 양식 검증 신용 등급 검사	요금청구서 처리 외부 공급자에게 지불
개체	문서 번역기 웹 양식의 XML 변환기	요금청구서 학생 지원 양식	

그림 18.9 서비스 분류

핌으로써 재사용가능한 서비스를 발견하는 방법을 제안하므로 이러한 측면에서 도움이 된다. 그러나 서비스가 어떻게 사용될지 예측해야 하므로 서비스 후보 식별 작업은 쉬운 일만은 아니다. 가능한 서비스 후보들을 생각하고 나서, 이것들이 유용한 서비스가 될 것인지의 여부를 알기 위한 일련의 질문을 해야 한다. 재사용가능한 서비스를 식별하는 데 도움이 되는 가능한 질문은 다음과 같다.

1. 개체 중심 서비스의 경우, 서비스는 상이한 비즈니스 프로세스에서 이용되는 하나의 논리적인 개체와 관련이 있는가? 지원되어야 하는 개체에 보통 수행되는 오퍼레이션은 무엇인가? 그것들이 RESTful 서비스 오퍼레이션의 PUT, CREATE, POST 그리고 DELETE에 적합한가?
2. 업무 중심 서비스의 경우, 조직 내의 상이한 사람들에 의해 수행되는 업무인가? 그들은 하나의 지원 서비스가 제공될 때 필연적으로 표준화가 발생하는 것을 받아들일 의지가 있는가? 이것이 RESTful 모델에 적합한가? 또는 이것이 개체 중심 서비스로 재설계되어야 하는가?
3. 이 서비스가 독립적인가? 즉, 다른 서비스 사용 가능성에 얼마나 의존적인가?
4. 서비스가 상태를 유지해야 하는가? 만약 상태 정보가 요구된다면, 이는 데이터베이스에 보존되거나 서비스에 대한 매개 변수로 전달되어야 한다. 서비스와 요구 데이터베이스 사이에 종속성이 있는 경우 데이터베이스를 사용하는 것은 서비스 재사용가능성에 영향을 미친다. 일반적으로 상태 정보가 서비스로 전달된 경우 재사용하기 쉬워지며, 데이터베이스 바인딩이 필요하지 않다.
5. 서비스가 외부 클라이언트에 의해 사용되는가? 예를 들면 카탈로그와 관련된 개체 중심 서비스의 경우 내 · 외부 사용자 모두 사용가능하도록 만들어진다.
6. 서비스의 서로 다른 사용자들이 서로 다른 비기능적 요구사항을 가질 것 같은가? 만약 그렇다면 두 개 이상의 서비스 버전이 구현되어야 한다.

질문들에 대한 답은 서비스로 구현되어야 할 추상화를 선택하고 개선하는 데 도움을 준다. 그러나 어떤 것이 최적의 서비스인지에 대해서는 공식화된 방식이 없다. 어떤 것이 최적의 서비스인지를 결정할 때는 경험이나 비즈니스 지식들을 이용할 필요가 있다.

서비스 선택 프로세스의 결과물은 이 서비스에 연관된 요구사항과 식별된 서비스들과 같다. 기능적 서비스 요구사항들은 어떤 서비스가 행해져야 하는지를 정의한다. 비기능적 요구사항들은 서비스에 대한 보안성, 성능 그리고 가용성 요구사항을 정의해야 한다.

서비스 후보 식별 및 구현 프로세스들을 이해하는 것을 돕기 위해서 다음과 같은 예를 참고하라.

컴퓨터 장비를 파는 회사가 대형 고객을 위하여 특별 가격을 제안하고 있다. 자동 주문을 가능하게 함으로써 회사는 고객이 원하는 장비를 선택할 수 있게 해주는 카탈로그 서비스를 원한다. 고객 카탈로그와는 다르게 카탈로그 인터페이스에서는 고객 주문이 직접 연결되지 않는다. 대신 각 기업의 웹 서비스로 카탈로그를 이용하게 해주는 웹 기반 조달 시스템을 통해 상품이 주문된다. 큰 기업일수록 주문이 접수되면 예산 및 승인을 거치는 내부 시스템을 거치게 되기 때문이다.

카탈로그 서비스는 기본 자원이 카탈로그인 개체 중심 서비스의 예이다. 기능적인 카탈로그 서비스 요구사항은 다음과 같다.

1. 카탈로그의 특정한 버전이 각 사용자 기업에 제공되어야 한다. 이는 고객 기업에서의 직원들이 주문하는 장비나 승인된 설정들과 기업이 합의한 장비 가격과 같은 것들을 포함한다.
2. 카탈로그 각 버전들은 고객사 직원들이 오프라인에서 브라우징할 수 있도록 다운로드가 가능하여야 한다.
3. 최대 여섯 가지의 카탈로그 항목에서 명세나 가격을 비교할 수 있도록 만들어져야 한다.
4. 카탈로그는 사용자를 위한 브라우징이나 검색 기능을 지원해야 한다.
5. 카탈로그 사용자들은 주어진 개수의 특정 카탈로그 항목에 관한 예상 배송 일자를 알 수 있어야 한다.
6. 카탈로그 사용자는 필요한 항목이 48시간 동안 예약되는 "가상 주문"을 내릴 수 있어야 한다. 가상 주문은 구매 시스템에 의해 수행되는 실제의 주문으로 확인되어야 한다. 가상 주문이 48시간 이내에 받아들여져야 한다.

이러한 기능적 요구사항들에 더해, 다음과 같은 비기능적 요구사항들도 존재한다.

1. 인증된 조직의 직원에 한해서 카탈로그 서비스에 접근하는 것이 허용되어야 한다.
2. 각 고객들에게 제공되는 가격이나 구성은 기밀로 유지되어야만 하고, 해당 고객을 담당하는 직원에게만 접근이 허용되어야 한다.
3. 카탈로그는 0700 그리니치 표준시부터 1100 표준시까지 장애 없이 활용될 수 있어야 한다.
4. 카탈로그 서비스는 최대 초당 100건의 요청까지 처리할 수 있어야 한다.

카탈로그 서비스의 응답시간과 관련된 비기능적 요구사항들은 없다. 이는 카탈로그의 크기와 예상되는 동시 사용자들의 수에 의해 결정된다. 이는 시간에 민감한 서비스는 아니기 때문에 이 단계에서 요구되는 성능을 명세할 필요는 없다.

18.3.2 서비스 인터페이스 설계

일단 후보 서비스를 선택하고 나서, 서비스 공학 프로세스의 다음 단계는 서비스 인터페이스를 설계하는 것이다. 이것은 서비스와 매개변수를 결합한 오퍼레이션을 정의하는 것을 포함한다. 만약 SOAP 기반 서비스를 사용한다면 입력과 출력 메시지도 설계하여야 한다. 만약 RESTful 서비스를 사용한다면, 여러분은 서비스 오퍼레이션을 구현하기 위해서 표준 오퍼레이션이 어떻게 사용되는지 그리고 필요한 자원에 관해 고려하여야 한다.

추상적 인터페이스 설계는 서비스 인터페이스를 설계하기 위한 출발점이다. 여기서 서비스와 연관된 개체와 연산, 입력과 출력, 그리고 이러한 연산과 관련된 예외를 식별한다. 그리고 이러한 추상적 인터페이스가 SOAP 기반이나 RESTful 서비스로 어떻게 실현되는지 생각해볼 필요가 있다.

만약 여러분이 SOAP 기반 접근방식을 선택했다면, 서비스에 의해 송수신하는 XML 메시지 구조를 설계하여야 한다. 오퍼레이션과 메시지는 WSDL로 작성된 인터페이스 기술(description)의 기본이다. 만약 여러분이 RESTful 접근방식을 선택했다면, 서비스 오퍼레이션이 RESTful 오퍼레이션으로 매핑되는 방식을 설계하여야 한다.

추상적 인터페이스 설계는 서비스 요구사항으로 시작하여 오퍼레이션 이름과 매개변수들을 정의한다. 이 단계에서는 서비스 오퍼레이션이 호출될 때 일어날 수 있는 예외사항을 정의해야 한다. 그림 18.10에서는 요구사항을 구현한 카탈로그 오퍼레이션을

오퍼레이션	설명
MakeCatalog	특정 고객에게 맞춤화된 카탈로그 버전을 만든다. 카탈로그의 다운로드 가능한 PDF 버전을 생성하기 위해 선택적인 매개변수를 포함한다.
Lookup	특정 카탈로그 항목과 관련된 모든 데이터를 표시한다.
Search	논리식을 취하여 해당 식에 따라 카탈로그를 검색한다. 검색식과 일치하는 모든 항목의 리스트를 표시한다.
Compare	카탈로그 항목은 네 개까지, 각 항목당 여섯 개의 특성(예, 가격, 차원, 프로세서 속도 등)까지의 비교를 제공한다.
CheckDelivery	해당 날짜에 주문된 항목의 예상 배송일자를 반환한다.
MakeVirtualOrder	고객이 주문한 항목의 수를 보존하며, 고객 자신의 구매 시스템에 항목별 정보를 제공한다.

그림 18.10 카탈로그 오퍼레이션

오퍼레이션	입력	출력	예외
MakeCatalog	*mcIn* Company id PDF-flag	*mcOut* URL of the catalog for that company	*mcFault* Invalid company id
Lookup	*lookIn* Catalog URL Catalog number	*lookOut* URL of page with the item information	*lookFault* Invalid catalog number
Search	*searchIn* Catalog URL Search string	*searchOut* URL of web page with search results	*searchFault* Badly formed search string
Compare	*compIn* Catalog URL Entry attribute (up to 6) Catalog number (up to 4)	*compOut* URL of page showing comparison table	*compFault* Invalid company id Invalid catalog number Unknown attribute
CheckDelivery	*cdIn* Company id Catalog number Number of items required	*cdOut* Expected delivery date	*cdFault* Invalid company id No availability Zero items requested
MakeVirtualOrder	*voIn* Company id Catalog number Number of items required	*voOut* Catalog number Number of items required Predicted delivery date Unit price estimate Total price estimate	*voFault* Invalid company id Invalid catalog number Zero items requested

그림 18.11 카탈로그 인터페이스 설계

보여준다. 이것을 아주 자세하게는 명세할 필요가 없으나, 여러분들은 다음 단계의 설계 프로세스에서는 세부사항들을 추가한다.

일단 여러분이 서비스가 무엇을 해야 할지 비정형적인 표현을 완성하고 나면, 그 다음엔 서비스 입력과 출력에 대한 세부사항들을 덧붙여야 한다. 이를 그림 18.10에 기능적 서술을 덧붙인 그림 18.11의 카탈로그 서비스에서 나타낸다.

예외와 이 예외가 서비스 사용자와 어떻게 통신할지 정의하는 일은 특히 중요하다. 서비스 엔지니어들은 그들의 서비스가 어떻게 사용될지 알 수가 없다. 대개 서비스 사용자가 서비스의 명세를 완벽하게 이해할 것이라고 가정하는 것은 현명하지 못 할 것이다. 입력 메시지는 부정확할 수 있기 때문에, 여러분은 서비스 클라이언트에게 잘못된 입력을 보내주는 예외들을 정의해야 한다. 재사용가능한 컴포넌트 개발에서는 모든 예외 처리를 컴포넌트 사용자에게 남겨두는 것은 일반적으로 좋은 관행이다. 서비스 개발자는 예외가 어떻게 처리되어야 하는지에 대한 자신의 견해를 강요하지 않아야 한다.

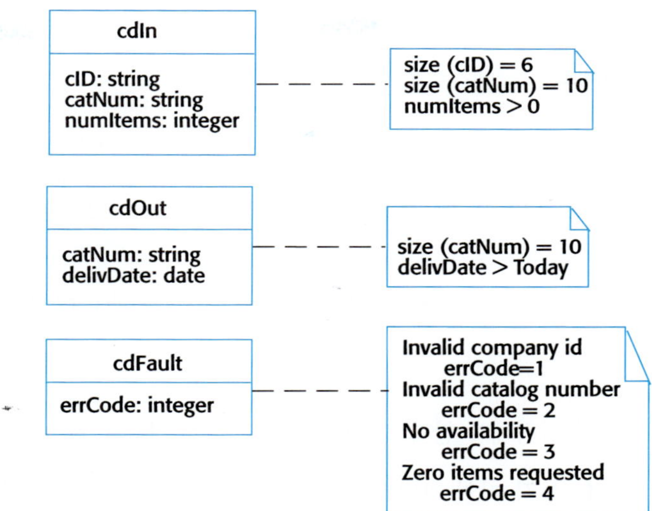

그림 18.12 입력과 출력 메시지의 UML 정의

어떤 경우에는 오퍼레이션과 입력 및 출력의 텍스트 표현이 모두 필요하다. 서비스가 상세하게 구체화되는 것은 구현 단계의 결정으로 남겨둔다. 그러나 때로는 더욱 상세한 설계를 가질 필요가 있고 상세한 인터페이스 표현은 UML과 같은 그래프 표기법이나 JASON과 같은 판독가능한 표현 형식으로 명세화될 수 있다. getDelovery 오퍼레이션에 관한 입력과 출력을 기술하는 그림 18.12는 UML을 이용하여 인터페이스를 상세하게 나타내는 방법을 보여준다.

UML 다이어그램에 제약 조건을 주석으로 첨부하여 표현의 세부 내역을 어떻게 추가했는지 주목하라. 이것은 기업과 카탈로그 항목을 표현하는 스트링의 길이를 정의하고, 항목의 수가 0보다 크고 배송일은 오늘 이후이어야 한다는 것을 명세화한다. 또한 주석은 가능한 각 결함에 관련된 오류 코드를 나타낸다.

카탈로그 서비스는 실제적인 서비스의 좋은 예이다. 이는 서비스 구현에 있어서 RESTful이나 SOAP 기반 접근법 중 어느 하나를 선택하는 것이 항상 간단한 일만은 아니라는 것을 보여준다. 개체 중심 서비스에서는, 카탈로그가 자원으로서 나타날 수 있으며, 이는 RESTful 모델이 사용하기에 적합하다는 것을 말한다. 그러나 카탈로그 상에서의 오퍼레이션이 단순한 GET 오퍼레이션이 아니며 그래서 카탈로그와 관련된 상호 작용 세션의 특정 상태를 유지할 필요가 있다. 이럴 때는 SOAP 기반 접근 방식을 쓰는 것이 유용하다. 이러한 딜레마는 서비스 공학에서 흔한 일이기 때문에, 보통 현장의 환경(예, 기술자의 활용가능성)에서 어떤 접근방식을 사용할지에 대한 주요 선택 요인이다.

RESTful 서비스를 구현하기 위해서는 카탈로그를 나타내는 데 쓰이는 자원과, 어떻게 기본적인 GET, POST 그리고 PUT 오퍼레이션이 이러한 자원 상에서 동작할지

레거시 시스템 서비스

레거시 시스템은 과거에 쓰이던 오래된 소프트웨어 시스템이다. 이를 재작성하거나 재배치하는 것은 비용효과적이진 않은 시스템이지만, 많은 조직들에서 최신 시스템과 같이 쓰고 있다. 시스템의 기능이나 데이터 접근을 지원하는 레거시 시스템을 위해 “wrappers”를 구현하는 것은 서비스의 가장 중요한 사용법 중 하나이다. 이런 시스템은 웹을 통해 접근할 수 있고 다른 애플리케이션과 통합된다.

http://software-engineering-book.com/web/legacy-services

를 결정해야 한다. 몇몇의 이러한 설계 결정은 간단하다.

1. 특정 기업 카탈로그를 나타내는 자원들이 존재한다. 이는 거의 〈base catalog〉/〈company name〉과 같은 형태의 URL과 POST 오퍼레이션을 사용해 만들어진다.
2. 각 카탈로그 항목들은 〈base catalog〉/〈company name〉/〈item identifier〉와 같은 형식의 URL을 각각 가지고 있다.
3. 항목들을 검색하기 위해서는 GET 오퍼레이션을 사용한다. Lookup은 GET 매개변수로서 카탈로그의 항목의 URL을 사용함으로써 구현된다. Search는 기업 카탈로그를 URL로 검색 문자열을 질의 매개변수로 가진 GET을 이용하여 구현된다. GET 오퍼레이션은 탐색과 일치하는 항목들의 URL 리스트를 반환한다.

그러나 Compare, CheckDelivery 그리고 MakeVirtualOrder 오퍼레이션은 더욱 복잡하다.

1. Compare 오퍼레이션은 개별 항목들을 검색하기 위해 일련의 GET 오퍼레이션을 이용하여 구현될 수 있으며, 그 다음 비교표를 생성하기 위한 POST 오퍼레이션 그리고 이것을 사용자에게 반환하기 위한 마지막 GET 오퍼레이션이 이어진다.
2. CheckDelivery와 MakeVirtualOrder 오퍼레이션은 추가적인 자원을 요구하며 가상의 주문을 보여준다. POST 오퍼레이션은 요구되는 항목의 수만큼 자원을 만들어 내는데 쓰인다. company id는 자동으로 주문양식을 채우는 데 사용되며 배송일자가 계산된다. 이러한 자원은 GET 오퍼레이션을 사용하여 검색된다.

여러분은 표준 http에서 URL을 검색하지 못했을 때 발생하는 404 코드 오류와 같이 예외가 어떻게 매핑되는지 신중하게 생각해 볼 필요가 있다. 저자는 여기에 이런 문제를 할애할 지면 상의 여유는 없지만, 이 문제는 서비스 인터페이스 설계에 복잡도의 수준을 높일 것이다.

18.3.3 서비스의 구현과 배치

만약 여러분이 후보 서비스를 식별하고 인터페이스를 설계했다면, 서비스 공학 프로세스의 마지막 단계는 서비스 구현이다. 이를 구현하기 위해서는 Java나 C#과 같은 언어를 사용하는 서비스를 프로그래밍하는 일도 포함되어 있을 것이다. 두 언어 모두 SOAP 기반 서비스나 RESTful 서비스를 개발하기 위한 많은 도움이 되는 라이브러리를 포함한다.

대안으로 여러분은 존재하는 컴포넌트나 레거시 시스템으로부터 서비스 인터페이스를 만듦으로써 서비스를 구현할 수 있다. 이미 유용하다고 입증된 소프트웨어 자산들은 재사용을 위해 활용될 수 있다. 레거시 시스템의 경우, 새로운 애플리케이션에 의해서 시스템 기능이 접근될 수 있음을 의미한다. 저자가 18.4절에서 설명할 것처럼 존재하는 서비스의 결합을 정의함으로써 새로운 서비스를 개발할 수도 있다.

일단 서비스가 구현된다면, 배치되기 전에 테스트를 거쳐야 한다. 이는(8장에서 설명했다시피) 서비스 입력을 조사하고 분할하는 것을 포함하며, 입력값의 조합을 반영하는 입력 메시지를 생성하고 예상되는 출력을 점검한다. 서비스가 유효하지 않은 입력을 처리할 수 있는지를 점검하는 테스트 중에 예외를 생성하도록 항상 시도해야 한다. SOAP 기반 서비스에서는 테스트 도구가 이용가능하며 이는 서비스가 검사되고 테스트되게 한다. 그리고 이는 WSDL 명세로부터 테스트를 만드는 것을 가능하게 한다. 그러나 이러한 도구들은 오직 WSDL에 대한 서비스 인터페이스의 적합성만 테스트 가능하다. 이 도구들이 서비스의 기능적 활동을 테스트할 수는 없다.

프로세스의 마지막 단계인 서비스 배치는 서비스를 웹 서버에서 사용가능하도록 만드는 것을 포함하고 있다. 대다수 서버 소프트웨어는 이러한 작업을 쉽게 만든다. 여러분은 특정 디렉터리에 실행 가능한 서비스를 포함한 파일을 설치한다. 그러면 자동적으로 사용가능하게 된다.

만약 서비스가 큰 조직이나 공공 활용이 가능한 서비스에서도 사용되게 만들어졌다면 외부 사용자를 위한 문서를 제공해야 한다. 그로 인해 잠재적 사용자들은 이 서비스가 자신들의 요구를 만족시킬 수 있는지의 여부를 판단할 수 있으며, 만약 그들이 여러분을 서비스 공급자로서 신뢰한다면 서비스를 확실하고 안전하게 제공해줄 것이다. 서비스 서술에 여러분이 포함시켜야할 정보는 다음과 같다.

1. 여러분의 비즈니스나 연락 사항 등에 대한 정보를 포함한다. 이는 사용자에게 신뢰를 주는 중요한 일이다. 서비스의 외부 사용자들은 서비스가 악의적으로 동작하지 않을 것이라고 확신을 가져야 한다. 서비스 제공자의 정보는 사용자들이 비즈니스 정보 에이전시를 통해 신용상태를 확인할 수 있게 해준다.

2. 서비스가 제공하는 기능의 비정형적인 표현이 제공되어야 한다. 이는 잠재적 사용자들이 그들이 원하는 서비스인지를 판단하는 데 도움을 준다.
3. 서비스 사용방법의 설명을 포함하여야 한다. 간단한 서비스의 경우에는 비정형적인 입출력 매개 변수에 대한 텍스트 서술이 될 수 있다. 더 복잡한 SOAP 기반 서비스의 경우 WSDL 서술이 적절할 수 있다.
4. 구독 정보를 제공함으로써 사용자들이 서비스의 갱신 정보를 얻을 수 있게 해주어야 한다.

서비스 명세가 가진 일반적인 어려움은 서비스의 기능적 동작이 자연어 표현처럼 대개 비정형적으로 명세화된다는 점이다. 자연어 표현은 읽기 쉽지만 잘못 해석하기가 쉽다. 이 문제점을 해결하기 위해, 온톨로지와 서비스 의미를 명세화하기 위해 온톨로지 정보를 가지고 서비스를 나타내는 온톨로지 언어를 이용하는 광범위한 연구가 진행되어왔다(W3C 2012). 그러나 온톨로지 기반 명세는 복잡해서 쉽게 이해되지 않는다. 결론적으로 아직 광범위하게 쓰이지는 않고 있다.

18.4 서비스 결합

서비스 지향 소프트웨어 공학의 근본적인 원칙은 새로운 복합적인 서비스를 만들기 위해 서비스를 결합하고 변경해야 한다는 것이다. 이것들은 웹 애플리케이션을 만들기 위해서 통합되었거나 다른 서비스 결합에서 컴포넌트로 사용되고 있을 것이다. 결합된 서비스는 애플리케이션을 위해 특별히 개발되거나, 기업 내에서 비즈니스 서비스로 개발될 수도 있으며 또는 외부 사용자로부터 나온 서비스일 수도 있다. RESTful 서비스와 SOAP 기반 서비스는 더 확장된 기능을 가진 새로운 서비스를 위해 결합될 수 있다.

많은 기업들이 그들의 기업 애플리케이션을 서비스 지향 시스템으로 바꾸고 있다. 여기서는 컴포넌트라기보다는 기본적 애플리케이션 구축 블록이 서비스이다. 이는 기업 내에서의 폭넓은 재사용을 가능하게 한다. 현재 우리는 서로의 서비스를 이용하는 믿을만한 서비스 공급자 사이의 조직 상호간의 애플리케이션이 등장하는 것을 보고 있다. 서비스 지향 시스템의 장기간의 전망이 마지막으로 실현되는 것은 서비스가 믿을만한 외부 공급자부터 구입되는 "서비스 시장"의 개발에 좌우될 것이다.

더욱 광범위한 기능을 제공하는 통합된 프로세스를 제공하기 위하여 개별적인 비즈니스 프로세스를 통합하는 데 서비스 결합이 이용될 수도 있다. 여행객을 위해 완전한 휴가 패키지를 제공하기 원하는 항공사를 가정하자. 여행객은 항공권을 예약하는 것에 추가하여, 원하는 지역의 호텔 예약, 렌터카 예약, 공항으로부터의 택시 예약, 여행 가

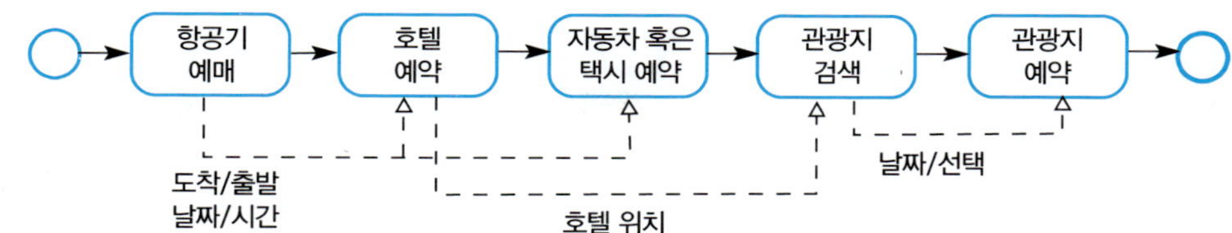

그림 18.13 휴가 예약 워크플로

이드 검색, 지역 관광지를 방문하기 위한 예약도 할 수 있다. 이러한 애플리케이션을 생성하기 위해, 항공사는 자신의 예약 서비스와 호텔 예약 대행사, 렌터카 및 택시 회사, 지역 관광지의 예약을 담당하는 여행사가 제공하는 서비스를 결합한다. 그 결과는 상이한 서비스 제공자로부터 나오는 서로 다른 이러한 서비스를 통합한 하나의 서비스이다.

이러한 서비스를 그림 18.13에 나타낸 것처럼 일련의 개별적인 단계로 생각할 수 있다. 정보는 한 단계에서 다음 단계로 전달된다. 예를 들어, 렌터카 회사에는 비행기가 도착하기로 예정된 시간이 알려진다. 일련의 단계를 워크플로라고 한다. 워크플로는 시간에 따라 순서가 부여된 활동의 집합으로, 각 활동은 작업의 일부를 수행한다. 워크플로를 어떤 목표에 도달하는 데 포함된 단계가 비즈니스에 중요한 비즈니스 프로세스의 모델이다. 이 경우에, 비즈니스 프로세스는 항공사가 제공하는 휴가 예약 서비스이다.

워크플로는 단순한 아이디어이고 위의 휴가 예약 시나리오는 간단해 보인다. 실제로는 이 단순한 모델이 의미하는 것보다 서비스 결합이 대개 더 복잡하다. 서비스 장애 가능성을 고려하여 이 장애를 처리하기 위한 예외 처리를 포함해야 한다. 또한 애플리케이션의 사용자가 제기하는 비표준적인 요구를 고려해야 한다. 예를 들어, 여행객이 장애가 있어서 휠체어를 빌려서 공항으로 배달하기를 요구한다고 가정하자. 이것은 워크플로에 추가 단계를 가지는 특별 서비스를 구현하고 결합하는 것이 필요할 수도 있다.

여행 통합 서비스를 설계할 때, 서비스 중의 하나가 정상적으로 실행된 결과가 어떤 다른 서비스 실행에 적합하지 않은 상황을 대처해야만 한다. 예를 들어, 6월 1일에 출발하여 6월 7일에 돌아오도록 예약된 항공권을 가정하자. 그 다음에 워크플로는 호텔 예약 단계로 진행한다. 그러나 여행지에서 6월 2일까지 주요 행사가 개최되어 호텔 방을 예약할 수 없게 되었다. 호텔 예약 서비스는 이러한 가용성 결여를 보고한다. 이것은 장애가 아니라 가용성의 결여로 공통적인 상황이다.

따라서 여러분은 비행기 예약을 "취소(undo)"하고 사용자에게 가용성 결여에 관한 정보를 전달해야 한다. 그 다음에 사용자는 휴가 날짜나 여행지를 변경할지의 여부를 결정해야 한다. 이것을 워크플로 용어로 보정 활동(compensation action)이라고 한다. 보정 활동은 이미 완료되었지만 후반부 워크플로 활동의 결과로 변경해야만 하는 작업을 취소하기 위해 사용한다.

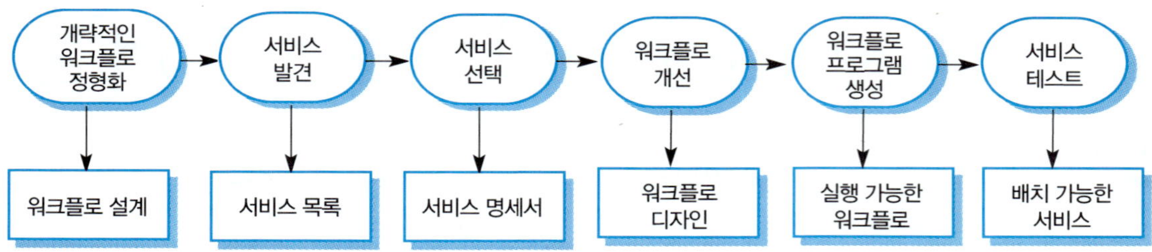

그림 18.14 결합에 의한 서비스 구축

기존의 서비스를 재사용하여 새로운 서비스를 설계하는 프로세스는 필수적으로 재사용을 이용하는 소프트웨어 설계 프로세스(그림 18.13)이다. 재사용을 이용하는 설계는 필연적으로 요구사항의 조정을 포함한다. 시스템에 관해 "이상적인" 요구사항은 실제로 활용가능한 서비스를 반영하고, 비용은 예산 범위 내에 속하고 서비스 품질은 받아들일 수 있도록 수정되어야 한다.

그림 18.14의 결합에 의한 서비스 구축 프로세스의 주요한 여섯 단계를 다음과 같이 나타낸다.

1. **개략적인 워크플로 정형화**: 이러한 초기 서비스 설계 단계에서는 "이상적인" 서비스 설계를 생성하기 위한 기초로서 서비스 결합에 대한 요구사항을 이용한다. 이 단계에서는 가용 서비스에 관해 일단 더 잘 알게 되면 상세 내역을 추가한다는 생각으로 매우 추상적인 설계를 생성해야 한다.

2. **서비스 발견**: 프로세스의 이 단계에서는 결합에 포함할 기존 서비스를 찾는다. 대부분의 서비스 재사용은 기업 내부에서 이루어지므로, 로컬 서비스 카탈로그 탐색을 포함할 수도 있다. 대안으로는, Oracle이나 Microsoft와 같은 믿을만한 서비스 제공자가 제공하는 서비스를 탐색할 수도 있다.

3. **가능한 서비스 선택**: 찾아낸 가능한 서비스 후보 집합으로부터, 워크플로 활동을 구현할 수 있는 가능한 서비스를 선택한다. 선택 기준은 제공된 서비스의 기능을 명확하게 포함한다. 또한 서비스 비용과 제공되는 서비스의 품질(응답성, 가용성 등)을 포함할 수도 있다.

4. **워크플로 개선**: 선택한 서비스에 관한 정보에 기초하여 워크플로를 개선한다. 이것은 추상적인 표현에 세부 내역을 추가하거나, 워크플로 활동들을 추가하고 제거하는 것을 포함한다. 그 다음에 서비스 발견과 선택 단계를 반복할 수도 있다. 일단 안정적인 서비스 집합이 선택되고 마지막 워크플로가 설정되고 나서, 프로세스의 다음 단계로 진행한다.

5. **워크플로 프로그램 생성**: 이 단계에서는 추상적인 워크플로 설계가 실행가능한 프로그램으로 변환되고 서비스 인터페이스가 정의된다. 서비스 구현을 위해서 Java나

C#과 같은 프로그래밍 언어나 BRMN(다음에 설명)과 같은 워크플로 언어를 사용할 수 있다. 또한 이 단계는 새로운 서비스가 웹 브라우저로부터 접근가능하도록 하기 위해 웹 기반 사용자 인터페이스의 생성을 포함할 수도 있다.

6. **완료된 서비스나 애플리케이션 테스트:** 완료된 결합 서비스의 테스트 프로세스는 외부 서비스가 사용된 상황보다 더욱 복잡하다. 테스팅에 관한 주제는 18.4.2절에서 논의한다.

이러한 프로세스는 이미 존재하는 서비스가 결합에 사용될 수 있다는 것을 가정한다. 만약 여러분이 서비스 인터페이스를 통해 사용할 수 없는 외부 정보에 의지한다면, 여러분 스스로 이러한 서비스를 구현해야 한다. 이는 보통 "스크린 스크래핑(screen scraping)" 프로세스를 포함하며, 이 단계에서는 렌더링을 위해 브라우저로 보내진 웹 페이지의 HTML텍스트로부터 여러분의 프로그램이 정보를 추출한다.

18.4.1 워크플로 설계와 구현

워크플로 설계는 관련된 업무와 이 업무 사이에 정보 교환이 어떻게 이루어지는지를 이해하기 위해 기존의 혹은 계획된 비즈니스 프로세스를 분석하는 것을 포함한다. 그 다음에 새로운 비즈니스 프로세스를 워크플로 설계 표기법으로 정의한다. 이것은 프로세스의 설정에 포함되는 단계와 상이한 프로세스 단계 사이에 전달되는 정보로 시작한다. 그러나 기존의 프로세스가 정형화되어 있지 않아 참여하는 사람의 기술과 능력에 좌우될 수도 있다. 작업이나 프로세스 정의의 "정상적인" 방식이 존재하지 않을 수도 있다. 그러한 경우에, 동일한 목표를 달성하는 워크플로를 설계하기 위해 기존의 프로세스 지식을 이용해야 한다.

워크플로는 비즈니스 프로세스 모델을 나타낸다. 이에는 UML 액티비티 다이어그램이나 Business Process Modeling Notation인 BPMN (Whit and Miers 2008; OMG 2011)을 이용하여 작성된 그래프 모델이 있다. 저자는 BPMN을 이번 장의 예제에 사용하려고 한다. 만약 여러분이 SOAP 기반 서비스를 사용한다면, BPMN 워크플로를 자동적으로 XML 기반 워크플로 언어인 WS-BPEL로 변환하는 것이 가능하다. 이는 SOAP이나 WSDL과 같은 다른 웹 서비스 표준과도 호환이 된다. RESTful 서비스는 Java와 같은 표준 프로그래밍 언어로 작성된 프로그램에서 결합될 수 있다. 대안으로는 서비스 매시업을 위해 사용되는 결합 언어가 사용될 수 있다(Rosenberg et al. 2008).

그림 18.15는 그림 18.14에서 나타낸 휴가 예약 시나리오의 일부의 간단한 BPMN 모델이다. 이 모델은 간단한 호텔 예약의 워크플로를 보여주며, GetRequirements, CheckAvailability, ReserveRooms, NoAvailability, ConfirmReservation과 Can

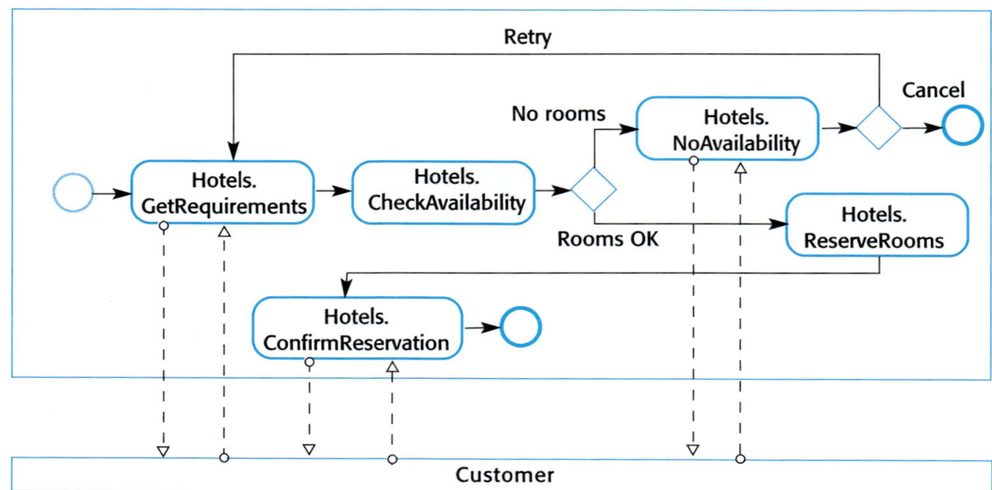

그림 18.15
호텔 예약 워크플로

celReservation이라고 하는 관련 오퍼레이션을 가지는 Hotels 서비스가 존재한다고 가정한다. 이 프로세스는 고객의 요구사항을 받아서 사용가능한 객실이 있는지 확인하며 만약 객실이 사용가능하다면 원하는 날짜에 예약해주는 것을 포함한다.

이 모델은 워크플로 모델을 만들기 위해 사용되는 BPMN의 핵심적인 개념을 설명해준다.

1. 둥근 모서리의 직사각형은 활동을 나타낸다. 이 활동은 자동화된 서비스나 사람에 의해서 실행될 수 있다.
2. 원은 개별적인 이벤트를 나타낸다. 이벤트란 비즈니스 프로세스 내에서 발생하는 어떤 것이다. 가는 원은 시작 이벤트를 가리키며 굵은 원은 종료 이벤트를 가리킨다. 이중 원(그림에는 나타나 있지 않음)은 중간의 이벤트를 나타낸다. 이벤트는 클록 이벤트가 될 수 있으므로, 워크플로가 주기적으로 실행되거나 타임아웃되게 할 수 있다.
3. 다이아몬드는 게이트웨이를 나타낸다. 게이트웨이는 어떤 선택들이 일어나는 단계를 말한다. 예를 들어 그림 18.15에서는 호텔방을 이용할 수 있는지의 여부에 따라 선택을 한다.
4. 실선으로 된 화살표는 활동의 순서를 나타내고, 점선으로 된 화살표는 활동들간의 메시지 흐름을 나타낸다. 그림 18.15에서는 호텔 예약 서비스와 고객들간에 메시지가 전달되는 것을 보여준다.

이러한 주요 특징은 워크플로 대부분을 나타내기에 충분하다. 그러나 BPMN은 여기에 표현하기에는 지면이 모자랄 정도의 많은 추가적인 특성을 포함한다. 이 특성은 비즈니스 프로세스 표현이 실행가능한 형태로 자동적으로 변환되도록 하는 정보를 추가한다.

그림 18.15는 예약 서비스를 제공하는 기업인 한 조직에서 설정되는 프로세스를 나타낸다. 그러나 서비스 지향 접근법의 주요 이익은 조직 간의 컴퓨팅을 지원한다는 점이다. 이것은 상이한 기업의 프로세스와 서비스를 계산이 포함한다는 의미이다. 이 프로세스는 조직 간의 상호 작용에 참여하는 각 조직에 대한 별도의 워크플로를 개발하여 BPMN으로 표현된다.

다중 워크플로를 예시하기 위해, 하드웨어가 서비스로 제공되는 고성능 컴퓨팅에서 얻은 다른 예를 이용한다. 지리적으로 분산된 사용자 커뮤니티에게 고성능 컴퓨터에 대한 접근을 제공하기 위한 서비스가 생성된다. 이 예에서, 벡터 처리 컴퓨터(값들의 배열을 병행 계산할 수 있는 기계)가 연구소에서 서비스(VectorProcService)로 제공된다. 이것은 SetupComputation이라고 하는 또 다른 서비스를 통해 접근된다. 이 서비스들과 서비스 간의 상호 작용은 그림 18.16에 나타낸다.

이 예에서, SetupComputation 서비스에 관한 워크플로는 벡터 프로세서에 대한 접근을 요구하고, 만일 프로세서를 이용할 수 있으면, 필요한 계산을 설정하고 데이터를 처리 서비스에 다운로드한다. 일단 계산이 완료되면, 결과는 로컬 컴퓨터에 저장된다. VectorProcService에 대한 워크플로는 다음과 같은 단계를 따른다.

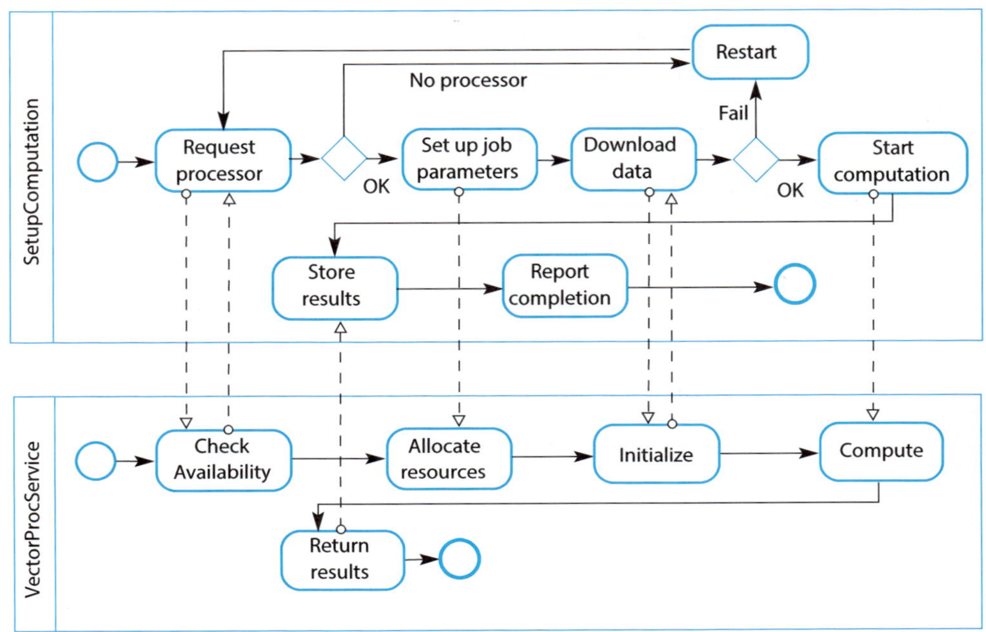

그림 18.16
상호 작용하는 워크플로

프로세서가 작동하는지 점검한다.

계산을 위해 자원을 할당한다.

시스템을 초기화한다.

계산을 수행한다.

클라이언트 서비스에 결과를 반환한다.

BPMN 용어로는 각 조직에 관한 워크플로가 별도의 풀로 표현된다. 프로세스의 각 참여자에 대한 워크플로는 왼쪽 테두리에 수직으로 작성한 이름과 함께 사각형으로 둘러싼 그림으로 나타낸다. 각 풀의 워크플로는 메시지 교환에 의해 조정된다. 조직의 상이한 부서가 워크플로에 포함되는 상황에서는 풀을 소위 "레인"으로 분리함으로써 나타낼 수 있다. 각 레인은 조직의 해당 부서의 활동을 나타낸다.

일단 비즈니스 모델이 설계되고 나면, 이 모델은 발견된 서비스에 따라 개선되어야 한다. 그림 18.14를 설명할 때 제시한 대로, 모델은 활용가능한 서비스를 가능한 최대로 재사용하도록 하는 설계가 만들어질 때까지 여러 번 반복될 수도 있다.

일단 마지막 설계가 사용가능하게 됐다면, 이제는 마지막 서비스 지향 시스템을 개발할 수 있다. 이것에는 재사용이 가능하지 않은 서비스를 구현하는 것과 워크플로 모델을 실행 가능한 프로그램으로 변환하는 것을 포함된다. 만약 서비스가 구현 언어와 독립적이라면 새로운 서비스가 어떤 언어로 작성되어도 상관없다. 만약 SOAP 기반 서비스가 사용된다면, 워크플로 모델은 실행 가능한 WS-BPEL 모델을 생성하기 위해 자동적으로 처리될 수도 있다. 대안으로는 만약 RESTful 서비스가 사용된다면, 프로그램 명세서대로 동작하는 모델과 함께 워크플로가 수동으로 프로그래밍되어야 한다.

18.4.2 서비스 결합 테스팅

테스팅은 모든 시스템 개발 프로세스에서 시스템이 기능적 요구사항과 비기능적 요구사항을 만족하는지 입증하고 개발 프로세스 동안 생겨난 결함을 탐지하는 데 도움을 주기 위해서 중요하다. 프로그램 인스펙션과 커버리지 테스팅과 같은 많은 테스팅 기술들이 소프트웨어 소스 코드의 분석에 의존한다. 그러나 만일 외부의 공급자로부터 서비스를 이용하면, 서비스 구현의 소스 코드에 접근할 수 없을 것이다. 따라서 여러분은 시스템 소스 코드에 의존하는 "화이트 박스" 테스트 기법을 쓰지 못 할 것이다.

테스터는 서비스의 오퍼레이션을 이해하는 문제뿐만 아니라 서비스와 서비스 결합을 테스트할 때 다음과 같은 추가적인 어려움에 직면한다.

1. 외부 서비스들은 서비스 사용자가 아닌 세비스 제공자의 통제하에 있다. 서비스 제

공자는 이 서비스들을 언제든지 취소하거나 서비스에 변경을 가할 수도 있어서, 이전의 애플리케이션 테스팅을 무작위로 돌릴 수 있다. 이 문제들은 컴포넌트의 상이한 버전들을 유지함으로써 소프트웨어 컴포넌트에서 처리된다. 그러나 서비스 버전은 보통 지원되지 않는다.

2. 만일 서비스가 동적으로 바인딩되면, 애플리케이션은 실행될 때마다 같은 서비스를 사용하지 않을 것이다. 그러므로 애플리케이션이 특정 서비스에 바인딩될 때 테스트는 성공적일 수 있지만, 이는 실제 시스템 사용 상황에서 그 서비스를 사용한다는 것을 보장해주지는 않는다. 이는 동적 바인딩이 널리 쓰이지 않는 하나의 이유이기도 하다.

3. 서비스의 비기능적인 동작은 테스트 중인 애플리케이션이 이용되는 방식에 단순히 좌우되지는 않는다. 서비스는 테스팅 중에는 큰 부하가 걸리지 않으므로 잘 수행될 수도 있다. 실제로는 관측된 서비스의 동작은 다른 사용자의 요구 때문에 상이할 수도 있다.

4. 서비스에 관한 지불 모델은 서비스 테스팅에 매우 많은 비용이 들게 만든다. 가능한 지불 모델은 다양하게 존재한다. 어떤 서비스는 무료로 이용되고, 어떤 서비스는 고정액이 지불되고, 다른 서비스는 사용량에 근거하여 지불될 수도 있다. 만일 서비스가 무료이면 서비스 제공자는 테스트 중인 애플리케이션에 의해 부하가 걸리지 않기를 희망하고, 만일 고정액 방식이 요구되면 서비스 사용자는 서비스를 테스팅하기 전에 사용 신청을 꺼려할 것이다. 유사하게 만일 각 사용량에 근거한 지불 모델이 이용되면, 서비스 사용자는 테스팅 비용으로 인해 사용을 꺼릴 수도 있다.

5. 어떤 예외가 발생하여 이전에 이루어진 계약(비행기 예약과 같은)을 취소해야 할 때 호출되는 보정 활동의 개념을 앞에서 설명했다. 그러한 활동들은 다른 서비스의 장애에 좌우될 수 있으므로 테스팅에 어려움이 존재한다. 테스팅 프로세스 동안 이러한 서비스들을 모의실험하는 것은 보통 어렵다.

이러한 문제들은 외부의 서비스를 사용 중일 때 특히 심하다. 이 문제들은 서비스가 동일 기업 내에서 사용될 때나 협력사가 자신의 파트너가 제공하는 서비스를 신뢰하는 경우에는 덜 심각하다. 그러한 경우에 소스 코드가 테스팅 프로세스를 안내하기 위해 이용될 수도 있고, 서비스에 관한 지불은 문제가 되지 않을 것이다. 이러한 테스팅 문제점을 해결하고 서비스 지향 애플리케이션을 테스팅하기 위한 지침, 도구 및 기술을 만드는 것이 중요한 연구 주제로 남아 있다.

키 포인트

- 서비스 지향 아키텍처는 재사용 가능하고 표준화된 서비스가 애플리케이션을 구축하기 위한 기본 블록이 되는 소프트웨어 공학 접근방식이다.
- XML 기반 웹 서비스 표준을 사용하는 서비스 지향 아키텍처 내에서 서비스는 구현될 수 있다. 이는 서비스 통신, 인터페이스 정의 그리고 워크플로 내에서의 서비스 조항 제정을 포함한다.
- 대안으로 자원과 표준 작업에 기반으로 한 RESTful 아키텍처를 사용할 수 있다. RESTful 접근 방식은 서비스 통신을 위해 http와 https 프로토콜을 사용하며 표준 http POST, GET, PUT과 DELETE 오퍼레이션을 매핑한다.
- 서비스는 일반 목적으로 사용하는 유틸리티 기능과 비즈니스 프로세스를 실행하는 비즈니스 서비스 또는 다른 서비스 실행을 조율하는 서비스를 제공하는 유틸리티 서비스로 분류될 수 있다.
- 서비스 공학 프로세스는 실행을 위한 후보를 식별하며 서비스 인터페이스를 정의하고, 서비스를 구현하고 테스트하고 배치하는 것을 포함한다.
- 서비스를 사용하는 소프트웨어 개발은 새로운 서비스와 시스템을 만들기 위해 프로그램을 조합하고 설정함으로서 생기는 아이디어에 기초하고 있다.
- BPMN과 같은 그래픽 워크플로 언어는 비즈니스 프로세스와 프로세스에서 사용되는 서비스를 서술하기 위해 쓰일 수 있다. 이 언어들은 포함된 조직 내의 상호 작용들을 서술해줄 수 있다.

추가로 읽을거리

웹에는 모든 웹 서비스의 측면에 대한 많은 학습 자료들이 존재한다. 그러나 Thomas Erl의 저서가 서비스와 서비스 표준에 대한 최고의 개요와 설명을 하고 있다고 생각한다. Erl의 저서는 서비스 지향 계산에 소프트웨어 공학 이슈들의 몇 가지 토론거리를 포함하고 있다. 그는 최근의 저서에서 RESTful 서비스에 대해서도 저술하고 있다.

"Service-oriented Architecture: Concept, Technology and Design" Erl은 SOA와 RESTful 아키텍처를 다루는 서비스 지향 시스템에 대한 많은 책을 냈다. 이 책에서는 Erl은 SOA와 웹 서비스 표준에 대해서 논의했지만 주로 소프트웨어 프로세스의 모든 단계에서 어떻게 서비스 지향 접근이 사용되는지를 논의했다.(T. Erl, Prentice-Hall, 2005)

"Service-oriented architecture", 이는 SOA에 관해 읽어볼만한 입문서이다. http://msdn.microsoft.com/en-us/library/bb833022.aspx

"RESTful Web Services: The Basics" RESTful 접근과 서비스에 대해서 좋은 입문용 교재이다. (A. Rodriguez, 2008). https://www.ibm.com/developerworks/webservices/library/ws-restful/

"Service Design Patterns: Fundamental Design Solutions for SOAP/WSDL, and RESTful Web Services" 이는 기업 애플리케이션 내에서 웹 서비스를 사용해보길 원하는 사람들에게 적합한 심화용 텍스트이다. 여기에는 많은 웹 서비스에서 발생하는 많은 문제들과 이에 대한 솔루션을 제공한다. (R Daigneau, Addison-Wesley, 2012)

"Web Services Tutorial." 이는 서비스 지향 아키텍처와 웹 서비스 그리고 웹 서비스 표준에 대한 좋은 입문서이다. 이는 웹 서비스 표준 개발에 참여한 개발자들에 의해서 쓰여졌으며, 표준에 대해 더 자세하게 이해하고 싶어 하는 사람들에게 매우 유용할 것이다. (W3Cschools, 1999-2014) http://www.w3schools.com/webservices/default.asp

웹 사이트

이 장의 파워포인트 슬라이드:

https://iansommerville.com/software-engineering-book/slides

관련 비디오 링크:

https://iansommerville.com/software-engineering-book/videos/reuse/

연습문제

18.1. 서비스 공학에서 예외를 정의하는 것이 왜 중요한가?

18.2. 서비스 지향 아키텍처에서 표준은 아주 기본적이며 그리고 이는 서비스 지향 접근방식에서 표준 일치는 성공적인 적용을 위해 필수적이라고 여겨지고 있다. 그러나 최근 널리 사용되는 RESTful 서비스는 표준 기반이 아니다. 어째서 이런 변화가 생기고 있는지 생각해보고 또는 표준이 결여됐다고 생각하지 않든지 간에 RESTful 서비스의 지속가능성 및 개발을 저해하는지 생각해봐라.

18.3. MaxMinType과 InDataFault에 대한 WSDL 정의를 포함하도록 그림 18.5를 확장하라. 기온은 화씨 혹은 섭씨인지를 나타내는 추가적인 필드를 가진 정수로 표현되어야 한다. InDataFault는 오류 코드로 구성되는 간단한 타입이어야 한다.

18.4. 어떻게 SimpleInterestCAlculator가 RESTful 서비스로 구현되어야 하는지 제시하라.

18.5. 워크플로는 무엇인가? 결합에 의한 시스템 구축 과정의 핵심 단계를 나열하라.

18.6. 그림 18.13에서 볼 수 있는, 가능한 서비스 입력 및 출력 메시지를 설계하여라. UML 또는 XML로 명세하여야 할 것이다.

18.7. 여러분이 아마 서비스 지향 아키텍처의 사용을 추천하지 않을, 중요한 애플리케이션의 두 가지 타입을 제시하고 그 이유를 설명하여라.

18.8. "보정 활동"이 의미하는 바를 설명하고, 왜 이 활동이 워크플로에 포함되어야 하는지 설명하라.

18.9. 휴가 패키지 예약 서비스처럼, 공항에서 도착하는 여행객들이 지상 이동수단을 예약하는 워크플로를 설계하라. 여행객에게 택시나 렌터카를 예약하는 선택 방안이 주어져야 한다. 택시와 렌터카 회사가 예약을 위해 웹 서비스를 제공한다고 가정할 수 있다.

18.10. 예를 이용하여, 보정 활동을 포함하는 서비스의 철저한 테스팅이 어려운 이유를 상세하게 설명하라.

참고문헌

Erl, T. 2004. *Service-Oriented Architecture: A Field Guide to Integrating XMLand Web Services*. Upper Saddle River, NJ: Prentice-Hall.

______. 2005. *Service-Oriented Architecture: Concepts, Technology and Design*. Upper Saddle River, NJ: Prentice-Hall.

Fielding, R. 2000. "Representational State Transfer." *Architectural Styles andthe Design of Network-Based Software Architecture*. https://www.ics.uci.edu/~fielding/pubs/. . ./fielding_dissertation.pdf

Lovelock, C, S Vandermerwe, and B Lewis. 1996. *Services Marketing*. Englewood Cliffs, NJ.:Prentice-Hall.

Newcomer, E., and G. Lomow. 2005. *Understanding SOA with Web Services*. Boston:Addison–Wesley.

OMG. 2011. "Documents Associated with Business Process Model and Notation(BPMN) Version 2.0." http://www.omg.org/spec/BPMN/2.0/

Pautasso, C., O. Zimmermann, and F. Leymann. 2008. "RESTful Web Services vs. 'Big'Web Services: Making the Right Architectural Decision." In Proc. *WWW 2008*, 805-14. Beijing, China. doi:10.1145/1367497.1367606.

Richardson, L., and S. Ruby. 2007. *RESTful Web Services*. Sebastopol, CA: O'Reilly Media Inc.

Rosenberg, F., F. Curbera, M. Duftler, and R. Khalaf. 2008. "Composing RESTful Services and Collaborative Workflows: A Lightweight Approach." *IEEE Internet Computing* 12 (5): 24 – 31. doi:10.1109/MIC.2008.98.

W3C. 2012. "OWL2 Web Ontology Language." http://www.w3.org/TR/owl2-overview/

______. 2013. "Web of Services." http://www.w3.org/standards/webofservices/

White, S. A., and D. Miers. 2008. *BPMN Modeling and Reference Guide: Understanding and Using BPMN*. Lighthouse Point, FL. USA: Future Strategies Inc.

19

시스템 공학

Systems engineering

학습목표

이 장에서는 왜 소프트웨어 엔지니어가 시스템 공학을 이해해야 하는지를 설명하고 가장 중요한 시스템 공학 프로세스를 소개한다. 이 장을 통해 학습할 내용들은 다음과 같다.

- 사회기술적 시스템이 의미하는 바를 이해하고, 왜 사람과 사회 그리고 조직적 이슈들이 소프트웨어 시스템의 요구사항과 설계에 영향을 미치는지 이해할 수 있다.
- 개념 설계의 개념을 이해하고 이것이 왜 시스템 공학 프로세스에서 필수적인 첫 단계인지 이해할 수 있다.
- 시스템 조달이 의미하는 바를 이해하고 왜 서로 다른 시스템 조달 프로세스가 서로 다른 종류의 시스템에서 사용되는지 이해할 수 있다.
- 핵심 시스템 공학 개발 프로세스들과 그들의 관계를 알 수 있다.

학습내용

컴퓨터는 하드웨어와 소프트웨어를 모두 포함할 때에만 유용하다. 하드웨어가 없다면 소프트웨어는 추상적 존재로 단순히 인간 지식과 아이디어의 표현에 불과하다. 소프트웨어가 없다면, 하드웨어는 무기력한 전자기기일 뿐이다. 그러나 만약 하드웨어와 소프트웨어를 합쳐 컴퓨터 시스템을 구성하면, 복잡한 계산을 수행할 수 있는 기계를 만들어 이 계산 결과를 주변 환경에 전달할 수 있다.

이는 시스템의 기본적인 특징을 보여준다. 시스템은 시스템을 구성하는 구성 요소의 합 그 이상이다. 시스템은 구성 요소가 통합되어 함께 동작할 때에만 드러나는 특성들을 가진다. 게다가 시스템은 인간의 활동들 — 작업, 환경, 통신, 인간 및 환경 보호 등 — 을 지원하도록 개발되었다. 시스템은 인간과 상호 작용하며, 조직과 인간의 관심사가 이들의 설계에도 영향을 미친다. 모든 전문적 소프트웨어 시스템을 개발할 때에는 하드웨어, 인간, 사회 · 조직적 요소들이 고려되어야 한다.

소프트웨어를 포함하는 시스템은 다음의 두 가지 항목으로 나뉜다.

1. **기술적 컴퓨터 기반 시스템**: 이는 프로시저나 프로세스를 포함하지는 않지만, 하드웨어와 소프트웨어 컴포넌트를 포함하는 시스템이다. 기술적 시스템의 예에는 텔레비전, 모바일 폰 , 그리고 소프트웨어가 내장된 기타 장치가 포함된다. PC를 위한 애플리케이션, 컴퓨터 게임, 모바일 기기 또한 기술적 시스템이다. 개인과 조직은 특정한 목적을 위해서 이러한 기술적 시스템을 사용하지만 이러한 목적을 이해하는 것이 기술적 시스템의 몫은 아니다. 예를 들어 저자가 사용하는 Microsoft Word 같은 워드 프로세서는 이것이 책을 쓰기 위해 사용된다는 것을 알지 못 한다.

2. **사회기술적 시스템**: 하나 이상의 기술적 시스템을 포함하고 있으며 결정적으로 시스템의 목적을 이해하고 있는 사람이 있어야 하는 시스템을 말한다. 사회기술적 시스템은 운영 프로세스가 정의되어 있으며, 시스템을 운영하는 사람은 시스템의 일부로 내재되어있다. 시스템은 조직의 정책이나 규율에 의해 움직이며 국법이나 규제정책과 같은 외부적 제약조건에도 영향을 받는다. 예를 들면 이 책은 다양한 프로세스(저술, 편집, 레이아웃 등)와 기술적 시스템(Microsoft Word, Excel, Adobe Illustrator, InDesign 등)을 포함하는 사회기술적 출판 시스템을 통해 만들어졌다.

시스템 공학(White et al. 1993; Steven et al. 1998; Thayer 2002)은 시스템의 하드웨어, 소프트웨어, 그리고 인간 요소들의 특성을 고려하여 전체 시스템을 설계화하는 활동이다. 시스템 공학은 기술적 시스템과 사회기술적 시스템을 조달하고, 명세하고, 개발하고, 배치하고, 운영하며 유지하는 것을 모두 포함하는 활동이다. 시스템 엔지니어는 사용자와 사용자 환경간의 시스템 상호 작용뿐만 아니라 하드웨어와 소프트웨어의 능력까지도 고려해야 한다. 엔지니어는 시스템의 서비스나 시스템을 설치되고 운영되었을 때의 제약조건 및 시스템을 사용하는 방법에 대해서 고려해야만 한다.

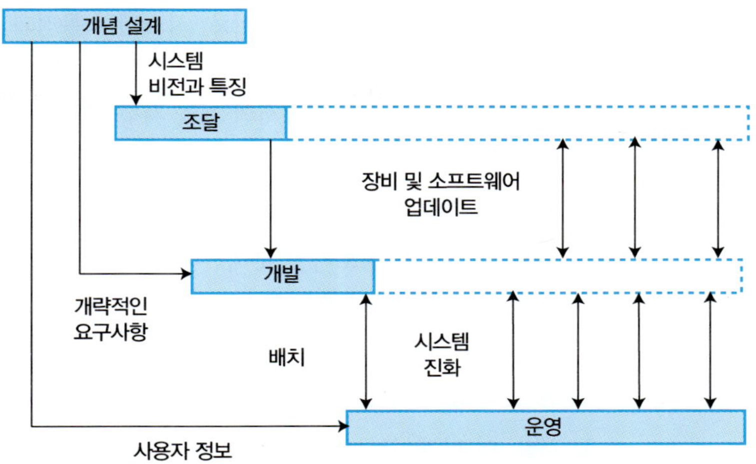

그림 19.1 시스템 공학의 단계

이번 장에서는 크고 복잡한 소프트웨어 중심 시스템 공학에 초점을 두고 설명할 것이다. 이것들은 "전사적 시스템"이라고 불리며 대규모 조직의 목표 달성을 돕기 위해 사용된다. 전사적 시스템은 대기업이나 법인뿐만 아니라 정부와 군대 조직에서도 사용되고 있다. 이는 사회기술적 시스템이 조직이 일하는 방식과 국내 및 세계적 규제에 영향을 받는 것을 보여준다. 이는 서로 다른 시스템들과 큰 규모의 데이터베이스를 가진 분포된 시스템들이 모여 만들어졌다. 이는 긴 수명을 가졌으며 기업 운영에 아주 중요하다.

저자는 소프트웨어 엔지니어들이 시스템 공학에 대해서 아는 것이 중요하다고 생각하며, 또한 다음과 같은 두 가지 이유로 시스템 공학 프로세스에 열정적으로 참여하길 원한다.

1. 소프트웨어는 비록 조직의 고위 정책결정자들이 잘 이해하고 있지는 못하지만, 전사적 시스템의 대단히 중요한 요소이다. 만약 시스템 소프트웨어가 믿을 수 있어야 하고 시간과 예산 범위 내에 개발되어야 한다면, 소프트웨어 엔지니어들은 높은 수준의 시스템 의사결정에 보다 적극적인 역할을 해야만 한다.
2. 소프트웨어 엔지니어로서 만약 여러분이 어떻게 소프트웨어가 하드웨어와 소프트웨어 시스템과 상호 작용하는지 안다면 이는 도움이 될 것이다. 또한 사람, 사회 · 조직적 요소들이 소프트웨어 사용에 어떤 영향이 있는지 아는 것도 여러분에게 도움을 줄 것이다. 이러한 지식들은 소프트웨어의 한계를 이해할 수 있게 해주며 더 나은 소프트웨어 시스템을 설계할 수 있게 해준다.

그림 19.1처럼 크고 복잡한 시스템은 다음과 같은 네 가지의 단계가 있다.

1. **개념 설계**: 이 시스템 공학 활동의 첫 단계는 필요한 시스템 타입의 개념을 개발하는

단계이다. 이는 비기술적 언어로, 시스템의 목적과 왜 필요한지, 사용자가 시스템에서 기대하는 높은 수준의 특성을 설정한다. 이는 또한 다른 시스템과의 상호운영성 요구와 같은, 넓은 범위에서의 제약 사항들을 기술하는 단계이기도 하다. 이러한 제한 사항은 시스템 엔지니어가 시스템을 설계하고 개발하는 것의 한계를 정해준다.

2. **조달 또는 획득**: 이 단계 동안 개념 설계가 꽤 진행되어서 시스템 개발 계약에 대한 의사 결정을 할 정보가 충분해진다. 이는 하드웨어, 소프트웨어와 운영 프로세스를 포괄하는 기능 분산에 대한 의사 결정을 포함한다. 또한 여러분은 어떤 하드웨어와 소프트웨어가 필요한지, 어떤 공급자가 시스템을 개발할 것인지와 공급 계약의 조건 및 상황에 대한 결정을 내려야 한다.
3. **개발**: 이 단계에서는 시스템이 개발된다. 개발 프로세스에는 요구사항 정의, 시스템 설계, 하드웨어 및 소프트웨어 공학, 시스템 통합과 테스팅이 포함된다. 이 단계에서는 시스템 유저를 위한 훈련 과정이 설계되고, 프로세스가 정의된다.
4. **운영**: 이 단계에서는 시스템이 배치되고, 사용자가 훈련되며, 시스템이 사용되기 시작한다. 따라서 계획된 운영 프로세스는 시스템이 사용되는 실제 환경을 반영하여 변해야 한다. 시간이 지날수록 새로운 요구사항들이 식별됨으로 시스템은 계속 진화해야 한다. 결과적으로는 시스템은 가치가 하락할 수밖에 없고 폐기되고 교체된다.

그림 19.1은 이러한 단계들 간의 상호 작용을 보여준다. 개념 설계 활동은 시스템 조달과 개발을 위한 기초 단계이지만, 또한 사용자에게 시스템에 대한 정보를 제공하기 위해 사용되기도 한다. 개발과 조달은 단계에서 중첩되기도 하며 개발 동안 추가적인 조달이 필요할 수 있다. 그리고 운영은 새로운 장비나 소프트웨어가 사용 가능해질 때까지 필요할 수도 있다. 일단 시스템이 운영가능해지면 요구사항이 변하는 건 피할 수 없는 일이다. 이러한 변경을 구현하기 위해서는 추가적인 개발, 그리고 아마도 소프트웨어 및 하드웨어 조달이 필요하다.

어떤 단계에서든 내려진 결정은 다른 단계에까지 영향을 미칠 수 있다. 시스템의 범위와 하드웨어 및 소프트웨어의 조달 결정에 따라 설계 옵션은 제한될 수 있다. 명세화, 설계, 개발 단계에서 생기는 사람의 오류들은 결함이 시스템에 투입될 수 있다는 것을 의미한다. 예산 상의 이유로 테스팅을 제한하는 결정이 내려지면 시스템이 사용될 때까지 결함을 발견하지 못할 수 있다. 운영 중에 시스템 배치를 위한 설정 과정에서 생기는 오류가 시스템을 사용하는 데 문제를 일으킬 수 있다. 원래의 조달 과정에서 내려진 결정이 제안된 시스템이 변경됨으로써 잊혀질 수 있다. 이러한 일들은 변경을 구현하는 중에 예측하지 못하는 결과를 유발할 수 있다.

시스템 공학과 소프트웨어 공학의 아주 중요한 차이는 시스템 수명 동안의 다양한

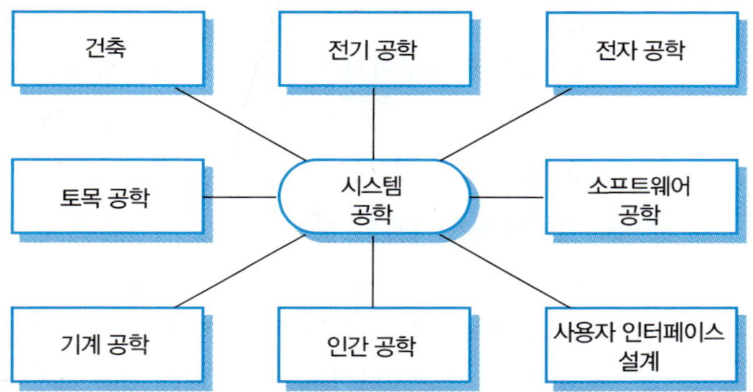

그림 19.2 ATC 시스템 공학에 포함된 전문 분야

전문가의 참여이다. 이는 하드웨어와 소프트웨어 설계에 참가하는 엔지니어, 시스템의 최종 사용자, 조직의 문제를 고려하는 관리자와 시스템의 애플리케이션 도메인 전문가까지 포함한다. 예를 들면 1장에서 소개한 인슐린 펌프 시스템을 개발하는 것은 전기, 기계공학, 소프트웨어와 의학 전문가를 요구한다.

아주 큰 시스템은 더 넓은 범위의 전문가들이 필요로 한다. 그림 19.2는 항공 교통 관리 시스템을 조달하고 개발하는 데 요구되는 전문 영역들을 보여준다. 건축가와 토목 기사는 항공 교통 관리 시스템이 새로운 건물에 설치되기 때문에 필요하다. 전기와 기계 엔지니어는 전력 유지와 공기 조절을 명세화하고 유지하기 위해 포함된다. 전자 엔지니어는 컴퓨터, 레이더와 다른 장비들을 고려한다. 인간 공학 연구자는 컨트롤러 작업대를 설계하며, 소프트웨어 엔지니어와 사용자 인터페이스 설계자는 시스템 내의 소프트웨어에 대한 책임을 진다.

다양한 전문가의 참여는 복잡한 시스템의 서로 다른 타입의 컴포넌트 때문에라도 필수적이다. 그러나 전문분야에서의 차이와 오해는 부적절한 설계 결정을 내리게 할 수 있다. 이러한 현명하지 못한 결정들은 시스템 개발을 지연시키거나 의도한 목적에 적합하지 않게 만들 수 있다. 서로 다른 배경을 가진 전문가들 사이에 오해 혹은 차이가 발생하는 이유는 다음과 같이 세 가지가 있다.

1. 서로 다른 전문 분야에서도 종종 같은 용어를 사용하곤 한다. 그러나 이러한 용어들이 항상 같은 것을 의미하지는 않는다. 결과적으로 서로 다른 배경지식을 가진 엔지니어들이 논의를 하는 중에 이런 오해를 하는 것은 흔한 일이다. 만약 이들이 이를 시스템 개발 동안에 알아차리고 해결하지 못한다면, 이에 따라 시스템에도 오류가 그대로 전달될 수 있다. 예를 들면 전자 엔지니어는 C 프로그래밍에 대해서는 조금 알지만 C의 함수와 비슷한 Java의 메서드에 대해서는 이해하지 못할 수도 있다.

2. 각 전문분야는 다른 전문분야에 대해 가정을 할 수도 있고 안할 수도 있다. 이러한 가정들은 보통 어떤 것이 가능한지에 대한 부적절한 이해에 기반을 하고 있다. 예를

들어, 전자 엔지니어는 하드웨어 설계를 단순화시키기 위해 모든 신호 처리(집중적인 계산이 이루어지는 작업)를 소프트웨어로 처리하려고 결정할 수도 있다. 그러나 소프트웨어에 많은 노력을 쏟아붓는다는 것이 시스템 프로세서가 많은 양의 계산에 잘 대처할 수 있다는 것을 보장하는 것은 아니라는 것이다.

3. 전문가들은 그들의 전문 영역을 지키려고 할 것이며 자신들의 전문 분야가 필요하다고 생각되는 특정 결정사항에 대해서 논쟁을 할 수도 있다. 따라서 건물의 출입문 잠금 시스템이 비록 기계적인 열쇠 기반 시스템이 더욱 신뢰성이 높다고 하더라도, 소프트웨어 엔지니어는 소프트웨어 기반 시스템을 주장할 수도 있다.

저자의 경험상으로는 학제 간의 작업은 오직 문제를 토론하고 해결하려는 시간이 충분할 때에만 성공적일 수 있다. 정기적인 면대면 논의를 해야 하며 시스템 공학 프로세스에 참여하는 모두가 유연하게 접근하여야 한다.

19.1 사회기술적 시스템

시스템이라는 용어는 보편적으로 사용된다. 우리는 컴퓨터 시스템이나 오퍼레이팅 시스템, 결제 시스템, 교육 시스템, 정부 시스템 등에 대해서 얘기하고는 한다. 비록 시스템이 단순히 그 부분들의 합 이상이라는 본질적인 특성을 공유하지만, 이것들은 모두 "시스템"이라는 단어의 매우 상이한 사용 사례임이 명백하다.

정부 시스템과 같은 추상적인 시스템은 이 책에서 다루고자 하는 범위를 벗어난다. 여기에서는 컴퓨터와 소프트웨어를 포함하는 시스템 그리고 통신을 가능하게 하고, 네비게이션을 지원하고, 혹은 의료 기록을 유지하는 등의 특정 목적을 가지는 시스템에 초점을 맞춘다. 이러한 타입의 시스템에 관해 유용한 정의는 다음과 같다.

> 시스템은 시스템 소유자와 사용자에게 일련의 서비스를 제공하기 위하여, 서로 다른 작업을 수행하는 밀접한 연관을 가진 컴포넌트들이 공동의 목적을 가진 모임이다.

이러한 일반적인 시스템에 대한 정의는 넓은 범위를 포괄한다. 예를 들면 레이저 포인터와 같은 단순한 시스템의 경우에는 표시 서비스를 제공한다. 이에는 적은 수의 하드웨어 컴포넌트가 읽기 전용 메모리(ROM) 안에 작은 제어 프로그램을 포함하고 있다. 이와 대조적으로 항공 교통 관제 시스템은 컴퓨터 시스템에 기반으로 의사결정을 내리는 사용자를 포함하여 복잡한 하드웨어 및 소프트웨어 컴포넌트를 포함하고 있다. 이 시스템은 파일럿에게 정보를 제공하고, 항공기의 안전거리를 유지하며, 영공을 활용하는 등의 폭 넓은 서비스를 제공한다.

모든 복잡한 시스템에서는 시스템 컴포넌트의 특성이나 동작이 불가분하게 혼재하곤 한다. 각 시스템 컴포넌트의 성공적인 기능은 다른 컴포넌트의 기능에 달려있다. 소프트웨어는 프로세서가 구동 가능할 때만 작동한다. 프로세서는 계산을 정의하는 소프트웨어 시스템이 제대로 설치되어 있을 때에만 정상적으로 계산이 수행될 수 있다.

큰 규모의 시스템은 보통 "복합시스템"이다. 즉 큰 규모의 시스템은 몇 개의 분리된 시스템으로 구성된다는 것이다. 예를 들어 경찰의 지휘 및 통제 시스템은 사건 발생 정보의 정확한 위치를 제공하는 지리 정보 시스템을 포함하고 있다. 동일한 지리 정보 시스템은 물류와 비상상황의 지휘 및 통제를 위한 시스템을 위해 사용될 수도 있다. 복합시스템 공학은 저자가 20장에서 다루는 것처럼 소프트웨어 공학에서 아주 중요한 주제가 되어가고 있다.

몇 가지 예외가 있지만 10장에서 설명한 것과 같이 큰 규모의 시스템은 사회기술적 시스템이다. 즉 여기에는 단순히 소프트웨어랑 하드웨어만 포함되는 것이 아니라 사람, 프로세스, 조직의 정책들이 포함된다. 사회기술적 시스템은 비즈니스 목적을 전달하는 것을 돕도록 만들어진 전사적 시스템이다. 이 목적이란 판매량을 증가시키고, 제조에 들어가는 재료를 줄이며, 세금을 계산하고, 안전한 영공을 유지하는 등의 활동을 포함하기도 한다. 사회기술적 시스템들은 조직의 환경에 내장되어 있으므로, 이 시스템들의 조달, 개발, 사용은 시스템의 운영 문화뿐만 아니라 조직의 정책과 절차에 영향을 받는다. 시스템의 사용자란 조직이 관리되는 방식과 조직 내외부의 다른 사람과의 상호 작용에 의해 영향을 받는 사람을 말한다.

사회기술적 시스템과 이 시스템을 사용하는 조직 사이의 긴밀한 관계는 보통 이러한 시스템의 경계를 설정하기가 어렵다는 것을 의미한다. 조직 내부의 개인들은 서로 다른 방법으로 시스템 경계를 볼 것이다. 이것이 중요한 이유는 시스템 요구사항을 정의할 때 시스템의 영역이 어디까지인가의 여부를 설정하는 것이 중요하기 때문이다.

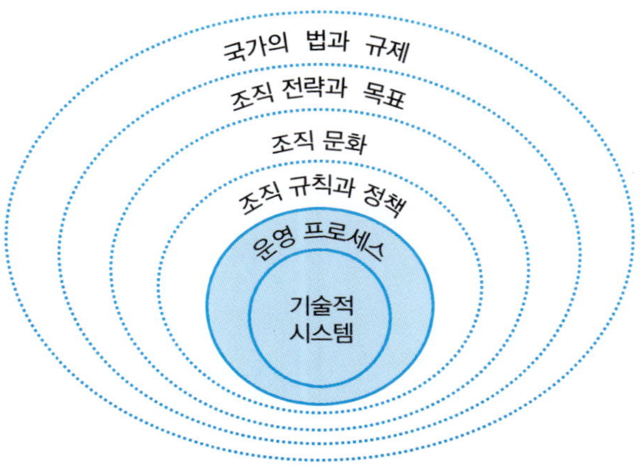

그림 19.3 사회기술적 시스템의 계층 구조

그림 19.3은 이러한 문제를 보여준다. 층으로 나뉜 이 사회기술적 시스템의 다이어그램은 각 층이 어떠한 기능 수행에 기여하는 지를 보여준다. 중심에는 소프트웨어 중심의 기술적 시스템과 운영 프로세스(음영이 진 부분)를 나타낸다. 대부분의 사람들이 이것들이 시스템의 양 부분이라는 데 동의할 것이다. 그러나 시스템 동작 중심부 밖에 있는 사회기술적 요소들에 의해 영향을 받는다. 그럼 시스템 경계들이 단순히 주변부를 둘러싼 모양으로 그려져야 하는가? 또는 다른 조직 수준을 포함해야 하는 것인가?

이렇게 넓은 사회기술적 고려들이 시스템의 한 부분들로 간주되어야 하는지의 여부는 조직의 정책과 규칙에 달려있다. 만약 조직의 정책과 규칙이 바뀐다면, 어떤 사람들은 그들도 시스템 내에 있어야 한다고 주장할 수 있을 것이다. 그러나 조직 문화를 바꾸는 것은 어려우며 조직의 전략과 목표를 바꾸는 것은 더욱 어렵다. 오직 정부만이 시스템에 수용하기 위해 법을 바꾸는 것이 가능할 것이다. 게다가 서로 다른 이해관계자들이 시스템 경계가 어디에 그려져야 하는지 서로 다른 의견을 가지고 있다. 이러한 질문에 쉬운 답은 존재하지 않지만, 시스템 설계 프로세스 동안에는 충분히 논의하고 협상해야 한다.

일반적으로 큰 사회기술적 시스템은 조직 내에서 사용된다. 만약 여러분이 사회기술적 시스템을 설계하고 개발한다면, 가능한 한 시스템이 사용될 조직의 환경을 이해할 필요가 있다. 만약 여러분이 이해하지 못했다면 시스템은 비즈니스 요구를 충족시키지 못할 가능성이 높다. 사용자 및 관리자들은 이 시스템을 거부하거나 시스템의 잠재력을 이용하지 못할 수도 있다.

그림 19.4에서는 사회기술적 시스템의 요구사항, 설계, 운영에 영향을 미치는 조직의 핵심 요소들을 보여준다. 새로운 시스템은 아래 서술하는 요소들에 부분적이거나 모든 변화를 유도할 수도 있다.

1. **프로세스 변화**: 새로운 시스템은 사람들이 일하는 방식을 바꾸어야만 한다는 것을 의미할 수도 있다. 만약 그렇다면 트레이닝은 확실히 필요할 것이다. 만약 변화가 확연하거나 또는 그것이 사람들이 실직하게 만든다면, 사용자들은 새로운 시스템을 받아들이는 데 저항할 것이다.

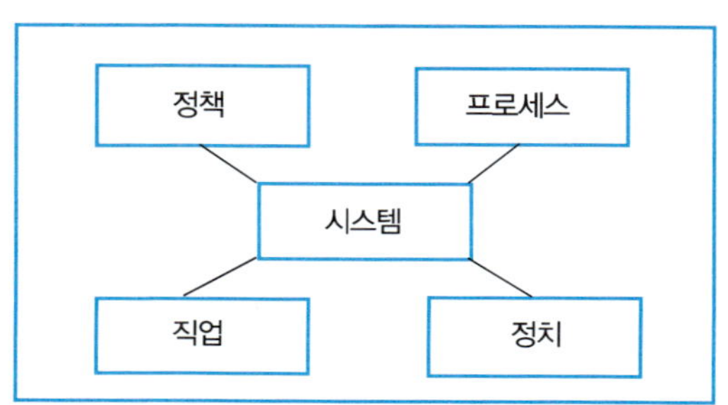

그림 19.4 조직 요소

2. **직업 변화**: 새로운 시스템은 사용자를 작업 환경에서 탈숙련화하게 만들거나 일하는 방식을 바꾸게 만들 수도 있다. 만약 그렇다면 사용자들은 조직 내에서 그러한 시스템을 도입하는 것을 적극적으로 반대할 것이다. 의사나 교사와 같은 전문직 종사자는 그들의 일반적인 작업 방식에 변화를 가져오는 시스템 설계에 저항할 수도 있다. 이들은 그들의 전문성이 이러한 시스템에 의해 훼손된다고 느끼거나 조직 내 그들의 지위를 실추시킨다고 여길 수 있다.
3. **조직 정책**: 제안된 시스템이 조직 정책(예를 들어, 프라이버시 상의)에 완벽하게 부합하지 않을 수 있다. 시스템과 정책을 일치시키기 위해서, 제안된 시스템은 시스템 변경, 정책 변경, 혹은 프로세스 변경을 요구할 수도 있다.
4. **조직 정치**: 시스템은 조직 내의 정치적 영향 구조를 바꿀 수도 있다. 예를 들면 만약 조직이 복잡한 시스템에 의존하고 있다면, 해당 시스템에 대한 접근을 관리할 수 있는 사람들은 정치적 영향력을 가지고 있다고 할 수 있다. 대안으로는 조직이 다른 구조로 자체 개편함으로써, 시스템의 요구사항과 사용에 영향을 미칠 수도 있다.

사회기술적 시스템은 복잡한 시스템이고, 이는 곧 시스템의 동작을 미리 완전히 이해한다는 것이 실제로 불가능하다는 의미이다. 이런 복잡도가 사회기술적 시스템의 세 가지 중요한 특성으로 귀결된다.

1. 사회기술적 시스템은, 시스템 개별 부분에 관련되어있다기보다는 시스템 전체로서의 특성인 창발성을 가진다. 창발성은 시스템 컴포넌트와 시스템 컴포넌트 간의 관계에 모두 달려 있다. 이러한 관계 중 일부는 오직 컴포넌트들이 시스템으로 통합되었을 때만 나타난다. 그래서 창발성이 일어나는 그 순간에만 평가할 수 있다. 보안성과 신뢰성은 이러한 창발성 시스템의 중요한 예이다.
2. 사회기술적 시스템은 결정적(deterministic)이지 않다. 그래서 특정한 입력이 주어지더라도 언제나 같은 출력값을 만들어내지 않는다. 시스템 동작은 운영자에게 달려 있으며, 사람은 항상 같은 방식으로 반응하진 않는다. 더욱이 시스템의 사용은 시스템 컴포넌트 사이의 새로운 관계를 만들어내고 따라서 시스템의 창발적인 동작에 변경을 가할 수도 있다.
3. 시스템의 성공의 기준은 객관적이라기보다는 주관적이다. 시스템이 조직의 목표를 얼마나 돕는지는 시스템 그 자체에 달려 있지 않다. 이는 목표의 안정성, 조직 내 목표들 간의 대립이나 관계, 조직 내 구성원들이 목표를 어떻게 해석하는지에 달려 있다. 새로운 관리는 시스템이 지원하도록 설계된 조직의 목표를 재해석하여 그 결과 "성공적인" 시스템은 의도된 목표에 적합하지 않게 보일 수 있다.

사회기술적 고려는 시스템이 목표에 부합하는지의 여부를 판단하는 데 중요한 역할을 한다. 불행하게도 사회나 문화를 연구한 경험이 적은 엔지니어가 이를 사전에 고려하는 것은 상당히 어려운 일이다. 조직에서의 시스템의 영향을 이해하는 것을 돕기 위해서 다양한 사회기술적 시스템 방법론이 제안되었다. 사회기술적 시스템 설계에 관한 저자의 논문에서 이러한 사회기술적 설계 방법론의 장점과 단점을 논한다(Baxter and Sommerville 2011).

19.1.1 창발성

시스템 내의 컴포넌트들 간의 복잡한 관계는 시스템이 단순히 부분들의 합 이상이라는 것을 의미한다. 시스템은 전체로서의 특성을 가진다. “창발성”(Checkland 1981)은 시스템의 특정 부분에 기인하지 않는다. 그보다는 오직 시스템 컴포넌트가 결합되었을 때 나타난다. 무게와 같은 어떤 창발성은 직접적으로 서브시스템 특성에서 유도될 수 있다. 그러나 서브시스템 특성이나 서브시스템 관계의 조합에서 더욱 자주 발생한다. 시스템 특성은 각 시스템 컴포넌트의 특성에서 직접적으로 계산될 수는 없다. 창발성의 예는 그림 19.5에 나타나있다.

창발성에는 두 가지 타입이 존재한다.

1. **기능적 창발성**: 이는 시스템 목적이 오직 컴포넌트가 통합된 이후에만 나타난다. 예를 들면 자전거는 이동수단이라는 기능적 특성이, 부품들을 조립한 후에만 나타난다.

2. **비기능적 창발성**: 시스템의 운영 환경 내에서 시스템의 행동과 관련이 있는 것이다. 신뢰성, 성능, 안전성과 보안성은 이러한 특성의 예가 될 수 있다. 이러한 시스템 특징은 컴퓨터 기반 시스템에서 아주 중요하다. 각 특성에 대해 최저한도로 정의된 수

그림 19.5 창발성의 예

특성	요약
신뢰성	시스템 신뢰성은 컴포넌트 신뢰성에 의지하나, 예측하지 못한 상호 작용이 새로운 종류의 장애를 일으켜 시스템의 안정성에 영향을 줄 수 있다.
수리가능성	이 특성은 일단 문제를 발견한 후 얼마나 쉽게 문제를 해결할 수 있는지 보여준다. 이는 문제를 진단하는 것과 결함을 가진 컴포넌트에 접근하는 것 그리고 컴포넌트를 수정하거나 교체하는 것과 관련이 있다.
보안성	시스템의 보안성(시스템 공격으로부터 저항하는 능력)은 쉽게 측정되기는 어려운 복잡한 특성이다. 시스템 설계가 예측하지 못한 곳에서 시스템 공격이 들어올 수 있으며 내장된 보호장치를 무력화시킬 수 있다.
유용성	시스템을 얼마나 사용하기 편한지를 나타내는 특성이다. 이는 기술적 시스템 컴포넌트와 운영자 그리고 운영 환경과 관련이 있다.
부피	시스템의 부피(총 차지하는 공간)는 컴포넌트 조립품이 나열되고 연결되는 방식에 달려있다.

준을 달성하지 못한 장애에 대해서 시스템은 사용 불가능해진다. 어떤 사용자들은 몇몇 기능들을 필요로 하지 않는데 그렇기 때문에 시스템은 특정 기능들을 가지고 있지 않아도 받아들여질 수 있다. 그러나 시스템을 신뢰할 수 없거나 너무 느리다면 사용자들에 의해 거부당할 것이다.

신뢰성과 같은 창발성은 각 컴포넌트 특성과 관계 또는 상호 작용에 모두 영향을 받는다. 예를 들어 사회기술적 시스템은 다음과 같은 세 가지의 신뢰성에 영향을 받는다.

1. **하드웨어 신뢰성**: 하드웨어 컴포넌트가 장애를 일으킬 확률은 어떻게 되나? 그리고 장애를 일으킨 컴포넌트를 고치는 데 얼마나 오래 걸리는가?
2. **소프트웨어 신뢰성**: 소프트웨어 컴포넌트가 잘못된 출력값을 만들어 낼 가능성이 얼마나 되는가? 소프트웨어 장애는 하드웨어처럼 사용에 따라 노후화되는 것이 아니므로 하드웨어의 장애와는 다르다고 할 수 있다. 소프트웨어 장애는 단기적이다. 잘못된 결과를 만든 후에도 시스템은 계속 작동한다.
3. **운영자 신뢰성**: 시스템의 운영자가 오류를 범할 가능성이나 잘못된 출력값을 제공할 가능성이 얼마나 되나? 소프트웨어가 이 오류를 탐지하는 데 실패하여 오류가 전파될 가능성이 얼마나 되는가?

하드웨어, 소프트웨어와 운영자 신뢰성은 서로 독립적이지 않기 때문에 예측하지 못한 방향으로 영향을 미친다. 그림 19.6에서는 한 수준에서 발생한 장애가 시스템의 다른 수준으로 어떻게 퍼지는지 보여준다. 하드웨어 장애는 가끔 소프트웨어가 예상한 범위 밖의 그럴 듯한 입력 신호를 생성할 수 있다. 이는 소프트웨어가 예상치 못하게 작동하게 만들며 또한 예상하지 못한 출력값을 만들어 낸다. 이는 시스템 운영자를 혼란스럽게 만들고 결과적으로 많은 스트레스를 유발한다.

우리는 사람이 많은 스트레스를 받았을 때 더욱 많은 실수를 범하기 쉽다는 것을 알고 있다. 그러므로 하드웨어 장애는 운영자의 오류로도 이어질 수 있으며 이는 프로세

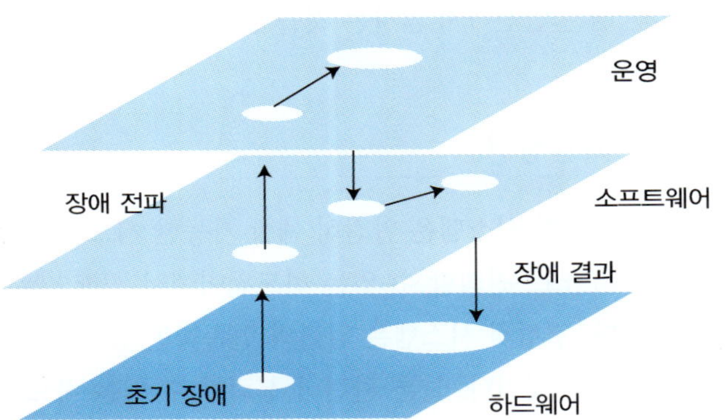

그림 19.6 장애 전파

서에 추가적인 요구를 하는 것으로 이어진다. 이는 하드웨어를 과부하시키며 더욱 많은 장애 등을 양산한다. 따라서 초기의 상대적으로 비중이 적은 장애라도 시스템 전체를 완전 중지 시킬 수 있는 큰 문제가 될 수 있는 것이다.

시스템의 신뢰성은 시스템이 어떤 상황 또는 맥락에서 사용되는지에 달려 있다. 그러나 시스템 환경이 완벽하게 명세화되 않으면, 시스템 설계자가 운영 시스템을 위하여 외부 환경을 제한하는 것은 보통 불가능에 가깝다. 어떤 환경 내에서 운영되는 상이한 시스템들은 예상치 못한 방식으로 문제에 반응할 수 있으므로, 이러한 모든 시스템들의 신뢰성에 영향을 미친다.

예를 들어, 시스템이 보통의 실내온도에서 운영되도록 설계됐다고 가정하자. 다양한 예외적인 조건을 고려하여, 시스템의 전자 컴포넌트는 특정 범위의 온도(예를 들어 섭씨 0~40℃)에서 작동되도록 설계되었다. 이 범위 밖에서 시스템 컴포넌트는 예측하지 못한 작동을 할 수 있다. 만약 이 시스템이 에어컨의 근처에 설치됐다고 가정해보자. 이 에어컨이 장애가 발생하여 뜨거운 열기를 뿜어낸다고 생각하면, 시스템은 과열될 것이다. 컴포넌트, 그 이후에는 전체 시스템이 장애에 빠질 것이다.

만약 시스템이 해당 환경의 아무 곳에나 설치되었다면 이런 문제는 일어나지 않았을 것이다. 만약 에어컨이 정상적으로 작동한다면 문제가 없었을 것이다. 그러나 기기 간의 물리적 근접성 때문에, 이러한 예상하지 못한 관계는 시스템 장애를 야기하고 말았다.

신뢰성과 비슷하게 성능 또는 유용성 같은 창발성은 시스템이 운영된 이후에나 측정될 수 있다. 그러나 안전성이나 보안성과 같은 특성은 직접적으로 측정할 수는 없다. 하지만 여기서 여러분은 시스템의 작동과 관련된 특성뿐만 아니라 원하지 않거나 수용가능하지 않은 작동들에 대해서도 고민해봐야 한다.

보안 시스템은 데이터에 허가되지 않은 접근을 막는 역할을 한다. 불행하게도 데이터에 대한 모든 가능한 접근 방식을 예측하는 것은 불가능하며, 명시적으로 막을 수도 없다. 그러므로 시스템이 운영가능하게 된 후에야 이러한 "shall not" 특성을 평가하는 것만이 가능하다. 즉 여러분이 알아야 할 것은 누군가 시스템에 침투하려고 할 때 시스템은 안전하지 않다는 것을 알아야만 한다.

19.1.2 비결정성

결정적 시스템은 완전히 예상 가능한 시스템이다. 만약 우리가 동시성의 문제를 무시하더라도, 신뢰할 수 있는 하드웨어에서 실행되는 소프트웨어는 결정적(deterministic)이다. 결정적 시스템은 일련의 연속적인 입력이 제공될 때, 항상 동일한 순서의 출력이 생성될 것이다. 물론 완전히 신뢰할 수 있는 하드웨어는 존재하지 않지만, 보통 하드웨어 시스템은 결정적이라고 생각할 만큼 안정적이다.

반면에 사람은 비결정적이다. 사람은 정확히 같은 입력(예를 들어, 업무를 완료하라는 요청)을 받더라도, 심리적 · 육체적 상태, 요청하는 사람과의 관계, 조직 내의 다른 사람들, 그 외의 다른 어떤 것들에서도 영향을 받는다. 때로 사람은 일하는 것이 행복할 수도 있지만 다른 경우에는 일하는 것을 거절할 수도 있다. 때로는 일을 잘하기도 하지만 어떤 경우에는 잘못할 수도 있다.

사회기술적 시스템이 비결정적인 이유는 부분적으로는 해당 시스템이 사람을 포함하기 때문이고, 부분적으로는 이 시스템에 있는 하드웨어, 소프트웨어 그리고 데이터에 대한 변경이 빈번하게 일어나기 때문이다. 이러한 변화들 사이의 상호 작용은 복잡하기 때문에, 시스템의 동작을 예상하기 힘들다. 사용자는 언제 그리고 왜 변화들이 생기는지 알지 못하기 때문에 시스템은 비결정적이라고 인지하게 되는 것이다.

예를 들어, 시스템이 20개의 테스트 입력을 받았다고 생각해보자. 시스템은 이 입력을 처리할 것이고 결과는 저장될 것이다. 시간이 지나고 나서 똑같은 20개의 테스트 입력이 처리된다면, 그 이전의 저장된 결과와 비교해볼 것이다. 이 중 5개는 다르다고 하자 것을 알게 되었다. 이는 5번의 시스템 장애를 의미하는가? 또는 시스템 동작에서 이 정도 차이는 합리적인가? 여러분은 이 결과를 더욱 자세히 알아보고 시스템이 각 입력을 어떻게 처리하는지 판단할 수 있다.

비결정성은 종종 나쁜 일로 여겨진다. 또한 설계자가 시스템이 비결정적으로 동작하는 것을 막아야 한다고 생각한다. 사실 사회기술적 시스템에서 비결정성은 중요한 장점이 있다. 시스템의 동작은 항상 고정되지 않고 시스템의 환경에 따라 변경될 수 있다. 예를 들어 운영자는 시스템이 장애 신호를 표시하는 것을 볼 수도 있다. 시스템을 정상적으로 사용하는 대신 발견된 문제를 진단하고 복구할 수 있을 것이다.

19.1.3 성공 기준

일반적으로 복잡한 사회기술적 시스템은 "고약한 문제(wicked problems)"(Rittel and Webber 1973)를 막기 위해 개발되었다. "고약한 문제"란 문제가 너무 복잡하며, 거의 완벽한 문제 명세가 없는 많은 관련 개체들이 포함된 경우를 말한다. 서로 다른 이해관계자들은 문제를 서로 다른 방향에서 본다. 그리고 전체로서 문제를 충분히 이해하는 사람은 없다. 문제의 실체는 해결책이 개발되었을 때나 알 수 있다.

고약한 문제의 극단적인 예는 지진의 여파에 대처하는 비상 계획에서 볼 수 있다. 누구도 지진의 근원지를 정확히 예측할 수 없으며, 언제 일어날지 또는 지역 환경에 어떤 영향을 미칠지도 모른다. 이 문제에 정확히 어떻게 대처해야 하는지를 명세하는 것은 불가능하다. 시스템 설계자는 가정을 해야 하며, 지진이 일어난 후에 뭐가 필요할 지를 이해하여야 한다.

이는 시스템의 성공 기준을 정의하기를 어렵게 만든다. 새로운 시스템이 해당 시스템을 위해 비용을 지불하는 기업의 비즈니스 목표를 달성하도록 돕는 것을 어떻게 판단할 수 있겠는가? 성공의 판단은 시스템의 조달이나 개발 같은 근원적인 이유에 관해서 내려지지 않는다. 대신 이는 시스템이 배치된 바로 그 때 이것이 효과적인지 아닌지에 따라 달려 있다. 비즈니스 환경이 아주 빨리 변하면서 시스템의 개발 도중에도 비즈니스 목표가 크게 달라질 수도 있다.

이런 상황은, 서로 다른 이해관계자가 상이하게 해석하는 여러 가지 서로 모순되는 목표가 존재할 때 더욱 복잡해진다. 예를 들어 Mentcare의 시스템이 기반을 둔 시스템은 두 가지의 비즈니스 목표를 지원하기 위해 설계되었다.

1. 정신 질환으로 고통 받는 사람들을 위한 의료의 질을 개선한다.
2. 관리자에게 제공된 상세한 의료 기록과 그 비용을 제시함으로써 치료의 비용 효율성을 개선한다.

불행하게도 이는 서로 모순적인 목표임이 드러났다. 왜냐하면 보고 목표를 달성하기 위해서는, 의사와 간호사들에게 보통 유지하던 의료 기록 그 이상의 추가적인 정보를 제공해야 함을 의미하기 때문이다. 즉 의료진이 환자들과 얘기할 시간이 줄어든다는 것을 의미함으로써 의료 품질이 떨어지게 된다. 의사의 관점에서는 이전의 수작업 시스템에서 전혀 나아진 것이 없지만, 관리자의 관점에서 이는 개선이 발생했다고 여길 수 있다.

따라서 시스템 공학 프로세스의 초기 단계에서 설정된 시스템의 성공 조건들은 시스템이 개발되고 사용되는 동안 주기적으로 다시 고려되어야 한다. 이러한 기준들이 환경이나 사용자에 대한 시스템의 효과에 좌우될 때 여러분은 이 기준을 객관적으로 평가할 수 없다. 시스템이 원래 명세된 요구사항을 명백하게 만족한다고 하더라도, 시스템이 사용되는 환경에서 성공 기준이 변경되므로 실제로는 쓸모가 없게 될 수도 있다.

19.2 개념 설계

일단 시스템에 대한 아이디어가 제안되면, 개념 설계가 여러분이 시스템 공학 프로세스에서 제일 먼저 할 일일 것이다. 개념 설계 단계에서는 여러분이 초기 아이디어를 받아들이고, 타당성을 조사하고, 개발되어야 하는 전반적인 시스템 비전을 만들어야 한다. 그 후에는 시스템 사용자, 기업의 최고 의사 결정자 또는 정치인 같은 비전문가들이 여러분이 제안한 것을 이해할 수 있게 구상중인 시스템을 설명해야 한다.

개념 설계와 요구공학에는 명백히 중복되는 부분이 있다. 개념적 설계 프로세스의 일부로 제안된 시스템이 어떻게 사용될지 상상해보아야 한다. 이는 잠재적 사용자와 다른 이해관계자, 포커스 그룹과의 논의 및 이미 존재하는 서비스가 어떻게 쓰이는지에 대한 관찰도 포함하고 있다. 이런 활동들을 함으로 사용자가 일하는 방식과 그들에게 무엇이 중요하고 어떤 제약점이 있는지 이해할 수 있다.

제안된 시스템의 비전을 설정하는 것의 중요성은 소프트웨어 설계나 요구사항 문헌에는 거의 언급되지 않는다. 그러나 이러한 비전은 수년간 국방 시스템 공학 프로세스에 포함되어 오고 있다. Fairley 등(Fairley, Thayer and Bjorke 1994)은 개념 분석의 결과 자료 "Concept of Operations"와 개념 분석의 아이디어를 논의해왔다. ConOps 문서를 발전시킨 아이디어는 대규모의 시스템에서는 널리 쓰이고 있으며 웹에서 ConOps 문서들을 많이 찾을 수 있다.

불행하게도 국방 및 정부 시스템에서 좋은 아이디어들도 관료제와 유연하지 못한 규정들로 인해 수렁에 빠지는 경우가 종종 있다. 이는 ConOps에 생긴 일과 정확히 같으며 ConOps 문서 표준이 제안되었다(IEEE, 2007). Mostashari 등(Mostashari et al. 2012)이 지적한 바와 같이 이는 목적과는 다르게 길어지고 가독성이 떨어지는 문서가 되어 버렸다. 이들은 프로세스의 출력값으로서 ConOps 문서를 더욱 기민하게 개발하는, 보다 짧고 유연한 문서형태를 제안했다.

저자는 **작전 개념**(*Concept of Operation*)이라는 용어를 좋아하지 않는다. 그 이유는 이 용어가 부분적으로는 군사적 의미를 담고 있고, 부분적으로는 개념 설계 문서가 단지 시스템 운영에 관한 것만은 아니기 때문이다. 개념 설계는 개발 중인 시스템의 이해, 설계 제안서가 적절한 이유, 그리고 때로는 시스템의 초기 구성에 관한 시스템 엔지니어의 이해를 제시해야 한다. Fairley가 말했듯이 "이야기하기 위해 구성되어야 한다", 즉 기술적 배경지식이 없는 사람들도 작성 중인 제안서를 이해할 수 있도록 작성되어야 한다는 것이다.

그림 19.7에서는 개념 설계 프로세스의 부분 활동들을 보여주고 있다. 개념 설계는 항상 서로 다른 배경을 가진 사람을 포함하는 팀 프로세스가 되어야 한다. 저자는 1장에서 소개한 디지털 학습 환경을 위한 개념 설계팀의 일원이었다. 디지털 학습 환경을 위한 설계팀은 교사, 교육 연구자, 소프트웨어 엔지니어, 시스템 관리자, 시스템 운영자를 포함한다.

개념 공식화는 프로세스의 첫 번째 단계로, 여기에서는 초기 요구 문서를 다듬고, 시스템 이해관계자의 요구를 가장 잘 만족하는 시스템 타입을 찾아야 한다. 초기에 우리는 현재 시스템보다 더욱 쉽게 사용할 수 있는 학교 정보 공유 인트라넷을 만드는 일을 제안했다. 그러나 교사들과의 토론 이후에, 우리는 이것이 실제로 필요한 것이 아님을 발견했다. 이미 존재하는 시스템은 사용하기 어색하여 사람들이 억지로 이것을 피해 일

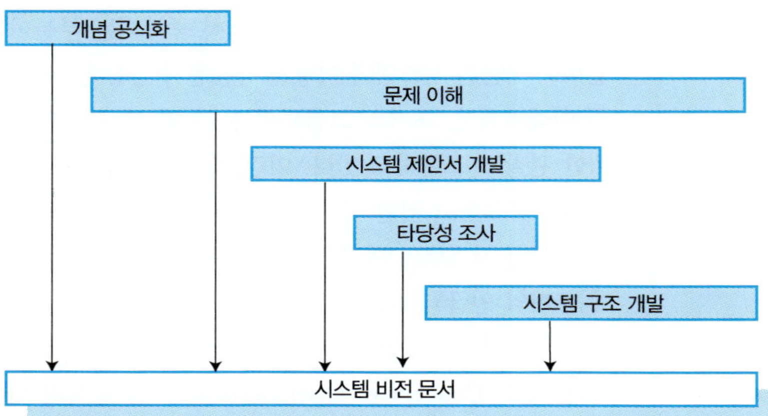

그림 19.7 개념 설계 활동

하고 있었다. 실제로 필요했던 것은 유연성 있는 디지털 학습 환경으로, 인터넷 상에서 자유롭게 활용할 수 있는 주제, 연령 특화된 도구, 그리고 콘텐츠를 추가하면 조정될 수 있어야 한다.

우리가 이것을 발견할 수 있었던 이유는 개념 공식화 활동이 문제 이해 활동과 중첩되기 때문이다. 문제를 이해하기 위해서는, 사용자와 다른 이해관계자들이 실제로 어떻게 작업하고 있는지를 논의할 필요가 있다. 그들에게 무엇이 중요하고, 그들이 하고자 하는 일을 방해하는 것은 무엇이며, 어떤 변경들이 필요한지에 대한 그들의 생각을 알아낼 필요가 있다. 마음을 열고(이는 여러분의 문제가 아닌 그들의 문제이다) 실체가 여러분의 초기 비전과 일치하지 않을 때 여러분의 아이디어를 변경할 필요가 있다.

시스템 제안서 개발 단계에서는 개념 설계팀은 대안 시스템을 위한 아이디어를 찾아야 하며 이는 이후의 개발 단계에서 어떤 아이디어가 추가적인 개발에 가치가 있는지 판단할 타당성 조사의 기초가 된다. 타당성 조사에서는 여러분은 시스템의 사용에 영향을 미칠 수 있는 기술적 이슈(모바일 기기의 사용과 같은)와 다른 곳에서 개발된 비교할만한 시스템을 살펴봐야 한다. 이후에는 현재의 하드웨어나 소프트웨어 기술을 사용하여 시스템이 구현될 수 있는지의 여부를 평가할 필요가 있다.

시스템의 개략적인 구조나 아키텍처를 개발하는 데 추가적으로 유용한 활동을 발견하였다. 이 활동은 타당성 평가 그리고 더욱 상세한 요구공학과 아키텍처 설계를 위한 기초를 제공하는 데 모두 도움이 된다. 게다가 시스템의 대부분이 기존의 시스템과 컴포넌트로부터 결합되면서, 초기 아키텍처는 시스템의 핵심 부품이 식별된 후에 별도로 조절될 수 있다는 것을 의미한다. 이러한 접근 방식은 단일 공급자에게서 오는 일체식 단위로 시스템을 조달하는 것보다는 보통 나은 방식일 것이다.

디지털 학습 환경을 위해 우리는 계층 서비스 아키텍처(그림 1.8에 나타낸)로 결정하였다. 시스템의 모든 컴포넌트는 교체 가능한 서비스로 간주되어야 한다. 이런 방식에서는 사용자는 표준 서비스를 그들이 선호하는 대안 서비스로 바꿀 수 있으며 이로써 시스템으로 공부하는 학생들의 연령과 관심사에 따라 시스템이 조정된다.

이러한 모든 활동들은 시스템 비전 문서들을 개발하는 데 사용되는 정보를 만들어낸다. 이는 기업의 최고 의사 결정자들이 시스템 개발을 진행할지에 대해서 결정할 수 있게 해주는 아주 중요한 문서이다. 이는 또한 리스크 분석이나 예산 추정과 같은 의사 결정 과정에의 중요한 입력을 담당하는 문서로서도 사용될 수 있다.

관리자들은 시스템을 이해하기 위해서 시스템 버전 문서를 사용한다. 조달팀에서는 제출 문서를 규정하기 위해서 이것을 사용하며 요구사항 엔지니어들은 시스템 요구사항을 다듬기 위한 기초로 사용한다. 서로 다른 사람들이 상이한 수준의 세부 내역을 요구하기 때문에, 문서를 두 부분으로 구성할 것을 제안한다.

1. 문제나 제안된 시스템의 키 포인트를 알려주어 최고 의사 결정자를 위한 짧은 요약본으로 나눌 수 있다. 이렇게 만들어짐으로써 독자는 시스템이 향후 어떻게 사용될 것인지와 어떤 이익을 가져올 것인지를 바로 알아볼 수 있다.
2. 시스템 조달이나 요구공학 활동들에 쓰일 수 있도록 더욱 자세하게 아이디어를 개발한 다수의 부록으로 나눌 수 있다.

독자들이 바빠서 기술적 배경이 없을 가능성이 높은 점을 고려하면 시스템 비전의 요약본을 작성하는 일은 쉬운 일이 아니다. 저자는 이에 사용자 스토리를 사용하는 것이 효과적이며, 기술적 지식이 없는 사람들이 공감할 수 있도록 시스템 사용의 구체적인 비전을 제공하는 것이 효과적이라는 것을 발견했다. 그림 19.8에서 볼 수 있듯이 이야기는 짧아야 하며 개인별 맞춤화되어서 시스템을 사용하는 데 타당한 서술이 되게 하여야 한다. 4장의 그림 4.9에는 같은 시스템을 사용하는 서로 다른 사용자 스토리가 소개되어 있다.

그림 19.8 시스템 비전 문서에 사용된 사용자 스토리

디지털 예술

Jill은 Dundee의 중학교 2학년 학생이다. 그녀는 스마트폰을 가지고 있으며 그녀의 가족은 삼성 태블릿과 Dell 노트북을 가지고 있다. 학교에서는 컴퓨터 수업을 수강하고 있으며, 그녀의 교사가 골라준 많은 서비스를 포함하는 개인용 Glow+ 환경을 받았다. 그리고 그 중 몇 개는 Glow 앱 라이브러리에서 그녀가 직접 고른 것들도 포함되어있다.

그녀는 Celtic 예술 프로젝트에서 일하고 있으며, 다양한 예술 사이트를 찾기 위해 Google을 이용하고 있다. 그녀는 종이에 몇 개의 디자인들을 스케치한 다음에 그녀가 스케치한 작품을 보관하기 위하여 스마트폰 카메라를 이용한다. 그녀는 이것을 학교 와이파이를 이용하여 개인 Glow+ 영역에 업로드한다. 그녀의 숙제는 디자인을 끝내는 것과 그녀의 아이디어에 대한 간단한 의견을 쓰는 것이다.

집에서는 가족용 태블릿을 사용하여 Glow+에 접속하며, 그 다음에는 색을 칠하거나 하는 등의 작업을 하기 위해서 artwork 앱을 사용하여 그녀의 작품을 손본다. 그녀는 이런 작업들은 끝냈으며 이후에는 집으로 가서 노트북을 이용하여 의견을 남긴다. 그녀는 완성된 작품을 Glow+에 업로드하며 교사에게 확인하라고 메시지를 보낸다. 교사는 학교의 태블릿을 이용하는 Jill의 다음 미술 수업 전 자유시간에 완성된 그녀의 작품을 보고 교실에서 그녀와 작품에 대해서 얘기를 나눈다.

논의가 끝난 후에는, 교사와 Jill이 작품이 공유되어야 한다는 데 동의하여 학생들의 작품을 올리는 학교 웹 페이지에 Jill의 작품을 올린다. 여기에는 Jill의 E-포트폴리오와 3세부터 18세까지의 학교 숙제들을 포함하고 있다.

사용자 스토리는 효과적이다. 왜냐하면 이는 이미 작성되었고, 사용자들이 사용자 스토리에 공감할 수 있기 때문이며, 추가적으로 사용자들은 쉽게 접근하여 제안된 시스템의 기능을 볼 수 있다. 물론 이것들은 시스템 비전의 일부분이며, 조직에게 시스템이 어떤 가치를 전달해줄 것인지에 대한 방식과 기본 가정에 대한 높은 수준의 설명이 이 요약본에 포함되어야 한다.

19.3 시스템 조달

시스템 조달 또는 시스템 획득은 시스템 공급자로부터 하나 이상의 시스템 구매를 결정하는 프로세스이다. 이 단계에서는 구매할 시스템 예산과 기간 그리고 고수준 시스템 요구사항에 해당하는 시스템 범위에 대해 결정해야 한다. 이 정보를 사용함으로써 시스템 조달 여부, 필요한 시스템 유형, 그리고 시스템의 공급자에 대해서 추가적인 결정을 한다. 이러한 결정을 유도하는 요인은 다음과 같다.

1. **다른 조직 시스템의 교체**: 만약 조직이 같이 작동하지 않는 시스템 조합을 가지고 있거나, 유지비가 비싸면, 추가적인 성능을 가진 교체 시스템을 조달하는 것이 중요한 사업 상의 이익을 가져올 수도 있다.
2. **외부 규정의 준수 필요성**: 점점 더 비즈니스는 규제당하고 있으며, 조직 외부에서 정한 규정(미국의 Sarbanes-Oxley 회계 규정)을 준수한다는 것을 입증해야 한다. 규정을 준수하기 위해서는 규정을 준수하지 않는 시스템을 대치하거나, 규정 준수를 감시하기 위한 새로운 특정 시스템을 제공할 것을 요구한다.
3. **외부 경쟁**: 만약 비즈니스가 더욱 효과적으로 경쟁해야 할 필요가 있거나 경쟁적인 위치를 점해야 할 필요가 있을 경우에 관리자는 비즈니스의 효율 및 효과성을 높이기 위해 새로운 시스템을 구매하기로 할 수 있다. 국방 시스템에서는 새로운 위협에 맞닥뜨렸을 때 성능을 개선할 필요성이 새로운 시스템을 조달하는 중요한 이유가 된다.
4. **비즈니스 재구성**: 비즈니스와 기타 조직은 효과를 높이기 위한 의도이거나 또는 고객 서비스를 증진시키기 위하여 비즈니스를 빈번하게 재구성한다. 비즈니스 재구성은 새로운 시스템의 지원이 필요한 비즈니스 프로세스에 변화를 가져올 수 있다.
5. **가용 예산**: 조달 가능한 새로운 시스템의 범위를 결정하는 분명한 요인은 가용 예산이다.

게다가 새로운 정부 시스템은 정치적 변화와 정치적 정책을 반영하기 위해 종종 조달된다. 예를 들어 정치가들은, 그들이 주장하는 것처럼 테러를 막기 위하여 새로운 감시 시스템을 구매하자고 결정할 수 있다. 이러한 시스템을 구입하는 것은 유권자들에게 그들이 활동을 하고 있다는 것을 나타낸다.

크고 복잡한 시스템은 기성품(off-the-shelf) 컴포넌트들이나 특별히 제작한 컴포넌트들의 조합을 통해 개발된다. 이는 보통 기존의 레거시 시스템이나 조직의 데이터베이스를 통합하기도 한다. 레거시 시스템과 기성품 시스템들이 사용될 때, 새로운 맞춤식 소프트웨어는 이러한 컴포넌트들을 통합할 필요가 있다. 새로운 소프트웨어는 컴포넌트 인터페이스를 관리함으로써 이 컴포넌트들은 상호 작동할 수 있다. 이러한 "glueware"를 개발하는 한 가지 이유는 판매용 컴포넌트를 이용함으로써 얻어지는 이익이, 때로는 예상한만큼 크지 않기 때문이다.

세 가지 타입의 시스템 또는 시스템 컴포넌트들이 조달될 수 있다.

1. 변경 없이 사용될 수도 있고, 사용을 위해 최소한의 설정만이 필요한 기성품(off-the-shelf) 애플리케이션
2. 사용을 위해 코드를 수정하거나 혹은 프로세스 정의 및 규칙과 같은 내장된 설정 특성들을 이용하여 수정이나 개작해야만 하는 설정 가능한 애플리케이션 혹은 ERP 시스템
3. 사용을 위해 특별하게 설계되거나 구현된 맞춤식 시스템

이와 같은 각각의 컴포넌트들은 서로 다른 조달 프로세스를 따르는 경향이 있다. 그림 19.9는 세 가지 유형의 시스템에 관한 조달 프로세스의 주요 특징을 보여준다. 조달 프로세스에 영향을 미치는 핵심 이슈는 다음과 같다.

1. 조직은 보통 IT 부서에 의해서 점검된 애플리케이션 소프트웨어의 집합을 승인하고 권장한다. 타당한 이유에 근거한 필요가 없어도 이러한 오픈 소스 소프트웨어를 구매하거나 획득하는 것은 가능하다. 예를 들어 iLearn 시스템에서는 우리는 Wordpress가 학생이나 직원 블로그에 가장 적합하다고 추천하였다. 만약 마이크가 필요하다면 기성품 하드웨어를 구매하면 된다. 상세한 요구사항이 존재하지 않고, 사용자는 선택한 애플리케이션의 특성에 맞춘다.
2. 요구사항이 기성품 컴포넌트를 염두에 두고 작성되지 않는 한, 대개 기성품 컴포넌트는 요구사항과 정확하게 일치하지 않는다. 따라서 시스템을 고른다는 것은 시스템 요구사항과 기성품 시스템에 의해 제공된 기능들이 가장 근접하게 일치하는 것을 찾아야만 함을 의미한다. ERP와 다른 대규모의 애플리케이션 시스템은 이러한 카테고리에 포함될 수 있다. 여러분은 시스템 가정에 맞도록 요구사항을 수정해야만 할 수도 있다. 이는 다른 서브시스템에도 연쇄적 영향을 미칠 수도 있다. 여러분

은 또한 구매자의 작업 환경에 맞춰 ERP 시스템이나 애플리케이션을 맞추고 수정하는 집중적인 설정 프로세스를 가진다.

3. 시스템이 특별하게 구축될 때, 요구사항 명세서는 획득 중인 시스템에 관한 계약의 일부가 된다. 이는 법적 문서뿐만 아니라 기술적인 문서도 의미한다. 요구사항 문서는 매우 중요하므로 이러한 유형의 조달 프로세스는 일반적으로 매우 많은 시간을 소모한다.

4. 특히 공공 부문 시스템의 경우에는, 시스템의 조달에 영향을 미치는 상세한 규칙과 규정이 존재한다. 예를 들어 EU에서는 일정 가격을 넘어가는 모든 공공 부문 시스템은 유럽의 모든 공급자가 입찰이 가능해야 한다. 이를 위해서는 상세한 입찰 문서가 작성되어 일정 기간 동안 유럽 전역에 입찰 공고되어야 한다. 이는 조달 프로세스를 천천히 진행되도록 만들 뿐만 아니라 애자일 개발에 제약을 가하는 경향이 있기도 하다. 이는 시스템 구매자가 요구사항들을 개발하도록 만들어 모든 기업들이 시스템 계약에 참가할 수 있도록 충분한 정보를 제공하게 만들어준다.

5. 변경이 필요한 애플리케이션 시스템이나 맞춤식 시스템에는 보통 고객과 공급자 간에 시스템 개발을 위한 계약 조건을 조율하는 협상 기간이 존재한다. 일단 시스템이 선택된다면 여러분은 가격, 라이선스 조건, 시스템에 일어날 가능한 변화들과 다른 계약상 문제들을 협상할 수도 있다. 맞춤식 시스템의 경우, 협상에는 지불 일정, 보

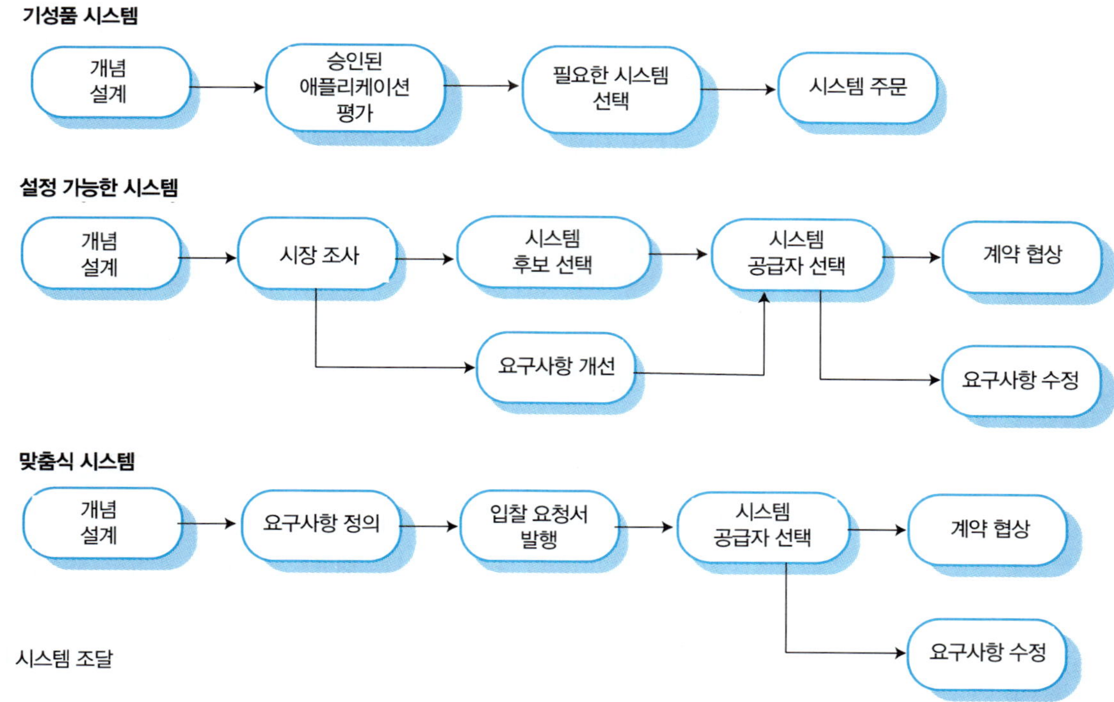

그림 19.9 시스템 조달 프로세스

고, 검수 기준, 요구사항 변화 요청 그리고 시스템 가격 변화 등을 포함한다. 이런 프로세스 동안, 전체적인 비용을 낮추고 어떤 개발 문제들을 피하기 위해 요구사항 변경에 합의할 수도 있다.

복잡한 사회기술적 시스템이 시스템의 구매자 "조직 내에서(in house)" 개발되는 경우는 거의 없다. 대신 외부의 시스템 기업이 시스템 공학 입찰에 참여한다. 고객의 비즈니스가 시스템 공학이 아니라면, 고객 기업의 직원들이 시스템 자체를 개발하는 데 필요한 기술을 가지고 있지 않다. 복잡한 하드웨어/소프트웨어 시스템에는 서로 다른 전문 기술을 가진 공급자 집단이 참여할 필요가 있다.

항공 교통 관리 시스템(ATC)과 같은 거대한 시스템의 경우 공급자 집단은 컨소시엄을 형성하여 입찰에 참여할 수도 있다. 컨소시엄은 해당 유형의 시스템이 요구하는 모든 역량들을 다 갖추고 있어야 한다. ATC 시스템의 경우에는 컴퓨터 하드웨어 공급자와 소프트웨어 기업, 주변 장치 공급자 그리고 레이더 시스템과 같은 전문 장비 공급자로 구성되어 있다.

고객들은 보통 다수의 공급자와 협상하는 것을 좋아하지 않는다. 그래서 주로 프로젝트를 조율하는 주 계약자에게 계약이 넘어가게 된다. 주 계약자는 하도급을 통해 서로 다른 서브시스템 개발을 조율한다. 하도급 계약자는 주 계약자 및 고객과 협상한 명세서에 따라 시스템의 일부를 설계하고 구축한다. 이 과정이 완료되면 주 계약자는 각 컴포넌트들을 결합하여 고객에게 전달한다.

시스템 공학 프로세스의 조달 단계에서 내려지는 결정들은 해당 프로세스의 이후 단계에서 중요하다. 부실한 조달 결정은 시스템 인도 지연이나 그들의 운영 환경과는 맞지 않는 시스템의 개발과 같은 큰 문제를 만들 수 있다. 만약 시스템이나 공급자가 잘못 선택됐다면, 시스템 공학과 소프트웨어 공학의 기술적 프로세스가 더욱 복잡해진다.

예를 들어 저자는 조직 전체의 운영을 "표준화"하는 ERP 시스템을 선택한 결정이었던 시스템 "장애"를 연구했다. 이러한 운영은 매우 다양했고, 이것의 합리적인 이유가 밝혀지긴 했다. 표준화는 실제로 불가능했다. ERP 시스템이 이러한 다양성에 맞춰서 수정되기는 어렵다. ERP 시스템은 약 10만 파운드의 비용이 소모된 후에 결국 폐기되었다.

시스템이 조달되는 동안에 내려진 결정과 선택은 시스템의 보안성과 확실성에 중대한 영향을 미칠 수 있다. 예를 들어 만약 기성품 시스템을 조달하기로 결정이 내려졌다면, 조직은 해당 시스템의 보안성 및 확실성 요구사항에 영향을 미치지 않은 선택을 수용해야 한다. 시스템 보안성은 시스템 공급자의 결정에 의해 좌우된다. 게다가 기성품 시스템은 보안 약점이 알려져 있을 수 있거나 복잡한 환경 설정을 요구할 수도 있다. 시스템에 대한 진입 지점이 적절하게 보호되지 않은 환경 설정 오류는 보안 문제에 커다란 문제를 야기할 수 있다.

반면에 맞춤식 시스템을 조달하기로 결정하는 것은 보안성 및 확실성 요구사항을 이해하고 정의하는 데 많은 노력을 기울여야 함을 의미한다. 만약 기업이 이러한 분야에 대해서 제한된 경험을 가지고 있다면 이는 꽤 쉽지 않은 일이 될 것이다. 만약 허용 가능한 시스템 성능과 필요한 수준의 확실성을 달성한다면, 개발 시간이 늘어나고 예산이 증가할 수도 있다.

대다수의 잘못된 시스템 조달 의사결정은 기술적인 이유보다는 정치적인 이유에서 발생한다. 고위 경영진은 조직 전체에 사용되는 단일 시스템을 요구함으로 자신의 통제 권한을 더욱 강화하고자 한다. 공급자는 최고의 기술을 제공함으로 선택되기보다는 고위 경영진과 장기간의 관계를 유지하기 때문에 선택되곤 한다. 관리자는 새로운 기술에 위협을 느끼기도 하며 그래서 기존의 시스템을 유지하여 권한을 계속 가지고자 한다. 20장에서 논의하는 것처럼 필요한 시스템을 이해하지 못 하는 사람들이 결정에 종종 책임을 진다. 공학 이슈가 반드시 의사결정 프로세스에 큰 역할을 하는 것은 아니다.

19.4 시스템 개발

시스템 개발은 시스템의 부분들을 개발하거나 구매하고, 그 다음에 최종 시스템을 만들기 위해 이 요소들을 통합하는 복잡한 프로세스이다. 시스템 요구사항은 개념 설계와 개발 프로세스를 연결해주는 가교 역할을 해준다. 개념 설계가 진행되는 동안에는 비즈니스와 높은 수준의 기능 및 비기능적 시스템 요구사항이 정의된다. 여러분은 이를 개발의 시작이라고 생각해도 되며 따라서 그림 19.1처럼 중첩된 프로세스로 나타난다. 일단 시스템 요소들에 대한 계약이 합의되면 더욱 상세한 요구공학 프로세스가 진행된다.

그림 19.10은 시스템 개발 프로세스의 모델이다. 시스템 공학 프로세스는 보통 2장에서 설명한 것과 유사한 "폭포수" 프로세스 모델을 따른다. 비록 폭포수 모델이 대부분의 소프트웨어 개발 유형에 적합하지 않더라도 계획 주도 프로세스인 고수준의 시스템 공학 프로세스는 이 모델을 따른다.

계획 주도 프로세스는 서로 다른 시스템 요소들이 독립적으로 개발되므로 시스템 공학에서 사용된다. 서로 다른 계약자는 별도의 서브시스템을 동시에 개발한다. 따라서 서브시스템 요소들의 인터페이스는 개발 시작 전에 설계되어야 한다. 하드웨어나 다른 장비들을 포함하는 시스템의 경우에는 개발 단계에서 변경되는 것은 상당히 많은 비용을 유발하거나 실제로는 불가능할 수 있다. 따라서 하드웨어 개발 혹은 구축 작업 시작 전에는 시스템 요구사항이 완벽하게 이해되어야 한다.

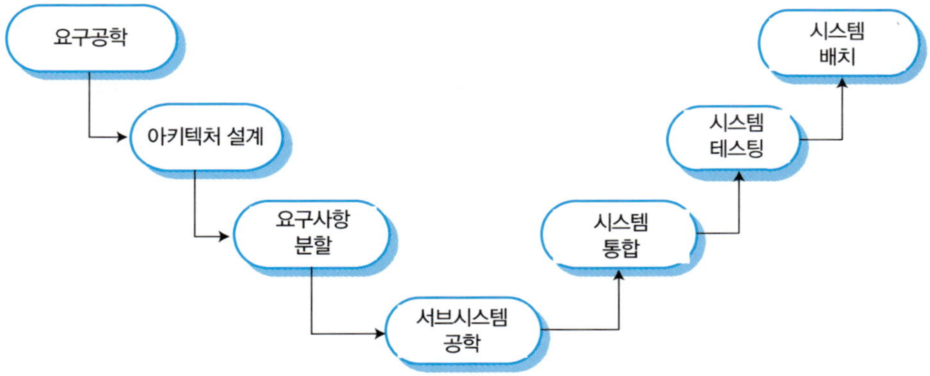

그림 19.10 시스템 개발 프로세스

시스템 공학의 가장 어려운 측면 중에 하나는 기업들이 프로세스 각 단계별로 서로 다른 용어를 쓴다는 것이다. 때로는 요구공학이 개발 프로세스의 일부이기도 하고, 때로는 별개의 활동이기도 하다. 그러나 개념 설계 이후에는 일곱 가지 기본적인 개발 활동들이 있다.

1. **요구공학**: 개념 설계에서 식별된 고수준의 비즈니스 요구사항들을 다듬고, 분석하고 그리고 문서화하는 프로세스이다. 4장에서는 가장 중요한 요구공학 활동을 다루었다.
2. **아키텍처 설계**: 요구공학 프로세스와 크게 중첩된다. 이 프로세스에서는 시스템의 전반적 아키텍처를 설정하는 것과 서로 다른 시스템 컴포넌트를 식별하는 일과 이들 간의 관계를 이해하는 것을 포함한다.
3. **요구사항 분할**: (아키텍처 설계에서 식별된)어떤 서브시스템이 시스템 요구사항을 구현하는 데 책임이 있는지와 관련이 있다. 요구사항은 하드웨어, 소프트웨어, 또는 운영 프로세스 별로 할당되어 구현을 위한 우선순위가 매겨져야 한다. 이상적으로는 중요한 요구사항의 구현이 서브시스템 협력을 필요하지 않도록 만들기 위해서, 요구사항을 개별 서브시스템에 할당하여야 한다. 그러나 이는 항상 가능한 일이 아니다. 이 단계에서 여러분은 또한 운영 프로세스와 이 프로세스가 요구사항을 구현하는 데 어떻게 이용되는가 결정해야 한다.
4. **서브시스템 공학**: 시스템의 컴포넌트 개발, 기성품 하드웨어와 소프트웨어 설정, 만일 필요하면 특수 목적용 하드웨어 설계, 시스템에 대한 운영 프로세스 정의, 그리고 필수적인 비즈니스 프로세스의 재설계를 포함한다.
5. **시스템 통합**: 새로운 시스템을 만들기 위해 시스템 요소들을 합치는 프로세스이다. 그러고는 오직 창발적 시스템 특징만이 나타나게 된다.
6. **시스템 테스팅**: 전체 시스템이 테스트되고 문제들이 노출되는 확장된 활동이다. 이러

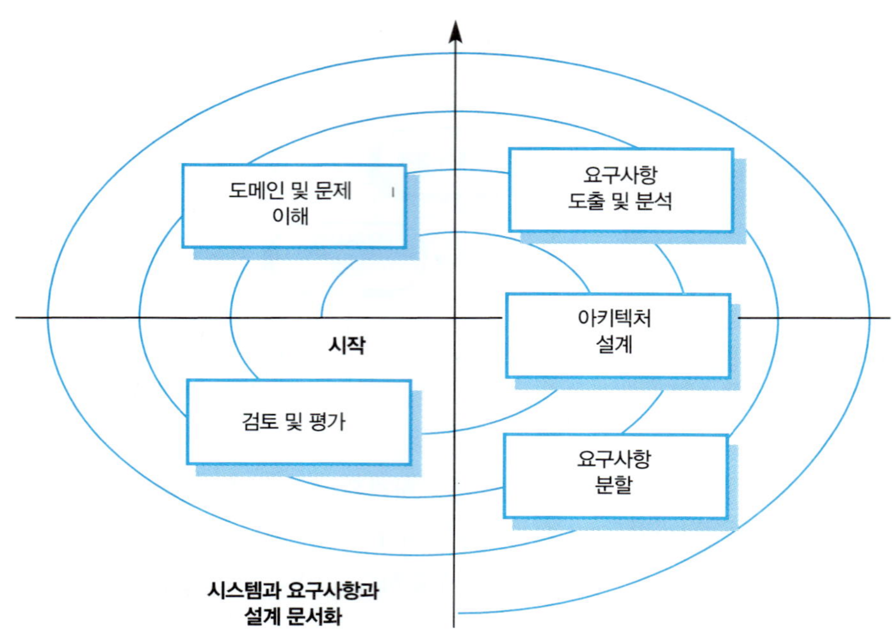

그림 19.11
나선형 요구분석과 설계

한 문제들의 수정, 시스템 성능의 조율, 그리고 새로운 요구사항의 구현을 위해 서브시스템 공학과 시스템 통합 단계가 다시 시작된다. 시스템 테스팅은 시스템 개발자의 테스팅과 해당 시스템을 조달하는 조직의 인수/사용자 테스팅 모두를 포함한다.

7. **시스템 배치:** 사용자가 시스템을 사용 가능하도록 만들고 기존 시스템의 데이터를 이관하고 주어진 환경의 다른 시스템과의 통신을 설정하는 프로세스이다. 사용자들의 작업을 지원하도록 시스템 사용을 시작하고 나면, 프로세스는 "가동 준비(go live)"로 종료된다.

비록 전반적 프로세스가 계획 주도적일지라도 요구사항 개발과 시스템 설계는 불가분하게 연결되어 있다. 요구사항 및 고수준 설계는 동시에 진행된다. 기존 시스템에 의해 나타난 제한 사항들은 설계 상의 선택을 제한하며 이 선택은 요구사항으로 명세화될 수도 있다. 만약 여러분이 요구공학 프로세스를 구축하고 조직화하기 위해서는 초기의 설계를 해야 한다. 설계 프로세스가 진행됨에 따라, 기존의 요구사항이 가진 문제점이 발견되어 새로운 요구사항이 등장할 수도 있다. 결론적으로, 이렇게 연결된 프로세스를 그림 19.11에 나타낸 것처럼 나선형으로 생각할 수 있다.

나선은 실제로 요구사항이 설계 결정에 영향을 미치고 그 반대이기도 하다는 것을 나타내므로, 이러한 프로세스들이 서로 중첩되어 있다는 의미이다. 중심에서 출발하여, 나선의 각 원을 따라 요구사항과 설계에 세부 사항이 추가될 수 있다. 서브시스템이 아키텍처에서 식별되면서, 시스템 요구사항 제공에 관련해서 이 서브시스템의 책임에 대한 결정이 이뤄진다. 나선의 어떤 원은 요구사항에 초점을 맞추고 다른 원은 설계에 초점을 맞춘다. 때로는 새로운 지식이 요구사항과 설계 프로세스에서 식별되기도 하는데 이는 문제 설명 그 자체가 변경될 필요가 있다는 것을 의미한다.

거의 모든 시스템에서는, 가능한 설계가 요구사항을 충족시킨다. 이는 하드웨어, 소프트웨어와 사람의 운영을 결합하는 다양한 해결책을 포함한다. 추가적인 개발을 위해 여러분이 선택한 해결책은 아마 요구사항을 만족시키는 가장 적절한 기술적 해결책일 수도 있다. 그러나 폭 넓은 조직적 · 정치적 고려가 해결책 선택에 영향을 미칠 수도 있다. 예를 들어 정부 고객은 자신들의 시스템을 위한 해외 공급자보다는 국내 공급자를 이용하는 것을 선호하기도 한다. 심지어 국산 제품이 기술적으로 더 수준이 낮더라도 말이다.

조직적 · 정치적 고려는, 보통 설계와 요구사항이 수용되거나 거부되는 나선형 모델의 평가 및 검토 단계에서도 영향을 미친다. 이 프로세스는 검토(review) 결과 서브시스템의 요구사항과 고수준 설계가 충분히 상세하게 명세화되고 설계되었다고 판단될 때 종료된다.

서브시스템 공학은 시스템 하드웨어와 소프트웨어 컴포넌트를 설계하고 구축하는 것을 포함한다. 우주선과 같은 어떤 특정 유형의 시스템에서는 모든 하드웨어와 소프트웨어 컴포넌트가 개발 프로세스 동안 설계되고 구축될 것이다. 그러나 대부분의 시스템에서는 어떤 컴포넌트가 개발되기보다는 구매된다. 대개 특수 목적 컴포넌트를 개발하는 것보다는 이미 존재하는 제품을 사는 것이 더욱 저렴하기 때문이다. 그러나 만약 여러분이 ERP 시스템과 같이 상당히 큰 기성품 시스템을 구매한다면, 여러분의 운영 환경에 맞춰 이 시스템이 사용되도록 설정하는 것도 많은 비용이 든다.

서브시스템은 보통 동시에 개발된다. 서브시스템 경계를 가로지르는 문제를 만날 때, 시스템 수정 요청이 제기되어야 한다. 시스템이 광범위한 하드웨어 공학을 포함하면, 제조 후에 변경을 가하는 것은 대개 많은 비용이 든다. 종종 문제를 보상하는 "해결 방법(workarounds)"을 찾아야 한다. 이러한 해결 방법들은 보통 새로운 요구사항을 구현하기 위한 소프트웨어 변경을 포함한다.

시스템이 통합되는 동안에는, 독립적으로 개발된 서브시스템을 취해 완전한 시스템을 만들기 위해 함께 합친다. 통합 작업은 "big bang" 접근 방식을 사용하여 이뤄지기도 하는데, 이는 모든 서브시스템들이 동시에 통합되는 것을 말한다. 그러나 기술 및 관리 상의 이유로 서브시스템들이 한 번에 하나씩 통합되는 점증적 통합 과정이 가장 좋은 방식일 것이다.

1. 모든 서브시스템이 동시에 개발이 완료되도록 일정을 잡는 것은 보통 불가능하다.

2. 점증적 통합은 오류를 찾는 비용을 감소시킨다. 만약 많은 서브시스템이 동시에 통

합된다면, 테스팅 중간에 발생하는 오류는 이 서브시스템에서의 어디에서나 발생할 수 있다. 하나의 서브시스템이 이미 작동 중인 서브시스템에 통합된다면, 오류는 새롭게 통합된 서브시스템에서 발생하였거나 기존의 서브시스템과 새로운 서브시스템과의 상호 작용에서 발생했을 것이다.

기성품 하드웨어와 소프트웨어 애플리케이션을 통합함으로써 만들어지는 시스템의 수가 증가함에 따라, 시스템 구현과 통합의 경계는 모호해지고 있다. 어떤 경우에는 새로운 하드웨어나 소프트웨어를 개발할 필요가 없는 경우도 있다. 기본적으로 시스템 통합은 시스템의 구현 단계이다.

통합 프로세스 도중이나 끝나고 난 후에는 시스템을 테스트한다. 시스템 전체로서의 시스템의 동작과 컴포넌트 사이의 인터페이스에 초점을 맞춰서 테스트가 이루어져야 한다. 필연적으로 테스팅은 또한 수정되어야 할 각 서브시스템이 가진 문제를 드러나게 한다. 테스팅에는 긴 시간이 소요되며, 시스템 개발 중의 공통적인 문제는 테스팅 팀이 예산이나 시간을 다 써버릴 수도 있다는 점이다. 이 문제로 인해, 개발이 이루어진 후에 수정할 필요성이 있는 오류 유발 가능성이 높은 시스템을 인도하게 만든다.

다른 서브시스템에 대하여 유효하지 않은 가정의 결과인 서브시스템 결함은 시스템 통합의 과정에서 종종 노출된다. 이는 서로 다른 서브시스템의 구현에 책임이 있는 계약자들의 분쟁을 유발하기도 한다. 일단 서브시스템 통합에서 문제가 발생하였다면 계약자들은 어떤 서브시스템이 문제를 일으켰는지 논쟁을 한다. 문제의 해결책을 협의하는 데 몇 주 혹은 몇 달이 걸릴 수도 있다.

시스템 개발 프로세스의 마지막 단계는 시스템 인도와 배치이다. 하드웨어에 설치된 소프트웨어는 운영을 위해 준비된다. 이는 사용되는 지역 환경을 반영하는 시스템 배치와 기존 시스템에서의 데이터 이관, 그리고 사용자 문서화 및 훈련을 위한 준비를 포함한다. 이 단계에서는 또한 환경 내 다른 시스템이 새로운 시스템과 상호 운영되도록 보장하기 위해 다른 시스템을 재설정해야 하는 것을 포함하기도 한다.

시스템 배치는 원칙적으로는 간단한 일이지만, 이는 예상보다 쉽지 않을 수 있다. 사용자 환경은 시스템 개발자가 예상했던 것보다 더 어려울 수 있다. 예상하지 못한 환경에서 동작하도록 시스템을 적응시키는 것이 어려울 수 있다. 기존 시스템 데이터는 집중적인 정리 작업이 필요하고, 부분적으로는 예상보다 더 많은 노력이 들 수도 있다. 다른 시스템과의 인터페이스는 적절하게 문서화되어 있지 않을 수 있다. 여러분은 아마 계획된 운영 프로세스가 다른 시스템의 운영 프로세스와 호환이 되지 않기 때문에 변경되어야 한다는 것을 알 수도 있다. 사용자 훈련은 준비하기 힘들며 그 결과 최소한 초기에는 사용자들이 시스템 기능에 접근할 수 없을 수도 있음을 의미한다. 시스템 배치는 따라서 예상한 것보다 더 많은 시간과 비용이 든다.

19.5 서비스 운영과 진화

운영 프로세스는 설계자에 의해 의도된 대로 시스템을 사용하는 프로세스이다. 예를 들어 항공 교통 통제 시스템의 운영자는 항공기가 출입할 때, 고도나 속도를 바꿀 때 그리고 비상상황이 발생했을 때와 같은 상황에서 특정 프로세스를 따른다. 새로운 시스템에서는 운영 프로세스는 시스템 개발 프로세스에서 정의되고 문서화된다. 운영자는 훈련을 받으며 다른 작업 프로세스가 새로운 시스템을 효과적으로 사용하도록 적응된다. 시스템 명세화에서는 오류나 누락 사항이 있을 수 있기 때문에 발견하지 못한 문제들이 이 단계에서 나타날 수 있다. 시스템이 명세서대로 수행되는 반면에, 시스템의 기능이 실제 운영 요구를 만족하지 못할 수도 있다. 결과적으로 시스템 사용자들은 설계자가 의도한대로 시스템을 사용하지 못 하는 것이다.

운영 프로세스의 설계자들이 많은 사용자 연구에 기반하고 있다 하더라도, 사용자가 새로운 시스템에 적응하고 제대로 사용하는 방법을 익히는 실무 단계를 거치는 "길들이기(domestication)"(Stewart and Williams 2005) 기간은 항상 존재한다. 사용자 인터페이스가 중요하기는 하나, 연구 결과에 의하면 시간이 주어진다면 사용자는 복잡한 인터페이스에도 적응할 수 있다. 그들이 숙련될수록 작업을 쉽게 처리하는 것보다 빠르게 처리할 수 있는 방식을 선호한다. 이는 시스템을 설계할 때 비숙련자를 위하기보다는 숙련자를 대상으로 적응가능한 사용자 인터페이스를 설계해야 함을 의미한다.

어떤 사람들은 시스템 운영자가 시스템 문제의 근원이라고 보며, 운영자들이 최소한으로 시스템에 관여하도록 자동화된 시스템으로 가야 한다고 주장한다. 저자의 의견으로는 이러한 방식에는 두 가지 문제점이 있다.

1. 이는 시스템의 기술적 복잡도를 증가시킬 수가 있다. 왜냐하면 모든 기대되는 장애 모드에 대처하도록 설계해야 하기 때문이다. 이는 시스템 구축에 드는 비용 및 시간을 증가시킬 것이다. 또한 예상치 못한 장애에 대처하기 위한 준비가 필요하다.
2. 사람들은 예상하지 못한 상황이나 문제에 대해서는 적응하고 대처할 수 있다. 따라서 여러분은 시스템을 명세화하고 설계할 때, 모든 일이 잘못된 방향으로 갈 것이라고 예상할 필요는 없다.

사람들은 심지어 그들이 예상치 못한 사건이나 시스템 상태에 대한 직접적인 경험이 없더라도, 이러한 일에 효과적으로 대처할 수 있는 특별한 능력이 있다. 그러므로 일이 잘못 진행될 때에는, 시스템 운영자는 다른 해결책을 찾아보거나 비표준적인 방식으로 시스템을 사용함으로써 상황을 복구할 수도 있다. 운영자들은 프로세스를 향상시키거나 시스템에 적응하기 위해 각자의 지식들을 활용한다. 보통은 실제 운영 프로세스는 시스템 설계자가 의도했던 것과는 다르다.

결론적으로는 여러분은 운영 프로세스가 유연하고 적응하기 쉽도록 설계하여야 한다. 운영 프로세스는 너무 제한사항이 많으면 안되고 운영 프로세스는 특정 순서로만 구동되어져서는 안 된다. 그리고 시스템 소프트웨어는 특정 프로세스를 따르는 것에만 의존해서도 안 된다. 운영자는 실제 상황에서 무엇을 하고 하지 않는지 알기 때문에 프로세스를 개선한다.

시스템이 운영되고 난 뒤에 발생하는 문제는 기존의 시스템과 나란히 새로운 시스템이 운영되므로 일어난다. 이에는 물리적인 호환성 문제도 있을 수 있거나 또는 다른 시스템으로의 데이터 이관이 어렵기 때문에 발생할 수도 있다. 더욱 알아채기 힘든 문제는 서로 다른 시스템에서 상이한 인터페이스를 가지는 데서 발생한다. 새로운 시스템을 도입하게 되면, 운영자는 다른 시스템의 사용자 인터페이스 명령을 사용함에 따라 운영자 오류 비율이 증가하기도 한다.

19.5.1 시스템 진화

크고 복잡한 시스템은 보통 긴 수명을 가지고 있다. 원래의 하드웨어 및 소프트웨어 기술이 비록 구식이 되더라도, 복잡한 하드웨어/소프트웨어 시스템은 20년 이상 사용될 수도 있다. 이러한 긴 수명은 그림 19.12에서 보듯이 몇 가지 이유가 있다.

크고 복잡한 시스템은 원래의 시스템 요구사항의 오류를 수정하고 새로 등장한 요구사항을 구현함으로써 변화하고 진화한다. 시스템의 컴퓨터는 새롭고 더 빠른 기기로

그림 19.12 시스템 수명에 영향을 미치는 요인들

요인	근거
투자 비용	시스템 공학 프로젝트의 비용은 몇십 혹은 몇백만 달러에 이른다. 이 비용은 오직 시스템이 조직에게 수년간 가치를 제공할 때만 정당화될 수 있다.
전문가 손실	기업의 핵심 활동에 집중하기 위한 비즈니스 변화나 재구축은 종종 공학 전문가를 놓치게 하는 계기가 된다. 이는 새로운 시스템의 요구사항을 명세화 할 능력이 부족해짐을 의미한다.
교체 비용	큰 시스템을 대체하는 것은 높은 비용을 필요로 한다. 기존의 시스템을 교체하는 것은 교체가 기존 시스템보다 더 높은 절약 효과가 있을 때 정당화될 수 있다.
투자수익률	만약 고정예산이 시스템 공학에 사용가능하더라도, 기존 시스템을 교체하는 것보다 새로운 비즈니스 영역에 투자하는 것이 더 많은 수익률을 보장할 수 있다.
변경 리스크	시스템은 비즈니스 운영의 본질적인 부분으로 기존 시스템을 새로운 시스템으로 교체하는 리스크는 정당화될 수 없다. 새로운 시스템에 대한 위험은 하드웨어, 소프트웨어, 그리고 운영 프로세스에서 일이 잘못되어갈 수 있다는 점이다. 비즈니스에서 이러한 문제들의 잠재적 비용이 너무 높아서 시스템 교체 리스크를 감수하지 못할 수 있다.
시스템 종속성	시스템은 상호의존적으로 시스템 하나를 교체하는 것은 다른 시스템에 대대적인 변경을 유발할 수도 있다.

바뀔 가능성이 높다. 시스템을 사용하는 조직 자체는 재구성되며 따라서 시스템을 다른 방식으로 사용한다. 시스템의 외부 환경은 변하며 시스템에 변경을 가하게 된다. 따라서 진화는 정상적인 시스템 운영 프로세스와 나란히 진행되는 프로세스이다. 시스템 진화는 시스템의 하드웨어, 소프트웨어 그리고 운영 프로세스를 변경 및 확장하기 위해 개발 프로세스에 재진입하는 것을 포함한다.

소프트웨어 진화와 비슷한(9장에서 논의된 것과 같이) 시스템 진화는 몇 가지 이유로 많은 비용이 든다.

1. 제안된 변경은 비즈니스 및 기술적 관점에서 매우 신중하게 분석되어야 한다. 변경은 단순히 기술적인 이유가 동기가 되는 것이 아니라 시스템의 목표에 기여해야 한다.
2. 서브시스템은 완전히 독립적일 수가 없기 때문에, 한 서브시스템의 변화는 역으로 다른 서브시스템의 성능이나 동작에 부정적인 영향을 미치는 부작용을 가질 수 있다. 이러한 결과로 나타나는 서브시스템의 변경은 필요할 수도 있다.
3. 처음의 설계 결정 이유는 보통 기록되지 않는다. 시스템 진화에 책임이 있는 사람들은 어떠한 이유로 설계 결정이 내려졌는지 이해해야 한다.
4. 시간이 지남에 따라 시스템의 이러한 변경은 시스템 구조가 망가져 향후 변화에 대한 비용은 더욱 증가한다.

수년간 사용되어 온 시스템은 보통 구식이 된 하드웨어나 소프트웨어 기술에 기반하고 있다. 이런 "레거시 시스템(9장에서 논의된)"은 지금은 구식이 된 기술을 사용하여 개발된 사회기술적 컴퓨터 기반 시스템이다. 그러나 이들은 단순히 레거시 하드웨어나 소프트웨어를 포함하고 있지는 않다. 이들은 또한 레거시 프로세스나 절차에 의존한다. 이러한 활동을 수행하는 구식 방법은 레거시 소프트웨어에 의존적이기 때문에 바뀌기 어렵다. 시스템의 한 부분의 변경은 다른 컴포넌트에 대한 변경을 필연적으로 일으킨다.

시스템 진화 중에 일어나는 변경은 종종 시스템 문제나 취약성의 근원이 된다. 만약 시스템을 개발하는 사람들과 시스템 변경을 구현하는 사람이 다르다면, 확실성과 보안성의 이유로 내려졌던 설계 결정을 인식하지 못할 수도 있다. 그러므로 그들은 시스템을 변경하여 시스템이 구축될 때 의도적으로 구현한 보안 장치를 잃어버릴 수도 있다. 게다가 테스팅은 비용이 많이 들기 때문에 모든 시스템 변경 이후에 완전한 재 테스팅은 불가능할 수도 있다. 결론적으로 테스팅은 다른 시스템 컴포넌트의 결함을 야기하거나 드러내는 변경의 부정적인 부작용을 발견하지 못할 수도 있다.

키 포인트

- 시스템 공학은 복잡한 사회기술적 시스템을 명세화 작업, 구매, 설계 그리고 테스팅하는 것까지를 포함한다.
- 컴퓨터 하드웨어, 소프트웨어, 그리고 사람을 포함하는 사회기술적 시스템은 조직 내에 위치한다. 사회기술적 시스템은 조직과 비즈니스 목표 및 목적을 지원하도록 설계된다.
- 시스템의 창발성은 컴포넌트 부분들이라기보다는 시스템 그 전체로서의 특성이다. 이는 성능, 신뢰성, 사용성, 안전성 및 보안성을 포함한다.
- 기본적인 시스템 공학 프로세스는 개념적 시스템 설계, 시스템 조달, 시스템 개발과 시스템 운영이다.
- 개념적 시스템 설계는 고수준의 시스템 요구사항과 운영 시스템 비전이 개발되는 핵심 활동이다.
- 시스템 조달은 어떤 시스템을 구매할지, 누구에게 시스템을 공급받을 지를 포괄하는 의사 결정 활동이다. 서로 다른 조달 프로세스는 보급형 애플리케이션 시스템이나 설정 가능한 COTS 시스템과 맞춤식 시스템을 위해 사용된다.
- 시스템 개발 프로세스는 요구사항 명세화, 설계, 구축, 통합 및 테스팅까지를 포함한다.
- 시스템을 사용하기 시작하면 운영 프로세스와 시스템 그 자체는 비즈니스 요구사항과 시스템 환경의 변화에 맞춰 필연적으로 변경된다.

추가로 읽을거리

"Airport 95: Automated Baggage System." 시스템 공학 프로젝트가 무엇이 잘못되었는가 그리고 소프트웨어가 광범위한 시스템 장애에 어떤 책임이 있는가에 관한 탁월한, 알기 쉬운 사례 연구이다. (*ACM Software Engineering Notes*, 21, March 1996). http://doi.acm.org/10.1145/227531.227544

"Fundamentals of Systems Engineering." 이는 NASA의 시스템 공학 핸드북의 입문서에 가까운 장(章)이다. 항공 시스템에 관한 시스템 공학 프로세스의 개요를 제시한다. 비록 대부분이 기술적 시스템에 관한 것이지만, 사회기술적 이슈들도 설명하고 있다. 확실성은 명백히 아주 중요한 문제이다.(In *NASA Systems Engineering Handbook*, NASA-SP 2007-6105,2007).

http://ntrs.nasa.gov/archive/nasa/casi.ntrs.nasa.gov/20080008301_2008008500.pdf

The LSCITS Socio-technical Systems Handbook. 이는 사회기술적 시스템에 대해 이해하기 쉽고 자세한 내용들을 제공하는 핸드북이다. (Various authors, 2012). http://archive.cs.st-andrews.ac.uk/STSE-Handbook

"Architecting systems :Concepts, Principles and Practice. 이는 하드웨어에 집중된 "전통적인" 시스템 공학 책이 아니라 시스템 공학에 대한 아주 새로운 관점을 전해준다.

시스템 엔지니어로 경험이 많은 저자는 다양한 시스템에 대한 예들을 넣었으며, 기술적 이슈뿐만 아니라 사회기술적 시스템의 중요성을 인식하였다. (H. Sillitto, College Publications, 2014).

웹 사이트

이 장의 파워포인트 슬라이드:

https://iansommerville.com/software-engineering-book/slides

관련 비디오 링크:

https://iansommerville.com/software-engineering-book/videos/systems/

연습문제

19.1. 복잡한 사회기술적 시스템의 지원을 받는 정부 기능의 예를 두 가지 들고, 예측할 수 있는 미래에서 이 기능들이 왜 완벽하게 자동화가 될 수 없는지를 설명하라.

19.2. 다양한 전문적 분야들이 왜 시스템 공학에 필수적인지를 간략히 서술하라.

19.3. 복잡한 사회기술적 시스템은 세 가지 중요 특징으로 이어진다. 이들이 무엇인지 말하고 간략히 소개하라.

19.4. "고약한 문제(wicked problem)"는 무엇인가? 국가 의료 기록 시스템이 "고약한 문제"로 여겨지는지 설명하라.

19.5. 멀티미디어 가상 박물관 시스템은 고대 그리스의 가상 경험을 제공하는데 이는 유럽 박물관들의 컨소시엄으로 개발되었다. 이 시스템은 사용자들에게 표준 웹 브라우저를 통해 고대 그리스의 3D 모델뿐만 아니라 실감나는 가상현실 경험을 제공한다. 이와 같은 시스템의 개념 설계를 개발하고 이의 핵심 특징과 필수적인 고수준 요구사항을 강조하라.

19.6. 왜 여러분이 ERP 시스템과 같이 기성품 소프트웨어 시스템을 조달할 때 유연할 필요가 있고 시스템 요구사항을 수정해야 하는지 설명하라. 이와 같은 시스템의 장애 사례에 대한 논의를 웹 검색을 통해 찾아보고, 이러한 장애가 왜 일어났는지 사회기술적 관점에서 설명하라. 유용한 사이트로는 다음이 있다: http://blog.360cloudsolutions.com/blog/bid/94028/Top-Six-ERP-Implementation-Failures

19.7. 왜 시스템 통합이 시스템 개발 프로세스에서 핵심 프로세스인가? 시스템 통합 프로세스에서 생기는 세 가지 사회기술적 어려움을 제시하라.

19.8. 왜 시스템 진화는 비용이 많이 들어가는가?

19.9. 전기공학이나 소프트웨어 공학처럼, 시스템 공학을 본질적으로 전문분야로 간주할 수 있는지에 대한 찬반 의견은 무엇인가?

19.10. 여러분은 재정 시스템의 개발에 속한 엔지니어이다. 설치되는 동안 여러분은 시스템이 많은 수의 인력 감축을 초래하게 될 것이라는 걸 알게 되었다. 해당 환경의 사람들이 필요한 정보에 대해 여러분이 접근하는 것을 막아 시스템 설치를 제대로 할 수 없게 되었다. 시스템 엔지니어로서 이 상황에서 어떻게 해야 하는가? 계약한 대로 설치를 끝내는 것이 전문가로서의 여러분의 책임인가? 아니면 조직이 스스로 문제를 해결할 때 까지 작업을 미뤄야 하는가?

참고문헌

Baxter, G., and I. Sommerville. 2011. "Socio-Technical Systems: From Design Methods to Systems Engineering." *Interacting with Computers* 23 (1): 4 – 17. doi:10.1016/j.intcom.2010.07.003.

Checkland, P. 1981. *Systems Thinking, Systems Practice*. Chichester, UK: John Wiley & Sons.

Fairley, R. E., R. H. Thayer, and P. Bjorke. 1994. "The Concept of Operations: The Bridge from Operational Requirements to Technical Specifications." In *1st Int. Conf. on Requirements Engineering*, 40 – 7. Colorado Springs, CO. doi:10.1109/ICRE.1994.292405.

IEEE. 2007. "IEEE Guide for Information Technology. System Definition—Concept of Operations (ConOps) Document." *Electronics*. Vol. 1998. doi:10.1109/IEEESTD.1998.89424. http://ieeexplore.ieee.org/servlet/opac?punumber=6166

Mostashari, A., S. A. McComb, D. M. Kennedy, R. Cloutier, and P. Korfiatis. 2012. "Developing a Stakeholder-Assisted Agile CONOPS Development Process." *Systems Engineering* 15 (1): 1 – 13. doi:10.1002/sys.20190.

Rittel, H., and M. Webber. 1973. "Dilemmas in a General Theory of Planning." *Policy Sciences* 4:155 – 169. doi:10.1007/BF01405730.

Stevens, R., P. Brook, K. Jackson, and S. Arnold. 1998. *Systems Engineering: Coping with Complexity*. London: Prentice-Hall.

Stewart, J., and R. Williams. 2005. "The Wrong Trousers? Beyond the Design Fallacy: Social Learning and the User." In *User Involvement in Innovation Processes. Strategies and Limitations from a Socio-Technical Perspective*, edited by H. Rohrache, 39 – 71. Berlin: Profil-Verlag.

Thayer, R. H. 2002. "Software System Engineering: A Tutorial." *IEEE Computer* 35 (4): 68 – 73. doi:10.1109/MC.2002.993773.

White, S., M. Alford, J. Holtzman, S. Kuehl, B. McCay, D. Oliver, D. Owens, C. Tully, and A. Willey. 1993. "Systems Engineering of Computer-Based Systems." *IEEE Computer* 26 (11): 54 – 65. doi:10.1109/ECBS.1994.331687.

20

복합시스템

Systems of systems

학습목표

이 장의 목표는 복합시스템의 아이디어와 소프트웨어 시스템의 복잡한 시스템을 만드는 도전을 소개하는 것이다. 이 장을 통해 학습할 내용들은 다음과 같다.

- 복합시스템의 의미와 복합시스템이 기존의 시스템과 어떤 차이가 있는지 이해할 수 있다.
- 복합시스템의 분류와 다른 여러 유형의 복합시스템들 간의 차이점을 이해할 수 있다.
- 왜 환원주의에 기초된 전통적인 기법의 소프트웨어 공학이 복합시스템을 개발하는 것에 부적절한지 이해할 수 있다.
- 복합시스템 공학 프로세스와 복합시스템의 아키텍처 패턴들이 소개된다.

학습내용

우리는 크고 복잡한 소프트웨어 시스템을 만들기 때문에 소프트웨어 공학이 필요하다. 처음 시도한 큰 소프트웨어 시스템을 만드는 것이 대부분 잘못되었기 때문에 1960년대에 이에 대한 규율이 만들어지게 되었다. 소프트웨어를 만드는 것은 생각보다 훨씬 비싸고, 계획했던 것보다 오랜 시간이 걸리며, 소프트웨어 자체를 신뢰할 수 없었다. 이러한 문제를 해결하기 위해, 우리는 소프트웨어 공학 기술의 범위와 테크놀로지를 개발했고, 이는 매우 성공적이었다. 지금 우리는 1970년대의 소프트웨어 시스템보다 훨씬 더 크고, 더 복잡하고, 더 신뢰할 수 있고, 더 효과적인 시스템을 구축할 수 있다.

하지만, 우리는 큰 시스템 공학에서의 문제들을 "풀지" 못했다. 소프트웨어 프로젝트 실패는 여전히 흔한 일이다. 예를 들어, 미국과 영국에서 정부의 보건 의료 시스템 구현에 심각한 문제와 지연이 있었다. 이러한 문제의 근본 원인은 1960년대에 우리는 이전보다 더 크고 더 복잡한 시스템을 구축하기 위해 노력했다는 것이다. 우리는 이 목적을 위해 설계되지 않은 기법과 기술을 사용하여 이러한 "메가 시스템"을 구축하려고 시도했다. 나중에 이 장에서 설명하겠지만, 지금 제안된 많은 시스템에 내재된 복잡도에 대처할 만큼 현재 소프트웨어 공학 기술을 확장할 수는 없다고 생각한다.

소프트웨어 공학의 도입 이후 소프트웨어 시스템의 크기의 증가는 현저했다. 오늘날의 대형 시스템은 1960년대의 "큰" 시스템보다 수백 또는 심지어 천 배 더 크다고 할 수 있다. Northrop과 그녀의 동료(Northrop et al. 2006)들은 2006년에 우리가 곧 10억 개의 코드라인 수를 가지는 시스템의 개발을 볼 것이라고 예측했다. 이 예측의 거의 10년 후, 나는 그런 시스템이 이미 사용되었다고 생각한다.

물론, 우리는 아무것도 시작하지 않은 다음 10억 개의 코드라인을 만들진 않는다. 15장에서 설명한 바와 같이, 소프트웨어 공학의 실제 성공 사례는 소프트웨어 재사용을 하였다. 이것은 오직 우리가 애플리케이션과 대규모 개발이 가능한 시스템의 소프트웨어 재사용 방법을 개발했기 때문이다. 굉장한 대규모 시스템의 현재와 미래에는 다른 공급자들이 복합시스템(SoS)을 만들도록 기존의 시스템을 통합하여 구축될 것이다.

우리는 무엇을 복합시스템이라 하는가? Hitchins (Hitchins 2009)는 일반적인 시스템의 관점에서 말했듯이, 시스템과 복합시스템은 차이가 없다고 말했다. 두 가지 모두 창발성을 가지고 서브시스템에서 구성될 수 있다. 그러나, 소프트웨어 공학의 관점에서는 이 용어 사이에 유용한 차이가 있다고 생각한다. 이 차이는 전문적이기보다는 사회기술적이다.

복합시스템은 두 개 이상의 독립적으로 관리된 요소들을 포함하는 시스템이다.

이것은 복합시스템에 대한 모든 부분에 관리자가 하나도 없다는 것을 의미하고 시스템의 다른 부분에는 다른 관리와 제어 정책 및 규칙이 적용된다. 보다시피, 분배 관리 및 제어는 시스템의 전체적인 복잡도에 큰 영향을 미친다.

이 복합시스템의 정의는 복합시스템의 크기에 대해 아무것도 말하지 않는다. 다른 공급자로부터 서비스를 포함하는 상대적으로 작은 시스템은 복합시스템이다. 복합시스템 공학의 문제점 중 일부는 그런 작은 시스템에 적용되지만, 구성 시스템 자체가 대규모 시스템일 때 실제 문제가 나온다.

대부분의 복합시스템 영역의 일은 방위공동체로부터 나온다. 소프트웨어 시스템의 기능은 20세기 후반에 증가했는데, 이는 해양과 지상 상공과 선박에 방어 시스템과 같은 독립적 군사 시스템을 미리 조정 및 제어할 수 있게 되었다. 이 시스템은 소프트웨어 시스템이 이러한 요소를 추적하고, 가장 효과적으로 정보를 배포할 수 있도록 컨트롤러를 제공하는 개별 요소를 수십 또는 수백 개를 포함할 수 있다.

이런 유형의 복합시스템은 소프트웨어 공학 책의 범위 밖이다. 대신, 나는 항공기, 군용 차량 또는 레이더와 같은 하드웨어보다는 시스템 요소가 소프트웨어 시스템인 복합시스템에 초점을 둔다. 소프트웨어 복합시스템은 개별 소프트웨어 시스템을 통합함으로써 만들어졌는데, 기록 시에 대부분의 소프트웨어 복합시스템은 비교적 적은 수의 개별 시스템을 포함한다. 각 구성 시스템은 일반적으로 그 자체로 복잡한 시스템이다. 그러나 예측된 바로는, 그 다음 몇 년 동안 소프트웨어 복합시스템의 크기는 그들이 제공하는 기능을 활용하도록 통합되어 점점 더 큰 시스템으로 상당히 커질 가능성이 있다.

복합시스템의 소프트웨어 시스템의 예는 다음과 같다.

1. 지역 개인 클라우드 관리와 Amazon과 Microsoft 같은 공동 클라우드 서버 관리를 처리하는 클라우드 관리 시스템
2. 대출 요청과 신청자의 신용을 확인하기 위해 신용 참조 기관에서 제공하는 시스템에 연결하는 것을 처리하는 온라인 뱅킹 시스템
3. 홍수와 대규모 사고 같은 시민 비상사태에 대처하기 위해 사용할 수 있는 자산에 대해, 경찰, 구급차, 화재 및 해안 경비대 서비스로부터의 정보를 통합하는 긴급 정보 시스템
4. 1장에서 소개했던 디지털 학습 환경(iLearn). 이 시스템은 개별 소프트웨어 시스템을 통합하는 Microsoft Office 365, Moodle과 같은 가상 학습 공간, 시뮬레이션 모델링 도구, 그리고 신문 기록 보관소와 같은 콘텐츠에 의해 학습 지원 범위를 제공한다.

Maier (Maier 1998)는 복합시스템의 다섯 가지 특성을 확인했다.

1. **요소의 운영 독립성:** 시스템의 일부는 단순히 구성 요소는 아니지만 자신의 권리에 유용한 시스템을 작동할 수 있다. 복합시스템 내의 시스템은 독립적으로 진화한다.
2. **요소의 관리 독립성:** 시스템의 일부는 "소유"되고 다른 조직이나 큰 조직의 다른 부

분에 의해 관리된다. 따라서 다른 규칙과 정책은 이러한 시스템의 관리와 진화에 적용된다. 앞서 얘기한 바와 같이, 이 시스템에서 복합시스템을 구별하는 것은 중요한 요인이다.

3. **진화적 개발:** 복합시스템은 하나의 프로젝트에서 개발되지 않지만, 그 구성 시스템에서 시간이 지남에 따라 진화된다.
4. **창발성:** 복합시스템은 복합시스템이 만들어진 후에만 명확하게 나타나는 특성이 있다. 물론, 19장에서 설명했듯이, 창발성은 모든 시스템의 특성이지만, 복합시스템에서 특히 중요하다.
5. **요소의 지리적 분포:** 복합시스템의 요소는 종종 지리적으로 서로 다른 조직에 분산되어있다. 이것은 외부 관리 네트워크가 복합시스템의 필수적인 부분을 의미하기 때문에 기술적으로 중요하다. 이것은 또한 시스템 관리 의사결정에 관련된 사람들 간의 통신에 어려움을 증가시키고 시스템의 보안을 유지하는 데 어려움이 더해지므로 관리적으로 중요하다.†

Maier의 목록에 소프트웨어 복합시스템에 특히 적합하다 싶은 두 개의 특성을 추가하고 싶다.

1. **데이터 중심(*data-intensive*):** 소프트웨어 복합시스템은 일반적으로 매우 큰 용량의 데이터에 의존하고 이것들을 관리한다. 크기 면에서, 이것은 구성 시스템 자체의 코드보다 수십 또는 심지어 수백 배 더 클 수도 있다.
2. **이질성:** 복합시스템의 서로 다른 시스템은 같은 프로그래밍 언어와 설계 방법을 이용하여 개발된 가능성이 낮다. 이것은 매우 빠른 속도의 소프트웨어 기술 진화의 결과이다. 기업은 개선된 버전이 사용 가능할 때, 그들의 개발 방법과 도구를 자주 새로이 업데이트한다. 큰 복합시스템의 20년 수명에, 기술은 네다섯 번 변경될 수 있다.

20.1절에서 제시한 바와 같이, 이러한 특성은 복합시스템이 하나의 소유자와 관리자의 시스템보다 훨씬 더 복잡해질 수 있음을 의미한다. 우리의 현재 소프트웨어 공학 방법과 기술은 이 복잡도에 대처하기 위해 확장할 수 없다고 믿는다. 따라서, 매우 크고 복잡한 시스템의 문제는 개발이 불가피하다. 우리는 시스템 공학의 소프트웨어 시스템을 위한 완전히 새로운 세트의 추상적 개념, 방법 및 기술이 필요하다.

이러한 필요성은 다른 기관들에 의해 개별적으로 인식되어왔다. 2004년에 영국에서 발표된 보고서(Royal Academy of Engineering 2004)에는, 대규모의 복잡한 IT 시스

---

†Maier, M. W. 1998. "Architecting Principles for Systems-of-Systems." Systems Engineering 1 (4): 267 – 284. doi:10.1002/(SICI)1520-6858(1998)1:4⟨267::AID-SYS3⟩3.0.CO;2-D.

템에 국가 연구 및 교육 계획이 수립되었다(Sommerville et al. 2012). 미국의 소프트웨어 공학 연구소는 2006년에 극대규모 시스템을 보고했다(Northrop et al. 2006). 시스템 공학 커뮤니티에서 Stevens (Stevens 2010)는 교통, 의료, 국방의 "메가 시스템" 구축의 문제에 대해 설명한다.

20.1 시스템의 복잡도

나는 도입부에 소프트웨어 복합시스템을 구성할 때 발생하는 공학 문제인 이러한 시스템의 내재하는 고유의 복잡도에 대해 소개했다. 이 절에서는 시스템 복잡도의 기초를 설명하고 소프트웨어 복합시스템에서 발생하는 복잡도의 다양한 유형에 대해 설명한다.

모든 시스템은 시스템의 이러한 요소들 사이의 관계와 부품(요소)으로 구성된다. 예를 들어, 프로그램의 일부는 객체가 될 수 있고, 각각 객체의 일부는 상수, 변수 및 메서드일 수 있다. 관계의 예로는 "calls"(메서드A가 메서드B를 호출), "inherits-from"(개체 X는 메서드와 객체 Y의 속성을 상속) 및 "part of"(메서드A가 객체 X의 일부)를 포함한다.

모든 시스템의 복잡도는 개수 및 시스템 요소 간의 관계의 유형에 따라 달라진다. 그림 20.1은 두 시스템의 예를 보여준다. 시스템 (a)은 요소들 사이의 관계의 수가 비교적 적은 단순한 시스템이다. 대조적으로, 시스템 (b)는 같은 수의 요소를 가졌지만, 더 많은 요소-요소 관계를 갖고 있기 때문에 더 복잡한 시스템이다.

관계의 유형은 전체 시스템의 복잡도에 영향을 미친다. 정적 관계는 시스템의 정적 묘사로부터 계획되고 분석 가능한 관계이다. 따라서, 소프트웨어 시스템의 "uses" 관계는 정적인 관계이다. 소프트웨어 소스 코드나 시스템의 UML 모델 중 하나에서, 여러

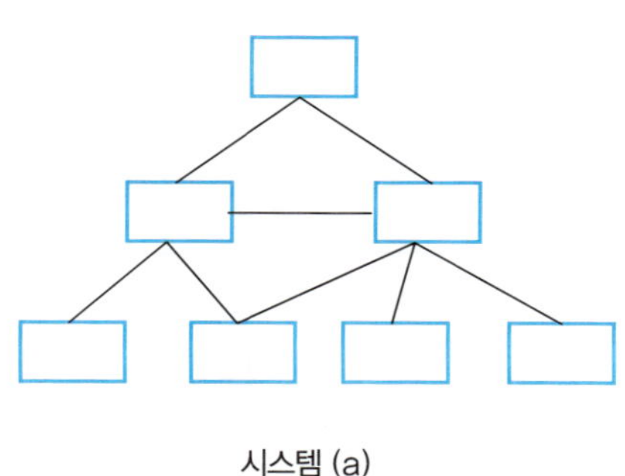

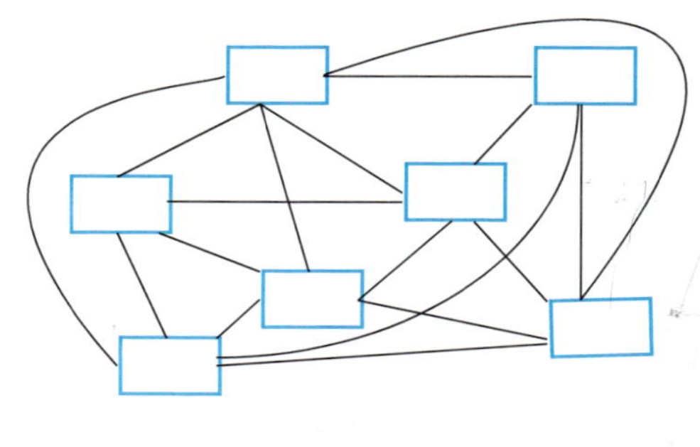

그림 20.1 간단한 시스템과 복잡한 시스템

분은 어떤 하나의 소프트웨어 구성요소가 다른 구성요소를 어떻게 사용하는지 산출해 낼 수 있다.

동적 관계는 실행 시스템에 존재하는 관계이다. "calls" 관계는 조건문을 가진 어떤 시스템에서, 하나의 메서드가 다른 메서드를 호출할지 여부를 말할 수 없기 때문에 동적 관계이다. 이는 시스템에 입력 실행시간에 따라 달라진다. 동적 관계는 시스템의 소스 코드뿐만 아니라 사용하는 시스템 입력 데이터를 알아야 하기 때문에 분석이 더 복잡하다.

시스템 복잡도뿐만 아니라, 또한 우리는 개발과 이미 사용한 시스템을 유지하는 데 사용했던 프로세스의 복잡도를 고려해야 한다. 그림 20.2는 이러한 프로세스와 개발 시스템과의 관계를 도시한다.

시스템의 크기가 커짐에 따라, 더 복잡한 제조 공정 관리가 필요하다. 복잡한 프로세스는 복잡한 시스템 자체이다. 그들은 이해하기 어렵고 바람직하지 않은 창발성을 가질 수 있다. 그들은 간단한 프로세스보다 더 많은 시간을 소비하고, 사람과 시스템 개발과 관련된 조직 간의 더 많은 문서와 조정이 필요하다. 생산 프로세스의 복잡도는 프로젝트가 왜 잘못되었는지, 소프트웨어가 늦게 전달되고 예산 초과한 주요 원인 중 하나이다. 따라서, 대형 시스템은 항상 비용과 시간 초과의 위험이 있다.

이해용이성과 가변성에 주된 영향이 있기 때문에 복잡도는 소프트웨어 공학에서 중요하다. 더욱 복잡한 시스템은, 이해하고 분석하는 것이 더 어렵다. 복잡도가 시스템 요

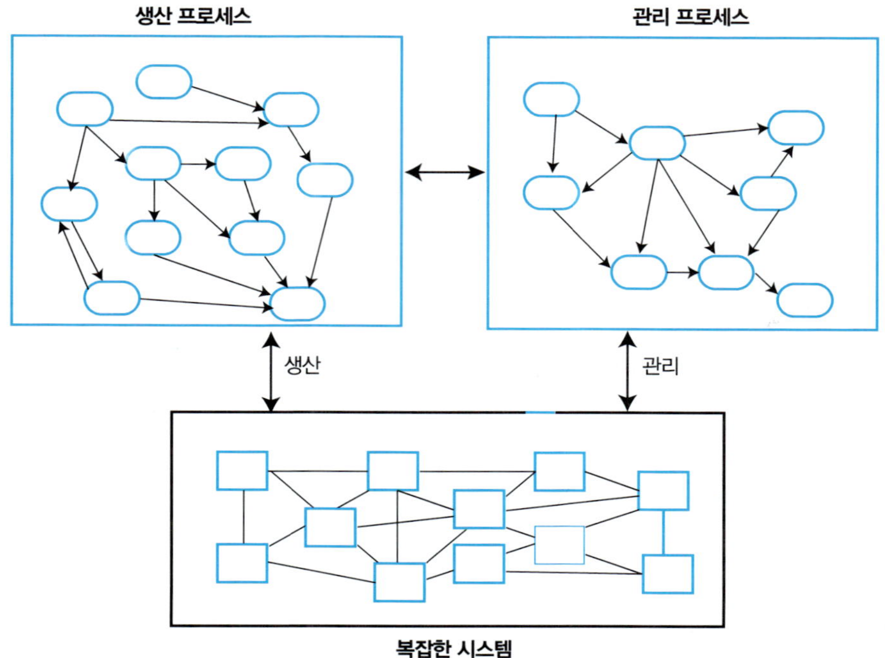

그림 20.2 생산과 관리 프로세스

소들 사이의 관계들의 수의 함수인 것을 감안할 때, 대형 시스템이 소형 시스템보다 더 복잡한 것은 불가피하다. 복잡도가 증가함에 따라, 시스템 구성요소와 시스템의 일부를 변경하는 증가된 가능성 사이에 더 많은 관계가 있는 것은 다른 곳에 바람직하지 않은 영향을 미칠 것이다.

복잡도의 여러 다른 유형은 사회 기술적 시스템과 관련있다.

1. 시스템의 **기술적 복잡도**는 시스템 자체의 다양한 구성 요소 사이의 관계로부터 도출된다.
2. 시스템의 **관리적 복잡도**는 시스템과 시스템 관리자 사이의 관계와 시스템의 다른 부분의 관리자와의 관계의 복잡도로부터 유래됐다(즉, 관리자가 시스템에서 무엇을 변경할 수 있는가).
3. 시스템의 **거버넌스 복잡도**는 시스템에 영향을 미치는 법률, 규정, 정책의 관계와 책임이 있는 조직의 의사결정 프로세스 관계 사이에 달려있다. 같은 시스템의 다른 부분은 다른 조직과 다른 나라, 다른 법률, 규칙에 있을 수 있고 정책은 복합시스템 내의 각 시스템에 적용할 수 있다.

거버넌스와 관리적 복잡도는 서로 관련이 있지만, 동일한 것은 아니다. 관리적 복잡도는 실제로 시스템과 함께 끝날 수 있는 것인지 없는 것인지의 운영 문제이다. 거버넌스 복잡도는 시스템에 영향을 미치는 조직의 의사 결정 프로세스의 높은 수준과 연관된다. 이러한 의사 결정 프로세스는 국가와 국제 법률 및 규정에 의해 제한된다.

예를 들어, 회사는 직원이 회사에서 지급한 노트북보다는 자신의 개인 모바일 장치를 사용하여 시스템에 액세스할 수 있도록 결정한다. 이를 허용하는 결정은 회사의 정책을 변경하기 때문에 거버넌스 결정이다. 이 결정의 결과로서, 관리자가 회사 데이터가 안전하도록 모바일 장치가 제대로 구성되어 있는지 확인해야 할 때 시스템의 관리는 더 복잡해진다. 더 이상 단일한 구현 플랫폼을 이용할 수 없을 때 시스템의 기술적인 복잡도가 증가한다. 소프트웨어가 노트북, 태블릿 및 휴대전화에서 작동하도록 수정해야 할 수도 있다.

기술적 복잡도뿐만 아니라, 복합시스템의 특성 또한 관리 및 거버넌스 구조의 복잡도를 증가시키는 원인이 될 수 있다. 그림 20.3은 다른 복합시스템의 특성이 어떻게 주로 복잡도의 다른 유형에 기여하는지를 요약한 것이다.

1. **운영의 독립성:** 복합시스템의 구성 시스템은 다른 정책과 규칙(거버넌스 복잡도)과 시스템을 관리하는 방법이 적용된다(관리적 복잡도).
2. **관리적 독립성:** 복합시스템의 구성 시스템은 여러 가지 방법으로 다른 사람에 의해 관리된다. 그들은 관리 변경 사항이 일치하도록 조정해야 한다(관리적 복잡도). 특수

복합시스템 특성	기술적 복잡도	관리적 복잡도	거버넌스 복잡도
운영의 독립성		X	X
관리적 독립성	X	X	
진화적 발전	X		
돌연변이성	X		
지리적 분포	X	X	X
데이터 중심	X		X
이질성	X		

그림 20.3 복합시스템의 특성과 시스템 복잡도

소프트웨어는 일관성 있는 관리와 발전을 지원하기 위해 필요할 수 있다(기술적 복잡도).

3. 시스템의 다른 부분은 다른 기술을 사용하여 제작될 가능성이 있기 때문에 진화적 개발은 복합시스템의 기술적 복잡도에 기여한다.
4. 창발성은 복잡도의 결과이다. 더 복잡한 시스템, 더 많은 가능성은 바람직하지 않은 창발적 속성을 가질 것이다. 소프트웨어를 개발하거나 보완하기 위해 변경되어야 하는 이러한 특성은 시스템의 기술적 복잡도를 증가시킨다.
5. 지리적 분포는 복합시스템의 기술, 경영 및 거버넌스 복잡도를 증가시킨다. 소프트웨어는 좌표 및 원격 시스템을 동기화하기 위해 필요하기 때문에 기술적인 복잡도가 증가된다. 각 국의 관리자의 자신의 행동 조정이 더 어려워지기 때문에 관리적 복잡도가 증가한다. 시스템의 다른 부분이 다른 국가에 있는 등 다른 법률과 규정이 적용될 수 있기 때문에 거버넌스 복잡도가 증가한다.
6. 데이터 중심 시스템 때문에 데이터 아이템 간의 관계는 기술적으로 복잡하다. 기술적 복잡도는 데이터 에러와 불완전에 대처하기 위해 증가될 것으로 예상된다. 거버넌스 복잡도는 데이터의 사용을 관리하는 다른 법률 때문에 증가될 수 있다.
7. 시스템의 다른 부분에 사용되는 다양한 기술을 확보하는 것이 어렵기 때문에 호환 시스템의 이질성은 기술적 복잡도에 기여한다.

대규모 복합시스템은 이제 전체적으로 이해 또는 분석될 수 없어 상상할 수 없을 만큼 복잡한 개체이다. 20.3절에서 설명한 바와 같이, 부품 및 동적 특성 사이의 상호 작용이 많다는 것은, 기존의 설계방식이 복잡한 시스템을 위해 잘 작동하지 않는 것을 의미한다. 이것은 부실한 관리나 기술적 결함이 아닌, 프로젝트의 근본 원인이 대형 소프

트웨어 집약 시스템 개발이기 때문에 복잡하다.

20.2 복합시스템 분류

앞서 나는 복합시스템의 기능을 구별하는 기준은 두 개 혹은 그 요소들로 독립적으로 관리되는 것이라고 얘기했었다. 다른 우선순위를 가진 사람은 이 시스템에 변화를 줄 일상적인 작업 결정권한을 가지고 있다. 다들 같은 일을 하는게 아니므로, 해결을 위해 상당한 양의 시간과 노력이 요구되는 갈등들이 발생될 수 있다. 따라서, 복합시스템은 항상 어느 정도 관리 복잡도를 가지고 있다.

그러나, 이 복합시스템의 광범위한 정의는 시스템 종류들의 아주 넓은 범위까지 포함한다. 그것은 하나의 단체에서 소유되어있지만 그 조직의 서로 다른 부분에서 관리되어있는 시스템들을 포함한다.

또한 때때로, 서로 경쟁하는 다른 조직들에 의해서 소유되고 관리되어졌던 시스템들을 구성한 시스템들을 포함한다. Maier (Maier 1998)는 자신의 거버넌스와 관리적 복잡도를 기반으로 복합시스템에 대한 분류 체계를 고안했다.

1. **통제 시스템**: 통제 복합시스템은 하나의 조직에 의해 소유되고 또한 조직이 소유하는 시스템을 통합하여 개발된다. 시스템의 요소는 독립적으로 조직의 일부에 의해 관리될 수 있다. 하지만, 조직 내 최종적인 행정기관은 시스템 관리에 대한 우선 순위를 설정할 수 있다. 이것은 시스템의 다른 요소 관리자 간의 분쟁을 해결할 수 있다. 따라서 통제 시스템은 일부 관리적 복잡도는 가지고 있지만 거버넌스 복잡도는 없다. 공중 및 지상 기반 시스템에서 정보를 통합하는 국방 지휘 통제 시스템은 통제 복합시스템의 예이다.
2. **협업 시스템**: 협업 복합시스템은 관리 우선순위를 설정하고 분쟁을 해결하는 중앙 권한이 없는 시스템이다. 일반적으로 다른 조직이 시스템의 요소를 소유하고 관리한다. 하지만, 관련된 모든 조직은 시스템의 공동 거버넌스 상호 이득을 인식한다. 그러므로 그들은 대개 시스템에 대한 결정을 하도록 자발적 행정기관을 설정한다. 협업 시스템은 관리적 복잡도와 제한된 수준의 거버넌스 복잡도 모두를 가지고 있다. 통합 대중 교통 정보 시스템은, 협업 시스템의 일례이다. 버스, 철도 및 항공 운송 사업자는 최신 정보를 승객에 제공하기 위해 시스템을 연결하는 데 동의한다.
3. **가상 시스템**: 가상 시스템은 중앙 관리가 없으며, 참가자가 시스템의 전반적인 목적에 동의하지 않을 수도 있다. 참가자 시스템이 복합시스템에 머물거나 떠날 수도 있다. 상호 운용성을 보장하지 않지만 변경될 수 있는 공개된 인터페이스에 의존한다.

이들 시스템은 모두 매우 높은 수준의 관리와 거버넌스 복잡도를 가지고 있다. 가상 복합시스템의 예로는 자동화된 고속 알고리즘 트레이딩 시스템이다. 다른 회사의 이러한 시스템은 두 번째 자리를 차지하는 것을 거래하며 자동으로 구매하고 서로 주식을 판매하고 있다.

불행하게도, 나는 Maier가 사용한 이름이 정말 시스템의 서로 다른 유형 간의 차이를 반영하지 않은 것이라고 생각한다. Maier 자신이 말했듯이, 시스템 요소의 관리에는 일부의 협업이 항상 존재한다. 그래서 "협업 시스템"은 딱히 좋은 이름이 아니다. **통제 시스템**이라는 용어는 하향식 권한을 의미한다. 그러나 단 하나의 조직 내에서라도, 관련된 사람들 간의 좋은 작업 관계를 유지할 필요가 있다. 이는 거버넌스가 부과보다는 동의라는 것을 의미한다.

"가상" 복합시스템에서, 협업을 위한 공식적인 메커니즘이 없을 수 있지만, 시스템은 모든 참가자에 대해 몇 가지 상호 이익을 가진다. 따라서 이들은 시스템이 계속 동작할 수 있도록 비공식적으로 협력할 가능성이 있다. 게다가 "가상"은 지금의 가상 기계와 가상 현실에서와 같이 "소프트웨어 구현"을 의미하게 되었기 때문에, Maier의 **가상**이라는 용어 사용은 혼란스러울 수 있다.

그림 20.4는 시스템의 서로 다른 유형의 협업을 보여준다. Maier의 이름을 사용하기보다는, 내가 바라는 더 기술적인 용어를 사용했다.

1. **조직 복합시스템**은 복합시스템이 거버넌스나 관리와 동일하거나 회사 내에 있는 경우이다. Maier의 "통제 복합시스템"에 대응한다. 시스템 소유자 사이의 협력은 조직에 의해 관리된다. 복합시스템은 지리적으로 다른 국가의 법률과 규정에 대한 시스템 대상의 다른 부분으로 분산될 수 있다. 그림 20.4에서 시스템 1, 2와 3은 독립적으로 관리되지만, 이러한 시스템의 거버넌스는 중앙집중식이다.

2. **연합시스템**은 복합시스템의 거버넌스가 모든 시스템 소유자들을 대표로한 자발적인 참여 자체에 달린 복합시스템이다. 그림 20.4에서 이것은 단일 행정기관이 참여하는 시스템의 소유자 1, 2와 3에 의해 보여진다. 시스템 소유자는 공동 작업 및 행정기관에 의해 만들어진 결정에 구속력이 있다는 것에 동의한다. 그들은 구현이 국가의 법률, 규정 및 문화마다 다를 수 있지만, 이러한 개별 관리 정책에서의 결정을 구현한다.

3. **연립 복합시스템**은 비공식적인 거버넌스 메커니즘의 복합시스템이지만, 비공식적으로 관리된 조직은 공동 및 시스템 전체를 유지하기 위해 그들 자신의 시스템을 관리한다. 예를 들어, 하나의 시스템이 다른 사람에게 데이터 피드를 제공하는 경우, 해당 시스템의 관리자는 예고없이 데이터의 형식을 변경하지 않는다. 그림 20.4은 이 조직 수준에서 거버넌스는 없지만 비공식적인 협력 관리 수준이 존재하는 것을 보

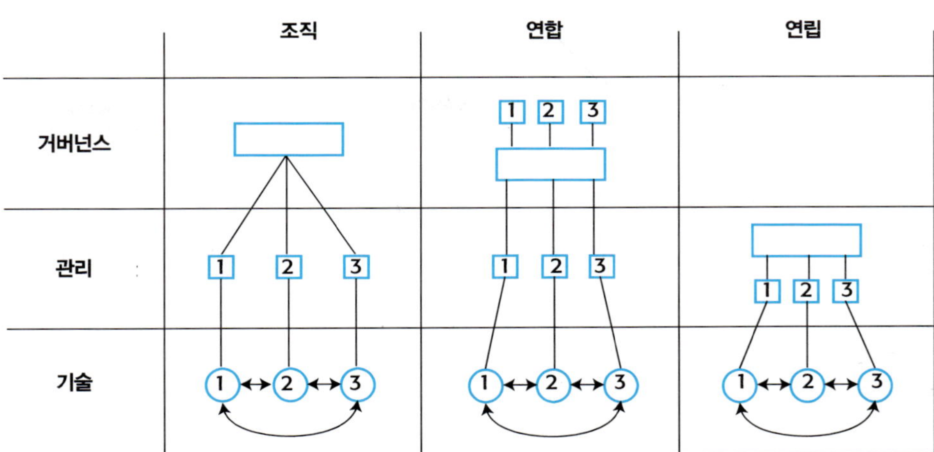

그림 20.4 복합시스템 공동 작업

여준다.

이 거버넌스 기반 분류 체계는 복합시스템에 대한 관리 요구를 식별하는 수단을 제공한다. 이 모델에 따른 시스템을 분류함으로써, 여러분이 정말로 필요로 하는 것들인 경우, 적절한 거버넌스가 존재하는지 확인할 수 있다. 조직에서 이러한 구조를 설정하는 것은 정치적 과정과 필연적으로 오랜 시간이 걸린다. 초기 과정에서 지배 구조 문제를 이해하고 적절한 관리가 제자리에 있는지 확인하는 작업을 수행하는 것이 도움이 된다. 이것은 여러분이 다른 하나의 클래스에서 시스템을 이동하는 거버넌스 모델을 채택할 필요가 있는 경우일 수 있다. 그림 20.4에서 왼쪽에 있는 관리 모델을 이동하면 일반적으로 복잡도를 줄일 수 있다.

내가 말했듯이, 학교 디지털 학습 환경(iLearn)은 복합시스템이다. 디지털 학습 시스템 자체일 뿐만 아니라, 그것은 학교 관리 시스템과 네트워크 관리 시스템에 접속된다. 이 네트워크 관리 시스템은 인터넷에서 바람직하지 않은 것에 액세스하는 학생들을 중지시키는 인터넷 필터링에 사용된다.

iLearn은 비교적 간단한 기술 시스템이지만, 관리 복잡도의 높은 수준을 갖는다. 이러한 복잡도는 교육 자금 지원과 관리되는 방식 때문에 발생한다. 많은 국가에서 대학 예비 교육 자금 지원은 지역 수준이 아니라 국가 수준으로 결정된다. 주, 도시, 또는 군 지역의 학교에 대한 책임과 학교 자금 및 정책 결정의 자율성을 가지고 있다. 각 지방 자치 단체는 자신의 학교 관리 시스템과 네트워크 관리시스템을 유지한다.

스코틀랜드에는, 자신의 지역에서 교육에 대한 책임을 갖는 32개의 지방 자치 단체가 있다. 학교 관리는 세 업체 중 하나에 아웃소싱하고 iLearn은 자신의 시스템에 연결해야 한다. 그러나, 각 지방 자치 단체는 자체 네트워크 관리 정책과 별도의 네트워크 관리가 포함된 시스템을 가지고 있다.

디지털 학습 시스템의 개발은 국가 구상이지만, 디지털 학습 환경을 생성하기 위해서는, 네트워크 관리 및 학교 관리 시스템과 통합되어야 한다. 그러므로 이것은 관리 및 네트워크 관리 시스템일 뿐만 아니라, Office 365, Wordpress 등 iLearn 내의 복합시스템이다. 여러 당국을 포괄하는 공통 거버넌스 프로세스가 없기 때문에, 분류 방식에 따라 이 시스템을 연합한다. 실제로 이는 각기 다른 인터넷 필터링 정책 때문에 서로 다른 장소에 있는 학생들이 동일한 도구 및 콘텐츠에 액세스하는 것이 보장되지 않는다는 것을 의미한다.

우리는 시스템의 개념 모델을 생성할 때, 공통의 정책 관리 정보 제공 및 인터넷 필터링이 지방 자치 단체에서 수립되어야 한다고 강력히 추천했다. 본질적으로, 우리는 연합시스템이 아닌 시스템이 연합되어야 한다고 제안했다. 이 제안은 새로운 이사회가 시스템에 대한 공통 정책 및 표준에 합의하기 위해 설립되어야 한다.

20.3 환원주의와 복잡한 시스템

이미 나는 우리의 현재 소프트웨어 공학 기법과 기술이 현대적인 시스템에 내재되어 복잡도를 극복할 수 없다고 제시했다. 물론, 이 아이디어는 새로운 것이 아니다. 모든 공학 분야의 발전은 항상 도전적이고 어려운 문제에 의해 주도되었다. 새로운 방법과 도구는 오류 및 기존의 접근 방식과 어려움에 대한 응답으로 발전된다.

소프트웨어 공학에서, 우리는 소프트웨어 시스템의 규모 증가와 복잡도를 관리할 수 있는 분야의 매우 급속한 발전을 보았다. 이러한 노력은 참으로 성공적이었다. 우리는 지금 1960년대와 1970년대의 것보다 더 크고 더 복잡한 시스템 명령을 구축할 수 있다.

다른 공학 분야와 마찬가지로, 소프트웨어 공학의 복잡도 관리를 기반한 접근 방식을 **환원주의**라고 부른다. 환원주의는 시스템이 부품 또는 서브시스템으로 구성되었다는 가정을 기반으로 한 철학적 입장을 취한다. 이는 동작 및 전체 시스템의 특성을 이해하고, 개별 부품과 이들 부품들 사이의 관계를 이해하여 예측될 수 있다고 가정한다. 따라서 시스템을 설계하기 위해 해당 시스템을 구성하는 부분을 식별하고 별도로 구성한 다음, 전체 시스템을 결합한다. 시스템은 계층 구조에서 부모와 자식 노드 사이의 중요한 관계 계층으로 간주될 수 있다.

환원주의는 모든 종류의 공학에 기본적인 토대가 되어 접근했었고 지금도 계속하고 있다. 우리는 시스템과 디자인의 동일한 유형에서 공통 추상화를 확인하고 별도로 구축할 수 있다. 그들은 다음 필요한 시스템을 만들기 위해 공통화될 수 있다. 예를 들어, 자동차의 추상화는 차체 외각(바디 쉘), 구동 트레인, 엔진, 연료 시스템 등이 있다. 이러한 추상화 사이는 비교적 적은 수의 관계이며, 그래서 인터페이스 설계를 지정하고 개별적으로 시스템의 각 부분을 구축하는 것이 가능하다.

이 동일한 환원 방법은 거의 50년 동안 소프트웨어 공학에 기초하고 있다. 이 시스템의 매우 높은 수준의 모델로 시작하고 그 구성 요소를 무너뜨리는 하향식 설계, 환원주의적 접근 방식이다. 이것은 객체 지향 설계와 같이, 모든 소프트웨어 설계 방법의 기초가 된다. 프로그래밍 언어는 직접 환원 시스템 분해를 반영하는 절차 및 객체 같은 추상화를 포함한다.

애자일 방법은 하향식 시스템 설계에서 매우 다르게 나타날 수 있지만, 이 또한 환원주의적이다. 이 기법은 부품에 시스템을 분해할 수 있도록 개별적으로 이러한 부품을 구현한 다음, 시스템을 만들기 위해 이것들을 통합하는 데 의존한다. 애자일 방법과 하향식 설계 간의 유일한 차이는 시스템 구성 요소로 점진적 성분보다 오히려 한 번에 모두 분해된다는 것이다.

환원주의적 방법은 비교적 적은 관계 또는 시스템의 부분 사이에 상호 작용이 있는 경우와 과학적 방법으로 이러한 관계를 모델링할 수 있을 때 대부분 성공적이다. 이것은 일반적으로 시스템 구성 요소들 사이의 물리적 결합이 있는 기계 및 전기 시스템에 적용된다. 이것은 시스템 구성요소 사이에 더 많은 정적 및 동적 관계가 있을 수 있는 전자 시스템과 확실히 소프트웨어에 덜 현실적이다.

소프트웨어와 하드웨어 구성요소 사이의 구분은 1970년대에 인식되었다. 설계 방법을 제한하고 시스템의 부품들 사이의 관계에 제어의 중요성을 강조하였다. 이러한 방법은 구성 요소가 이러한 구성 요소 사이의 느슨한 결합과 긴밀하게 통합해야 한다고 제안되었다. 긴밀한 통합 관계의 대부분은 구성 요소에 내장되었다는 것을 의미했고, 느슨한 결합은 상대적으로 적은 요소들간의 관계가 있었다는 것을 의미했다.

긴밀한 통합(데이터 및 운영) 및 느슨한 결합의 필요성은 객체 지향 소프트웨어 공학의 발전을 위한 드라이버였다.

불행하게도, 관계의 수와 타입을 제어하는 것은 대규모 시스템, 특히 복합시스템에서는 실질적으로 불가능하다. 환원주의는 시스템에 많은 관계가 있을 때와 이러한 관계가 이해와 분석하기 어려울 때 잘 작동하지 않는다. 따라서, 모든 유형의 대형 시스템 개발은 어려움에 맞닥뜨릴 수 있다.

이러한 잠재적 문제에 대한 이유는 환원주의에 내재한 기본 가정을 크고 복잡한 시스템에 적용할 수 있기 때문이다(Sommerville et al. 2012). 이러한 가정은 그림 20.5에 제시되고 세 가지 영역에 적용된다.

1. **시스템 소유권 및 제어:** 환원주의는 분쟁을 해결할 수 있는 시스템에 대한 제어 권한이 있고 시스템 전체에 적용될 높은 수준의 기술적 결정을 가정한다. 우리가 보았듯

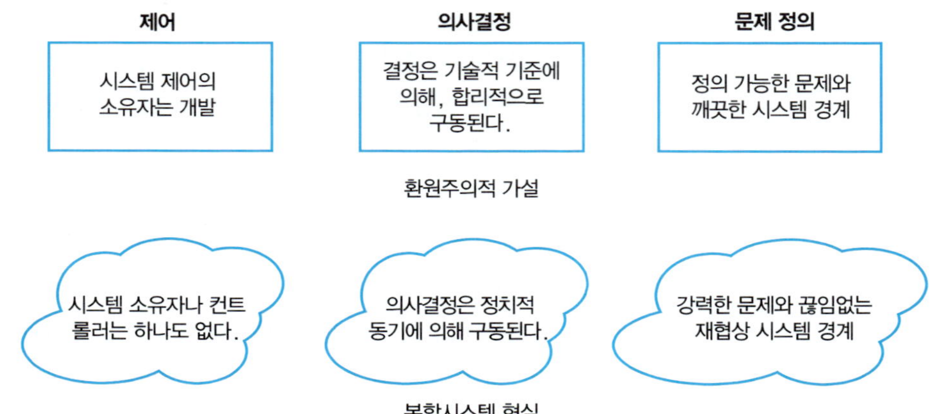

그림 20.5 환원주의적 가설과 복잡한 시스템 현실

이, 자신의 거버넌스에 관련된 여러 기관이 있기 때문에 이는 복합시스템의 경우 단순히 사실이 아니다.

2. **합리적인 의사 결정:** 환원주의는 구성 요소 간의 상호 작용이 객관적으로 평가될 수 있다고 가정하는데 예를 들자면, 수학적 모델링이다. 이러한 평가는 시스템의 의사 결정을 위한 동인이다. 따라서, 차량의 특정 디자인은 동력의 감소없이 최고의 연비를 제공하는 경우, 환원주의적 방법은 이 디자인이 선택될 것으로 가정한다.

3. **정의된 시스템 경계:** 환원주의는 시스템의 경계가 합의되고 정의될 수 있다고 가정한다. 이것은 대개 간단하다. 시스템을 정의하는 데 자동차, 물을 건널 수 있도록 하는 다리 등등 물리적 구분이 있을 수 있다. 복잡한 시스템은 종종 불명확한 문제를 해결하기 위해 개발되었다(Rittel and Webber 1973). 이러한 문제에서는 대개 시스템의 부분과 외부를 결정하는 것은, 참여하는 이해당사자 사이에 의견의 불일치가 수반되는 주관적인 판단이다.

이러한 환원주의적 가정은 모든 복잡한 시스템의 경우 성립되지는 않지만, 이러한 시스템이 소프트웨어 중심일 때, 어려움은 혼합되어 있다.

1. 소프트웨어 시스템의 관계는 물리 법칙이 적용되지 않는다. 우리는 그들의 행동과 특성을 예측하는 소프트웨어 시스템의 수학적 모델을 생성할 수 없다. 따라서 우리는 의사 결정에 대한 과학적 기초가 없다. 정치적 요인은 보통 크고 복잡한 소프트웨어 시스템에 대한 의사 결정의 동인이다.

2. 소프트웨어는 물리적 제한이 없다. 따라서 시스템의 경계를 그려야 하는 위치에 제한이 없다. 서로 다른 이해당사자들은 경계가 그들에게 가장 적합한 방식으로 배치될 때까지 주장한다. 또한, 하드웨어 요구사항보다 소프트웨어 요구사항을 변경하는 것이 훨씬 쉽다. 경계와 시스템의 범위는 개발 과정에서 변경될 수 있다.

3. 서로 다른 소유자의 소프트웨어 시스템을 연결하는 것은 비교적 쉽다. 따라서 우리는 행정기관이 없는 복합시스템을 시도하고 생성할 가능성이 높다. 포함된 다른 시스템의 관리 및 발전은 완전히 제어될 수 없다.

이러한 이유로, 나는 대규모 소프트웨어 시스템 공학에서의 흔한 문제와 어려움은 피할 수 없다고 생각한다. 영국과 미국의 건강 자동화 프로젝트와 같은 대규모 정부 프로젝트의 실패는 복잡도보다는 기술 또는 프로젝트 관리 실패의 결과이다.

이러한 객체 지향 개발 등의 환원주의적 방법은 소프트웨어 시스템의 많은 유형을 설계하는 능력 개선에 매우 성공적이었다. 그들은 계속 소규모 개발과 소프트웨어 복합시스템의 일부일 수도 있는 복잡도를 제어할 수 있는 중형 시스템에 유용하고 효과적일 것이다. 그러나, 환원주의의 기초가 되는 근본적인 가정의 "개선" 방법은 시스템의 복잡한 시스템을 설계할 수 있는 능력의 향상으로 이어지지는 않는다. 오히려 우리는 새로운 추상화, 기법, 기술 인식 도구, 사람, 사회 그리고 복합시스템 공학의 정치적 복잡도가 필요하다. 나는 이러한 새로운 방법들이 확률 및 통계 그리고 의사결정을 지원하기 위한 시스템 시뮬레이션에 의존하는 도구가 될 것이라고 생각한다. 이러한 새로운 접근 방법을 개발하는 것은 21세기 소프트웨어와 시스템 공학의 주요 과제이다.

20.4 복합시스템 공학

복합시스템 공학은 새로운 기능과 능력을 만들기 위해 기존 시스템을 통합하는 과정이다. 복합시스템은 하향식 방식으로 설계되지 않는다. 오히려 조직이 복합시스템에 이들을 통합함으로써 기존의 시스템에 가치를 추가할 수 있음을 인식할 때 생성된다. 예를 들어, 시 정부는 도시의 특정 지점에서 대기 오염 감소를 바랄 수 있다. 그렇게 하기 위해 국가적 실시간 오염 제어 시스템과 그것의 교통 관리 시스템을 통합할 수 있다. 교통 관리 시스템은 신호등 순서, 속도 제한 등을 변화시킴으로써 오염을 감소시키는 전략을 변경한다.

소프트웨어 복합시스템 공학의 문제점은 15장에서 말했던 대규모 애플리케이션 시스템을 통합하는 문제와 많은 공통점을 가지고 있다(Boehm and Abts 1999).

요약하자면,

1. 시스템 기능 및 성능 제어의 부족
2. 다른 시스템의 개발자가 만든, 일치하지 않고 호환되지 않는 가정
3. 서로 다른 시스템의 서로 다른 발전 전략과 시간표
4. 문제가 발생할 때 시스템 소유자의 지원 부족

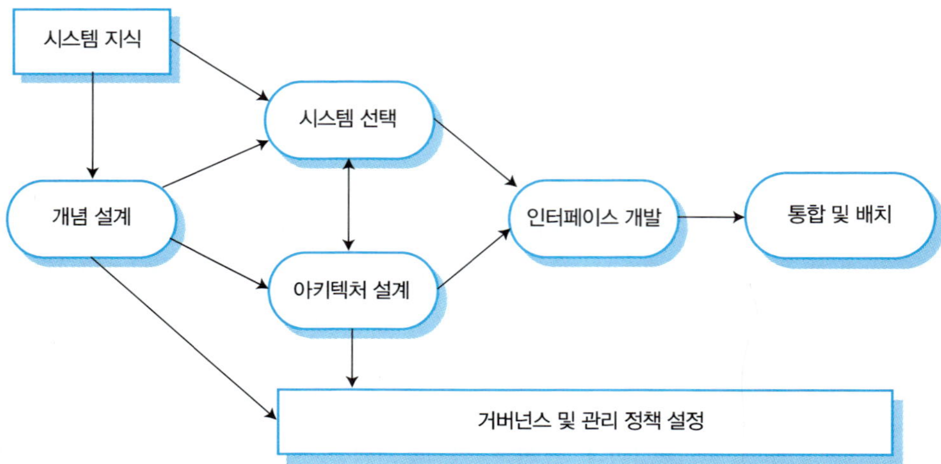

그림 20.6 복합시스템 공동 작업

소프트웨어 시스템의 구축 시스템의 노력의 대부분은 이러한 문제를 해결하는 데서 비롯된다. 이는 시스템 아키텍처 결정, 참여 시스템간의 차이를 조정하는 소프트웨어 인터페이스를 개발하고, 발생할 수 있는 예상치 못한 변화에 탄력적 시스템을 포함한다.

소프트웨어 복합시스템은 크고 복합한 개체이고, 프로세스는 상당히 다른 그들의 개발과 관련된 시스템의 유형에 따라 사용하며, 애플리케이션 도메인 및 조직의 필요성은 복합시스템을 개발하는 데 포함된다. 하지만 그림 20.6에 도시된 바와 같이, 다섯 개의 일반적인 활동이 복합시스템 개발 프로세스에 포함된다.

1. **개념 설계:** 19장에서 시스템 공학을 다룬 개념 설계의 아이디어를 소개했다. 개념 설계는 시스템에 대한 비전 설계서를 만드는 필수 조건을 정의하고, 전체 시스템에 제약을 식별하는 활동이다. 복합시스템 공학에서, 개념 설계 과정에 중요한 입력은 복합시스템에 참여할 수 있는 기존 시스템에 대한 지식이다.
2. **시스템 선택:** 이 활동을 하는 동안, 복합시스템에 포함될 일련의 시스템 집합이 선택된다. 이 프로세스는 15장에 나와 있는, 재사용할 애플리케이션 시스템을 선택하는 프로세스와 견줄만하다. 필요한 능력을 선택하도록, 현존하는 시스템의 평가와 점검을 해야 한다. 애플리케이션 시스템을 선택하는 경우 선택 기준은 주로 상업적이고, 그렇다면, 그 시스템은 여러분이 지불할 준비가 되어 가격에 가장 적합한 기능을 제공하는가?

   그러나, 정치적 규범과 시스템 거버넌스 및 관리의 이슈는 종종 시스템이 복합시스템에 포함되어 어떤 영향을 미치는지의 주요 요인이다. 예를 들어, 조직이 경쟁과 협력하고자 하지 않기 때문에 일부 시스템은 고려 대상에서 제외될 수 있다. 다른 경우, 시스템의 연합에 기여하는 조직은 적합한 곳에 시스템을 가질 수 있으며, 그들은 반드시 최고의 시스템이 아닌 경우에도 이들이 사용된다고 주장한다.

3. **아키텍처 설계:** 시스템 선택과 병행하여, 복합시스템에 대한 전반적인 아키텍처를 개발해야 한다. 아키텍처 설계는 20.5절에서 말한 그 자체로 중요한 주제이다.

4. **인터페이스 개발:** 복합시스템에 관련된 다른 시스템은 일반적으로 호환되지 않는 인터페이스를 가지고 있다. 따라서, 복합시스템을 개발하는 소프트웨어 공학의 노력의 대부분은 구성 시스템이 연동할 수 있도록 인터페이스를 개발하는 것이다. 복합시스템 작업자들이 복합시스템으로 다른 시스템을 사용할 때 다중 사용자 인터페이스를 처리할 필요가 없도록 이 또한 통합 사용자 인터페이스의 개발을 포함할 수 있다.

5. **통합 및 배치:** 이 단계는 복합시스템에 포함된 상이한 시스템이 함께 동작하고 개발된 인터페이스를 통해 연동되도록 하는 것을 포함한다. 시스템 배치는 관련 조직이 관심을 가지는 장소에 시스템을 두고 이를 동작시키는 것을 의미한다.

이러한 기술 활동과 병행하여, 시스템은 시스템의 관리에 대한 정책을 설정하고 이러한 정책을 구현하는 관리 지침을 정의하는 관심 높은 수준의 활동이 있을 필요가 있다. 여러 단체가 관련되어 있는 경우, 이 과정은 연장되고 어려울 수 있다. 그것은 자신의 정책과 프로세스를 변경하는 조직을 포함할 수도 있다. 복합시스템 개발 프로세스의 초기 단계에서 거버넌스 논의를 시작하는 것이 중요하다.

20.4.1 인터페이스 개발

복합시스템의 구성 시스템은 일반적으로 일부 특정 목적을 위해 독립적으로 개발된다. 이들의 사용자 인터페이스는 그 본래의 목적에 맞게 조정된다. 이러한 시스템은 다른 시스템들을 직접 인터페이스할 수 있는 애플리케이션 프로그래밍 인터페이스(API)를 가지고 있지 않을 수도 있다. 따라서, 이러한 시스템이 복합시스템에 통합될 때, 소프트웨어 인터페이스는 복합시스템의 구성 시스템이 상호 운용할 수 있도록 개발되어야 한다.

일반적으로, 시스템이 사용자의 작업 없이 서로 직접 통신할 수 있도록 하는 것이 복합시스템 개발의 목적이다. 이러한 시스템은 이미 서비스 기반 인터페이스가 제공된 경우, 18장에서 설명한 바와 같이 통신은 이 방법을 사용하여 구현될 수 있다. 인터페이스 개발은 각 시스템의 기능에 액세스하는 인터페이스를 사용하는 방법을 설명하는 것을 포함한다. 관련된 시스템은 서로 직접 통신할 수 있다. 시스템 연합은 관련된 모든 시스템 피어인 곳에, 이 시스템의 통신 프로토콜에 미리 배치 협정을 필요로 하지 않는 직접적인 상호 작용의 유형을 사용하는 것으로 보인다.

그러나 더 일반적으로, 복합시스템 중 하나의 구성 시스템은 자신의 특화된 API를 가지거나 그들의 기능이 자신의 사용자 인터페이스를 통해 액세스할 수 있다. 그러므로 이러한 인터페이스들 간의 차이를 조정하는 소프트웨어를 개발해야 한다. 그림 20.7

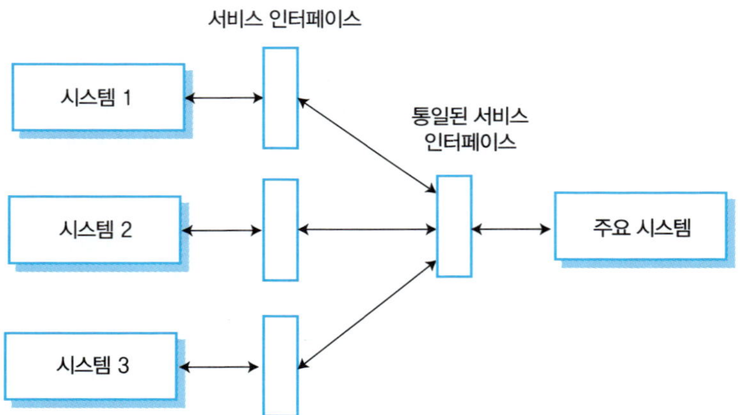

그림 20.7 서비스 인터페이스를 가진 시스템

(Sillitto 2010)에 도시된 바와 같이, 서비스 기반으로 이들 인터페이스를 구현하는 것이 가장 좋다.

서비스 기반 인터페이스를 개발하기 위해서는 기존 시스템의 기능을 검사하는 기능을 반영하고 서비스 집합을 정의해야 한다. 인터페이스는 이러한 서비스를 제공한다. 서비스는 기본 시스템 API를 호출하거나 시스템과 사용자의 상호 작용을 모방하여 구현된다. 복합시스템 중 하나는 일반적으로 일관된 시스템 사이의 상호 작용을 관리하는 주요 시스템 혹은 구성 시스템이다. 주요 시스템은 복합시스템의 서로 다른 시스템 간의 서비스 호출을 연출하는 서비스 브로커 역할을 한다. 따라서 각 시스템은 착신 서비스를 제공하는 다른 시스템을 알 필요가 없다.

복합시스템의 각 시스템에 대한 사용자 인터페이스가 상이할 가능성이 있다. 주요 시스템은 사용자 인증을 처리하는 몇 가지 전반적인 사용자 인터페이스를 가지고 기본 시스템의 기능에 대한 액세스를 제공한다. 그러나, 일반적으로 비용과 시간이 기본 시스템의 개별 인터페이스를 대체하는 통일된 사용자 인터페이스를 구현하기 위해 소비된다.

통일된 사용자 인터페이스(UI)는 보다 쉽게 새로운 사용자가 복합시스템 사용법을 배울 수 있게 하고 사용자의 오차 가능성을 감소시킨다. 그러나, UI 개발 통일 여부는 다수의 요인들에 따라 달라진다.

1. **복합시스템에서 시스템의 상호 작용 가정:** 일부 시스템은 시스템이 인터페이스를 제어하고 사용자 입력을 프롬프트하는 상호 작용 프로세스 구동 모델을 가질 수 있다. 다른 시스템은 사용자에게 제어를 넘겨 사용자가 시스템과의 상호 작용 순서를 선택하게 할 수도 있다. 상이한 상호 작용 모델을 통일하는 것은 실제적으로 불가능하다.
2. **복합시스템의 사용 모드:** 많은 경우 복합시스템은 사이트에서 대부분의 상호 작용 사용자와 구성 시스템 중 하나는 이런 방식으로 사용된다. 그들은 추가 정보가 필요한

경우에만 다른 시스템을 사용한다. 예를 들어, 항공 교통 관제기는 보통 비행 정보를 위해 레이더 시스템을 사용하고 추가 정보가 필요할 때만 비행 계획 데이터베이스에 액세스할 수 있다. 통일된 인터페이스는 가장 일반적으로 사용되는 시스템과의 상호 작용을 느리게 하기 때문에 이러한 상황에서는 좋지 않은 아이디어이다. 운영자가 모든 구성 시스템과 상호 작용하는 경우, 통일된 UI는 앞으로 가장 좋은 방법일 수 있다.

3. **복합시스템의 "개방성":** 복합시스템이 개방된 경우라면, 사용 중일 때 새로운 시스템이 추가될 수 있으므로, 통일된 UI 개발은 비실용적이다. 이 새로운 시스템의 UI가 무엇일지 예측하는 것은 불가능하다. 개방성은 또한 복합시스템을 사용하여 조직에 적용된다. 새로운 조직이 포함될 수 있다면, 그들은 기존의 장비와 사용자의 상호 작용에 대한 자신의 환경 설정을 할 수 있다. 그러므로 그들은 통일된 UI를 하지 않는 것이 나을 수 있다.

실제로 UI 통일에 제한 요소는 UI 개발에 사용할 수 있는 예산과 시간이 될 것으로 보인다. UI 개발은 가장 비싼 시스템 공학 활동 중 하나이다. 많은 경우에 통일된 복합시스템 사용자 인터페이스의 제작을 위해 지불할 수 있는 프로젝트 예산은 충분하지 않다.

20.4.2 통합 및 배치

시스템 통합과 배치는 일반적으로 별도의 활동이다. 시스템은 통합팀에 의해 컴포넌트로부터 통합되고, 테스팅팀에 의해 검증된 후에 배치를 위해 릴리스된다. 컴포넌트가 변경을 제어하여 통합팀이 시스템에 포함하는 데 필요한 버전을 신뢰할 수 있도록 관리되어야 한다. 그러나 복합시스템에 대한 이러한 접근이 가능하지 않을 수 있다. 컴포넌트 시스템의 일부는 이미 배치 및 사용 중일 수도 있다. 그리고 통합팀은 시스템의 변경 사항을 제어할 수 없다.

그러므로 복합시스템의 경우 동일한 프로세스의 일부로 통합 및 배치를 고려하는 것이 합리적이다. 이 방법은 다음 절에서 논의하는 설계 가이드라인 중 하나를 반영한다. 불완전한 복합시스템이 사용가능해야 하고 유용한 기능을 제공해야 한다. 통합 프로세스는 전체 시스템 기능에 일관된 부가 기능을 제공하기 위해 새 시스템이 추가된 복합시스템은 이미 배치된 시스템과 함께 시작되어야 한다.

이것은 종종 복합시스템이 여러 단계에서 배치되도록 이를 반영하기 위한 복합시스템의 배치 계획이다. 예를 들어 그림 20.8은 디지털 학습 환경을 위한 3단계 배치 프로세스를 보여준다.

1. 초기 배치는 학교 관리 시스템 인증, 기본학습 기능 및 통합을 제공한다.

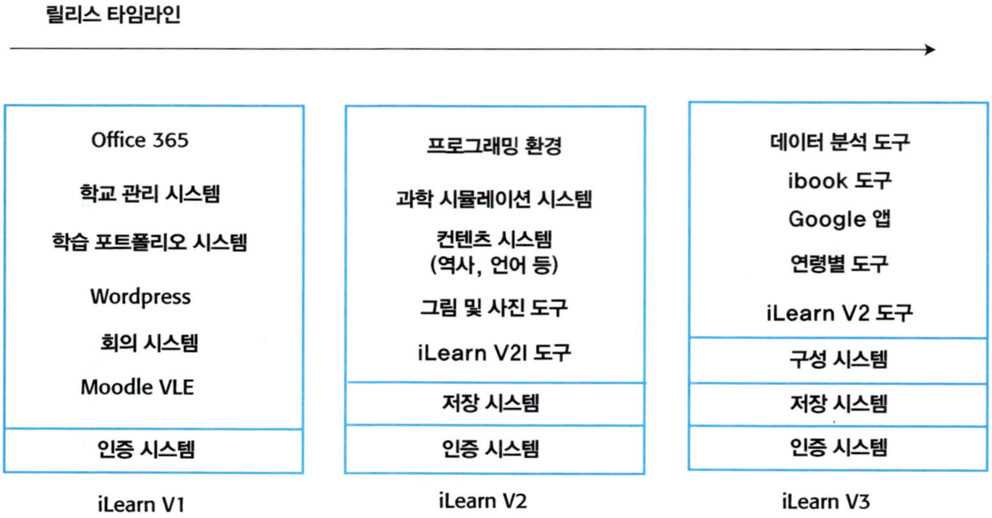

릴리스 타임라인

iLearn V1	iLearn V2	iLearn V3
Office 365 학교 관리 시스템 학습 포트폴리오 시스템 Wordpress 회의 시스템 Moodle VLE	프로그래밍 환경 과학 시뮬레이션 시스템 컨텐츠 시스템 (역사, 언어 등) 그림 및 사진 도구 iLearn V2I 도구	데이터 분석 도구 ibook 도구 Google 앱 연령별 도구 iLearn V2 도구
		구성 시스템
	저장 시스템	저장 시스템
인증 시스템	인증 시스템	인증 시스템

그림 20.8 iLearn 복합시스템을 위한 릴리스 순서

2. 배치의 2단계는 통합 스토리지 시스템과 주제별 학습을 지원할 보다 전문적인 도구 집합을 추가한다. 이러한 도구는 컴퓨팅 역사에 대한 아카이브, 과학 시뮬레이션 시스템 및 프로그래밍 환경을 포함할 수 있다.
3. 3단계는 사용자 구성 및 iLean 환경에 새로운 시스템을 추가하는 사용자의 설정을 위한 기능을 추가한다. 이 단계는 시스템의 다른 버전이 상이한 연령층에서 생성되는 것을 허락하며, 더 나아가 전문적인 도구 및 표준 도구를 대안이 포함되어 있다.

어떤 큰 시스템 설계 프로젝트와 같이, 가장 시간 소모적이고 시스템 통합의 비싼 부분은 시스템 테스트이다. 복합시스템 테스트가 어렵고 비싼 세 가지 이유로는,

1. 시스템 테스팅을 위한 기초로서 사용될 수 있는 구체적인 요구 명세서가 될 수 없다. 시스템 기능의 세부사항을 포함하는 시스템에 의해 정의되어 있기 때문에 복합시스템 요구사항 문서를 개발하는 비용이 효율적이지 않을 수 있다.
2. 구성 시스템은 테스팅 프로세스에서 변경될 수 있으므로 테스팅은 반복하지 않을 수 있다.
3. 만약 문제가 발견되면, 변경되는 구성 시스템 중 하나 이상을 필요로 하는 문제를 해결하지 못할 수 있다. 오히려, 일부 중간 소프트웨어가 문제를 해결하기 위해 도입될 수 있다.

이러한 문제를 해결하기 위해, 나는 복합시스템 테스트는 애자일 기법에서 개발된 테스트 기법의 일부를 가지고 테스트해야 한다고 생각한다.

1. 애자일 기법은 인수 테스팅을 위한 완전한 시스템 명세서에 의존하지 않는다. 오히

려 이해당사자가 밀접하게 테스팅 프로세스에 참여하고, 전체 시스템이 수용가능한가의 여부를 판단할 수 있는 권한을 가진다. 복합시스템의 경우 이해당사자의 범위는 테스팅 프로세스가 가능한 경우에 참여해야 하며, 그들은 시스템 배치에 대한 준비가 되어있는지의 여부에 대해 언급할 수 있다.

2. 애자일 기법은 자동화된 테스팅을 광범위하게 사용한다. 이것은 예상치 못한 시스템 변경으로 전체적인 복합시스템에 문제를 초래한 경우 발견하기 위해 쉽게 테스트를 다시 실행할 수 있다.

시스템의 유형에 따라 배치 프로세스의 일부로서 사용자 교육과 장비 설치를 계획할 수 있다. 시스템이 새 환경에 설치되는 경우 장비 설치는 간단하다. 그러나 기존의 시스템을 교체하고자 하는 경우 사용 중인 기기와 호환되지 않으면, 새로운 장치를 설치하는 데 문제가 있을 수 있다. 작업 시스템과 함께 설치되기 위해 새로운 장비에 적합한 물리적 공간이 되지 않을 수 있다. 현재 시스템을 바쁘게 사용하기 때문에 불충분한 전력이 될 수 있고, 또는 사용자가 참여할 시간이 없을 수도 있다. 이 비기술적인 문제는 배치 프로세스를 지연시키고 복합시스템의 채택 및 사용을 느리게 할 수 있다.

20.5 복합시스템 아키텍처

아마도 시스템 공학 프로세스 시스템의 가장 중요한 활동은 아키텍처 설계이다. 아키텍처 설계는 복합시스템이 포함되어진 시스템을 선택하는 것을 수반한다. 이러한 시스템은 통합 방법을 평가하고, 상호 작용을 촉진하는 메커니즘을 설계한다. 데이터 관리, 불필요한 중복 및 통신에 대한 주요 의사 결정이 이루어진다. 필수적으로 복합시스템의 아키텍트는 시스템의 개념 설계에 규정된 비전을 실현하기 위한 책임이 있다. 조직과 연합된 시스템의 경우 특히, 이 단계에서 이루어진 결정은 시스템의 시스템 성능, 복원성 및 유지보수성에 중요하다.

Maier (Maier 1998)는 시스템의 복잡한 복합시스템 아키텍처 설정에 대한 네 가지 일반적인 원칙에 대해 설명한다.

1. 시스템이 불완전해도, 값을 제공할 수 있도록 시스템을 설계한다. 시스템이 몇몇 다른 시스템으로 구성되는 경우, 모든 구성 요소가 제대로 작동해야만 쓸 수 있는 것은 아니다. 오히려, 일부 시스템이 작동하고 유용한 일을 할 수 있도록 여러 가지 "안정 중간 형태"가 있어야 한다.

2. 무엇이 제어가능한가에 대한 현실적 판단. 개인 또는 그룹이 전체 시스템과 그 구성 요소에 대한 제어를 가하면 복합시스템으로부터 최고의 성능을 얻을 수 있다. 만약

통제가 없다면, 복합시스템으로부터 값을 전달하기 힘들다. 그러나 복합시스템을 과잉통제하는 시도는 개별 시스템 소유자 및 시스템 배치와 발전을 지연시키는 저항으로 이어질 가능성이 있다.

3. 시스템 인터페이스에 초점을 맞춘다. 성공적으로 복합시스템을 구축하려면 시스템 요소가 상호 운용할 수 있도록 인터페이스를 설계해야 한다. 시스템 요소가 진화하고 복합시스템에 유용한 참가자가 계속될 수 있도록 인터페이스가 너무 제한되지 않는 것이 중요하다.

4. 공동 작업 인센티브를 제공한다. 시스템 요소들이 독립적으로 소유되고 관리될 때, 각 시스템 소유자가 시스템에 계속 참여하도록 인센티브를 갖는 것이 중요하다. 이러한 재정적 인센티브(사용량에 따라 요금을 지불하거나 운영 비용을 감소), 액세스 인센티브(여러분의 자료를 여러분이 공유하고 나는 내 것을 공유), 또는 커뮤니티 인센티브(복합시스템에 참여하고 지역사회에서 발언권을 얻음)가 있을 수 있다.

Sillitto (Sillitto 2010)는 이러한 원칙에 추가로 중요한 가이드 라인을 제시하고 있다. 이들은 다음과 같다.

1. 노드와 웹 아키텍처로 복합시스템을 설계한다. 노드는 데이터, 소프트웨어, 하드웨어, 인프라(기술요소), 조직의 정책, 사람, 프로세스, 교육(사회기술적)을 포함하는 사회기술적 시스템이다. 웹은 노드간의 통신 인프라 관리뿐만 아니라 각 노드에서의 시스템을 실행하는 사람 사이의 비공식적 및 공식적 사회적 통신 메커니즘을 제공한다.

2. 노드 간의 서비스 교환으로 동작을 명세한다. 서비스 지향 아키텍처의 개발은 이제 시스템 운영가능성 위한 표준 메커니즘을 제공한다. 만약 시스템이 인터페이스 서비스를 제공하지 않을 경우, 인터페이스가 복합시스템 개발 프로세스의 일부로 구현될 것이다.

3. 시스템 취약점을 이해 및 관리한다. 어떤 복합시스템에서도 예기치 않은 오류와 바람직하지 않은 행동이 있을 것이다. 이 취약점을 이해하고 이러한 오류에서 복원될 수 있도록 시스템을 설계하려는 시도는 매우 중요하다.

모든 핵심 메시지는 Maier와 Sillitto의 연구에서 나오는데 복합시스템 아키텍트는 폭넓은 관점을 가져야 한다는 것이다. 그들은 고려기술 및 사회기술 모두 고려하여 시스템 전체를 검토해야 한다. 때때로 문제에 대한 최선의 해결책은 더 나은 소프트웨어가 아니라 시스템 동작을 제어하는 규칙과 정책에 대한 변경이다. MODAF (MOD 2008)와 TOGAF (TOGAF The Open Group 2011의 등록상표)와 같은 아키텍처 프레임워크는 복합시스템의 아키텍처 설계를 지원하는 수단으로 제안되었다. 아키텍처 프레임워크는 원래 엔터프라이즈 시스템 아키텍처를 지원하기 위해 개발된 별도의 시스템 포트폴리오이다. 엔터프라이즈 시스템은 조직의 복합시스템일 수 있고, 또는 시스템 포트폴리오를 전체적으로 관리할 수 있도록 더욱 단순한 관리구조일 수도 있다. 아키텍처 프레임워크는 전체 복합시스템에 대한 단일 거버넌스 기관이 시스템의 조직 시스템 개발에 사용된다.

아키텍처 프레임워크는 아키텍처의 단일모델을 아키텍처 및 비즈니스 분석 필요한 모든 정보를 제공하지 않는 것으로 인식한다. 오히려 프레임워크는 엔터프라이즈 시스템을 기술하고 문서화하기 위해 생성되고 유지되어야 하는 다수의 아키텍처 관점을 제안한다. 프레임워크는 많은 공통점을 가지고 관련 기관의 언어와 역사를 반영하는 경향이 있다. 예를 들어, MODAF와 DODAF는 영국 국방부(MOD)와 미국의 국방부(DOD)에서 비교한 프레임워크이다.

TOGAF 프레임워크는 개방형 표준으로 Open Group에 의해 개발되었으며, 기업 대 기업 아키텍처의 설계, 데이터구조, 애플리케이션 아키텍처 및 기술 아키텍처를 지원하기 위한 것이다. 핵심은 다수의 개별적인 단계로 구성되는 Architecture Development Method (ADM)이다. 이는 그림 20.9에 나타내었고, TOGAF 참조 문서(Open Group 2011)에서 인용되었다.

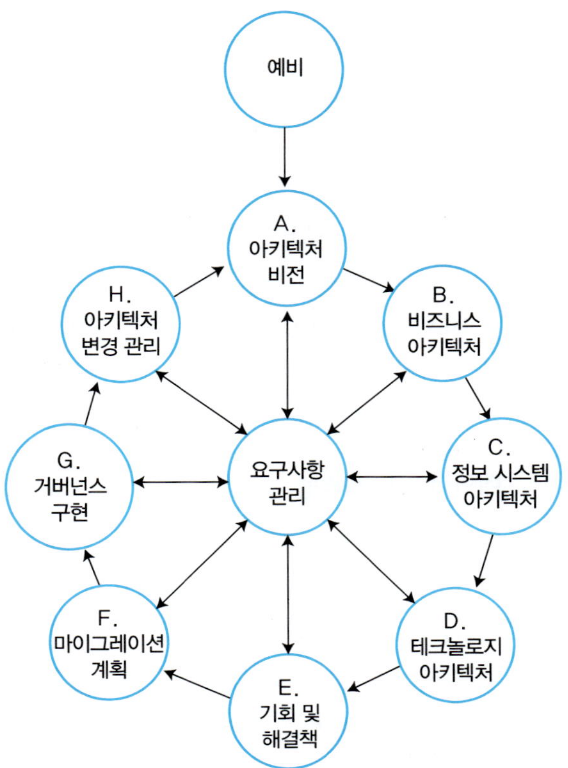

그림 20.9 TOGAF 아키텍처 개발 기법 (TOGAF® Version 9.1, © 1999-2011. The Open Group.)

모든 아키텍처 프레임워크는 대부분의 아키텍처 모델 생성 및 관리를 포함한다. 그림 20.8에 나타낸 각 활동들이 시스템 모델의 생성으로 이어진다. 그러나 이는 두 가지 이유 때문에 문제가 있다.

1. 초기 모델 개발 시간이 오래 걸리고 시스템 당사자 간의 광범위한 협상을 포함한다. 이는 전체 시스템의 개발을 느리게 한다.
2. 이는 변경 조직 및 복합시스템의 구성 시스템으로 만들어진 모델로 일관성을 유지하기 위해 시간이 걸리고 비싸다.

아키텍처 프레임워크는 근본적으로 환원주의적이고, 이들은 대체로 사회 기술적, 정치적 문제를 무시한다. 그들이 문제가 정의하기 어렵고 개방적이라는 것을 인식하는 동안, 그들은 많은 복합시스템에서 달성하는 것이 불가능한 제어와 거버넌스의 정도를 가정한다. 그들은 아키텍처 설계 과정에 아키텍트들이 고려해야 하는 유용한 체크리스트이다. 그러나 나는 모델 관리 및 프레임워크에 의한 환원주의적 방법에 관련된 오버헤드가 복합시스템 아키텍처 설계의 유용성을 제한한다고 생각한다.

20.5.1 복합시스템을 위한 아키텍처 패턴

나는 6, 17, 그리고 21장에서 시스템의 서로 다른 유형의 아키텍처 패턴을 설명했다. 즉, 아키텍처 패턴은 서로 다른 시스템의 범위에서 인식할 수 있는 아키텍처 스타일이다. 아키텍처 패턴은 시스템에 사용된 아키텍처를 문서화하고 설명하기에 가장 적합한 아키텍처에 대한 논의를 자극하는 유용한 방법이다. 이 절에서는 소프트웨어 복합시스템의 몇 가지 "전형적인" 패턴을 다룬다. 모든 아키텍처 패턴과 같이 실제 시스템은 일반적으로 이들 패턴 중 하나 이상에 기초한다.

복합시스템 아키텍처 패턴의 개념은 개발 초기 단계에서 유지된다. Kawalsky (Kawalsky et al. 2013)는 지휘 및 통제 시스템에 대한 패턴에 중점을 두고, 복합시스템 설계를 이해하고 지원하는 데 있어서의 아키텍처 패턴의 가치를 설명한다. 나는 상세한 도메인 지식 없이도 복합시스템 구성을 나타내는 데 효과적인 패턴을 발견했다.

데이터 피드 시스템

이 아키텍처 패턴(그림 20.10)에서, 서로 다른 타입의 데이터를 필요로 하는 주요 시스템이 있다. 이 데이터는 다른 시스템으로부터 활용 가능하며, 주요 시스템은 필요한 데이터를 얻기 위해 이들 시스템을 상대로 질의문을 생성한다. 일반적으로 데이터를 제공하는 시스템들은 서로 상호 작용하지 않는다. 이 패턴은 종종 일부 거버넌스 메커니즘이 자리한 조직 또는 연합시스템에서 관찰된다.

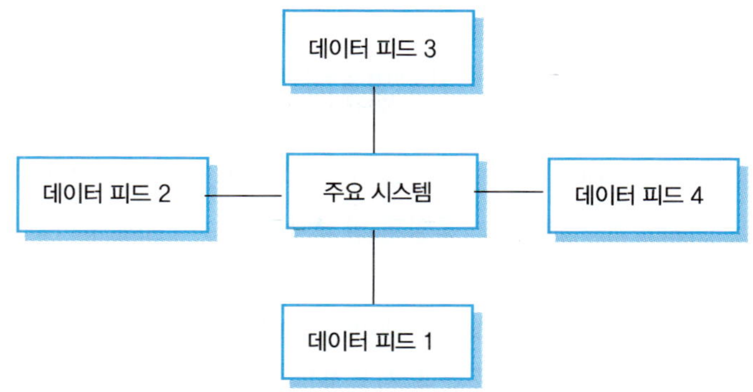

그림 20.10 데이터 피드 시스템

예를 들어, 영국에서 차량 등록을 하려면 유효한 보험 및 차량운행증명서가 모두 있어야 한다. 차량 면허발급 시스템과 상호 작용할 때, 이러한 문서가 유효한지 확인하기 위해 두 개의 다른 시스템과 상호 작용한다. 이러한 시스템은 다음과 같다.

1. **"보험 차량" 시스템**: 현재의 모든 차량 보험 정책에 대한 정보를 유지하는 자동차 보험 회사가 운영하는 연합 시스템
2. **"MOT 인증서" 시스템**: 정부에서 면허를 부여한 테스팅 에이전시가 발급한 모든 차량운행증명서를 기록하는 데 사용되는 시스템

"데이터 피드 시스템" 아키텍처는 이 독특한 방식으로 개체들을 식별하고 이들 개체에 대한 비교적 간단한 질의문을 생성할 수 있는 경우에 적절한 아키텍처를 사용한다. 면허발급 시스템에서 차량은 자신의 고유의 등록 번호로 식별될 수 있다. 다른 시스템에서, 자신의 GPS 좌표로 공기 오염 감시장치 등의 개체를 식별하는 것이 가능하다.

"데이터 피드 시스템" 아키텍처의 변형은, 다수의 시스템이 유사하지만 동일하지 않은 데이터를 제공할 때 생성된다. 따라서 이 아키텍처는 그림 20.11에 나타내는 바와 같이 중간층을 포함한다. 이 중간층의 역할은 주 시스템의 일반적인 질의문을 개별 정

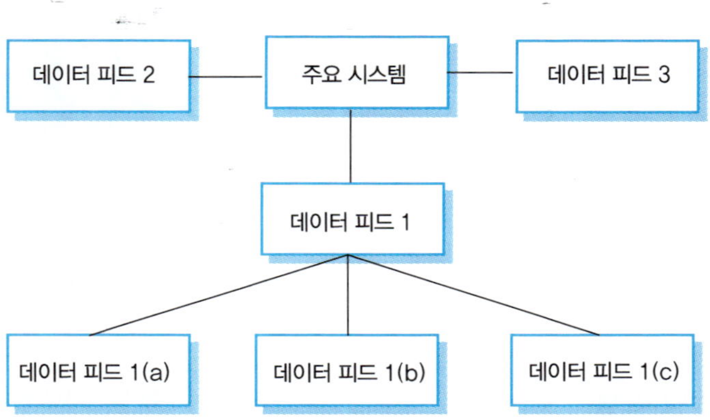

그림 20.11 통일된 인터페이스를 가지는 데이터 피드 시스템

보 시스템이 요구하는 특정 질의문으로 번역하는 것이다.

예를 들어, iLearn 환경은 다른 세 공급자의 학교 관리 시스템과 상호 작용한다. 이 들 시스템은 모두 학생(이름, 개인 정보 등)에 관한 동일한 정보를 제공하지만, 다른 인터페이스가 있다. 데이터베이스는 다르게 구성되고, 리턴되는 데이터 포맷은 시스템별로 상이하다. 통일된 인터페이스는 여기에서 이러한 지역 정보를 이용하여 시스템 사용자의 위치와 어떤 관리 시스템이 액세스되어야 하는지를 탐지한다. 그 후 표준 질의문을 해당 시스템에 대한 적절한 질의문으로 변환한다.

이러한 패턴을 사용하는 시스템에서 발생할 수 있는 문제는 주로 데이터 피드를 활용할 수 없거나 응답이 느릴 때의 인터페이스 문제이다. 데이터 피드의 실패가 전체 시스템의 응답 시간을 손상하지 않도록 제한 시간이 시스템에 포함되는 것을 보장하는 것이 중요하다. 거버넌스 메커니즘을 제공하는 데이터의 형식이 모든 시스템 소유자의 동의없이 변경되지 않도록 해야 한다.

컨테이너 시스템

컨테이너 시스템은 시스템 중 하나가 가상 컨테이너 역할을 하고 인증 및 저장 서비스와 같은 일반적인 서비스 집합을 제공하는 복합시스템이다. 개념적으로, 다른 시스템은 시스템 사용자에 해당 기능에 액세스할 수 있도록 이 컨테이너에 위치한다. 그림 20.12는 컨테이너 시스템과 세 가지 공통 서비스, 그리고 포함된 여섯 시스템을 함께 도시한다. 포함된 시스템은 시스템의 승인된 목록에서 선택될 수 있으며 용기에 포함되어 있는지 인식할 필요는 없다. 복합시스템의 이 패턴은 주로 연합된 시스템 또는 시스템 연합에서 관찰된다.

iLearn 환경은 컨테이너 시스템이다. 인증, 사용자 데이터를 저장하고, 시스템 구성을 지원하는 공통 서비스가 있다. 다른 기능은 신문 아카이브 또는 가상 학습 환경으로

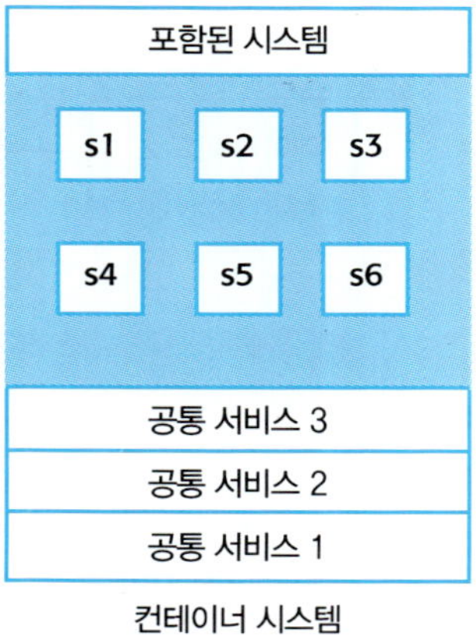

그림 20.12 컨테이너 시스템

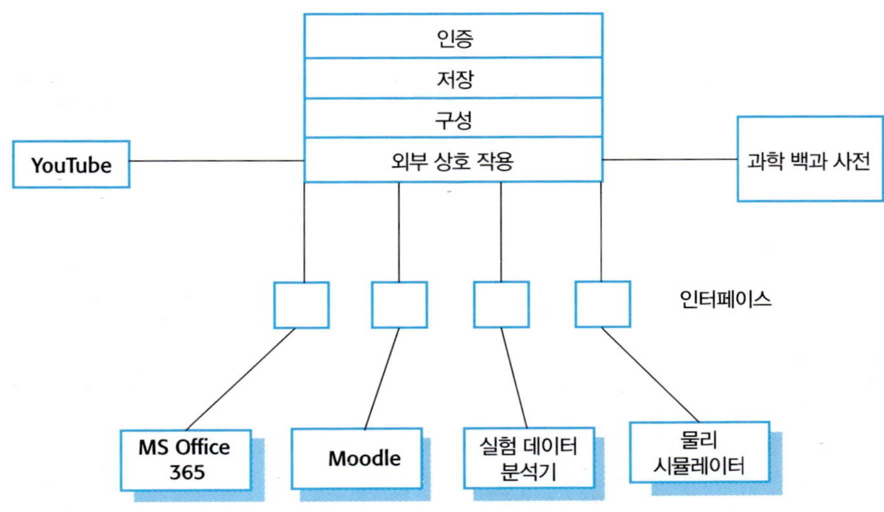

그림 20.13 컨테이너 시스템으로의 DLE

기존 시스템을 선택하고 컨테이너에 통합하는 것으로부터 시작한다.

물론 복합시스템을 구현하는 실제의 컨테이너에 시스템을 배치하지는 않는다. 오히려, 각 승인된 시스템의 경우는 공통 서비스와 통합될 수 있는 별도의 인터페이스가 있다. 이 인터페이스는 컨테이너가 제공하는 공통적인 서비스 및 통합된 시스템의 요구사항 변환을 관리한다. 또한 승인하지 않은 시스템을 포함하는 것이 가능할 수 있다. 그러나 이러한 컨테이너에 의해 제공되는 일반적인 서비스를 이용할 수는 없다.

그림 20.13은 이 통합을 보여준다. 이 그림은 세 가지 일반적인 서비스를 제공하는 iLearn의 단순화된 버전이다.

1. 승인된 모든 시스템에 단일 로그인을 제공하는 인증 서비스를 제공한다. 사용자는 이러한 시스템에 대해 별도의 자격 증명을 관리할 필요가 없다.
2. 사용자 데이터를 위한 저장 서비스. 이 서비스는 원활하게 승인 시스템에서 전송될 수 있고 송신될 수도 있다.
3. 컨테이너로부터 시스템을 포함하거나 제거하는 데 사용되는 구성 서비스를 제공한다.

이 예는 물리적 iLearn의 버전을 보여준다. 뿐만 아니라 업무 생산성 시스템(Office 365)과 VLE (Moodle), 그리고 이 시스템은 시뮬레이션 및 데이터 분석 시스템을 포함한다. 다른 시스템 — YouTube와 과학 백과사전 — 또한 이 시스템의 부분이다. 그러나 이것들은 "승인"되지 않아, 컨테이너의 인터페이스는 사용할 수 없다. 사용자는 별도로 시스템에 로그온하고 자신의 데이터 전송을 구성해야 한다.

복합시스템 아키텍처에는 이러한 두 가지 유형의 문제가 있다.

1. 공통 서비스가 이러한 시스템에 사용될 수 있도록 별도의 인터페이스는 각각의 승인된 시스템에 대해 개발되어야 한다. 이것은 승인 시스템의 비교적 소수가 지원될 수 있다는 것을 의미한다.
2. 컨테이너 시스템의 소유자가 포함된 시스템의 기능 및 동작에 영향을 미치지 않는다. 시스템이 작동하지 않거나 언제든지 철회 가능하다.

하지만, 이 구조의 주요 이점은 점증적인 개발을 가능하게 한다는 것이다. 컨테이너 시스템의 초기 버전은 "미승인" 시스템에 기초할 수 있다. 그들은 더 밀접하게 컨테이너 서비스와 통합되도록 이들에 대한 인터페이스는 이후 버전에서 개발될 수 있다.

트레이딩 시스템

트레이딩 시스템은 주요 시스템은 하나도 없지만 구성 시스템 중 하나에서 처리될 수 있는 복합시스템이다. 이 시스템은 그들 사이의 무역 정보를 포함한다. 일 대 일 또는 일 대 다수의 구조로 이러한 시스템 사이에 상호 작용이 있을 수 있다. 각 시스템은 자신의 인터페이스를 공지하지만, 모든 시스템에 의해 준수하는 인터페이스 표준이 되지 않을 수 있다. 이 시스템은 그림 20.14에서 도시된다. 트레이딩 시스템은 연합된 시스템이거나 시스템 연합일 수 있다.

트레이딩 복합시스템의 예로는, 채권과 주식 알고리즘 거래에 대한 복합시스템이다. 브로커는 모두 자동으로 다른 시스템에서 주식을 사고 팔 수 있는 자신의 별도의 시스템을 가지고 있다. 그들은 가격을 설정하고 이러한 시스템과 개별적으로 협상한다. 트레이딩 시스템의 또 다른 예는 가격을 표시하고 사용자가 직접 여행을 하도록 예약할 수 있는 여행 정보 제공 웹 사이트이다.

정보가 거래되는 상품과 가격에 대한 정보 교환과 트레이딩 시스템은 시장의 모든 유형을 위해 개발될 수 있다. 트레이딩 시스템은 그 자체가 복합시스템이며 개별 거래에 사용될 수 있지만, 이들은 시스템이 서로 직접 교섭하는 자동 거래 상황에서 가장 유용하다.

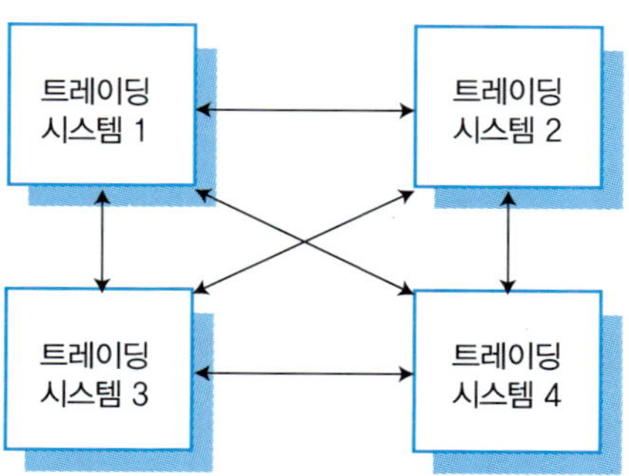

그림 20.14 트레이딩 복합시스템

이러한 시스템 유형의 주요 문제는 거버넌스 메커니즘이 없다는 것이다. 그래서 관련된 시스템 중 언제라도 변경할 수 있다. 이러한 변화는 다른 시스템에 의해 만들어진 가정을 부정할 수 있기 때문에, 거래를 계속할 수 없다. 때때로 연합에서 시스템의 소유자가 다른 시스템과 거래를 계속하고자 하는 등 하나의 시스템에 대한 변경으로 인해 거래가 불가능하지 않도록 비공식적인 조치를 할 수도 있다. 다른 경우로는, 여행 정보 제공 웹 사이트와 같이, 항공사가 의도적으로 시스템을 변경하여 시스템을 사용할 수 없게 만들어서 직접 예약해야 할 수도 있다.

키 포인트

- 복합시스템의 구성은 시스템의 둘 또는 그 이상이 독립적으로 관리되고 적용되는 시스템이다.
- 세 가지 유형의 복잡도는 복합시스템을 위해 중요하다 — 기술적 복잡도, 관리적 복잡도 및 거버넌스 복잡도.
- 시스템 거버넌스는 복합시스템에 대한 분류 제도를 위한 기초로서 사용될 수 있다. 이것은 복합시스템의 세 가지 클래스, 즉 조직 시스템, 연합된 시스템 및 시스템 연합으로 연결된다.
- 복합시스템에 내재된 복잡도 때문에 환원주의적 공학 기법은 무너진다. 환원주의는 분명한 시스템 경계와 합리적인 의사 결정을 하고, 잘 정의된 문제를 가정한다. 이 중 어느 것도 복합시스템에 해당하지 않는다.
- 복합시스템 개발 과정의 주요 단계는 개념 설계, 시스템 선택, 아키텍처 디자인, 인터페이스 개발, 통합 및 배치이다. 거버넌스 및 관리 정책은 이러한 활동과 병행하여 설계되어야 한다.
- 복합시스템을 위한 아키텍처 패턴은 복합시스템에 대한 일반적인 아키텍처를 설명하고 논의하는 수단이다. 중요 패턴은 데이터 피드 시스템, 컨테이너 시스템, 트레이딩 시스템과 같은 시스템이다.

추가로 읽을거리

"Architecting Principles for Systems of Systems." 복합시스템의 분류 체계를 소개하고, 가치를 논하며, 복합시스템 설계를 위한 다수의 아키텍처 원칙을 제안한 복합시스템의 현재 전형적인 논문이다. (M. Maier, Systems Engineering, 1 (4), 1998).

Ultra-large Scale Systems: The Software Challenge of the Future 이 책은 2006년에 미국의 국방부를 위해 만들어졌으며, 복합시스템과 수백개의 노드를 바탕으로 한 극대규모 시스템(ultra-large-scale systems)의 개념을 소개한다. 이는, 이러한 시스템을 개발하는 데 발생하는 이슈와 도전을 논한다. (L. Northrop et al., Software Engineering Institute, 2006). http://www.sei.cmu.edu/library/ assets/ULS_Book20062.pdf

"Large-scale Complex IT Systems." 이 신문은 복합시스템인 복잡한 대규모 IT 시스템의 문제와 와해된 환원주의에서의 확장되는 아이디어들을 논한다. 이는 복합시스템 영역에서의 다수의 연구과제를 제안한다. (I. Sommerville et al., Communications of the ACM, 55 (7), July 2012). http://dx.doi.org/ 10.1145/2209249.2209268

웹 사이트

이 장의 파워포인트 슬라이드:

https://iansommerville.com/software-engineering-book/slides

관련 비디오 링크:

https://iansommerville.com/software-engineering-book/videos/systems/

연습문제

20.1. 복합시스템에서 관리 및 운영 독립이 왜 다른 크고 복잡한 시스템들보다 중요한지 설명하라.

20.2. 복합시스템의 네 가지 본질적인 특성을 간단히 설명하라.

20.3. 20.2절에 있는 복합시스템의 특성은 거버넌스 기반의 분류 체계를 제안한다. 아래 복합시스템의 분류를 구분하고, 그 이유를 설명하라.

(a) 병원, 클리닉, 일차 진료에서 모든 환자의 의료 기록에 대한 통합 액세스를 제공하는 건강 관리 시스템

(b) 월드 와이드 웹(World Wide Web)

(c) 연금, 장애 연금 및 실업 급여 등 복지 서비스의 범위에 대한 액세스를 제공하는 정부 시스템

이 시스템의 분류 중 하나라도 문제가 있는가?

20.4. 환원주의가 무엇인지, 왜 여러 다른 종류의 공학 기초에 영향을 미치는지 설명하라.

20.5. 복합시스템 공학의 정의와 대규모 애플리케이션 시스템을 통합하는 문제에서도 흔한 일어나는 소프트웨어 복합시스템 공학의 문제점을 열거하라.

20.6. 복합시스템의 인터페이스 설계에 통합된 사용자 인터페이스는 어떻게 도움이 되는가? 통합 사용자 인터페이스의 비용 효율성이 종속된 요인은 무엇인가?

20.7. Sillitto는 복합시스템 노드 간에 기술적 통신뿐만 아니라 시스템에 관련된 사람들 사이의 비공식적인 사회 기술 통신을 포함해야 한다고 제안한다. iLearn 복합시스템을 사용한 예로, 시스템의 효율성을 향상시키기 위해 중요한 비공식적인 통신을 제시하라.

20.8. 연습문제 20.3에 가장 잘 맞는 아키텍처 패턴을 제시하라.

20.9. 트레이딩 시스템 패턴에 중앙 권한이 없다고 가정하자. 하지만, 주식 거래 등의 분야에서는 트레이딩 시스템은 규제 규칙을 따라야 한다. 조정기가 이러한 규칙을 준수했는지 확인할 수 있도록 이 패턴의 수정 방안을 제시하라. 이는 중앙 노드를 통과하는 모든 거래를 포함하지 않아야 한다.

20.10. 여러분은 다수의 다른 소매 기업에 의해 복합시스템 내에 사용된 소비자에 대한 정보를 제공하는 시스템을 개

발한 소프트웨어 회사에서 일한다. 그들은 여러분에게 사용한 서비스만큼 비용을 지불한다. 사용자에 강요하지 않고 더 많은 요금을 낼 수 있도록 시스템 인터페이스를 변경하는 윤리를 논해보자. 이 회사의 직원, 고객 및 주주의 관점에서 이 문제를 생각하라.

참고문헌

Boehm, B., and C. Abts. 1999. "COTS Integration: Plug and Pray?" *Computer* 32 (1): 135 – 138. doi:10.1109/2.738311.

Hitchins, D. 2009. "System of Systems—The Ultimate Tautology."http://www.hitchins.net/profs-stuff/ profs-blog/system-of-systems---the.html

Kawalsky, R., D. Joannou, Y. Tian, and A. Fayoumi. 2013. "Using Architecture Patterns to Architect and Analyze Systems of Systems." In *Conference on Systems Engineering Research (CSER 13)*, 283 – 292. doi:10.1016/j.procs.2013.01.030.

Maier, M. W. 1998. "Architecting Principles for Systems-of-Systems." *Systems Engineering* 1 (4): 267 – 284. doi:10.1002/(SICI)1520 – 6858(1998)1:4〈267::AID-SYS3>3.0.CO;2-D.

MOD, UK. 2008. "MOD Architecture Framework."https://www.gov.uk/mod-architecture-framework

Northrop, Linda, R. P. Gabriel, M. Klein, and D. Schmidt. 2006. *Ultra-Large-Scale Systems: The Software Challenge of the Future*. Pittsburgh: Software Engineering Institute. http://www.sei.cmu. edu/library/assets/ ULS_Book20062.pdf

Open Group. 2011. "Open Group Standard TOGAF Version 9.1." http://pubs.opengroup.org/architecture/ togaf91-doc/arch/

Rittel, H., and M. Webber. 1973. "Dilemmas in a General Theory of Planning." *Policy Sciences* 4: 155 – 169. doi:10.1007/BF01405730.

Royal Academy of Engineering. 2004. "Challenges of Complex IT Projects." London. http://www. bcs.org/upload/pdf/complexity.pdf

Sillitto, H. 2010. "Design Principles for Ultra-Large-Scale Systems." In *Proceedings of the 20th International Council for Systems Engineering International Symposium*. Chicago.

Sommerville, I., D. Cliff, R. Calinescu, J. Keen, T. Kelly, M. Kwiatkowska, J. McDermid, and R. Paige. 2012. "Large-Scale Complex IT Systems." *Comm. ACM* 55 (7): 71 – 77. doi:10.1145/2209249.2209268.

Stevens, R. 2010. *Engineering Mega-Systems: The Challenge of Systems Engineering in the Information Age*. Boca Raton, FL: CRC Press.

21

실시간 소프트웨어 공학

Real-time software engineering

학습목표

이 장의 목표는 임베디드 실시간 소프트웨어 공학의 몇 가지 세부특징을 소개하는 것이다. 이 장을 통해 학습할 내용은 다음과 같다.

- 주어진 환경 속에서 외부 이벤트에 대한 반응을 제어하는 데 사용되는 시스템, 임베디드 소프트웨어의 개념을 이해할 수 있다.
- 소프트웨어 시스템이 일련의 협력 프로세스로 구성되는, 실시간 시스템을 위한 설계 프로세스를 소개한다.
- 임베디드 실시간 시스템의 설계에 흔히 쓰였던 세 개의 아키텍처 패턴을 이해할 수 있다.
- 실시간 운영체제 구성과 임베디드 실시간 시스템에서 동작하는 역할을 이해할 수 있다.

학습내용

컴퓨터는 단순한 기계인 게임 컨트롤러부터 제조 공장 전체까지 넓은 범위를 제어하기 위해 사용된다. 이러한 컴퓨터들은 하드웨어 장치들과 곧바로 상호 작용을 한다. 그 소프트웨어들은 하드웨어와 응답할 때 발생하는 흔한 신호 제어 문제에 의해 발생된 이벤트에 반응해야만 한다. 이 신호는 전화 호출, 화면상 캐릭터의 움직임, 밸브의 개방 또는 시스템 상태의 표시 개시와 같은 액션을 초래한다. 이 시스템의 소프트웨어는 시스템 하드웨어 또는 보통 ROM에 내장된다. 시스템의 환경으로부터의 이벤트는 실시간으로 응답한다. 소프트웨어 시스템은 실시간으로 외부 이벤트에 응답하는 데드라인을 가지고 있다. 데드라인을 놓칠 경우, 모든 하드웨어-소프트웨어 시스템은 제대로 작동하지 않을 것이다.

임베디드 소프트웨어는 요즘 대부분 모든 전기장치에 소프트웨어가 포함되어있기 때문에 경제적으로 매우 중요하다. 그러므로 다른 소프트웨어 시스템들보다 더 많은 임베디드 소프트웨어 시스템이 있다. Ebert와 Jones (Ebert and Jones 2009)는 선진 국가에서는 인당 대략 30 마이크로프로세서 임베디드 시스템이 있을 것이라고 추정했다. 이 수치는 10%에서 20% 사이로 매년 증가했다. 이것은 2020년까지 인당 100이 넘는 임베디드 시스템을 암시한다.

실시간 측면에서 응답성(repsponsiveness)은 임베디드 시스템과, 데이터 처리가 주목적인 정보 시스템, 웹 기반 시스템, 개인 소프트웨어 시스템과 같은 다른 시스템과는 결정적 차이가 있다. 실시간 시스템이 아닌 경우, 시스템의 정확성은 시스템 입력이 시스템이 생성해야 하는 출력으로 매핑되는 방법을 지정함으로써 정의될 수 있다. 입력에 응답하여 대응하는 출력은 해당 시스템에서 생성되어야 하고, 종종 일부 데이터를 저장해야 한다. 예를 들어 환자 정보 시스템에서 생성 명령을 선택하면, 정확한 시스템 응답은 새로운 환자 기록을 데이터 베이스에 만드는 것과 수행되었는가를 확인하는 것이다. 합리적인 제한으로, 얼마의 시간이 걸리는지는 상관없다.

그러나 실시간 시스템에서 정확성은 입력에 대한 응답과 응답을 만들어내는 데 걸리는 시간 모두에 달려있다. 시스템이 응답하는 데 오랜 시간이 걸린다면, 요구되는 응답이 효과적이지 못할 수 있다. 예를 들어, 임베디드 소프트웨어가 제어하는 자동차의 제동 시스템이 너무 느리다면, 자동차를 제 시간에 멈추는 것이 불가능하기 때문에 사고가 발생할 수 있다.

그러므로, 시간은 실시간 소프트웨어 시스템 정의의 핵심이다.

실시간 시스템은 시스템의 정확한 연산이 시스템이 생성하는 결과와 이 결과가 생성되는 시간 모두에 좌우되는 시스템이다. "연성 실시간 시스템"은 그 연산 결과가 규정된 타이밍 요구사항에 따라 생성되지 않으면 저하되는 시스템이다. "경성 실시간 시스템"에서 결과가 타이밍 요구사항에 따라 생성되지 않으면 이는 시스템 오류로 간주한다.

시기적절한 응답은 모든 임베디드 시스템의 중요한 요인이나, 모든 임베디드 시스템이 매우 빠른 응답을 필요로 하는 것은 아니다. 예를 들어, 내가 이 책의 몇몇의 장에서 예로 사용했던 임베디드 시스템인 인슐린 펌프 소프트웨어가 있다. 주기적으로 포도당 수치 체크가 필요할 동안은, 빠르게 외부 이벤트에 응답할 필요는 없다. 황무지의 기상 관측소 소프트웨어 또한 임베디드 시스템이지만, 역시 외부 이벤트에 빠르게 응답할 필요가 없다.

실시간 응답이 필요함과 마찬가지로, 임베디드 시스템과 다른 유형의 소프트웨어 시스템 사이에는 다른 중요한 차이점들이 있다.

1. 임베디드 시스템은 대개 연달아 작동하며, 종료되지 않는다. 그들은 하드웨어가 켜지면 시작하고, 하드웨어가 꺼질 때까지 실행된다. 믿을 만한 소프트웨어 공학 기술은 11장에서 언급한 바와 같이, 반복된 작업이 보장되었어야만 한다. 실시간 시스템은 동적 재구성을 지원하여 서비스를 하는 동안 시스템이 업데이트될 수 있도록 메커니즘 업데이트를 포함할 수도 있다.

2. 시스템의 환경과의 상호 작용은 예측불가이다. 대화형 시스템에서는 상호 작용의 속도가 시스템에 의해 제어된다. 사용자 옵션을 제한함으로써, 이벤트와 처리해야 할 명령이 사전에 알려진다. 반대로 실시간 임베디드 시스템은 언제라도 예상치 못한 사건에 응답할 수 있어야 한다. 이는 여러 프로세스를 병렬로 실행하는 동시성에 기초하여 실시간 시스템 설계를 한다.

3. 물리적인 제한은 시스템 설계에 영향을 미칠 수 있다. 이러한 제한의 예는 시스템이 쓸 수 있는 전력이나 하드웨어가 차지하는 물리적 공간에 대한 제약을 포함한다. 이러한 제한은 전력을 보존하기 때문에 배터리 수명을 연장할 필요와 임베디드 소프트웨어에 대한 요구사항을 생성할 수 있다. 크기와 무게 제한은 소프트웨어 시스템에 사용되는 칩의 수를 제한할 필요가 있기 때문에 특정 하드웨어 기능을 통해 수행하는 것을 의미할 수 있다.

4. 직접적인 하드웨어 상호 작용이 필요할 수도 있다. 상호 작용 시스템 및 정보 시스템, 소프트웨어 계층(디바이스 드라이버)의 운영 체제에서는 하드웨어를 숨긴다. 오직 키보드, 마우스 및 디스플레이와 같은 몇 가지 유형의 디바이스만 이러한 시스템에 연결할 수 있기 때문에 가능하다. 대조적으로, 임베디드 시스템은 별도의 장치 드라이버가 없는 하드웨어의 다양한 장치와 상호 작용할 수 있다.

5. 안전성과 신뢰성이 시스템 설계를 지배할 수도 있다. 장애가 많은 임베디드 시스템 제어 장치는 인적 측면이나 경제적 측면에서 높은 비용이 들 수 있다. 따라서, 확실성이 중요하고 시스템 설계는 항상 안전이 중요한 동작을 보장한다. 이것은 종종 새로운 장애 상태를 유발할 수 있는 새로운 기술대신 이미 시도되고 테스트된 기술을

이용하는 보수적인 설계 기법을 따르게 한다.

실시간 임베디드 시스템은 반응형 시스템으로 간주될 수 있다. 즉, 그들은 그들의 환경에서의 이벤트에 반응해야 한다(Berry 1989; Lee 2002). 응답 시간은 종종 인간의 편의를 위해 선택된 것보다 물리학의 법칙이 적용된다. 이 시스템은 상호 작용의 속도를 제어하는 다른 종류의 소프트웨어와는 대조적이다. 예를 들면, 내가 이 책을 쓰기 위해 사용하고 있는 워드 프로세서는 맞춤법과 문법을 검사할 수 있고, 그렇게 하는 데 걸리는 시간에 대한 실질적인 제한이 없다.

21.1 임베디드 시스템 설계

임베디드 소프트웨어에 대한 설계 프로세스 동안, 소프트웨어 설계자는 시스템 하드웨어의 설계 및 성능을 상세히 고려한다. 시스템 설계 프로세스의 일부 기능이 하드웨어 및 소프트웨어로 구현되도록 결정하는 것을 포함할 수 있다. 휴대폰 시스템과 같은 소비자 제품에 포함된 많은 실시간 시스템의 경우, 하드웨어의 비용 및 전력 소비가 중요하다. 임베디드 시스템을 지원하도록 설계된 특정한 프로세서가 사용될 수 있다. 일부 시스템에서는 특수목적의 하드웨어가 설계되고 구축되어야만 할 것이다.

일련의 단계에서 분해되고 개발된 추상적 모델로 시작하는 하향식 소프트웨어 설계 프로세스는 대부분의 실시간 시스템에 비실용적이다. 하드웨어, 소프트웨어 지원, 그리고 시스템 타이밍에 낮은 수준의 의사 결정은 프로세스 초기에 고려되어야 한다. 이는 시스템 설계자의 유연성을 제한한다. 배터리와 전력 관리 같이 추가적인 소프트웨어 기능이 시스템에 포함될 수도 있다.

임베디드 시스템은 자극-반응 모델에 기초하고, 그 환경에서의 이벤트에 반응하는 임베디드 실시간 소프트웨어 설계의 가장 일반적인 방법으로의 반응형 시스템임을 감안해야 한다. 자극은 어떠한 방식으로 반응하도록 시스템을 유도하는 소프트웨어 시스템의 환경에서 발생하는 이벤트이고, 응답 소프트웨어는 환경으로 전송하는 신호 또는 메시지이다.

사용자는 시스템에 관련된 응답 및 응답이 발생해야 하는 시간에 의해 수신되는 자극을 나열하여 실시간 시스템의 동작을 정의할 수 있다. 예를 들어, 그림 21.1 (21.2절에서 설명)은 도난 경보기에 대한 가능한 자극 및 시스템 응답을 보여준다.

자극은 두 부류로 나뉜다.

1. **주기적 자극:** 이는 예측된 시간 간격으로 발생한다. 예를 들어, 센서 시스템은 매 50 밀리 초(millisecond, ms) 단위로 검사하여 그 센서 값(자극)에 따라 동작(응답)을

자극	반응
경보 해제	활성화된 모든 경보 끄기; 켜져 있던 모든 전등 끄기
콘솔의 위급 상황 버튼 반응	경보 시작; 콘솔 주위의 전등 켜기; 경찰 부르기
전원 공급 고장	서비스 기술자 부르기
센서 고장	서비스 기술자 부르기
단일 센서 반응	경보 시작; 반응하는 센서 주변에 전등 켜기
두 개 이상의 센서 반응	경보 시작; 반응하는 센서 주변에 전등 켜기; 용의자가 침입한 위치에 경찰 부르기
10%에서 20% 사이의 전압 강하	배터리 백업으로 바꾸기; 전원 공급 테스트 시작
20% 이상의 전압 강하	배터리 백업으로 바꾸기; 경보 시작하기; 경찰 부르기, 전원 공급 테스트 시작

그림 21.1 도난 경보기 시스템에 대한 자극과 반응

수행한다.

2. **비주기적 자극:** 이는 불규칙하고 예기치 않게 발생하며 일반적으로 컴퓨터의 인터럽트 메커니즘을 이용하여, 자극 신호를 보낸다. 이러한 자극의 예는 I/O 전송이 종료된 해당 데이터가 버퍼로 제공되었음을 나타내는 인터럽트이다.

자극은 시스템 환경에서의 센서로부터 오고, 그림 21.2과 같이 응답은 드라이브로 전송된다. 이 액추에이터는 시스템 환경을 변경하는 펌프와 같은 장비를 제어한다. 액추에이터 자체는 자극을 생성할 수 있다. 액추에이터로부터의 자극들은 종종 시스템에 의해 처리되어야 하는 해당 액추에이터에 몇 가지 문제가 발생했음을 나타낸다.

실시간 시스템을 위한 일반적인 설계의 가이드라인은 센서와 액추에이터(그림 21.3)의 각 유형에 대한 별도의 제어 프로세스를 갖는 것이다. 센서의 유형에 따라 이들

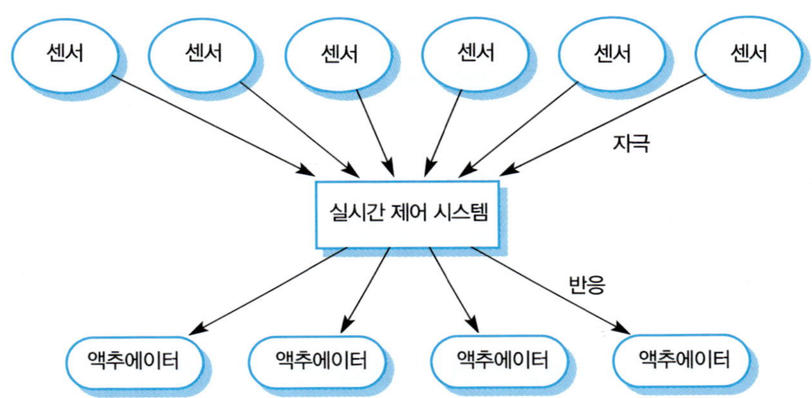

그림 21.2 임베디드 실시간 시스템의 일반적인 모델

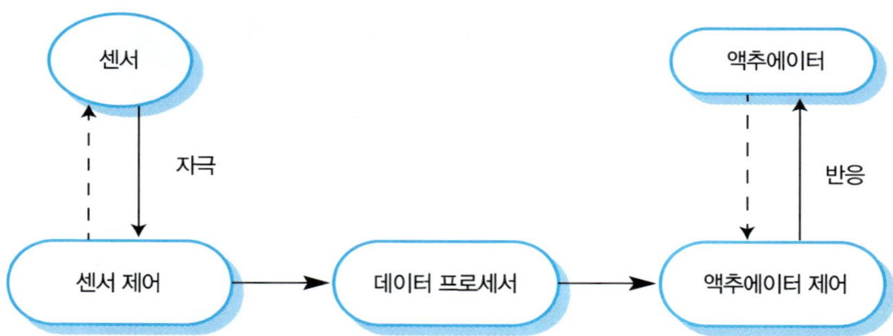

그림 21.3 센서와 액추에이터 프로세스

센서로부터 각각 데이터 수집을 처리하는 센서 관리 방법이 있을 수 있다. 데이터 처리 프로세스는 시스템에 의해 수신되는 자극에 필요한 응답을 계산한다. 액추에이터 제어 프로세스는 각각의 액추에이터와 결합되고 그 액추에이터의 동작을 관리한다. 이 모델은(다음 입력을 덮어 쓰기 전에) 데이터가 센서로부터 신속하게 회수될 수 있고, 가공이 가능하며 연관된 액추에이터 반응 후에 수행된다.

실시간 시스템은 서로 다른 시간에 발생하는 자극에 반응해야 한다.

그러므로, 자극이 수신되자마자 제어가 올바른 처리기로 전달될 수 있도록 시스템 아키텍처를 구성한다. 이것은 순차 프로그램에서는 비실용적이다. 따라서, 실시간 소프트웨어 시스템은 일반적으로 동시 협력하는 일련의 프로세스로 설계된다. 이러한 프로세스의 관리를 지원하기 위해, 실시간 시스템이 실행되는 플랫폼은 실시간 운영체제를 포함할 수도 있다(21.4절에 설명). 이 운영 체제에 의해 제공되는 기능을 사용하는 실시간 프로그래밍 언어 실행시간 지원은 시스템을 통해 액세스된다.

표준 임베디드 시스템 설계 과정이란 없다. 오히려 상이한 프로세스가 시스템의 종류, 사용 가능한 하드웨어 및 시스템 개발 조직에 따라 사용된다. 다음 활동이 실시간 소프트웨어 설계 프로세스에 포함된다.

1. **플랫폼 선택:** 시스템을 위한 플랫폼, 즉 사용될 하드웨어와 실시간 운영체제를 선택한다. 이러한 선택에 영향을 미치는 요인은 시스템의 타이밍 제한, 가용 전력의 제약, 개발팀의 경험, 그리고 최종 인도되는 시스템의 목표 가격을 포함한다.
2. **자극/응답 확인:** 시스템에서 처리해야 하는 자극 및 각 자극에 대한 반응 또는 관련된 응답을 식별하는 것을 포함한다.
3. **타이밍 분석:** 각각의 자극과 관련된 응답에 대해, 자극 및 응답 처리에 적용되는 타이밍 제약을 모두 식별한다. 이러한 제한은 시스템의 처리에 대한 기한을 설정하는 데 사용된다.
4. **프로세스 설계:** 프로세스 설계는 동시 프로세스들로부터 자극 및 응답 처리를 모으는 것을 포함한다. 프로세스 아키텍처를 설계하기 위한 좋은 출발점은 20.2절에서

설명한 아키텍처 패턴이다. 그런 다음 구현하면 특정 요구사항을 반영하기 위해 프로세스 아키텍처를 최적화할 수 있다.

5. **알고리즘 설계:** 각각의 자극과 반응의 경우, 필요한 계산을 수행하는 알고리즘을 설계한다. 알고리즘 설계는 비교적 조기에 필요한 프로세스의 양 및 그 처리를 완료하는 데 필요한 시간을 나타내기 위해 설계하여 개발될 필요가 있다. 이것은 신호 처리와 같은 연산 집약적인 작업에 특히 중요하다.
6. **데이터 설계:** 프로세스 및 정보 교환을 조정하는 이벤트에 의해 교환되는 정보를 지정하고, 설계 데이터 구조는 이러한 정보 교환을 관리한다. 여러 개의 동시 프로세스는 이 데이터 구조를 공유할 수 있다.
7. **프로세스 스케줄링:** 프로세스가 자신의 데드라인을 충족하기 위해 제 시간에 시작되는 것을 보장하는 스케줄링 시스템을 설계한다.

특정 활동과 실시간 시스템 설계 프로세스에서 활동 순서는 개발 중인 시스템의 유형, 참신함, 환경에 좌우된다. 어떠한 경우, 새로운 시스템을 위해 자극과 관련된 처리를 상당히 추상적인 접근 방식에 따르며 시작하고, 나중에 그 과정에서 하드웨어 및 실행 플랫폼에서 결정할 수 있다. 또 다른 경우, 하드웨어 및 운영체제의 선택은 소프트웨어 설계가 시작되기 이전에 이루어진다. 그런 다음, 시스템의 하드웨어에 의해 부과되는 제약 조건을 고려하기 위한 소프트웨어를 설계해야 한다.

실시간 시스템에 있는 프로세스들은 정보 공유와 공동 작용을 할 수 있어야 한다. 프로세스 조정 메커니즘은 공유 자원에 대한 상호 배제를 보장한다. 하나의 프로세스가 공유형 자원을 수정하는 경우, 다른 프로세스가 해당 자원을 변경할 수 없어야 한다. 상호 배제를 보장하는 메커니즘은 세마포, 모니터, 임계 영역을 포함한다. 프로세스 동기화 메커니즘은 대부분의 운영체제 책(Silberschaltz, Galvin, and Gagne 2013; Stallings 2014)에 설명되어 있다.

프로세스 간의 정보 교환을 설계할 때, 이러한 프로세스가 서로 다른 속도로 작동할 수 있다는 것을 고려해야 한다. 하나의 프로세스는 정보를 생성하고, 다른 프로세스는 이 정보를 소비한다. 생산자가 소비자보다 빠르게 실행될 경우, 소비자 프로세스는 원래 정보를 판독하기 전에 새로운 정보를 이전 판독 정보 항목에 덮어쓸 수 있다. 소비자 프로세스가 생산자 프로세스보다 빠르게 실행되는 경우, 동일한 항목이 두 번 판독될 수 있다.

이 문제를 피하기 위해, 공유 버퍼를 사용하여 정보 교환을 구현하는 버퍼에 대한 액세스를 제어하는 상호 배제 메커니즘을 사용한다. 이는 읽기 전에는 정보가 덮어 써질 수 없고 정보가 두 번 판독될 수 없다는 것을 의미한다. 그림 21.4는 공유 버퍼의 구성을 보여준다. 이것은 일반적으로 리스트 데이터 구조를 사용하여 원형 큐로써 구현된

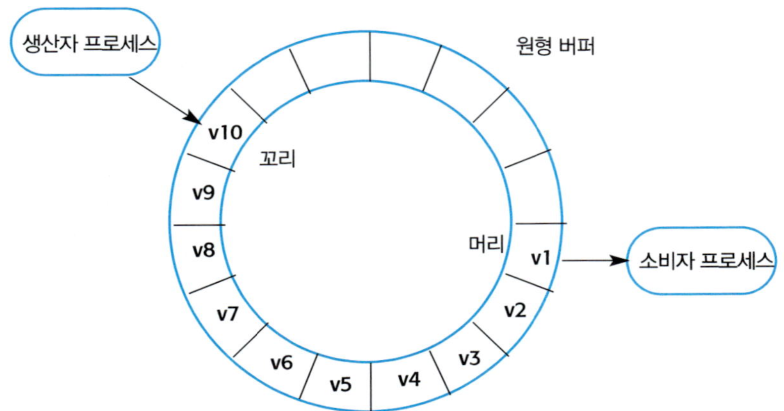

그림 21.4 생산자/소비자 프로세스의 원형 버퍼 공유

다. 생산자와 소비자 프로세스 간의 속도 불일치는 프로세스 실행을 지연시키지 않고 수용할 수 있다.

생산자 프로세스는 항상 큐의 끝에서 버퍼 위치에 데이터를 입력한다(그림 21.4에서 v10으로 표현). 소비자 프로세스는 항상 큐의 선두의 정보를 검색한다(그림 21.4에서 v1으로 표현). 소비 프로세스가 정보를 검색한 후, 큐의 꼬리는 다음의 항목(V2)을 가리키도록 조정된다. 생산자 프로세스 정보를 추가한 후, 큐의 꼬리는 큐 내의 다음 빈 슬롯을 가리키도록 조정된다.

생산자 및 소비자 프로세스가 동시에 동일한 항목에 액세스하지 않도록 하는 것이 중요하다(예, **머리** = **꼬리**). 그렇게 하지 않으면 항목의 값을 예측할 수 없다. 또한 시스템은 생산 프로세스가 가득 찬 버퍼에 항목을 추가하지 않도록 하고, 빈 버퍼로부터 항목을 가져오려는 시도를 하지 않도록 보장해야 한다.

이를 위해 버퍼를 액세스하는 Get과 Put 연산을 가지는 프로세스로 원형 버퍼를 구현한다. Put 연산은 생산자 프로세스에 의해 호출되고, Get 연산은 소비자 프로세스에 의해 호출된다. 세마포나 임계 영역과 같은 동기화 기능은 Get과 Put 연산이 동기화되도록 보장하기 위해 사용된다. 만일 버퍼가 가득차면, 한 슬롯이 빌 때까지 Put 프로세스는 대기해야 하고, 만일 버퍼가 비게되면, 한 항목이 들어갈 때까지 Get 프로세스는 대기해야 한다.

시스템에 대한 실행 플랫폼을 선택하면, 프로세스 아키텍처를 설계하고 스케줄링 정책을 결정하는데, 시스템이 타이밍 요구사항을 충족하는지 확인해야 한다. 컴포넌트의 동작 타이밍의 기술을 사용하는 시스템 또는 시뮬레이션을 통해 정적 분석 검사를 수행할 수 있다. 이 분석을 통해 시스템이 적절하게 수행될 것인지 알 수 있다. 프로세스 아키텍처, 스케줄링 정책, 실행 플랫폼 이들 모두는 시스템의 성능을 향상시키기 위해 재설계될 필요가 있다.

하드웨어에서 때때로 타이밍 제약 또는 다른 요구사항은 이러한 신호 처리와 같은 일부 시스템 기능을 구현하는 것이 가장 좋다는 것을 의미한다. FPGA (field-programmable gate arrays)와 같은 현대의 하드웨어 구성 요소는 유연하고 다양한 기능으로 구성될 수 있다. 하드웨어 구성 요소가 해당 소프트웨어보다 더 나은 성능을 제공한다. 시스템 처리 병목 현상은 하드웨어에 의해 식별되고 대치되므로 값비싼 소프트웨어 최적화를 피할 수 있다.

21.1.1 실시간 시스템 모델링

실시간 시스템이 반응해야 하는 이벤트들은 시스템이 하나의 상태에서 다른 상태로 이동하게 한다. 이러한 이유로 5장에서 소개했던 상태 모델은, 실시간 시스템을 설명하는 데 사용된다. 시스템의 상태 모델은 언제든지 이 시스템이 가능한 다수의 상태 중 하나에 있음을 가정한다. 자극이 수신될 때, 이것은 다른 상태로의 이행을 유발할 수 있다. 예를 들어, 밸브를 제어하는 시스템은 오퍼레이터 명령(자극)이 수신될 때 "밸브 폐쇄" 상태를 "밸브 개방"으로 이동할 수 있다.

상태 모델은 실시간 시스템 설계 방법의 일부이다. UML은 상태 다이어그램에 기반하여 상태모델 개발을 지원한다(Harel 1987, 1988). 상태 다이어그램은 계층적 상태를 지원하는 정형 상태 기계 모델이라, 각 그룹 상태가 하나의 단일 엔티티로 고려될 수 있다. Douglass (Douglass 1999)는 실시간 시스템 개발의 UML의 사용을 설명한다.

나는 이미 5장에서 간단한 전자레인지 오븐의 예를 사용하여 시스템 모델링에 접근했다. 그림 21.5는 휘발유(가스)펌프에 내장된 연료 공급 소프트웨어 시스템의 동작을 나타내는 상태 모델의 또 다른 예이다. 둥근 사각형 시스템 상태를 나타내고, 화살표는 하나의 상태에서 다른 상태로 강제 자극 이행된다. 상태 메커니즘 다이어그램에 사용된 이름들은 기술적이다. 관련 정보는 시스템 액추에이터나 표시된 정보에 의해 동작을 나타낸다. 이 시스템은 종료할 수는 없지만 펌프가 작동하지 않는 경우, 대기 상태로 전환되는 것을 주의하라.

다음은 연료 공급 시스템이 무인 작업을 허용하도록 설계하는 작업 순서이다.

1. 구매자는 펌프에 내장된 카드 리더기에 신용 카드를 삽입한다. 카드를 읽을 수 있는 Reading 상태로 이행되고 구매자는 카드를 제거하라는 요청을 받게 된다.
2. 카드 제거는 카드의 유효성을 검사하는 Validating로 트리거를 이행한다.
3. 카드가 유효한 경우 시스템은 펌프를 초기화하고, 연료 호스가 홀스터로부터 제거될 때, 연료를 제공할 준비가 Delivering 상태로 이행된다. 연료가 펌핑되도록 노즐에 트리거를 활성화한다. 트리거가 해제될 때(간단하게 하기 위해, 연료 누출을 중

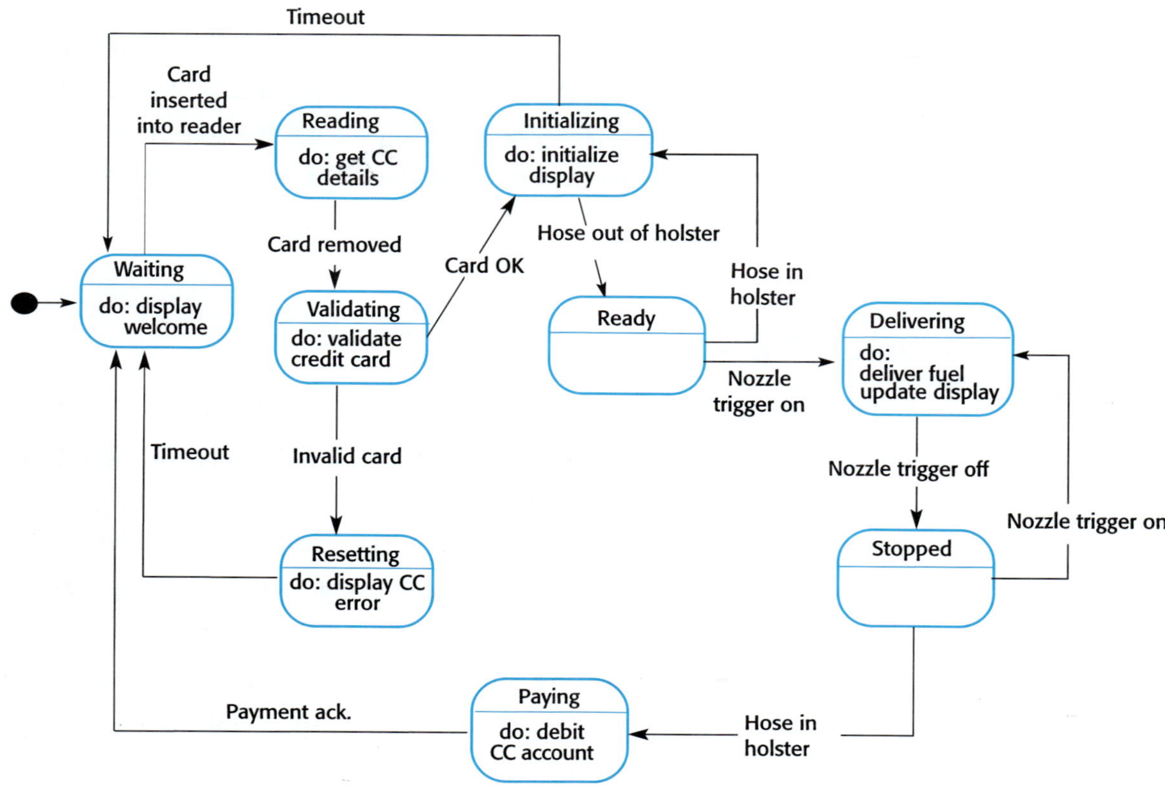

그림 21.5 휘발유(가스) 펌프 상태 기계 모델

지하도록 설계 압력 스위치를 무시) 중지된다.

4. 연료 공급이 완료되고, 구매자가 홀스터 호스를 돌려놓은 후, 시스템은 사용자의 계정에서 인출되는 Paying 상태로 이동한다.
5. 결제 후, 펌프 소프트웨어는 Waiting 상태로 돌아간다.

상태 모델은 시스템의 동작을 정의하기 위해, 5장에서 설명했던 모델 설계에 기반해 사용된다. 이들은 실행 프로그램이 자동 또는 반자동으로 변환될 수 있다.

21.1.2 실시간 프로그래밍

실시간 시스템 개발 프로그래밍 언어는 시스템 하드웨어에 액세스할 수 있는 기능을 포함해야 하고, 이들 언어 특정 동작의 타이밍을 예측할 수 있어야 한다. 제한된 하드웨어에서 실행되는 경성 실시간 시스템은 데드라인에 맞출 수 있도록 여전히 종종 어셈블리 프로그래밍이 된다. 효율적인 코드를 생성할 수 있도록 C와 같은 언어 프로그래

실시간 Java

Java 프로그래밍 언어는 실시간 시스템 개발에 적합하도록 수정되었다. 이러한 수정은 비동기 통신을 포함하고, 시간의 추가, 절대 및 상대 시간을 포함하며, 가비지 콜렉션으로부터의 예측할 수 없는 지연을 방지하는 새로운 메모리 관리 모델이다.

http://software-engineering-book.com/web/real-time-java/

밍 시스템이 널리 사용된다.

C와 같이 시스템의 프로그래밍 언어를 사용하는 것의 장점은 효율적인 프로그램 개발을 허용한다는 것이다. 그러나 이러한 언어는 동시성 또는 공유 자원의 관리를 지원하는 구조를 포함하지 않는다. 동시성 및 자원 관리는 상호 배제를 위한 실시간 운영체제에 의해 제공되는 기능에 대한 호출을 통해 구현된다. 컴파일러는 이러한 호출을 확인할 수 없기 때문에, 프로그래밍 오류 가능성이 높다. 언어가 실시간에 포함되어 있지 않기 때문에 프로그램들은 또한 이해하기가 더 어렵다. 프로그램 이해뿐만 아니라, 독자는 어떻게 실시간 지원이 시스템 호출을 사용할 수 있도록 제공되었는지 알아야 한다.

실시간 시스템들은 타이밍 제약 조건을 만족해야 하므로, 경성 실시간 시스템에 객체 지향 개발을 사용할 수 없을 수도 있다. 객체 지향 개발은 데이터 표현을 숨기고 객체에 정의된 오퍼레이션을 통해 속성 값에 액세스하는 것을 포함한다. 속성에 대한 액세스를 중재하고 오퍼레이션에 대한 호출을 위한 여분의 코드가 필요하기 때문에 객체 지향 시스템에서 상당한 성능 오버 헤드가 있다. 성능 손실은 필연적으로 실시간 데드라인 충족이 불가능할 수도 있다.

Java의 버전은 임베디드 시스템 개발을 위해 만들어졌다(Burns and Wellings 2009; Bruno and Bollella 2009). 이 언어는 언어 가비지 콜렉션 메커니즘에 의해 방해받지 않도록 스레드가 명시되게 수정된 스레드 메커니즘을 포함한다. 비동기식 이벤트 처리와 타이밍 명세 또한 포함하고 있다. 하지만 프로그램 작성 시에 이 명세는오히려 간단한 임베디드 시스템보다 더 제한된 자원을 가지는 중요한 프로세서와 메모리 용량(예, 휴대폰)의 플랫폼에 주로 사용되었다. 이러한 시스템은 여전히 C에서 구현된다.

21.2 실시간 소프트웨어를 위한 아키텍처 패턴

아키텍처 패턴은 추상적이고 좋은 설계 실무 관행의 양식화된 설명이다. 그들은 이러한 아키텍처 시스템 구성에 대한 장점과 단점, 언제 쓰이는지에 대한 지식을 포착한다. 아키텍처의 이해와 자신만의 특정 아키텍처 설계를 만들기 위해 아키텍처 패턴을 사용한다.

실시간 소프트웨어와 대화식 소프트웨어 간의 차이는 실시간 임베디드 시스템을 위한 고유 아키텍처 패턴이 존재한다는 것을 의미한다. 실시간 시스템의 패턴은 객체 지향 혹은 컴포넌트 지향 보다는 프로세스지향이다. 다음은 이 절에서 일반적으로 사용되는 세 가지 실시간 아키텍처 패턴에 대해 설명이다.

1. **관찰과 반응**: 이 패턴은 센서 집합이 일상적으로 모니터하고 디스플레이할 경우 사용된다. 센서는 어떤 이벤트가 발생했음을 표시하는 경우(예를 들어, 휴대 전화에 착신 전화)에, 시스템은 해당 이벤트를 처리하는 과정을 개시함으로써 반응한다.
2. **환경 제어**: 이 패턴은 시스템 환경을 변경할 수 있는 환경 및 액추에이터에 대한 정보를 제공하는 센서를 포함하는 경우 사용된다. 센서에 의해 감지된 환경의 변화에 응답하여, 제어 신호가 시스템 액추에이터에 전송된다.
3. **파이프라인 프로세스**: 이 패턴은 데이터가 처리될 수 있기 전에 하나의 표현에서 다르게 변형되어야 할 때 사용된다. 변환은 동시에 수행될 수도 있는 일련의 처리 단계들로 구현된다. 개별 코어나 프로세스는 각 변환을 실행할 수 있기 때문에, 매우 빠른 데이터 처리를 허용한다.

이러한 패턴들은 당연히 결합될 수 있고, 종종 단일 시스템에서 그 이상도 볼 수 있다. 예를 들어, 환경 제어 패턴이 사용되는 경우 액추에이터가 관찰과 반응 패턴을 이용하여 모니터하는 것이 매우 일반적이다. 액추에이터에 오류가 발생하는 경우 시스템에 경고 메시지 표시, 액추에이터 종료, 백업 시스템 스위치 등의 반응을 할 수 있다.

이 패턴들은 내가 임베디드 시스템에서 설명했던 모든 아키텍처 패턴들이다. Douglass (Douglass 2002)는 낮은 수준, 상세한 디자인 의사 결정을 지원하는 실시간 디자인 패턴을 설명한다. 이러한 패턴은 실행 제어, 통신, 자원 할당, 안정성 및 신뢰성에 대한 디자인 패턴을 포함한다.

이러한 아키텍처 패턴들은 임베디드 시스템 설계를 위한 출발점이어야 한다. 하지만, 그들은 설계 템플릿이 아니다. 만약 설계 템플릿으로 사용할 경우, 이는 비효율적인 프로세스 아키텍처로 끝날 것이다. 너무 많은 프로세스를 갖지 않도록 프로세스 구조를 최적화해야만 한다. 또한 시스템의 프로세스와 센서, 액추에이터 사이에 명확한 대응이 있는지 확인해야 한다.

21.2.1 관찰과 반응

모니터링 시스템은 임베디드 실시간 시스템의 주요 유형이다. 모니터링 시스템은 센서

이름	관찰과 반응
설명	같은 유형의 센서 집합으로부터의 입력의 값은 수집되고 분석된다. 이러한 값은 어떤 방식으로 디스플레이된다. 센서의 값으로 이례적인 상태가 나타나면, 행동은 그 값으로 작업자의 주의를 끌고, 필요한 경우, 예외적 값에 대응조치를 취한다.
자극	시스템에 연결된 센서로부터의 값
응답	디스플레이에 출력, 경보 트리거, 반응 시스템에 신호
프로세스	옵서버, 분석, 디스플레이, 경보, 반응자
사용	모니터링 시스템, 경보 시스템

그림 21.6 관찰과 반응 패턴

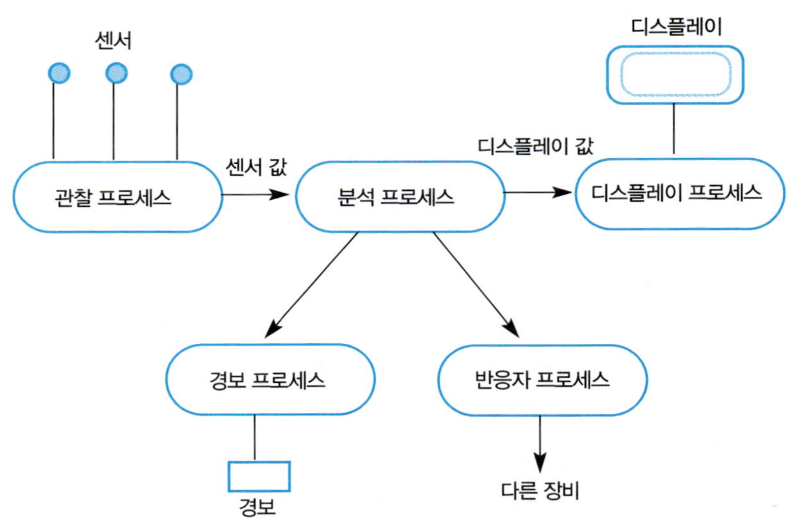

그림 21.7 관찰과 반응 프로세스 구조

집합을 이용하여 주변 환경을 감시하고 대개 특정 방식으로 환경 상태를 디스플레이한다. 이것은 내장된 스크린, 특수목적의 기기 또는 원격 디스플레이에 표시될 수 있다. 시스템이 어떤 특별한 이벤트 또는 센서 상태를 검출하는 경우, 제어 시스템은 동작을 수행한다. 이것은 종종 사건에 운영자의 관심을 끌기 위해 경보를 높이는 것을 포함한다. 때때로 시스템이 손상으로부터 보호하기 위해 시스템을 종료하는 것과 같이, 다른 예방적 조치를 개시할 수 있다.

관찰과 반응 패턴(그림 21.6과 21.7)은 일반적으로 모니터링 시스템에 사용된다. 센서의 값이 관찰되고, 해당 시스템은 이러한 센서 값에 의존하는 동작을 개시한다. 모니터링 시스템은 시스템의 여러 유형의 센서마다 하나씩의 관찰과 반응 패턴의 여러 인스턴스생성을 구성할 수 있다. 시스템 요구사항에 따라, 연합 프로세스에 의한 설계를 최적화할 수 있다(예, 사용자가 센서의 다양한 유형 모두에서 정보를 디스플레이하기

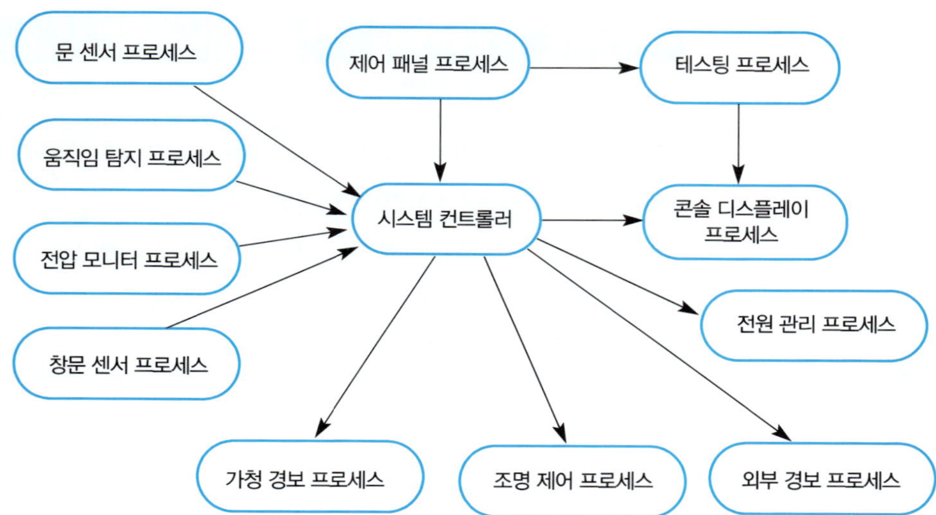

그림 21.8 도난 경보 시스템의 프로세스 구조

위해 단일 디스플레이 프로세스를 사용할 수 있다).

이러한 패턴의 사용의 예로서, 오피스 빌딩에 설치하는 도난 경보 시스템의 설계를 고려한다.

> 소프트웨어 시스템은 상업 건물용 도난 경보 시스템의 일부로서 구현될 것이다. 이것은 다양한 유형의 센서를 사용한다. 이 센서는 객실에서의 이동 감지, 복도 문 개방 감지와 지상층에 창문이 열리면 감지할 수 있는 센서를 포함한다.
> 센서가 침입자를 감지하면, 시스템은 자동으로 주변의 경찰을 호출하고, 음성 합성기를 이용하여, 경보의 위치를 보고한다. 이것은 방의 활성 센서 주변의 조명을 전환하고 경보음을 울린다. 시스템은 일반적으로 주 전원에 의해 구동되지만 배터리 백업이 장착되어 있다. 전력 손실은 전원 전압을 모니터링하여 별도의 전원 회로 모니터를 사용하여 검출된다. 전압 강하가 감지되면, 시스템은 침입자가 전원 공급을 중단한 것으로 간주하여 경보가 울리게 된다.

경보 시스템을 위한 프로세스 아키텍처는 그림 21.8에 보여진다. 화살표는 하나의 프로세스가 다른 하나의 프로세스에 보낸 신호를 나타낸다. 이 시스템은 엄격한 타이밍 요건이 없는 "연성" 실시간 시스템이다. 센서는 고속의 이벤트보다는 사용자의 존재를 검출해야 하므로, 초당 2 또는 3회만 폴링하면 된다. 21.3절에서 이 시스템에 대한 타이밍 요구사항을 다룬다.

그림 21.1에서 이미 이 경보 시스템의 자극과 반응을 소개했다. 이러한 응답은 시스템 설계를 위한 시작점으로서 사용된다. 이 설계에는 관찰과 반응 패턴이 사용된다. 각 유형의 반응을 위한 유형별 센서와 반응 프로세스들과 관련된 옵서버 프로세스가 있다.

이름	환경 제어
설명	이 시스템은 시스템의 환경으로부터 데이터를 수집하는 센서의 집합으로부터 정보를 분석한다. 추가 정보는 시스템에 접속되어 액추에이터의 상태를 수집할 수 있다. 센서와 액추에이터로부터의 데이터에 기초하여, 제어 신호들은 시스템의 환경 변화를 일으키는 액추에이터로 보내진다. 센서 값과 액추에이터의 상태에 대한 정보가 표시될 수 있다.
자극	센서로부터의 값은 시스템 및 시스템의 액추에이터의 상태로 부착된다.
반응	액추에이터에 제어 신호 정보를 표시한다.
프로세스	모니터, 제어, 디스플레이, 액추에이터 드라이버, 액추에이터 모니터
사용	제어 시스템

그림 21.9 환경 제어 패턴

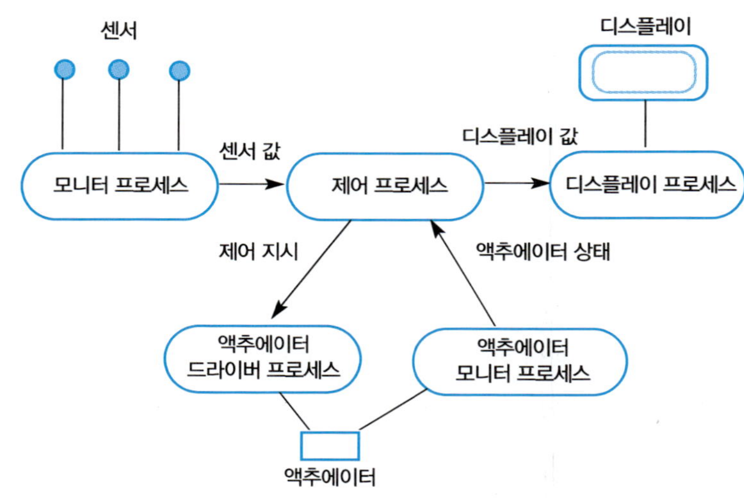

그림 21.10 환경 제어 프로세스 구조

단일 분석 프로세스는 모든 센서로부터의 데이터를 검사한다. 패턴의 디스플레이 프로세스들은 하나의 디스플레이 프로세스에 결합된다.

21.2.2 환경 제어

실시간 임베디드 소프트웨어로 가장 널리 이용되는 것은 제어 시스템이다. 이러한 시스템에서 소프트웨어는 장비의 환경으로부터의 자극에 기초하여, 기기의 동작을 제어한다. 예를 들어, 자동차의 미끄럼 방지 브레이크 시스템은 차량의 휠과 브레이크 시스템을 모니터링한다(시스템의 환경). 이것은 브레이크 압력이 적용될 때 바퀴가 미끄러지는 징후를 찾는다. 이 경우, 시스템은 바퀴가 잠기는 것을 막고 미끄럼 가능성이 감소하도록 브레이크 압력을 조절한다.

제어 시스템은 센서와 액추에이터 프로세스들을 포함하는 일반 제어 패턴인 환경 제어 패턴을 활용할 수 있다. 이 패턴은 그림 21.9와 프로세스 아키텍처 그림 21.10에 설명되어 있다. 이 패턴의 변형은 디스플레이 프로세스를 제거한다. 이 변형은 사용자 개입이 필요하지 않거나 제어 비율이 매우 높아 디스플레이가 의미 없을 상황에 이용된다.

이 패턴은 제어 받는 각 액추에이터(또는 액추에이터 타입)의 환경 제어 패턴의 인스턴스와 제어 시스템 설계에 기초할 수 있다. 그런 다음, 프로세스 수를 감소시키는 설계를 최적화한다. 예를 들어, 액추에이터 모니터링과 액추에이터 제어 프로세스들을 결합하거나, 단일 모니터링과 여러 액추에이터를 위한 제어 프로세스를 가질 수 있다. 최적화는 선택하는 타이밍 요구사항에 따라 달라진다. 제어와 모니터링 프로세스들을 결합하는 것은 비실용적일 수 있어, 제어 신호를 보내는 것보다는 센서를 더 자주 모니터링 할 필요가 있다. 또한 액추에이터 제어와 액추에이터 모니터링 프로세스간의 직접적인 피드백이 있을 수 있다. 이 분명한 제어 결정은 액추에이터 제어 프로세스에 의해 만들어질 수 있게 허락된다.

이 패턴이 어떻게 사용되었는지는, 차량 제동 시스템을 위한 컨트롤러의 일례를 보여주는 그림 21.11에서 알 수 있다. 설계를 위한 시작점은 시스템의 각 액추에이터 유형 패턴의 인스턴스에 대응한다. 이 경우, 네 개의 액추에이터와 각각의 바퀴에 브레이크 제어가 있다. 각각의 센서 프로세스는 모든 바퀴에 센서를 모니터하는 하나의 바퀴 모니터링 프로세스에 결합된다. 이것은 바퀴가 회전하거나 고정이 되어 있는지 확인하기 위해 각 휠의 상태를 모니터링한다. 별도의 한 프로세스는 차량 운전자에 의해 가해지는 브레이크 페달의 압력을 모니터한다.

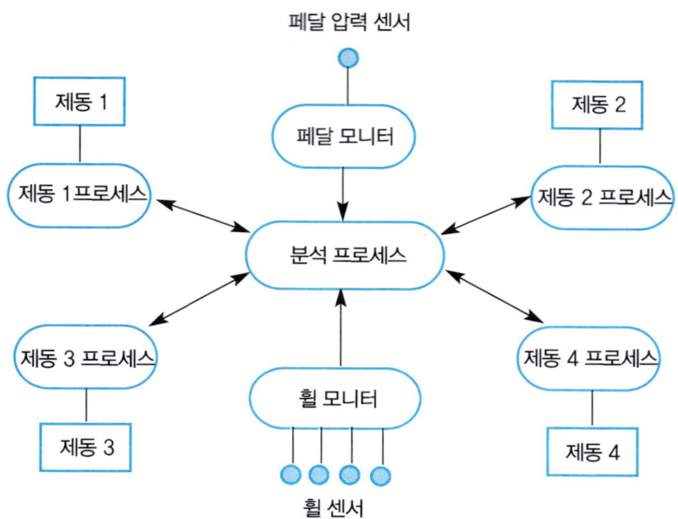

그림 21.11 미끄럼 방지 제동 시스템을 위한 제어 시스템 아키텍처

시스템은 브레이크가 적용되어 바퀴가 잠겨있는 것을 센서가 나타내는 경우에 미끄럼 방지 기능을 포함한다. 이것은 도로와 타이어 사이의 마찰이 불충분하다는 것을 의미한다. 즉, 차가 미끄러지고 있는 것이다. 바퀴가 고정되면 운전자는 바퀴를 조종할 수 없다. 이 문제에 대응하기 위해, 시스템은 바퀴가 회전하고 제어가 회복될 수 있도록 빠른 순서의 온/오프 신호를 그 바퀴의 브레이크에 보낸다.

휠 모니터 프로세스는 각각의 바퀴의 회전 여부를 모니터링한다. 바퀴가 미끄러지면 (회전이 아니라), **분석** 프로세스에 통지한다. 미끄럼 방지 제동을 시작한 바퀴와 연관된 프로세스 신호를 보낸다.

21.2.3 프로세스 파이프라인

많은 실시간 시스템은 시스템의 환경에서 아날로그 데이터 수집과 관련된다. 그런 다음 시스템에 의한 분석 및 처리에 대한 데이터를 디지털화한다. 또한 다음 환경에 전송하는 아날로그 데이터를 디지털 데이터로 변환할 수 있다. 예를 들어, 소프트웨어 라디오는 라디오 송신을 나타내는 디지털 데이터의 수신 패킷을 허용하고 사용자가 청취할 수 있는 음성 신호로 데이터를 변환한다.

이러한 많은 시스템에 관련된 데이터 처리는 매우 신속하게 수행되어야 한다. 그렇지 않으면, 수신 데이터가 손실될 수 있고 필수 정보가 없기 때문에 송신 신호가 망가질 수 있다. 프로세스 파이프라인 패턴은 별도의 변환의 순서로 필요한 데이터 처리를 분해하여 신속한 처리를 가능하게 한다. 이러한 변형은 각각 독립적인 프로세스에 의해 구현된다. 이 아키텍처는 다중 프로세서 또는 멀티 코어 프로세서를 사용하는 시스템에 효율적이다. 상기 처리 단계는 병렬로 수행될 수 있도록, 파이프라인의 각 프로세스가 별도의 프로세서 또는 코어와 연관될 수 있다.

그림 21.12는 데이터 파이프라인 패턴의 간단한 설명이고, 그림 21.13은 이 패턴의 프로세스 아키텍처를 보여준다. 프로세스가 생산에 포함되고 정보를 소비하는 것을 알 수 있다. 21.1절에 설명된 바와 같이 프로세스는 동기화 버퍼를 사용하여 정보를 교환한다. 생산자와 소비자 프로세스들은 데이터 손실없이 각기 다른 속도로 작동할 수 있다.

프로세스 파이프라인을 사용할 수 있는 시스템의 예로는 고속 데이터 수집 시스템이 있다. 데이터 수집 시스템은 이후 처리와 분석을 위해 센서들로부터 데이터를 수집한다. 이러한 시스템은 센서 시스템의 환경에서 대량의 데이터를 수집하는 경우에 사용되며, 이는 실시간으로 데이터를 처리하는 것이 가능하거나 필요하지 않다. 오히려 수거하고 추후 분석을 위해 저장된다. 데이터 수집 시스템은 종종 과학 실험과 화학 반응과 같은 물리적 프로세스 제어 시스템에서 사용되는데, 이는 매우 빠르다. 이러한 시스템에서 센서는 매우 신속하게 데이터를 생성할 수 있으며, 데이터 수집 시스템은 센서

이름	프로세스 파이프라인
설명	프로세스 파이프라인은 데이터를 또 다른 파이프라인의 일단으로부터 순차적으로 이동하여 설치된다. 프로세스는 종종 생산자와 소비자 프로세스가 서로 다른 속도로 작동할 수 있도록 동기화 버퍼에 의해 연결되어있다. 파이프라인의 최고점은 디스플레이 또는 데이터 저장소일 수 있고, 또는 파이프라인이 액추에이터에 종료시킬 수 있다.
자극	환경 또는 다른 프로세스로부터의 입력 값
반응	환경 또는 공유 버퍼 출력 값
프로세스	생산자, 버퍼, 소비자
사용	데이터 수집 시스템, 멀티미디어 시스템

그림 21.12 프로세스 파이프라인 패턴

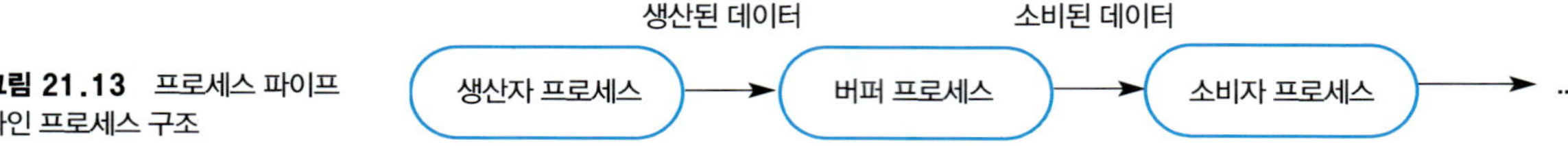

그림 21.13 프로세스 파이프라인 프로세스 구조

판독 센서 값이 변경되기 전에 수집되는 것을 보장한다.

그림 21.14는 원자로의 제어 소프트웨어의 일부가 될 수 있는 데이터 수집 시스템의 간략화된 모델이다. 이 시스템은 반응기 내의 중성자 플럭스(중성자의 밀도)를 모니터링하는 센서 데이터를 수집한다. 이 센서 데이터는 추출되고 프로세스된 버퍼에 배치된다. 평균 플럭스 수준은 운영자의 디스플레이에 표시 및 향후 처리를 위해 저장된다.

21.3 타이밍 분석

이 장의 도입부에서 언급된 바와 같이, 실시간 시스템의 정확성은 그 출력의 정확성뿐만 아니라, 이러한 출력이 생성된 시점에도 의존한다. 따라서, 타이밍 분석은 임베디드 실시간 소프트웨어 개발 과정에서 중요한 활동이다. 이러한 분석에서 시스템의 각 프로세스는 모든 입력을 처리하고 모든 시스템 응답이 적절한 방법으로 생성되는 것을 보장하기 위해 실행해야 하는 빈도를 계산한다. 타이밍 분석의 결과는 얼마나 자주 각 프로세스가 실행되어야 하는지와 어떻게 이런 프로세스들이 실시간 운영체계에 의해 스케줄링 되어야 하는지 결정하는 데 사용된다.

실시간 시스템의 타이밍 분석은 시스템이 주기적으로 비 주기적 자극과 반응 혼합물을 처리하는 경우에 특히 어렵다. 비 주기적 자극은 예측할 수 없기 때문에, 특정 시간에 발생하는 이러한 자극의 가능성을 필요로 하는 서비스에 대한 가정을 해야 한다. 이러한 가정은 잘못될 수 있고, 전달 후 시스템 성능이 충분하지 않을 수 있다. Cooling

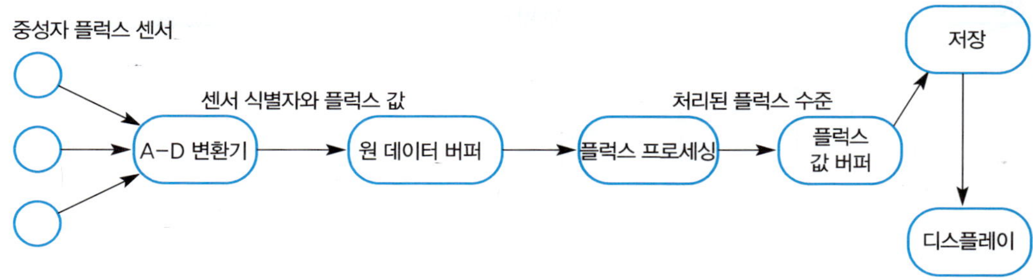

그림 21.14 중성자 플럭스 데이터 수집

의 책(Cooling 2003)은 계정에 비 주기적 사건을 가지는 실시간 시스템 성능 분석을 위한 기술에 대해 설명한다.

컴퓨터가 빨라짐에 따라, 오직 주기적인 자극만을 이용하여 설계하는 것이 많은 시스템에서 가능해졌다. 프로세서가 느릴 때, 비 주기적 자극은 처리 지연이 대개 시스템에 약간의 손실을 포함하는 것과 같이 중요한 이벤트들이 데드라인 전에 처리됨을 보장하기 위해 사용되었어야만 했다. 예를 들어, 임베디드 시스템의 전원 공급 장치의 고장은 시스템이 매우 짧은 시간 내에, 제어된 방식으로 연결된 장비를 종료한다는 것을 의미할 수 있다(50 milliseconds를 말한다). 이것은 인터럽트 "전원 장애"로 구현될 수 있다. 하지만, 이는 또한 자주 실행되는 주기적인 프로세스를 사용하여 구현되고 전원을 확인할 수도 있다. 프로세스 호출 간에 걸리는 시간이 짧다면, 전력 부족 피해가 발생하기 전에 시스템을 제어하여 종료를 수행할 시간이 아직 있다. 이러한 이유로, 나는 오직 주기 프로세스에 대한 타이밍 문제에 대해 설명한다.

이러한 요구사항을 충족하기 위해 임베디드 실시간 시스템 및 시스템 설계의 타이밍 요구사항을 분석할 때 세 가지 주요 인자들을 고려해야 한다.

1. **데드라인:** 자극은 시간 안에 처리되고 시스템에 의해 생산된 일부에 응답하여야 한다. 경성 실시간 시스템인 경우, 시스템 기한을 만족시키지 않으면 시스템 오류이다. 연성 실시간 시스템에서는 이 열화 시스템 서비스를 초래한다.
2. **빈도:** 항상 데드라인을 충족시킬 수 있다고 확신하는 프로세스가 실행되어야 하는 초당 횟수
3. **실행:** 시간 자극을 처리하고 응답을 생성하는 데 필요한 시간. 실행 시간은 코드의 실행 상태, 다른 프로세스들의 지연 등의 이유로 항상 동일하지는 않다. 따라서, 프로세스의 평균 실행 시간과 그 프로세스에 대한 최악의 경우의 실행 시간을 모두 고려해야 한다. 최악의 경우의 실행 시간은 프로세스를 실행하는 데 걸리는 최대 시간이다. 경성 실시간 시스템에서는 데드라인을 놓치지 않도록 보장하기 위해 최악의 실행 시간에 기초하여 가정해야 한다. 연성 실시간 시스템에서는 평균 실행 시간에

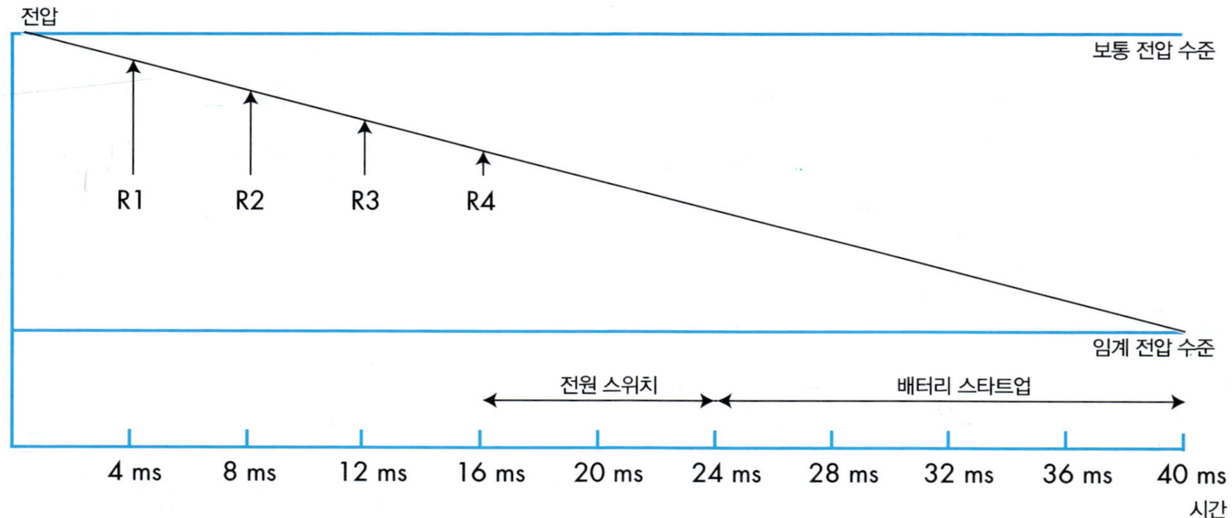

그림 21.15 전원 장애 타이밍 분석

기초하여 계산할 수 있다.

전원 공급 장애의 예를 계속하기 위해, 주전원에서 배터리 백업으로 바꾸는 전원장치 프로세스를 위한 최악의 경우 실행 시간을 계산해보자. 그림 21.15는 시스템의 이벤트 타임라인을 제공한다.

1. 고장 후, 장비가 손상될 수 있을 만한 수준으로 전압을 강하하는 것은 50 밀리 초(ms)가 걸린다고 가정한다. 그러므로 배터리 백업은 활성화되고 50 ms 내에 동작해야 한다. 일반적으로 오차를 허용하는데, 장비의 물리적 변화 때문에 40 ms의 짧은 데드라인을 설정해야 한다. 이것은 모든 장비는 40 ms 이내에 배터리 백업 전원 공급 장치에서 실행되어야 한다는 것을 의미한다.
2. 하지만, 배터리 백업 시스템은 순간적으로 바로 작동될 수 없다. 백업 전원 공급 시작에서 공급이 완벽하게 작동되기까지 16 ms가 걸린다. 이 정전을 탐지하고, 배터리 백업 시스템을 시작하는 데 사용할 수 있는 시간은 24 ms라는 것을 의미한다.
3. 초당 250번, 즉, 매 4 ms마다 실행하도록 예약하는 프로세스가 있다. 이 프로세스는 상당한 전압 강하가 측정 사이에 발생하고, 세 개의 판독이 지속되면 전원 공급에 문제가 있다고 가정한다. 일시적 변동 배터리 백업 시스템으로의 전환이 발생하지 않도록 이 시간이 허용된다.
4. 위의 타임라인에서, 전원 장애는 판독이 수행된 후이다. 따라서, R1을 읽는 것은 전원 장애 검사를 읽기 시작하는 것이다. 전압은 R2–R4가되므로 정전 가정 판독을 위해 계속해서 하강한다. 이것은 발생할 수 있는 최악의 경우로, 센서 확인 즉 후 전

자극/반응	타이밍 요구사항
가청 경보	가청 경보는 경보 0.5초 내 센서에 의해 켜져야 한다.
정보 통신	경찰 호출은 경보 2초 내 센서에 의해 시작되어야 한다.
문 경보	각 문의 경보는 초당 2회 폴링되어야 한다.
조명 스위치	조명은 경보 0.5초 내 센서에 의해 켜져야 한다.
움직임 탐지기	각 움직임 탐지기는 초당 2회 폴링되어야 한다.
전원 장애	백업 전원 스위치는 50 ms 내에 완료되어야 한다.
음성 합성기	합성된 메시지는 경보 2초 내 센서에 의해 가능해져야 한다.
창문 경보	각 창문 경보는 초당 2회 폴링되어야 한다.

그림 21.16 도난 경보 시스템을 위한 타이밍 요구사항

원 장애 사건이 일어나서, 그 사건 이후 16 ms가 경과됐다.

5. 이 단계에서는 백업 배터리로 전환하는 프로세스가 시작된다. 백업 배터리가 작동되려면, 16 ms이 걸리기 때문에, 40 ms의 데드라인에 도달할 수 있도록, 이 프로세스의 최악의 경우 실행시간은 8 ms이다.

실시간 시스템에서 타이밍 분석의 출발점은 시스템의 각 요구 응답에 대한 기한을 설정해야 하는 타이밍 요구사항이다. 그림 21.16은 21.2.1절에서 논의된 빌딩 도난 경보 시스템에 대한 가능한 타이밍 요구사항을 보여준다. 이 예제를 단순화하기 위해, 시스템 테스트 생산자에 의해 생성된 자극과 허위 경보의 경우에 시스템을 초기화하는 외부 신호를 무시하자. 이것은 오직 두 유형의 시스템에 의해 처리된 자극이 있다는 것을 의미한다.

1. 전원장애는 20% 이상의 전압 강하를 관찰함으로써 검출된다. 필요한 응답은 주전원에서 배터리 백업으로 전환시키는 전자 전력 전환 장치 신호에 의해 백업 전원으로 회로 전환하는 것이다.

2. 침입자 경보는 시스템 센서 중 하나에 의해 생성된 자극이다. 이 자극에 대한 반응은 활성 센서의 방 번호를 계산하고, 경찰 호출을 설정하며, 호출을 관리하는 음성 합성을 개시하고, 가청 침입자 경보와 해당 지역의 건물 조명을 켜는 것이다.

그림 21.16에서 보여준 것처럼 동일한 경우에도(이 경우에서와 같은) 별도의 센서의 각 유형에 대한 타이밍 제약을 나열해야 한다. 개별적으로 고려함으로써, 미래 변화 범위를 두고 쉽게 제어 프로세스는 초당 실행되어야 하는 횟수를 계산하도록 만든다.

동시에 처리하기 위한 시스템의 기능을 할당하는 것은 다음의 설계 단계이다. 센서

의 네 가지 유형(전압 센서, 도어 센서, 창문 센서, 움직임 감지기)은 주기적으로 관련 프로세스와 각각 폴링해야 한다. 보통, 센서와 관련된 프로세스는 매우 빠르게 실행된다. 그들이 하는 것은 센서 상태 변경 여부를 체크하는 것이 전부이기 때문이다(예, 꺼짐 – 켜짐). 하나의 센서 상태를 체크하고 평가하는 실행시간이 1 ms보다 적다고 가정하는 것이 합리적이다.

타이밍 요구사항에 의해 정의된 기한을 충족하는지 확인하려면, 다음으로 관련된 프로세스가 얼마나 실행되는지의 빈도와 얼마나 많은 센서가 각 프로세스 실행 중에 조사되는지 결정해야 한다. 주파수 및 실행 시간에는 분명한 장단점이 있다.

1. 상태의 변화를 검출하기 위한 데드라인은 0.25 초, 각각의 센서가 초당 4회 체크되어야 하는 것을 의미한다. 각 프로세스 실행 중에 하나의 센서를 조사하는 경우, 특정 유형의 N개의 센서가 있다면, 모든 센서가 데드라인 내에 체크된다는 보장하기 위해 초당 4N번 처리되어야 한다.
2. 네 개의 센서를 검사하는 경우, 말하자면 각 프로세스를 실행하는 동안, 그 실행 시간은 약 4밀리 초가 증가되지만 타이밍 요구사항을 충족시키는 과정은 N회/초 실행만 필요하다.

이런 경우, 시스템 요구사항은 두 개 이상의 센서가 반응하는 경우에 동작을 정의하기 때문에 최상의 전략은 센서의 물리적 근접도에 기초한 그룹 내의 센서를 조사하는 것이다. 침입자가 건물에 진입한 경우, 그것은 아마도 인접한 센서가 반응할 것이다.

타이밍 분석을 완료하면, 그 실행 및 예상 실행 시간의 주파수에 대한 정보와 프로세스 모델에 설명을 달 수 있다(그림 21.17 참조). 여기서, 주기적인 프로세스들은 주파수로 설명되고, 자극에 대한 응답으로 시작되는 프로세스는 R로 설명하며, 테스트 프로세스는 B로 설명되는 백그라운드 프로세스이다. 프로세서의 시간이 가능할 때만 백그라운드 프로세스가 실행된다. 일반적으로, 프로세스 주파수가 작도록 하는 시스템을 설계하는 것이 더 간단하다. 실행 시간은 처리에 필요한 최악의 경우 실행 시간을 나타낸다.

프로세스의 마지막 단계는 프로세스가 항상 데드라인을 충족하도록 예약할 것을 보장하는 스케줄링 시스템을 설계하는 것이다. 사용된 실시간 운영체제(OS)에 의해 지원되는 스케줄링 방법을 알고 있는 경우에만 이 작업을 수행할 수 있다(Burns and Wellings 2009). 실시간 OS의 스케줄러는 주어진 시간에 대한 프로세서에 처리를 할당한다. 시간은 고정될 수 있거나, 처리의 우선순위에 따라 변할 수 있다.

프로세스 우선순위를 할당할 때, 짧은 기한을 가진 프로세스가 이 데드라인을 충족하는 프로세서 시간을 받을 수 있도록 각 프로세스의 데드라인을 고려해야 한다. 예를 들어, 도난 경보의 전압 모니터 프로세스는 전압 강하를 검출하여, 시스템이 장애를 일으키기 전에 스위치 백업 전원으로 전환될 필요가 있다. 따라서 센서 값을 체크하는 프

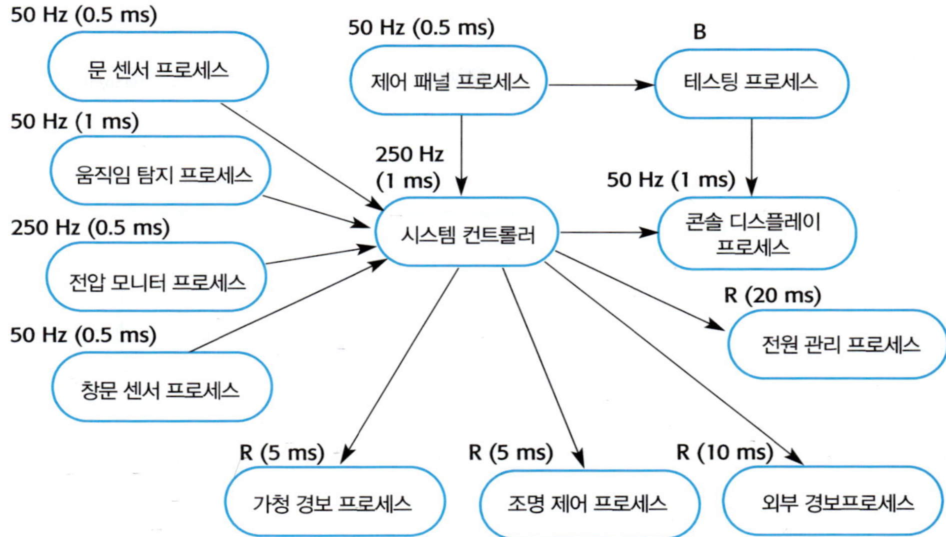

그림 21.17 경보 프로세스 타이밍

로세스보다 높은 우선순위를 가지므로 예상된 실행 시간에 비해 매우 여유 있는 데드라인을 가질 수 있다.

21.4 실시간 운영체제

대부분의 애플리케이션 시스템을 위한 실행 플랫폼은 파일 시스템 및 런타임 관리 프로세스로 공유 자원을 관리하고 기능을 제공하는 운영체제이다. 하지만, 종래의 운영체제에서의 광범위한 기능은 상당한 공간을 차지하고 프로그램의 동작을 느리게 한다. 또한, 시스템의 처리 관리 기능은 프로세스의 스케줄링을 세밀하게 제어할 수 있도록 설계될 수 없다.

이러한 이유로, Linux와 같은 표준 Windows 운영체제의 경우, 일반적으로 실시간 시스템을 위한 실행 플랫폼으로 사용되지 않는다. 아주 간단한 임베디드 시스템은 "bare metal"† 시스템으로 구현될 수 있다. 자신의 실행 지원을 제공하기 때문에 시스템 시작 및 종료, 프로세스, 자원 관리, 프로세스 스케줄링을 포함한다. 그러나, 더 일반적으로 임베디드 애플리케이션은 실시간 시스템에서 필요로 하는 기능을 제공하는 효율적 운영체제인 실시간 운영체제(RTOS) 위에 구축된다. RTOS의 예는 Windows Embedded Compact, VxWorks, 그리고 RTLinux가 있다.

† bare metal의 일반적 의미는 금속 재질이 그대로 드러나는 상태를 뜻하지만, IT 업계에서는 운영체제를 포함하여 어떤 소프트웨어도 설치되어 있지 않은 하드웨어를 의미한다.

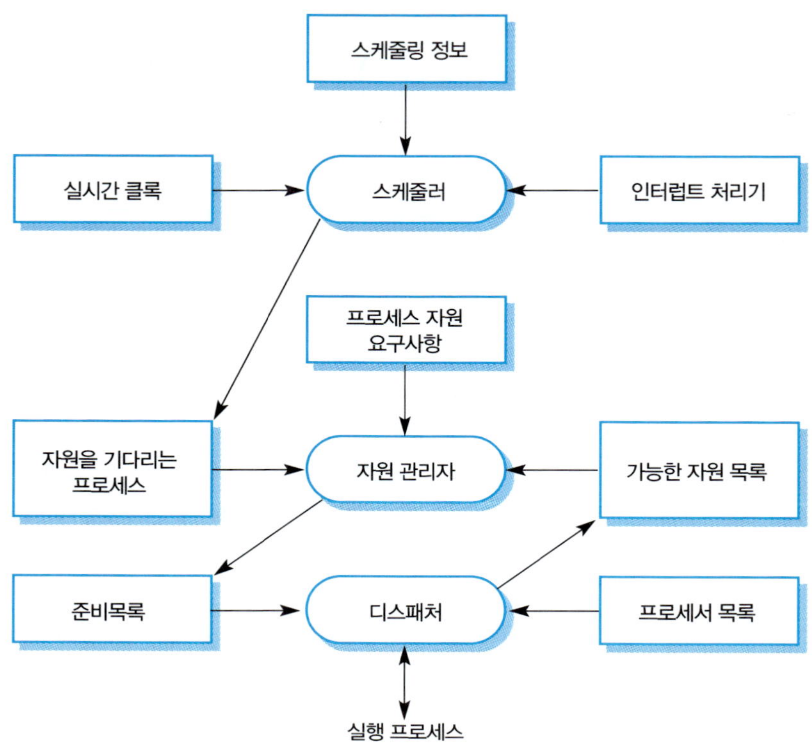

그림 21.18 실시간 운영체제의 요소

실시간 운영체제는 실시간 시스템을 위해 프로세스와 자원 할당을 관리한다. 실시간 운영체제는 프로세스를 시작하고 종료하여 자극이 처리될 수 있게 하고, 메모리와 프로세서에 자원을 할당한다. RTOS의 구성 요소(그림 21.18)는 개발 중인 실시간 시스템 크기와 복잡도에 의존한다. 간단한 시스템을 제외한 모든 경우, 그들은 일반적으로 다음을 포함한다.

1. 실시간 클록, 주기적으로 처리되도록 스케줄링에 필요한 정보를 제공한다.
2. 만일 인터럽트가 지원되면, 인터럽트 처리기는 서비스를 위한 비주기적 요청을 관리한다.
3. 스케줄러, 실행될 수 있는 프로세스를 검토하고 실행을 위해 이들 프로세스 중 하나를 선택할 책임이 있다.
4. 자원 관리자, 실행을 위해 예약된 프로세스에 적절한 메모리 및 프로세서 자원을 할당한다.
5. 디스패처, 프로세스 실행 시작에 책임이 있다.

프로세스 제어 또는 통신 시스템과 같은 대형 시스템을 위한 실시간 운영체제는 부가 기능 즉, 디스크 저장 관리, 시스템 오류를 감지하고 보고하는 장애 관리 시설, 그리고 실시간 애플리케이션의 동적 재구성을 지원하는 구성 관리자 등을 가질 수 있다.

21.4.1 프로세스 관리

실시간 시스템은 외부 이벤트를 빠르게 처리해야만 하고 경우에 따라, 이러한 이벤트를 처리하기 위해 데드라인을 충족시켜야 한다. 따라서 이벤트 처리 프로세스는 이벤트를 감지하는 시간에 실행되도록 스케줄링되어야 한다. 그들은 또한 그들의 데드라인을 충족하기에 충분한 프로세서 자원을 할당해야 한다. RTOS의 프로세스 관리자는 실행 프로세스를 선택하고, 프로세서와 메모리 자원을 할당하며, 프로세서에 프로세스 실행을 시작하고 중지할 책임이 있다.

프로세스 관리자는 각기 다른 우선순위의 프로세스를 관리해야 한다. 이러한 예외적인 특정 이벤트와 연관된 일부 자극의 경우, 그 처리는 지정된 시간 한계 내에서 완료되어야하는 것이 필수적이다. 더 중요한 프로세스가 서비스를 필요로 하는 경우 다른 프로세스는 안전하게 지연될 수 있다. 따라서, RTOS 시스템 프로세스에 대해 적어도 두 개의 우선순위 수준을 관리할 수 있어야 한다.

1. **클록 수준**: 이 수준의 우선순위는 주기적인 프로세스에 할당된다.
2. **인터럽트 수준**: 가장 높은 우선순위이다. 이것은 매우 빠른 응답이 필요한 프로세스에 할당된다. 이들 프로세스 중 하나는 실시간 클록 처리될 것이다. 인터럽트가 시스템에서 지원되지 않는 경우 이 과정은 필요하지 않다.

실시간 데드라인을 충족할 필요가 없는 추가적인 우선순위 수준은 백그라운드 프로세스(자체 점검 프로세스와 같은)로 할당될 수 있다. 이러한 프로세스는 프로세서 기능이 활용가능할 때 실행되도록 스케줄링된다.

주기적인 처리는 데이터 수집 및 액추에이터 제어에 지정된 시간 간격으로 실행되어야 한다. 대부분의 실시간 시스템에 있어, 주기적 과정은 여러 종류가 있을 것이다. 그들은 그들의 데드라인을 충족할 수 있도록 애플리케이션 프로그램에 규정된 타이밍 요구사항을 이용하여, RTOS는 주기적 프로세스의 실행을 배치한다.

주기적인 프로세스 관리를 위한 운영 체제에 의해 취해진 작업은 그림 21.19와 같다. 스케줄러는 주기적 프로세스의 목록을 검사하고 실행될 프로세스를 선택한다. 선택은 프로세스 우선순위에 따라, 처리 기간, 예상 실행 시간, 그리고 준비 과정의 데드라인이다. 때로는 각기 다른 데드라인을 가진 두 개의 프로세스는 동시에 실행되어야 한다. 이런 상황에선 하나의 프로세스는 지연되어야만 한다. 보통, 시스템은 가장 긴 데드라인을 가진 프로세스를 지연하는 것을 선택할 것이다.

비동기 이벤트에 신속하게 대응해야 할 프로세스는 인터럽트에 의해 구동할 수 있

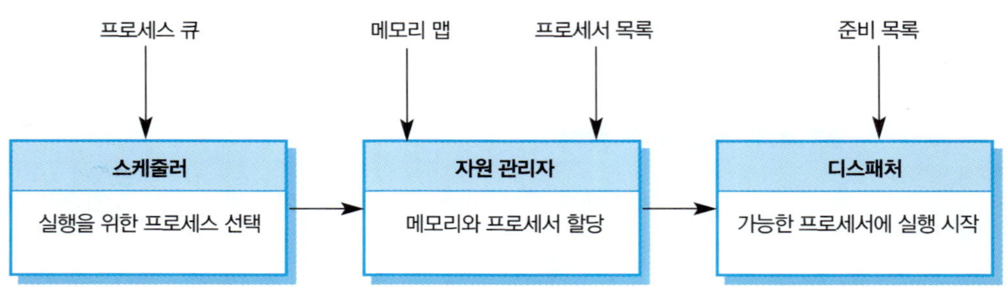

그림 21.19 프로세스 시작에 필요한 RTOS 작업

다. 컴퓨터의 인터럽트 메커니즘은 제어를 사전에 결정된 메모리 위치로 옮긴다. 이 위치는 간단하고 빠른 인터럽트 서비스 루틴으로 이동하는 명령이 포함되어 있다. 서비스 루틴 자체가 중단되는 것을 방지하기 위해 자체는 인터럽트되지 않는다. 그러므로 인터럽트의 원인을 발견하여, 인터럽트 처리를 일으키는 자극을 처리하는 프로세스를 높은 우선순위로 시작한다. 어떤 고속 데이터 수집 시스템에 있어서, 인터럽트 처리기는 인터럽트가 나중에 처리되도록 신호가 온 인터럽트 데이터를 버퍼에 저장한다. 그때 인터럽트는 다시금 가능해지고, 제어는 운영체제로 돌아간다.

몇몇 프로세스들은 임의의 시간에, 다른 모든 우선순위를 가지고 실행될 수 있다. 프로세스 스케줄러 프로세스 실행의 순서를 결정하는 시스템 스케줄링 정책을 구현한다. 다음의 두 가지 전략은 흔히 쓰이는 스케줄링 전략이다.

1. **비선점 스케줄링:** 프로세스가 실행되도록 스케줄링된 후에, 이것은 완료될 때까지 실행되거나 입력을 기다리는 등의 어떤 이유로 차단될 때까지 실행한다. 만일 상이한 우선순위를 가진 프로세스가 존재하고 높은 우선순위의 프로세스가 낮은 우선순위의 프로세스가 종료하는 것을 기다려야 한다면, 이 전략은 문제를 일으킬 수 있다.
2. **선점 스케줄링:** 더 높은 우선순위 프로세스가 서비스를 요구할 경우 실행 프로세스의 실행은 중지될 수 있다. 우선순위가 높은 프로세스는 실행 우선순위가 낮은 프로세스 실행을 선취하여 프로세서에게 할당한다.

이러한 전략 내부에, 상이한 스케줄링 알고리즘이 개발되어 왔다. 이들은 각 프로세스는 차례로 실행되는 라운드 로빈 스케줄링을 포함한다. 비율 단조 스케줄링에서는 최단 기간(최고 주파수) 프로세스에는 우선순위가 부여된다. 그리고 최단 마감 우선 스케줄링에서는 최단 데드라인을 가진 큐 내부의 프로세스가 스케줄링된다(Burns and Wellings 2009).

실행되어야 하는 프로세스에 대한 정보는 자원 관리자에게 전달된다. 자원 관리자는 다중처리 시스템에 메모리를 할당하고 또한 프로세서에 이 프로세스를 추가한다 .

그 프로세스는 실행하기 위한 프로세스 "준비 목록"에 위치한다. 프로세서가 프로세스 실행하는 것을 끝내고 이용 가능해지면, 디스패처가 적용된다. 이것은 이용 가능한 프로세서에 실행과 실행 시작을 할 수 있도록 하는 프로세스를 찾기 위해 준비 목록을 검색한다.

키 포인트

- 임베디드 소프트웨어는 시스템 환경에서의 이벤트에 반응하는 하드웨어/소프트웨어 시스템의 일부이다. 이 소프트웨어는 하드웨어에 "포함"되어 있다. 임베디드 시스템은 일반적으로 실시간 시스템이다.
- 실시간 시스템은 실시간으로 이벤트에 응답해야 하는 소프트웨어 시스템이다. 시스템의 정확성은 생성 결과 뿐만 아니라 시간에 또한 의존하지 않지만, 이 때 결과가 생성된다.
- 실시간 시스템은 일반적으로 응답을 생성하도록 자극에 반응하는 과정을 통신 프로세스 집합으로 구현한다.
- 상태 모델은 임베디드 실시간 시스템에 대한 중요한 설계 표현이다. 그들은 이벤트가 시스템의 상태의 변화를 트리거로 시스템이 환경에 반응하는 방법을 보여주는 데 사용된다.
- 몇몇 표준 패턴은 임베디드 시스템의 다른 유형에서 관찰될 수 있다. 이러한 부작용에 대한 시스템의 환경을 모니터링하기 위해 액추에이터 제어를 위한 패턴, 데이터 처리 패턴을 포함한다.
- 실시간 시스템의 설계자는 처리와 자극에 반응하는데 데드라인에 의해 구동되는 타이밍을 분석해야 한다. 그들은 시스템의 각 프로세스가 얼마나 자주 실행되어야 하는지와 예상 시간과 최악의 경우 실행 시간을 결정해야 한다.
- 실시간 운영체제는 프로세스 및 자원 관리에 대한 책임이 있다. 이것은 항상 어떤 프로세스가 실행 예정되어 있는지 결정에 대한 구성 요소에 책임이 있는 스케줄러를 포함한다.

추가로 읽을거리

Real-time Systems and Programming Language: Ada, Real-time Java and C/Real-time POSIX, 4th ed. 실시간 시스템의 모든 측면의 폭넓은 범위를 제공한 우수하고 포괄적인 책이다.(A. Burns and A. Wellings, Addison-Wesley, 2009).

"Trends in Embedded Software Engineering." 이 논문은 모델 주도 개발(MDD, 이 책의 5장에서 설명했던)이 중요한 임베디드 시스템 개발의 접근이 될 것이라고 제시한다. 이것은 임베디드 시스템의 특별한 문제의 한 부분이고, Ebert와 Jones의 것과 같은 다른 논문들 또한 유용한 읽을거리이다. (*IEEE Software*, 26 (3), May–June 2009). http://

dx.doi.org/10.1109/MS.2009.80

Real-time systems: Design Principles for Distributed Embedded Applications, 2nd ed. 이 책은 분산과 이동이 가능한 시스템인 현대의 실시간 시스템의 포괄적인 책이다. 저자는 어려운 실시간 시스템에 초점을 맞추고, 인터넷 연결성과 전원 관리와 같은 중요한 주제를 탐구한다. (H. Kopetz, Springer, 2013).

웹 사이트

이 장의 파워포인트 슬라이드:

https://iansommerville.com/software-engineering-book/slides

관련 비디오 링크:

https://iansommerville.com/software-engineering-book/videos/systems/

연습문제

21.1. 왜 실시간 응답이 임베디드 시스템과 다른 소프트웨어 시스템 간의 중요한 차이인지 이유를 설명하라.

21.2. 가정용 냉장고나 세탁기를 제어하는 임베디드 시스템을 위해, 가능한 자극과 예상 반응을 식별하라.

21.3. 21.1.1절에 설명했던 모델링 상태기반 접근 방식을 사용하여, 유선전화에 포함된 음성 메일 시스템에 포함된 소프트웨어의 동작을 모델링하라. 이는 LED 디스플레이에 기록되는 메시지의 수를 표시해야 하며, 사용자가 녹음된 메시지에 전화를 걸어, 들을 수 있도록 해야 한다.

21.4. 실시간 시스템에서 일반적으로 사용되는 아키텍처 패턴은 무엇이고 그들은 언제 사용되는가?

21.5. 환경 제어 패턴이 온실 내의 온도를 제어하는 시스템의 설계의 기초로서 사용되었는지 증명하라. 온도는 10과 30 섭씨온도(°C) 사이여야 한다. 만약 10도 이하로 떨어지면, 가열 시스템이 켜져야 한다. 30도 이상인 경우, 창문이 자동으로 열려야 한다.

21.6. 도시 주위에 위치한 공기 품질 센서 집합으로부터 데이터를 수집하는 환경 모니터링 시스템을 위한 프로세스 아키텍처를 설계하라. 5,000 센서가 100개의 부근 지역에 구성되어 있다. 각 센서는 초당 네 번 조사해야 한다. 특정 지역에 센서의 30% 이상이 공기 품질 허용 수준 이하임을 표시하는 경우, 지역 경고등이 활성화된다. 센서는 도시의 공기 품질에 관한 보고서를 매 15분마다 생성하여 중앙 컴퓨터로 판독 값을 반환한다.

21.7. 철도의 속도 제한을 초과하거나 열차가 현재 적색광인 트랙 세그먼트에 들어가면 열차 보호 시스템은 자동으로 열차의 브레이크를 적용한다. 자세한 내용은 그림 21.20에 보여진다. 차내 열차 제어 시스템이 자극에 관련된 응답을 처리하는 자극을 식별하라.

21.8. 이 시스템에 대한 가능한 프로세스 아키텍처를 제안하라.

21.9. 차내 열차 보호 시스템의 주기적인 처리가 궤도 송신기로부터 데이터를 수집하는 데 사용되는 경우, 얼마나 자주 이 시스템이 송신기로부터 정보를 수집하기 위해 보장되도록 스케줄링되어야 하는가? 어떻게 그런 대답

을 하게 되었는지 설명하라.

21.10. 예시들을 보고 실시간 운영 체계가 무엇인지 정의하라. 또한 이것이 어떻게 기존의 운영체제와 다른지 설명하라. 실시간 운영체제에 포함된 구성 요소는 무엇이고 그 책임은 무엇인가?

열차 보호 시스템

- 시스템 지속적 세그먼트 식별자와 속도 제한을 방송하는 궤도 송신기로부터 세그먼트의 속도 제한에 관한 정보를 취득한다. 같은 송신기는 또한 트랙 세그먼트 제어 신호의 상태에 대한 정보를 방송한다. 트랙 세그먼트 방송 신호 정보를 위해 필요한 시간은 50 ms이다.
- 이 송신기 10m 내에 있을 때 열차는 궤도 송신기로부터 정보를 수신할 수 있다.
- 열차의 최대 속도는 180 kph이다.
- 열차 센서는 현재의 열차 속도(매 250 ms마다 업데이트)와 열차의 브레이크 상태(매 100 ms마다 업데이트)에 대한 정보를 제공한다.
- 열차 센서(매 250 ms 업데이트) 현재의 열차 속도 (매 100 ms 업데이트) 열차 브레이크 상태에 대한 정보를 제공한다.
- l열차의 속도가 현재 세그먼트 속도 제한을 5 kph 이상 초과하면, 경고가 운전자의 기내에 울린다. 열차의 속도가 현재 세그먼트 속도 제한을 10 kph 이상 초과하면, 세그먼트 제한 속도로 떨어질 때까지, 열차의 브레이크가 자동적으로 적용된다. 과도한 열차 속도가 검출되면 열차 브레이크는 100 ms 이내에 도포되어야 한다.
- 기차가 붉은 빛을 신호하는 트랙 세그먼트를 입력하면, 열차 보호 시스템은 열차의 브레이크를 적용하여 0으로 속도를 줄일 수 있다. 적색광 신호가 수신되면 열차 브레이크는 100 ms 이내에 도포되어야한다.
- 시스템은 지속적으로 운전실에 상태 표시를 업데이트한다.

그림 21.20 열차 보호 시스템을 위한 요구사항

참고문헌

Berry, G. 1989. "Real-Time Programming: Special-Purpose or General-Purpose Languages." In Information Processing, edited by G. Ritter, 89:11–17. Amsterdam: Elsevier Science Publishers.

Bruno, E. J., and G. Bollella. 2009. *Real-Time Java Programming: With Java RTS*. Boston: Prentice-Hall.

Burns, A., and A. Wellings. 2009. *Real-Time Systems and Programming Languages: Ada, Real-Time Java and C/Real-Time POSIX*. Boston: Addison-Wesley.

Cooling, J. 2003. *Software Engineering for Real-Time Systems*. Harlow, UK: Addison-Wesley.

Douglass, B. P. 1999. *Real-Time UML: Developing Efficient Objects for Embedded Systems, 2nd ed*. Boston: Addison-Wesley.

———. 2002. *Real-Time Design Patterns: Robust Scalable Architecture for Real-Time Systems*. Boston: Addison-Wesley.

Ebert, C., and C. Jones. 2009. "Embedded Software: Facts, Figures and Future." *IEEE Computer* 26 (3): 42 – 52. doi:10.1109/MC.2009.118.

Harel, D. 1987. "Statecharts: A Visual Formalism for Complex Systems." *Sci. Comput. Programming* 8 (3): 231 – 274. doi:10.1016/0167-6423(87)90035-9.

———. 1988. "On Visual Formalisms." *Comm. ACM* 31 (5): 514 – 530. doi:10.1145/42411.42414.

Lee, E A. 2002. "Embedded Software." In *Advances in Computers*, edited by M. Zelkowitz. Vol. 56. London: Academic Press.

Silberschaltz, A., P. B. Galvin, and G. Gagne. 2013. *Operating System Concepts, 9th ed*. New York: John Wiley & Sons.

Stallings, W. 2014. *Operating Systems: Internals and Design Principles, 8th ed*. Boston: Prentice-Hall.

PART 4 소프트웨어 관리

소프트웨어 공학과 다른 유형의 프로그래밍과의 주요한 차이는 때때로 소프트웨어 공학이 관리되는 프로세스라고 언급됩니다. 이것은 소프트웨어 개발이 조직 내에서 진행되고, 일정, 예산, 그리고 조직의 제약조건 등에 영향을 받는 것을 의미합니다. 여기에서는 사람 관리와 같은 "좀 더 부드러운" 관리 이슈가 아닌 기술적인 관리 즉 전사적 시스템의 보다 전략적인 관리에 초점을 맞추어 다양한 관리 주제들을 소개합니다.

22장과 23장은 필수적인 프로젝트 관리 활동들, 계획 수립, 리스크 관리 그리고 사람 관리를 다룹니다. 22장은 소프트웨어 프로젝트 관리를 소개하고, 첫 번째 절은 관리자들이 무엇이 잘못되어 가고 있는지를 식별하고 그것에 대해 수행할 계획을 세우는 리스크 관리를 기술합니다. 이 장에서는 또한 사람 관리와 팀 작업에 대한 내용들도 포함합니다.

23장은 프로젝트 계획 수립과 추정을 다룹니다. 기본적인 계획 수립 도구인 바 차트를 소개하고 애자일 방법의 성공에도 불구하고 계획–주도 개발이 중요한 개발 접근법으로 남을 이유를 설명합니다. 또한 시스템에 책정되는 가격에 영향을 미치는 이슈들과 소프트웨어 비용 추정 기법들도 논의합니다. 알고리즘 비용 모델링을 기술하기 위해 COCOMO 비용 모델들을 사용하고 알고리즘 접근법의 장점과 단점을 설명합니다.

24장은 대형 프로젝트에서 실행되는 소프트웨어 품질 경영의 기초를 설명합니다. 품질 경영은 소프트웨어의 품질을 보장하고 향상시키기 위한 프로세스와 기법들에 관심을 갖습니다. 품질 경영에서 표준의 중요성과 품질 보증 프로세스에서 검토와 인스펙션의 사용을 기술합니다. 마지막 절에서는 소프트웨어 측정을 다루고 품질 관리에서 척도와 소프트웨어 빅 데이터 분석의 혜택과 문제점을 논의합니다.

마지막으로, **25장**은 모든 대형 시스템에서 중대한 이슈인 형상 관리를 설명합니다. 그러나 개인적 소프트웨어 개발에만 관심이 있는 학생들에게 형상 관리에 대한 필요성이 항상 명확한 것은 아니므로 형상 관리의 여러 측면 즉 버전 관리, 시스템 구축, 변경 관리 그리고 릴리스 관리를 포함합니다. 지속적 통합 또는 시스템 일일 구축이 중요한 이유를 설명합니다. 이번 판의 중요한 변화는 분산된 팀들의 소프트웨어 공학을 지원하기 위해 점차 사용이 증가되는 Git와 같은 분산 버전 관리 시스템에 대한 새로운 내용을 포함한 것입니다.

22

프로젝트 관리

Project management

학습목표

이 장의 목적은 소프트웨어 프로젝트 관리 그리고 두 개의 중요한 관리 활동인 리스크 관리와 인간 관리를 소개하는 것이다. 이 장을 통해 학습할 내용들은 다음과 같다.

- 소프트웨어 프로젝트 관리자의 주요한 작업들을 알게 된다.
- 리스크 관리의 개념과 소프트웨어 프로젝트에서 발생할 수 있는 리스크들을 알게 된다.
- 사람의 동기부여에 영향을 미치는 요인들과 이것들이 소프트웨어 프로젝트 관리자에게 의미하는 바를 이해하게 된다.
- 팀의 구성, 조직, 그리고 소통과 같은 팀워크에 영향을 미치는 주요 이슈를 이해하게 된다.

학습내용

소프트웨어 프로젝트 관리는 소프트웨어 공학의 본질적인 부분이다. 전문적인 소프트웨어 공학은 항상 조직의 예산과 일정에 대한 제약조건에 영향을 받으므로 프로젝트는 관리되어야 한다. 프로젝트 관리자의 임무는 소프트웨어 프로젝트가 이런 제약조건을 만족하고 극복하면서 고품질의 소프트웨어를 인도하도록 보장하는 것이다. 좋은 관리가 프로젝트 성공을 보장하지는 않는다. 그러나 나쁜 관리는 대개 프로젝트 실패로 귀결된다. 소프트웨어가 늦게 인도되거나, 원래 추정했던 것보다 많은 비용이 소요되거나 또는 고객의 기대치를 충족시키지 못할 수 있다.

프로젝트 관리에 대한 성공 기준은 분명히 프로젝트에 따라 다르지만 대부분의 프로젝트에서 주요한 목표는 다음과 같다.

- 약속된 기한까지 고객에게 소프트웨어를 인도
- 전체 비용을 예산 범위 이내에서 지출
- 고객의 기대치를 충족하는 소프트웨어를 인도
- 일관적이고 잘 운영되는 개발팀을 유지

이런 목표들은 소프트웨어 공학에 고유한 것이 아니라 모든 공학 프로젝트의 목표들이다. 그러나 소프트웨어 공학은 소프트웨어 관리를 특별히 어렵게 만드는 몇 가지 특성을 갖고 있어서 다른 유형의 공학들과는 다르다. 이런 차이점은 다음과 같다.

1. **소프트웨어 제품은 형체가 없다:** 조선 또는 도시 공학 프로젝트의 관리자는 개발 중인 제품을 볼 수 있다. 개발 일정이 지연되면 제품에 대한 영향을 볼 수 있다—구조의 특정 부분이 명백하게 완성되지 않았다. 그러나 소프트웨어는 형체가 없다. 보이지도 않고 만질 수도 없다. 소프트웨어 프로젝트 관리자는 개발 중인 제품에 대한 진척사항을 볼 수 없다. 오히려 그들은 프로젝트 진척사항을 점검하는 데 사용될 수 있는 문서를 생성하는 사람들에게 의존한다.
2. **대형 소프트웨어 프로젝트는 종종 "일회성" 프로젝트이다:** 모든 대형 소프트웨어 프로젝트는 개발되는 환경이 다른 것들과는 어느 정도 다르기 때문에 고유하다. 많은 경험을 가진 관리자들조차도 문제를 예측하는 것이 어렵다. 게다가 컴퓨터와 통신 기술의 급격한 변화는 경험을 쓸모없게 만든다. 이전의 프로젝트에서 얻은 경험들을 새로운 프로젝트에 온전히 적용할 수 없다.
3. **소프트웨어 프로세스는 변동이 심하고 조직마다 다르다:** 다리나 건물 같은 시스템에 대한 공학 프로세스는 잘 정의되어있다. 그러나 소프트웨어 기업들은 완전히 다른 개발 프로세스들을 사용한다. 특정한 소프트웨어 프로세스가 개발 문제를 언제 일으킬 것 같은지를 예측할 수 없다. 이것은 소프트웨어 프로젝트가 시스템 공학 프로젝트의 일부분이거나 또는 완전히 새로운 소프트웨어를 개발하는 경우에는 확실하게 사실이다.

이런 문제 때문에 일부 소프트웨어 프로젝트가 지연되고 예산을 초과하는 것이 놀라운 일은 아니다. 소프트웨어 시스템은 종종 새롭고, 매우 복잡하고, 기술적으로 혁신적이다. 일정 지연과 비용 초과는 새로운 수송 시스템과 같이 복잡하고 혁신적인 다른 공학 프로젝트에서도 공통적이다. 이런 어려움에도 불구하고 많은 소프트웨어 프로젝트가 원래 일정과 예산에 맞춰 인도되는 것은 놀라운 일이다.

소프트웨어 프로젝트 관리자에 대한 표준 업무 설명서를 작성하는 것은 불가능하다. 개발 조직과 소프트웨어 별로 업무가 엄청나게 변화가 심하다. 소프트웨어 프로젝트를 관리하는 방법에 영향을 미치는 중요한 요인들은 다음과 같다.

1. **기업체 규모:** 규모가 작은 기업들은 비공식적인 관리와 팀 소통으로도 동작할 수 있고 정형화된 정책과 관리 구조가 필요하지 않다. 규모가 큰 조직에 비해 관리 오버헤드가 적다. 그러나 대형 조직에서는 관리 계층, 공식적인 보고 방법과 예산 정책, 그리고 승인 절차를 반드시 지켜야 한다.
2. **소프트웨어 고객:** 만약 고객이 (소프트웨어 제품을 개발하는 경우처럼) 내부 고객이라면, 고객과의 소통 방식은 비공식적일 수 있고 고객의 작업 방식에 맞추는 노력을 할 필요가 없다. 만약 외부 고객을 위해 맞춤형 소프트웨어를 개발한다면, 좀 더 공식적인 소통 방식을 통해 합의에 도달해야 한다. 만약 고객이 정부 기관이라면, 소프트웨어 기업은 관료적인 정부 기관의 정책과 절차에 따라 작업해야만 한다.
3. **소프트웨어 규모:** 소형 시스템은 같은 사무실에서 진척사항과 여러 관리 문제들을 논의할 수 있는 작은 팀에 의해 개발될 수 있다. 그러나 대형 시스템은 대체로 지리적으로 떨어져있고 여러 기업체의 다수의 개발팀을 필요로 한다. 프로젝트 관리자는 이런 팀들의 활동을 조정하고 소통을 정리해야 한다.
4. **소프트웨어 유형:** 개발하는 소프트웨어가 일반 소비자 중심의 제품이라면 프로젝트 관리 결정에 대한 공식적인 기록이 필요하지 않다. 반면에 안전성 중심 시스템을 개발한다면, 모든 프로젝트 관리 결정은 기록되어야 하고 시스템 안전도에 미치는 영향의 타당성을 입증해야 한다.
5. **조직의 문화 직원:** 개개인의 능력에 의존하는 조직도 있고 그룹 중심적인 조직도 있다. 대규모 조직은 보통 관료적이다. 위험을 감수하고 극복하려는 조직이 있는 반면에 위험을 피하려는 조직도 있다.
6. **소프트웨어 개발 프로세스:** 애자일 프로세스는 전형적으로 "가벼운" 관리로 운영하려고 한다. 좀 더 정형화된 프로세스는 개발팀이 정의된 프로세스를 따르도록 하는 관리를 요구한다.

이런 요인들은 다른 조직에 속한 프로젝트 관리자는 상당히 다른 방식으로 작업한다는 것을 의미한다. 그러나 다음과 같은 기본적인 프로젝트 관리 활동은 모든 조직에 공통적이다.

1. **프로젝트 계획 수립:** 프로젝트 관리자는 계획 수립, 예산 추정, 프로젝트 개발 일정 관리, 직원 업무 할당 등을 책임진다. 관리자는 요구되는 표준에 따라 작업이 수행되고 있는지를 감독하고 정해진 기간 내에 주어진 예산 범위 안에서 개발이 진행되도록 진척사항을 점검한다.

2. **리스크 관리:** 프로젝트 관리자는 프로젝트에 영향을 미칠 수 있는 리스크들을 측정하고, 감시하고 문제가 발생하면 조치를 해야 한다.

3. **인간 관리:** 프로젝트 관리자는 팀의 인력을 관리해야 한다. 관리자는 팀의 인력을 선택하고 팀이 효과적인 성능을 발휘할 수 있도록 작업 방식을 설정해야 한다.

4. **보고:** 프로젝트 관리자는 대체로 고객과 소프트웨어를 개발하는 기업의 관리자에게 프로젝트 진행상황을 보고할 책임이 있다. 관리자는 상세한 기술적 정보부터 관리 요약까지 다양한 수준으로 소통할 수 있어야 한다. 관리자는 상세한 프로젝트 보고서에서 중요한 정보를 요약하여 간결하고 압축된 문서를 작성하고 진도 점검 회의에서 발표할 수 있어야 한다.

5. **제안서 작성:** 소프트웨어 프로젝트의 첫 번째 단계는 작업을 수행하는 계약을 수주하기 위해 제안서를 작성하는 것과 관련된다. 제안서에는 프로젝트의 목적과 그것을 달성하기 위한 방법을 기술한다. 대개 프로젝트 예산과 일정에 대한 추정치를 포함하고 특정한 조직이나 팀이 프로젝트를 수행해야 하는 이유에 대한 정당성을 기술한다. 많은 소프트웨어 기업들의 생존이 충분한 규모의 계약 수주 물량에 달려있다는 측면에서 제안서 작성은 중대한 작업이다.

프로젝트 계획 수립은 그 자체로 매우 중요한 주제이므로 23장에서 다룬다. 이 장에서는 리스크 관리와 인간 관리에 대해 기술한다.

22.1 리스크 관리

리스크 관리는 프로젝트 관리자의 가장 중요한 임무 중의 하나이다. 리스크는 발생하지 않았으면 하는 어떤 것으로 생각하면 된다. 리스크는 프로젝트, 개발 중인 소프트웨어 또는 조직에 위협이 될 수 있다. 리스크 관리는 프로젝트 일정 또는 개발 중인 소프트웨어의 품질에 영향을 미칠 수 있는 리스크들을 예측하고 이런 리스크들을 피하기 위한 조치를 수행하는 것들을 포함한다(Hall 1998; Ould 1999).

리스크는 22.1.1절에서 설명할 것처럼(기술적, 조직적 등) 리스크 유형에 따라 분류될 수 있다. 상호보완적인 분류는 이런 위험들이 영향을 미치는 것에 따라 다음과 같이 구분하는 것이다.

1. 프로젝트 리스크는 프로젝트 일정 또는 자원에 영향을 미친다. 프로젝트 리스크의 예는 경험이 많은 시스템 아키텍트의 손실이다. 적합한 기술과 경험을 가진 대체 시스템 아키텍트를 구하는 데는 오랜 시간이 걸릴 수 있다; 결과적으로 소프트웨어 설계를 개발하는 데에는 원래 계획보다 오랜 시간이 걸릴 것이다.
2. 제품 리스크는 개발하고 있는 소프트웨어의 품질이나 성능에 영향을 미친다. 제품 리스크의 예는 구입한 컴포넌트가 기대했던 성능에 미치지 못하는 것이다. 이것은 시스템의 전반적인 성능에 영향을 미치므로 기대했던 것보다 시스템이 느려질 것이다.
3. 비즈니스 리스크는 소프트웨어를 개발하고 있는 또는 구입한 조직에 영향을 미친다. 예를 들면, 새로운 제품을 시장에 내놓은 경쟁회사가 비즈니스 리스크이다. 경쟁 제품의 출시는 기존 소프트웨어 제품의 판매에 대한 예상치가 지나치게 낙관적일 수 있다는 것을 의미한다.

물론, 이런 위험 분류들은 겹칠 수 있다. 예를 들면 경험이 많은 엔지니어가 프로젝트를 떠나기로 결정한 것은 소프트웨어 인도 일정에 영향을 미칠 수 있으므로 **프로젝트 리스크**이다. 새로 온 프로젝트 멤버는 진행되었던 작업을 이해하기 위한 시간이 반드시 필요하므로 즉시 생산적일 수가 없다. 결과적으로 시스템의 인도는 지연될 것이다. 팀 멤버의 손실은 대체 인력이 경험이 없어 프로그래밍 오류를 일으킬 수 있으므로 **제품 리스크**일 수도 있다. 마지막으로, 팀 멤버의 손실은 경험이 많은 엔지니어에 대한 평판이 새로운 계약을 수주하는 데 중요한 요인이 될 수도 있으므로 **비즈니스 리스크**일 수도 있다.

대형 프로젝트에서는 리스크 분석의 결과를 예상되는 결과와 함께 리스크 등록부에 기록하여야 한다. 예상되는 결과는 프로젝트, 제품, 그리고 비즈니스에 대한 리스크의 영향을 나타낸다. 효과적인 리스크 관리는 문제 발생에 대한 대처를 쉽게 하고, 리스크가 예산 또는 일정에 감당할 수 없는 영향을 미치지 않도록 하는 것이다. 소형 프로젝트에서는 공식적인 리스크 기록이 필요하지 않을 수도 있지만 프로젝트 관리자는 리스크를 항상 의식하고 있어야 한다.

어떤 프로젝트에 영향을 미칠 수 있는 특정한 리스크는 해당 프로젝트와 소프트웨어를 개발하고 있는 조직 환경에 따라 다르다. 그러나 개발하고 있는 소프트웨어의 종류와 상관없는 공통적인 리스크들도 있다. 이것들은 모든 소프트웨어 개발 프로젝트에서 발생할 수 있다. 이런 공통적인 리스크들의 일부 예를 그림 22.1에 나타내었다.

소프트웨어 개발의 본질적인 불확실성 때문에 소프트웨어 리스크 관리는 중요하다. 이런 불확실성은 느슨하게 정의된 요구사항, 고객의 요구 변화에 따른 요구사항 변경, 소프트웨어 개발에 필요한 시간과 자원을 추정하는 것의 어려움, 그리고 개인의 기술 능력의 차이에 기인한다. 리스크를 예측하고 프로젝트, 제품, 비즈니스에 대한 리스크의 영향을 이해하고 이런 리스크들을 피하기 위한 조치를 취해야 한다. 만약 리스크가 발생한다면 즉각적인 복구 행동을 수행할 수 있도록 비상 계획을 작성할 필요가 있다.

리스크	영향	설명
직원 교체	프로젝트	경험이 많은 직원이 프로젝트가 끝나기 전에 떠날 수 있다.
관리 변화	프로젝트	다른 우선순위를 갖는 조직상의 관리에 대한 변화가 있을 수 있다.
하드웨어 사용 불가능성	프로젝트	필수적인 하드웨어가 일정 내에 이용가능하지 않을 수도 있다.
요구사항 변경	프로젝트, 제품	요구사항이 당초 예측했던 것보다 훨씬 많은 변경이 있을 수 있다.
명세화 지연	프로젝트, 제품	필수적인 인터페이스들에 대한 명세서가 일정 내에 이용가능하지 않을 수 있다.
규모 과소추정	프로젝트, 제품	시스템의 규모를 작게 추정하였다.
소프트웨어 도구의 성능 부족	제품	프로젝트를 지원하는 소프트웨어 도구들이 기대했던 것만큼 성능이 좋지 않다.
기술의 변화	비즈니스	시스템이 기초로 하고 있는 기술이 새로운 기술로 대치된다.
제품의 경쟁	비즈니스	시스템이 완결되기 전에 경쟁 기업의 제품이 시장에 출하된다.

그림 22.1 공통적인 프로젝트, 제품, 비즈니스 리스크들의 예

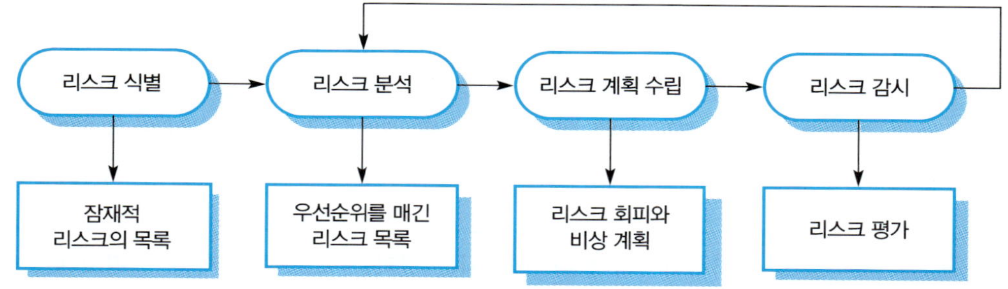

그림 22.2 리스크 관리 프로세스

리스크 관리 프로세스의 개요를 그림 22.2에 나타내었다. 관리 프로세스는 다음과 같은 단계들을 포함한다.

1. **리스크 식별:** 발생할 수 있는 프로젝트, 제품, 그리고 비즈니스 리스크들을 식별해야 한다.
2. **리스크 분석:** 이런 리스크들의 발생가능성과 결과를 측정해야 한다.
3. **리스크 계획 수립:** 리스크를 피하거나 프로젝트에 미치는 영향을 최소화하기 위한 계획을 수립해야 한다.
4. **리스크 감시:** 정기적으로 리스크를 측정하고 리스크 완화 계획을 점검하며 리스크에 대한 새로운 내용이 있으면 계획을 수정해야 한다.

대형 프로젝트에서는 리스크 관리 프로세스의 결과를 문서로 작성하여야 한다. 이것은 프로젝트가 직면했던 리스크, 리스크에 대한 분석, 문제를 야기할 것 같았던 리스

크를 관리하기 위한 계획에 대한 정보들을 포함한다.

리스크 관리 프로세스는 프로젝트 내내 계속되는 반복적 프로세스이다. 일단 최초 리스크 관리 계획을 수립했다면, 발생하는 리스크를 탐지할 수 있도록 상황을 감시해야 한다. 리스크에 대한 정보가 더 많아질수록, 리스크에 대해 재분석을 하고 리스크 우선 순위를 변경할 것인지 결정해야 한다. 그리고 리스크 회피를 위한 계획과 비상 계획을 변경해야 한다.

애자일 개발에서 리스크 관리는 덜 형식적이다. 공식적으로 문서화는 진행하지 않지만, 동일한 기본적인 활동들은 당연히 수행되고 리스크에 대해 토론하여야 한다. 애자일 개발은 요구사항 변경에 따른 리스크처럼 일부 리스크를 줄여준다. 그러나 애자일 개발은 또한 단점도 갖는다. 사람에 대한 의존도가 높기 때문에 직원 교체는 프로젝트, 제품, 그리고 비즈니스에 심각한 영향을 미친다. 공식 문서의 부족과 비정형적 소통 방식에 의존하기 때문에, 만약 주요한 인력이 프로젝트를 떠난다면 프로젝트의 지속성과 탄력을 유지하는 것이 매우 어렵다.

22.1.1 리스크 식별

리스크 식별은 리스크 관리 프로세스의 첫 번째 단계이다. 이것은 소프트웨어 공학 프로세스, 개발 중인 소프트웨어, 또는 개발 조직에 중대한 위협을 가져올 수 있는 리스크들을 찾아내는 것이다. 리스크 식별은 팀원이 함께 모여 잠재적인 리스크에 대한 브레인스토밍을 수행하는 팀 프로세스일 수 있다. 그 대신에 프로젝트 관리자가 경험을 바탕으로 이전 프로젝트에서 문제를 일으켰던 것들로부터 리스크들을 식별할 수도 있다.

리스크 식별의 출발점으로 여러 유형의 리스크에 대한 체크리스트를 사용할 수 있다. 리스크 체크리스트에는 다음과 같은 여섯 종류의 리스크들이 포함될 수 있다.

1. 추정 리스크는 시스템을 구축하는 데 필요한 자원들에 대한 추정에서 발생한다.
2. 조직 리스크는 소프트웨어를 개발하는 조직의 환경에서 발생한다.
3. 인력 리스크는 개발팀을 구성하고 있는 인력들과 연관된다.
4. 요구사항 리스크는 고객 요구사항에 대한 변경과 요구사항 변경을 관리하는 프로세스에서 발생한다.
5. 기술 리스크는 시스템을 개발하기 위해 사용되는 소프트웨어 또는 하드웨어 기술에서 발생한다.
6. 도구 리스크는 시스템을 개발하기 위해 사용되는 소프트웨어 도구 또는 다른 지원 도구에서 발생한다.

리스크 유형	발생 가능한 리스크
추정	1. 소프트웨어 개발에 필요한 시간을 과소평가한다. 2. 오류 수정의 비율을 낮게 추정한다. 3. 소프트웨어의 규모를 작게 추정한다.
조직	4. 조직에 구조변화가 와서 여러 관리 조직이 프로젝트에 관여한다. 5. 조직의 재정적 문제로 인해 프로젝트 예산 축소가 불가피하다.
인력	6. 요구되는 기능을 가진 직원을 채용하는 것이 불가능하다. 7. 중요한 직원이 주요 시점에 아파서 일을 진행할 수 없다. 8. 직원들에게 필요한 교육이 제공되지 않는다.
요구사항	9. 주요한 설계 작업에 대한 재작업을 필요로 하는 요구사항에 대한 변경이 제안된다. 10. 고객들이 요구사항 변경에 대한 영향을 이해하지 못한다.
기술	11. 시스템에 사용되는 데이터베이스가 초당 처리하는 트랜잭션을 기대했던 것만큼 하지 못한다. 12. 재사용할 소프트웨어 컴포넌트가 결함을 포함하고 있어 사용하기 전에 수정이 필요하다.
도구	13. 소프트웨어 코드 생성 도구에 의해 생성되는 코드가 비효율적이다. 14. 소프트웨어 도구들이 통합된 방식으로는 함께 동작하지 않는다.

그림 22.3 여러 종류의 리스크의 예

그림 22.3은 이런 분류에서 가능한 리스크들의 예를 보여준다. 리스크 식별 프로세스가 종료되면, 제품, 프로세스 또는 비즈니스에 영향을 끼치는 발생 가능한 리스크들의 긴 목록이 완성될 것이다. 적절한 규모를 유지하기 위해 이 목록을 간단하게 할 필요가 있다. 너무나 많은 리스크가 있으면, 그것들 모두를 추적하는 것이 실질적으로 불가능하기 때문이다.

22.1.2 리스크 분석

리스크 분석 프로세스에서는 식별한 리스크 각각에 대해 리스크의 발생가능성과 심각성을 측정한다. 이것을 수행하는 쉬운 방법은 없다. 자신의 판단과 이전 프로젝트에서의 경험 그리고 그것으로 인해 발생한 문제 등에 의존해야 한다. 각각의 리스크에 대한 발생가능성과 심각성을 간단한 수치 평가로 하는 것은 가능하지 않다. 오히려, 리스크들을 다음과 같은 밴드들에 할당하여야 한다.

1. 리스크의 발생가능성은 의미 없음, 낮음, 보통, 높음, 또는 매우 높음으로 구분할 수 있다.
2. 리스크가 미치는 영향은 재앙(프로젝트의 생존을 위협), 심각함(큰 지연을 일으킬 수 있음), 견딜만함(비상계획으로 처리할 수 있는 지연 발생) 또는 중요하지 않음으로 구분할 수 있다.

리스크 분석 프로세스의 결과는 리스크의 영향 정도에 따라 정렬한 표 형식으로

리스크	발생가능성	영향
조직의 재정적 문제로 인해 프로젝트 예산 축소가 불가피하다(5).	낮음	재앙
요구되는 기능을 가진 직원을 채용하는 것이 불가능하다(6).	높음	재앙
중요한 직원이 주요 시점에 아파서 일을 진행할 수 없다(7).	보통	심각함
재사용할 소프트웨어 컴포넌트가 결함을 포함하고 있어 사용하기 전에 수정이 필요하다(12).	보통	심각함
주요한 설계 작업에 대한 재작업을 필요로 하는 요구사항에 대한 변경이 제안된다(9).	보통	심각함
조직에 구조변화가 와서 여러 관리 조직이 프로젝트에 관여한다(4).	높음	심각함
시스템에 사용되는 데이터베이스가 초당 처리하는 트랜잭션을 기대했던 것만큼 하지 못한다(11).	보통	심각함
소프트웨어 개발에 필요한 시간을 과소평가한다(1).	높음	심각함
소프트웨어 도구들이 통합된 방식으로는 함께 동작하지 않는다(14).	높음	견딜만함
고객들이 요구사항 변경에 대한 영향을 이해하지 못한다(10).	보통	견딜만함
직원들에게 필요한 교육이 제공되지 않는다(8).	보통	견딜만함
오류 수정의 비율을 낮게 추정한다(2).	보통	견딜만함
소프트웨어의 규모를 적게 추정한다(3).	높음	견딜만함
소프트웨어 코드 생성 도구에 의해 생성되는 코드가 비효율적이다(13).	보통	중요하지 않음

그림 22.4 리스크에 대한 분석의 예

나타낼 수 있다. 그림 22.4는 그림 22.3에서 언급한 리스크들에 대한 분석 결과를 보여준다. 여기서 사용한 발생가능성과 심각성에 대한 평가는 당연히 임의적이다. 이런 평가를 수행하기 위해서는 프로젝트, 프로세스, 개발팀 그리고 조직에 대한 상세한 정보가 필요하다.

물론, 리스크에 대한 정보가 더 많아지고 리스크 관리 계획이 실행됨에 따라 리스크의 발생가능성과 영향에 대한 평가는 달라질 수 있다. 그러므로 리스크 관리 프로세스의 매 반복주기마다 이 표를 수정해야 한다.

일단 리스크를 분석하고 순서화를 한 다음에는 리스크 중에서 가장 중요한 것이 어느 것인지를 평가해야 한다. 판단은 리스크가 실제로 발생할 가능성과 영향 정도의 조합에 근거해야 한다. 일반적으로 영향 정도가 재앙 수준인 리스크들은 항상 고려되어야 하며, 보통 이상의 발생가능성을 가진 심각함 수준의 리스크들도 포함된다.

Boehm (Boehm 1988)은 "탑 10" 리스크들을 식별하고 감시할 것을 추천한다. 그러나 저자는 감시해야 할 적정 리스크의 수는 프로젝트에 따라 다르다고 생각한다. 5일 수도 있고 15일 수도 있다. 그림 22.4의 리스크 중에서는 재앙 또는 심각함 수준의 영향 정도를 가진 8개의 리스크를 고려하는 것이 적절하다고 생각한다(그림 22.5).

리스크	전략
조직의 재정적 문제	프로젝트가 조직의 비즈니스 목적을 달성하는 데 매우 중요하다는 것을 보여주고 프로젝트 예산 삭감이 비용대비 효율적이지 않은 이유를 보이는 브리핑 문서를 작성하여 상급 관리자에게 설명한다.
채용 실패	고객에게 잠재적 어려움과 일정 지연의 가능성을 알린다; 컴포넌트 구입에 대해 조사한다.
직원의 병	작업들이 더 많이 겹치도록 팀을 재구성하여 사람들이 다른 사람의 작업을 이해할 수 있도록 한다.
결함이 있는 컴포넌트	결함이 있는 컴포넌트를 신뢰도가 입증된 컴포넌트들로 대치한다.
요구사항 변경	요구사항 변경의 영향을 측정하기 위한 추적 정보를 만든다; 설계에서 정보 은닉을 최대화한다.
조직 구조의 변화	프로젝트가 조직의 비즈니스 목적을 달성하는 데 매우 중요하다는 것을 보여주는 브리핑 문서를 작성하여 상급 관리자에게 설명한다.
데이터베이스 성능	보다 좋은 성능을 가진 데이터베이스의 구입 가능성에 대해 조사한다.
짧게 추정한 개발 시간	컴포넌트의 구입에 대해 조사한다; 자동 코드 생성기의 사용에 대해 조사한다.

그림 22.5 위험을 관리하기 위한 전략의 예

22.1.3 리스크 계획 수립

리스크 계획 수립 프로세스는 프로젝트에 위협을 주는 주요한 리스크들을 관리하기 위한 전략을 개발한다. 각각의 리스크에 대해 리스크가 발생하고 문제가 일어나더라도 프로젝트에 대한 손실을 최소화할 수 있는 행동들을 생각해야 한다. 또한 리스크로 인한 문제가 심각해지기 전에 감지될 수 있도록, 프로젝트를 감시하면서 수집하여야 할 정보들에 대해서도 생각해야 한다.

리스크 계획 수립에서는 개별적인 리스크, 리스크들의 조합, 그리고 이런 리스크에 영향을 미치는 외부 요인들을 고려한 "만약의 문제"에 대해 고려해야 한다. 예를 들면 다음과 같다.

1. 만약 여러 명의 엔지니어들이 동시에 아프면 어떻게 해야 할까?
2. 경기가 침체되어 프로젝트에 대한 예산이 20% 삭감되면 어떻게 해야 할까?
3. 오픈 소스 소프트웨어의 성능이 적당하지 않고 그 오픈 소스 소프트웨어에 대한 유일한 전문가가 그만두면 어떻게 해야 할까?
4. 소프트웨어 컴포넌트를 공급하고 유지보수하는 기업체가 폐업하면 어떻게 해야 할까?
5. 고객이 갱신된 요구사항을 예정대로 전달해주지 않으면 어떻게 해야 할까?

이런 "만약의 문제"에 대한 답변을 근거로, 리스크들을 관리하기 위한 전략을 고안해낼 수 있다. 그림 22.4의 리스크 중에서 주요한 리스크들(재앙 또는 심각함 수준의 영향 정도)에 대해 가능한 리스크 관리 전략을 그림 22.5에 나타내었다. 이 전략들은 세 가지 부류로 구분된다.

리스크 유형	잠재적인 요인
추정	합의된 일정에 맞추는 것의 실패; 보고된 결함 제거의 실패
조직	조직 내의 소문; 상급 관리자의 행동 결여
인력	직원의 낮은 도덕성; 팀 멤버간의 낮은 공조체제, 직원의 잦은 교체
요구사항	많은 요구사항 변경 요청; 고객의 불평
기술	하드웨어 또는 지원 소프트웨어의 공급 지연; 보고된 많은 기술적인 문제점들
도구	팀 멤버들이 도구를 사용하는 것을 싫어함; 소프트웨어 도구들에 대한 불평; 더 빠른 또는 대용량의 메모리를 가진 컴퓨터에 대한 요청 등

그림 22.6 리스크 요인

1. **회피 전략:** 이 전략은 위험이 발생할 가능성을 줄이는 것이다. 리스크 회피 전략의 예는 결함을 포함하고 있는 컴포넌트에 대한 리스크를 처리하기 위한 전략이다(그림 22.5).
2. **최소화 전략:** 이 전략은 리스크의 영향을 줄이는 것이다. 최소화 전략의 예는 직원들의 질병에 대한 전략이다(그림 22.5).
3. **비상 계획:** 전략 이것은 최악의 경우를 대비해 준비하고 그것을 다루기 위한 전략을 세워 놓는 것이다. 비상 계획 전략의 예는 조직의 재정적 문제에 대한 전략이다(그림 22.5).

이것들은 중대한 시스템에서 신뢰성, 보안성, 그리고 안전성을 보장하기 위해 사용되는 전략, 즉 고장을 회피하거나 견디거나 또는 극복하는 것과 매우 유사하다는 것을 알 수 있다. 분명히 리스크를 회피하는 전략을 사용하는 것이 최선이다. 만약 이것이 불가능하다면, 리스크가 심각한 영향을 미칠 가능성을 줄이는 전략을 사용해야 한다. 마지막으로 만약 리스크가 발생하면, 그것을 극복하기 위한 전략을 준비해두어야 한다. 이것들이 프로젝트 또는 제품에 대한 리스크의 전반적인 영향을 줄여준다.

22.1.4 리스크 감시

리스크 감시는 제품, 프로세스, 그리고 비즈니스 리스크에 변동사항이 있는지를 검사하는 프로세스이다. 식별한 각각의 리스크들이 발생할 가능성이 증가 또는 감소했는지를 판단하기 위해 정기적으로 리스크들을 평가해야 한다. 또한 리스크의 영향 정도가 변화했는지에 대해서도 고려해야 한다. 이를 위해 요구사항 변경 요청의 횟수와 같이 리스크의 발생가능성과 영향 정도에 대해 힌트를 주는 여러 요인들도 검토해야 한다. 이런 요인들은 분명히 리스크의 종류에 따라 다르다. 그림 22.6은 리스크 유형별로 리스크를 평가하는 데 도움을 주는 요인들의 예를 나타낸다.

리스크는 프로젝트의 모든 단계에서 정기적으로 감시되어야 한다. 모든 관리 검토 회의에서 각각의 주요한 리스크들을 독립적으로 평가하고 토의해야 한다. 리스크가 발생할 가능성이 늘거나 줄었는지 그리고 리스크의 결과가 미치는 영향의 정도가 변화했는지에 대해 판단해야 한다.

22.2 인간 관리

소프트웨어 조직 내에서 일하는 사람들이 조직의 가장 큰 자산이다. 좋은 사람을 모집하고 유지하는 데는 많은 비용이 들고 프로젝트에서 일하는 엔지니어가 가능한 최대의 생산성을 올리도록 하는 것은 소프트웨어 관리자에게 달려있다. 성공적인 기업과 경제에서 이런 생산성은 사람들이 조직에서 존중받고 그들의 기술과 경험을 반영한 책임을 할당받을 때 달성된다.

소프트웨어 프로젝트 관리자가 소프트웨어 개발 작업에 영향을 미치는 기술적인 이슈들을 이해하는 것은 중요하다. 그러나 불행하게도 좋은 소프트웨어 엔지니어가 항상 좋은 소프트웨어 관리자가 되는 것은 아니다. 소프트웨어 엔지니어는 종종 훌륭한 기술적 능력을 가지고 있지만 사람들에게 동기를 부여하고 프로젝트 개발팀을 이끌어 나가는 소프트 스킬은 부족할 수 있다. 프로젝트 관리자는 인간 관리에서의 잠재적 문제점들을 주지하고 인간 관리 기술을 개발하려고 노력하여야 한다.

관리자와 관리를 받는 직원 사이의 관계에 영향을 미치는 4개의 주요한 인자가 있다.

1. **일관성:** 프로젝트팀의 모든 구성원은 비슷한 방식으로 대우를 받아야 한다. 누구도 모든 보상을 똑같이 받으리라고 기대하지는 않는다. 그러나 사람들이 조직에 대한 자신의 기여가 저평가되었다고 느끼지 않도록 하여야 한다.

2. **존중:** 사람들은 서로 다른 능력을 갖고 있다. 관리자는 이런 차이를 존중해야 한다. 팀의 모든 구성원들이 기여를 할 수 있는 기회를 가져야 한다. 물론 특정한 경우에는 어떤 사람이 그냥 팀에 적합하지 않고 계속할 수 없다는 것을 알 수도 있다. 그러나 프로젝트의 초기 단계에서는 어떤 사람에 대한 이런 결론을 성급하게 내리지 않는 것이 중요하다.

3. **참여:** 사람들은 다른 사람들이 자신의 말을 경청하고 자신의 제안을 고려하고 있다고 느낄 때 효과적으로 기여를 한다. 모든 의견, 심지어 가장 경험이 적은 직원의 의견조차도 고려하는 작업 환경을 개발하는 것이 중요하다.

4. **정직:** 관리자는 팀에서 제대로 진행되고 있는 것과 그렇지 않은 것에 대해 항상 정직해야 한다. 또한 자신의 기술적 지식에 대해서도 정직해야 하고 필요하다면 더 많은 지식을 가진 직원의 의견을 기꺼이 따라야 한다. 관리자가 무지 또는 문제를 덮으려고 해도, 궁극적으로는 사실이 알려지게 되고 그룹에서의 신임을 잃게 될 것이다.

실질적인 인간 관리는 경험에 따라 수행해야 하므로 이번 절 그리고 팀워크에 대한 다음 절의 목표는 프로젝트 관리자가 다루어야 하는 가장 중요한 이슈에 대한 의식을

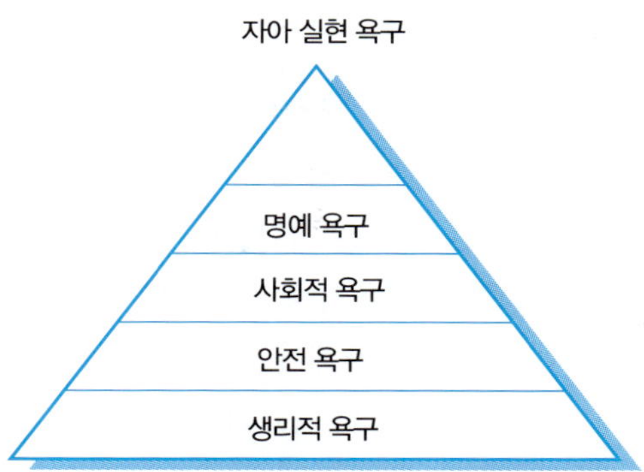

그림 22.7 인간 욕구의 계층 구조

높이는 것으로 한다.

22.2.1 동기 부여하기

프로젝트 관리자는 같이 일하는 사람들이 본인들의 최상의 능력을 발휘할 수 있도록 동기를 부여해야 한다. 실제로 동기부여는 사람들이 고무되어 가능한 효과적으로 일을 수행할 수 있도록 작업과 환경을 구성하는 것을 의미한다. 동기부여가 되지 않으면 사람들은 하고 있는 작업에 흥미를 덜 느낄 것이다. 그들은 천천히 일하고, 실수도 더 많이 범하고, 팀 또는 조직의 커다란 목표에 기여하지 못할 것이다.

격려를 해주기 위해서는 무엇이 사람들에게 동기를 부여하는가에 대해서 이해해야 한다. Maslow (Maslow 1954)는 사람들은 자신의 욕구를 만족시키는 것에 의해 동기부여를 받고, 이런 욕구는 그림 22.7에 나타낸 것과 같이 일련의 수준들로 정렬된다고 제안하였다. 계층의 하위 수준은 음식, 수면 등과 같은 기본적인 욕구와 환경 내에서 걱정 없는 것을 느끼는 욕구를 나타낸다. 사회적 욕구는 사회 구성원의 하나로써 느끼고 싶은 욕구와 관련된다. 명예(esteem) 욕구는 다른 사람들에게 존경받고 싶은 욕구를 나타내며, 자아실현 욕구는 개인의 계발과 관련된다. 사람들은 더 추상적이고 높은 수준의 욕구 이전에 배고픔과 같은 낮은 수준의 욕구를 만족하고 싶어 한다.

소프트웨어 개발 조직에서 일하는 사람들은 대체로 배고프거나 목마르지 않고 환경에 의해 물리적으로 위협을 받지 않는다. 그러므로 사람들의 사회적, 명예, 그리고 자아실현 욕구가 만족되도록 하는 것이 관리의 관점에서 가장 중요하다.

1. 사회적 욕구를 만족시키기 위해서는 사람들에게 그들의 동료들과 만날 수 있는 시간과 장소를 제공해야 한다. Google과 같은 소프트웨어 기업은 사람들이 서로 함께할 수 있는 사회적 공간을 회사 내에 제공한다. 개발팀의 모든 구성원이 같은 장소에서 작업을 한다면 이것은 상대적으로 쉽다. 그러나 팀 구성원들이 같은 건물에서

일하지 않거나 심지어 같은 도시에 있지 않는 경우도 점차 증가하고 있다. 그들은 다른 조직에 고용되어있을 수도 있고 대부분의 시간을 집에서 일할 수도 있다.

소셜 네트워크 시스템과 원격화상회의가 원격 소통을 위해 사용될 수 있지만, 경험상 이런 것들은 사람들이 서로 이미 알고 있는 경우에 가장 효과적이다. 관리자는 프로젝트의 초기에 팀 구성원들이 직접적으로 교류할 수 있도록 얼굴을 맞대고 하는 회의를 주재해야 한다. 사람들은 이런 직접적인 교감을 통해 사회 그룹의 일원이 되고, 그 그룹의 목표와 우선순위를 수용하게 된다.

2. 명예 욕구를 만족시키기 위해서는 사람들에게 그들이 조직에서 가치를 인정받고 있다는 것을 보여주어야 한다. 성취한 것에 대한 공개적인 인정이 이것을 위한 단순하고 효과적인 방법이다. 분명히 사람들은 본인의 능력과 경험을 반영하는 수준에서 보상받고 있다는 것도 느껴야 한다.

3. 자아실현 욕구를 만족시키기 위해서는 사람들에게 작업에 대한 책임감을 주고, 부담되는 (불가능하지는 않은) 작업을 할당하고, 기술을 향상시킬 수 있는 교육훈련과 계발의 기회를 제공해야 한다. 사람들이 새로운 지식을 얻고 기술을 습득하려고 하면, 교육훈련은 중요한 동기부여가 된다.

동기부여에 대한 Maslow의 모델이 어느 정도 도움이 되지만, 이 모델이 동기부여에 대한 배타적인 개인 관점을 취하는 것에는 문제가 있다고 생각한다. 이것은 사람들이 스스로 조직, 직업 그룹, 그리고 어떤 문화의 일원이라고 느낀다는 사실에 대한 적당한 고려가 아니다. 대부분의 사람들에게 어떤 그룹의 멤버가 된다는 것은 커다란 동기부여가 된다. 업무를 완수한 사람들은 종종 일하는 것을 좋아하는데 그들은 함께 일하는 사람들 그리고 자기가 수행하는 작업에 의해 동기부여가 되기 때문이다. 그러므로 관리자는 그룹 전체가 동기부여를 받을 수 있는 방법에 대해서도 생각해야 한다. 이것과 팀워크에 대해서는 22.3절에서 다룬다.

그림 22.8은 관리자들이 종종 마주쳐야 하는 동기부여 문제를 나타낸다. 이 예제에서 능력있는 그룹 멤버가 작업과 그룹 전체에 대해 흥미를 잃는다. 그녀의 작업 품질은 점점 떨어지고 수용할 수 없게 된다. 이런 상황은 빠르게 처리되어야만 한다. 관리자가 문제에 대해 정리하지 않으면, 그룹의 다른 멤버들은 불만을 가지게 되고 본인들이 불공평하게 작업을 수행하고 있다고 느끼게 된다.

이 예제에서 Alice는 Dorothy의 개인적 환경이 문제가 되고 있는지를 파악하려고 시도한다. 개인적 어려움은 사람들이 자신의 작업에 집중할 수 없도록 하므로 동기부여에 흔하게 영향을 미친다. 비록 그들이 아직도 업무에 대한 책임을 지고 있다는 점도 명확하게 하지만, 그들에게 이런 문제들을 해결할 시간을 주고 도와주어야 한다.

Dorothy의 동기부여 문제는 프로젝트가 기대하지 않은 방향으로 진행될 때 발생할

사례 연구: 동기부여

Alice는 경보 시스템 개발 업체에서 일하는 소프트웨어 프로젝트 관리자이다. 이 기업은 따로 사는 노인과 장애인을 돕는 보조 기술 시장에 진입하기를 희망한다. Alice는 기업체의 경보 기술을 기본으로 새로운 제품을 개발할 수 있는 개발자 6명으로 구성된 팀을 이끌라고 요청받았다.

Alice가 맡은 프로젝트의 시작은 좋았다. 팀원들 사이의 좋은 작업 공조가 이루어졌고 새로운 창의적 아이디어도 개발되었다. 팀은 사용자가 휴대폰 또는 태블릿을 사용해 경보 시스템을 시작하고 제어할 수 있는 시스템을 개발하기로 결정했다. 그러나 몇 달이 지나자 Alice는 하드웨어 전문가인 Dorothy가 출근이 늦어지기 시작하고 작업 품질이 악화되고 점차 팀의 다른 멤버들과의 소통에 참여하지 않는다는 것을 알게 되었다.

Alice는 Dorothy의 개인 환경이 변화했는지 그리고 이것이 업무에 영향을 미치고 있는지를 파악하기 위해 팀의 다른 멤버들과 비공식적으로 이야기를 나누었다. 그들은 아무 것도 아는 것이 없어 Alice는 문제를 이해하고자 Dorothy와 이야기하기로 결정하였다.

Dorothy는 처음에는 문제에 대해 부인하다가 업무에 흥미를 잃었다는 사실을 털어놓았다. 그녀는 자신의 하드웨어 인터페이스 기술을 사용하고 발전시킬 것으로 기대했었다. 그러나 선택된 제품의 방향에 의해 이런 기술을 사용할 기회가 거의 없었다. 기본적으로 그녀는 경보 시스템 소프트웨어의 C 프로그래머로서 일할 뿐이었다.

업무가 도전적인 것은 인정했지만 Dorothy는 자신의 인터페이스 기술을 발전시키지 못하는 것에 대해 걱정했다. 그녀는 이 프로젝트 이후에 하드웨어 인터페이스 기술에 관련된 업무를 구하는 것이 어려울 것이라는 것을 걱정했다. 자신이 다음 프로젝트에 대해 생각하고 있다는 것을 드러내면 팀이 곤란한 상황에 빠지게 될 것을 염려해 다른 팀원과의 대화를 최소로 하는 것이 최선의 방법이라고 결정했다는 것이다.

그림 22.8 개인에 대한 동기부여

수 있는 문제 중의 하나이다. 하나의 작업 유형을 기대한 사람들은 어떤 일을 완전히 다르게 진행할 수 있다. 이런 상황에서 관리자는 구성원이 팀을 떠나 다른 곳에서 기회를 찾도록 결정할 수 있다. 그러나 이 예제에서 Alice는 Dorothy가 자신의 경험을 넓히는 것이 긍정적인 경력이 될 것이라는 확신을 갖도록 노력한다. 그녀는 Dorothy에게 더 많은 설계 자율성을 주고, 현재의 프로젝트가 끝난 후에 더 많은 기회를 가질 수 있도록 소프트웨어 공학 교육훈련 코스를 제공한다.

사람의 심리적 유형 또한 동기부여에 영향을 미친다. Bass와 Dunteman (Bass and Dunteman 1963)은 직업인을 다음과 같은 세 가지 유형으로 분류하였다.

1. **작업-지향인:** 이들은 그들이 하고 있는 일에 의해 동기를 부여받는 사람들이다. 소프트웨어 공학에서는 소프트웨어 개발의 지적인 도전에 의해 동기를 부여받는 사람들이다.
2. **자기-지향인:** 이들은 개인적인 성공과 자신에 대한 인정에 의해 주로 동기를 부여받는 사람들이다. 이들은 자신의 목적을 달성하는 수단으로서 소프트웨어 개발에 흥미를 갖는다. 그들은 종종 직장 승진과 같은 장기 목표를 갖고 있는데 이런 목표를 달성하는 데 도움이 되도록 작업에서 성공적이 되기를 희망한다.
3. **교류-지향인:** 이들은 동료들의 존재와 행동에 의해 동기를 부여받는 사람들이다. 사용자 인터페이스 설계가 점점 주목을 받음에 따라 교류-지향인들이 점점 많이 소프트웨어 공학에 참여하고 있다.

연구에 의하면 교류-지향적 성격을 가진 사람들은 대체로 그룹의 구성원으로 일하

인간 능력 성숙도 모델

인간 능력 성숙도 모델(P-CMM)은 조직이 구성원의 능력 개발을 얼마나 잘 관리하는지를 평가하기 위한 프레임워크이다. 이것은 인간 관리에 대한 최상의 관례를 강조하고 조직이 인간 관리 프로세스를 개선할 기초를 제공한다. 이것은 소규모의 비정형적 기업보다 대형 기업에 더 적합하다.

http://software-engineering-book.com/web/people-cmm/

는 것을 좋아하는 반면에 작업-지향과 자기-지향의 사람들은 대개 혼자서 작업하는 것을 선호한다. 여자들이 남자들보다 더 교류-지향적인 것 같다. 여자들은 종종 훨씬 효과적인 의사소통자이다. 이런 여러 유형의 사람들을 섞어서 그룹으로 구성한 사례에 대해 나중에 그림 22.10에서 보여준다.

개인의 동기부여는 여러 분류의 요소들로 구성되지만, 대체로 하나의 유형이 다른 것들을 압도한다. 그러나 사람들은 변화할 수 있다. 예를 들면, 자신이 정당한 보상을 받지 못한다고 느끼는 기술자들은 자기-중심적이 되어 개인의 흥미를 기술적인 관심보다 앞에 두게 된다. 만약 어떤 그룹이 특별히 잘 운영된다면 자기-중심적 사람들이 점차 교류-중심적이 될 수 있다.

22.3 팀워크

대부분의 전문 소프트웨어는 2명부터 수백 명에 이르는 프로젝트팀에 의해 개발된다. 그러나 거대한 그룹의 모든 멤버가 하나의 문제를 위해 함께 일하는 것은 거의 불가능하므로 거대한 그룹은 대개 소규모의 그룹으로 나뉘어진다. 각각의 그룹은 전체 시스템의 일부분을 개발할 책임을 진다. 소프트웨어 공학 그룹에 대한 최상의 규모는 4에서 6명의 멤버를 갖는 것이고 절대로 12명 이상의 멤버로 구성되지 않아야 한다. 그룹의 규모가 작으면, 의사소통 문제는 완화된다. 모든 구성원이 모든 것을 알 수 있고, 개발하고 있는 프로젝트와 소프트웨어에 대해 토의하는 회의를 구성원 전체가 모여 한 테이블에서 진행할 수 있다.

기술적인 능력, 경험, 그리고 개인적 특성이 알맞은 균형을 이루도록 그룹을 구성하는 것은 관리자의 중대한 작업이다. 그러나 성공적인 그룹은 이런 균형을 고려하여 단순히 개인들을 모으는 것 이상이 필요하다. 좋은 그룹은 단결이 잘되고 자기 그룹을 강력한 하나의 단위로 생각한다. 그룹의 구성원들은 자신의 개인적 목표뿐만 아니라 그룹의 성공이라는 목표를 공유한다.

단결된 그룹에서는 멤버들이 개인보다 그룹을 더 중요하게 생각한다. 이런 그룹의 구성원들은 조직에 대한 충성심도 높다. 그들은 그룹의 목표를 인식하고 있고 외부의 간섭으로부터 그룹을 보호할 준비가 되어있다. 이것이 그룹을 탄탄하게 만들고 문제점과 예기치 않은 상황에 대처하도록 만든다.

단결된 그룹을 구성하면 다음과 같은 장점이 있다.

1. **그룹은 자신의 고유한 품질 표준을 설정할 수 있다:** 구성원들이 공감하여 표준을 설정한 것이므로 그룹에 부과된 외부 표준보다 잘 지킬 가능성이 높다.
2. **구성원이 서로로부터 배우고 도움을 준다:** 그룹 구성원들은 함께 일하면서 배운다. 상호 학습이 장려되면서 무지로 인한 거리낌은 최소화된다.
3. **지식이 공유된다:** 그룹 구성원 한명이 떠나더라도 지속성이 유지될 수 있다. 그룹의 다른 인원이 중요한 작업을 맡을 수 있고 프로젝트가 과도하게 지장을 받지 않도록 할 수 있다.
4. **리팩토링과 지속적 개선이 장려된다:** 그룹 구성원들은 누가 설계문서 또는 프로그램을 작성했는지를 상관하지 않고 문제를 고치고 높은 품질의 결과물을 인도하기 위해 함께 일한다.

그룹의 프로젝트 관리자는 그룹의 단결력을 높이도록 항상 노력해야 한다. 그룹의 정체성과 영역을 확립하고 그룹 이름을 정하는 것과 같이 그룹의 독자성을 확립하기 위한 노력도 할 수 있다. 어떤 관리자들은 (비록 그룹 구성원 모두에게 친숙하지 않더라도) 스포츠와 게임과 같은 외적인 그룹 구축 활동을 좋아한다. 그룹 구성원과 가족을 위한 이벤트는 사람들을 하나로 묶는 좋은 방식이다.

단결력을 높이는 효과적인 방법 중의 하나는 참여에 있다. 즉, 관리자는 그룹 구성원에게 책임을 부여하고 신뢰감을 표시하고 정보들을 대가없이 알려주어야 한다. 때때로 관리자는 특정한 정보를 구성원 모두에게 공개할 수는 없다고 느낄 수 있다. 이것은 예외없이 불신의 기운을 만들게 된다. 사람들이 존중받고 있고 그룹의 일원이라고 느끼게 하는 효과적인 방법은 그들에게 무엇이 진행되고 있는지를 확실히 알게 하는 것이다.

그림 22.9에 사례 연구의 예를 나타내었다. Alice는 정기적으로 비공식적 회의를 통해 그룹 구성원들에게 무엇이 진행되고 있는지를 알려준다. 그녀는 구성원들에게 각자의 경험에서 우러나온 새로운 아이디어를 제안하도록 요청함으로써 제품 개발에 그들이 참여하도록 한다. "워크샵"도 단결력을 높이는 좋은 방법이다: 사람들은 편안한 마음으로 서로 도와가면서 새로운 기술에 대해 배울 수 있다.

그룹이 효과적이고 아니고는 프로젝트와 작업을 수행하는 조직의 본질에 어느 정도 의존한다. 만약 어떤 조직이 끊임없는 구조조정과 직업 불안정성으로 혼란스러운 상태라면, 팀 멤버들이 소프트웨어 개발에 집중하는 것은 어렵다. 비슷하게, 프로젝트가 계

사례 연구: 공동체 정신

경험이 많은 프로젝트 관리자인 Alice는 단합된 그룹을 만드는 것이 중요하다는 것을 알고 있다. 그녀가 속한 기업체가 새로운 제품을 개발할 때, 그녀는 제품 명세화와 설계에 모든 그룹 멤버들을 참여시키는 기회를 맞이한다. 그녀는 그들에게 그들의 가족 중 나이가 많은 분들과 가능한 기술에 대해 의논하도록 하였다. 그녀는 이런 가족 멤버들이 개발 그룹의 다른 멤버들과 만나는 것을 장려하였다.

Alice는 또한 매달 그룹의 모든 멤버들과 함께 점심 식사를 가졌다. 이런 점심 식사는 모든 팀 멤버가 비공식적으로 만나 관심 사항에 대해 이야기하고 서로를 알아갈 수 있는 기회를 제공한다. 식사에서 Alice는 조직에 대한 뉴스, 정책, 전략 등 그녀가 알고 있는 것들을 멤버들에게 이야기한다. 팀 멤버들은 진행하고 있는 작업에 대해 간단히 요약하고, 그룹은 나이 많은 가족들로부터 얻은 새로운 제품 아이디어와 같은 일반적인 주제들에 대해 이야기한다.

몇 개월에 한번 정도 Alice는 "기술 갱신"을 위해 2일짜리 그룹 "워크샵"을 기획한다. 팀 멤버 각각은 관련된 기술 변화를 준비하여 발표한다. 이것은 사무실 밖에서 진행하는 회의이고 토론과 사회적 교류를 위해 많은 시간이 할당된다.

그림 22.9 그룹의 단결

속 변동되고 취소될 위험이 있다면, 사람들은 그것에 흥미를 갖기 어렵게 된다.

안정된 조직과 프로젝트 환경을 가정하면, 팀 작업에 커다란 영향을 미치는 세 가지 요인은 다음과 같다.

1. **그룹의 구성원:** 소프트웨어 개발은 고객과의 협상, 프로그래밍, 테스팅 그리고 문서화와 같은 다양한 활동들을 포함하므로 프로젝트 그룹을 여러 유형의 사람들을 섞어서 구성할 필요가 있다.
2. **그룹의 조직 방식:** 개개인이 각자의 최상의 능력을 발휘하고 작업들이 예상대로 완결 될 수 있도록 그룹이 조직되어야 한다.
3. **기술적 그리고 관리적 소통:** 그룹 멤버들 사이 그리고 소프트웨어 공학팀과 다른 프로젝트 이해당사자 사이의 좋은 소통은 필수적이다.

모든 관리 이슈와 마찬가지로, 올바른 팀을 구성하는 것이 프로젝트의 성공을 보장할 수는 없다. 비즈니스와 환경의 변화를 포함하여 많은 다른 것들이 잘못될 수 있다. 그러나 그룹 구성, 조직, 그리고 소통에 주목하지 않으면 프로젝트가 어려움에 빠질 가능성은 더 증가한다.

22.3.1 그룹 멤버의 선택

관리자 또는 팀 리더의 임무는 단결된 그룹을 만들고 그룹이 작업을 효과적으로 함께 할 수 있도록 조직하는 것이다. 이 작업은 기술적인 능력과 개인의 특성 사이의 올바른 균형을 가진 그룹을 만드는 것과 관련이 있다. 가끔은 조직의 외부에서 인력을 고용하는 경우도 있다. 대개는 소프트웨어 공학 그룹은 다른 프로젝트에서 경험을 가진 현재의 직원들을 모아 구성된다. 관리자들이 팀 선택에 대해 완전히 자율권을 갖는 경우는 거의 없다. 업무에 꼭 맞는 사람들이 아니더라도 기업에서 가용할 수 있는 인력을 사용해야 하는 경우가 종종 있다.

많은 소프트웨어 엔지니어는 그들의 작업에 의해 주로 동기를 부여받는다. 그러므로 소프트웨어 개발 그룹은 기술적인 문제를 해결하는 방법에 대해 자신만의 고유한 아이디어를 가진 사람들로 종종 구성된다. 그들은 가능한 최상의 작업을 수행하기를 원한다. 그래서 그들이 생각하기에 개선될 수 있는 방식으로 시스템을 의도적으로 재설계하고 시스템 요구사항에 없는 부가적인 기능들을 추가할 수도 있다. 애자일 방법은 엔지니어들이 소프트웨어를 개선하는 데 자율권을 갖는 것을 권장한다. 그러나 이것은 때때로 정말로 필요하지 않은 것들에 시간을 쓰고 다른 엔지니어들이 각자의 코드를 재작성하는 것에 경쟁을 한다는 것을 의미한다.

기술적인 지식과 능력이 그룹 멤버를 선택하는 데 사용되는 유일한 인자가 될 수는 없다. 그룹의 구성원들이 상호 보완적인 동기부여를 갖는다면 "경쟁하는 엔지니어" 문제는 완화될 수 있다. 작업에 의해 동기를 부여받는 사람들은 기술적으로 가장 뛰어난 사람일 수 있다. 자기-지향적인 사람들은 아마도 작업이 완수되도록 일을 끌고 나가는 데 최적일 수 있다. 교류-지향적인 사람들은 구성원들 사이의 소통을 원활하게 하는 데 도움을 줄 것이다. 그룹에 교류-지향적인 사람들이 있는 것이 특별히 중요하다고 생각한다. 그들은 사람들과 이야기를 나누기 좋아하고 초기 단계에서 긴장 상태와 의견 충돌을 감지하여 이런 문제들이 그룹에 심각한 영향을 주는 것을 막을 수 있다.

그림 22.10의 사례 연구에서는 프로젝트 관리자인 Alice가 상호보완적인 특성을 가진 사람들로 그룹을 구성하려는 방법을 다룬다. 이 특별한 그룹은 교류-지향적인 사람들과 작업-지향적인 사람들을 잘 조합하였지만, 그림 22.8에서 이미 나타낸 것처럼 Dorothy의 자기-지향적 성격이 자신의 업무가 기대했던 것과는 달라서 문제를 일으켰다. 도메인 전문가 역할을 파트타임으로 맡은 Fred 또한 문제가 될 수 있다. 그는 기술적인 도전에 많은 열망을 갖고 있으므로 그룹의 다른 구성원들과 잘 화합하지 못할 수 있다. 그가 항상 팀의 일원이 아니라는 사실은 그가 팀의 목표에 완전히 결합하지 않을 수 있다는 것을 의미한다.

때때로 상호보완적인 특성을 가진 사람들로 그룹을 구성하는 것이 불가능할 수도 있다. 이런 경우에는 프로젝트 관리자가 그룹을 통제하여 개인의 목표가 조직과 그룹의 목적보다 우선할 수 없도록 하여야 한다. 그룹의 모든 멤버가 프로젝트의 각각의 단계마다 참여한다면 이런 통제를 달성하는 것은 비교적 쉽다. 개인의 독자적 행동은 자신의 작업이 전체 프로젝트의 한 부분의 역할을 수행하고 있다는 것을 인지하지 못하고 있을 때에 나타나기 쉽다.

예를 들어, 소프트웨어 엔지니어가 어떤 시스템의 개발을 인계받고 설계를 개선할

사례 연구: 그룹 구성

보조 기술 개발을 위한 그룹을 구성할 때, Alice는 상호보완적인 특성을 가진 사람들을 선택하는 것이 중요하다는 것을 인지하고 있다. 그녀는 그룹 멤버 지원자들을 인터뷰하면서 지원자가 작업-지향적인지, 자기-지향적인지, 아니면 교류-지향적인지를 판단하려고 노력했다. 그녀는 이 프로젝트가 상급 관리자에 의해 주목을 받고 어쩌면 승진의 가능성도 고려하고 있다는 측면에서 자신이 주로 자기-지향적인 유형이라고 느꼈다. 그래서 그녀는 교류-지향적인 특성을 가진 사람과 작업-지향적인 사람들을 각각 한두 명씩 찾았다. 그녀가 내린 최종적인 판단은 다음과 같다:

Alice: 자기-지향적
Brian: 작업-지향적
Chun: 교류-지향적
Dorothy: 자기-지향적
Ed: 교류-지향적
Fiona: 작업-지향적
Fred: 작업-지향적
Hassan: 교류-지향적

그림 22.10 그룹 구성

수 있다는 것을 인지했다고 하자. 만약 그가 원래의 설계에 대한 원리를 이해하지 않고 이런 개선작업을 수행한다면, 비록 좋은 의도를 가지고 있더라도 변경 사항이 시스템의 다른 부분에 부정적인 영향을 미칠 수 있다. 만약 그룹의 모든 멤버가 처음부터 설계에 참여했다면, 설계에 대한 결정이 내려진 이유를 잘 이해할 것이다. 그러면 이런 결정에 반대하지 않고 공감할 것이다.

22.3.2 그룹의 조직

그룹이 조직되는 방식은 그룹의 결정, 정보가 교환되는 방식, 그리고 개발 그룹과 외부의 프로젝트 이해당사자와의 상호 작용에 영향을 미친다. 프로젝트 관리자에게 중요한 조직에 대한 질문은 다음과 같다.

1. 프로젝트 관리자가 그룹의 기술적 리더이어야 하는가? 기술적 리더 또는 시스템 아키텍트는 소프트웨어를 개발하는 동안 내려야 할 중요한 기술적 결정에 대한 책임이 있다. 때때로 프로젝트 관리자가 이런 역할에 대한 능력과 경험을 가질 수도 있다. 그러나 대형 프로젝트에서는 기술적인 역할과 관리 역할을 분리하는 것이 최상이다. 프로젝트 관리자는 상급 엔지니어를 프로젝트 아키텍트로 지정하고 기술적 리더십에 대한 책임을 부여하여야 한다.
2. 중요한 기술적 결정을 내리는 데 누가 관여해야 하는가 그리고 이런 결정은 어떻게 내려야 하는가? 시스템 아키텍트 또는 프로젝트 관리자 또는 팀 구성원의 광범위한 동의하에 결정을 내려야 하는가?

3. 외부의 이해당사자 그리고 기업체의 상급 관리자와의 관계는 어떻게 처리할 것인가? 많은 경우에서 프로젝트 관리자는 시스템 아키텍트의 도움을 받아 이런 상호 작용에 대한 책임을 맡는다. 그러나 외부와의 협상을 전담하는 역할을 만들고 이런 역할에 적합한 교류 능력을 가진 사람을 임명하는 것도 가능하다.
4. 같은 지역에서 근무하지 않는 구성원을 통합하는 방법은 무엇인가? 이제는 서로 다른 조직에 속하는 멤버들을 포함하거나 또는 공유된 사무실뿐만 아니라 집에서 근무하는 사람들이 포함된 조직을 흔히 볼 수 있다. 그룹의 의사 결정 프로세스에서 이런 변화도 고려되어야 한다.
5. 그룹 내에서 지식을 공유하는 방법은 무엇인가? 특정한 조직 구성 방법이 다른 것보다 공유에 더 효과적일 수 있으므로 그룹의 조직은 정보 공유에 영향을 미친다. 그러나 너무 많은 정보를 공유하는 것은 사람들에게 과부하를 주고 그들의 작업에 혼란을 줄 수 있으므로 피해야 한다.

작은 프로그래밍 그룹은 대체로 비정형적인 방식으로 조직된다. 그룹 리더가 그룹의 다른 멤버들과 함께 소프트웨어 개발에 참여한다. 비정형적 그룹에서는 그룹 전체가 수행할 작업에 대해 토의하고 능력과 경험에 따라 업무를 할당한다. 경험이 많은 그룹 멤버가 시스템 구조 설계에 대한 책임을 맡을 수도 있다. 그러나 상세 설계와 구현은 특정한 업무를 할당받은 팀 멤버의 책임이다.

애자일 개발 팀은 항상 비정형적 그룹이다. 애자일 방법 열성 지지자들은 공식적인 구조가 정보에 대한 교환을 방해한다고 주장한다. (개발 일정에 대한 결정과 같이) 대체로 관리자의 몫으로 보이는 많은 것들이 그룹 멤버에 의해 결정될 수 있다. 그러나 전략적인 의사 결정과 그룹 외부와의 소통에 책임을 지는 프로젝트 관리자는 여전히 필요하다.

비정형적 그룹은 특별히 대부분의 그룹 멤버들이 경험이 많고 유능할 때 매우 성공적이 될 수 있다. 그런 그룹은 합의에 의해 결정을 내릴 수 있고 그것이 단결력과 성능을 개선한다. 그러나 만약 어떤 그룹이 대부분 경험이 적고 기술이 부족한 멤버들로 구성되었다면, 비정형성은 장애물이 될 수 있다. 경험이 적은 엔지니어가 작업을 총괄하면, 그룹 멤버들 사이의 공조 부족이라는 결과를 가져오고 아마도 궁극적으로는 프로젝트 실패로 이르게 될 것이다.

계층적 그룹에서는 그룹의 리더가 계층의 꼭대기에 있다. 그는 그룹 멤버들보다 많은 권한을 갖고 있고 따라서 멤버들의 작업을 지휘할 수 있다. 조직의 구조가 명백하고, 의사 결정은 계층의 위로부터 내려지며 아래 계층의 인원들이 그것을 구현한다. 대화는 주로 상급 직원으로부터의 지시가 된다; 계층의 아래에 있는 인원들은 상위 계층에 있는 관리자와의 대화가 상대적으로 적다.

적합한 사람을 고용하는 것

프로젝트 관리자는 종종 소프트웨어 공학 팀에 합류할 인원을 조직에서 선택할 책임을 진다. 잘못된 선택은 프로젝트에 심각한 리스크를 초래할 수 있으므로, 이 프로세스에서 가능한 최상의 인원을 얻는 것은 매우 중요하다.

직원을 선택할 때 고려해야 할 주요 인자로는 교육과 훈련, 애플리케이션 도메인과 기술적 경험, 소통 능력, 적응성 그리고 문제 해결 능력이다.

http://software-engineering-book.com/web/people-selection/

잘 정의된 문제가 계층의 여러 다른 부분에서 개발될 수 있는 소프트웨어 요소들로 쉽게 나누어질 때, 계층적 그룹은 잘 동작할 수 있다. 이런 계층적 그룹은 신속한 의사 결정이 가능하고, 이것이 군대 조직이 이 모델을 따르는 이유이다. 그러나 복잡한 소프트웨어 공학 문제에 대해서는 거의 잘 동작하지 않는다. 소프트웨어 개발에서는 모든 단계에서 효과적인 팀 소통이 필수적이기 때문이다.

1. 소프트웨어에 대한 변경은 종종 시스템의 여러 부분에 대한 변경을 필요로 하는데, 이것은 계층의 모든 수준에서 토론과 협의를 필요로 한다.
2. 소프트웨어 기술은 너무 빨리 변화하여 젊은 직원들이 새로운 기술에 대해 경험이 많은 직원보다 더 많이 알고 있을 수 있다. 하향식 지시 방식은 프로젝트 관리자가 이런 새로운 기술들을 사용할 기회를 얻지 못할 수 있다는 것을 의미한다. 젊은 직원들은 개발에 사용되는 시대에 뒤떨어진 기술의 결과를 보면서 점점 좌절감을 느낄 수 있다.

프로젝트 관리자가 마주치는 주요한 과제는 그룹 멤버들 사이의 기술적 능력의 차이이다. 최상급 프로그래머는 저급 프로그래머에 비해 25배의 생산성을 가질 수 있다. 이런 "슈퍼-프로그래머"를 가장 효과적인 방식으로 활용하고 가능한 최대의 지원을 제공하는 것이 당연하다.

한편, 슈퍼-프로그래머에 대한 전폭적인 지원은 업무를 제대로 부여받지 못해 억울해하는 그룹의 다른 멤버들의 의욕을 떨어뜨릴 수 있다. 그들은 자신들의 직무에 영향을 미칠까봐 걱정할 수도 있다. 게다가, 만약 "슈퍼-프로그래머"가 기업을 떠나면, 프로젝트에 미치는 영향이 엄청날 수 있다. 그러므로 개별 전문가에 의존하는 그룹 모델을 채택하는 것은 상당한 리스크를 가질 수 있다.

22.3.3 그룹 소통

절대적으로 그룹 멤버들 사이의 그리고 프로젝트 이해당사자와의 효과적이고 효율적인 소통은 필수적이다. 그룹 멤버들은 그들의 작업 상황, 설계에 대한 결정 사항, 그리고 이전의 설계 결정에서의 변경 내용에 대한 정보를 반드시 교환해야 한다. 그들은 떠오르는 문제를 이해당사자와 해결해야 하고 이해당사자에게 시스템, 그룹, 그리고 인도 계획에 대한 변경사항을 알려주어야 한다. 좋은 소통은 그룹의 단결력을 강화하는 데도 도움이 된다. 그룹 멤버들은 그룹 내의 다른 사람들의 동기, 강점과 약점을 이해할 수 있게 된다.

소통의 효과성과 효율성은 다음과 같은 것에 의해 영향을 받는다.

1. **그룹의 크기:** 그룹의 규모가 커질수록, 멤버들이 효과적으로 소통하는 것은 어려워진다. 그룹의 크기가 n이라면, 한 방향 대화 통로의 수는 $n^*(n - 1)$이 된다. 그룹이 8명의 멤버로 구성되었다면 56개의 대화 통로가 있다. 이것은 멤버들 사이의 대화가 쉽지 않을 것이라는 것을 의미한다. 그룹 멤버들 사이에 지위의 차이가 있다면 대화는 종종 일방통행이 된다. 관리자와 경험이 많은 엔지니어는 하급 직원들과의 대화를 주도하는 경향이 있고 이것은 직원들이 대화를 시작하기 꺼리게 만들거나 중요한 언급을 하지 않도록 할 수 있다.
2. **그룹의 구조:** 비정형적으로 조직된 그룹의 멤버들은 정형적이고 계층적인 그룹에 속한 멤버들보다 더 효과적으로 소통한다. 계층적 그룹에서는 대화가 계층의 위에서 아래로 진행되는 경향이 있다. 같은 레벨에 있는 사람들끼리 서로 이야기하지 않을 수도 있다. 이것은 여러 개의 개발 그룹을 갖는 대형 프로젝트에서는 특별한 문제가 된다. 서로 다른 서브시스템을 작업하는 사람들이 그들의 관리자를 통해서만 소통한다면, 일정지연과 오해의 가능성은 훨씬 높아진다.
3. **그룹의 구성:** (22.2절에 언급한)동일한 성격 유형의 사람들은 충돌할 수 있고, 결과적으로 소통이 억제될 수 있다. 또한 남녀 혼성 그룹에서의 소통이 단성 그룹에서보다 대체로 잘 이루어진다(Marshall and Heslin 1975). 여성들은 종종 남성들보다 교류-지향적이고, 그룹의 교류 조절자와 촉진자 역할을 할 수 있다.
4. **물리적 작업 환경:** 작업장의 구조가 소통을 활발하게 하거나 저해하게 만드는 주요한 요인이다. 어떤 기업들은 직원들을 위해 표준형 개방 사무실을 사용하는 반면에 다른 기업들은 개인 작업장과 그룹 작업 구역의 혼합을 포함한 작업공간을 제공하는 데 투자한다. 이것은 협력 활동과 높은 집중도를 필요로 하는 개인 개발 작업을 모두 가능하게 한다.
5. **이용할 수 있는 대화 수단:** 면대면, 전자우편 메시지, 공식적인 문서, 전화, 소셜 네트

물리적 작업 환경

그룹의 소통과 개인의 생산성 모두 팀의 작업 환경에 의해 영향을 받는다. 개인의 작업공간은 간섭에 의해 정신이 산만해질 가능성을 줄이므로 세세한 기술적 작업에 대해 보다 집중할 수 있다. 그러나 공통 작업공간은 의견 교환을 더 잘할 수 있다. 잘 설계된 작업 환경은 이런 두 가지 장점을 모두 고려한다.

http://software-engineering-book.com/web/workspace/

워크와 위키 같은 기술 등 대화에는 여러 방식이 있다. 프로젝트 팀이 점점 (팀 구성원들이 멀리 떨어져서 작업하는) 분산화가 되므로 그룹의 소통을 용이하게 하기 위해 원격 화상회의 시스템과 같은 기술을 이용할 필요가 있다.

대체로 프로젝트 관리자들은 빠듯한 마감일에 맞추어 작업하므로, 너무 많은 시간이 소요되지 않는 대화 수단을 종종 사용하려고 한다. 그들은 프로젝트 직원과 이해당사자에게 정보를 전달하기 위해 회의와 공식 문서에 의존하고 긴 전자우편을 직원에게 전송할 수 있다. 이것이 프로젝트 관리자의 입장에서는 효율적인 대화 방식일 수는 있지만, 불행하게도 이것은 대체로 매우 효과적이지 않다. 사람들이 회의에 참석할 수 없는 좋은 이유가 종종 있고, 그들은 발표를 듣지 않는다. 사람들은 그들의 작업에 직접적으로 상관이 없는 내용이 긴 문서와 전자우편을 읽을 시간이 없다. 문서의 여러 버전이 주어지면, 읽는 사람들은 변경사항을 따라가는 것이 어렵다.

효과적인 소통은 대화가 양방향이고 관여한 사람들이 이슈와 정보를 토의하고 제안과 문제에 대해 공통의 이해를 확립했을 때에 달성될 수 있다. 비록 회의가 종종 강한 개성을 가진 사람에 의해 좌우되지만, 이 모든 것은 회의를 통해서 달성될 수 있다. 관리자가 팀 멤버와 함께 커피를 마시는 비공식적인 논의가 때때로 더 효과적이다.

점점 더 많은 프로젝트팀에 원거리의 멤버가 포함되는 것도 회의를 더욱 힘들게 만든다. 그들을 소통에 참여시키기 위해서는 정보 교환을 지원하기 위해 위키와 블로그를 이용할 수 있다. 위키는 문서의 공동 작성과 편집을 지원하고 블로그는 문제에 대한 일련의 토의와 그룹 멤버들의 의견 작성을 지원한다. 위키와 블로그는 프로젝트 멤버와 외부의 이해당사자들이 자신들의 위치와 상관없이 정보를 교환하는 것을 가능하게 한다. 이것들은 정보를 유지하고 전자우편에 의해 진행되면 혼란스러워질 수 있는 토의 맥락을 추적하는 것을 도와준다. 쉽게 소집할 수 있고 논의가 필요한 이슈들을 해결할 수 있도록 메시지 시스템과 원격 화상회의 시스템을 사용할 수도 있다.

키 포인트

- 좋은 소프트웨어 프로젝트 관리는 소프트웨어 공학 프로젝트가 원래 일정과 예산에 맞춰 인도되기 위해서 필수적이다.
- 소프트웨어 관리는 다른 공학 분야의 관리와는 구별된다. 소프트웨어는 만질 수 없다. 프로젝트는 새롭고 혁신적일 수 있으므로, 관리를 진행할 경험을 가진 사람이 없을 수 있다. 소프트웨어 프로세스는 전통적인 공학 프로세스만큼 성숙되어있지 않다.
- 리스크 관리는 주요한 프로젝트 리스크를 식별하고 리스크가 발생할 가능성과 발생했을 때 영향의 결과를 평가하는 것을 포함한다. 리스크를 회피하고, 만약 발생하면 리스크를 관리하고 다루는 계획을 수립해야 한다.
- 인간 관리는 프로젝트에 적당한 사람을 선발하고 팀을 조직하고 가능한 생산적이 되도록 작업 환경을 구성하는 것을 포함한다.
- 사람들은 다른 사람과의 교류를 통해, 관리자와 동료들의 인정에 의해, 그리고 개인의 발전을 위한 기회를 갖는 것에 의해 동기를 부여받는다.
- 소프트웨어 개발 그룹은 소규모이고 단결력이 높아야 한다. 그룹의 효율성에 영향을 미치는 주요 요인들은 그룹의 구성원, 그룹의 조직 방식, 그리고 그룹 멤버 사이의 소통이다.
- 그룹 내에서의 소통은 그룹 멤버들의 상황, 그룹의 크기, 그룹의 성별 구성, 특성, 그리고 대화 방식과 같은 요인들에 의해 영향을 받는다.

추가로 읽을거리

The Mythical Man Month: Essays on Software Engineering (Anniversary Edition). 소프트웨어 관리에 대한 문제는 1960년대 이후로 많은 부분이 변하지 않고 그대로 남아있고, 이 책은 그 주제에 대한 최고의 책 중의 하나이다. 이 책은 초창기 매우 큰 규모의 소프트웨어 프로젝트인 IBM OS/360 운영체제의 관리에 대한 흥미롭고 읽을 가치가 있는 설명을 포함한다. 기념판(1975년에 초판이 나온 20년 이후 출판된)은 Brooks의 다른 고전적 논문들을 포함한다. (F. P. Brooks, 1995, Addison-Wesley).

Peopleware: Productive Projects and Teams, 2nd ed. 이 책은 소프트웨어 프로젝트를 관리할 때 사람들을 올바르게 대우하는 것의 중요성을 강조한다. 사람들이 작업하는 공간이 소통과 생산성에 어떻게 영향을 미치는 가를 언급하는 소수 책 중의 하나이다. 강력 추천한다. (T. DeMarco and T. Lister, 1999, Dorset House).

Waltzing with Bears: Managing Risk on Software Projects. 리스크와 리스크 관리에 대한 매우 실전적이고 읽기 쉬운 소개서이다. (T. DeMarco and T. Lister, 2003, Dorset House).

Effective Project Management: Traditional, Agile, Extreme. 2014 (7th ed.). 이것은 소프트웨어 프로젝트 관리가 아닌 일반적인 프로젝트 관리에 대한 책이다. 이 책은 소위 말하는 프로젝트 지식 체계(PMBOK, Project Management

Body of Knowledge)에 기초하며, 이 주제에 대한 대부분의 책과는 다르게 애자일 프로젝트를 위한 PM 기술을 설명한다. (R. K. Wysocki, 2014).

웹 사이트

이 장의 파워포인트 슬라이드:

https://iansommerville.com/software-engineering-book/slides

관련 비디오 링크:

https://iansommerville.com/software-engineering-book/videos/management/

연습문제

22.1. 소프트웨어 시스템의 무형성이 소프트웨어 프로젝트 관리에 특별한 문제점이 되는 이유를 설명하라.

22.2. 기업체 규모와 소프트웨어의 크기가 어떻게 소프트웨어 프로젝트 관리에 영향을 미치는 요인인지를 설명하라.

22.3. 문헌에 보고된 프로젝트 문제의 사례를 사용하여, 실패한 프로그래밍 프로젝트에서 발생한 관리의 어려움과 오류를 나열하라.(추가로 읽을거리에서 언급한 *The Mythical Man Month* 부터 시작할 것을 제안한다.)

22.4. 그림 22.1에 나타낸 리스크들 이외에 소프트웨어 프로젝트에서 발생할 수 있는 리스크들을 최소 6개 나타내라.

22.5. 리스크 감시는 무엇인가? 리스크는 어떻게 감시될 수 있는가? 리스크의 몇 가지 예와 그것들의 요인에 대해 열거하라.

22.6. 하청업자가 시스템 개발 비용을 고정 가격으로 입찰하여 체결된 고정 가격 계약은 프로젝트 리스크를 고객이 아닌 하청업체가 떠안게 된다. 무엇인가가 잘못되면, 하청업체가 비용을 지불해야 한다. 이런 계약이 어떻게 제품 리스크를 일으킬 가능성을 증가시키는지 설명하라.

22.7. 그룹의 모든 멤버들이 프로젝트의 진행 상황과 기술적인 결정에 대한 정보를 공유하는 것이 그룹의 단결력을 향상시킬 수 있다. 이유를 설명하라.

22.8. 단결이 잘 되는 그룹에서 멤버들의 어떤 특성이 그룹을 굳건하게 만드는가? 단결이 잘 되는 그룹을 만드는 것의 장점에 대해 나열하라.

22.9. 프로젝트팀에서 소통의 중요성을 설명하는 사례 연구를 작성하라. 일부 팀 멤버가 원격에서 작업하고 있어서, 전체 팀 멤버를 촉박하게 한군데 모으는 것은 불가능하다는 것을 가정하라.

22.10. 여러분의 관리자가 소프트웨어를 특정 기일까지 인도하라고 요구한다. 일정을 맞추려면 프로젝트 팀원들이 무보수로 특별근무를 해야 한다. 팀 멤버들 모두에게는 어린 자식들이 있다. 관리자의 이런 요구를 수용해야 하는지 아니면 가족보다 조직에 시간을 할애해달라고 팀원들을 설득해야 하는지에 대해 논의하라. 이 결정에서 가장 중요한 요인은 무엇인가?

참고문헌

Bass, B. M., and G. Dunteman. 1963. "Behaviour in Groups as a Function of Self, Interaction and Task Orientation." *J. Abnorm. Soc. Psychology.* 66 (4): 19 – 28. doi:10.1037/h0042764.

Boehm, B. W. 1988. "A Spiral Model of Software Development and Enhancement." *IEEE Computer* 21 (5): 61 – 72. doi:10.1109/2.59.

Hall, E. 1998. *Managing Risk: Methods for Software Systems Development.* Reading, MA: Addison-Wesley.

Marshall, J. E., and R. Heslin. 1975. "Boys and Girls Together. Sexual Composition and the Effect of Density on Group Size and Cohesiveness." *J. of Personality and Social Psychology* 35 (5): 952 – 961. doi:10.1037/h0076838.

Maslow, A. A. 1954. *Motivation and Personality.* New York: Harper & Row.

Ould, M. 1999. *Managing Software Quality and Business Risk.* Chichester, UK: John Wiley & Sons.

23

프로젝트 계획 수립

Project planning

학습목표

이 장의 목적은 프로젝트 계획 수립, 일정관리, 그리고 비용 추정에 대해 소개하는 것이다. 이 장을 통해 학습할 내용들은 다음과 같다.

- 소프트웨어 비용의 기초와 외부 고객을 위해 개발되는 소프트웨어 시스템의 가격에 영향을 미치는 요인들을 이해하게 된다.
- 계획 주도 개발 프로세스에서 만들어지는 프로젝트 계획에 어떤 내용들이 포함되어야 하는지를 알게 된다.
- 프로젝트 일정관리에 포함되는 것과 프로젝트 일정을 나타내기 위한 바 차트의 사용을 이해하게 된다.
- "계획 수립 게임"에 기초한 애자일 프로젝트 계획 수립에 대해 이해하게 된다.
- 비용 추정 기법들과 COCOMO II 모델이 소프트웨어 비용 추정에서 사용될 수 있는 방법에 대해 이해하게 된다.

학습내용

프로젝트 계획 수립은 소프트웨어 프로젝트 관리자의 가장 중요한 업무 중의 하나이다. 관리자는 작업을 작은 작업들로 나누고, 그것들을 프로젝트 팀 멤버들에게 할당하고, 발생할 수도 있는 문제들을 예측하고, 그리고 이 문제들에 대한 잠정적인 해결책을 준비해야 한다. 프로젝트의 시작에서 생성되어 프로젝트가 진행되면서 수정되는 프로젝트 계획은 작업이 진행될 방법을 보이고 프로젝트의 진척사항을 평가하기 위해 사용된다.

프로젝트 계획 수립은 프로젝트 생명 주기의 세 단계에서 일어난다.

1. 제안 단계는 소프트웨어 시스템을 개발하는 또는 공급하는 계약을 수주하기 위해 응찰할 때이다. 여기에서는 그 작업을 완수하기 위한 자원을 가지고 있는지 판단하는 것을 돕고 고객에게 언급해야 하는 가격을 계산하기 위해 계획이 필요하다.
2. 프로젝트 시작 단계 동안, 누가 프로젝트에서 작업할 것인지, 프로젝트를 어떻게 작업들로 나눌 것인지, 자원을 어떻게 할당할 것인지 등에 대한 계획을 수립해야 한다. 여기에서는 제안 단계보다 많은 정보를 가지고 있고 따라서 준비하였던 초기의 노력 추정치를 개선할 수 있다.
3. 프로젝트 내내 주기적으로, 소프트웨어와 그것의 개발에 관한 새로운 정보를 반영하기 위해 계획을 수정해야 한다. 관리자는 구현 중인 시스템과 개발 팀의 능력에 대해 더 많은 것을 알게 된다. 소프트웨어 요구사항이 변경됨에 따라, 작업 분해 구조는 변경되어야 하고, 일정은 연장하게 된다. 이 정보는 작업을 수행하는 데 걸리는 시간에 대해 더 정확한 추정을 가능하게 한다.

제안 단계에서는 개발하려는 소프트웨어에 대한 완전한 요구사항을 가지고 있지 않으므로, 여기에서의 계획 수립은 필연적으로 예측에 근거하게 된다. 요구되는 소프트웨어 기능에 대한 고수준의 설명을 근거로 제안서를 작성해야 한다. 계획은 종종 제안서의 필수 부분이므로, 작업을 완수하는 것에 대한 믿을 수 있는 계획을 만들어야 한다. 계약을 수주하면, 제안서를 작성한 이후의 변경들과 시스템, 개발 프로세스, 그리고 개발 팀에 대한 새로운 정보 들을 고려하여 계획을 다시 수립해야 한다.

계약을 위해 응찰할 때, 시스템 개발을 위해 고객에게 제안할 가격을 계산해야 한다. 이 가격을 계산하기 위한 시작점으로, 프로젝트를 완수하기 위한 비용들의 추정치를 작성할 필요가 있다. 추정은 각각의 활동을 끝내기 위해 얼마나 많은 노력이 필요한지부터 파악하기 시작해서 활동들의 총 비용을 계산하는 것을 포함한다. 소프트웨어를 개발하는 비용을 정확히 예측하겠다는 목적을 가지고, 소프트웨어 비용을 항상 객관적으로 계산해야 한다. 투입될 비용에 대한 합리적인 추정치를 구하면 다음에는 고객에게 제시할 가격을 계산할 차례이다. 다음 절에 기술한 것처럼 소프트웨어 프로젝트의 가격 책정에는 많은 요인들이 영향을 미친다–그것은 단순히 비용 더하기 이윤이 아니다.

소프트웨어 개발 프로젝트의 비용을 계산할 때 세 개의 주요한 매개변수들을 사용해야한다.

오버헤드 비용

소프트웨어 프로젝트에 대한 노력의 비용들을 추정할 때, 참여하는 사람들의 급여에 프로젝트의 투입 시간을 단순히 곱하는 것은 아니다. 프로젝트의 수입으로 반드시 충당해야 하는 조직의 모든 오버헤드(사무실 공간, 운영비 등)들을 고려해야 한다. 이런 오버헤드들을 계산하고, 프로젝트에 참여하는 각각의 엔지니어에 대한 비용들에 이것을 비율에 맞게 더해 비용을 산출해야한다.

http://software-engineering-book.com/web/overhead-costs/

- 인건비(소프트웨어 엔지니어와 관리자들에게 지불하는 비용)
- 하드웨어 유지보수와 소프트웨어 지원을 포함한 하드웨어와 소프트웨어 비용
- 여비와 교육훈련 비용

대부분의 프로젝트에서 가장 큰 비용은 인건비이다. 프로젝트의 작업들을 완수하기 위해 필요할 것 같은 총 노력(peron-months 단위)을 추정해야 한다. 명백히, 그런 추정치를 구하기에는 제한된 정보를 가지고 있다. 그러므로 가장 그럴듯한 추정치를 구하고, 이 추정치가 낙천적일 경우를 대비한 비상비용(부가적인 시간과 노력)을 추가한다.

상업용 시스템의 경우, 대체로 상대적으로 가격이 싼 하드웨어 제품을 사용한다. 그러나 미들웨어와 플랫폼 소프트웨어에 대한 사용 권리를 가져야 한다다면, 소프트웨어 비용은 상당할 수 있다. 프로젝트가 여러 다른 지역에서 개발될 때는 원거리 출장이 필요할 수도 있다. 대체로 교통비용 자체는 인건비에 대해 상대적으로 적지만, 출장에 소요되는 시간은 종종 낭비되므로 프로젝트의 인건비에 상당한 부분을 추가해야 한다. 출장을 줄이기 위해 화상 회의 시스템과 다른 협업 소프트웨어를 사용할 수 있고, 생산적인 작업을 위해 더 많은 시간을 가질 수 있다.

일단 시스템을 개발하는 계약이 승인되면, 프로젝트에 대한 계획은 프로젝트 시동 계획을 세우기 위해 개선되어야 한다. 이 단계에서는 시스템에 대한 요구사항을 더 많이 알아야 한다. 목적은 프로젝트 인원 구성과 예산 편성에 대한 결정을 도울 수 있도록 충분히 상세하게 프로젝트 계획을 수립하는 것이다. 이 계획을 조직 내에서 자원들을 프로젝트에 할당하기 위한 기초로서 그리고 새로운 직원들을 채용할 필요가 있는지에 대한 결정을 하는 데 사용할 수 있다.

프로젝트 계획은 또한 프로젝트 모니터링 방법들도 정의해야 한다. 프로젝트의 진행상황을 반드시 추적하고 계획했던 진도와 비용들을 실제와 비교해야 한다. 비록 대부분의 기업들이 모니터링에 대한 공식적인 절차들을 가지고 있지만, 좋은 관리자는 프로젝트 직원들과의 비공식적인 논의를 통해, 진행되는 내용들을 분명히 머리에 그릴 수 있다. 비공식적인 모니터링은 문제들이 발생했을 때의 어려움을 드러나게 함으로써 프로젝트의 잠재적인 문제들을 예측할 수 있다. 예를 들면, 프로젝트 직원들과의 일일 회

의는 통신 시스템에 있는 소프트웨어 결함으로 팀이 문제를 갖고 있다는 것을 드러나게 할 수 있다. 그러면 프로젝트 관리자는 이 문제를 발견하고 해결할 수 있도록 통신 전문가를 즉각적으로 지정할 수 있다.

프로젝트 계획은 요구사항 변경, 기술 이슈, 그리고 개발 문제들 때문에 개발 프로세스 동안 항상 진화한다. 개발 계획 수립은 직원들이 달성되어야 하는 것과 인도되는 시기를 이해하는 데 프로젝트 계획이 계속 유용한 문서로 남아있도록 할 의도를 갖고 있다. 그러므로 소프트웨어가 개발됨에 따라 일정, 비용 추정치, 그리고 위험들 모두는 갱신되어야 한다.

만약 애자일 방법이 사용되더라도 프로젝트 시작 계획은 여전히 필요하다. 프로젝트에 사용되는 접근법에 상관없이 기업은 여전히 자원들을 프로젝트에 할당하는 방법에 대한 계획이 필요하기 때문이다. 그러나 이것은 상세한 계획은 아니고, 작업 분할과 프로젝트 일정에 대한 필수적인 정보를 포함하면 된다. 개발하는 동안 소프트웨어 각각의 릴리스에 대해, 비공식적인 프로젝트 계획과 노력 추정치를 계획 수립 프로세스에 연관된 팀 전체가 같이 만든다. 애자일 계획 수립의 일부 측면들은 3장에서 이미 다루었고, 23.4절에서 다른 접근법을 논의한다.

23.1 소프트웨어 가격 책정

원칙적으로, 고객을 위해 개발되는 소프트웨어 시스템의 가격은 개발 비용 더하기 개발자를 위한 이윤이다. 그러나 실제로는, 프로젝트 비용과 고객에게 언급하는 가격과의 관계는 대체로 이렇게 단순하지 않다. 가격을 책정할 때에는 조직의, 경제적, 정치적 그리고 비즈니스 사항들을 폭넓게 고려해야 한다(그림 23.1). 조직의 관심 사항, 프로젝트에 연관된 리스크들, 그리고 사용될 계약의 유형도 생각할 필요가 있다. 이런 이슈들은 가격을 올리거나 내리도록 영향을 미칠 것이다.

프로젝트 가격 책정 이슈를 설명하기 위해, 다음과 같은 시나리오를 고려해보자:

작은 소프트웨어 기업 *PharmaSoft*는 소프트웨어 엔지니어 10명을 고용하고 있다. 큰 프로젝트를 이제 막 끝냈고 5명의 개발 직원이 필요한 계약만을 가지고 있다. 그러나 이 기업은 메이저 제약 기업과 같이 2년에 걸쳐 30 peron-years의 노력이 필요한 초대형 계약에 입찰중이다. 그 프로젝트는 적어도 12개월 이내로는 시작하지 않을 것이지만, 만약 수주하게 되면 기업의 재정 상황을 변환시킬 것이다.

*PharmaSoft*는 6명의 인력이 필요하고 10개월 안에 완수해야 하는 프로젝트에 응찰할 기회를 얻었다. (이 프로젝트의 오버헤드를 포함해서) 비용은 120만 달러로 추정되었다. 그러나 경쟁력을 높이기 위해 *PharmaSoft*는 80만 달러의 가격으로 고객에게 입찰하기로 결정했다. 이것은 비록 이 계

요인	설명
계약 조건	어떤 고객은 개발자들이 소스 코드에 대한 소유권을 보유하고 그것을 다른 프로젝트에 재사용하는 것을 허용하고 싶을 수도 있다. 그러면 책정되는 가격은 개발자에 대한 소스 코드의 가치를 반영하여 낮아질 수 있다.
비용 추정의 불확실성	어떤 조직이 자신의 비용 추정에 대해 확신하지 못한다면, 비상 상황에 대비하여 정상적인 이윤보다 많게 가격을 책정할 수도 있다.
재정 건전성	재정적 문제를 가진 기업들은 계약을 수주하기 위해 가격을 낮게 책정할 수 있다. 폐업하는 것보다는 적은 이윤을 내는 것이 더 좋다. 어려운 경제 상황에서는 현금 유동성이 이윤보다 더 중요하다.
시장 기회	개발 조직은 소프트웨어 시장의 새로운 영역에 진입하기 위해 가격을 낮게 책정할 수 있다. 한 프로젝트에서 낮은 이윤을 수용하는 것은 나중에 더 많은 이윤에 대한 기회를 조직에게 제공할 수 있다. 얻어진 경험들도 새로운 제품들을 개발하는 데 도움을 줄 수 있다.
요구사항 변동성	요구사항이 변경될 것 같으면, 조직은 계약을 수주하기 위해 가격을 낮출 것이다. 계약을 수주한 이후에는, 요구사항 변경에 대해 높은 가격을 부과할 수 있다.

그림 23.1 소프트웨어 가격 책정에 영향을 미치는 요인들

약으로 손해를 보더라도, 1년 이내에 가동될 것 같은 훨씬 이득이 되는 미래의 프로젝트를 위해 전문 직원들을 유지할 수 있다는 것을 의미한다.

이것은 "합의에 의한 가격 결정(pricing to win)"이라고 불리는 소프트웨어 가격 책정에 대한 접근법의 예이다. 합의에 의한 가격 결정은 고객이 지불할 것으로 예상되는 가격에 대해 기업이 어떤 아이디어를 가지고 있고, 고객의 기대 가격을 근거로 하여 계약에 입찰하는 것을 의미한다. 이것은 비윤리적이고 비능률적인 것처럼 보일 수 있지만, 고객과 시스템 공급자 모두에게 이득이 될 수 있다.

프로젝트 비용은 제안서를 근거로 합의를 한다. 그 다음에 상세한 프로젝트 명세서를 확정하기 위해 고객과 공급자 사이에 협상이 진행된다. 이 명세서는 합의된 비용에 의해 제약을 받는다. 구매자와 판매자는 반드시 시스템 기능으로 수용 가능한 것에 대해 합의를 해야 한다. 많은 프로젝트에서 고정된 인자는 프로젝트 요구사항이 아니라 비용이다. 요구사항들은 프로젝트 비용이 예산 안에 남아있을 수 있도록 변경될 수도 있다.

예를 들어, OilSoft 기업은 연료들을 서비스 지점에 배송하는 일정을 관리하는 연료 배송 시스템을 개발하기 위한 정유 회사의 계약에 입찰 중이다. 이 시스템에 대해 상세한 요구사항 문서는 없다. 그래서 OilSoft는 90만 달러의 가격이면 정유 회사의 예산 범위 안에서 경쟁력이 있을 것이라고 추정한다. 계약이 승인된 이후, OilSoft는 기본적인 기능이 인도되도록 시스템의 상세한 요구사항에 대해 협상을 한다. 그 다음에 다른 요구사항들에 대한 추가적인 비용들을 추정한다.

이 접근법은 시스템 공급자와 고객 모두에게 이득이 될 수 있다. 구현하기 어렵고

매우 많은 비용이 들 것으로 예상되는 요구사항들을 피하기 위하기 위해 요구사항들은 협상에 의해 정해진다. 융통성이 있는 요구사항은 소프트웨어를 재사용하기 쉽게 만든다. OilSoft는 신뢰할 수 있는 유명한 기업에 대한 계약을 수주한다. 게다가 그 프로젝트의 비용을 시스템의 여러 버전들에 전가할 수도 있다. 이것은 시스템 개발 비용을 줄일 수 있고, 고객이 프로젝트 비용에 대한 예산을 여러 회계연도에 걸쳐서 편성할 수 있도록 한다.

23.2 계획 주도 개발

계획 주도 또는 계획 기반 개발은 개발 프로세스가 상세하게 계획된 소프트웨어 공학 접근법이다. 프로젝트 계획은 수행될 작업들, 그것들을 담당할 사람들, 개발 일정, 그리고 작업 산출물들을 기록하여 만들어진다. 관리자들은 프로젝트 의사 결정을 지원하고 진척사항을 측정하는 수단으로 계획을 사용한다. 계획 주도 개발은 소프트웨어 공학 관리 기법을 기반으로 하고 대형 소프트웨어 개발 프로젝트들의 "전통적인" 방식으로 생각될 수 있다. 애자일 개발은 다른 계획 수립 프로세스를 포함하는데, 23.4절에 논의할 것처럼 결정이 연기된다.

계획 주도 개발의 문제점은 소프트웨어가 개발되고 사용되는 환경에 대한 변화 때문에 초기의 결정들이 갱신되어야 한다는 것이다. 계획 결정을 미루는 것은 불필요한 재작업을 피한다. 그러나 계획 주도 개발을 옹호하는 사람들은 초기의 계획 수립이 조직의 이슈들(직원의 이용 가능성, 다른 프로젝트 등)을 고려할 수 있게 한다고 주장한다. 잠재적인 문제들과 종속성들이 프로젝트가 진행 중일 때가 아닌 프로젝트가 시작하기 전에 발견된다.

저자의 관점에서, 프로젝트 계획 수립에 대한 가장 좋은 접근법은 계획 주도와 애자일 개발의 합리적인 혼합을 포함한다. 균형은 프로젝트의 종류와 이용할 수 있는 사람들의 기술에 의존한다. 극단적인 예로, 대규모의 보안성 중심 시스템과 안전성 중심 시스템들은 광범위한 선행 분석을 요구하고, 사용되기 전에 반드시 인증을 받아야할 수도 있다. 이런 시스템들은 주로 계획 주도적이어야 한다. 다른 쪽 극단으로, 급격하게 변화하는 경쟁 환경에서 사용되는 소형에서 중형 규모의 정보 시스템들은 대체로 애자일 방법이어야 한다. 개발 프로젝트에 여러 기업들이 참여하면, 각각의 개발 사이트에 걸친 작업을 조정하기 위해 계획 주도 접근법이 일반적으로 사용된다.

23.2.1 프로젝트 계획

계획 주도 개발 프로젝트에서, 프로젝트 계획은 작업을 수행하기 위해 프로젝트에서 이

계획	설명
형상 관리 계획	사용되는 형상 관리 절차와 구조들을 서술한다.
배치 계획	소프트웨어 그리고 연관된 하드웨어(필요하다면)를 고객의 환경에 배치할 방법을 서술한다. 이것은 기존 시스템으로부터 데이터를 이전하는 것에 대한 계획을 포함해야 한다.
유지보수 계획	유지보수 요구사항, 비용, 그리고 노력을 예측한다.
품질 계획	프로젝트에서 사용될 품질 절차와 표준들을 서술한다.
검증 계획	시스템 검증을 위해 사용될 접근법, 자원들, 그리고 일정을 서술한다.

그림 23.2 부가적인 프로젝트 계획들

용 가능한 자원들, 작업 분할, 그리고 일정을 정리한다. 계획은 프로젝트와 개발 중인 소프트웨어에 대한 리스크들뿐만 아니라 리스크 관리를 위해 사용할 접근법을 식별해야 한다. 프로젝트 계획의 상세한 내용은 프로젝트의 종류와 조직에 따라 변하지만, 계획에는 대체로 다음과 같은 부분들이 포함된다.

1. **소개**: 프로젝트의 목적을 간략하게 기술하고 프로젝트 관리에 영향을 미치는 제한 조건들(예, 예산, 시간)을 정리한다.
2. **프로젝트 조직**: 개발 팀의 조직 방식, 참여하는 사람, 그리고 팀에서의 역할들을 기술한다.
3. **리스크 분석**: 잠재적인 프로젝트 리스크들, 이것들의 발생 가능성, 그리고 제안된(22장에서 논의된) 리스크 감소 전략들을 기술한다.
4. **하드웨어와 소프트웨어 자원 요구사항**: 개발을 수행하는 데 필요한 하드웨어와 지원 소프트웨어를 명시한다. 만약 하드웨어를 구입해야 한다면, 예상 가격과 도입 일정도 포함될 수 있다.
5. **작업 분할**: 프로젝트를 분할하여 액티비티들로 나누고, 각각의 프로젝트 액티비티에 대한 입력과 출력을 식별한다.
6. **프로젝트 일정**: 액티비티들 사이의 종속성, 각각의 이정표에 도달하는 데 필요한 추정 시간, 그리고 액티비티들에 대한 인원 할당 내용을 보인다. 일정을 표현하는 데 사용할 수 있는 방법들은 이 장의 다음 절에서 다룬다.
7. **모니터링과 보고 기법**: 작성되어야 하는 관리 보고서들, 이것들을 만드는 시기, 그리고 사용될 프로젝트 모니터링 기법들을 정의한다.

주요 프로젝트 계획은 항상 프로젝트 리스크 관리와 프로젝트에 대한 일정을 포함해야 한다. 추가하여, 테스팅과 형상 관리와 같은 액티비티들에 대한 여러 부가적인 계

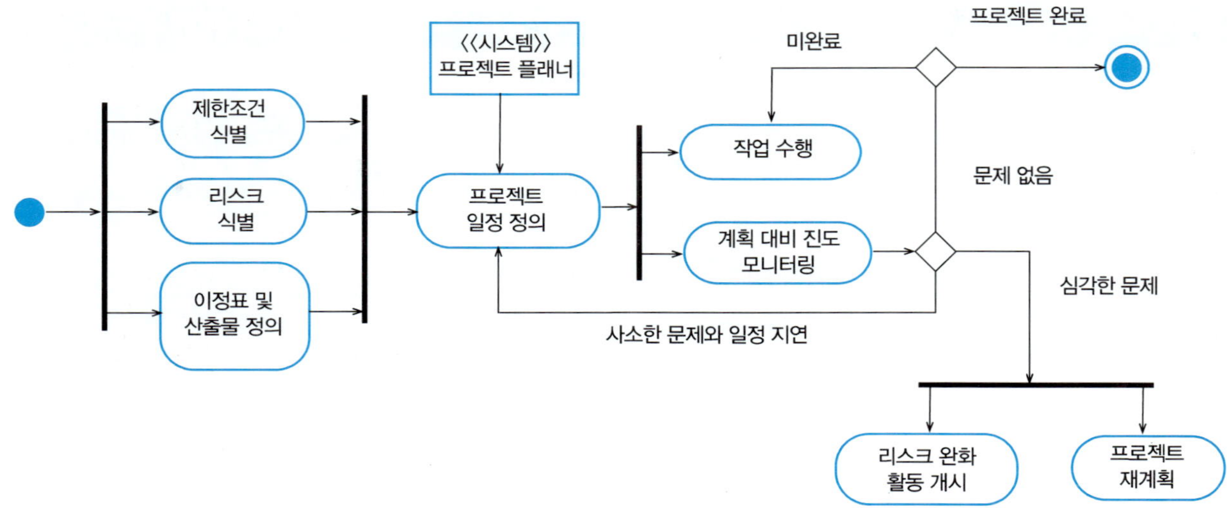

그림 23.3 프로젝트 계획 수립 프로세스

획들을 개발할 수도 있다. 그림 23.2는 개발될 수 있는 일부 부가적인 계획들을 나타낸다. 이것들은 크고 복잡한 시스템을 개발하는 대형 프로젝트에서는 대체로 필요하다.

23.2.2 계획 수립 프로세스

프로젝트 계획 수립은 프로젝트 시동 단계에서 최초의 프로젝트 계획을 만들 때 시작하는 반복적인 프로세스이다. 그림 23.3은 프로젝트 계획 수립 프로세스에 대한 전형적인 작업 흐름을 보여주는 UML 액티비티 다이어그램이다. 계획 변경은 필연적이다. 프로젝트 동안 시스템과 프로젝트팀에 대한 더 많은 정보가 점점 이용 가능하게 됨에 따라, 요구사항, 일정, 그리고 리스크 변경들을 반영하기 위해 정기적으로 계획을 갱신해야 한다. 비즈니스 목표를 변경하는 것은 프로젝트 계획에 대한 변경으로 이끌게 된다. 비즈니스 목표가 변하면, 모든 프로젝트에 영향을 줄 수 있고 계획을 다시 수립해야 할 수도 있다.

계획 수립 프로세스의 시작에서는, 프로젝트에 영향을 미치는 제한조건들을 평가해야 한다. 이런 제한조건들은 요구된 인도 일정, 이용 가능한 직원, 전체적인 예산, 이용 가능한 도구 등이다. 이런 평가와 함께 프로젝트 이정표와 산출물들도 정의해야 한다. 이정표는 진척사항을 측정할 수 있는 일정의 한 지점으로 예를 들면 테스팅을 위해 시스템을 인도하는 때이다. 산출물들은 고객에게 인도되는 작업 제품들로 예를 들면 시스템에 대한 요구사항 문서이다.

그 다음, 프로세스는 프로젝트가 끝날 때에 종료되는 반복 구간에 들어간다. 프로젝트에 대한 예상 일정을 작성하고, 일정에 정의된 액티비티들을 시작하거나 계속하기 위해 승인을 받는다. 약간의 시간(대체로 2주에서 3주) 후에, 진도를 검토하고 계획된 일정과의 차이들을 기록한다. 프로젝트 매개변수들에 대한 초기의 추정치는 필연적으로 근사치이므로, 작은 차이는 일상적이며 원래의 계획에 대한 수정안을 작성해야 할 것이다.

프로젝트 계획을 정의할 때에는 낙천적이 아닌 현실적인 가정을 해야 한다. 프로젝트 동안 어떤 문제들이 항상 발생하고, 이것들이 프로젝트 지연으로 이끈다. 그러므로 초기의 가정과 일정은 비관적이어야 하고 예상치 않은 문제들을 고려해야 한다. 계획에 비상 대책을 포함하여 뭔가가 잘못되더라도 인도 일정이 심각하게 지장을 받지 않도록 해야 한다.

개발 작업에 상당한 지연이 일어나게 할 수도 있는 심각한 문제가 있다면, 프로젝트 실패 리스크들을 줄이기 위해 리스크 완화 행동들을 시행할 필요가 있다. 이런 행동들과 함께, 프로젝트에 대한 계획도 다시 수립해야 한다. 이것은 프로젝트 제한조건들과 산출물들에 대한 고객과의 재협상을 포함할 수도 있다. 작업이 완결되어야 하는 때에 대한 새로운 일정 또한 수립되어야 하고 고객과 합의를 해야 한다.

만약 재협상에 실패하거나 리스크 완화 행동들이 효과가 없다면, 공식적인 프로젝트 기술 검토를 준비해야 한다. 이 검토의 목적은 프로젝트가 계속 진행되게 할 수 있는 대체 가능한 접근법을 찾아내는 것이다. 검토는 또한 고객의 목표가 변하지 않았는지 그리고 프로젝트가 이 목표에 맞게 조절하여 남아있을 수 있는지를 점검해야 한다.

검토의 결과는 프로젝트를 취소하는 것에 대한 결정일 수도 있다. 이것은 기술적 또는 관리의 실패에 대한 결과일 수도 있지만, 더 흔한 경우는 프로젝트에 영향을 주는 외부 변경의 결과이다. 대규모 소프트웨어 프로젝트의 개발 기간은 종종 몇 년이다. 그 시간 동안, 비즈니스 목적과 우선순위들은 불가피하게 변화한다. 이런 변화는 소프트웨어가 더 이상 필요하지 않거나 또는 원래의 프로젝트 요구사항들이 부적절하다는 것을 의미할 수도 있다. 그때에는 경영진이 소프트웨어 개발을 중단하거나 또는 조직 목표가 변화된 것을 반영하여 프로젝트에 중대한 변경을 하는 것에 대해 결정을 할 것이다.

23.3 프로젝트 일정관리

프로젝트 일정관리는 프로젝트 내용을 분리된 작업들로 조직할 방법, 각각의 작업들이 실행되는 시점, 그리고 실행할 방법을 결정하는 프로세스이다. 각각의 작업을 완료하는데 필요한 시간과 노력을 추정하고, 식별된 작업을 수행할 인원을 제안한다. 또한 각각의 작업을 완료하는 데 필요한 하드웨어와 소프트웨어 자원들도 추정해야 한다. 예

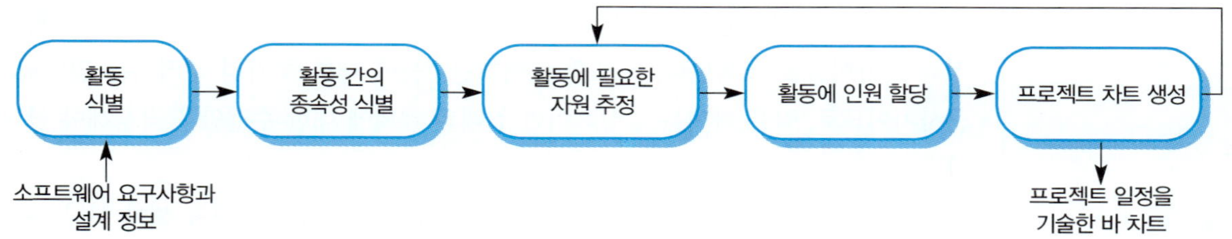

그림 23.4 프로젝트 일정관리 프로세스

를 들어, 임베디드 시스템을 개발하면, 특정 하드웨어에서 작업하기 위해 필요한 시간과 시스템 시뮬레이터를 실행하는 비용들을 추정해야 한다. 이장의 도입부분에서 언급한 계획 수립 단계 측면에서, 초기 프로젝트 일정은 대체로 프로젝트 시동 단계에서 생성된다. 그 다음 이 일정은 개발 계획 수립 동안 갱신되고 수정된다.

비록 애자일 프로젝트 계획에는 덜 상세한 내용이 포함되지만, 계획 기반과 애자일 프로세스 모두 초기 프로젝트 일정이 필요하다. 이 초기 일정은 어떻게 사람들을 프로젝트에 할당하고 계약 내용에 대한 프로젝트의 진도를 점검할지 계획을 수립할 때 사용된다. 전통적인 개발 프로세스에서, 완전한 일정은 처음에 개발되고 프로젝트가 진행됨에 따라 수정된다. 애자일 프로세스에서는 프로젝트의 주요 단계들이 언제 완료될지를 식별하는 전반적인 일정이 있어야 한다. 그 다음, 일정관리에 대한 반복적인 접근법이 매 단계에서 계획을 수립하기 위해 사용된다.

계획 주도 프로젝트에서 일정관리(그림 23.4)는 프로젝트에 관련된 총 업무를 분리된 작업들로 나누고 각각의 작업을 완료하는 데 필요한 시간을 추정하는 것을 포함한다. 작업들은 보통 적어도 1주 그리고 2개월을 넘지 않게 지속된다. 더 작게 분할하는 것은 프로젝트 계획을 다시 수립하고 수정하는 데 너무 많은 시간이 반드시 소요되어야 한다는 것을 의미한다. 작업에 대한 최대 시간은 6주에서 8주 사이여야 한다. 만약 작업이 이것보다 오래 걸린다면, 프로젝트 계획 수립과 일정관리를 위해 그것을 작은 작업으로 나누어야 한다.

이런 작업들 중의 일부는 시스템의 다른 컴포넌트들에 대해 작업하는 여러 사람들에 의해 병행해서 수행된다. 이런 병행적 작업들을 조정하고, 작업능력이 최적으로 사용되고 작업들 사이에 불필요한 종속성이 생기지 않도록 작업을 편성하여야 한다. 중대한 작업이 완료되지 않아서 전체 프로젝트가 지연되는 상황을 피하는 것이 중요하다.

만약 프로젝트가 기술적으로 진보된 것이라면, 만일의 사태를 모두 고려하려고 노력하더라도 초기 추정치는 거의 확실하게 낙관적일 것이다. 이 점에 있어서, 소프트웨어 일정관리는 다른 모든 유형의 대규모의 진보된 프로젝트들의 일정관리와 다르지 않다. 새로운 항공기, 교량, 그리고 자동차의 새로운 모델들조차도 예상하지 못한 문제들 때문에 빈번하게 늦어진다. 그러므로 더 좋은 진행 정보가 이용 가능함에 따라 일정은 반드시 계속적으로 수정되어야 한다. 만약 일정을 정하려는 프로젝트가 이전 프로젝트와 비슷하다면, 이전의 추정치를 재사용할 수도 있다. 그러나 프로젝트들은 다른 설계 방법과 구현 언어들을 사용할 수 있으므로, 이전 프로젝트들의 경험은 새로운 프로젝트의 계획 수립에 적용 가능하지 않을 수도 있다.

일정을 추정할 때는 뭔가 일이 잘못될 가능성을 반드시 고려해야 한다. 프로젝트에서 작업하던 사람들이 아프거나 또는 그만둘 수도 있고, 하드웨어가 고장이 날 수도 있고, 그리고 필수적인 지원 소프트웨어 또는 하드웨어가 늦게 인도될 수도 있다. 만약 프로젝트가 새롭고 기술적으로 진보된 것이라면, 그것의 일부는 훨씬 어려워질 수 있고 원래 예상했던 것보다 더 오랜 시간이 걸릴 수도 있다.

경험과 상식에 근거한 좋은 법칙은 뭔가 일이 잘못될 가능성은 없다는 가정하에 추산하고, 다음에 예상되는 문제들을 다루기 위한 추정치를 추가하는 것이다. 예상하지 못한 문제들을 다루기 위한 비상 요인들도 또한 추정치에 반영될 수 있다. 이런 추가 비상 요인들은 프로젝트 유형, 프로세스 매개변수들(마감일, 표준 등), 그리고 프로젝트에서 작업하는 소프트웨어 엔지니어들의 자질과 경험에 의존한다. 비상시에 대비한 추정치는 프로젝트에 필요한 노력과 시간에 30~50% 추가될 수도 있다.

23.3.1 일정 표현

프로젝트 일정은 작업들, 노력 추정치, 지속기간, 그리고 작업 종속성들을 보여주는 표 또는 스프레드시트로 간단히 기록될 수 있다(그림 23.5). 그러나 이런 표현 방식은 여러 액티비티들 사이의 관계와 종속성들을 파악하기 어렵게 만든다. 이런 이유로, 읽고 이해하기가 보다 쉬운 프로젝트 일정의 그래픽 시각화가 개발되었다. 두 종류의 시각화가 널리 사용된다.

1. 달력 기반의 바 차트는 각각의 액티비티에 책임을 지고 있는 사람, 예상되는 경과 시간, 그리고 액티비티들의 시작과 종료 시간을 보여준다. 바 차트는 발명자인 Henry Gantt의 이름을 써서 간트 차트라고도 불린다.

2. 액티비티 네트워크는 프로젝트를 구성하는 여러 액티비티들 사이의 종속성을 보여준다. 이런 네트워크들은 웹의 연관된 부분에 기술되어 있다.

프로젝트 액티비티들은 기본적인 계획 수립 요소이다. 각각의 액티비티는 다음과 같은 것을 갖는다.

작업	노력(person-days)	소요시간(일)	종속성
T1	15	10	
T2	8	15	
T3	20	15	T1(M1)
T4	5	10	
T5	5	10	T2,T4(M3)
T6	10	5	T1,T2(M4)
T7	25	20	T1(M1)
T8	75	25	T4(M2)
T9	10	15	T3,T6(M5)
T10	20	15	T7,T8(M6)
T11	10	10	T9(M7)
T12	20	10	T10,T11(M8)

그림 23.5 작업, 소요시간 그리고 종속성

- 일 또는 월로 표현되는 소요시간
- 작업을 완료하기 위한 person-days 또는 person-months로 나타내는 노력 추정치
- 액티비티가 완료되어야 하는 마감일
- 정의된 종료점, 이것은 문서, 검토 회의의 개최, 모든 테스트의 성공적인 수행 등일 수 있다.

프로젝트를 계획할 때 프로젝트 이정표들을 정의해야 한다. 이정표는 작업의 진도가 검토될 수 있는 프로젝트 단계의 논리적 끝을 의미한다. 각각의 이정표는 수행된 작업 그리고 작업이 계획한대로 수행되었는지 아닌지를 요약한 간단한 보고서(종종 간단히 전자우편으로)로 기록되어야 한다. 이정표들은 하나의 작업 혹은 관련된 활동들의 그룹과 연관될 수 있다. 예를 들면, 그림 23.5에서 이정표 M1은 작업 T1과 연관되어 있고, 그 액티비티의 끝을 표시한다. 이정표 M3는 두 개의 작업 T2와 T4와 연관되어 있다; 이 작업들의 끝에서는 개별적인 이정표가 없다.

일부 액티비티들은 프로젝트 산출물(소프트웨어 고객에게 인도되는 결과물)을 생성한다. 대체로, 요구되는 산출물들은 프로젝트 계약서에 명시되고, 프로젝트 진행에 대한 고객의 관점은 이 산출물들에 의존한다. 이정표와 산출물은 똑같은 것이 아니다. 이정표는 진척 보고를 위한 간단한 보고이고, 산출물은 요구사항 문서 또는 시스템의 초기 구현과 같은 좀 더 실질적인 프로젝트 결과물이다.

액티비티 차트

액티비티 차트는 프로젝트 계획을 방향성이 있는 그래프로 나타낸 프로젝트 일정 표현방법이다. 이것은 이전의 액티비티에서 파악한 종속성에 따라 병행해서 수행될 수 있는 작업들과 반드시 순서대로 실행되어야 하는 작업들을 보인다. 만약 어떤 작업이 여러 다른 작업들에 의존한다면, 그 작업을 시작하기 전에 이런 모든 작업들이 반드시 완료되어야 한다. 액티비티 차트에서 "임계 경로(critical path)"는 가장 긴 종속적인 작업들의 순서이다. 이것은 프로젝트 소요시간을 정의한다.

http://software-engineering-book.com/web/planning-activities/

그림 23.5는 가상의 작업들, 그것들에 대한 노력 추정치와 소요시간, 그리고 작업 종속성을 나타낸다. 이 표로부터 작업 T3는 작업 T1에 종속된다는 것을 알 수 있다. 이것은 작업 T3가 시작하기 전에 반드시 작업 T1이 종료되어야 한다는 것을 의미한다. 예를 들면, T1은 재사용을 위한 시스템의 선택이고, T3는 선택된 시스템에 대한 설정 작업이다. 수정될 애플리케이션 시스템을 선택하고 설치할 때까지 시스템 설정을 시작할 수 없다.

일부 작업들에 대한 소요시간 추정치는 필요한 노력 추정치보다 크고 그 반대도 있다는 것에 주목한다. 만약 노력이 소요시간보다 작으면, 그 작업에 할당된 사람은 작업에 전념으로 일하지 않는다. 만약 노력이 소요시간보다 크면, 이것은 여러 팀 멤버들이 동시에 그 작업에서 일하고 있는 것을 의미한다.

그림 23.6은 그림 23.5의 정보를 가지고, 프로젝트 일정과 작업들의 시작과 종료일을 보여주는 바 차트로 프로젝트 일정을 표현한 것이다. 왼쪽에서 오른쪽으로 보면, 바 차트는 작업들이 시작하고 종료하는 때를 분명하게 보여준다. (M1, M2 등의)이정표들도 바 차트에서 볼 수 있다. 독립적인 작업들은 병행해서 수행될 수 있는 것에 주목한다. 예를 들면, 작업 T1, T2, 그리고 T4 모두는 프로젝트 처음에서 시작될 수 있다.

프로젝트 관리자들은 소프트웨어에 대한 인도 일정을 계획하는 것뿐만 아니라, 자원들을 작업에 할당해야 한다. 물론, 주요한 자원은 작업을 수행할 소프트웨어 엔지니어들이다. 그들은 프로젝트 액티비티들에 지정되어야 한다. 자원 할당은 프로젝트 관리 도구들에 의해 분석될 수 있고, 직원들이 프로젝트에서 언제 작업하는지를 보여주는 바 차트가 생성될 수 있다(그림 23.7). 사람들은 동시에 하나 이상의 작업에서 일할 수 있고, 때때로 프로젝트에서 일하지 않을 때도 있다. 휴가, 다른 프로젝트에서 작업, 또는 교육훈련 과정에 참석 중일 수 있다. 대각선을 사용하여 파트타임 지정을 나타내었다.

대형 조직들은 대체로 필요할 때 프로젝트에서 작업하는 여러 전문가들을 고용한다. 그림 23.7에서 전문가 Mary는 프로젝트의 단 하나의 작업(T5)에서만 일하는 것을 볼

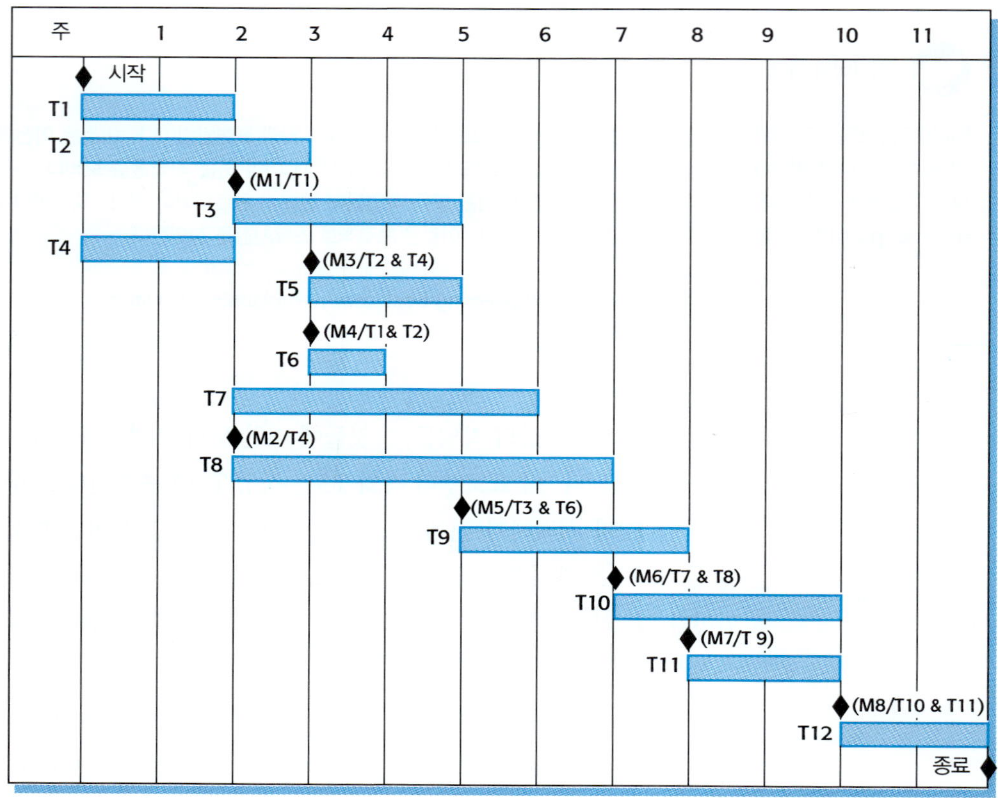

그림 23.6 액티비티 바 차트

수 있다. 복잡한 시스템을 개발하고 있을 때 전문가의 사용은 불가피하지만, 이것은 일정관리 문제를 일으킬 수 있다. 만약 한 프로젝트가 전문가가 참여하고 있는 동안 지연되면, 역시 그 전문가를 필요로 하는 다른 프로젝트들에게도 영향을 미칠 수 있다. 그 전문가를 활용할 수 없기 때문에, 그 프로젝트들도 지연될 수 있다.

어떤 작업이 지연되면, 그것에 종속된 후속 작업들이 영향을 받을 수 있다. 지연된 작업이 완료될 때까지 그 작업들을 시작할 수 없다. 지연은 특별히 사람들이 동시에 여러 프로젝트에서 작업하고 있을 때 자원 할당에 심각한 문제를 일으킬 수 있다. 어떤 작업(T)이 지연되면, 그것에 할당되었던 사람은 다른 작업(W)으로 배정될 수도 있다. 이 작업(W)을 완료하는 것이 지연보다 더 길어질 수 있고, 일단 배정이 되면 단순히 원래의 작업으로 재배정될 수는 없다. 그 사람이 W를 완료해야 하므로, 이것은 T에 더 많은 지연을 유발할 수도 있다.

정상적으로는, 프로젝트 일정 정보를 만들고, 수정하고, 분석하기 위해 Basecamp 또는 Microsoft Project와 같은 프로젝트 관리 도구를 사용해야 한다. 대개 프로젝트 관리 도구들은 프로젝트 정보를 표 형식으로 입력받아, 프로젝트 정보에 대한 데이터베이스를 생성한다. 그 다음에, 바 차트와 액티비티 차트들은 이 데이터베이스로부터 자동으로 생성될 수 있다.

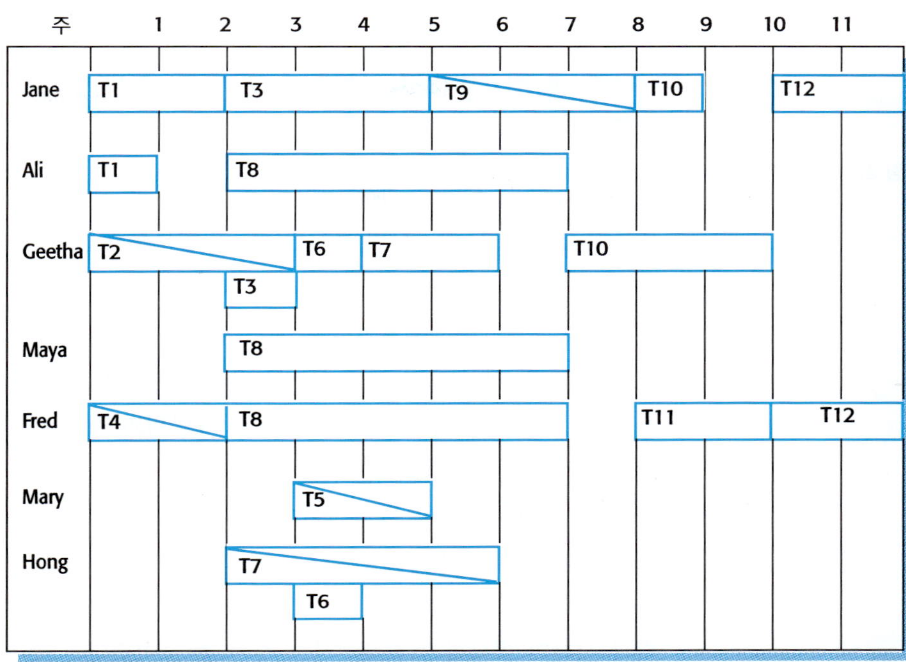

그림 23.7 직원 할당 차트

23.4 애자일 계획 수립

소프트웨어 개발의 애자일 방법은 소프트웨어가 증분 단위로 개발되고 고객에게 인도되는 반복적인 접근법이다. 계획 주도 접근법과는 다르게, 이 증분들의 기능은 미리 계획되지 않고 개발 중에 결정된다. 증분에 무엇을 포함할 것인가에 대한 결정은 진척사항과 고객의 우선순위에 의존한다. 이 접근법에 대한 논점은 고객의 우선순위와 요구사항들이 변한다는 것이다. 그래서 이런 변경들을 수용할 수 있는 유연한 계획을 수립하자는 것이 의미를 갖는다. Cohn의 책은 애자일 계획 수립에 대한 뛰어난 입문서이다(Cohn 2005).

스크럼(Rubin 2013)과 익스트림 프로그래밍(Beck and Andres 2004)과 같은 애자일 개발 방법들은 계획 주도 개발의 시작 단계와 개발 계획 수립에 대응하는 계획 수립에 대한 2단계의 접근법을 갖는다.

1. **릴리스 계획 수립**: 수개월 앞을 내다보고 시스템의 릴리스에 포함되어야 하는 기능들에 대한 결정을 한다.
2. **반복 계획 수립**: 단기 전망을 가지고 시스템의 다음 증분에 대한 계획 수립에 집중한다. 이것은 대개 팀의 2에서 4주간의 작업을 나타낸다.

계획 수립에 대한 스크럼 접근법을 이미 3장에서 설명하였다. 이것은 프로젝트 남은

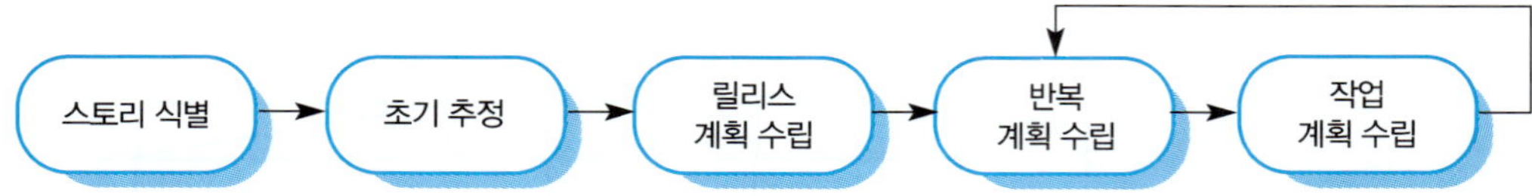

그림 23.8 "계획 수립 게임"

작업과 수행된 작업에 대한 일일 검토를 근거로 한다. 이것은 주로 반복 계획 수립에 맞추어 조정된다. 익스트림 프로그래밍의 일부분으로 개발된, 애자일 계획 수립에 대한 다른 접근법은 사용자 스토리에 기반한다. 소위 계획 수립 게임이라고 불리는 것이 릴리스 계획 수립과 반복 계획 수립 모두에서 사용된다.

계획 수립 게임(그림 23.8)의 기본은 최종 시스템에 포함되는 모든 기능들을 다루는 사용자 스토리들의 집합이다(3장 참조). 개발팀과 소프트웨어 고객은 이 스토리들을 개발하기 위해 함께 작업을 한다. 팀 멤버들은 스토리들을 읽고, 토의하고, 스토리를 구현하는 데 걸리는 시간을 생각하여 이를 바탕으로 스토리들의 순위를 매긴다. 어떤 스토리들은 한 번의 반복으로 구현되기에는 너무 크므로 작은 스토리들로 나누어진다.

스토리들의 순위를 매기는 것의 문제점은 어떤 것을 수행하기 위해 얼마나 많은 노력과 시간이 필요한지를 추정하는 것이 종종 어렵다는 것이다. 이것을 쉽게 만들기 위해, 상대적 순위가 사용될 수 있다. 팀은 스토리들을 두 개씩 비교하는 것을 계속해서, 얼마나 많은 노력이 요구되는지를 정확하게 평가하는 것 없이도 어떤 것이 가장 많은 시간과 노력을 필요로 하는지를 결정한다. 이 프로세스의 끝에는, 스토리들의 목록이 구현하는 데 가장 많은 노력이 요구되는 스토리가 맨 위에 있는 것으로 정렬된다. 그 다음에, 팀은 목록에 있는 모든 스토리들에 대해 개념적 노력 점수를 부여한다. 복잡한 스토리는 8점을 그리고 간단한 스토리는 2점을 부여할 수 있다.

일단 스토리들이 추정되면, 상대적 노력은 "속도"의 아이디어를 사용하여 요구되는 총 노력의 첫 번째 추정치로 변환된다. 속도는 팀이 하루에 구현한 노력 점수들의 수이다. 이것은 이전의 경험으로부터 또는 얼마나 많은 시간이 필요한지를 알아보기 위해 하나 혹은 두개의 스토리를 구현하는 것에 의해 추정될 수 있다. 속도 추정치는 근사치이지만, 개발 프로세스 동안 정제된다. 일단 속도 추정치를 가지면, 시스템을 구현하기 위한 총 노력을 person-days 단위로 계산할 수 있다.

릴리스 계획 수립은 시스템의 한 릴리스에서 구현될 기능들과 스토리들이 구현되어야 하는 순서를 반영하여 스토리들을 선택하고 개량하는 것을 포함한다. 고객은 이 프로세스에 참여하여야 한다. 그 다음에, 릴리스 날짜가 선택되고, 노력 추정치가 이 날짜와 일치하는지 알아보기 위해 스토리들을 조사한다. 그렇지 않다면, 스토리들은 추가되거나 목록에서 제거된다.

반복 계획 수립은 인도하는 시스템 증분을 개발하는 첫 번째 단계이다. 동작하는 시스템을 인도하기 위한 시간(대체로 2 또는 3주)과 팀의 속도를 반영하여 여러 스토리들과 함께, 그 반복동안 구현될 스토리들이 선택된다. 인도 날짜가 되면, 모든 스토리들이 구현되지 않았더라도 개발 반복은 종료된다. 팀은 구현된 스토리들을 고려하고 그들의 노력 점수들은 증가한다. 그 다음, 속도는 다시 계산될 수 있고, 이 값이 시스템의 다음 버전의 계획 수립에서 사용된다.

각각의 개발 반복의 시작에는 개발자들이 스토리들을 개발 작업으로 분할하는 작업(task) 계획 수립 단계가 있다. 하나의 개발 작업은 4~16시간 정도 소요되어야 한다. 그 반복에 있는 모든 스토리들을 구현하기 위해 반드시 완료되어야 하는 모든 작업들이 나열된다. 그 다음에, 개별 개발자들이 그들이 구현할 특정한 작업들을 신청한다. 각각의 개발자는 자신의 속도를 알고 있으므로 배정된 시간 내에 자신이 구현할 수 있는 작업들보다 많이 신청하지 않아야 한다.

작업 할당에 대한 이 접근법은 두 개의 중요한 이점을 갖는다.

1. 전체 팀은 하나의 반복에서 완료되어야 하는 작업들에 대한 전체적인 윤곽을 얻는다. 그러므로 그들은 다른 팀 멤버들이 수행하고 있는 것들과 작업 종속성이 식별되면 누구와 이야기를 하는지에 대해 이해한다.

2. 개별 개발자들이 구현할 작업들을 선택한다; 그들은 단순히 프로젝트 관리자에 의해 작업을 배정받지 않는다. 그러므로 그들은 작업들에 대해 소유의식을 가지며, 이것이 그들에게 작업을 완료하는 동기를 더 부여할 것이다.

반복의 중간에 진척사항이 검토된다. 이 단계에서, 스토리 노력 점수의 절반은 완료되어야 한다. 그러므로 만약 반복이 24 스토리 점수와 36개의 작업을 포함한다면, 12 스토리 점수와 18개의 작업은 완료되어야 한다. 만약 이렇지 않다면, 개발 중인 시스템 증분에서 어떤 스토리들이 제거되어야 하는지에 대해 고객들과 논의를 해야 한다.

계획 수립에 대한 이 접근법은 각각의 프로젝트 반복이 끝날 때에 소프트웨어 증분이 항상 인도된다는 장점을 갖는다. 만약 증분에 포함된 기능이 허락된 시간 이내에 완료될 수 없다면, 작업의 범위는 줄어든다. 인도 일정은 결코 연장되지 않는다. 그러나 이것은 고객의 계획이 영향을 받을 수 있다는 의미이므로 문제를 일으킬 수도 있다. 고객들은 불완전한 시스템을 사용해야 하거나 또는 시스템의 한 릴리스와 다른 것 사이에 작업하는 방식을 바꿔야 하므로, 범위를 줄이는 것은 고객에게 가외의 작업을 부과할 수 있다.

애자일 계획 수립의 주요 어려움은 이것이 고객 참여와 이용가능성에 의존한다는 것이다. 고객 대표들이 때때로 다른 중요한 작업이 있고 계획 수립 게임에 이용 가능하지 않을 수 있기 때문에 이런 참여를 준비하기 어려울 수 있다. 게다가, 일부 고객들은 전통적인 프로젝트 계획에 더 익숙할 수 있고, 애자일 계획 수립 프로세스에 참여하는 것을 어렵게 느낄 수 있다.

애자일 계획 수립은 구현될 스토리들을 같이 모으고 토의할 수 있는 작고 안정적인 개발팀에서는 잘 작동한다. 그러나 팀이 대규모이고 지리적으로 흩어져 있거나 또는 팀 멤버가 빈번하게 변하는 경우는, 애자일 프로젝트 관리에서 필수적인 협력적 계획 수립에 모두가 참여하는 것이 실질적으로 불가능하다. 결과적으로, 대형 프로젝트들은 대체로 프로젝트 관리에 대한 전통적인 접근법을 사용하여 계획 수립을 한다.

23.5 추정 기법

프로젝트 일정을 추정하는 것은 어렵다. 불완전한 사용자 요구사항 정의를 기반으로 초기 추정치를 만들어야 한다. 소프트웨어는 낯선 플랫폼에서 실행되거나 새로운 개발 기술을 사용해야 할 수도 있다. 프로젝트에 참여하는 사람들 그리고 그들의 능력도 아마도 알고 있지 못하다. 너무 많은 불확실성이 있어서 프로젝트의 초기 단계 동안 시스템 개발 비용을 정확하게 추정하는 것은 불가능하다. 그럼에도 불구하고, 조직은 소프트웨어 노력과 비용 추정치를 만들 필요가 있다. 다음과 같은 두 종류의 기법들이 추정치를 구하기 위해 사용될 수 있다.

1. **경험 기반 기법**: 미래의 노력 요구사항에 대한 추정은 관리자의 과거 프로젝트 경험과 애플리케이션 도메인을 근거로 한다. 본질적으로, 관리자는 노력 요구사항이 미래에 어떻게 될 것일까에 대한 정보에 근거한 판단을 한다.
2. **알고리즘 비용 모델**: 이 접근법에서는, 프로젝트 노력을 계산하기 위해 크기와 같은 제품 속성의 추정치, 프로세스 특성 그리고 참여한 직원들의 경험을 근거로 하는 공식적 접근법이 사용된다.

둘 모두의 경우에서, 노력을 직접 추정 또는 프로젝트와 제품 특성들을 추정하기 위해 판단을 사용할 필요가 있다. 프로젝트의 시작 단계에서, 이런 추정치들은 오차범위가 크다. 많은 수의 프로젝트들로부터 수집한 데이터에 근거하여, Boehm 등은 시작 추정치의 변동이 심하다는 것을 발견했다(B. Boehm et al. 1995). 만약 필요한 노력에 대한 초기 추정치가 x개월 노력이라면, 그들은 시스템이 인도되었을 때 측정된 실제 노력의 범위가 $0.25x$에서 $4x$까지 걸쳐있다는 것을 발견했다. 개발 계획 수립 동안에는, 프로젝트가 진행됨에 따라 추정치는 점점 더 정확해진다(그림 23.9).

경험 기반 기법은 과거 프로젝트들에 대한 관리자의 경험 그리고 이 프로젝트들에서 소프트웨어 개발에 관련된 활동들을 위해 투입된 실제 노력에 의존한다. 전형적으로 프로젝트에서 생성되는 산출물들과 개발될 여러 소프트웨어 컴포넌트들 또는 시스템

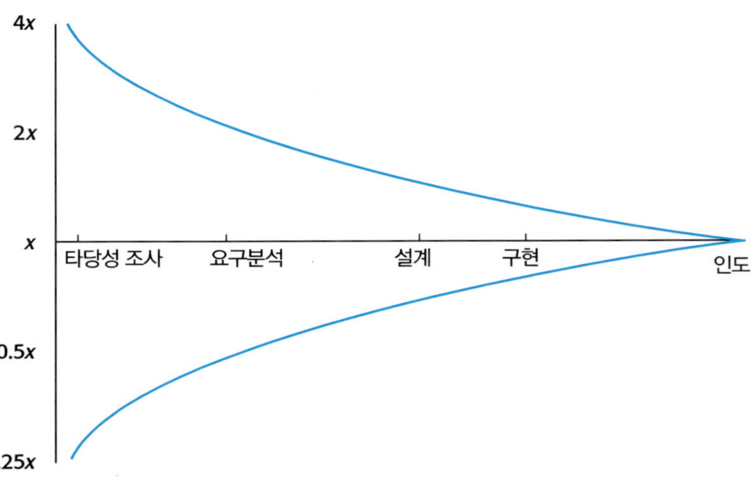

그림 23.9 추정 불확실성

들을 식별한다. 이것들을 스프레드시트로 문서화하고, 개별적으로 추정하고, 필요한 총 노력을 계산한다. 노력 추정에 일련의 그룹이 참여하고, 그룹의 각 멤버에게 자신들의 추정치를 설명할 것을 요청하는 것은 대체로 도움이 된다. 이것은 종종 다른 사람들이 생각하지 못했던 요인들을 드러나게 한다. 그리고 합의된 그룹 추정치에 도달하기 위해 작업을 반복한다.

경험 기반 기법의 어려움은 새로운 소프트웨어 프로젝트가 이전 프로젝트들과 공통적인 것을 많이 갖지 않았을 때이다. 소프트웨어 개발은 매우 빨리 변화하고, 프로젝트는 종종 웹 서비스, 애플리케이션 시스템 설정, 또는 HTML5와 같이 익숙하지 않은 기법들을 사용할 것이다. 이런 기법들을 가지고 작업하지 않았으면, 이전의 경험은 필요한 노력을 추정하는데 도움이 되지 않을 것이고, 정확한 비용과 일정 추정치들을 생성하는 것을 더 어렵게 할 수도 있다.

경험 기반 접근법과 알고리즘 접근법 중 어느 것이 더 정확한지를 언급하는 것은 불가능하다. 프로젝트 추정치는 종종 자기−충족적이다. 추정치는 프로젝트 예산을 정하는데 사용되고, 예산상의 수치가 실현되도록 제품은 조정된다. 예산 범위 내의 프로젝트는 개발 중인 소프트웨어 기능들을 희생하여 이것을 달성했을 수도 있다.

이런 기법들의 정확성을 비교하기 위해서는, 여러 기법들이 프로젝트 노력과 비용들을 추정하기 위해 독립적으로 사용되는 많은 조절된 실험들이 필요할 것이다. 프로젝트에 대한 변경은 허용되지 않아야 하고, 그러면 최종 노력을 비교할 수 있을 것이다. 프로젝트 관리자는 노력 추정치를 알지 못해야 하고, 그래야 어떤 선입관도 도입되지 않을 것이다. 그러나 이 시나리오는 실제 프로젝트에서는 완전히 불가능하므로, 이런 접근법들에 대한 객관적인 비교를 하는 것은 어렵다.

23.5.1 알고리즘 비용 산정 모델

알고리즘 비용 산정 모델은 프로젝트 비용을 예측하기 위해 프로젝트 크기의 추정치, 개발되는 소프트웨어의 유형 그리고 다른 팀, 프로세스, 제품 요인들을 근거로 하는 수학적 공식을 사용한다. 알고리즘 비용 모델들은 종료된 프로젝트들의 비용과 속성들을 분석하고, 발생된 실제 비용에 가장 적합한 공식을 찾아내는 것에 의해 개발된다.

알고리즘 비용 산정 모델은 주로 소프트웨어 개발 비용의 추정치를 구하기 위해 사용된다. 그러나 Boehm과 그의 공동연구자들(B.W. Bobhm etal. 2000)은 이 모델들에 대한 다른 사용 범위를 논의하였다. 예를 들면, 소프트웨어 기업에서 투자자들을 위해 추정치를 준비하거나 대체 전략들에 대한 리스크들을 평가하는 것을 돕고 재사용, 재개발 또는 외부용역에 대한 결정에 정보를 주는 것 등이다.

소프트웨어 프로젝트의 노력을 추정하기 위한 대부분의 알고리즘 비용 산정 모델은 다음과 같은 간단한 공식에 기반을 둔다.

$$\text{Effort} = A \times \text{Size}^{B} \times M$$

A: 상수인자, 개별 조직의 특성과 개발되는 소프트웨어의 종류에 의존한다.
Size: 소프트웨어의 코드 크기 또는 기능 점수 또는 애플리케이션 점수
B: 소프트웨어의 복잡도를 나타냄, 대체로 1에서 5 사이의 값을 갖는다.
M: 소프트웨어 확실성(dependability) 요구사항과 같은 프로세스, 제품과 개발 속성들, 그리고 개발팀의 경험을 고려한 인자. 이런 속성들은 시스템을 개발하는 것의 전체적인 어려움을 늘리거나 또는 줄여줄 수 있다.

인도된 시스템의 소스 코드의 라인 수(SLOC)는 많은 알고리즘 비용 모델에서 사용되는 기본적인 크기 척도이다. 시스템의 코드의 라인 수를 추정하기 위해, 접근법들의 조합을 사용할 수도 있다.

1. 개발되는 시스템을 유사한 시스템들과 비교하고, 추정치의 기본으로 그것들의 코드 크기를 사용한다.
2. 시스템의 기능 점수 또는 애플리케이션 점수(다음 절 참조)를 추정하고, 이것들을 사용되는 프로그래밍 언어의 코드 라인 수로 공식적으로 변환한다.
3. 시스템 컴포넌트들의 상대적 크기에 대한 판단을 사용해서 순위를 매기고, 이 순위를 코드 크기들로 변환하기 위해 잘 알려진 참조식을 사용한다.

대부분의 알고리즘 비용 산정 모델들은 시스템의 크기와 복잡도에 따라 증가하는 지수 요소(위 공식에서 B)를 갖는다. 이것은 비용은 대체로 프로젝트 크기에 따라 선형으로 증가하지 않는다는 사실을 반영한다. 소프트웨어의 크기와 복잡도가 증가하면, 대규모 팀들 사이의 의사소통 오버헤드, 더 복잡한 형상 관리, 더 어려운 시스템 통합 등

으로 추가 비용들이 지출된다. 시스템이 점점 복잡해질수록, 이런 인자들은 비용에 더 많은 영향을 미친다.

비용 추정에 대한 과학적이고 객관적인 접근법을 사용하자는 아이디어는 매력적이지만, 모든 알고리즘 비용 모델들은 다음과 같은 두 가지 주요한 문제로 어려움을 겪는다.

1. 명세서만이 이용 가능한 프로젝트의 초기 단계에서 규모를 정확히 추정하는 것은 실질적으로 불가능하다. 기능 점수와 애플리케이션 점수 추정치(다음절 참조)는 코드 크기 추정치보다 쉽게 구할 수 있지만 대체로 역시 부정확하다.
2. B와 M에 영향을 미치는 복잡도와 프로세스 인자들의 추정치가 주관적이다. 추정치는 사람들의 배경과 개발 중인 시스템 종류에 대한 경험에 의존하므로, 사람에 따라 달라진다.

최종 프로그램의 크기는 추정치가 요구되는 때에는 아직 정해지지 않을 수도 있는 설계 결정들에 의존하기 때문에, 정확한 코드 크기 추정은 프로젝트의 초기 단계에서 어렵다. 예를 들면, 고성능 데이터 관리를 필요로 하는 애플리케이션은 자기 고유의 데이터 관리 시스템을 구현할 수도 있고 또는 상용 데이터베이스 시스템을 이용할 수도 있다. 초기의 비용 추정에서는 성능 요구사항을 충분히 만족시킬 수 있도록 잘 수행되는 상용 데이터베이스 시스템이 있는지 확실히 알 수 없다. 그러므로 얼마나 많은 데이터 관리 코드가 시스템 내에 포함되어야 하는지를 알지 못한다.

시스템 개발에 사용되는 프로그래밍 언어 또한 개발되는 코드 라인 수에 영향을 미친다. Java와 같은 언어는 C 언어가 사용될 때보다 더 많은 코드 라인 수가 필요하다는 것을 의미할 수도 있다. 그러나, 이런 추가 코드는 더 많은 컴파일 타임 검사를 가능하게 하므로, 검증 비용은 줄어들 가능성이 크다. 이것을 추정 프로세스에서 어떻게 고려해야 하는지에 대해서는 명확하지 않다. 코드 재사용 또한 차이를 만드는데, 일부 모델들은 재사용되는 코드 라인 수를 명시적으로 추정한다. 그러나 애플리케이션 시스템 또는 외부 서비스들이 재사용되면, 이것들이 대체하는 소스 코드 라인 수를 계산하는 것은 매우 어렵다.

알고리즘 비용 모델은 시스템을 개발하기 위해 요구되는 노력을 추정하기 위한 체계적인 방법이다. 그러나 이런 모델들은 복잡하고 사용하기 어렵다. 많은 속성들 그리고 그것들의 값을 추정하는 데 상당한 불확실성의 여지가 있다. 이런 복잡도는 알고리즘 비용 모델의 실제 적용은 대체로 국방과 항공 시스템 공학에서 작업하는 상대적으로 소수의 대형 기업들로 제한된다는 것을 의미한다.

알고리즘 모델의 사용 의욕을 꺾는 또 다른 장벽은 보정(calibration)에 대한 필요이다. 모델 사용자들은 자신들의 고유한 방식과 경험을 반영하는 프로젝트 데이터 기록들을 사용하여 모델과 속성 값들을 보정해야 한다. 그러나 매우 적은 조직들만이 과거

소프트웨어 생산성

소프트웨어 생산성은 소프트웨어 엔지니어들이 1주 혹은 1달에 완료하는 개발 작업의 평균량에 대한 추정치이다. 그러므로 이것은 코드 라인 수/월, 기능 점수/월 등과 같은 방식으로 표현된다.

그러나 눈에 보이는 결과 (예, 행정관이 N여행요청/일을 처리한다)가 있으면 생산성은 쉽게 측정될 수 있지만, 소프트웨어 생산성은 정의하기가 훨씬 어렵다. 다른 사람들은 동일한 기능을 다른 방식으로, 다른 코드 라인 수를 사용하여 구현할 수 있다. 코드의 품질 또한 중요하지만 어느 정도는 주관적이다. 그러므로 개별 엔지니어의 생산성은 정말로 비교할 수 없다. 대형 그룹에서 생산성 척도를 사용하는 것만이 의미를 갖는다.

http://software-engineering-book.com/web/productivity/

프로젝트들로부터 모델 보정을 지원하는 형식으로 충분한 데이터를 수집하였다. 그러므로 알고리즘 모델의 실질적 사용은 모델 매개변수들에 대한 공인된 값들로 시작해야 한다. 모델의 사용자가 이것들이 본인들의 조직에 얼마나 밀접한 관련이 있는지를 아는 것은 실질적으로 불가능하다.

알고리즘 비용 산정 모델을 사용한다면, 하나의 추정치가 아닌 여러 범위의 (최악의, 예상되는, 그리고 최상의) 추정치들을 개발하고 비용 공식을 이것들 모두에 적용해야 한다. 추정치는 개발 중인 소프트웨어의 종류를 이해하고, 로컬 데이터를 사용하여 비용 모델을 보정했을 때 또는 프로그래밍 언어와 하드웨어 선택이 미리 정의되었을 때에 더 정확할 수 있다.

23.6 COCOMO 비용 산정 모델

가장 널리 알려진 알고리즘 비용 산정 모델 기법과 도구는 COCOMO II 모델이다. 이 경험적 모델은 다른 크기들을 갖는 많은 수의 소프트웨어 프로젝트들로부터 데이터를 수집하여 유도되었다. 이런 데이터는 관측에 가장 잘 맞는 공식들을 찾아내기 위해 분석되었다. 이 공식들은 시스템의 크기, 제품, 프로젝트, 그리고 팀 인자들을 그 시스템을 개발하기 위한 노력과 연결시켰다. COCOMO II는 오픈 소스 도구들의 지원을 받는 무료로 이용 가능한 모델이다.

COCOMO II는 주로 원래의 코드 개발을 근거로 한 초기의 COCOMO (Constructive Cost Modeling) 비용 산정 모델들로부터 개발되었다(B. W. Boehm 1981; B. Boehm and Royce 1989). COCOMO II 모델은 동적 언어들을 사용한 신속한 소프트웨어 개발, 재사용을 이용한 개발, 그리고 데이터베이스 프로그래밍과 같은 소프트웨어 개발에 대한 현대적 접근법들을 고려한다. COCOMO II는 이런 기법들에 근거한, 더

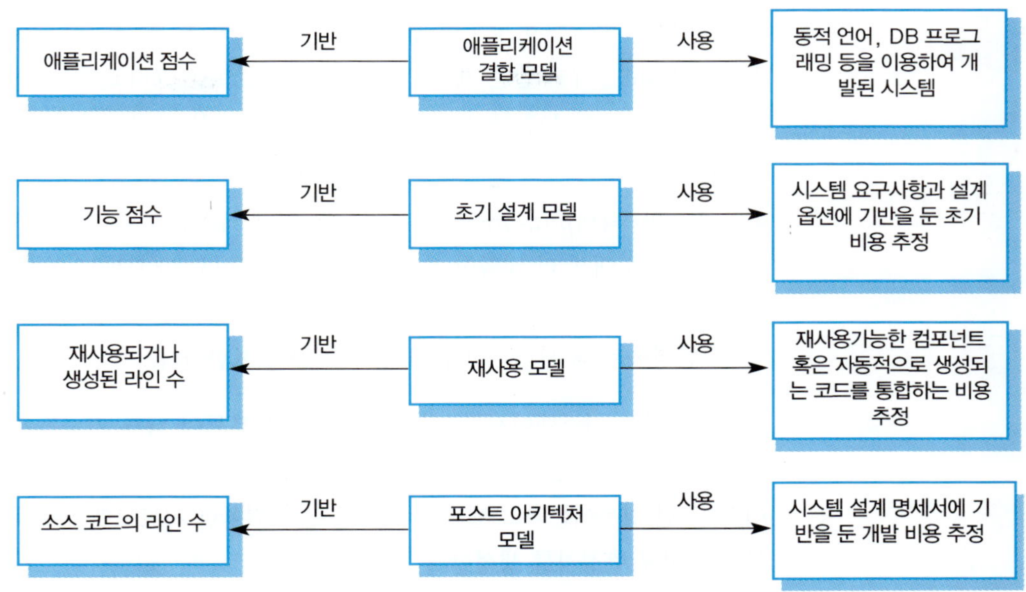

그림 23.10 COCOMO 비용 산정 모델

자세한 추정치를 생성하는, 여러 서브모델들을 포함한다.

COCOMO II 모델의 서브모델들(그림 23.10)은 다음과 같다.

1. **애플리케이션 결합**(*application composition*) **모델**: 이 모델은 재사용가능한 컴포넌트들, 스크립트, 또는 데이터베이스 프로그래밍으로부터 생성되는 시스템을 개발하기 위해서 요구되는 노력을 구하기 위해 사용된다. 소프트웨어 크기 추정치는 애플리케이션 점수를 근거로 하며, 필요한 노력을 추정하기 위해 간단한 규모/생산성 공식을 이용한다.

2. **초기 설계 모델**: 이 모델은 요구사항들이 도출된 이후 시스템 설계의 초기 단계 동안에 사용된다. 추정치는 이장의 도입부분에서 논의했던 표준 추정 공식을 근거로 한다. 이것은 간단한 7개 승수(multiplier) 집합을 사용한다. 추정치들은 소스 코드의 라인 수로 변환되는 기능 점수를 근거로 한다.

   기능 점수는 프로그램 기능성을 정량화하는 언어 독립적인 방식이다. 외부 입력(EI: External Input), 외부 출력(EO: External Output), 외부 조회(EQ: External Inquiry)[†], 외부 연계 파일(EIF: External Interface File), 그리고 시스템에 의해 사용되는 논리적 파일 또는 데이터베이스 테이블을 의미하는 내부 논리 파일(ILF: Internal Logical File)을 포함하는 다섯 가지 기능 요소들을 측정 또는 추정하여, 프

[†] 기능 점수는 소프트웨어 규모를 정의하는 국제 표준(ISO/IEC 20926:2009) 척도로 용어 및 측정 절차는 표준을 준수해야 한다. EQ(External Inquiry)는 '외부 조회'이며, '외부 질의(External Query)'는 EI, EO, EQ를 포괄하는 의미로 표준 용어가 아니다.

로그램에 있는 기능 점수의 총합을 계산할 수 있다.

3. **재사용 모델**: 이 모델은 재사용 가능한 컴포넌트들 그리고/또는 자동으로 생성된 프로그램 코드를 통합하기 위해서 요구되는 노력을 계산하기 위해 사용된다. 이것은 보통 포스트 아키텍처 모델과 함께 사용된다.

4. **포스트 아키텍처(*post-architecture*) 모델**: 일단 시스템 아키텍처가 설계되면, 소프트웨어 크기에 대해 더 정확한 추정치를 구할 수 있다. 이 모델도 앞에서 언급한 비용 추정을 위한 표준 공식을 사용한다. 그러나 이것은 개인 능력, 제품과 프로젝트 특성들도 반영하는 더 광범위한 17개 승수 집합을 포함한다.

물론, 대형 시스템에서는, 시스템의 여러 부분들이 다른 기술들을 사용하여 개발될 수 있으므로, 시스템의 모든 부분들을 동일한 수준의 정확성으로 추정할 수는 없을 것이다. 그런 경우에는 시스템의 각각의 부분에 적합한 서브모델들을 사용하고, 결과들을 합해서 전체 추정치를 생성할 수 있다.

COCOMO II 모델은 매우 복잡한 모델이므로, 설명하기 쉽게 그것의 표현을 단순화하였다. 간단한 비용 추정을 위해서는 여기서 설명한 대로 이 모델을 사용할 수 있을 것이다. 그러나 COCOMO를 적절하게 사용하기 위해서는 Boehm의 책과 COCOMO II 모델을 위한 매뉴얼을 참고해야 한다(B. W. Boehm et al. 2000; Abts et al. 2000).

23.6.1 애플리케이션 결합 모델

애플리케이션 결합 모델은 프로토타이핑 프로젝트와 기존의 컴포넌트들을 결합하여 소프트웨어를 개발하는 프로젝트들에서 요구되는 노력의 추정을 지원하기 위하여 COCOMO II에서 도입되었다. 그것은 애플리케이션 점수 생산성의 표준 추정치로 나누어지는, 가중치를 갖는 애플리케이션 점수(때때로 객체 점수라고 불림)들의 추정치를 기초로 한다(B. W. Boehm et al. 2000). 프로그램에 있는 애플리케이션 점수는 다음과 같은 4개의 간단한 추정치들에서 유도된다.

- 개별적인 스크린들의 수 또는 디스플레이되는 웹 페이지들의 수
- 생성되는 보고서들의 수
- (Java와 같은)명령형 프로그래밍 언어의 모듈의 수
- 스크립팅 언어 또는 데이터베이스 프로그래밍 코드의 라인 수

이 추정치는 각각의 애플리케이션 점수를 개발하는 것의 어려움에 따라 조정된다. 생산성은 개발자의 경험과 능력뿐만 아니라 개발을 지원하기 위해 사용되는 소프트웨어 도구들(ICASE)의 기능들에도 의존한다. 그림 23.11은 COCOMO 모델 개발자들이

개발자들의 경험과 능력	매우 낮음	낮음	보통	높음	매우 높음
ICASE 성숙도와 능력	매우 낮음	낮음	보통	높음	매우 높음
PROD (NAP/월)	4	7	13	25	50

그림 23.11 애플리케이션 점수 생산성

제안한 애플리케이션 점수 생산성의 수준들을 보여준다.

애플리케이션 결합은 대체로 기존 소프트웨어를 재사용하고 애플리케이션 시스템을 설정하는 것에 의존한다. 그러므로 시스템의 일부 애플리케이션 점수들은 재사용 가능한 컴포넌트들을 사용하여 구현된다. 결과적으로 예상되는 재사용의 비율을 고려하여 추정치를 조정해야 한다. 그러므로 시스템 프로토타입에 대한 최종 노력 계산 공식은 다음과 같다.

PM = (NAP × (1-%reuse/100)) / PROD
PM: person-months로 표현되는 노력 추정치
NAP: 인도되는 시스템에 있는 총 애플리케이션 점수
%reuse: 개발에서 재사용되는 코드들의 양에 대한 추정치
PROD: 그림 23.11에 나타낸 애플리케이션 점수 생산성

23.6.2 초기 설계 모델

이 모델은 시스템에 대한 상세한 아키텍처 설계가 이용 가능하기 전인 프로젝트의 초기 단계 동안에 사용될 수 있다. 초기 설계 모델은 사용자 요구사항들이 합의되었고 시스템 설계 프로세스의 초기 단계들이 진행 중이라는 것을 가정한다. 이 단계에서의 목표는 빨리 근접한 비용 추정치를 구하는 것이어야 한다. 그러므로 재사용 가능한 코드를 통합하는 것에 관련된 노력은 없다와 같이 가정들을 단순화해야 한다.

초기 설계 추정치들은 사용자 요구사항을 구현하는 여러 방식들을 비교할 필요가 있는 옵션 분석에 가장 유용하다. 이 단계에서 구해지는 추정치는 알고리즘 모델에 대한 대표 공식을 근거로 한다.

$$\text{Effort} = A \times \text{Size}^B \times M$$

Boehm은 자신의 대량의 데이터 집합에 근거하여, 계수 A는 2.94이어야 한다고 제안하였다. 시스템의 크기는 소스 코드의 천라인 단위의 수인 KSLOC로 표현된다. KSLOC는 소프트웨어에 있는 기능 점수를 추정하여 계산된다. KSLOC로 표현되는 시스템 크기의 초기 추정치를 계산하기 위해 여러 프로그래밍 언어들에 대한 기능 점수와

소프트웨어 크기의 관계를 나타낸 표준 테이블(QSM 2014)을 사용한다.

지수 B는 프로젝트의 크기가 증가함에 따라 요구되는 증가된 노력을 반영한다. 이것은 프로젝트의 독창성, 개발 융통성, 사용하는 리스크 해결 프로세스, 개발팀의 단결 정도, 그리고 조직의 프로세스 성숙도 수준(웹 26장 참조)에 의존하여 1.1에서 1.24까지 변할 수 있다. 이런 매개변수들을 사용하여 지수 값이 계산되는 방법은 COCOMO II 포스트 아키텍처 모델의 설명에서 다룬다.

그 결과 다음과 같은 노력 계산식이 된다.

$PM = 2.94 \times Size^{(1.1에서\ 1.24)} \times M$

$M = PERS \times PREX \times RCPX \times RUSE \times PDIF \times SCED \times FSIL$

PERS: 개인의 능력

PREX: 개인의 경험

RCPX: 제품 신뢰도와 복잡도

RUSE: 요구되는 재사용

PDIF: 플랫폼 난이도

SCED: 일정

FSIL: 지원 설비들

승수 M은 추정치를 증가 또는 감소시키는 7개의 프로젝트와 프로세스 속성들을 근거로 한다. 이 속성들을 책의 웹 페이지에서 설명하였다. 이 속성들의 값은 6점 척도, 1은 "매우 낮음" 그리고 6은 "매우 높음"에 대응되는 것을 사용하여 추정된다; 예를 들면, PERS = 6은 전문가 직원이 프로젝트의 작업에서 이용 가능하다는 것을 의미한다.

23.6.3 재사용 모델

COCOMO 재사용 모델은 재사용 가능한 코드 또는 생성된 코드를 통합하기 위해서 요구되는 노력을 추정하기 위해 사용된다. 15장에서 논의한 것처럼, 이제 소프트웨어 재사용은 모든 소프트웨어 개발에서 일반적이다. 대부분의 대형 시스템들은 이전의 개발 프로젝트들로부터 재사용되는 상당한 양의 코드를 포함한다.

COCOMO II는 두 종류의 재사용되는 코드를 고려한다. 블랙박스 코드는 코드에 대한 이해없이 또는 코드를 수정하지 않고 재사용될 수 있는 코드이다. 블랙박스 코드의 예는 UML 모델들로부터 자동으로 생성되는 컴포넌트들 또는 그래픽 라이브러리와 같은 애플리케이션 라이브러리들이다. 블랙 박스 코드에 대한 개발 노력은 0으로 가정한다. 그것의 크기는 전체적 노력 계산에서 고려되지 않는다.

화이트박스 코드는 새로운 코드 또는 다른 재사용되는 컴포넌트들과 통합하기 위해 수정되어야 하는 재사용 가능 코드이다. 재사용을 위해서는 시스템에서 이것이 올바르게 동작할 수 있도록 코드가 이해되고 수정되어야하기 때문에 개발 노력이 요구된다. 화이트박스 코드는 수동 변경 또는 추가가 필요한 자동으로 생성되는 코드일 수 있다. 또는 이것은 다른 시스템에서 재사용되는 코드로서 개발 중인 시스템에서 수정되어야 하는 것일 수도 있다.

화이트박스 코드 컴포넌트들을 재사용하는 것에 관련된 노력에는 다음과 같은 세 가지 요인들이 영향을 미친다.

1. 어떤 컴포넌트가 개발 중인 시스템에서 재사용을 할 수 있을 것인지 또는 아닌지를 평가하는 것에 포함된 노력
2. 재사용되는 코드를 이해하기 위해 요구되는 노력
3. 재사용되는 코드를 개발 중인 시스템에 맞추고 통합하기 위해 수정하는데 요구되는 노력

재사용 모델에서 개발 노력은 COCOMO 초기 설계 모델을 사용하여 계산되며, 시스템의 총 코드 라인 수를 근거로 한다. 코드 크기는 재사용이 아닌 컴포넌트들을 위해 개발되는 새로운 코드 더하기 기존 코드를 재사용하고 통합하는 것에 연관된 노력을 감안하는 추가 인자를 포함한다. 이 추가 인자는 동등한 새로운 소스 코드 라인 수를 나타내며, ESLOC라고 불린다. 즉 재사용 노력을 어떤 추가적인 소스 코드를 개발하는 것에 연관되는 노력으로 표현한다.

동등한 소스 코드 라인 수를 계산하기 위해 사용되는 공식은 다음과 같다:

ESLOC = (ASLOC × (1-AT/100) × AAM)

ESLOC: 동등한 새로운 소스 코드 라인 수

ASLOC: 재사용되는 컴포넌트에서 변경되어야 하는 코드 라인 수의 추정치

AT: 재사용되는 컴포넌트에서 자동적으로 수정될 수 있는 코드의 백분율

AAM: 컴포넌트를 재사용하기 위해 요구되는 추가적인 노력을 반영하는 변형 조정 승수(Adaptation Adjustment Multiplier)

몇몇 경우에서는, 코드를 재사용하기 위해 필요한 변형은 구문과 관련이 되어 있으므로 자동화 도구에 의해 구현될 수 있다. 이것들은 상당한 노력을 포함하지는 않으므로, 재사용되는 코드에 대한 변경들 중에서 자동화될 수 있는 부분에 대한 추정치(AT)를 구해야 한다. 이것은 변형되어야 하는 코드 라인들의 총 수를 줄여준다.

변형 조정 승수는 코드를 재사용하기 위해 필요한 추가적인 노력을 반영하는 추정치를 조정한다. COCOMO 모델 문서(Abts et al. 2000)는 AAM이 계산되는 방법을 상세히 논의한다. 극단적으로 단순화하여, AAM은 다음과 같은 3개 컴포넌트들의 합이다:

1. 평가 인자(AA라고 부름)는 컴포넌트들을 재사용할 것인지 아닌지를 판단하는 것에 포함된 노력을 나타낸다. AA는 재사용을 위한 잠재적 후보들을 찾고 평가하는데 소요되는 시간에 따라 0에서 8까지 변한다.
2. 이해 컴포넌트(SU라고 부름)는 재사용될 코드를 이해하는 비용들과 재사용 중인 코드에 대한 엔지니어들의 익숙함을 나타낸다. SU는 복잡하고 구조화가 안된 코드는 50에서부터 잘 작성된 객체 지향 코드에 대해서는 10까지의 범위를 갖는다.
3. 변형 컴포넌트(AAF라고 부름)는 재사용되는 코드를 변경하는 비용을 나타낸다. 이것은 설계, 코드, 그리고 통합 변경들을 포함한다.

일단 ESLOC에 대한 값을 계산했으면, 필요한 총 노력을 계산하기 위해 Size 매개변수를 ESLOC로 하여 표준 추정 공식을 적용한다. 그러므로 재사용 노력을 추정하는 공식은 다음과 같다.

$$\text{Effort} = A \times \text{ESLOC}^{B} \times M$$

여기서 A, B, 그리고 M은 초기 설계 모델에서 사용되는 것과 같은 값들이다.

23.6.4 포스트 아키텍처 모델

포스트 아키텍처 모델은 COCOMO II 모델들 중에서 가장 상세한 것이다. 이것은 시스템에 대한 초기 아키텍처 설계가 있을 때 사용된다. 포스트 아키텍처 수준에서 생성되는 추정치에 대한 시작점은 초기 설계 추청치에서 사용한 것과 같은 기본 공식이다.

$$\text{PM} = A \times \text{SIZE}^{B} \times M$$

프로세스의 이 단계까지는, 시스템이 어떻게 서브시스템과 컴포넌트들로 나누어질 것인지를 알고 있으므로, 프로젝트 크기에 대한 더 정확한 추정치를 구할 수 있어야 한다. 다음과 같은 3개의 코드 크기 추정치들을 더하여 전체 코드 크기에 대한 추정치를 구할 수 있다.

1. 개발되어야 하는 새로운 코드 라인의 총 수에 대한 추정치(SLOC).
2. 재사용 모델을 사용하여 계산된 동등한 소스 코드 라인 수(ESLOC)에 근거한 재사용 비용들에 대한 추정치.
3. 시스템 요구사항에 대한 변경으로 변경될 것 같은 코드의 라인 수에 대한 추정치

마지막 추정치(수정된 코드의 라인 수)는 소프트웨어 요구사항은 항상 변경된다는 사실을 반영한다. 이것은 작업을 다시하게 하고 추가 코드의 개발을 요구하므로, 반드

COCOMO 비용 드라이버

COCOMO II 비용 드라이버들은 소프트웨어 시스템을 개발하기 위해 필요한 노력의 양에 영향을 미치는 제품, 팀, 프로세스, 그리고 조직의 몇몇 인자들을 반영하는 속성들이다. 예를 들면, 높은 수준의 신뢰도가 요구된다면, 추가 노력이 필요할 것이다; 신속한 인도에 대한 요구가 있다면, 추가 노력이 필요할 것이다; 팀 멤버들이 변경되면, 추가 노력이 필요할 것이다.

COCOMO II 모델에는 모델 개발자들에 의해 추정된 값들이 지정된 이런 속성들 17개가 있다.

http://software-engineering-book.com/web/cost-drivers/

시 고려해야 한다. 물론 종종 이것에는 개발되어야 하는 새로운 코드의 추정치보다 더 불확실한 것이 있을 수 있다.

노력 계산 공식의 지수 항목 (B)은 프로젝트 복잡도의 수준과 관련된다. 프로젝트가 점점 복잡해질수록, 시스템 크기를 증가시키는 영향은 더 상당해진다. 지수 B의 값은 그림 23.12에 나타낸 5개 인자들을 기초로 한다. 이 인자들은 6점 척도로 0부터 5까지의 범위를 가지며, 0은 “아주 높음”을 5는 “매우 낮음”을 의미한다. 사용될 지수 B를 계산하기 위해, 등급들을 더하고, 100으로 나누고, 결과에 1.01을 더한다.

예를 들어, 어떤 조직이 이전의 경험이 거의 없는 분야의 프로젝트를 책임지고 있다고 가정하자. 프로젝트 고객은 사용되는 프로세스에 대해 정의하지 않았고 프로젝트 일정에 중대한 리스크 분석을 위한 시간을 허용하지 않았다. 이 시스템을 구현하기 위해 반드시 새로운 개발팀이 조직되어야 한다. 이 조직은 최근에 프로세스 개선 프로그램을 시행하고 있고, 이 책의 웹 26장에서 논의되는 SEI 능력 평가에 따라 레벨 2 등급을 받았다고 하자. 이런 특성들은 지수 계산에 사용되는 등급 추정치에 다음과 같이 반영된다.

1. **선행성**: 등급 낮음(4). 이것은 조직에게는 생소한 프로젝트이다.
2. **개발 융통성**: 등급 매우 높음(1). 개발 프로세스에 고객의 관여가 없으므로, 외부에서 부과되는 변경은 거의 없다.
3. **아키텍처/리스크 해결:** 등급 매우 낮음(5). 리스크 분석이 수행되지 않는다.
4. **팀 단결 정도**: 등급 보통(3). 이것은 새 팀이므로, 단결 정도에 대한 정보가 없다.
5. **프로세스 성숙도**: 등급 보통(3). 약간의 프로세스 관리가 시행중이다.

이 값들의 합은 16이다. 이 합을 100으로 나누고, 그 결과에 1.01을 더해서 지수의 최종 값을 구한다. 따라서 B의 조정된 값은 1.17이다.

전체 노력 추정치는 초기 설계 모델에서 사용되는 7개 속성들이 아니라 제품, 프로

범위 인자	설명
아키텍처/리스크 해결	수행되는 리스크 분석 정도를 반영한다. 매우 낮음은 분석이 거의 없는 것을 의미한다; 아주 높음은 완전하고 철저한 분석을 의미한다.
개발 융통성	개발 프로세스의 융통성 정도를 반영한다. 매우 낮음은 미리 정해진 프로세스를 의미한다; 아주 높음은 고객이 일반적인 목표만을 설정한 것을 의미한다.
선행성	이런 유형의 프로젝트에 대한 조직의 과거 경험을 반영한다. 매우 낮음은 과거 경험이 전혀 없음을 의미한다; 아주 높음은 조직이 이런 응용분야에 완전히 익숙하다는 것을 의미한다.
팀 단합 정도	개발 팀이 서로를 얼마나 잘 알고 있고 함께 일한 정도를 반영한다. 매우 낮음은 소통이 매우 어렵다는 것을 의미한다; 아주 높음은 소통에 아무런 문제가 없는 잘 통합되고 효과적인 팀을 의미한다.
프로세스 성숙도	웹 26장에서 논의되는 조직의 프로세스 성숙도를 반영한다. 이 값의 계산은 CMM 성숙도 설문지에 의존하지만, 추정치는 5에서 CMM 성숙도 레벨을 빼면 구할 수 있다.

그림 23.12 포스트 아키텍처 모델의 지수 계산에 사용되는 범위 인자들

세스, 그리고 조직의 속성들에 대한 17개의 광범위한 집합(breakout box 참조)을 사용하여 정제된다. 소프트웨어 자체, 비기능적 요구사항, 개발팀, 그리고 개발 프로세스에 대한 더 많은 정보를 가지고 있으므로 이 속성들의 값을 추정할 수 있다.

그림 23.13은 비용 드라이버 속성들이 어떻게 노력 추정치에 영향을 미치는지를 보

그림 23.13 노력 추정치에 대한 비용 드라이버들의 영향

지수 값	1.17
시스템 크기(재사용과 요구사항 변동성에 대한 인자들을 포함)	128 KLOC
비용 드라이버를 사용하지 않은 초기의 COCOMO 추정치	**730 person-months**
신뢰도	매우 높음, 승수 = 1.39
복잡도	매우 높음, 승수 = 1.3
메모리 제약	높음, 승수 = 1.21
도구 사용	낮음, 승수 = 1.12
일정	빨라짐, 승수 = 1.29
조정된 COCOMO 추정치	**2306 person-months**
신뢰도	매우 낮음, 승수 = 0.75
복잡도	매우 낮음, 승수 = 0.75
메모리 제약	없음, 승수 = 1
도구 사용	매우 높음, 승수 = 0.72
일정	보통, 승수 = 1
조정된 COCOMO 추정치	**295 person-months**

여준다. 앞의 예에서 계산한 것처럼, 지수 값은 1.17이라고 가정한다. 신뢰도(RELY), 복잡도(CPLX), 메모리(STOR), 도구(TOOL), 그리고 일정(SCED)이 프로젝트에서 주요한 비용 드라이버들이다. 다른 비용 드라이버들 모두는 보통 값 1을 가지므로, 비용 추정에 영향을 미치지 않는다.

그림 23.13에서, 주요한 비용 드라이버들이 노력 추정치에 어떻게 영향을 미치는지를 보이기 위해 그것들의 최대, 최소값을 지정하였다. 사용된 값들은 COCOMO II 참조 매뉴얼로부터 가져왔다(Abts et al. 2000). 비용 드라이버들의 높은 값들은 초기 추정치의 3배 이상의 노력 추정치가 되게 하고, 반면에 낮은 값들은 추정치를 원래의 1/3 정도로 줄인다. 이것은 프로젝트의 여러 유형들 사이에 상당한 차이가 있고, 하나의 응용 분야에 대한 경험을 다른 것으로 변환하는 것의 어려움들을 강조한다.

23.6.5 프로젝트 소요시간과 인원배정

프로젝트 관리자는 프로젝트의 전체적인 비용과 소프트웨어 시스템을 개발하는 데 요구되는 노력을 추정하는 것뿐만 아니라 소프트웨어를 개발할 때까지 소요되는 기간과 직원들이 소프트웨어 작업을 위해 필요할 때도 반드시 추정해야 한다. 점점 더, 조직은 자신들의 제품이 경쟁자의 것보다 먼저 시장에 출하될 수 있도록 보다 빠른 개발 일정을 요구하고 있다.

COCOMO 모델은 프로젝트를 완료하기 위해 필요한 시간을 추정할 수 있는 공식을 포함한다.

$TDEV = 3 \times (PM)^{(0.33 + 0.2*(B-1.01))}$

TDEV: 프로젝트 일정에 관련된 모든 승수들을 무시한 프로젝트에 대한 명목 스케줄, 몇 개월로 표시함.

PM: COCOMO 모델에 의해 계산되는 노력

B: 23.5.2절에서 논의한 복잡도 관련 지수

만약, B=1.17이고 PM=60이라면,

$TDEV = 3 \times (60)^{0.36} = 13$개월

COCOMO 모델에 의해 예측되는 명목 프로젝트 일정은 소프트웨어 고객에 의해 요구되는 일정과 반드시 일치할 필요는 없다. 명목 일정에 의한 제안된 일정보다 빨리 또는 (거의 드물게)늦게 소프트웨어를 인도해야 할 수도 있다. 만약 일정이 촉박하다면(즉, 소프트웨어가 더 빨리 인도되어야 하면), 프로젝트에 요구되는 노력을 증가한다. 이것은 노력 추정 계산에서 SCED 승수에 의해 고려된다.

앞의 예에서, 프로젝트의 TDEV가 13개월로 추정되었지만, 요구된 실제 일정은 10개월이라고 가정한다. 이것은 일정 압박이 거의 25%에 이른다는 것을 나타낸다.

Boehm의 팀에서 제안한 SCED 승수에 대한 값들을 사용하면, 이런 수준의 일정 압박에 대한 노력 승수는 1.43임을 알 수 있다. 그러므로 이렇게 당겨진 일정에 맞추기 위해 요구되는 실제 노력은 명목 일정에 따라 소프트웨어를 인도하기 위해 요구되는 노력보다 거의 50% 상향된다.

프로젝트에서 작업하는 사람들의 수, 즉 프로젝트에 투입되어야 하는 노력과 프로젝트 인도 일정 사이에는 복잡한 관계가 있다. 만약 네 사람이 어떤 프로젝트를 13개월(즉, 52 person-months 노력)에 완료할 수 있다면, 한 명을 추가로 투입하면 그 작업을 11개월(55 person-months 노력)에 완료할 수 있다고 생각할 수도 있다. 그러나 COCOMO 모델은 실제로는 그 작업을 11개월에 완료하기 위해서는 6명의 인원(66 person-months 노력)이 필요할 것이라고 제안한다.

이것에 대한 이유는 프로젝트에 사람을 추가로 투입하면 기존 팀 멤버들의 생산성은 감소하기 때문이다. 프로젝트팀의 규모가 증가할수록, 팀 멤버들은 의사소통과 다른 사람에 의해 개발되는 시스템의 부분들에 대한 인터페이스를 정의하는 데 더 많은 시간을 소비해야 한다. 그러므로(예를 들어) 직원을 두 배로 늘리는 것이 프로젝트 소요 시간을 반으로 단축시키지는 않는다는 것을 의미한다.

결과적으로, 한 사람을 추가로 투입할 때, 다른 사람들은 덜 생산적이 되므로 실제 노력에 증가되는 부분은 한 사람보다 적다. 개발팀의 규모가 크면, 프로젝트에 많은 인원을 추가로 투입하는 것은 전체 생산성에 대한 효과 때문에 때때로 개발 일정을 앞당기는 것이 아니라 지연시킨다.

프로젝트팀에 필요한 인원의 수를 단순히 총 노력을 요구되는 프로젝트 일정으로 나누어서 추정할 수는 없다. 대체로 프로젝트의 시작 단계에는 초기 설계를 수행하기 위해 적은 수의 인력이 필요하다. 그 다음에, 팀은 점점 규모가 커져서 시스템의 개발과 테스팅 동안에 정점을 찍고, 시스템이 배포를 준비하면서 규모가 줄어들게 된다. 프로젝트 인원의 급격한 증가는 프로젝트 일정 차질과 관련이 있다는 것이 알려져 있다. 그러므로 프로젝트 관리자는 프로젝트 생명주기 초기에 너무 많은 인원들을 투입하는 것을 피해야 한다.

키 포인트

- 시스템에 부과되는 가격은 그것의 추정된 개발 비용과 개발 기업에서 요구되는 이윤에만 의존하는 것은 아니다. 조직적 요인은 증가되는 리스크를 보상하기 위해 가격이 올라갈 수도 있고 경쟁력을 얻기 위해 내려갈 수도 있다는 것을 의미한다.

- 소프트웨어는 종종 계약을 수주하기 위해 가격이 책정되고, 그 다음에 시스템의 기능이 추정되는 가격에 맞추기 위해 조정된다.
- 계획 주도 개발은 프로젝트 액티비티, 계획되는 노력, 액티비티 일정, 그리고 각각의 액티비티에 책임을 지는 사람들을 정의한 완전한 프로젝트 계획 중심으로 구조화된다.
- 프로젝트 일정관리는 프로젝트 계획의 부분들에 대한 다양한 그래픽 표현물의 생성을 포함한다. 액티비티 소요시간과 직원 시각표들을 보여주는 바 차트가 가장 흔하게 사용되는 일정 표현방법이다.
- 프로젝트 이정표는 하나의 액티비티 혹은 액티비티 집합의 예측 가능한 결과물이다. 각각의 이정표에서, 진척사항에 대한 공식적인 보고가 관리자에게 제시되어야 한다. 산출물은 프로젝트 고객에게 인도되는 작업 제품이다.
- 애자일 계획 수립 게임은 프로젝트 계획 수립에 전체 팀이 포함된다. 계획은 점진적으로 개발되고, 만약 문제가 발생하면, 증분의 인도를 연기하는 것 대신에 소프트웨어 기능을 축소하도록 계획이 조정된다.
- 소프트웨어에 대한 추정 기법은 관리자가 요구되는 노력을 판단하는 경험 기반 방법 또는 요구되는 인력을 다른 추정된 프로젝트 매개변수들로부터 계산하는 알고리즘 방법일 수 있다.
- COCOMO II 비용 모델은 비용 추정치를 만들어낼 때 프로젝트, 제품, 하드웨어 그리고 개인의 속성들을 고려하는 성숙한 알고리즘 비용 모델이다.

추가로 읽을거리

22장의 추가로 읽을 거리는 이 장에서도 적절하다.

"Ten Unmyths of Project Estimation." 프로젝트 추정의 실제적인 어려움들을 논의하고 이 분야의 몇몇 기본적인 가정들에 이의를 제기한 실용적인 논문. (P. Armour, Comm. ACM, 45(11), November 2002). http://dx.doi.org/10.1145/581571.581582

Agile Estimating and Planning. 이 책은 프로젝트 계획 수립에 애자일 접근법을 사용하기 위한 원리뿐만 아니라 XP에서 사용되는 스토리 기반 계획 수립에 대한 종합적인 설명을 다룬다. 이 책은 또한 프로젝트 계획 수립 이슈들에 대한 좋은, 일반적인 소개도 포함한다. (M. Cohn, 2005, Prentice-Hall).

"Achievements and Challenges in COCOMO-based Software Resource Estimation." 이 논문은 COCOMO 모델들과 이런 모델들에 대한 영향을 제시하고, 개발된 변형들에 대해 논의한다. 이것은 또한 COCOMO 접근법의 향후 가능한 개발들도 알아본다. (B. W. Boehm and R. Valeridi, *IEEE Software*, 25 (5), September/October 2008). http://dx.doi.org/10.1109/MS.2008.133

All About Agile; Agile Planning. 애자일 방법에 대한 이 웹 사이트는 많은 사람들이 작성한 애자일 계획 수립에 대한 뛰어난 논문들을 포함한다. (2007–2012). http://www.allaboutagile.com/category/agile-planning/

Project Management Knowhow: Project Planning. 이 웹 사이트는 일반적인 프로젝트 관리에 대한 많은 유용한 논

문들을 포함한다. 이것들은 이 분야에 대한 이전 경험들이 없는 사람들을 대상으로 한다. (P. Stoemmer, 2009–2014). http://www.project-management-knowhow.com/project_planning.html

웹 사이트

이 장의 파워포인트 슬라이드:

https://iansommerville.com/software-engineering-book/slides

관련 동영상 링크:

https://iansommerville.com/software-engineering-book/videos/management/

연습문제

23.1 소프트웨어 가격 책정에 영향을 미치는 요인들을 기술하라. 소프트웨어 가격 책정에서 "합의에 의한 가격 결정" 접근법을 정의하라.

23.2 프로젝트 계획 수립 프로세스가 반복적인 이유 그리고 소프트웨어 프로젝트 동안 계획이 반드시 계속적으로 검토되어야 하는 이유를 설명하라.

23.3 프로젝트 일정관리를 정의하라. 일정을 추정하는 동안 고려되어야 하는 것들은 무엇인가?

23.4 알고리즘 비용 산정 모델은 무엇인가? 비용 추정에 대한 다른 접근방법들과 비교하였을 때 이것의 문제점은 무엇인가?

23.5 그림 23.14는 작업들, 작업 소요시간, 그리고 종속성을 보여준다. 프로젝트 일정을 보여주는 바 차트를 작성하라.

23.6 그림 23.14는 소프트웨어 프로젝트 액티비티들에 대한 작업 소요시간을 보여준다. 심각하고 예측하지 않은 차질이 발생해서, 작업 T5을 수행하는 데 10일이 아니라 40일이 소요되었다고 가정한다. 프로젝트가 어떻게 다시 구성되는지를 보여주는 새로운 바 차트를 작성하라.

23.7 계획 수립 게임은 시스템 요구사항을 나타내는 스토리들을 구현하기 위한 계획 수립의 개념을 기초로 한다. 소프트웨어가 높은 성능 또는 확실성 요구사항을 가질 때, 이 접근법의 잠재적인 문제점들을 설명하라.

23.8 어떤 소프트웨어 관리자는 암으로 고생하는 환자들을 치료하는 방사선 기계를 제어하도록 설계된 안전성 중심 소프트웨어 시스템을 개발하는 책임을 맡고 있다. 이 시스템은 기계에 내장되고, 고정된 양의 메모리(256 MB)를 가진 특수 목적 프로세서 상에서 실행되어야 한다. 이 기계는 환자에 대한 상세한 정보를 얻기 위해 환자 데이터베이스 시스템과 통신하고, 치료 후에는 방사선 노출량과 그 밖의 상세한 치료 내역들을 데이터베이스에 자동으로 기록한다.

이 시스템을 개발하는 데 필요한 노력을 추정하기 위해 COCOMO 방법이 사용되었고, 26 person-months의 추정치가 계산되었다. 이 추정치를 구할 때 모든 비용 드라이버 승수들은 1로 설정되었다.

작업	소요시간	종속성
T1	10	
T2	15	T1
T3	10	T1,T2
T4	20	
T5	10	
T6	15	T3,T4
T7	20	T3
T8	35	T7
T9	15	T6
T10	5	T5,T9
T11	10	T9
T12	20	T10
T13	35	T3,T4
T14	10	T8,T9
T15	20	T12,T14
T16	10	T15

그림 23.14
일정관리 예

이 추정치가 프로젝트, 개인, 제품 그리고 조직의 인자들을 고려하기 위해 조정되어야 하는 이유를 설명하라. 초기의 COCOMO 추정치에 상당한 영향을 미칠 수 있는 4개의 인자들을 제안하고, 이 인자들에 대해 가능한 값들을 제시하라. 각각의 인자들을 포함시킨 이유를 정당화하라.

23.9 일부 초대형 소프트웨어 프로젝트들은 수백만 라인의 코드를 작성하는 것을 포함한다. 이런 초대형 시스템들에 대해 COCOMO와 같은 비용 산정 모델을 적용하는 것이 잘 맞지 않을 것 같은 이유를 설명하라.

23.10 어떤 기업이 요구사항이 모호하고 고객에 의해 요청된 나중의 변경들에 대해 높은 가격을 부과하는 것이 가능하다는 것을 알고, 소프트웨어 계약에 대해 낮은 가격을 제시하는 것이 윤리적인가?

참고문헌

Abts, C., B. Clark, S. Devnani-Chulani, and B. W. Boehm. 2000. "COCOMO II Model Definition Manual." Center for Software Engineering, University of Southern California. http://csse.usc.edu/csse/research/

COCOMOII/cocomo2000.0/CII_modelman2000.0.pdf

Beck, K., and C. Andres. 2004. *Extreme Programming Explained: 2nd ed*. Boston: Addison-Wesley.

Boehm, B., B. Clark, E. Horowitz, C. Westland, R. Madachy, and R. Selby. 1995. "Cost Models for Future Software Life Cycle Processes: COCOMO 2." *Annals of Software Engineering:* 1–31. doi:10.1007/BF02249046.

Boehm, B., and W. Royce. 1989. "Ada COCOMO and the Ada Process Model." *In Proc. 5th COCOMO Users' Group Meeting*. Pittsburgh: Software Engineering Institute. http://www.dtic.mil/dtic/tr/fulltext/u2/a243476.pdf

Boehm, B. W. 1981. *Software Engineering Economics.* Englewood Cliffs, NJ: Prentice-Hall.

Boehm, B. W., C. Abts, A. W. Brown, S. Chulani, B K. Clark, E. Horowitz, R. Madachy, D. Reifer, and B. Steece. 2000. *Software Cost Estimation with COCOMO II.* Englewood Cliffs, NJ: Prentice-Hall.

Cohn, M. 2005. *Agile Estimating and Planning.* Englewood-Cliffs, NJ: Prentice Hall.

QSM. 2014. "Function Point Languages Table." http://www.qsm.com/resources/function-point-languages-table

Rubin, K. S. 2013. *Essential Scrum.* Boston: Addison-Wesley.

24

품질 경영

Quality management

학습목표

이 장의 목적은 소프트웨어 품질 경영과 소프트웨어 척도에 대해 소개하는 것이다. 이 장을 통해 학습할 내용들은 다음과 같다.

- 품질 경영 프로세스의 소개와 품질 계획 수립이 중요한 이유를 알게 된다.
- 품질 경영 프로세스에서 표준의 중요성을 인지하고 품질 보증에서 표준이 어떻게 사용되는지를 알게 된다.
- 리뷰와 인스펙션이 소프트웨어 품질 보증을 위한 기법으로 사용되는 방법을 이해하게 된다.
- 애자일 방법에서 품질 경영이 어떻게 팀의 품질 문화의 개발에 기초하는지를 이해한다.
- 소프트웨어 척도가 품질 속성을 평가하는 데 도움을 주는 방법과 소프트웨어 빅 데이터 분석의 개념 그리고 소프트웨어 척도의 한계점에 대해 이해한다.

학습내용

소프트웨어 품질 경영은 개발되는 소프트웨어 시스템이 "목적에 적합"하다는 것을 보증하는 것과 관련된다. 즉 시스템은 사용자들의 요구를 만족시켜야 하고, 효율적이고 신뢰할 수 있게 수행되어야 하며, 주어진 예산 범위 내에서 일정에 맞게 인도되어야 한다. 새로운 소프트웨어 기술 그리고 테스팅 방법과 함께 품질 경영 기술의 사용은 지난 20년 동안 소프트웨어 품질 수준에 상당한 개선을 가져왔다.

정형화된 품질 경영(QM: Quality Management)은 개발하는 데 여러 해가 걸리고 오랜 수명을 갖는 대규모 시스템을 개발하는 팀에게는 특별히 중요하다. 이런 시스템들은 대체로 계획-기반의 프로세스를 사용하여 외부의 고객들을 위해 개발된다. 이런 시스템에서 품질 경영은 조직의 이슈 그리고 개별적 프로젝트 이슈를 갖는다.

1. 조직 레벨에서, 품질 경영은 고품질의 소프트웨어로 이끄는 조직의 프로세스와 표준을 확립하는 것과 관계된다. QM 팀은 사용하는 소프트웨어 개발 프로세스 그리고 소프트웨어와 시스템 요구사항, 설계, 코드를 포함한 관련된 문서에 적용되는 표준을 정의할 책임이 있다.
2. 프로젝트 레벨에서, 품질 경영은 특정한 품질 프로세스를 채택하고, 계획된 프로세스가 준수되고 있는지를 검사하고, 그리고 프로젝트 결과가 정의된 표준에 맞는 것을 보장하는 것을 포함한다. 프로젝트 품질 표준은 프로젝트에 대한 품질 계획을 정의하는 것도 포함할 수 있다. 품질 계획은 프로젝트의 품질 목표를 설정하고 사용할 프로세스와 표준을 정의해야 한다.

소프트웨어 품질 경영 기법은 **품질 보증**과 **품질 관리**라는 용어가 널리 사용되는 제조업에서 개발된 방법과 기법들에 뿌리를 두고 있다. 품질 보증은 고품질의 제품으로 이끄는 프로세스와 표준을 정의하고 품질 프로세스를 제조 공정에 도입하는 것이다. 품질 관리는 요구되는 품질 수준에 미치지 못하는 제품들을 제거하기 위해 품질 프로세스를 적용하는 것이다. 품질 보증과 품질 관리 모두 품질 경영의 일부분이다.

소프트웨어 산업에서, 일부 기업들은 품질 보증을 소프트웨어 품질이 달성되도록 절차, 프로세스, 그리고 표준을 정의하는 것으로 본다. 다른 기업에서는 품질 보증을 개발팀이 제품을 처리한 이후에 적용되는 모든 형상 관리, 검증 및 확인 활동도 포함하는 것으로 본다.

품질 경영은 소프트웨어 개발 프로세스 중에 독립적인 검사를 부여한다. QM 팀은 프로젝트 산출물이 조직의 표준과 목표에 일치하는 지를 검사한다(그림 24.1). 프로젝트를 진행한 각각의 팀이 완수한 작업들을 기록한 프로세스 문서 또한 검사한다. QM 팀은 중요한 작업이 빠졌는지 또는 어떤 그룹이 다른 그룹이 진행한 것에 대해 잘못된 가정을 하지는 않았는지를 검사하기 위해 문서를 사용한다.

대형 기업에서 QM 팀은 대체로 릴리스 테스팅 프로세스를 관리할 책임을 갖는다. 8장에서 논의한 것처럼, 이것은 소프트웨어가 고객에게 인도되기 전에 QM 팀이 테스팅을 관리한다는 것을 의미한다. 게다가 그들은 시스템 테스트가 요구사항의 모든 부분

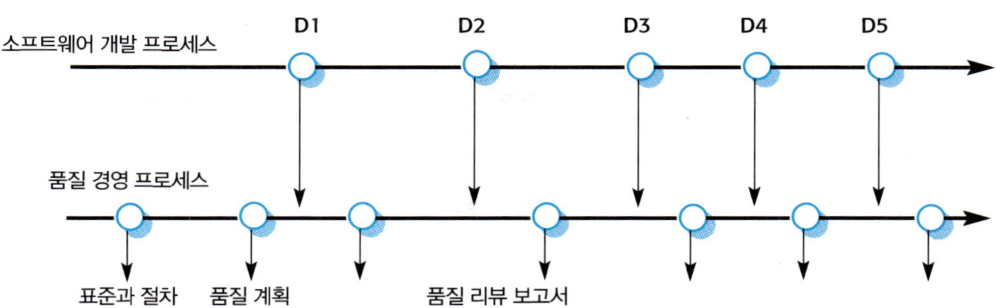

그림 24.1 품질 경영과 소프트웨어 개발

을 다루었는지 그리고 테스팅 프로세스에 대한 적절한 기록이 유지되고 있는지 검사할 책임이 있다.

QM 팀은 소프트웨어 품질에 대해 객관적인 관점을 갖도록 소프트웨어 개발 그룹의 일부분이 아닌 독립적인 팀이어야 한다. 그들은 소프트웨어 개발 이슈에 영향을 받지 않고 소프트웨어 품질에 대해 보고할 수 있다. 이상적으로는 QM 팀은 품질 경영에서 조직 전체에 대한 책임을 가져야 한다. 그들은 프로젝트 관리자 레벨 이상의 경영진에게 보고해야 한다.

프로젝트 관리자는 프로젝트 예산과 일정을 준수해야 하므로 일정을 맞추기 위해 제품의 품질에 타협할 유혹을 받는다. 독립적인 QM 팀은 품질에 대한 조직의 목표가 단기의 예산과 일정 제약에 영향을 받지 않도록 보장한다. 그러나 작은 기업에서는 이것이 실질적으로 불가능하다. 품질 경영과 소프트웨어 개발이 개발과 품질 권한 모두를 가진 사람에 의해 필연적으로 간섭을 받는다.

정형화된 품질 계획 수립은 계획–기반 개발 프로세스의 중요한 부분이다. 이것은 프로젝트에 대한 품질 계획을 개발하는 프로세스이다. 품질 계획은 희망하는 소프트웨어 품질을 설정하고 이런 품질들을 평가하는 방법을 기술한다. 이것은 특정한 시스템에 대해 "고품질" 소프트웨어가 실제로 의미하는 것을 정의한다. 그러므로 엔지니어들은 가장 중요한 소프트웨어 품질 속성에 대해 공통적으로 이해할 수 있다.

Humphrey (Humphrey 1989)는 소프트웨어에 대한 그의 고전적 저서에서 품질 계획에 대한 기본적인 구조를 다음과 같이 제안하였다.

1. **제품 소개**: 제품, 의도하고 있는 시장, 그리고 제품에 대한 품질 기대에 대한 설명
2. **제품 계획**: 제품의 중요한 릴리스 날짜와 책임, 그리고 배포와 제품 서비스에 대한 계획
3. **프로세스 설명**: 제품 개발과 관리를 위해 사용되는 개발과 서비스 프로세스와 표준
4. **품질 목표**: 중요한 제품 품질 속성의 표시와 타당성을 포함한 제품에 대한 품질 목표와 계획
5. **리스크들과 리스크 관리**: 제품 품질에 영향을 줄 수 있는 주요한 리스크들 그리고 이런 리스크를 처리하기 위해 고려할 행동들

일반적인 프로젝트 계획 수립 프로세스의 일부분으로 개발된 품질 계획은 개발되는 시스템의 규모와 종류에 따라 상당히 다르다. 그러나 품질 계획을 작성할 때 가능하면 간단하게 작성하려고 노력해야 한다. 문서가 너무 길게 작성되면, 사람들은 그것을 읽으려고 하지 않는다. 품질 계획을 작성한 목적이 달성되기 어렵다.

전통적인 품질 경영은 테스팅 및 시스템 검증 그리고 프로세스를 따라야 하는 방법에 대한 과도한 문서를 유지하는 것에 의존하는 정형화된 프로세스이다. 이런 관점에서 이것은 문서의 작성과 개발 작업이 수행되는 방식을 정형화는 것에 가능한 적은 시간을 소모할 목적을 가진 애자일 개발과는 정반대이다. 그러므로 애자일 방법을 사용할 때는 QM 기법도 달라져야 한다. 24.4절에서 QM과 애자일 기법을 다룬다.

24.1 소프트웨어 품질

제조업은 생산하는 제품의 품질을 개선할 목적으로 품질 경영의 기초를 확립했다. 이런 노력의 일환으로 업계는 제품의 상세한 명세서에 적합한 것을 기초로 하는 품질에 대한 정의를 개발했다. 이것은 제품은 완전히 명세화가 가능하고 생산된 제품이 명세서에 따라 검사되는 절차가 확립될 수 있다는 기본적인 가정을 하고 있다. 물론 제품은 결코 명세서를 완전하게 만족할 수는 없으므로 약간의 오차는 허용된다. 만약 제품이 "거의 올바르다"면, 그것은 수용할 수 있는 것으로 분류된다.

소프트웨어 품질은 제조업의 품질과 직접적으로 비교될 수는 없다. 아날로그 시스템에서는 오차 허용이 적용될 수 있지만, 소프트웨어에는 적용될 수 없다. 게다가, 소프트웨어 시스템이 그것의 명세서를 만족하는지 아닌지에 대한 객관적 결론에 다다르는 것도 종종 불가능하다.

1. 완전하고 모호성이 없는 소프트웨어 요구사항을 작성하는 것은 어렵다. 소프트웨어 개발자와 고객들은 명세서를 다른 방식으로 해석할 수 있고 소프트웨어가 명세서에 맞는지 아닌지에 대한 동의에 도달하는 것이 불가능할 수 있다.
2. 대체로 명세서는 여러 부류의 이해당사자들로부터 구한 요구사항들을 통합한다. 이런 요구사항들은 필연적으로 타협안을 가지므로 모든 이해당사자 그룹의 요구사항을 포함할 수 없다. 그러므로 시스템이 합의된 요구사항을 구현했다고 하더라도 배제된 이해당사자는 시스템을 저급 품질 시스템으로 인식할 수 있다.
3. 어떤 품질 속성(예, 유지보수성)들은 직접적으로 측정하는 것이 불가능하므로, 이것들을 모호하지 않은 방식으로 기술할 수가 없다. 24.4절에 측정의 어려움에 대해 기술하였다.

이런 문제들 때문에 소프트웨어 품질에 대한 평가는 주관적인 프로세스이다. 품질

안전성	이해용이성	이식성
보안성	시험성	사용성
신뢰성	적응성	재사용성
복원성	모듈성	효율성
견고성	복잡도	학습용이성

그림 24.2 소프트웨어 품질 속성

경영팀은 수용할 만한 수준의 품질이 달성되었는지를 결정하기 위해 그들의 판단을 사용한다. 그들은 소프트웨어가 의도된 목적에 적합한지 아닌지를 판단한다. 이런 결정에는 시스템의 특성에 대한 다음과 같은 질문에 답하는 것을 포함한다.

1. 소프트웨어가 적절하게 테스트되었고 테스트를 통해 모든 요구사항이 구현된 것을 확인하였는가?
2. 소프트웨어가 사용되기에 충분히 믿을만한가?
3. 소프트웨어의 성능이 일반적인 사용에서 수용할만한가?
4. 소프트웨어가 사용할만한가?
5. 소프트웨어가 구조화가 잘 되어있고 이해 가능한가?
6. 개발 프로세스에서 프로그래밍과 문서화 표준이 잘 지켜졌는가?

소프트웨어 품질 경영에는 시스템이 명세서에 따라 테스트될 것이라는 일반적인 가정이 있다. 요구된 기능을 달성했는지 아닌지에 대한 판단은 이런 테스트의 결과에 기초한다. 그러므로 QM 팀은 테스트 작업이 올바르게 수행되었는지를 검사하기 위해 진행된 테스트들 그리고 테스트 결과들을 리뷰하여야 한다. 일부 기업에서는 QM 그룹이 최종 시스템 테스팅을 수행한다; 다른 기업에서는 시스템 테스팅 전담팀이 결과를 시스템 품질 경영자에게 보고한다.

소프트웨어 시스템의 주관적인 품질은 대부분 그것의 비기능적 특성에 근거한다. 이것은 특별한 사용자 경험을 반영한다. 만약 소프트웨어의 기능성이 기대했던 것과 다르다면, 사용자는 종종 이런 결함을 피해서 작업을 하며, 원하는 작업을 수행할 수 있는 다른 방법을 찾는다. 그러나 소프트웨어가 신뢰할 수 없거나 너무 느리다면, 이런 목표를 달성하는 것은 현실적으로 불가능하다.

그러므로 소프트웨어 품질은 소프트웨어 기능의 올바른 구현여부뿐만 아니라 그림 24.2에 나타낸 시스템의 비기능적 속성에도 의존한다. 이 속성들은 소프트웨어 확실성, 사용성, 효율성, 그리고 유지보수성을 반영한다.

시스템이 이런 속성들 모두에 최적화되기는 불가능하다. 예를 들어, 안전성을 개선하면 성능 손실을 가져올 수 있다. 그러므로 품질 계획은 개발 중인 소프트웨어에 대해

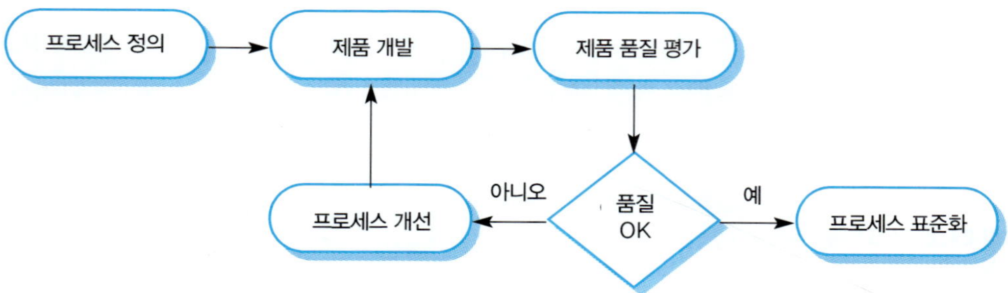

그림 24.3 프로세스 기반 품질

가장 중요한 품질 속성들을 정의해야 한다. 효율성이 중대하다면 이것을 달성하기 위해 다른 요인들은 희생되어야 한다. 품질 계획에 효율성의 중요성을 강조했다면, 개발 작업을 수행하는 엔지니어들은 이것을 달성하기 위해 합심해서 작업할 수 있다. 계획은 품질 평가 프로세스의 정의도 포함하여야 한다. 이 프로세스는 제품이 유지보수성 또는 견고성과 같은 어떤 품질을 갖고 있는지를 평가하는 합의된 방식이어야 한다.

전통적인 소프트웨어 품질 경영은 소프트웨어의 품질이 소프트웨어 개발 프로세스의 품질과 직업적으로 관련이 있다는 가정에 근거한다. 이런 가정은 제품의 품질이 생산 공정과 밀접히 관련되는 제조업 시스템으로부터 왔다. 제조 공정은 공정에 관련된 기계들을 구성하고 설치하고 운영하는 것을 포함한다. 일단 기계들이 올바르게 작동하면, 제품의 품질은 자연스럽게 따라온다. 제품의 품질을 측정하고 원하는 품질 수준을 달성할 때까지 공정을 변경한다. 그림 24.3은 제품 품질을 달성하기 위한 이런 프로세스 기반 접근법을 나타낸다.

공정을 표준화하고 감시하는 것이 상대적으로 쉽기 때문에 제조업에서는 공정과 제품 품질 사이에는 명백한 관계가 있다. 일단 제조 시스템이 맞추어지면, 고품질의 제품을 생산하기 위해 반복해서 가동할 수 있다. 그러나 소프트웨어는 제조되는 것이 아니라 설계되는 것이고 프로세스 품질과 제품의 품질 사이의 관계는 훨씬 복잡하다. 소프트웨어 설계는 창조적인 과정이고 따라서 개인의 기술과 경험의 영향이 훨씬 중요하다. 애플리케이션의 독창성 또는 제품 조기 출하에 대한 상업적 압력과 같은 외부 요인들도 사용되는 프로세스와 무관하게 제품의 품질에 영향을 미친다.

의심할 여지없이 사용되는 개발 프로세스가 소프트웨어의 품질에 중대한 영향을 미치며, 좋은 프로세스가 좋은 품질의 소프트웨어로 이끌 가능성은 더 높다. 프로세스 품질 경영과 개선은 개발되는 소프트웨어가 적은 결함을 갖도록 만들 수 있다. 그러나 오랜 기간 동안 소프트웨어를 사용하지 않고서는 신뢰성과 유지보수성과 같은 소프트웨어 품질 속성들을 평가하는 것이 어렵다. 결과적으로 프로세스 특성이 이런 속성들에 영향을 미치는 정도를 언급하는 것은 어렵다. 게다가 프로세스 표준화는 때때로 창의성을 억누르게 되는데, 소프트웨어 프로세스에서 설계와 창의성의 역할 때문에 표준화는 나쁜 품질의 소프트웨어로 귀결될 수도 있다.

문서 표준

프로젝트 문서는 (요구사항, UML, 코드 등) 소프트웨어 시스템의 여러 표현들 그리고 그것들의 생성 과정을 눈에 보이도록 기술하는 방식이다. 문서 표준은 문서의 양식뿐만 아니라 문서의 종류와 구조를 정의한다. 문서 표준은 중요한 항목이 문서에서 누락되었는지를 쉽게 검사할 수 있게 하고 프로젝트 문서들이 공통적인 "형태와 느낌"을 갖도록 하므로 중요하다. 문서들을 작성하는 프로세스, 문서 자체 그리고 문서 교환에 대한 표준들도 개발될 수 있다.

http://software-engineering-book.com/web/documentation-standards/

정의된 프로세스들은 중요하다. 그러나 품질 경영자는 소프트웨어 개발을 책임지는 모두가 높은 수준의 제품 품질을 달성하기 위해 헌신하는 "품질 문화(quality culture)"를 계발하려고 해야 한다. 관리자들은 팀원들이 작업의 품질에 대한 책임을 갖고 품질 개선을 위한 새로운 접근법을 찾도록 장려해야 한다. 표준과 절차가 품질 경영의 기본이지만, 좋은 품질 경영자들은 표준에 포함될 수 없는(우아함, 가독성 등) 소프트웨어 품질의 무형적 측면이 있다는 것을 인지하고 있다. 관리자들은 품질의 무형적 특성에 관심을 갖는 사람들을 지원하고 모든 팀 멤버들의 프로 의식을 장려해야 한다.

24.2 소프트웨어 표준

소프트웨어 표준은 계획 기반 소프트웨어 품질 경영에서 중요한 역할을 담당한다. 이미 언급한 것처럼 품질 보증의 중요한 부분은 소프트웨어 개발 프로세스 또는 소프트웨어 제품에 적용되어야 하는 표준의 정의 또는 선택이다. 이 프로세스의 일부분으로 이런 표준의 사용을 지원하는 도구와 방법들도 또한 선택되어야 한다. 일단 사용을 위해 표준이 선택되면, 표준의 사용을 감시하고 준수되고 있는지를 검사하기 위해 프로젝트에 특정한 프로세스들이 정의되어야 한다.

소프트웨어 표준은 다음과 같은 세 가지 이유로 중요하다.

1. 표준은 조직에 주요한 가치가 되는 지혜를 담고 있다. 표준은 기업을 위한 최상의 또는 가장 적합한 실천 방법에 대한 지식을 기초로 한다. 이런 지식은 종종 많은 시행착오를 거친 후에만 획득된다. 이것을 표준으로 만드는 것은 기업이 경험을 재사용하고 이전의 실수를 되풀이하지 않게 도와준다.
2. 표준은 특정한 상황에서 품질이 어떤 의미를 갖는지를 정의하는 프레임워크를 제공한다. 이미 언급한 것처럼 소프트웨어 품질은 주관적인데, 표준을 사용함으로써 품

제품 표준	프로세스 표준
설계 리뷰 양식	설계 리뷰 행위
요구사항 문서 구조	시스템 구축을 위한 새로운 코드의 제출
메서드 헤더 형식	버전 릴리스 프로세스
Java 프로그래밍 스타일	프로젝트 계획 승인 프로세스
프로젝트 계획 형식	변경 제어 프로세스
변경 요청 양식	테스트 기록 프로세스

그림 24.4 제품과 프로세스 표준

질의 요구되는 수준이 달성되었는지를 판단하는 근거를 확립할 수 있다. 물론 이것은 소프트웨어 확실성, 사용성 그리고 성능에 대한 사용자의 기대치를 반영하는 표준을 설정하는 것에 달려있다.

3. 표준은 어떤 사람이 착수해서 진행하던 작업을 다른 사람이 이어서 진행해야 할 때 지속성을 도와준다. 표준은 조직에 속한 모든 엔지니어들이 동일한 방법을 채택하는 것을 보장한다. 개념적으로 새로운 작업을 시작할 때 필요한 학습 노력이 줄어든다.

소프트웨어 공학 표준의 두 가지 관련된 유형이 소프트웨어 품질 경영에서 정의되고 사용될 수 있다.

1. **제품 표준**: 이것들은 개발하고 있는 소프트웨어 제품에 적용된다. 요구사항 문서의 구조와 같은 문서 표준, 클래스 정의에서 표준 주석 헤더와 같은 문서화 표준, 그리고 프로그래밍 언어을 사용하는 방식을 정의한 코딩 표준을 포함한다.
2. **프로세스 표준**: 이것들은 소프트웨어 개발 기간 동안 준수되어야 하는 프로세스들을 정의한다. 이것은 좋은 개발 실무관행을 요약해야 한다. 프로세스 표준은 명세화, 설계, 그리고 검증 프로세스에 대한 정의, 프로세스 지원 도구, 그리고 이런 프로세스 중에 작성되어야 하는 문서들에 대한 설명을 포함할 수 있다.

사용될 수 있는 제품과 프로세스 표준의 예를 그림 24.4에 나타내었다.

표준은 제품 품질의 향상이라는 형식으로 가치를 전달해야 한다. 적용하기 위해서는 많은 시간과 노력이 필요한데 품질 개선은 미미한 표준을 정의하는 것은 의미가 없다. 제품 표준은 비용에 효과적인 방식으로 적용되고 검사될 수 있도록 고안되어야 하고, 프로세스 표준은 제품 표준이 지켜지고 있는지를 검사하는 프로세스에 대한 정의를 포함해야 한다.

기업체에서 사용되는 소프트웨어 공학 표준은 대체로 국가 또는 국제 표준을 채택한다. 소프트웨어 공학 기술, Java와 C++ 같은 프로그래밍 언어, 도표 작성 심벌와 같은 표기법, 소프트웨어 요구사항을 유도하고 작성하기 위한 절차, 품질 보증 프로세스, 그리고 소프트웨어 검증과 확인 프로세스를 다루는 국가 또는 국제 표준들이 개발되어 왔다(IEEE 2003). 안전성 중심 시스템과 보안성 중심 시스템에 대한 전문화된 표준들도 개발되어 왔다.

소프트웨어 엔지니어들은 때때로 표준이 과도한 규범이고 소프트웨어 개발의 기술적 활동에 부적절하다고 여긴다. 이것은 프로젝트 표준이 지루한 문서화와 작업 기록을 요구할 때에는 특별히 더 그렇다. 비록 그들은 표준의 일반적인 필요성에는 대체로 동의하지만, 표준이 특정한 프로젝트에 반드시 적절한 것은 아니라는 그럴듯한 이유를 종종 찾아낸다. 그러므로 표준을 설정하는 품질 경영자들은 엔지니어들에게 표준의 중요성을 확신시켜줄 수 있는 가능한 행위들을 고려해야 한다:

1. **제품 표준의 선택에 소프트웨어 엔지니어들을 참여시킨다**: 개발자들이 표준이 선택된 이유를 이해한다면, 표준을 더 잘 준수할 것이다. 이상적으로 표준 문서는 지켜져야 되는 표준을 설정하는 것뿐만 아니라 표준에 대한 결정이 내려진 이유에 대한 부가적인 설명도 포함해야 한다.
2. **변화하는 기술을 반영하도록 표준을 정기적으로 리뷰하고 수정한다**: 표준을 개발하는 데는 많은 비용이 소요되는데, 표준은 기업 표준 편람으로 소중히 보관되는 경향이 있다. 비용과 토론이 필요하기 때문에, 표준을 변경하는 것에 대해 종종 거부감을 갖는다. 표준 편람은 매우 중요하지만 변화하는 환경과 기술을 반영하도록 진화되어야 한다.
3. **표준-기반 개발을 지원하는 도구가 확실히 이용될 수 있도록 한다**: 개발자들은 종종 표준을 준수하기 위해 소프트웨어 도구에 의해 처리될 수도 있는 작업을 지루한 수동 작업으로 수행할 때 표준을 골칫거리라고 생각한다. 도구의 지원이 이루어진다면 부가적인 노력이 없어도 표준을 준수할 수 있게 된다. 예를 들어 프로그램 레이아웃 표준은 구문 중심 프로그램 편집 시스템에 의해 정의되고 구현될 수 있다.

다른 종류의 소프트웨어는 다른 개발 프로세스를 필요로 하므로 표준은 적응할 수 있어야 한다. 프로젝트 또는 프로젝트팀에 적절하지 않은 특정한 작업 방식을 규정하는 것은 의미가 없다. 프로젝트 관리자들은 개별적 상황에 따라 프로세스 표준을 수정할 수 있는 권한을 가져야 한다. 그러나 변경 작업을 수행할 때, 변경이 제품 품질의 저하로 이끌지 않는다는 것을 확실하게 하는 것이 중요하다.

프로젝트 관리자와 품질 경영자는 프로젝트 초기에 주의 깊은 품질 계획 수립을 함으로써 부적절한 표준 사용에 대한 문제들을 피할 수 있다. 그들은 조직의 표준에서 그대로 사용될 수 있는 부분, 변경되어야 하는 부분, 그리고 무시되어야 하는 부분들을 판

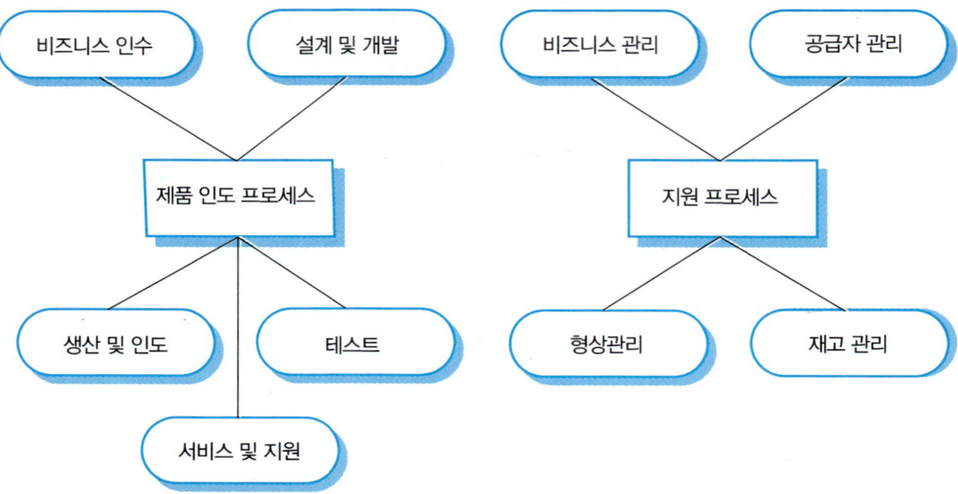

그림 24.5 ISO 9001 핵심 프로세스

단해야 한다. 고객 또는 프로젝트 요구사항에 맞추어 새로운 표준을 만들어야 할 수도 있다. 예를 들어, 정형 명세서가 이전의 프로젝트에서 사용된 적이 없다면 이것에 대한 표준이 필요할 것이다.

24.2.1 ISO 9001 표준 프레임워크

모든 산업에서 품질 경영 시스템의 개발에 사용되는 국제 표준의 집합을 ISO 9000 이라고 부른다. ISO 9000 표준은 제조업부터 서비스업까지 광범위한 조직에 적용될 수 있다. 이 표준들 중에서 가장 일반적인 ISO 9001은 소프트웨어를 포함한 제품을 설계, 개발, 그리고 유지하는 조직에 적용된다. ISO 9001 표준은 1987년에 최초로 개발되었다. 여기서는 2008년도 버전에 대해 설명하지만, 2015년에 새로운 버전이 예정되어 있어 표준에 변화가 있을 것이다.

ISO 9001 표준은 소프트웨어 개발에 대한 표준이 아니라 소프트웨어 표준을 개발하기 위한 프레임워크이다. 이것은 일반적인 품질 원리를 정리하고, 품질 프로세스를 일반적으로 기술하고, 정의되어야 하는 조직의 표준과 절차를 제시한다. 이것들은 조직의 품질 매뉴얼에 문서화되어야 한다.

ISO 9001에 대한 2000년의 주요 개정안은 9개의 핵심 프로세스 중심으로 재편되었다(그림 24.5). 어떤 조직이 ISO 9001에 맞추기 위해서는 조직의 프로세스들이 이들 핵심 프로세스에 관련되는 방식을 문서화해야 한다. 또한 정의된 조직의 프로세스가 준수되고 있다는 것을 증명하는 기록들을 정의하고 유지해야만 한다. 기업의 품질 매뉴얼은 관련 있는 프로세스들 그리고 수집되고 관리되어야 하는 프로세스 데이터를 기술해야 한다.

ISO 9001 표준은 기업이 사용해야 하는 특정한 품질 표준을 정의하거나 규정하지

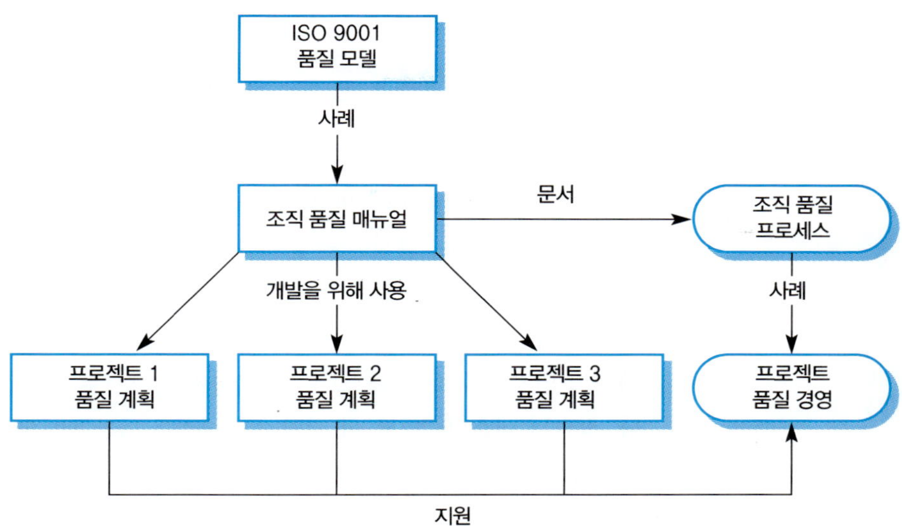

그림 24.6 ISO 9001과 품질 경영

않는다. ISO 9001 표준에 적합하기 위해서 기업은 그림 24.5에 보인 프로세스 유형을 정의하고 품질 프로세스가 준수되고 있음을 입증하는 절차를 가져야 한다. 이것은 산업 분야별로 그리고 기업체 규모에 따라 융통성을 허용한다.

개발하고 있는 소프트웨어의 유형에 적합한 품질 표준을 정의할 수 있다. 소형 기업들은 문서 작업이 많지 않은 간단한 프로세스를 가질 수 있고 여전히 ISO 9001에 맞출 수 있다. 그러나 이런 융통성은 각각 다른 ISO 9001 준수 기업들의 프로세스들 사이에 유사성 또는 차이에 대해 가정을 할 수 없다는 것을 의미한다. 어떤 기업들은 상세한 기록들을 유지하는 매우 엄격한 품질 프로세스를 가질 수 있고, 다른 기업들은 최소한의 부가적인 문서화만을 요구하는 덜 형식적일 수 있다.

조직의 품질 매뉴얼 ISO 9001과 개별적인 프로젝트 품질 계획 사이의 관계를 그림 24.6에 나타내었다. 이 그림은 일반적인 ISO 9001 표준이 소프트웨어 품질 경영 프로세스의 기본으로 사용될 수 있는 방법을 설명한 Ince (Ince 1994)가 제안한 모델을 참조해서 작성한 것이다. Bamford와 Deibler (Bamford and Deibler 2003)는 나중에 ISO 9001: 2000 표준을 소프트웨어 기업에 적용할 수 있는 방법을 설명하였다.

몇몇 소프트웨어 고객들은 공급자가 ISO 9001 인증 기업이기를 요구한다. 그러면 고객들은 소프트웨어 개발 기업이 승인된 품질 경영 시스템을 가동하고 있다는 것을 믿을 수 있게 된다. 독립적인 승인 기관들이 품질 경영 프로세스와 프로세스 문서화를 검사하고, 이 프로세스들이 ISO 9001에 명시된 모든 영역들을 다루고 있는지를 결정한다. 만약 그렇다면, 그 기관들은 품질 매뉴얼에 정의된 기업의 품질 프로세스들이 ISO 9001 표준에 적합하다는 것을 인증해준다.

일부 사람들은 ISO 9001 인증을 인증 기업에 의해 개발된 소프트웨어의 품질이 비

인증 기업의 것보다 항상 더 좋다는 의미로 잘못 생각한다. ISO 9001 표준은 조직이 품질 경영 절차를 갖고 있고 이 절차를 잘 지키고 있다는 것을 보증하는 데 집중한다. ISO 9001 인증 기업이 가장 좋은 소프트웨어 개발 관행을 사용하거나 프로세스가 높은 품질의 소프트웨어로 이끈다는 보장은 없다.

저자의 관점에서, ISO 9001 인증은 품질을 표준에의 순응으로 정의하기 때문에 부적당하고 생각한다. 그것은 품질이 소프트웨어 사용자에 의해 체험되는 것을 고려하지 않는다. 예를 들면, 어떤 기업이 테스트 커버러지 표준을 객체에 있는 모든 메서드들이 적어도 한번은 호출되어야 하는 것으로 정의할 수 있다. 불행히도 이 표준은 서로 다른 메서드 인자들을 갖는 테스트를 포함하지 않으므로 불완전한 소프트웨어 테스팅이 된다. 정의된 테스팅 절차들이 지켜지고 테스트 기록들이 관리되면, 기업은 ISO 9001 인증이 될 수 있다.

24.3 리뷰와 인스펙션

리뷰와 인스펙션은 프로젝트 산출물의 품질을 검사하는 품질 보증 활동이다. 이것은 표준 위반뿐만 아니라 오류와 누락을 발견하기 위해 소프트웨어, 문서, 그리고 프로세스 기록들을 검사하는 것을 포함한다. 8장에서 설명한 것처럼, 리뷰와 인스펙션은 일반적인 소프트웨어 검증과 확인 프로세스의 일부분으로 프로그램 테스팅과 함께 사용된다.

리뷰에서, 여러 명의 사람들은 잠재적 문제가 되는 부분과 표준에 적합하지 않은 부분을 찾기 위해 소프트웨어와 관련된 문서들을 조사한다. 리뷰팀은 소프트웨어 또는 프로젝트의 품질 수준에 대해 판단을 내린다. 그다음 프로젝트 관리자는 계획에 대한 결정과 개발 프로세스에 자원들을 할당하기 위해 이 평가를 사용한다.

품질 리뷰는 소프트웨어 개발 프로세스 동안에 생성된 문서를 기초로 한다. 소프트웨어 명세서, 소스 코드, 프로세스 모델, 테스트 계획, 형상 관리 절차, 프로세스 표준, 그리고 사용자 매뉴얼 모두가 리뷰될 수 있다. 리뷰는 문서 또는 코드의 일관성과 완전성을 검사해야 하며, 만약 품질 표준이 정의되어 있다면 표준이 지켜지고 있는지도 검사한다.

리뷰는 단순히 표준에 적합한가를 검사하는 것은 아니다. 이것은 소프트웨어 또는 프로젝트 문서에 있는 문제와 누락을 찾아내는 데도 사용될 수 있다. 리뷰의 결론은 품질 경영 프로세스의 일부분으로 공식적으로 기록되어야 한다. 만약 문제가 발견되면, 소프트웨어의 작성자 또는 오류와 누락을 수정할 책임이 있는 사람에게 리뷰자의 의견이 전달되어야 한다.

리뷰와 인스펙션의 목적은 개발팀에 있는 인원의 능력에 대한 평가가 아니라 소프트웨어 품질을 개선하는 것이다. 컴포넌트 테스팅 프로세스와 비교해보면, 리뷰는 더

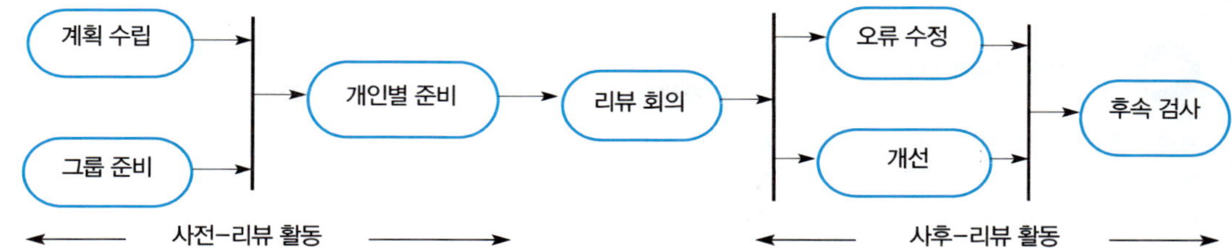

그림 24.7 소프트웨어 리뷰 프로세스

공개적인 오류 검출 프로세스이다. 불가피하게 개인의 잘못이 전체 프로그래밍 팀에게 노출된다. 모든 개발자들이 리뷰 프로세스에 생산적으로 참여하도록 프로젝트 관리자는 개개인의 관심사항을 세심히 배려해야 한다. 오류가 발견되었을 때에 비난이 아닌 격려를 해주는 작업 문화를 개발해야 한다.

비록 소프트웨어 품질에 관한 정보가 경영 결정을 내리는 데 사용될 수 있지만, 품질 리뷰는 경영 진척사항 리뷰는 아니다. 진척사항 리뷰는 소프트웨어 프로젝트의 실제 진행 상황을 계획과 비교하는 것이다. 주요 관심 사항은 프로젝트가 제시간에 예산에 맞추어 유용한 소프트웨어를 인도하느냐 아니냐이다. 진척사항 리뷰는 외부 요인들을 고려한다. 변경된 상황에 의해 개발 중인 소프트웨어가 더 이상 필요하지 않거나 또는 급격하게 변경을 해야할 수 있다. 비즈니스 또는 소프트웨어 운영 환경의 변화로 인해 고품질의 소프트웨어를 개발하고 있는 프로젝트들을 취소해야 할 수도 있다.

24.3.1 리뷰 프로세스

비록 리뷰들은 세세한 부분에서 많은 변형이 있지만, 리뷰 프로세스는 다음과 같은 세 단계로 구분된다(그림 24.7).

1. 리뷰 사전 활동: 이것은 효과적인 리뷰를 위해 필수적인 준비 활동이다. 전형적으로 리뷰 사전 활동은 리뷰 계획 수립과 리뷰 준비와 관련된다. 리뷰 계획 수립은 리뷰 팀을 구성하고 리뷰 시간과 장소를 정하고 리뷰되는 문서를 배포하는 것을 포함한다. 리뷰 준비에서는 리뷰될 소프트웨어에 대한 개요를 얻기 위해 팀이 모일 수도 있다. 리뷰팀 멤버 각각은 소프트웨어 또는 문서 그리고 관련된 표준들을 읽고 이해한다. 그리고 오류, 누락, 표준과 다른 부분을 찾아내는 작업을 한다. 리뷰 회의에 참석할 수 없으면 리뷰자들은 소프트웨어에 대한 의견 문서를 작성해 제출할 수 있다.
2. 리뷰 회의: 리뷰 회의 동안 리뷰되는 문서 또는 프로그램의 작성자는 문서를 리뷰팀에게 차근차근 보여준다. 리뷰 자체는 최대 2시간으로 상대적으로 짧다. 한 멤버가 의장이 되고, 다른 멤버는 진행된 모든 리뷰 결정과 행동들을 공식적으로 기록한다.

인스펙션 프로세스에서의 역할들

프로그램 인스펙션이 IBM에서 확립되었을 때, 인스펙션 멤버들에 대한 몇 개의 공식적인 역할이 정의되었다(Fagan 1986). 여기에는 중재자, 코드 낭독자, 그리고 서기가 포함된다. 인스펙션의 다른 사용자들은 이 역할들을 수정했지만, 일반적으로 인스펙션에는 코드 작성자, 인스펙터, 서기, 그리고 의장의 역할을 맡는 중재자가 포함되는 것으로 인식한다.

http://software-engineering-book.com/web/qm-roles/

리뷰 동안 의장은 제시된 모든 의견이 고려되도록 할 책임이 있다. 의장은 의견들과 리뷰 동안 동의된 행동들에 대한 기록에 서명을 해야 한다.

3. **리뷰 사후 활동:** 리뷰 회의를 마친 이후에는 리뷰 동안 제기된 이슈와 문제들을 다루어야 한다. 소프트웨어 버그를 고치고 품질 표준에 적합하도록 소프트웨어를 리팩토링하거나 문서들을 다시 작성하는 행동들을 포함한다. 때때로 품질 리뷰에서 발견된 문제들은 문제를 바로 잡기 위해 더 많은 자원을 사용해야 하는지를 결정하기 위해 경영 리뷰도 필요한 것들이다. 변경이 진행된 후에 리뷰 의장이 모든 리뷰 의견들이 고려되었는지를 검사할 수 있다. 때때로 변경이 모든 리뷰 의견을 다루고 있는 가를 검사하기 위해 추가 리뷰가 필요할 수 있다.

일반적으로 리뷰팀은 3에서 4명의 주요 리뷰자들을 갖는다. 한명은 중요한 기술적 결정에 대한 책임을 갖는 경험이 많은 설계자여야 한다. 주요 리뷰자들은 관련된 서브시스템의 설계와 같은 다른 프로젝트 멤버들을 리뷰에 참여하도록 초청할 수 있다. 그들은 전체 문서를 리뷰하는 데 관여하지는 않지만 본인들의 작업에 영향을 미치는 부분에 대해서는 집중해야 한다. 다른 방법으로, 리뷰팀이 프로젝트 멤버들에게 문서를 회람하고 의견 작성을 요청할 수 있다. 프로젝트 계획에 변경을 초래하는 문제가 예측되지 않는 한 프로젝트 관리자는 리뷰에 관여할 필요가 없다.

리뷰를 위해 제안된 프로세스들은 리뷰하는 소프트웨어 또는 문서들에 대해 토의하기 위해 리뷰팀이 면대면 회의를 하는 것을 가정한다. 그러나 프로젝트 팀은 종종 분산되어있고, 때로는 다른 나라 혹은 대륙에 있을 수 있으므로, 팀 멤버들이 면대면으로 회의를 하는 것이 불가능할 수 있다. 공유된 문서를 사용하여 리뷰팀 멤버 각각 자신의 의견을 그 문서에 기록하도록 함으로써 원격 리뷰를 지원할 수 있다. 작업 일정 또는 멤버들이 다른 시간대에 작업하기 때문에 면대면 회의가 불가능할 수 있다. 리뷰 의장은 리뷰팀 멤버들의 의견을 조정하고 변경 사항에 대해 멤버들과 개별적으로 토의할 책임이 있다.

24.3.2 프로그램 인스펙션

프로그램 인스펙션은 개발하고 있는 프로그램에서 버그를 발견하기 위해 팀 멤버들이 협력하는 동료 리뷰회의이다. 8장에서 언급한 것처럼, 인스펙션은 소프트웨어 검증과 확인 프로세스의 일부분일 수 있다. 이것은 프로그램이 실행되는 것을 요구하지 않으므로 테스팅을 보완한다. 시스템의 불완전한 버전들을 리뷰할 수 있고, UML 모델과 같은 것들도 리뷰할 수 있다. 프로그램 테스트도 리뷰될 수 있다. 테스트 리뷰는 종종 테스트에 관련된 문제를 찾아내므로 프로그램 버그를 찾아내는 데 테스트의 효율성을 개선할 수 있다.

프로그램 인스펙션은 서로 다른 배경을 가진 팀 멤버들을 포함하여 프로그램 소스 코드에 대해 한 라인씩 세심한 리뷰를 한다. 이들은 결함과 문제들을 찾아내고 인스펙션 회의에서 설명한다. 결함은 논리적인 오류, 잘못된 조건을 나타낼 수 있는 코드 내의 모순 또는 코드에서 누락된 기능들일 수 있다. 리뷰팀은 설계 모델 또는 프로그램 코드를 자세히 조사하고 수정을 위해 모순과 문제들을 강조한다.

인스펙션 동안 버그의 발견을 쉽게 해주는 흔한 프로그래밍 오류에 대한 체크리스트가 종종 사용된다. 이 체크리스트는 도서들의 예제 또는 특정한 애플리케이션 도메인에서 공통적인 결함에 대한 지식들을 기초로 한다. 프로그래밍 언어마다 고유한 특징적 오류들이 있기 때문에, 프로그래밍 언어에 따라 다른 체크리스트를 사용할 수 있다. Humphrey (Humphrey 1989)는 익스펙션에 대한 포괄적인 설명에서 익스펙션 체크리스트의 여러 예를 제시하였다.

인스펙션 프로세스 동안 사용될 수 있는 체크리스트의 예를 그림 24.8에 나타내었다. 조직은 자신의 표준과 관행을 기초로 고유한 인스펙션 체크리스트를 개발해야 한다. 새로운 유형의 결함이 발견되므로 체크리스트는 정기적으로 갱신되어야 한다. 컴파일러가 체크하는 수준이 다르기 때문에, 체크리스트에 있는 항목들은 프로그래밍 언어에 따라 다르다. 예를 들어, Java 컴파일러는 메서드들이 올바른 개수의 매개변수를 갖고 있는지 검사한다; C 컴파일러는 그렇지 않다.

인스펙션을 사용하는 기업들은 이것이 버그를 발견하는 데 효과적이라는 것을 발견했다. Fagan은 프로그램에 있는 오류의 60% 이상이 비공식적인 프로그램 인스펙션을 사용하여 검출되었다고 보고했다(Fagan 1986). McConnell은 결함 검출 비율이 25% 정도인 단위 테스팅과 결함 검출 비율이 60%인 인스펙션을 비교하였다(McConnell 2004). 이런 비교는 자동화된 테스팅의 광범위한 사용 이전에 행해진 것이다. 인스펙션과 자동화된 테스팅을 비교하는 방법은 모른다.

인스펙션 또는 동료 리뷰가 비용 효과적이라는 것이 잘 알려져있음에도 불구하고, 많은 소프트웨어 개발 기업들은 이것들을 사용하는 것을 꺼려한다. 프로그램 테스팅

결함 유형	인스펙션 검사 항목
데이터 결함	■ 모든 프로그램 변수들은 그것들의 값이 사용되기 전에 초기화되는가? ■ 모든 상수들은 이름을 가지는가? ■ 배열의 상한이 배열의 크기와 같은가 아니면 크기보다 하나 작은 값인가? ■ 문자 스트링에서 구분자('\0')를 명백히 할당하였나? ■ 버퍼 오버플로우의 가능성이 있는가?
제어 결함	■ 각각의 조건문에서 조건은 올바른가? ■ 각각의 반복문은 확실히 종료하는가? ■ 복합문이 올바르게 중괄호로 묶였는가? ■ case 문장에서, 모든 가능한 경우를 고려하였는가? ■ case 문의 각각의 case에서 필요한 break를 포함하였는가?
입/출력 결함	■ 모든 입력 변수들은 사용되는가? ■ 모든 출력 변수들은 값이 출력되기 전에 배정되었는가? ■ 예상하지 않은 입력이 문제를 일으킬 수 있는가?
인터페이스 결함	■ 모든 함수와 메서드 호출은 올바른 개수의 매개변수를 갖는가? ■ 형식 매개변수와 실 매개변수의 타입이 일치하는가? ■ 매개변수들은 올바른 순서로 되어 있는가? ■ 컴포넌트들이 공유 메모리 구조에 대해 같은 모델을 사용하는가?
기억장소 관리 결함	■ 링크 구조가 수정되면, 모든 링크들이 올바르게 재할당되는가? ■ 동적 메모리가 사용될 때, 메모리 공간을 올바르게 할당받는가? ■ 메모리 공간이 더 이상 필요하지 않으면, 명백하게 해제하는가?
예외 관리 결함	■ 모든 가능한 오류 조건을 고려하고 있는가?

그림 24.8 인스펙션 체크리스트

경험이 있는 소프트웨어 엔지니어들은 인스펙션이 테스팅보다 결함 검출에 더 효과적일 수 있다는 사실을 때때로 받아들이려 하지 않는다. 인스펙션이 설계와 개발 동안 추가적인 비용을 요구하기 때문에 관리자들은 효과에 대해 의혹을 가질 수도 있다. 그들은 프로그램 테스팅에서 상응하는 비용 절감이 없을 수 있다는 리스크를 떠안기를 원하지 않는다.

24.4 품질 경영과 애자일 개발

소프트웨어 공학의 애자일 방법은 코드의 개발에 집중한다. 이것은 코드 개발과 직접적으로 관계가 없는 문서화와 프로세스들을 최소화하고 프로젝트 문서에 근거한 소통이 아닌 팀 멤버들 사이의 일상적인 소통의 중요성을 강조한다. 애자일 개발에서 품질은 코드 품질 그리고 리팩토링과 같은 실천 방법을 의미하며, 고품질의 코드를 생성하기 위해 테스트 중심 개발이 사용된다.

애자일 개발에서 품질 경영은 문서 기반이 아닌 비정형적인 방식이다. 이것은 모든 팀 멤버가 소프트웨어 품질에 대한 책임을 느끼고 품질이 유지되기 위한 행동을 수행하는 품질 문화를 구축하는 것에 의존한다. 애자일 커뮤니티는 ISO 9001에 포함된 표준 기반 접근법과 품질 프로세스들의 관료적 오버헤드로 보이는 것들에 근본적으로 반대한다. 애자일 개발 방법을 사용하는 기업들은 ISO 9001 인증에 거의 관심을 갖지 않는다.

애자일 개발에서 품질 경영은 공식적인 문서화가 아닌 좋은 실천 방법을 공유하는 것을 기초로 한다. 이런 것들의 예는 다음과 같다.

1. **체크인 전에 검사한다**: 프로그래머들은 코드를 구축 시스템에 체크인하기 전에 다른 팀 멤버들과 함께 코드 리뷰를 수행할 책임이 있다.
2. **구축 시스템을 절대 고장 내지 않는다**: 팀 멤버가 시스템 전체의 고장을 일으키는 코드를 체크인하는 것은 수용되지 않는다. 그러므로 각자가 전체 시스템을 대상으로 자신의 코드 변경을 테스트해야 하며, 이런 코드들이 기대한 대로 동작하는 것에 확신을 가져야 한다. 만약 구축 시스템이 고장나면, 문제를 고치기 위한 최상의 우선순위를 책임있는 사람에게 부여한다.
3. **문제를 발견했으면 문제를 수정한다**: 시스템의 코드는 개인이 아닌 팀에 속한다. 그러므로 프로그래머가 누군가에 의해 개발된 코드에서 문제 또는 모호성을 발견하면, 원래의 개발자에게 문의하는 것이 아니라 이런 문제를 직접 수정할 수 있다.

애자일 프로세스는 공식적인 인스펙션 또는 리뷰 프로세스들을 거의 사용하지 않는다. 스크럼에서 개발팀은 각각의 반복 이후에 품질 이슈와 문제들을 토의하기 위해 만난다. 팀은 발생한 품질 문제를 피하기 위해 작업 방식에 대한 변경을 결정할 수 있다. 새로운 시스템 기능의 추가가 아니라 스프린트 동안 리팩토링과 품질 개선에 집중하기 위한 집단의 결정이 내려질 수 있다.

코드 리뷰는 개인의 책임일 수 있고(체크인 전에 검사) 또는 짝 프로그래밍의 사용에 의존할 수 있다. 3장에서 논의한 것처럼, 짝 프로그래밍은 두 사람이 코드 개발에 책임을 지고 그것을 완수하기 위해 함께 작업하는 접근법이다. 그러므로 한 명에 의해 개발된 코드는 다른 팀 멤버에 의해 끊임없이 검사되고 리뷰된다. 두 사람은 모든 코드 라인을 보고 코드가 채택되기 전에 검사한다.

두 명의 프로그래머 모두가 개발을 완수하기 위해 프로그램을 상세히 이해하여야 하므로 짝 프로그래밍은 프로그램에 대한 깊은 지식으로 이끈다. 때때로 다른 인스펙션 프로세스에서는 이런 지식의 깊이에 도달하기 어렵기 때문에 짝 프로그래밍은 정형적인 인스펙션에서는 발견하지 못할 버그들을 찾아낼 수 있다. 그러나 관련된 두 사람은 자신들의 작업을 검사하고 있으므로 외부의 인스펙션팀만큼 객관적일 수는 없다. 다음과 같은 문제들이 있을 수 있다.

1. **공동의 오해**: 짝의 두 멤버가 시스템 요구사항을 이해하는 것에 똑같은 잘못을 할 수 있다. 토의가 이런 오류들을 강화할 수 있다.
2. **짝의 평판**: 짝은 프로젝트의 진척이 늦어지는 것을 원하지 않으므로 오류들을 보는 것을 꺼려할 수 있다.
3. **작업 관계**: 결함을 발견하는 짝의 능력은 종종 작업 파트너를 비평하지 않으려 하는 그들의 밀접한 작업 관계에 의해 타협될 수 있다.

애자일 방법에서 채택된 품질 경영에 대한 비공식적 접근법은 소프트웨어를 개발하는 기업이 또한 명세서도 관리하는 소프트웨어 제품 개발에는 특별히 효과적이다. 외부 고객에게 품질 보고서를 제출할 필요도 없고 다른 품질 경영팀과 통합해야 하는 어떤 필요성도 없다. 그러나 외부 고객을 위한 대형 시스템이 개발 중이라면, 최소의 문서화를 하는 품질 경영에 대한 애자일 접근법은 비현실적일 수 있다.

1. 고객이 대형 기업이면 자체적인 품질 경영 프로세스들을 갖고 있을 것이고, 소프트웨어 개발 기업에 이 프로세스들에 상응하는 방식으로 진척 사항에 대해 보고할 것을 요구할 것이다. 그러므로 개발팀은 고객이 요구하는 공식적인 품질 계획과 품질 보고서들을 작성해야 한다.
2. 지리적으로 여러 지역에 분산된(아마도 여러 기업에서 모인) 팀이 개발에 참여한다면, 일상적인 소통은 비현실적일 수 있다. 서로 다른 기업들은 품질 경영에 대해 다른 접근법을 갖고 있고, 어떤 공식적인 문서를 생성하는 것에 동의를 해야 할 것이다.
3. 오랜 수명을 갖는 시스템인 경우는 개발에 참여한 팀이 시간이 지남에 따라 변경될 것이다. 만약 문서화가 되어 있지 않다면, 새로운 팀 멤버는 개발 결정이 내려진 이유를 이해하는 것이 불가능하다는 것을 발견할 것이다.

결과적으로 애자일 방법의 품질 경영에 대한 비공식적 접근법은 약간의 품질 문서화와 프로세스들을 도입하는 것으로 조정되어야 할 것이다. 일반적으로 이 접근법은 반복적 개발 프로세스와 통합되어 있다. 소프트웨어를 개발하는 것 대신에, 스프린트 또는 반복 중의 하나는 필수적인 소프트웨어 문서를 생성하는 것에 집중해야 한다.

24.5 소프트웨어 척도

소프트웨어 척도는 복잡도 또는 신뢰성과 같은 소프트웨어의 속성을 정량화하는 것과 관련된다. 측정된 값들을 서로 비교하고 조직 전체에 적용된 표준들과 비교하면 소프트웨어 품질에 대한 결론을 내리거나 소프트웨어 프로세스, 도구, 그리고 방법들의 효용성을 평가할 수 있다. 이상적으로, 품질 평가는 소프트웨어 품질에 영향을 미치는 속성들에 대한 척도들에 의존할 수 있다. 그다음 소프트웨어 품질을 향상시킬 목적으로 프로세스와 도구 변경을 객관적으로 평가할 수 있다.

예를 들어, 새로운 소프트웨어 테스팅 도구를 도입할 계획이 있는 기업에서 근무한다고 가정하자. 도구를 도입하기 전에 주어진 시간동안 발견된 소프트웨어 결함들의 수를 기록한다. 이것은 도구의 효용성을 평가하기 위한 기준선이다. 일정 시간 동안 도구를 사용한 후에, 이 프로세스를 반복한다. 도구가 도입된 이후 동일한 기간 동안 더 많은 결함이 발견되었다면, 도구가 소프트웨어 검증 프로세스에 유용한 지원을 제공한다고 결정할 수 있다.

소프트웨어 척도의 장기 목표는 소프트웨어 품질에 대한 판단을 내리기 위해 척도를 사용하는 것이다. 이상적으로, 시스템은 시스템 속성들을 측정하는 일련의 척도들을 사용하여 평가될 수 있다. 측정된 척도들을 사용하여 시스템 품질에 대한 가치를 추론할 수 있다. 만약 소프트웨어가 요구되는 품질 한계를 만족한다면, 그것은 리뷰할 필요없이 승인될 수 있다. 측정 도구가 적절하다면, 그것은 소프트웨어에서 개선이 필요한 부분을 알려줄 수도 있다. 그러나 이런 이상적인 상황과는 아직 멀리 떨어져 있고, 가까운 시일 내에 자동화된 품질 평가가 현실이 될 것 같지는 않다.

소프트웨어 척도는 객관적으로 측정될 수 있는 소프트웨어 시스템, 시스템 문서화 또는 개발 프로세스의 특성이다. 척도의 예로는 코드 라인으로 표현한 제품의 크기, 서술 문장의 가독성을 측정하는 Fog 인덱스, 인도된 소프트웨어 제품의 보고된 결함의 수, 그리고 시스템 컴포넌트를 개발하는 데 요구되는 person-days의 수 등이 있다.

소프트웨어 척도는 제어 척도 또는 예측 척도일 수 있다. 이름이 의미하는 것처럼, 제어 척도는 프로세스 관리를 지원하고 예측 척도는 소프트웨어의 특성을 예상하는 것을 도와준다. 제어 척도는 대개 소프트웨어 프로세스와 관련된다. 제어 또는 프로세스 척도의 예는 보고된 결함을 수정하는 데 필요한 평균 노력과 시간이다. 다음과 같은 세 가지 유형의 프로세스 척도가 사용될 수 있다.

1. **특정한 프로세스를 완결하는데 걸린 시간**: 이것은 프로세스에 기울인 총 시간, 캘린더 시간, 특정 엔지니어가 프로세스에서 작업한 시간 등일 수 있다.

2. **특정한 프로세스에 요구되는 자원**: 자원은 person-days로 표현된 총 노력, 교통비, 또는 컴퓨터 자원들을 포함한다.

3. **특정한 이벤트의 발생 수**: 관찰되는 이벤트의 예는 코드 인스펙션 동안 발견된 결함의 수, 요청된 요구사항 변경의 수, 인도된 시스템의 버그 보고 수, 그리고 요구사항 변경에 따라 수정된 코드의 평균 라인 수 등을 포함한다.

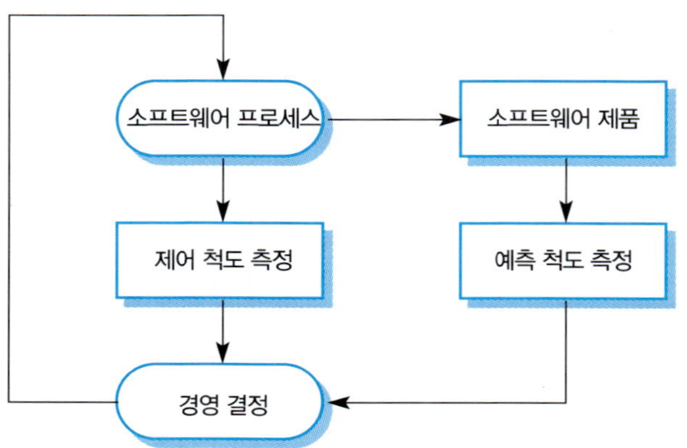

그림 24.9 예측 척도와 제어 척도

예측 척도는(때때로 제품 척도로도 불림) 소프트웨어 자체에 관련된다. 예측 척도의 예는 모듈의 사이클로매틱 복잡도, 프로그램에 있는 식별자들의 평균 길이, 그리고 설계에서 클래스에 연관된 속성들과 동작들의 수 등이다. 제어 척도와 예측 척도 모두 그림 24.9에 나타낸 것처럼 관리 의사 결정에 영향을 미칠 수 있다. 관리자들은 프로세스 변경을 해야 하는지를 결정하기 위해 프로세스 척도를, 그리고 소프트웨어 변경이 필요한지 그리고 소프트웨어를 릴리스할 준비가 되었는지를 결정하기 위해 예측 척도를 사용한다.

이 장에서는 코드 또는 문서를 분석하는 것에 의해 값이 자동적으로 평가되는 예측 척도에 집중한다. 제어 척도 그리고 그것들이 프로세스 개선에 사용되는 방법은 웹 26장에서 논의한다.

소프트웨어 시스템의 척도는 다음과 같은 두 가지 방식으로 사용될 수 있다.

1. **시스템 품질 속성에 값을 할당**: 시스템 컴포넌트들의 특성들을 측정하고 측정치들을 모으면, 유지보수성과 같은 시스템 품질 속성을 평가할 수 있다.
2. **품질이 표준에 미치지 못하는 시스템 컴포넌트들의 식별**: 척도는 평균에서 벗어난 특성을 가진 개별적인 컴포넌트들을 식별할 수 있다. 예를 들면, 가장 높은 복잡도를 갖는 컴포넌트를 식별할 수 있다. 이런 컴포넌트는 버그를 포함하고 있을 가능성이 높다. 왜냐하면 컴포넌트가 복잡해지면, 컴포넌트 개발자가 실수를 범할 가능성이 높아지기 때문이다.

그림 24.2에 나타낸 소프트웨어 품질 속성들의 많은 것이 직접적으로 측정하는 것은 어렵다. 유지보수성, 이해용이성, 그리고 사용성과 같은 품질 속성들은 개발자 또는 사용자들이 소프트웨어를 경험하는 것에 관련된 외부 속성들이다. 이것들은 사용자 경험과 교육과 같은 주관적인 인자에 의해 영향을 받으므로 객관적으로 측정될 수 없다. 이런 외부 속성들에 대한 판단을 하려면, (소프트웨어의 크기와 복잡도와 같은) 소프트

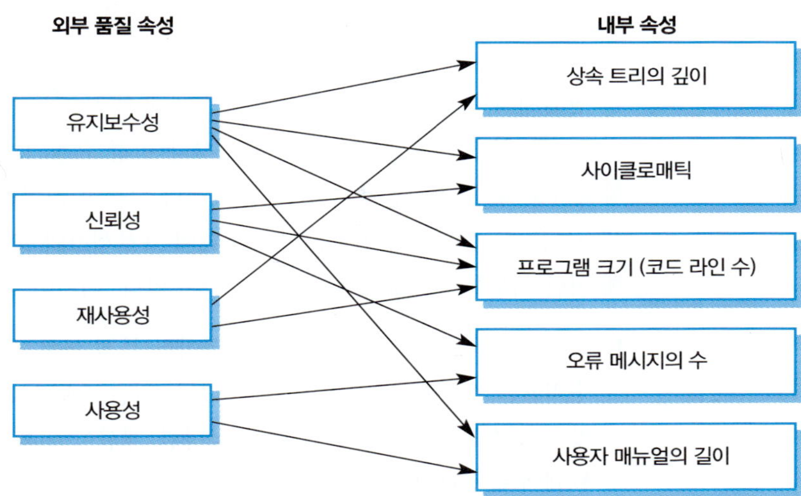

그림 24.10 내부 소프트웨어 속성과 외부 속성 사이의 관계

웨어의 내부 속성들을 측정하고 이 내부 속성들이 관심을 갖고 있는 외부 품질 속성들과 관계가 있다는 가정을 해야 한다.

그림 24.10은 직관적으로 관련이 있는 일부 외부 소프트웨어 품질 속성들과 내부 속성들을 나타낸다. 이 그림은 외부 속성과 내부 속성들 사이에 많은 관계가 있다는 것을 나타내지만 속성들이 관련된 정도는 나타내지 않는다. Kitchenham은 내부 속성의 측정치가 외부 소프트웨어 특성에 대한 유용한 예측자가 되기 위해서는 다음과 같은 세 가지 조건을 가져야 한다고 제안하였다(Kitchenham 1990).

1. 내부 속성은 정확하게 측정되어야 한다. 그러나 측정이 항상 간단한 것은 아니고 특별히 개발된 도구를 필요로 할 수 있다.
2. 측정이 가능한 속성과 관심이 있는 외부 품질 속성 사이의 관계가 존재해야 한다. 즉 품질 속성의 값은 측정이 가능한 속성들의 값과 어떤 식으로든 관계가 있어야 한다.
3. 내부 속성과 외부 속성 사이의 관계가 이해되고, 검증되고, 공식 또는 모델의 형식으로 표현되어야 한다. 모델 공식화는 모델의 함수적 형식(선형, 지수형 등)을 식별하고, 수집된 데이터에 대한 분석을 통해 모델에 포함되어야 하는 매개변수들을 식별하고, 존재하는 데이터를 사용하여 이 매개변수들을 조정하는 것을 포함한다.

소프트웨어 빅 데이터 분석 분야의 최근 작업은 소프트웨어 제품과 프로세스 데이터를 분석하기 위해 데이터마이닝과 머신-러닝 기법을 사용하였다(Zhang et al. 2013). 소프트웨어 빅 데이터 분석 이면의 아이디어는 사실상 소프트웨어 품질과 수집된 데이터 사이의 관계를 반영하는 모델이 필요하지 않다는 것이다(Menzies and Zimmermann 2013). 오히려 충분한 데이터가 있다면, 상관관계는 드러나고 소프트웨어 속성에 대한 예측이 가능하다는 것이다. 소프트웨어 빅 데이터 분석을 24.5.4절에서 논의한다.

산업체의 체계적인 소프트웨어 측정에 관해 발표된 정보는 거의 없다. 많은 기업들이 자신들의 소프트웨어에 대해 요구사항 변경 요청의 수 또는 테스팅에서 발견된 결함의 수와 같은 정보들을 수집한다. 그러나 그들이 체계적으로 소프트웨어 제품과 프로세스들을 비교하기 위해 또는 소프트웨어 프로세스와 도구 변경의 영향을 평가하기 위해 이런 척도들을 사용했는지는 명확하지 않다. 이것이 어려운 몇 가지 이유들이 있다.

1. 조직에 척도 또는 소프트웨어 빅 데이터 분석 프로그램을 도입하는 것에 대한 투자 수익률을 정량화하는 것은 불가능하다. 지난 수년간 소프트웨어 척도들을 사용하지 않고도 소프트웨어 품질에 대한 상당한 개선이 이루어졌다. 따라서 체계적인 소프트웨어 측정과 평가를 도입하기 위한 초기 비용을 정당화하는 것은 어렵다.
2. 소프트웨어 척도에 대한 표준 또는 측정과 분석을 위한 표준화된 프로세스가 없다. 많은 기업들은 그런 표준과 지원 도구들을 이용할 수 있을 때까지 측정 프로그램을 도입하기 꺼려한다.
3. 측정은 전문화된 소프트웨어 도구의 개발과 유지보수를 요구할 수 있다. 측정으로부터 얻는 보상이 알려져 있지 않으므로 도구 개발에 대한 비용을 정당화하기는 어렵다.
4. 많은 기업에서 소프트웨어 프로세스들은 표준화되지 않았고 좋지 못하게 정의되었고 통제되고 있다. 이런 상황에서 동일한 기업 내에는 의미 있는 방식으로 사용될 수 있는 척도에 대한 너무 많은 프로세스 변형이 있다,
5. 소프트웨어 측정과 척도에 대한 많은 연구들이 코드 기반의 척도들과 계획-주도 개발 프로세스들에 집중한다. 그러나 점점 더 많은 소프트웨어들이 기존 애플리케이션 시스템을 재사용하고 설정을 변경하여 또는 애자일 방법을 사용하여 개발되고 있다. 척도들에 대한 이전의 연구가 이런 소프트웨어 개발 기법에 얼마나 적용될지는 알지 못한다.
6. 측정을 도입하는 것은 프로세스에 대한 부하를 추가한다. 이것은 프로그램 개발과 직접적인 관계가 없는 프로세스 활동들의 제거를 권장하는 애자일 방법의 목적에 모순된다. 그러므로 애자일 방법을 채택한 기업들은 척도 프로그램을 도입할 것 같지 않다.

소프트웨어 측정과 척도는 실험적 소프트웨어 공학의 기본이다. 이 연구 분야에서, 소프트웨어 시스템에 대한 실험과 실제 프로젝트에 대한 데이터의 수집은 소프트웨어 공학 방법과 기법들에 대한 가설을 구성하고 확인하는 데 사용되어 왔다. 이 분야의 연구자들은 소프트웨어 공학 방법과 기법들이 실제로 그것들의 창시자가 언급했던 혜택

소프트웨어 척도	설명
팬-인/팬-아웃	팬-인은 함수/메서드(X)를 호출하는 함수/메서드들의 수에 대한 척도이다. 팬-아웃은 함수 X에 의해 호출되는 함수들의 수이다. 높은 팬-인 값은 X가 다른 것들과 밀접하게 결합되어 있고, X에 대한 변경은 아주 많은 연쇄적인 영향을 미칠 것이라는 것을 의미한다. 높은 팬-아웃 값은 X가 호출하는 함수들을 조정하기 위해 필요한 제어 로직의 복잡도 때문에 X의 전반적인 복잡도가 높을 것이라는 것을 암시한다.
코드의 길이	이것은 프로그램 크기에 대한 척도이다. 일반적으로, 컴포넌트의 크기가 클수록 컴포넌트는 더 복잡해지고 오류 발생이 쉬워지게 된다. 코드 크기는 컴포넌트의 오류 발생 가능성을 예측하기 위한 가장 신뢰할 만한 척도 중의 하나라고 보여진다.
사이클로매틱 복잡도	이것은 프로그램의 제어 복잡도에 대한 척도이다. 이 제어 복잡도는 프로그램 이해용이성과 관련될 수 있다. 8장에서 사이클로매틱 복잡도를 다루었다.
식별자의 길이	이것은 프로그램에 있는 식별자(변수, 클래스, 메서드 등의 이름)들의 평균 길이에 대한 척도이다. 식별자가 길수록 그것들이 더 의미를 담게되고 따라서 프로그램은 더 이해하기 쉽게 된다.
중첩 조건의 깊이	이것은 프로그램에 있는 중첩된 if 문의 깊이에 대한 척도이다. 깊게 중첩된 if 문은 이해하기 어렵고 오류를 발생할 가능성이 높다.
Fog 인덱스	이것은 문서에 있는 단어와 문장들의 평균 길이에 대한 척도이다. 문서의 Fog 인덱스 값이 높을수록 문서를 이해하는 것이 더 어렵게 된다.

그림 24.11 정적 소프트웨어 제품 척도

들을 제공한다는 확고한 증거가 제시되어야만, 그것들의 가치에 대한 확신을 가질 수 있다고 주장한다.

그러나 실험적(empirical) 소프트웨어 공학에 대한 연구는 소프트웨어 공학 실제에 중대한 영향을 가져오지 못했다. 일반적인 연구를 그것과 상황이 다른 개별적인 프로젝트에 관련시키는 것은 어렵다. 일반적인 실험 결과보다 많은 지엽적인 요인들이 훨씬 더 중요할 수 있다. 이런 이유로 소프트웨어 빅 데이터 분석의 연구자들은 분석가들이 일반적인 결론을 내리려고 노력하지 말고 특정한 시스템에 대한 데이터의 분석 결과를 제시해야 한다고 주장한다.

24.5.1 제품 척도

제품 척도는 소프트웨어 시스템의 내부 속성을 정량화하기 위해 사용되는 예측 척도이다. 제품 척도의 예는 코드 라인 수로 측정되는 시스템 크기, 클래스에 연관된 메서드의 개수이다. 불행히도 이 절의 앞에서 설명한 것처럼, 크기와 사이클로매틱 복잡도와 같이 쉽게 측정될 수 있는 소프트웨어 특성들은 이해용이성과 유지보수성 같은 품질 속성과 분명하고 일관적인 관계를 갖고 있지 않다. 관계는 사용하는 개발 프로세스와 기술 그리고 시스템의 유형에 따라 변화한다.

제품 척도는 다음과 같은 두 분류로 구분할 수 있다.

객체 지향 척도	설명
클래스 가중치 메서드 (WMC: Weighted methods per class)	이것은 각각의 메서드에 복잡도 가중치를 준, 클래스에 있는 메서드들의 수를 나타낸다. 그러므로 간단한 메서드는 복잡도 1을 갖고, 크고 복잡한 메서드는 더 높은 값을 가질 수 있다. 이 척도의 값이 클수록 클래스는 더 복잡하다. 복잡한 클래스들은 이해하기가 더 어려울 수 있다. 이것들은 논리적으로 응집적이지 않으므로, 상속 트리에서 슈퍼클래스로써 효과적으로 재사용될 수 없다
상속 트리의 깊이 (DIT: Depth of inheritance tree)	이것은 서브클래스가 부모클래스로부터 속성과 메서드들을 상속받는 상속 트리에서 분리된 수준의 수를 나타낸다. 상속 트리가 깊을수록 설계는 더욱 복잡해진다. 트리의 잎에 있는 클래스들을 이해하기 위해서는 많은 클래스들을 이해해야 한다.
자식의 수 (NOC: Number of children)	이것은 클래스의 즉각적인 서브클래스 개수에 대한 척도이다. DIT가 깊이를 나타내는 반면에 이것은 클래스 계층의 너비를 나타낸다. 높은 NOC 값은 많은 재사용을 나타낼 수 있다. 이것은 많은 서브클래스들이 의존하는 베이스 클래스에 대한 검증에 더 많은 노력이 투입되어야 한다는 것을 의미할 수 있다.
클래스들 사이의 결합도 (CBO: Coupling between object classes)	클래스의 메서드가 다른 클래스에서 정의된 메서드 또는 인스턴스 변수를 사용하면 클래스들은 결합도를 갖는다. CBO는 결합도가 얼마나 존재하는지에 대한 척도이다. 높은 CBO 값은 클래스들의 상호의존도가 높다는 것을 의미한다. 따라서 클래스에 대한 변경이 다른 클래스에 영향을 미칠 가능성이 높다.
클래스의 응답 메서드 (RFC: Response for a class)	RFC는 클래스의 객체가 받은 메시지에 응답하여 실행될 가능성이 있는 메서드들의 수를 나타낸다. RFC도 복잡도와 관련된다. RFC 값이 클수록 클래스가 복잡해지므로 클래스가 오류를 포함할 가능성은 더 높을 수 있다.
메서드들의 응집도 결여 (LCOM: Lack of cohesion in methods)	LCOM은 클래스에 있는 메서드들의 쌍을 고려하여 계산된다. LCOM은 공유된 속성이 없는 메서드 쌍의 수와 공유된 속성이 있는 메서드 쌍의 수의 차이이다. 이 척도의 값에 대해 많은 논란이 있고 여러 변형이 존재한다. 이것이 다른 척도들로부터 얻을 수 있는 정보에 추가하여 유용한 정보를 제공하는지는 불분명하다.

그림 24.12 CK 객체 지향 척도 모음

1. **동적 척도**: 프로그램을 실행하면서 측정하여 수집된다. 이런 척도들은 시스템 테스팅 동안에 또는 시스템이 사용되면서 수집될 수 있다. 버그 보고의 횟수 또는 계산을 끝내기 위해 걸린 시간 등이 예가 될 수 있다.
2. **정적 척도**: 설계, 프로그램, 또는 문서와 같은 시스템의 표현물로부터 측정하여 수집된다. 정적 척도의 예를 그림 24.11에 나타내었다.

이런 척도들의 유형은 서로 다른 품질 속성들과 관계된다. 동적 척도는 시스템의 효율성과 신뢰성을 평가하는 데 도움을 준다. 정적 척도는 시스템 또는 구성요소의 복잡도, 이해용이성 그리고 유지보수성을 평가하는 데 도움을 준다.

대체로 동적 척도와 소프트웨어 품질 특성 사이에는 명백한 관계가 존재한다. 특정한 기능을 위해 필요한 실행 시간을 측정하고 시스템을 가동하는 데 요구되는 시간을 평가하는 것은 상당히 쉽다. 이것들은 시스템의 효율성과 직접적으로 관련이 있다. 비슷하게 시스템 장애의 횟수와 장애 유형의 개수는 기록하기 쉽고 소프트웨어의 신뢰성과 직접적으로 관련이 있다. 신뢰성을 측정할 수 있는 방법에 대해 12장에서 설명하였다.

그림 24.11에 나타낸 정적 척도는 품질 속성과 간접적인 관계를 갖는다. 많은 척도들이 제안되었고, 이런 척도들과 시스템 복잡도나 유지보수성과 같은 속성들과의 관계

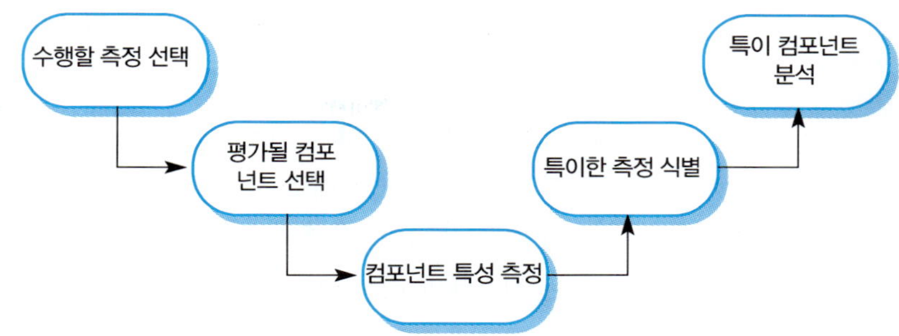

그림 24.13 제품 측정 프로세스

를 추론하고 확인하기 위해 많은 실험들이 시도되었다. 이런 실험들 중에 어떤 것도 결정적인 것은 없지만 프로그램 크기와 제어 복잡도는 이해용이성, 시스템 복잡도, 그리고 유지보수성에 대한 가장 신뢰할 만한 예측자인 것으로 보인다.

그림 24.11의 척도들은 어떤 프로그램에도 적용될 수 있지만, 좀 더 특정한 객체 지향 척도들도 제안되었다. 그림 24.12는 Chidamber와 Kemerer의 여섯 개의 객체 지향 척도 모음(때때로 CK 모음이라고 불림)을 요약한다(Chidamber and Kemerer 1994). 비록 이 척도들이 1990년대 초반에 제안되었지만, 이것들은 아직도 가장 널리 사용되는 객체 지향(OO) 척도들이다. 일부 UML 설계 도구들은 UML 다이어그램이 생성될 때에 이 척도들의 값을 자동으로 수집한다.

El-Amam의 객체 지향 척도들에 대한 리뷰는 CK 척도들 그리고 다른 OO 척도들을 논하였다(El-Amam 2001). 그는 CK 척도들 그리고 다른 객체 지향 척도들이 소프트웨어 외부 품질들과 얼마나 관련을 맺는지를 이해하기에는 충분한 증거가 없다고 결론을 맺었다. 이런 상황은 2001년 그의 분석 이후로 별로 달라지지 않았다. 품질에 대한 신뢰할 수 있는 결론을 유도하는 데 객체 지향 프로그램의 척도들을 어떻게 사용할 수 있는지를 아직도 알지 못한다.

24.5.2 소프트웨어 컴포넌트 분석

소프트웨어 품질 평가 프로세스의 일부분일 수 있는 측정 프로세스를 그림 24.13에 나타내었다. 시스템 컴포넌트 각각은 여러 척도들을 사용하여 개별적으로 분석될 수 있다. 이 척도들의 값은 다른 컴포넌트와 비교 그리고 이전 프로젝트에서 수집된 척도 데이터와 비교될 수 있다. 정상적인 값에서 상당히 벗어난 이례적 측정은 대체로 해당 컴포넌트의 품질에 문제가 있음을 나타낸다.

컴포넌트 측정 프로세스의 주요 단계는 다음과 같다.

1. **수행할 측정 선택**: 측정을 통해 답을 얻고자 하는 질문들을 만들고, 이 질문들에 대

한 답을 구하는 데 필요한 측정들을 정의한다. 이 질문들과 직접적인 관련이 없는 척도들은 수집하지 않는다.

2. **평가될 컴포넌트 선택**: 소프트웨어 시스템에 있는 모든 컴포넌트에 대해 척도를 평가할 필요는 없다. 때때로 시스템 품질에 대한 전반적인 평가를 가능하게 하는 대표적인 컴포넌트들을 선택하여 측정을 수행할 수 있다. 어떤 경우에는, 거의 항상 사용되는 시스템의 핵심 컴포넌트들에 집중하고 싶을 수도 있다. 이런 컴포넌트들의 품질은 드물게 실행되는 컴포넌트들의 품질보다 더 중요하다.

3. **컴포넌트 특성 측정**: 선택한 컴포넌트에 대해 측정을 수행하고 관련된 척도를 계산한다. 이 단계는 일반적으로 자동 데이터 수집 도구를 사용하여 컴포넌트 표현물(설계, 코드 등)을 처리하는 것을 포함한다. 이 도구는 특별히 개발될 수도 있고 또는 이미 사용하고 있는 설계 도구의 기능 일부일 수도 있다.

4. **특이한 측정 식별**: 컴포넌트들에 대한 측정이 끝나면, 척도 값들을 서로 비교하고, 척도 데이터베이스에 보관된 이전의 값들과 비교한다. 각각의 척도들에 대해 특별히 높거나 낮은 값들을 찾아야 한다. 이런 값들을 나타내는 컴포넌트는 문제가 있을 수 있다.

5. **특이 컴포넌트 분석**: 특정 척도에 대해 이상한 값을 갖는 컴포넌트들을 식별하고, 이런 특이한 값들이 컴포넌트들의 품질에 위협이 되는 것인지 아닌지를 판단하기 위해 컴포넌트들을 조사해야 한다. 복잡도에 대한 어떤 특이한 척도 값이 반드시 저급 품질 컴포넌트를 의미하는 것은 아니다. 특별히 높은 값에 대한 어떤 다른 이유가 있을 수 있으며, 컴포넌트 품질에 대한 어떠한 문제도 아닐 수 있다.

가능하다면, 특정 프로젝트 동안 데이터가 사용되지 않더라도 수집된 모든 데이터를 조직의 자원으로 관리하고, 모든 프로젝트들의 이력 기록을 유지해야 한다. 일단 충분히 큰 척도 데이터베이스가 구축되면, 프로젝트 별로 소프트웨어 품질에 대한 비교를 수행하고 컴포넌트 내부 속성들과 품질 특성 사이의 관계를 확인할 수 있다.

24.5.3 척도의 모호성

소프트웨어와 소프트웨어 프로세스들에 대한 정량적 데이터를 수집하면, 데이터의 의미를 이해하기 위해 분석을 수행해야 한다. 데이터를 잘못 해석하고 잘못된 추론을 내리기 쉽다. 데이터를 단순히 그 자체만 보아서는 곤란하다. 데이터가 수집된 상황도 함께 고려해야 한다.

수집된 데이터가 다른 방식으로 해석될 수 있다는 것을 살펴보기 위해, 시스템 사용자에 의한 변경 요청의 횟수와 관련된 다음 시나리오를 고려하자.

관리자는 고객에 의한 변경 요청과 제품 사용성, 적합성 사이에 관계가 있다는 가정 하에 변경 요청 횟수를 측정하기로 결정한다. 그는 변경 요청의 횟수가 많을수록 소프트웨어가 고객의 요구를 덜 만족시킨다고 가정한다.

변경 요청을 처리하고 소프트웨어를 변경하는 것은 많은 비용이 든다. 따라서 조직은 고객 만족을 높이고 동시에 변경에 대한 비용을 줄일 목적으로 프로세스를 수정하기로 결정한다. 의도는 프로세스 변경이 더 좋은 제품과 적은 변경 요청의 결과를 가져올 것이라는 것이다. 프로세스들은 소프트웨어 설계 프로세스에 고객 참여가 많아지도록 변경되었다. 모든 제품에 대한 베타 테스팅이 도입되었고 고객 요청 변경 내용이 인도된 제품에 포함되었다.

프로세스 변경이 행해진 이후 변경 요청에 대한 측정은 계속되었다. 변경된 프로세스를 통해 개발된 제품의 새로운 버전이 인도되었다. 어떤 경우에서 변경 요청의 횟수는 감소되었다; 다른 경우는 증가되었다. 관리자는 몹시 당황하였고 제품 품질에 대한 프로세스 변경의 영향을 이해하는 것이 불가능하다는 것을 알았다.

이런 종류의 모호성이 발생한 이유를 이해하기 위해서는 사용자들이 변경 요청을 할 수도 있는 여러 상황을 이해하여야 한다.

1. 소프트웨어가 충분히 만족스럽지 않고 고객이 원하는 대로 동작하지 않는다. 따라서 고객은 필요한 기능을 제공하도록 변경을 요청한다.
2. 소프트웨어가 매우 좋고 그래서 널리 그리고 아주 많이 사용된다. 많은 소프트웨어 사용자들이 소프트웨어가 수행할 수 없는 새로운 것들을 창조적으로 생각하기 때문에 변경 요청이 발생될 수 있다.

프로세스에 고객 참여를 높이는 것은 그 고객들이 만족하지 않는 제품에 대한 변경 요청의 횟수를 줄일 수 있다. 프로세스 변경은 효과적이었고 소프트웨어의 사용성과 적합성을 향상시켰다. 대신에, 프로세스 변경이 효과가 없을 수 있고 고객들은 다른 시스템을 찾아보기로 결정할 수도 있다. 경쟁 제품에 시장을 내주고 제품 사용자가 줄어들기 때문에 고객 변경 요청의 횟수는 감소할 것이다.

반면에 프로세스 변경이 제품 개발 프로세스에 많은 새로운 사람들이 기쁘게 참여하게 할 수 있다. 따라서 그들은 더 많은 변경 요청을 생성한다. 변경 요청을 다루는 프로세스에 대한 변경이 이런 증가에 기여할 수 있다. 만약 기업이 고객들에 더 관심을 보이면, 고객들은 변경 요청이 진지하게 다루어질 것이라는 것을 알기 때문에 더 많은 요청을 생성할 수 있다. 고객들은 제안한 것이 아마도 소프트웨어의 다음 버전에는 포함될 것이라고 믿는다. 대신에, 베타 테스트에서 프로그램의 전형적인 사용 방식이 반영되지 않았기 때문에 변경 요청의 횟수가 증가할 수도 있다.

변경 요청 데이터를 분석하기 위해서는 단순히 변경 요청의 횟수만 알아서는 안된다. 요청을 한 사람, 소프트웨어가 사용되는 방식, 그리고 요청을 한 이유를 알 필요가 있다. 또한 변경 요청 절차의 변화 또는 영향을 미칠 수 있는 시장의 변화와 같은 외부 요인들에 대한 정보도 필요하다. 이런 정보가 있으면, 프로세스 변경이 제품 품질을 향상시키는데 효과적이었는지를 파악하기 더 쉬울 것이다.

이것은 변경의 영향을 이해하는 것의 어려움을 설명한다. 이 문제에 대한 "과학적" 접근법은 측정에 영향을 미치는 요인들의 수를 줄이는 것이다. 그러나 측정이 진행될 프로세스와 제품은 그것들의 환경으로부터 격리된 것이 아니다. 비즈니스 환경은 끊임없이 바뀐다. 이것은 데이터의 비교를 쓸모없게 만들 수 있기 때문에 작업 방식에 대한 변화를 피하는 것은 불가능하다. 비슷하게, 인간 활동에 대한 정량적 데이터가 항상 액면 그대로 취해질 수는 없다. 측정된 값의 변화 이유가 종종 모호하다. 어떤 측정으로부터 결론을 내리기 전에 이런 이유들을 상세히 리뷰해야 한다.

24.5.4 소프트웨어 빅 데이터 분석

지난 몇 년 동안 자동적으로 수집된 매우 거대한 양의 데이터를 자동적으로 조사하고 분석하여 통찰을 발견하는 수단으로 "빅 데이터 분석"의 개념이 부각되었다. 수동 데이터 분석과 모델링으로는 찾아낼 수 없는 데이터 항목들 사이의 관계를 알아내는 것이 가능하다. 소프트웨어 빅 데이터 분석은 이런 기법을 소프트웨어 그리고 소프트웨어 프로세스들에 대한 데이터에 적용하는 것이다.

소프트웨어 빅 데이터 분석을 가능하게 하는 두 가지 요인이 있다.

1. 소프트웨어 제품 기업들이 자신들의 제품이 사용될 때 사용자 데이터에 대한 자동화된 수집. 만약 소프트웨어에 고장이 발생하면, 장애에 대한 정보와 시스템의 상태가 인터넷을 통해 사용자 컴퓨터에서 제품 개발자에 의해 실행되는 서버로 전송될 수 있다. 결과적으로 Internet Explorer 또는 Photoshop과 같은 개별 제품에 대한 많은 양의 데이터가 분석을 위해 이용할 수 있게 된다.
2. Sourceforge, GitHub 그리고 소프트웨어 공학 데이터의 오픈 소스 저장소와 같은 플랫폼에서 이용할 수 있는 오픈 소스 소프트웨어의 사용(Menzies and Zimmermann 2013). 오픈 소스 소프트웨어의 소스 코드는 자동화된 분석을 위해 이용할 수 있고 때때로 오픈 소스 저장소의 데이터와 연결될 수 있다.

Menzies와 Zimmermann은 소스트웨어 빅 데이터 분석을 다음과 같이 정의한다(Menzies and Zimmermann 2013).

> 소프트웨어 빅 데이터 분석은 소프트웨어를 개발하는 개인과 팀에게 그들의 데이터로부터 더 좋은 판단을 할 수 있는 통찰을 얻고 공유할 권한을 부여하려고 하는 관리자와 소프트웨어 엔지니어를 위한 소프트웨어 데이터에 대한 빅 데이터 분석이다.

Menzies와 Zimmermann은 빅 데이터 분석의 핵심은 소프트웨어에 대한 일반적인 이론을 추론하는 것이 아니라 소프트웨어 개발자와 관리자들의 흥미를 끄는 특정한 이슈들을 발견하는 것이라고 강조한다. 빅 데이터 분석에 의해 제공된 정보에 대한 응답 행동이 취해질 수 있도록, 빅 데이터 분석은 이런 이슈들에 대한 정보를 실시간으로 제공하는 것을 목적으로 한다. Buse와 Zimmermann은 Microsoft에서 근무하는 관리자들에 대한 연구에서, 타겟 테스팅, 인스펙션, 그리고 리팩토링의 사용 방법, 소프트웨어 릴리스 시간, 그리고 소프트웨어 고객의 요구를 이해하는 방법과 같은 정보에 대한 요구를 발견하였다 (Buse and Zimmermann 2012).

여러 종류의 데이터마이닝과 분석 도구들이 소프트웨어 빅 데이터 분석을 위해 사용될 수 있다(Witten, Frank, and Hall 2011). 일반적으로, 특정한 상황에서 사용할 수 있는 최상의 도구가 어떤 것인지를 아는 것은 불가능하다. 가장 효과적인 것을 찾아내기 위해 여러 도구들을 가지고 실험을 수행해야 한다. Buse와 Zimmermann은 도구 사용에 대한 여러 가이드라인을 제안하였다.

- 관리자들은 분석에 대한 경험을 가지지 않을 것 같으므로, 도구들은 사용하기 쉬워야 한다.
- 도구들은 빠르게 실행되고 많은 양의 정보가 아닌 간결한 결과를 생산해야 한다.
- 도구들은 가능한 많은 매개변수를 사용하여 많은 측정을 해야 한다. 어떤 통찰이 드러날지 미리 예측하는 것은 불가능하다.
- 도구들은 대화식이고 관리자와 개발자들이 분석을 탐험하는 것이 가능해야 한다. 도구들은 관리자와 개발자들이 다른 것들에 흥미를 갖는다는 것을 인지할 수 있어야 한다. 도구들은 예측하는 것이 아니라 과거와 현재 데이터에 대한 분석을 근거로 의사 결정을 지원해야한다.

Zhang과 그녀의 동료들은 성능 디버깅에 대한 소프트웨어 빅 데이터 분석의 탁월하고 실전적인 적용을 기술하였다(Zhang et al. 2013). 응답 시간 그리고 연관된 시스템 상태를 수집하기 위해 사용자 소프트웨어를 실험하였다. 응답 시간이 예측했던 것보다 크면, 이 데이터는 분석을 위해 전송된다. 자동화된 분석은 소프트웨어에서 성능 병목 부분을 강조하였다. 개발 팀은 병목 지역을 제거하기 위해 알고리즘을 개선할 수 있었고 다음 소프트웨어 릴리스에서 성능은 개선되었다.

이 책을 쓰는 시점에서, 소프트웨어 빅 데이터 분석은 아직 미성숙하고, 그것이 어떤 영향을 가져올지 언급하기에는 너무 이르다. “빅 데이터” 처리의 일반적인 문제점들이 있고 (Harford 2013), 우리의 지식이 대형 기업으로부터 수집된 데이터에 의존하는 것이 항상 사실일 것이다. 이 데이터는 주로 소프트웨어 제품에서 구한 것이고, 제품들에 적당한 도구와 기법들이 맞춤식 소프트웨어에서도 사용될 수 있는지는 명확하지 않다. 작은 기업들은 자동화된 분석을 위해 필요한 데이터 수집 시스템에 투자할 것 같지 않고 그래서 소프트웨어 빅 데이터 분석을 사용할 수 없을 것 같다.

키 포인트

- 소프트웨어 품질 경영은 소프트웨어가 적은 수의 결함을 갖고 유지보수성, 신뢰성, 이식성 등의 요구되는 표준에 도달하도록 하는 것에 관련된다. 이것은 프로세스와 제품에 대한 표준을 정의하고, 이런 표준들이 준수되고 있는지를 검사하는 프로세스를 확립하는 것을 포함한다.
- 소프트웨어 표준은 최상의 관행을 식별하는 것을 나타내므로 품질 보증에 중요하다. 소프트웨어를 개발할 때 표준은 좋은 품질의 소프트웨어를 구축하는 굳건한 기초를 제공한다.
- 소프트웨어 프로세스 산출물에 대한 리뷰는 품질 표준이 지켜지고 있는지를 검사하는 팀이 참여한다. 리뷰는 품질을 평가하기 위해 가장 널리 사용되는 기법이다.
- 프로그램 인스펙션 또는 동료 리뷰에서는 소규모 팀이 체계적으로 코드를 검사한다. 그들은 코드를 자세히 읽고 가능한 오류들과 누락을 찾는다. 검출된 문제들은 코드 리뷰 회의에서 논의된다.
- 애자일 품질 경영은 대개 독립적인 품질 경영팀에 의존하지 않는다. 대신 개발팀이 소프트웨어 품질을 향상시키기 위해 함께 작업하는 품질 문화를 확립하는 것에 의존한다.
- 소프트웨어 측정은 소프트웨어 그리고 소프트웨어 프로세스에 대한 정량적인 데이터를 모으기 위해 사용될 수 있다. 수집된 소프트웨어 척도의 값은 제품과 프로세스 품질에 대해 추론하기 위해 사용될 수 있을 것이다.
- 제품 품질 척도는 품질 문제가 있을 수 있는 특이한 컴포넌트들을 밝히는 데에 특별히 유용하다. 이런 컴포넌트들은 더 세밀하게 분석되어야 한다.
- 소프트웨어 빅 데이터 분석은 프로젝트 관리자와 개발자에게 통찰을 제공할 수 있는 관계들을 발견하기 위해 많은 양의 소프트웨어 제품과 프로세스 데이터에 대한 자동화된 분석이다.

추가로 읽을거리

Software Quality Assurance: From Theory to Implementation. 소프트웨어 품질 보증의 원리와 실제에 대한 (아직도 적절하고) 뛰어난 도서. ISO 9001과 같은 표준에 대한 논의를 포함한다. (D. Galin, Addison-Wesley, 2004).

"Misleading Metrics and Unsound Analyses." 선도적 척도 연구자들의 훌륭한 논문. 척도가 정말로 의미하는 것이 무엇인가를 이해하는 것의 어려움을 다룬다. (B. Kitchenham, R. Jeffrey and C. Connaughton, *IEEE Software*, 24 (2), March-April 2007). http://dx.doi.org/10.1109/MS.2007.49

"A Practical Guide to Implementing an Agile QA Process on Scrum Projects." 이 슬라이드는 스크럼을 사용하는 애자일 개발에 소프트웨어 품질 보증을 통합하는 방법에 대한 개요를 제시한다. (S. Rayhan, 2008). https://www.scrumalliance.org/system/resource_files/0000/0459/agileqa.pdf

"Software Analytics: So What?" 이것은 소프트웨어 빅 데이터 분석이 무엇이고 이것이 점점 중요해지는 이유를 설명한 좋은 소개 논문이다. 이것은 소프트웨어 빅 데이터 분석에 대한 특별한 이슈에 대한 소개이고, 소프트웨어 빅 데이터 분석을 이해하는데 도움이 되는 이슈를 포함한 여러 다른 논문들을 찾을 수 있다. (T. Menzies and T.

Zimmermann, *IEEE Software,* 30 (4), July-August 2013). http://dx.doi.org/10.1109/MS.2013.86

웹 사이트

이 장의 파워포인트 슬라이드:
https://iansommerville.com/software-engineering-book/slides
관련 비디오 링크:
https://iansommerville.com/software-engineering-book/videos/management/

연습문제

24.1 품질 보증과 품질 관리를 정의하라. Humphrey의 소프트웨어 관리에 대한 기본적인 구조에 포함된 주요 요점을 나열하라.

24.2 표준이 효과적인 소프트웨어 개발 방법에 대한 조직의 지혜를 담는 것으로 사용될 수 있는 방법을 설명하라. 조직의 표준으로 사용될 수 있는 지식 4개를 제안하라.

24.3 그림 24.2에 있는 품질 속성들에 따라 소프트웨어 품질 평가에 대해 논의하라. 각각의 속성들을 교대로 고려하고 이것이 평가될 수 있는 방법을 설명하라.

24.4 다음 각각에 대해 사용될 수 있는 표준에 대해 간단히 기술하라.

- C, C#, 또는 Java에서 제어 구조의 사용
- 대학의 텀 프로젝트로 제출되는 보고서
- 프로그램 변경을 하고 수행하는 프로세스(웹 26장)
- 새 컴퓨터를 구입하고 설치하는 과정

24.5 개인과 소규모 사업을 위한 데이터베이스 제품을 개발하는 조직에서 일하고 있다고 가정하자. 이 조직은 소프트웨어 개발을 정량화하는 것에 관심이 많다. 적절한 척도를 제안하는 보고서를 작성하고 이것을 수집할 수 있는 방법을 제안하라.

24.6 소프트웨어 품질 리뷰 프로세스와 소프트웨어 품질 인스펙션 프로세스에서 진행되는 내용을 간단히 설명하라.

24.7 애자일 방법을 사용하여 일부 소프트웨어를 개발하는 기업에 정형화된 프로그램 인스펙션이 도입되었을 때 발생할 수 있는 문제점들을 기술하라.

24.8 소프트웨어 척도는 무엇인가? 소프트웨어 척도의 여러 유형을 예를 들어 정의하라.

24.9 여러분은 소프트웨어 제품 기업에서 근무하고, 여러분의 관리자가 소프트웨어 빅 데이터 분석에 대한 논문을 읽었다. 관리자가 이 분야에 대한 어떤 연구를 하라고 요구한다. 빅 데이터 분석에 대한 문헌들을 조사하고 소프트웨어 빅 데이터 분석의 작업 그리고 빅 데이터 분석을 도입할 때 고려해야하는 이슈들을 요약하는 간단한 보고서를 작성하라.

24.10 매우 뛰어난 프로그래머인 동료가 적은 수의 결함을 갖는 소프트웨어를 만들지만 조직의 품질 표준을 계속해서 무시한다. 관리자는 이런 행동에 대해 어떻게 반응을 해야 하는가?

참고문헌

Bamford, R., and W. J. Deibler. 2003. "ISO 9001:2000 for Software and Systems Providers: An Engineering Approach." Boca Raton, FL: CRC Press.

Buse, R. P. L., and T. Zimmermann. 2012. "Information Needs for Software Development Analytics." *In Int. Conf. on Software Engineering,* 987 – 996. doi:10.1109/ICSE.2012.6227122.

Chidamber, S., and C. Kemerer. 1994. "A Metrics Suite for Object-Oriented Design." *IEEE Trans. on Software Eng.* 20 (6): 476 – 493. doi:10.1109/32.295895.

El-Amam, K. 2001. "Object-Oriented Metrics: A Review of Theory and Practice." National Research Council of Canada. http://seg.iit.nrc.ca/English/abstracts/NRC44190.html.

Fagan, M. E. 1986. "Advances in Software Inspections." *IEEE Trans. on Software Eng.* SE-12 (7): 744 – 751. doi:10.1109/TSE.1986.6312976.

Harford, T. 2013. "Big Data: Are We Making a Big Mistake?" *Financial Times,* March 28. http://timharford.com/2014/04/big-data-are-we-making-a-big-mistake/

Humphrey, W. 1989. *Managing the Software Process.* Reading, MA: Addison-Wesley.

IEEE. 2003. *IEEE Software Engineering Standards Collection on CD-ROM.* Los Alamitos, CA: IEEE Computer Society Press.

Ince, D. 1994. *ISO 9001 and Software Quality Assurance.* London: McGraw-Hill.

Kitchenham, B. 1990. "Software Development Cost Models." *In Software Reliability Handbook,* edited by P. Rook, 487 – 517. Amsterdam: Elsevier.

McConnell, S. *2004. Code Complete: A Practical Handbook of Software Construction, 2nd ed.* Seattle, WA: Microsoft Press.

Menzies, T., and T. Zimmermann. 2013. "Software Analytics: So What?" *IEEE Software* 30 (4): 31 – 37. doi:10.1109/MS.2013.86.

Witten, I. H., E. Frank, and M. A. Hall. 2011. *Data Mining: Practical Machine Learning Tools and Techniques.* Burlington, MA: Morgan Kaufmann.

Zhang, D, S. Han, Y. Dang, J-G. Lou, H. Zhang, and T. Xie. 2013. "Software Analytics in Practice." *IEEE Software* 30 (5): 30 – 37. doi:10.1109/MS.2013.94.

25

형상 관리

Configuration management

학습목표

이 장의 목적은 소프트웨어 형상 관리 프로세스와 도구들을 소개하는 것이다. 이 장을 통해 학습할 내용들은 다음과 같다.

- 버전 관리 시스템이 제공하는 주요한 기능들과 이것이 중앙집중시스템과 분산 시스템에서 실현된 방법을 알게 된다.
- 시스템 구축의 도전과제 그리고 지속적인 통합과 시스템 구축의 혜택을 이해하게 된다.
- 소프트웨어 변경 관리가 중요한 이유 그리고 변경 관리 프로세스의 필수적 활동들에 대해 이해하게 된다.
- 소프트웨어 릴리스 관리의 기본 그리고 이것이 버전 관리와 어떻게 다른지에 대해 이해하게 된다.

학습내용

소프트웨어 시스템은 개발과 사용 중에 끊임없이 변경된다. 오류들이 발견되고 수정되어야 한다. 시스템 요구사항이 변경되고 시스템의 새로운 버전에서 이런 변경이 구현되어야 한다. 하드웨어와 시스템 플랫폼의 새로운 버전이 나오면, 거기에 맞추어 소프트웨어 시스템을 변경해야 한다. 경쟁자가 그들의 시스템에 새로운 기능을 도입하면 그것에 대응해야 한다. 변경이 소프트웨어에 반영되면, 시스템의 새로운 버전이 생성된다. 그러므로 대부분의 시스템은 버전들의 집합으로 생각될 수 있으며, 각각의 버전들은 유지되고 관리되어야 한다.

형상 관리(CM: Configuration Management)는 변화하는 소프트웨어 시스템을 관리하기 위한 정책, 프로세스, 그리고 도구들과 관련된다(Aiello and Sachs. 2011). 각각의 시스템 버전에 어떤 변경들 그리고 컴포넌트 버전들이 포함되었는지를 놓치기 쉽기 때문에 진화하는 시스템을 관리할 필요가 있다. 버전들은 변경에 대한 제안, 결함의 수정, 그리고 다른 하드웨어와 운영 체제에 대한 적응들을 구현한다. 여러 버전들이 개발 중이고 동시에 사용 중일 수 있다. 효과적인 형상 관리 절차들을 제대로 사용하지 않으면, 시스템의 잘못된 버전을 수정하거나 시스템의 잘못된 버전을 고객에게 인도하거나 또는 시스템 또는 컴포넌트의 특정 버전에 대한 소프트웨어 소스 코드가 저장된 곳을 잊어버려 노력을 허비할 수 있다.

형상 관리는 한 사람이 처리해야 하는 변경을 잊기 쉬우므로 개별 프로젝트들에 유용하다. 이것은 여러 개발자들이 소프트웨어 시스템에 대해 동시에 작업하는 팀 프로젝트에서는 필수적이다. 때때로 이 개발자들은 모두가 같은 장소에서 작업하지만, 점차 개발팀의 멤버들이 세계의 여러 지역에 흩어져서 작업하고 있다. 형상 관리 시스템은 팀 멤버들에게 개발 중인 시스템에 대한 접근을 제공하고 그들이 코드에 수행한 변경들을 관리한다.

소프트웨어 시스템 제품에 대한 형상 관리는 밀접하게 관련된 네 개의 활동들을 포함한다(그림 25.1).

1. **버전 관리:** 이것은 시스템 컴포넌트들의 여러 버전들을 추적 관리하고 여러 개발자들에 의한 컴포넌트 변경이 서로 방해받지 않도록 보장하는 것을 포함한다.
2. **시스템 구축:** 이것은 프로그램 컴포넌트, 데이터, 그리고 라이브러리들을 조립하고, 실행가능한 프로그램을 생성하기 위해 이것들을 컴파일하고 링킹하는 프로세스이다.
3. **변경 관리:** 이것은 인도된 소프트웨어에 대한 고객과 개발자들의 변경 요청을 추적 관리하고, 이런 변경을 수행하기 위한 비용과 영향을 파악하고, 이런 변경을 구현할 것인지, 한다면 언제 할 것인지를 판단하는 것과 관련된다.
4. **릴리스 관리:** 이것은 외부 릴리스를 위해 소프트웨어를 준비하고 고객 사용을 위해 릴리스되는 시스템 버전들을 추적 관리하는 것을 포함한다.

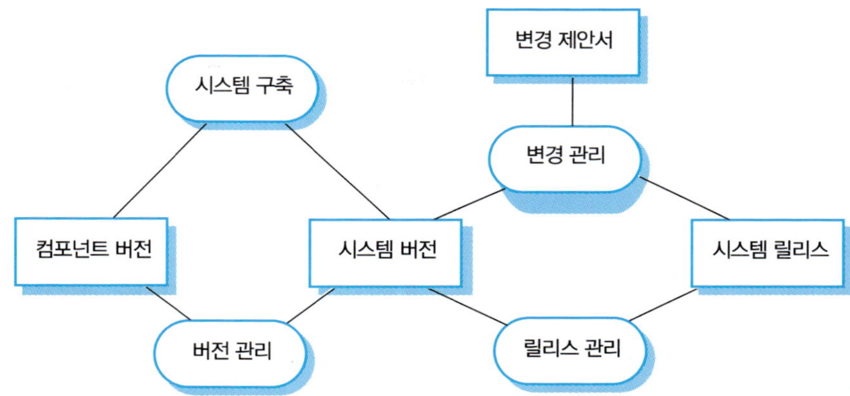

그림 25.1 형상 관리 활동

형상 관리에서는 관리되어야 하는 정보와 형상 항목들 사이의 관계가 많기 때문에 도구 지원이 필수적이다. 형상 관리 도구들은 시스템 컴포넌트들의 버전들을 저장하고, 이 컴포넌트들로부터 시스템을 구축하고, 고객에 대한 시스템 버전의 릴리스를 추적하고, 그리고 변경 제안들을 추적하기 위해 사용된다. CM 도구들의 범위는 오류 추적과 같은 형상 관리 작업 하나를 지원하는 간단한 도구들로부터 모든 형상 관리 활동들을 지원하는 통합 환경까지 걸쳐있다.

CM 도구들을 사용하지 않으면 컴포넌트와 시스템이 하루에 여러 번씩 변경되는 애자일 개발은 불가능하다. 컴포넌트들의 확정적인 버전들은 공유된 프로젝트 저장소에 놓여지고, 개발자들은 이것들을 자신의 작업공간으로 복사한다. 개발자들은 코드에 대한 변경을 수행하고, 테스팅을 위해 시스템 구축 도구들을 사용하여 새로운 시스템을 자신의 컴퓨터에 생성한다. 변경 작업이 만족스러우면, 수정된 컴포넌트들을 프로젝트 저장소에 반환한다. 이것은 다른 팀 멤버들이 수정된 컴포넌트를 이용할 수 있게 만든다.

소프트웨어 제품 또는 맞춤식 소프트웨어 시스템 개발은 세 개의 구별된 단계를 갖는다.

1. **개발 단계:** 개발팀이 소프트웨어 형상을 관리할 책임이 있고, 새로운 기능이 소프트웨어에 추가된다. 개발팀이 시스템의 변경에 대해 결정을 한다.
2. **시스템 테스팅 단계:** 테스팅을 위해 시스템의 버전이 내부적으로 릴리스된다. 이것은 품질 관리팀 또는 개발팀의 개인 또는 그룹이 책임을 진다. 이 단계에서는 새로운 기능이 시스템에 추가되지 않는다. 이 단계에서 수행되는 변경은 오류 수정, 성능 개선, 그리고 보안 약점 수정들이다. 베타 테스트에서 약간의 고객 참여가 있을 것이다.
3. **릴리스 단계:** 소프트웨어는 고객의 사용을 위해 릴리스된다. 릴리스가 배포되고 나면, 고객들은 오류 리포트와 변경 요청을 제출할 것이다. 고객에 의해 제안된 오류와 약점을 수정하고 새로운 기능들을 포함하기 위해 릴리스된 시스템의 새로운 버전들이 개발될 것이다.

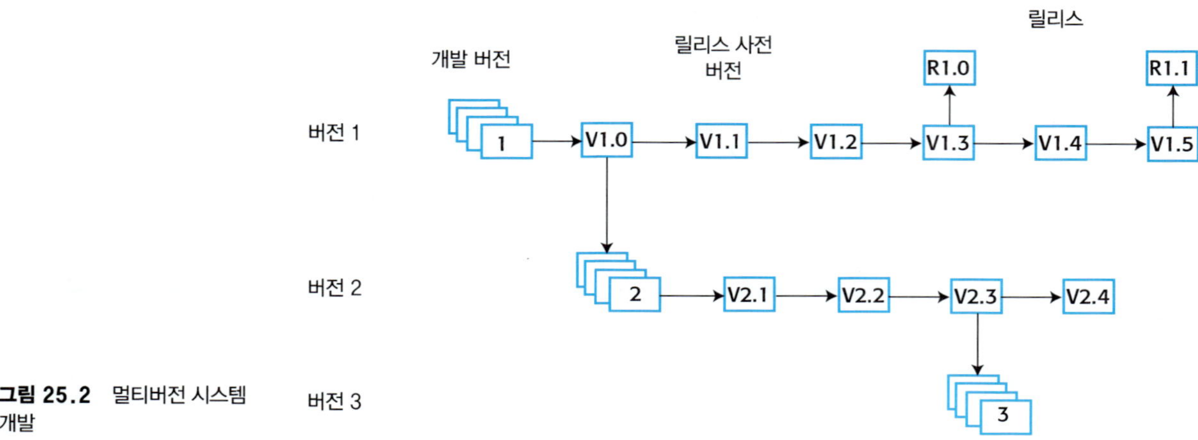

그림 25.2 멀티버전 시스템 개발

대형 시스템인 경우는 결코 시스템의 "동작" 버전이 단 하나만 있지 않다; 개발의 다른 단계들에서 시스템의 여러 버전이 항상 있다. 다른 시스템 버전들의 개발에 여러 팀이 관련되어 있을 수 있다. 그림 25.2는 시스템의 3개 버전이 개발 중인 상황을 보여준다.

1. 시스템 버전 1.5는 시스템의 최초 릴리스의 오류를 수정하고 성능을 개선하기 위해 개발되었다. 이것은 시스템의 두 번째 릴리스(R1.1)에 대한 기본이다.
2. 버전 2.4는 시스템의 릴리스 2.0이 될 목적으로 테스트되는 중이다. 이 단계에서는 새로운 기능이 추가되지 않는다.
3. 버전 3은 고객들과 개발 팀의 변경 요청을 반영하여 새로운 기능이 추가되어 개발된 시스템이다. 이것은 궁극적으로 릴리스 3.0으로 출하될 것이다.

이런 여러 시스템 버전들은 그 시스템 버전에 유일한 컴포넌트 또는 컴포넌트 버전들뿐만 아니라 많은 공통적인 컴포넌트들을 갖는다. CM 시스템은 각각의 버전의 일부분인 컴포넌트들을 추적하고 시스템 구축에서 요구되는 대로 그것들을 포함한다.

대형 소프트웨어 프로젝트에서, 형상 관리는 때때로 소프트웨어 품질 관리(24장)의 일부분이다. 품질 관리자는 품질 관리와 형상 관리 둘 모두에 대한 책임을 갖는다. 소프트웨어의 릴리스 사전 버전이 준비되면, 개발팀은 그것을 품질 관리팀(QM 팀)에게 전달한다. QM 팀은 시스템 품질이 수용할 만한 수준인지를 검사한다. 만약 그렇다면, 그것은 통제되는 시스템이 된다. 이것은 시스템에 대한 모든 변경이 구현되기 전에 동의되어야 하고 기록되어야 한다는 것을 의미한다.

형상 관리에는 많은 전문적인 용어들이 사용된다. 불행히도 이것들은 표준화되지 않았다. 국방 소프트웨어 시스템들이 소프트웨어 CM이 사용된 최초의 시스템들이다. 따라서 이 시스템들에 대한 용어는 하드웨어 형상 관리에서 사용되는 프로세스들과 용

용어	설명
베이스라인	시스템을 구성하는 컴포넌트 버전들의 모음. 베이스라인들은 통제되는데, 이것은 베이스라인에서 사용되는 컴포넌트 버전들은 변경될 수 없다는 것을 의미한다. 베이스라인은 그것의 구성 컴포넌트들로부터 항상 다시 생성될 수 있다.
분기	기존의 코드라인의 한 버전에서 새로운 코드라인의 생성. 새로운 코드라인과 기존 코드라인은 독립적으로 개발 될 수 있다.
코드라인	소프트웨어 컴포넌트 그리고 컴포넌트가 의존하는 다른 형상 항목들의 버전들의 집합
형상(버전) 관리	시스템의 수명 동안 변경들은 관리되고 컴포넌트들의 모든 버전들은 식별되고 저장되도록 시스템과 컴포넌트들의 버전들이 보관되고 유지되는 것을 보장하는 프로세스
형상 항목 또는 소프트웨어 형상 항목	형상 관리를 받는 소프트웨어의 프로젝트에 관련된 모든 것(설계, 코드, 테스트 데이터, 문서 등). 형상 항목은 항상 유일한 식별자를 갖는다.
메인라인	시스템의 여러 버전들을 나타내는 일련의 베이스라인들
합병	다른 코드라인에 있는 분리된 버전들을 합병하여 소프트웨어 컴포넌트의 새로운 버전의 생성. 이 코드라인들은 관련된 코드라인들 중의 하나에서 이전의 분기에 의해 생성되었다.
릴리스	사용을 위해 고객(또는 조직에 있는 다른 사용자)에게 넘겨주는 시스템의 한 버전
저장소	소프트웨어 컴포넌트의 버전들과 컴포넌트들의 변경에 관한 메타 정보의 공유된 데이터베이스
시스템 구축	시스템을 구성하는 컴포넌트들의 적절한 버전들과 라이브러리들을 컴파일하고 링킹하여 실행 가능한 시스템 버전의 생성
버전	형상 항목의 다른 인스턴스와 어떤 식으로든 구별되는 인스턴스. 버전들은 항상 유일한 식별자를 갖는다.
작업공간	개인 작업공간은 소프트웨어를 사용 또는 수정하고 있는 다른 개발자들에게 영향을 미치지 않고 그 소프트웨어를 변경할 수 있는 곳이다.

그림 25.3 CM 용어

어들을 반영하였다. 상용 시스템 개발자들은 군대 절차와 용어들에 대해 알지 못했고, 그래서 종종 자신만의 용어들을 지어내었다. 애자일 방법들 또한 애자일 접근법을 전통적인 CM 방법들과 구별할 목적으로 새로운 용어들을 고안하였다.

형상 관리 표준의 정의와 사용은 ISO 9000과 SEI의 능력 성숙도 모델 모두에서 품질 인증에 필수적이다(Bamford and Deibler 2003; Chrissis, Konrad, and Shrum 2011). 기업에서 CM 표준은 형상 관리에 대한 IEEE 표준인 IEEE 828-2012와 같은 일반적인 표준들을 기초로 할 수 있다. 이 표준들은 CM 프로세스들 그리고 CM 프로세스 동안 생산되는 문서들에 초점을 맞춘다(IEEE 2012). 외부 표준들을 시작점으로 사용하여, 기업들은 더 상세하고 기업의 특별한 요구를 반영하는 기업 특화 표준들을 개발할 수 있다. 그러나 애자일 방법들은 문서 작업의 오버헤드 때문에 이런 표준들을 거의 사용하지 않는다.

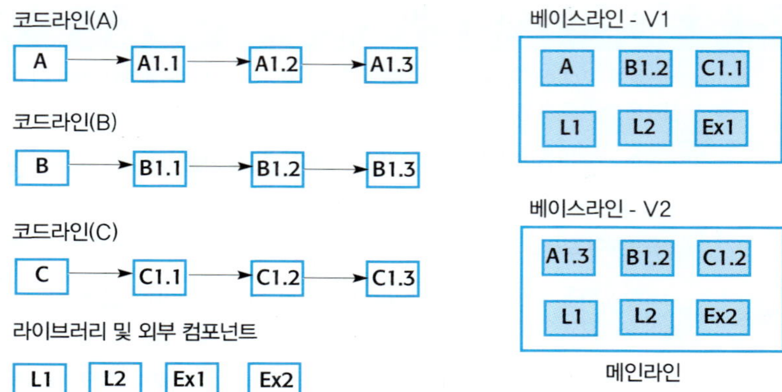

그림 25.4 코드라인과 베이스라인

25.1 버전 관리

버전 관리는 소프트웨어 컴포넌트들 그리고 이 컴포넌트들이 사용되는 시스템의 여러 버전들을 추적 관리하는 프로세스이다. 이것은 또한 이런 버전들에 대해 여러 개발자들이 수행하는 변경 작업이 서로 방해받지 않도록 하는 것을 포함한다. 다시 말하면, 버전 관리는 코드라인과 베이스라인을 관리하는 프로세스이다.

그림 25.4는 코드라인과 베이스라인의 차이를 보여준다. 코드라인은 소스 코드의 일련의 버전들이고, 나중 버전들은 이전의 버전들로부터 유도된다. 시스템은 컴포넌트 각각의 다른 버전들을 가지므로 일반적으로 코드라인은 시스템의 컴포넌트들에게 적용된다. 베이스라인은 특정한 시스템에 대한 정의이다. 베이스라인은 시스템에 포함되는 컴포넌트 버전들을 명시하고 사용된 라이브러리들, 설정 파일들, 그리고 다른 시스템 정보를 식별한다. 그림 25.4에서, 다른 베이스라인들은 각각의 코드라인으로부터 컴포넌트의 다른 버전들을 사용하는 것을 알 수 있다. 베이스라인 정의에 있는 컴포넌트를 나타내는 사각형들이 흐리게 표시된 것은 실제로는 이것이 코드라인에 있는 컴포넌트들에 대한 참조를 나타내고 있다는 것을 보이기 위해서다. 메인라인은 원래의 베이스라인으로부터 개발된 일련의 시스템 버전들이다.

베이스라인은 시스템의 특정 버전에 어떤 컴포넌트들이 포함되어야 하는지를 정의한 형상 언어를 사용하여 명시될 수 있다. 개별적인 컴포넌트 버전(X.1.2) 또는 간단히 컴포넌트 식별자(X)를 명시적으로 표시할 수 있다. 형상 설명에 단순히 컴포넌트 식별자를 표시한다면, 해당 컴포넌트의 최신 버전이 사용되어야 한다.

베이스라인은 시스템의 개별 버전을 종종 다시 생성해야 하기때문에 중요하다. 예를 들면, 하나의 생산 라인은 실체화될 수 있고, 결과적으로 각각의 시스템 고객을 위한 특별한 시스템 버전들이 있다. 만약 어떤 고객이 사용하고 있는 시스템에서 오류를 발견하고 신고하면, 수정 작업을 위해 고객에게 인도되었던 시스템 버전을 다시 생성해야 한다.

버전 관리(VC: Version Control) 시스템은 컴포넌트의 여러 버전들을 식별하고, 저장하고, 그리고 접근을 제어한다. 현대의 버전 관리 시스템은 두 가지 유형으로 구분된다:

1. **중앙집중 시스템:** 하나의 마스터 저장소가 개발 중인 소프트웨어 컴포넌트의 모든 버전들을 유지한다. Subversion이 널리 사용되는 중앙집중 VC 시스템의 예이다 (Pilato, Collins-Sussman, and Fitzpatrick 2008).
2. **분산 시스템:** 컴포넌트 저장소의 복수 버전들이 동시에 존재한다. Git가 널리 사용되는 분산 VC 시스템의 예이다(Loeliger and McCullough 2012).

중앙집중 그리고 분산 VC 시스템은 비슷한 기능들을 제공하지만, 다른 방식으로 이 기능들을 구현한다. 이 시스템들의 주요 특징은 다음을 포함한다.

1. **버전과 릴리스 식별:** 컴포넌트의 관리되는 버전들은 시스템에 제출될 때 유일한 식별자를 할당받는다. 이런 식별자들은 컴포넌트의 이름을 바꾸지 않고도 동일한 컴포넌트의 여러 버전들을 관리하는 것을 가능하게 한다. 버전들은 각각의 버전을 유일하게 식별하기 위해 사용되는 속성들의 집합과 함께 다른 속성들도 가질 수 있다.
2. **변경 이력 기록:** VC 시스템은 컴포넌트의 초기 버전으로부터 새로운 버전을 만들기 위해 행해진 변경에 대한 기록을 유지한다. 일부 시스템에서, 이런 변경들은 특별한 시스템 버전을 선택하기 위해 사용될 수 있다. 이것은 컴포넌트들에 변경 내용을 나타내는 태그를 붙이는 것을 포함한다. 베이스라인에 포함되는 컴포넌트들을 선택하기 위해 이 태그들을 사용할 수 있다.
3. **독립적인 개발:** 다른 개발자들이 동시에 같은 컴포넌트에 대해 작업할 수 있다. 버전 관리 시스템은 편집을 위해 체크아웃된 컴포넌트들을 추적하고, 여러 개발자들에 의한 컴포넌트 변경이 서로 방해받지 않도록 한다.
4. **프로젝트 지원:** 버전 관리 시스템은 컴포넌트들을 공유하는 여러 개의 프로젝트 개발을 지원할 수 있다. 한 번에 하나의 파일 혹은 디렉토리를 가지고 작업하는 것이 아니라 프로젝트에 관리된 모든 파일들을 체크인, 체크아웃하는 것이 대체로 가능하다.
5. **저장소 관리:** 버전 관리 시스템은 컴포넌트의 모든 버전들에 대한 여러 개의 복사본을 유지하는 것이 아니라, 동일한 파일들에 대한 중복된 복사본을 유지하지 하는 효율적인 기법을 사용할 수 있다. 파일들 사이에 작은 차이가 있으면, VC 시스템은 파일들의 다중 복사본을 유지하지 않고 이런 차이를 저장할 수 있다. 특정 버전은 마스터 버전에 이 차이들을 적용하여 자동으로 다시 생성될 수 있다.

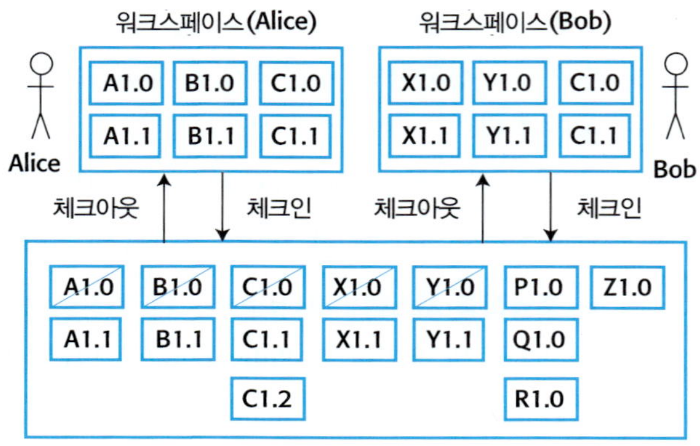

그림 25.5 중앙집중 버전 관리 시스템의 체크인과 체크아웃

대부분의 소프트웨어 개발은 팀 활동이므로, 여러 팀 멤버들이 동시에 같은 컴포넌트에 대해 작업을 한다. 예를 들어, Alice는 컴포넌트 A, B, 그리고 C를 변경하는 것을 포함하여 시스템에 대한 어떤 변경을 하고 있다. 같은 시간에, Bob은 컴포넌트 X, Y, 그리고 C에 대한 변경이 필요한 변경작업을 하고 있다. 그러므로 Alice와 Bob 모두 C를 변경하고 있다. 변경사항이 서로를 방해하는 상황(C에 대한 Bob의 변경이 Alice의 작업을 덮어쓰는 상황 또는 반대의 경우)이 발생하지 않도록 하는 것은 중요하다.

방해가 없는 독립적인 개발을 지원하기 위해, 모든 버전 관리 시스템은 프로젝트 저장소와 개인 작업공간이라는 개념을 사용한다. 프로젝트 저장소는 모든 컴포넌트들의 "마스터" 버전을 유지한다. 마스터 버전은 시스템 구축에 대한 베이스라인을 생성하기 위해 사용된다. 컴포넌트를 수정할 때에, 개발자는 이것을 저장소에서 자신의 작업공간으로 복사(체크아웃)하고, 이 복사본에 대해 작업을 수행한다. 개발자가 변경 작업을 완료하면, 변경된 컴포넌트들을 저장소로 반납한다(체크인). 그러나 중앙집중 VC 시스템과 분산 VC 시스템은 공유된 컴포넌트의 독립적인 개발을 다른 방식으로 지원한다.

중앙집중 시스템에서, 개발자는 컴포넌트 또는 디렉토리를 프로젝트 저장소에서 자신의 개인 작업공간으로 체크아웃하고, 자신의 개인공간에서 이 복사본에 대해 작업을 수행한다. 변경 작업이 끝나면, 컴포넌트를 체크인하여 저장소로 돌려준다. 이것이 공유될 수 있는 새로운 컴포넌트 버전을 생성한다. 그림 25.5를 참고하라.

Alice는 버전 A1.0, B1.0, 그리고 C1.0을 체크아웃하였다. 그녀는 이 버전들에 대해 작업을 하고 새로운 버전 A1.1, B1.1, 그리고 C1.1을 만들었다. 그녀는 이 새로운 버전들을 저장소로 체크인하였다. Bob은 X1.0, Y1.0, 그리고 C1.0을 체크아웃한다. 이 컴포넌트들에 대한 새로운 버전들을 만들었고 그것들을 저장소로 체크인한다. 그러나 Bob이 작업을 하고 있는 동안 Alice가 이미 C의 새로운 버전을 만들었다. 그러므로 그의 체크인은 Alice의 변경 내용이 덮어쓰여지지 않도록 다른 버전 C1.2를 생성한다.

두 명이상이 동시에 한 컴포넌트에 대해 작업하려면, 각각은 저장소로부터 컴포넌

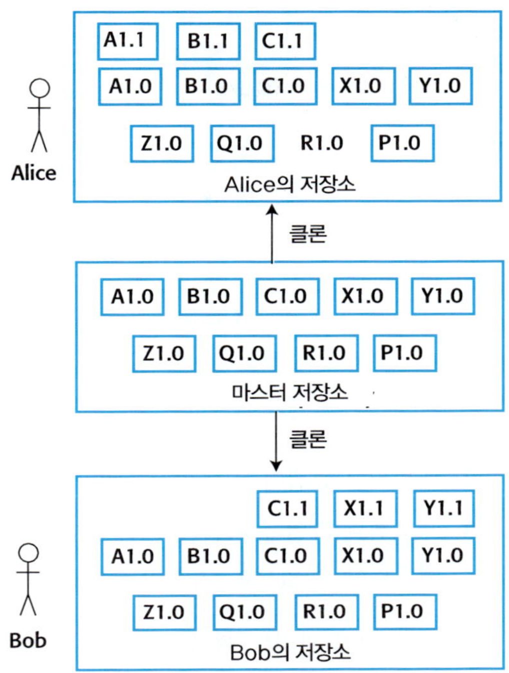

그림 25.6 저장소 복제

트에 대해 체크아웃을 해야 한다. 만약 어떤 컴포넌트가 체크아웃이 되었으면, 버전 관리 시스템은 그 컴포넌트에 대해 체크아웃을 원하는 다른 사용자에게 이미 누군가에 의해 체크아웃되었다는 것을 경고한다. 시스템은 또한 수정된 컴포넌트가 체크인이 되면, 다른 버전들은 다른 버전 식별자를 할당받고 따로 저장되는 것을 보장한다.

Git와 같은 분산 VC 시스템에서는 다른 접근법이 사용된다. "마스터" 저장소가 개발팀에 의해 생산되는 코드를 유지하는 서버에 생성된다. 필요한 파일들을 단순히 체크아웃을 하는 것 대신에, 개발자는 프로젝트 저장소의 복제본을 생성하여 자신의 컴퓨터에 설치한다.

개발자는 자신의 컴퓨터에 설치된 개인 저장소에서 필요한 파일 작업을 수행하고, 새로운 버전을 유지한다. 개발자가 변경 작업을 완료하면, "commit"을 통해 이 변경이 반영되어 개인 저장소가 변경된다. 그 다음에 개발자는 이 변경들이 프로젝트 저장소에 반영되도록 "push"를 할 수 있다. 또는 통합 관리자에게 변경된 버전을 이용할 수 있다고 알릴 수도 있다. 변경된 내용을 프로젝트 저장소로부터 가져올 때는 "pull"을 한다(그림 25.6 참조). 이 예제에서 Bob과 Alice 둘 다 프로젝트 저장소를 복제하였고 수정된 파일들을 갖고 있다. 그들은 아직 이것들을 프로젝트 저장소로 올리기 위해 "push"를 하지 않았다.

개발에 대한 이런 모델은 다음과 같은 장점을 가질 수 있다.

1. 저장소에 대한 백업 기법을 제공한다. 프로젝트 저장소가 손상되어도 작업을 계속

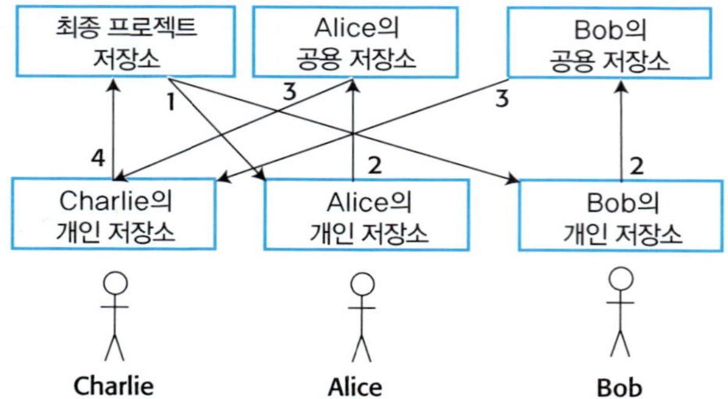

그림 25.7 오픈 소스 개발

할 수 있고, 로컬 복사본으로부터 프로젝트 저장소를 복구할 수 있다.

2. 네트워크 연결이 되지 않는 상황에서도 개발자들은 변경이 반영되도록 할 수 있다.
3. 프로젝트 작업을 지원한다. 개발자는 자신의 컴퓨터에서 전체 시스템을 컴파일하고 테스트할 수 있으며, 자신이 수행한 변경에 대한 테스트를 할 수 있다.

분산 버전 관리는 여러 사람들이 같은 시스템에 대해 동시에 작업할 수 있는 오픈 소스 개발에서 필수적이다. 오픈 소스 시스템 "관리자"가 언제 변경이 수행될지를 알 수 있는 방법은 없다. 이 경우에서, 개발자들은 자신의 컴퓨터에 있는 개인 저장소뿐만 아니라 공용 서버 저장소도 유지한다. 개발자들은 자신들이 변경한 컴포넌트들의 새 버전들을 서버 저장소로 내보낸다(push). 그 다음에, 언제 이런 변경들을 최종 프로젝트 저장소로 가져올지(pull)를 결정하는 것은 오픈 시스템 "관리자"에게 달려있다. 이런 구조를 그림 25.7에 나타내었다.

이 예제에서, Charlie는 오픈 소스 시스템의 통합 관리자이다. Alice와 Bob은 독립적으로 시스템 개발에 참여하고 최종 프로젝트 저장소를 복제한다(1). Alice와 Bob 둘 모두는 자신의 개인 저장소뿐만 아니라 Charlie가 접근할 수 있는 서버의 공용 저장소도 유지한다. 그들이 변경 작업을 수행하고 테스트도 마치면, 변경된 버전들을 개인 저장소에서 자신의 개인 공용 저장소로 내보내고(push) Charlie에게 이 저장소들을 이용할 수 있다고 알린다(2). Charlie는 테스트를 위해 변경된 버전들을 그들의 저장소에서 자신의 개인 저장소로 가져온다(pull) (3). 그가 이런 변경들이 수용할 만하다고 판단하면, 최종 프로젝트 저장소를 갱신한다(4).

동일한 컴포넌트에 대한 독립적인 개발의 결과로 코드라인은 분기(branch)할 수 있다. 그림 25.8에 나타낸 것처럼, 시간이 흐르면서 컴포넌트에 대한 변경을 나타내는 버전들의 선형 순서가 아닌, 여러 개의 독립적인 순서들일 수 있다. 이것은 여러 개발자들이 소스 코드의 다른 버전들에 대해 독립적으로 작업을 하고, 그것들을 다른 방식으로 수정하는 시스템 개발에서 정상적인 것이다. 새로운 분기가 만들어져야 하는 시스템

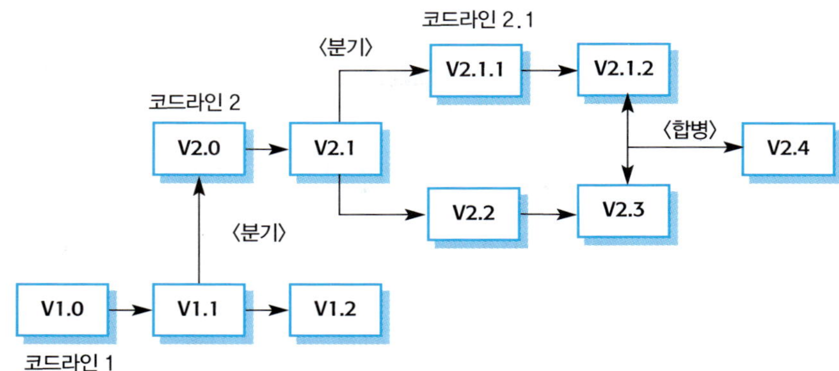

그림 25.8 분기와 합병

상에서 작업을 할 때, 변경들이 동작중인 시스템을 우연히 고장 내지 않도록 해야 하는 것이 일반적으로 추천된다.

어떤 단계에서는, 수행된 모든 변경사항들을 포함하는 컴포넌트의 새로운 버전을 만들기 위해 코드라인 분기들을 합병(merge)할 필요가 있을 수 있다. 그림 25.8에서는 컴포넌트 버전 2.4를 만들기 위해 컴포넌트 버전 2.1.2와 2.3을 합병하였다. 변경내용이 코드의 완전히 다른 부분들을 포함한다면, 컴포넌트 버전들은 버전 관리 시스템에 의해 코드 변경들을 합침으로써 자동적으로 합병될 수 있다. 이것은 새로운 기능이 추가되었을 때 동작의 정상 모드이다. 이런 코드 변경들은 시스템의 마스터 사본으로 합병된다. 그러나 여러 개발자들에 의한 변경 작업은 때때로 겹치게 된다. 변경 내용들은 공존할 수 없고 서로 간섭할 수 있다. 이런 경우 개발자는 충돌에 대해 검사하고, 버전들 사이의 문제를 완화할 수 있도록 컴포넌트들을 변경해야 한다.

버전 관리 시스템이 처음 개발되었을 때, 저장소 관리는 가장 중요한 기능중의 하나였다. 디스크 공간은 값이 비쌌으므로, 컴포넌트의 여러 복사본들에 의해 사용되는 디스크 공간을 최소화하는 것은 중요했다. 각각의 버전의 완전한 내용을 유지하는 것 대신에, 시스템은 버전 사이의 차이(델타)들의 목록을 저장한다. 이것들을 마스터 버전(대체로 가장 최근 버전)에 적용하여, 목표로 하는 버전을 다시 생성할 수 있다. 이것을 그림 25.9에 나타내었다.

그림 25.9 델타를 사용한 저장소 관리

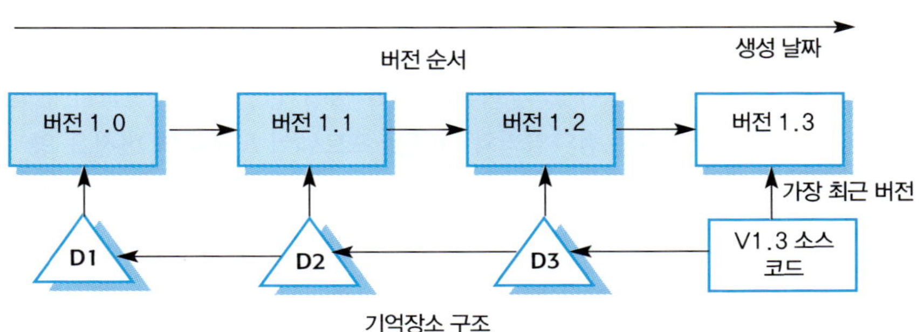

새 버전이 생성되면, 시스템은 단순히 이 새 버전을 생성하기 위해 사용되는 새 버전과 옛 버전의 차이인 델타를 저장한다. 그림 25.9에서 흐리게 표시된 부분은 컴포넌트의 가장 최근 버전으로부터 자동으로 재생산되는 컴포넌트의 초기 버전들을 나타낸다. 델타들은 보통 변경된 라인들의 목록으로 저장되며, 이것들을 자동으로 적용하여, 컴포넌트의 한 버전은 다른 것으로부터 생성될 수 있다. 컴포넌트의 가장 최근 버전이 가장 많이 사용될 것 같으므로, 대부분의 시스템은 그 버전을 완전히 저장한다. 그다음에, 이전 시스템 버전들을 다시 생성하기 위한 델타들을 정의한다.

저장소 관리에 대한 델타 기반 접근법의 문제점들 중 하나는 모든 델타들을 적용하는데 오랜 시간이 걸릴 수 있다는 것이다. 이제 디스크 저장소는 상대적으로 값이 싸고, Git는 다른 방식의 좀 더 빠른 접근법을 사용한다. Git는 델타를 사용하지 않고, 저장된 파일들 그리고 연관된 메타 정보에 대해 표준 압축 알고리즘을 적용한다. 그것은 파일들의 중복된 사본들을 저장하지 않는다. 파일을 가져오는 것은 일련의 동작들을 적용할 필요 없이 단순히 그것의 압축을 해제하는 것과 관련된다. Git는 여러 개의 작은 파일들을 결합하여 색인화된 하나의 파일로 만든 팩파일(packfile)의 개념을 사용한다. 이것은 수많은 작은 파일들과 관련된 오버헤드를 줄인다. 팩파일들의 크기를 더욱 줄이기 위해 델타가 팩파일 안에서 사용된다.

25.2 시스템 구축

시스템 구축은 시스템 컴포넌트, 외부 라이브러리, 설정 파일, 그리고 다른 정보들을 컴파일하고 링킹하여 완전하고 실행 가능한 하나의 시스템을 생성하는 프로세스이다. 시스템 구축 프로세스는 버전 관리 시스템에 의해 관리되는 저장소로부터 컴포넌트 버전을 가져오므로, 시스템 구축 도구와 버전 관리 도구는 통합되어야 한다.

시스템 구축은 소프트웨어와 그것의 운영 환경에 대한 많은 양의 정보를 모으는 것과 관련된다. 그러므로 시스템을 생성하기 위한 자동화된 구축 도구를 사용하는 것이 타당하다(그림 25.10). 구축과 관련된 소스 코드 파일들만이 필요한 것은 아니라는 것에 주목하여야 한다. 이것들을 외부에서 제공된 라이브러리, (오류 메시지 파일과 같은) 데이터 파일, 그리고 설치를 정의하는 설정 파일들과 연결해야 한다. 시스템 구축에 사용되는 컴파일러와 다른 소프트웨어 도구들의 버전을 명시해야 할 수도 있다. 이상적으로는 한 개의 명령 또는 마우스 클릭으로 완전한 시스템을 구축할 수 있어야 한다.

시스템 통합과 구축을 위한 도구들은 다음과 같은 특징들의 일부 혹은 전부를 포함한다.

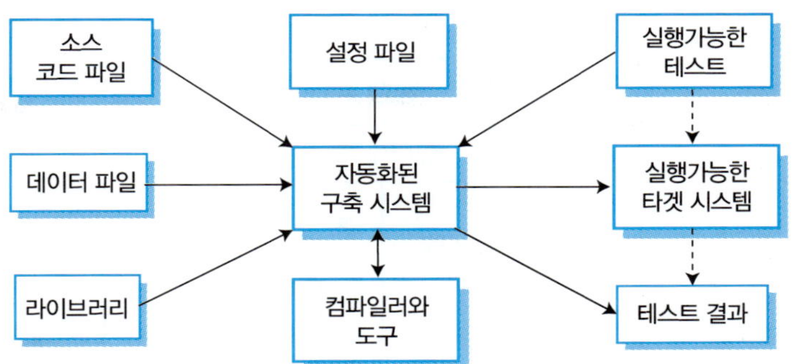

그림 25.10 시스템 구축

1. **구축 스크립트 생성:** 구축되는 프로그램을 분석하고 종속적인 컴포넌트들을 식별하여 빌드 스크립트(설정 파일)를 자동으로 생성해야 한다. 또한 구축 스크립트의 수동 생성과 편집도 지원해야 한다.
2. **버전 관리 시스템 통합:** 버전 관리 시스템으로부터 컴포넌트의 요구되는 버전들을 가져와야 한다.
3. **재컴파일 최소화:** 어떤 소스 코드가 재컴파일이 필요한지 파악하고 필요한 만큼만 컴파일을 수행해야 한다.
4. **실행 가능한 시스템 생성:** 실행 가능한 시스템을 생성하기 위해 컴파일된 목적 코드 파일들을 서로 그리고 라이브러리와 설정 파일들과 같은 다른 필요한 파일들과 링킹시켜야 한다.
5. **테스트 자동화:** JUnit과 같은 테스트 자동화 도구들을 사용하여 자동화된 테스트를 자동적으로 실행할 수 있다. 이것들은 구축되는 시스템이 변경에 의해 "고장"나지 않는 것을 검사해야 한다.
6. **보고:** 구축된 시스템 그리고 실행된 테스트의 성공 또는 실패에 대한 보고서를 제공한다.
7. **문서 생성:** 구축된 시스템에 대한 릴리스 노트와 시스템 도움말 페이지들을 생성할 수 있다.

구축 스크립트는 구축될 시스템의 정의이다. 이것은 컴포넌트들 그리고 그것들 사이의 종속성, 그리고 시스템을 컴파일하고 링크하는 데 사용되는 도구들의 버전들에 대한 정보를 포함한다. 구축 스크립트를 정의하기 위해 사용되는 형상 언어는 구축되는 시스템에 포함되는 컴포넌트들 그리고 그것들 사이의 종속성을 설명하기 위한 구조들을 포함한다.

시스템 구축은 다음과 같은 3개의 다른 시스템 플랫폼이 관련되어 있기 때문에 잠재적으로 오류가 발생하기 쉬운 복잡한 프로세스이다(그림 25.11).

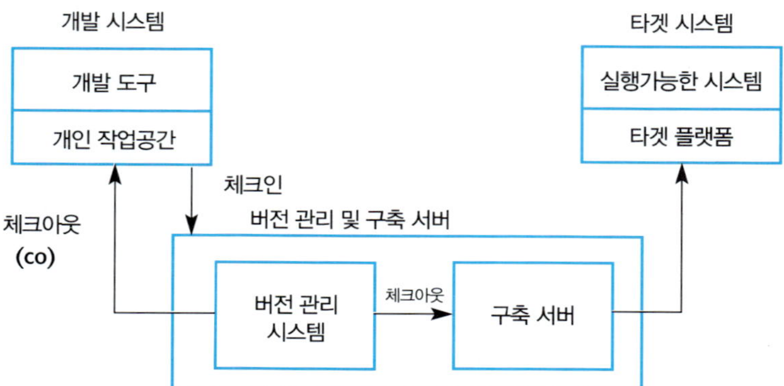

그림 25.11 개발, 구축 그리고 타겟 플랫폼

1. **개발 시스템:** 이것은 컴파일러와 소스 코드 편집기와 같은 개발 도구들을 포함한다. 개발자들은 시스템에 대한 변경 작업을 수행하기 전에 버전 관리 시스템으로부터 코드를 체크아웃하여 개인 작업공간으로 가져온다. 그들은 변경 작업을 수행하고 그 내용을 버전 관리 시스템에 반영하기 전에 자신들의 개발 환경 안에서 테스팅을 위한 시스템 버전을 구축하기를 희망할 수 있다. 이것은 개인 작업공간에서 컴포넌트의 체크아웃된 버전을 사용하는 구축 도구들을 사용하는 것을 포함한다.
2. **구축 서버:** 이것은 시스템의 확정적인, 실행 가능한 버전들을 구축하기 위해 사용된다. 이 서버는 시스템의 확정적인 버전들을 유지한다. 모든 시스템 개발자들은 시스템 구축을 위해 구축 서버에 있는 버전 관리 시스템에 코드를 체크인한다.
3. **타겟 환경:** 이것은 시스템이 실행될 플랫폼이다. 이것은 개발과 구축 시스템을 위해 사용되는 컴퓨터와 같은 유형일 수도 있다. 그러나 실시간 시스템 및 임베디드 시스템의 경우 타겟 환경은 종종 개발 환경보다 작거나 단순하다(예, 휴대폰). 대형 시스템의 경우, 타겟 환경은 개발 머신에는 설치 될 수 없는 데이터베이스와 다른 애플리케이션 시스템들을 포함할 수 있다. 이런 상황에서는 개발 컴퓨터 또는 구축 서버에 시스템을 구축하고 테스트하는 것이 가능하지 않다.

애자일 방법은 소프트웨어 문제점을 발견하기 위해 사용되는 자동화된 테스팅을 동반하여 매우 빈번한 시스템 구축을 수행할 것을 추천한다. 빈번한 시스템 구축은 그림 25.12에 나타낸 지속적 통합 프로세스의 부분이다. 많은 작은 변경을 만드는 애자일 방법의 개념에 맞추어, 지속적 통합은 소스 코드에 대한 작은 변경을 한 후에 메인라인을 빈번하게 재구축하는 것을 포함한다. 지속적 통합의 단계는 다음과 같다.

1. 버전 관리 시스템(VC)에서 개발자의 개인 작업공간으로 메인라인 시스템을 추출한다.
2. 시스템을 구축하고 구축된 시스템이 모든 테스트를 합격하는지 확인하는 자동화된 테스트를 실행한다. 그렇지 않고 구축된 시스템에 장애가 발생하면, 마지막 베이스

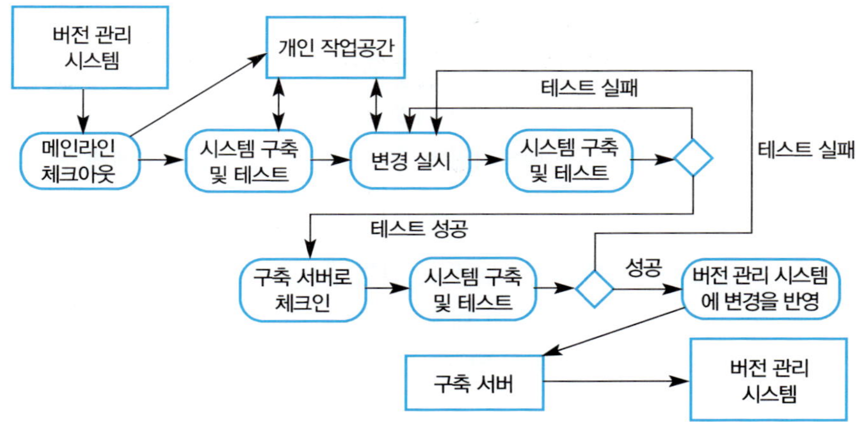

그림 25.12 지속적 통합

라인 시스템에 체크인한 사람을 찾아낸다. 그 사람이 문제를 수정할 책임이 있다.

3. 시스템 컴포넌트들에 대한 변경을 한다.
4. 개인 작업공간에서 시스템을 구축하고 시스템 테스트를 다시 실행한다. 테스트가 실패하면, 편집을 계속한다.
5. 시스템이 테스트를 통과하면, 그것을 구축 시스템 서버로 체크인한다. 그러나 VC 시스템의 새로운 시스템 베이스라인으로 반영하지는 않는다.
6. 구축 서버에서 시스템을 구축하고 테스트를 실행한다. 대신에 만약 Git를 사용하면, 최근의 변경들을 서버에서 개인 작업공간으로 가져올(pull) 수 있다. 시스템을 체크아웃한 후에 다른 사람이 컴포넌트들을 변경했다면 이 작업을 수행할 필요가 있다. 테스트가 실패하면, 실패한 컴포넌트들을 체크아웃하고 개인 작업공간에서 테스트를 통과할 수 있도록 편집한다.
7. 만약 시스템이 구축 시스템에서 테스트를 통과하면, 변경된 시스템을 시스템 메인라인의 새로운 베이스라인으로 반영한다(commit).

Jenkins와 같은 도구들은 지속적 통합을 지원하기 위해 사용된다. 이런 도구들은 개발자들이 저장소 갱신을 완료하자마자 시스템 구축을 시작할 수 있다.

지속적 통합의 장점은 여러 개발자들 사이의 상호 작용에 의한 문제들을 가능한 빨리 발견하고 수정하는 것을 가능하게 하는 것이다. 메인라인의 가장 최근 시스템이 최종 동작 시스템이다. 비록 지속적 통합이 좋은 방법이기는 하지만, 이 접근법을 시스템 구축에 항상 적용할 수 있는 것은 아니다.

1. 시스템이 매우 크거나 특별히 다른 애플리케이션 시스템과의 통합이 관련되면, 시

스템을 구축하고 테스트하는 데 오랜 시간이 걸릴 수 있다. 이런 시스템을 하루에 여러 번씩 구축하는 것은 비현실적이다.

2. 개발 플랫폼이 타겟 플랫폼과 다르면, 개발자의 개인 작업공간에서 시스템 테스트를 실행하지 못할 수 있다. 하드웨어, 운영체제, 또는 설치된 소프트웨어 차이들이 있을 수 있다. 따라서 시스템을 테스트하기 위해 더 많은 시간이 필요하다.

대형 시스템 또는 실행 플랫폼이 개발 플랫폼과 동일하지 않은 시스템에 대해서는, 지속적 통합이 대체로 불가능하다. 그런 환경에서, 빈번한 시스템 구축은 다음과 같은 일간 구축 시스템을 사용하여 지원될 수 있다.

1. 개발 조직은 시스템 컴포넌트들에 대한 인도 시간을(예, 오후 2시) 정한다. 개발자들은 자기가 작성하는 컴포넌트의 새로운 버전들이 있으면, 그것들을 이 시간까지 인도해야 한다. 컴포넌트들은 불완전할 수 있지만 테스트될 수 있는 일부 기본적인 기능은 제공해야 한다.
2. 완전한 시스템을 구성하기 위해 이 컴포넌트들을 컴파일하고 링킹하는 것에 의해 시스템의 새로운 버전이 구축된다.
3. 이 시스템은 미리 정의된 시스템 테스트를 수행하는 테스팅팀에 인도된다.
4. 시스템 테스팅 동안에 발견된 결함들은 문서로 작성되고 시스템 개발자에게 반환된다. 개발자들은 컴포넌트의 후속 버전에서 이 결함들을 고친다.

소프트웨어 구축을 빈번하게 사용하는 것의 장점은 컴포넌트 상호 작용에서 생겨나는 문제를 프로세스 초반에 발견할 기회가 증가한다는 것이다. 빈번한 구축은 컴포넌트에 대한 철저한 단위 테스팅을 독려한다. 심리적으로, 개발자들은 "시스템 고장"을 내지 않아야 한다는 부담을 갖는다; 개발자들은 전체 시스템을 고장에 이르게 하는 컴포넌트 버전들의 체크인을 피하려고 노력한다. 그러므로 그들은 적절하게 테스트되지 않은 새로운 컴포넌트 버전들을 인도하는 것을 꺼린다. 결과적으로, 개발자들에 의해 발견될 수도 있었던, 소프트웨어 결함을 발견하고 대처하는 시스템 테스팅에는 적은 시간이 소요된다.

컴파일 작업은 컴퓨터 집약 프로세스이므로, 시스템 구축을 지원하는 도구들은 필요한 컴파일 작업의 양을 최소화하기 위해 설계될 수 있다. 도구들은 컴포넌트의 컴파일된 버전이 이용 가능한지를 검사하여 이것을 수행한다. 만약 그렇다면 그 컴포넌트를 다시 컴파일할 필요가 없다. 그러므로 컴포넌트의 소스 코드와 그것의 목적 코드를 모호하지 않게 연결하는 방식이 존재해야 한다.

이 링킹은 컴포넌트의 소스 코드 파일 각각에 유일한 시그니처를 부여하여 달성될 수 있다. 소스 코드로부터 컴파일된 대응하는 목적 코드는 관련된 시그니처를 갖는다.

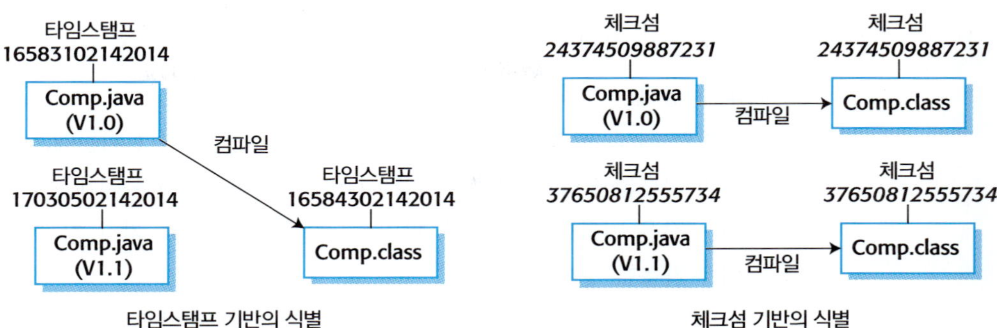

그림 25.13 소스 코드와 목적 코드의 링킹

시그니처는 각각의 소스 코드 버전을 식별하고, 소스 코드가 편집되면 수정된다. 소스 코드와 목적 코드 파일의 시그니처를 비교하는 것에 의해, 소스 코드 컴포넌트가 목적 코드 컴포넌트를 생성하기 위해 사용되었는지를 판단하는 것이 가능하다.

그림 25.13에 나타낸 것처럼, 다음과 같은 두 종류의 시그니처가 사용될 수 있다.

1. **수정 타임스탬프:** 소스 코드 파일의 시그니처는 그 파일이 수정된 날짜와 시간이다. 만약 어떤 컴포넌트의 소스 코드 파일이 연관된 목적 코드 파일보다 나중에 수정되었다면, 시스템은 새로운 목적 코드 파일을 생성하기 위해 재컴파일이 필요하다고 가정한다.

   예를 들어, 컴포넌트 Comp.java와 Comp.class의 수정 시그니처가 각각 17:03:05:02:14:2014와 16:58:43:02:14:2014라고 하자. 이것은 Java 코드가 2014년 2월 14일 17시 3분 5초에 수정되었고, 컴파일된 버전은 2014년 2월 14일 16시 58분 43초에 수정되었다는 것을 의미한다. 이런 경우, 컴파일된 버전이 컴포넌트의 가장 최근 버전보다 이른 수정 시간을 가지므로, 시스템은 자동적으로 Comp.java를 다시 컴파일한다.

2. **소스 코드 체크섬:** 소스 코드 파일의 시그니처는 파일의 데이터로부터 계산된 체크섬이다. 체크섬 함수는 소스 텍스트를 입력으로 하여 유일한 숫자를 계산한다. 소스 코드가(한 문자라도) 변경되면, 다른 체크섬이 생성된다. 그러므로 다른 체크섬을 가진 소스 코드 파일들은 실제로 다른 것이라고 확신할 수 있다. 체크섬은 컴파일 직전에 소스 코드에 할당되며, 소스 파일을 유일하게 식별할 수 있다. 그 다음에 시스템은 생성되는 목적 코드 파일에 같은 체크섬 시그니처 태그를 붙인다. 따라서 어떤 시스템에 포함되어야 하는 소스 코드 파일과 동일한 시그니처를 가진 목적 코드 파일이 없다면, 소스 코드를 다시 컴파일하는 것이 필요하다.

목적 코드 파일들은 보통 버전들을 갖지 않으므로, 첫 번째 접근법은 가장 최근의 컴파일로 생성된 목적 코드 파일만이 시스템에서 유지된다는 것을 의미한다. 이것은 보통 이름에 의해 소스 코드 파일과 관계를 갖는다; 즉 소스 코드 파일과 같은 이름을 갖고 확장자는 다르다. 따라서 소스 파일 Comp.java는 목적 파일 Comp.class를 생성할 것이다. 소스 파일과 목적 파일이 이름에 의해 연결되기 때문에, 소스 코드 컴포넌트의 여러 버전들을 동시에 같은 디렉토리에서 구축하는 것은 대체로 가능하지 않다. 컴파일러는 같은 이름을 가진 목적 파일을 생성할 것이므로, 가장 최근에 컴파일된 버전만이 이용 가능할 것이다.

체크섬 접근법은 컴포넌트의 목적 코드의 많은 다른 버전들이 동시에 유지되는 것을 가능하게 하는 장점을 갖는다. 파일 이름이 아닌 시그니처가 소스와 목적 코드를 연결한다. 소스 코드와 목적 코드는 똑같은 시그니처를 갖는다. 그러므로 타임 스탬프가 사용될 때와는 다르게 컴포넌트를 다시 컴파일해도 목적 코드를 덮어쓰지 않는다. 대신에 이것은 새로운 목적 코드 파일을 생성하고, 이 파일에 소스 코드 시그니처와 같은 태그를 붙인다. 동시 컴파일 작업이 가능해서 컴포넌트의 다른 버전들이 동시에 컴파일될 수 있다.

25.3 변경 관리

변경은 대형 소프트웨어 시스템에서는 피할 수 없는 현실이다. 조직의 수요와 요구가 시스템의 수명 동안 변화하고, 오류들은 수정되어야 하고, 시스템은 주변 환경의 변화에 적응해야 한다. 변경이 조절된 방식으로 시스템에 적용되는 것을 보장하기 위해서, 도구의 지원을 받는 변경 관리 프로세스들이 필요하다. 변경 관리는 시스템의 진화가 통제되고, 가장 긴박하고 비용 효과적인 변경이 높은 우선순위를 갖는다는 것을 보장하기 위한 것이다.

변경 관리는 제안된 변경들의 비용과 혜택을 분석하고, 비용 효과적인 변경들을 승인하고, 시스템의 어떤 컴포넌트가 변경되었는지를 추적하는 프로세스이다. 그림 25.14는 변경 관리의 주요 활동들을 보여주는 변경 관리 프로세스의 모델이다. 이 프로세스는 소프트웨어가 고객에 대한 릴리스 또는 조직 내에서 배치를 위해 전달될 때에 실행되어야 한다.

소프트웨어가 맞춤식 시스템, 제품 라인, 또는 규격 제품인지에 의존해서 이 프로세스의 많은 변형이 사용된다. 기업의 규모 또한 차이를 만든다–작은 기업들은 법인 또는 정부 고객들과 작업하는 대형 기업들에 비해 덜 공식적인 프로세스를 사용한다. 그러나 모든 변경 관리 프로세스는 변경을 검토하고, 비용을 고려하며, 승인하는 어떤 방식을 포함해야 한다.

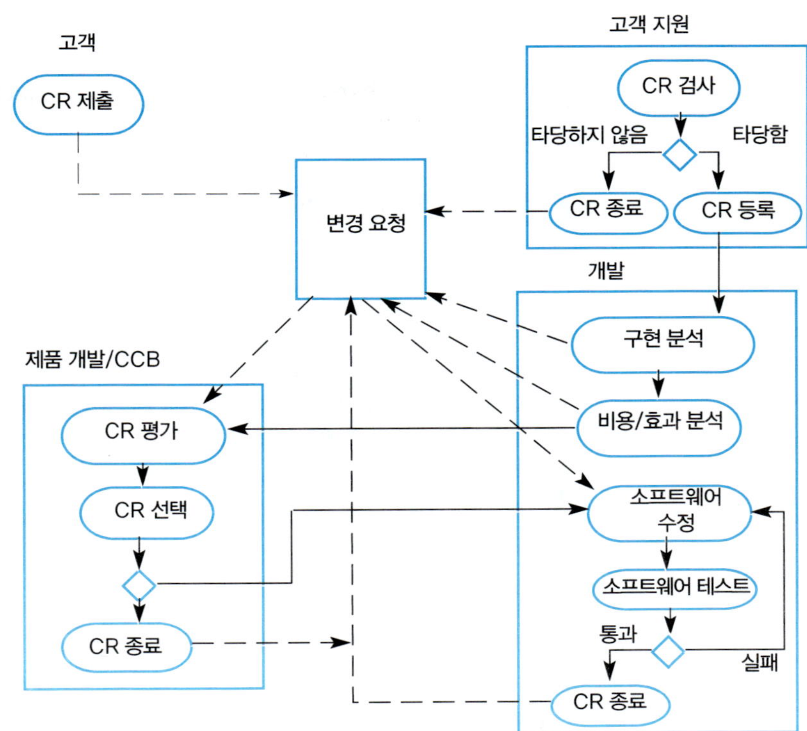

그림 25.14 변경 관리 프로세스

변경 관리를 지원하는 도구들은 상대적으로 간단한 이슈 또는 오류 추적 시스템이거나 Rational Clearcase와 같은 대규모 시스템을 위한 형상 관리 패키지와 통합된 소프트웨어일 수 있다. 이슈 추적 시스템들은 누구나 오류를 보고하거나 또는 시스템 변경에 대한 제안을 할 수 있게 하고, 개발팀이 이런 이슈들에 대해 반응하는 것을 추적한다. 이 시스템들은 사용자들에게 프로세스를 부담지우지 않으며, 따라서 많은 다른 설정들로 사용될 수 있다. 더 복잡한 시스템들이 변경 관리 프로세스의 프로세스 모델을 중심으로 만들어질 수 있다. 최초의 고객 제안부터 마지막 변경 승인과 개발 팀의 변경 제출까지 변경 요청을 처리하는 전체 프로세스를 자동화할 수 있다.

시스템 이해 당사자가 시스템에 요구되는 변경을 기술한 변경 요청을 완성하고 제출하면 변경 관리 프로세스는 시작된다. 이것은 오류의 증상이 기술된 오류 보고 또는 시스템에 추가되어야 하는 부가적인 기능에 대한 요청일 수 있다. 일부 기업들은 오류 보고와 새로운 요구사항을 분리하여 처리하지만 실질적으로는 둘 모두 단순히 변경 요청들이다. 변경 요청들은 변경 요청 양식(CRF: Change Request Form)을 사용하여 제출될 수 있다. 이해 당사자는 시스템 소유자와 사용자, 베타 테스터, 개발자, 또는 기업의 영업 부서일 수 있다.

전자 변경 요청 양식은 변경 관리에 관련된 모든 그룹들 사이에 공유되는 정보를 기록한다. 변경 요청이 처리되면서, 프로세스의 각 단계에서 내려진 결정들을 기록하기

변경 요청 양식

프로젝트: SICSA/AppProcessing **번호:** 23/02
변경 요구자: I. Sommerville **날짜:** 20/07/12

요구된 변경: 지원자의 상태(거절, 수용 등)가 지원자들의 목록 화면에서 시각적으로 보여야 한다.

변경 분석자: R. Looek **분석 날짜:** 25/07/12

영향받는 컴포넌트: ApplicantListDisplay, StatusUpdater
관련된 컴포넌트: StudentDatabase
변경 평가: 상대적으로 간단함. 상태에 따라 색이 변하도록 구현하면 됨. 상태와 색의 관계에 대한 표가 추가되어야 함. 연관된 컴포넌트들에 대한 변경은 필요 없음.
변경 우선순위: 중간
변경 구현:
추정 노력: 2시간

CCB 제출 날짜: 28/07/12 **CCB 결정 날짜:** 30/07/12

CCB 결정: 변경 수용. 릴리스 1.2에서 변경을 구현

변경 구현자: **변경 날짜:**
QM 제출 날짜: **QM 결정:**
CM 제출 날짜:
의견:

그림 25.15 부분적으로 완성된 변경 요청 양식

위해 정보가 CRF에 추가된다. 그러므로 그것은 언제라도 변경 요청 처리 상태에 대한 스냅 사진을 나타낸다. CRF에는 요구되는 변경이 기록될 뿐만 아니라, 변경에 관한 권장사항, 변경의 추정 비용, 그리고 변경의 요청, 승인, 구현, 확인 날짜들이 기록된다. CRF는 또한 개발자가 변경을 구현할 방법을 요약하는 부분을 포함할 수도 있다. CRF의 형식성 수준은 시스템을 개발하는 조직의 크기와 유형에 따라 다르다.

그림 25.15는 크고 복잡한 시스템 공학 프로젝트에서 사용될 수 있는 CRF 종류의 예이다. 소형 프로젝트의 경우, 변경 요청들은 공식적으로 기록되어야 한다는 것을 추천한다; CRF는 구현 이슈는 덜 강조하고 요구되는 변경을 기술하는 것에 초점을 맞추어야 한다. 시스템 개발자들은 변경을 구현할 방법을 결정하고 변경 구현을 완료하는 데 필요한 시간을 추정한다.

일단 변경 요청이 제출되면, 그것이 타당한지를 확인하기 위해 검사된다. 검사자들은 고객 또는 애플리케이션 지원팀 또는, 내부 요청일 경우는 개발팀의 멤버일 수도 있다. 변경 요청은 이 단계에서 거절될 수도 있다. 변경 요청이 오류 보고라면, 그 오류가 이미 보고되고 수정되었을 수 있다. 때때로 사람들이 문제라고 믿는 것들이 실제로는 시스템이 수행하기로 기대했던 것에 대한 오해일 수 있다. 가끔은 이미 구현된 기능들에 대해서 알지 못하고 요청하는 경우도 있다. 만약 이런 것들 중의 하나가 사실이라면,

고객과 변경

애자일 방법은 변경의 우선순위를 정하는 프로세스에서 고객 참여의 중요성을 강조한다. 고객 대표는 다음 개발 반복에서 구현되어야 하는 변경들에 대해 팀이 결정하는 것을 돕는다. 이것은 하나의 고객을 위해 개발되는 시스템에서는 효과적이지만, 실제 고객이 팀과 같이 작업하지 않는 제품 개발에서는 문제가 될 수 있다. 그런 경우, 팀은 변경의 우선순위를 독자적으로 결정하여야 한다.

http://software-engineering-book.com/web/agile-changes/

그 이슈는 종료되고 양식에는 종료에 대한 이유가 기록된다. 만약 타당한 변경 요청이라면, 이것은 후속 분석이 필요한 중요한 요청으로 기록된다.

타당한 변경 요청의 경우, 프로세스의 다음 단계는 변경에 대한 평가와 비용 추정이다. 이것은 대개 개발 또는 유지보수 팀이 변경을 구현하는데 관련된 내용을 파악할 수 있으므로 그들의 책임이 된다. 시스템의 나머지 부분에 대한 변경의 영향은 반드시 조사되어야 한다. 이것을 위해서는 변경에 의해 영향을 받는 모든 컴포넌트들을 식별해야 한다. 변경을 하는 것이 시스템의 다른 부분에 대한 추가적 변경이 필요하다는 것을 의미하면, 변경 구현에 대한 비용은 명백하게 증가한다. 다음에, 시스템 모듈들에 대한 요구되는 변경들을 평가한다. 마지막으로, 관련된 컴포넌트들에 대한 비용들도 고려하여 변경을 수행하기 위한 비용을 추정한다.

이 분석 후에는, 별도의 그룹이 소프트웨어에 대한 변경을 수행하는 것이 비용 효과적인지를 판단한다. 국방과 정부 시스템의 경우, 이 그룹을 종종 변경 통제 위원회(CCB: Change Control Board)라고 부른다. 산업체에서는 이것이 소프트웨어 시스템이 어떻게 진화하여야 하는가에 대한 결정에 책임을 갖는 "제품 개발 그룹" 같은 것으로 불릴 수 있다. 이 그룹은 변경이 화면 디스플레이, 웹 페이지, 또는 문서들에 대한 작은 오류들을 간단히 수정하는 것이 아닌 한 모든 변경들을 검토하고 승인해야한다. 이런 작은 요청들은 즉각적인 구현을 위해 개발팀에 전달되어야 한다.

CCB 또는 제품 개발 그룹은 기술적인 관점이 아닌 전략적이고 조직적인 관점에서 변경에 대한 영향을 고려한다. 그것은 변경이 경제적으로 타당한지 그리고 승인된 변경이 우선적으로 구현되어야 하는지를 결정한다. 승인된 변경은 개발 그룹으로 다시 전달된다; 거절된 변경 요청은 종료되고 더 이상의 작업은 없다. 변경을 구현할 것인지 아닌지에 대한 결정에 영향을 주는 요인들은 다음과 같은 것을 포함한다.

1. **변경을 하지 않았을 때의 결과:** 변경 요청을 평가할 때는 그 변경이 구현되지 않으면 어떻게 될 것인가를 고려해야 한다. 만약 변경이 보고된 시스템 고장과 연관이 있다면, 그 고장의 심각성을 고려해야 한다. 만약 그 시스템 고장이 시스템 붕괴를 일으

키는 것이라면 이것은 매우 심각하고, 변경 작업에 대한 실패는 시스템의 가동을 방해할 수도 있다. 반면에, 만약 그 고장이 디스플레이에서 잘못된 색상과 같은 작은 영향을 미치는 것이라면, 문제를 빨리 해결하는 것은 중요하지 않다. 그러므로 변경은 낮은 우선순위를 갖는다.

2. **변경의 혜택:** 변경이 시스템의 많은 사용자에게 유익한가 또는 변경 제안자에게만 유익한가?
3. **변경에 의해 영향을 받는 사용자들의 수:** 만약 소수의 사람들만 영향을 받는다면, 그 변경은 낮은 우선순위를 할당받을 수도 있다. 사실상, 시스템 사용자의 대다수가 변경 결과에 맞추어야 한다면, 그런 변경을 하는 것은 권할만한 것이 아닐 것이다.
4. **변경을 하는 비용:** 변경을 하는 것이 많은 시스템 컴포넌트들에 영향을 미치고(따라서 새로운 오류들이 생겨날 가능성을 증가시키는) 구현하는 데 많은 시간이 걸린다면, 그 변경은 거절될 수도 있다.
5. **제품 릴리스 주기:** 만약 소프트웨어의 새로운 버전이 고객들에게 막 전해졌으면, 다음 계획된 릴리스까지 변경에 대한 구현을 늦추는 것이 바람직할 것이다(25.4절 참조).

어떤 고객을 위해 특별하게 개발된 맞춤식 시스템이 아닌, 소프트웨어 제품(예, CAD 시스템 제품)에 대한 변경 관리는 다른 방식으로 처리된다. 소프트웨어 제품에서, 고객은 시스템 진화에 관한 결정에 직접적으로 참여하지 않으므로, 고객의 비즈니스에 대한 변경의 적절성은 이슈가 아니다. 이런 제품들에 대한 변경 요청은 고객 지원팀, 기업 영업팀, 그리고 개발자 자신들로부터 나온다. 이런 요청들은 고객들의 제안과 의견 또는 경쟁 제품에 대한 분석들을 반영할 수 있다.

고객 지원팀은 소프트웨어가 릴리스 된 후에 고객에 의해 발견되고 보고된 오류에 연관된 변경 요청들을 제출할 수도 있다. 고객들은 오류를 보고하기 위해 웹 페이지 또는 전자우편을 사용할 수 있다. 오류 관리팀은 오류 보고가 타당한 것을 검사하고 그것들을 공식적인 시스템 변경 요청으로 변환한다. 영업 직원들은 고객들과 만나고 경쟁 제품들을 조사할 수도 있다. 그들은 새 고객과 기존 고객들에게 시스템의 새로운 버전을 쉽게 팔 수 있기 위해 포함되어야 하는 변경을 제안할 수도 있다. 시스템 개발자들 자체는 시스템에 추가될 수 있는 새로운 기능에 대한 어떤 좋은 아이디어를 가지고 있을 수도 있다.

그림 25.14에 나타낸 변경 요청 프로세스는 시스템이 고객에게 릴리스된 후에 시작된다. 개발하는 동안, 시스템의 새로운 버전들이 매일(또는 더 빈번하게) 시스템 구축을 통해 생성될 때, 공식적인 변경 관리 프로세스는 필요하지 않다. 문제점과 요청된 변경들은 이슈 추적 시스템에 기록되고 매일 회의에서 논의된다. 개별적인 컴포넌트들에만 영향을 미치는 변경들은 시스템 개발자에게 직접 전달되고 그는 그것들을 수용하거

```
// SICSA project (XEP 6087)
//
// APP-SYSTEM/AUTH/RBAC/USER_ROLE
//
// Object: currentRole
// Author: R. Looek
// Creation date: 13/11/2012
//
// © St Andrews University 2012
//
// Modification history
// Version    Modifier    Date          Change        Reason
// 1.0        J. Jones    11/11/2009    Add header    Submitted to CM
// 1.1        R. Looek    13/11/2009    New field     Change req. R07/02
```

그림 25.16 유도 이력의 예

나 그것들이 필요하지 않은 이유를 입증한다. 그러나 시스템 아키텍트와 같은 독립적인 권한이 다른 개발 팀에 의해 만들어진 시스템 모듈들에도 영향을 미치는 변경들을 평가하고 우선순위를 매겨야 한다.

몇몇 애자일 방법에서는 고객들이 변경이 구현되어야 하는지 아닌지에 대한 결정에 직접 참여한다. 고객들이 시스템 요구사항에 대한 변경을 제안하면, 그들은 변경의 영향을 평가하기 위해 팀과 함께 작업하고, 그 변경이 시스템의 다음 증분을 위해 계획된 기능보다 우선하는지 아닌지를 결정한다. 그러나 소프트웨어 개선에 관련된 변경들은 시스템에서 작업하는 프로그래머들의 재량에 맡긴다. 소프트웨어를 끊임없이 개선하는 리팩토링은 오버헤드로 여겨지는 것이 아니라 개발 프로세스의 필요한 부분으로 간주된다.

개발팀이 소프트웨어 컴포넌트를 변경하면, 그들은 각각의 컴포넌트에 수행한 변경 기록들을 유지해야 한다. 이것들은 때때로 컴포넌트의 유도 이력(derivation history)이라고 불린다. 유도이력을 유지하는 좋은 방법은 이것을 컴포넌트 소스 코드의 시작 부분에 표준화된 주석으로 남기는 것이다(그림 25.16). 이 주석은 소프트웨어 변경을 촉발시킨 변경 요청을 참고해야 한다. 이 주석들은 유도 이력들을 위해 모든 컴포넌트들을 스캔하고 컴포넌트 변경 요청을 생성하는 스크립트에 의해 처리될 수 있다.

문서들의 경우, 각각의 버전에 관련된 변경 기록들은 대체로 문서 앞부분에 있는 분리된 페이지에서 유지된다. 이것은 문서화에 대한 웹 30장에서 다룬다.

25.4 릴리스 관리

시스템 릴리스는 고객들에게 배포된 소프트웨어 시스템의 한 버전이다. 대량 판매 시장을 위한 소프트웨어의 경우, 대체로 릴리스의 두 가지 유형을 식별하는 것이 가능하다: 중대한 새로운 기능들을 인도하는 메이저 릴리스와 오류를 수정하고 보고된 고객들의 문제를 해결한 마이너 릴리스. 예를 들면, 이 책은 운영체제가 OS 10.9.2 인 Apple Mac 컴퓨터에서 작성하는 중이다. 이것은 OS 10의 메리저 릴리스 9의 마이너 릴리스 2를 의미한다. 대체로 고객들은 메이저 릴리스를 구입해야 사용할 수 있으므로, 메이저 릴리스는 소프트웨어 공급자에게 경제적으로 매우 중요하다. 마이너 릴리스들은 대체로 무료로 배포된다.

소프트웨어 제품 릴리스는 시스템의 실행 가능한 코드만은 아니다. 릴리스는 다음과 같은 것들도 포함할 수 있다.

- 특별한 설치를 위해 릴리스들이 어떻게 설정되어야 하는지를 정의한 설정 파일
- 성공적인 시스템 운영을 위해 필요한, 다른 언어들로 작성된 오류 메시지 파일들과 같은 데이터 파일
- 타겟 하드웨어에 시스템을 설치하는 것을 도와주는 설치 프로그램
- 시스템을 설명한 전자 문서와 종이 문서
- 해당 릴리스를 위해 고안된 포장 그리고 연관된 홍보물

대량 판매 시장 제품에 대한 시스템 릴리스를 준비하고 배포하는 것은 많은 비용이 드는 프로세스이다. 릴리스 배포본을 만드는 데 관련된 기술적인 작업에 더해, 광고와 홍보물이 준비되어야 한다. 고객이 시스템의 새로운 릴리스를 구입하는 데 확신을 가지도록 마케팅 전략을 수립해야 할 수도 있다. 릴리스를 하는 시기에 대해서도 세심한 주의를 기울여야한다. 만약 릴리스가 너무 빈번하거나 또는 하드웨어 업그레이드를 요구한다면, 고객들은 새로운 릴리스로 이동하지 않을 수 있다. 고객들이 그것에 대해 돈을 지불해야 한다면 특별히 더 그럴 것이다. 만약 시스템 릴리스가 빈번하지 않다면, 고객들이 대체 시스템으로 이동함에 따라 시장 점유율은 하락할 것이다.

시스템 제품의 새로운 버전을 릴리스하는 시기에 대해 결정할 때, 고려해야 하는 다양한 기술적 요인과 조직적 요인들을 그림 25.17에 나타내었다.

릴리스 생성은 시스템 릴리스의 모든 컴포넌트들을 포함하는 파일들과 문서들의 모음을 생성하는 프로세스이다. 이 프로세스는 다음과 같은 여러 단계들을 포함한다:

1. 프로그램들의 실행 가능한 코드 그리고 모든 관련된 데이터 파일들을 반드시 버전 관리 시스템에서 식별하고 릴리스 식별자로 태그를 붙인다.
2. 여러 하드웨어와 운영 체제들을 위해 여러 설정 방법들을 작성한다.
3. 자기만의 시스템을 구성할 필요가 있는 고객들을 위해 수정된 설명들을 작성한다.
4. 설치 프로그램을 위한 스크립트들을 작성한다.
5. 릴리스를 설명하는, 시스템 문서들에 대한 링크를 가진 웹 페이지들을 생성한다.

요인	설명
경쟁	대량 판매 시장 소프트웨어의 경우, 경쟁 제품이 새로운 기능을 제공하고 새로운 시스템 릴리스가 기존 고객들에게 공급되지 않으면 시장 점유율이 하락할 수 있다.
마케팅 요구	조직의 마케팅 부서가 특정한 날짜에 릴리스가 이용 가능하다는 약속을 했을지도 모른다. 마케팅 이유로, 고객들을 이전의 릴리스에서 업그레이드를 하도록 설득하기 위해 시스템에 새로운 기능을 포함하는 것이 필요할 수도 있다.
플랫폼 변화	운영체제 플랫폼의 새로운 버전이 릴리스되면 소프트웨어 애플리케이션의 새로운 릴리스를 생성해야 할 수도 있다.
시스템의 기술적 품질	많은 고객들이 시스템을 사용하는 방식에 영향을 미치는 심각한 시스템 결함이 보고되면, 새로운 시스템 릴리스에서는 이것들을 수정한 것이 필요할 것이다. 작은 시스템 결함은 시스템의 현재 릴리스에 적용될 수 있는, 인터넷을 통해 배포되는, 패치를 통해 수정할 수 있다.

그림 25.17 시스템 릴리스 계획에 영향을 미치는 요인들

6. 모든 정보가 이용 가능할 때, 소프트웨어의 실행 가능한 마스터 이미지를 준비하고 배포를 위해 고객 또는 판매 대리점에게 전달한다.

맞춤식 소프트웨어 또는 제품 라인 소프트웨어의 경우, 시스템 릴리스 관리 프로세스의 복잡도는 시스템 고객들의 수에 따라 다르다. 시스템의 특별한 릴리스들이 각각의 고객을 위해 생산되어야 할 수도 있다. 개별적 고객들은 시스템의 여러 다른 릴리스들을 동시에 다른 하드웨어에서 실행하고 있을 수 있다. 소프트웨어가 복잡한 시스템의 일부분인 경우, 개별적 시스템의 여러 다른 버전들이 생성되어야 할 수도 있다. 예를 들면, 특화된 소방 차량들은 각각의 차량 종류에 따라 그 차량에 있는 장비에 맞추어진 소프트웨어 시스템의 자기만의 버전을 가질 수 있다.

어떤 소프트웨어 기업은 자신의 소프트웨어에 대한 수십 또는 수백 개의 다른 릴리스들을 관리해야 할 수도 있다. 그 기업의 형상 관리 시스템과 프로세스들은 어떤 고객들이 시스템의 어떤 릴리스를 가지고 있고 릴리스와 시스템 버전들 사이의 관계에 대한 정보를 제공할 수 있도록 설계되어야 한다. 인도된 시스템에서 문제가 발생하면, 그 특정한 시스템에서 사용된 모든 컴포넌트 버전들을 복구할 수 있어야한다.

그러므로 어떤 시스템 릴리스가 생산되면, 그것을 미래에 정확하게 다시 생산할 수 있도록 반드시 문서화를 해야 한다. 이것은 국방 시스템, 복잡한 기계들을 제어하는 시스템과 같이 고객의 요구에 맞춘, 오랜 수명을 갖는 임베디드 시스템에 대해서는 특별히 중요하다. 이런 시스템들은 오랜 수명을 가질 수 있다—일부 경우는 30년. 고객들은 이런 시스템들의 한 릴리스를 오랜 세월 동안 사용할 수 있고, 그것이 대체되고 한참 지난 후에 그 릴리스에 대한 특별한 변경을 요구할 수도 있다.

릴리스를 문서화할 때, 실행 가능한 코드를 생성하기 위해 사용되는 소스 코드 컴포넌트의 특정한 버전들을 반드시 기록해야 한다. 소스 코드 파일들, 대응하는 실행 파일들, 그리고 모든 데이터와 설정 파일들의 사본들을 반드시 유지해야 한다. 오래된 운영

체제와 다른 지원 소프트웨어들이 아직도 사용되고 있을 수 있기 때문에, 이것들의 사본들을 보관하는 것도 필요할 수 있다. 다행스럽게도 이제는 이것이 오래된 하드웨어를 항상 유지해야 한다는 것을 의미하는 것은 아니다. 가상 기계에서 오래된 운영 체제를 실행할 수 있기 때문이다.

또한 소프트웨어를 구축하기 위해 사용되는 운영 체제, 라이브러리, 컴파일러와 다른 도구들의 버전들도 기록해야 한다. 이런 도구들은 나중에 똑같은 시스템을 정확히 구축하기 위해 요구될 수 있다. 따라서 타겟 시스템의 소스 코드와 함께, 버전 관리 시스템에서 시스템을 생성하기 위해 사용되는 플랫폼 소프트웨어와 도구들의 사본들을 저장해야 할 수도 있다.

새로운 시스템 릴리스의 설치에 대한 계획을 세울 때, 고객들이 항상 새로운 시스템 릴리스를 설치할 것이라고 가정할 수 없다. 일부 시스템 사용자들은 기존 시스템에 만족할 수 있고, 일부는 새로운 릴리스로 교체하는 비용을 지불하는 것이 가치가 있다고 생각하지 않을 수 있다. 그러므로 시스템의 새로운 릴리스들은 이전 릴리스들의 설치에 의존할 수 없다. 이런 문제를 설명하기 위해, 다음과 같은 시나리오를 고려해보자.

1. 시스템의 릴리스 1이 배포되고 사용된다.
2. 릴리스 2는 새로운 데이터 파일들의 설치를 필요로 한다. 그러나 일부 고객들은 릴리스 2의 기능들을 필요로 하지 않아서 릴리스 1을 계속 사용한다.
3. 릴리스 3은 릴리스 2에서 설치된 데이터 파일들을 필요로 하고, 자신의 새로운 데이터 파일들은 가지지 않는다.

소프트웨어 배포자는 릴리스 3을 위해 필요한 파일들이 이미 모든 사이트에 설치되었다고 가정할 수 없다. 일부 사이트들은 릴리스 1에서 릴리스 2를 건너뛰고 릴리스 3으로 직접 갈 수도 있다. 일부 사이트들은 자신들의 환경을 반영하기 위해 릴리스 2에 연관된 데이터 파일들을 수정했을 수도 있다. 그러므로 그 데이터 파일들은 반드시 시스템의 릴리스 3과 함께 배포되고 설치되어야 한다.

서비스형 소프트웨어(SaaS: Software as a Service)를 배포하는 것의 한 가지 혜택은 이런 모든 문제들을 피한다는 것이다. 그것은 고객들을 위한 릴리스 관리와 시스템 설치, 둘 모두를 단순하게 한다. 소프트웨어 개발자는 시스템의 기존 릴리스를 새로운 릴리스로 교체하는 것에 대한 책임을 지며, 이렇게 하면 새로운 릴리스는 동시에 모든 고객들에게 이용 가능하다. 그러나 이 접근법은 서비스를 실행하는 모든 서버들이 동시에 갱신되는 것을 요구한다. 서버 갱신을 지원하기 위해, 새로운 소프트웨어를 서버들에게 "pushing"할 수 있도록 Puppet과 같은 전문화된 배포 관리 도구들이 개발되고 있다(Loope 2011).

키 포인트

- 형상 관리는 진화하는 소프트웨어 시스템에 대한 관리이다. 시스템을 유지할 때, CM 팀은 변경들이 조절된 방식으로 시스템에 적용되고, 실행된 변경들의 상세한 내용에 대한 기록이 관리되도록 활동한다.
- 주요한 형상 관리 프로세스들은 버전 관리, 시스템 구축, 변경 관리, 그리고 릴리스 관리에 관심을 갖는다. 소프트웨어 도구들이 이 프로세스들 모두를 지원하기 위해 이용 가능하다.
- 버전 관리는 소프트웨어 컴포넌트에 변경을 해서 생성되는 컴포넌트의 여러 버전들을 추적하는 것을 포함한다.
- 시스템 구축은 시스템 컴포넌트들을 조립하여 타겟 컴퓨터에서 실행이 가능한 프로그램을 만드는 프로세스이다.
- 소프트웨어는 빈번하게 재구축되어야 하고, 새로운 버전이 구축되면 즉시 테스트되어야 한다. 이것은 마지막 구축 이후에 생겨난 오류와 문제들을 발견하는 것을 쉽게 한다.
- 변경 관리는 시스템 고객과 다른 이해 당사자들의 변경에 대한 제안을 평가하고 시스템의 새로운 릴리스에서 이런 변경들을 구현하는 것이 비용 효과적인지를 판단하는 것을 포함한다.
- 시스템 릴리스는 실행이 가능한 코드, 데이터 파일, 설정 파일, 그리고 문서들을 포함한다. 릴리스 관리는 시스템 릴리스 날짜에 대한 결정, 배포를 위한 모든 정보의 준비 그리고 각각의 시스템 릴리스에 대한 문서화에 관련된다.

추가로 읽을거리

Software Configuration Management Patterns: Effective Teamwork, Practical Integration. 형상 관리 실제에 대해, 애자일 개발 방법에 대해서는 특별히, 좋고 실질적인 충고를 해주는 상대적으로 짧고 읽기 쉬운 책이다. (S. P. Berczuk with B. Appleton, Addison-Wesley, 2003).

"Agile Configuration Management for Large Organizations." 애자일 개발 프로세스에서 사용될 수 있는 형상 관리 실제를 기술한 웹 논문이다. 이것들을 대형 프로젝트와 기업으로 조정할 수 있는 방법에 대한 특별한 강조도 포함하였다. (P. Schuh, 2007). http://www.ibm.com/developerworks/rational/library/mar07/schuh/index.html

Configuration Management Best Practices 이것은 하드웨어 형상 관리를 포함하여 형상 관리에 대해 폭넓은 관점을 제공하는 좋은 책이다. 이것은 대형 시스템 프로젝트 중심이고 애자일 개발 이슈들을 다루지는 않는다. (Bob Aiello and Leslie Sachs, Addison-Wesley, 2011).

"A Behind the Scenes Look at Facebook Release Engineering." 이것은 클라우드에서 대형 시스템의 새로운 버전들에 대한 릴리스 문제를 다루는 흥미로운 논문이다. 도전 과제는 사용자들이 시스템의 다른 버전들을 보지 않도록, 확실하게 모든 서버들이 동시에 갱신되도록 하는 것이다. (P. Ryan, arstechnica.com, 2012). http://arstechnica.com/business/2012/04/exclusive-a-behind-the-scenes-look-at-facebook-release-engineering/

"Git SVn Comparison." 이 위키는 Git와 Subversion 버전 관리 시스템을 비교한다. (2013, https://git.wiki.kernel.org/index.php/GitSvnComparsion).

웹 사이트

이 장의 파워포인트 슬라이드:

https://iansommerville.com/software-engineering-book/slides

관련 비디오 링크:

https://iansommerville.com/software-engineering-book/videos/management/

연습문제

25.1. 기업이 효과적인 형상 관리 정책과 프로세스들을 정의하지 않았을 때 발생할 수 있는 5개의 문제점을 제시하라.

25.2. 버전 관리에서, 용어 코드라인과 베이스라인은 무엇을 나타내는가? 버전 관리 시스템에 포함되는 기능들을 열거하라.

25.3. 두 명의 개발자가 세 개의 다른 소프트웨어 컴포넌트를 동시에 수정하고 있다. 그들이 수행한 변경들을 합병하려고 할 때 어떤 어려움들이 발생할 수 있는가?

25.4. 지금은 소프트웨어들이 종종 팀 멤버들이 다른 지역이나 다른 나라에서 작업하는 분산된 팀에 의해 개발된다. 분산된 소프트웨어 개발을 지원하기 위해 포함될 수 있는 버전 관리 시스템의 기능들을 제시하라.

25.5. 시스템 컴포넌트들로부터 시스템을 구축할 때 일어날 수 있는 어려움들을 기술하라. 타겟 머신에 대한 시스템이 호스트 컴퓨터에서 구축될 때 발생할 수 있는 특별한 문제들은 무엇인가?

25.6. 시스템 구축에 대한 참고문헌을 이용하여, 대형 소프트웨어 시스템이 개발되었던 구형 컴퓨터들을 때때로 유지해야 하는 이유를 설명하라.

25.7. 시스템 구축에 대한 흔한 문제는 물리적인 파일 이름이 시스템에 포함되고, 이런 이름들이 암시하는 코드와 파일 구조가 타겟 기계의 것과 다를 때에 발생한다. 이것을 피하는 데 도움을 주는 프로그래머 지침들 그리고 여러분이 생각하는 시스템 구축의 다른 문제들을 기술하라.

25.8. 어떤 변경이 구현되어야 하는지 또는 아닌지에 대한 결정에 영향을 주는 요인들은 무엇인가?

25.9. 변경 관리 프로세스들을 지원하는 도구에 포함되어야 하는 6개의 근본적인 기능들을 기술하라.

25.10. 대량 판매 시장 제품에 대한 시스템 릴리스를 준비하고 배포하는 것이 왜 비용이 많이 들어가는 프로세스인지 이유를 설명하라.

참고문헌

Aiello, B., and L. Sachs. 2011. *Configuration Management Best Practices.* Boston: Addison-Wesley.

Bamford, R., and W. J. Deibler. 2003. "ISO 9001:2000 for Software and Systems Providers: An Engineering

Approach." Boca Raton, FL: CRC Press.

Chrissis, M. B., M. Konrad, and S. Shrum. 2011. *CMMI for Development: Guidelines for Process Integration and Product Improvement, 3rd ed.* Boston: Addison-Wesley.

IEEE. 2012. "IEEE Standard for Configuration Management in Systems and Software Engineering" (IEEE Std 828−2012)." doi:10.1109/IEEESTD.2012.6170935.

Loeliger, J., and M. McCullough. 2012. *Version Control with Git: Powerful Tools and Techniques for Collaborative Software Development.* Sebastopol, CA: O'Reilly and Associates.

Loope, J. 2011. *Managing Infrastructure with Puppet.* Sebastopol, CA: O'Reilly and Associates.

Pilato, C., B. Collins-Sussman, and B. Fitzpatrick. 2008. *Version Control with Subversion.* Sebastopol, CA: O'Reilly and Associates.

Smart, J. F. 2011. *Jenkins: The Definitive Guide.* Sebastopol, CA: O'Reilly and Associates.

용어 정의

Glossary

Ada

군사용 소프트웨어를 개발하기 위한 표준 언어로 1980년대에 미국 국방부에서 개발한 프로그래밍 언어. 1970년대 프로그래밍 언어 연구에 기반을 두고 있으며 추상 데이터 타입과 병행성 지원을 위한 구성 요소를 포함한다. 이 언어는 여전히 대규모 복잡한 육군 및 항공 우주 시스템에 사용되고 있다.

B

소프트웨어 개발을 위한 정형 기법으로, 정형화된 시스템 명세서의 체계적인 변환을 통한 시스템 구현에 기반을 둔다.

BPMN

비즈니스 프로세스 모델링 표기법. 비즈니스 프로세스와 서비스의 구성을 설명하는 워크플로를 정의하기 위한 표기법이다.

C

원래 Unix 시스템을 구현하기 위해 개발된 프로그래밍 언어. C는 시스템 하드웨어에 대한 액세스를 허용하는 상대적으로 저수준의 시스템 구현 언어로 효율적인 코드로 컴파일될 수 있다. 이 언어는 저수준의 시스템 프로그래밍 및 임베디드 시스템 개발에 광범위하게 사용된다.

CASE 도구(CASE tool)

소프트웨어 개발 프로세스에서의 작업을 지원하기 위해 사용되는 디자인 편집기 또는 프로그램 디버거와 같은 소프트웨어 도구

CASE 워크 벤치(CASE workbench)

소프트웨어 설계 또는 형상 관리와 같은 주요 프로세스 활동을 지원하기 위해 함께 동작하는 통합 CASE 도구 집합. 현재는 보통 프로그래밍 환경이라고 부른다.

CMMI

좋은 소프트웨어 공학 실무관행의 채택 및 통합 품질 관리에 기반을 둔 프로세스 능력 성숙도 모델링을 위한 통합 접근법. 이산 및 연속 성숙 모델링을 지원하며, 시스템 및 소프트웨어 공학 프로세스 성숙도 모델을 통합한다. 원래의 능력 성숙도 모델로부터 개발되었다.

COCOMO II

Constructive Cost Modeling 참조

Constructive Cost Modeling (COCOMO)

알고리즘 비용 산정 모델. COCOMO는 최초로 1980년대 초기에 제안되었고, 새로운 기술과 변화하는 소프트웨어 공학 관행을 반영하도록 수정 및 갱신되어 왔다. COCOMO II는 가장 최근 버전으로 자유롭게 쓸 수 있는 알고리즘 비용 산정 모델로 공개 소프트웨어 도구로 지원된다.

CORBA

공통 객체 요청 중개자 아키텍처 참조

COTS 시스템

상업적인 기성품 시스템. COTS라는 용어는 현재 주로 군사용 시스템에 사용된다. 설정 가능한 애플리케이션을 참조한다.

CVS

버전 관리를 위해 널리 사용되는 오픈 소스 소프트웨어 도구

C++

C의 상위집합인 객체지향 프로그래밍 언어

C#

Microsoft에서 개발한 객체 지향 프로그래밍 언어로, C++와 공통적인 특징을 다수 가지고 있으나 더 강력한 컴파일 시의 타입 검사 기능이 포함되어있다.

DSDM

동적 시스템 개발 방법. 최초의 애자일 개발 기법 중 하나라고 주장된다.

iLearn 시스템

학교의 학습을 지원하는 디지털 학습 환경. 이 책의 사례 연구로 사용된다.

ISO 9000/9001

국제 표준화 기구(ISO)에 의해 정의되는 품질 관리 프로세스에 대한 표준. ISO 9001은 소프트웨어 개발에 주로 적용되는 ISO 표준이다. 이것들은 조직의 품질 관

리 프로세스를 인증하는 데 사용될 수 있다.

J2EE

Java 2 플랫폼 엔터프라이즈 에디션. 복잡한 미들웨어 시스템으로 Java를 이용한 컴포넌트 기반 웹 애플리케이션의 개발을 지원한다. Java 컴포넌트, API, 서비스 등의 컴포넌트 모델을 포함한다.

Java

플랫폼 독립성을 목표로 Sun(현재 Oracle) 社가 개발하여 현재 널리 사용되고 있는 객체 지향 프로그래밍 언어

Mentcare 시스템

정신 건강관리를 위한 환자 정보 시스템. 이 시스템은 정신 건강 문제를 앓고 있는 사람들에게 소정의 상담과 치료에 대한 정보를 저장하는 데 사용되는 시스템이다. 이 책의 사례 연구로 사용된다.

.NET

Microsoft Windows 시스템에 관한 애플리케이션을 개발하는 데 사용되는 매우 광범위한 프레임워크. 컴포넌트의 실행을 지원하는 Windows 시스템의 컴포넌트 및 관련된 미들웨어 표준을 정의하는 컴포넌트 모델이 포함된다.

Python

동적 타입의 프로그래밍 언어로 특히 웹 기반 시스템의 개발에 매우 적합하다.

REST (Representational State Transfer)

REST는 통신을 위해 HTTP 프로토콜을 사용하여 간단한 클라이언트 - 서버 상호 작용을 기반으로 하는 개발 스타일이다. REST는 URI를 가진 식별 가능한 자원의 아이디어를 기반으로 한다. 자원과의 모든 상호 작용이 HTTP POST, GET, PUT, DELETE에 기반을 둔다. 낮은 오버헤드 웹 서비스를 구현하기 위해 널리 사용된다.

RUP (Rational Unified Process)

도입, 정련, 구축, 전이의 네 단계의 반복적인 적용을 통한 일반적인 소프트웨어 프로세스 모델. 도입은 시스템에 대한 비즈니스 사례를 설정하고, 정련은 아키텍처를 정의하고, 구축은 시스템을 구현하고, 전이는 고객의 환경에 시스템을 설치한다 (RESTful 서비스).

Ruby

동적 타입을 가진 프로그래밍 언어로 특히 웹 애플리케이션 프로그래밍에 매우 적합하다.

SaaS

서비스로서의 소프트웨어(software as a service) 참조

SAP

잘 알려졌으며 널리 사용되는 독일 기업이 개발한 ERP 시스템. 또한 ERP 시스템 자체의 이름을 의미하기도 한다.

SEI (Software Engineering Institute)

미국 기업의 소프트웨어 공학 표준을 개선할 목적으로 설립된 소프트웨어 공학 연구 및 기술 이전 센터

TOGAF

객체 관리 그룹(Object Management Group)에서 지원하는 아키텍처 프레임워크로 복합시스템(system of systems)을 위한 엔터프라이즈 아키텍처의 개발을 지원하기 위한 것이다.

UML (Unified Modeling Language)

객체 지향 개발에서 사용되는 그래픽 언어로 시스템의 서로 다른 뷰를 제공하는 여러 종류의 시스템 모델을 포함한다. UML은 객체 지향 모델에서 **사실상** 표준이 되었다.

WSDL

웹 서비스 인터페이스를 정의하는 XML 기반의 표현

XML

확장된 마크업 언어. XML은 구조적 데이터 교환을 지원하는 텍스트 마크업 언어이다. 각 데이터 필드는 해당 필드에 대한 정보를 제공하는 태그로 구분된다. XML은 현재 널리 사용되며, 웹 서비스 프로토콜의 기초가 되었다.

XP

익스트림 프로그래밍 참조

Z

영국 옥스포드 대학에서 개발된 모델 기반의 정형 명세 언어

가용성(availability)

준비가 완료된 시스템은 서비스가 요청될 때 서비스를 제공한다. 가용성은 일반적으로 10진수로 표현되며, 가용성이 0.999라는 것은 시스템이 1,000번의 요청 중에 999번 서비스를 제공할 수 있음을 의미한다.

간트 차트(Gantt chart)

바 차트 참조

개념 설계(conceptual design)

복잡한 시스템의 고수준 관점과 그 시스템의 필수적인 기능의 표현. 시스템 엔지니어가 아닌 사람이 이해하도록 설계한다.

객체 관리 그룹(OMG: Object Management Group)

객체 지향 개발을 위한 표준을 개발하기 위해서 구성된 기업의 모임이다. OMG에 의해서 만들어진 표준으로서는 CORBA, UML MDA 등이 있다.

객체 모델(object model)

객체 클래스의 집합과 클래스 간의 관계로 구성되는 소프트웨어 시스템 모델. 모델에 관해서는 상태 관점, 순서 관점과 같은 여러 종류의 관점이 있을 수 있다.

객체 제약 언어(OCL: object constraint language)

UML의 일부로서, 객체 클래스와 UML 모델에서의 상호 작용에 적용할 술어를 정의하는 데 사용되는 언어. 컴포넌트를 명세화하기 위한 OCL의 사용은 모델 주도 개발의 기본적인 부분이다.

객체 지향 개발[object-oriented (OO) development]

시스템에서의 기본적인 추상 개념이 독립적인 객체인 소프트웨어 개발 기법. 동일한 유형의 추상화가 명세화, 설계, 구현 동안에 사용된다.

객체 클래스(object class)

객체 클래스는 객체의 속성과 연산을 정의한다. 객체는 클래스 정의를 인스턴스화하여 실행 시간에 생성된다. 객체 클래스의 이름은 어떤 객체 지향 언어에서는 타입 이름으로 사용될 수도 있다.

검증(verification)

시스템이 명세서를 만족하는지를 점검하는 프로세스

결함 내성(fault tolerance)

결함이 발생한 후에도 시스템이 실행을 계속하는 능력

결함 내성 아키텍처(fault-tolerant architectures)

소프트웨어 결함으로부터 복구할 수 있도록 설계된 시스템 아키텍처. 이러한 아키텍처는 여분의 다양한 소프트웨어 컴포넌트에 기반을 둔다.

결함 탐지(fault detection)

시스템 고장으로 귀결되는 프로그램의 결함을 미리 탐지하여 제거하는 실시간 프로

세스의 사용 및 실행 시간 검사

결함 회피(fault avoidance)

결함이 해당 소프트웨어에 유입되지 않는 방식의 소프트웨어 개발

계획 수립 게임(planning game)

사용자 스토리를 구현하는 데 필요한 시간을 추정하는 것에 기초하여 프로젝트 계획을 수립하는 접근법. 일부 애자일 기법에서 사용된다.

계획 주도 프로세스(plan-driven process)

모든 프로세스 활동이 소프트웨어가 개발되기 전에 계획된 소프트웨어 프로세스

고장 발생 비율(ROCOF: rate of occurrence of failure)

주어진 시간 간격 동안 관측된 시스템의 고장 횟수에 기초한 신뢰성 척도

고장 평균 시간(MTTF: mean time to failure)

관측된 시스템 고장 사이의 평균 시간. 신뢰성 명세에 이용된다.

공통 객체 요청 중개자 아키텍처(CORBA: common request broker architecture)

분산 컴포넌트 모델과 통신을 분산 정의하는 객체 관리 그룹(OMG)에 의해 제안된 표준의 집합. 분산 시스템의 개발에 영향을 미치지만 더 이상 널리 사용되지 않는다.

구조적 기법(structured method)

개발되어야 하는 시스템 모델을 정의하는 소프트웨어 설계 방법으로, 이 모델에 적용되어야 하는 규칙과 가이드라인 그리고 설계 시 따라야 하는 프로세스를 포함한다.

구조적 질의어(SQL: Structured Query Language)

관계형 데이터베이스 프로그래밍에서 사용되는 표준 언어

기능적 요구사항(functional requirement)

시스템 내에서 구현되어야 하는 기능 혹은 특징에 관한 기술

기트(Git)

분산 버전 버전 관리 및 시스템 구축 도구로, 개발자는 동시 접근을 허용하는 프로젝트 저장소의 완전한 사본을 획득한다.

기트허브(GitHub)

다수의 Git 저장소를 유지하는 서버. 저장소는 개인이 쓰거나 공유할 수 있다. 많은 오픈 소스 프로젝트의 저장소는 GitHub 상에 유지된다.

까다로운 문제(wicked problem)

문제에 영향을 미치는 요소들 사이의 상호 작용의 복잡도 때문에 완전하게 명세화

될 수 없거나 이해될 수 없는 문제

나선형 모델(spiral model)

프로세스가 나선형으로 표현되는 개발 프로세스 모델로, 나선의 각 라운드는 프로세스의 상이한 단계를 나타낸다. 나선의 한 라운드에서 다른 라운드로 이동함에 따라 프로세스의 모든 단계를 반복한다.

능력 성숙도 모델(CMM: Capability Maturity Model)

조직의 소프트웨어 개발 성숙도 수준을 평가하는 데 사용되는 소프트웨어 공학 연구소(SEI)의 역량 성숙도 모델. 현재 CMMI로 대체되었으나, 여전히 널리 사용되고 있다.

단위 테스팅(unit testing)

소프트웨어 개발자 혹은 개발팀에 의해 수행되는 개별적인 프로그램 단위의 테스팅

데이터 처리 시스템(data processing system)

구조화된 대량의 데이터를 처리하는 것을 목표로 하는 시스템. 이러한 시스템은 일반적으로 일괄적으로 데이터를 처리하고, 입력-프로세스-로마자 전용출력 모델을 따른다. 데이터 처리 시스템의 예는 과금 및 송장 처리 시스템, 급여 처리 시스템이다.

도메인(domain)

소프트웨어 시스템이 사용되는 특정 문제 혹은 비즈니스 영역. 도메인의 예는 실시간 제어, 비즈니스 데이터 처리 및 원격 통신 스위칭을 포함한다.

도메인 모델(domain model)

정책, 절차, 객체, 관계 및 이벤트와 같은 도메인 추상화에 대한 정의. 문제 영역에 대한 지식의 기본 지식을 제공한다.

디자인 패턴(design pattern)

경험과 실무를 통해 얻은 보통의 문제에 대해 재사용될 수 있는 형태로 만들어진 해결 방법. 여러 가지 방법으로 인스턴스화될 수 있는 사용될 수 있는 추상적인 표현 방법이다.

디지털 학습 환경(digital learning environment)

학습을 지원하기 위해 설치된 통합 소프트웨어 도구, 교육용 애플리케이션 및 콘텐츠

레거시 시스템(legacy system)

구식의 기술이나 방법을 이용하여 개발되었지만, 조직에 유용하거나 필수적인 사회기술적인 시스템. 레거시 시스템은 종종 중요한 기능을 수행하기 때문에 유지보수

되어야 한다.

리먼의 법칙(Lehman's Laws)

복잡한 소프트웨어 시스템의 진화에 영향을 미치는 인자에 관한 가설

리스크(risk)

어떤 목적을 달성하는 데 위협이 되는 바람직하지 않은 결과. 프로세스 리스크는 프로세스의 비용이나 일정을 위협한다. 제품 리스크는 시스템 요구사항의 일부분이 달성될 수 없다는 것을 의미한다. 안전성 리스크는 위험(hazard)이 사고로 귀결될 확률의 정도이다.

리스크 관리(risk management)

리스크를 인식하고, 심각성을 평가하며 만일 리스크가 발생하면 적절하게 측정할 수 있도록 계획을 수립하고 리스크에 대해 소프트웨어와 소프트웨어 프로세스를 모니터링하는 프로세스

리팩토링(refactoring)

프로그램의 기능을 변경하지 않고도 프로그램의 구조와 가독성을 향상시키기 위한 프로그램의 수정

릴리스(release)

시스템 고객이 사용가능한 소프트웨어 시스템의 버전

멀티-테넌시 데이터베이스(multi-tenant databases)

여러 상이한 조직의 정보가 동일한 데이터베이스에 저장되어있는 데이터베이스. 서비스로서의 소프트웨어(software as a service)의 구현에 사용된다.

모델 검사(model checking)

도달 불가능한 상태를 발견하기 위해 시스템의 상태 모델이 광범위하게 분석되는 정적 검증 기법

모델 주도 개발(MDD: model-driven development)

프로그래밍 언어 코드보다는 UML로 표현되는 시스템 모델 중심의 소프트웨어 공학 접근법. 이것은 요구공학 및 테스팅 외의 개발 작업을 고려하기 위해 MDA를 확장한다.

모델 주도 아키텍처(MDA: model-driven architecture))

일련의 시스템 모델 구축에 기반을 둔 소프트웨어 개발 기법으로, 실행 가능한 시스템을 생성하기 위해 모델은 자동적으로 혹은 반자동적으로 처리될 수 있다.

문화기술적 연구(ethnography)

요구 사항 추출 및 분석에 사용될 수 있는 관찰 기술. 문화기술직 연구 분석가는 사용자의 환경에 몰입하여 매일의 작업 습관을 관찰한다. 소프트웨어 지원을 위한 요구사항은 이러한 관찰로부터 추론할 수 있다.

미들웨어(middleware)

분산 시스템에서의 기반 소프트웨어. 시스템에 있는 분산 객체와 시스템 데이터베이스 같은 상호 작용을 관리한다. 예를 들어, 객체 요청 중개자와 트랜잭션 관리 시스템이 그 예이다.

바 차트(bar chart)

프로젝트 관리자가 사용하는 차트이며 프로젝트 작업, 이 작업에 관련된 일정 그리고 작업을 하는 사람을 표시한다. 이 차트는 작업의 시작 및 종료 날짜와 타임라인에 대한 직원 할당을 보여준다.

반복적 개발(iterative development)

명세화, 설계, 프로그래밍, 테스팅이 서로 중복되는 소프트웨어 개발 기법

버전 제어(version control)

소프트웨어 시스템에 대한 변경을 관리하여 어떠한 변경이 각 컴포넌트/시스템에 구현되었는가를 알 수 있도록 하는 프로세스로, 컴포넌트/시스템의 이전 버전을 복구/재생성하는 것이 가능하다.

버전 제어 시스템[version control (VC) systems]

버전 제어 프로세스를 지원하기 위해 개발된 소프트웨어 도구. 이 도구들은 중앙 저장소 또는 분산 저장소 중 하나에 기반을 둔다.

변경 관리(change management)

소프트웨어 시스템에 제안된 변경 사항을 기록, 검사, 분석, 추정 및 구현하는 프로세스

보안성(security)

우발적인 혹은 의도적인 침입에 대하여 자신을 보호하는 시스템의 능력. 보안성은 기밀성, 무결성, 가용성을 포함한다.

복원(resilience)

장치의 고장 및 사이버공격과 같은 파괴적 이벤트가 존재할 때 중요한 서비스의 연속성이 얼마나 잘 유지되는가를 판단하는 것

복합시스템(system of systems)

두 개 혹은 그 이상의 기존 시스템을 통합하여 생성된 시스템

분산 시스템(distributed system)

소프트웨어 서브시스템 또는 컴포넌트가 서로 다른 프로세서 상에서 실행되는 소프트웨어 시스템

브라운필드 소프트웨어 개발(brownfield software development)

개발 중인 소프트웨어가 기존의 여러 시스템과 통합되어야만 하는 환경을 가진 소프트웨어의 개발

블랙박스 테스팅(black-box testing)

테스터가 시스템이나 컴포넌트의 소스 코드에 액세스 할 수 없는 경우의 테스팅 기법. 테스트는 시스템 명세서로부터 유도된다.

비기능적 요구사항(non-functional requirement)

시스템에 적용되는 제약 조건이나 예상 동작에 관한 기술. 이 제약 조건은 개발 프로세스나 개발 중인 소프트웨어의 창발성에 관한 제한일 수도 있다.

사용자 스토리(user story)

시스템을 사용하는 방법과 시스템에서 발생할 수 있는 상호 작용을 설명하는 자연언어 표현

사용자 인터페이스 설계(user interface design)

시스템 사용자가 시스템의 기능을 액세스할 수 있는 방식과 시스템이 생성하는 정보가 표시되는 방식을 설계하는 프로세스

사회 기술적 시스템(socio-technical system)

하드웨어와 소프트웨어 컴포넌트를 포함하는 시스템으로 오퍼레이터가 준수해야 하는 운영 절차가 정의되고 조작 내에서 운영된다. 조직의 정책, 절차, 구조에 의해 영향을 받는다.

상태 다이어그램(state diagram)

시스템의 상태와 한 상태에서 다른 상태로의 전이를 유발하는 이벤트를 나타내는 UML 다이어그램 유형

상호 배제(mutual exclusion)

여러 개의 병렬 프로세스가 공통의 변수 또는 자원에 접근할 때 그 조작을 정당하게 실행하기 위하여 접근 중인 임의의 시점에서 하나의 프로세스만이 그 접근을 허용하도록 제어하는 방식

서버(server)

다른 (클라이언트) 프로그램에게 서비스를 제공하는 프로그램

서브버전(Subversion)

널리 사용되는 오픈 소스 버전 제어 및 시스템 구축 도구로 다양한 플랫폼 상에서 사용할 수 있다.

서비스(service)

웹 서비스 참조

서비스 거부 공격(denial of service attack)

시스템이 사용자에게 정상적인 서비스를 제공할 수 없도록 시스템에 과부하를 시도하는 웹 기반 소프트웨어 시스템에 대한 공격

서비스로서의 소프트웨어(SaaS: software as a service)

로컬 컴퓨터에 설치된 소프트웨어 대신 웹 브라우저를 통해 원격으로 액세스하는 소프트웨어 애플리케이션. 최종 사용자에 대한 애플리케이션 서비스를 제공하기 위해 사용이 증가하고 있다.

설정 가능한 애플리케이션 시스템(configurable application system)

서로 다른 기업과 환경에서 사용하도록 설정할 수 있는 기능을 제공하는 시스템 벤더에 의해 개발된 애플리케이션 시스템

소프트웨어 분석(software analytics)

소프트웨어 시스템에 대한 정적 및 동적 데이터의 자동 분석은 이러한 데이터 사이의 관계를 발견할 수 있다. 이러한 관계는 소프트웨어의 품질을 향상시킬 수 있는 방법에 대한 통찰력을 제공할 수 있다.

소프트웨어 생명주기(software development life cycle)

소프트웨어 프로세스에 관한 또 다른 이름으로 종종 사용되었다. 원래는 소프트웨어 프로세스의 폭포수 모델을 가리키는 말로 만들어졌다.

소프트웨어 아키텍처(software architecture)

소프트웨어 시스템의 기본적인 구조와 구성에 관한 모델

소프트웨어 제품 라인(software product line)

애플리케이션 군 참조

소프트웨어 척도(software metric)

수치로 표현되고 측정될 수 있는 소프트웨어 시스템 혹은 프로세스의 속성. 프로세스 척도는 작업을 완료하는 데 걸리는 시간과 같은 프로세스의 속성이다. 제품 척도

는 크기나 복잡도와 같은 소프트웨어 자체의 속성이다.

소프트웨어 프로세스(software process)

소프트웨어 시스템을 개발하고 진화시키는 데 포함되는 활동과 프로세스

수정 제어 시스템(revision control systems)

버전 제어 시스템 참조

스위스 치즈 모델(Swiss cheese model)

오퍼레이터 장애나 사이버 공격에 대한 시스템 방어 모델로 취약점을 고려하여 방어한다.

스크럼(Scrum)

짧은 개발 사이클인 스프린트(sprints)를 기반으로 하는 애자일 개발 기법. 스크럼은 XP와 같은 다른 애자일 기법과 함께 애자일 프로젝트 관리를 위한 기초로서 사용될 수 있다.

시나리오(scenario)

시스템이 사용되거나 사용자가 어떤 작업을 수행하는 전형적인 방식에 대한 기술

시나리오 테스팅(scenario testing)

테스트 케이스가 시스템을 사용하는 시나리오에서 유도되는 소프트웨어 테스팅 기법

시스템(system)

시스템은 시스템 소유자 및 사용자에게 일련의 서비스를 제공하기 위해 함께 작동하는 여러 가지 상호 연관되고 상이한 종류의 컴포넌트를 의도적으로 모아놓은 것이다.

시스템 공학(systems engineering)

시스템을 명세화하고 컴포넌트를 통합하며 시스템이 요구사항을 만족하는지를 테스팅하는 프로세스. 시스템 공학은 시스템 소프트웨어뿐만 아니라 소프트웨어, 하드웨어, 운영 프로세스로 구성되는 전체적인 사회기술적 시스템과 관련이 있다.

시스템 구축(system building)

시스템을 구성하는 컴포넌트 혹은 단위를 컴파일하고, 실행 가능한 시스템을 만들기 위해서, 다른 컴포넌트와 연결하는 프로세스. 시스템 구축은 보통 자동화되어 재컴파일이 최소화된다. 이러한 자동화는 Java와 같은 언어 처리 시스템에 구축되어 있거나 시스템 구축을 지원하는 소프트웨어 도구에 포함되어 있다.

시스템 테스팅(system testing)

시스템을 고객에게 인도하기 전에 완성된 시스템에 대한 테스팅

시퀀스 다이어그램(sequence diagram)

어떤 연산을 완료하기 위해서 필요한 일련의 상호 작용을 나타내는 다이어그램. UML에서 시퀀스 다이어그램은 유스케이스와 관련이 있다.

신뢰성(reliability)

명세화된 대로 서비스를 제공할 수 있는 시스템의 능력. 신뢰성은 온 디맨드 고장 확률 혹은 고장 발생 비율로 정량적으로 규정될 수 있다.

신뢰성 증가 모델링(reliability growth modeling)

시스템이 테스트되고 프로그램 결함이 제거됨에 따라 시스템의 신뢰성이 어떻게 변경(개선)되는지를 나타내는 모델의 개발

신속한 애플리케이션 개발(RAD: rapid application development)

소프트웨어를 신속하게 인도하기 위한 목적으로 소프트웨어를 개발하는 방법. 스크린과 보고서 생성기와 같은 데이터베이스 프로그래밍과 개발 지원 도구를 포함한다.

실시간 시스템(real-time system)

"실시간"으로 외부의 이벤트를 인식하고 처리해야 하는 시스템. 시스템의 정확성은 무엇을 하느냐가 아니라 얼마나 빨리 처리하느냐에 좌우된다. 실시간 시스템은 대개 동시 프로세스의 집합으로 구성된다.

아키텍처 뷰(architectural view)

특정 관점에서의 소프트웨어 아키텍처에 대한 기술

아키텍처 패턴(스타일) [architectural pattern (style)]

다수의 상이한 소프트웨어 시스템을 대상으로 시도되고 테스트되어 온 소프트웨어 아키텍처의 추상적 기술. 이러한 패턴의 기술은 아키텍처의 컴포넌트 구성 및 패턴을 사용하는 데 적절한 정보를 포함한다.

안전성(safety)

사람을 다치게 하거나 사망에 이르게 하거나 혹은 시스템 환경에 대한 손상 없이 시스템을 운영할 수 있는 능력

안전성 사례(safety case)

시스템이 안전하다는 증거 및 안전하다는 것을 입증하는 구조적 문서. 많은 중대한 시스템은 시스템이 사용하도록 인증되기 전에 외부 기관에 의해 평가 및 승인된 안전성 사례를 가지고 있어야 한다.

알고리즘 비용 모델링(algorithmic cost modeling)

프로젝트 비용을 추정하기 위해 공식을 사용하는 소프트웨어 비용 산정 기법. 이 공

식의 매개변수는 프로젝트의 특성과 소프트웨어 자체이다.

애자일 기법(agile methods)

소프트웨어를 빠르게 인도하기 위한 소프트웨어 개발 기법. 소프트웨어는 증분 단위로 개발되고 인도된다. 프로세스의 문서화와 복잡한 절차는 최소화된다. 개발의 초점을 문서 지원보다는 코드 자체에 둔다.

애자일 선언문(agile manifesto)

애자일 소프트웨어 개발 기법에 내재된 기본 아이디어를 요약한 원칙

애플리케이션 군(application family)

공통적인 아키텍처와 일반적인 기능을 갖는 소프트웨어 애플리케이션 집합. 구성요소 및 프로그램 매개변수를 변경함으로써 특정 고객의 요구에 맞추어질 수 있다.

애플리케이션 프레임워크(application framework)

특정 영역(예를 들어, 사용자 인터페이스)의 많은 애플리케이션에 공통적인 특성을 구현한 재사용 가능한 유형 클래스와 추상 클래스의 집합. 애플리케이션을 만들기 위해 애플리케이션 프레임워크의 클래스가 구체화되고 인스턴스화된다.

애플리케이션 프로그램 인터페이스(API: application program interface)

인터페이스는 일반적으로 애플리케이션 프로그램의 기능에 액세스를 허용하는 연산들의 집합으로 규정된다. 이것은 이 기능이 다른 프로그램에 의해 직접적으로 호출될 수 있고 다만 사용자 인터페이스를 통해 액세스될 수 없음을 의미한다.

액티비티 차트(activity chart)

프로젝트 관리자가 사용하는 차트로 완료해야 하는 작업 사이의 종속성을 표시한다. 이 차트는 이러한 작업, 작업 완료 예상 시간 및 작업 종속성을 보여준다. 임계 경로는 액티비티 차트 상의 (작업을 완료하는 데 필요한 시간의 측면에서) 가장 긴 경로이다. 임계 경로는 프로젝트를 완료하는 데 필요한 최소한의 시간을 정의한다. 때로는 PERT 차트라고 부른다.

언어 처리 시스템(language processing system)

하나의 언어를 다른 언어로 번역하는 시스템. 예를 들면, 컴파일러는 프로그램 소스 코드를 목적 코드로 번역하는 언어 처리 시스템이다.

엔터프라이즈 자바 빈즈(EJB: Enterprise Java Beans)

Java 기반의 컴포넌트 모델

예측 척도(predictor metric)

신뢰성이나 유지보수성과 같은 소프트웨어 시스템의 특성에 대한 예측을 위한 기초

로서 사용되는 소프트웨어 척도

오용 사례(misuse case)

시스템 유스케이스와 연관된 시스템의 가능한 공격에 대한 설명

오픈 소스(open source)

시스템의 소스 코드를 공용으로 만들어 외부 사용자가 시스템의 개발에 참여하도록 권장하는 소프트웨어 개발 기법

온 디맨드 고장 확률(POFOD: probability of failure on demand)

해당 서비스에 대한 요구가 이루어질 때 소프트웨어 시스템이 실패할 가능성에 기초한 신뢰성 척도

요구사항 관리(requirements management)

변경이 적절하게 분석되고, 시스템을 통해 추적을 할 수 있도록 요구사항에 대한 변경을 관리하는 프로세스

운영 프로파일(operational profile)

운영 시스템에서 처리되는 입력 패턴을 반영한 인공적인 시스템 입력의 집합. 신뢰성 테스팅에 사용된다.

워크플로(workflow)

어떤 작업을 수행하도록 구성되는 비즈니스 프로세스의 상세한 정의. 워크플로는 대개 그림으로 표현되고 개별 프로세스 활동 및 각 활동에 의해 생산되고 소비되는 정보를 보여준다.

웹 서비스(web service)

표준 프로토콜을 이용하는 인터넷을 통해 액세스할 수 있는 독립적인 소프트웨어 컴포넌트. 외부에 종속되지 않고 완전하게 자기 완결적이다. 웹 서비스 정보 교환을 위한 SOAP (Standard Object Access Protocol)와 웹 서비스 인터페이스를 정의하기 위한 WSDL (Web Service Definition Language)과 같은 XML 기반의 표준이 개발되었다. 그러나 REST 접근법이 웹 서비스 구현을 위해 사용될 수도 있다.

위험(hazard)

사고의 원인이 되거나 기여할 수 있는 잠재력을 가지고 있는 시스템 조건 또는 상태

유스케이스(use case)

시스템과의 상호 작용을 나타내는 한 가지 유형의 명세서

유스케이스 다이어그램(use-case diagram)

유스케이스를 식별하는 데 사용되는 UML 다이어그램으로 관련된 사용자를 그림으

로 나타낸다. 유스케이스를 완전하게 기술하기 위한 정보가 추가되어야 한다.

유지보수(maintenance)

운영을 시작한 후에 시스템에 변경을 가하는 프로세스

이벤트 기반 시스템(event-based systems)

동작의 제어가 시스템의 환경 내에서 생성되는 이벤트에 의해 결정되는 시스템. 대부분의 실시간 시스템은 이벤트 기반 시스템이다.

익스트림 프로그래밍(XP: extreme programming)

시나리오 기반 요구사항, 테스트 우선 개발 및 짝 프로그래밍과 같은 실무관행을 포함하는 널리 사용되는 애자일 소프트웨어 개발 방법

인간 능력 성숙도 모델(P-CMM: People Capability Maturity Model)

조직 내에서의 인력에 대한 기술, 훈련, 경험에 대해 얼마나 효율적인지를 반영하는 프로세스 성숙도 모델

인수 테스팅(acceptance testing)

고객이 시스템의 자신들의 요구를 만족하기에 적절한지의 여부를 테스트하는 것으로 공급 업체에서 승인되어야 한다.

인슐린 펌프(insulin pump)

당뇨병을 앓고 있는 사람에게 조절된 인슐린의 용량을 투여할 수 있는 소프트웨어 제어 의료 기기. 이 책의 사례 연구로 사용된다.

인스펙션(inspection)

프로그램 인스펙션 참조

인터페이스(interface)

소프트웨어 컴포넌트와 관계된 속성과 연산에 대한 명세. 인터페이스는 컴포넌트의 기능을 액세스하기 위한 수단으로 사용된다.

임베디드 시스템(embedded system)

예를 들어, 휴대폰 내부의 소프트웨어 시스템과 같이 하드웨어 디바이스에 내장된 소프트웨어 시스템 소프트웨어 시스템. 임베디드 시스템은 일반적으로 실시간 시스템이며, 따라서 자신의 환경에서 발생하는 이벤트에 대해 적절한 시점에 응답해야 한다.

재공학(reengineering)

소프트웨어 시스템을 이해하기 쉽고 변경하기 쉽도록 수정하는 것. 재공학은 소프트웨어와 데이터 재구축 및 구성, 프로그램 단순화 및 재문서화를 포함한다.

재공학, 비즈니스 프로세스(reengineering, business process)

비용 감소 및 더 빠른 실행과 같은 새로운 조직의 목표를 달성하기 위한 비즈니스 프로세스의 변경

전사적 자원 관리(ERP) 시스템[enterprise resource planning (ERP) system]

비즈니스 기업의 동작을 지원하는 다양한 기능을 포함하고, 이러한 기능을 통해 정보를 공유하는 수단을 제공하는 대규모 소프트웨어 시스템. 예를 들어, ERP 시스템은 공급망 관리, 생산 및 유통에 대한 지원을 포함할 수 있다. ERP 시스템은 시스템을 사용하는 각 회사의 요구사항에 따라 구성된다.

점증적 개발(incremental development)

소프트웨어가 증분(increment)으로 인도되고 배치되는 소프트웨어 개발 방법

정보 은닉(information hiding)

데이터 구조에 대한 표현을 감추고 그 구조에 대한 외부의 접근을 제어하기 위한 프로그래밍 언어 구성요소의 사용

정적 분석(static analysis)

오류와 이상을 발견하기 위한 프로그램 소스 코드의 도구 기반 분석. 중간에 사용하지 않는 변수에 연속적으로 값을 배정하는 것과 같은 이상은 프로그래밍 오류를 나타내는 것일 수도 있다.

정형 기법(formal method)

소프트웨어를 술어와 집합과 같은 수학적 구성요소를 사용하여 모델링하는 소프트웨어 개발 기법. 정형 변환이 이러한 모델을 코드로 변환한다. 중대한 시스템의 명세화와 개발에 주로 사용된다.

제어 척도(control metric)

소프트웨어 관리자가 소프트웨어 프로세스 또는 개발 중인 소프트웨어 제품에 대한 정보에 기초하여 계획을 세울 수 있도록 하는 소프트웨어 척도. 대부분의 제어 척도는 프로세스 척도이다.

중대한 시스템(critical system)

시스템의 고장이 경제, 인간 또는 환경에 커다란 손실로 귀결될 수 있는 컴퓨터 시스템

직업 행동 강령(code of ethics and professional practice)

소프트웨어 엔지니어에 대해 기대되는 윤리적이고 전문적인 행위를 설정한 가이드라인 집합. 이것은 미국의 주요 전문가 단체(ACM과 IEEE)에 의해 정의되었고 다

음과 같은 8개의 제목으로 정의된다: 대중, 고객과 고용주, 제품, 판단, 관리, 동료, 자신

짝 프로그래밍(pair programming)

프로그래머가 개별적으로 코드를 개발하는 것이 아니라 쌍으로 작업하는 개발 환경. 익스트림 프로그래밍의 기본적인 부분

참조 아키텍처(reference architecture)

시스템에 반영되어야 하는 모든 특징을 포함하는 이상적인 아키텍처를 가진 일반적인 시스템 아키텍처. 이것은 특정 시스템 아키텍처를 생성하기 위한 기초보다는 비슷한 유형의 시스템의 일반적인 아키텍처를 설계자에게 알려주는 방법이다.

창발성(emergent property)

시스템의 모든 컴포넌트가 시스템을 만들기 위해서 통합된 후에야 명백해지는 속성

추상 데이터 타입(abstract data type)

연산보다는 표현에 의해 정의되는 타입. 표현은 공개되지 않지만, 정의된 연산에 의해 접근할 수 있다.

컴포넌트(component)

인터페이스 집합을 통해 완전하게 정의되고 액세스 가능한 소프트웨어의 배치 가능한 독립적인 단위

컴포넌트 기반 소프트웨어 공학(CBSE: component-based software engineering)

컴포넌트 모델과 일치하는 독립적이고 배치가능한 소프트웨어 컴포넌트를 결합하는 방식의 소프트웨어 개발

컴포넌트 모델(component model)

컴포넌트 구현, 문서화 및 배치에 대한 표준의 집합. 컴포넌트, 이름, 상호운영과 결합에 관한 특정 인터페이스를 포함한다. 컴포넌트 모델은 실행 중인 컴포넌트를 지원하는 미들웨어에 대한 기반도 제공한다.

컴퓨터 지원 소프트웨어 공학(CASE: Computer-Aided Software Engineering)

1980년대에 탄생한 용어로 자동화된 도구 지원을 이용하여 소프트웨어를 개발하는 과정을 설명한다. 사실상 거의 모든 소프트웨어 개발이 현재 도구 지원에 의존하므로 CASE라는 용어는 더 이상 널리 사용되지 않는다.

클라우드 컴퓨팅(cloud computing)

외부 공급자로부터 서버의 "클라우드"를 사용하여 인터넷을 통한 컴퓨팅 및 애플리케이션 서비스의 제공. "클라우드"란 이러한 시스템을 효과적으로 사용하기 위한 다

수의 범용 컴퓨터 및 가상화 기술의 효과적인 이용을 통해 구현된다.

클라이언트–서버 아키텍처(client-server architecture)

시스템의 기능이 서버가 제공하는 서비스의 집합으로 제공되는 분산 시스템 아키텍처 모델. 이러한 서비스는 서비스를 이용하는 클라이언트 컴퓨터에서 액세스할 수 있다. 이 방법의 변형은 여러 서버를 사용하는 3단 클라이언트–서버 아키텍처이다.

클래스 다이어그램(class diagram)

시스템의 클래스 및 클래스 사이의 관계를 나타내는 UML 다이어그램 형식

테스트 주도 개발(test-driven development)

실행 가능한 테스트를 프로그램 코드 전에 작성하는 소프트웨어 개발 기법. 테스트 집합은 프로그램에 대한 변경 후에는 항상 자동적으로 실행된다.

테스트 커버리지(test coverage)

전체 시스템의 코드를 테스팅하는 데 있어서 시스템 테스트의 유효성. 일부 기업은 테스트 커버리지에 관한 표준을 가지고 있다. 예를 들어 시스템 테스트는 표준이 모든 프로그램 문장이 최소한 한 번 실행되도록 보장해야 한다.

통합 애플리케이션 시스템(integrated application system)

두 개 혹은 그 이상의 설정 가능한 애플리케이션 시스템 혹은 레거시 시스템을 통합하여 만든 애플리케이션 시스템이다.

트랜잭션(transaction)

컴퓨터 시스템과 상호 작용하는 단위. 트랜잭션은 독립적이고 원자적이다(더 이상 작은 단위로 분해될 수 없다). 회복, 일관성, 동시성을 갖는 기본 단위이다.

트랜잭션 처리 시스템(transaction processing system)

트랜잭션이 서로 간섭하지 않고 각각의 트랜잭션의 오류가 다른 트랜잭션 혹은 시스템의 데이터에 영향을 주지 않도록 보장하는 시스템

폭포수 모델(waterfall model)

각 개발 단계가 분리된 소프트웨어 프로세스 모델로 요구 분석, 설계, 구현, 테스팅과 유지보수로 구성된다. 원칙적으로 한 단계가 끝나기 전에 다른 단계로 넘어가지 않는다. 실제적으로는 단계 사이에 반복이 있을 수 있다.

품질 경영(QM: quality management)

소프트웨어 품질이 어떻게 달성될 수 있고 소프트웨어를 개발하는 조직이 소프트웨어가 요구되는 품질 수준을 어떻게 만족하는지를 정의하는 데 관련된 프로세스

품질 계획(quality plan)

사용될 품질 프로세스와 절차를 정의한 계획. 이것은 제품에 대한 표준을 선택하고 초기화하는 것과 시스템에서 필요한 품질 속성의 정의를 포함한다.

프로세스 개선(process improvement)

프로세스를 더욱 효율적으로 또는 출력의 품질을 향상시키기 위한 목적으로 하는 소프트웨어 개발 프로세스의 변경. 예를 들어, 목표가 인도된 소프트웨어의 결함의 수를 감소시키는 것이라면, 새로운 검증 활동을 추가함으로써 프로세스를 개선시킬 수 있다.

프로세스 모델(process model)

프로세스에 대한 추상적인 표현. 프로세스 모델은 다양한 관점에서 개발될 수 있고, 프로세스에 관련된 활동, 프로세스에서 사용된 산출물, 프로세스에 적용되는 제약 조건, 프로세스에 참여하는 사람의 역할 등을 나타낸다.

프로그램 생성기(program generator)

고수준의 추상적 명세로부터 또 다른 프로그램을 생성하는 프로그램. 이 생성기는 각 생성 활동에 재사용될 지식을 포함한다.

프로세스 성숙도 모델(process maturity model)

프로세스 개선에 적합한 좋은 실무 관행과 반영 및 측정 기능을 포함하는 정도에 대한 모델

프로그램 인스펙션(program inspection)

여러 명의 검사자가 프로그램의 오류를 발견할 목적으로, 각 라인별로 프로그램을 검사하는 검토 회의. 공통적인 프로그래밍 오류의 체크리스트가 인스펙션을 주도한다.

프로그램 진화 역학(program evolution dynamics)

소프트웨어 시스템이 진화하는 방식에 대한 연구. 리먼의 법칙이 프로그램의 진화의 역학을 지배한다고 주장된다.

피어-투-피어 시스템(peer-to-peer system)

클라이언트와 서버 사이에 구분이 없는 분산 시스템. 이 시스템에서 컴퓨터는 클라이언트와 서버 모두의 역할을 수행할 수 있다. 피어-투-피어 애플리케이션은 파일 공유, 인스턴트 메시징 및 협업 지원 시스템을 포함한다.

형상 관리(configuration management)

진화하는 소프트웨어 제품에 대한 변경을 관리하는 프로세스. 형상 관리는 버전 관리, 시스템 구축, 변경 관리 및 릴리스 관리를 포함한다.

형상 항목(configuration item)

변경될 수 있는 문서 또는 소스 코드 파일과 같이 기계가 판독할 수 있는 항목을 의미하며, 변경은 형상 관리 시스템에 의해 제어되어야 한다.

호스트-타겟 개발(host-target development)

소프트웨어가 실행되는 컴퓨터와 다른 별도의 컴퓨터에서 소프트웨어를 개발하는 방식. 임베디드 및 모바일 시스템 개발에 대한 일반적인 접근 방식

화이트박스 테스팅(white-box testing)

테스트가 프로그램과 그 컴포넌트의 구조에 관한 지식에 기반하는 프로그램 테스팅 기법. 소스 코드에 대한 액세스는 화이트박스 테스팅에 필수적이다.

확실성(dependability)

시스템의 확실성은 시스템의 안전성, 신뢰성, 가용성, 보안성, 복원성 및 기타 다른 속성을 고려한 특성의 집합. 한 시스템의 확실성은 해당 시스템이 사용자가 신뢰할 수 있는 정도를 반영한다.

확실성 사례(dependability case)

시스템 확실성에 관하여 시스템 개발자에 의해 만들어진 요구사항을 보증하기 위해서 사용되는 구조적 문서. 확실성 사례의 특정 유형은 안전성 사례와 보안성 사례이다.

확실성 요구사항(dependability requirement)

어떤 시스템에 대한 요구되는 확실성을 성취하기 위해서 필요한 시스템 요구사항. 비기능적 확실성 요구사항은 시스템 고장과 오류를 피하고, 발견하고, 견디고, 회복할 수 있는 기능적 요구사항이다.

확인(validation)

고객의 요구와 기대를 만족하는 시스템인지를 점검하는 프로세스

환원(reductionism)

문제를 하위 문제로 분해하는 데 의존하는 공학 기법으로, 이러한 하위 문제는 독립적으로 해결된 후 더 큰 문제에 대한 해결책을 생성하기 위해 통합된다.

황무지의 기상 관측소(wilderness weather system)

멀리 떨어진 지역의 기상 조건에 관한 데이터를 수집하는 시스템. 이 책의 사례 연구로 사용된다.

찾아보기

국문

ㅈ

영문